Frank Trommler (Hrsg.) · Amerika und die Deutschen

Frank Trommler (Hrsg.)

Amerika und die Deutschen

Bestandsaufnahme einer 300jährigen Geschichte

Westdeutscher Verlag

CIP-Kurztitelaufnahme der Deutschen Bibliothek

Amerika und die Deutschen : Bestandsaufnahme e.
300 jährigen Geschichte / Frank Trommler (Hrsg.).
— Opladen : Westdeutscher Verlag, 1986.
  ISBN 3-531-11774-2

NE: Trommler, Frank [Hrsg.]

Alle Rechte vorbehalten
© 1986 Westdeutscher Verlag GmbH, Opladen

Das Werk einschließlich aller seiner Teile ist urheberrechtlich geschützt.
Jede Verwertung außerhalb der engen Grenzen des Urheberrechts-
gesetzes ist ohne Zustimmung des Verlags unzulässig und strafbar. Das
gilt insbesondere für Vervielfältigungen, Übersetzungen, Mikrover-
filmungen und die Einspeicherung und Verarbeitung in elektronischen
Systemen.

Umschlaggestaltung: Horst Dieter Bürkle, Darmstadt
Satz: Satzstudio Frohberg, Freigericht
Druck und buchbinderische Verarbeitung: Lengericher Handelsdruckerei, Lengerich
Printed in Germany

ISBN 3-531-11774-2

Inhalt

Vorwort 1

Einleitung
Frank Trommler 3

Eröffnungsansprache: „Nach dreihundert Jahren"
Steven Muller 17

Erster Teil: Einwanderung, Sprache, Ethnizität 27

I. Einwanderung

1. Deutsche Einwanderung in die nordamerikanischen Kolonien. Prototyp einer transatlantischen Massenwanderung
   Marianne Wokeck 29

2. Charakteristische Züge der deutschen Amerika-Auswanderung im 19. Jahrhundert
   Günter Moltmann 40

3. Der Staat und die deutsche Massenauswanderung. Gesetzgeberische Maßnahmen in Deutschland und Amerika
   Agnes Bretting 50

II. Die Pennsylvania-Deutschen

4. Die Pennsylvania-Deutschen. Eine dreihundertjährige Identitätskrise
   Don Yoder 65

5. „Bindestrich-Amerika". Die Entstehung einer deutsch-amerikanischen Kultur des 18. Jahrhunderts
   Stephanie Grauman Wolf 89

6. Vorstellungen, Traditionen und Erwartungen. Die deutschen Einwanderer in der englischen Kolonialgesellschaft in Pennsylvania 1700–1765
   Hermann Wellenreuther 107

7. Mennoniten, Amish, „Plain People". Historische und moderne Perspektiven
   John A. Hostetler 127

8. Absage an den Pietismus. Ein Deutungsbeitrag zur Entstehung
   der amischen Gemeinden am Ende des 17. Jahrhunderts
   Leo Schelbert 137

III. Ethnizität und Politik

9. Deutschamerikaner und die Erfindung der Ethnizität
   Kathleen Neils Conzen 149

10. Ethnische Führungsrollen und die Deutschamerikaner
    Willi Paul Adams 165

11. Die deutschamerikanischen Einwanderer und das neugegründete
    Reich
    Hans L. Trefousse 177

12. Wessen Feier? Die Hundertjahrfeier von 1876 und
    die deutschamerikanische sozialistische Kultur
    Carol Poore 192

13. Lebensweise und Kultur deutscher Arbeiter in Amerikas
    Industriezentren. Das Beispiel Chicagos in der zweiten Hälfte
    des 19. Jahrhunderts
    Hartmut Keil 204

14. Das Bild des deutschen Einwanderers in den Vereinigten Staaten
    und in Brasilien 1890–1918
    Frederick C. Luebke 222

IV. Die deutsche Sprache

15. Die deutsche Sprache in Amerika
    Jürgen Eichhoff 235

16. Bemühungen um die Spracherhaltung bei deutschen Einwanderern
    und ihren Nachkommen in den USA
    Marion Lois Huffines 253

17. Demographische und institutionelle Indikatoren für die Erhaltung
    der deutschen Sprache in den USA 1960–1980
    Joshua A. Fishman 263

V. Deutschamerikanische Literatur

18. Deutschamerikanische Literatur. Einige weitere Perspektiven
    Harold Jantz 279

19. Die Herausforderung der frühen deutschamerikanischen Literatur
    Christoph E. Schweitzer 289

20. Tagesfragen und Absatzfragen. Der Feuilletonroman in der liberalen
    deutschamerikanischen Presse zwischen 1848 und dem Bürgerkrieg
    Patricia Herminghouse 300

21. Das Bild Amerikas in der deutschen Presse von 1828 bis 1865
   Maria Wagner 314

22. Frauen in der deutschamerikanischen Literatur. Therese Robinson, Mathilde Anneke und Fernande Richter
   Martha Kaarsberg Wallach 326

23. Deutschamerikanische Literatur. Kritische Anmerkungen zur gegenwärtigen Situation und zu den Problemen philologischer Erfassung
   Alexander Ritter 337

Zweiter Teil: Die Beziehungen im 20. Jahrhundert 351

VI. Deutsch-amerikanische Beziehungen 1900–1950

24. Kaiserreich und Republik. Deutsch-amerikanische Beziehungen vor 1917
   Reinhard R. Doerries 353

25. Die Vereinigten Staaten und die Weimarer Republik. Das Scheitern einer ‚besonderen Beziehung‘
   Klaus Schwabe 367

26. Franklin D. Roosevelt und die nationalsozialistische Bedrohung der USA
   Detlef Junker 379

27. Von der Konfrontation zur Kooperation. Deutschland und die Vereinigten Staaten 1933–1949
   Gerhard L. Weinberg 393

28. Produktion und Rehabilitation. Die wirtschaftlichen Grundlagen der amerikanischen Förderung Westdeutschlands in der atlantischen Gemeinschaft der Nachkriegszeit
   Charles S. Maier 406

29. Vom Nazismus zum NATOismus. Das westdeutsche Wandlungswunder im Spiegel der Luce-Presse
   Jost Hermand 421

VII. Das Bündnis: Eine Bestandsaufnahme 1983

30. Die deutsch-amerikanischen Beziehungen in den Nachkriegsjahrzehnten
   Wolfram F. Hanrieder 437

31. Der gegenwärtige Antiamerikanismus in der Bundesrepublik
   Kurt Sontheimer 463

32. Mit Differenzen leben
   Theo Sommer 470

33. Amerikanisch-deutsche Beziehungen. Ein Bündnis, das normal geworden ist
   Fritz Stern 479

VIII. Politische Beziehungen: Perspektiven der Forschung

34. Deutsch-amerikanische Beziehungen im 20. Jahrhundert. Geschichtsschreibung und Forschungsperspektiven
   Hans-Jürgen Schröder 491

35. Forschungen zum deutsch-amerikanischen Verhältnis. Eine kritische Stellungnahme
   Arnold A. Offner 514

IX. Die Deutschamerikaner im 20. Jahrhundert

36. Affinität auf Widerruf. Amerikas willkommene und unwillkommene Deutsche
   Christine M. Totten 529

37. Die Rhetorik des Überlebens. Der Germanist in Amerika 1900–1925
   Henry J. Schmidt 547

38. Erleichterte Amerikanisierung. Die Wirkung des Ersten Weltkriegs auf die Deutschamerikaner in den zwanziger Jahren
   La Vern J. Rippley 558

39. Ein problematisches Liebesverhältnis. Das amerikanische Deutschlandbild seit 1930
   Victor Lange 572

X. Einwanderung nach 1933

40. Kontinuität im Wandel. Der deutsch-jüdische Einwanderer seit 1933
   Herbert A. Strauss 583

41. Kassandras mit deutschem Akzent
   Anthony Heilbut 603

42. Weder Staat noch Synagoge. Der linke deutsch-jüdische emigrierte Intellektuelle als repräsentativer Jude
   Paul Breines 611

43. Die Kritische Theorie in den USA. Gedanken über vier Jahrzehnte ihrer Rezeption
   Andrew Arato 617

44. Die literarische und akademische Abwanderung aus dem Dritten Reich in die USA. Ein Forschungsbericht
   John M. Spalek 625

XI. Exkurs in die Psychoanalyse

45. Freuds Amerika
    Peter Gay 639

XII. Amerikanismus und Massenkultur

46. Massenkultur und Modernität. Notizen zu einer Sozialgeschichte des frühen amerikanischen und deutschen Films
    Anton Kaes 651

47. Aufstieg und Fall des Amerikanismus in Deutschland
    Frank Trommler 666

Die Autoren der Beiträge 677

Namensregister 687

Vorwort

Die Beiträge zu diesem Buch sind die überarbeiteten Vorträge, die am 3.–6. Oktober 1983 auf der ‚Tricentennial Conference of German-American History, Politics and Culture' an der University of Pennsylvania in Philadelphia gehalten wurden. Die Konferenz war Teil der Feiern zum 300-jährigen Jubiläum der deutschen Einwanderung nach Nordamerika und wurde durch großzügige Unterstützung von Institutionen in den Vereinigten Staaten von Amerika und der Bundesrepublik Deutschland ermöglicht. Der Dank geht an die William Penn Foundation in Philadelphia, die Fritz Thyssen Stiftung in Köln, die United States Information Agency und den German Marshall Fund in Washington und die Ford Foundation in New York. Darüber hinaus sei mit besonderer Dankbarkeit vermerkt, daß die Fritz Thyssen Stiftung die Übersetzung eines Großteils der Vorträge ins Deutsche ermöglichte.

Viele Freunde und Kollegen halfen bei der Vorbereitung der Konferenz und gaben wertvollen Rat für Programm und Durchführung. Ihnen sei herzlich gedankt: Erich Angermann, James Bergquist, Thomas Childers, Ernst-Otto Czempiel, Horst Daemmrich, Peter Demetz, Reinhard Doerries, Richard Dunn, Hans Gatzke, Ira Glazier, Wolfram Hanrieder, Theodore Hershberg, Walter Hinderer, Peter Uwe Hohendahl, Carl-Ludwig Holtfrerich, Martin Jay, John Jentz, Walter Kamphoefner, Hartmut Keil, Anna Kuhn, Bruce Kuklick, Vernon Lidtke, Albert Lloyd, John McCarthy, Günter Moltmann, William Parsons, Eric Rentschler, George Romoser, Scott Swank, Hans Trefousse, Hermann Wellenreuther und Don Yoder.

Während die meisten deutschen Teilnehmer selbst eine deutsche Version ihres auf englisch gehaltenen Vortrages anfertigten, gebührt Wolfgang Helbich das Verdienst, den Hauptteil der Konferenzbeiträge ins Deutsche übersetzt zu haben. Dies sei mit Dankbarkeit festgestellt. Schließlich möchte ich mich bei meinem Mitherausgeber der amerikanischen Ausgabe „America and the Germans", Joseph McVeigh, für seine umsichtige und unermüdliche Arbeit an dem Unternehmen herzlich bedanken.

Philadelphia, im Juni 1985   F.T.

Einleitung

Frank Trommler

Amerika und die Deutschen: unter dem breiten Dach dieses Titels vereinigt der Band Erörterungen zur Geschichte der Deutschen in Amerika sowie zu den deutsch-amerikanischen Beziehungen. Ausgangspunkt ist die Landung einer Gruppe von dreizehn Krefelder Auswandererfamilien in Philadelphia im Jahre 1683, die 1983 beim deutsch-amerikanischen Tricentennial-Jubiläum als Beginn einer reichen transatlantischen Geschichte gefeiert wurde. Mit der doppelten Blickrichtung auf Historie und Gegenwart der deutsch-amerikanischen Beziehungen stimulierte dieses Jubiläum Traditionsfeiern und Transatlantiktourismus, politische Demonstrationen und diplomatische Schönwetterbekenntnisse, daneben wissenschaftliche Bestandsaufnahmen, die als Grundlage weitergreifender Auseinandersetzungen überlieferungswert sind. Die Tricentennial Conference, die als ein Forum dieser Analysen diente, wurde zum kritischen Beitrag der Feierlichkeiten im Oktober 1983 in Philadelphia, insofern sie die doppelte Optik auf Historie und Gegenwart selbst thematisierte, ohne dem Publikum eine Jubiläumssynthese in Aussicht zu stellen. An deren Stelle trat eine öffentliche Ansprache, in der Bundespräsident Karl Carstens zum Abschluß der Konferenz im Beisein von dreißig Bundestagsabgeordneten, darunter Bundestagsvizepräsidentin Annemarie Renger, die deutsch-amerikanische Freundschaft würdigte.

Es ist eine reiche, wenn auch nicht immer glückliche Geschichte, die sich im Brückenschlag vom Schicksal der Millionen deutschsprachiger Einwanderer zu den politischen Wechselbädern der modernen deutsch-amerikanischen Beziehungen verfolgen läßt. Sie wurde im Jubiläumsjahr 1983 auf vielen Ebenen vergegenwärtigt, wozu die deutsch-texanischen Volkstänze vor amerikanischen und bundesdeutschen Touristen ebenso gehören wie die Trinksprüche beim Dinner der beiden Präsidenten Ronald Reagan und Karl Carstens im Weißen Haus. Die Besonderheit dieser Geschichte liegt in der doppelten Optik auf die Deutschen als Amerikaner und als Nicht-Amerikaner, einer Optik, die selbst wiederum zu einem Politikum geworden ist, nicht zuletzt bei den Veranstaltungen im Oktober 1983, als sich ethnische und außenpolitische Argumente vermischten, kreuzten und bisweilen auch aufhoben. Sie fand ihren feierlichsten Ausdruck in der Resolution Nr. 260, mit der der amerikanische Senat das Jahr 1983 offiziell zum ‚Tricentennial Anniversary Year of German Settlement in America' (Tricentennial-Jubiläumsjahr deutscher Ansiedlung in Amerika) erklärte. Die Resolution feiert die „unmeßbaren menschlichen, ökonomischen, politischen, sozialen und kulturellen Beiträge von Millionen deutscher Einwanderer in drei Jahrhunderten zu diesem Land" und schließt unmittelbar darauf eine Würdigung der Gegenwart an, in der „die Vereinigten Staaten von Amerika und die Bundesrepublik Deutschland ihre enge Freundschaft bewahren, die auf den gemeinsamen Werten von Demokratie, garantierten individuellen Freiheiten, Toleranz persönlicher Verschiedenheiten und Opposition gegen Totalitarismus beruht."

Trotz dieser Anerkennung ist der Brückenschlag vor allem über die letzten hundert Jahre der deutsch-amerikanischen Geschichte kein einfaches Unternehmen. Die Bindungen der Deutschamerikaner zu dem sechstausend Kilometer entfernten Herkunftsland, auf dessen Einigung und Aufstieg unter Bismarck sie bei ihrem Bicentennial 1883 so stolz hinwiesen, wurden spätestens im Ersten Weltkrieg zu einer Fessel, aus der sie sich nur um den Preis endgültiger Assimilation befreien konnten. Im Ansturm der antideutschen Hysterie, die die amerikanische Gesellschaft beim Kriegseintritt der USA 1917 durchzuckte, zerbrach die im 19. Jahrhundert organisatorisch aufgebaute ethnische Sonderkultur. Wie tief der Einschnitt ging, konstatierte der berühmte deutschamerikanische Publizist H.L. Mencken 1928 in seiner scharfzüngigen Abrechnung „Die Deutschamerikaner" in der „Neuen Rundschau". Mencken schrieb von „Verfall" und „Zusammenbruch". Für ihn war die Geschichte der Deutschamerikaner ‚gelaufen'. Man widersprach ihm. Aber als Nationalsozialisten in den dreißiger Jahren in den USA versuchten, ‚amerikadeutsche' Politik zu machen, fanden sie unter Deutschamerikanern nicht viel Widerhall – trotz des starken Presseechos.

Den neuen Kriegssignalen, die Ende der dreißiger Jahre über den Atlantik drangen, antwortete eine besonnenere Reaktion. Erneut trat der Deutsche als Soldat in den Vordergrund, und der nun folgende Zweite Weltkrieg ließ die sechstausend Kilometer zwischen den beiden Ländern endgültig zusammenschrumpfen. Am Ende dieses noch blutigeren Krieges wurde die erzwungene Nähe der Länder zur Konfrontation mit dem Entsetzen: amerikanische Truppen befreiten einige der Konzentrationslager. Das Bild der Deutschen war grausam geschwärzt – durch eigene Schuld. Diesmal schien ihre Geschichte überhaupt ‚gelaufen'.

In den Beziehungen zu anderen Völkern besitzt nur das deutsch-französische Verhältnis eine vergleichbare Dialektik von Nähe und Abstoßung, Ferne und Anziehung. Wie im Verhältnis zu Frankreich gibt es viele Schattierungen und Nuancen, völlig anders aber ist die vom ethnischen Pluralismus der Vereinigten Staaten bestimmte Komponente. Sie betrifft nicht nur die amerikanischen Soldaten zweier Kriege, die deutsche Eltern hatten und als loyale Amerikaner gegen die Deutschen kämpften, sondern eine von den europäischen Nationalstaaten unterschiedene generelle Teilhabe am Völkerpluralismus, mit der die Bindungen zeitweise feindlicher Völker wie Japaner, Italiener, Chinesen, Russen tief ins amerikanische Selbstverständnis hineinreichen. Wenn das deutsch-amerikanische Tricentennial 1983 trotz der dramatischen Konfrontationen dieses Jahrhunderts in den USA gewisse Beachtung fand, so waren daran ohne Zweifel die Regierungen – mit jeweils verschiedenen Motivationen – interessiert, doch kamen entscheidende Antriebe aus der ethnischen Teilhabe, häufig auch aus der aktuell wiederentdeckten ethnischen Teilhabe, die in jüngster Zeit für zahlreiche Amerikaner wieder eine begrenzte Rolle spielt. Der Brückenschlag in die Geschichte wurde zu einem ethnischen Kenntlichmachen der Gegenwart, zu dem in Deutschland kein Äquivalent existiert, ebensowenig wie in Irland, Polen oder Italien, den anderen Herkunftsländern großer europäischer Gruppierungen in den Vereinigten Staaten. Dabei versteht sich von selbst, daß ein gewichtiger Teil der deutschsprachigen Einwanderung nicht aus den Gebieten der heutigen Bundesrepublik oder Deutschen Demokratischen Republik stammt und, wenn nach Reaktionen gegenüber den ‚kleindeutschen' Geschichte befragt, Kritik oder Desinteresse nicht verhehlt. Bei der Bestimmung von Herkunft und ethnischen Eigentümlichkeiten deutschsprachiger Immigranten ist die Landkarte Zentral-, Südost- und Osteuropas fast vollständig vertreten, mit dem Rheintal zwischen der Schweiz und Holland als lange Zeit zentraler Achse der Auswandererströme.

Für zahlreiche Deutschamerikaner dürfte aber der Aufstieg der Bundesrepublik, für den ältere Amerikaner gern ihre Patenschaft gewürdigt sehen, die ethnische Aktualisierung stark gefördert haben. Wenn man Sprache als Maßstab ethnischer Loyalitäten annimmt, kann man für das Bekenntnis zum Deutschen als Muttersprache zwischen 1960 und 1970 eine eindrucksvolle Zunahme erkennen. In seinem Beitrag zu diesem Band konstatiert Joshua Fishman einen Anstieg von 93 Prozent, mit dem die Gesamtzahl derer, die Deutsch als Muttersprache angaben, 1970 laut Volkszählung 6 093 054 betrug. Natürlich macht eine Schwalbe keinen Sommer, wie Fishman sagt, und ein Index macht keine Wiederbelebung. Die Angabe der Muttersprache ist ein haltungsmäßig beeinflußter Maßstab des Selbstverständnisses. Sie sagt nichts über den alltäglichen Sprachgebrauch aus. Als in gebührendem Abstand zum Zweiten Weltkrieg die deutsche Assoziation weniger als Makel empfunden wurde und der Aufstieg der Bundesrepublik sogar gewisse Bewunderung erfuhr, mehrten sich solche Äußerungen. Es wurden Zeichen gesetzt und entziffert, die die Anteilnahme am Jubiläum der Einwanderung verständlich machen. Offensichtlich bedarf es bestimmter Anlässe, um Stellungnahmen zu ermöglichen; das Tricentennial 1983 wurde zu einem solchen Anlaß aktualisierter Ethnizität.

Wie viel dabei dem persönlichen Ermessen anheimgestellt ist, bedarf kaum der Erläuterung. Der Zensus von 1980 machte Ethnizität ganz offen zu einer Sache individueller Wahl. Auf die 14. Frage – „Was ist die Abstammung dieser Person?" – hatte der Einzelne die Entscheidung zwischen den Nationalitäten, die er auch kombinieren konnte. 50 Millionen gaben Englisch an, von denen über die Hälfte auch andere Nationalitäten (vor allem Schottisch und Walisisch) erwähnten. 49 Millionen nannten Deutsch, aber bei ihnen führten drei Fünftel auch andere Abstammungen an, ähnlich den Iren (40 Millionen) und Italienern (12 Millionen). Was erst später ausgewertet wurde, war die interne Angleichung der ‚alten' Einwanderung aus den verschiedenen europäischen Ländern im Gegenüber zu der neuen hispanischen Einwanderung sowie der schwarzen und indianischen Bevölkerung. Nathan Glazer, eine der Autoritäten der Ethnizitätsforschung, kommentierte, daß spezifische europäische Ethnizität in der Zukunft kaum noch ins Gewicht fallen werde. Allerdings müsse das keineswegs das Erlöschen des seit Mitte der sechziger Jahre überall neu erwachten ethnischen Interesses bedeuten. (Public Opinion 7, Heft 5, 1984)

In jedem Falle ist auch die Einsicht in frühere Entwicklungen gewachsen. Während die Untersuchung spezifischer kultureller, sprachlicher, landwirtschaftlicher, politischer und folkloristischer Traditionen dank der neuen Historiographie der Alltagsgeschichte Aufschwung erhalten hat, gewann vor allem die Intentionalität („Erfindung') ethnischer Identifikation deutlichere Konturen. Der Blick ins 19. Jahrhundert, der lange Zeit vom Kampf der Beharrungs- und Assimilationstendenzen gefesselt wurde, dringt nun wesentlich tiefer zu den sozialen und ökonomischen Faktoren vor, in denen sich Ethnizität als gesellschaftliches Verhalten manifestiert. Jene vielkolportierte Vorstellung vom homogenen Block der Deutschamerikaner, der einst den Respekt der übrigen amerikanischen Gesellschaft herausgefordert haben soll, präsentiert sich nicht nur als das, was sie war: als Legende, sondern auch als Kernstück einer langwährenden Selbstillusionierung in den Separaträumen deutscher Sonderkultur. Dabei ist faszinierend, wie diese Selbstillusionierung die gleichen Zersplitterungen reflektierte, die Deutschland lange Zeit kennzeichneten, und wie die Einheits-

Paradeabzeichen der deutschamerikanischen Bicentennialfeier 1883. Im linken Festband das Wappen der Stadt Germantown, die im 19. Jahrhundert von Philadelphia eingemeindet wurde. In ihrer Gründung unter Francis Daniel Pastorius 1683 feierte man die Geburt des Deutschamerikanertums. Der 6. Oktober wurde zum ‚deutschen Tag' erklärt und als Landungstag der ersten Siedler aus Krefeld in vielen amerikanischen Städten mit Reden und Umzügen gefeiert. (Roughwood Collection)

Einleitung 7

und Gemeinschaftsvorstellungen dieselbe luftige Qualität besaßen wie diejenigen zwischen Stuttgart und Königsberg. In den Ritualen deutschen Gruppenverhaltens zur Erzeugung gemeinschaftlicher ‚Stimmung' – einem anderen Nationen nur schwer vermittelbaren Politikum – erschließen sich die Gründe für eine bemerkenswert erfolglose ethnische Politik. Zugleich fällt neues Licht auf das scheinbare Paradox, daß die Deutschen spätestens seit den Immigrationswellen des 19. Jahrhunderts als besonders assimilierfreudige Einwanderergruppe galten. Dieser Erscheinung widerspricht die Forcierung der ethnischen Sonderkultur Ende des 19. Jahrhunderts keineswegs. Neuere Forschungen, die in diesem Band vertreten sind, eröffnen interessante Einblicke in die Zusammenhänge.

Vor diesem Hintergrund nimmt sich die 1983 oft apostrophierte Feststellung weniger überraschend aus, es gäbe eigentlich keine Deutschamerikaner. Wo seien sie ansässig? Wo hätten sie Wurzeln geschlagen? Es gäbe nur Pennsylvania-Deutsche, Texas-Deutsche, Wisconsin-Deutsche, Missouri-Deutsche, Maryland-Deutsche und so weiter, denn nur im regionalen und lokalen Rahmen sei die jeweilige Einwandererkultur wirklich geschaffen, verändert und tradiert worden. Daran ist viel Wahres. Auch 1983 entsprangen die meisten Initiativen zur öffentlichen Traditionsfeier regionalem Sonderbewußtsein. Die Verschickung der vielgepriesenen Ausstellung „The Pennsylvania Germans. A Celebration of Their Arts, 1683–1850," mit der 1982 in Philadelphia die Tricentennial-Feierlichkeiten eröffnet wurden, nach Houston war keineswegs selbstverständ-

Abzeichen des deutschamerikanischen Tricentennials 1983. Die Übertragung der Geschichte des ersten englischen Einwandererschiffs Mayflower auf die ‚deutschen Pilgerväter' aus Krefeld und ihr Schiff Concord hat sich seit 1883 zu einem griffigen Stück ethnischer Identifikation verfestigt. (Tricentennial Committee; Heinz Moos Verlag München)

lich. Selbst für Texaner deutscher Abstammung stellte dies ein etwas zweifelhafter Import dar – den sie sich dann in Massen ansahen. Die Ausstellung wurde 1983 auch in San Francisco und Chicago gezeigt.

Dennoch kann kein Zweifel daran bestehen, daß die im 19. Jahrhundert, zunächst von den Achtundvierzigern, geschaffenen generellen Identifikationen ihre Spuren hinterlassen haben. Mit der Feier der Gründung von Germantown 1683 als dem Beginn der organisierten deutschen Ansiedlung in Nordamerika setzten Deutschamerikaner 1883 einen Markstein, der auch im folgenden Jahrhundert sichtbar blieb. Auch 1983 nannte man den 6. Oktober als Tag der Landung der Krefelder Auswanderer in vielen Orten den Deutschen Tag, und die Feiern von Cincinnati bis San Antonio und St. Louis bis New York zeigten jene Eigentümlichkeiten, die für Amerikaner sofort als deutsch erkennbar sind und mit entsprechenden Traditionen der Iren und Italiener regelrecht wetteifern.

Beim Tricentennial 1983 konzentrierte sich die Aufmerksamkeit mehr noch als früher auf die Symbolik der Überfahrt, die man vor hundert Jahren von der ‚Mayflower'-Geschichte der angloamerikanischen Immigration auf die Historie der Deutschen übertragen hatte. Damit war dem Schiff ‚Concord' und den Krefelder ‚Pilgervätern' der Status des Legendären zuerkannt worden. Nachdem

Die amerikanische und die deutsche Sondermarke zum Tricentennial 1983 erhielten dasselbe Design als Ausdruck gemeinsamer Geschichte. Die Marken wurden in offizieller Zeremonie in Germantown und Bonn vorgestellt.

Einleitung

das Bicentennial der amerikanischen Revolution 1976 die Suche nach einem übergreifenden Konzept ermutigt und sich ein deutscher Verlag dieser Aufgabe angenommen hatte, warb das deutsche Erbe 1983 überall als Segelschiff auf Aufklebern, Plaketten und Plakaten um Aufmerksamkeit. Härter war der Kampf um einen Platz auf jenem Stück Papier, das auf wenigen Quadratzentimetern den Stempel offizieller Anerkennung trägt: die Briefmarke. Nachdem eine Flut von Bittbriefen nach Washington und mehrere Interventionen erfolglos geblieben waren, wurde die positive Entscheidung in letzter Minute auf diplomatischer Ebene arrangiert. Von einem Deutschamerikaner entworfen, erschien eine Briefmarke mit einem Schiff gleichzeitig mit der bundesdeutschen Ausgabe desselben Motivs. Daneben wurden andere Marken herausgegeben, mit denen man berühmte Deutschamerikaner und ihre Leistungen ehrte: die von John Augustus Roebling gebaute Brooklyn-Brücke, den im 19. Jahrhundert zu hohen Ehren aufgestiegenen Politiker Carl Schurz und den vielgefeierten Baseball-Star Babe Ruth. Die speziell etablierte Kommission des Präsidenten für das deutschamerikanische Tricentennial brütete außerdem die Idee eines deutsch-amerikanischen Freundschaftsgartens aus, der zwischen Weißem Haus und Jefferson Monument, einem der „höchstgeschätzten Plätze Amerikas", angelegt wurde. In der offiziellen Broschüre heißt es: „Seine prominente Lage sollte Gemeinden in beiden Ländern dazu anregen, ähnliche Freundschaftsgärten zu schaffen, die

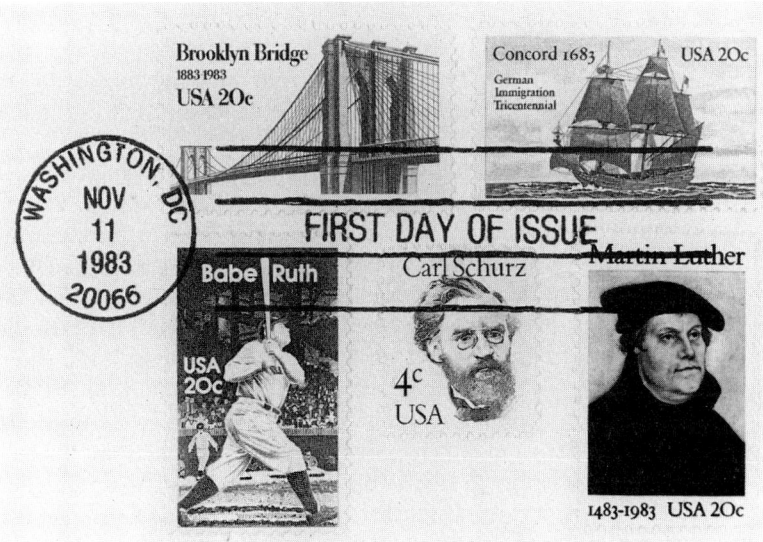

In Sondermarken ehrte die amerikanische Post 1983 die Leistungen von Deutschamerikanern: John Augustus Roeblings Brooklyn-Brücke, den legendären Baseballspieler Babe Ruth und den Politiker Carl Schurz. Das Lutherjahr 1983 erschien vielen als willkommene Erinnerung an das deutsche Erbe.

von Bürgern und Besuchern genossen werden können." Ein Idyll aus dem Familienalbum des 19. Jahrhunderts als politische Botschaft: ein Garten muß ständig gepflegt werden, sonst verwildert er.

Damit ist allerdings bereits die Idyllik des politischen Moments erschöpft, das der 300-Jahr-Feier schließlich auch in Deutschland breitere Beachtung verschaffte. Weder ist die Beunruhigung der Regierungen der Vereinigten Staaten und der Bundesrepublik über den Stand der Allianz in den achtziger Jahren idyllisch, noch die Angst der deutschen Bevölkerung angesichts der Stationierung atomarer Mittelstreckenraketen durch die Amerikaner in der Bundesrepublik, für die im Herbst 1983 die Entscheidung fiel. Ironischerweise war es gerade die Demonstration gegen den Besuch des amerikanischen Vizepräsidenten George Bush bei den Feierlichkeiten in Krefeld im Juni 1983, die die breitere Öffentlichkeit in beiden Ländern erst auf das Tricentennial aufmerksam machte, auf jene Feier also, der die Friedensbewegung dann vorwarf, sie lasse sich von den beiden Regierungen zur Ablenkung von den Rüstungsmaßnahmen mißbrauchen. Plötzlich verwandelte sich das Tricentennial auch im politischen Bereich zu einem Anlaß grundsätzlicher Bekenntnisse. Während der 6. Oktober 1983 im Zentrum Philadelphias mit einem Festbankett gefeiert wurde, auf dem Bundespräsident Carstens und Vizepräsident Bush vor 1800 Gästen, zumeist Vertretern deutschamerikanischer Organisationen, einander zutoasteten, demonstrierten zur selben Zeit vor dem Philadelphia Museum of Art etwa 15 000 Amerikaner und Deutsche gegen die Stationierung atomarer Mittelstreckenraketen in der Bundesrepublik. Die Sprecher der Friedensbewegung deuteten in Richtung Germantown: jene ersten Einwanderer seien Mennoniten und Quäker, das heißt Pazifisten, gewesen. Sie dürften von den gegenwärtig Regierenden nicht in Anspruch genommen werden. Die Kontraste waren unübersehbar; sie bestätigten, daß ethnische Aktualisierung nicht nur Wiederbelebung alter Legenden bedeutet.

Für die bundesdeutsche Politik lag es nahe, das Jubiläum für eine generelle Goodwill-Mission zu nutzen. In den etwa 40 Ansprachen seines Staatsbesuchs in den USA vom 4.–13. Oktober 1983 trug Bundespräsident Carstens diesen Absichten Rechnung. Auf der Tricentennial Conference der University of Pennsylvania in Philadelphia zitierte Carstens als Resümee der deutsch-amerikanischen Geschichte, der Lokalität gemäß, Benjamin Franklins Feststellung: „Amerika kultiviert am besten, was Deutschland hervorbringt." Für die Darlegung von Amerikas gegenwärtiger Position in der Welt wandte sich Carstens an Plato: „Es gehört zu den Seltsamkeiten des Lebens, daß sich so viele Menschen eher von den Unzulänglichkeiten des Guten als des wahrhaft Schlechten beunruhigt fühlen. Es scheint, als ob das Böse akzeptiert wird, während die Unzulänglichkeiten dessen, was im wesentlichen gut ist, ständige Kritik herausfordern. Erlauben Sie mir die folgende Bemerkung als Europäer: die Amerikaner können mit dieser Kritik fertigwerden. Als Amerika nach dem Zweiten Weltkrieg die Weltherrschaft hätte übernehmen können, wollte es sie nicht. Amerika hat seine politische Macht selten mißbraucht. Tatsache bleibt: Amerika ist die stärkste Nation. Und jeder, der Macht hat, trägt den Mantel der Verantwortung, willentlich oder unwillentlich. Plato hat einst gesagt, daß der, der es ablehnt zu herrschen, damit rechnen muß, von jemandem beherrscht zu werden, der schlimmer ist als er selbst. Dieser Satz trifft auch auf die Weltverantwortung zu. Und viele Nationen und Menschen in der Welt hoffen, daß die Vereinigten Staaten sich vor dieser Verantwortung nicht drücken."

Wie viel Kritik gehört zu einem Jubiläum? Wie viel Kritik benötigt eine politische Allianz? Während Carstens auf seinem Staatsbesuch in den Zentren der deutschamerikanischen Geschichte im allgemeinen ein freundlicher Empfang zuteil wurde, bei dem sich Symbolik, Desinteresse und Freude an lokaler Selbstdarstellung mischten, zog er von deutscher Seite auch Kritik auf sich. Sie artikulierte sich in teilweise scharfer Form nicht nur in der Friedensbewegung, sondern auch in der Presse. Journalisten hielten der Regierung vor, ihr Jubiläumskonzept habe trotz aller Farbigkeit an den Realitäten der Gegenwart vorbeigezielt. Theo Sommer, Chefredakteur der „Zeit", von der auch eine Ausgabe in Amerika erscheint, veröffentlichte seine Kritik am 14. Oktober 1983 auf der ersten Seite unter der Überschrift „Falsches Pathos beim Familienfest. Dreihundertjahrfeier in Philadelphia: eine vertane Chance." Sommers Fazit: statt Festreden, Kommiß-Gepränge und Zuckerguß wäre eine Bestandsaufnahme der drängenden Probleme der Gegenwart am Platze gewesen. Carstens habe die Gegenwart völlig ausgespart, sei nicht einmal auf die Besorgnisse der Friedensbewegung eingegangen.

Sommers Stellungnahme wirbelte wiederum unter Deutschamerikanern Staub auf. Man hielt ihm entgegen, er habe an Sinn und Zweck eines solchen Jubiläums vorbeigeschrieben, das vor allem anderen eine amerikanische Feier ethnischen Pluralismus darstelle und darin den in dieser Gesellschaft gängigen Traditionen folge. Dazu gehörten nun einmal die Festreden, die Umarmungen, der Zuckerguß, und gewiß auch der deutsche Bundespräsident als Gast. Angesichts der schwierigen Zeiten, die die Deutschamerikaner im 20. Jahrhundert durchgemacht hätten, sei es ihr gutes Recht, ihr Jubiläum in dieser Weise zu feiern, bevor die außenpolitischen Interessen der Bundesrepublik berücksichtigt werden könnten.

In dieser Konfrontation kamen die ethnischen und politischen, internen und internationalen Dimensionen des deutsch-amerikanischen Verhältnisses exemplarisch zum Ausdruck. Sie sind komplex, verwirrend und faszinierend zugleich, schließen das Triviale nicht weniger als das Sublime ein. Ihnen gilt das Buch, ihnen galt die Tricentennial Conference, die als kritische Bestandsaufnahme angelegt war. Sie versuchte keine Harmonisierung der verschiedenen Aspekte. Ihre Veröffentlichung in zwei Teilen – in der amerikanischen Ausgabe sind es sogar zwei getrennte Bände – macht diese Orientierung offenkundig.

Die Erörterungen der Spezialisten, die aus den Vereinigten Staaten und der Bundesrepublik in Philadelphia zusammenkamen, verfolgen das deutsch-amerikanische Verhältnis aus transatlantischer Sicht und dürften gerade damit für deutsche Leser von Interesse sein. Denn während in der Bundesrepublik die Informationen über die Amerikaner breit gestreut sind, ist über die amerikanische Einschätzung der Deutschen viel weniger bekannt. Was ist diese Einschätzung?

Spielt sie überhaupt eine Rolle im Geschichtsdenken der Amerikaner, ganz abgesehen von der gegenwärtigen Diskussion? Man braucht kaum darauf hinzuweisen, daß in den USA im Hinblick auf die Deutschen nichts existiert, was sich mit dem Stellenwert der Vereinigten Staaten für die politische Selbsteinschätzung von Gruppen und Individuen in der Bundesrepublik vergleichen läßt, nichts, was im ökonomischen und im kulturellen Bereich ähnlich intensiven Diskussionswert besitzt. Angesichts des Mißverhältnisses zwischen den beiden Ländern in der Beschäftigung mit dem Partner erhält eine symbolische Feier offensichtlich ihre spezielle Legitimation, ja Notwendigkeit. Sie lenkt den Blick auf Dinge, die sonst leicht übersehen werden. Wenn sie den Blick darauf lenkt.

*

Die folgenden Erörterungen umgreifen ein großes Terrain. Sie repräsentieren die unterschiedlichsten Disziplinen, Haltungen und Denktraditionen. Als knapp und präzis formulierte Resümees einzelner Gebiete stehen sie für sich, doch kommentieren sie einander in vielfältiger Form. Ihr Nebeneinander läßt zugleich die Lücken erkennen, die diesem Panorama anhaften, auch wenn es breiter angelegt wurde als bisherige Unternehmungen. Eine Sektion zum gegenseitigen Bild der beiden Länder in den Medien war geplant, konnte dann aber nicht verwirklicht werden; die Forschung hat da auffallende Lücken gelassen. Auf Sektionen zu Presse, Religion, militär- und wissenschaftsgeschichtlichen Themen wurde schließlich verzichtet, um den Fokus der Konferenz nicht zu verlieren. Wie für die einzelnen Beiträge gilt für den Band insgesamt, daß es sich um eine im Oktober 1983 formulierte kritische Bestandsaufnahme handelt, die ihren geschichtlichen Standort in die Betrachtungen selbst mit einbezieht.

Über die hier versammelten Darstellungen hinaus brachte die Tricentennial Conference Erörterungen zu Literatur und Film, zusammen mit einer vom Goethe-Institut unterstützten Filmserie „German Directors Look at America" und einer Podiumsdiskussion amerikanischer Filmkritiker über die Aufnahme des Neuen Deutschen Films in den USA. Die Präsentation dieser Themenbereiche hätte den Band vollends gesprengt; sie sind zudem in anderen Veröffentlichungen der jüngsten Zeit genügend vertreten. Ebenfalls wurden die Gebiete Alltagskultur und visuelle Künste ausgespart, die auf der mit der Tricentennial Conference verbundenen Parallelkonferenz des Henry Francis du Pont Winterthur Museums in Delaware zur Sprache kamen. Die Beiträge der Winterthur Conference „German-American Art and Culture" am 3. und 4. Oktober 1983 reichten von Analysen zum deutschen Hausbau und Handwerk seit dem 18. Jahrhundert in Amerika und dem Einfluß deutscher Maler auf die amerikanische Malerei im 19. Jahrhundert bis hin zu Untersuchungen von Architektur und Trivialkunst sowie des deutschen Beitrages auf der Weltausstellung in St. Louis 1904.

Für die Eröffnung des historischen Teils des Bandes haben neuere Forschungsunternehmen zur deutschen Auswanderung, vor allem das von Günter Moltmann geleitete Hamburger Projekt, festen Boden geschaffen. Was sich seit

Einleitung

der Landung der ‚Concord' bei der Atlantiküberquerung änderte, fassen Marianne Wokeck für das 18. Jahrhundert und Günter Moltmann und Agnes Bretting für das 19. Jahrhundert zusammen. In ihren Beiträgen modifizieren sich die lange gehegten Ansichten über die verschiedenen Wanderungsphasen beträchtlich.

Noch stärker konzentriert sich die folgende Sektion über die Pennsylvania-Deutschen auf das 18. Jahrhundert, jenes Jahrhundert, das deren von der deutschen Masseneinwanderung des 19. Jahrhunderts unterschiedenen Status bis heute entscheidend bestimmt hat. In den Beiträgen von Stephanie Grauman Wolf und Hermann Wellenreuther sind dazu neue Einsichten zu gewinnen, die in John Hostetlers und Leo Schelberts Artikeln zu den religiösen Gruppen ein ungewöhnliches Pendant finden. Vorangestellt ist Don Yoders bekenntnishafte Darstellung der Geschichte der Pennsylvania-Deutschen, die, von einem Zugehören formuliert, geradezu aufrüttelnd wirkt. Sein Essay zielt über Wissenschaft hinaus, ist zugleich ethnische Selbstbesinnung, ein Zeugnis für die Aktualität von Ethnizität im Einzugsbereich der ältesten deutschen Einwanderung in Nordamerika.

In der Sektion ‚Ethnizität und Politik' rückt dann nicht nur das 19. Jahrhundert mit der deutschen Masseneinwanderung ins Zentrum, sondern auch die generelle Diskussion über Ethnizität, die in jüngster Zeit viele festgefahrene Vorstellungen revidiert hat. Kathleen Conzen und Willi Paul Adams bringen dazu Ergebnisse ihrer Projekte zur ‚Herstellung' deutscher Ethnizität in Amerika seit Mitte des 19. Jahrhunderts ein. Hartmut Keil, dessen Beitrag Ergebnisse des Chicago-Projekts zur Sozialgeschichte deutscher Arbeiter in Chicago 1850–1914 zusammenfaßt, geht ebenso wie Carol Poore, die sich auf die Centennial-Feier 1876 konzentriert, der ‚anderen' Ethnizität sozialen Protests unter Deutschamerikanern nach. Auch hier ist nicht viel von der Einheit dieser Einwanderergruppe zu sehen. Hans Trefousse, Autor einer großen Carl Schurz-Biographie, zeigt, daß Bismarcks Reichsgründung keineswegs nur positive Reaktionen unter Deutschamerikanern weckte. Frederick Luebke erweitert die Perspektive mit einem Vergleich zwischen der ethnischen Politik der Deutschen in USA und der in Brasilien.

Ohne Zweifel bedarf die Sprache als zentrales Instrument und Symbol von Ethnizität besonderer Aufmerksamkeit. Nicht jeder Sprachforscher teilt Joshua Fishmans zuversichtliche Feststellung vom Stand des Deutschen in den Vereinigten Staaten, und der Band gibt mit Jürgen Eichhoff und Marion Huffines auch zwei skeptischen Beobachtern das Wort. Auf der Konferenz tagte zu diesem Thema zudem ein offenes Diskussionsforum, auf dem die dringenden Probleme heutigen Sprachunterrichts in Schule und Universität erörtert wurden. Ein aktueller Bericht mit praktischen Anregungen ist in der amerikanischen Ausgabe enthalten.

Demgegenüber sind die Chancen gering, daß das Thema deutschamerikanische Literatur ähnlich heiße Debatten auslöst. Seit jeher hat sie im Schatten gestanden. Andererseits beginnt sich auch hier die Betrachtungsweise durch das neue sozialgeschichtliche und ethnische Interesse zu wandeln. Während Harold

Jantz und Christoph Schweitzer sehr persönlich gehaltene Plädoyers für die Beschäftigung mit der älteren Literatur im deutschen und englischen Kontext des 17. und 18. Jahrhunderts formulieren, erschließt Patricia Herminghouse sozialgeschichtlich interessante Formen der Massenliteratur des 19. Jahrhunderts: Fortsetzungsromane in der deutschamerikanischen Presse. Martha Kaarsberg Wallachs Untersuchung zu den Romanen bekannter Frauen — Therese Robinson, Mathilde Anneke, Fernande Richter — erweitert die sozial- und kulturgeschichtliche Perspektive. Wie deutsche Journalisten und Reisende die amerikanischen Entwicklungen zwischen 1830 und 1865 beschrieben, ist Thema von Maria Wagners Beitrag. Alexander Ritter, der seit längerem deutsche Auslandsliteratur kritisch sichtet, bringt die Betrachtung deutschamerikanischer Literatur zurück zur Gegenwart und summiert Gesichtspunkte zu ihrem Studium.

Im zweiten Teil des Bandes verlagert sich das Schwergewicht, der Geschichte der letzten hundert Jahre folgend, auf die politische Dimension des deutschamerikanischen Verhältnisses. Damit sind die anderen Themen keineswegs abgeschlossen. Nur treten sie angesichts einer Entwicklung zurück, deren auf- und absteigende Kurve im Zusammenhang gesehen werden muß, will man die Dramatik, Agonie, Pein, Erniedrigung, Arroganz, Hoffnung und Sorge im Verhältnis der beiden Völker seit der Jahrhundertwende voll erfassen. Erst vor diesem Hintergrund wird die besonnene, um Gleichgewicht besorgte Bestandsaufnahme des Bündnisses vom Oktober 1983 voll verständlich. Sie zog am Schlußtag der Konferenz mit den Beiträgen von Wolfram Hanrieder, Kurt Sontheimer, Theo Sommer und Fritz Stern ein breites Publikum an.

In Geschichte und politischer Wissenschaft ist in beiden Ländern bereits ausgedehntes Material für die zusammenhängende Betrachtung erschlossen worden. Reinhard Doerries lenkt den Blick von der politischen Entfremdung, die bereits vor 1914 die Beziehungen charakterisierte, auf die Konfrontation des Ersten Weltkrieges, während Klaus Schwabe, von den Kriegswirkungen ausgehend, die Frage verfolgt, wie stark die politische Annäherung der Vereinigten Staaten und der Weimarer Republik gedieh. Die Konfrontation zwischen dem Deutschland Hitlers und dem Amerika Roosevelts ist Streitpunkt der konträren Beiträge von Detlef Junker und Gerhard Weinberg. Charles Maier verfolgt (West-)Deutschlands Wiederaufbau auf der Basis der wirtschaftlich lukrativen Versöhnungspolitik der Amerikaner. Jost Hermand macht auf den Einfluß der ideologischen Konfrontation des Kalten Krieges auf diese Politik aufmerksam.

Wo liegen die Einschnitte? In diesen Analysen schwingt das Pendel der von Deutschland in Bewegung gesetzten Ereignisse eindeutig über das Jahr 1945 hinweg. Und dennoch behält dieses Datum mit der endgültigen Niederlage der deutschen Weltmachtaspirationen seine Bedeutung. Es ist Ausgangspunkt von Wolfram Hanrieders ausführlicher Darlegung der neuen politischen Annäherung der beiden Länder, diesmal eines Teildeutschlands, das seinen geschichtlichen Ort erst zu finden hatte. Interessanterweise kommen sich in der Analyse der aktuellen Bündnissituation Theo Sommer und sein Gegenüber auf der amerikanischen Seite, Fritz Stern, sehr nahe, wie bereits die Titel ihrer Stellungnahmen erkennen lassen: „Mit Differenzen leben" und „Ein Bündnis, das normal

Einleitung

geworden ist." Ein Aspekt, der im Herbst 1983 angesichts der Demonstrationen gegen die atomare Rüstung viele Diskussionen auslöste, ist die von Kurt Sontheimer behandelte Frage, ob in Deutschland ein neuer Antiamerikanismus im Entstehen sei. Sontheimers Antwort stieß auf nicht geringe Zustimmung: Es gäbe keinen neuen Antiamerikanismus in der Bundesrepublik, wohl aber einen beträchtlichen Zuwachs in der Kritik an der amerikanischen Politik.

Zur Abrundung der politischen Bestandsaufnahme geben ein amerikanischer und ein deutscher Forscher kritische Forschungsberichte zur Geschichte der deutsch-amerikanischen Beziehungen im 20. Jahrhundert. Arnold Offner und Hans-Jürgen Schröder umreißen umstrittene und weniger umstrittene Gebiete und skizzieren Fragen an die Forschung. Dazu ließe sich auch das Problem der amerikanischen Beziehungen zur DDR zählen, die 1974 offiziell etabliert wurden. Wie auf der Konferenz deutet der Begriff Deutschland in diesem Band, wenn es um die neuere Politik geht, primär auf die Bundesrepublik. Für die Konferenz war ein Beitrag über das Verhältnis USA–DDR geplant. Es wurde nichts daraus.

Obwohl mit den politischen Beziehungen eng verbunden, ist die Geschichte der Deutschamerikaner im 20. Jahrhundert wissenschaftlich bisher noch wenig erforscht. Das wurde in der lebhaften Konferenzdiskussion, an der sich zahlreiche Deutschlehrer und -professoren beteiligten, bedauert, allerdings als heikles Thema besonderer Umsicht anheimgestellt. Sowohl Christine Tottens und Victor Langes allgemein gehaltene Darstellungen als auch Henry Schmidts und LaVern Rippleys Analysen der durch den Ersten Weltkrieg verursachten drastischen Wandlungen liefern der Forschung wichtige Anregungen. Es wird deutlich, wie stark das deutsche Image seit jeher von ethnischen Stereotypen innerhalb der amerikanischen Gesellschaft mitgeprägt wird. Diese Tatsache ist für die Vermittlung von deutscher Sprache und Kultur eine nicht zu unterschätzende Komponente.

Andererseits hat kaum etwas das deutsche Image so stark geprägt wie Hitlers Herrschaft. Darüber ist viel geschrieben worden. Im Zusammenhang der Stellungnahmen von 1983 rückte die Vertreibung der deutschen Juden und eines gewichtigen Teils der deutschen Kultur- und Wissenschaftselite nach 1933 in den Vordergrund. Vor allem dank der Arbeit von Herbert Strauss hat die Erforschung der jüdischen Auswanderung in die USA in jüngster Zeit große Fortschritte gemacht. Seine Untersuchung ist zugleich ein eindrucksvoller persönlicher Erfahrungsbericht eines Vertreters der Emigrantengeneration. Anthony Heilbut und Paul Breines nähern sich als Jüngere den Fragen deutsch-jüdischer Integration oder Nichtintegration in die amerikanische Gesellschaft auf andere Weise. John Spalek skizziert den enormen Umfang der künstlerischen und akademischen Emigration in die Vereinigten Staaten, zeigt aber auch, wie viel Material darüber noch aufzuarbeiten bleibt. Der Spezialfall des Frankfurter Instituts für Sozialforschung und seiner Wirkung in den USA findet bei Andrew Arato eine engagierte Darstellung. Schließlich läßt Peter Gay mit seinem Exkurs über Sigmund Freud und sein notorisch kritisches Amerikabild erkennen, wie interessant der intellektuelle Austausch zwischen Europa und Amerika auch vor 1933 war – wenngleich mit teilweise selbstauferlegten Hindernissen.

Dieses Thema schlägt den Bogen zur letzten Sektion des Bandes, die sich Amerikas Einfluß auf die deutsche Einstellung zu Massenkultur und Modernisierung widmet. Anton Kaes legt am Film dar, wie die Faszination an amerikanischer Massenkultur die traditionelle deutsche Einstellung zur Kultur änderte, und Frank Trommler zeigt die kontroverse Rolle, die der Amerikanismus für die deutsche Einstellung zur Modernisierung spielte. Mit diesen Themen rücken zugleich einige der kulturellen Reaktionen auf das moderne Amerika, die auch für die politischen Beziehungen Bedeutung besitzen, ins Blickfeld.

Doch sollte die Fülle der kulturellen und politischen Berührungen, die in diesem Band zur Sprache kommen, nicht täuschen. Seit den siebziger Jahren nimmt das Interesse am anderen Bündnispartner ab, und viele Kanäle der Kommunikation und des Goodwill, die die Rückkehr der Deutschen zu einer geachteten und einflußreichen Macht ermöglichten, trocknen aus. Gerade die Beschwörungen der Gemeinsamkeiten 1983 haben die auseinanderstrebenden Interessen erkennen lassen. Plötzlich wurde die Lücke deutlich, die das Abtreten der älteren Emigrantengeneration in den deutsch-amerikanischen Beziehungen gelassen hat. Diese Einwanderergruppe war ein großer Gewinn für die USA und half bei der Überwindung des Isolationismus. Aber sie war auch – wo immer sie den Bruch mit Deutschland nicht total vollzog – ein kritischer Vermittler in der dunkelsten Zeit der modernen deutschen Geschichte. Ihre Orientierung ist nicht mehr die der Jüngeren. Entscheidende politische, ökonomische und intellektuelle Entwicklungen drohen (wieder) aneinander vorbeizugehen.

Erst langsam beginnt man, diesen Vorgang nicht nur als Schwankung, sondern als Problem anzusehen. Anfang der achtziger Jahre hatten die Besorgnisse die Ebene der Staatssekretäre erreicht und wurden von Lawrence Eagleburger auf amerikanischer Seite und Hildegard Hamm-Brücher auf deutscher Seite offiziell formuliert. In der Bundesrepublik wies man unter anderem auf die Ausweitung der Goethe-Institute in den USA als Gegenmaßnahme hin; auf amerikanischer Seite wurde die Jugendinitiative des Präsidenten und der vom Kongreß und vom Bundestag etablierte Schüleraustausch Teil der zitierten Senatsresolution Nr. 260 zum Tricentennial. Die Johns Hopkins University gründete in Washington das American Institute of Contemporary German Studies. Über andere Initiativen und Institutionen wurde gesprochen, allerdings auch vom Geldmangel, sie zu verwirklichen. Wie weit sie gediehen, bleibt abzuwarten.

Steven Muller, der Präsident der Johns Hopkins University und Initiator des genannten Instituts, gehört zu den prominentesten Vermittlern zwischen Amerikanern und Deutschen. In Deutschland geboren und in den USA ausgebildet, ist er als Amerikaner einer der besten Kenner und Kritiker des zeitgenössischen Deutschlands (West und Ost). Wie kaum ein anderer verbindet er in seinen Interessen die Thematik dieses Bandes. Seine Eröffnungsansprache der Tricentennial Conference bringt die Einflüsse der deutschen auf die amerikanische Universität des 19. Jahrhunderts in Erinnerung und zielt dann auf eine der brennenden Fragen der deutschen Gegenwart – mit provokativen Folgerungen, die viel diskutiert wurden.

Eröffnungsansprache
„Nach dreihundert Jahren"

Steven Muller

Meine Damen und Herren!

In großer Dankbarkeit und mit angemessener Bescheidenheit erkenne ich an, daß die Wahl für diese Eröffnungsbemerkungen auf mich fiel, wenn auch in erster Linie sicherlich deshalb, weil ich zufällig so passend einen Teil dessen symbolisiere, worum es bei diesem Anlaß geht. Ich schätze mich glücklich, das Amt des Präsidenten der Johns Hopkins-Universität innezuhaben, deren Gründung so tief in deutschen Ursprüngen verwurzelt ist; und ich bin außerdem einer jener vielen in Deutschland geborenen Amerikaner, die ihre Staatsbürgerschaft durch Naturalisierung erworben haben. Ich möchte deshalb diesem Symbolismus mit einigen Kommentaren über den deutschen Einfluß auf das höhere Bildungswesen der Vereinigten Staaten gerecht werden. Eine Eröffnungsrede sollte nichts von den wissenschaftlichen Vorträgen vorwegnehmen, die wir in Kürze hören werden. Doch der deutsche Einfluß auf die moderne amerikanische Universität erscheint nicht eigens auf dem Programm, und er dürfte wohl vor den hier versammelten Wissenschaftlern Erwähnung verdienen.

Nur zwei Länder trugen grundlegend zur Entwicklung der Hochschulausbildung in Amerika bei: Großbritannien und Deutschland.

Das britische Erbe kam natürlich zuerst. In den amerikanischen Kolonien Englands entstanden sehr bald Colleges, die sich an die damals in Großbritannien existierenden Vorbilder anlehnten. Harvard College wurde bereits 1636 in der Kolonie Massachusetts Bay gegründet, das College of William and Mary in Virginia 1693. Zur Zeit der amerikanischen Revolution gab es zahlreiche solcher Colleges, und viele andere entstanden, als die amerikanische Besiedlung sich westwärts über den Kontinent hin ausbreitete. Diese Colleges wurden zum Teil Universitäten genannt, waren aber von solchen im modernen Sinne weit entfernt.

Sie waren dazu bestimmt, einigermaßen privilegierten jungen Männern eine höhere Bildung zu vermitteln und sie in erster Linie für zwei Berufe auszubilden, als Geistliche und als Juristen. Ärzte erlernten ihren Beruf zunächst in Privatschulen im Besitz etablierter Mediziner, während Lehrer entweder Geistliche und gelegentlich Juristen waren oder aber überhaupt nicht im tertiären Bereich ausgebildet wurden. Diese Liberal Arts Colleges unterrichteten im wesentlichen die Fächer der deutschen Philosophischen Fakultät mit einem starren, engen

Lehrplan, der sich über vier Jahre erstreckte. Nahezu alle Colleges waren einer spezifischen Religionsgemeinschaft zugeordnet. Sie unterschieden sich von der britischen Praxis insofern, als es in den Vereinigten Staaten so viele verschiedene Konfessionen gab, sie deshalb in weit höherem Maße von Religionsgemeinschaften und reichen Privatleuten finanziert wurden als aus öffentlichen Mitteln; niemals verband sich eine Gruppe solcher Colleges und bildete den Typus einer britischen Universität, wie er von Oxford oder Cambridge vertreten wird.

Anfang des 19. Jahrhunderts gab es zunehmende Unzufriedenheit mit den amerikanischen Colleges zu verzeichnen. Es wurde behauptet, ihre Gelehrsamkeit sei langweilig, beschränkt und von geringer Qualität. Ihre Tradition lief den Strömungen der Demokratisierung und der Auflockerung religiöser Orthodoxien zuwider. Vor allem boten sie keine praktische Ausbildung in einer neuen Nation, in der ein gewaltiger Prozeß der industriellen Entwicklung begonnen hatte. Die folgenden Ausführungen von Henry P. Tappan, dem späteren Präsidenten der Universität von Michigan, aus dem Jahre 1851 geben die Unzufriedenheit mit dem College-System der amerikanischen höheren Bildung treffend wieder:

„Die Colleges Amerikas sind offenkundig Kopien der Colleges englischer Universitäten. Der Studiengang, der Präsident und die Tutoren, die Zahl der Studienjahre – das alles entspricht dem englischen Vorbild. Wir haben gesehen, daß in den englischen Institutionen von der Universität nur der Name übrigblieb, während das College- oder Tutoren-System alle Bildungsfunktionen übernahm. In Amerika, wo sogenannte Colleges gegründet wurden, gewannen diese bald einen Misch-Charakter. Man ernannte Professoren, doch sie übernahmen lediglich die Aufgaben von Tutoren für fortgeschrittene Studenten, so daß die Tutoren tatsächlich Assistenten waren oder die Professoren nur besonders erfahrene Tutoren. Außerdem haben unsere Colleges von Anfang an in allen Fakultäten akademische Grade verliehen, was in England nur die Universität tut. [...]
Wir erwecken kein allgemeines Streben nach Hochschulbildung, und es gelingt uns auch nicht, Studenten anzuziehen, weil wir nur versprechen und das Versprochene nicht halten. Auf diese Weise erwerben wir einen schlechten Ruf, und fähige junge Männer finden Wege, sich ohne unsere Hilfe auf das aktive Leben vorzubereiten. In Verbindung damit schaffen der Handelsgeist unseres Landes und die vielen Wege zum Reichtum, die sich vor beherztem Unternehmertum auftun, eine Abneigung gegen das Lernen, die der Bildung zutiefst abträglich ist. Der Fabrikant, der Kaufmann, der Goldgräber wird seine Karriere nicht unterbrechen, um geistige Werte zu erwerben. Während er Kenntnisse gewinnt, würde er Chancen zum Geldverdienen verlieren. Auch die politischen Umstände in unserem Land sind dergestalt, daß eine höhere Bildung und eine hohe Begabung im allgemeinen nicht den Erfolg garantieren. Das Gespür des Demagogen triumphiert über die Leistungen des Gelehrten und des großen Geistes.
Nimmt man diese Ursachen zusammen, so hat man die Erklärung für die Phänomene, die wir erkennen und beklagen. Unsere Colleges werden selbstgefällig gering geschätzt, wenn sie weder die Befriedigung und Auszeichnung einer gründlichen und erhabenen Bildung vermitteln, noch Vorteile für das Gewinnen von Reichtum und politischen Würden bieten."[1]

Ein neuer Anfang war vonnöten, und zu diesem Zweck blickte man auf die deutsche Universität. Das geschah nicht in erster Linie, weil es Bedenken dagegen gegeben hätte, erneut auf Großbritannien zurückzugreifen, und auch nicht nur, weil die Hochachtung vor dem Stand der deutschen Gelehrsamkeit allgemein war. Vielmehr lag es vor allem an den bemerkenswerten Reformen an den deutschen Universitäten, die Wilhelm von Humboldt bewirkt hatte, zunächst bei der Gründung der Universität Berlin im Jahr 1809 und danach sehr rasch an allen anderen deutschen Universitäten. Der Schlüssel zu Humboldts Reformen war die berühmte Erklärung, daß die Prinzipien, welche die Institutionen wahrer Wissenschaft durchdringen und beherrschen sollten, „Einsamkeit und Freiheit" seien. Mit Einsamkeit meinte Humboldt die Abschirmung des Wissenschaftlers gegen den Druck praktischer Bedürfnisse und Forderungen, so daß er sich uneingeschränkt und ohne Rücksicht auf utilitaristische Faktoren der Forschung widmen kann. Unter Freiheit verstand Humboldt nicht die Autonomie der Universitäten, sondern die Freiheit der Lehre und die Freiheit des Lernens: Der Professor sollte das Recht haben zu lehren, was er lehren will, der Student das Recht haben, solche Vorlesungen zu besuchen, die ihn interessieren. Die Umsetzung dieser Ideale in die Praxis ergab eine auf die Forschung ausgerichtete Universität, auf Forschung um ihrer selbst willen, durchgeführt von Professoren, die Ziel und Methode ihrer Forschung frei bestimmen durften, sowie von Studenten, die frei entscheiden konnten, was und bei wem sie studierten. Das war das Ideal der neuen Universität, die Wilhelm von Humboldt in Berlin gegründet hatte.

Es ist nicht angebracht, hier den Versuch zu unternehmen, die Geschichte der Entwicklung der deutschen Universität im 19. Jahrhundert darzustellen, doch müssen zwei praktische Auswirkungen der Verbreitung von Humboldts Ideen erwähnt werden. Die erste war die Aufwertung der Philosophischen Fakultät — die zuvor lediglich dazu gedient hatte, die Studenten auf die Arbeit in den drei höheren berufsbezogenen Fakultäten für Theologie, Medizin und Jura vorzubereiten — zur gleichen Stellung wie die anderen drei. Diese Statuserhöhung der Philosophischen Fakultät hatte die entscheidende Konsequenz, daß die verschiedenen Disziplinen, die in dieser Fakultät versammelt waren, sich endlich frei nach ihren eigenen Maßstäben entwickeln konnten. Die zweite Folge war die zusätzliche Förderung, die das Engagement für die Forschung dem Seminar-System als Form der Lehre vermittelte. Das Seminar bedeutete nicht nur die Betonung eines begrenzten Forschungsprojekts, das von einer kleinen, sorgfältig ausgewählten Gruppe von Studenten unter Leitung eines Professors durchgeführt wurde, sondern auch das Vorhandensein eines separaten Raumes oder einer Anzahl davon, wo die Sitzungen abgehalten und Spezialbibliotheken sowie andere Lehrmittel aufgestellt wurden.

Am allerattraktivsten an der deutschen Universität der Jahrhundertmitte war jedoch nach amerikanischem Ermessen die führende Position, die Deutschland in den Naturwissenschaften erreicht hatte. Hierin liegt eine gewisse Ironie. Wilhelm von Humboldt selbst hatte ja die Erkenntnissuche zu praktischen Zwecken oder auch aus utilitaristischen Gründen abgelehnt, doch in den durch seine Ideen reformierten deutschen Universitäten gewannen die so eng mit der Industrialisierung verbundenen Naturwissenschaften eine hervorragende Position. Dies war weitgehend auf die Förderung und die finanzielle Unterstützung zurückzuführen, die von der preußischen und anderen deutschen Regierungen für die Entwicklung der Naturwissenschaften geleistet wurden, und auch auf die Tatsache, daß die Grundidee der Humboldtschen Universität – die Betonung der reinen Forschung und des Seminarsystems – in idealer Weise den Interessen der Naturwissenschaftler entgegenkam. Tatsächlich war es Wilhelms Bruder Alexander, der seinen eigenen großen Einfluß beim preußischen Hof dazu benutzte, die Entwicklung der Naturwissenschaften innerhalb der reformierten Philosophischen Fakultäten der Universitäten voranzutreiben.

Bald nach den fünfziger Jahren des 19. Jahrhunderts erblickten Amerikaner in der zeitgenössischen deutschen Forschungsuniversität mit deren energischer Arbeit im Bereich der Naturwissenschaften das Vorbild für die Reform der amerikanischen Hochschulausbildung. Nicht Humboldts Humanismus als solcher zog die Amerikaner an, vielmehr war es die Tatsache, daß die Universitätsstruktur, die sich aus seinen Ideen entwickelt hatte, eine disziplinierte Ausbildung für praktische, utilitaristische Zwecke zu bieten vermochte, frei von der Vorherrschaft religiöser Orthodoxie. Nur wenige Amerikaner waren dadurch beunruhigt – wenn es ihnen überhaupt bewußt war –, daß Humboldt ihr Interesse an Ausbildung in technischen, industriellen und kommerziellen Fächern verachtet und daß er wahrscheinlich die Beschränkungen gar nicht begriffen hätte, die den frühen amerikanischen Colleges durch die religiöse Orthodoxie auferlegt worden waren. Einen knappen Eindruck davon, wie die deutsche Universität sich dem amerikanischen Beobachter im Jahre 1851 darstellte, vermittelt uns wiederum Tappan, der zusammenfaßte, was viele andere führende amerikanische Bildungsfachleute sahen und dachten:

„Wir haben die deutschen Universitäten vorbildliche Institutionen genannt. Ihre hervorragende Qualität beruht auf zweierlei: Erstens sind sie ausschließlich Universitäten, ohne jede Beimischung von College-Unterricht. Zweitens sind sie als Universitäten vollständig, indem sie Bibliotheken und alle anderen Lehrmittel bieten und bedeutende Professoren besitzen, die Theologie, Jura und Medizin, Philosophie, Mathematik, Naturwissenschaften, Philologie und Politische Wissenschaft, Geschichte und Geographie, Geschichte und Theorie der Kunst lehren, kurz, jeden menschlichen Wissenszweig vertreten. Die Professoren sind so zahlreich, daß eine angemessene Arbeitsteilung stattfindet und jedes Thema gründlich diskutiert wird. An der Universität wählt jeder Student die Lehrveranstaltungen, die er besucht. Er wird auf seine eigene Verantwortung und seinen Fleiß verwiesen. Er hat die Freiheit, seinen Studien nachzugehen; doch wenn er Geistlicher, Arzt, Anwalt, Staatsmann, Professor oder Lehrer an einer höheren Schule werden will, so muß er sich äußerst anstrengenden, sowohl mündlichen als auch schriftlichen Prüfungen unterziehen.
College-Unterricht existiert an den deutschen Universitäten nicht, weil er völlig unnötig ist, da der Student am Gymnasium in vollem Umfang auf das Studium vorbereitet wird, bevor er die Universität beziehen darf. Ohne das Gymnasium wäre die Universität wenig wert."[2]

In der Zeit nach dem amerikanischen Bürgerkrieg wurde also die Idee der Forschungsuniversität und die Vorrangstellung der Naturwissenschaft aus Deutschland in das amerikanische höhere Bildungswesen eingeführt. Die Auswirkungen waren breit gestreut. Seit dem ersten Jahrzehnt des 19. Jahrhunderts studierten Amerikaner an deutschen Universitäten. Im Laufe des Jahrhunderts besuchte die erstaunliche Zahl von insgesamt über 10 000 Amerikanern deutsche Universitäten. Führende amerikanische Bildungsreformer reisten auf der Suche nach Anregungen nach Deutschland. 1868 wurde die Cornell-Universität gegründet, um eine neue Art konfessionell ungebundener und praktischer Ausbildung zu bieten, bei der die Betonung auf Technik und Landwirtschaft lag. Ihr erster Präsident war Andrew D. White, der sich 1855 an der Berliner Universität eingeschrieben hatte, an der Universität von Michigan unter Tappan gelehrt hatte und beim Aufbau der Cornell-Universität in hohem Maße auf seine deutschen Erfahrungen zurückgriff. Charles William Eliot, der in seinen vierzig Jahren und von 1869 ab als Präsident Harvard zu einer Universität umwandelte, hatte den größten Teil des Jahres 1863 an der Universität Marburg verbracht und bezog die meisten seiner Ideen für die Reform Harvards von dorther.

Der Import deutscher Universitäts-Ideen stieß häufig auf Widerstand, insbesondere dann, wenn diese der religiösen Orthodoxie zuwiderliefen. 1877 wurde am Amherst College ein in Deutschland ausgebildeter Biologie-Professor entlassen, weil er Biologie als eine Naturwissenschaft gelehrt habe und nicht „als ein absolut abhängiges Produkt eines absolut unabhängigen und unkörperlichen Schöpfers".[3] An mehreren Orten kam es zu öffentlichen Protesten gegen den ‚Germanismus', der zur Errichtung von Bierkneipen deutschen Stils am Rande des Campus führte. Tappan, den wir oben zitiert haben, unternahm als Präsident der Universität von Michigan energische Anstrengungen, diese Universität nach deutschem Vorbild zu reformieren, wurde aber nach einem Jahrzehnt vom Lehrkörper vertrieben, und zwar vor allem wegen seiner „germanischen Allüren", zu denen die „ausschweifende" Gewohnheit gehörte, zu den Mahlzeiten Wein zu trinken!

Die direkteste, dramatischste und weitreichendste Übernahme der Ideen der deutschen Universität in den Vereinigten Staaten erfolgte 1876 mit der Eröffnung der Johns Hopkins University in Baltimore. Ihr Gründungspräsident war Daniel Coit Gilman, der 1854 und 1855 in Berlin studiert hatte. Im Zuge seiner Vorbereitungen für die Gründung der neuen Universität kehrte er 1875 nach Deutschland zurück und besuchte eine Reihe von deutschen Universitäten, vor allem Straßburg, Freiburg, Göttingen und Berlin. Die Johns Hopkins-Universität unter Gilman war die erste neue amerikanische Universität, die ausdrücklich als eine Institution gegründet wurde, die entsprechend dem deutschen Vorbild dem Studium und der Forschung auf hohem Niveau gewidmet war. Viele Angehörige des Lehrkörpers der Anfangszeit an Johns Hopkins hatten an deutschen Universitäten studiert, darunter Ira Remsen, der erste Chemie-Professor und zweite Präsident der Universität, der in München studiert, 1870 in Göttingen promoviert und in Tübingen gelehrt hatte; William E. Story, Mathematik-Professor, der 1875 in Leipzig promovierte; Basil L. Gildersleeve, der erste Professor für Klassische Philologie, der in Berlin und Bonn studierte und 1853 in Göttingen promovierte; und Henry A. Rowland, der erste Physik-Professor, der in

Berlin studiert hatte. Johns Hopkins erhielt den Spitznamen „Göttingen in Baltimore" und war die erste amerikanische Universität, die systematische Studiengänge für den Doktorgrad in verschiedenen Disziplinen einführte.

Ihrem Spitznamen zum Trotz war die Johns Hopkins-Universität jedoch keine deutsche Universität. Dazu erklärte Gilman: „Wir hatten nicht die Absicht, eine deutsche Universität zu errichten, auch nicht eine englische, sondern eine amerikanische Universität, gestützt und bezogen auf die bestehenden Institutionen unseres Landes."[4] Auf den einfachsten Nenner gebracht, geschah im amerikanischen höheren Bildungswesen folgendes: Der College-Sektor blieb bestehen, doch darüberhinaus wurde forschungsorientierte Lehre auf Graduiertenebene eingerichtet, die nach dem Bakkalaureat liegt und den College-Jahren folgt, statt an ihre Stelle zu treten. Die College-Struktur läßt nach wie vor Anzeichen ihrer britischen Wurzeln erkennen, doch das Graduiertenstudium an den Universitäten geht größtenteils auf die deutsche Universität des 19. Jahrhunderts zurück, wie sie sich Amerikanern darstellte. Die deutsche Erfahrung wurde auch als Befreiung der amerikanischen Universität von religiösem Einfluß wirksam, da Cornell, Johns Hopkins, Chicago und die großen staatlichen Universitäten ausdrücklich als konfessionell nicht gebundene Institutionen errichtet wurden.

Nach diesem Rückblick auf die deutsche Beeinflussung der Entwicklung amerikanischer Universitäten kehren wir nun in die Gegenwart zurück und versuchen, in die Zukunft zu schauen. Lassen Sie mich als ein persönliches Symbol der jüngeren deutschen Einwanderung in die Vereinigten Staaten erklären, daß meine vollständige Amerikanisierung und meine absolute Hinwendung zu den Vereinigten Staaten mich nicht daran hindert, ein besonderes und andauerndes Interesse an deutschen Angelegenheiten zu bewahren. Das mag im besonderen Fall natürlich sein, und doch wird ein solches Interesse an der deutschen Vergangenheit und Zukunft von den meisten Amerikanern geteilt, die sich der Schlüsselposition bewußt sind, die von den deutschsprechenden Völkern im Herzen Europas eingenommen wird. Deshalb halte ich diese Konferenz für doppelt wichtig: das Spektrum ihrer Themen ist breit genug, die deutsch-amerikanischen Beziehungen nicht nur, wie sie in der Vergangenheit waren, einzuschließen, sondern auch, wie sie heute sind und sich in die Zukunft erstrecken werden. Dreihundert Jahre sind eine Geschichte, die nicht beendet ist, sondern weiterschreitet. Und meiner Meinung nach hält sich die Teilung Europas, die seit etwa 1940 existiert, nicht auf die Dauer, und es ist wahrscheinlich, daß im Zusammenhang mit zukünftigen deutsch-amerikanischen Beziehungen in dieser Sache neue Fragen auftreten werden.

Die gegenwärtige Teilung Europas verleugnet manches an Geschichte und Wirtschaftsgeographie. Einiges von dem Vermächtnis einer gemeinsamen Vergangenheit und einer gemeinsamen Kultur gelangt über die Grenzen zwischen Ost und West hinaus; ebenso erheblich ist ein umfangreicherer Handelsverkehr. Obwohl jedoch Geschichte und natürliche Gegebenheiten keine geringfügigen Kräfte sind, dürften sie heute weniger vorherrschend sein, als sie es in der Vergangenheit waren. Die moderne Technologie — in Wirtschaft, Verkehr, Fernmeldewesen und der Verwendung von Kunststoffen – macht die Grenzen der Natur weniger relevant. Und die nie zuvor dagewesene Furcht vor der nuklearen Vernichtung ist möglicherweise mehr als ausreichend, um jedes lediglich auf die Vergangenheit gestützte Gemeinschaftsgefühl zu ersticken. Die Tatsache, daß die Teilung Europas ahistorisch und unnatürlich ist, mag mißlich sein, doch sie allein stellt wahrscheinlich keine ernsthafte Bedrohung des Status quo dar.

Beunruhigender ist es, daß die Stabilität des Status quo in so hohem Maße auf der Fähigkeit aller beruht, nur rückwärts zu schauen und niemals vorwärts. Wann auch immer wir im Westen in unserer Entschlossenheit, den Status quo zu erhalten, zu wanken beginnen, appellieren wir an die Vergangenheit. Unsere leitenden Politiker beschwören für uns die Namen Marshall, Churchill, Truman oder Adenauer und erinnern an die Entschlossenheit bei der Gründung der NATO oder bei der Berliner Luftbrücke. Selbstverständlich ist Unbeweglichkeit nur schwer zu ertragen. Vorwärts schreiten ist zu riskant. Rückwärts gehen ist auch nicht möglich, doch psychologisch liegt Erleichterung darin, im Geiste da zurückzugehen, wo alles begonnen hat, und dann wiederum im Geist vorwärts zu schreiten zu dem Punkt, an dem wir uns bereits befinden. Gewiß funktioniert das weniger gut, je öfter man es wiederholt. Und es könnte immer schwieriger werden, wenn es die zukünftige Generation betrifft, von der man verlangt, sie solle sich zu einer Vergangenheit bekennen, die sie selbst nicht erlebt hat und an die sie sich deshalb auch nicht erinnern kann. Es ist kaum erstaunlich, daß diejenigen Leute, die am stärksten auf den Status quo pochen, sich die größte Sorge um die nachfolgende Generation machen, für die das ständige Zurückblickenmüssen weniger attraktiv und befriedigend sein dürfte. Junge Leute haben eine natürliche Tendenz, nach vorn zu blicken und sogar den Wandel zu suchen. Für sie und auch für die älteren Zeitgenossen ist es deshalb frustrierend, immer wieder beteuern zu müssen, daß alles gleich bleiben müsse, und sie zu zwingen, ihren Blick so fest wie möglich auf die Vergangenheit zu richten.

Wenn man voll und ganz auf den Status quo festgelegt ist, dann bleibt die Vergangenheit nicht nur Prolog, sondern wird auch zum Epilog. Das macht die Gegenwart schal. So müßte man dann, wenn man für die ganze Lebensspanne nur eine furchterregend festgefahrene Lage in der Mitte Europas erwarten könnte, sich vielleicht damit zufrieden geben, Mobilität und Wandel innerhalb der Grenzen des eigenen Nationalstaates zu suchen. In der Nachkriegszeit, als die Teilung Europas entstand, hatte der Nationalismus einen schlechten Ruf. Heute ist das anders, und ich glaube, daß das Wiederaufleben des Nationalismus in Europa mit der Aufrechterhaltung der Teilung Europas zusammenhängt. Es erfüllt mich mit tiefer Sorge, daß die Bewahrung des Status quo jede von Hoffnung und Wandel gekennzeichnete Zukunftsvision so schroff blockiert. Schon das allein ist schwer durchzuhalten – eine instabile Situation, wenn man so will –, und für eine neue Generation ist es noch viel schwieriger, den rechten Weg zu finden. Doch das Wiederaufleben des Nationalismus beunruhigt mich aus anderen Gründen sogar noch stärker.

Warum eigentlich? Habe ich hinsichtlich des Nationalismus überhaupt ein Recht, davon zu sprechen? Nun, eine der in den Vereinigten Staaten beliebteren Parolen der jüngsten Vergangenheit lautet: „Laßt Polen Polen sein". Zumindest der polnische Nationalismus wird also explizit gefeiert. Bitte verstehen Sie mich nicht falsch — ich habe durchaus Mitgefühl für das Schicksal des polnischen Volkes. Doch ist es eine Tatsache, daß der Status quo der Teilung Europas sich auf die Teilung Deutschlands gründet, genauer gesagt, auf die Existenz zweier deutscher Staaten. Stehen die Polen allein mit ihrem Nationalismus? Wie ist es mit den Briten? Den Franzosen? Und wie hörte es sich an, wenn man riefe: „Laßt Deutschland Deutschland sein"?

Es mag geschmacklos scheinen, so etwas auszusprechen. Doch leider ist Schweigen nicht *immer* Gold. In der Tat kann es gelegentlich schwierig sein, sich der Wahrheit zu stellen, doch es mag nützlicher sein, wenn man es tut. Es ist schwer zu glauben, daß die Deutschen, wenn der Nationalismus tatsächlich in so vielen anderen europäischen Staaten wieder populär und augenfällig ist, auf unabsehbare Zeit dagegen immun bleiben sollten. Um zu einem solchen Schluß zu gelangen, ist es nicht nötig, sich in irgendeiner Weise auf den deutschen Nationalismus in den vergangenen zweihundert Jahren zu beziehen. Ganz im Gegenteil: Die einfache Annahme, daß die Deutschen sich in vieler Hinsicht ähnlich wie ihre Nachbarn verhalten, deutet darauf hin, daß der Nationalismus bei den Nachbarn mit großer Wahrscheinlichkeit einen vergleichbaren Nationalismus bei den Deutschen fördert. Doch wenn diese Auffassung richtig ist, dann müßte man versuchen, die besonderen Probleme, die dem heutigen deutschen Nationalismus anhaften, richtig einzuschätzen.

Natürlich gibt es heute zwei deutsche Staaten mit Gesellschaftssystemen, die nicht nur sehr verschieden voneinander sind, sondern sogar stark miteinander kontrastieren. Die Annahme läge deshalb nahe, daß beide auf ihre Weise nationalistisch sein könnten und daß dies für niemanden sonst besondere Probleme mit sich bringen würde. Doch darf man glauben, daß diese nächstliegende Annahme auch die wahrscheinlichste ist? Mehrere Faktoren lassen eine solche Auffassung zumindest fraglich erscheinen. Es ist bekannt, daß die Beziehungen zwischen den beiden deutschen Staaten einzigartig sind und sich in bestimmter Hinsicht von Beziehungen zwischen anderen Staaten mit gemeinsamen Grenzen unterscheiden. Es ist auch unbestreitbar, daß die Lage Berlins einzigartig und ungewöhnlich ist. Zudem will es mir scheinen, daß Deutsche in der Bundesrepublik — besonders jüngere Bürger — den Ursprung der westlichen Allianz nicht ganz so sehen wie andere, wenn man an sie appelliert, die Rechtfertigung des Status quo zu bestätigen. Schließlich sollte man vielleicht die Tatsache nicht ganz übersehen, daß sich für die Deutschen der Nachkriegszeit die nationale Niederlage und nicht der Sieg als eine geschichtliche Tatsache darstellte. Es hat den Anschein, als ob in der Bundesrepublik besondere Anstrengungen unternommen worden seien, den Nationalismus so weit wie möglich herunterzuspielen. Wenn das zutrifft, so mag das in hohem Grade gerechtfertigt und sogar bewundernswert sein, doch könnte das auch einen völlig unbeabsichtigten umgekehrten Effekt haben. Wenn die Bemühungen um die Unterdrückung des Nationalismus zu Frustrationen führen, dann könnte ein frustrierter Nationalismus langfristig sogar noch stärker werden als ein frei und offen ausgedrückter kräftiger Nationalismus. Genau dies scheint tatsächlich im Falle Polens zu gelten, das jüngst so viel Aufmerksamkeit und Sympathie gefunden hat.

Ich hoffe, es ist deutlich geworden, daß ich bestrebt bin, mich auf brüchigem Boden behutsam zu bewegen. Dennoch gelange ich zu einem unvermeidlichen Schluß: Die Bewahrung des Status quo, der Teilung Europas ohne viel vorhersehbare Aussicht auf Wandel, bereitet den Deutschen einige besondere Schwierigkeiten; die Wiederbelebung des Nationalismus überall in Europa bedeutet, daß diese besonderen Schwierigkeiten sich in der Zukunft mit größerer Wahrscheinlichkeit eher verschärfen als daß sie abnehmen werden; schließlich macht es die Schlüsselstellung der Deutschen in Europa wahrscheinlich, daß alle zusätzlichen Schwierigkeiten, mit denen sie konfrontiert werden, auch weitere Schwierigkeiten für ihren Nachbarn mit sich bringen. Ich möchte deshalb so behutsam wie möglich, aber doch recht entschieden behaupten, daß die Existenz von zwei deutschen Staaten ebensosehr ein Problem bleibt wie sie eine Lösung darstellt, und daß dies in zukünftigen Jahren mindestens ebensosehr der Fall sein wird wie heute – vielleicht sogar noch in größerem Maße.

Es gibt ausreichend Grund zu der Annahme, daß die amerikanisch-deutschen Beziehungen in der Zeit, die vor uns liegt, ihre Intensität und ihr starkes beiderseitiges Interesse behalten werden, während zur gleichen Zeit diese Beziehungen nicht unbedingt bequem sein mögen. Zum Teil aus diesem Grund werden einige andere Beteiligte und ich im Verlaufe dieser Konferenz ein neues ‚American Institute for Contemporary German Studies' formell ins Leben rufen. Eine solche nationale Institution hat es bisher in den Vereinigten Staaten nicht gegeben. Mit der Gründung des Instituts in Washington, in Verbindung mit der Johns Hopkins University, wollen wir eine Basis für die Beschäftigung mit aktuellen deutschen Fragen und Problemen der deutsch-amerikanischen Beziehungen schaffen, eine Basis für die gemeinsame Forschung, für die Durchführung von Informationsprogrammen, für die Verbesserung des beiderseitigen Verständnisses und Austauschs sowie für den Aufbau einer aktuellen und vollständigen Bibliothek, die neben Büchern und Zeitschriften auch anderes relevantes Material enthält. Wie es der Name des Instituts ankündigt, geht es uns weder um die deutsche Sprache noch um die Vergangenheit, sondern um die Gegenwart, und wir hoffen, hier nicht nur die Wissenschaft in vielen Disziplinen, sondern auch den Journalismus, die Staatskunst und kulturelle Leistungen einzuschließen.

Dasselbe Anliegen, das zur Schaffung des American Institute for Contemporary German Studies führt, verleiht dieser 300-Jahr-Konferenz zur deutschamerikanischen Geschichte, Politik und Kultur eine besondere Bedeutung. Indem wir drei Jahrhunderte schicksalsschwerer deutsch-amerikanischer Wechselbeziehungen beleuchten, werden wir nicht nur die Vergangenheit, sondern auch die Gegenwart klarer sehen – und besser auf die Zukunft vorbereitet sein.

Anmerkungen

1 Henry Tappan, University Education, New York: Arno Press, 1969, S. 45.
2 Ebd., S. 43.
3 Frederick Rudolph, The American College and University. A History, New York: Knopf, 1962, S. 247.
4 Coit Daniel Gilman, The Launching of a University and Other Papers. A Sheaf of Remembrance, New York: Dodd, Mead and Co., 1906, S. 49.

Erster Teil
Einwanderung, Sprache, Ethnizität

I. Einwanderung

1. Deutsche Einwanderung in die nordamerikanischen Kolonien
Prototyp einer transatlantischen Massenwanderung

Marianne Wokeck

Im Jahre 1981 gedachte man in Amerika der Verleihung der Urkunde von Pennsylvania (1681); ein Jahr später wurde die Ankunft William Penns im Delaware-Tal gefeiert; und 1983 ist das Jahr der Feiern zur dreihundertjährigen Wiederkehr der Ankunft der ersten Einwanderergruppe aus Deutschland und der Gründung von Germantown. Diese drei historischen Ereignisse sind auf erstaunliche Art und Weise miteinander verwoben und unendlich wichtig hinsichtlich der Umsiedlung von ungefähr 100 000 deutschsprechenden Einwanderern in die nordamerikanischen Kolonien. Im folgenden sollen die Kräfte näher untersucht werden, die diesen ersten freiwilligen Einstrom von nicht-britischen Fremden geprägt haben.[1]

William Penn spielte eine ausschlaggebende Rolle in diesem Prozeß, indem er Bedingungen schaffte, die den transatlantischen Strom von Protestanten aus dem westlichen Europa in Bewegung setzten. Penns Einfluß wirkte sich besonders in zwei Richtungen aus: zum einen war er der Gründer einer Kolonie, deren Plan ausdrücklich vorsah, daß auch Siedler von außerhalb der Besitzungen der englischen Krone Aufnahme finden konnten; zum andern stellten Penns persönliche Beziehungen und Überzeugungen die notwendigen Kontakte her, die die erste bahnbrechende und beispielgebende Einwanderergruppe aus Krefeld und ein Mitglied der Frankfurter Gesellschaft (Frankfort Company) – Francis Daniel Pastorius – nach Pennsylvania brachte.

Diesen ersten Auswanderertrupp kennzeichneten vor allem drei Merkmale, die, zusammengenommen, die nachfolgende Wanderung aus den Rheingegenden nach Amerika ankurbelten – eine Bewegung gleich einer sich steigernden Flutwelle, deren Hochstand in der Mitte des 18. Jahrhunderts erreicht wurde. Das erste Charakteristikum war die regionale Herkunft dieser frühen Einwanderer. Die deutschen Siedlungspioniere in Pennsylvania entstammten einem Gebiet entlang des Rheins, in dem viele Einwohner erst kurz zuvor ihre Haushaltungen aufgeschlagen hatten und unter dessen Bevölkerung die Tradition stark ausgeprägt war, auf politische Unruhen, wirtschaftliche Unbeständigkeit und religiöse Verfolgung mit Auswanderung zu reagieren. Zum zweiten zeichneten sich die Begründer von Germantown nicht nur durch ihre von der Mehrheit abweichenden religiösen Überzeugungen aus, die es ihnen leicht machten, ihre intolerante Heimat zu verlassen, sondern auch durch ihre relative ökonomische Unabhängigkeit, die es ihnen ermöglichte, ihren Umzug in die Neue Welt zu finanzieren. Außerdem erwies sich die Vielfalt von Verbindungen, die zwischen den Auswanderern und ihren Glaubensbrüdern, ihren Verwandten, Freunden und ehemaligen Nachbarn bestand, später von entscheidenden und höchst weitreichenden Konsequenzen. Nachdem nämlich die Pioniere von Germantown glaubwürdige Berichte über religiöse Toleranz, eine unaufdringliche Regierung und vor allem reichlich Gelegenheit zu anständigem Broterwerb im Gebiet des Delaware erstatteten, fühlten sich bei weitem die meisten Deutschen, die ihre Heimat verlassen wollten oder mußten, zuerst nach Pennsylvania gezogen.

Was die Pioniere von Germantown betrifft, schlossen ihre Verbindungen zu Leuten, die ihrem Vorhaben, nach Amerika umzusiedeln, wohlwollend gegenüberstanden, Kontakte mit führenden Quäkern und Mennoniten in Rotterdam und Amsterdam – und infolgedessen auch deren Geschäftspartner in London und Philadelphia – mit ein. Diese Kontaktpunkte zwischen Siedlern in Pennsylvania, die mit ihrem Leben dort zufrieden waren, und Einwohnern deutscher Länder, die unter schwer zu tolerierenden Bedingungen lebten, hatte weitreichende Folgen. Besonders Benjamin Furly – er war William Penns Agent, das prominenteste Mitglied der Rotterdamer Quäkergemeinde und ein einflußreicher Kaufmann mit weitreichenden Beziehungen – spielte eine entscheidende Rolle, die wahrscheinlich dazu führte, daß Rotterdam zum wichtigsten Ausschiffungshafen für die deutschen Einwanderer in die amerikanischen Kolonien wurde. Diese kommerzielle Komponente der frühen Auswanderung aus Deutschland brachte es nicht zuletzt mit sich, daß das transatlantische Transportsystem für Auswanderer zu einem regelrechten Geschäft wurde. Was als gelegentlicher Dienst für religiös Gleichgesinnte begonnen hatte, entwickelte sich mit der Zeit zu einer hochspezialisierten Handelstätigkeit, die in den Händen von einer verhältnismäßig kleinen Anzahl englischer Kaufleute in Rotterdam lag, deren Geschäftsinteresse anderweitige Überlegungen, die auf gemeinsamer Glaubensüberzeugung basierten, überwog.

Dieselben drei Merkmale, die für die transatlantische Wanderung der Pioniere von Germantown verantwortlich waren, prägten gleichermaßen die gesamte deutsche Einwanderung in die Kolonie Pennsylvania. Verschiedene widrige Umstände in der Heimat ließ manchen protestantischen Einwohnern des westeuropäischen Kontinents irgendeine Form der Umsiedlung erstrebenswert erscheinen. Auf die Entschlüsse potentieller Auswanderer in Deutschland war zudem von großem Einfluß, ob sie Nachrichten von sich bessernden oder verschlechternden Siedlungs- und Arbeitsbedingungen im Delaware-Tal oder anderswo erhielten. Allerdings stellte sich vor diese ‚schiebenden' (push) und ‚anziehenden' (pull) Kräfte der Gedanke an die monatelange, gefährliche und vielfach unerschwingliche Überfahrt über den Atlantischen Ozean, ganz abgesehen von der wochenlangen, schwierigen und teuren Reise zum Ausfuhrhafen. Dies war die Voraussetzung für das gewinnträchtige Geschäft des Massentransports von Einwanderern nach Amerika – die notwendige dritte Bedingung –, die dazu beitrug, daß die überseeische Wanderungswelle erst anschwoll und dann zurückging, und die mitbestimmte, wer auswanderte und zu welchem Zeitpunkt, mit welchen Erwartungen die Neusiedler kamen und was sie mitbrachten.

Um die komplexen Zusammenhänge zwischen den verschiedenen Faktoren zu verstehen, die die deutsche Einwanderung in die Kolonie Pennsylvania veranlaßten und in Gang hielten, mag es nützlich sein, sich Grundmuster und wichtigste Merkmale dieser Einwanderungswelle zu vergegenwärtigen. Nach dem ersten Siedlungsstoß der Pioniere von Germantown landeten nur gelegentlich Gruppen deutscher Einwanderer – sie reisten häufig in Familien- und Gemeindeverbänden – im Hafen von Philadelphia. In den ersten drei Jahrzehnten etablierte sich jedoch die Route der Überseewanderung aus den Rheingegenden und um das Jahr 1727 begann der Zustrom in großer Anzahl und mit Regelmäßigkeit.[2] Von nun an schwoll die deutsche Einwanderung mehr oder weniger an, bis in den Jahren 1749–54 eine enorme Welle von Einwanderern (ungefähr 37 000) Philadelphia erreichte. In diesem wachsenden Strom deutscher Neuankömmlinge war der Anteil von Familien vorerst weitergehend hoch, aber allmählich verringerte sich die Anzahl von Familienvätern (und die, die kamen, waren verhältnismäßig jünger), und es wanderten relativ mehr junge und ledige Leute nach Amerika ein. Obwohl die Überseewanderung nach dem Ende des siebenjährigen Krieges 1763 wieder in Gang kam, war dieser erneute Zustrom vom europäischen Kontinent in den zwölf Jahren vor der amerikanischen Revolution jedoch eher geringer (ungefähr 12 000 Einwanderer). Unter denen, die die Überfahrt in den Jahren 1763–76 unternahmen, befand sich ein großer Anteil lediger, wahrscheinlich junger Männer, und viele der Einwanderer waren verhältnismäßig arm. Für die folgende Diskussion ist diese charakteristische Bewegung von Anstieg, Höhepunkt und Abfall von Bedeutung.

Zur Auswanderung aus Deutschland trugen viele sogenannte ‚push'-Faktoren bei, die kausal häufig eng miteinander verwoben waren. Wiederholte Agrarkrisen und Kriege, hohe Steuerlasten und drückende Regulierung sämtlicher Lebensbereiche von herrschafts- und staatswegen betrafen besonders Bauern, Handwerker und Arbeiter, die Mühe hatten, sich einen ‚anständigen Lebensunterhalt' zu verdienen. Solche Bedingungen hatten viele Bewohner der Rheingegenden (einschließlich der deutschsprechenden Kantone der Schweiz sowie Elsaß-Lothringens) lange vor der ersten deutschen Gruppenwanderung in die amerikanischen Kolonien bewogen, vorübergehend oder für immer von ihren jeweiligen Geburtsorten fortzuziehen. Wanderung war vielen Einwohnern unter den herrschenden Umständen politischer und ökonomischer Unsicherheit und Glaubensunfreiheit in Südwestdeutschland nichts Ungewohntes; entweder waren sie selbst zugezogen oder sie kannten Leute, die die Gegend verlassen hatten oder neu hinzugekommen waren. Historiker, die andere, spätere Überseewanderungen untersuchten, sind zu der Einsicht gelangt, daß das Zusammentreffen einer stark ausgeprägten Wanderungstradition mit einem oder mehreren ‚push'-Faktoren – vom persönlichen Glücksstreben bis zur prinzipiellen politischen Opposition – fast immer in Auswanderung von beträchtlichem Grade resultierte. Das scheint auch für die Überseewanderung aus den Rheingegenden im 18. Jahrhundert zuzutreffen. Es sei hier nur nebenbei angemerkt, daß zum Beispiel die Schweizer und Pfälzer sprichwörtlich von der ‚Wanderlust' als einem typischen Charakterzug sprechen, was offensichtlich eine positive Auslegung der Motivation darstellt, angesichts widriger Gegebenheiten die Heimat zu verlassen, um anderswo Brot zu erwerben.

Was die Anziehungskraft für neue Siedler anbelangt, nahmen sich die amerikanischen Kolonien, und ganz besonders Pennsylvania, im Vergleich zu anderen Siedlungsvorhaben in Europa sehr positiv aus. Ein „verständiger Mann aus dem Würtenbergischen," der 1754 in Philadelphia landete, drückte es folgendermaßen aus:

> „Wer seine Lebes-tage noch nie Hunger gelitten und Mangel gehabt, der kans nicht begreiffen was die Ursache ist, dass sich diss Jahr so viele 1 000 Menschen auf die beschweerliche Reise begeben haben. Die herrschafftliche Beschweerden sind gar zu gross! Das Schaffen will nicht mehr helfen: Die Menschen werden in solcher Noth wie desperat . . . [und] dencken: Man hat auch gesagt, dass, wer nach Preussen gehen wolle, der bekomme Reiss-Geld und Land, wie in America; Aber ach! Was ist ein freyer Einwohner gegen einen Sklaven oder Leibeigenen? Was für ein Vergnügen kann ein Mensch haben in einem Land, darin er sich vor die Herrschafft zu tod arbeiten muss, und wo die Söhne keine Stunde vor dem elenden Soldatenleben sicher sind? Es ist freylich ein grosser Unterschied zwischen America und Europa . . ."[3]

In den Augen vieler deutscher Auswanderer schien tatsächlich ein „sonderbahrer Segen auf Pennsylvanien zu ruhen."[4] Die anhaltende Anziehungskraft der Delaware-Region selbst und später des sich enorm ausweitenden Hinterlandes der südlicheren Kolonien beruhte auf einer Reihe von Faktoren. Die verschiedenen Arbeitsmöglichkeiten, die Neuankömmlingen offenstanden, bestimmten nicht nur, welcher Einwanderertyp von bestimmten Orten angezogen wurde, sondern auch die Chancen, die die Neusiedler für eine erfolgreiche Eingliederung in die fremde Umgebung und ein neues Leben besaßen. Im ersten Drittel des 18. Jahrhunderts, als die Deutschen zuerst in beträchtlicher Zahl nach Pennsylvania einwanderten, war Glaubensfreiheit für Protestanten verschiedener Herkunft und unterschiedlichen Lebensstils weitgehend etabliert; Land ließ sich zu relativ niedrigem Preis erwerben und sowohl Löhne als auch die Preise für landwirtschaftliche und handwerkliche Produkte erschienen hoch. Demgegenüber waren die Auslagen für die Reise hoch und vor allem weitgehend im voraus in bar zu entrichten. Unter diesen Umständen fühlten sich vor allem Siedler nach Pennsylvania gezogen, die es sich leisten konnten, wenigstens etwas Startkapital im Gepäck zu führen (hauptsächlich europäische Waren, die sich gewinnbringend wiederverkaufen ließen), und außerdem ihre Familien, einschließlich Knechten und Mägden, mitzubringen, um Arbeitskosten zu sparen. Die Bedingungen dieser frühen Einwanderungsphase ermöglichten es zudem jenen Neuankömmlingen, die aufgrund ihrer handwerklichen Fähigkeiten und ihrer Arbeitskraft die Reisekosten bezahlen konnten, später einen Hof zu kaufen oder ein Geschäft zu eröffnen.

Je mehr diese günstigen Siedlungs- und Erwerbsbedingungen in Deutschland bekannt wurden, desto mehr zog Pennsylvania Verwandte, Freunde und Nachbarn von denen an, die sich schon in der Kolonie angesiedelt hatten und oft bereit und in der Lage waren, anderen bei der Umsiedlung behilflich zu sein. Zu einer Zeit, als Zeitungen nur in den größten Städten regelmäßig erschienen und es praktisch keinen allgemein erschwinglichen Postdienst gab, erwiesen sich persönliche Verbindungen – Briefe, die von vertrauenswürdigen Boten übermittelt wurden, und gelegentlich sogar Besuche von Verwandten und Freunden – für die Vermittlung von Nachrichten als außergewöhnlich wichtig, besonders natürlich im Hinblick auf weit entfernte Arbeits- und Siedlungsmöglichkeiten. Familienverbände und Gemeinden schickten deshalb oft ‚Späher' (scouts) oder ‚Vorreiter' voraus, bevor die Mehrheit von ihnen den gefährlichen Umzug unternahm. Umgekehrt verhielt es sich, wenn ehemalige Auswanderer, die sich unabhängig von Freunden oder Verwandten in die Fremde begeben hatten, von ihrem Erfolg in der Ferne berichteten – das geschah oft nach anfänglichen Schwierigkeiten und langen Jahren des Schweigens –, oder wenn sie gar zu einem Besuch zurückkehrten. In solchen Fällen wirkte ihr Beispiel oft wie ein Katalysator und animierte andere in der Heimat, ihren Fußtapfen zu folgen. Nachdem sich jedoch der Ruf von attraktiven Möglichkeiten im Delaware-Tal weit herumgesprochen hatte, konnte der rasche Anstieg der Auswanderung nur aufgrund der unternehmerischen Initiative der Kaufleute aufrechterhalten werden. Die Reeder in Rotterdam gingen verstärkt dazu über, die Passage nach Übersee auch auf Kredit zuzulassen, wodurch sie das Reservoir der Auswanderungswilligen beträchtlich erweiterten. Damit erfaßten sie auch jene, denen entweder die Mittel oder die Unterstützung durch Familienmitglieder fehlten.[5] Die Rolle der Überseekaufleute, die die Auswanderung unabhängig förderten, um am Transport zu verdienen, unterschied sich von derjenigen privater oder staatlicher Unternehmer auf der Suche nach Siedlern. Die Kombination von Anwerbung neuer Siedler durch ehemalige Auswanderer, sogenannte Neuländer, und Reisekreditgewährung durch profitorientierte Kaufleute wirkte sich auf Volumen und Zusammensetzung des Wanderungsstroms aus und äußerte sich in dem kurzen, aber massiven Einstrom von Deutschen in die amerikanischen Kolonien in den späten 1740er und frühen 1750er Jahren. (Es sei hier daran erinnert, daß die Zahl von 37 000 Einwanderern in sechs Jahren in unseren Ohren heute ziemlich unerheblich klingt, daß jedoch im entsprechenden Verhältnis die Landung von durchschnittlich 6 000 Neuankömmlingen in jedem Herbst den Bürgern von Philadelphia – einer Stadt von 1756 insgesamt ungefähr 17 000 Einwohnern – unglaublich hoch erschienen sein muß.)

Die Entwicklung des Geschäfts mit dem Transport deutscher Passagiere verrät viel über die Methoden der Kaufleute, sich dem verändernden Volumen und der wechselnden Zusammensetzung des überseeischen Wanderungsstroms anzupassen und daraus Gewinn zu ziehen. Während der späten 1720er Jahre, als die Ausschiffung aus Rotterdam zur Regel wurde, mußte der Passagepreis im voraus in bar entrichtet werden. Sowie sich jedoch die in diesem Geschäft engagierten Kaufleute ihres Gewinns aufgrund stark ansteigender Nachfrage nach überseeischem Transport sicher waren, änderten sie die Bedingungen für die Vorauszahlung der Überfahrt. Zuerst gewährten sie jungen ledigen Männern und Frauen die Möglichkeit, für die Transportkosten Kredit aufzunehmen, denn die Reeder wußten, daß sich die Arbeitskraft von Einwanderern in Pennsylvania gut zu Geld machen ließ, und zwar entsprechend dem lange etablierten englischen Brauch, der die Überfahrt von Knechten und Mägden regelte. Die englischen Kaufleute in Rotterdam entwickelten dieses Importgeschäft mit Kontraktarbeitern dann weiter und paßten es den Besonderheiten der deutschen Einwanderung an, nämlich dem großen Anteil von Familien unter den Passagieren. Voller Zuversicht, daß Kinder gewinnbringend als Knechte und Mägde in Dienst gegeben werden konnten, akzeptierten die Kaufleute eine Anzahlung der Überfahrtkosten von ganzen Familien, unter der Bedingung, daß der Rest des Frachtpreises bei der Ankunft in Philadelphia zu entrichten sei. In den frühen 1750er Jahren, dem Höhepunkt der deutschen Einwanderung, hatte sich dieser Brauch, einen beträchtlichen Teil des Reisegeldes als Kredit aufzunehmen, voll eingebürgert. Als Sicherheit für die Gewinnträchtigkeit dieser Geldanlage verlangten die Reeder lediglich, daß ungefähr die Hälfte aller Überfahrtkosten eines Schiffes im voraus bezahlt wurden. Diese recht großzügige Kreditgewährung erlaubte es Auswanderern, mit der Vergütung eines Teils oder sogar aller ihrer Reisekosten bis zu ihrer Ankunft in Pennsylvania zu warten. Für viele weniger bemittelte Deutsche, für die sonst die Umsiedlungskosten unerschwinglich gewesen wären, bedeutete das eine willkommene Unterstützung.

Als Sicherheit für diese Art des Reisekredits akzeptierten die Kaufleute in Rotterdam entweder eine ausdrückliche Einladung von in Amerika ansässigen Freunden oder Verwandten, die bei der Bezahlung ausstehender Fahrtkosten behilflich sein konnten, oder eine wohlgefüllte Frachtkiste, deren Inhalt mit Profit verkauft werden konnte, darüberhinaus aber auch das Versprechen, sich für den schuldiggebliebenen Überfahrtspreis als Kontraktarbeiter (indentured servant) zu verdingen. Die letztgenannte Möglichkeit war eine finanzielle Garantie, die oft von den halbwüchsigen Kindern in der Familie getragen wurde. Als jedoch die deutsche Einwanderung in den zwei Jahrzehnten vor der Revolution nachließ, verringerte sich der Anteil der finanziell unabhängigen Neuankömmlinge, das heißt derer, die auf irgendeine Art ausreichend Sicherheit für ihren Passagekredit bieten konnten, stetig im Verhältnis der Gesamtzahl des Einwandererstroms. Obwohl sich der Brauch, Geld für die Entrichtung der Fahrtkosten aufzunehmen, inzwischen so fest eingebürgert hatte, daß er praktisch nicht mehr rückgängig zu machen war, fanden die Kaufleute angesichts der sich verringernden Vorauszahlungen und steigenden Risiken hinsichtlich ausstehender Passagegelder neue Wege, dem Schwinden ihrer Gewinne entgegenzuwirken. Sie erreichten dies, indem sie vorauszusehende Verluste in den Fahrpreis, den sie bei der Ankunft in Philadelphia verlangten, einkalkulierten und das System der Kontraktarbeit als Garantie für ihre finanziellen Auslagen voll ausschöpften. Auf diese Art und Weise paßten die Kaufleute die Gewährung von Kredit der wechselnden Zusammensetzung des Wanderungsstroms an.

Der ausgeprägte Geschäftssinn, mit dem einige Kaufleute die Gelegenheit ergriffen, den Überseetranport einer großen Zahl von Deutschen zu organisieren, führte zu einer hochspezialisierten Handelstätigkeit, die weitreichende Konsequenzen für die Passagiere und die Überfahrtsorganisatoren nach sich zog. Die profitorientierte Spezialisierung auf die Ausbeutung einer freiwilligen überseeischen Bevölkerungsbewegung ist das entscheidende Merkmal, das den deutschen Einstrom in the amerikanischen Kolonien von allen vorangegangenen Einwanderungsströmen unterscheidet. Der Handel mit britischen Kontraktarbeitern und irischen Passagieren wurde zumeist als Teil des regulären Güterverkehrs zwischen den Britischen Inseln und Amerika betrieben. Gleichermaßen bot die Ausstattung von Sklavenschiffen geringe Ähnlichkeit mit dem deutschen Auswandererhandel, denn im Sklavenhandel lag der Gewinn im Verkauf der Sklaven, nicht in der Nachfrage nach Überseetransport für freie Menschen. Darüberhinaus erweist sich die Spezialisierung des Handels mit Passagieren als ein Vorläufer für die Methoden, mit denen Kaufleute zu späteren Zeiten wiederholt davon profitierten, die Überfahrt zu mäßigem Preis anzubieten, um dadurch vielen relativ unbemittelten Menschen aus den verschiedensten Teilen Europas die gezwungene oder erwünschte Auswanderung nach Amerika zu ermöglichen. Im 19. Jahrhundert waren die Überfahrtkosten allerdings verhältnismäßig billiger, und es erübrigte sich damit die Notwendigkeit, in Kontraktarbeit einzuwilligen, um die Schiffsreise zu finanzieren. Fahrkarten, die in Amerika lebende Verwandte oder Freunde den Auswanderungswilligen schickten, erfüllten dieselbe Aufgabe wie früher die Erstattung von Reiseschulden durch Familienmitglieder bei der Ankunft von Einwanderern. Außerdem ließen die enorm verbesserte Nachrichtenübermittlung und ein vielfach erweitertes internationales Bankwesen die Vermittlerrolle der Neuländer veralten.

Die außerordentliche Bedeutung der Entwicklung eines ausgewachsenen Geschäftszweigs zum Transport deutscher Auswanderer läßt sich kaum überbetonen, denn erst sie ermöglichte eine vertrauenswürdige Verbindung zwischen den wichtigsten Auswanderungsgebieten in Südwestdeutschland und Pennsylvania, das lange Zeit entweder ‚armer Leute bestes Land' (best poor man's country) war oder aber der Ausgangspunkt für einen einfachen Weg zum Großen Tal (Great Valley), wo sich Siedlungsgelegenheiten boten. Freilich war das Wachstum eines speziellen Einwandererhandels nötig, um diese Überseewanderung, die ihren Höhepunkt um 1750 erreichte, voll auszuschöpfen. Zudem hing jeglicher fortdauernde Erfolg der Kaufleute mit regelmäßigen und langfristigen Interessen in diesem Geschäft von der Erkenntnis ab, daß sich sowohl die Zahl als auch die Zusammensetzung der Auswanderer mit der Zeit veränderten. Unter diesen Umständen war es vor allem die Zusammenarbeit von Geschäftspartnern in London, Rotterdam und Philadelphia, die es den Kaufleuten erlaubte, Einfluß darauf zu nehmen, wenn auch nicht zu kontrollieren, wer und in welcher Zahl die Rheingegenden verließ, damit dies mit den in den Kolonien herrschenden Bedingungen hinsichtlich des Bedarfs an neuen Arbeitskräften und Siedlern korrespondierte. Der Besitz solcher Kenntnis ließ es dann zu, daß die Überseekaufleute ihre Praktiken auf die auftretenden Schwankungen einstellen und ihre Preise der Situation der Passagiere und der Arbeitsmarktlage in Pennsylvania anpassen konnten.

Die Überquerung des Atlantischen Ozeans in Segelschiffen des 18. Jahrhunderts war selbst unter den besten Bedingungen ein schwieriges und gefährliches Unterfangen. Die Gewohnheit, möglichst viele Passagiere – oftmals mit dürftigstem Proviant – zusammenzudrängen, entwickelte sich zuerst in einzelnen Jahren mit besonders hohen Auswanderungsraten, bevor sie während des Höhepunkts der deutschen Einwanderung 1749–54 zum hervorstechenden Merkmal wurde. Diese Art des Transports erhöhte das Krankheitsrisiko der Passagiere außerordentlich. Außerdem erhöhte sich die Anfälligkeit der Einwanderer noch durch beträchtliche Verluste an Hab und Gut, vor allem durch Gepäckdiebstahl und Veruntreuungen von Reisegeldern. Natürlich boten unzureichend vorbereitete Auswanderer ein verlockendes Ziel für alle möglichen Formen der Ausbeutung.

Die außergewöhnlichen Umstände der Hauptwanderungsjahre, als in einigen wenigen Herbstwochen jedes Jahr mehrere Tausend Deutsche in Philadelphia ankamen, machten bereits einige der Probleme sichtbar, die nach Wiederaufnahme des Einwanderungsstroms im Jahre 1764 überdeutlich in Erscheinung traten.

Beim Fehlen jeglicher gesetzlicher Kontrolle verringerten diese Auswüchse im überseeischen Passagierhandel finanzielle Mittel und Beweglichkeit vieler Neuankömmlinge. Jenen Einwanderern, die solche Schwierigkeiten ohne den Beistand von Freunden bewältigen mußten, blieb häufig keine andere Wahl, als die Abzahlung ihrer Reisekredite schuldig zu bleiben. Oft waren sie finanziell derartig geschädigt, daß alle ihre Anstrengungen für ein besseres Leben in der Neuen Welt zu nichts führten. Die trostlose Situation dieser armen deutschen Einwanderer – besonders auffallend an Zahl in den Spitzenjahren der Einwanderung – bewirkte verschiedene Reaktionen bei den Einwohnern von Philadelphia, die sich entweder von der häufig offensichtlich ‚ansteckenden' Gegenwart dieser Leute bedroht fühlten oder sich wohltätig betätigten und durch Gesetze und Verordnungen den Ursachen solcher Trostlosigkeit entgegenwirkten. Nachdem um die Jahrhundertmitte nur einige Teilerfolge erzielt worden waren, hatte die Deutsche Gesellschaft von Pennsylvanien Erfolg bei der Behebung der Nöte vieler armer neuangekommener Deutscher und der Unterstützung ihrer gerechten Ansprüche und Klagen vor Gericht. Dadurch übernahm sie weitgehend die Rolle, die in früheren Jahrzehnten in Amerika angesiedelte Familienmitglieder und Freunde der Neuankömmlinge gespielt hatten.

In den späteren Jahren der Einwanderung wurde in Fällen finanzieller Schwierigkeiten die Verdingung als Kontraktarbeiter zur immer häufiger angewandten Lösung. Unabhängig von den Gründen für diese Bindung gewährte die Kontraktarbeit in den meisten Fällen eine schnelle Einführung in die Gesellschaft und stellte die Weichen für die Integration des Neulings in seine neue Umgebung. Die Mehrzahl der Knechte und Mägde, die ihre Arbeitskraft im Tausch für die Reiseschulden kurz nach der Ankunft in Philadelphia verdingten, waren jung und deshalb gegenüber den neuen Gewohnheiten ihrer Dienstherren, sei es auf dem Hof oder im Geschäft, aufgeschlossen. Wie gut oder schlecht es ihnen erging, hing hauptsächlich vom Charakter des Dienstherrn, der Situation in seinem Haushalt und seiner sozio-ökonomischen Stellung ab, zu einem gewissen Teil auch vom Alter und den Familienumständen des Kontraktarbeiters.[6] Bevor um die Jahrhundertmitte, als die Anzahl der deutschen Einwanderer stieg und sich ihre Zusammensetzung änderte, Kontraktarbeit für viele als Mittel zur ganzen oder teilweisen Tilgung der Reiseschulden üblich wurde, waren es vor allem junge Erwachsene und Heranwachsende – oft aus Familien, die sich nach der gemeinsamen Überfahrt irgendwo in der Provinz niederließen –, die sich auf diese Art und Weise verdingten. Damit gewannen sie finanzielle und ausbildungsmäßige Vorteile im Hinblick auf ihren späteren selbständigen Start als Bauer oder Handwerker. Auf dem Höhepunkt des Einwanderungsstroms, als viele Passagiere darauf angewiesen waren, einen Dienstherrn zu finden, der für ihre Reiseschulden aufkam, rekrutierten sich sowohl die Einwanderer als auch ihre Meister aus einer soziologisch breiteren Schicht. Als nach den 1750er Jahren im Durchschnitt wenigstens die Hälfte der Einwanderer auf Kontraktarbeit als einzig realistischer Möglichkeit zur Schuldentilgung angewiesen waren, verringerte sich ironischerweise die Basis potentieller Dienstherrn für deutsche Einwanderer und verschärften sich ihre Anforderungen; zu dieser Zeit hatte sich die Arbeitsmarktlage in Pennsylvania geändert und umfaßte in ihrem Arbeitsangebot nun auch Einwanderer britischer Herkunft, Sklaven und in zunehmendem Maße freie Lohnarbeiter.

Zusammenfassend läßt sich die Bedeutung erfolgreicher Ansiedlung von einigen relativ wohlhabenden Einwandererpionieren herausstellen, die Nachfolger, sowohl aus der Gruppe ihrer Glaubensgenossen als auch von ihren ehemaligen Nachbarn, nach Amerika lockten. Auf der Basis persönlicher Verbindungen erweiterten und beschleunigten die Empfehlungen bereits Ausgewanderter den nachfolgenden Strom von Neuankommenden. Als Folge dieser Entwicklung verringerten sich die Möglichkeiten, die Versprechungen von billigen Höfen und hohen Arbeitslöhnen in die Wirklichkeit umzusetzen. Landstriche wurden in immer kürzer werdenden Zeiträumen freigegeben, verkauft und besiedelt, was nachfolgende Siedler dazu zwang, sich in größerer Entfernung von Philadelphia niederzulassen oder gar Pennsylvania auf der Suche nach erschwinglichem Landbesitz zu verlassen. Landspekulanten in den südlichen Kolonien unterstützten Neusiedler in dieser Richtung. Gleichzeitig verringerten sich die Möglichkeiten der späteren Neuankömmlinge, die zunehmende Abhängigkeit von den Kaufleuten, die den Einwanderungsstrom nach Philadelphia lenkten, abzuschütteln, die Konkurrenz mit anderen, die ebenfalls ihre Reiseschulden abzuzahlen versuchten, zu bestehen und genug Kapital zu erwirtschaften, um sich unabhängig zu machen. Zudem trug die Nachricht von ernsthaften Schwierigkeiten mit den Indianern im Jahre 1754 zur Untergrabung von Pennsylvanias gutem Ruf bei. Danach verringerte sich der Strom deutschsprachiger Siedler vor allem durch die staatliche Einschränkung der Auswanderung und durch den Anreiz neuer, staatlich subventionierter und entsprechend angepriesener Siedlungsprojekte in Preußen, Rußland und Österreich. Die Amerikaauswanderung setzte sich vornehmlich aus Wanderern mit Verbindungen nach Pennsylvania sowie aus Neuankömmlingen mit geringen Finanzquellen zusammen, die das Delaware-Tal aufgrund der im Überseeverkehr seit langem etablierten Nachrichten-, Schiffs- und Kreditverbindungen erreichten. Unter den Einwanderern der ausklingenden Phase dieser Wanderungsbewegung waren ledige, wohl jüngere Männer besonders häufig, die sich mehr für den Arbeitsmarkt in Philadelphia und Umgebung als für den Landerwerb in Südostpennsylvania oder in den südlicheren Kolonien interessierten. Der Ausbruch der amerikanischen Revolution brachte schließlich fast jegliche Einwanderung aus Deutschland zum Versiegen. Nicht nur war Pennsylvania zu Beginn der Feindseligkeiten relativ unattraktiv für deutschsprachige Einwanderer geworden, sondern Entwicklungen im östlichen Europa zog eine große Anzahl von Auswanderern in die entgegengesetzte Richtung. Angesichts der militärischen Auseinandersetzungen in Amerika und der Erschließung von Siedlungsgebieten in Osteuropa, fühlten sich nur wenige deutsche Neusiedler in die jungen Vereinigten Staaten gezogen. Als Jahre später der Einwanderungstrom aus Deutschland wieder stärker zu fließen begann, empfing Philadelphia nur einen verhältnismäßig kleinen Teil der Neuankömmlinge.

Die Geschichte der deutschen Einwanderung in die Kolonie Pennsylvania ist wie ein kompliziertes Gewebe aus vielen verschiedenen Fäden gewirkt. Zusammengenommen gleicht das wechselnde Zusammenspiel der einzelnen Strähnen einer Wellenbewegung, die 1683 in Bewegung kam, sich stetig steigerte, ihren Höhepunkt um die Jahrhundertmitte erreichte und zur Zeit der amerikanischen Revolution ausklang. Die ungefähr 100000 Einwanderer aus Südwestdeutschland, wo die Auswanderung zur Tradition gehörte, fühlten sich vom Versprechen politischer und persönlicher Freiheit, Toleranz in Glaubensdingen und ausreichend Land und Arbeit, die in den amerikanischen Kolonien winkten, angezogen, obwohl der Umzug in die Neue Welt schwierig und teuer war. Angelockt von den Gewinnmöglichkeiten, die der Transport einer großen Anzahl von Auswanderern nach Philadelphia bot, entwickelten die Kaufleute ein Überseetransportsystem, das es selbst ärmeren Einwanderungswilligen ermöglichte, die Umsiedlung zu wagen. Die erfolgreiche Erweiterung der Basis von Amerikawanderungswilligen hatte allerdings zur Folge, daß sich im Delaware-Tal die Erwerbsmöglichkeiten für Neusiedler verringerten, weil die Besiedlungsdichte ständig zunahm und sich die Arbeitskräfte stetig vermehrten. Beide Entwicklungen trugen dazu bei, daß die Einwanderung aus Deutschland abnahm.

Das Wellenmuster mit den Phasen Zunahme, Höhepunkt und Abnahme, zuerst vornehmlich von Familien, dann zunehmend von jüngeren, ledigen Einwanderern, das den deutschen Einwanderungsstrom nach und durch Philadelphia im 18. Jahrhundert kennzeichnet, wiederholte sich später immer wieder, als im 19. Jahrhundert Auswanderer aus den verschiedenen Teilen Europas günstige Siedlungs- und Arbeitsangebote in den Vereinigten Staaten aufgriffen. Am Beispiel der deutschen Einwanderung in die amerikanischen Kolonien läßt sich somit aufzeigen, wie die Entwicklung eines hochspezialisierten Massentransportgeschäfts zur notwendigen Voraussetzung wurde, um den Wunsch freier Europäer nach einem besseren Leben mit den Siedlungs- und Arbeitsmöglichkeiten in der Neuen Welt erfolgreich zu verbinden. In der Tat zeichnet sich damit die deutsche Überseewanderung als richtungsweisend für den typischen Ablauf der nachfolgenden atlantischen Massenwanderungen nach Amerika aus.

Anmerkungen

1 Dieser Artikel ist eine Zusammenfassung meiner Dissertation „A Tide of Alien Tongues: The Flow and Ebb of the German Immigration to Pennsylvania, 1683–1776" (Temple University, Philadelphia, 1983), in der sich ausführliche Dokumentation und eine Bibliographie befinden.
2 Für eine ausführliche Darstellung s. Marianne Wokeck, The Flow and the Composition of German Immigration to Philadelphia, 1727–1775, in: Pennsylvania Magazine of History and Bibliography 105. 1981, S. 249–278.
3 Pennsylvanische Berichte, 1. Dezember 1754.
4 Ebd.
5 Eine detailliertere Darstellung in Marianne Wokeck, Passengers and Promoters, in: Richard Dunn u. Mary Dunn (Hg.), The World of William Penn, Philadelphia: University of Pennsylvania Press, in Vorb.
6 Heinrich Melchior Mühlenberg, Nachrichten von den vereinigten Deutschen Evangelisch-Lutherischen Gemeinden in Nord-Amerika, 2 Bde., Halle: Waisenhaus, 1787; Neudr. mit Einl. v. Johann Ludwig Schulze, Allentown, PA: Brobst, Diehl & Co., 1886 u. 1895, Bd. 1, S. 461.

2. Charakteristische Züge der deutschen Amerika-Auswanderung im 19. Jahrhundert

Günter Moltmann

Der historische Prozeß der deutschen Auswanderung nach Nordamerika wird meist in drei Perioden unterteilt. Die erste reicht von den Anfängen im 17. Jahrhundert bis 1815 – das ist das Kolonialzeitalter Nordamerikas, verlängert um die folgenden vier Jahrzehnte, während derer aber in Europa Umbruchsverhältnisse herrschten und die Auswanderung zeitweise relativ gering war. Die zweite Periode umfaßt das 19. Jahrhundert, genauer gesagt die Zeit von 1815 bis 1914, das heißt vom Wiener Kongreß bis zum Ersten Weltkrieg. Die dritte Periode reicht vom Ersten Weltkrieg bis zur Gegenwart, umfaßt also die Weimarer Zeit, das Dritte Reich und die Nachkriegszeit.

Statistisch sah das etwa folgendermaßen aus: In der Kolonialzeit wanderten 65 000 bis 75 000, vielleicht auch an die 100 000 Deutsche nach Britisch-Nordamerika. Dazu kam noch eine unbestimmte, wohl nicht sehr hoch anzusetzende Zahl von Einwanderern aus Deutschland in den folgenden vierzig Jahren. Im Jahrhundert der Massenauswanderung, von 1815 bis 1914, gingen etwa 5,5 Millionen Deutsche in die Vereinigten Staaten. Seit dem Ersten Weltkrieg zählt man rund 1,5 Millionen deutsche Amerikafahrer. Insgesamt waren es also gut 7 Millionen Menschen, die ihre deutsche Heimat mit dem nordamerikanischen Lebensraum tauschten.

Folgt man der konventionellen Historiographie, dann unterschieden sich die Zeitabschnitte durch folgende Charakteristika: Während der ersten Phase gingen vor allem religiöse Dissidentengruppen, die in Deutschland nicht gern gelitten waren, über das Meer, um eine bessere und sicherere Welt zu finden. Während der zweiten Phase wanderten die sozial Entrechteten und politisch Unterdrückten aus, Liberale, die gegen das reaktionäre politische System ihrer Heimat protestierten, sich dem Zwang zum Militärdienst entziehen wollten und in Amerika schlechthin das Land der Freiheit und des Fortschritts suchten. Während der dritten Phase wanderten die Hoffnungslosen aus, die nach zwei verlorenen Kriegen in Deutschland keine persönlichen Berufs- und Erfolgschancen mehr sahen. Auch wanderten die Verfolgten des Naziregimes aus, eine große Gruppe von Verfolgten und Vertriebenen, die aber mit den anderen Auswanderern vielleicht nicht ohne weiteres gleichgesetzt werden sollte.

Diese Einteilung nach relativ simplen Unterscheidungsmerkmalen ist von seiten der neueren Auswanderungsforschung seit längerem angefochten worden. Es wurde mit Recht eingewandt, daß außer ideellen Gründen vor allem wirtschaftliche und soziale beteiligt gewesen, ja im Blick auf den Gesamtprozeß wohl die ausschlaggebenden gewesen seien. Die Zahl der religiösen und politischen Dissidenten sei begrenzt gewesen, und die Flucht vor dem Militärdienst sei umfangmäßig überzeichnet worden, dürfe nicht zu hoch veranschlagt werden. Aus der Rückschau seien die Motive verständlicherweise überhöht und idealisiert worden.

Die große Bedeutung der sozio-ökonomischen Gründe läßt sich tatsächlich leicht an Ähnlichkeiten der Auswandererkurve mit der agrar- und industriewirtschaftlichen Konjunkturkurve aufzeigen. Das gilt jedenfalls für das 19. Jahrhundert, also für die zweite Phase. Aber auch schon in der ersten Phase, die oft zu einseitig als Wanderungszeit der Quäker, Mennoniten, Labadisten und Rosenkreuzer, der Tunker, Schwenckfelder, Salzburger, der Mährischen Brüder und der Rappisten angesehen wird, waren wirtschaftliche Gründe beim Entschluß, in die Neue Welt zu gehen, stark mitbeteiligt, in vielen Fällen ausschlaggebend.

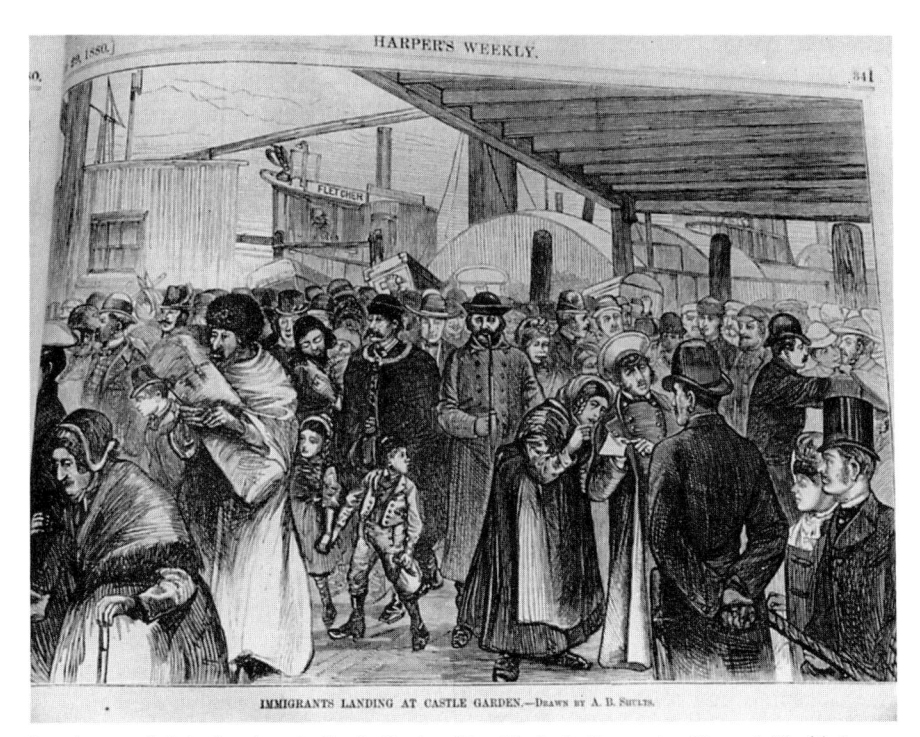

Immigranten bei der Landung in Castle Garden, New York. Radierung in „Harper's Weekly" von A.B. Shults (1880). Unter den Neuangekommenen lassen sich an ihrer Kleidung identifizieren (von links): Einwanderer von den Britischen Inseln mit Melone und gestreifter Weste, der osteuropäische Jude mit der Thorarolle, Ankömmling vom Mittelmeer mit Mantel und Hut, der deutsche Student in traditioneller Uniform. Auf der Rechten gutgekleidete Amerikaner, die offensichtlich auf Hauspersonal warten. (Roughwood Collection)

Ein Blick auf die Ursachen der großen Pfälzer Amerikaauswanderung von 1709 bestätigt das. Kriegsfolgen, strenge Winter, Mißernten und Hunger trieben damals Tausende in die Ferne; die Rekatholisierungspolitik der Kurfürsten hatte nicht die Bedeutung, die ihr oft zugemessen worden ist. Auch Katholiken gingen damals nach Amerika.[1]

Sieht man einmal von den religiösen Dissidenten ab und betrachtet die Deutschamerikaner lutherischen, reformierten oder katholischen Glaubens in Britisch-Nordamerika, dann war deren Einstellung zur Kirche lange Zeit sehr lax, und es bedurfte erst eines Heinrich Melchior Mühlenberg und eines Michael Schlatter, um viele verlorene Schafe in den Schoß der Kirche zurückzuholen. Daraus kann man schließen, daß das religiöse Motiv bei den frühen Auswanderern nicht durchweg sehr stark gewesen ist.

Ein Blick auf das 19. Jahrhundert zeigt ebenfalls, daß die Auswanderungsgründe komplexer waren, als man früher angenommen hatte. Damals gab es – so läßt sich hier andersherum feststellen – neben den vielen wirtschaftlich und sozial motivierten Auswanderern auch immer noch religiöse Dissidentengruppen, die sich den Pressionen von seiten der Autoritäten in Deutschland entzogen, zum Beispiel die Zoaristen (1817), die Amaniten (1843), die Altlutheraner (seit 1838) und Katholiken in der Zeit des Bismarckschen Kulturkampfes. Beachtet man ferner, daß gewisse Eigentümlichkeiten, die bisher vor allem dem 19. Jahrhundert zugesprochen worden sind, keineswegs auf dieses begrenzt waren – Massenwanderungen, Kettenwanderung, Auswanderungsorganisation und Auswanderungsgeschäft gab es auch schon in der ersten Phase –, so erhebt sich die Frage, welche charakteristischen Merkmale die Auswanderungsvorgänge des 19. von denen des 18. Jahrhunderts unterscheiden. Änderte sich seit 1815 etwas im Erscheinungsbild und in der Struktur des Exodus?

Tatsächlich gab es eine Reihe von wichtigen Neuerungen nach 1815, die die Struktur der deutschen Amerika-Auswanderung trotz der festgestellten Kontinuität beträchtlich veränderten. Sie lagen im Bereich der Auswanderungsfinanzierung, der Mobilität und des Transportsystems, der Reichweite der Herkunfts- und Zielgebiete sowie in der Zusammensetzung der am Wanderungsvorgang Beteiligten, im von diesen vertretenen Amerikabild und in ihrem Verhalten gegenüber der neuen amerikanischen Umwelt.

Von großer Bedeutung ist das Verschwinden des Redemptioner-Systems in der 1820er und 1830er Jahren gewesen. Dieses System hatte während der vorangegangenen einhundert Jahre Auswanderern die Möglichkeit geboten, eine freie Passage nach Amerika zu bekommen gegen die Verpflichtung, sich dort einem Dienstherrn zur Arbeit zu verdingen, und zwar für mehrere Jahre ohne Lohn. Die Gegenleistung bestand darin, daß der Dienstherr nachträglich die Passagekosten an den Schiffskapitän zahlte und den Auswanderer dadurch aus seiner Verschuldung auslöste. Manchmal ist dies System auch als ‚White Slavery' bezeichnet worden, aber das trifft nicht den Kern der Sache. Neben dem Nachteil der jahrelangen persönlichen Unfreiheit bot es nämlich den Vorzug der Eingewöhnungsmöglichkeit für den Redemptioner, der Erlernung der Sprache und der anfänglichen materiellen Sicherung.

Der Anteil der Redemptioner an der deutschen Amerika-Auswanderung im 18. Jahrhundert wird auf 50–60 Prozent geschätzt.[2] Über die Hälfte der Deutschen, die nach Nordamerika gefahren waren, bestand also damals aus dienstverpflichteten Arbeitern, die zunächst auf Farmen, im Handwerk und Gewerbe und in Familien tätig waren. Nur auf diese Weise konnten viele Tausende armer Kleinbauern, Handwerker und Landarbeiter die Mittel aufbringen, die das Reisen erforderte. Auch die verarmten Massen Südwestdeutschlands, die 1816/17 nach Amerika zogen, konnten sich das Abenteuer nur leisten, weil sie die Schiffspassage nachträglich abarbeiten konnten.

Nach der großen Auswanderungswelle von 1816/17 verschwand das System und mit ihm die billige Überfahrtsmöglichkeit. Das geschah nicht durch direkte gesetzliche Verbote, sondern hatte vermutlich verschiedene Gründe. Vielleicht haben Gesetze zur Regelung der Schiffspassage und zum Schutz der Einwanderer mitgespielt.[3] Diese enthielten Bestimmungen über einen Mindestraum auf Schiffen für jeden Auswanderer, so daß die Schiffe nicht mehr so vollgestopft werden konnten wie vorher. Das große Geschäft mit dem Massentransport bei nachträglicher Auslösung war vorbei. Wahrscheinlich wirkte anderes mit. Neue Wirtschaftsstrukturen, die sich im 19. Jahrhundert herausbildeten, erforderten die flexible Lohnarbeit anstelle der starren Kontraktarbeit. Ferner wurde in der Zeit der Jacksonian Democracy während der 1820er bis 1840er Jahre die Forderung nach persönlicher Gleichheit und Freiheit ohne Unterschied des Standes nachdrücklicher erhoben. Das System der Dienstverpflichtung entsprach nicht mehr dem Zeitgeist.

Für die Deutschen bedeutete das konkret, daß arme Auswanderungswillige nicht mehr nach Amerika reisen konnten. Ihnen fehlten die Finanzmittel zur Bezahlung der Überfahrt. Die Auswanderung armer Leute war nur noch auf zweierlei Weise möglich: Entweder halfen vorausgegangene Familienangehörige und Freunde, die die Reisekosten von Amerika aus vorschossen (was es auch im 18. Jahrhundert schon gegeben hatte), oder das Geld wurde in Deutschland von Familienangehörigen, Freunden, von Gemeinden oder – in besonderen Fällen – auch vom Staat bezahlt.

In Notzeiten kam es in Württemberg, Baden und Hessen manchmal zu staatlichen Armenabschiebungen, wobei die Reisekosten und ein Anfangsgroschen für den Neubeginn in Amerika gegeben wurden. Die Rechnung war so, daß man sich durch diese einmalige Finanzierung Ausgaben ersparen wollte, die entstanden wären, falls die Betroffenen jahrelang den Armenkassen der Gemeinden zur Last gefallen wären. Auch spielte der Gedanke dabei mit, daß unerwünschtes ‚Gesindel' aus dem Lande geschafft werden könne: Aufrührer und potentielle Revolutionäre.[4]

In der Regel aber wanderten im 19. Jahrhundert aus Deutschland nicht die ganz Armen nach Amerika aus, sondern die, die noch genug Geld hatten (oder durch Verkauf ihrer Habe einbringen konnten), um die Reise über das Meer und eine neue Existenzgründung zu finanzieren. Auch früher hatte es Auswanderer mit ausreichenden Eigenmitteln gegeben. Jetzt aber trat dieser Typ von Amerikafahrern in den Vordergrund. Nicht die Mittellosen zogen fort, sondern diejenigen, die noch Geld hatten, aber befürchteten, arm zu werden. Wenn trotzdem größere Massen als im 18. Jahrhundert hinübergingen, lag das an gesamtgesellschaftlichen Faktoren, die der Auswanderung größere Schubkraft verliehen. Da war die starke Bevölkerungsvermehrung seit dem späten 18. Jahrhundert. Mehr Menschen als zuvor suchten Arbeit, Brot und ein Dach über dem Kopf. Was in Deutschland schwer zu finden war, bot sich in Nordamerika damals besonders günstig an. Die Vereinigten Staaten expandierten kräftig nach dem Westen, und Arbeitskräfte wurden dringend benötigt.

Dazu kamen Änderungen in der Familien- und Berufsstruktur. Der autarke Familienverband in der Landwirtschaft, im Handwerk und Gewerbe lockerte sich, Manufakturen und Industrien bewirkten eine arbeitsteilige Welt. Arbeitsplatz, Wohnort und Existenzplanung wurden variabler. Das steigerte die Mobilität der Menschen. Behörden konnten sich dem nicht widersetzen. Freizügigkeit wurde vorbehaltloser und schließlich fast uneingeschränkt gewährt.

Der größeren Mobilität kamen Änderungen im Verkehrssystem zugute. Nach der amerikanischen Revolution war die Schiffahrt zwischen Europa und der Neuen Welt für die internationale Konkurrenz offen. Innovationen technischer Art führten im Verlauf der industriellen Revolution zu einer Intensivierung und Diversifizierung des Beförderungswesens. Im Inlandverkehr erleichterten die Dampfschiffahrt auf Flüssen und Kanälen sowie der Eisenbahnbau das Reisen erheblich. Im Überseeverkehr waren der Übergang von der Trampfahrt zur Linienschiffahrt und die Einführung des Dampfschiffes von großer Bedeutung. Entfernungen schrumpften gewissermaßen zusammen. Die Welt wurde kleiner und überschaubarer. Reisezeiten verkürzten sich. Das allgemeine Kommunikationssystem verbesserte sich. Presseberichterstattung, Nachrichtenübermittlung und Postverkehr wurden effizienter.

Mit diesen Wandlungen hing das zweite Charakteristikum der Auswanderungsbewegung im 19. Jahrhundert zusammen: die Rationalisierung und Organisierung des Transports von Massen entsprechend dem Bedarf. Der Fortfall der englischen Zugangskontrolle für Nordamerika ermöglichte neue Initiativen der Beförderungsunternehmer, die groß ins Geschäft einsteigen konnten, die aber auch den Wünschen und Interessen der Auswanderer selbst entgegenkommen mußten.

Schiffe, die von Amerika nach Europa segelten, beförderten vor allem Stapelwaren wie Tabak, Baumwolle, Reis und Walöl, die viel Laderaum beanspruchten. Auf der umgekehrten Route hatten sie meist Werkzeuge, Leinen, Glaswaren, Wein und andere Güter an Bord, die wenig Platz einnahmen. Um die Transportkapazität zu nutzen, wurden Auswanderer im Zwischendeck nach Amerika befördert. Der Frachtraum im West-Ost-Verkehr wurde im Ost-West-Verkehr durch Einziehung von Zwischendecks in Passagierraum umgewandelt.

Da sich menschliche ‚Waren' in den Hafenplätzen nicht so leicht ‚lagern' ließen wie Stapelwaren und die Schiffseigner auf spezielle Bedingungen menschlicher Fracht Rücksicht nehmen mußten, gingen sie zur Linienschiffahrt über. Mit ihr wurde die Auswanderung langfristiger und weiträumiger organisierbar. Feste Abfahrtszeiten und Reiserouten der Schiffe ermöglichten die Vorausplanung. Agenten, die mit Auswanderungswilligen im Lande Kontrakte abschlossen, konnten nun sagen, wann ein Schiff nach Amerika abgehen würde. Dieses System, das überdies für die Postbeförderung (Paketfahrt) vorteilhaft war, setzte sich mit den 1830er Jahren durch, erleichterte den Auswanderungsentschluß, verkürzte das Reisen und machte es billiger.[5]

Weitere Möglichkeiten zur Rationalisierung und Organisierung des Wanderungsverkehrs wurden mit dem Eisenbahnbau und der Einführung der Überseedampfer möglich. Zeitweilig vereinbarten Schiffahrtsgesellschaften mit Eisenbahngesellschaften Vorzugstarife für Auswanderer, um ihre Schiffe voll zu bekommen. In Zeiten starken Auswandererverkehrs wurden Sonderzüge eingesetzt. Das Dampfschiff verringerte die transatlantische Reise von durchschnittlich sieben Wochen auf 18–20 Tage. Gegen Ende des Jahrhunderts wurden Schnelldampfer gebaut, die die Reise in 10–12 Tagen schafften. Zugleich wuchs der Komfort.

Allerdings war der einzelne Auswanderer auf den neuen Transportmitteln nur winziger Teil einer großen Menge, die befördert wurde. Auswandererschiffe, die um die Wende vom 19. zum 20. Jahrhundert gebaut wurden, faßten 1500 bis 2400 Zwischendecker.

Mit der besseren Organisierbarkeit der Auswanderung hing ein drittes Merkmal der Bewegung im 19. Jahrhundert zusammen: die regionale Ausweitung der Abzugsgebiete und der Zielgebiete. Während im 18. Jahrhundert das Herkunftsgebiet der Amerikafahrer innerhalb Deutschlands einigermaßen klar absteckbar und begrenzt war – der südwestdeutsche Raum war zwar nicht ausschließliches, aber doch hauptsächliches Abzugsgebiet –, breitete sich die Auswanderungslust im 19. Jahrhundert immer mehr auf andere deutsche Regionen aus: Nordwestdeutschland, Hannover, Sachsen, Thüringen und Bayern kamen bis zur Jahrhundertmitte hinzu. Die Gebiete nördlich und östlich der Elbe folgten in der zweiten Jahrhunderthälfte. Amerikaauswanderung wurde zur gesamtdeutschen Angelegenheit. Damit wuchs in Krisenzeiten das Auswanderungspotential erheblich. Die Auswanderungsspitzen der Jahre 1854, 1873 und 1882 mit Zahlen bis zu einer Viertelmillion wären ohne dieses weiträumige Reservoir kaum vorstellbar.[6]

In den Vereinigten Staaten, wo der Schwerpunkt der deutschen Ansiedlung während des 18. Jahrhunderts in den mittelatlantischen Kolonien gelegen hatte, besonders in Pennsylvania, ergab sich im 19. Jahrhundert eine erhebliche Ausweitung des Hauptniederlassungsraumes in den Alten Nordwesten hinein und darüber hinaus. Von Connecticut, New York, New Jersey, Delaware und Maryland durch Pennsylvania nach Ohio, Indiana, Illinois und Wisconsin mit Ausfächerungen nach Michigan, Minnesota, Iowa, South Dakota, Nebraska, Kansas, Missouri und Arkansas zog sich der sogenannte ‚German Belt'. Darüberhinaus gab es Schwerpunkte in Louisiana, Texas, Colorado, California und Washington State. Um die Wende vom 19. zum 20. Jahrhundert waren Deutsche in allen Staaten der Union anzutreffen.[7]

Der größeren Mobilität der Menschen im 19. Jahrhundert und der landsmannschaftlichen Vielfalt der Wanderer entsprach auch ein breiteres Spektrum von Menschentypen, die sich an der Amerikasiedlung beteiligten. Darin lag das vierte Charakteristikum der Wanderungen im 19. Jahrhundert. Zweifellos war die Auswanderungslust auch im 18. Jahrhundert nicht auf Kleinbauern und Handwerker beschränkt, aber aus diesen Berufsschichten kam damals die große Masse der Deutschamerikaner. Wie bunt das Bild der Auswanderer im 19. Jahrhundert war, zeigt zum Beispiel eine Beschreibung von Friedrich Gerstäcker im Vorwort zu seinem populären Buch „Nach Amerika!": Der Gedanke, nach Amerika zu gehen, habe den Bauern beseelt, der nur kleine Äcker habe, den Handwerker, der von Konkurrenz bedrängt sei, den Künstler, der von Nahrungssorgen und Unfreiheit gepeinigt sei, und den Kaufmann, dem die Bilanz Sorge bereite. „Aus allen Schichten der menschlichen Gesellschaft sehen wir sie ziehen – Gute und Böse, den Leichtsinnigen und den Spekulanten, den Bauern, den rechtschaffenen Bürger und den heimlichen Verbrecher, alle dem einen Ziel entgegen."[8]

Diese Liste von Auswanderertypen des 19. Jahrhunderts läßt sich noch vermehren. Politische Flüchtlinge gingen nach Amerika, um der Metternichschen Reaktionspolitik, den Verfolgungen nach der Achtundvierziger Revolution und den Auswirkungen des Bismarckschen Sozialistengesetzes zu entfliehen. Akademiker, die sogenannten Lateinischen Farmer, versuchten sich in Amerika in der Landwirtschaft. Um die Jahrhundertmitte mischten sich Deutsche in den Strom der Goldsucher aus aller Welt, die in California ihr Glück suchten. Gegen Ende des Jahrhunderts wanderten Industriearbeiter und Dienstmädchen in die Neue Welt. Und dann gab es die große Zahl junger Menschen mit individuellen Auswanderungsmotiven, unabhängige Geister, die sich in ihrer Heimatgesellschaft aus persönlichen Gründen nicht wohlfühlten und in Amerika besser leben zu können glaubten.

Besser leben zu können glaubten? Das Amerikabild des 19. Jahrhunderts war anders als das des 18. Jahrhunderts! Auch das hob die zweite Auswanderungsphase von der ersten ab. Während der Kolonialzeit bot die Neue Welt Arbeitsmöglichkeiten sowie Glaubens- und Gedankenfreiheit. Nach der Amerikanischen Revolution waren die Vereinigten Staaten das Land der politischen Freiheit. Im 19. Jahrhundert erschien Amerika vielen Deutschen als „Land der unbegrenzten Möglichkeiten", wie der Titel eines Buches von Ludwig Max Goldberger lautet, das 1903 erschien.[9]

Ein relativ simples und wenig präzises Amerikabild differenzierte sich im Laufe des 19. Jahrhunderts. Die wachsende Zahl von Berichten und Briefen vermittelte den Menschen in Deutschland ein Mosaik vielfältiger Informationen. Man wußte mehr als zuvor. Viele Informationen können freilich auch dazu beitragen, ein Bild diffus zu machen. Jeder Auswanderungslustige konnte sich diejenige Information auswählen, die ihm besonders zusagte, und erst nach der Ankunft in den Vereinigten Staaten merkte er, daß Amerikas Möglichkeiten doch nicht immer unbegrenzt waren. Die Integration in die amerikanische Gesellschaft wurde oft nur langsam und mühevoll vorgenommen.

Hilfe bei dieser Integration bot – das ist das letzte charakteristische Moment der deutschen Amerikaauswanderung des 19. Jahrhunderts, das hier ge-

Charakteristische Züge der deutschen Amerika-Auswanderung 47

Erfolgsstationen des Emigranten Hans Schloppenberg. Karikaturkarten, veröffentlicht 1882 von George Topp. Nr. 1 zeigt den ‚grünen' Ankömmling mit Heimattracht und Pfeife, in Nr. 2 arbeitet er als Kellner in einer Bierwirtschaft, die er in Nr. 3 als Wirt übernommen hat. Nr. 4 präsentiert ihn als stolzen und beleibten Besitzer der Schloppenberger Brauerei. (Roughwood Collection)

nannt werden soll – der engere Zusammenschluß der Deutschen gegenüber der fremden Umwelt in Nachbarschaftssiedlung und organisierter Selbsthilfe. Geschlossene deutsche Siedlungen mit deutschen Kirchen und Schulen hatte es in der Kolonialzeit auch schon gegeben, in Pennsylvania zum Beispiel sehr ausgeprägt. Jetzt aber kamen neue Institutionen hinzu, um Überbrückungshilfe zu leisten. Gegen Ende des 18. Jahrhunderts entstanden die ersten Deutschen Gesellschaften, die Einwanderern beim Start in der neuen Heimat halfen. Im 19. Jahrhundert entfaltete sich ein reges Vereinsleben: zu den Einwandererhilfsgesellschaften kamen Spar- und Versicherungsvereine, gegenseitige Unterstützungsvereine, Logen, Milizen und Schützenvereine, Feuerwehren, Turnergruppen, Chöre und Theatergruppen, dazu gesellige Clubs verschiedenster Art.

Diese Institutionen fungierten als Mittler zwischen deutscher Tradition und amerikanischer Umgebung, ebenso wie dies deutsche Schulen und Kirchen seit der Kolonialzeit getan hatten. Sie gaben den Unkundigen Sicherheit im gewohnten Kulturzusammenhang, bereiteten ihn aber auch auf das Neue vor, mit dem er sich auseinanderzusetzen hatte. In den großen Städten bildeten sich in den 1830er und 1840er Jahren die bekannten ‚Little Germanies' heraus, Viertel, in denen Deutschamerikaner lebten, wo deutsche Geschäfte und Bierlokale, deutsche Clubhäuser und Theater anzutreffen waren und wo die deutsche Sprache überall zu lesen und zu hören war. Diese ‚Little Germanies' übten eine Art Pufferfunktion aus. Sie schützten die Einwanderer vor den Schwierigkeiten und Gefahren des Einlebens und trugen doch dazu bei, daß dieses Einleben schneller vonstatten ging.[10]

Insofern hatten die ‚Little Germanies' befristete Daseinsberechtigung. Sie amerikanisierten sich mit dem Nachlassen der Einwanderung. Der Rückgang des deutschen Kulturlebens in den Vereinigten Staaten wurde durch den Ersten Weltkrieg beschleunigt, aber er kündigte sich schon vorher an, im ersten Jahrzehnt des 20. Jahrhunderts, als der große Strom der Einwanderer auf ein Minimum gesunken war. Formen deutscher Selbsthilfeorganisationen, wie sie sich im 19. Jahrhundert entwickelt hatten, entstanden nach dem Ersten Weltkrieg nicht wieder.

Die deutsche Amerikaauswanderung im 20. Jahrhundert, in der dritten der eingangs genannten Phasen, sah in vielerlei Weise wieder anders aus. Der Umfang der Wanderung ging zurück. Das hatte seinen Grund in der größeren Aufnahmekapazität eines hochindustrialisierten Landes und in den Abwehrmaßnahmen der Vereinigten Staaten gegen eine zu starke Einwanderung. Die gesamtgesellschaftliche Mobilität wuchs sicher noch, und das moderne Verkehrssystem hatte das Reisen weiter vereinfacht, aber der Anreiz zur Massenauswanderung ging in dem Maße zurück, wie mehr persönliche und berufliche Entfaltungsmöglichkeiten auch in der Alten Welt gegeben waren. Nur noch in besonderen Notzeiten, vor allem nach den beiden Weltkriegen, setzte die große Wanderungsbewegung erneut ein.

Es läßt sich resümieren, daß die zweite Phase deutscher Amerikawanderung in der dritten ebenso Geschichte geworden ist, wie die erste Phase in der zweiten. Die herkömmliche Periodisierung kann bleiben, aber die Inhalte der Perioden können in moderner Auswanderungsforschung sehr viel differenzierter gesehen werden, als das früher geschah. Dies wurde hier für die mittlere Periode aufgezeigt. Das 19. Jahrhundert war die Zeit der großen deutsch-amerikanischen Symbiose. Vielleicht leitet sich von dieser Zeit auch die Affinität zwischen beiden Nationen her, die wir heute immer noch spüren können. Es ist gut, sich manchmal zu vergegenwärtigen, daß die engen deutsch-amerikanischen Beziehungen nicht nur auf gemeinsamen Interessen beruhen, sondern auch auf einer demographischen Bindung, deren Geschichte im vorigen Jahrhundert ihren Höhepunkt gehabt hat.

Anmerkungen

1 Vgl. Fritz Trautz, Die Pfälzische Auswanderung nach Nordamerika im 18. Jahrhundert, Heidelberger Veröffentlichungen zur Landesgeschichte und Landeskunde, Nr. 4, Heidelberg: Winter, 1959, S. 17–21; zur Diskussion der Auswanderungsmotive im 18. Jahrhundert in Württemberg s. Wolfgang von Hippel, Auswanderung aus Südwestdeutschland. Studien zur württembergischen Auswanderung und Auswanderungspolitik im 18. und 19. Jahrhundert, Stuttgart: Klett-Cotta, 1984, S. 58–94.
2 Abbott Emerson Smith, Colonists in Bondage. White Servitude and Convict Labor in America, 1607–1776, Chapel Hill: University of North Carolina Press, 1947, S. 336.
3 „An Act Regulating Passenger Ships and Vessels", 2. 3. 1819, abgedruckt in: Immigration Legislation. Reports of the Immigration Commission, 61st Congress, 3rd session, Senate Document, Nr. 758, 41 Bde., Washington: U.S. Government Printing Office, 1911, 39, 395f.
4 Vgl. Christine Hansen, Die deutsche Auswanderung im 19. Jahrhundert – ein Mittel zur Lösung sozialer und sozialpolitischer Probleme? In: Deutsche Amerikaauswanderung im 19. Jahrhundert. Sozialwissenschaftliche Beiträge, Hg. Günter Moltmann, Stuttgart: Metzler, 1976, S. 9–61; Günter Moltmann, Nordamerikanische ‚Frontier' und deutsche Auswanderung – soziale Sicherheitsventile im 19. Jahrhundert? In: Industrielle Gesellschaft und politisches System. Beiträge zur politischen Sozialgeschichte, Hg. Dirk Stegmann u.a., Bonn: Neue Gesellschaft, 1978, S. 279–296.
5 S. Hermann Wätjen, Aus der Frühzeit des Nordatlantikverkehrs. Studien zur Geschichte der deutschen Schiffahrt und deutschen Auswanderung nach den Vereinigten Staaten bis zum Ende des amerikanischen Bürgerkrieges, Leipzig: Felix Meiner, 1932, S. 21–23.
6 S. Peter Marschalck, Deutsche Überseewanderung im 19. Jahrhundert. Ein Beitrag zur soziologischen Theorie der Bevölkerung, Stuttgart: Klett, 1973, S. 38f.
7 Vgl. die Karte „Distribution of natives of Germany in 1900", Twelth Census of the United States, in: Albert Bernhardt Faust, The German Element in the United States with Special Reference to Its Political, Moral, Social, and Educational Influence, 2 Bde., New York: Steuben Society of America, 1927, Bd. 1, gegenüber S. 578.
8 Friedrich Gerstäcker, Nach Amerika! Ein Volksbuch, 6 Bde., Leipzig: Costenoble, 1855, Bd. 1, Vorwort.
9 Ludwig Max Goldberger, Das Land der unbegrenzten Möglichkeiten. Beobachtungen über das Wirtschaftsleben der Vereinigten Staaten von Amerika, Berlin: F. Fontane, 1903.
10 Vgl. Agnes Bretting, Soziale Probleme deutscher Einwanderer in New York City 1800–1860, Wiesbaden: Steiner, 1981, bes. S. 81–88.

3. Der Staat und die deutsche Massenauswanderung
Gesetzgeberische Maßnahmen in Deutschland und Amerika

Agnes Bretting

1892 kam F.C. Huber in einer Untersuchung über die Auswanderungspolitik im Königreich Württemberg zu dem Schluß, daß lange Zeit hindurch Emigranten ohne wirksamen gesetzgeberischen Schutz Geschäftemachern jeglicher Art überlassen worden seien; bis in die 1860er Jahre, schrieb er, glich „der Auswandererzug... etwa einem Zug Heringe, der allen am Wege Lauernden Beute und Tribut schuldet".[1]

War der deutsche Auswanderer wirklich so schutzlos? Zweifellos waren Ausbeutung und Betrug durch Auswanderungsagenten, Makler, Kaufleute, Reeder, Kapitäne, Bankiers und andere Begleiterscheinungen der Massenauswanderung. Die Beförderung der Emigranten war ein lukrativer Geschäftszweig und es gab immer Personen, die die Unwissenheit und Hilflosigkeit der Auswanderer skrupellos ausnutzten. Es ist auch richtig, daß die meisten deutschen Regierungen lange Zeit hindurch wenig Interesse am Schicksal derjenigen Untertanen zeigten, die sich entschlossen hatten, ihr Heimatland für immer zu verlassen. Dennoch gab es seit den 1830er Jahren in den meisten deutschen Staaten verschiedene Gesetze und Verordnungen, die es den ‚am Wege Lauernden' erschwerten, ‚Beute' zu machen.

Diese Gesetze, Behördenverordnungen und obrigkeitlichen Erlasse waren durch die im 19. Jahrhundert unvermutet angestiegenen Auswandererzahlen notwendig geworden. Staatliche Stellen hatten die Initiative ergriffen, um negative Folgeerscheinungen dieser unerwünschten Massenbewegung abzuwehren. Ungewollt jedoch verbesserten sie damit auch die Situation der Auswanderer. Inhaltliche Kontrolle der Verschiffungsverträge beispielsweise oder auch die Regulierung der Überfahrtsbedingungen verringerte die Zahl der Auswanderer, die als Opfer von Schwindlern völlig verarmt die Reise abbrechen und umkehren mußten und dann ihrem Heimatstaat zur Last fielen.

In dem Bemühen, die chaotischen Zustände im Auswandererverkehr unter Kontrolle zu bringen, wurden zahlreiche Gesetze, Erlasse und Verfügungen verabschiedet. Im Folgenden soll jedoch nicht so sehr ihre Zahl interessieren, auch nicht inhaltliche Details all dieser gesetzlichen Maßnahmen in Deutschland und in Amerika. Andere Aspekte, die im Zusammenhang mit der Auswanderungspolitik von großem Interesse sind — zum Beispiel die Frage nach der Effektivität der Gesetze, die Ausführung der Vorschriften auf der lokalen Ebene oder die wichtige Rolle, die Transitländer wie Frankreich, Belgien und Holland für die Herausbildung der deutschen Auswanderungsgesetzgebung spielten −, sollen in diesem Rahmen ebenfalls unbehandelt bleiben. Hier soll verdeutlicht werden, wie alle Versuche zur Regulierung der Massenauswanderung den Regierenden sowohl in Deutschland als auch in Amerika zwar eine durch die Massenbewegung selbst abgedrungene Reaktion waren, wie aber andererseits durch diese Maßnahmen eine gewisse Ordnung erreicht wurde, die dem einzelnen Auswanderer wachsende Sicherheit bot. Der Prozeß vollzog sich langsam und ohne eine Zusammenarbeit der Auswanderungsländer mit dem Einwanderungsland; erst spät wurden auf beiden Seiten klare politische Richtlinien gezogen.

Nur selten hatte die Auswanderungs- und Einwanderungsgesetzgebung im 19. Jahrhundert allein den Schutz des Emigranten zum Ziel. Die Sicherheit des eigenen Staatswesens stand deutlich im Vordergrund aller Maßnahmen. Auf beiden Seiten des Atlantik reagierten die Gesetzgeber auf Mißstände, die durch die Massenauswanderung verursacht worden waren; bis in die 1880er Jahre fehlte eine übergreifende, vorausschauende Gesetzgebung. Besonders in der ersten Hälfte des Jahrhunderts war die Einstellung der Politiker zu dem Problem Auswanderung von Erfahrungen aus früherer Zeit geprägt. Ein kurzer Rückblick auf die Auswanderungs- und Einwanderungspolitik im 18. Jahrhundert mag daher erlaubt sein.

In Deutschland orientierte sich die Politik der verschiedenen Landesherren am Prinzip des Merkantilismus. Auswanderungsgesuche wurden repressiv gehandhabt, da man einen Verlust von Menschen als schädigend für das Staatswesen ansah. In nur wenigen Staaten waren im 18. Jahrhundert die Herrschenden gewillt, auswanderungswillige Untertanen ziehen zu lassen. Selbst in Ländern mit in dieser Hinsicht liberaler Tradition wie Baden und Württemberg bewilligte man nach Möglichkeit bevorzugt den Fortzug armer oder erwerbsloser Personen.[2] Die Frage, warum überhaupt Untertanen in größerer Zahl gehen wollten, wurde entweder nicht gestellt oder zu vordergründig beantwortet. Werber seien diejenigen, hieß es allgemein bei den Regierungsverantwortlichen, die im Volk Unruhe und Unzufriedenheit schürten, die den Wunsch nach Auswanderung nicht nur förderten, sondern erst weckten.

In den deutschen Staaten waren im gesamten 18. Jahrhundert Werber am Werk, und zwar in so großer Zahl, daß sicher jeder Deutsche solche sogenannten ‚Seelenverkäufer' oder auch ‚Neuländer' kannte. Neben den Werbern, die im Auftrag einer Regierung, eines Unternehmens oder auch eines einzelnen Großgrundbesitzers Siedler und Soldaten zu gewinnen suchten, gab es nicht wenige, die skrupellos auf eigenen Profit bedacht waren. Sie stachelten ohne Bedenken zur Auswanderung an; nach Vertragsabschluß war ihnen das Schicksal der Auswanderer gleichgültig. Dennoch war es zu einfach, Werber für die Auswanderungsbewegung als solche verantwortlich zu machen; selbst die betrügerischen unter ihnen profitierten nur von Phasen sogenannten ‚Auswanderungsfiebers', dessen Ursachen in den sozialen, politischen und religiösen Bedingungen der deutschen Staaten lagen.

Anstatt jedoch diese Bedingungen zu hinterfragen, versuchten die Verantwortlichen, das Phänomen Auswanderung durch strikte Werbeverbote zu kontrollieren. Harte Strafen sollten die Werber fernhalten und potentiellen Auswanderern den Mut nehmen, mit einem solchen in Verbindung zu treten. Diejenigen Untertanen aber, die trotz allem ihr Auswanderungsvorhaben durchsetzten, waren auf sich selbst gestellt, sobald sie die Abzugsgenehmigung der Behörden in Händen hatten. Vom Mutterland hatten sie keinen Schutz, keine Fürsorge mehr zu erwarten. Daß in der Praxis die strikten Verbote kaum eingehalten, die harten Strafandrohungen nur selten verwirklicht wurden und in den meisten deutschen Staaten eher eine Politik des laissez-faire vorherrschte, hatte seinen Grund darin, daß bis 1816/17 Auswanderung kein dringliches politisches Problem war. In vielen Staaten arbeiteten Werber sogar mit obrigkeitlicher Erlaubnis. Allzu erfolgreiche Werbung oder gelegentliche Schübe von Massenauswanderung wurden mit Erneuerung der Verbote bzw. strafferer Anwendung der bestehenden Gesetze beantwortet. Die Haltung der Landesherren hing von politischen Gegebenheiten des Tages ab und war in den deutschen Staaten keineswegs einheitlich. Um es mit den Worten des Historikers Hans Fenske zu formulieren: „Die administrative Praxis orientierte sich vornehmlich am fiskalischen Interesse des Landesherrn".[3]

Eine solche Haltung war nur denkbar, solange die Zahl der Auswanderer gering und überschaubar blieb. Gingen nur wenige, konnte man es dem Einzelnen überlassen, sein Vorhaben zu realisieren. Er reiste zu einem der Seehäfen, nahm Kontakt mit einem Kapitän oder Schiffseigner auf und handelte einen für sich günstigen Überfahrtskontrakt aus. Die Ereignisse der Jahre 1816/17 machten jedoch deutlich, daß dieses Vorgehen unrealistisch wurde, sobald die Auswanderung in eine Massenbewegung umschlug. Zwei aufeinanderfolgende Katastrophenernten hatten in diesen Jahren die allgemeine wirtschaftliche Not bis zur Unerträglichkeit verschärft. Zehntausende von Deutschen, meist aus Südwestdeutschland, sahen in der Auswanderung ihre letzte Hoffnung und kamen einzeln oder in Familienverbänden in die Seehäfen, bevorzugt nach Amsterdam. Dort konnte das Angebot an Schiffsplätzen die große Nachfrage bei weitem nicht befriedigen. Die Folgen waren schlimm: überladene Schiffe segelten nach Amerika, viele Auswanderer erreichten die Neue Welt geschwächt und krank. Von denen, die als Redemptioner gekommen waren, fand so mancher keinen Dienstherren und mußte seine Zukunft in der neuen Heimat als Bittsteller beginnen. In Holland waren Hunderte von Auswanderern, die keine Überfahrtsmöglichkeit mehr gefunden hatten, nach kurzer Zeit völlig mittellos. Sie mußten sich ihren Weg nach Hause erbetteln, obschon sie wußten, daß auch das Mutterland sie nur notgedrungen wieder aufnehmen würde.[4]

Eine politische Folge dieser Ereignisse war, daß man in Deutschland die Auswanderungsfreiheit allmählich akzeptierte. Die Gesetzgeber reagierten unterschiedlich schnell auf die Gegebenheiten, doch bis etwa Mitte des 19. Jahrhunderts hatten alle größeren deutschen Staaten ein Auswanderungsrecht juristisch fixiert, auf dessen Grundlage Gesetze zur Kontrolle und Organisation der nicht mehr aufzuhaltenden Bewegung folgten. In Baden und Württemberg war das Recht auf Auswanderung seit 1803 bzw. 1815 anerkannt, auch wenn es kurzfristige Einschränkungen gegeben hatte.[5] Preußen gewährte die Auswanderungsfreiheit 1818, Hessen folgte 1821, Sachsen 1831, um einige der wichtigsten Auswanderungsstaaten zu nennen. Am spätesten reagierte Bayern, doch das dortige Gesetz von 1868 bekräftigte im Grunde nur die Praxis der letzten 25 Jahre. Trotz der zeitlichen Unterschiede, mit denen die einzelnen deutschen Staaten gesetzgeberisch tätig wurden, glichen sich die Grundzüge der Auswanderungsgesetzgebung. Es ist daher durchaus gerechtfertigt, im Folgenden von der Rolle *der* deutschen Behörden bei der Organisation der Massenauswanderung zu sprechen.

Der Rückblick auf die Auswanderungspolitik im Deutschland des 18. Jahrhunderts ergibt, daß jemand, der sich für seine Lebensgestaltung in Amerika bessere Chancen erhoffte, um die Erlaubnis, sein Heimatland zu verlassen, zu kämpfen hatte. Auf der anderen Seite des Atlantik konnte er aber keineswegs auf ein uneingeschränkt herzliches Willkommen rechnen. Siedler in den britischen Kolonien und später in den unabhängigen Vereinigten Staaten standen denen, die nach ihnen ankamen, immer reserviert und mißtrauisch gegenüber.[6]

Zwar gab es im Amerika des 18. Jahrhunderts nur ein einziges Gesetz, welches eindeutig einwanderungsfeindlich war, nämlich das ‚Alien and Sedition Law' aus dem Jahre 1798. Die Verabschiedung dieses Gesetzes, in dem erstmalig die Deportation unerwünschter Ausländer vorgesehen war, erfolgte in einer Atmosphäre der Kriegsangst, war aber auch Ausdruck eines in der Bevölkerung latent vorhandenen Mißtrauens gegenüber Minoritäten rassischer oder religiöser Art.[7] Die Opposition gegen das Gesetz war heftig, die Bestimmungen auch von Anfang an auf zwei Jahre befristet. Die meisten amerikanischen Staaten hielten an dem Ideal der Neuen Welt als Hort aller Unterdrückten fest und vertrauten auch weiterhin auf die Einwanderungsgesetze, die schon seit Jahren in Kraft waren.

Einwanderer wurden in Amerika gebraucht, als Farmer, Handwerker und Arbeiter; bis zum Ende des 19. Jahrhunderts baute die Wirtschaft Amerikas auf die Arbeitskraft der vielen Menschen aus der Alten Welt. Schon in der Kolonialzeit hatten Großgrundbesitzer aktiv Arbeitskräfte und Siedler aus Europa angeworben, bevorzugt auch Deutsche. Eine Steigerung der Bevölkerungszahl bot der Kolonie mehr Sicherheit und garantierte vor allem Wirtschaftswachstum. So warb man um einwanderungswillige Bauern und Handwerker mit finanziellen Hilfen für die Überfahrt und den Siedlungsbeginn, Steuerbefreiung für die ersten Jahre, leichten Einbürgerungsbedingungen und Zusicherung der freien Religionsausübung. Immer aber waren unter denen, die diesen Angeboten folgten, auch Menschen, die als unerwünscht angesehen wurden. Fremde wurden daher mit zwiespältigen Gefühlen aufgenommen; ob diese Gefühle in Fremdenhaß umschlugen, hing von der wirtschaftlichen Situation der Kolonie ab und auch davon, wie stark der Strom der Neuankömmlinge war.[8]

Schon die kolonialzeitliche Einwanderungspolitik zielte daher auf eine Kontrolle des Zustroms ab, damit nach Möglichkeit nur ausgewählte Siedler ins Land kommen konnten. Diese Tendenz der Eliminierung der negativen Erscheinungen der Einwanderung – ohne dabei die Bewegung als solche zu behindern – blieb auch nach der Unabhängigkeitserklärung Grundlage der Gesetzgebung.

Zu Beginn der Masseneinwanderung galten die sogenannten ‚manifesting and bonding laws', Gesetze, nach denen zum einen jeder ankommende Passagier mit Angabe des Namens, des Alters und des Berufs den Behörden gemeldet werden mußte, und die es zum anderen erlaubten, für jeden Ankömmling, der nach Einschätzung des zuständigen Bürgermeisters möglicherweise unterstützungsbedürftig war oder werden konnte, eine Bürgschaft von bis zu $ 300 zu verlangen. Diese Bürgschaft war vom Kapitän oder Schiffseigner zu stellen und wurde rückzahlbar, sobald der betreffende Einwanderer zwei Jahre lang sein Auskommen ohne Unterstützung der öffentlichen Hand gefunden hatte. Die meisten dieser staatlichen ‚manifesting and bonding laws' rührten aus der Kolonialzeit her, als die Einwanderung zahlenmäßig überschaubar gewesen war. Die im 19. Jahrhundert einsetzende Masseneinwanderung konfrontierte die Behörden praktisch wie theoretisch mit völlig neuen Problemen. Dennoch dauerte es eine ganze Zeit, bis die Gesetzgeber auf diese Probleme mit neuen, der veränderten Situation angepaßten Maßnahmen reagierten.

Doch zunächst zurück nach Deutschland, wo sich in der Haltung der Gesetzgeber gewisse Ähnlichkeiten feststellen lassen. Zwar zwang die Massenauswanderung zu gesetzgeberischen Reaktionen, doch blieben alle Maßnahmen zunächst von der auswanderungsfeindlichen Haltung des 18. Jahrhunderts geprägt. Trotz einer sich im 19. Jahrhundert allmählich durchsetzenden Liberalität blieben lange Zeit „die Werbeverbote bestehen und wurden zur Anwendung gebracht, wann immer man dies für gut erachtete" (Mack Walker).[9] Dies läßt sich gut am Beispiel der Gesetzgebung verdeutlichen, die die Auswanderungsagenten betraf.

Das Gewerbe der Auswanderungsagenten gewann in dem Maße an Bedeutung, in dem die Zahlen der Auswanderer zunahmen. In den 1830er Jahren, als die Massenauswanderung endgültig einsetzte, wurde Deutschland von einem schnell dichter werdenden Netz von Agenturen überzogen. Der Agent war derjenige, der dem Auswanderer half, die Reise von der Heimat bis zum Ankunftsort in Amerika zu planen, er buchte die Schiffspassage und teilte dem Auswanderer mit, wann und wie er seinen Heimatort verlassen sollte. Verständlicherweise hatten diese Agenten ein Interesse an der Förderung der Auswanderungsbewegung. Doch waren sie keineswegs nur Nachfolger der ‚Seelenverkäufer' und ‚Neuländer' aus dem 18. Jahrhundert; ihre Funktion war nicht nur vermittelnd, sondern darüber hinaus von organisatorischer Bedeutung.[10]

Die Verantwortlichen in den staatlichen Behörden waren sich darüber im Klaren, daß die Arbeit der Agenten ein wichtiger Beitrag zur Organisation der Massenauswanderung war. Ohne sie würden Hunderte von Auswanderern in ihrem Vorhaben scheitern und öffentlichen oder privaten Wohlfahrtsinstitutionen zur Last fallen. Doch die Angst, die Agenten könnten zur Auswanderung anreizen und die grassierende Bewegung bewußt fördern, bewog die Gesetzgeber, das Gewerbe strikten Kontrollvorschriften zu unterwerfen. Zahlreiche Berichte von Bürgermeistern oder Polizeidienststellen an das jeweilige Innenministerium oder auch die vielen Ausführungsanweisungen zu den Gesetzen belegen deutlich, daß dem Staat Personen, die ein professionelles Interesse an der Auswanderung hatten, verdächtig waren.

In dem Bemühen, die Auswanderungsagenten zu überwachen, ohne dabei ihre durchaus erwünschte ordnende Tätigkeit zu behindern, entstanden ständig Probleme. Besonders schwierig war die Unterscheidung zwischen lockender und geschäftsnotwendiger Werbung. 1865 hatten beispielsweise einige Agenten bei der hessischen Regierung Klage gegen einen Kollegen geführt: sein am Büro aushängendes mehrfarbiges und auffallend gestaltetes Geschäftsschild ginge über den Rahmen der zulässigen Information hinaus und erfülle bereits den Tatbestand der verbotenen Werbung. Die Regierung ordnete daraufhin die Entfernung aller Geschäftsschilder an Auswanderungsagenturen an.[11] Oder als weiteres Beispiel das Problem des Anschlags von Schiffsfahrplänen an öffentlichen Plätzen: war dies Information oder Werbung? 1881 beauftragte die hessische Regierung alle Polizeidienststellen im Lande, Wirtschaften und Lokale aufzusuchen, in denen solche Fahrpläne aushingen, um festzustellen, ob diese unter Umständen unter den Gästen eine Auswanderungsdiskussion auslösten. Die Polizeibeamten verneinten diesen Verdacht, es erfolgte nichts weiter.[12]

Die staatliche Kontrolle des Auswanderungsagenten war strikt: zur Führung eines Betriebes war eine Lizenz erforderlich, deren Gewährung im Ermessen der Behörden stand; Broschüren und Kontraktformulare bedurften vor Verwendung offizieller Genehmigung. Die Agenten mußten den Auswanderern bestimmte Dienstleistungen garantieren – insbesondere die Übernahme der Kosten, die durch einen unplanmäßigen Aufenthalt in der Hafenstadt entstanden –, sie mußten Geschäftsbücher führen und auf Verlangen offenlegen, und sie mußten für die Einhaltung ihrer Verpflichtungen eine Kaution stellen.

Diese Vorschriften trugen ohne Zweifel dazu bei, daß die Zahl betrügerischer Auswanderungsagenten vergleichsweise gering blieb. Das aber hieß, daß auch dem Auswanderer bei der Durchführung seines Vorhabens die Umstände erleichtert wurden. Den Regierenden war dies wohl bewußt, in den meisten Fällen erließ man die Vorschriften durchaus „einerseits im Interesse des Staates, um unerlaubte Auswanderung zu begrenzen und andererseits im Interesse der Auswanderer selbst, die dadurch Schutz vor betrügerischer und falscher Beratung bekamen".[13] Selten sah man den Schutz der Auswanderer als unerwünscht an. So war die Regierung im Königreich Sachsen beispielsweise lange Zeit gegen jegliche gesetzliche Maßnahme der Auswanderungskontrolle mit dem Argument, daß die Sicherheit, die dem Auswanderer dadurch geboten wurde, die Bereitschaft zur Emigration prinzipiell fördern könne.[14]

Die Kontrolle der Auswanderungsagenturen entsprang aber nicht nur der Angst des Staates vor unkontrollierbarem Massenabzug ihrer Untertanen, sondern war durchaus eine Notwendigkeit. In deutschen Archiven lagern Hunderte von Dokumenten, die über die Erfindungskünste von Agenten Auskunft geben, denen es darum ging, Auswanderer um ihr Geld zu bringen. Auch Werber reisten noch im 19. Jahrhundert durch Deutschland. Für Amerika warben sie Soldaten für die Unionstruppen im Bürgerkrieg, dann Siedler für verschiedene Einzelstaaten, und in den 1880er Jahren, der Zeit der intensiven Arbeitskämpfe in den USA, auch Streikbrecher für einzelne Firmen.[15] War eine Überwachung von Werbung und Vermittlung auch notwendig, so geriet sie doch häufig zu kleinlicher, auf der lokalen Ebene oft lächerlicher Bevormundung.

Dennoch: nach 1840 hatten Auswanderer die Möglichkeit, mehr oder weniger zuverlässige Informationen über Reiserouten, Preise und Zielorte in den Vereinigten Staaten einzuholen. Sie konnten ihr Vorhaben planen und damit zeit- und kostenintensive Reiseverzögerungen weitgehend vermeiden. Die Auswanderer, die die Buchung der Überfahrt bei einem staatlich lizensierten Agenten abschlossen, waren ohne Zweifel gegen Übervorteilung nicht mehr völlig schutzlos. Sie mußten einen erhöhten Preis zahlen, da der Agent seinen Profit machen wollte, doch insgesamt gesehen war dies die erhöhte Sicherheit wert.

Die frühe Auswanderungsgesetzgebung in Deutschland im 19. Jahrhundert war stark von Vorurteilen aus dem 18. Jahrhundert geprägt. Mehr und mehr nahm man aber auch in der Öffentlichkeit zu dem Problem der Massenauswanderung Stellung, was nicht ohne Eindruck auf den Gesetzgeber blieb. Seit den 1840er Jahren existierten in fast allen deutschen Staaten philanthropische Vereine, deren Anliegen die Erreichung einer positiveren Haltung des Staates zur Kontrolle der Auswanderung war. Der ‚Zentralverein für deutsche Auswanderer' (Berlin, 1844) und der ‚Nationalverein' (Darmstadt, 1847) waren zwei der bedeutendsten unter diesen Gesellschaften. Sie propagierten die Auswanderung als eine Art Sicherheitsventil für soziale Probleme im Heimatland und forderten vom Staat wenn schon nicht Förderung, so doch Schutz und Lenkung der Bewegung.

Zunehmende Liberalität und ein erstarktes Nationalgefühl – der Wunsch nach Erhalt einer deutschen Identität auch bei Deutschen im Ausland – wurden 1848 in den Beratungen in der Paulskirche spürbar. Obwohl andere Probleme den Delegierten der Nationalversammlung wichtiger erschienen, wurde doch die Forderung nach Fürsorge und Schutz des Staates für die Auswanderung in die Verfassung aufgenommen.[16] Durch das Scheitern der Revolution blieb dies Ergebnis jedoch ohne Bedeutung. Zwar zeigten einige der deutschen Regierungen fortan mehr Interesse für das Schicksal ihrer auswandernden Untertanen, doch alle Versuche, die Auswanderungsgesetzgebung der Einzelstaaten zu koordinieren, blieben ohne Erfolg. Abgesehen von den traditionell liberalen Staaten Baden und Württemberg blieb man in Deutschland bei der bloßen Kontrolle der Massenauswanderung. Effektiver Schutz für Auswanderer oder aktive Lenkung der Bewegung hätten einer starken politischen Zentralgewalt bedurft.

Zwei deutsche Staaten, für die das bisher Gesagte nicht zutrifft und die doch im Auswanderergeschäft eine bedeutende Rolle spielten, müssen allerdings erwähnt werden: die Stadtstaaten Hamburg und Bremen. Sie waren keine Auswanderungsländer von Bedeutung, sondern Abfahrtsort für die Emigranten aus den deutschen Staaten im Süden und Südwesten. Die Regierenden hier hatten daher eine grundsätzlich andere Einstellung zur Auswanderung als die bisher diskutierte. Bereits im 18. Jahrhundert hatten Geschäftsleute in Hamburg und Bremen auswanderungshemmende Gesetze anderer Staaten mißachtet oder ignoriert. Als sich die Massenbewegung abzuzeichnen begann, versuchte man zunächst in Bremen, dann auch in Hamburg, den Strom der Auswanderer über den eigenen Hafen zu lenken. Die führenden Häfen im Beförderungsgeschäft waren Le Havre, Antwerpen und Rotterdam. Die zwei deutschen Städte eröffneten den Konkurrenzkampf, indem sie Auswanderern bessere Bedingungen anboten. Die ersten Gesetze zur Regelung der Überfahrt, in Bremen 1832 und in Hamburg 1836, beinhalteten den Schutz des Auswanderers. Die Gesetzgebung beider Senate verfolgte das Ziel, die Überfahrt für Zwischendeckspassagiere allmählich schneller, sicherer und bequemer zu gestalten.

Gewiß ließ sich eine solche Gesetzgebung weniger auf Philanthropie als auf handfeste wirtschaftliche Interessen zurückführen; viele der Senatoren in beiden Städten waren selbst Kaufleute oder Reeder. Da aber – anders als in den übrigen Staaten – das wirtschaftliche Interesse darin lag, ein möglichst hohes Auswandereraufkommen zu erreichen, möglichst viele Zwischendeckspassagiere nach Amerika zu verschiffen, war die Organisation des Geschäftes durchdacht, und die Auswanderer fanden Hilfe und Schutz.[17]

Wie aber reagierten amerikanische Behörden auf den Massenzuzug von Europäern? Sie standen vor enormen Problemen. Von 1820 bis 1850 suchten fast 2,5 Millionen Neueinwanderer Arbeit und Wohnung; etwa 24 Prozent davon waren Deutsche. In der zweiten Hälfte des 19. Jahrhunderts nahmen die Zahlen noch zu. Die Mehrheit der Ankömmlinge wurde gebraucht und war willkommen. Probleme schufen diejenigen, die es aus irgendeinem Grunde nicht schafften, sich in die neue Umgebung einzupassen. Die amerikanischen Behörden reagierten auf diese Situation zunächst mit der Anwendung der alten Gesetze: Quarantänebestimmungen, ‚manifesting‘ und ‚bonding laws‘. „Die Angst vor Pauperismus und die Angst vor Seuchen bestimmten die Gesetzgebung auf städtischer und staatlicher Ebene im Einwandererverkehr".[18]

In dieser Haltung fühlte sich der Gesetzgeber zunächst durch die öffentliche Meinung bestärkt. Obwohl es nicht zutraf, daß Epidemien wie Gelbfieber oder Cholera durch Einwanderer eingeschleppt wurden, und obwohl es ebenfalls unrichtig war, daß die Zahlen der Paupers und der Kriminellen durch Einwanderer hochgetrieben wurden, waren Zeitgenossen doch beeindruckt von der Zunahme ausländischer Gefängnisinsassen oder Armenhausbewohner und von der Tatsache, daß die neu entstehenden Slums in den Großstädten überwiegend von Ausländern bewohnt wurden. In den Hafenstädten traten diese Probleme am deutlichsten hervor; hier wuchs das Gefühl, einer Flut einwandernder Armer ausgesetzt zu sein. Am meisten betroffen war der Staat New York, dessen Hafen New York City seit den 1840er Jahren für 70 bis 80 Prozent aller Einwanderer das Tor zur Neuen Welt darstellte.[19] New York State und in der Folge auch alle anderen Küstenstaaten reagierten durch eigene Gesetze auf die Einwanderungsproblematik.

Die erste Hälfte des 19. Jahrhunderts war in Amerika eine Zeit des sozialen Wandels und der Unruhe, hervorgerufen durch Urbanisation, Industrialisierung und technische Neuerungen. Die Masseneinwanderung verschärfte ohne Zweifel einige dieser Probleme, gerade in den Großstädten. Doch hielt man die Neueinwanderer sehr generell verantwortlich, zum Beispiel für die zunehmende Schärfe in den Auseinandersetzungen zwischen Arbeitgebern und Gewerkschaften in den 1840er und 1850er Jahren, wie überhaupt jede Art von Radikalismus als unamerikanisch eingestuft wurde und folglich ein ‚Import‘ der Europäer sein mußte. Die Intensität dieser einwanderungsfeindlichen Einstellung hing stark von der wirtschaftlichen Lage ab, in Zeiten der Depression waren die Menschen eher geneigt, den Argumenten der Nativisten zu folgen. Trotz aller Schwierigkeiten und trotz nativistischer Vorstöße blieb das Ideal der freien Einwanderung zunächst jedoch unangetastet. Die Auseinandersetzung mit konkreten Problemen der Einwanderung lag hauptsächlich bei den Einzelstaaten. Diese bemühten sich um gesetzliche Kontrolle und Organisation der Bewegung, kein Staat jedoch erließ einen Einwanderungsstop.

Vom Kongreß in Washington kamen in den Jahren der beginnenden Masseneinwanderung keinerlei gesetzgeberische Initiativen. 1819 war das erste Bundesgesetz zur Einwanderung verabschiedet worden. Mit der Vorschrift, daß kein Schiff mehr als zwei Passagiere pro 5 Bruttoregistertonnen aufnehmen dürfe, suchte man die Bedingungen der Überfahrt zu verbessern. Dies sollte dem Einwanderer zugute kommen, gleichzeitig aber auch die Zahl der Ankömmlinge verringern, die, halbverhungert und krank, gleich nach ihrer Landung um Hilfe nachsuchen mußten. Sowohl der Einwanderer als auch das Aufnahmeland sollten also geschützt werden.

Trotz des raschen Anstiegs der Einwandererzahlen blieb es fast dreißig Jahre bei diesem Gesetz. Dies hatte seinen Grund hauptsächlich darin, daß die Frage der Zuständigkeit in der Einwanderungsproblematik rechtlich nicht eindeutig geklärt war.[20] 1847 wurde ein Gesetz verabschiedet, das sich speziell gegen die Praxis der Überladung von Auswandererschiffen richtete; 1855 folgte ein weiteres, noch detaillierteres Gesetz zu diesem Problem. Angeregt durch den Bericht eines Senatsausschusses, der die auf Auswandererschiffen herrschenden Zustände untersucht hatte, wurden nun vom Gesetzgeber Mindestmengen an Verpflegung und Raum gefordert sowie die Zubereitung von mindestens einer warmen Mahlzeit pro Tag vorgeschrieben. Auf diese Weise hoffte man, die Zahl der Hungersnöte und Seuchen auf Auswandererschiffen reduzieren zu können. Doch wie schon bei den vorhergehenden Gesetzen gab es „letzten Endes ... gegen Verstöße, die sich außerhalb der Hoheitsgebiete ereigneten, kaum Zwangsmittel",[21] so daß es bei der Intention der Gesetzgeber blieb.

Trotz mangelnder Effizienz der Vorschriften war doch die Haltung, die dahinter stand, von Bedeutung. Sie zeigte Fürsorge für das Schicksal der Einwanderer. Dies entsprang nicht zuletzt dem Einfluß privater und öffentlicher Wohlfahrtsunternehmen, die sich besonders in den Küstenstaaten in größerer Zahl entwickelt hatten. Diese Unternehmen haben nicht nur für die Einwanderer eine bedeutende Rolle gespielt, auch ihr Einwirken auf die Haltung der Gesetzgeber kann kaum überbewertet werden. New York ist dafür ein gutes Beispiel. In dieser Hafenstadt, in der Kaufleute, Makler diverser Branchen, Fahrkartenverkäufer, Geldwechsler, Grund- und Hausbesitzer, Wirte und andere aus der Einwanderung eine Goldgrube gemacht hatten, waren zahlreiche Vereine zu dem Zweck gegründet worden, den Einwanderer vor Betrug zu schützen. Den Deutschen stand die bereits 1784 gegründete ‚Deutsche Gesellschaft der Stadt New York' zur Verfügung, die noch heute aktiv ist; andere Einwanderer konnten sich an Gesellschaften ihrer jeweiligen Nationalität wenden.

Diese privaten Hilfsgesellschaften sorgten sich um die Folgen der Masseneinwanderung, standen der Bewegung als solcher aber keineswegs feindlich gegenüber. Mitglieder der Deutschen Gesellschaft zum Beispiel, die – wie die Senatoren in den Hansestädten – vielfach Kaufleute waren, befürworteten eine Förderung der deutschen Einwanderung. Da aber hierfür eine durchdachte Organisation und Lenkung erforderlich war, setzten sie sich für eine den Einwanderer schützende Gesetzgebung ein. Indem sie die Aufmerksamkeit der Öffentlichkeit auf die im Auswanderergeschäft herrschenden schlimmen Zustände lenkten, erreichten sie tatsächlich eine an den Nöten der Einwanderer orientierte Gesetzgebung.

1847, im selben Jahr, in dem auch der Bundeskongreß in der Einwanderergesetzgebung wieder aktiv wurde, gründete man in New York die Institution der ‚Commissioner of Emigration of the State of New York' – trotz vehementer Proteste all derer, die vom Geschäft mit der Einwanderung profitierten, wie Schiffahrtslinien, Spekulanten, Eisenbahngesellschaften, verschiedene Handelskammern und auch bestimmte politische Gruppierungen. Die Commissioner sollten die Organisation der Landung und des Weitertransportes der Fremden übernehmen. Zusätzlich dazu waren sie verpflichtet, jeden in Not geratenden Einwanderer während der ersten fünf Jahre seines Aufenthaltes zu unterstützen. Die Berufung dieser Kommission bedeutete einen Wendepunkt in der Geschichte der Einwanderung für die Stadt New York und damit auch für die Vereinigten Staaten insgesamt. Hiermit und mit dem Bundesgesetz von 1847 bezeugten die Verantwortlichen Interesse an einer effektiven Regelung der Einwanderungsbewegung. Die Haltung der Gesetzgeber hatte sich leicht verschoben, und zwar vom Schutz des Staates vor unerwünschten Einwanderern hin zum Schutz dieser Einwanderer selbst.[22]

1864 verabschiedete der Kongreß sogar ein Gesetz zur Förderung der Einwanderungsbewegung. Immigranten bekamen die Möglichkeit, durch Verpfändung von Landbesitz oder eines Teils ihres zu erwartenden Lohnes einen Vorschuß auf die Überfahrtskosten zu bekommen. Das Gesetz legalisierte im Grunde das Prinzip der Kontraktarbeit. Es war eine Reaktion auf den Arbeitskräftemangel während des Bürgerkrieges und wurde 1868 widerrufen, als die Soldaten in ihre bürgerlichen Berufe zurückkehrten.

Wenn auch die amerikanische Gesetzgebung bis in die 1880er Jahre von einer Begrenzung der Immigration absah, waren doch die Schutzbestimmungen nicht nur Ausdruck der Sorge um den einzelnen Einwanderer. Der Grundsatz, daß zunächst das eigene Land vor unerwünschten Folgeerscheinungen geschützt werden sollte, prägte alle Erlasse. 1847 wurde genau definiert, wer als unerwünschter Einwanderer galt, und man ordnete an, daß solche Ankömmlinge auf Kosten der Schiffahrtslinien in ihr Heimatland zurückgebracht werden mußten. Auf staatlicher Ebene, zum Beispiel in New York, konnte schon längere Zeit so reagiert werden, doch dadurch, daß das Verfahren jetzt durch ein Bundesgesetz verbindlich wurde, waren Umgehungen schwerer möglich, die Durchsetzung der Vorschrift effektiver.[23] Bremen und Hamburg mußten in ihrer Gesetzgebung Sorge dafür tragen, daß die Ausrüstung der Auswanderer-

C.F. Elwerts Wechsel- und Schiffahrts Geschäft in Philadelphia um 1880. Agenturen dieser Art, die für deutsche Immigranten die Überfahrt abwickelten, waren in der zweiten Hälfte des 19. Jahrhunderts in amerikanischen Städten häufig. (Roughwood Collection)

schiffe dem hohen Standard des amerikanischen Gesetzes entsprach. Die Regierung von Hessen verstärkte die staatliche Kontrolle der Auswanderungsagenten, um zu verhindern, daß in Amerika abgewiesene Einwanderer ihrem Land wieder zur Last fielen. Andere deutsche Regierungen reagierten ähnlich. Spätestens ab 1847 wird damit deutlich, daß zwischen der Gesetzgebung auf beiden Seiten des Atlantik eine Interaktion bestand. Auswanderung und Einwanderung gehörten zusammen; eine nicht nur zufällige, sondern kooperierende Abstimmung in der Gesetzgebung zu diesem Problem wäre wünschenswert gewesen.

In den Vereinigten Staaten wurde die Notwendigkeit nach bundeseinheitlicher Kontrolle des Einwanderungswesens immer drängender. Durch eine Entscheidung des Obersten Gerichts im Jahre 1849, derzufolge die Praxis der Einzelstaaten, von allen ankommenden Passagieren eine Kopfsteuer für einen staatlichen Armenfonds zu erheben, illegal war, wurde die Einwanderung zu einem nationalen Problem.[24] Doch erst 1875 wurde ein erster gesetzgeberischer Versuch in diese Richtung unternommen. Er blieb wirkungslos, da für die Durchsetzbarkeit des Gesetzes nur unzureichend gesorgt worden war.

In den 1880er Jahren zeichnete sich dann eine Wende in der amerikanischen Einwanderungspolitik ab. Verschiedene Gesetze markierten das Ende der liberalen Idee der freien Einwanderung. 1882 wurde die Kopfsteuer für Einwanderer festgeschrieben und gesetzlich gefordert, daß bestimmte Gruppen – Kriminelle, geistig Behinderte und andere möglicherweise Unterstützungsbedürftige – an der Einreise zu hindern seien. 1885 wurde Kontraktarbeit verboten, 1887 die Deportation Unerwünschter zwingend vorgeschrieben.[25]

Deutsche Einwanderer waren von dieser veränderten Haltung kaum mehr betroffen, da zu dieser Zeit andere Nationalitäten die Mehrheit der Neuankömmlinge stellten. Die sogenannte Neue Einwanderung beschäftigte die öffentliche Meinung und beherrschte die Debatten im Kongreß. Einwanderer aus Ost- und Südosteuropa kamen in wachsender Zahl nach Amerika und hatten – anders als die Deutschen, Skandinavier und selbst Iren – offensichtlich größere Schwierigkeiten bei der Assimilation. Ihr starkes Gruppenbewußtsein, ihre scheinbar eigenartigen Bräuche, ihre fremdartigen Lebensgewohnheiten und sogar ihre auffallende äußere Erscheinung wurden von nativistischen Gruppen angegriffen. Das Gefühl, daß die Integration von Millionen fremder und fremdartiger Menschen ihr Land überfordere, wurde in großen Teilen der amerikanischen Bevölkerung immer stärker.[26]

Die öffentliche Meinung blieb nicht ohne Wirkung auf den Gesetzgeber. 1909 wurde schließlich auch der Einwandererfond, der durch die Erhebung der Kopfsteuer geschaffen worden war, dem allgemeinen Bundesvermögen zugeschlagen. Die Gesetzgebung war zu einem „System von Ausschluß und Zulassung" geworden, das frühere Schutzdenken – das sich in Deutschland durchzusetzen begann – war in den Hintergrund getreten.[27]

In Deutschland war bei der Gründung des Reiches 1871 die Chance zu einer effektiven, vorausschauenden Auswanderungsgesetzgebung ungenutzt gelassen worden. Erst 1897, fast fünfzig Jahre, nachdem die Nationalversammlung in der Paulskirche sich dazu geäußert hatte, wurde ein Gesetz verabschiedet, welches die Auswanderung als Reichsproblem anerkannte. Dieses Gesetz nahm in wesentlichen Passagen Rücksicht auf die Interessen der zwei führenden deutschen Schiffahrtsgesellschaften, der Hapag in Hamburg und des Lloyd in Bremen. Es wurde jedoch erlassen, als die deutsche Auswanderung keine Massenbewegung mehr war. Hamburg und Bremen machten das Geschäft inzwischen mit den Tausenden von durchreisenden Polen, Russen, Juden, Böhmen, Kroaten, Ungarn und anderen, die mit der sogenannten Neuen Auswanderungswelle nach Amerika gingen. Und während dort der Einlaß keineswegs mehr jedem offen stand, hatte in Deutschland endlich ein liberaler Geist die gesetzlichen Hindernisse in der Auswanderung beseitigt.[28]

Die deutsche Massenauswanderung nach Amerika hatte die Behörden im Heimat- und im Aufnahmeland vor große, bis dahin oft unbekannte Probleme gestellt. Die Reaktion hierauf war auf beiden Seiten der Versuch, die Bewegung unter Kontrolle zu bringen. Da in vielen Vorschriften der Gedanke der Abwehr von unmittelbaren Gefahren vorherrschend war und eine langfristige Planung in der Gesetzgebung erst spät spürbar wurde, kann nur sehr begrenzt von einem gesetzlichen Schutz für den Auswanderer gesprochen werden. F.C. Hubers eingangs zitierter Vergleich des Auswandererstroms mit einem Zug von Heringen ist deshalb nicht ganz verkehrt: dadurch, daß die Auswanderung zur Massenauswanderung wurde, mußte der Gesetzgeber reagieren. Durch die Masse also wurde dem einzelnen Auswanderer zumindest ein gewisser Schutz zuteil, auch wenn weiterhin mancher das Opfer betrügerischer ‚Raubfische' wurde.

Anmerkungen

1 F.C. Huber, Auswanderung und Auswanderungspolitik im Königreich Württemberg, in: Eugen von Philippovich (Hg.), Auswanderung und Auswanderungspolitik in Deutschland (Schriften des Vereins für Sozialpolitik, Bd. 52), Leipzig: Duncker & Humblot, 1892, S. 275.
2 Vgl. Gerhard P. Bassler, Auswanderungsfreiheit und Auswandererfürsorge in Württemberg 1815–1855. Zur Geschichte der südwestdeutschen Massenwanderung nach Nordamerika, in: Zeitschrift für Württembergische Landesgeschichte 33. 1974, S. 117–160.
3 Hans Fenske, Die deutsche Auswanderung, in: Mitteilungen des Historischen Vereins der Pfalz 76. 1978, S. 213.
4 Vgl. Günter Moltmann (Hg.), Aufbruch nach Amerika. Friedrich List und die Auswanderung aus Baden und Württemberg 1816/1817, Tübingen: Wunderlich, 1979, S. 188–214.
5 Vgl. Wilhelm Mönckmeier, Die deutsche überseeische Auswanderung, Jena: Fischer, 1912, S. 228–230.
6 Vgl. Edward Prince Hutchinson, Legislative History of American Immigration Policy, 1798–1965, Philadelphia: University of Pennsylvania Press, 1981, S. 388.
7 Eine kurze Erörterung der Hintergründe dieses Gesetzes findet sich bei Roy L. Garis, Immigration Restrictions. A Study of the Opposition to and Regulation of Immigration into the United States, New York: Macmillan, 1927, S. 32.
8 Vgl. ebd., S. 18.
9 Mack Walker, Germany and the Emigration, 1816–1885, Cambridge, MA: Harvard University Press, 1964, S. 147.
10 Vgl. Agnes Bretting, Die Auswanderungsagenturen in Deutschland im 19. und 20. Jahrhundert. Ihre Funktion im Gesamtauswanderungsprozeß, Publ. in Vorb.
11 Staatsarchiv Marburg, Bestand 100, Nr. 3535. Gesetz vom 20.4.1865.
12 Hessisches Hauptstaatsarchiv Wiesbaden, Abt. 405, Nr. 2589, Bl. 54–86.
13 Schreiben des herzogl. Braunschw.-Lüneburg. Staatsministeriums an die Kreisdirektion Gandersheim vom 18. Okt. 1854. Niedersächsisches Staatsarchiv Wolfenbüttel, 129 Neu 30/387.
14 Erst im Mai 1853 wurde in Sachsen ein Gesetz zur Überwachung der Auswanderungsagenten verabschiedet. Es war inhaltlich den in Nachbarstaaten bereits bestehenden Vorschriften angeglichen.
15 Mack Walker, The Mercenaries, in: New England Quarterly 33. 1966, S. 390–398; Ingrid Schöberl, Auswandererwerbung durch Information. Amerikanische Broschüren in Deutschland im späten 19. und frühen 20. Jahrhundert, in: Amerikastudien/American Studies 27. 1982, S. 299–342; Charlotte Erickson, American Industry and the European Immigrant, 1860–1885, Cambridge, MA: Harvard University Press, 1957.
16 Vgl. Walker, Germany, S. 135–139.
17 Vgl. Birgit Gelberg, Auswanderung nach Übersee. Soziale Probleme der Auswandererbeförderung in Hamburg und Bremen von der Mitte des 19. Jahrhunderts bis zum 1. Weltkrieg (Beiträge zur Geschichte Hamburgs, Hg. Verein für Hamburgische Geschichte, Bd. 10), Hamburg: Christians, 1973.
18 Robert G. Albion, The Rise of New York Port, 1815–1860, New York: Scribner, 1939, S. 349.
19 Vgl. Agnes Bretting, Soziale Probleme deutscher Einwanderer in New York City 1800–1860, Wiesbaden: Steiner, 1981.
20 Vgl. Garis, S. 58.
21 Ingrid Schöberl, Auswanderungspolitik in Deutschland und Einwanderungspolitik in den Vereinigten Staaten, in: Zeitschrift für Kulturaustausch 32, Nr. 4. 1982, S. 327.

22 George M. Stephenson, A History of American Immigration, 1820–1924, 1926, repr. New York: Russell & Russell 1964, S. 253f.
23 Vgl. Bretting, Soziale Probleme, S. 33f.
24 Hutchinson, S. 403: „The States attempted to devise laws acceptable under this decision, but a last attempt by New York in 1881 to find a means of collecting ‚head money' was again struck down by a 1883 decision, which established in effect that . . . the regulation of immigration is the prerogative of the federal government".
25 Vgl. Edith Abbott, Federal Immigration Policies, 1864–1924, in: University Journal of Business 2, Nr. 2. 1924, S. 141.
26 Vgl. Schöberl, Auswanderungspolitik, S. 328.
27 Abbott, S. 143.
28 Vgl. Schöberl, Auswanderungspolitik, S. 329.

II. Die Pennsylvania-Deutschen

4. Die Pennsylvania-Deutschen
Eine dreihundertjährige Identitätskrise

Don Yoder

Von allen ethnischen Gruppen des frühen Pennsylvania sind es die Pennsylvania-Deutschen, die sich am deutlichsten bemerkbar gemacht und am stärksten das Interesse der Forschung auf sich gezogen haben.[1] Ihre Identität ist schrittweise und über einen großen Zeitraum hin – nicht weniger als drei Jahrhunderte lang – geformt worden, und zwar 1. durch ihre Konfrontation mit dem Leben in Amerika, 2. von ihrem Kontakt mit ihren nichtdeutschen Nachbarn aus anderen ethnischen Minderheitsgruppen, und 3. in ihrem Ringen mit ihrem Deutschsein im Verhältnis zu anderen deutschen Einwandererschüben. In diesem Aufsatz möchte ich in sehr allgemeiner Weise die hauptsächlichen Ethnisierungstendenzen innerhalb der pennsylvania-deutschen Bevölkerung aufzeigen und dabei den drei entscheidenden Einstellungen Beachtung schenken, die für die Pennsylvania-Deutschen in dem langen Prozeß des Herausfindens, wer sie sind und welches ihre Position in der amerikanischen Kultur ist, im Zentrum stehen.

Wir feiern in diesem Jahr den 300. Jahrestag der Gründung der pennsylvania-deutschen Kultur durch die Besiedlung von Germantown. Ich bin der festen Überzeugung, daß wir zwar von ‚deutsch-amerikanischen Studien‘ sprechen können (und ich hoffe, ihre Bedeutung nimmt zu), daß es aber ‚Deutschamerikaner‘ als solche gar nicht gibt. Man muß die deutsche Auswanderung und ihren Einfluß in Amerika in Zeit und Raum untersuchen, das heißt in Beziehung zu spezifischen historischen, geographischen und kulturellen Umgebungen. So gesehen, gibt es Texas-Deutsche, Wisconsin-Deutsche, Missouri-Deutsche, New Yorker Pfälzer, Georgia-Salzburger und – für diesen Aufsatz im Mittelpunkt – die Bewohner der größten und frühesten aller zusammenhängenden deutschsprachigen Siedlungen in den Vereinigten Staaten, die Pennsylvania-Deutschen.

Die Welt des frühen Amerika begriff bald, daß es in Philadelphia, dem Eingangstor Pennsylvanias, und jenseits der Stadt ausgedehnte Siedlungen gab, die ethnisch, kulturell und vor allem sprachlich von deren angloamerikanischen Nachbarn verschieden waren. Europäische Reisende und amerikanische Beobachter stellten bei den Pennsylvania-Deutschen eine frühe und rasche Assimila-

George Washington, wie ihn der pennsylvania-deutsche Künstler Durs Rudi, Jr. (1789–1850), sah. Im Bild Washingtons, der von vielen Deutschen in Pennsylvania als Held verehrt wurde, verbinden sich die Insignien des militärischen Oberbefehlshabers mit denen einer revolutionären und zugleich idyllischen Existenz. Das betont die Inschrift „Freiheit, Gleichheit, Eintracht und Bruderliebe." (Philadelphia Museum of Art: Titus C. Geesey Collection)

tion an amerikanische Denkweisen fest, im politischen Bereich während des 18., im religiösen im 19. Jahrhundert. Als das 20. Jahrhundert begann, stellte die pennsylvania-deutsche Kultur größtenteils eine regionale Variante der amerikanischen Gesamtkultur dar. Es gab und gibt noch einen bedeutsamen Unterschied, nämlich den, daß die Pennsylvania-Deutschen ihrer stark amerikanisierten, sehr hybriden Kultur in deutscher und/oder pennsylvania-deutscher Sprache Ausdruck geben.

Ethnisches Bewußtsein, ethnische Identität ist eine Haltung gegenüber sich selbst und gegenüber der eigenen Kulturwelt, die in Individuen und schließlich in Gruppen geformt wird durch Berührung mit anderen ihrer selbst bewußten Gruppen von Menschen, mit denen regelmäßiger Kontakt besteht.[2] Während bei den meisten ethnischen Gruppen ein Gefühl der Gruppenidentifikation besteht, ist es doch von Individuum zu Individuum verschieden; es reicht von einem mild passiven Bewußtsein der eigenen ethnischen Wurzeln bis zu der flammenden Ethnizität aktivistischer Führer, die ‚etwas tun' wollen, um die Gruppe und deren Kultur zu verteidigen, zu schützen und zu fördern. In einer komplexen Gesellschaft wie der in den Vereinigten Staaten kann das Bewußtsein von Erbe, Kultur und Geschichte der eigenen ethnischen Gruppe an der Identitätskrise von Individuen beteiligt sein und ist es auch häufig. Die Intensität des ethnischen Bewußtseins kann sich auch im Zeitverlauf ändern, wobei sich in Generationen wie der gegenwärtigen, bei der wir in gewissem Sinne eine Re-Ethnisierung Amerikas erleben, eine latente Ethnizität in eine aktivistische verwandelt. Die Pennsylvania-Deutschen bieten ein hervorragendes Beispiel für derartige Schwankungen des ethnischen Engagements im Laufe der Zeit.

Mit seiner Mischung von ethnischen Gruppen seit den frühesten Anfängen muß Pennsylvania in der Kolonialzeit ein faszinierender Ort gewesen sein, um dort die condition humaine zu beobachten. Es war ein wahres Babel der Akzente und Sprachen – nicht nur Englisch und Deutsch, sondern auch Schwedisch, Niederländisch, Französisch und Indianisch zuzüglich aller regionalen Akzente der britischen Inseln. Zur Zeit der Amerikanischen Revolution schätzte man, daß die Pennsylvania-Deutschen ein Drittel der Bevölkerung der Kolonie ausmachten, während die Engländer und die Iroschotten (damals einfach ‚Iren' genannt) die anderen zwei Drittel stellten. Die Beziehung zu den Iren waren – vorsichtig ausgedrückt – nicht eben herzlich. Von vielen Wahltagen der Kolonialzeit werden Krawalle zwischen Pennsylvania-Deutschen und Iren berichtet, und noch 1798 schrieb ein schottischer Lehrer in Bucks County in einem Brief an seinen Vater: „. . . allein schon der Klang der Stimme eines Iren läßt einen Pennsylvania-Deutschen die Stirn runzeln, seine Taschen zuhalten und wie eine Schildkröte zusammenschrumpfen".[3]

An dieser Stelle müssen vier allgemeine und grundsätzliche Probleme in Bezug auf die pennsylvania-deutsche Ethnizität skizziert werden.

1. Pennsylvania-deutsche Ethnizität ist zuerst und vor allem durch die Tatsache gekennzeichnet, daß sich die Pennsylvania-Deutschen aus verschiedenen ethnischen Gruppierungen zusammensetzen. In der Kolonialzeit kamen so viele

Pfälzer nach Amerika, daß ‚Pfälzer' zumindest bis zur Revolution zu einer allgemein für alle deutschsprechenden Einwanderer verwendeten Bezeichnung wurde.[4] Außerdem gab es andere starke regionale deutsche Komponenten – Schwaben, Elsässer, Westfalen, Hessen, Schlesier und einige Einwanderer vom Niederrhein. Und man darf nicht die Hugenotten, die schweizerischen und österreichischen Protestanten vergessen, die nach dem Dreißigjährigen Krieg in das heutige Westdeutschland einwanderten.

Diese ethnische Mixtur erweist sich als nicht ganz so erschreckend und unlösbar, wie es zunächst den Anschein hat. Alle diese Gruppen sprachen Deutsch, als sie (oder Einzelpersonen von ihnen) in Pennsylvania eintrafen. Die Hugenotten trugen französische Namen, doch hatten diese im Rheinland bereits eine deutsche Form angenommen, wie etwa ‚Schirra' aus ‚Girard', um den Astronauten Schirra unserer Zeit als Beispiel zu benutzen. Die Schweizer durchliefen eine ähnliche kulturelle Anpassung. Die meisten hatten ein oder zwei Generationen lang in Deutschland gelebt, sie hatten Deutsche geheiratet, und ihre Kinder sprachen eher Pfälzisch oder Schwäbisch als Schwyzerdütsch. Sie alle paßten sich in Pennsylvania weiter einander an. Die Akkulturation der Schwaben erfolgte rasch, doch auch sie hinterließen ein kulturelles Erbe, darunter schwäbische Gerichte wie das, was meine Großmutter ‚Schwowegnepp' (Schwäbische Knödel) nannte – und natürlich erzählen wir immer noch die ethnischen Witze über die Sieben Schwaben, die ‚Siwwe Schwowe'.[5]

Die anfängliche ethnische Verschiedenheit der pennsylvania-deutschen Bevölkerung löste sich rasch auf, und im 19. Jahrhundert konnten bereits die meisten Pennsylvania-Deutschen in ethnischem Zusammenhang von „unser' Satt Leit" – „unsere Sorte Leute" – sprechen. Im 20. Jahrhundert wurde einer dieser inzwischen verschmolzenen ethnischen Stränge künstlich aus der Mixtur herausgelöst, als einige Pennsylvania-Deutsche im Jahr 1918 – man beachte das Datum – beschlossen, ‚Pennsylvania-Franzosen' zu werden und die Pennsylvania Huguenot Society gründeten. Hier handelte es sich um einen Prozeß, den ich ‚selektive Ethnizität' genannt habe, ein unter den ‚Altamerikanern', die aus den verschiedensten Gründen einen ethnischen Faden aus dem Knäuel ihrer gemischten Herkunft herausziehen und diesen betonen, weit verbreitetes Phänomen. Dieser Prozeß impliziert gewissermaßen eine genealogische Definition der eigenen Identität.

2. Die pennsylvania-deutsche Identität wird noch weiter kompliziert durch die Tatsache, daß diesem Durcheinander europäischer Ethnizität innerhalb der pennsylvania-deutschen Gesellschaft ein noch komplexeres Gewirr von Konfessionsunterschieden hinzugefügt wurde. Anders als die ethnischen Untergruppen, die inzwischen alle in einer allgemeinen pennsylvania-deutschen Bevölkerung aufgegangen sind, haben sich die religiösen Gruppierungen noch einigermaßen gehalten, und sie bilden selbst in der Gegenwart das Haupthindernis für die Schaffung einer vollständigen pennsylvania-deutschen ethnischen Einheit. Die große Trennlinie verläuft immer noch zwischen den sogenannten ‚Kirchen'- und ‚Sekten'-Gruppen oder, besser gesagt, zwischen denen, welche

die Welt akzeptieren, und den anderen, die sie ablehnen. Die beiden wichtigsten Konfessionen sind heute wie früher die Lutheraner und die Reformierten (United Church), doch während sie dieselbe Art religiöser Praxis verkörpern, haben die beiden sich während des letzten Jahrhunderts weiter auseinanderentwickelt. Früher hieß es einmal, der einzige Unterschied zwischen ihnen sei, daß die Reformierten das Vaterunser mit „Unser Vater", die Lutheraner mit „Vater unser" begönnen. Selbst in Pennsylvania waren die Dinge etwas komplizierter, doch in der alten Zeit bildeten die beiden Konfessionen – unser reformiertes Zion und unser lutherisches Zion, wie sie einander liebevoll nannten – eine Kulturwelt unter den Pennsylvaniern, und meist teilten sie gemeinsame Kirchen und andere Institutionen.[6]

In radikalem Gegensatz zur Auffassung der ‚Kirchen' vom Christentum standen die Sekten- oder Protestgruppen, die Mennoniten, die Amischen (Amish) und die ‚Brüder' (Tunker). Sie schufen sich einen religiösen und sozialen Mikrokosmos, sozusagen eine Gegenkultur, fern der größeren Welt.[7] Außerdem gab es eine extremere Form dieser die Welt fliehenden Haltung, aus der die genossenschaftlichen Siedlungen Ephrata, Bethlehem und Harmony erwuchsen. Eine vierte Art pennsylvania-deutscher religiöser Organisation, die ich später erörtern werde, bildeten die einheimisch-amerikanischen Erweckungsgruppen, die im wesentlichen am Methodismus orientiert waren. Wegen dieser tiefgreifenden religiösen Spaltung, dieser radikal unterschiedlichen Art und Weise, die eigene Rolle in der Welt aufzufassen, die bis zum heutigen Tag anhält, sind die Pennsylvania-Deutschen – anders als etwa die Frankokanadier, deren Kultur und Religion eine ethnische Einheit bilden – nie in der Lage gewesen, hinsichtlich auch nur einer kulturellen Frage einig zu sein.

3. Ein dritter komplizierender Faktor – der zwar vor allem semantisch, doch für jedermann verwirrend ist, auch für die Pennsylvania-Deutschen selbst – ist der Krieg der Gelehrten um die Bezeichnungen ‚Pennsylvania-German' und ‚Pennsylvania-Dutch'. Die Verschiebung der Wortbedeutung von ‚Dutch' von seiner Denotation im 17. Jahrhundert, die alles zwischen Holland und der Schweiz umfaßte, zu ihrer heutigen Begrenzung auf Holland bringt viele Pennsylvanier durcheinander. Sogar einige Pennsylvania-Deutsche – die es wirklich besser wissen sollten – haben ihre Restaurants mit Windmühlen geschmückt, um Touristen anzulocken.[8]

4. Ein vierter komplizierender Faktor bei der pennsylvania-deutschen Identität – und ein heute besonders aktueller – ist der Einfluß des touristischen Bildes von der Kultur auf die Kultur selbst. Die wichtigste Touristenindustrie, die dem östlichen Pennsylvania Millionen von Dollar jährlich einbringt, behält den legitimen Amerikanismus ‚Pennsylvania-Dutch' bei, aber behandelt es als Synonym von ‚Amish'. Wegen der Konzentration des Tourismus auf die Old Order Amish in Lancaster County ist dieses Gebiet zu einem der für den Tourismus bedeutendsten Landstriche in den östlichen Vereinigten Staaten geworden. Motels, Restaurants, Speisekarten, Feste und Andenkenläden spielen so unablässig

das Amish-Thema, daß gutgläubige Touristen und sogar gutgläubige Pennsylvania-Deutsche, die keine Amish sind, darüber in Verwirrung geraten, wer und was Pennsylvania Dutch eigentlich ist.

Um die Stadien der pennsylvania-deutschem ethnischen Entwicklung zu bestimmen, möchte ich drei verschiedene Einstellungen analysieren, die Pennsylvania-Deutsche sich selber und ihrer Kultur gegenüber in Beziehung zum Leben in Amerika gepflegt haben. Diese Einstellungen sind in den drei Sprachen der Kultur verwurzelt — Englisch, Hochdeutsch und Pennsylvania-Deutsch. Die Ansätze, in denen allen es sowohl Einflüsse von außerhalb der Kultur als auch Reaktionen von innerhalb derselben gab, sind:

1. Der Amerikanisierungs-Ansatz;
2. der Germanisierungs-Ansatz;
3. der Dialektisierungs-Ansatz.

Die beiden entscheidenden Trends sind der ‚amerikanisierende' und der ‚germanisierende'. Von William Penns Zeiten bis zur Gegenwart hat es Amerikanisierer und Germanisierer gegeben — Leute, denen es darum ging, die Pennsylvania-Deutschen völlig in das amerikanische Leben zu integrieren, wobei sie mit deren Anglisierung anfangen wollten, und jene anderen, die hofften, sie würden ihre deutsche Sprache und ihren ethnischen Charakter deutlich getrennt und intakt erhalten.[9] Der ursprüngliche Konflikt entstand im 18. Jahrhundert aus der Befürchtung der Angloamerikaner heraus, die in den östlichen Counties in Massen siedelnden Deutschen würden zu dem Schwanz werden, der sprachlich, politisch und kulturell den Hund Pennsylvania wedelte.

Die sprachliche Anpassung der Pennsylvania-Deutschen setzte sich ins 19. Jahrhundert hinein fort. Als die Kenntnis des Hochdeutschen mit dem Aufkommen der öffentlichen Schulen und dem Verschwinden des deutschsprachigen Gemeindeschulsystems der Kirchen zurückging, wurde der pennsylvaniadeutsche Dialekt zur Zielscheibe der Amerikanisierer. Gebildete Reisende aus Deutschland beschrieben ihn als ‚Busch-Deutsch' und ‚Bastard-Kauderwelsch', und für Angloamerikaner war es alles zwischen ‚Küchen-Dutch' oder ‚Kamin-Dutch' bis ‚Schwarz-Dutch'. Heinz Kloss, der historische Linguist des 20. Jahrhunderts, bezeichnet es als lediglich eine ‚Halbsprache' unter den deutschen Zungen, eine Sprache, die nur den halben Weg zur literarischen Verwendung zurückgelegt hat.[10] Er sprach von der Zeit vor 1950, als sie noch nicht zu einer wirklich literarischen Sprache geworden war, die für geschriebene Kommunikation, Predigten in den Kirchen, Schulunterricht und Journalismus benutzt wird.

Als in der Periode vor dem Bürgerkrieg angloamerikanische Institutionen im östlichen Pennsylvania an die Stelle von hochdeutschen traten, wiesen die Pädagogen Pennsylvanias, ob Yankee-Schulmeister oder einheimische Pennsylvania-Deutsche, die sich um die Anglisierung von Schulkindern in ländlichen Gebieten bemühten, in zunehmendem Maße auf den Dialekt als den Schuldigen, der den Fortschritt der deutschen Counties behindere. Dieser schulmeisterliche Ansatz der Amerikanisierung lautete: Reißt den pennsylvania-deutschen Dialekt aus, werft ihn weg, er ist ein unsicheres, wertloses Ausdrucksmittel.

Die Pennsylvania-Deutschen

Dieses radikale Programm der sprachlichen Amerikanisierung – Abschaffung sowohl des Hochdeutschen als auch des pennsylvania-deutschen Dialekts – wird deutlich in George F. Baers Ansprache „Die Pennsylvania-Deutschen", die er bei der Einweihung des Palatinate College in Myerstown, Pennsylvania, am 23. Dezember 1875 hielt. Baer war einer der erfolgreichsten Pennsylvania-Deutschen des 19. Jahrhunderts, ein führender amerikanischer Finanzier und Präsident der Philadelphia and Reading Railway Company. Folgendes erklärte er zu diesem Anlaß (in englischer Sprache) – kaum ein glückliches Weihnachtsgeschenk an seine eigenen Leute:

> „Die erste große Lektion, die unserer Volksgruppe beigebracht werden muß, lautet: Solange wir an der deutschen Sprache festhalten in dem Sinne, daß wir sie der englischen vorziehen, wird unsere Entwicklung zurückbleiben. Es ist keine Frage des Wertes der beiden Sprachen. Die Sprache dieses Landes ist unabänderlich festgelegt. Das Englische ist die Sprache der Regierung, der Gesetzgebung, der Gerichte, des Geschäftslebens, der Zeitungen; daraus folgt, daß es die Sprache der Literatur des Landes sein muß. Keine andere Sprache kann sie ersetzen. Keine Literatur, die in irgendeiner anderen Sprache gedruckt wird, kann je die Massen erreichen oder von jenen, die mit dem Fortschritt der Welt Schritt halten möchten, gekannt und gelesen werden, wie es in diesem Zeitalter der Erfindung und der Wissenschaft mit Literatur der Fall sein muß. Wer diese Tatsache und alles, was damit einhergeht, zu ignorieren sucht, begeht ganz einfach ein großes Verbrechen gegen unser Volk. Reines Deutsch kann hier nie zur allgemeinen Sprache werden. Was das Pennsylvania-Deutsche betrifft, so ist es ein bloßer Dialekt, das patois der Pfalz, mit ein paar beigemengten englischen Wörtern. Es ist nichts als eine aus Unwissenheit geborene Täuschung, wenn geglaubt wird, es könne zur Würde einer Sprache erhoben werden, die man lehren und geschrieben als ein Medium zum Ausdruck von Gedanken verwenden könnte. Es kann nie zu einer Schriftsprache werden. Es ist nie anders als in der Unterhaltung gebraucht worden. Die Pennsylvania-Deutschen würden es nicht hinnehmen, daß es auch nur eine Minute lang auf der Kanzel gesprochen wird. Stellen sie sich nur einmal vor, wie es wäre, wenn das Deutsch in Luthers Bibelübersetzung oder in den großartigen alten Chorälen und Kirchenliedern in Pennsylvania-Deutsch übertragen würde, das dann in der Kirche gelesen und gesungen wird – auch das, in diesem Zeitalter! Es ist unmöglich, eine Literatur auf Pennsylvania-Deutsch zu schaffen."[11]

Diese dialektfeindliche Einstellung findet sich auch in den Schriften und Reden anderer Pennsylvania-Deutscher wieder, die es in der Welt draußen zu etwas gebracht hatten und sich aufgerufen fühlten, ihre Brüder zur Aufgabe ihrer eigenen Sprache zu ermuntern.

Derartige Botschaften von führenden Pennsylvania-Deutschen hinterließen ein dauerhaftes Vermächtnis von Niederlage und Desillusionierung bei den bäuerlichen Schichten. Dies war in einigen Gebieten noch in den ersten Jahrzehnten des 20. Jahrhunderts spürbar und schuf eine Art von pennsylvania-deutschem Massen-Minderwertigkeitskomplex. So erfolgreich war diese Amerikanisierungskampagne, die vor allem im Rahmen der öffentlichen Schulen geführt und zum Teil sogar durch einheimische Lehrer instrumentiert wurde, daß die sogenannte ‚Renaissance' des Interesses an dem Dialekt, als sie in den 1930er Jahren etwas verspätet begann, den Dialektsprechern selber eine beunruhigende Überraschung bereitete. Erst hatte man ihnen erzählt, ‚Dutch' sei schlecht und müsse ausgerottet werden; nun hörten sie, es sei gut und müsse bewahrt werden.[12]

Von den pennsylvania-deutschen Schlüsselinstitutionen ist die Schule in ihrer Beziehung zur ethnischen Identität am wenigsten untersucht worden.[13] Die öffentliche Schule, die nach den 1830er Jahren an die Stelle der deutschsprachigen Gemeindeschule trat, wurde zum Instrument der radikalen Amerikanisierung, da sie Englisch als alleinige Unterrichtssprache verlangte. Die Lehrer waren größtenteils Einheimische. Es waren Pennsylvania-Deutsche, die sowohl die äußere, englischsprechende Welt ihrer eigenen Ausbildung vertraten als auch die ‚dutch'-sprechende Welt von Heim und Gemeinde. Die meisten von ihnen optierten bewußt für die amerikanische Welt und verwarfen – zumindest im Kontext der Schule – ihre eigene pennsylvania-deutsche Kultur.

Die Lehrer und Verwaltungskräfte des Schulsystems waren der Meinung, der Dialekt-Akzent lasse ein Kind zurückbleiben, und sie taten ihr bestes, um den deutschen Akzent auszumerzen. 1891 richtete Professor E.L. Kemp, der Präsident des Palatinate College, an eine Gruppe von Lehrern aus Berks County die folgenden Worte:

> „Es ist keine Schande, Pennsylvania-Deutscher oder Ausländer zu sein, aber wir haben kein Recht, zuzulassen, daß unsere Kinder als Ausländer gebrandmarkt werden, und wir sollten ihnen soweit möglich einen englischen Akzent in den Mund legen. Eins der besten Mittel, unseren Jungen und Mädchen das Vermögen zu vermitteln, die englische Sprache fließend und richtig zu gebrauchen, liegt darin, sie eine Menge Englisch lesen und es bei jeder Gelegenheit sprechen zu lassen. Auf dem Spielplatz und zu Hause haben viele Kinder dieses County nur mit Menschen Kontakt, deren Kenntnis des Englischen gering ist."[14]

Dieser Feldzug zugunsten des Englischen findet seinen Widerhall sogar in der Veröffentlichung der ersten pennsylvania-deutschen ‚Leitfäden', die nicht etwa zusammengestellt wurden, um den Dialekt zu erhalten, sondern vielmehr, wie es in Hornes „Pennsylvania German Manual" heißt, um „als Anleitung zum Erlernen des Englischen zu dienen und zur Erleichterung des Erwerbs der Sprache, deren gründliche Kenntnis für jeden Pennsylvanier unentbehrlich ist..."[15] Professor Horne lieferte den Lernenden in seiner schulmeisterlichen Art sogar seitenweise Ausspracheübungen, damit sie sich ihres hartnäckigen deutschen Akzents entledigen konnten. Mein Lieblingsspiel aus seinem Buch lautete: „The wolunteers fired a wolley down the walley". Das hilft einem gewiß dabei, das Englische ‚v' und das ‚w' zu unterscheiden, und hat auch noch einen hübschen Bürgerkriegs-Klang.

Ein Aspekt der Amerikanisierungs-Position war der religiöse Ansatz: Man amerikanisiere die Pennsylvania-Deutschen, indem man sie zu angloamerikanischen, puritanischen oder Yankee-Religionsformen bekehrt. Auch das hat dauerhafte kulturelle Ablagerungen in der pennsylvania-deutschen religiösen Landschaft hinterlassen. Erweckungsgruppen, allen voran die sehr aggressive Bewegung des Methodismus, haben massive Anstrengungen unternommen, die Pennsylvania-Deutschen in religiöse Strukturen einzufügen, die Teil dessen sein konnten, was amerikanische Kirchenhistoriker das ‚Evangelical Empire' Amerikas vor dem Bürgerkrieg nennen.[16] In dieser Bekehrungskampagne schlossen sich geborene Pennsylvania-Deutsche den Evangelisten von außen an. Die Bewegung war so erfolgreich, daß angloamerikanische Konfessionen wie zum Beispiel der Methodismus in allen pennsylvania-deutschen Counties Fuß fassen konnten; außerdem führte sie zur Bildung neuer auf amerikanischem Boden gegründeter protestantischer Konfessionen, die den noch vorhandenen Pietismus aus europäischen Kirchen mit evangelisch-methodistischer Erweckungs-Theologie und -Organisationsweise kombinierten. Die beteiligten Organisationen waren die United Brethren, die Evangelical Association, die Churches of God und deren spätere Ableger. Zusätzlich zu dieser radikalen Umgestaltung der Konfessions-Landkarte Pennsylvanias spaltete die Erweckungsbewegung mit ihrer Wahl zwischen alten und neuen, ‚aktuellen' amerikanischen Methoden der Kirchenarbeit und zwischen high church und low church die bereits existierenden pennsylvania-deutschen Gruppen in rivalisierende schismatische Konfessionen auf. Hierher rühren die Bezeichnungen ‚alte' und ‚neue' Lutheraner, ‚alte' und ‚neue' Reformierte, ‚alte' und ‚neue' Mennoniten und ‚Old Order' und ‚Progressive' Brüder. In einigen von diesen Schismen ging es auch um die Sprache. Das Luthertum der Generalsynode mit seinem geistigen Zentrum im Gettysburg Lutheran Seminary zum Beispiel vereinigte den liturgischen Ansatz der Erweckungsbewegung mit der Betonung von englischsprachigen Gottesdiensten, während das Ministerium von Pennsylvania, das schließlich ein konkurrierendes Seminar gründete, eine konservative, konfessionelle und deutschsprachige Position einnahm.[17] Hierher rühren die eigenartigen Bezeichnungen ‚englische Lutheraner' und ‚deutsche Lutheraner', die man früher auf kirchlichen Anschlagbrettern in Pennsylvania finden konnte.

Es gibt Dutzende von Zitaten, die den Amerikanisierungs-Ansatz auf dem Weg über die Religion illustrieren. Methodistische Missionare hinterließen Tagebücher, in denen die pennsylvania-deutschen Kirchen beschrieben werden; so sah Bischof Asbury sie im Jahr 1807 als „Zitadellen der Herkömmlichkeit – Befestigungen, die gegen das apostolische Umherziehen einer evangelischeren Geistlichkeit errichtet wurden".[18] William Colbert beschrieb 1810 die pennsylvania-deutschen Dörfer als „von bösen, vorurteilsvollen deutschen Priestern und beinahe jeder Art von Verworfenheit beeinflußt".[19] Die meisten der angloamerikanischen Kirchen betrachteten das Deutschtum Pennsylvanias als Missionsgebiet. Als Hauptillustration habe ich ein presbyterianisches Beispiel ausgewählt.

James Patterson (1779–1837), in Bucks County geboren und im Franklin County aufgewachsen, wurde nach Absolvierung des Jefferson College und Theologiestudium am Theologischen Seminar Princeton presbyterianischer Geistlicher in Philadelphia. Er scheint eine der führenden Kräfte eines erfolglosen Versuches, die Pennsylvania-Deutschen zu ‚presbyterianisieren', gewesen zu sein. Sein Biograph beschreibt die Intensität seines Interesses wie folgt:

„Mehrere Jahre lang vor dem Ende seines wertvollen Lebens nahm er lebhaftes Interesse an der geistigen Erneuerung der deutschen Bevölkerung Pennsylvanias. Insgeheim vergoß er häufig Tränen über deren Gleichgültigkeit gegenüber lebensbestimmender Frömmigkeit und rang er vor Gottes Gnadenthron um die Wiederbelebung reiner Religion unter ihnen. Mit unaussprechlicher Freude begrüßte er jedes Zeichen dafür, daß das

Haupt der Kirchen im Begriffe war, die Energien dieser wohlhabenden und einflußreichen Menschen dafür zu gewinnen, den endgültigen Triumph des Evangeliums herbeizuführen. Demnach wurde bei seinen verschiedenen Vorhaben, Gutes zu tun, dieser Teil der Gemeinde nicht übersehen. Als einer seiner Kirchenältesten eines Tages die Tür seines Studierzimmers öffnete, erblickte er, wie die Tränen die sorgenzerfurchten Wangen dieses Mannes Gottes herunterliefen. Er wischte sie fort und erklärte seinem Freund: ‚Ich habe darüber nachgedacht, was aus den Deutschen werden wird; es scheint nur sehr wenige von ihnen zu geben, die sich über ihre Seele Gedanken machen'."[20]

Offenkundig repräsentierte Pfarrer Patterson ebenso wie die Methodisten die Version des 19. Jahrhunderts von der ‚wiedergeborenen' Spielart der protestantischen Religionen. Deshalb richtete und verurteilte er die traditionelle lutherische und reformierte Betonung des Aufwachsens innerhalb der Kirche statt des Eintritts in die Kirche durch Konversion. Worum es hier tatsächlich ging, war der Konflikt zwischen zwei legitimen, aber unterschiedlichen Interpretationen des Protestantismus. Die eine war aggressiver als die andere und versuchte, die pennsylvania-deutsche Religion in die amerikanische Version der britischen Erweckungsbewegung umzuformen und dabei auch noch die Moral des amerikanischen Puritanismus beizumengen.

Teil dieses ‚Pakets', das mit der Erweckungsbewegung eintraf, waren auch neue Institutionen (neu für die Pennsylvania-Deutschen) wie die Sonntagsschule, die Missionsgesellschaft, die Traktat-Gesellschaft, der religiöse Journalismus, die Ausbildung im theologischen Seminar und die Reformbewegungen (einschließlich der Temperenz) des aktivistischen Protestantismus in der Periode vor dem Bürgerkrieg. Nach einigen Generationen der Verwirrung und Unentschiedenheit haben heute alle pennsylvania-deutschen Konfessionen mit Ausnahme der Sekten ‚alter Ordnung' schließlich diesen Komplex neuer evangelistischer Methoden der Kirchenarbeit größtenteils akzeptiert. Im 20. Jahrhundert wurden die ganzen weitverzweigten sozialen Organisationsformen des anglo-amerikanischen Protestantismus – von ‚Cradle Rollers' (Kleinkindergruppen) bis zu ‚Golden Agers' (Seniorenkreisen) – der pennsylvania-deutschen Gemeindestruktur aufgepfropft, so daß die durchschnittliche amerikanische lutherische oder reformierte Gemeinde sich von ihren zeitgenössischen Pendants in Europa stark unterschied. Die radikale Amerikanisierung der Kirchengemeinde wurde 1937 von einem offiziellen Besucher aus dem Weltkirchenrat bemerkt. So amerikanisiert und andersartig erschienen ihm unsere protestantischen Kirchen, daß er alles in der Feststellung zusammenfaßte, das erste, was einem an einer amerikanischen Kirche auffalle, sei der Parkplatz.[21]

Die Amerikanisierer – ob im sprachlichen oder im kirchlichen Sinne – hatten erstens die unerbittliche kulturelle Anpassung der Subkultur an die größere Kultur auf ihrer Seite, zweitens die tiefverwurzelte und fortgesetzte religiöse Uneinigkeit, die jede Einheitsfront zugunsten eines pennsylvania-deutschen Kulturprogramms unmöglich machte.

Den Fortschritten des Amerikanisierungsprozesses stellte sich eine Handvoll pennsylvania-deutscher Führer entgegen, die wir die Germanisierer nennen können. Sie waren vorwiegend Geistliche in deutschsprachigen Kirchen und

Herausgeber deutschsprachiger Zeitungen, die beide ein sehr fundiertes Interesse an der Erhaltung der deutschen Sprache und deutscher kultureller Loyalität besaßen. Viele von ihnen hatten, wie etwa die Lehrer in öffentlichen Schulen, ihre Ausbildung in der angloamerikanischen Welt erhalten, beschritten jedoch den anderen Weg und wählten bewußt die Germanisierung. Sie bemühten sich, die Pennsylvania-Deutschen unter der Fahne der deutschen Sprache und Kultur zu einigen. Ihr Programm reichte von einer Kampagne zur Ausbreitung der deutschen Sprache bis zur Überbetonung von deutschen, deutschamerikanischen und/oder pennsylvania-deutschen ‚Beiträgen' zum amerikanischen Leben. Die Germanisierungs-Bewegung ist zum Teil erklärbar durch Kräfte innerhalb der pennsylvania-deutschen Kultur. Ethnische Führer jeder nichtenglischen Gruppe scharen sich um ihre Kultursprache, wenn diese Sprache bedroht wird, und untermauern ihr Programm gleichzeitig mit Appellen an die ethnische Religion und mit der Aufforderung, die Tugenden des Volkstums zu bewahren. Einer unserer frühesten Vertreter der Germanisierung war Justus Heinrich Christian Helmuth (1745–1825), der führende lutherische Pfarrer Philadelphias in der Generation nach der Amerikanischen Revolution.[22] 1813 veröffentlichte Pastor Helmuth einen Aufruf an die Deutschen in Amerika, in dem sich die folgende Träumerei findet:

> „Was würde Philadelphia in vierzig Jahren seyn, wenn die Deutschen dort deutsch blieben; wenn sie Sprache und Sitten beybehielten? Es brauchte keine vierzig Jahre, so wäre Philadelphia eine deutsche Stadt, so gut als York und Lancaster deutsche Grafschaften sind. Die Engländer würden sich weiter ins Gebüsch begeben, wenn sie nicht in den südlichen Theilen der Stadt mehr anbaueten. Und was würde in dem Fall nicht aus ganz Pennsylvanien und dem oberen Theil von Maryland in vierzig oder fünfzig Jahren werden können? Ein ganz deutscher Staat, wo man einst allgemein, wie vor Alters in Germantaun, auch im hohen Staatsrath und in Gerichten die schöne deutsche Sprache redete."[23]

Als „Luftschlösser" bezeichnete der lutherische Historiker Henry Eyster Jacobs diese Vorstellungen.[24]

Die Germanisierungsbewegung bei den Pennsylvania-Deutschen in den mittleren und letzten Jahrzehnten des 19. Jahrhunderts war stark beeinflußt durch Kontakte mit den deutschen Einwanderern des 19. Jahrhunderts und deren sehr verschiedenem Verständnis von ethnischer Identität.[25] Der deutsche romantische Nationalismus und die deutsche Einigungsbewegung gaben den im 19. Jahrhundert in die Vereinigten Staaten ausgewanderten Deutschen ein gestärktes Selbstbewußtsein, ein Gefühl des Deutschtums und einer Mission. Ihre isolierte Lage in Amerika intensivierte natürlich ihr Gefühl des Deutschseins. Um die deutsche Ethnizität zu fördern, gründeten sie eine Reihe von deutschamerikanischen Bünden, historischen Gesellschaften und Verbänden.[26] Ihre Publikationen reichten von wissenschaftlichen historischen Monographien bis zur Propaganda für das Vaterland.

Diese deutschen Auswanderer des 19. Jahrhunderts, besonders die Achtundvierziger,[27] waren diejenige Gruppe, die mehr als jede andere das pennsylvania-deutsche Selbstbewußtsein schärften. Sie verwirrten die Pennsylvanier; sie waren Deutsche, sprachen die deutsche Sprache, aber waren radikal verschieden in ihrer kulturellen und politischen Ausrichtung. Die Pennsylvania-Deutschen hatten mehrere Bezeichnungen für sie – ‚Neudeutsche' oder ‚europäische Deutsche' oder einfach ‚Deitschlenner', also Deutschländer. Diese ‚Deitschlenner' waren vorwiegend ein städtisches Phänomen; sie ließen sich in den größeren pennsylvania-deutschen Städten nieder, wo sie führende Positionen in Kirche, Zeitungswesen und Geschäftsleben übernahmen.[28]

Diese neuen deutschen Auswanderer schufen die ‚gemütliche' Welt des Biergartens, des Volksfestes, des Turnvereins, des Männerchors und des Sängerfests. Während die Pennsylvania-Deutschen in allen amerikanischen Clubs von den Odd Fellows bis zu den Elks zu finden waren, bauten sich die Neuankömmlinge eine eigene Welt auf, in der, so hat es Carl Wittke formuliert, das höchste Lob für irgendetwas lautete, daß es „gerade wie in Deutschland" sei. Natürlich war es das nie, doch wollten sie es mit ihrer Exil-Mentalität glauben. Diese ‚Deutschamerikaner', wie sie sich nach einiger Zeit nannten, versuchten zum Teil, sich in Amerika in ihren städtischen Vierteln, Kirchen und Vereinen eine deutsche bürgerliche Atmosphäre zu schaffen. Während die Pennsylvania-Deutschen schon lange das Interesse an Europa verloren hatten, versuchten diese neuen Amerikaner, ‚Deutsche in Amerika' zu sein und kultivierten das Deutschtum in allen ihren Institutionen. Und nach 1871 versäumten sie es nicht, das neue vereinte Deutsche Reich zu preisen.

Die Pennsylvania-Deutschen lehnten die Deutschamerikaner und deren Welt größtenteils ab. Noch 1895 erschienen folgende Sätze in einem Artikel in einer reformierten Kirchenzeitschrift:

> „Die Pennsylvanier haben heute nicht ohne weiteres Umgang mit dem europäischen Deutschen, und dort, wo sie nicht zahlreich genug sind, um eigene Vereinigungen zu bilden, ziehen sie die Gesellschaft von Amerikanern englischer Herkunft derjenigen ihrer deutschen Vettern vor. Ebenso tun sich die europäischen Deutschen, wo es irgend möglich ist, lieber mit Leuten zusammen, die aus ihrem eigenen Land kommen, als mit dem Pennsylvania-Deutschen."[29]

Während eine Minderheit der führenden Einheimischen bestrebt war, die hochdeutsche Sprache zu erhalten,[30] fanden die meisten Pennsylvania-Deutschen, daß ihnen diese Bewegung nichts brachte und nahmen den allmählichen Verfall und das Verschwinden der Sprache als gegeben hin. Ebenso nannten sie sich gewöhnlich nicht ‚Deutschamerikaner'. Der europäische Reisende J.G. Kohl, der uns eine der freundlicheren Darstellungen der Pennsylvania-Deutschen von einem geborenen Deutschen hinterlassen hat, mußte feststellen, daß sie eingewanderte Deutsche als Ausländer betrachteten. Er machte den Fehler, zwei Pfeife rauchende pennsylvania-deutsche Frauen ‚Deutsche' zu nennen. Sie erwiderten, sie seien ‚Amerikanerinnen'. Dies, so fand er heraus, war die in Pennsylvania übliche Antwort:

> „Ich bin ein ‚Amerikaner', ist die gewöhnliche Antwort eines pennsylvanischen Deutschen, wenn man ihn nach seiner Landsmannschaft fragt. Wenn sie dem alten deutschen

Die Pennsylvania-Deutschen

Vaterlande noch wenigstens das Compliment machten, dass sie sich ‚*deutsche* Americaner' nennten. Zuweilen schien es mir, wenn sie von den ‚Yankees', den ‚Neuengländern', den ‚E[i]rischen' (Irländern) etc. redeten, und sich dann wieder ‚Amerikaner' nannten, als wenn sie das Wort für sich im prägnanten Sinne nähmen, und sich für *die* Amerikaner ausgeben wollten. Selbst ihre deutsche Sprache nennen sie oft nun die pennsylvanische Sprache. ‚Wir reden pennsilfonisch', oder höchstens einmal: ‚Wir sprechen Pennsylfoany-Deutsch'."[31]

Langfristig gesehen, erwies es sich also als unmöglich, im 19. Jahrhundert ausgewanderte Deutsche und Pennsylvania-Deutsche zu vereinigen. Die Feindschaft zwischen diesen beiden Elementen spaltete die meisten pennsylvania-deutschen Konfessionen in gegensätzliche Parteien, und in einigen Fällen wurden getrennte Organisationen gebildet. Für Auswandererorganisationen wie den Deutsch-Amerikanischen Nationalbund erwies es sich als unmöglich, pennsylvania-deutsche Unterstützung zu gewinnen.[32] Die pennsylvanischen Kräfte organisierten ihre eigene pennsylvania-deutsche Gesellschaft im Jahr 1891, und 1900

Samuel Kistler Brobst (1822—1876), ein pennsylvania-deutscher lutherischer Pastor und Publizist, gehörte zu den bekanntesten Verfechtern des Hochdeutschen in Pennsylvania. Allerdings verschwand Hochdeutsch im Gebrauch der Pennsylvania-Deutschen, während sich der Dialekt erhielt. (Roughwood Collection)

begannen sie mit der Veröffentlichung des „Pennsylvania German", der sich „der Geschichte, Geographie, Genealogie, Dichtung, Folklore und den allgemeinen Interessen der Pennsylvania-Deutschen und ihrer Nachkommen" widmen sollte.[33]

Eine Welle der Erleichterung scheint über das östliche Pennsylvania gegangen zu sein, als die Pennsylvania German Society schließlich 1891 gegründet wurde, und man verfaßte damals viele beglückwünschende Leitartikel.

Ein reformierter Herausgeber schrieb:

„... Es ist äußerst erfreulich, daß in Pennsylvania historische Gesellschaften organisiert worden sind, durch die den Pennsylvaniern, indem sie die Geschichte ihrer Vorfahren studieren, die hervorragenden Dienste immer bewußter gemacht werden, die unserem Land von den deutschen Pionieren Pennsylvanias geleistet wurden, die den Pilgern von Plymouth hinsichtlich moralischer oder geistiger Qualitäten in keiner Weise unterlegen waren. Mehr über sie zu lernen muß mit Sicherheit den Pennsylvaniern den hohen Wert ihrer gottgegebenen Besonderheiten fest einprägen und ihnen dabei helfen, sich selber treu zu sein."[34]

Die dritte und letzte unter den Hauptströmungen, an denen sich die pennsylvania-deutsche ethnische Identität orientiert hat, ist die Dialektisierungs-Bewegung. Diese ist größtenteils zwischen den 1930er Jahren und der Gegenwart entstanden, zusammen mit der sogenannten Renaissance des Dialekts und der Kultur der Pennsylvania-Deutschen. Natürlich ist bis zu dieser Periode in unserer Geschichte das Hochdeutsche — dessen Pflege durch einige der kleineren Sekten ausgenommen — völlig aus der Kultur verschwunden, und das Englische hat dessen Platz als das hauptsächliche kulturelle Medium eingenommen. Dies heißt jedoch nicht, daß die Amerikanisierungs-Partei einen totalen Sieg errungen hätte. Die Amerikanisierer waren gegen das Hochdeutsche *und* gegen den pennsylvania-deutschen Dialekt. Der Dialekt hat bis zum heutigen Tag überlebt, ungeachtet periodisch wiederkehrender Vorhersagen, daß sein Verschwinden unmittelbar bevorstehe. Tatsächlich scheint er 1983 stärker zu sein denn je in den letzten Jahrzehnten.

Auftrieb gegeben hat ihm die Bewegung, die versucht, den Dialekt zum Brennpunkt der pennsylvania-deutschen Identität zu machen oder diesen als solchen zu bewahren. In den dreißiger Jahren wurden zwei Institutionen zur Förderung des Dialekts geschaffen — die sogenannten ‚Versammlinge'[35] und die ‚Grundsow Lodches'.[36] Bei beiden handelt es sich um ganz im Dialekt gestaltete Abende mit einem riesigen pennsylvania-deutschen Essen und einer Menge (blendi [= plenty]) Unterhaltungsprogramm im Dialekt. Sie haben sich bis in die entferntesten Winkel der pennsylvania-deutschen Counties ausgebreitet. Auch das Dialekt-Theater hat während der letzten 50 Jahren an Bedeutung gewonnen.[37] Die neuen Kommunikationsformen Rundfunk und Fernsehen haben zur Ausstrahlung von Dialektprogrammen in beiden Medien geführt. Einige davon sind Adaptationen von Produkten der amerikanischen Unterhaltungskultur, die in den Kontext des Dialekts übertragen wurden, doch üben sie eine positive Wirkung aus, indem sie das Dialektbewußtsein stärken.[38]

Die Pennsylvania-Deutschen 79

> **DEE DEMAGRAWDISH SIDE IN PENNSYLVANIA DEITCH**
>
> Bime
> Andy Jackson
>
> Wos hen de Republicans g'doo fer dee komna lite?
>
> **HUNSBEERA NIX!**

> **Am Andy si Brief tsu da Bowera**
>
> Ar will eich un pore dinga g'mona
>
> OUR PRESIDENT
> **FRANKLIN D. ROOSEVELT**
>
> DES IS DAR WAKE
> **DEMOCRATIC [X]**

Wahlaufrufe für Franklin D. Roosevelt und die Demokraten 1936 auf pennsylvaniadeutsch. (Links: „Was haben die Republikaner für die gemeinen Leut getan? Beschissen wenig!" Rechts: „Andys Brief an die Bauern. Ich will euch an ein paar Dinge erinnern.") In den dreißiger Jahren war Hochdeutsch in pennsylvania-deutschen Gegenden eine Sache der Vergangenheit. Appelle im Dialekt jedoch rührten an tiefsitzende Emotionen. (Roughwood Collection)

Doch am allerwichtigsten ist die Zunahme der Gottesdienste im Dialekt seit 1945. Sie werden in Dutzenden von lutherischen, United Church- und anderen Gemeinden abgehalten, wiederum bis in die letzten Winkel des pennsylvanischen Deutschtums. Erst 1935 machten die letzten regelmäßigen hochdeutschen Gottesdienste in unseren ländlichen Kirchen dem Englischen Platz. Da nur die allerältesten Gemeindeglieder sich an die geliebten alten hochdeutschen Kirchenlieder und Gebete erinnern können, haben die jüngeren Generationen seit 1945 begonnen, in vielen Gemeinden Dialekt-Gottesdienste abzuhalten, zumindest einmal im Jahr. Allmählich wurde ein Fundus von in den Dialekt übersetzten Kirchenliedern geschaffen, der überall benutzt werden kann. Die vier Evangelien und mehrere andere Bücher des Neuen Testaments sind in Übersetzungen erschienen. Was sich hier entwickelt hat, ist eine von der Basis ausgehen-

> # DIE ZEHET
> # YAIRLICH FERSOMMLUNG
>
> ## GRUNDSOW LODCH NUMMER DRIE
>
> WASS ISS LOS!
>
> FILDELFY   PENNSYLFAWNI
>
> 17 HARNUNG 1950
>
> MITTEN GANG   TEMPLE UNIVERSITATE

Programm der zehnten jährlichen Versammlung der Murmeltier-Loge Nr. 3, Temple University, Philadelphia, 17. Februar 1950. Seit den dreißiger Jahren haben Dialektabende, vornehmlich an Lichtmeß (2. Februar), zur Erneuerung des Zusammengehörigkeitsgefühls der Pennsylvania-Deutschen beigetragen. (Roughwood Collection)

de Bewegung dafür, die Sprache, die den Pennsylvania-Deutschen am meisten am Herzen liegt, zu bewahren und sie im kirchlichen Zusammenhang zu verwenden. Insofern läuft sie parallel zu den Bewegungen des 19. Jahrhunderts in Deutschland, das Plattdeutsche zu einer liturgischen Sprache zu erheben, und auch zu den Anfängen der letzten Jahre, in der Pfalz im pfälzischen Dialekt zu predigen.[39]

Diese Dialektgottesdienst-Bewegung ist potentiell der wichtigste aller Dialektisierungs-Trends, weil sie zwei entscheidende kulturelle Strukturen, Religion und Sprache, vereinigt. Wenn ich mich einmal selbst zitieren darf – folgendes schrieb ich über die Bedeutung der Bewegung in einem Artikel über die Dialektgottesdienste, der in Deutschland erschien:

> „In einer Zeit, da die ‚Folk-Messe' und die ‚Jazz-Messe' in die geheiligte Atmosphäre des katholischen und des Episcopal-Gottesdienstes eingeführt werden können, da der liturgische Tanz von der christlichen Kirche wieder entdeckt worden ist und da Liturgien im Katholizismus und in den liturgischen protestantischen Kirchen in die Volkssprache überführt worden sind, kann man doch wohl die Bewegung für Dialekt-Gottesdienste in den Pennsylvania-Deutsch sprechenden Gemeinden des östlichen und mittleren Pennsylvania als das begreifen, was sie ist: eine bedeutsame, von der Basis ausgehende Anstrengung, die pennsylvania-deutsche Muttersprache zu bewahren und zu erhalten. Es ist wichtig, daß die Kirche, die als letzte traditionelle Institution in der pennsylvania-deutschen Gemeinde das Hochdeutsche bewahrte, die letzte der älteren Institutionen der Kultur ist, die sich bemüht, das Pennsylvania-Deutsche zu erhalten."[40]

Wie steht es heute, 1983, im Jahr der dreihundertsten Wiederkehr der Gründung von Germantown, um das pennsylvania-deutsche ethnische Bewußtsein? Wiederum dürfte der entscheidende Aspekt der Dialekt sein. Der Aufschwung bei der Institutionalisierung des Dialekts, der in den dreißiger Jahren begann, hat sich fortgesetzt. Die Pennsylvania German Society zeigt noch mehr Interesse an der Bewahrung des Dialekts als seit vielen Jahrzehnten. Der Präsident, Pfarrer Richard Druckenbrod, spricht von Kindheit an Dialekt, und sehr viele der 24 Vorstandsmitglieder sprechen – oder verstehen zumindest – den Dialekt, den sie gern ‚die Mudderschprooch' nennen. Die Vierteljahresschrift, die von der Gesellschaft herausgebracht wird, nennt sich „Der Reggeboge". Sie wurde 1967 gegründet, als zwei rivalisierende pennsylvania-deutsche Gesellschaften sich zusammenschlossen. Ein kürzlich erschienener Jahresband der Gesellschaft (1980) trug den Dialekt-Titel „Ebbes fer Alle-Ebber, Ebbes fer Dich".

In den vergangenen zwei Jahren sind drei Grammatiken des Dialekts erschienen: Earl C. Haag, „Pennsylvania German Grammar and Reader" bei der Pennsylvania State University Press ist die erste; Professor Haag lehrt den Dialekt in Kursen auf dem Campus der Universität in Schuylkill County. Die zweite ist Richard Druckenbrods „Mir Lanne Deitsch", 1981, das mit vier Kassetten zu den Lektionen geliefert wird, damit der Lernende den pennsylvania-deutschen Akzent erwerben, also gerade jenen Akzent zurückholen kann, den die Schule in früheren Zeiten den Kindern auszutreiben suchte. Die dritte ist J. Williams Freys „A Simple Grammar of Pennsylvania Dutch", die zuerst 1943 erschien und heute mit einer Einführung über das Werk Professor Freys von Professor C. Richard Beam von der Millersville University als Paperback erhältlich ist. Auch Professor Beam lehrt Dialekt-Sprachkurse, und er schreibt regelmäßig Dialekt-Spalten für drei Zeitungen.[41]

Das Dialekt-Theater blüht. Es gibt neue Stückeschreiber, die in den letzten Jahren in Erscheinung getreten sind, und man hat mehrere Repertoire-Theatergruppen gebildet, die neue wie alte Stücke spielen. Im September 1983 wurden dem Publikum in Lehigh County zwei Abende lang Aufführungen von Dialekt-

Ankündigung des West Berks County Versammling, einer pennsylvania-deutschen Dialektorganisation, 1980. (Roughwood Collection)

stücken geboten, die gut besucht waren. Das Programm enthielt zwei neue Stücke, die für die Dreihundertjahr-Feier verfaßt worden waren, Mark S. Trumbores „Uff der Fedderscht Porch" und Francis C. Laudenslagers „Alles im Kopp". Außerdem waren mehrere ältere Sketche und Stücke vertreten: „Siss weg Galaind" von Paul R. Wieand (1936), „Die Retscherei" von John Birmelin (1937), „Der Asseba Grickt die Hohr G'schnitta" von Clarence R. Rahn (1944) und eine Auswahl aus der Hamlet-Übersetzung von Edward H. Rauch aus dem Jahr 1873. Zwischen den Stücken wurden Dialekt-Volkslieder gesungen, und alle Anwesenden fühlten sich sehr wohl.[42]

Ich muß auch erwähnen, daß die Baerricks Caunty Fersammling am 4. April 1983 am Kutztown State College, inzwischen Kutztown University, ihre 43. Jahrestagung abhielt.[43] 650 Menschen nahmen im Speisesaal des College ein gemeinsames Abendessen ein – einen riesigen pennsylvania-deutschen ‚Bauereschmaus' – und es wurde ein Dialekt- und Musikprogramm geboten, das vier Stunden lang dauerte. Es war ein Abend, an dem nur Dialekt gesprochen wurde, und zu Ehren der Dreihundertjahr-Feier wurde ich gebeten, die Hauptrede zu halten, die ich „En Gebottsdaagsgruss far die Pennsylvanisch-Deitsche" nannte.

Ich war bewegt und geehrt, weil man mich gebeten hatte, dies für ‚Alt-Baerricks' (das alte Berks County) zu tun — wo mein eigener, in der Schweiz geborener Vorfahr Hans Joder sich 1714 niedergelassen hatte.

Abschließend ist zu sagen, daß die Geschichte der schwirigen Bemühungen um ethnische Identität seitens der Pennsylvania-Deutschen nicht vollständig erzählt werden kann, ehe nicht manche Aspekte der Kultur gründlicher oder von neuem untersucht sind. Es ist Zeit, einen neuen Blick auf alle Institutionen zu werfen, die unsere Kultur geformt haben — das Heim, die Kirche, die Schule, die Presse, das Vertriebssystem, den städtisch-ländlichen Komplex, der die bäuerlichen Pennsylvanier mit den Städten verband. Es ist gleichfalls Zeit, einen frischen Blick zu werfen auf die altmodischen, antiquierten, filiopietistischen Geschichten der Pennsylvania-Deutschen aus der Feder von Wissenschaftlern des 19. Jahrhunderts. Diese Leute kann man heute als das betrachten, was sie sind — Ausdruck früherer ethnischer Identitätskrisen, Parallelentwicklungen zu der ethnozentrischen Historiographie aller anderen amerikanischen ethnischen Gruppen. Natürlich müssen wir darüber hinausgelangen, wie es die Pennsylvania German Society mit ihrer langen Kette von soliden Monographien zu Aspekten der pennsylvania-deutschen Kultur seit langem tut. Benötigt werden auch intensivere Studien zum europäischen Hintergrund der Kultur, zum Akkulturationsprozeß auf amerikanischem Boden und zu der Entwicklung der pennsylvania-deutschen Identität in der Diaspora im Süden, in Kanada und im Mittelwesten, wo Pennsylvania-Deutsche während des größten Teils des 19. und teilweise auch noch im 20. Jahrhundert eine identifizierbare ethnische Gruppe darstellt. Gern erinnert man sich an die Bemerkung Gouverneur Koerners von Illinois aus den 1860er Jahren, seiner Meinung nach sei „Ein Pennsylvania-Deutscher einem Yankee alle Tage gewachsen".[44] Besten Dank, Governor Koerner!

Es ist auch an der Zeit, sich von neuem den Schlüsselfiguren der pennsylvania-deutschen Geschichte zuzuwenden, den ethnischen Führern, den Kultur-Pionieren, den symbolischen Pennsylvania-Deutschen, deren persönliche Haltung zu ihrem Pennsylvania-Deutschtum andere beeinflußt hat. Von Steuben gehört nicht dazu — Pennsylvania-Deutsche kennen kaum seinen Namen. Vielmehr ist er zum Symbol der deutschamerikanischen Bewegungen geworden, an denen die große Mehrzahl der Pennsylvania-Deutschen kein Interesse und keinen Teil hat. Auch Pastorius, den man mit einigem Recht den ersten Pennsylvania-Deutschen nennen könnte, ist vergessen. Näher stehen uns Gestalten wie Henry Harbaugh(1817—1867), der erste weithin bekannte Dialektdichter.[45] Harbaugh und eine Gruppe seiner Mitarbeiter in der reformierten Geistlichkeit, darunter William A. Helffrich, Benjamin Bausman und Eli Keller, leisteten wesentliche Beiträge zur pennsylvania-deutschen Identität. Unmittelbar nach dem Bürgerkrieg tat sich diese kleine Gruppe selbstbewußter Pennsylvania-Deutscher zusammen aus Pflichtbewußtsein gegenüber ‚unserem Volk', wie sie die Pennsylvania-Deutschen nannten. Sie gründeten die Zeitschrift, die ich für die wichtigste der Kultur halte, „Der Reformirte Hausfreund", der 1866—1903 erschien. Er war hochdeutsch geschrieben, doch nahm er sich der Welt und der

Ankündigung der sechsten jährlichen Dialekt-Sonntagsschule in der Huff's Kirche, Berks County, Pennsylvania, 1973. Entwurf von Clarence G. Reitnauer, Autor eines wöchentlichen Dialektkommentars in „Town and Country". (Roughwood Collection)

Ansichten der Pennsylvanier an. Er erschien in Reading und nicht in Philadelphia, damit er nicht den europäischen Deutschen, die die übrigen deutschen Zeitschriften der Reformierten beherrschten, in die Hände fiel. Er leistete einen wichtigen Beitrag zur Schaffung eines positiven pennsylvania-deutschen Selbstbildes bis zum Ende des 19. Jahrhunderts. Mit diesem Anfang in den 1860er Jahren war es leicht, als nächsten Schritt 1891 die Gründung der Pennsylvania German Society zu unternehmen.[46]

Alle auf kulturellem Gebiet führenden Vertreter der pennsylvania-deutschen Welt — die Amerikanisierer, die Germanisierer und die Dialektisierer — verlangen stärkere Aufmerksamkeit. Welche Einflüsse brachten sie zu ihren Positionen, zu ihrer Haltung in Beziehung auf ihre eigene ethnische Identität?

Und schließlich muß die gesamte Chronik in einen weiteren amerikanischen Kontext gestellt werden. Dies gilt in zwei wichtigen Bereichen. Natürlich muß man die Anfänge der Pennsylvania German Society im Jahr 1891 im Zusammenhang sehen mit der Hundertjahrfeier-Welle in der amerikanischen Historiographie sowie der Yankee-Renaissance des ausgehenden 19. Jahrhunderts mit ihren gemischten Motiven von Einwandererfeindlichkeit und Stolz auf die Revolution und die Kolonialzeit. Die sogenannte ‚Kolonial-Renaissance' stellte eine bewußte Abtrennung der ‚alten Amerikaner' dar, um zu zeigen, daß ‚wir' (die Yankees) zur Zeit der Gründung der Nation hier gewesen waren und ‚sie' (die späteren Einwanderer) nicht. Zur gleichen Zeit gründeten andere ethnische Gruppen der Kolonialzeit aus eigener Initiative die St. Andrew's Society, die Scotch-Irish Society, die Holland Society, die Welcome Society und all die anderen Abkömmlinge der ‚Daughters of the American Revolution' und ihrer Ablagerungen an allgemeiner Yankee-Institutionalisierung. Die beste Darstellung dieser Bewegung und ihrer gemischten Motivationen ist immer noch „Patriotism on Parade" von Wallace E. Davies, vor allem das Kapitel über „Rot-Weiß-Blaues Blut".[47] Alle diese Institutionen glichen sich darin, daß sie die Mitgliedschaft auf Nachkommen früher amerikanischer Einwanderer beschränkten. Auch die Pennsylvania German Society begrenzte ursprünglich ihre ‚Mitgliedschaft erster Klasse' auf Nachkommen deutscher oder schweizer Auswanderer, die vor 1808 in Amerika eingetroffen waren.[48] Wie es einer meiner Kollegen formulierte, forderte die Pennsylvania German Society ebenso wie die Daughters of the American Revolution von ihren Mitgliedern, ‚datiertes Blut' zu haben. Glücklicherweise hat die Gesellschaft diese selbst auferlegte Begrenzung schon lange aufgegeben.

Endlich müssen wir das pennsylvania-deutsche Ringen um Identität in Beziehung setzen zu der neuen zeitgenössischen Welle amerikanischer Ethnizität.[49] Alle amerikanischen ethnischen Gruppen einschließlich der pennsylvaniadeutschen haben einen kräftigen Schlag des ethnischen Pendels mitgemacht, von der radikalen Anglisierung zur radikalen Ethnisierung, von Annahme zu Zurückweisung der gemeinsamen amerikanischen Kultur. Auch andere ethnische Gruppen haben unter Kritik von außen gelitten, waren den Spießruten der Verunglimpfung ausgesetzt gewesen[50] und sind zu einer ausgeglichenen Einschätzung ihrer eigenen unterschiedlichen Kultur in Beziehung zu dem kulturell pluralistischen Komplex des heutigen Amerika gelangt. Wenn ‚Black' schön ist, und ‚Red' auch, dann ist auch Pennsylvania-Dutch schön.

Die Führer des pennsylvania-deutschen Erwachens von 1983, die Dialektisierer, die entschlossen sind, den Dialekt und mit ihm zusammen so viel wie möglich von der traditionellen pennsylvania-deutschen Kultur zu bewahren, würden der Ermahnung Pastors Helffrichs, einer der Hauptstützen des pennsylvania-deutschen ethnischen Erwachens der 1860er Jahre, ohne weiteres zustimmen. In seiner deutsch geschriebenen Autobiographie gibt er seinen Lesern den Rat: „Halt fescht was du hoscht".[51]

Anmerkungen

1 Einen gewissen Hinweis auf den enormen Umfang der Literatur erhält man bei Emil Meynen (Hg.), Bibliography on German Settlements in Colonial North America. Especially on the Pennsylvania Germans and Their Descendants, 1683–1933, Leipzig: Harrassowitz, 1937, ein Werk von 636 Seiten mit zwei Spalten pro Seite. Die in den fünfzig Jahren zwischen 1933 und 1983 entstandene Literatur würde einen beinahe ebenso starken Band füllen.

2 Zu den wichtigsten Vorstellungen in diesem Zusammenhang s. Philip Gleason, American Identity and Americanization, u. William Petersen, Concepts of Ethnicity, in: Harvard Encyclopedia of American Ethnic Groups, Hg. Stephan Thernstrom, Cambridge, MA: The Belknap Press of Harvard University Press, 1980, S. 31–58, 234–242.
3 Don Yoder, The Irish and the Dutch, in: Pennsylvania Dutchman 2. June 1, 1950, S. 6. Der Verfasser war Alexander Wilson, Ornithologe und Dichter.
4 Zu „Pfälzer" (Palatine) s. The Oxford English Dictionary, Bd. 7, S. 389f.; auch: Don Yoder, Palatine, Hessian, Dutchman. Three Images of the German in America, in: Frederick S. Weiser (Hg.), Ebbes fer Alle-Ebber, Ebbes fer Dich. Something for Everybody, Something for You, Breinigsville: Pennsylvania German Society 1980, S. 107–129.
5 S. Thomas R. Brendle u. William S. Troxell (Hg.), Pennsylvania German Folk Tales, Legends, Once-Upon-a-Time Stories, Maxims, and Sayings Spoken in the Dialect Popularly Known as Pennsylvania Dutch, Norristown PA: Pennsylvania German Society, 1944, S. 109–120.
6 Mark Owen Heller, The Union Church Problem in Eastern Pennsylvania, in : Lutheran Church Quarterly 14. 1941, S. 174–190; Don Yoder, Lutheran and Reformed Union Proposals, 1800–1850. An American Experiment in Ecumenics, in: Bulletin Theological Seminary of the Evangelical and Reformed Church in the United States 17. 1946, S. 38–77.
7 Die beste Einführung zu Geschichte und Glauben der Mennoniten und Amish ist die vierbändige Mennonite Encyclopedia, Scottdale, PA: Mennonite Publishing House, 1955–1959. S. auch die zahlreichen Werke über Mennoniten ebenso wie Amish von dem Anthropologen John A. Hostetler, besonders Amish Society, Baltimore: Johns Hopkins University Press, [3]1983.
8 Zur Bedeutungsverschiebung der Bezeichnungen „Dutch" und „Dutchman" s. The Oxford English Dictionary, Bd. 3, S. 728f.; auch Yoder, Palatine, S. 122–129. Der Tourismus ist natürlich ein weltweites Problem für die Kultur. S. das Symposion Tourismus und Kulturwandel, in: Zeitschrift für Kulturaustausch 28. 1978.
9 Als theoretischer Rahmen nützlich, wenn auch nicht genau parallel laufend ist Milton M. Gordons dreiteilige Kategorisierung Anglo-Conformity, Melting Pot und Cultural Pluralism für die Reaktion der Einwanderer auf das Leben in Amerika, in seinem Assimilation in American Life. The Role of Race, Religion, and National Origins, New York: Oxford University Press, 1964. Zum Sprachproblem bei allen deutschen Gruppen in Amerika s. Heinz Kloss, German-American Language Maintenance Efforts, in: Joshua A. Fishman u.a. (Hg.), Language Loyalty in the United States. The Maintenance and Perpetuation of Non-English Mother Tongues by American Ethnic and Religious Groups, The Hague: Mouton, 1966, S. 206–252.
10 Heinz Kloss, Die Entwicklung neuer germanischer Kultursprachen von 1800 bis 1950, München: Pohl, 1952, Schriftenreihe des Goethe-Instituts, Bd. 1, S. 119–126.
11 George F. Baer, The Pennsylvania Germans. An Address Delivered at the Dedication of Palatinate College, Myerstown, Pa., December 23, 1875 (o.O., o.D.), abgedruckt aus der Mercersburg Review 23. 1876, S. 248–267. Zu Baer (1842–1914) s. Dictionary of American Biography, Bd. 1, S. 489f.
12 Clyde S. Stine, The Pennsylvania Germans and the School, in: Ralph Wood (Hg.), The Pennsylvania Germans, Princeton: Princeton University Press 1942, S. 103–127; und Don Yoder, Pennsylvania German Folklore Research. A Historical Analysis, in: Glenn G. Gilbert (Hg.), The German Language in America. A Symposium, Austin: University of Texas Press, 1971, S. 76–86, 154–156.
13 Eine der wenigen Veröffentlichungen zu diesem Thema ist Clyde S. Stine, The Pennsylvania Germans and the School.
14 Twenty-Ninth Annual Session of the Berks County Teachers' Institute Held at Reading, Pa., September 21st to 25th, 1891, Reading, 1891.
15 A.R. Horne, Horne's Pennsylvania German Manual, Allentown, PA: T.K. Horne, [3]1905. Das Zitat stammt aus dem Vorwort zur 2. Aufl. Allentown: National Educator print, 1895, S. [4].
16 Zu den Auswirkungen der methodistischen Erweckungsbewegung auf die Pennsylvania-Deutschen s. Paul H. Heller, Revivalism and the German Churches of Pennsylvania, 1783–1816, Diss., University of Chicago, 1933; Don Yoder, Pennsylvania Spirituals, Lancaster, PA: Pennsylvania Folklife Society, 1961.

17 Vergilius Ferm, The Crisis in American Lutheran Theology. A Study of the Issue Between American Lutheranism and Old Lutheranism, New York: Century Co., 1927; Richard C. Wolf, The Americanization of the German Lutherans, 1683 to 1829, Diss., Yale University, 1947; John B. Frantz, Revivalism in the German Reformed Church in America. With Emphasis on the Eastern Synod, Diss., University of Pennsylvania, 1961.
18 Elmer T. Clark u.a. (Hg.), The Journal and Letters of Francis Asbury, Bd. 2: The Journal, 1794 to 1816, London: Epworth Press, Nashville: Abingdon Press, 1958, S. 550.
19 William Colbert, A Letter to Bishop Asbury, Hg. Don Yoder, Pennsylvania Dutchman 1. May 12, 1949, S. 5.
20 Robert Adair, Memoir of Rev. James Patterson, Late Pastor of the First Presbyterian Church, N[orthern]. L[iberties]., Phila[delphia]. Philadelphia: Henry Perkins, 1840, S. 199f.
21 Adolf Keller, Amerikanisches Christentum – Heute, Zollikon-Zürich: Evangelischer Verlag, 1943.
22 Zu Helmuths Werdegang s. Dictionary of American Biography, Bd. 8, S. 515f.
23 Zuruf an die Deutschen in Amerika, in: Evangelisches Magazin 2. 1813, S. 175.
24 Henry Eyster Jacobs, A History of the Evangelical Lutheran Church in the United States (The American Church History Series, Bd. 4), New York: The Christian Literature Co., 1897, S. 331.
25 John J. Appel, Immigrant Historical Societies in the United States, 1880–1950, Diss., University of Pennsylvania, 1960.
26 Ders., Marion Dexter Learned and the German American Historical Society, in: Pennsylvania Magazine of History and Biography 86. 1962, S. 287–318.
27 Zur Auswanderung im 19. Jahrhundert s. Carl Wittke, We Who Built America. The Saga of the Immigrant, New York: Prentice Hall, 1945, S. 187–261.
28 Ders., Refugees of Revolution. The German Forty-Eighters in America, Philadelphia: University of Pennsylvania Press, 1952.
29 H.J. Ruetenik, The Pennsylvanians and the Foreign Germans, in: Reformed Church Messenger, 26. 9. 1895, S. 3.
30 Samuel Kistler Brobst (1822–1876) bietet das beste Beispiel. Zu seinem Werdegang s. Ralph C. Wood, S.K. Brobst. Our Pennsylvania Dutch Language Leader, in: Pennsylvania Dutchman 1. Aug. 4, 1949, S. 7.
31 J[ohann] G[eorg] Kohl, Reisen in Canada und durch die Staaten New York und Pennsylvanien, Stuttgart: Cotta, 1856, S. 527f.
32 Appel, Marion Dexter Learned.
33 Homer T. Rosenberger, The Pennsylvania Germans, 1891–1965 (Frequently Known as the „Pennsylvania Dutch"). Seventy-Fifth Anniversary Volume of the Pennsylvania German Society, Pennsylvania German Society Bd. 63, Gettysburg, PA, 1966, S. 73–90.
34 Ruetenik, S. 3.
35 A.F. Kemp, The Pennsylvania German Versammlinge, in: Pennsylvania German Folklore Society 9. 1944, S. 187–218; Russell W. Gilbert, Pennsylvania German Versammling Speeches, in: Pennsylvania Speech Annual 13. 1956, S. 3–20.
36 Groundhog Day, der 2. Februar, war Lichtmeß, ein wichtiger Wintertag im traditionellen pennsylvania-deutschen Kalender. Dem alten Reim zufolge mußte jetzt das Spinnen für diesen Winter vorbei sein, und die Hälfte des Futters mußte noch in der Scheune liegen (Lichtmess, schpinn vergess, halb gfresst). Durch die Groundhog Lodges ist dieses Tier (= Woodchuck = Waldmurmeltier) seit den dreißiger Jahren zu einer Art inoffiziellem Symbol der pennsylvania-deutschen Kultur geworden, zusammen mit dem Distelfink, dem Hexenzeichen und dem Amish-Mann.
37 Zur Geschichte des Dialekttheaters in Pennsylvania und Beispielen von Dialekt-Stücken s. Albert F. Buffington (Hg.), The Reichard Collection of Early Pennsylvania German Dialogues and Plays, Lancaster: Pennsylvania German Society, Bd. 61, 1962.
38 Frühere Formen der Dialektliteratur waren auch pennsylvania-deutsche Übernahmen von Phänomenen der allgemeinen amerikanischen volksnahen Kultur. So hatte z.B. der „Zeitungsbrief" die humorvollen Leserbriefe in der anglo-amerikanischen Presse zum Vorbild. Sie erschienen zuerst zur Zeit des Krieges von 1812 und stellen noch immer den größten Anteil an der pennsylvania-deutschen literarischen Produktion.

39 Russell W. Gilbert, Religious Services in Pennsylvania German, in: Susquehanna University Studies 5. 1956, S. 277–289.
40 Don Yoder, The Dialect Church Service in the Pennsylvania German Culture, in: Pfälzer-Palatines: Beiträge zur pfälzischen Ein- und Auswanderung sowie zur Volkskunde und Mundartforschung der Pfalz und der Zielländer pfälzischer Auswanderer im 18. und 19. Jahrhundert, Hg. Karl Scherer, Kaiserslautern: Heimatstelle Pfalz, 1981, S. 349–360. Programme von Dialekt-Gottesdiensten sind im Faksimile abgedruckt in Pennsylvania Folklife 27. Summer 1978, S. 2–13.
41 Earl C. Haag, A Pennsylvania German Reader and Grammar, University Park, PA: Pennsylvania State University Press, Keystone Books, 1982; Richard Druckenbrod, Mir Lanne Deitsch. A Guide for Learning The Skills of Reading, Writing, & Speaking Pennsylvania German, Allentown, PA: o.V., 1981 (Erhältlich von Richard Druckenbrod, President, The Pennsylvania German Society, P.O. Box 397, Birdsboro, Pennsylvania 19508); J. William Frey, A Simple Grammar of Pennsylvania Dutch. With a New Preface by C. Richard Beam, Lancaster, PA: John Baers and Son, ²1981.
42 A Pennsylvania German Folk Theatre Sampler, o.O., 1983.
43 Die Fier un Fazichscht Pennsylfawnish Deitsch Fersammling fon Baerricks Kounty. In der Kutztown State Collitsch Ess-Schtubb in Kutztown. Der Fierd Obril om Halwer Siwwe Owets. For die wu Deitsch Schwetze Kenne, Oley, PA: W.W. Wagonseller, Drucker, 1983.
44 Memoirs of Gustave Koerner, 1809–1896. Life-Sketches Written at the Suggestion of His Children, 2 Bde., Hg. Thomas J. McCormack, Cedar Rapids: Torch Press, 1909, Bd. 1, S. 322.
45 S. Elizabeth Clarke Kieffer, Henry Harbaugh. Pennsylvania Dutchman, 1817–1867, (The Pennsylvania German Society Proceedings and Addresses Bd. 51, Teil 2), Norristown, PA: Norristown Herald Inc., 1945, S. 1–365.
46 Don Yoder, The Reformed Church and Pennsylvania German Identity, in: Yearbook of German-American Studies 18. 1983. S. 63–82.
47 Wallace E. Davies, Patriotism on Parade. The Story of Veterans' and Hereditary Organizations in America, 1783–1900, Cambridge, MA: Harvard University Press, 1955.
48 Außerdem konnte ‚außerordentliches Mitglied' werden, wer „volljährig, guten Leumunds und deutscher Herkunft, aber nicht in diesem Staat geboren ist, oder ein im Ausland geborener Deutscher, der seit nicht weniger als zehn Jahren naturalisiert und Bewohner dieses Staates ist". Schließlich gab es eine ‚Ehrenmitgliedschaft' für Personen, die „die Geschichte, die Genealogie, die Prinzipien etc. der Pennsylvania-Deutschen zu einem speziellen Forschungsgebiet gemacht haben, sowie alle anderen Personen, die in ihrem Beruf Hervorragendes geleistet haben und die – ganz gleich, welcher Nationalität sie sind – Sympathie für die Pennsylvania-Deutschen bewiesen haben". Diese Zitate stammen aus der Verfassung der Gesellschaft, die am 15. 4. 1891 angenommen und in Band 1 der Proceedings of the Pennsylvania German Society (Lancaster: Pennsylvania German Society, 1891, S. 85) abgedruckt wurde.
49 Zur neuen Ethnizität s. Harvard Encyclopedia of American Ethnic Groups; Milton L. Barron, American Minorities. A Textbook of Readings in Intergroup Relations, New York: Alfred A. Knopf, 1957; Nathan Glazer u. Daniel P. Moynihan (Hg.), Ethnicity. Theory and Experience, Cambridge, MA: Harvard University Press, 1975; Charles F. Marden u. Gladys Meyer, Minorities in American Society, New York: American Book Co., ³1968; Michael Novak, The Rise of the Unmeltable Ethnics. Politics and Culture in the Seventies, New York: Macmillan, 1973.
50 Zu Schimpfworten, deren „die amerikanische Sprache einen großen Vorrat besitzt, der sich vor allem gegen Fremde richtet", s. H.L. Mencken, The American Language. An Inquiry into the Development of English in the United States, 4. Aufl., gekürzt v. Raven I. McDavid, Jr., New York: Alfred A. Knopf, 1974, S. 367–389.
51 William A. Helffrich, Lebensbild aus dem pennsylvanisch-deutschen Predigerstand; oder Wahrheit in Licht und Schatten, Hg. N.W.A. u. W.U. Helffrich, Allentown, PA: Private Edition, 1906.

5. „Bindestrich-Amerika"
Die Entstehung einer deutsch-amerikanischen Kultur des 18. Jahrhunderts

Stephanie Grauman Wolf

„Suchet, so werdet ihr finden", so lehrt uns die Bibel, und dieser Ratschlag war für unzählige Generationen von Forschern gleichzeitig Losung und Ansporn. Doch ebenso wie die Sprüche des Orakels zu Delphi besitzt diese scheinbar positivistische Verfahrensweise auch ihre Schatten- oder Kehrseite, die nur allzu häufig von Gelehrten auf der Suche nach der ‚Wahrheit' der Vergangenheit außer acht gelassen wird. Sie ließe sich umschreiben mit „Suchet nicht, so werdet ihr nicht finden" oder auch — gefährlicher noch — „Ihr werdet nur das finden, was ihr sucht". Auf diese Weise bringen die philosophischen Grundlagen bestimmter Disziplinen und die Denkweise ihrer Wissenschaftler Interpretationen der Vergangenheit hervor, die durch die Ideologie der Gegenwart begrenzt sind. Anthropologen und Volkskundler suchen nach Kontinuität, und sie finden sie. Historiker bauen Modelle, die vom Wandel ausgehen, und auch sie finden, was sie erwarten. Als Sozialwissenschaftler stellen wir eine Hypothese auf und prüfen sie; während die von uns gesammelten Daten nicht einseitig ausgewählt sind und unser hypothetisches Modell verifizieren oder auch falsifizieren können, wird die Antwort doch immer von der Art und Struktur der Ausgangsfrage geprägt sein.

Diese Warnungen sind besonders relevant für diejenigen von uns, die sich um ein Verstehen der kulturellen und ethnischen Identifikation von Kolonial-Amerikanern des 18. Jahrhunderts bemühen. Das Problem liegt nicht nur in der Entscheidung darüber, was wir mit Ethnizität meinen, sondern auch in der Beantwortung der Frage, was sie selbst damit gemeint hätten, falls ihnen dieser Begriff verfügbar gewesen wäre.[1] Moderne Modelle der Ethnizität gründen sich so fest auf Nationalismus-Vorstellungen des 19. Jahrhunderts, daß es beinahe unmöglich ist, sie umzustrukturieren, ohne für sie bewußt völlig neue Fundamente zu legen. Unterläßt man dies, so resultieren frustrierende Versuche, die Heterogenität des Lebens in der Kolonialzeit zu erörtern, indem man sich auf Messungen des Akkulturationsgrades bezieht, die für die Menschen des 17. und 18. Jahrhunderts beinahe mit Sicherheit irrelevant waren. Eben weil die Amerikaner der Kolonialzeit ganz genau wußten, was sie mit Bezeichnungen wie ‚deutsch', ‚niederländisch', ‚schwedisch' oder ‚englisch' meinten, machten sie sich selten die Mühe, ihre Kriterien zu erläutern, und Betrachter im 20. Jahrhundert können diese Ausdrücke leicht fehlinterpretieren, indem sie diese im modernen nationalistischen oder politischen Sinn verstehen. Außerdem ist es wahrscheinlich, daß die Umwelt ethnisch definierter Bevölkerungsgruppen in Pennsylvania so stark von der extremen Heterogenität der Kolonie beeinflußt war, daß die Wortbedeutungen selbst sich während des Untersuchungszeitraums zu wandeln begannen.

Es ist natürlich unmöglich, eine Volksgruppe in eine unterschiedliche Umwelt zu verpflanzen und dabei ihre kulturelle Integrität zu bewahren. Sogar ihre zutiefst verwurzelten, idiosynkratischsten und augenfälligsten Züge werden durch die neue – natürliche wie gesellschaftliche – Umgebung verändert. Der Grad der Abweichung von der ethnischen Ausgangsbasis läßt sich in einem Kontinuum sehen, in dem die Gruppe in einer sie umgebenden, dominierenden Kultur aufgeht (Amalgamierung), wesentliche neue Werte und Verhaltensmuster in das System integriert (Akkulturation) oder ihre eigenen Verhaltensmuster so umgestaltet, daß diese mit denen ihrer Nachbarn verwandt, aber nicht mit ihnen identisch sind (Adaptierung).[2] Das Resultat dieser verschiedenen Grade der Assimilation ist außer im Falle der totalen Amalgamierung stets die Entstehung einer neuen Kultur, die in höherem oder geringerem Maße die alten ethnischen Gruppennormen enthält, sich aber in wesentlichen Punkten sowohl von der Ausgangsbasis als auch von der umgebenden Gruppe unterscheidet, von der sie viele Züge in abgewandelter Form übernommen hat. Der volle Umfang der Umgestaltung läßt sich leichter von Betrachtern erkennen, die das neue kulturelle Gebilde von einem Standort aus sehen, der davon in Raum oder Zeit weit entfernt ist, und die ihre Existenz durch den Gebrauch von ‚Bindestrich-Bezeichnungen' (wie Deutschamerikaner, engl. German-Americans) anerkannt haben.

Germantown in Pennsylvania bildet einen besonders interessanten Gegenstand für eine Untersuchung über das Entstehen eines neuen kulturellen Gebildes aus einer Vielzahl von ethnischen Zutaten. Seit dem Ende des 19. Jahrhunderts dient es als Schauplatz einer ethnischen Variante unserer mythischen nationalen Schöpfungsgeschichte und somit als ein Bestimmungsfaktor der Identität von Millionen von ‚Bindestrich-Amerikanern' deutscher Herkunft.[3] Die bindestrichlose oder Anglo-Version der Gründung Amerikas ist jedermann vertraut, wird sie doch jeden November in Prosa, Gesang und Fernsehstücken von neuem erzählt. Kurz zusammengefaßt, beschreibt sie einen kalten Herbsttag des Jahres 1620, als eine kleine Schar von ‚Pilgern' unter der geistigen und weltlichen Führung von William Bradford in der ‚heulenden Wildnis' der Neuen Welt landete. Umgeben von finsteren Wäldern, bedrohlichen wilden Tieren und heidnischen Wilden, schufen diese Menschen ein ‚kleines Commonwealth', eine – reinere – Nachbildung der christlichen Welt Englands im 17. Jahrhundert.

Die deutschamerikanische Version wird weniger häufig erzählt, da die amerikanische Ideologie gewöhnlich verlangt, daß die Wurzeln aller Bürger symbolisch von dem englischen Gründungserlebnis herrühren. Doch bei seltenen Gelegenheiten, wenn wir unsere ethnische Vielfalt feiern wollen, wie etwa beim 300. Jahrestag der deutschen Einwanderung nach Amerika, darf man sich der Gründung von Germantown als eines Parallelereignisses zu der von Plymouth erinnern. 63 Jahre nach der Ankunft der Pilger, zu einer ebenso unwirtlichen

Jahreszeit, trotzten 13 fromme Leineweber-Familien aus Krefeld den gleichen Gefahren und Prüfungen einer schwierigen Seereise und siedelten sich in den Wäldern William Penns an. Auch sie verfolgten ein ähnliches Ziel religiöser und weltlicher Reinheit, unter der Führung des frommen und gelehrten Francis Daniel Pastorius. Beide Mythen erreichen ihre symbolischen Ziele, indem sie unpassende historische Realitäten ignorieren: daß Engländer und Deutsche, von der eingeborenen Bevölkerung und diversen anderen europäischen Christen ganz zu schweigen, schon lange auf dem Kontinent gewohnt hatten, daß keine der beiden Kolonien aus einer geschlossenen Gruppe von Anhängern eines homogenen Glaubens bestand, und daß beide sich über das ökonomische Wanderungsmotiv ebenso voll im klaren waren wie über das religiöse.

Noch bemerkenswerter ist jedoch die Ironie der Mythenbildung in der Wahl von Germantown und dessen Gründung als Brennpunkt für den Beginn der deutschen Geschichte in Amerika. Im vornationalistischen Kontext der Einstellung des 17. Jahrhunderts zur Ethnizität verdankt der kulturelle Hintergrund der ersten Krefelder Siedler seinen niederländischen Ursprüngen sehr viel, wie auch die traditionellere deutsche Orientierung von Pastorius von Zeitgenossen registriert wurde. So schrieb William Penn 1685: „Pastorus [sic], der *deutsche* Quäker, Agent der Gesellschaft in Frankfurt, und seine *holländischen* Leute machen Anstalten, im nächsten Jahr Ziegelsteine herzustellen."[4] Neben zeitgenössischen literarischen Zeugnissen liefern die Namen der Krefelder Familien und die Verwendung des Niederländischen in frühen Gerichtsakten zusätzliche Bestätigung für die Richtigkeit dieser Bezeichnung.[5]

Doch Ende des 19. Jahrhunderts erzeugten die Betonung der Identifikation von Nationalität mit politischen Grenzen und mangelnde Unterscheidung zwischen den Familien, die sich ursprünglich in Germantown niederließen, und jenen, die ihnen bald folgten, eine historische Kontroverse, die noch heute zwischen den Anhängern der Richtungen „die Germantowners waren Deutsche" und „die Germantowners waren Holländer" im Gange ist. Die tiefen politischen Gegensätze des Zweiten Weltkrieges beförderten ein Anwachsen der kontroversen Literatur zu diesem Thema.[6] Die jüngsten deutschen Arbeiten tendieren dazu, zwischen den beiden Extremen zu vermitteln, indem hier sowohl die holländische Orientierung der Gründerfamilien anerkannt als auch die Auswirkungen ihres langen Aufenthalts in Krefeld vor ihrer Ankunft in Amerika in Rechnung gestellt werden: „Ohne Frage hatten die meisten der Krefelder Auswanderer holländische Namen. Es ist anzunehmen, daß sie zu den Glaubensflüchtlingen zählten, die sich vor Verfolgung aus Holland in die liberale Stadt am Niederrhein begeben hatten. Die Familie op de Graeff war schon 1609 aus dem niederländischen Aldekerk eingewandert. Die Auswanderer dieses Namens, die nach Germantown gingen, stammten also bereits in zweiter Generation von den holländischen Flüchtlingen ab . . . Immerhin läßt sich festhalten, daß die Gründer aus einer deutschen Stadt gekommen waren und zumindest einige von ihnen dort schon längere Zeit gelebt hatten . . . Ein wenig kompliziert sich die Geschichte durch die Tatsache, daß die Grafschaft Moers, in der Krefeld lag, zwischen 1600 und 1702 . . . zum Herrschaftsgebiet der Prinzen Nassau-Oranien gehörte, die zugleich Erbstatthalter in den Niederlanden waren."[7] Diese Synthese aus früheren Ergebnissen enthält implizit den Hinweis, daß wir mit der Auffassung, die nationale Identität „sollte in unserer Zeit des übernationalen Denkens auch keine zu große Rolle spielen"[8], eine ähnliche Haltung einnehmen wie die Leute im 17. Jahrhundert, für die dies auch nicht die entscheidende Frage war.

Es gibt mehrere Gründe dafür, daß spätere Generationen diese ersten Siedler als Deutsche betrachteten. Vor allem stand obenan unter den Kriterien ethnischer Identifikation des 17. und 18. Jahrhunderts die Fähigkeit, eine bestimmte Sprache zu sprechen, ungeachtet des Geburtsorts, der Vorfahren oder der früheren politischen Zugehörigkeit einer Person. Susan Klepps sorgfältige Untersuchung der Manuskripte von fünf Volkszählungen, die zwischen 1683 und 1784 von der schwedischen Kirche in Pennsylvania durchgeführt worden waren, läßt erkennen, daß ‚Schwede' sein am Anfang dieses Zeitraums eine Sache der Selbstdefinition in einer Gemeinde war, die nach modernen Maßstäben äußerst heterogen erscheint. „Schwede war eine Person, die, ganz gleich welcher ethnischen Herkunft, in der Lage war, die schwedische Sprache zu sprechen."[9] Wenn die ersten Siedler aus Krefeld, wie es aufgrund ihres Aufenthalts in Deutschland wahrscheinlich ist, ebenso wie niederländisch auch deutsch sprachen, zumindest in der Öffentlichkeit, dann läßt sich daraus ein Teil der Verwirrung erklären.

Der starken Synthese zwischen Sprache und ethnischer Identifikation entspricht eine ebenso feste Verbindung beider mit der Religion. Zu einer Kirche zu gehören hieß auch, neben ihrer Glaubensrichtung ihre kulturelle Orientierung zu akzeptieren. In den ersten Jahren nach der Gründung von Germantown stand den Siedlern als einzige religiöse Institution eine Quäker-Versammlung zur Verfügung. Die Quäker hatten einen eindeutig englischen Charakter, und so mußten die Krefelder rasch diese Sprache lernen, um sich an der weitverzweigten Organisation von monatlichen Andachten und Wohltätigkeitsvereinigungen ihrer Glaubensbrüder beteiligen zu können. Mennoniten-Versammlungen in Privathäusern fanden zwar schon vor 1690 statt, aber ein Andachtshaus wurde erst 1708 errichtet, als die deutsche Einwanderung nach Germantown bereits das ethnische Kräfteverhältnis dort verändert hatte. Diejenigen Krefelder, die zur Zeit der Keith-Kontroverse um die Jahrhundertwende Quäker blieben, wurden vollständig in die englische Kultur integriert, während jene, die sich dafür entschieden, Mennoniten zu werden, damit eine deutsche Identität erwarben. Da zur Verschmelzung mit den Engländern auch die Anglisierung der Namen gehörte, verschwanden die Nachfahren dieser Gruppe als deutlich erkennbare Gruppe, während die holländischen Wurzeln derer, die zu den Mennoniten konvertierten, durch den deutschen Charakter der Gemeinden in Pennsylvania verborgen wurden.[10]

Die Vorstellung, das frühe Germantown sei tatsächlich das gewesen, als welches es Pastorius mit Wunschdenken benannt hatte — eine deutsche Stadt —, wurde Mitte des 19. Jahrhunderts durch seinen ersten und am meisten geachteten Chronisten im historischen Bewußtsein fixiert. Indem John Fanning Watson die Parameter von dessen besonderer Kultur als ‚deutsch' definierte, stellte er nahezu sicher, daß spätere Forscher eben diese ethnische Orientierung suchen – und finden – würden und dabei Hinweise ignorierten, die möglicherweise auf die Entwicklung eines weit komplexeren, einzigartig lokalen kulturellen Gebildes deuteten. So schrieb er 1842: „Wer heute Germantown besucht und seine durchweg *englischen* Bewohner erlebt, der könnte sich kaum vorstellen, daß ein so dicht bei Philadelphia liegender Ort bis zum Jahr 1793 seinen *deutschen Charakter* bewahrt hatte. Vor dieser Zeit wurde öffentlich nur in deutscher Sprache gepredigt, und deutsch waren fast alle Spiele der Knaben und die Sprache, in der sie sich unterhielten."[11]

Es lohnt sich, Watsons Darstellung kurz zu analysieren, und sei es nur, weil er von den meisten Historikern, die im 19. und frühen 20. Jahrhundert schrieben, als zuverlässige Quelle benutzt wurde. Tatsächlich steckt sein Werk so voll von interessanten Anekdoten und von Material, das nirgendwo anders zu finden ist, daß man gelegentlich kaum der Versuchung widerstehen kann, unkritisch und nur der Farbigkeit halber ein Zitat daraus einzuschieben. Watson zog 1814 nach Germantown, wo er Angestellter bei der Bank of Germantown wurde, und es ist offenkundig, daß er einen erheblichen Teil seiner Informationen bereits vor den 1820er Jahren sammelte, denn er berichtet über Gespräche mit Männern, von denen bekannt ist, daß sie vor diesem Zeitraum starben.[12] Seine „Annals" sind eine beinahe archetypische antiquarische Sammlung, und es liegt auf der Hand, daß er unermüdlich war beim Sammeln von Dokumenten, Artefakten und, wenn irgend möglich, ‚Oral History', doch seine Interessen wie die Differenziertheit seines Zugriffs waren die seiner Zeit. Viele seiner ‚Tatsachen' (in Fällen, wo er die Dokumente nicht gesehen hatte) sind falsch. So schreibt er etwa, 20 Blockhäuser der alten Bauweise hätten 1844 noch gestanden, und mehrere andere seien erst jüngst abgerissen worden. Doch in den Steuerveranlagungsakten, die 45 Jahre zuvor verfertigt wurden, erscheint eine geringere Zahl, und danach wurden beinahe mit Sicherheit keine mehr gebaut. Hinsichtlich der Verwendung des Deutschen in den Kirchen Germantowns ergibt eine genaue Prüfung der Quellen den häufigen Gebrauch des Englischen zu einer viel früheren Zeit, wenn es auch richtig ist, daß vor den 1790er Jahren keine englischen Kirchen gegründet wurden.[13]

Zudem berichteten viele von Watsons Gewährsleuten, wie etwa Anthony Johnson, eindeutig von Ereignissen, die Mitte des 18. Jahrhunderts stattgefunden hatten, und ein großer Teil seines Abschnitts über Germantown ist Anekdoten aus dem Unabhängigkeitskrieg und der Zeit der britischen Besatzung gewidmet. Die Mehrzahl der übrigen Informanten Watsons waren Söhne prominenter Familien deutscher Herkunft, die in den deutschen Kirchen eine aktive Rolle spielten und gutsituierte, wenn auch nicht unbedingt höchste Einkommen erzielende Angehörige des Handwerkerstandes waren. Die Analyse seiner Interviews mit diesen Leuten ergibt, daß es zur Revolutionszeit zwischen ihnen und ihren Familien einerseits, den britischen Soldaten und anderen englischen Besuchern der Stadt andererseits keine Sprachbarriere gab. Tatsächlich zeichnet Watson das Bild einer zweisprachigen Bevölkerung, die vielleicht die alte Sprache im Privatleben benutzte, sich aber in der Öffentlichkeit des Englischen be-

Zierteller mit einem Paar, etwa 1800, dem bekannten pennsylvania-deutschen Künstler David Spinner (1758–1811) zugeschrieben. Die Inschrift lautet: „Du bist mir ein lieber man so bald ich Dich gesehen hann." Spinner, ein wohlhabender Farmer, Friedensrichter und Steuereinnehmer in Milford Township, Bucks County, Pennsylvania, malte und beschriftete einige der schönsten erhaltenen Teller. (Philadelphia Museum of Art: Stiftung von John T. Morris)

diente. Die Jungen, deren Spiele und Unterhaltungen nur deutsch geführt wurden, schrieben und lasen demnach in der Schule Englisch, das sie auch in formelleren Situationen verwendeten.

Die Annahme, daß es in Germantown zwei verschiedene kulturelle Gesichter gab — ein öffentliches der Assimilation und ein privates der ethnischen Tradition — könnte sehr wohl die Lösung darstellen, die viele städtische Pennsylvania-Deutsche des 18. Jahrhunderts für das Problem der Gruppenidentifikation gefunden hatten. Hinsichtlich der Sprache war dies nicht lediglich ein für

Germantown spezifisches lokales Phänomen; so schrieb Benjamin Rush 1789: „Die Deutschen verkehren untereinander hauptsächlich in ihrer eigenen Sprache, aber die meisten deutschen Männer, die in die Hauptstadt und in Handels- oder Landstädte kommen, beherrschen die englische Sprache."[14] In Reading, Pennsylvania, war zwanglose Geselligkeit über die Volkstumsgrenzen hinweg in Gasthäusern und Kneipen üblich, und die Wahl der Wohngegend war stärker schichtenspezifisch als ethnisch bestimmt, doch private Vereine und Entscheidungen über Familienangelegenheiten widerstanden der Amalgamierung.[15]

Auf der Ebene des materiellen Lebens scheint es zu weit komplexeren Strukturen der interkulturellen Durchdringung gekommen zu sein. Gerade auf diesem Gebiet haben Generationen von Forschern genau das gefunden, was sie suchten: deutlich unterschiedene ‚Pennsylvania Dutch' bemalte Möbel, die in Stil und Konzeption auf deutsche Vorbilder zurückgingen. Dagegen haben sie häufig versäumt, die zahllosen Stücke aus „Pennsylvaniadeutscher Produktion ..., die englischen Charakter angenommen hat", als solche zu identifizieren. Auch neigen sie dazu, Objekte, die von deutschen Handwerkern in überwiegend deutschen Regionen der Kolonie hergestellt wurden, als peinlich fehlgeleitete Beispiele für das Bemühen zu charakterisieren, den Stil Philadelphias zu kopieren, wenn es sich dabei doch tatsächlich um eine bewußte Anpassung deutschen Geschmacks an das Leben in Pennsylvania unter den Engländern handeln könnte. Die vollständigste Verschmelzung der beiden Kulturen findet sich in einem amerikanischen Kleiderschrank mit einer Reihe von Schubladen, die sich übereinander in der Mitte befinden, wodurch eine Einrichtung englischen Geschmacks in eine sonst leicht erkennbare deutsche Möbelform integriert wird. Es sind nur sehr wenige Möbelstücke erhalten, die eindeutig Möbeltischlern aus Germantown zugeschrieben werden können, doch die meisten davon weisen eine ähnliche Vermischung kultureller Optionen auf. Das Endprodukt ist letztlich die Schöpfung einer neuen, einheitlichen Identität, die entschieden hat, welche der alten Elemente beibehalten, welche angepaßt und welche fallengelassen werden sollen. Die Kontinuität des Alten tritt am häufigsten in der Methode statt in der Form auf, was darauf hindeutet, daß gewohnte handwerkliche Arbeitsstrukturen die Beibehaltung alter Herstellungstechniken durchsetzten, während sich gleichzeitig der äußerliche Stil veränderte, um dem neuen Kontext zu genügen.[16]

Sogar in Bereichen, wohin kulturell Außenstehende nur selten vordringen, scheinen Unterscheidungen in Bezug auf die Akkulturation getroffen worden zu sein. Künstlerisch gearbeitete Gegenstände, die zur Verwendung in der Kirche oder auch in Besuchern zugänglichen Räumen des Wohnhauses geschaffen wurden, schlossen englische Vorstellungen ein, während in den rein privaten Zimmern weiterhin ältere ethnische Identifikationsobjekte wie Truhen und Schränke standen.[17] Eine Untersuchung von Inventaren der in Häusern in Germantown gefundenen Kunstgegenstände läßt erkennen, wie die Menschen in dieser städtischen, eher kosmopolitischen Siedlung eine ihnen ganz eigene kulturelle Struktur schufen. Die Unterschiede zwischen den Nachlässen in Germantown hingen in höherem Maße vom Wohlstand der Erblasser und der Zahl der aufgeführten Gegenstände ab als von ihrer ethnischen Herkunft. Ganz gleich, ob es sich um Deutsche, Engländer oder Holländer handelte – es bot sich ein gemischtes Bild aus eher pompösen englischen Formen im öffentlichen Raum und einfacheren deutschen im Familienbereich. Es ist ebenso eigenartig wie bezeichnend, daß Bewohner Germantowns jeglicher ethnischer Herkunft während des ganzen 18. Jahrhunderts weiterhin Truhen gegenüber Kommoden zu Lagerungszwecken bevorzugten, als letztere in den meisten Wohnungen der Kolonialzeit längst zu einem üblichen Einrichtungsgegenstand geworden waren.

Die Entwicklung einer spezifisch lokalen Kultur in Germantown war eine Reaktion auf den einzigartigen Rhythmus der demographischen Veränderungen in dieser Stadt, der den Charakter ihres Lebens formte und eine physische Umwelt schuf, die ein Abbild der Verschiedenartigkeit ihrer geistigen Konzeptionen und Weltsichten darstellte. Die Bevölkerung Germantowns nahm nicht stetig zu, sondern in wiederholtem sprungshaftem Wachstum, auf das Perioden relativer Stagnation folgten.[18] Der Zuwachs resultierte aus Zuwanderung: Die natürliche Vermehrung war untypisch gering für die amerikanischen Kolonien, und die Abwanderung lag hoch. Dies ergab die Situation, daß eine kleine Gruppe relativ stabiler Familien blieb und zu Wohlstand gelangte, während eine weit größere Zahl ständig Veränderungen unterlag, die Wohnung wechselte und schließlich aus der Gemeinde verschwand.[19] Zwar war die ursprüngliche ethnische Herkunft der stabilen Familiengruppen unterschiedlich, aber sie waren es, die im Laufe der Zeit die homogene Kultur spezifisch lokaler Art schufen, die man später mit Germantown identifizierte.

Bei jedem der Schübe des Bevölkerungswachstums handelte es sich nicht nur um einen starken Zustrom von Neuankömmlingen in die Stadt, sondern auch um eine ethnische oder kulturell grundverschiedene Gruppe; sie waren verschieden voneinander und auch von der Substanz der Gesellschaft Germantowns zur Zeit ihres Eintreffens. Die erste Gruppe weiterer Siedler kam 1685, und sie bildete die einzige Ausnahme von der Regel demographischer Verschiedenheit: Sie bestand vor allem aus holländischen Quäkern, die William Penn auf dessen Reise durch die Niederlande und Deutschland im Jahr 1677 begegnet waren und in Pennsylvania ankamen, nachdem sie einige Jahre in Kriegsheim in der Pfalz gewohnt hatten.[20] Danach erfolgte ein stetiger Zustrom von Deutschen, und um 1709, als die Hungersnot auf dem Kontinent zur Massenauswanderung führte, wurde auf Dauer eine eindeutig deutsche Mehrheit hergestellt.[21] Zu der nächsten lokalen demographischen Krise kam es um die Jahrhundertmitte, zur Zeit der großen Wanderung nach Pennsylvania, und während ein hoher Anteil der Einwanderer Deutsche waren, stammten die Ärmsten der neuen Ankömmlinge wahrscheinlich nicht aus ihren Reihen.[22]

Mit diesem Bevölkerungszuwachs begann auch das Einsickern einer neuen Kulturgruppe, deren Einfluß ihre Zahl bei weitem übersteigen sollte: erfolgreiche Bewohner Philadelphias, die Germantown als idealen Ort für ihr Landhaus betrachteten. Nach der Revolution wurde Germantown wirklich ‚entdeckt', und aus dem Rinnsal wurde ein Strom, doch die späteren Sommergäste waren von etwas anderer Art. Sie waren nicht an Sommerresidenzen interessiert, sondern lediglich am Mieten von Zimmern oder Häusern für die Sommersaison. Viele von ihnen kamen regelmäßig Jahr für Jahr, und zweifellos übten sie eine deutliche Wirkung auf das Leben der Stadt aus, aber in der Regel sind sie nicht qualifizierbar, da sie in keinen Steuerlisten und Kirchenbüchern erscheinen.[23]

Im letzten Jahrzehnt kam es erneut zu einer enormen demographischen Veränderung; die Zahl der Grundstücke im Einzelbesitz wuchs um 67 Prozent, die Zahl derer unter 0,4 Hektar stieg von 83 auf 221.[24] Ein großer Teil der hinzugekommen Immobilien lassen sich als Vermietungsobjekte bestimmen, was auf das Wachstum der Grundstücksspekulation im Dienste des mittelfristigen Tourismus hinweist. Die meisten der neuen Eigentümer hatten englische Namen, die vorher nicht in den Akten auftauchen. Es ist unmöglich herauszubekommen, ob eine erhebliche Zahl dieser Neuankömmlinge deutscher Herkunft waren und anglisierte Namen trugen. Doch zum Verständnis der kulturellen Orientierung ist diese Frage irrelevant, denn der Gebrauch der englischen Form des Nachnamens (zusammen mit einem typisch englischen und nichtdeutschen Vornamen) ist eine der stärksten verfügbaren Aussage zugunsten einer ethnischen Umidentifizierung.

Zusammen mit der Eröffnung von Filialen von Geschäften in Philadelphia, die den wirtschaftlichen Rhythmus der Stadt störten, muß diese große Zahl von neuen – häufig nur vorübergehenden – Bewohnern einen katastrophalen Effekt auf kulturelle Strukturen gehabt haben, die während des ganzen Jahrhunderts langsam gewachsen waren. Wenngleich Watson vielleicht den *deutschen* Charakter des Lebens in Germantown von diesem Zeitpunkt falsch interpretiert hat, klingt doch seine aus Interviews und dem Augenschein seiner Umgebung gewonnene Einschätzung, daß die Situation sich in der Tat verändert habe, durchaus glaubwürdig: „Das Gelbfieber von 1793 trieb alle Beamten der Bundes- und der Staatsregierung sowie der Banken hierher und füllte alle Häuser mit neuen Bewohnern. Im nächsten und den folgenden Jahren wurden alle möglichen Familien aus Philadelphia Sommergäste."[25]

Angesichts der einzigartigen Strukturen der demographischen Veränderungen in Germantown – Wachstum durch Zuwanderung statt durch natürliche Vermehrung sowie durch kulturelle und numerische Überrumpelung – spricht es für die Stärke der Gemeinde-Identität, daß die stabilen Familien verschiedener ethnischer Herkunft eine ausgeprägte kulturelle Kohäsion entwickelten. Im weiteren Verlauf des Jahrhunderts stützten sich eingesessene Germantowner jeglichen ethnischen Ursprungs im wirtschaftlichen Bereich mehr und mehr aufeinander und knüpften komplizierte Gewebe von geschäftlichen und finanziellen Verpflichtungen. Die Kinder dieser Familien heirateten einander mehr als doppelt so häufig wie sie mit Landhaus-Besitzern die Ehe schlossen, und die Familien von Sommergästen und jene der ständigen Bewohner verbanden sich fast nie. Gegen Ende des Jahrhunderts, als die ‚Außenstehenden' begannen, ihre eigenen Kirchengemeinden, Vereine und andere Institutionen zu gründen, verkehrten die alteingesessenen Bewohner Germantowns weiterhin vor allem miteinander.

Es steht außer Zweifel, daß diese Kultur nicht nur einen Teil der Hinzugekommenen einschloß, sondern auch unter ständigem Druck von seiten neuer Gruppen in der Stadt stand. Eine sinnreiche Methode zur Messung des kulturellen Konsenses einer Bevölkerungsgruppe ist von Anthropologen entwickelt worden. Sie basiert auf einer genauen Untersuchung von Nachlaßverzeichnissen im Hinblick auf die Beziehung zwischen der Bezeichnung von Räumen im Haus und den Gegenständen in diesen Räumen. Dabei wird davon ausgegangen, daß die Raumbezeichnungen sich innerhalb einer Kultur einheitlich und in enger Verbindung mit der sozialen (im Gegensatz zur physischen) Nutzung des Raums verändern.[26] Die Verwendung dieser Bezeichnungen würde damit auf eine Übereinstimmung der Gruppe hinsichtlich der sozialen Nutzung des Raums hinweisen. Angesichts vieler neuerer Untersuchungen, deren Ergebnisse vorwiegend zeigen, daß nur die Quäker in der Heterogenität des Pennsylvania der Kolonialzeit eine wirkliche Einheitsfront bildeten, erscheint es interessant, wenn das von einer überwältigenden Quäker-Mehrheit bewohnte Chester County die einzige solche Verwaltungseinheit war, in deren Inventaren dieser Zeit die Zimmer regelmäßig bezeichnet wurden. Es ist zwar möglich, einigermaßen tragfähige Spekulationen über den Standort von Objekten innerhalb der Häuser von Germantown anzustellen, und zwar aufgrund der Methode der Inventarisierung, aber eine Bezeichnung der Zimmer erfolgte hier nie.

Vielleicht die eindringlichste Illustration der Art und Weise, wie Veränderungen der demographischen Strukturen die kulturellen Strukturen Germantowns im 18. Jahrhundert beeinflußten, bietet die Untersuchung der Gebäude. Dies ist wiederum ein Bereich, wo die Wahrnehmungen des Beobachters besonders stark durch die eigene Herkunft und seine Auffassung von dem Gesehenen geprägt werden. Solide, materielle Objekte wie Häuser scheinen keinem Wandel zu unterliegen: Veränderungen werden von später Hinzugekommenen häufig nicht bemerkt, und man kann ‚Kolonial'-Bauten für authentisch halten, wenngleich tatsächlich das ganze Gebäude vielleicht so oft renoviert wurde, daß nichts erhalten geblieben ist, was auf die ursprüngliche Form oder die ihr zugrundeliegende Absicht des Erbauers hinweist. Der ‚Neo-Kolonialstil' des frühen 20. Jahrhunderts richtete in Germantown besonders viel Unheil an. Nicht ernsthafte Recherchen über das wirkliche Erscheinungsbild der alten Architektur von Germantown, sondern volkstümliche Vorstellungen von der Bauweise der Kolonialzeit bestimmten die Restaurationen, die nach Entfernung der offenkundig aus dem 19. Jahrhundert stammenden Zusätze an den Häusern des 18. Jahrhunderts vorgenommen wurden. Während Germantown Avenue die größte Zahl von Bauten aus der Kolonialzeit und der Periode der frühen Republik aufweist, die heute noch in irgendeiner Straße der Vereinigten Staaten zusammenhängend erhalten sind, bietet sie auch einen Anblick, der gerade deshalb, weil er die ‚Wirklichkeit' repräsentiert, besonders irreführend ist.

Kommentare von auswärtigen Besuchern – sogar von solchen, die einen geringeren zeitlichen Abstand hatten –, die vieles ‚Ursprüngliche' betrachteten, sind gleichfalls verdächtig. Wie im Folgenden gezeigt wird, machten sich die Bewohner Germantowns beinahe von dem Augenblick an, als ihre Häuser fertig

Skizze eines Hauses in Germantown, das im 17. Jahrhundert errichtet und in der Folge stark umgebaut wurde. Vom ursprünglichen Bau ist nur die Dachform, die runden Kellerfenster und möglicherweise ein Innenschornstein (nicht sichtbar) erhalten. Neu hinzugefügt sind Schiebefenster, Außenwand aus Stein, neue Tür (vorher an der Schmalseite) mit Oberlicht und Klebdach. Diese und die anderen beiden Skizzen stammen von John Richard, der in seinem Skizzenbuch 1863–1889 mit Feder und Tinte viele inzwischen verlorengegangenen Motive in Germantown festgehalten hat. (Germantown Historical Society)

gebaut waren, daran zu schaffen. Sie veränderten, erweiterten und verschönerten. Werturteile, die durch das kulturelle Milieu des Beobachters geprägt waren, spannten einen weiteren Schleier der Fehlinterpretation über die Szene. Für Germantown ist der offenkundigste Fehler die Annahme, die Bauten hätten ein ‚deutsches' Bild geboten — statt einer Anpassungsreaktion auf eine einzigartige Situation seitens einer Gemeinde, die in einem ständigen Prozeß ihre eigenen Strukturen schuf.

Zwar gibt es unterschiedliche Interpretationen der Architekturgeschichte Germantowns, doch ist die Chronologie für die verschiedenen Typen von Bauweise und Stil einigermaßen gesichert; es kann kaum erstaunen, daß sie sich sehr eng an den Verlauf demographischer Veränderungen anlehnt. Der traditionellen Version zufolge wohnten die ersten Siedler aus Krefeld in „Höhlen oder rohen Hütten" mit Erdfußböden, Holzwänden und Kaminen aus Lehm. Von dieser ersten Siedlungsphase in Germantown sind keine materiellen Zeugnisse erhalten geblieben, wenngleich Pastorius berichtete, er habe bei seiner Ankunft in einem solchen Gebilde gewohnt, und zwar in Philadelphia. Das einzige Argument zu-

Das Johnson-Haus von 1765–68 zeigt die charakteristischen Züge des Vororthauses in Germantown. Typisch die Fassade aus behauenem Stein, während die Seiten aus dem örtlichen ‚Glimmer'-Feldstein bestehen, dazu das Klebdach (pent roof), die runden Kellerfenster, der Eingang mit Holzgeländer und das längsgerichtete Giebeldach. Aus John Richards Skizzenbuch. (Germantown Historical Society)

gunsten dieser Überlieferung stützt sich auf die etwas weit hergeholte Überlegung, es habe unter den Krefeldern keine Zimmerleute gegeben und der Häuserbau sei im 17. Jahrhundert eine so spezialisierte Fertigkeit gewesen, daß sie die Fähigkeiten eines durchschnittlichen Stadtbewohners überstiegen habe.[27]

Die ersten Häuser, die dokumentiert sind, waren einfache Zweizimmer-Bauten im landesüblichen Stil des europäischen Kontinents. Einige ihrer Charakteristika, etwa der Schornstein im Innern und der Eck-Kamin sowie die Raumanordnung, erscheinen spezifisch deutsch. Die meisten anderen sind europäisch und waren beinahe überall in Nordeuropa zu finden, wenngleich sie in Amerika von englischen Einwanderern nicht verwendet wurden — außer von den Iroschotten, die sie anscheinend von den Pennsylvania-Deutschen übernommen hatten. Läßt man Watsons kulturell geprägte Werturteile zu den bei seinem Eintreffen in Germantown 1814 noch stehenden frühen Gebäuden beiseite, so ist seine Beschreibung scharfsichtig und zitierenswert:

> „Die meisten alten Häuser in Germantown sind innen mit einem Gemisch aus Lehm und Stroh verputzt, worüber sich eine äußere Schicht aus dünnem Kalkputz befindet; einige alte Häuser scheinen aus Baumstämmen errichtet zu sein, wobei die Zwischenräume mit einer Masse aus Zweigen, Binsen und Lehm ausgefüllt wurden . . . Sie sind nur einstöckig und so niedrig, daß ein Mann von 1,80 leicht die Dachrinne berühren kann. Sie liegen mit der Giebelwand zu Straße hin. Das Erdgeschoß ist aus Steinen oder Stämmen gebaut, und in der Regel liegen die Räume hintereinander. Das Dach ist hoch und hat meistens einen Ecksparren; es gibt ein niedriges Schlafzimmer ab; die Giebelseiten der Häuser bestehen oberhalb des Erdgeschosses aus Brettern oder manchmal Schindeln, mit einem kleinen Fenster auf beiden Seiten . . . die Türen sind alle in der Mitte geteilt, so daß es eine obere und eine untere gibt; in einigen Häusern läßt sich die obere Tür zusammenklappen. Die Fenster haben zwei Flügel, die sich nach innen öffnen, und wurden zuerst in Blei gefaßt, mit einem hölzernen Rahmen."[28]

Anfang des 18. Jahrhunderts wurden diese frühen Häuser erweitert oder abgerissen und durch größere ersetzt, die immer noch in der europäischen Tradition standen, aber einen 3-Zimmer-Grundriß sowie häufig zweieinhalb Stockwerke hatten und noch häufiger ganz aus Stein waren. Während die Giebelwand nach wie vor zur Straße hin lag, war das Dach kein Walmdach (oder „mit Ecksparren", wie Watson es beschrieb) mehr, sondern entsprach dem Muster des Satteldachs, wie es auch bei den pennsylvania-englischen Häusern verwendet wurde. Diese beiden ersten Phasen des Bauens in Germantown wurden von Hans Milan, einem holländischen Quäker, der sich vor 1690 dort niederließ, mitvollzogen. Sein Haus, das später ‚Wyck' genannt wurde, steht heute noch und bezeugt seinen frühen Umbau mit dem riesigen Mittelkamin und dem 3-Zimmer-Grundriß der zweiten Phase, wie sie in Gebälk, Fußboden und Balken sichtbar werden. Als Milans Tochter heiratete, baute er ihr ein 1-Zimmer-Haus mit einer seitlichen Diele, direkt vor seinem eigenen und an der Südwand und der Dachachse seines Hauses ausgerichtet. Dieses Haus wies keine Anzeichen eines germanischen Grundrisses auf.[29]

Um die Mitte des 18. Jahrhunderts wurden in Germantown Häuser einer neuen Form gebaut, die von den Architektur-Historikern später als ‚das' Germantown-Haus betrachtet wurden. Zweifellos wurden viele davon errichtet, vor allem von den wohlhabenderen Bewohnern, doch muß ihre Zahl im Verhältnis zur gesamten Bausubstanz gering gewesen sein, denn noch 1798 waren nur sehr wenige Häuser in Germantown auch nur annähernd so groß wie die angeblich ‚typischen'. Sie blieben erhalten, weil sie zu den stattlichsten Gebäuden gehörten, weil sie gewöhnlich günstige Standorte entlang der Hauptstraße hatten und weil die georgianische Ausgestaltung ihrer Fassaden weiterhin beliebt blieb; so stellten sie der historischen Bestandsaufnahme aus dem Jahr 1952 zufolge 47 Prozent von allen Privathäusern in Germantown, deren Bau in der Kolonialzeit und in der frühen Republik zu dokumentieren war.[30] Diese neuen Gebäude müssen jedoch in den Augen der Gemeinde angemessene Stadthäuser für solche Leute gewesen sein, die es sich leisten konnten. Mehr als 80 Prozent davon wurden von Familien errichtet, die schon lange in Germantown gelebt hatten, und die meisten standen knapp außerhalb der Innenstadt, wo die Grundstücke nicht

Haus Wyck in Germantown, nach dem Umbau durch Strickland (bis heute erhalten). Hinter der kunstvoll harmonisierten Fassade sind nur wenige Elemente vom ursprünglichen Bau zu erkennen. Auffällig die zur Straße ausgerichtete Giebelfassade, das aus zwei Gebäuden gestufte Dach, der Einbezug der alten Durchfahrt und der große zentrale Schornstein im Hintergebäude. Aus John Richards Skizzenbuch. (Germantown Historical Society)

übermäßig teuer waren, aber die Atmosphäre noch standesgemäß städtisch. In dem damals eher ländlichen Teil Germantowns ging ihre Häufigkeit abrupt zurück. Reuben Haines etwa, ein Angehöriger der Wyck-Familie in der vierten Generation, hätte es sich zwar ohne weiteres leisten können, dem neuen Trend zu folgen, zog es aber vor, die ländlichen Traditionen fortzuführen. Er erweiterte 1771 seine Farmgebäude, indem er die beiden älteren Häuser durch ein erstes Stockwerk miteinander verband, wodurch unten eine überdachte Durchfahrt entstand.

Das früheste in der „Historic Survey" belegte Beispiel des städtischeren ‚Germantown'-Wohnhauses stammt aus dem Jahr 1744, das späteste von 1798, so daß die Form mindestens 50 Jahre lang akzeptiert gewesen sein dürfte. Zwar hat man mehrere seiner Attribute ‚deutsch' genannt – etwa die Pultdächer, die gewölbten Kellerfenster und die Doppeltüren –, aber tatsächlich gehörten sie zu jener Zeit ins allgemeine architektonische Repertoire. Ihr charakteristisches Bild gewinnen sie durch die Kombination dieser Details mit der Verwendung des in der Nähe auftretenden Glimmersteins. Während diese Gebäude in ihrer Anlage sicher nicht volkstümlich sind, stellen sie eine spezifisch lokale Variante der schulmäßig entworfenen Häuser in Philadelphia dar. Im Zuge der Wiederbelebung des Kolonialstils im 20. Jahrhundert wurden im Bereich von Germantown Hunderte von Reproduktionen dieser Häuser gebaut, was zum Ergebnis hatte, daß sie einen noch festeren Platz als ein bedeutsamer Teil der Szene von Germantown gewonnen haben.

Während der letzten zehn Jahre des 18. Jahrhunderts kam es als Reaktion auf eine Bevölkerungsexplosion, die eine starke Erweiterung des verfügbaren Wohnraums forderte, zu einer lebhaften Bautätigkeit; die meisten der neuen Häuser scheinen zu dem beliebten, im ganzen Land verbreiteten ‚Federal'-Stil der frühen Republik gehört zu haben. Viel Älteres blieb erhalten, aber zahlreiche alte Häuser wurden renoviert – durch neue Eingänge mit Oberlicht, höhere, elegantere Fenster, weiße Stirnmauern. Der neue Erbe von Wyck ließ sein verbundenes Farmhaus verputzen, damit es heller und imposanter aussah.

Zweifellos wurde der Wandel des Bildes von Germantown von einem deutlich lokalen Aussehen zur Verschmelzung mit der Mehrheitskultur nur langsam erreicht; Watson datiert den Übergang auf die Zeit zwischen 1814 bis 1840. Seine Haltung zu dieser Veränderung ist interessant: Er verkörperte den neuen Dauerbewohner mit ausgesprochen angelsächsischer Prägung und identifizierte sich mit einer umfassenderen, nationalen Kultur. Als Antiquar schätzte er die ‚alten Zeiten' hoch genug, um einen großen Teil seines Lebens dem Sammeln von diesbezüglichen Artefakten und Geschichten zu widmen, doch er blieb den lokalen Strukturen und Werten gegenüber ein Außenstehender.

> „Wer heute Germantown besucht und die allgemeine Schmuckheit und Weiße der Stirnseiten der Häuser bemerkt und die Eleganz mancher Landsitze sieht, kann sich kaum vorstellen, wie verschieden es 1814 aussah, als der Verfasser sich dort niederließ. Damals waren die meisten Häuser aus dunklem, moosbewachsenem Stein, erschienen düster und wie Gefängnisse, hatten kleine, altmodische Fenster und unförmige Eckkamine aus Stein. Heute sind die Kamine mit Ziegelsteinen neu gebaut und nicht mehr an den Ecken; fast alle Stirnseiten sind so verputzt, daß Marmor imitiert wird; . . . Viele alte Häuser, die heute zwei Stockwerke besitzen, hatten früher anderthalb mit hohen doppelten Walmdächern."[31]

Die letzten Veränderungen an ‚Wyck' konkretisieren das allgemeine Untergehen der einzigartigen lokalen Kultur, die sich beinahe hundertfünfzig Jahre lang in Germantown entwickelt hatte. 1820 erbte Reuben Haines, der in Philadelphia wohnte, das Haus und zog mit seiner Familie ‚aufs Land'. Er engagierte den berühmten Architekten William Strickland aus Philadelphia für den Umbau, und das Ergebnis war zwar schmuck und vornehm, ließ aber weit mehr von der für Philadelphia charakteristischen „Integration von Funktionalität und Ästhetik" als von der ethnischen und lokalen Vergangenheit des Gebäudes erkennen.[32] In den 1850er Jahren, als die Einführung von Vorortzügen Germantown zu einer Schlafstadt für das nahegelegene Philadelphia machte, konnte man den Eindruck gewinnen, daß alle Spuren seiner allerdings etwas idiosynkratischen Spielart pennsylvania-deutscher Ethnizität endgültig verschwunden seien. Doch solche tief verwurzelten kulturellen Affinitäten sind langlebig. Bis weit ins 20. Jahrhundert hinein konnten sich Alteingesessene noch daran erinnern, wie Familien, die in den weniger attraktiven Stadtteilen Läden hatten, Deutsch sprachen. Ein paar kleine Geschäfte an der Avenue waren weiterhin im Besitz der Nachkommen von Handwerkern des 18. Jahrhunderts, und noch in den 1970er Jahren wurde in St. Michael's Lutheran Church in Liturgie und Predigt die deutsche Sprache gebraucht, ungeachtet der Tatsache, daß sie nur noch von wenigen, sehr alten Gemeindegliedern verstanden wurde, während die Mehrheit schon seit langem Schwarze waren.

Letztendlich geht es bei der Frage der Ethnizität wohl um Identifizierung und Kontrast. Um 1800 zeigte das städtische Leben in Germantown keine Ähnlichkeit mehr mit Pastorius' Vision eines „Germanopolis" oder mit Penns „German Town" der holländischen Weber. Es setzte sich zusammen aus Menschen, die in einem kulturellen Zusammenhang von wirtschaftlichen und sozialen Wechselbeziehungen, gemeinsamen Lebensgewohnheiten, Stil- und Geschmacksvorstellungen und vielleicht einer lokalen Sprechweise standen, die innerhalb der Stadt sorgfältig zwischen ‚sich' und ‚anderen' unterschieden. Wie immer sie selber sich nannten — die ‚anderen' etikettierten sie als ‚kurios' und ‚deutsch'. Im Laufe der Zeit wurde der Mythos zur Wirklichkeit, und es ist wahrscheinlich, daß jene Aspekte der ursprünglichen Kultur des kolonialen Germantown, die erhalten geblieben waren, im 19. Jahrhundert ‚deutscher' wurden, weil beide Seiten den Mythos akzeptiert hatten.

Anmerkungen

1 Das Wort ‚ethnisch' (ethnic) wird zwar schon seit dem 15. Jahrhundert im Englischen gebraucht, hatte aber mindestens noch während des ganzen 18. Jahrhunderts seine ursprüngliche griechische Bedeutung ‚heidnisch' (vgl. The Oxford English Dictionary).
2 Diese Kategorien sind abgeleitet von Milton M. Gordons Schema der Assimilationsindikatoren in Human Nature, Class, and Ethnicity, New York: Oxford University Press 1978, S. 169. Gordon entwickelt sieben Assimilationsvariablen, die von ‚kulturellen Strukturen' bis zum ‚Fehlen von Wert- und Machtkonflikten' reichen. Die Hauptschwierigkeit bei seinem System liegt darin, daß es linear angelegt ist: Der Prozeß kann zwar bei Nr. 1 (kulturelle und Verhaltens-Assimilation) zum Stillstand kommen, aber wenn Nr. 2 (strukturelle Assimilation) erreicht wird, dann folgen alle anderen Stadien zwangsläufig, und die Amalgamierung ist unvermeidlich. Besonders in einer Periode bewußter ethnischer Identifikation kann dieser Prozeß jedoch durchaus umkehrbar sein. S. William M. Newman, American Pluralism. A Study of Minority Groups and Social Theory, New York: Harper & Row, 1973.
3 Diese Geschichte wird unter Hervorhebung aller ihrer symbolischen Bedeutungen erzählt z.B. von Naaman Keyser u.a., History of Old Germantown. With a Description of Its Settlement and Some Account of Its Important Persons, Buildings and Places Connected with Its Development, Germantown: H.F. McCann, 1907.
4 A Further Account of the Province of Pennsylvania by William Penn, in: Albert Cook Myers (Hg.), Narratives of Early Pennsylvania, West New Jersey and Delaware, 1630–1707, New York: Scribner, 1912, S. 271. Hervorhebung durch d. Verf.
5 Das Originalmanuskript des „Raths Buch der Germantownishen Gemeinde" liegt bei der Historical Society of Pennsylvania. Es ist nie gedruckt worden. Von Pastorius geschriebene Abschnitte sind in deutscher Sprache, solche von anderen Mitgliedern der Gemeinde von Germantown in niederländischer verfaßt.

6 Der alldeutsche Standpunkt wird vertreten z.B. von Friedrich Nieper, Die ersten deutschen Auswanderer von Krefeld nach Pennsylvanien. Ein Bild aus der religiösen Ideengeschichte des 17. und 18. Jahrhunderts, Neukirchen, Kr. Moers: Buchhandlung des Erziehungsvereins, 1940, der entgegengesetzte von Bertus Harry Wabeke, Dutch Emigration to British America, 1664–1776, in: de halve Maen, Quarterly Magazine of the Dutch Colonial Period in America 57. 1983, S. 1–4. (Nachdruck eines zuerst 1944 erschienenen Artikels)
7 Ingrid Schöberl, Franz Daniel Pastorius und die Gründung von Germantown, in: Zeitschrift für Kulturaustausch 32. 1982, S. 313.
8 Ebd., S. 314.
9 Susan Klepp, Five Early Pennsylvania Censuses, in: Pennsylvania Magazine of History and Biography 106. 1982, S. 504.
10 Eine umfassendere Analyse dieser ziemlich komplexen Situation findet sich bei Stephanie Grauman Wolf, Urban Village. Population, Community and Family Structure in Germantown, Pennsylvania, 1683–1800, Princeton: Princeton University Press, 1976, S. 147–150, 82.
11 John F. Watson, Annals of Philadelphia and Pennsylvania in the Olden Time. Being a Collection of Memoirs, Anecdotes and Incidents of the City and its Inhabitants, 3 Bde., Philadelphia: Leary, Stuart Co., 1927, Bd. 2, S. 63.
12 Z.B. die Anekdote, die Anthony Johnson mitteilte, „der 1823 im Alter von 78 Jahren starb...", ebd., S. 35.
13 S. Wolf, S. 35, 147.
14 Theodore E. Schmauk, An Account of the Manners of the German Inhabitants of Pennsylvania, by Benjamin Rush, in: The Pennsylvania German Society. Preceedings and Addresses Bd. 19. 1910, Teil 21, S. 104.
15 S. Laura Becker, Diversity and Its Significance in an Eighteenth Century Pennsylvania Town, in: Michael Zuckerman (Hg.), Friends and Neighbors. Group Life in America's First Plural Society, Philadelphia: Temple University Press, 1982, S. 196–221.
16 Benno M. Forman, German Influences in Pennsylvania Furniture, in: Scott T. Swank u.a., Arts of the Pennsylvania Germans, Hg. Catherine E. Hutchins, New York: Norton, 1983, S. 102–170.
17 Z.B. Doris Devine Fanelli, The Building and Furniture Trades in Lancaster, Pennsylvania, 1750–1800, unveröff. MA-Arbeit, University of Delaware, 1979, und Charles F. Montgomery, A History of American Pewter, New York: Dutton, 1970.
18 Spezifische statistische Details zum Bevölkerungswachstum Germantowns sind enthalten in Wolf, S. 38–46 und passim.
19 Daniel Snydacker, Kinship and Community in Rural Pennsylvania, 1749–1820, in: Journal of Interdisciplinary History 13. 1982, S. 58, fand ähnliche Strukturen der Abwanderung und Familien-Instabilität bei den Presbyterianern, Lutheranern und Herrnhutern im York County des 18. Jahrhunderts, nicht jedoch bei den Quäkern. Ich hatte das Material noch nicht in diesem Zusammenhang hinsichtlich der Ethnizität ausgewertet, aber als ich es dann tat, stellte sich interessanterweise heraus, daß den größten Anteil an den stabilen Familien Germantowns (nachdem die ersten Siedler in ländlichere Gebiete weitergezogen waren) in der Tat die Quäker bildeten.
20 Eine Beschreibung dieser Begegnung findet sich in An Account of My Journey into Holland and Germany, in: Mary Maples Dunn u. Richard S. Dunn (Hg.), The Papers of William Penn, Bd. 1, 1644–1679, Philadelphia: University of Pennsylvania Press, 1981, S. 448.
21 Margaret Tinkcom, Germantown. Urbane Village, 1683–1850, in: Wyck. A Manual for Guides, March, 1981, Manuskript, S. 6.
22 Die aktuellsten Informationen zur Struktur der deutschen Einwanderung nach Pennsylvania finden sich bei Marianne Wokeck, The Flow and the Composition of German Immigration to Philadelphia, 1727–1775, in: Pennsylvania Magazine of History and Biography 105. 1981, S. 249–278.
23 Die eine Stelle, an der sie außer in Immobilien-Annoncen und Kontobüchern auftauchen, sind die Heiratsregister. Es war offenkundig sehr beliebt, in Germantown zu heiraten und dann den Sommer dort zu verbringen. Dadurch wird die demographische Auswertung der kirchlichen Daten insgesamt zur Bestimmung der Familiengröße erheblich verzerrt. (S. Wolf, S. 151.)

24 Ebd., S. 43–67.
25 Watson, S. 63.
26 Eine ausführlichere Erläuterung der Technik und ihrer theoretischen Grundlage bietet Stephen Tyler (Hg.), Cognitive Anthropology, New York: Holt, Rinehart & Winston, 1969. Eine Fallstudie, bei der diese Methode angewendet wird, ist enthalten in Dell Upton, Vernacular Domestic Architecture in Eighteenth Century Virginia, in: Winterthur Portfolio 17. 1982, S. 95–119.
27 David u. Amy Polk, Architecture. A Brief Outline of the Architecture of Germantown as Related to the History of Wyck, in: Wyck, S. 10. Daß die ersten Siedler aus Krefeld in ländlichen Fertigkeiten, zu denen das Zimmern gehören könnte, nicht sehr beschlagen waren, ließe sich aus einer Bemerkung von Pastorius schließen, wonach die Bewohner Germantowns (1684) größtenteils Leineweber und in der Landwirtschaft nicht allzu bewandert seien (Myers, S. 399). Andererseits verlangte das Weberhandwerk zum Zweck des Zusammenbauens und des Aufstellens des Webstuhls Kenntnisse im Zimmern.
28 Watson, Bd. 2, S. 18f.
29 Polk, S. 11–13.
30 Dieser Prozentwert beruht auf einer Analyse der Fotos und Grundrisse in Harry M. Tinkcom u.a., Historic Germantown. From the Founding to the Early Part of the Nineteenth Century. A Survey of the German Township, Philadelphia: The American Philosophical Society, 1955.
31 Watson, Bd. 2, S. 49.
32 Polk, S. 14.

6. Vorstellungen, Traditionen und Erwartungen
Die deutschen Einwanderer in der englischen Kolonialgesellschaft in Pennsylvania 1700–1765

Hermann Wellenreuther

Trotz umfangreicher Forschungen zu den deutsch-englischen Beziehungen in Pennsylvania im 18. Jahrhundert bleiben noch wichtige Probleme ungelöst. Wir wissen denkbar wenig darüber, wie sich die Deutschen in Pennsylvania selbst sahen, haben kaum eine Ahnung von der deutschen Vorstellung von den Engländern allgemein und von Amerika oder gar Pennsylvania im besonderen. Schließlich, und dies ist besonders wichtig, wissen wir sehr wenig über die Reaktionen der Deutschen auf englische Unkenrufe über die deutsche Gefahr für die glorreiche britische Verfassung.[1]

Ausgehend von der bisherigen Forschung werde ich im folgenden auf der Grundlage einer neuen Analyse der in Pennsylvania zwischen 1700 und 1765 erschienenen Druckschriften nach den Bildern und Vorstellungen, Definitionen und Begriffen fragen, die im Verlaufe des 18. Jahrhunderts bei der Suche nach umfassenderen und treffenderen Erklärungen ethnischer Konflikte und ihrer Lösungen in William Penns Kolonie entwickelt wurden.[2] Bei der Analyse der Vorstellungswelt, die in Büchern und Flugschriften formuliert wurde, werde ich ‚private' Vorstellungen von anderen ethnischen Gruppen ausklammern, die beim gemeinsamen Handeln und der gemeinsamen Suche nach Problemlösungen – wenn es beides überhaupt gab – formuliert wurden. Dabei bin ich mir freilich darüber im klaren, daß eine solche Beschränkung methodisch keineswegs unbedenklich ist. Insbesondere wird man fragen können, ob es überhaupt sinnvoll ist, so etwas wie eine öffentliche Sichtweise und Vorstellungswelt zu untersuchen. Während ich aus Platzgründen auf eine eingehendere Erörterung der methodischen Probleme verzichten muß, hoffe ich zuversichtlich, daß am Ende meiner Darlegungen die zweite Frage beantwortet sein wird.

Deutschen Einwanderern fiel es verhältnismäßig leicht, die Leute zu benennen, die sie in Pennsylvania vorfanden. Die Engländer dagegen, glaubt man den gedruckten Zeugnissen, taten sich da schwerer: In einer 1725 veröffentlichten Schrift werden die deutschen Einwanderer als „Ausländer" mit anderen Gruppen in einen Topf geworfen. Im selben Jahr bezeichnete sie ein anderer Autor als „Pfälzer", während ein Almanachschreiber in einer allegorischen Versdichtung über Pennsylvanias multiethnische Gesellschaft zwischen „Deutscher Tölpel" und „Gans- und Truthahn-Pfälzer" abwechselte. Und obwohl die deutsche Einwanderung in den 1720er und 1730er Jahren durchaus zugenommen hatte, faßte

„Der Deutsche blutet und trägt die Pelze..." Radierung von James Claypole, Jr., 1764. Die berühmte Karikatur ist aus der Perspektive der Bewohner von Pennsylvania gesehen, die die Grenze gegen die Indianer verteidigen und den Quäkern zum Vorwurf machen, daß sie mit ihren Geschäften die gemeinsame Sache verraten. Benjamin Franklin (links) wird in der Rolle des schlauen, nicht völlig vertrauenswürdigen Vermittlers gezeigt, wie an dem Fuchs zu seinen Füßen zu sehen ist. Der Weiße – offensichtlich der Deutsche –, auf dem der Indianer reitet, wird von einem Quäker mit breitem Hut buchstäblich an der Nase herumgeführt. Der Quäker trägt die Kennzeichen Israel Pembertons, in dessen Händen ein gewichtiger Teil des Handels lag. Die Prozession bewegt sich über drei Leichen hinweg durch die Landschaft Pennsylvanias, die von brennenden Häusern und spähenden Indianern markiert ist. (Library Company of Philadelphia)

ein Autor noch im Jahre 1735 die deutschen Einwanderer unter die allgemeine Formel „Fremde verschiedener Nationen". 1747 endlich gewannen die Deutschen in einem Druckwerk etwas individuellere Züge: In der Hoffnung, ihre Unterstützung für seine „Voluntary Association" zu gewinnen, lobte Benjamin Franklin die „tapferen und standhaften DEUTSCHEN", die „für ihre Tyrannen und Unterdrücker gut gekämpft" hätten.[3]

Diese spärlichen Hinweise halfen den englischen Siedler sicherlich nicht, die zahlreichen in ihrer Kolonie eintreffenden deutschen Einwanderer zu verstehen. Sie wußten kaum etwas über deutsche politische Gegebenheiten, kulturelle Wertvorstellungen, religiöse Verhältnisse, wirtschaftliche Bedingungen oder über deutsche Lebensauffassung. Dagegen bestärkten die wenigen verfügbaren Informationen sie in dem bereits verbreiteten Glauben, daß allein das englische politische System die alten, glorreichen Verfassungsprinzipien und -rechte bewahrt habe.[4]

Wenn die englischen Kolonisten schon verhältnismäßig wenig auf die deutschen Siedler vorbereitet waren, erhielten sie dann zumindest Hilfe von den Einwanderern selbst? Was wußten denn die Neuankömmlinge über die englischen Kolonien in der Neuen Welt und speziell über Pennsylvania? Welchen Eindruck machten Druckschriften, Briefe aus Amerika und Berichte, die ‚Neuländer' – halbprofessionelle Auswanderungsagenten – mitbrachten, auf prospektive Auswanderer?[5] Zum Glück geben eine Anzahl von Petitionen und anderes, von deutschen Behörden gesammeltes Material hierzu einige wertvolle Hinweise.[6] Eine Auswahl aus Antworten, die Emigranten 1709 auf entsprechende Fragen gaben, zeigt die Spannbreite ihres Wissens: So erklärte Christian Schneider, 25 Jahre alt, er wisse von Amerika „weiter nichts dann es ein wüstes Land zwar seye, jedoch durch die Bebauung und arbeit guth gemachet werden könte"; Adam Hartmann gab an, es „seye ihm angerechnet worden, daß man in einem Jahr so viel Ziehen und Erndten könte, umb 2 Jahr davon zu leben, wann man arbeiten wolte"; ein anderer wiederum gestand seine Unwissenheit, meinte aber: „es solte alda beßer seyn und habe er hier zu land nichts eigenthümbliches, dorten aber dergleichen bekäme, wann er arbeiten thäte."[7]

1709 war das Erwartungsniveau dieser ersten Teilnehmer an einer Massenauswanderung nach Nordamerika überraschend niedrig. Verblüffend ist jedoch, daß auch später, als die Informationen über Pennsylvania reichlicher flossen, die Erwartungen potentieller Auswanderer wie auch ihre Vorstellungen von Pennsylvania oder Amerika weiterhin vage blieben. So nannte eine Petition aus Nürtingen an den Kurfürsten von Württemberg vom 6. Mai 1753 als Auswanderungsgrund einfach: „um anhoffender beßerer Nahrung willen." In einer weiteren Petition aus dem Jahre 1762 wird diese Erwartung wiederholt; zwei Jahre später rechtfertigte Franz Kuhn aus Aich wiederum in einer Petition seinen Entschluß, nach Pennsylvania auszuwandern, damit, daß „er sich wegen armuth und der Zeiten große Dransal und Beschwerde und weilen keine Weinberge vorhanden, nicht mehr getraut, die Nahrung und Leiberhaltung aufzutreiben".[8]

Diese Komponenten des deutschen Amerikabildes – in dem die englischen Siedler selbst gar nicht vorkamen! – wurden durch Briefe von Leuten verstärkt, die sich bereits in den englischen Kolonien niedergelassen hatten. In Briefen, die von den Behörden Baden-Durlachs gesammelt wurden, wird vor den großen Beschwernissen der Atlantiküberquerung gewarnt, wird beklagt, daß Wein in Pennsylvania so teuer sei, zugleich aber übereinstimmend betont: „wer arbeiten will hier im Land, kann sich ordentlich ausbringen, denn das land ist groß und noch nicht so übersetzt", wie Catharina Thomen im Oktober 1736 aus Philadelphia schrieb. Andere warnten ausdrücklich vor der ‚indentured servitude' (befristete Vertragsknechtschaft als Gegenleistung für kostenlose Überfahrt).[9] Nur in seltnen Fällen jedoch, so scheint es, ging man auch auf die politischen Verhältnisse in dem neuen Land ein. Eine solche bedeutsame Ausnahme bildet Johs Hayns Brief vom 15. Oktober 1752. Nachdem er bekannt hatte, daß er König Georg II. (!) die Treue geschworen habe, berichtete er, in Pennsylvania sei es

„aber nicht wie bey euch, das die Herrschafft den Unterthanen plaget und bis auff das Höchste mit Geldgeben und Frohndiensten, dann wir sitzen... ruhig unter unserer Herrschafft. Sie regieren auch nicht länger als ein Jahr. Dann werden sie oder andere wider erwählet von den Unterthanen. Es ist alles frey, alle Hanthierung und Profession. Es ist auch, Gott sey danck! ein fruchtbares Land mit allerley Gewächs, Frucht genug, auch allerley Frucht".[10]

Das Amerikabild, das die Einwanderer nach Pennsylvania mitbrachten, war, um eine Zwischenbilanz zu ziehen, geprägt durch die schlechten ökonomischen und sozialen Bedingungen in der Alten Welt. Diese Einwanderer waren bestrebt, sich durch eigene Arbeit ein besseres Auskommen zu verschaffen, dessen Früchte sie zu genießen und nicht mit ihrem Feudalherrn zu teilen gedachten. Die Tatsache jedoch, daß die Vorstellungen der Einwanderer von Pennsylvania und seinen englischen Siedlern recht verschwommen waren, bedeutete natürlich nicht, daß die Menschen aus Süddeutschland ohne jedwelche Erwartung in die Neue Welt kamen. Wir müssen vielmehr annehmen, daß die Einwanderer davon ausgingen, ihre Lebensweise ohne größere Abstriche nach Pennsylvania übertragen zu können. Konkret hieß dies, daß sie in Haufendörfern zusammen siedeln wollten, ihre Felder bestellen oder in ihren Werkstätten arbeiten und so bescheidenen Wohlstand anhäufen wollten, daß sie endlich vom örtlichen Geistlichen und Amtmann Weisung erwarteten, was sie zu tun hatten, zugleich aber erwarteten sie Schutz vor jenen, die anderer Meinung waren als sie selbst. Denn diese Auswanderer lehnten Obrigkeit an sich nicht ab; diejenigen, die diese Frage berührten, beschränkten ihre Bemerkungen stets sorgfältig auf feudale Privilegien.[11]

Von beider Seiten aus betrachtet bestand zwischen den Erwartungen und der Vorstellungswelt der Engländer und denen der Menschen, die aus Süddeutschland kamen, eine tiefe Kluft. Dies erleichterte es gewiß nicht, einen erträglichen Modus vivendi zu finden. Zudem war es beiden Seiten ein Rätsel, wie ein solcher Modus vivendi aussehen könnte. Betrachtet man die verschiedenen Stadien, in denen die beiden ethnischen Gruppen neue Konzepte und Vorstellungen entwickelten, so fallen drei einander überschneidende Zeitabschnitte ins Auge: eine um etwa 1746 endende Anfangsphase, in der die Gruppen aus der Erfahrung lernten und erste Grundmuster politischer Zusammenarbeit entwickelten, eine zweite Periode, die bis etwa 1758 dauerte, in der Engländer wie Deutsche nach Konzepten für eine multi-ethnische Gesellschaft suchten, und schließlich die Jahre nach 1758, in denen die Erfahrung gemeinsamen Leidens wie auch eines erfolgreichen Krieges die Grundlagen schuf für eine gemeinsame Denkungsart, die tief in einer neuentdeckten gemeinsamen historischen Vergangenheit wurzelte.

Englische Autoren beurteilten vor 1746 die Möglichkeit, eine multi-ethnische Gesellschaft zu schaffen, verhältnismäßig pessimistisch. In seinem Almanach für 1726 verurteilte John Hughes eine multi-ethnische Gesellschaft ausdrücklich als eine „monströse Hydra". Zehn Jahre später wurden die politischen Implikationen des deutschen Problems erstmals diskutiert. Zwar sei es, so schrieb ein Autor 1735, „Absicht und Plan jenes großen Mannes" – nämlich William

Penn – gewesen, daß Friedensrichter durch Freisassen zu wählen seien. Hätte er jedoch die Möglichkeit vorausgesehen, daß Pennsylvania eine „Kolonie von zahlreichen Fremden der verschiedensten Nationen wie auch englischer Untertanen werde – von Leuten, die alle bestrebt sein würden, am politischen Entscheidungsprozeß teilzunehmen – hätte er dann wirklich in das Grundgesetz der Kolonie, die Charter of Liberties and Privileges – einen so bedenklichen und nie dagewesenen Plan für die Rechtspflege" aufgenommen, „wenn möglicherweise diese Fremden in derartige Stellungen gelangen können und unsere Verfassung dadurch verloren ginge?" Ganz offenbar verneinte der Autor die Frage.[12]

Sechs Jahre später lieferte Conrad Weiser zumindest indirekt den Beweis für die Berechtigung der Befürchtungen des englischen Autors. Ohne die parteiische Natur des Konflikts zwischen dem von den Quäkern beherrschten Abgeordnetenhaus, dem Gouverneur und der kleinen Gruppe von Anhängern des Eigentümers der Kolonie zu berücksichtigen, interpretierte Weiser die politische Unterstützung der Quäker durch Deutsche unter der Führung des Druckers Christopher Sauer als zumindest indirekte Billigung der Ablehnung berechtigter königlicher Forderungen nach Verteidigungsmaßnahmen durch die Quäker. Eine solche politische Haltung demonstriere eine bedauerliche Undankbarkeit gegenüber der Krone, beweise Unkenntnis weltlicher Gesetze und göttlicher Gebote, werfe die Frage nach der Loyalität der Deutschen gegenüber England auf, stelle einen Mißbrauch der mit der Naturalisierung gewährten Freiheiten dar und zeuge von Mißachtung der rechtmäßig eingesetzten Obrigkeit.[13]

Bei der Analyse solcher Äußerungen sollte man sich in Erinnerung rufen, daß die Deutschen spezifische Vorstellungen über Funktion und Rolle von Regierung und Obrigkeit nach Pennsylvania mitbrachten. Sie waren es gewöhnt, daß man ihnen sagte, was sie wann zu tun hatten, und zwar nicht nur im weltlichen, sondern – mit Ausnahme einiger Sekten – auch im religiösen Bereich. Diese Vorstellung einer allumfassenden Funktion staatlicher Obrigkeit, auf die sich Weiser und die Anhänger der Eigentümer 1741 beriefen, war in dem von Quäkern beherrschten Pennsylvania eigenartig deplaziert.[14] Gerade die Tatsache, daß die Obrigkeit in Pennsylvania beinahe unsichtbar blieb, verwirrte jedoch die deutschen Einwanderer sehr und behinderte ganz wesentlich ihre Bemühungen, sich an das politische Verhältnisse in Pennsylvania zu gewöhnen. So war dem anonymen Autor eines deutschen Traktats über Kindererziehung gerade dieses unzureichende Funktionieren staatlicher Obrigkeit die Ursache des bedauerlichen Niedergangs von Moral und religiösen Maßstäben. Die Leute in Pennsylvania, so klagte der Verfasser, nutzten diese falsche Freiheit als Freibrief für Sünden aller Art.[15]

Zumindest die Herrnhuter stimmten dieser Ansicht zu. So nannte ihr Sprecher Georg Neisser 1742 zwei Gründe für den beklagenswerten Niedergang der öffentlichen Moral in der Kolonie: Der wichtigere von beiden „die läulichkeit des obrigkeitlichen standes, in bewahrung des *decori* und *honesti*; welches doch ihr hauptincumbens ist. Die ganz ausnehmende trägheit diese edle und im gemeinen Leben unentbehrliche tugend aufrecht zu erhalten, und die alles orten aus diversen ursachen einschleichende connivenz in allen arten der ungerechtigkeit, wo nicht ausdrücklich hülffe gesucht wird, exponiert diejenigen glieder der republic, welche nicht klagen, der unbändigkeit und dem ungemessenen frevel solcher menschen, die ihre gewissen gebranntmarket haben."[16] Die Lutheraner, führend unter ihnen Heinrich Melchior Mühlenberg, teilten die Vorstellung der Herrnhuter von der Obrigkeit. Sie waren staatliches Eingreifen in kirchliche Angelegenheiten gewöhnt und pflegten die Regierung um Hilfe anzurufen, wenn es galt, mit Dissidenten in den eigenen Reihen fertig zu werden.[17]

Der eindrucksvollste Beleg für das Weiterbestehen dieser autoritären Obrigkeitskonzeption unter den Deutschen in Pennsylvania findet sich jedoch in einem umfangreichen Handbuch, das Christopher Sauer 1751 als Leitfaden zum Erlernen der englischen Sprache für deutsche Siedler veröffentlichte. Dieses Kompendium enthielt einen langen Abschnitt, in dem das englische Vokabular nach Wortfeldern angeordnet war. Das letzte und kürzeste dieser Wortfelder trägt die Überschrift „Von der Obrigkeit". Hier sind folgende Wörter und Redewendungen aufgeführt: „Alle zuvor erwähnten Menschen, Kunstfertigkeiten, Berufe, Handwerke und Gewerbe sind der Obrigkeit zu unterstellen – die Amtspersonen werden von Gott eingesetzt – der Kaiser, der König, Fürst, Governeur, Eigentümer, Ratsherr, Herrscher – treue Untertanen – ehrerbietig – unterwürfig – Unterwerfung, Untertanenpflicht – ein Lehnsmann, ein Vasall sein."[18] Diese Ausdrücke verraten eine völlige Mißachtung pennsylvanischer politischer Wirklichkeit. Selbst Ende der 1740er Jahre hatte die wachsende Schar der Deutschen in Pennsylvania offenbar noch immer nicht die Grundzüge des englischen politischen Lebens verstehen gelernt.

Im Widerspruch zu dieser Vorstellung von einer starken Obrigkeit stehen zahlreiche Hinweise dafür, daß die Deutschen alles andere als gefügige und gehorsame Untertanen waren. In den 1740er Jahren veröffentlichte deutsche Schriften lassen vielmehr vermuten, daß die deutschen Siedler recht aufsässig sein konnten. So stellte der energische Pastor Heinrich Melchior Mühlenberg nüchtern fest, daß Diakone und Kirchengemeindeälteste von den Gemeindegliedern nicht als ‚Autoritäten' anerkannt wurden. Dies liege daran, so erläuterte Mühlenberg, daß Älteste und Diakone nicht die Autorität eines Pastors hinter sich hätten.[19] Ein weiterer Grund für diese Entwicklung hing zweifellos mit der ungewohnten räumlichen Anordnung der deutschen Siedlungen zusammen. Während Gemeinschaft in Deutschland durch das Zusammenleben im Haufendorf aufs stärkste geprägt war, bedeutete das Siedeln in der Neuen Welt, daß eine Familie meilenweit von der anderen entfernt wohnte. Heinrich Melchior Mühlenberg schrieb: „In den ländlichen Gebieten sind die Häuser nicht eng zusammen gebaut wie in den deutschen Dörfern, sondern ein paar Tausend Morgen liegen in einem Stück zusammen . . . Wenn man reist, kommt man ständig durch Wälder; nur gelegentlich erblickt man ein Haus, und ein paar Meilen weiter auf der Straße vielleicht noch eins. Doch die meisten Häuser stehen weit abseits der Straßen."[20]

Diese unterschiedlichen Siedlungsmuster hatten drastische Folgen für den Prozeß der Gemeinschaftsbildung. Während die Dorfgemeinschaft in Deutschland eine Alltagserfahrung darstellte, beschränkte sich das Gemeindeleben in Pennsylvania auf wenige Anlässe – Geburt, Eheschließung, Tod –, die Menschen von verstreuten Höfen zusammenbrachten. Gemeinsam Zusammensein war ein außerordentliches, seltenes Erlebnis, was das Bedürfnis geschaffen zu haben scheint, den Anlaß zu einem intensiveren, denkwürdigen, sogar ausgelassenen Ereignis zu machen. Gleichzeitig wurde bei diesen seltenen Anlässen der Familienrahmen gesprengt; praktisch eine ganze Region versammelte sich und hatte teil an diesem Gemeinschaftserlebnis.[21]

Die Tatsache, daß die neuen räumlichen Bedingungen zu einem Aufbrechen des deutschen Gemeinschaftsideals führten, vergrößerte natürlich die Schwierigkeiten, die mit jedem Assimilationsprozeß verbunden sind. Gleichzeitig wuchs Anfang der 1750er Jahre die Sorge der englischen Siedler und der Anhänger der Eigentümer der Kolonie um das Schicksal ihrer geliebten Verfassung, weil diese durch etwas „germanisiert" zu werden drohte, was ihnen offensichtlich nicht behagte.[22] Zwei Entwicklungen resultierten aus dieser Erfahrung mit einer ständig wachsenden anderen ethnischen Gruppe: Zum einen entstand ein neues Bewußtsein davon, was es hieß, Englisch zu sein – ein Prozeß, der in den ersten Jahren des Siebenjährigen Krieges seinen Höhepunkt erreichte; zum anderen entwarf man nun Programme und Pläne zur Anglisierung der deutschen Siedler. Dieser zweite Aspekt bildete einen wichtigen Teil der immer heftigeren Auseinandersetzung zwischen der kleinen Schar der Anhänger des Eigentümers und der herrschenden Quäkerpartei.

Bis 1747 waren die Engländer in Pennsylvania eher zurückhaltend in ihrem Lob des Offensichtlichen: Jeder wußte ohnehin, daß Englisches am besten war. Die Deutschen dagegen waren sich dessen keineswegs so sicher. Eine Reihe deutscher Autoren, unter ihnen Christopher Sauer, mißbilligte entschieden die lockere englische Moral. Sauer bezeichnete die Sklaverei als das größte Übel Amerikas, fügte jedoch traurig hinzu, daß auch einige Deutsche diesem barbarischen Brauch frönten.[23] Das grundsätzliche Problem der deutschen Loyalität in Krisenzeiten wurde jedoch nicht angesprochen, sieht man von einigen Andeutungen in Conrad Weisers Flugschrift von 1741 einmal ab. Dies sollte sich 1747 ändern. Franklins ernstem Appell „an uns alle, gleich welcher SEKTE oder NATION", sich zur Erhaltung ihrer „so teuren *Freiheit* und ihres *Eigentums*" zusammen zu schließen, setzte Christopher Sauer seine Definition dessen entgegen, was er für die Quintessenz nationalen Daseins hielt: „Nur das sind die rechten Patrioten und Freunde des Vaterlandes, die vorderst ihre eigene Lüsten und Begierden in dem Blut des Lammes überwinden und andern fein ein gutes Exempel geben, mit That und Wort, in Verläugnung ihrer Selbst, und der Welt, samt ihrer Herrlichkeit, und so dann auch im ernsten und gläubigen Gebät dem Fürsten der Finsterniß, den Mörder von Anfang, der Neid, Krieg und Mordt erreget, entgegen gehen, und Widerstand thun" – kurz, nur diese seien wahre Patrioten.[24] Und nachdem englischsprachige Zeitungen die Deutschen mangelnder Loyalität bezichtigt hatten – in diesem Zusammenhang waren die Herrnhuter eine beliebte Zielscheibe –, bemühte sich Sauer um eine weltliche Definition der Merkmale, die seiner Auffassung nach einen „wahren Engelländer" auszeichneten: in einer sorgfältig formulierten Passage gab er seiner Überzeugung Ausdruck, daß nur die „wahre Engelländer" seien, die ein „Englisch Hertz und Sinn" besäßen. Englischsein könne man nur fühlen; äußere überprüfbare Kriterien dafür gebe es nicht; Loyalität sei wahres Gefühl, wahre Verbundenheit.[25]

Eine Antwort erhielt Sauer in einer anonym veröffentlichten Schrift, in der er beschuldigt wurde, Verleumdungen zu verbreiten und die Deutschen zur Rebellion anzustiften. Dann drehte der englische Autor den Spieß um und beschuldigte ihn eines „böswilligen und falschen Herzens. Es genügt ihm nicht, daß er und andere seiner Nation . . . der Gunst teilhaftig werden, unter einer englischen Regierung leben zu können, solange sie sich friedlich verhalten . . . doch er will mehr haben, er zusammen mit seinen Anhängern will an der Regierung teilhaben und alles nach seinem eigenen Geschmack ausrichten".[26] Da nur denkbar wenig darauf hindeutet, daß Sauer den Deutschen Beteiligung an der Politik predigte – wenn überhaupt, dann rief er sie auf, ihre Rechte zu wahren –,[27] wird dieser Vorwurf gegen Sauer erst verständlich, wenn man ihn im Zusammenhang mit den Anstrengungen Sauers sieht, die ideologische Basis von Deutschen und Quäkern zu verbreiten: Sein Gegner brachte seine Beschuldigungen gegen Sauer vor, um einen Keil zwischen die Quäker-Partei und die potentiell zahlreichen deutschen Wähler zu treiben (denn Wirklichkeit war aus der Möglichkeit in größerem Rahmen noch nicht geworden).[28] Dem Kritiker Sauers zufolge wurden die Deutschen toleriert, „solange sie sich wohl verhielten"; durch Andeutungen und Drohungen wurden die Leser daran erinnert, daß die deutschen Siedler ihren Treueeid nicht einem von Quäkern beherrschten Abgeordnetenhaus, sondern dem König geleistet hätten, und daß außerdem die zu den Quäkern in Opposition stehende Partei ebenso entschieden darauf bedacht sei, die Freiheiten Pennsylvanias zu bewahren wie die Quäker.[29]

Die Tatsache, daß Loyalität in der Frage, was es heiße, englisch zu sein, überhaupt thematisiert wurde, wies auf die Status-Unsicherheit der englischen Siedler hin. Doch in dem speziellen Kontext der Politik Pennsylvanias wurde das Problem der Loyalität auch mit der umfassenderen Frage des Konflikts zwischen Eigentümern und Quäkern verbunden, der in den Jahren unmittelbar vor dem Siebenjährigen Krieg untrennbar mit den imperialen Fragen verschmolzen war. In seinem „Sermon on Education" wies der führende Parteigänger der Eigentümer, der Provinz-Sekretär Richard Peters, auf die Existenz „einer nationalen ebenso wie einer persönlichen Eigenart" hin; er fügte hinzu: „Da das *englische* Volk davon mehr besitzt als jedes andere, ist es die Pflicht jedes Engländers, seine Muttersprache zu bevorzugen und mit aller Kraft zu pflegen."[30] Der junge Anglikaner William Smith verband diese allgemeinen Vorstellungen mit der Idee, daß der entscheidende Punkt der Erziehung die Stärkung „des Geistes der Freiheit und *Tugend*" sein solle. 1752 schrieb er in seinen „Thoughts on Education", die amerikanische Jugend zu erziehen heiße, sie die wahren englischen Werte zu lehren als Vorbereitung auf die unausweichliche Tatsache, daß England früher oder später „den Weg anderer Nationen gehen" werde und eines Tages „in seine ursprüngliche Trägheit zurückfallen werde . . . Und dann wäre Amerika, das englische Amerika, die letzte Zuflucht / der Künste, der imperialen *Freiheit* und der *Wahrheit*". Dann würden „Imperium und Freiheit ihre strahlenden Schwingen / ausbreiten, die träge *östliche* Welt zu verlassen; / und überqueren den gewaltigen *Atlantik* dazwischen / . . . zu dieser *Neuen Welt*". Offenkundig war es Amerika bestimmt, zum künftigen Sitz des Imperiums und zum Wächter der wahren englischen Traditionen und Werte zu werden. Um so wichtiger war es deshalb, aus den ungleichartigen sozialen und ethnischen Elementen eine homogene Gesellschaft zu schmieden.[31] Deshalb kann es kaum überraschen, daß Smith, nachdem er zum Leiter der Philadelphia Academy ernannt worden war, zu einem der energischsten Befürworter von Anglisierungsprogrammen für Deutsche wurde. Deren Ziel sei es, so erläuterte er 1755, „die Deutschen in die Lage zu versetzen, alle Vorteile eingeborener *englischer Untertanen* zu genießen" und sie auf diese Weise zu befähigen, „ganz und gar selbständig zu urteilen und zu handeln, ohne genötigt zu sein, sich auf die Worte anderer zu verlassen, deren Interesse es sein könnte, sie zu täuschen und irrezuführen".[32]

Diese Wiederentdeckung englischer Werte, der Bildung in englischer Kultur, der Schönheit der englischen Sprache und vor allem anderen eines Sendungsbewußtseins innerhalb des britischen Reiches erhöhte zwischen 1748 und 1755 den Druck auf die deutschen Siedler, sich mit ihrer neuen Umwelt auseinanderzusetzen. Nun sahen sie sich mit Forderungen konfrontiert, deren Erfüllung wesentliche Veränderungen in ihrer Haltung zur eigenen Kultur und Lebensweise verlangte. Doch gibt es deutliche Hinweise darauf, daß die deutschen Siedler untereinander mit erheblichen Problemen zu kämpfen hatten, und zwar teilweise als Reaktion auf diesen Druck. Ein Problem bestand darin, daß die Struktur der deutschen Einwanderung sich verändert hatte. 1752 führte Sauer beredte Klage entschieden über die sinkenden moralischen Maßstäbe der neuen Einwanderer.[33] Andererseits jedoch gibt es klare Hinweise darauf, daß sich bei den Deutschen Unmut gegenüber ihren englischen Nachbarn breit machte. Mühlenberg reagierte 1751 empört auf die Vorwürfe eines Engländers, daß „wir deutsche Tölpel und Ochsen seien; wir nicht zu leben verstünden; wir keine Manieren hätten, um mit *vornehmen* Leuten zu verkehren, etc.".[34] 1758 meinte Sauer, Pennsylvania verliere seinen guten Ruf in Europa wegen der zahlreichen Ungerechtigkeiten, die dort gegen arme deutsche Einwanderer verübt würden. Sauers Sohn Christian schrieb in demselben Almanach: „Die Englische Nation ist ein stolz hoffärtig Volck, die alle Nattion gering schätzet gegen sich selbst; sie unterdrücken andere Nationen wo sie können Meister werden."[35]

Es liegt auf der Hand, daß der Druck zum Lernen und zur Akkulturation für die deutschen Einwanderer stärker war als für die englischen, und es kann deshalb kaum überraschen, daß dieser Druck auch einige Verärgerung erzeugte. Zahlreiche praktische Gründe zwangen die Deutschen, sich mit englischen Gepflogenheiten, rechtlichen ebenso wie sonstigen, zu beschäftigen. Es ist kein Zufall, daß die ersten englischen Sprachlehrbücher zwischen 1748 und 1751 gedruckt wurden; offenkundig wuchs das Streben unter den Deutschen, Englisch zu lernen, um auf diese Weise in der Neuen Welt besser voranzukommen. Selbst die eher zurückgezogenen Herrnhuter beschlossen 1754: „Das Englischlernen soll wohl vorgenommen und ausprobiert werden, es ist ein Schaden, daß es zurück bleibt und es ist auch dem Gouverneur versprochen worden. Unsere Indianer aber sollen lieber Deutsch als Englisch lernen."[36]

Gleichzeitig schuf dieser Druck zur Akkulturation neue Probleme. Im Almanach für 1754 bekannte Sauers „Neuankömmling", man wisse „hier im Land bald nicht wie man sagen soll, wan man zu einem komt, daß mans recht mache, die Teutschen werden bald halbenglisch und sagen ‚Hau di thu'." Das Englischlernen scheint auch einige Konflikte zwischen den Generationen verursacht zu haben. Offenkundig waren einige Leute sogar der Meinung, daß die deutsche Sprache dem Englischen gegenüber zu rasch zu viel an Boden verliere. Der Herausgeber der „Grammatica Anglicana-Concentrata" äußerte die Hoffnung, „daß aber bey Erlernung der Englischen Sprache niemand seyn möchte, der in Gewinnung des einen das andere verliere, nemlich bey der allzu großen Übung in der Englischen seine vollkommene Deutsche Mutter-Sprache verlerne und vergesse, oder gar solche zu reden sich schämte".[37]

Nach dem Ausbruch des Siebenjährigen Krieges konzentrierte sich der Druck auf die deutschen Siedler zur Akkulturation wiederum auf das Problem einer umfassend verstandenen ‚Loyalität'. Für Männer wie Benjamin Franklin, William Smith und Richard Peters hieß ein treuer englischer Untertan sein, englische politische Werte, religiöse Einstellungen und natürlich die englische Sprache als einziges Verständigungsmittel zu übernehmen. Doch wiederum wurde das Problem der Loyalität dadurch kompliziert, daß es mit der Frage des Quäker-Pazifismus ebenso wie mit der religiösen Interpretation des Siebenjährigen Krieges verbunden war. 1755 betonten Thomas Barton, ein anglikanischer Geistlicher, und William Smith zusammen, nun stehe alles auf dem Spiel. Denn „die Rechte von *Briten* und von *Protestanten*" stünden nun gegen die Mächte der Finsternis, das heißt Frankreich und die Papisterei als wahrhafte Verkörperungen des Antichrist.[38] Samuel Finley, ein presbyterianischer Geistlicher, faßte die Konsequenzen zusammen; er wies darauf hin, daß es kein „*Mittelding* gebe zwischen dem *nicht Verteidigen* einer Stellung, die angegriffen wird, und ihrer *Übergabe* an den *Feind*", daß deshalb „diejenigen, die zu einer Gemeinschaft gehören und doch bei deren Verteidigung im Angriffsfalle nicht helfen, *praktisch* als *Feinde* gelten müssen" und „unter allen Umständen" nicht „als *vollwertige Mitglieder* einer *Gemeinschaft*" betrachtet werden können.[39] So waren die deutschen Siedler in Pennsylvania zu Beginn des Siebenjährigen Krieges nicht nur mit den verschiedenen äußeren und inneren Problemen des Akkulturationsprozesses konfrontiert, sondern nunmehr auch mit der uneingeschränkten Forderung führender englischer Politiker, eine Entscheidung darüber zu treffen, wem ihre Loyalität gehöre. Hinzu kam noch, daß ihre politischen Gönner, die seit dem Herbst 1755 unter sich ernsthaft zerstritten waren, ihnen keinerlei Hinweis gaben, wie sie sich verhalten sollten; das Bündnis zwischen Deutschen und Quäkern war tatsächlich zu einer Belastung geworden.

Auf diese Krise reagierten die Deutschen auf verschiedene Weisen. Wer dem Kurs Sauers folgte, interpretierte den Kampf zwischen England und Frankreich als die letzte Schlacht vor dem Beginn des tausendjährigen Reiches Christi.

Doch Sauer steuerte einen Doppelkurs. Während er die weltlichen Ereignisse unter endzeitlichem Blickwinkel sah und für einen Rückzug aus dieser bösen Welt eintrat, forderte er als Politiker nun seine deutschen Leser auf, hinauszugehen und ihre gefährdeten politischen Rechte zu verteidigen.[40] Es ist offensichtlich, daß die meisten deutschen Siedler dem zweiten Ratschlag Sauers folgten, doch nicht seinem ersten. Sogar deutsche Pazifisten wie die Herrnhuter und die Mennoniten schlossen sich 1755 den englischen Anstrengungen zum Ausbau der Verteidigungsanlagen der Kolonie an.[41] Somit führte der Krieg mit seinen Leiden und Kämpfen beide ethnischen Gruppen zusammen. Diese Gemeinsamkeit des Leidens war nur allzu real. Am 14. Januar 1756 schrieb Franklin, Bethlehem sei „voller Flüchtlinge, in den Werkstätten und sogar den Kellern drängen sich Frauen und Kinder", von denen die meisten vermutlich englischer oder irischer Herkunft waren. Die meisten der Familien im „Hinterland" mußten ein- oder gar mehrmals vor dem Feind fliehen und hatten den Verlust von materiellen Gütern, Freunden oder Verwandten zu beklagen. Marie le Roy und Barbara Leininger, die 1756 in die Gewalt von Indianern geraten waren, trafen während ihrer Gefangenschaft viele Engländer, und ihre Flucht wurde zusammen mit zwei jungen Engländern vorbereitet und ausgeführt. Im Anhang ihrer 1759 veröffentlichten Geschichte ihrer Gefangenschaft nannten sie 51 Personen, die sich im Gebiet des Ohio in der Gewalt von Indianern befanden; von ihnen waren 34 entweder englischer oder irischer, 17 deutscher Herkunft.[42] Diese gemeinsame Erfahrung zeitigte dramatische Ergebnisse: Allmählich verschmolzen zunächst weit divergierende Einstellungen, besonders in Bezug auf die Indianer. Wiederum wiesen die Herrnhuter den Weg. Die ‚Jünger-Tags Konferenz' nahm am 12. Mai 1757 eine Resolution an, in der es hieß: „Wir wollen uns angewöhnen, wenn wir von unseren Indianischen Geschwistern reden, zu sagen die Indianer; wenn aber von den Mördern die Rede ist, zu sagen die Wilden oder englisch Sauvages."[43]

Als die ersten englischen Schriften mit einer entschiedenen Verteidigung der Deutschen gegen die Beschuldigungen William Smiths 1758 im Druck erschienen,[44] zeichnete sich bereits ein neuer Konsens zwischen Deutschen und Engländern ab, der diesen Plädoyers zugunsten der Loyalität der Deutschen einen etwas überholten Klang verlieh. Nach dem Tod des älteren Sauer im Jahr 1758 ließ sein Sohn die apokalyptische Interpretation des Krieges stillschweigend fallen. Als er in seinen Almanach für 1761 gar lobende Verse über den kürzlich gefallenen General James Wolfe aufnahm, war seine Kehrtwendung vollzogen.[45] Dieser neue Konsens wurde alsbald durch Bewunderung für die Siege des preußischen Königs durch Deutsche *und* Engländer vertieft. Mehr noch, diese Bewunderung von englischer Seite eröffnete deutschen Siedlern den Weg zur Entdeckung bisher verborgener Möglichkeiten, die englische und die deutsche historische Tradition zusammenzufügen.[46] Um 1760 begannen deutsche Zeitschriften, Darstellungen der jüngeren englischen Geschichte mit unverhüllt positiver Tendenz zu drucken. Nunmehr fand Sauer, „. . . daß es eine von Gott geschenckte Wohltat ist, daß England nach so unbeschreiblich vielen ausgestandenen Jammer, Elend, Verwüstung und grossen Drangsalen . . . drey aufeinander folgende so gelindt gütige und Gerechtigkeit liebende Könige aus dem Braunschweig-Lüneburgischen Haus sind geschenckt worden". Und er berief sich auf Nostradamus, der prophezeit habe, „. . . es werde England durch das teutsche Haus regiert werden, bis an den jüngsten Tag".[47] Ein Jahr zuvor hatte der deutsche reformierte Pastor Johann Conrad Steiner das Bild von Georg II. als Moses, der sein Volk aus der Finsternis in das Gelobte Land führt, mit vielen und umständlichen Worten ausgemalt und war zu dem Schluß gelangt: „Die Deutsche Nation ins besondere kan nicht genug rühmen das Glück, welches sie unter dieses theuren Königs langwierigen und gesegneten Regierung, durch seine Königliche Huld und Gnade auch in diesem Lande genossen . . .".[48] So wurde die englische Geschichte auf eigenartige, doch völlig verständliche Weise ein wenig ‚eingedeutscht‘ und damit gerettet. Der englische Jurist David Henderson verlieh diesem neuen Bewußtsein eine mittelalterliche Perspektive. Seiner Darstellung nach „kamen die alten Engländer aus Deutschland, und ich bin deshalb überzeugt", so folgerte er, „daß die ganz große Mehrheit der Nachkommen jener deutschen Auswanderer nach England heute ihre nahen Verwandten mit offenen Armen willkommen heißen wird, um mit ihnen eins zu werden". Der Herrnhuter Drucker Henrich Miller mochte nicht zurückstehen; auf der Suche nach der sächsischen Vergangenheit machte er mit Henderson gemeinsame Sache, als er feststellte, daß nicht nur „alle einsilbigen Wörter aus der deutschen Sprache stammen," wie Henderson geglaubt hatte, sondern erklärte: „Die meisten Wörter der englischen Sprache sind Deutschen Ursprungs . . .".[49]

Kurz, da die Engländer so vernünftig gewesen waren, eine deutsche Adelsfamilie als ihr Königshaus zu akzeptieren, außerdem zugelassen hatten, daß sie von ‚Moses‘ Georg II. von Hannover gerettet wurden und einsichtigerweise den größten Teil ihrer Sprache dem Deutschen entnommen hatten, konnten sie gar nicht schlecht sein; in der Tat waren sie, so Henrich Miller, „durchgängig ein aufrichtig, lebhaft, muthig und tiefsinnig Volk", wenngleich gelegentlich „zum Jähzorn und der Schwermuth ziemlich geneigt, und überaus unbeständig."[50] Nach einem Zusammenleben von mehr als einem Dritteljahrhundert hatten die deutschen Siedler endlich ein Bild von den Engländern geformt, das reich gegliedert, wenn auch wahrscheinlich ihren englischen Nachbarn nicht gänzlich genehm war. Im folgenden Jahr entschärfte diese neue Haltung erfolgreich die deutsche Frage, als sie im Zusammenhang mit der erbitterten Auseinandersetzung über die Petition an die Krone, Pennsylvania sich unmittelbar zu unterstellen, erneut Aktualität gewann. Die Tatsache, daß es in früheren Zeiten unverhohlene Vorurteile gegen Deutsche gegeben hatte, wurde nun als politische Waffe gegen einzelne englische Politiker verwendet. Niemand glaubte, daß diese Anspielungen begründet seien — wenngleich weder Franklins noch Smiths in den 1750er Jahren veröffentlichte Äußerungen allzuweit von der Wahrheit entfernt gewesen waren. Doch nun wurden diese alten Aussprüche wiederbelebt — mit vernichtenden Folgen, nicht für die deutschen Siedler, sondern für das politische Prestige Benjamin Franklins und, wenngleich cum grano salis, William Smiths. Hier, in der Feuerprobe des erbittertsten politischen Kampfes der Kolonialgeschichte Pennsylvanias, trug die veränderte Haltung von Deutschen und Engländern zueinander die ersten greifbaren Früchte. Man hatte einen Modus vivendi gefunden.[51]

Anmerkungen

1 Alan Tully, Englishmen and Germans. National-Group Contact in Colonial Pennsylvania, 1700–1755, in: Pennsylvania History 45. 1978, S. 237–256; zwei jüngere, sehr wichtige Monographien über Deutsche im Pennsylvania der Kolonialzeit sind Dietmar Rothermund, The Layman's Progress. Religious and Political Experience in Colonial Pennsylvania, 1740–1770, Philadelphia: University of Pennsylvania Press, 1961; William T. Parsons, The Pennsylvania Dutch. A Persistent Minority, Boston: Twayne, 1976, S. 17–135. Die folgenden Monographien bieten häufig zusätzliches, wichtiges Material: Alan Tully, William Penn's Legacy. Politics and Social Structure in Provincial Pennsylvania, 1726–1755 (Johns Hopkins University Studies in Historical and Political Science, 95th Ser., Nr. 2), Baltimore: Johns Hopkins University Press, 1977; James T. Lemon, The Best Poor Man's Country. A Geographical Study of Early Southeastern Pennsylvania, Baltimore: Johns Hopkins University Press, 1972; Stephanie Grauman Wolf, Urban Village. Population, Community, and Family Structure in Germantown, Pennsylvania, 1683–1800, Princeton: Princeton University Press, 1976; Jerome H. Wood, Jr., Conestoga Crossroads. Lancaster, Pennsylvania, 1730–1790, Harrisburg: Pennsylvania Historical and Museum Commission, 1979; David G. Williams, The Lower Jordan Valley Pennsylvania German Settlement (Proceedings of the Lehigh County Historical Society 18), Allentown: H. Ray Haas, 1950; zum Pazifismus bei den Deutschen bes. Richard K. MacMaster, u.a., Conscience in Crisis. Mennonites and Other Peace Churches in America, 1739–1789. Interpretation and Documents (Studies in Anabaptist and Mennonite History 20), Scottdale: Herald Press, 1979; zum Peace Testimony der Quäker s. Hermann Wellenreuther, Glaube und Politik in Pennsylvania 1681–1776. Die Wandlungen der Obrigkeitsdoktrin und des Peace Testimony der Quäker (Kölner Historische Abhandlungen 20), Köln: Böhlau, 1972.
2 Moderne Begriffsbestimmungen von Ethnizität haben sich hier nicht als besonders hilfreich erwiesen, s. Ethnicity. Theory and Experience, Hg. Nathan Glazer u.a., Cambridge, MA: Harvard University Press, 1975. Im 18. Jahrhundert wurde „die Ethnizität" definiert als „Heidentum, Heide, Aberglaube" (Oxford English Dictionary, Bd. 3, Oxford: Oxford University Press, 1933, Bd. 3, S. 314). Samuel Johnson definierte „Ethnicks" als „Heide, heidnisch; nicht jüdisch; nicht christlich" (A Dictionary of the English Language. In Which the Words Are Deduced from Their Originals, and Illustrated in Their Different Significations by Examples from the Best Writers, 2 Bde. [London: W. Strahan, for J. and P. Knapton, 1755], Bd. 1, „Ethnick"). Diese Definitionen stecken einen Rahmen ab, in dem eine andere ethnische Gruppe so betrachtet werden konnte, als sei sie ohne Kultur und Zivilsation, ebenso wie „Heiden" als „Barbaren" und deshalb als kulturlos galten; zu dieser Vorstellung s. Diderots Encyclopédie, ou dictionaire raisonné, Paris: Briasson, 1756, Bd. 6, S. 56, „Ethnophrones". Leider konnte ich keine amerikanischen Zeitungen der Kolonialzeit benutzen, da diese in Deutschland nicht verfügbar sind.
3 A Dialogue Between Mr. Robert Rich and Roger Plowman, Philadelphia: Samuel Keimer, 1725, S. 3; A Dialogue Shewing What's Therein, Philadelphia: Samuel Keimer, 1725, S. 26; John Hughes, An Ephemeris for the Year 1726, Philadelphia: Andrew Bradford, 1725. Bei während der Kolonialzeit veröffentlichten Almanachen ist keine Seitenangabe möglich. [Anonym], The Remainder of the Observations Promised in the Mercury, Philadelphia: Andrew Bradford, 1735, S. 2; The Papers of Benjamin Franklin, Hg. Leonard W. Labaree u.a., Bd. 1–[23], New Haven: Yale University Press, 1959–[1983], Bd. 2, S. 358; Benjamin Franklin, Plain Truth. Or, Serious Considerations on the Present State of the City of Philadelphia and Province of Pennsylvania (1747), in: Papers of Benjamin Franklin, Bd. 3, S. 188–204, hier: S. 203.

4 Thomas Rymer, Of the Antiquity, Power and Decay of Parliaments. Being a General View of Government, and Civil Policy in Europe, London: J. Roberts, 1714; s. D.W.L. Earl, Procrustean Feudalism. An Interpretative Dilemma in English Historical Narration, 1700−1725, in: Historical Journal 19. 1976, S. 33−51. James Logan besaß Rymers Buch nicht, s. Edwin Wolf, 2nd, The Library of James Logan of Philadelphia, 1674−1751, Philadelphia: Library Company of Philadelphia, 1974; dieser Aspekt von Rymers Ergebnissen wurde jedoch überall in den Kolonien weit verbreitet durch Cato's Letters, s. [John Trenchard u. Thomas Gordon,] Cato's Letters. Essays on Liberty, Civil and Religious, and Other Important Subjects, 4 Bde., London: J. Walthoe, T. and T. Longman, ^{6}1755, Bd. 2, S. 236−244, 257−266, 278−292; Bd. 3, S. 64−66; Bd. 4, S. 73−81, 225−235; und s. Bernard Bailyn, The Ideological Origins of the American Revolution, Cambridge, MA: Belknap Press of Harvard University Press, 1967, S. 79f. Die wenigen Pennsylvanier, die Londoner Zeitschriften abonnieren konnten, waren natürlich über Ereignisse und Entwicklungen im Heiligen Römischen Reich viel besser informiert.

5 Volker Meid, Francisci, Happel und Pocahontas. Amerikanisches in der deutschen Literatur des 17. Jahrhunderts, in: Amerika in der deutschen Literatur. Neue Welt − Nordamerika − USA, Hg. Sigrid Bauschinger u.a., Stuttgart: Reclam, 1975, S. 12−27, bes. S. 22; Karl S. Guthke, Edle Wilde mit Zahnausfall. Albrecht von Hallers Indianerbild, ebd., S. 28−44; allgemein Harold Jantz, Amerika im Deutschen Dichten und Denken, in: Deutsche Philologie im Aufriß, Hg. Wolfgang Stammler, Bd. 3, Berlin: E. Schmidt, ^{2}1962, S. 310−372, u. Hans Galinsky, Deutschlands literarisches Amerikabild. Ein kritischer Bericht zu Geschichte, Stand und Aufgaben der Forschung, in: Deutschlands literarisches Amerikabild. Neuere Forschungen zur Amerikarezeption der deutschen Literatur, Hg. Alexander Ritter, Hildesheim: Olms, 1977, S. 4−27. Einer der seltenen kompletten Bestände des „Carlsruhe Wochenblatt oder Nachrichten" befindet sich im Generallandesarchiv Karlsruhe; dieses habe ich benutzt. Die einzigen Ausnahmen sind gelegentlich erscheinende Anzeigen für Bücher, die sich auf Nordamerika beziehen, s. Ausgaben vom 12. 1., 19. 1., 18. 5. 1757; 29. 7. 1761; 4. 11. 1762.

6 Adolf Gerber, Die Nassau-Dillenburger Auswanderung nach Amerika im 18. Jahrhundert. Das Verhalten der Regierung dazu und die späteren Schicksale der Auswanderer, Flensburg: Flensburger Nachrichten, 1930, S. 19f.; Otto Wiegandt, Ulm als Stadt der Auswanderer, in: Mitteilungen des Vereins für Kunst und Altertum in Ulm und Oberschwaben 31. 1941, S. 88−114, bes. S. 100−102; Hermann von Ham, Die Stellung des Staates und der Regierungsbehörden im Rheinland zum Auswanderungsproblem im 18. und 19. Jahrhundert, in: Deutsches Archiv für Landes- und Volksforschung 6. 1942, S. 261−309. Die Markgrafschaft Baden sammelte 1735/36 Briefe, die in GLA 74/9847 im Generallandesarchiv Karlsruhe deponiert sind. Der Quellenwert dieser Briefe wird erörtert von Hansmartin Schwarzmaier, Auswandererbriefe aus Nordamerika. Quellen im Grenzbereich von geschichtlicher Landeskunde, Wanderungsforschung und Literatursoziologie, in: Zeitschrift für die Geschichte des Oberrheins 126. 1978, S. 303−369.

7 Das gesamte Material ist gedruckt in: Neue Dokumente zur Geschichte der Massenauswanderung im Jahre 1709, Hg. Julius Goebel, in: Jahrbuch der Deutsch-Amerikanischen Historischen Gesellschaft von Illinois 13. 1913, S. 181−201, bes. S. 184, 185, 186, 187, 188−192.

8 Beide Zitate bei Otto Schuster, Die Auswanderung nach Pennsylvanien 1746−1772 unter Herzog Karl, in: Unsere Heimat. Die Kirche, Nürtingen: Henzler, 1931, S. 127−138, bes. 129−133. Eine Zusammenfassung der sozialen Bedingungen im Gebiet des mittleren Neckartals gibt Paul Sauer, Not und Armut in den Dörfern des Mittleren Neckarraumes in vorindustrieller Zeit, in: Zeitschrift für Württembergische Landesgeschichte 41. 1982, S. 131−149.

9 Zitat C. Thomen, GLA 74/9847, fol. 19; doch Hans Martin klagte: „so daß mein Sach ziemlich ist ausgegangen mit großer Widerwärtigkeit, Leibes und der Seelengefahr. So daß ich Euch sage, wan ich schon ein grosser Feind hätte, dörffte ich Ihm nicht anmuthen, unter ein solches Volck zu gehen.", ebd., fol. 11; s. ebd., fol. 21, 24, und Johann Friedrich Naschold, datiert New York, 26. 10. 1754, in: Friedrich Krebs, Hg., Eine Amerikareise vor 200 Jahren, in: Genealogie 15/16. 1966/67, S. 534−545; Johann Theobald Schramms Brief vom 20. 10. 1769, in: ders. (Hg.), Ein Auswandererbrief von 1769 aus Amerika, in: Pfälzer Heimat 5. 1954, S. 26.

10 Der Brief Hayns ist beinahe vollständig gedruckt in Gerber, Nassau-Dillenburger Auswanderung (s. Anm. 6), S. 20f. Typischerweise schreibt Gottlieb Mittelberger, in Journey to Pennsylvania, Hg. Oscar Handlin u. John Clive, Cambridge, MA: Belknap Press, 1960, so gut wie

Vorstellungen, Traditionen und Erwartungen 121

nichts über das politische System Pennsylvanias. Die einzige einschlägige Bemerkung enthält einen erheblichen Fehler: „Alle sechs Jahre wird ein neuer Gouverneur von König und Parlament in England gewählt und nach Pennsylvania geschickt, um dort im Namen des Königs zu herrschen" (ebd., S. 48). Da Mittelbergers Tagebuch zu spät veröffentlicht wurde, um noch Auswirkungen auf das Bild der Deutschen zu haben, wird es hier nicht ausführlich erörtert. Eine weitere wichtige gedruckte deutsche Quelle, die in Deutschland weit verbreitet war, sind die Auszüge aus den Briefen Mühlenbergs und anderer lutherischer Pastoren an A.G. Francke, die in den „Halle'sche Nachrichten" veröffentlicht wurden; hier wurden jedoch ausschließlich religiöse und moralische Probleme behandelt.

11 Für Württemberg s. Hartmut Lehmann, Pietismus und weltliche Ordnung in Württemberg vom 17. bis zum 20. Jahrhundert, Stuttgart: Kohlhammer, 1969; Walter Grube, Vogteien, Ämter, Landkreise in der Geschichte Süddeutschlands, Hg. Landkreistag Baden-Württemberg, Stuttgart: Kohlhammer, 1960, S. 18–41; Hans Eugen Specker, Die Verfassung und Verwaltung der Württembergischen Amtsstädte im 17. und 18. Jahrhundert dargestellt am Beispiel Sindelfingen, in: Verwaltung und Gesellschaft in der südwestdeutschen Stadt des 17. und 18. Jahrhunderts. Protokoll über die VII. Arbeitstagung des Arbeitskreises für südwestdeutsche Stadtgeschichtsforschung, Sindelfingen 15.–17. 11. 1969, Hg. Erich Maschke u. Jürgen Sydow (Veröffentlichungen der Kommission für Geschichtliche Landeskunde in Baden-Württemberg, Reihe B: Forschungen, Bd. 58), Stuttgart: Kohlhammer, 1969, S. 1–21. Die beste Erörterung der verschiedenen Formen der Besitzübertragung und ihrer praktischen Aspekte in Süddeutschland bietet Albrecht Strobel, Agrarverfassung im Übergang. Studien zur Agrargeschichte des Badischen Breisgaus vom Beginn des 16. bis zum Ausgang des 18. Jahrhunderts (Forschungen zur Oberrheinischen Landesgeschichte, Hg. C. Bauer u.a., Bd. 23), Freiburg: K. Alber, 1972, S. 95–128. Die Dörfer sind das Thema von Karl S. Bader, Studien zur Rechtsgeschichte des mittelalterlichen Dorfes, 3 Bde., Weimar: Böhlau, 1957–1973, Bde. 2, 3; ders., Dorf und Dorfgemeinde im Zeitalter von Naturrecht und Aufklärung, in: Festschrift K.G. Hugelmann zum 80. Geburtstag, Hg. Wilhelm Wegener, Bd. 1, Aalen: Scientia Verlag, 1959, S. 1–36; Peter Blickle, Bauer und Staat in Oberschwaben, in: Zeitschrift für Württembergische Landesgeschichte 31. 1972, S. 104–120. Ein ausgezeichneter Forschungsüberblick zur Zentral- und Lokalverwaltung im 17. und 18. Jahrhundert in: Deutsche Verwaltungsgeschichte, Bd. 1, Vom Spätmittelalter bis zum Ende des Reiches, Hg. Kurt G.A. Jeserich u.a., Stuttgart: Kohlhammer, 1983, S. 215–467, 552–574, 615–633. Beschwerden gegen Beamte werden erwähnt bei Renate Vowinckel, Ursachen der Auswanderung gezeigt an badischen Beispielen aus dem 18. und 19. Jahrhundert, in: Vierteljahresschrift für Sozial- und Wirtschaftsgeschichte, Beiheft 37, Stuttgart: Kohlhammer, 1939. Bedauerlicherweise mangelt es an soliden Arbeiten zur regionalen Kirchengeschichte. Für Württemberg jedoch s. Lehmann, Pietismus und weltliche Ordnung (s. Anm. 11), sowie Martin Brecht, Kirchenordnung und Kirchenzucht in Württemberg vom 16. bis zum 18. Jahrhundert (Quellen und Forschungen zur Württembergischen Kirchengeschichte 1), Stuttgart: Calwer Verlag, 1967; für die Pfalz 1690–1716 s. B.G. Struve, Ausführlicher Bericht von der pfälzischen Kirchenhistorie, Frankfurt: J.B. Hartung, 1721, S. 721–1364.

12 John Hughes, An Ephemeris for the Year 1726, Philadelphia, 1725. Zur deutschen Einwanderung s. Marianne Wokeck, The Flow and the Composition of German Immigration to Philadelphia, 1727–1775, in: Pennsylvania Magazine of History and Biography 105. 1981, S. 249–278; zum Siedlungsvorgang s. Williams, Lower Jordan Valley (s. Anm. 1), S. 64–66; Wood, Jr., Conestoga Crossroads (s. Anm. 1), Kap. 1; The Remainder of the Observations Promised in the Mercury (s. Anm. 3), S. 2.

13 S. Tully, Englishmen (s. Anm. 1), S. 242f; Stephen L. Longenecker, The Christopher Sauers. Courageous Printers Who Defended Religious Freedom in Early America, Elgin, IL: Brethren Press, 1981, S. 35–94; Willi Paul Adams, The Colonial German-Language Press and the American Revolution, in: The Press and the American Revolution, Hg. Bernard Bailyn u. John B. Hench, Worcester, MA: American Antiquarian Society, 1980, S. 151–228, bes. 154–160. Der politische Einfluß Christopher Sauers beruhte größtenteils darauf, daß eine beträchtliche Mehrzahl der naturalisierten Deutschen dem Pazifismus Sauers und der Quäker anhing. Von den 367 Personen, die aufgrund eines 1743 in Kraft getretenen Gesetzes naturalisiert wurden, „versicherten" 278 (75,7%) ihre Treue, statt den Eid zu schwören; von 850 Personen, die zwischen 1740

und 1749 naturalisiert wurden, „versicherten" 54% (MacMaster u.a., Conscience in Crisis [s. Anm. 1], S. 53, 67; s. u. Anm. 38). Die zunehmende Zahl deutscher Lutheraner teilte nicht die Auffassung Sauers oder der Quäker, s. H.M. Mühlenberg an G.A. Francke und F.M. Ziegenhagen, Philadelphia, 6. 6. 1743, Mühlenberg Korrespondenz, Ms Bd. 1, Nr. 19, S. 151–158, u. ders. an dies., Providence, PA, 24. 5. 1747, ebd., Nr. 65, S. 475–493, bes. S. 482–490. Großen Dank schulde ich Professor K. Aland, Münster, für die Erlaubnis, Band 1 des Manuskripts der Mühlenberg-Korrespondenz zu lesen, der 1986 veröffentlicht werden soll. Conrad Weiser, Ein Wohlgemeindter und Ernstlicher Rath an unsere Lands-Leute, die Teutschen, Philadelphia: B. Franklin, 1741, S. 1; eine englische Übersetzung in: Paul A.W. Wallace, Conrad Weiser, 1696–1760. Friend of Colonist and Mohawk, Philadelphia: University of Pennsylvania Press, 1945, S. 113f.

14 S. die angsterfüllten Reaktionen der Mennoniten auf diese bedrohliche Situation in Briefen der Jahre 1742 und 1745 an ihre Brüder in Amsterdam in MacMaster, Conscience (s. Anm. 1), S. 84–86. Zu dem Streit zwischen den Anhängern der Eigentümer und den Quäker-Politikern s. Hermann Wellenreuther, The Quest for Harmony in a Turbulent World. The Principle of „Love and Unity" in Colonial Pennsylvania Politics, in: Pennsylvania Magazine of History and Biography, 107. 1983, S. 537–576.

15 Gewissenhafte Vorstellung Vom Mangel rechter Kinder-Zucht, Und Zugleich Wie solche zu verbessern wäre, Germantown: C. Saur, 1740, S. 24–26.

16 Georg Neisser, Aufrichtige Nachricht ans Publicum, Über eine Von dem Holländischen Pfarrer Joh. Phil. Böhmen bei Mr. Andr. Bradford edirte Lästerschrift Gegen die sogenannten Herrnhuter, Das ist, Die Evangelischen Brüder aus Böhmen, Mähren u.s.f., Philadelphia: B. Franklin, 1742, S. 3. Englische Autoren teilten die Meinung, daß die öffentliche Moral in Pennsylvania sinke, doch gaben sie nicht die ganze Schuld einem Fehlverhalten der Regierung, s. den Dialog zwischen zwei Mädchen in: Poor Robin's Almanack for 1745, Philadelphia: William Bradford, 1744, wo die Hauptgründe dieses Niedergangs der Moral im Verfall des Bildungswesens gesucht werden. In der Resolution der ‚Jünger-Tags Konferenz' heißt es: „Wer eine Kirche Christi ist, da muß subordination und Gehorsam seyn oder wir müssen uns nicht rufen eine Kirche Christi zu seyn", Disciples' Conference Protocolls, Eintrag zum 7. 8. 1754, Bethlehem Moravian Archives. Die besten Arbeiten über Bethlehem sind Joseph Mortimer Levering, A History of Bethlehem, Pennsylvania, 1741–1892, with some Account of its Founders and their early Activity in America, Bethlehem, PA: Times Publishing Co., 1903, und Helmut Erbe, Bethlehem, Pennsylvania. Eine kommunistische Herrnhuter Kolonie im 18. Jahrhunderts, Stuttgart: Ausland und Heimat Verlag, 1929.

17 S. die häufigen Forderungen kirchlicher Gremien nach staatlichem Eingreifen zur Beilegung von Kontroversen innerhalb von Kirchen in: Generalsynodalbuch. Die Akten der Generalsynode von Jülich, Kleve, Berg und Mark 1610–1793. 1. Teil: Die Akten der Generalsynoden von 1610–1755, Abt. 2: 1701–1755, Hg. Waldemar Humburg u. Albert Rosenkranz, Düsseldorf: Presseverband der Evangelischen Kirche im Rheinland, 1970, S. 17, 54, 66, 75–77 u. passim; Hans Ammerich, Landesherr und Landesverwaltung. Beiträge zur Regierung von Pfalz-Zweibrücken am Ende des Alten Reiches (Veröffentlichung der Kommission für Saarländische Landesgeschichte und Volksforschung 11), Saarbrücken: Minerva, 1981, S. 95–101; Lehmann, Pietismus und weltliche Ordnung (s. Anm. 11), S. 82–94. Kommentare von Mühlenberg in The Journals of Henry Melchior Mühlenberg, 3 Bde., übers. v. Theodore G. Tappert u. John W. Doberstein, Philadelphia: Evangelical Lutheran Ministerium of Pennsylvania and Adjacent States, 1942–1958, Bd. 1, S. 104–108, 111–116, 153–155, u. passim; Mühlenberg an G.A. Francke und F.M. Ziegenhagen, Philadelphia, 3. 12. 1742, Mühlenberg Korrespondenz, Ms Bd. 1, Nr. 14, S. 63–71, bes. 68, u. ders. an A.G. Francke, Philadelphia, 17. 3. 1743, ebd., Nr. 17, S. 94–143, bes. 117: „Von der Obrigkeit hat man nicht den geringsten Beystand in Religions Sachen, sondern ein jeder hat darin die größte Freyheit".

18 Eine Nützliche Anweisung Oder Beyhülfe vor die Teutschen um Englisch zu lernen: Wie es vor Neu-Ankommende und anders im Land gebohrene Land- und Handwercks-Leute welche der Englischen Sprache erfahrne und geübte Schulmeister und Preceptores ermangeln, vor das Bequemste erachtet worden; mit ihrer gewöhnlichen Arbeit und Werckzeug erläutert. Nebst einer Grammatic, vor diejenigen, Welche in andern Sprachen und deren Fundamente erfahren sind,

Germantown: C. Saur, 1751, S. 171; drei Jahre zuvor hatte G. Armbrüster nachgedruckt Theodore Arnold, Grammatica Anglicana-Concentrata, Oder, Kurtz-gefasste Englische Grammatica. Worinnen die zur Erlernung dieser Sprache hinlänglich-nöthige Grundsätze Auf eine sehr deutliche und leichte Art abgehandelt sind, Philadelphia: Gotthard Armbrüster, 1748 (ursprünglich in Leipzig erschienen).

19 „Die Teutschen seyen vormahls geliebt worden wegen ihrer Redlichkeit; nun aber übertrafen viele die Eyrischen selbst", Der Hoch-Deutsch Americanische Calender auf das Jahr 1752, Germantown: C. Saur, 1751; weitere Klagen über den Mißbrauch der Freiheit und allzuviel Aufsässigkeit bei Georg Michael Weiss, Der in der americanischen Wildnusz unter Menschen von verschiedenen Nationen und Religionen hin und wieder herum wandelte und verschiedentlich angefochtene Prediger [. . .], Philadelphia: A. Bradford, 1729, S. 2; Gewissenhafte Vorstellung vom Mangel rechter Kinder-Zucht, Und zugleich Wie solche zu verbessern wäre (s. Anm. 15), S. 24, 26; Jacob Lischys Reformirten Predigers Declaration seines Sinnes. An seine Reformirte Religions-Genossen in Pennsylvania, Germantown: C. Saur, 1743, S. 4; Mühlenberg an G.A. Francke u. F.M. Ziegenhagen, 3. 12. 1742, u. ders. an J.Ph. Fresenius, Providence, PA, 15. 11. 1751, Mühlenberg Korrespondenz, Ms Bd. 1, Nr. 14, S. 63 – 71, u. Nr. 106, S. 744 – 764, bes. 752f.

20 Journals of Mühlenberg (s. Anm. 17), Bd. 1, S. 72, 116, 136f.; s. C. Lee Hopple, Spatial Development of the Southeastern Pennsylvania Plain Dutch Community to 1970, Part I, in: Pennsylvania Folklife 21. 1971/72, S. 18 – 40, bes. 22 – 25; Williams, Lower Jordan Valley (s. Anm. 1), plate III: „Warrants and Patents"; Mühlenberg an G.A. Francke u. F.M. Ziegenhagen, Philadelphia, 3. 12. 1742, a.a.O., Anm. 25; ders. an J.B. Gabler, Providence, 22. 12. 1749, Mühlenberg Korrespondenz, Ms Bd. 1, Nr. 14, S. 63 – 71, u. Nr. 77, S. 577 – 589, bes. 586; Journals of Mühlenberg (s. Anm. 17), Bd. 1, S. 235.

21 „Erstlich gefällt mir das gar nicht, daß man so weit auseinander wohnt, und daß man im Busch so weit nach der Kirchen hat, und daß so wenig Prediger im Land sind, und viele Leute ihre Kinder entweder weit zu einer Schule zu schicken haben, oder daheim behalten und nichts lernen lassen; oder wan einer aufs Todts-Bett komt, daß man kaum einen Prediger haben kan der einem einen Trost zuspricht oder eine Leich-Predigt thut", Der Hoch-Deutsch Americanische Calender auf das Jahr 1751, Germantown: C. Saur, 1750; Journals of Mühlenberg (s. Anm. 17), Bd. 1, S. 136; s. Solon J. Buck u. Elisabeth Hawthorn Buck, The Planting of Civilization in Western Pennsylvania, Pittsburgh: University of Pittsburgh Press, 1939, S. 356 – 358.

22 Papers of Benjamin Franklin, Hg. Labaree (s. Anm. 3), Bd. 4, S. 117 – 121, 477 – 485.

23 Weiss, Wildnusz (s. Anm. 19), S. 2; Gewissenhaffte Vorstellung (s. Anm. 15), S. 1, 24, 26; Der Hoch-Deutsch Americanische Calender. Auf das Jahr 1742, Germantown: C. Saur, 1741; Der Hoch-Deutsch Americanische Calender. Auf das Jahr 1743, Germantown: C. Saur, 1742. In beiden druckte Sauer lange Essays mit dem Titel „Vom Krieg und Frieden", auf die sich meine Analyse stützt.

24 Papers of Benjamin Franklin, Hg. Labaree (s. Anm. 3), Bd. 3, S. 200 – 204; Christopher Sauer, Klare und Gewisse Wahrheit, Betreffend den eigentlichen Zustand, sowohl der Wahren Friedliebenden Christen und Gottesfürchtigen, als auch der Verfallenen, Streit- oder Kriegs-Süchtigen, zusammen ihrer beyder Hoffnung und Ausgang. Schrifftmässig dargelegt von einem Teutschen Geringen Handwercks-Mann, Germantown: C. Saur, 1747, S. 12f.

25 [Christopher Sauer,] Verschiedene Christliche Wahrheiten, und Kurtze Betrachtung über das kürzlich herausgegebene Büchlein genannt. Lautere Wahrheiten, Aufgesetzt zur Überlegung von einem Handwercksmann in Germantown, Germantown: C. Saur, 1748, S. 19f. Er schrieb: „Wann ein Mensch unter der Cron von England gebohren oder naturalisirt, spricht gut Englisch hat einen Britanischen Sinn und Naturell, hat seinen König lieb und ist dem Gesetz der englischen Cron treu und getreu und gehorsam, so ist er ein wahrer Engelländer. Wann er aber nicht unter der Cron von Engeland gebohren auch nicht naturalisiert ist, hat auch kein englisch Hertz und Sinn, ist der Cron von Engeland nicht unterthan, treu und gehorsam; so ist er kein Engelischman mit recht zu nennen; ob er gleich Englisch mit namen heiße; oder wann er naturalisiert wäre, und ihm das Recht eines Englisch-Gebohrenen gegeben und verheisen wäre, er lebte auch unter Englischem Schutz und genösse englische Freyheit; hätte aber kein Englisch Hertz und Sinn; sondern sähe lieber daß der Pretender die Cron und Regierung hätte, und daß alle andere nach seinem Sinn wären, und auch sie thäten wie er, so ist er wahrhafftig kein wahrer Britanicus, ob er

auch gleich ein wenig gebrochen Englisch sprechen könte; ja wann er denckt er könne recht gut Englisch sprechen; hätte aber nur eine kleine Zeit mit einem rechten Englischman Compagnie, und vergäße sich zu weilen und redete oder schrieb etwas aus seinem untreuen Hertzen so würde ein wahrer Englischer bald hören und sehen aus seinen Worten und Wercken, daß er kein rechter Englisch-Mann ist, sondern im Hertzen ein Feind des Königs und der Cron und aller seiner treuen Unterthanen".

26 Kurtze Verteidigung der Lautern Wahrheit gegen die so genannte Unterschiedliche Christliche Wahrheiten, Welche der Buchdrucker C.S. in Germantown ohnlängst ausgestreut. Vorgestellet in einem Brief von einem 3ten Handwercksmann in Philadelphia an seinen Freund im Lande geschrieben, und Welche beyde Wahrheiten der Author dieses Briefes denen Verständigen Teutschen zur Beurtheilung in Druck vorgeleget, Philadelphia: o.V. 1748, S. 9f.; die Terminologie der Flugschrift weist auf einen englischen Autor hin. Die Historiker haben bisher die umfaserenden Fragen in dieser Debatte ignoriert und die ganze Kontroverse als eine Debatte zwischen Sauer und Franklin zum Problem des Pazifismus behandelt, s. Glenn Weaver, Benjamin Franklin and the Pennsylvania Germans, in: William and Mary Quarterly 14. 1957, S. 536−559, bes. 538f.; Tully, Englishmen (s. Anm. 1), S. 243f.; Parsons, Pennsylvania Dutch (s. Anm. 1), S. 83.

27 Rothermund, Layman's Progress (s. Anm. 1), S. 90, glaubt, Sauer habe die deutschen Siedler „unablässig ermahnt, sich naturalisieren zu lassen und ihre politischen Rechte zu benutzen, um ihre neugewonnene Freiheit zu bewahren", eine Auffassung, der meiner Meinung nach die Quellen widersprechen.

28 Zu den Naturalisierungs-Statistiken s. Anm. 13; Tully, Penn's Legacy (s. Anm. 1), S. 49, 93 f., glaubt, in den 1740er und 1750er Jahren habe eine erhebliche Zahl von Deutschen gewählt; nicht nur Anhänger der Eigentümer, sondern auch Quäker-Politiker hätten die Befürchtung geteilt, daß Pennsylvania ‚germanisiert' würde, doch hätten die Quäker, während sich die Eigentümer-Gruppe der Hysterie hingab, diese Frage durch manipulierte Wahlkreiseinteilung gelöst.

29 Kurtze Verteidigung der Lautern Wahrheit (s. Anm. 26), S. 9f., 11, 15; Wokeck, Flow and Composition (s. Anm. 12), S. 260.

30 Richard Peters, A Sermon on Education, Philadelphia: B. Franklin and D. Hall, 1751, S. 25.

31 William Smith, Some Thoughts on Education, New York: J. Parker, 1752; eine neuere Analyse dieses Pamphlets findet sich bei William D. Andrews, William Smith and the Rising Glory of America, in: Early American Literature 8. 1973, S. 33−43. Zum Begriff des ‚Empire' s. Richard Koebner, Empire, Cambridge: Cambridge University Press, 1961; Norbert Kilian, New Wine in Old Skins? American Definitions of Empire and the Emergence of a New Concept, in: New Wine in Old Skins. A Comparative View of Socio-Political Structures and Values Affecting the American Revolution, Hg. Erich Angermann u.a., Stuttgart: Klett, 1976, S. 135−152. Smith war intensiv an Bemühungen zur Anglisierung deutscher Siedler beteiligt; s. dazu Michael Schlatter, The Case of the German Protestant Churches Settled in the Province of Pennsylvania, and in North America, London 1753; Whitfield J. Bell, Jr., Benjamin Franklin and the German Charity Schools, in: Proceedings of the American Philosophical Society 99. 1955, S. 381−387; ein interessanter Brief von Smith, in dem er die Notwendigkeit einer homogenen Gesellschaft betont, die sich auf innerhalb einer ethnischen Gruppe existierende „Bekanntschaften und Verbindungen", „Konformität der Sitten", gemeinsamen „Genuß der Freiheit" und auf „Mischehen" sowie schließlich auf den „Erwerb einer gemeinsamen Sprache" stützt, bei Lawrence A. Cremin, American Education. The Colonial Experience, 1607−1783, New York: Harper and Row, 1970, S. 261f.

32 William Smith, A Brief History of the Rise and Progress of the Charitable Scheme, Carrying on by a Society of Noblemen and Gentlemen in London, for the Relief and Instruction of poor Germans, and their Descendants, settled in Pennsylvania, and the Adjacent British Colonies in North-America, Philadelphia: B. Franklin and D. Hall, 1755, S.4f., 14.

33 S. Anm. 19.

34 Journals of Mühlenberg (s. Anm.117), Bd. 1, S. 68, 282f., 277, 304. Weitere Klagen in: Der Hoch-Deutsch Americanische Calender auf das Jahr 1756, Germantown: C. Saur, 1755; Gov. James Hamilton an Thomas Penn, Philadelphia, 24. 9. 1750, Thomas Penn Papers, Microfilm, roll 7, o.p., Historical Society of Pennsylvania.

35 Der Hoch-Deutsch Americanische Calender auf das Jahr 1753, Germantown: C. Saur, 1752; Der Hoch-Deutsch Americanische Calender auf das Jahr 1756, Germantown: C. Saur, 1755; Der Hoch-Deutsch Americanische Calender auf das Jahr 1758, Germantown: C. Saur, 1757.
36 Der Hoch-Deutsch Americanische Calender auf das Jahr 1754, Germantown: C. Saur, 1753; Disciples' Conference Protocolls, 19. 6. 1754, Bethlehem Moravian Archives.
37 Journals of Mühlenberg (s. Anm. 17), Bd. 1, S. 287; Einleitung des Druckers zu Arnold, Grammatica Anglicana-Concentrata (s. Anm. 18).
38 Thomas Barton, Unanimity and Public Spirit. A Sermon Preached at Carlisle, and some other Episcopal Churches, in the County of York and Cumberland, Soon after General Braddock's Defeat. To Which is Prefixed a Letter from the Reverend Mr. Smith, Provost of the College of Philadelphia, Concerning the Office and Duties of a Protestant Ministry, especially in Times of public Calamity and Danger, Philadelphia: B. Franklin and D. Hall, 1755, S. XI–XII, 2f.; s. das noch skurrilere Pamphlet: Kawanio Che Keetere. A True Relation of a Bloody Battle Fought Between George and Lewis in the Year 1755, Philadelphia: William Bradford, 1756.
39 Samuel Finley, The Curse of Meroz; Or, The Danger of Neutrality, in the Cause of God, and our Country. A Sermon, Preached the 2d of October 1757, Philadelphia: James Chattin, 1757, S. 8, 14, 16, 24f.
40 [Christoper Sauer,] Eine zu dieser Zeit höchst nöthige Warnung und Erinnerung an die freye Einwohner der Provintz Pensylvanien von Einem, dem die Wohlfahrt des Landes angelegen und darauf bedacht ist, Germantown: C. Saur, 1755; 1754 hatte Sauer bereits ein Pamphlet veröffentlicht, in dem ein vollständiger Rückzug aus der Welt empfohlen wurde, s. Christian Education Exemplified under the Character of Paternus Instructing his only son, Germantown: C. Saur, 1754, S. 4–7; Der Hoch-Deutsch Americanische Calender auf das Jahr 1755, Germantown: C. Saur, 1754; Der Hoch-Deutsch Americanische Calender auf das Jahr 1756, Germantown: C. Saur, 1755.
41 Disciples' Conference Protocolls, 28. 10. 1755, Bethlehem Moravian Archives, u. ebd., 1756–1760, zu den Verteidigungsbemühungen der Herrnhuter; MacMaster, Conscience (s. Anm. 1), S. 90–150.
42 Papers of Benjamin Franklin, Hg. Labaree (s. Anm. 3), Bd. 6, S. 357–360; Wood, Jr., Conestoga (s. Anm. 1), S. 75f.; MacMaster, Conscience (s. Anm. 1), S. 111f., 120–127; Die Erzählungen von Maria le Roy und Barbara Leininger, welche viertehalb Jahr unter den Indianern gefangen gewesen und am 6. May in dieser Stadt glücklich angekommen. Aus ihrem eigenen Munde niedergeschrieben und zum Druck befördert, Philadelphia: Teutsche Buchdruckerey, 1759, S. 13f. u. passim.
43 Der Hoch-Deutsch Americanische Calender auf das Jahr 1759, Germantown: C. Saur, 1758, bietet eine ausgewogene Einstellung gegenüber den Indianern; Erzählungen über Indianer-Grausamkeiten finden sich in: Der Hoch-Deutsch Americanische Calender auf das Jahr 1758, Germantown: C. Saur, 1757; William Fleming, Eine Erzählung von den Trübsalen und der Wunderbahren Befreyung, Germantown: C. Saur, 1756; Disciples' Conference Protocolls, 12. 5. 1757, Bethlehem Moravian Archives.
44 Philo-Pennsylvania (Pseud.), A Serious Address to the Freeholders and Other Inhabitants of Pennsylvania, New York: 1758, S. 8, u. A True and Impartial State of the Province of Pennsylvania, Philadelphia: J. Dunlap, 1759, S. 168–170, waren die beiden wichtigsten Pamphlete, die Quäker und Deutsche verteidigten; ein Produkt der Eigentümer-Partei war: Tit for Tat, or the Score Wip'd off. By Humphrey Scourge, Esq., No. 1, Philadelphia: James Chattin, 1758, S. 6.
45 Der Hoch-Deutsch Americanische Calender auf das Jahr 1760, Germantown: C. Saur, 1759; Der Hoch-Deutsch Americanische Calender auf das Jahr 1761, Germantown: C. Saur, 1760.
46 David Ben Naphtali Hirsch Fränckel, Eine Danck-Predigt Wegen Des Wichtigen Und Wundervollen Sieges Welchen Sr. Königl. Maj. in Preussen Am 5Ten December, 1757, Über Die Der Anzahl Nach ihm weit Überlegene, Philadelphia: Anton Armbrüster, 1758; diese Predigt wurde auf englisch in Boston (1758) abgedruckt, wo innerhalb eines Jahres zehn Auflagen erschienen, sowie in New York (1758) und in Philadelphia (1763). Höchstmerckwürdige Prophezeiung von wichtigen Kriegs- und Welthändel: In welcher vornehmlich von dem glorreichen Könige von Preussen geweissagt wird, Philadelphia: Henrich Miller, 1760.

47 Der Hoch-Deutsch Americanische Calender auf das Jahr 1763, Germantown: C. Saur, 1762.
48 Johann Conrad Steiner, Schuldigstes Liebes- und Ehren-Denkmahl, Unserm weyland Allergnädigsten und Glorwürdigsten Könige von Grossbritannien Georg dem Zweyten, nach Seiner Majestät tödlichem Hinschiede, so erfolgt den 25. Oktober 1760, aufgerichtet in der Hochdeutsch-Reformirten Gemeinde zu Philadelphia, Philadelphia: Henrich Miller, 1761, S. 21, 28f., 31.
49 David Henderson, Des Landsmanns Advokat. Das ist: Kurzer Auszug aus solchen Gesetzen von Pennsylvania und England welche daselbst in völliger Kraft, und einem freyen Einwohner auf dem Lande höchst nöthig und nützlich zu wissen sind . . . zusammengetragen von einem Rechtsgelehrten. Und zum Besten der hiesigen Deutschen in ihre Muttersprache übersetzt, Philadelphia: Henrich Miller, 1761, S. I–VIII; Der Neueste, Verbessert- und Zuverlässige Americanische Calender auf das Jahr 1764, Philadelphia: Henrich Miller, 1763.
50 Der Neueste, Verbessert- und Zuverlässige Americanische Calender auf das Jahr 1764.
51 Eine Anrede an die Deutschen Freyhalter der Stadt und County Philadelphia, Philadelphia: Anton Armbrüster, 1764; Eine andere Anrede an die Deutschen Freyhalter der Stadt und County Philadelphia. Von etlichen von ihren Landsleuten, Philadelphia: Anton Armbrüster, 1764; Anmerckungen über ein noch nie erhört und gesehen Wunder Thier in Pennsylvanien, genannt Streit- und Strauss-Vogel, Herausgegeben von einer Teutschen Gesellschaft freyer Bürger und getreuer Unterthanen Seiner Gross-Britannischen Majestät, Germantown: C. Saur, 1764, wahrscheinlich der gemeinste und unseriöseste Angriff auf Franklin, der die Beschuldigung enthielt, er habe kleine deutsche Mädchen verführt.

7. Mennoniten, Amish, „Plain People"
Historische und moderne Perspektiven

John A. Hostetler

Da es vielerlei Unterschiede zwischen den deutschen Sekten gibt, habe ich mich entschieden, meine Ausführungen auf die ‚plain people' zu konzentrieren.[1] Oberflächlich betrachtet, beschwört ‚plain' das Bild von konservativen Gruppen herauf, die häufig die Bezeichnung ‚Old Order' tragen. Von manchem werden sie als ‚seltsame Leute' betrachtet, die aus einer anderen Welt kommen oder aber einfach erstarrt sind, während die Welt sich weiterentwickelte. Am augenfälligsten bezieht sich ‚plain' auf charakteristische Kleidungs-, Haar- und Barttrachten. Doch die Bezeichnung ‚plain people' bedeutet mehr als schlichte Kleider oder breitkrempige schwarze Hüte. Unter der Oberfläche liegt ein Wertsystem, das sich radikal von dem der weltlichen Gesellschaft unterscheidet. Seit ihrer ersten Ansiedlung in Germantown vor dreihundert Jahren haben sich die Mennoniten in viele Teile der Vereinigten Staaten und auch in andere Gebiete Nord- und Lateinamerikas ausgebreitet. In der ganzen Welt zählen sie heute etwa 650 000 Mitglieder, von denen rund die Hälfte in Nordamerika lebt. Etwa 150 000 halten an einer Variante des ‚plain'-Lebens fest. Dazu gehören Gruppen mit den Worten ‚Old' oder ‚Old Order' vor ihrem Namen, wie etwa die Old Order Mennonites und Old Order Amish sowie vielerlei Zweige dieser traditionellen Gruppen. Die meisten zeichnen sich durch ihre Pferd-und-Wagen-Kultur, ihren pennsylvania-deutschen Dialekt und ihre einfache Kleidung aus.

Traditionelle europäische Theologen stuften die Mennoniten als Ketzer und Aufrührer ein, während Soziologen ihnen folgten und die Gruppe als eine Sektierer-Gesellschaft klassifizierten. Sozialwissenschaftler haben die Sozialstrukturen bei ‚Sekten'-Angehörigen mit denen bei ‚Kirchen' verglichen.[2] Sie betrachteten die Staatskirche als hierarchisch und allumfassend. Diese Institution diente, so heißt es, den herrschenden Klassen, nahm für alle Menschen auf einem bestimmten Territorium die Seelsorge wahr und funktionierte als das wichtigste Instrument sozialer Kontrolle. Im Gegensatz dazu sei die Sekte im wesentlichen eine freiwillige religiöse Bewegung, deren Mitglieder sich von anderen auf der Grundlage von Glaubensinhalten, Praktiken und Institutionen trennten. So versuchten zum Beispiel die Wiedertäufer ihr Leben im Geist der Bergpredigt (Matth. 5,6,7) zu gestalten, während sie gleichzeitig die Macht ausübten, Mitglieder auszuschließen und zu disziplinieren. Absolute Trennung von jeder anderen religiösen Bindung wurde verlangt. Man betrachtete alle Mitglieder als gleich, und niemand durfte einen Eid schwören, an einem Krieg teilneh-

Die Amischen der alten Ordnung beim ‚Barn-Raising‘, dem gemeinschaftlichen Aufrichten einer Scheune. Die Amischen nehmen für sich in Anspruch, den Einfluß der Modernisierung erfolgreich abgeschwächt zu haben. Bis zu vierhundert Männer kommen zu einem solchen Baufest (‚Barn Frolic‘). Die Frauen sorgen für das Essen. Die Kutschen sind mit Rückspiegel und Blinker ausgerüstet. (Richard Reinhold, Lancaster)

men oder sich an weltlichem Regiment beteiligen. Die Sekten bestritten die Autorität der etablierten religiösen Organisationen und ihrer Führer. Soziologen sahen in den Spannungen zwischen Sekte und Kirche das Funktionieren eines dialektischen Prinzips innerhalb des Christentums. Die Kirche/Sekte-Typologie ist jedoch eine strukturelle Zuordnung, die für ein Verstehen des Wesens der Mennoniten-Gemeinden in der Neuen Welt voller Begrenzungen steckt.

Die Verwendung eines ‚Idealtypus‘ trug zur Klärung spezifischer Aspekte der Sekten-Gruppen bei. Mitglieder der Sekte bleiben in verschiedenen Graden abgesondert, vor allem dadurch, daß sie eine Gruppe finden, deren Geschichtsphilosophie den existierenden Werten so drastisch widerspricht, daß die Gruppe sich über eine Generation oder länger erhalten kann. Dem außenstehenden Betrachter mag das Sektierertum – ebenso wie das Mönchtum – als eine Zuflucht vor den Komplikationen einer allzu komplexen Welt erscheinen. Den Beteiligten bietet es neben Schutz vor der dominierenden Kultur auch authentische Wege zur Verwirklichung neuer Formen des Dienens und der Demut.

Ethnologen in Amerika haben die Mennoniten-Gemeinschaft begrifflich als eine ‚folk society‘ im Gegensatz zur Zivilisation gefaßt.[3] Idealtypisch sind ‚folk societies‘ traditionelle, kleine, isolierte und einfache Gruppierungen, die gegenüber dem Hauptstrom der Modernisierung eine marginale Rolle spielen. Sie existieren aufgrund von ‚Zufällen‘ des Lebensraums, das heißt sie sind von den sich herausbildenden Zentren der Zivilisation isoliert. Hier sind konventionalisierte

Verhaltensweisen wichtige Faktoren für die Integration des Lebens als ganzem. Geteiltes praktisches Wissen ist wichtiger als Wissenschaft, Brauchtum wird höher geschätzt als kritisches Denken, und Assoziationen sind eher persönlich und emotional als abstrakt und kategorisch. Das ‚folk'-Modell ist gut geeignet zum Verständnis des traditionsgeleiteten Charakters der ‚plain'-Mennoniten-Gesellschaft. Die Amish etwa haben viele der Bräuche und einfachen Techniken bewahrt, die in der ländlichen Gesellschaft des 19. Jahrhunderts weit verbreitet waren. Durch einen Prozeß des Synkretismus[4] sind religiöse Werte mit einer früheren Periode des schlichten Landlebens, als jeder den Acker mit Pferden bestellte und die Betriebe eine Größe hatten, bei der die Familie zusammen arbeiten konnte, verschmolzen worden. Doch diese Sicht erklärt nicht die Dynamik der Gemeinschaft.

Universitätsprofessoren bringen ihren Studenten traditionellerweise bei, die ‚plain people' als eine von vielen kulturellen Inseln zu betrachten, die in der modernen Welt noch übriggeblieben sind. Die Amish zum Beispiel gelten als „eine geistliche Gesellschaft", eine „familienorientierte Gesellschaft", die „organische Solidarität" übt, ein „integratives soziales System" mit „primären" (von Angesicht zu Angesicht) statt „sekundären" Beziehungen. Man kann die Amish durchaus von jeder dieser Perspektiven her betrachten, doch übersehen derartige Abstraktionen Elemente, die zum Verständnis des Ganzen wichtig sind. Alle solchen Perspektiven stellen synthetische Ansichten von außen dar und sind als Halbwahrheiten einzuschätzen. Um ihre Tragfähigkeit zu erkennen, müssen wir uns der Realitätssicht von innen her zuwenden.

Von Krefeld bis zur Gegenwart verwerfen die ‚plain people' weltliche Strukturen und bemühen sich, in der Gemeinde als Erlösungs-Gemeinschaft ihren eigenen Kosmos zu schaffen.[5] Der Aufbau der Gemeinschaft spielt die zentrale Rolle im Erlösungsprozeß. Wie alle Menschen benutzen sie Zeichen und Symbole in der Auseinandersetzung mit dem täglichen Leben, um ihrer Welt mehr Sinn und Erstrebenswertes zu verleihen. Sie befinden sich in einem sozialen Diskurs mit der Realität, dessen Bedeutung sich durch die Analyse der ‚unbewußten' Struktur ihrer religiösen Ideologie erschließt. Eine solche Analyse bezieht das Mythologische, den rituellen Prozeß und die Verfassung der Gemeinde mit ein, so daß man zu begreifen vermag, wie die Mennoniten sich als ein Volk verstehen, und welche Auffassung sie von ihrer Mission in der Welt haben.

Die ‚plain people' sehen sich als eine christliche Körperschaft, die in einem Spannungsfeld schwebt, das zwischen einem allwissenden und allmächtigen Schöpfer auf der einen Seite und den Versuchungen der Welt des Fleisches auf der anderen besteht. Die Mythologie ist die Schöpfungsgeschichte nach der Darstellung der Genesis. Als Folge des Sündenfalls ist die Natur des Menschen sündhaft. Der Schöpfer hat jedoch für das geistige Leben des Menschen einen Ausweg offengelassen. Ihn dauerte der Mensch in seinem sündigen Unglück, und er schuf einen Weg zur Erlösung vom Tode.

Die Liebe Gottes verlangt eine angemessene Reaktion. Diese besteht in einer in Gehorsam lebenden ‚brüderlichen Gemeinde'. Diese ‚Liebesgemeinde' legt besonderes Gewicht auf opferndes Leiden, Gehorsam, Unterwerfung, Demut, brüderliche Liebe und Widerstandslosigkeit. Zu dieser Gemeinde gehören nicht nur die Mitglieder, sondern auch Christus selbst ist in ihr fleischgeworden. Als gemeinschaftliches Opfer an Gott muß die brüderliche Gemeinde „unbefleckt und unsträflich" (Eph. 5,27; 1. Petr. 1,19; 2. Petr. 3,14) sowie „das Licht der Welt" (Matth. 5,14) sein. Die Gemeinde lebt in einem Zustand der Einigkeit und des ständigen Ringens darum, bereitet zu sein „als eine geschmückte Braut ihrem Mann" (Offenb. 21,2), und sie muß wachsam sein, stets in äußerster Bereitschaft leben. Innerhalb der Gemeinde wird das „Geschenk" Gottes geteilt und ausgetauscht von den Mitgliedern, denn da Gott alle liebt, ist es auch geboten, „uns untereinander" zu lieben (1. Joh. 3,23). Diese Gegenseitigkeit verpflichtet die Mitglieder zu einer unteilbaren Einigkeit, in der jeder in Harmonie mit allen anderen Mitgliedern lebt.

Ganz natürlich muß zwischen den einen, die Gott gehorsam sind, und den anderen, die stolz und ungehorsam sind, getrennt werden. Die Mennoniten haben den Auftrag, von dem „unschlachtigen und verkehrten Geschlecht" (Phil. 2,15) getrennt zu leben und nichts zu schaffen zu haben mit „den unfruchtbaren Werken der Finsternis" (Eph. 5,11). Demnach besteht eine ständige Spannung zwischen den Gehorsamen und den Ungläubigen. Die ‚plain plain' sind „in der Welt, aber nicht von der Welt" und nehmen daher die Position als „Fremdlinge" und „Pilgrime" (1. Petr. 2,11) für sich in Anspruch. Als eine gläubige Gemeinde streben sie danach, „das auserwählte Geschlecht" (1. Petr. 2,9) zu sein, eine „Gemeinde der Gerechten", ein „Volk zum Eigentum" (Tit. 2,14), bereit dazu, Demütigung oder Verfolgung zu erleiden.

Unwürdige Mitglieder und jene, die ungehorsam sind oder Zwietracht säen, müssen ausgestoßen werden, denn sie können nicht Teil der Gott geweihten „Braut" sein. Der „alte Sauerteig" muß aus der Gruppe ausgefegt werden (1. Kor. 5,7). Periodisch führt die Kirchengemeinde das notwendige Ritual aus, die Gemeinschaft durch die Feier des Abendmahls zu säubern und läutern. Zwei der wichtigen Spannungen, die der einzelne im täglichen Leben spürt, sind die zwischen Stolz und Demut sowie zwischen Liebe und Entfremdung.

Stolz führt zu Wissen, das der Erkenntnis Gottes entgegenwirkt. Das Wissen, das dem Ungehorsam gegen Gott entspringt, stammt von „dem Bösen" und führt zu dem breiten Weg des Verderbens. Dagegen entspringt die Erkenntnis Gottes dem Gehorsam, und dieser führt auf den schmalen Weg der Erlösung. Auf diese Dialektik gründen sich die Bildungsziele für ihre Kinder und ihre Antipathie gegen philosophisches und weltliches Wissen.

Das Praktizieren der Gemeinschaft wurde in der Alten Welt verhindert durch das herkömmliche System des Grundbesitzes, die Begrenzungen des Zusammenschlusses und die territoriale Zwangszugehörigkeit zu einer Kirche. Nonkonformisten wurde das Recht auf Eigentum verweigert. Einzelne Familien, die vor den Behörden flohen, pachteten Land oder stellten ihre Dienste Adligen zur Verfügung, die ihnen als Gegenleistung Schutz boten. Die Großfamilie, nicht die Gemeinde, war die vorherrschende Organisationsform. Nach ihrem Eintreffen in Amerika bildeten die Mennoniten kompakte Nachbarschaften und geographisch zusammenhängende Gemeinden. Vor dem amerikanischen

Unabhängigkeitskrieg hatten die Mennoniten große Landflächen im Lancaster County gekauft. Die Amish hatten bereits acht verschiedene Siedlungen in Pennsylvania gegründet.[6]

In der Neuen Welt behielten die Mennoniten eine starke Neigung zu Landwirtschaft und manuellen Fertigkeiten. Das Bestellen des Bodens war nicht eins der Gründungsprinzipien der Wiedertäufer-Bewegung, aber es wurde zu einem während des Prozesses der Verfolgung und des Überlebens erworbenen Grundwert. Im Hinterland entwickelten sie ihre einzigartige Tüchtigkeit hinsichtlich Arbeitsanreizen und Ackerbau-Produktion.[7] Die in der Pfalz, im Elsaß und andernorts in Europa erworbenen Grundtechniken wie Fruchtwechsel, Stallfütterung der Rinder, Wiesen-Bewässerung, die Verwendung von natürlichem Dünger und der Anbau von Klee und Luzerne als Mittel zur Wiederherstellung der Fruchtbarkeit des Bodens wurden nach Pennsylvania verpflanzt. Auf dem von ihnen gepachteten Land hatten sie Viehzucht mit intensivem Ackerbau verbunden. Die Familie lebte auf einer Farm, und der ganze Haushalt arbeitete dort. Verheiratete Kinder wohnten zuweilen auf der Farm in der Erwartung, sie selbst bald zu pachten. Die Eltern pflegten ihre Kinder finanziell zu unterstützen und halfen, wenn sie älter wurden, dem jungen Paar bei der Übernahme des Hofes. Auf diese Weise wurden alle Generationen der Farmer-Familie durch die landwirtschaftliche Arbeit integriert. Langfristige Pachtverträge ermöglichten Meliorationen und die Erweiterung der Gebäude. Die Prinzipien der Bewirtschaftung durch die Familie, Familien-Unternehmertum, Kontinuität und Arbeitsmotivation wurden im Farmbetrieb zusammengefaßt.

Die Mennoniten, die nach Pennsylvania kamen, hatten eine starke Vorliebe für Farmen in Familiengrößen mit Böden, die für eine intensive Kultivierung geeignet waren. Außerdem wollten sie die Landwirtschaft kombinieren mit einer erstrebten Lebensweise und nicht in erster Linie um des kommerziellen Gewinns willen Farmer sein. Sie suchten Kalkböden, die sie für besonders günstig hielten. Die Amish begannen zwar mit großen Flächen, die von 40 bis 160 Hektar reichten, verringerten sie aber nach und nach bis zu dem Punkt, wo sie bei der Bodenbestellung mit der Arbeitskraft der Familie auskamen. Plantagen oder Großgrundbesitz interessierten sie nicht.

Die landwirtschaftlichen Praktiken der beiden wichtigsten Einwanderergruppen der Kolonialzeit – die englischsprechenden Iroschotten sowie Deutsche und Schweizer – waren sehr unterschiedlich.[8] Die Iroschotten waren mobil, „veränderten sich ständig", und hatten die Tendenz, auf billigeres Land weiterzuziehen.[9] Deutsche und Schweizer, die in Gemeinschaften siedelten, sorgten rasch für eine Wertsteigerung des Landes. 1785 schrieb Pennsylvanias berühmter Arzt und Bürger Benjamin Rush, die deutschen Farmen seien „von denen anderer leicht zu unterscheiden durch gute Zäune, die Größe der Obstgärten, die Fruchtbarkeit des Bodens, die Produktivität der Felder und die Üppigkeit der Wiesen".[10] Diese Beobachtung ist noch heute zutreffend, denn die ‚plain people' haben diese Merkmale beibehalten, wie man leicht sehen kann, wenn man durch ihre Siedlungen fährt. Zudem sicherten sich die Deutschen häufig die Farmen der Iroschotten, wenn diese weiterzogen, und verbesserten den erschöpften Boden.[11]

Die Mennoniten setzten sich hohe Arbeitsstandards.[12] Die Arbeitsweise nahm Züge eines Rituals an. „Gott zu fürchten und die Arbeit zu lieben", schrieb Benjamin Rush, „das sind die ersten Lektionen der Pennsylvania-Deutschen für ihre Kinder, ziehen sie doch Fleiß sogar dem Gelde vor."[13] Die heutigen Gemeinschaften unterscheiden sich jedoch im Arbeitstempo und in der Motivation. Nur wenige stellen einen Außenstehenden als Landarbeiter ein. Leute von draußen, so sagen sie, „wissen nicht genug und arbeiten nicht hart genug".

Als Farmer in Amerika kann man die ‚plain people' als Kleinkapitalisten klassifizieren, doch unterscheiden sie sich von Max Webers Darstellung der protestantischen Ethik, wie sie sich im Kalvinismus, im Pietismus und im Methodismus findet.[14] Handarbeit, Genügsamkeit, Fleiß und Ehrlichkeit werden geschätzt, doch solche moralische Tugenden bieten nicht die Gewißheit der Errettung. Reichtum gewinnt der einzelne nicht, um ihn zu genießen oder zur Förderung seines Sozialprestiges, sondern zur Steigerung des Wohlergehens der Gemeinschaft. Die Amish zum Beispiel empfinden Verlegenheit bei äußeren Zeichen sozialer Anerkennung. In ähnlicher Weise ist die Berufung nicht, weltlichen Erfolg zu erstreben, denn weder das Individuum noch die Familie erwarten vom materiellen Erfolg die Zusicherung der Erlösung. Die asketischen Konsumbeschränkungen zusammen mit dem Sparzwang schaffen die wirtschaftliche Grundlage für ein Volk „in der Welt, aber nicht von der Welt".

Dem oberflächlichen Betrachter erscheinen die ‚plain people' in hohem Maße gleichartig. Tatsächlich jedoch gibt es viele Unterschiede innerhalb der Struktur der meisten geographisch zusammenhängenden Siedlungen. Vielfalt, Spaltungen und Schismen sind charakteristisch für die Struktur der amerikanischen Mennoniten-Gemeinschaften. Aus ihrem Glauben entstanden in einer Umwelt der religiösen Toleranz viele Varianten von Mennoniten. Allerdings sind diese verschiedenen Gruppen miteinander verbunden, und sie unterstützen einander. Soziologen haben oft den übereilten Schluß gezogen, jeder Wandel innerhalb einer Gruppe bedeute Assimilation an die Mehrheitsgesellschaft. In Wirklichkeit bleibt die Mini-Struktur ungeachtet persönlicher Grenzübertritte bestehen. Separate Gruppenidentitäten werden durch gesellschaftliche Ausschlußprozesse bewahrt, nicht durch das Fehlen von Mobilität. Hier brauche ich lediglich die Funktion von Zeichen und Symbol zu erwähnen: die zahlreichen Formen und Farben der Kutschen bei den Amish (weiß, schwarz, grau oder ohne Verdeck), die Vielfalt von Hosenträgern und Hüten, die eine Gruppe von der anderen unterscheiden, und die Varianten des Choralgesangs.

Die Mennoniten, die sich so stark um die Erhaltung von Einheit und Uniformität bemühen, erleben trotzdem die Konsequenzen einer fragmentierten Sozialordnung. Die Symbole, über die sie sich spalten, erscheinen sehr verschiedenartig. Einige haben sich an Form oder Farbe eines Kleidungsstücks polarisiert, am Stil eines Hauses, einer Kutsche, eines Pferdegeschirrs oder auch an der Benutzung arbeitssparender Landmaschinen. Unter der Oberfläche liegen Spannungen zwischen Familien, die häufig von Neid oder Eifersucht gespeist werden. Der Ursprung vieler Spaltungen ist bei Mitgliedern zu suchen, die unter Stagnation leiden – oder bei solchen, denen zuviel Wandel Unbehagen bereitet.[15] Die Mitglieder neigen dazu, ihre Gefühle zu unterdrücken, da niemand zur Ursache von Zwietracht werden mag. Schließlich wandern die Unzufriedenen zu liberaleren oder zu orthodoxeren Gruppierungen ab.

Nicht die Symbole sind die Ursache der Uneinigkeit. Sie sind vielmehr die Indikatoren eines Wandels der kollektiven Stimmung, die häufig auf eine allmähliche Verlagerung von traditionellen auf moderne Lebensweisen hindeuten. In ihrer frühen Periode während der amerikanischen Kolonialzeit wurden die Mennoniten von der pietistischen Bewegung beeinflußt, denn sowohl dem Wiedertäufertum als auch dem Pietismus ging es um Erneuerung. Mennoniten emigrierten und siedelten dann häufig zusammen mit deutschen Quäkern, deutschen Lutheranern, Reformierten und mit Tunkern oder deutschen Baptisten-Gruppen. Die pietistische Bewegung hatte generell den Effekt, konfessionelle Bindungen zu lockern, denn alle ‚Erweckten‘ teilten eine gemeinsame ‚Erleuchtung‘, und für Pietisten war die Erleuchtung von überragender Bedeutung.[16]

Einwandererfamilien schnitten schon gut ab, wenn einer ihrer Söhne dem Glauben treu blieb. Manche Familien verloren alle ihre Kinder an andere Konfessionen. „Nach dem Unabhängigkeitskrieg kam es zu einer stetigen Abwanderung von Amish-Konvertiten zu den Tunkern oder Brüdern, den deutschen Baptisten und sogar zu den Lutheranern sowie den Herrnhutern."[17] Seit dem 16. Jahrhundert hatte das Wiedertäufertum Gehorsam, Entbehrung und Leidensbereitschaft betont. Da sich die Gläubigen in Amerika wohl und frei von Verfolgung fühlten, erschien der Geist des Pietismus manchen Mitgliedern der neu gebildeten mennonitischen Gemeinden als etwas ganz Natürliches.[18]

Die Gruppen der ‚plain‘-Mennoniten sind gemeinschaftsorientiert. Für sie sind individuelle Erleuchtungen, ob durch Träume oder Inspiration, nicht die wichtigsten Anzeichen für den Glauben. Die Mitglieder sind dazu erzogen, nach Vorbildern zu leben, nicht ein spezifisches strukturiertes Vokabular bezüglich der Bekehrung zu entwickeln. Unter dem Einfluß wortgewandter Erweckungsprediger sind einige in den Bann anderer Konfessionen geraten. Dies geschieht besonders dann, wenn Menschen in ‚plain‘-Gruppen Zweifel an ihrer Lebensweise hegen. Heute gehört es zu den Zeichen für die Übernahme eines fremden Glaubens, wenn jemand ‚Gewißheit der Errettung‘ sucht. Übernimmt ein Mitglied der ‚plain‘-Gemeinde diese Lehre, so bildet dies einen Störungsfaktor in der Gemeinschaft und gilt als Ausdruck des Stolzes statt der Demut.

Die Amish lehren ‚die Neugeburt‘ und die ‚Wiedergeburt‘, doch wird die Sprache des religiösen Engagements von ihnen anders verstanden als von den Erweckungs-Gruppen. Die biblischen Texte sind dieselben, doch die Interpretationen sind verschieden. Im Verständnis der Amish, so schreibt Dirk Philips, bedeutet Wiedergeburt „Unterordnung, Gehorsam und Rechtschaffenheit", ohne „blumige, schmückende Worte" oder „hochtrabende, arrogante Sprache".[19] Die Amish betonen das Teilhaftigwerden der göttlichen Natur (2. Petr. 1,4), daß sie „Erben seien des ewigen Lebens nach der Hoffnung" (Tit. 3,5–7) und daß sie die Eigenschaften und Leiden Christi auf sich nehmen.

Erweckungsbewegungen heben die individuelle Befreiung von Sünde stärker hervor als die Unterordnung unter die Gemeinschaft der Gläubigen. Sie unterstreichen Genuß mehr als Leiden, Gewißheit der Errettung statt Hoffnung, eine subjektive Erleuchtung statt einer durch Unterordnung bestimmten, eine verbale statt einer nonverbalen, stillen Erleuchtung. Wie sich aus historischen Quellen belegen läßt, betonen die ‚plain'-Gruppen das Wiedertäufer-Thema der ‚Gelassenheit' mit dessen vielerlei Bedeutungen: Resignation, Gemütsruhe, Haltung, Fassung, Stetigkeit, Überwindung der Selbstsucht, Langmut, Gesammeltheit, Seelenfrieden, Ruhe, Ergebenheit, Nachgiebigkeit, Gleichmut, innere Freiheit.[20] „Wir müssen uns in Christus still halten" ist durch die Jahrhunderte das Fundament der Grundstruktur der ‚plain'-Mennonitengruppen gewesen.

Mennoniten-Gemeinden funktionieren als vermittelnde Strukturen innerhalb der Spannungen, die eine pluralistische Gesellschaft möglich machen. Im Laufe der Jahrhunderte hat es häufig so geschienen, als stünden Mennoniten und Amish den Zielen des Nationalstaates entgegen. Sie haben zwar ihre rechtmäßigen Steuern bezahlt, aber konsequent den Militärdienst und die Übernahme öffentlicher Ämter verweigert. Sie haben sich oft von der Vorstellung des Fortschritts abgewandt. Manche Leute betrachteten sie als eine halsstarrige Sekte, die nach bedrückenden Regeln lebt. Sie haben dem Einfluß der Modernisierungsprozesse und der Industrialisierung ebenso widerstanden wie der modernen weltlichen Schule.[21] Sie bilden ihre Mitglieder nicht für soziale Mobilität in der Welt der Wissenschaft oder der akademischen Berufe aus. Welche Bedeutung haben diesen Tendenzen? In Fragen von Familie, Kirche, Nachbarschaft, Arbeitsplatz und Engagement haben sie in Welten der Spannung und Welten der Sinnhaftigkeit ein klares und konsequentes Denken beibehalten.[22]

Die Mennoniten-Gemeinschaften stehen in der Mitte zwischen dem einzelnen in seinem Privatleben und den großen, entfremdenden Bürokratien des öffentlichen Lebens.[23] Die wachsende antibürokratische Stimmung in Industriegesellschaften ist nicht ohne Grundlage. Zu viele Mega-Strukturen führen zu verbreiteter Entfremdung. Sinn und Identität werden für das Individuum verstellt. Der Verlust der Gemeinschaft und der vertrauensvollen Beziehungen, die in Familie, Nachbarschaft, Kirche, freiwilligen Vereinigungen und im kulturellen Pluralismus entstehen und gepflegt werden, bedrohen die Gesundheit der demokratischen Mehrheitsgesellschaft. Als vermittelnde Strukturen haben die Mennoniten-Gemeinschaften als die Werte schaffenden und Werte erhaltenen Instanzen funktioniert, die in der Mehrheitsgesellschaft wesentlich sind.

Mittler-Strukturen bremsen nicht nur die Exzesse der Behörden, sondern sie weiten auch die familiäre Liebe aus auf Menschengruppen, die weiter entfernt verwandt sind. Gesunde ethnische und religiöse Gemeinschaften bewirken, daß sich ihre Mitglieder anderen besonders verbunden und für sie verantwortlich fühlen. Statt die Mehrheitsgesellschaft zu behindern, können sie erhebend, stärkend, heilend und befriedigend sein. Vermittelnde menschliche Zusammenschlüsse sind Barrieren gegen totalitäre Regierungsformen, ob sozialistisch oder kapitalistisch, betrachten diese doch ethnische (und religiöse) Subkulturen als subversiv, böse, irrational und korrumpierend. Dagegen ist es gerade die sprachliche und ethnische Vielfalt, die Menschen spezifisch menschlich macht.

Während der letzten 300 Jahre haben sich die ‚plain people' ebenso wie andere ethnische Gruppen zwei entgegengesetzten Kräften ausgesetzt gesehen: jenen Elementen des Nationalstaats, die ethnische Minderheiten radikal auslöschen wollen, und denen, die Zugehörigkeit zu einer ethnischen Gruppe als eine Ausweitung der affektiven Familienbindungen, die menschliches Tun integrieren, betrachten.

Wer die Ethnizität beseitigen will, bedient sich der Argumente, daß sie beschränkend, eng, korrumpierbar und von Nepotismus und Familienfehden gekennzeichnet sei. Für totalitäre Staatssysteme sind ethnische Bewegungen subversiv und böse. Heute gilt für manche unserer bürokratischen Elemente, die ethnische Gemeinschaften aus den Fenstern unserer Wolkenkratzer betrachten, Vielfalt (etwa in Sprache, Kleidung, Moral) als ein nicht in den Griff zu bekommendes Problem. Sie fragen: „Wäre es nicht viel zivilisierter, wenn alle diese eigenartigen Leute da draußen eine einzige Sprache sprächen, alle unsere Vorschriften befolgten und sich ordentlich anziehen würden wie wir anderen alle?"[24]

Die Ethnizität dagegen, als Volkstum und als Ausweitung der familiären Liebe, läßt uns wissen, wer wir sind, woher wir kommen und was an uns etwas Besonderes ist. Die ‚plain people' fanden in Amerika jene Bedingungen, die für die Praxis der freien Religionsausübung Voraussetzung sind. Zumeist kamen sie in den Genuß des Grundrechts, „in Frieden gelassen zu werden", eines Rechts, das Bundesrichter Brandeis „das umfassendste aller Rechte und das vom zivilisierten Menschen am höchsten geschätzte" genannt hat.[25]

Ebenso wie andere ethnische Gruppen laufen die ‚plain people' Gefahr, in Ethnozentrismus zu verfallen, also ihre eigene Kultur zu überschätzen. Übermäßiger Ethnozentrismus kann zu nationalistischer Arroganz und zum Rassismus führen. Das Gegengewicht für solche Exzesse liegt nicht in der Zerstörung der Ausgangsgruppe, sondern in Selbstkorrektur von innen. Ein wichtiger Teil dieses Gegengewichts ist das durchgängige Praktizieren von Demut und Mäßigung in Zusammenschlüssen von Menschen. Bei den ‚plain people' bewährt sich seit langer Zeit das alte Wort „Selbstlob stinkt" als Mittel gegen individuelle wie gegen Gruppen-Arroganz.

Anmerkungen

1 S. Don Yoder, Plain and Gay Dutch, in: Pennsylvania Dutchman 5. 1956, S. 35–55, u. ders., Sectarian Costume Research in the United States, in: Austin Fife u.a. (Hg.), Forms on the Frontier (Monograph Series 6), Logan: Utah State University Press, 1969, S. 41–45. Die Bezeichnung ‚plain' wurde für die frühen Quäker in Pennsylvania und andere deutlich ausgeprägte religiöse Subkulturen verwendet. Zu den kleineren Untergruppen der amerikanischen Mennoniten, für die diese Bezeichnung berechtigt ist, gehören die Old Order Amish, mehrere Gliederungen der Old Order Mennonites, die River Brethren, die deutschen Baptisten und bis zu einem gewissen Grade die Old Colony Mennonites und die Hutterer-Brüder. Zu den abgrenzenden sozialen Charakteristika der ‚plain people' s. Calvin Redekop u. John A. Hostetler, The Plain People. An Interpretation, in: Mennonite Quarterly Review 51. 1977, S. 167. S. auch Melvin Gingerich, Mennonite Attire Through Four Centuries, Breinigsville, PA: Pennsylvania German Society, 1970, sowie Fritz Berthold, Das Glück vom einfachen Leben. Siedlerkulturen in USA, München: Herbig, 1979.

2 Ernst Troeltsch, The Social Teaching of the Christian Churches, New York: Macmillan, 1931; Helmut Richard Niebuhr, The Social Sources of Denominationalism, New York: Holt, 1929.
3 Zum Begriff der ‚folk society' in Anwendung auf die Amish s. John A. Hostetler, Amish Society, Baltimore: Johns Hopkins University Press, 1980, S. 8–17.
4 Eine jüngere Studie des Synkretismus in Kleidung und Haartracht bei den Amish ist Werner Enninger, Nonverbal Performatives. The Funktion of a Grooming and Garment Grammar in the Organization of Nonverbal Role-Taking and Role-Making in One Specific Trilingual Social Isolate, in: W. Hullen (Hg.), Understanding Bilingualism. Life Learning and Language in Bilingual Situations, Frankfurt: Lang, 1980, S. 25–64.
5 Zur Bedeutung der Erlösungs-Gemeinschaft s. Sandra Cronk, Gelassenheit. The rites of the Redemptive Process in Old Order Amish and Old Order Mennonite Communities, Diss., University of Chicago, 1977. Teilabdruck in: Mennonite Quarterly Review 55. 1981, S. 5–44.
6 S. John A. Hostetler, Old World Extinction and New World Survival of the Amish, in: Rural Sociology 20. 1955, S. 212–219; ders., Amish, S. 54–58.
7 Jean Séguy, Les assemblées anabaptistes-mennonites de France, Paris: Mouton, 1977, S. 503–507; Ernst Correll, Das schweizerische Täufermennonitentum, Tübingen: Mohr, 1925.
8 Richard H. Shryock, British versus German Traditions in Colonial Agriculture, in: Mississippi Valley Historical Review 26. 1939, S. 39–54.
9 Walter M. Kollmorgen, The Pennsylvania German Farmer, in: Ralph Wood (Hg.), The Pennsylvania Germans, Princeton: Princeton University Press, 1942, S. 33.
10 Benjamin Rush, An Account of the Manners of the German Inhabitants of Pennsylvania, Written in 1789, Hg. I. Daniel Rupp, Philadelphia: S.P. Town, 1875, S. 11f.
11 S.W. Fletcher, Pennsylvania Agriculture and Country Life, 1640–1840, Harrisburg: Pennsylvania Historical and Museum Commission, 1955, S. 124.
12 Zum Jahreszeiten-Arbeitsplan s. Kollmorgen, S. 42–46.
13 Rush.
14 Max Weber, The Protestant Ethic and the Spirit of Capitalism, New York: Scribner, 1958, S. 144–154.
15 Eine Erörterung der Fragmentierung findet sich bei Hostetler, Amish, S. 270–291.
16 S. Beulah Stauffer Hostetler, Franconia Mennonite Conference and American Protestant Movements, 1840–1940, Diss., University of Pennsylvania 1977, S. 21.
17 Joseph F. Beiler, Revolutionary War Records, in: The Diary, 3. 1971, S. 71.
18 Richard McMaster, Land, Piety and Peoplehood. The Establishment of Mennonite Communities in America, 1683–1790, Scottdale: Herald Press, 1985, Kap. 6.
19 Dirk Philips, Enchiridion or Hand Book, La Grange, IN: Pathway, 1966, S. 295.
20 Diese treffenden Bemerkungen verdanke ich Robert Friedmann, Anabaptism and Protestantism, in: Mennonite Quarterly Review 24. 1950, S. 22. S. auch ders., Mennonite Piety through the Centuries, Goshen, IN: Mennonite Historical Society, 1949.
21 Zum Schulwesen s. John A. Hostetler u. Gertrude E. Huntington, Children in Amish Society, New York: Holt, Reinhart and Winston, 1971.
22 Veränderungen werden nicht immer als weltlich angesehen, sondern nach ihren Auswirkungen auf das Wohl der Erlösungs-Gemeinschaft beurteilt. S. Thomas E. Gallagher, Jr., Clinging to the Past or Preparing for the Future? The Structure of Selective Modernization among Old Order Amish of Lancaster County, Pennsylvania, Diss., Temple University, Philadelphia 1981.
23 Zum Begriff der vermittelnden Strukturen s. Peter L. Berger u. Richard J. Neuhaus, To Empower People, Washington, DC: American Enterprise Institute for Public Policy Research, 1977.
24 Diese Bemerkungen entnahm ich Joshua A. Fishman, Language, Ethnicity and Racism, in: Georgetown University Round Table on Languages and Linguistics, 1977, S. 297–309.
25 Olmstead v. United States 277, U.S. 438, 478 (1928).

8. Absage an den Pietismus

Ein Deutungsbeitrag zur Entstehung der amischen Gemeinden am Ende des 17. Jahrhunderts

Leo Schelbert

Unter den ‚außergewöhnlichen Gruppen' der Vereinigten Staaten nimmt das amische Volk einen besondern Platz ein. Immer wieder widmen sich volkstümliche Darstellungen in Wort und Bild seinen ausschließlich bäuerlichen Lebensformen, seiner ungewöhnlichen Kleidung und seinem Gebrauch von Pferd und kleinen, kutschenähnlichen Wagen, falls geschäftlich oder zum Gottesdienst auf einen andern Hof gefahren wird.[2] Auch wissenschaftliche Arbeiten beschäftigen sich mit amischen Lebens- und Gemeinschaftsformen,[3] die über Jahrhunderte hin erfolgreich dem Druck staatlicher Intervention oder technischer Neuerungen standgehalten haben. Dagegen ist der Ursprung des amischen Flügels unter den taufgesinnten Glaubensgemeinschaften weniger erforscht; er ist rätselhaft geblieben und verdient, neu erörtert zu werden. Zunächst seien die Ereignisse der Jahre 1693 bis 1700 kurz skizziert,[4] dann soll eine neue Deutung des Geschehens vorgelegt werden.

1

Im Jahr 1693 begab sich der ‚Schweizer Bruder'[5] und Älteste Jakob Ammann[6] auf eine Visitationsreise der taufgesinnten Gemeinden der Schweiz und des Elsaß. Tief überzeugt, die Taufgesinnten seien in Gefahr, den Kern ihres Glaubens zu verlieren, hatte er eine Warnungsschrift erlassen, die knapp und autoritativ erklärte:

> „Ich, Jakob Ammann, mitsamt Dienern und Ältesten, schicken diese Schrift und soll einem jeden, es sei Weibs- oder Mannsperson, Diener oder gemeiner Jünger, allen insgemein zu wissen tun, dass ihr bis auf den 20sten Tag Hornung [Februar] erscheinen und euch bei uns anmelden wollet, nämlich die noch durch Urteil und Rat nicht aus der Gemeine geschlossen sind, und sollt euch verantworten, ob ihr die streitigen Artikel mit uns bekennen könnt, nämlich die Ausgebannten zu meiden, und dass man die Lügner aus der Gemeine schliessen solle und ausserhalb Gottes Wort niemand selig sprechen soll, oder [falls ihr] uns mit Gottes Wort eines andern berichten könnt, so wollen wir uns wissen [belehren] lassen."

Ammann ordnete weiterhin an, es solle „diese Schrift von einer Person zu andern geschickt werden;" ferner bestimmte er den 7. März als Endtermin für die Gemeinden, sich zu verantworten. Diejenigen, die sich weigerten, würden von ihm, „Jakob Ammann, als sektische Menschen aus der Gemeinde Gottes Geschlossene sein und gescheut und gemieden werden bis auf die Zeit eurer Bekehrung, nach laut Gottes Wort."[7]

In Begleitung gleichgesinnter Glaubensbrüder wie Ulrich Ammann, Christian Blank und Niklaus Augsburger besuchte Jakob Ammann Älteste und Gemeinden und stellte drei Fragen an sie: Erstens, ob sie die „leibliche und geistliche Meidung mit uns nicht wollen bekennen;" zweitens, ob nicht „diejenigen, die öffentlich und vorsätzlich Lügenredner sind, die endlich ihre Unwahrheit selbst bekennen, aber genugsam überzeugt [überführt] worden, aus der Gemeinde sollen gethan werden;" drittens, „ob sie mit uns bekennen können, daß man die treuherzigen Menschen außer Gottes Wort nicht selig sprechen soll, die noch in den weltlichen Ordnungen stehen, und thun, was an sie [von Kirche und Staat] gefordert wird, ob sie schon den Frommen viel Hilfe und Handreichung thun."[8] In wörtlichem Gehorsam gegen das Wort Gottes, wie Ammann und seine Anhänger es verstanden, legte er die drei Fragen mindestens dreimal und in Gegenwart von Zeugen vor; erst wenn die Befragten „das erste, das andere, das dritte Mal" sich weigerten, sprach Jakob Ammann den Bann über sie aus, der volle geistliche und leibliche Meidung miteinschloß; „denn der Bann und die Meidung gehören zusammen," wie Ulrich Ammann in seinem Verteidigungsbrief von 1698 rundweg erklärte.[9]

Jakob Ammanns Herausforderung begegnete scharfem Widerstand. Ein früher Gegner war ‚Häußli Hans,' der die leibliche Meidung mit der Bemerkung verwarf: „Zu dem Mund eingangen, kein Sünde, auch habe Christus mit Zöllner und Sünder gegessen;" auch hielt er es für falsch, „die in öffentliche Lügen aus ihrem Herzen erdacht haben, . . . aus der Gemeinde [zu] schließen." Zugleich ermahnte er die Taufgesinnten, daß sie „auf der Jünger Lehr und Ordnung nicht zu viel sehen," sondern eher den „Ältesten nachfolgen" sollten.[10] Ähnlich hatte der Hans Reist „dawider gesprochen," und viele, klagte Ulrich Ammann, „haben das mit uns nicht wollen bekennen, aber ihrerseits mit Mißbrauch der Schrift hart dawider gestritten."[11] Die Schärfe des Gegensatzes beleuchtet folgende Erklärung Jakob Ammanns: „Auf dieses hin ist der Häußli Hans als ein Abtrünniger, Sektischer und Rotter (darum das er von dem rechten Bahn und himmlischen Heerscharen abtritt, und das Volk zu einer irrenden Seite rottet) aus der christlichen Kirche und Gemeinde Gottes ausgeschlossen."[12]

Anfang März 1694 hatte „man in Elsaß eine Versammlung bestellt, da wir von beiden Seiten aus der Schweiz und der Pfalz und die Elsäßer beieinander versammelt waren, zu sehen, ob wir den Frieden machen können." Die zehn Anhänger Reists aus der Schweiz, „darunter neun Diener gewesen sind," verwarfen zunächst alle drei Positionen der Ammannschen Gruppe. Die Vertreter der taufgesinnten Gemeinden der Pfalz dagegen bejahten „die zwei Artikel von den Treuherzigen und den Lügenrednern" und warnten die Schweizer, falls sie diesen nicht zustimmten, „so können sie [die Pfälzer] so wenig zufrieden sein, als Jakob Ammann mit ihnen zufrieden sei." Bezüglich der Meidung aber blieben die Pfälzer fest und verwarfen Ammanns Deutung der Schrift.

Da entschieden sich die Schweizer Abgesandten, die zwei Artikel vom Lügner und den Treuherzigen anzunehmen, und hielten am 10. März mit den Pfälzern eine Sonderversammlung ab. In einer Erklärung bestimmten die Versammelten, die Ermahnung des Apostels Paulus im ersten Korintherbrief 5,11 – „so jemand ist, der sich läßt ein Bruder nennen, und ist ein Hurer, oder ein Geiziger, oder ein Abgöttischer, oder ein Lästerer, oder ein Trunkenbold, oder ein Räuber: mit demselbigen sollt ihr auch nicht essen" – beziehe sich nur auf das Abendmahl.[13] Sie entschieden weiterhin, Jakob Ammann sei im Irrtum, „daß er die Meidung eingeführt im äußerlichen Essen und Trinken" und „alle, die mit ihm nicht bekennen ausschließt . . ., also daß wir ihn und alle die ihm zustimmen, nicht für Brüder und Schwestern halten können."[14]

Trotz ernster Bemühungen vor allem seitens der Ammannschen Gruppe blieb eine Einigung aus, und die Spaltung wurde endgültig. Die ‚Schweizer Brüder' des Emmental und der Pfalz verwarfen, jene des Berner Oberland in der Gegend von Thun sowie des Elsaß teilten Jakob Ammanns Verständnis der Schrift. Mit den Jahren wurde die Trennung durch weitere Meinungsverschiedenheiten verschärft. Ulrich Ammann beschrieb diese um 1698 wie folgt:

> „[1] Einer bekennt eine leibliche und geistliche Meidung an den Ausgebannten, der andere will nur eine Geistliche bekennen und der Leiblichen widerstreiten und sagt: das seien Menschenlehren und Menschengebote.
> [2] Einer bekennt, daß man die mutwilligen Lügner von der Gemeinde schließen soll, und der andere will das nicht bekennen und widersteitet es;
> [3] einer bekennt, daß man die treuherzigen Leute um ihrer Gutthat willen nicht soll selig preisen, und der andere will es nicht bekennen und widerstreitet dem;
> [4] einer bekennt ein leibliches Fußwaschen an seinem Mitglied, und der andere will es nicht bekennen und widerstreitet es;
> [5] einer, der seine Mißgreifung bekennt gegen Gott und seinen Nebenmenschen, an dem er sich vergriffen hat, nimmt die Strafe auf sich, thut Buße, versöhnet sich wieder mit Gott und seinem Nebenmenschen, und der andere, der wider des Herrn Wort geredet, und sich an seinem Nebenmenschen vergriffen hat, will sich nicht schuldig befinden um seine Fehler zu bekennen."[15]

Obwohl die beiden Gruppen der ‚Schweizer Brüder' mit der Zeit auch rituell und in der äußeren Erscheinung verschiedene Wege einschlugen, betonte Jakob Ammann: Er habe „von wegen . . . Fragen der Kleider, Besserung der Bärten von langen Haar, und auch von wegen den Toten begraben, niemand ausgeschlossen."[16]

Die Trennung blieb auch auf den Wanderungen bestehen, auf denen die ‚Schweizer Brüder' nach erschwinglichem fruchtbaren Ackerland für ihre erwachsenen Söhne suchten oder dem erneuten, von der pietistischen Bewegung verursachten Druck der weltlichen und kirchlichen Behörden zu entgehen hofften. Taufgesinnte beider Richtungen siedelten sich in Holland, Bayern, Galizien und Wohlhynien an; manche derer Nachkommen zogen aus diesen Gegenden oder direkt aus der Schweiz, dem Elsaß und der Pfalz auch nach Nordamerika.[17]

In europäischen Gebieten waren aber die Taufgesinnten amischer Richtung zu verstreut und freizügig, um als gesonderte Glaubensgemeinschaft zu überdauern, wogegen sie in Nordamerika ihr Eigenleben bewahrten und ausbauten. Zwischen 1727 und 1790 waren etwa fünfhundert, zwischen 1815 und 1865 etwa dreitausend Amische in das Gebiet der heutigen Vereinigten Staaten gezogen; deren Nachkommen zählen heute gegen achtzigtausend, die „in zwanzig Staaten [der Union] und in einer kanadischen Provinz (Ontario)" leben; „fünfundsechzig Prozent wohnen in den drei Staaten Pennsylvanien, Ohio, und Indiana."[18] Auch in Nordamerika setzen die amischen Taufgesinnten ihre Wanderungen fort, um der sich stets einmischenden Welt zu entfliehen oder um fruchtbares Land für ihre Söhne zu finden, damit auch diese ihrer gottgegebenen Berufung zum bäuerlichen Leben gerecht werden können.

Die Spaltung unter den ‚Schweizer Brüdern' in den 1690er Jahren wird von Forschern verschieden beurteilt. C. Henry Smith macht „den gleichen starken Individualismus" dafür verantwortlich, der diese Männer und Frauen dazu führte, nicht nur Märtyrer für ihren Glauben zu werden, sondern sich auch „in haarspaltende Argumente über unwichtige Fragen des Vorgehens und der Praxis" zu verlieren.[19] Milton Gascho fragt verwundert, „wie denn ein Streit . . . mitten in Not und Verfolgung weitergeführt werden konnte;" seiner Ansicht nach zeigt die Spaltung, „was geschieht . . ., wenn einige wenige anfangen, religiöse Fragen zu disputieren."[20] In seiner Beschreibung der späteren Abspaltungen unter den taufgesinnten Gemeinden der Vereinigten Staaten lobt John C. Wenger die ‚Schweizer Brüder' für ihren Ernst und ihre Bruderliebe und preist ihre „weitherzige Toleranz, die aller Spaltung ausgenommen einer" vorgebeugt hatte.[21] Delbert L. Gratz fragt, wie die Taufgesinnten trotz ihrer Lage als verfolgte Minderheit „dennoch Gelegenheit fanden, unter sich uneinig zu sein."[22] In der zweiten Ausgabe seiner Studie fürchtet John Hostetler, „die genauen Einzelheiten der Spaltung werde des Lesers Hochachtung für Sekten-Gruppen kaum erhöhen."[23]

In der 1980 erschienenen, völlig neugefaßten Ausgabe seines Werkes bezeichnet derselbe Autor „die Spaltung unter den Schweizer Brüdern im Vergleich zu den weittragenden Folgen der Reformation als bloßen Familienstreit." Mit Jean Séguy ist Hostetler auch geneigt, die Ereignisse der 1690er Jahre der Spannung zwischen der toleranten Schweizer Mutterkirche und der radikalen Diaspora zuzuweisen. Aufgrund einer neueren genealogischen Arbeit hält er es zudem für möglich, Jakob Ammann sei Konvertit zum Täuferglauben gewesen; sein Übereifer und Ehrgeiz sowie seine Scharfzüngigkeit hätten der Spaltung ihren stark persönlichen Stempel aufgeprägt.[24]

Es ist aber möglich, die Quellen anders zu deuten. Was James M. Stayer zum Meinungsstreit zwischen Martin Luther und Huldreich Zwingli bemerkt, gilt auch für die Auseinandersetzung zwischen Jakob Ammann und Hans Reist: Man kann die Gegenspieler nicht verstehen, wenn man „verfehlt, sie ernst zu nehmen."[25] Falls man die Spaltung der 1690er Jahre unter den ‚Schweizer Brüdern' in den ihr eigenen historischen und theologischen Zusammenhang stellt, enthüllt sich ihre Problematik als alles andere als „haarspaltende Argumente" streitsüchtiger Leute;[26] sie zeigt sich im Gegenteil als ernstes Bemühen festzulegen, worin wahrhaftes Christentum taufgesinnter Prägung bestehe.

2

Gegen Ende des 17. Jahrhunderts begegneten die Staatskirchen einer neuen Herausforderung. Über hundertzwanzig Jahre lang war es den verschiedenen Glaubensgemeinschaften, in die sich die mittelalterliche Kirche zwischen 1520 und 1550 aufgespalten hatte, gelungen, ihre Glaubenslehren, organisatorischen Formen und Liturgien zu festigen. Die daraus hervorgehenden Orthodoxien stellten eine neue Synthese zwischen Glauben und Vernunft, Geist und Herz, wahrer Lehre und gottgefälligem Leben dar. Johannes Arndts „Wahres Christentum", das zwischen 1605 und 1610 erschien,[27] kündigte aber an, was in der Erfahrung eines Angelus Silesius (1624–1677), Johann Georg Gichtel (1638–1705) und vor allem Philipp Jakob Spener (1635–1705) und seines erfolgreichsten Schülers August Hermann Francke (1663–1727) zur Reife kommen sollte.[28] Die Bewegung erhielt den Namen Pietismus,[29] der in Deutschland seinen eigentlichen Aufschwung mit Speners Schrift „Pia Desideria"[30] erfuhr, in anderen Teilen der Christenheit aber andere Formen annahm und als Chassidismus auch in jüdischen Glaubensgemeinschaften Eingang fand. Unter den Hauptvertretern des christlichen Pietismus waren „der englische Puritaner John Bunyan, der holländisch-reformierte Willem Teelinck, der deutsche Lutheraner Philipp Jakob Spener, der mährische Niklaus Zinzendorf, der Gründer des Methodismus John Wesley, der amerikanische Gilbert Tennent und der römisch-katholische Blaise Pascal."[31]

In deutschsprachigen Gegenden kam den sogenannten collegia pietatis besondere Bedeutung zu. Spener, aus dem elsässischen Dorf Rappoltstein bei Straßburg stammend, hatte das gläubige Volk ermahnt, besondere Gruppen zu formen, die sich ganz der geistlichen Erbauung widmen sollten. Statt daß Leute am Sonntag Gläser, Karten und Würfel herausholten, sollten sie ein Erbauungsbuch wählen und gemeinsam die göttlichen Mysterien erforschen und kraft des allgemeinen Priestertums sich gegenseitig auferbauen.[32]

Trotz der Vielfalt seiner Ausdrucksformen verfolgte aber der Pietismus allen Richtungen gemeinsame Grundziele.[33] Glaube gründete in geistlicher Erfahrung. Gott, das tätige Heilsmysterium, ergoß seine wunderbare Gnade in die Herzen derer, die nicht nur nach religiösem Wissen strebten, sondern zugleich erfaßten, daß wahres Christentum in seiner Ausübung, in Praxis besteht.[34] Jeder Gläubige war unmittelbar zu Gott und eines jeden Menschen Bekehrung beschleunigte die Ankunft von Gottes Reich. Die Rolle eines ausgebildeten und geweihten Klerus wurde dadurch gemindert, die Trennungslinie zwischen Geistlichen und Laien unscharf, der Einzelne in seiner Gottsuche autonomer, und das allgemeine Priestertum aller Gläubigen wurde erneut mit Inbrunst verkündet. Die pietistische Bewegung löste dadurch „das konfessionelle Selbstbewußtsein der Orthodoxie ... von innen her auf." Ein tugendhaftes Leben wurde als wichtiger angesehen als konfessionstreue Glaubensüberzeugung und die Rolle der Geistlichen wurde von der Vertretung gültiger Glaubenslehre zu der eines „Vorbildes der Gottseligkeit" verlagert.[35]

Zwischen 1690 und 1720 hatte die pietistische Strömung auch die süddeutschen und schweizerischen Kirchen erfaßt. Theologiestudenten und junge Geistliche, Leute aus dem gemeinen Volk und Patrizier hatten mächtige Bekehrungserlebnisse, die zur Auseinandersetzung mit jenen führten, die an den Idealen der nachreformatorischen Rechtgläubigkeit festhielten und weiterhin für eine via media, für ein Gleichgewicht zwischen Charisma und Autorität, rechtmäßigem Glauben und innerer Erfahrung, Gehorsam gegenüber herkömmlichen Verhaltensnormen und freiströmender Frömmigkeit eintraten.[36] Geistliche und Laien dieser Richtung schöpften Verdacht, wenn Leute zu pietistischen Geistlichen rannten, den ortseigenen Pfarrer aber mieden; wenn sie Konventikel besuchten, in denen Männer und Frauen, jung und alt und Leute jeden Standes sich frei mischten und Laien sich auch als Religionslehrer aufspielten. Ebenso anstößig war, wenn Geistliche auf eine neue, auf Erleben hinzielende Weise predigten, Formeln der Alltagssprache benutzten und sogar den ketzerischen Jakob Böhme zitierten.[37] Einige dem Pietismus ergebene Geistliche verloren in der Folge ihre Stellung; andere waren willens, sich soweit den Autoritäten zu fügen, daß sie wenigstens auf abgelegenem Posten geduldet wurden. Um die Mitte des 18. Jahrhunderts hatte aber die Bewegung ihre separatistische Stoßkraft verloren, dagegen innerhalb der Kirchen sich einen dauernden Einfluß gesichert.[38]

Auch die ‚Schweizer Brüder' blieben von der neuen Strömung nicht unberührt. Einerseits betrachteten kirchliche und weltliche Behörden pietistische Neuerungen und vor allem deren separatistische und ökumenische Tendenzen mit Argwohn und als eine neue Version eines alten Übels: Für sie waren ‚Wiedertäufer,' ‚Quäker' und ‚Pietist' im Grunde dasselbe, Formen kirchlichen wie weltlichen Ungehorsams. Als Hüter eines Christentums, das Kirche und Staat in eins klammerte, erneuerten die Behörden ihre Bemühung, den alten wie den neuen Irrglauben auszurotten.[39]

Der Pietismus beeinflußte aber die taufgesinnten Gemeinden auch von innen her. Er stellte die Grundprinzipien ihres Glaubens in Frage, wie dieser sich zwischen 1525 und 1527 ausgeformt hatte und im Bekenntnis von Schleitheim im Jahre 1527 eine erste umfassende Formulierung fand. Jakob Ammann erfaßte diese Gefahr. Es dünkte ihn, wie ein gegnerischer Brief von 1693 meldet, er habe geglaubt, „es habe bald jeder Diener eine sonderbare Meinung."[40] War die Behauptung, die Treuherzigen seien gerettet, obgleich sie außerhalb der taufgesinnten Gemeinden standen, nicht klares Zeichen, daß viele Älteste zur Auffassung gelangt waren, „eine gute Lebensführung genüge, das Heil zu erlangen?"[41] Für Jakob Ammann bedeutete die Aufgabe der Meidung, die Nichtbestrafung der Lüge Überführter und die Heilserklärung für Außenstehende, die den Taufgesinnten halfen, äußerste Gefahr. Die pietistische Erweichung wahrer Lehre und Observanz hatte auch die taufgesinnten Gemeinden der ‚Schweizer Brüder' erfaßt und bedrohte seiner Auffassung nach das Wesen ihres gottgegebenen Auftrags.

Damit stand ein fundamentales Prinzip kosmologischen Charakters in Frage, das im Bekenntnis der ‚Schweizer Brüder' verankert war: der unversöhnlich dualistische Charakter der den Menschen umgebenden Wirklichkeit. Das Bekenntnis von Schleitheim gibt diesem Prinzip präzisen Ausdruck:

> „Nun ist ye nütt anders in der welt und aller creatur dan
> gůtz und bôs,
> glôubig und unglôubig,
> finsternüs und liecht,
> welt und die uß der welt sind,
> tempel gottes und die götzen,
> Christus und Belial,
> und keins mag mitt dem andern kein teil han."[42]

Diese ontologische Grundauffassung führte dazu, alle traditionellen Kirchen sowie den Staat zu verwerfen und „darum von Babilon und dem irdischen Egypti uß zů gan," wie das Bekenntnis von 1527 unverhohlen formuliert:

> „Uß dem allen sôllen wir lernen, das alles was nit mitt unserem gott und Christo vereiniget ist, nütt anders sig dan die grüwel, welche wir miden sollend. In dem werden vermeint alle bäpstlich und widerbäpslich werck und gottes dienst, versamlung, kilchgang, winhüser, burgschaften und verpflichten des ungloubens . . . Von disem allem sollen wir abgesünderet werden und kein teil mitt sôlchen haben, dan es sind ytel grüwel, die uns verhasset machend vor unserem Christo Jesu . . . In dem werden ouch fallen von uns die tüfelischen waffen des gewalzs, als da sind schwert, harnasch und der glichen und aller irer brüch für fründ oder wider die fiend."[43]

Die ‚Schweizer Brüder' verwarfen somit nicht nur die weltliche Autorität des Staates, sondern auch die Gültigkeit aller anderen christlichen Glaubensgemeinschaften. Sie erklärten nicht nur die katholische, sondern auch die lutherische und reformierte Kirche als „ytel grüwel." Die ganze Christenheit außerhalb der taufgesinnten Gemeinden war Herrschaftsgebiet nicht Christi, sondern Belials. Die ‚Schweizer Brüder' erklärten damit folgerichtig die Idee eines corpus christianum, das heißt einer grundlegenden Einheit von religiöser und weltlicher Gemeinschaft, als götzendienerisch. Erst wenn dieser Standpunkt ernst genommen wird, läßt sich verstehen, weshalb die Behörden, weltliche sowohl wie kirchliche, die Taufgesinnten so bitter verfolgten, und ebenso, weshalb diese alle Nöte der Verfolgung mit so bewundernswertem Mut auf sich nahmen.[44]

Dieser radikale Dualismus stand in direktem Gegensatz zur pietistischen Auffassung. Diese kannte „weder Reformierte noch Lutherische, sondern einfach erweckte Christen." (Die christliche Aufklärung, die einflußreiche Gegenbewegung des Pietismus und Herausforderung der Orthodoxie, empfand konfessionelle Grenzen als ähnlich unbedeutend.)[45] Die Auseinandersetzung der 1690er Jahre zeigt, daß Älteste verschiedener taufgesinnter Gemeinden vom ökumenischen Geist pietistischer Prägung nicht unberührt geblieben waren. Gelegentliche Teilnahme Taufgesinnter an reformierten Gottesdiensten war nicht nur nicht ungewöhnlich, sondern wurde auch von den Vorstehern geduldet. Zudem wurden die Treuherzigen trotz mangelnder ‚wahrer' Taufe und Lebensführung heilsmäßig den taufgesinnten Brüdern und Schwestern gleichgestellt. Die Meidung der Welt, wie sie im Lügner sich offenbarte, wurde rein liturgisch gedeutet. Jakob Ammann erfaßte mit sichtlichem Schrecken, wie sehr solche Auffassungen und solche Praxis der hergebrachten taufgesinnten Tradition widersprechen. Er führt zwar das Bekenntnis von Schleitheim nicht an, aber seine Deutung wahrer Christlichkeit trägt unverkennbar dessen Züge. Er hielt zäh daran fest, daß nur Brüder und Schwestern der taufgesinnten Gemeinden zu den „waren ingepflantzten gliedern Christi" zählten;[46] daß alle, „die nit getretten sind in die gehorsame des gloubens, und die sich nit [durch die Erwachsenentaufe] vereiniget hand mit gott, da sy sinen willen thůn wőllen, ein großer grüwel vor gott sind, so kan und mag anders nütt von inen wachsen oder entspringen dan grüliche ding."[47] Während die pietistische Bewegung eine ökumenische Grundhaltung anstrebte, hielten die ‚Schweizer Brüder' um Jakob Ammann an der traditionellen dualistischen und separatistischen Einstellung ihres Bekenntnisses fest.

Zu diesem Gegensatz kommt aber noch ein zweiter. Die pietistische Strömung war auf den Einzelnen ausgerichtet und maß persönlicher geistlicher Erfahrung entscheidende Bedeutung zu. Der Glaube der Taufgesinnten verlangte dagegen volle Unterwerfung unter die Gemeindeordnung, wie sie von den gottgegebenen Ältesten im Rahmen des herkömmlichen taufgesinnten Bekenntnisses erläutert und gewährleistet wurde. Es war die Aufgabe der Diener zu erklären, was „in heiterer, clarer schrift erfunden werden mag."[48] Einige der Ältesten schienen aber zur Zeit Ammanns überzeugt zu sein, „gleichsam ob der Schlüssel [zum wahren Glauben] allen Gemeinen Geschwistern gegeben wäre;[49] die wahre Gemeinde Christi aber wurde nicht von erweckten Seelen geleitet, sondern vom „hirt in der gemein gottes," dessen „ampt sol sin lesen und ermanen und leren, manen, straffen oder bannen in der gmein, und allen schwestern und brůdern wol fůrstan im [ge]bett, im brottbrechen und in allen dingen des lips Christi acht haben."[50]

Das reformatorische Bekenntnis der ‚Schweizer Brüder' ließ also für die auf geistliches Erleben ausgerichteten freien Formen pietistischer Prägung keinen Raum. Als die Taufgesinnten Ammannscher Richtung in der Folge auch Kleidung, Haar- und Barttracht sowie Schuhwerk vereinheitlichten, hieß das nicht, daß ihre Religiosität Äußerlichkeiten verfallen war; solche Bestimmungen hatten im Gegenteil den Zweck, Brüder und Schwestern in täglicher Gehorsamsprüfung unter das Joch Christi zu einigen und von der verdorbenen Welt abzuschirmen. Aus typisch pietistischer Geisteshaltung formulierte dagegen der taufgesinnte Gerhard Rosen 1697 in einem gegen Ammann gerichteten Schreiben: „Es bindet der liebe Heiland nicht an äußerlichen Dingen;" Rosen nahm Anstoß, „daß man also sein Gewissen will binden an eine Form von Hüte, Kleider, Schuhe, Strümpfe, oder das Haar am Haupt, ein Unterschied [bloß davon abhängig] in welchem Land man wohnt."[51] Gerhard Rosen hatte die radikal dualistische Geistigkeit des reformatorischen Täuferglaubens[52] hinter sich gelassen, weshalb ihm das Verständnis der Ammanschen Position verschlossen blieb.

Im Blick auf das reformatorische taufgesinnte Bekenntnis und dessen pietistische Herausforderung verliert die Spaltung der 1690er Jahre das von Historikern postulierte Triviale und darf auch nicht auf rein persönliche Elemente reduziert werden. Jakob Ammann und die, die ihm folgten, hatten erfaßt, daß die taufgesinnte Tradition und die pietistische Ausrichtung im Sinne folgender Aufstellung antithetisch waren:

Taufgesinnte Tradition	Pietistische Bewegung
Dualistisch	Monistisch
Exklusiv	Ökumenisch
Gemeinschaftsgebunden	Individualistisch
Gehorsam-zentriert	Erfahrungsgebunden
Schriftgebunden	Erweckt
Traditionsgebunden	Neuerungsfreudig

Falls diese Deutung der „Begebenheit, die sich unter den Waffen- und Rachlosen Christen in Deutschland und in der Schweiz von 1693 bis 1700" zugetragen, worauf sich dann das taufgesinnte „Volk in zwei Theilen gespalten,"[53] Gültigkeit hat, enthüllen sich Ammanns drei Fragen bezüglich der Meidung, der Lügner und der Treuherzigen als bedeutende Kristallisationspunkte antipietistischer Abwehr.

Die amischen ‚Schweizer Brüder' verkörpern dann folgerichtig die reformatorische taufgesinnte Tradition in Abwehrstellung, die Gegengruppe aber die gleiche Tradition, wie sie vom Pietismus durchdrungen und umgeformt wurde. Aus dieser Perspektive erscheint die amische Glaubensgemeinschaft weder idyllisch noch seltsam, vielmehr wird sie zu einem eindrücklichen Zeugnis für eine der geschichtlichen Deutungen, worin ‚wahres' Christentum bestehe, und fordert nicht nur das taufgesinnte Selbstverständnis, sondern auch das aller christlichen Glaubensgruppen heraus.

Anmerkungen

1 William M. Kephart, Extraordinary Groups. The Sociology of Unconventional Life-Styles, New York: St. Martin's Press, [2]1976, S. 6–51.

2 Ein neueres Beispiel ist Jerry Irwin und Douglas Lee, The Plain People of Pennsylvania, in: National Geographic 165. April 1984, S. 492–519. Eine allgemeine Übersicht bietet William I. Schreiber, Our Amish Neighbors, Chicago: University of Chicago Press, 1962.

3 Die führende Darstellung ist John A. Hostetler, Amish Society, Baltimore: Johns Hopkins University Press, 1963; rev. Aufl. 1968; umgearb. und erw. Fassung 1980, mit autoritativer Bibliographie; vgl. auch George de Vries, Jr., Lessons from an Alternative Culture. The Old Order Amish, in: Christian Scholars Review 10. 1981, S. 218–228.

4 Besonders für das Verständnis der Quellenlage ist grundlegend Milton Gascho, The Amish Division of 1693–1697 in Switzerland and Alsace, in: Mennonite Quarterly Review (MQR) 11. 1937, S. 235–266. Die quellenmäßige Grundlage der folgenden Arbeit ist Joseph Stuckey (Hg.), Eine Begebenheit, die sich in der Mennonitengemeinde in Deutschland und in der Schweiz von 1693 bis 1700 zugetragen hat. Vierte vergrößerte Auflage, vermehrt durch einen bisher ungedruckten Brief von Jakob Amman, Arthur, IL: A.M. Publishing Association, 1936; das seltene

88seitige Oktavheft wurde mir von Dr. Delbert Gratz, Bluffton College, Ohio, in dankenswerter Weise ausgeliehen.
5 Grundlegend ist James M. Stayer, The Swiss Brethren: An Exercise in Historical Definition, in: Church History 47. 1978, S. 174–195. – Die ‚Schweizer Brüder' sind eine Glaubensgemeinschaft, die aus der sogenannten radikalen Reformation der 1520er Jahre hervorgegangen ist. Letztere mag in zwei Hauptflügel aufgeteilt werden, die ‚lauten' Täufer mit Zentrum in Münster und die ‚stillen' Taufgesinnten. Die ‚lauten' Täufer hatten in Thomas Müntzer einen Hauptrepräsentanten, der revolutionär gesinnt, aber auch „von einem ernsten Eifer für die Seelenrettung" erfüllt war; vgl. James M. Stayer, Thomas Müntzer's Theology and Revolution in Recent Non-Marxist Interpretations, in: MQR 43. 1969, S. 152; eine neuere Gesamtdarstellung bietet Walter Elliger, Müntzer. Leben und Werk, Göttingen: Vandenhoeck und Ruprecht, 1975. – Die ‚stillen' Täufer können in drei, weitgehend aus semi-autonomen Ortsgemeinden bestehende Gruppen unterteilt werden: Die ‚Schweizer Brüder' mit Gemeinden in Gegenden der Schweiz, des Elsass und der Pfalz; die ‚Hutterischen Brüder', deren Gemeinschaft sich in den frühen 1530er Jahren formte, und deren Nachkommen sich nach 1875 in Nordamerika ansiedelten und heute im Staat Süd-Dakota und in den kanadischen Provinzen Manitoba und Alberta leben (vgl. John A. Hostetler, Hutterite Society, Baltimore: Johns Hopkins University Press, 1974); die ‚Mennoniten' oder ‚Doopsgezinde' des Niederrheins, der Niederlande und Norddeutschlands. Alle drei Gruppen verwarfen die Kindertaufe, wiesen aber der Erwachsenentaufe entscheidende Heilsbedeutung zu. Sie unterschieden sich hauptsächlich wie folgt: Die ‚Schweizer Brüder' betrachteten nach 1540 das bäuerliche Leben auf Einzelhöfen als die einzige gottgefällige Lebensform; die ‚Hutterischen Brüder' erhoben die bäuerliche Gütergemeinschaft zu einem grundlegenden Glaubensartikel; die Mennoniten der Niederlande blieben dagegen auch im städtischen Bereich und integrierten sich mit der Zeit organisch in die dominante Gesellschaft. Sie hatten starken Einfluß auf die ‚Schweizer Brüder' der USA, von denen sich viele ähnlich den Mennoniten adaptierten und in der Folge ‚Swiss Mennonites' genannt wurden (vgl. S.F. Pannabecker, The Nineteenth Century Swiss Mennonite Immigrants and Their Adherence to the General Conference Mennonite Church, in: MQR 21. 1947, S. 64–102). – Zum Ursprung der Schweizer taufgesinnten Gemeinden vgl. Ernst H. Correll, Das schweizerische Täufertum, Tübingen: Mohr, 1925. Die Auswanderung der ‚Schweizer Brüder' behandelt meine Dissertation von 1966, Swiss Migration to America: The Swiss Mennonites, New York: Arno Press, 1980. Die allgemeine Problematik des Ursprungs erforschen James M. Stayer u.a., From Monogenesis to Polygenesis. The Historical Discussion of Anabaptist Origins, in: MQR 49. 1975, S. 83–121.
6 Herkunft und Lebensdaten von Jakob Ammann sind ungewiß; vgl. Delbert L. Gratz, The House of Jacob Ammann in Switzerland, in: MQR 25. 1951, S. 137–139; auch Hostetler, Amish Society, 1980, S. 41–42, der das genealogische Werk von Paul Ammann und Hans Ammann, Aus der Sippe Ammann von Madiswil, Stammregister, 1612–1955, Zürich 1975, heranzieht.
7 Zitiert nach Hostetler, ebd., 1968, S. 32f. Eine frühe ‚Schweizer Brüder'-Gemeinde bestand ähnlich den heutigen amischen Gemeinden aus etwa zehn bis fünfundzwanzig Familien, von einem ‚Vollen Diener' oder Bischof, ‚Diener zum Buch' oder Prediger und einem ‚Armen Diener' oder Diakon geleitet; siehe Hostetler, S. 86–90, Kephart, S. 23f.
8 Stuckey, S. 29, 30, 31; Zitate aus Ulrich Ammanns Brief von 1698 zur Rechtfertigung Jakob Ammanns und seiner Gesinnungsgenossen.
9 Ebd., S. 31, 56.
10 Ebd., S. 59–61, passim.
11 Ebd., S. 29, 31.
12 Ebd., S. 62.
13 Gascho, S. 262, für eine englische Fassung der „Erklärung" mit Unterschriften.
14 Stuckey, S. 37.
15 Ebd., S. 52.
16 Ebd., S. 77.
17 Siehe die eingehende Studie von Delbert L. Gratz, Bernese Anabaptists and Their American Descendants, Scottdale, PA: Herald Press, 1953; auch Schelbert, Swiss Migration; einen Gesamtüberblick bietet John C. Wenger, Glimpses of Mennonite History and Doctrine, Scottdale, PA: Herald Press, 1947.

18 John A. Hostetler, Amish, in: Harvard Encyclopedia of American Ethnic Groups, Hg. Stephan Thernstrom u.a., Cambridge, MA: Harvard University Press, 1980, S. 123.
19 C. Henry Smith, The Story of the Mennonites, Berne, IN: Mennonite Book Concern, 1941, S. 139.
20 Gascho, S. 252, 235.
21 Wenger, S. 109.
22 Gratz, Bernese, S. 44.
23 Hostetler, Amish Society, 1968, S. 28.
24 Ebd., 1980, S. 33, 42.
25 Stayer, Swiss Brethren, S. 176, Anm. 9.
26 Smith, S. 139.
27 Johann Arndt, Sämtliche Bücher vom wahren Christentum, Leipzig: J.S. Heinsius, 1747.
28 Vgl. die Übersichtswerke von Martin Schmidt, Pietismus, Stuttgart: Kohlhammer, 1972; F. Ernest Stoeffler, German Pietism During the Eighteenth Century, Leyden: Brill, 1973; Erich Beyreuther, Geschichte des Pietismus, Stuttgart: Steinkopf, 1978. Eine neueste Quellenauswahl bietet Peter C. Erb (Hg.), Pietists. Selected Writings, New York: Paulist Press, 1983.
29 Vgl. Kurt Müller, Feller, in: Neue deutsche Biographie 5. 1961, S. 74; Johann Heinrich Zedler, Universal-Lexicon 28. 1741, S. 122, 130.
30 Philipp Jacob Spener, Umkehr in die Zukunft. Reformprogramm des Pietismus-Pia Desideria. In neuer Bearbeitung von Erich Beyreuther, Gießen: Brunnen, ²1975. Vgl. auch Emmanuel Hirsch, Die Grundlegung der pietistischen Theologie durch Philipp Jakob Spener, in: Martin Greschat (Hg.), Zur neueren Pietismusforschung, Darmstadt: Wissenschaftliche Buchgesellschaft, 1977, S. 34–52.
31 Theodore G. Tappert (Hg.), Pia Desideria, Philadelphia: Fortress Press, 1964, S. 1.
32 Tappert, S. 13; nach Zitat aus einer Predigt von 1669. Vgl. auch Johannes Wallmann, Das Collegium Pietatis, in Greschat, S. 167–223.
33 Die Darstellung folgt Martin Schmidt, Pietismus, in: Kurt Galling (Hg.), Die Religion in Geschichte und Gegenwart 7 Bde., Tübingen: Mohr, Bd. 5. 1961, Sp. 370–381.
34 Spener, S. 61.
35 Schmidt, Sp. 376, 377.
36 Paul Wernle, Der schweizerische Protestantismus im 18. Jahrhundert, 5 Bde., Tübingen: Mohr, 1923, Bd. 1, S. 121; die Studie ist grundlegend.
37 Ebd., S. 124.
38 Ebd., S. 111–356 reiche Dokumentation.
39 Zum Wiederaufleben der Verfolgung vgl. Gratz, Bernese, S. 37f., 56–59.
40 Stuckey, S. 13.
41 Gascho, S. 252; er zieht diese Folgerung aus Christian Blanks Brief in Stuckey, S.13–20.
42 Beatrice Jenny, Das Schleitheimer Täuferbekenntnis 1527, Thayngen: Karl Augustin, 1951, S. 12, Zeilen 114–118. Nach C. Arnold Snyder, Revolution and the Swiss Brethren. The Case of Michael Sattler, Church History 50. 1981, S. 276–287, war Sattler, ein früherer Benediktiner, Verfasser des Bekenntnisses, das nach Snyder „den Anfang des Schweizer Täufertums als eine einheitliche Bewegung" kennzeichnet.
43 Jenny, S. 12f., Zeilen 122–142, passim.
44 Vgl. Stayer, Swiss Brethren, S. 187; grundlegend ist Horst W. Schraepler, Die rechtliche Behandlung der Täufer in der deutschen Schweiz, Südwestdeutschland und Hessen 1525–1618, Tübingen: Fabian, 1957. Die zahlenmäßige Stärke untersucht Claus-Peter Clasen, The Anabaptists in South and Central Germany, Switzerland and Austria. A Statistical Study, in: MQR 52. 1978, S. 5–38
45 Wernle, S. 477.
46 Jenny, S. 9, Zeile 14.
47 Ebd., S. 12, Zeilen 110–114; diese Auffassung ist insofern in Ulrich Ammanns Brief abgeschwächt, wenn er von den Treuherzigen sagt: „sie dennoch nicht selig zu preisen sind, aber es ist auch nicht zu verdammen;" Stuckey, S. 31.

48 Konrad Grebel an Thomas Müntzer, 5. 9. 1524, in: Leonhard von Muralt und Walter Schmid (Hg.), Quellen zur Geschichte der Täufer in der Schweiz, Bd. 1, Zürich: Hirzel, 1952, S. 14; vgl. auch MQR 53. 1979, S. 78f.; Zusammenfassung von Jean Runzo, Communal Discipline in the Early Anabaptist Communities of Switzerland, South and Central Germany, Austria and Moravia, 1525–1550, Diss. University of Michigan, 1978.
49 Stuckey, S. 64, Brief Jakob Ammanns.
50 Jenny, S. 13, Zeilen 145 und 148–152.
51 Stuckey, S. 23; Der Ausdruck „der liebe Heiland" ist typisch pietistisch und der früheren Sprache der ‚Schweizer Brüder' fremd.
52 So auch Stayer, Swiss Brethren, S. 192, Fußnote 68, gegen Heinold Fast.
53 Stuckey, S. III, 7.

III. Ethnizität und Politik

9. Deutschamerikaner und die Erfindung der Ethnizität

Kathleen Neils Conzen

Im Oktober 1883 brachte das New Yorker deutschsprachige humoristische Magazin „Puck" eine malerische ganzseitige farbige Karikatur mit dem Titel „Ein Familienfest. – Der 200. Geburtstag des gesundesten Jungen unter Uncle Sam's Adoptivkindern". In einer milden Parodie der Abendmahls-Ikonographie stellte der Künstler Uncle Sam, Miss Liberty und Figuren dar, die zwölf Einwanderergruppen repräsentierten und um einen Bankett-Tisch unter Porträts von Steuben, Washington und Lafayette versammelt sind. Jede Einwanderer-Gestalt ist dem Klischee entsprechend gekleidet: Der Schwede trägt grobe Arbeiterkluft, der Franzose ist als Koch erkennbar, der Italiener ist mit Drehorgel und Affen ausgestattet. Auf dem Platz des Judas sitzt die mißgestimmte Karikatur eines Iren. In der ehrfürchtigen Rolle des Lieblingsapostels zur Rechten des Christus-Figur erscheint der Engländer in grellkarierter Kleidung. Und die Christus-Gestalt in der Mitte des Bildes? Das ist der Deutsche: groß, blond, lächelnd und selbstbewußt, ein Weinglas vor sich auf dem Tisch, eine Zigarre in der Hand, mit Bart und Schlapphut, die an die ruhmreiche Zeit von 1848 und an sein ethnisches Erbe erinnern, während der Abendanzug seine volle Integration in die amerikanische Gesellschaft symbolisiert. Er nimmt als sein Gebühr die Trinksprüche von Miss Liberty und Uncle Sam sowie die Ehrerbietung seiner Tischnachbarn entgegen; er läßt keinen Zweifel an der Rechtmäßigkeit seines Platzes in der Mitte und auch seines Stolzes auf seine zweifache Loyalität aufkommen.[1]

Diese Karikatur gibt in knapper Form wieder, welche Vorstellungen sich Deutsche von der Stellung machten, die sie nach zweihundert Jahren Siedlung in der Neuen Welt in der amerikanischen Gesellschaft erreicht hatten. Es wird oft behauptet, daß die Deutschamerikaner in Amerika niemals eine ‚wirkliche' ethnische Gruppe darstellten, da sie durch Dialekt, Ursprungsregion, Religion, Klassenzugehörigkeit, Zeit der Auswanderung und Ort der Ansiedlung in Amerika gespalten waren. Vielmehr seien sie, wie Heinz Kloss es formuliert, eine „unvollendete Volksgruppe" geblieben.[2] Doch eine solche Sicht geht von einer monolitischen und allumfassenden Definition der Ethnizität aus, die nur von wenigen Gruppen in Amerika je erfüllt wurde. Begrenzt man den Begriff derart, so büßt man die Fähigkeit ein, die verschiedenen Formen, in der sich ethnische Identität in den Vereinigten Staaten ausgebildet hat, zu analysieren und zu vergleichen. Betrachtet man Ethnizität stattdessen als eine Form der sozialen Iden-

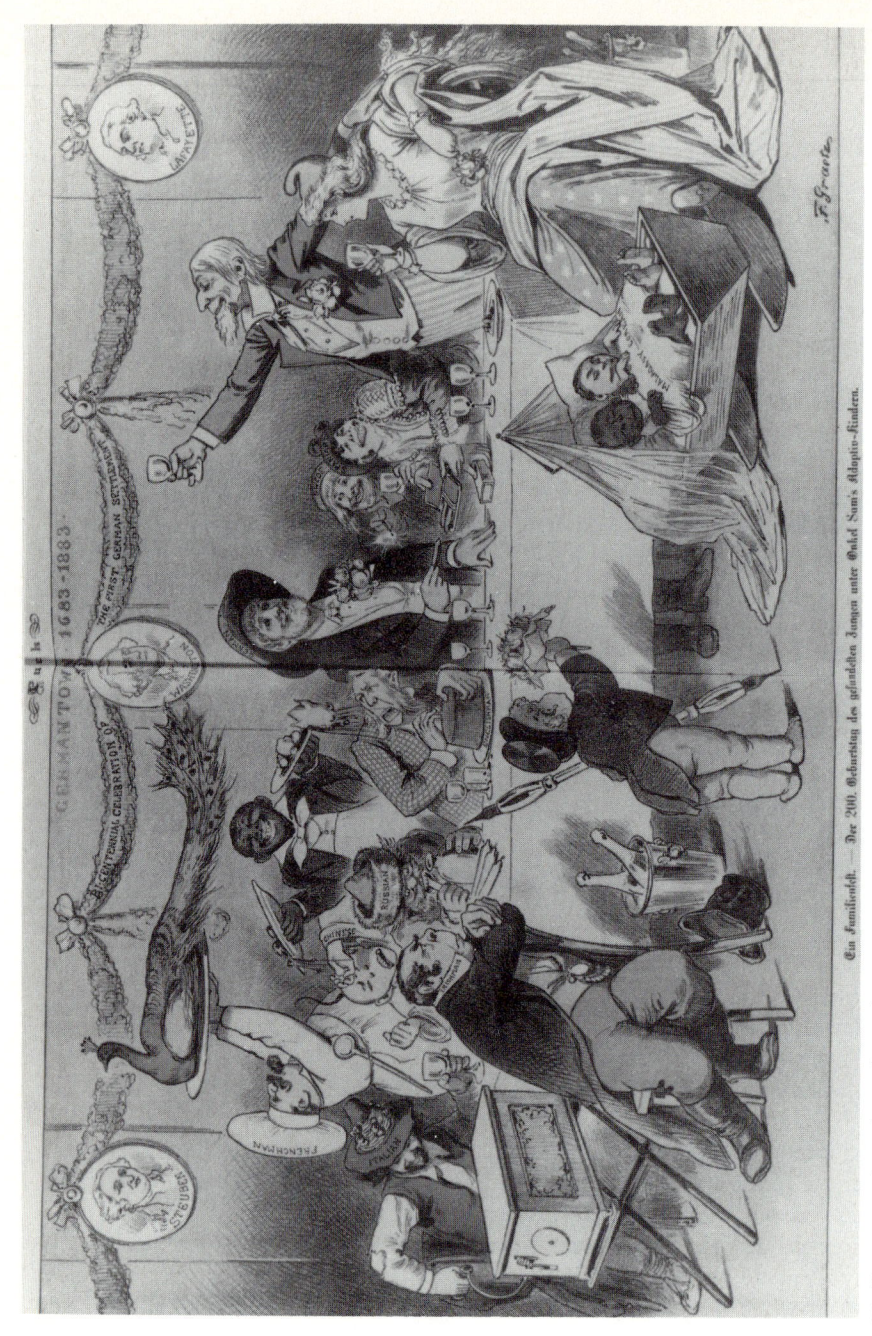

Karikatur zum deutschamerikanischen Bicentennial in der Zeitschrift „Puck", 3. Oktober 1883. Die Bildunterschrift lautet: „Ein Familienfest. Der 200. Geburtstag des gesundesten Jungen unter Onkel Sam's Adoptiv-Kindern." (S. Artikel)

tität, die einem fortdauernden Prozeß der Kern-Definition und Grenzerhaltung entspringt, die Personen einer bestimmten nationalen Herkunft in schwankender Zahl und mit verschiedener Intensität des Engagements akzeptieren, dann können wir in einem sehr realen Sinn von einer deutschamerikanischen Ethnizität sprechen.[3] Wie die „Puck"-Karikatur nahelegt, hatten die Deutschamerikaner zum Zeitpunkt ihrer Zweihundertjahrfeier sich in der Tat bewußt eine Ethnizität geschaffen, und sie hatten bei dem Versuch, für die legitime Rolle einer solchen Gruppenidentität Zustimmung zu gewinnen, auch dazu beigetragen, die Ethnizität selbst als eine Kategorie innerhalb der amerikanischen Gesellschaft zu schaffen.

Diese zweifache ‚Erfindung' entwickelte sich im Verlauf ausgiebiger Debatten innerhalb der deutschen Gruppe über die angemessene Rolle und Zukunft von Deutschen in Amerika. Die Geschichtsschreibung hat uns daran gewöhnt, den Prozeß der Integration von Einwanderern im Rahmen der sich wandelnden Assimilationsnormen zu analysieren, die von der empfangenden Gesellschaft auferlegt wurden. Während des 19. Jahrhunderts gingen die Amerikaner lange Zeit ohne viel Nachdenken von der Existenz eines gutartigen Schmelzprozesses aus, der zur Verschmelzung von Einwanderern wie Eingesessenen zu einer neuen Art amerikanischer Kultur führen würde. Gegen Ende des 19. Jahrhunderts bestand man immer nachdrücklicher auf vollständiger Anpassung an geltende amerikanische Normen, während im späteren 20. Jahrhundert schließlich eine pluralistische Norm weithin akzeptiert wurde, die von einem langfristigen Überleben deutlich unterschiedener ethnischer Kulturen ausgeht.[4]

Die Deutschen formten ihre eigene Ethnizität zum Teil, indem sie auf die Assimilationsnormen reagierten, die die amerikanische Gesellschaft vorschrieb. Doch war ihre Rolle mehr als nur passiv oder reaktiv. Obwohl englischsprachige Amerikaner sich selten ernsthaft mit dem Prozeß der Assimilation von Einwanderern befaßten, bemerkte ein angloamerikanischer Beobachter 1883:

> „Die Zukunft des deutschen Elements in Amerika ist seit langem ein Thema für lebhafte Debatten und Spekulationen unter den gebildeteren und nachdenklicheren Vertretern jenes Elements ... in den deutschen Zeitungen und den deutschen Vereinen, die in allen unseren wichtigeren Städten zu finden sind, werden die Fragen Wird die teutonische Rasse ihre Identität in der Neuen Welt verlieren? und Wird ihre Sprache hier aussterben? häufig mit Eifer und Interesse diskutiert."

Sogar schon 1857 seufzte ein deutschamerikanischer Kommentator, das deutsche Leben in Amerika sei „ein Thema, das schon hundertmal besprochen ist, und auf Alles eher Anspruch machen kann, als auf den Reiz der Neuheit und Originalität".[5] Auf dem Weg über solche endlosen Diskussionen versuchten die Deutschamerikaner ihre eigenen Assimilationsnormen zu definieren und den Inhalt einer Gruppenidentität zu formen, die in der Lage wäre, die Bedürfnisse des größtmöglichen Teils der deutschen Einwanderer zu befriedigen und dennoch den amerikanischen Idealen und Umständen zu entsprechen.

Die Diskussion fand auf zwei Ebenen statt. Auf der ersten versuchte man zu erfassen, welche Arten von Assimilationsprozessen tatsächlich im Gange waren.

Mit einem solchen Verständnis konnte man dann zur zweiten Ebene gelangen, nämlich Normen für diese Prozesse zu bestimmen, die in Bezug auf die Bedürfnisse von Einwanderern wie Mehrheitsgesellschaft sowohl realisierbar als auch philosophisch haltbar waren, und auch Vorgehensweisen zu entwerfen, durch die sie sich erreichen ließen. Hierbei wurden die Möglichkeiten aller drei Grundmodelle der Assimilation geprüft, die in der amerikanischen Gesellschaft aufgetreten sind. Für die Periode von den 1840er bis zu den 1880er Jahren lassen sich drei Phasen der Debatte bestimmen, die sich weniger chronologisch als inhaltlich deutlich voneinander unterschieden. In jeder Phase erreichte man einen gewissen Grad von Konsens, der in der darauffolgenden Phase in einem kumulativen Prozeß der Selbstdefinition weiter verfeinert wurde. In der Anfangsphase übertönten diejenigen, die für die Notwendigkeit der Erhaltung deutscher Kultur in Amerika plädierten, andere Stimmen zugunsten der Anglo-Konformität. In der zweiten Phase wurde ethnischer Separatismus aus Vernunft- wie auch aus pragmatischen Gründen verworfen zugunsten einer ethnischen Präsenz *innerhalb* der amerikanischen Gesellschaft, die man als ‚Schmelztiegel' definierte und verteidigte. In der dritten Phase verfeinerten die Deutschamerikaner ihre Definitionen des Inhalts ihrer eigenen Ethnizität und bemühten sich auch, das Schmelztiegel-Modell durch ein Ideal des kulturellen Pluralismus zu ersetzen, dessen Verwirklichung sich allerdings als sehr schwierig erwies.

Diese Debatten lassen sich in deutschamerikanischen Büchern und Zeitschriften verfolgen. Die Teilnehmer waren kaum für die Masse der Deutschamerikaner repräsentativ. Es ist jedoch klar, daß die Beschränkungen, die von den Einstellungen der einfachen Deutschamerikaner ausgingen, diese Diskussionen stark beeinflußten. Zudem wurden die von ihnen formulierten Argumente durch zahllose Lokaljournalisten, Politiker und Redner an ein größeres Publikum weitergegeben, und sie schufen den Rahmen, innerhalb dessen Deutschamerikaner über ihre ethnische Lage nachdachten. Sicher war nicht jeder mit dem Tenor ihrer Schlußfolgerungen einverstanden, doch wer ihre Position verwarf, verwarf die einzige formale ethnische Identität, die von den Deutschen in Amerika je erreicht wurde.

Die Diskussion begann Mitte der 1840er Jahre, als die deutsche Einwanderung anschwoll, deutsche Viertel sich ausweiteten, deutsche Vereine in großer Zahl entstanden und die deutsche Presse eine Stimme gewann. Emil Klauprecht formulierte 1847 die Grundfrage für seine Leser in Cincinnati:

> „Was hat sich nun von der Eigenthümlichkeit unserer Nation bisher erhalten, und haben sich ihre Glieder, wo sie sich in dichten Ansiedlungen vor jeder Vermischung mit Fremden bewahrten, von dem Standpunkte ihrer damaligen Gesittung und ihres Werkens als *Volks Stamm* dauernde Spuren hinterlassen, die ihren Nachfolgern die trostvolle Versicherung geben können, daß wer die Heimath mit der hiesigen freien Erde vertauscht, nicht auch seine Nationalität hinter sich lassen muß, um als Fremder unter Fremden zu leben und zu sterben?"[6]

Viele, die diese Frage zu beantworten suchten, waren nicht sehr optmistisch. Sie erblickten in den Nachfahren der deutschen Einwanderung der Kolonialzeit eine verwirrende Mischung aus bäuerlichen Deutschen und groben Amerikanern ohne jeden wirklichen kulturellen Einfluß. Bei der Mehrzahl der Einwanderer jüngeren Datums stellten sie eine keineswegs glücklichere „Manie des Sichamerikanisirens" fest: „ihr höchstes Streben ist, es dahin zu bringen, daß man sie von den Amerikanern nicht unterscheiden kann". Doch solche Einwanderer schienen alle deutschen Tugenden einzubüßen, während sie lediglich amerikanische Laster erwarben, wodurch sie die Verachtung eingesessener Amerikaner auf sich zogen, die in Deutschen wenig mehr sahen als kulturellen Dung, der nur dafür gut war, die Kreativität anderer Leute fruchtbar zu machen.[7]

Doch Vertreter dieser Einwanderung der 1830er und 1840er Jahre besaßen starke Argumente zugunsten der Notwendigkeit einer möglichst raschen und vollständigen Amerikanisierung. Einerseits ergab sich aus denselben Ideen des romantischen Nationalismus, die nach einem vereinigten Deutschland verlangten, daß die Erhaltung einer deutschen kulturellen Absonderung dem Bedürfnis ihrer neuen Heimat nach nationaler Einheit Unrecht täte. Andererseits legten die Tyrannei, die Unterwürfigkeit und die nationale Uneinigkeit, die aus der deutschen Kultur in Europa hervorgewachsen waren, den Gedanken nahe, die Deutschen hätten nur wenig Kultur-Gepäck, das den Import in eine freie Nation wert war.[8] Julius Fröbel bot 1857 eine raffinierte Version derartiger Argumente zugunsten der Anglo-Konformität. Die meisten Deutschen würden kulturell durch die Amerikanisierung nur gewinnen. Anständiges Englisch träte dabei an die Stelle eines deutschen Dialekts, der Stolz auf die nationalen Ideale Amerikas an die eines „krähwinkelhaften Provincialgefühls". Was wüßten sie denn überhaupt von den Höhen der deutschen Kultur, von Kant oder Schiller? Zudem, so Fröbel, konnten die „Interessen der Republik" eine schnelle Assimilation verlangen, damit die Einwanderer zur Beteiligung an der amerikanischen Politik befähigt würden, damit die Illusion der kulturellen Gleichheit erhalten bliebe, auf die sich der Glaube an das politische System stütze, und damit die Einführung klassenspezifischer Sitten in einer klassenlosen Gesellschaft vermieden würde.[9]

Doch dann schlug Fröbel einen Haken. Derartige Argumente, so bemerkte er, stützten sich auf die Whig-These, daß die amerikanische Gesellschaft geschlossen, ihre Entwicklung im wesentlichen beendet, ihr Territorium festgelegt, ihr Charakter bestimmt sei. Aber ihm erscheine diese Whig-Auffassung verfrüht. Die endgültige Form der Republik sei noch nicht bestimmt, so daß man mögliche kulturelle Gefahren nicht in Rechnung stellen müsse und der Weg für eigenständige kulturelle Beiträge von Immigranten noch nicht versperrt sei. „Auch wir, wenn auch keine Angelsachsen, glauben an das ‚manifest destiny' — und — fügen wir für die Nativisten hinzu — das ‚manifest destiny' glaubt auch an uns."[10]

Wie die meisten neueren Einwanderer seiner Art nach 1848 brachte es Fröbel einfach nicht über sich, ein Amerika hinzunehmen, in dem es für die von ihm als überlegen betrachtete deutsche Kultur keinen Platz gäbe. Frühere Einwanderer, größtenteils aus der Unterschicht, hatten sich schnell assimiliert, einerseits, weil sie nicht zahlreich genug waren, um vertraute Sitten und Institutionen aufrechtzuerhalten, andererseits aber auch, weil ihnen Amerika gegenüber dem, was sie in Deutschland gekannt hatten, überlegen erschien. Die meisten der 1848er Immigranten beurteilten die amerikanische Gesellschaft sehr viel strenger. Für sie gab es in der deutschen Kultur viel Lobenswertes, in Amerika viel Ungehobeltes, Materialistisches und Heuchlerisches. Dieses Urteil machte die allgemeine amerikanische Verachtung für Deutsche um so unerträglicher. Deshalb lehnten sie das Modell der Anglo-Konformität generell unverzüglich und instinktiv ab, eher aufgrund ihres Gefühls kultureller Überlegenheit denn auf der Basis irgendeiner durchdachten Theorie zur ethnischen Interaktion.[11]

Dennoch bildeten die Argumente, die sie vorbrachten, um die Richtigkeit und die Notwendigkeit der Aufrechterhaltung einer gewissen deutschen kulturellen Präsenz in Amerika zu untermauern, die Grundlage aller späteren deutschen theoretischen Ausführungen zur Ethnizität. Zunächst erzielten sie Einigkeit hinsichtlich des im wesentlichen politischen Charakters der amerikanischen Nation. „Was ist es," so fragte Christian Essellen, „das uns erlaubt, in einem Lande, in welchem wir oder unsere Väter nicht geboren sind, dessen Sprache nicht die unserige ist, daß wir in diesem Lande unserem eigensten deutschen Leben und Treiben nachgehen können . . . ? Es ist der große Gedanke der ewigen und unveräußerlichen Menschenrechte, welcher in der Unabhängigkeitserklärung niedergelegt ist, die rechtliche Grundlage dieser großen Republik . . ."

Der amerikanische Staat, nicht auf nationaler oder dynastischer Grundlage errichtet, forderte zur Naturalisierung nur den Widerruf früherer Untertanenverpflichtungen und einen Eid auf die Verfassung. Unter den von der Verfassung geschützten Menschenrechten sei sogar effektiv das Recht auf kulturelle Freiheit. Dementsprechend brauche man „weder Tabak zu kauen, noch Bankerott zu machen, noch in Lots zu spekulieren, noch Temperenzler zu sein, noch in die Kirchen zu laufen, noch Neger zu fangen. Der Entschluß, der feste Wille und die Fähigkeit, ein freier Mann zu sein, amerikanisirt uns vollständig". Einigkeit herrschte auch darüber, daß der Nationalcharakter der Vereinigten Staaten noch nicht festgelegt sei, da die Nation auf einer so rein politischen Basis gegründet und von Menschen aus allen Gegenden des Erdballs besiedelt worden sei; deshalb gelte die romantisch-nationalistische Forderung nach kultureller Konformität nicht. Man könne den Nationalismus sogar als unvereinbar mit der Gründung Amerikas ausschließlich auf Einigkeit im Glauben betrachten: „Aufgabe Amerikas ist es, den Individualismus gegen die Nationalität zu verteidigen."[12]

Man war sich auch über eine zweite grundsätzliche Feststellung einig: Da ein Mensch nicht zusammen mit seiner nationalen Zugehörigkeit zugleich seine Nationalität zu ändern vermöge, könne er kulturelle Bedürfnisse haben, die möglicherweise von der Kultur der neuen Heimat nicht befriedigt werden könnten. Hier lag natürlich der entscheidende Punkt für die meisten Kommentatoren. Deutsche in den Südstaaten, so führte ein desillusionierter Beobachter aus, sehnten sich häufig so stark nach der gewohnten Gesellschaft, daß sie ihre Stellung unter den Weißen gefährdeten, indem sie Umgang mit Sklaven hatten. Selbst wenn es möglich wäre, die eigene Nationalität abzustreifen, so schrieb

Gustav Struve, so wäre das doch für das neue Heimatland nicht von Vorteil: wer ohne weiteres das eine Wertsystem wegwerfe, werde ein anderes ebenso bereitwillig aufgeben und so zum Sklaven dessen werden, der am meisten biete. Manche, wie der vor 1848 eingewanderte Klauprecht, vertraten sogar eine frühe Version einer beinahe rein pluralistischen Position; kulturelle Vielfalt, so erklärte er, sei schon für sich genommen wertvoll. „Schon trägt Alles zu sehr dem Fabrikentypus der Gleichförmigkeit und jede vorspringende, malerische Eigenthümlichkeit der hiesigen Volksglieder sollte heilig gewahrt stehen."[13] Doch vor allem anderen waren sich die Kommentatoren darüber einig, daß die Amerikaner nie lernen würden, Deutsche zu achten und ihnen Gleichheit zu gewähren, wenn nicht die Deutschen lernten, sich selbst und ihre Kultur zu achten, und das heiße Unterschiede zu pflegen statt sie zu beseitigen.[14]

So versuchten viele Deutschamerikaner in den 1840er und den 1850er Jahren, provoziert von rasch amerikanisierten Einwanderern auf der einen und Yankee-Verachtung auf der anderen Seite, eine Verteidigung ethnischer Unterschiede in der amerikanischen Gesellschaft und eine Argumentation für die Bewahrung ihrer eigenen Kultur aufzubauen. Ende der 1850er Jahre hatten ihre Überlegungen die Stellung selbstverständlicher Postulate erworben. Doch mittlerweile gab es noch das praktische Problem: Theoretische Übereinstimmung war schön und gut, doch wie ließen sich deutsche Werte und Bräuche angesichts des Assimilationsdrucks erhalten? Für die Gruppe, die sich am stärksten durch die amerikanische Wirklichkeit abgestoßen fühlte, war die bevorzugte Lösung der ethnische Separatismus: Errichtung isolierter deutscher Siedlungen, Beherrschung eines ganzen Staates oder mehrerer Staaten, sogar Schaffung einer abgetrennten deutschen Kolonie jenseits der Westgrenze der Nation.[15] Die Debatte über die Durchführbarkeit eines solchen Separatismus bestimmt die zweite Phase der rhetorischen Entwicklung der deutschen Ethnizität, und sie brachte eine spezifisch deutsche Version des Schmelztiegel-Modells hervor.

Wenn die unbewegliche Masse deutscher Nationalität auf die unwiderstehliche Kraft der amerikanischen Gesellschaft stieße, behaupteten die Separatisten, könne das Ergebnis nur „Degeneration und Zerstörung" sein. Nur in Isolierung von Amerikanern könne der Deutsche wahrhaft Amerikaner sein, seine Tugend ebenso wie seine kulturellen Werte bewahren und gleichzeitig des Segens der freien amerikanischen Institutionen teilhaftig werden; nur in der Isolation gebe es Hoffnung, daß die zweite Generation deutsch bliebe. Die Schweiz demonstriere, daß zwei oder mehr Nationalitäten getrennt innerhalb desselben Nationalstaates leben könnten. Doch die Fürsprecher des Separatismus mußten zugestehen, daß wirkliche Isolation praktisch unmöglich sei angesichts des unvermeidlichen Gebrauchs der englischen Sprache, der sich aus der Existenz amerikanischer öffentlicher Einrichtungen und des rücksichtslosen Eindringens von Yankee-Unternehmern überall dort, wo sie eine Chance für sich sahen, ergebe. Außerdem schienen die meisten Deutschen die wirtschaftlichen Möglichkeiten innerhalb der amerikanischen Gesellschaft der kulturellen Kontinuität außerhalb derselben vorzuziehen. Doch ironischerweise schrieben die meisten Kommentatoren das Scheitern separatistischer Pläne hauptsächlich der Tatsache zu, daß die Deutschen starrsinnig an einem ihrer unerfreulichsten Züge festhielten: ihre Unfähigkeit, sich zum Besten des Ganzen zusammenzuschließen.[16]

Ein New Yorker Wochenblatt faßte die Lehre zusammen, die sich für die meisten Deutschen aus dem Fehlschlagen solcher Pläne ergab:

> „Deutsche Colonie, deutscher Staat, ja das klingt recht schön, wenn nur erst ein deutscher Gemeinsinn geschaffen wäre. Bis dahin bleibt das angloamerikanische Element die bewegende, schaffende Kraft, der das deutsche Element als Stütze dient. Wo immer es sich separirte, um auf eigenen Füßen zu stehen, da machte es Fiasco, da würde es überflügelt; . . . Statt für einen Staat im Staate zu schwärmen, einer Isolirungspolitik das Wort zu reden, wär's klüger, die kulturgeschichtliche Aufgabe der deutschen Emigration in einer Verschmelzung des germanischen Idealismus mit dem angloamerikanischen Realismus zu suchen."[17]

Die Metapher des Schmelztiegels, die Christian Essellen schon 1857 verwendete, über ein halbes Jahrhundert, bevor die Bezeichnung im Englischen geläufig wurde[18], vertrug sich gut mit der anglo-amerikanischen Rhetorik zur Assimilation von Einwanderern um die Mitte des Jahrhunderts. Sie erwies sich als ideal für Deutschamerikaner, die einen Mittelweg suchten zwischen einer Anglo-Konformität, die sie sowohl der Selbstachtung als auch eines großen Teils dessen beraubte, was sie an der deutschen Kultur als überlegen und unverzichtbar betrachteten, und einem untunlichen, ohnmächtigen Separatismus. Der Schmelztiegel bot eine Erklärung für selbst beobachtete Prozesse des kulturellen Wandels bei Einwanderern und der Amerikanisierung ihrer Kinder, und er ergab sich ganz natürlich aus Annahmen hinsichtlich des Charakters des amerikanischen Staates. Dennoch ließ er Raum für eine echte Rolle der deutschen Kultur in Amerika. In seiner Rede in der Faneuil Hall 1859 drückte Carl Schurz es so aus: „Gewiß etabliert und erhält der Angelsachse seine Vorherrschaft, doch ohne dabei die anderen nationalen Elemente völlig aufzusaugen. Sie beeinflussen einander und ihre besonderen Merkmale sollen durch die alles assimilierende Kraft der Freiheit zusammengeschmolzen werden."[19]

Die amerikanische Billigung des Begriffs der Verschmelzung um die Jahrhundertmitte beruhte jedoch auf zwei kritischen Voraussetzungen. Die individualistischen Amerikaner gingen vom individualistischen Charakter des Verschmelzens aus und waren unfähig, sich die Assimilation als kollektiven oder Gruppenprozeß vorzustellen. Und sie verließen sich darauf, daß die Verwandlungs-Wirkungen der amerikanischen Umwelt und der freien Institutionen Amerikas sicherstellen würden, daß unerwünschte Züge ausgeschaltet würden, bevor das Schmelzen begann.[20] Beide Voraussetzungen waren für die meisten Deutschen unannehmbar. Mitte der 1850er Jahre hatte sowohl die wachsende Zahl der Deutschen in Amerika als auch die Solidarität und das Selbstvertrauen, die ihrem Widerstand gegen Angriffe von nativistischer und Temperenzseite entsprangen, ein reichhaltiges deutschamerikanisches Gemeinschaftsleben entwickelt, das viele der von ihnen empfundenen sozialen und kulturellen Bedürfnisse zu befriedigen begann. Es schien klar zu sein, daß sich die deutsche Kultur in Amerika eher mit Unterstützung solcher Gruppen-Institutionen und einer kollektiven Identität bewahren ließ. Ebenso klar wurde, daß diejenigen Aspekte der deutschen Kultur, an deren Erhaltung den Einwanderern am meisten gelegen war, vor allem ihre spezifischen Formen geselligen Lebens, in vielen Fällen genau die Dinge waren, an denen die Amerikaner am stärksten Anstoß nahmen.

Deshalb gestalteten die deutschen Theoretiker das vage, kosmopolitische Schmelztiegel-Modell der Tradition Crèvecoeurs in eine aggressive Doktrin um, die nicht nur dazu bestimmt war, Deutschamerikanern zuzusichern, daß es möglich sei, inmitten der amerikanischen Gesellschaft als Deutsche zu überleben, sondern auch zur Behauptung des Rechts der Deutschen, kollektiv und unter Bedingungen ihrer eigenen Wahl in den Schmelztiegel zu steigen. Das Ergebnis war eine germanozentrische Argumentation, die weniger auf das Recht aller Gruppen zur Koexistenz abzielte als auf das besondere Recht der Deutschen, wegen der besonderen Gaben, die sie am Ende in den Schmelztiegel einbringen würden, als ethnische Gruppe in Amerika zu existieren.

Diese Argumentation basierte auf angeblichen Unterschieden zwischen deutschen und amerikanischen nationalen Charakterzügen. Die Amerikaner wurden als aktive, praktische Macher betrachtet, die für Geschäftsleben und Politik besonders begabt seien, aber keinen Sinn für die höheren Dinge des Lebens besäßen. In den Deutschen sah man dagegen Träumer, Künstler, Denker – vielleicht etwas unpraktisch, doch fähig, das Leben zu genießen und warme persönliche Beziehungen zu pflegen. Deshalb sei es die kulturhistorische Aufgabe der Deutschen in Amerika, die Amerikaner kulturell zu bereichern: „für die Freiheit, die uns die Bürger der neuen Heimath gewähren, für das leichtere materielle Fortkommen, das wir unter ihnen finden, bringen wir auch unsrerseits einige Gaben, die ihnen fehlen und die zu ihrer Veredlung wesentlich beitragen können."[21]

Doch wenn die Deutschen als ihren Beitrag zu Amerika die Gaben der Geselligkeit, der öffentlichen Moral und Wertschätzung für das Gute, das Wahre und das Schöne beibringen sollten, so müßten sie diese Züge unter sich, unverfälscht durch die Spreu der deutschen oder der amerikanischen Kultur, bewahren und pflegen. Sie müßten sich zusammenschließen, um ihre Gemeinschaft zu erhalten, wie Friedrich Münch erklärte, „und zwar mit soviel Selbständigkeit, daß es nicht absorbiert wird, sondern gesund und ungeschwächt allmälig in das hiesige Volksleben einfließt". In ein Aktionsprogramm umgesetzt, hieß das vor allem die Unterstützung der deutschen Sprache, Deutschunterricht in den Schulen und die politische Verteidigung deutscher Geselligkeit gegen Angriffe von „Temperenz- und Sonntagsruhe-Fanatikern".[22]

Die in den Debatten der 1850er Jahre über Separatismus und Nativismus ursprünglich formulierte Schmelztiegel-Rhetorik enthielt also eine eigene Definition der Ethnizität auf ausschließlich kultureller Basis, eine Rechtfertigung der Toleranz gegenüber dem deutschen ethnischen Unterschied auf der Grundlage des Nutzens, den er Amerika bringen würde, und einen Trost für den kulturellen Verlust der zweiten Generation im Rahmen der höheren Mission der Deutschen in Amerika. Die Deutschen könnten diese heilige Mission nur dann erfüllen, so erinnerte Philip Schaff 1855, wenn sie einen festen Platz innerhalb der amerikanischen Gesellschaft einnähmen:

> „Es steht völlig außer Frage, daß der Deutsche in der Neuen Welt eine große Aufgabe vor sich hat, wenngleich er sich dessen noch kaum bewußt ist. Er wird der Forderung jedoch nicht gänzlich gerecht werden, wenn er sich kalt und steif von den Anglo-Amerikanern abschließt und einen Staat im Staate bilden will... Vielmehr muß er mit Hilfe seines eingeborenen kosmopolitischen, universellen Geistes den anglo-amerikanischen Charakter kühn und energisch meistern, dessen Tugenden übernehmen und ihm dann, soweit es wünschenswert erscheint, den Atem seines eigenen Geistes und Lebens eingeben. Auf diese Weise wird er ein größeres und fruchtbareres Feld bearbeiten; durch selbstsüchtige Abschließung dagegen beraubt er sich allen Einflusses auf den Hauptstrom des amerikanischen Lebens... Amerika ist das Grab aller europäischen Nationalitäten; doch ist es ein Phönix-Grab, aus dem sie alle zu neuem Leben und neuer Tätigkeit in einer neuen und im wesentlichen anglo-germanischen Form sich erheben werden."[23]

Doch nach dem Bürgerkrieg, in dem sie ihr Recht auf einen Platz in der amerikanischen Gesellschaft mit Blut erkauft hatten, fiel es den Deutschamerikanern zunehmend schwer, den ethnischen Selbstmord – wie phönixgleich er auch sein mochte – hinzunehmen, den das Schmelztiegel-Ideal für sie bereithielt. Sie waren nun überzeugt davon, daß die Rettung der Nation in der deutschamerikanischen Kultur lag. „Aber ohne ein tiefes, inniges Gemüthsleben, das fühlen wir deutlich, wird die amerikanische Nation *noch mancher andern Prüfung nicht entgehen;* ohne ein gesundes, reges Volksleben, das, nach deutscher Art, im sittlichen Gefühle des Herzens wurzelt... wird der Tempel wahrer Freiheit wohl nie mit der Kuppel der Vollendung geschmückt werden, und nur zu bald möchte es den Augen kommender Geschlechter als verwitterte Ruine erscheinen." Amerika beginne bereits, „germanisiert" zu werden, so schrieben sie, und ihr Stolz wurde durch deutsche Siege in Europa erhöht; warum sollte eine ethnische Kultur, die so offenkundig überlegen war, nicht auf unabsehbare Zeit überleben?[24]

Mit der Suche nach einer dauerhaften pluralistischen Alternative zum Schmelztiegel nach dem Bürgerkrieg erreichte die deutschamerikanische ‚Erfindung' der Ethnizität somit ihre dritte Phase. Die Umrisse der Debatte lassen sich in der Kontroverse verfolgen, die aus der 1867 erfolgten Veröffentlichung von Friedrich Kapps Geschichte der Deutschen im New York der Kolonialzeit entstand. Kapp, ein alter Achtundvierziger, war zu dem Schluß gelangt:

> „Eine deutsche Nation in der amerikanischen kann sie nicht sein, aber den reichen Inhalt ihres Gemüthslebens, die Schätze ihrer Gedankenwelt kann sie im Kampfe für die politischen und allgemein menschlichen Interessen in die Wagschaale werfen, und ihr Einfluß wird um so tiefer gehen, ein um so größeres Feld der Bethätigung sich schaffen, ... Sobald sich der deutsche und amerikanische Geist in diesem Sinne vermählen, hat das Aufgehen des Deutschthums im Amerikanerthum nichts Schmerzliches mehr..."

Kapp spricht sogar von einer geistigen Wiederauferstehung:

> „Denn darüber dürfen wir uns keiner Täuschung hingeben: wer auswandert, der giebt sein Vaterland auf und geht ihm verloren. Man kann so wenig zwei Vaterländer als zwei Väter haben. Also entweder Deutscher oder Amerikaner, der Deutschamerikaner ist nur ein Übergang, der in der zweiten Generation verschwindet. Wer deutsch sein will, der bleibe entweder zu Hause oder kehre in die Heimath zurück, denn die Auswanderung ist für den Einzelnen, welcher zu ihr greift, der nationale Tod."[25]

Deutschamerikanische Kritiker im ganzen Land warfen sich auf die Verteidigung einer dauerhaften Ethnizität und beschuldigten Kapp des Hasses auf sein eigenes Volk und der Unkenntnis der wahren Lage innerhalb deutschamerikanischer Gemeinden.[26] Um sich von den Konsequenzen des Schmelztiegels zu distanzieren, suchten sie nach Rechtfertigungen für die Beibehaltung ethnischer Unterschiede. Einige taten den ganzen Schritt zu einer prinzipiellen Verteidigung dauerhafter ethnischer Vielfalt. So argumentierte etwa ein in Milwaukee lebender Deutschamerikaner 1883, die Geschichte habe gezeigt, daß Ethnizität den Patriotismus in keiner Weise beeinträchtige: „Wir stritten im Rebellionskriege an Eurer Seite ... Auf der anderen Seite waren wir ‚Partners' in den Whiskeyringen ... wir [haben] Alle von einander gewonnen und verloren ... Doch müssen wir Alle denselben Weg gehen?"[27] Die meisten begnügten sich allerdings damit, pragmatisch die Vorteile hervorzuheben, die der Nation aus der Existenz von Bürgern erwüchsen, die in der Lage seien, die Schätze von zwei Kulturen zu würdigen, und der Einsichten, die daraus für internationale Geschäfte zu gewinnen seien. Ihre Vision, die von den rassischen Auffassungen und dem deutschen Chauvinismus jener Zeit beeinflußt war, hatte nicht wirklich ein pluralistisches Amerika zum Inhalt, sondern ein Amerika unter der Doppelherrschaft deutscher und angelsächsischer Kultur.[28]

Wie nüchternere Kommentatoren demgegenüber ausführten, ließ sich zwar argumentieren, die deutsche Ethnizität habe ein Recht, in der amerikanischen Gesellschaft zu überleben, doch erheblich schwerer sei es, den Nachweis zu führen, daß sie dazu überhaupt eine realistische Chance habe. Es sei Wunschdenken, wenn man behaupte, die Masseneinwanderung könne längerfristig anhalten oder der Deutschunterricht in den Schulen könne dauerhaften ethnischen Einfluß gewährleisten. Kapp und andere führten zahlreiche Hinweise darauf an, daß die zweite Generation sich rasch amerikanisiere, und zwar kulturell ebenso wie politisch. Sprache und Bräuche der Heimat seien eine „Brücke", die den Prozeß der ersten Anpassung erleichtere, doch Widerstand gegen die schließlich eintretende Assimilation würde Degeneration zu einem sterilen und versteinerten kulturellen Fragment bedeuten.[29]

Bei dem Versuch, das konkrete Funktionieren des Schmelztiegels zu klären, begannen somit einige deutschamerikanische Theoretiker, eine realistische Einschätzung des tatsächlichen Prozesses des kulturellen Wandels mit Begriffen zu formulieren, die der Vorstellung ähneln, die John Higham „pluralistische Integration" genannt hat.[30] Doch die meisten waren nicht bereit, die so mühsam geschaffene ethnische Gruppe aufzugeben, und zogen es vor, auf jede Bemühung

Hermann Monument bei New Ulm, Minnesota, errichtet 1888–1897 (links), und sein Vorbild, das Hermannsdenkmal bei Detmold im Teutoburger Wald, 1838 begonnen und 1875 im Beisein Kaiser Wilhelms I. prunkvoll eingeweiht. In Begeisterung für Hermann (Arminius) den Cherusker, der im Jahre 9 A.D. im Teutoburger Wald die germanischen Stämme einigte und die Römer schlug, gründeten Deutschamerikaner den Orden der Hermannssöhne (‚Order of the Sons of Hermann') und

zur Integration von Theorie und Wirklichkeit zu verzichten; stattdessen beteuerten sie einfach – wie in dem Aufruf zur Zweihundertjahrfeier von 1883 – ihre Beiträge zu Amerika ebenso wie die kulturelle Gleichheit und das Fortbestehen der Gruppe, auf die sie demzufolge ein Recht zu haben meinten.[31]

In vieler Hinsicht stellte 1883 einen Höhepunkt der deutschen Kultur in Amerika dar. Die Kurve der deutschen Einwanderung erreichte während der 1880er Jahre ihren Scheitelpunkt, und dem entsprach der Einfluß der Einwanderer-Generation und der ethnischen Institutionen, die sie geschaffen hatten.[32] Ich habe darzulegen versucht, daß deutschamerikanische Theoretiker während des halben Jahrhunderts vor jenem symbolischen Datum sich bewußt bemühten, sowohl einen Platz für die Ethnizität innerhalb der amerikanischen Gesellschaft als auch einen Inhalt für die deutsche Ethnizität zu ‚erfinden', der eine ausreichend breite Basis besaß, um alle Personen deutscher Herkunft zu umfassen und sie gleichzeitig von Nichtdeutschen zu unterscheiden. Die von ihnen errichteten ethnischen Grenzen waren auf den kulturellen Bereich beschränkt. Sie ergaben sich zwanglos aus Ansichten darüber, was Deutsche von Amerikanern trennte, doch auch aus der Ende der 1850er Jahre allgemein anerkannten Einsicht, daß jede allumfassende Einheit oder körperschaftliche Identität nicht nur unmöglich, sondern auch unamerikanisch sei.[33] Die Rhetorik trug dazu bei, zu definieren, was es hieß, Deutschamerikaner zu sein – für jene, die dafür Interesse aufbrach-

Deutschamerikaner und die Erfindung der Ethnizität 161

trugen mit Spenden zum Bau des Denkmals bei. Es wurde vom Architekten Julius Bernd aus New Ulm in halber Größe des Originals entworfen. New Ulm zählte bei der Einweihung des Denkmals 3000 fast ausschließlich deutsche Einwohner. Inzwischen viermal so groß, feiert die Stadt im Juli ihr historisches Fest (‚Heritage Days‘), bei dem die Geschichte Hermanns und die der Stadt in Schauszenen verwoben werden. (Minnesota Historical Society; Bildarchiv Foto Marburg)

ten. Einer großen Zahl war das natürlich gleichgültig, oder sie verwarf die so definierte Ethnizität zugunsten begrenzterer Untergruppen-Bindungen.

Welche Erkenntnisse lassen sich aus der sich wandelnden Rhetorik der deutschamerikanischen ethnischen ‚Erfindung‘ gewinnen? Zunächst einmal bietet sie wichtige zeitgenössische Zeugnisse für den Charakter der Integration von Einwanderern. Das pluralistische Modell wird heute weithin akzeptiert.[34] Allerdings konnten deutschamerikanische Theoretiker im Amerika des 19. Jahrhunderts trotz aller Bemühungen kaum eine Basis für ein solches Modell entdecken – nicht etwa, weil die Amerikaner eine Zwangsintegration durchsetzten, sondern weil die Masse der deutschen Einwanderer selbst nur wenig Nutzen darin sah, getrennt zu bleiben, außer in begrenzten kulturellen Bereichen.

Zweitens lieferte diese Rhetorik bei all ihrer Geschwollenheit den Deutschamerikanern die unentbehrliche philosophische Übereinstimmung und selbstgewisse Überzeugung, die sie brauchten, um auf politischem Wege jene Bereiche der kulturellen Eigenheit, die sie beibehalten wollten, energisch zu verteidigen. Dies bedeutete drittens, daß deutsche Positionen hinsichtlich der Grenzen der erforderlichen kulturellen Integration und der Legitimität ethnischer Gruppenaktivitäten durch das Medium der Politik innerhalb der amerikanischen Gesellschaft weithin diskutiert, wenn auch nicht immer akzeptiert wurden. Als die Amerikaner später daran gingen, das ganze Problem der Einwanderer-Integration systematischer zu debattieren und zu untersuchen, waren Vorstellungen, die sich innerhalb der ethnischen Gruppen selbst entwickelt hatten, Teil des Vokabulars der Nation geworden, weshalb sie in unserer heutigen Analyse jener Debatten einen Platz verdienen.

Schließlich war die Art und Weise, wie der Kern der deutschen Ethnizität definiert wurde, auch für die Deutschamerikaner selbst von kritischer Bedeutung. Indem sie den kulturellen Schild der Ethnizität so stark ausweiteten, daß er neben Kant und Schiller auch Biergärten schützte, konnten die Theoretiker die Unterstützung einer großen Gefolgschaft gewinnen, doch taten sie dies um den Preis, andere abzustoßen und Gruppenenergien in Bemühungen zu binden, die das Gruppenbild nicht unbedingt verbesserten. Indem sie sich dafür entschieden, ihre Schlacht auf dem Boden der Zweckmäßigkeit zu schlagen – die Verteidigung der deutschen Ethnizität unter dem Blickwinkel, was sie für die Nation tun könnte –, blieb ihnen zudem dann keine Auffangstellung mehr, als die Nation später die Gaben, die sie darzubieten hatten, zurückwies. Die höchste Ironie könnte jedoch darin liegen, daß die Schmelztiegel-Theoretiker nur allzu recht hatten: Ein Hauptgrund dafür, daß die Deutschen langfristig nicht in der Lage waren, spätere Generationen innerhalb der Definitionen der Ethnizität zu halten, die sie ‚erfunden' hatten, ist genau darin zu suchen, daß Amerika sich als so bereitwillig erwies, vieles von dem zu akzeptieren, was durch die Ethnizität lebendig gehalten werden sollte. Denn bei der Dreihundertjahrfeier von 1983 kann ein Uncle Sam's „gesundester Junge" nicht mehr in der Mitte des Einwanderer-Tisches Platz nehmen; er ist einer der Gastgeber.

Anmerkungen

Dankbar weise ich darauf hin, daß das Woodrow Wilson International Center for Scholars und die Stiftung Volkswagenwerk die diesem Artikel zugrundeliegende Forschungsarbeit unterstützt haben.

1 Puck 8, 3. 10. 1983, S. 40f.
2 Heinz Kloss, Um die Einigung des Deutschamerikanertums. Die Geschichte einer unvollendeten Volksgruppe, Berlin: Volk und Reich Verlag, 1937.
3 Fredrik Barth, Introduction, in: Ethnic Groups and Boundaries. The Social Organization of Cultural Difference, ders. (Hg.), Boston: Little, Brown, 1969, S. 9-38; John Higham, Send These to Me. Jews and Other Immigrants in Urban America, New York: Atheneum, 1975, S. 8–13; Arthur Mann, The City as a Melting Pot, in: Arthur Mann u.a., History and the Role of the City in American Life, Indianapolis: Indiana Historical Society, 1972, S. 18f.
4 Milton M. Gordon, Assimilation in American Life, New York: Oxford University Press, 1964; Philip Gleason, American Identity and Americanization, in: Harvard Encyclopedia of American Ethnic Groups, Hg. Stephan Thernstrom u.a., Cambridge, MA: The Belknap Press of Harvard University Press, 1980, S. 31–58; John Higham, Integrating America, in: Journal of American Ethnic History 1. 1981, S. 7–22; ders., Strangers in the Land, New York: Atheneum, 1973; ders., Send These, S. 196–230; Arthur Mann, The One and the Many, Chicago: University of Chicago Press, 1979.
5 E.V. Smalley, The German Element in the United States, in: Lippincott's Magazine, N.S. 5. 1883, S. 356, 362; Christian Essellen, Das deutsche Leben in America, in: Atlantis, N.F. 6. 1857, S. 1. S. auch Johann Eggers, Hat das deutsche Element in den Vereinigten Staaten von Nordamerika eine Zukunft? in: Atlantis, N.F. 5. 1856, S. 33. Zur Entstehung dieser Debatten s. Franz

Löher, Geschichte und Zustände der Deutschen in America, Cincinnati: Verlag von Eggers und Wulkop, 1847, S. 286–289.

6 Emil Klauprecht, Über deutsche Nationalität in den Vereinigten Staaten, in: Fliegende Blätter 1, 20. 2. 1847, S. 25.

7 Theodor Griesinger, Land und Leute in Amerika. Skizzen aus dem amerikanischen Leben, Stuttgart: Kröner, 1863, Bd. 1, S. 293, 285, Zitat 297; Dr. A. Kirsten, Skizzen aus den Vereinigten Staaten von Nordamerika, Leipzig: F.A. Brockhaus, 1851, S. 282–286, Zitat 284; Ernst Ludwig Brauns, Amerika und die moderne Völkerwanderung, Potsdam: Vogler, 1833, S. 323–334; Löher, S.i.

8 Diese Argumente, wie sie von Organen wie dem „Anzeiger des Westens" und der „New Yorker Staats-Zeitung" vorgebracht wurden, sind zusammengefaßt bei Löher, S. 287, 243.

9 Julius Fröbel, Aus Amerika, Leipzig: J.J. Weber, 1857, S. 510–516.

10 Ebd., S. 524–530, Zitat 530.

11 Z.B. „B", Die Auswanderer in Amerika, in: Atlantische Studien 3. 1853, S. 16–31.

12 Atlantis, N.F. 7. 1857, S. 55–58, Zitat 56; Essellen, S. 6; Theodore Poesche u. Charles Goepp, The New Rome; or, The United States of the World, New York: G.P. Putnam and Co., 1853, S. 71; s. auch H.L., Yankeethum und Deutschthum, in: Meyers Monats-Hefte 3. 1854, S. 456–459; Klauprecht, S. 26.

13 Der deutsche Bewohner der Südstaaten wird nur als „Otto K." identifiziert; s. sein Der Nativismus, in: Atlantische Studien 3. 1853, S. 81–90; Gustave Struve, Diesseits und Jenseits des Oceans, Coburg: F. Streit, 1864, Bd. 2, S. 20; Klauprecht, S. 26.

14 Kirsten, S. 282, 296–300; Samuel Maclea, in: Deutsch-Amerikanische Didaskalia 1. 1848, S. 3–6.

15 Eine zeitgenössische Zusammenfassung dieser verschiedenen Schattierungen des ethnischen Separatismus bietet William Weber, Die Zeitungen in den Vereinigten Staaten, in: Das Westland 1. 1837, S. 200–205. Eine ausführliche Erörterung derartiger Pläne bei John A. Hawgood, The Tragedy of German-America, New York: G.P. Putnam's Sons, 1940, S. 93–224; Kloss, Einigung, S. 103–218 passim.

16 Meyers Monats-Hefte 5. 1855, S. 217; Atlantische Studien 3. 1853, S. 16–34; Eggers, S. 33–44; Griesinger, S. 309.

17 Illustrierte Welt 2, 31. 12. 1859, S. 196.

18 Essellen, S. 5; Gleason, S. 38.

19 True Americanism, in: The Speeches of Carl Schurz, Philadelphia: J.B. Lippincott and Co., 1865, S. 57.

20 Richard Conant Harper, The Course of the Melting Pot Idea to 1910, New York: Arno Press, 1980; Gleason, S. 32–39.

21 Zitat aus „H.L.", in: Meyers Monats-Hefte 3. 1854, S. 456; s. auch Essellen, in: Atlantis, Neue Folge 8. 1858, S. 409.

22 Hermann Lindeman, Die europäisch-amerikanischen Ideen in der deutschen Einwanderung, in: Meyers Monats-Hefte 5. 1855, S. 383–389; Friedrich Münch, Ist die Erhaltung des deutschen Elementes innerhalb der Vereinigten Staaten für die Fortentwicklung derselben erforderlich oder nicht?, Rede a.d. Jahr 1857, repr. in: Gesammelte Schriften, St. Louis: C. Witter, 1902, S. 384–391, Zitat 390.

23 Dr. Philip Schaff, America. A Sketch of the Political, Social, and Religious Character of the United States of North America, New York: C. Scribner, 1855, S. 58.

24 Dr. J.G. Eberhard, Festrede, in: Deutsch-Amerikanische Monatshefte 2. 1865, S. 462; s. auch Friedrich Lexow, Die Deutschen in Amerika, ebd. 3. 1866, S. 149–154, 255–261; Friedrich Kapp, Rede, ebd. 2. 1865, S. 182–188; Adolf Douai, Land und Leute in der Union, Berlin: O. Janke, 1864, S. 53–57, 255; Rede des Herrn Johann Bernhard Stallo (1867), in: Deutsch-Amerikanisches Magazin 1. 1886, S. 113–118. „H" in: Steiger's Literarisches Magazin 1. 1869, S. 30–32, rügte die deutschamerikanische Presse, weil sie deutsche Leistungen übertreibe und die von Amerikanern herabsetze. Äußerungen des Vertrauens von Deutschamerikanern auf ihre Lage und die Achtung, die sie von Amerikanern gewonnen hätten, bei Benno Haberland, Das deutsche Element in den Vereinigten Staaten von Nordamerika, Leipzig: H. Matthes, 1866, S. 53–55, 84–87; Daniel Hertle, Die Deutschen in Nordamerika und der Freiheitskampf in

Missouri, Chicago: Druck der ‚Illinois Staatszeitung', 1865, S. 24–35, 112; Steiger's Literarisches Magazin 1. 1869, S. 33.
25 Friedrich Kapp, Geschichte der Deutschen im Staate New York, New York: E. Steiger, ³1869, S. 369f.
26 S. ebd., S. i–xiii; Reisebriefe, in: Steiger's Literarischer Monatsbericht 1. 1869, S. 26f.
27 Die Assimilation der Deutschen, in: Der Deutsche Pionier 15. 1883, S. 229–231.
28 Friedrich Münch, Die künftige deutsche Auswanderung nach Nordamerika, in: Der Deutsche Pionier 3. 1871, S. 203–208; Frau Clara Neymann über den Beruf der Deutschen in Amerika, in: Deutscher Volksfreund 3. 1873, S. 55f.; Zunehmende Macht der Deutschen, in: Der Deutsche Pionier 6. 1874, S. 265–267; Amerikanisierung, in: Der Deutsche Pionier 13. 1881, S. 202f.
29 Kapp, Geschichte, S. i–xiii; Dr. Edmund Spiess, Über die Zukunft und Aufgabe der Deutschen in Amerika, in: Deutscher Volksfreund 4. 1874, S. 158f., 166f., 174f., 182f., 190f., 198f., 207, 214f., Zitat S. 174; Steiger's Literarisches Magazin 1. 1869, S. 30–32; Dr. Adolf Douai, Die Zukunft der deutschen Sprache im Auslande, in: Der Deutsche Pionier 12. 1880, S. 256–262; Eine deutschamerikanische Schriftstellerin über Deutsch-Amerika, in: Der Deutsche Pionier 14. 1882, S. 208–211.
30 Higham, Send These, S. 240–243.
31 Executive Committee of the German-American Pionier-Jubiläum zu Philadelphia, Aufruf an die Deutschen in America, in: Der Deutsche Pionier 15. 1883, S. 212f.
32 Kathleen Neils Conzen, Germans, in: Harvard Encyclopedia of American Ethnic Groups (Anm. 4), S. 402–425.
33 Atlantis N.F. 9. 1858, S. 403.
34 S. Stephen Steinberg, The Ethnic Myth. Race, Ethnicity, and Class in America, Boston: Beacon Press, 1981; John Higham, Current Trends in the Study of Ethnicity in the United States, in: Journal of American Ethnic History 2. 1982, S. 5–15.

10. Ethnische Führungsrollen und die Deutschamerikaner

Willi Paul Adams

Leitungsfunktionen und Führungsrollen in ethnischen Gruppen stellen gewiß nur eine Komponente des umfassenderen Vorgangs der Entstehung, Erhaltung und des Zerfalls ethnischer Gruppen oder Gemeinschaften dar. Aber weder die Herausbildung ethnischer Gruppen noch die Interaktion zwischen Minderheitengruppen und der amerikanischen Gesellschaft lassen sich rekonstruieren und begreifen, wenn man die Führungsrollen ignoriert. Auf vielfältige Weise versuchten Einzelne, die Fähigkeit, Zeit und Energie hatten, um mehr als ihre eigene tägliche Daseinsvorsorge zu bewältigen, Einsichten in ihre persönliche Lage und die Situation ihrer ethnischen Gruppe und der Gesamtgesellschaft öffentlich zu artikulieren und das Verhalten ihrer Mitbürger zu beeinflussen. Dazu gab es unter den Deutschamerikanern die verschiedensten Möglichkeiten: vom örtlichen Gesangsvereins- und Turnvereinsvorstand über den Geistlichen, der sich nicht nur um das Seelenheil seiner Gläubigen kümmerte, bis zum Rechtsanwalt oder Kaufmann, der für den Elternbeirat, den Stadtrat oder für einen Sitz im Einzelstaatsparlament oder eine Richterstelle kandidierte, und natürlich dem Journalisten, der öffentlich über das Verhältnis des Einwanderers, der ethnischen Gruppe und der amerikanischen Gesellschaft nachdachte. Insbesondere bei der Definition und Vertretung von Gruppeninteressen hing viel von dem besonderen Einsatz einiger weniger ab.

Unzufriedenheit allein, hat der Sozialpsychologe Robin Williams erklärt, bewirkt noch kein kollektives Handeln: „Nichtorganisierte und verstreute Massen unzufriedener Leute sind nicht in einer Position, wirksamen politischen Druck auszuüben. Nur durch Kommunikation und die darausfolgende Entstehung von Führung, Autorität und Pflichtverteilung – das heißt Organisation – kann Unzufriedenheit mobilisiert und zu kollektivem Kritikdenken, zu Protest und organisierter Opposition zugespitzt werden."[1] Gleiches gilt für kollektives Verhalten, um bestimmte Ziele einer ethnischen Gruppe durchzusetzen – einschließlich des Weiterbestehens der Gruppe selbst.

Dennoch hat die Einwanderergeschichtsschreibung sich des Themas erst spät angenommen. Die filio-pietistische Historiographie der Jahrzehnte vor 1920 hat die Rolle einzelner natürlich keineswegs übersehen. Im Gegenteil, um der eigenen Gruppe eine ‚nutzbare' Vergangenheit zu vermitteln, um die Gruppengeschichte mit Helden und Rollenvorbildern zu bevölkern, hatten die Chronisten der Deutschamerikaner ebenso wie die aller anderen Einwanderergruppen eine große Vorliebe dafür, biographische Skizzen von vorbildlich erfolgreichen Geschäftsleuten, Kulturträgern und Inhabern öffentlicher Ämter zusam-

Frederick Augustus Conrad Mühlenberg (1750–1801), porträtiert von Joseph Wright (1756–1793) als Sprecher des Abgeordnetenhauses (1790). Als erster gewählter ‚Speaker of the United States House of Representatives' war Mühlenberg einer der frühesten Pennsylvania-Deutschen, die als Politiker nationale Bedeutung erwarben. Die Familie Mühlenberg spielte vor und nach der Gründung der Vereinigten Staaten eine wichtige Führungsrolle. (National Portrait Gallery, Smithsonian Institution, Washington, D.C.)

menzutragen. Die entsprechenden Sammelbände enthielten Kapitel wie „Deutsche im öffentlichen Leben, im Handel und Wandel" oder „Deutsche Männer, die sich verdient gemacht haben"[2]. Auf diese Art und Weise versuchte man, den Aufstieg der ganzen Gruppe zu illustrieren, ihren ‚Beitrag' zur Bereicherung der amerikanischen Kultur vorzuweisen und das Selbstwertgefühl der Deutschamerikaner zu steigern, in nicht wenigen Fällen bis hin zum bekannten kulturellen Überlegenheitsgefühl.

Was Albert Faust und seine Vorgänger, die solche Skizzen verfaßten, nicht weiter erörterten, war u.a. die Bedeutung im Prozeß der ethnischen Gruppenbildung und des Gruppenzerfalls.[3] Auch die Chronisten der Geschichte des amerikanischen Nationalstaats dachten nicht über die internen Strukturen der ab 1880 in zunehmendem Maße als Bedrohung empfundenen Einwanderermassen nach. Sie übersahen in ihrem blinden Drängen auf baldige Assimilation die Rolle einzelner als Gruppensprecher, Interessenvertreter und potentielle Vermittler innerhalb der ethnischen Gruppe, zwischen ethnischen Minderheiten und zwischen ihrer Gruppe und der angloamerikanisch geprägten Gesamtgesellschaft.

Nicht Historiker, sondern Soziologen, Sozialarbeiter und Sozialpsychologen waren die ersten, die Führungsverhalten in ethnischen Minderheitengruppen in die wissenschaftliche Erörterung ihrer beruflichen Arbeit einbezogen. Bei ihren Bemühungen um die Lösung sozialer Probleme fiel ihnen die Bedeutung besonders aktiver Mitglieder der betroffenen Gruppen für die Durchführung von Reformen auf. Ihre Aufmerksamkeit galt in der frühen Phase der Diskussion insbesondere den Wortführern unter den Schwarzen in den Großstädten des Nordens. Wortführer und Interessenvertreter der Schwarzen, so lautete ein gängiges Argument, sollten für ihre Gruppe das gleiche tun, was Aktivisten anderer ethnischer Gruppen für ihre Gruppe erreicht hatten. Auf der Jahrestagung der American Sociological Society im Jahre 1913 sprach der Direktor des South End House von Boston, Robert A. Woods, diese Erwartung unmißverständlich aus:

„Die Lehre aus dem Fortschritt der verschiedenen rassischen Gruppen in der amerikanischen Bevölkerung ist, daß sie ihre Stärke zuerst aus einer sehr starken offensiven und defensiven Loyalität gewinnen. Die fähigsten Mitglieder jeder Gruppe entwickelten Führungsqualitäten bei ihren Bemühungen um ‚clannish coherence'. Nach einiger Zeit sammeln sich genügend politische, ökonomische und sogar intellektuelle Führungsqualitäten an, so daß die Führer der Gruppen als Führer der Gesamtgesellschaften zu gelten anfangen. Zu dieser Zeit beginnt die derart repräsentierte Gruppe generelle gesellschaftliche Macht und allgemeinen gesellschaftlichen Respekt zu haben."[4]

Der Grundgedanke war klar: die Entwicklung der amerikanischen Gesellschaft wird durch konkurrierende Interessengruppen vorangetrieben, und je besser organisiert und geführt eine Gruppe ist, desto mehr Vorteile wird sie für sich gewinnen. Der soziale Aufstieg der Gruppe und die Erfahrenheit ihrer Wortführer und Interessenvertreter wird dann von der restlichen Gesellschaft, ‚the general community', dadurch honoriert, daß bislang ethnische Führer zu politischen oder kulturellen Führern ohne das einschränkende Beiwort werden. Da Woods sich als Soziologe und Sozialarbeiter nur über die Zukunft der schwarzen Bevölkerung Gedanken machte, stellte sich für ihn ein weiteres Problem nicht: das der Desintegration der ethnischen Gruppe durch Assimilation und das Verhalten der ethnischer Führer in dem Übergangsstadium hin zu „genereller gesellschaftlicher Macht" und „allgemeinem gesellschaftlichem Respekt".

Gerade dies wurde das zentrale Anliegen des Sozialpsychologen Kurt Lewin in seinem bekannten Essay von 1941 über den Selbsthaß amerikanischer Juden und die Besorgnis, die jüdische Minderheitengruppe werde durch Assimilation als Gruppe auseinanderbrechen. Lewin wies auf ein Dilemma hin, das nicht nur für die Ausübung von Führungsfunktionen unter jüdischen Amerikanern existiert: Er stellte fest, daß häufig diejenigen Personen mit der Wahrnehmung von Führungsfunktionen beauftragt wurden, die sich zuvor durch irgendeine Art beruflichen Erfolg hervorgetan haben. Sehr oft kommt es jedoch vor, daß gerade solche Personen in ihrer ethnischen Gruppe keine besonders relevante Bezugsgruppe sehen und gar nicht darum bemüht sind, Werte und Verhaltensmuster zu kultivieren, die die Identität der jeweiligen Gruppe ausmachen. Sie werden, so Lewin, ethnische „Führer von der Peripherie her". Diese Tendenz wird noch verstärkt dadurch, daß Vertreter der dominanten Kultur mit ihnen besser zurechtzukommen glauben als mit anderen, die ihrem persönlichen Verhalten nach dem kulturellen Kern ihrer ethnischen Gruppe viel näherstehen. In diesem Zusammenhang benutzte Lewin auch als einer der ersten die hilfreiche Metapher von den konzentrischen Kreisen, deren innere Zone den kulturellen Kern der jeweiligen ethnischen Gruppe darstellt, der nach außen hin von immer weniger intensiven Zonen ethnischer Zugehörigkeit umgeben ist.[5]

Diese Metapher ist von John Higham aufgegriffen worden, dem Historiker, der in den 1970er Jahren ‚ethnic leadership' als erster systematisch untersucht hat. Ein von Higham herausgegebener Sammelband dokumentierte die Bedeutung von Führungsfunktionen in ethnischen Gruppen nicht nur für eine erfolgreiche Interessenvertretung, sondern auch für den grundlegenderen Prozeß der Gruppenbewußtseinsbildung, das heißt für die Schaffung und den Erhalt der Gruppenidentität. Higham faßte seine Vorstellung in der Metapher zusammen, die unserer Phase der technischen Entwicklung vielleicht angemessener ist als der des Schmelztiegels: eine ethnische Gruppe ist wie ein magnetisches Feld, das am Rande immer schwächer wird – und ethnische Führer schaffen den Magnetkern.[6] Highams Vorstoß scheint die Herausgeber der „Harvard Encyclopedia of American Ethnic Groups" (1980) bewogen zu haben, neben so eingefahrenen Themen wie ‚Americanization' und ‚Language Maintenance' einen Artikel über ‚Ethnic Leadership' – von Higham verfaßt – aufzunehmen.[7] Nicht mehr das Engagement von Sozialarbeitern und Minderheitensoziologen bildete den außerwissenschaftlichen Kontext, in dem Führungsfunktionen in ethnischen Gruppen zum Gegenstand der neueren Einwanderungsgeschichtsschreibung wurde, sondern die erneute Blüte – und vielleicht kann man inzwischen sagen Scheinblüte – der ‚new ethnicity' der 1960er Jahre und frühen 1970er Jahre.

Um einem Mißverständnis vorzubeugen, das ich im deutschen Sprachraum angetroffen habe, in dem ‚Führer', ‚Führertum' und ‚Führerschaft' sich als wertfrei-analytische Begriffe nicht gerade anbieten, sei noch einmal betont, daß es hier nicht um einen Beitrag zur Untersuchung von großen Männern, Eliten oder dominanten Klassen geht. Führungs- oder Leitungsfunktionen sind vielmehr im alltäglichen Kontext integraler Bestandteil der Verhaltensweise von Gruppen, spätestens wenn gemeinsame Handlungen vorbereitet werden. Die Aktivisten und Akteure waren im Fall der Einwanderer keineswegs Eliten, große Männer oder Klassen, wie auch immer definiert. In dem hier gemeinten umfassend funktionalen Sinn hat Robert C. Tucker drei Aufgaben insbesondere politischer Führung präzisiert: Als Führer betätigt sich, wer die Lage der Gruppe überzeugend darstellt, bestimmte Verhaltensweisen der Gruppe vorschlägt und um Zustimmung zu diesen Vorschlägen wirbt, wer „mobilisiert".[8]

Den besonderen Sachverhalt der ‚ethnic leadership' sollten wir um der Aussagekraft des Begriffs willen eng definieren. Wir können in den meisten Fällen vier Komponenten des Vorgangs klar unterscheiden: (1) Führende, (2) Sich-führen-Lassende, (3) die konkrete Situation, in der gehandelt werden muß und (4) konkrete Aufgaben, deren Lösung alle Beteiligten anstreben.[9] Von ‚ethnic leadership' sollte man nur dann sprechen, wenn das Verhalten der Führenden und Folgenden zumindest teilweise von eindeutig ‚ethnischen' Motivationen und Zielvorstellungen geprägt wird.

Was sind eindeutig ethnische Motivationen? Statt eine abstrakte (wahrscheinlich tautologische) Definition zu formulieren, möchte ich mich auf den konkreten Vorschlag beschränken, im Fall der Deutschamerikaner als ‚ethnisch' nur die Eigenschaften von Personen und Problemen zu bezeichnen, die sich aus der gemeinsamen Erfahrung der Einwanderung oder der tradierten Erinnerung an die Einwanderung ergeben und die ohne sie nicht existieren würden. Beispiel: Die Wahl eines stadtbekannten Rechtsanwalts in das Einzelstaatsparlament von Illinois ist nicht notwendigerweise Ausdruck ethnischer Eigenschaften des Gewählten oder seiner Wähler, auch wenn er in Deutschland geboren ist. Wenn diese Tatsache jedoch im Wahlkampf erwähnt wird und es eine Absprache ‚irischer' und ‚deutscher' Politiker der Demokratischen Partei von Chicago gibt, die die erfolgreiche Kandidatur ermöglicht, dann haben wir es mit einem Fall ethnischer Politik und ethnischer Führungsrollen zu tun.

Um unser Verständnis von Führungsfunktionen in ethnischen Gruppen weiterzuentwickeln, brauchen wir jetzt möglichst viele Fallstudien über verschiedene ethnische Gruppen, um die bereits vorhandenen Modellvorstellungen an der historischen Realität messen und gegebenenfalls korrigieren zu können. Im zweiten Teil meines Berichts bespreche ich deshalb die wichtigsten Komponenten oder Bausteine einer Theorie ethnischer Führungsfunktionen, die John Higham und andere[10] vorgeschlagen haben, ergänze sie und frage nach der Anwendbarkeit auf die Gruppe der Deutschamerikaner.

1. Kulturheroen

Ethnische Führungsfunktionen und die Rolle des ‚Kulturheroen', der unter anderem einer ethnischen Gruppe angehört, sollten begrifflich klar getrennt bleiben. General von Steuben, Johann Jakob Astor und August Roebling (der Erbauer der Brooklyn Bridge), sind Paradebeispiele gesamt-amerikanischer ‚Kulturheroen', die nach erbrachter Leistung und öffentlicher Anerkennung von ihrer ethnischen Gruppe reklamiert wurden, um die Leistungsfähigkeit der ganzen Gruppe vor der Gesamtgesellschaft zu beweisen. Die hochentwickelte deutschamerikanische Presse trug im 19. Jahrhundert viel dazu bei, solche Kultfiguren aufzubauen. Denkmalbau aus Stein diente dem gleichen Zweck. Kein Kapitel der Autobiographie des deutschamerikanischen Politikers Richard Barthold ist in einem satteren Ton der Selbstzufriedenheit geschrieben als der Bericht über seine Initiative zur Aufstellung des Steuben-Denkmals neben den Statuen Lafayettes und Rochambeaus in dem Pärkchen gegenüber dem Weißen Haus im Jahre 1910.[11]

2. Institutionalisierte und zentralisierte Interessenvertretung

Die zentrale Vertretung der deutschamerikanischen Interessen in einem nationalen Dachverband (institutionalized central leadership) hat bis in den Ersten Weltkrieg hinein auch für die Deutsch-Amerikaner eine wichtige Rolle gespielt. Genau was die Aktivitäten des 1901 gegründeten Deutschamerikanischen Nationalbundes für das tägliche Leben der Mehrzahl der Deutschamerikaner bedeutet haben, ist – mit Ausnahme seiner bekannten Lobby-Tätigkeit gegen Alkoholverbotsgesetze – schwer festzustellen.[12] Klar ist jedoch, daß die in der Öffentlichkeit von den professionellen Deutschamerikanern angeschlagenen Töne in dem Maße schriller, ethnisch-chauvinistischer wurden, in dem sie – etwa von den 1890er Jahren an – ihre Basis in der Bevölkerung verloren. In dem Jahrzehnt vor und während des Ersten Weltkrieges haben die zentralen Wortführer den Deutschamerikanern als Gruppe insgesamt wahrscheinlich mehr geschadet als genutzt. Diesen Sachverhalt hat H.L. Mencken, Sohn bereits in Baltimore geborener Deutschamerikaner, 1928 mit dem vernichtenden Urteil angesprochen:

> „Die Deutschamerikaner bilden eine Gruppe, die in schnellem Verfall begriffen ist. Dieser Verfall hat schon lange vor dem Kriege begonnen. Ja, der Krieg hat ihn sogar für einige Zeit aufgehalten ... Das Deutschtum in Amerika war nur noch ein Spielzeug für drittrangige ‚Führer', die meist etwas zu verkaufen hatten; im übrigen war es tot. ... Der Schmelztiegel hat die Deutschamerikaner verschlungen wie keine andere Gruppe, wie nicht einmal die Iren."[13]

Die nach dem Ersten Weltkrieg gegründete Steuben Society of America hätte eine effektive, professionelle Zentrale zur Vertretung deutschamerikanischer Interessen werden können, hat sich jedoch nicht dazu entwickelt.

3. Kirchen

Pfarrer und andere kirchliche Amtsträger aller Konfessionen haben auch als ‚ethnic leaders' eine kaum zu überschätzende Rolle gespielt. Auf die Vielfalt der Variationen – vom engagierten Reformierten Gemeindepfarrer über den Vorstand der Missouri Synod der Lutheraner bis zum katholischen Bischof, der versuchte, unter seinen irischen und deutschen, polnischen und italienischen Schützlingen bereits im Diesseits Frieden zu stiften – kann hier nur verwiesen werden. Noch wissen wir längst nicht genug über die ethnisierenden oder aber amerikanisierenden Einflüsse der verschiedenen deutschamerikanischen protestantischen, katholischen, jüdischen und freidenkerischen Wortführer und Institutionen auf die Deutschamerikaner. Die Rolle einzelner Rabbiner als ethnische ‚Makler' zwischen ethnischen Gruppen einerseits und Juden und der amerikanischen Gesamtgesellschaft andererseits ist aufgezeigt worden.[14] Hauptanliegen mennonitischer Wortführer ist der Zusammenhalt der Gruppe durch Widerstand gegen Amerikanisierung.[15] Deutschamerikanische Katholiken, die im 19. Jahrhundert schätzungsweise ein Drittel der Einwanderer aus Deutschland ausmachten, verwandelten ihre Gemeinden unter Anführung ihrer Bischöfe von deutschsprechenden Einwanderergemeinden zu ethnisch noch gemischten, aber englischsprechenden Gemeinden, ohne daß es zu einer dauernden Kirchenspaltung wie etwa im Fall der Polish National Catholic Church gekommen ist.[16] Auch die in der Synode von Missouri zusammengeschlossenen konservativen und ethnisch isolationistischen Lutheraner sahen sich nach dem Ersten Weltkrieg zur ‚Amerikanisierung' gezwungen.[17] Weiterer Klärung bedarf in diesem Zusammenhang der möglicherweise dominante Einfluß rein weltlicher Vorbedingungen auf das innerkirchliche Verhalten der Kirchenführer. Die Spannung zwischen national-weltlichen und kosmopolitisch-religiösen Aufgaben war in den Jahrzehnten vor dem Weltkrieg immer größer geworden. Die Monatsschrift der Evangelischen Gesellschaft für die protestantischen Deutschen in Amerika zu Barmen formulierte das doppelte Dilemma des deutschen Pfarrers in der ‚Auslandsdiaspora': „Muß ich nicht als Deutscher die Unterscheidung unseres Volkes nach Konfessionen in der Fremde aufgeben und überbrücken, und umgekehrt, muß ich nicht als evangelischer Christ gerade Kosmopolit sein?"[18]

4. Vereine

Die gerade unter den Deutschamerikanern ausgeprägte Vielfalt des Vereinslebens war zugleich Nährboden und Instrument für die Ausübung von Führungsfunktionen. Die späte Phase der Bildung von Dachverbänden ist bereits unter (2) erwähnt worden. Die Auswirkungen des weltlichen Vereinslebens auf das soziale Verhalten von Deutschamerikanern, einschließlich der Ausübung ethnischer Führungsfunktionen, waren mindestens ebenso vielgestaltig wie die der kirchlichen Organisationen. Die politische Rolle etwa der Turnvereine ist bekannt.[19]

Die Rolle deutschamerikanisch beeinflußter Gewerkschaften und die Einflußnahme ihrer Anführer über die Grenze der ethnischen Gruppe hinaus bedarf der weiteren Klärung, insbesondere wegen der permanenten Überschneidung und Konkurrenz ethnischer und ökonomisch-klassenmäßiger Zugehörigkeitsgefühle. Jüngste Untersuchungen über die Situation deutscher Arbeiter in Chicago in den Jahrzehnten vor dem Ersten Weltkrieg haben bestätigt, daß deutschamerikanische Gewerkschaftsführer die Entwicklung amerikanischer Gewerkschaften maßgeblich mitgestaltet haben.[20] Auch die Socialist Party wurde von Deutschamerikanern mitgelenkt; als Eugene Debs 1912 für das Präsidentenamt kandidierte, stand der Bürgermeister von Milwaukee, der Einwanderersohn Emil Seidel, als Kandidat für das Vizepräsidentenamt an seiner Seite.

Zu korrigieren ist jedenfalls für eine Vielzahl von Vereinen die von der älteren Einwanderungsgeschichtsschreibung häufig ausgesprochene Vermutung, die ethnisch definierten Organisationen seien in Reaktion auf die besondere Situation Eingewanderter entstanden, seien eine Neuerfindung als Begleiterscheinung der Anpassung an die Lebensbedingungen in der neuen Umgebung. Ein großer Teil des Vereinslebens war vielmehr eine Verpflanzung aus der alten in die neue Welt.[21]

5. Presse

Die deutschsprachige Presse erreichte vor dem Ersten Weltkrieg vielleicht den größten Umfang und die größte Vielfalt, die bislang eine Einwandererpresse in den USA erlangt hat. Meinungsbildung und Interessenvertretung auf lokaler, regionaler und nationaler Ebene wären ohne diese Zeitungen, Wochen- und Monatsschriften gar nicht möglich gewesen. Eine kürzlich durchgeführte Analyse Chicagoer Zeitungen hat dokumentiert, wie Meinungsführer der verschiedensten politischen Richtungen auch Ereignisse in Deutschland, von dem deutschfranzösischen Krieg bis zur Samoa-Krise der 1880er Jahre, benutzt haben, um deutschamerikanische Leser für ihre Sache, sei es die der sozialistischen Bewegung, der Gewerkschaften oder des Bürgertums, zu mobilisieren.[22]

6. Öffentliche Ämter

Ein nicht minder einflußreicher Typ zumindest potentiell ethnischer Führer waren die Deutschamerikaner, die Führungsaufgaben in nichtethnisch definierten Institutionen, insbesondere öffentliche Ämter übernahmen. Ähnlich wie bei den ‚Kulturheroen' müssen wir auch hier feststellen, daß viele Politiker, Richter usw. ihre öffentliche Stellung ohne Mithilfe ihrer ethnischen Gruppe erlangten. Das gilt z.B. auch für die meisten der dreiundvierzig in Deutschland Geborenen, die zwischen 1861 und 1930 zu Mitgliedern des Repräsentantenhauses der USA gewählt wurden, und die drei entsprechenden Senatoren. Nur wenige von ihnen übten ethnische Führungsfunktionen im oben definierten engeren Sinn aus. In meiner laufenden Untersuchung ihrer Karrieren schätze ich das Ausmaß der Ethnizität ihres öffentlichen Wirkens und privaten Lebens anhand von vier Faktoren ein:

(1) ihrer Wählerschaft (Anteil der in Deutschland Geborenen an der Bevölkerung ihres Wahlkreises und andere Informationen über öffentliche örtliche Aktivitäten der Deutschamerikaner); (2) der Rolle deutschamerikanischer Organisationen und Interessen in ihrer politischen Laufbahn; (3) ihrer allgemeinen geistigen Interessen (Beschäftigung mit und eventuell Veröffentlichungen über deutsche und deutschamerikanische Fragen in Geschichte und Gegenwart); (4) ihres Familienlebens (Sprachgebrauch zu Hause, Herkunft der Ehefrau, Umgang mit anderen Deutschamerikanern, usw.). Ergebnis ist eine breite Skala eth-

nischer Identifikation, von ihrer totalen Leugnung bis zu ihrer hemmungslos übertriebenen Ausnutzung. Der jüdische, in Bechtheim geborene U.S. Senator von Oregon, Joseph Simon (1897–1903), hätte seine offizielle Kurzbiographie am liebsten ohne Ortsangabe beginnen lassen: „1851 geboren, hat er seit 1857 in der Stadt Portland, Oregon, gewohnt . . .".[23] Am anderen Ende der Skala stand Carl Schurz, wahrscheinlich der erfolgreichste Vermittler zwischen zumindest einem erheblichen Teil der Deutschamerikaner und dem amerikanischen politischen System. Sein Biograph Hans Trefousse beschreibt seine Rolle als die eines Führers (guide) über die Brücke der Integration aus der deutschen in die amerikanische Gesellschaft.[24]

Schurz' Vermittlerrolle war in ihrer Intensität und öffentlichen Anerkennung eine Ausnahmeerscheinung. Es war die Vielzahl weniger spektakulärer Fälle, in denen Deutschamerikaner erster und zweiter Generation öffentliche Ämter in Gemeinde, County und Einzelstaat übernahmen, die die erfolgreiche Integration deutscher Einwanderer und ihrer Nachkommen dokumentiert. Unter ihnen sind dann auch zahlreiche Beispiele für den eingangs erwähnten fließenden Übergang von ethnisch charakterisierten zu allgemeinen Führungsfunktionen und -rollen zu finden.

7. Aufgaben ethnischer Wortführer

Die besonderen Aufgaben, deren Erfüllung von ethnischen Führern erwartet wurde und die ihre Daseinsberechtigung ausmachten, lassen sich zu vier Kategorien zusammenfassen: Förderung der materiellen Interessen ihrer ethnischen Gruppe; nur teilweise damit identisch: Förderung des Status, des Ansehens ihrer Gruppe; Verteidigung des Lebensstiles ihrer Gruppe; öffentliche Darstellung des Verhältnisses der Gruppe und der Vereinigten Staaten zum Heimatland.

Die wirtschaftlichen Interessen und Zielvorstellungen der Deutschamerikaner waren ebenso vielgestaltig und widersprüchlich wie ihre religiösen und politischen. Deshalb konnte ihre Vertretung nur regional begrenzt die Aufgabe ethnischer Wortführer definieren. Förderung der Gruppe im Gedrängel auf der ethnisch-rassischen Statusleiter, unter anderem durch Rechtfertigung ‚deutscher' Lebensweise war gerade für deutschamerikanische Interessenvertreter eine elementare Aufgabe. Wie schockierend ein typisch deutscher Sonntagnachmittag, bei dem kleine Kinder ihren Eltern beim Biertrinken und Tanzen in der Öffentlichkeit zusahen, für einen puritanischen Yankee sein konnte, und daß umgekehrt Deutschamerikaner die Ideale der Unabhängigkeitserklärung durch Einschränkungen des Bierverkaufs verraten sahen, kann ich hier leider nicht ausmalen.

Pflege des Verhältnisses zum Heimatland führte gerade im Fall der Deutschamerikaner zu den verhängnisvollen Fehlleistungen, die H.L. Mencken 1928 ansprach. Nur die mexikanischen, spanischen und japanischen Einwanderer sind in ähnlicher Weise wie die Deutschamerikaner durch Krieg zwischen alter und neuer Heimat hysterischer Verdächtigung und kultureller Unterdrükkung ausgesetzt und in schmerzliche Loyalitätskonflikte gestürzt worden.[25] Die Meisterung der durch den Ersten Weltkrieg herbeigeführten heiklen Situation für die Deutschamerikaner als ethnische Gruppe hätte einer besonders fähigen Führungsschicht der Deutschamerikaner bedurft. Tatsache aber war, daß sich seit etwa zwei Jahrzehnten die gegenteilige Art ungeschickter lauter Wortführer – die von Mencken als drittrangig eingestuften Deutschtümler – in den Vordergrund gespielt hatten. Die falschen Führer fachten den amerikanischen Nationalismus nur noch weiter an und trugen auf diese Weise selbst zur Zerstörung dessen bei, was sie verteidigen wollten: ein lebendiges deutschamerikanisches Kulturleben.[26]

Während die Vertreter deutschamerikanischer Interessen auf nationaler Ebene wegen ihrer unrealistischen Einschätzung des Verhältnisses der USA zu Deutschland versagten, gelang es auf Gemeindeebene auch nach der Jahrhundertwende noch durchaus ethnisch motivierten Politikern, Publizisten, Pfarrern, Lehrern usw., öffentliche Entscheidungen zugunsten deutschamerikanischer Interessen zu beeinflussen und das Leben der Eingewanderten und ihrer Kinder zu erleichtern. Denn ‚interest group politics' spielte sich vor allem auf örtlicher Ebene ab. Hier wurden die das tägliche Leben bestimmenden Fragen entschieden, Fragen der Arbeitsbedingungen, des Schulwesens, der Pflege der deutschen Sprache, des Kirchenlebens und angewandter Ethik, wie z.B. des umstrittenen Alkoholverbots.

Vor allem detaillierte Gemeindestudien dürften deshalb über den tatsächlichen Verlauf der ethnischen Gruppenbildung und -auflösung sowie über das tägliche Leben deutscher Einwanderer und ihrer Nachkommen weiteren Aufschluß geben, wozu auch die Rolle der am öffentlichen Leben auf allen Ebenen besonders Aktiven gehört.

Ein Volk, so hat Karl Deutsch es formuliert, ist eine Gruppe mit gemeinsamen Kommunikationsmustern, meist einer gemeinsamen Sprache, und immer einer gemeinsamen Kultur, die eine Gemeinschaft gemeinsamer Bedeutung ermöglicht.[27] Wenn man mit diesem funktions- und kommunikationsorientierten Verständnis von Nationalstaat die interstaatliche Migration betrachtet, dann ist der Einwanderer jemand, der auf die Dauer von einer Kommunikationsgemeinschaft in eine andere überwechselt. Dann wird auch offensichtlich, daß dieser Vorgang – je nach Stadium im Lebenszyklus – mit einer Umorientierung verbunden ist, die viel mehr aktives Verhalten, viel mehr Steuerung, Neudefinition usw. verlangt, als es die häufig gebrauchte passive, biologistische Metapher vom ethnischen ‚Erbe' nahelegt. Diese Leistung wurde von besonders aktiven Einwanderern und Nachkommen von Einwanderern für die ganze Gruppe durch öffentliche Diskussion und öffentliches Handeln vorbereitet und dadurch dem Einzelnen erleichtert. ‚Ethnic leadership', die Ausübung von Führungsfunktionen in ethnischen Gruppen, ist ein nicht wegzudenkender Bestandteil der Einwanderungs- und Minderheitengeschichte, nicht nur in den Vereinigten Staaten.

Anmerkungen

1 Robin M. Williams, Jr., Relative Deprivation, in: The Idea of Social Structure. Papers in Honor of Robert K. Merton, Hg. Lewis A. Coser, New York: Harcourt, Brace, Jovanovich, 1975, S. 355–378, Zitat S. 372. – Zitate vom Herausgeber übersetzt.
2 Beispiele in Herman Julius Ruetenik, Berühmte deutsche Vorkämpfer für Fortschritt, Freiheit und Friede in Nord-Amerika, Cleveland: Forest City Bookbinding Co., 1888, und Max Heinrici (Hg.), Das Buch der Deutschen in Amerika, Philadelphia: German-American National Alliance, 1909.
3 Albert Bernhardt Faust, The German Element in the United States, with Special Reference to Its Political Moral, Social, and Educational Influence, 2 Bde. (1909), New York: The Steuben Society of America, ²1927.
4 Robert A. Woods, Diskussionsbeitrag ohne Überschrift, American Sociological Society, Papers and Proceedings 8. 1914, S. 100.
5 Kurt Lewin, Resolving Social Conflicts. Selected Papers on Group Dynamics, New York: Harper, 1948, S. 195–197.
6 John Higham (Hg.), Ethnic Leadership in America, Baltimore: Johns Hopkins University Press, 1978, S. 2.
7 Higham, Leadership, in: Harvard Encyclopedia of American Ethnic Groups, Hg. Stephan Thernstrom, Cambridge, MA: Harvard University Press, 1980, S. 642–647, Zitat S. 642.
8 Robert C. Tucker, Politics as Leadership, Columbia: University of Missouri Press, 1981, S. 18f. und Kapitel 3.
9 Cecil A. Gibb, Leadership, in: International Encyclopedia of the Social Sciences, 1968, Bd. 9, S. 91. Gibb betont auch in seinem detaillierten Beitrag „Leadership" in: The Handbook of Social Psychology, Reading, MA: Addison-Wesley, ²1969, Bd. 4, S. 205–282 (mit umfassender Bibliographie) die Interaktion von Führenden und Folgenden.
10 Z.B. Victor Greene, ‚Becoming American'. The Role of Ethnic Leaders – Swedes, Poles, Italians, and Jews, in: The Ethnic Frontiers. Essays in the History of Group Survival in Chicago and the Midwest, Grand Rapids, MI: Erdmans, 1977, S. 143–175. Der Beitrag Frederick C. Luebkes, „The Germans" in Highams Sammelband „Ethnic Leadership", beschränkt sich auf den Zeitraum 1915–1940.
11 Richard Bartholdt, From Steerage to Congress. Reminiscences and Reflections, Philadelphia: Dorrance, 1930, Kapitel 14.
12 Clifton James Child, The German-Americans in Politics, 1914–1917, Madison: University of Wisconsin Press, 1939, behandelt vor allem den Nationalbund.
13 H.L. Mencken, Die Deutschamerikaner, Die neue Rundschau 39, II, 1928, S. 493.
14 Mark K. Baumann und Arnold Shankman, The Rabbi as Ethnic Broker. The Case of David Marx, in: Journal of American Ethnic History 2. 1983, S. 51–68; und Mark K. Bauman, Role and History. The Illustration of Ethnic Brokerage in the Atlanta Jewish Community in an Era of Transition and Conflict, in: American Jewish History 73. 1983, S. 71–95.
15 Beulah Hostetler, Franconia Mennonites and American Protestant Movements [1840–1940]. Diss. University of Pennsylvania, 1977.
16 Kathleen Neils Conzen, Germans, Harvard Encyclopedia of American Ethnic Groups, S. 418.
17 Conzen, Germans, S. 419. Vgl. Reinhard R. Doerries, Church and Faith on the Great Plains Frontier. Acculturation Problems of German-Americans, in: Amerikastudien/American Studies 24. 1979, S. 275–287; ders., Immigrant Culture and Religion, in: Germans in America, Hg. Randall M. Miller, Philadelphia: German Society of Pennsylvania, 1985, S. 75–91.
18 E.W. Bußmann, Schranken der nationalen und religiösen Aufgaben. Das Grundproblem der Diasporaarbeit, in: Der Deutsche Aussiedler. Monatliche Mitteilungen über die Lage des evangelischen Deutschtums im Auslande 46. Februar 1908, S. 10; Auszug aus Bußmanns Buch Evangelische Diasporakunde, Marburg: Elwert, 1907.

19 Kathleen Neils Conzen, Immigrant Milwaukee, 1836–1860. Accommodation and Community in a Frontier City, Cambridge, MA: Harvard University Press, 1976, S. 204–205. Vgl. Hartmut Bickelmann, Zwischen Einwanderungshilfe und Einwanderungsförderung. ‚Deutsche Gesellschaften' und ihre Funktion im deutsch-amerikanischen Wanderungsprozeß, in: Günter Moltmann (Hg.), Von Deutschland nach Amerika. Zur Geschichte der Auswanderung im 19. und 20. Jahrhundert, Wiesbaden: Steiner, in Vorb.; Horst Ueberhorst, Turner unterm Sternenbanner. Der Kampf der deutschamerikanischen Turner für Einheit, Freiheit und soziale Gerechtigkeit 1848–1918, München: Moos, 1978; Ueberhorst, Turner und Sozialdemokraten in Milwaukee. Fünf Jahrzehnte der Kooperation 1910–1960, Bonn: Friedrich Ebert Stiftung, 1980.

20 Hartmut Keil u. John Jentz (Hg.), German Workers in Industrial Chicago, 1850–1910, DeKalb: Northern Illinois University Press, 1983, und die kommentierte Sammlung von Quellentexten Deutsche Arbeiterkultur in Chicago bis zum Ersten Weltkrieg, Hg. Hartmut Keil u. John Jentz, unter Mitarbeit v. Klaus Ensslen, Christiane Harzig u. Heinz Ickstadt, Ostfildern: Verlag Scripta Mercaturae, 1985.

21 Zum Vereinsleben in Deutschland: Thomas Nipperdey, Verein als soziale Struktur in Deutschland im späten 18. und frühen 19. Jahrhundert, in: Geschichtswissenschaft und Vereinswesen im 19. Jahrhundert, Göttingen: Vandenhoeck und Ruprecht, 1972, S. 1–44; Dieter Jauch, Die Wandlung des Vereinslebens in ländlichen Gemeinden Südwestdeutschlands, in: Zeitschrift für Agrargeschichte und Agrarsoziologie 28. 1980, S. 48–77; Vereinswesen und bürgerliche Gesellschaft in Deutschland, Hg. Otto Dann, München: Oldenbourg, 1984, Beih. d. Historischen Zeitschrift, N.F. 9.

22 Annelie Edelmann, Das Verhältnis der Deutschamerikaner zum Deutschen Reich, 1870–1900, anhand ausgewählter Beispiele aus der deutschamerikanischen Presse, Berlin: Staatsexamensarbeit, 1982 (Exemplar in der Bibliothek des John F. Kennedy-Instituts für Nordamerikastudien der Freien Universität Berlin). Vgl. Faust, German Element, Bd. 2, S. 365–376; Robert E. Park, The Immigrant Press and Its Control, Chicago: Harper, 1922. Verzeichnis mit Fundorten: Karl J.R. Arndt und May E. Olson, Deutsch-Amerikanische Zeitungen und Zeitschriften 1732–1955, Heidelberg: Quelle & Meyer, 1961.

23 U.S. Congress, Washington, DC, Joint Committee on Printing, file „Deceased Members." Dem amtlich-peniblen Kompilator der Senatoren-Bibliographien schrieb Simon 1912: „I was born in Bechtheim, Germany, leaving there when but one year old. Would prefer to have this statement omitted." Der Beamte ignorierte seinen Wunsch, das „Who's Who in America" respektierte ihn.

19 Hans L. Trefousse, Carl Schurz. A Biography, Knoxville: University of Tennessee Press, 1982, S. VII–VIII.

25 Frederick C. Luebke, Bonds of Loyalty. German-Americans and World War I, De Kalb: Northern Illinois University Press, 1974; Phyllis Keller, State of Belonging. German-American Intellectuals and the First World War, Cambridge, MA: Harvard University Press, 1979; Stephen L. Vaughn, Holding Fast the Inner Lines. Democracy, Nationalism, and the Committee on Public Information, Chapel Hill: University of North Carolina Press, 1980.

26 Mit englischem understatement, aber dennoch eindeutig urteilt Child, German-Americans, S. 174–179.

27 Karl W. Deutsch, Nationalism and Social Communication. An Inquiry into the Foundations of Nationality, Cambridge, MA: MIT Press, ^{2}1966, S. 96–98.

11. Die deutschamerikanischen Einwanderer und das neugegründete Reich

Hans L. Trefousse

Es ist oft darauf hingewiesen worden, daß die Wiederherstellung der deutschen Einheit im Jahre 1871 einen elektrisierenden Effekt auf die deutschamerikanische Bevölkerung hatte. Beinahe ohne Ausnahme freuten sich die Einwanderer über Deutschlands Sieg, den Sturz Louis Napoleons und die Schaffung eines vereinigten Reiches. Dies traf ebenso auf die liberalen Achtundvierziger wie auf ihre konservativeren Vorgänger zu. Katholische Priester, protestantische Geistliche und Rabbiner brachten Gott Danksagungen dar, und ein allgemeines Gefühl der Hochstimmung und des Stolzes erfaßte die deutschsprachige Bevölkerung der Vereinigten Staaten.[1] Wie Heinrich Börnstein feststellte, war es tatsächlich so, daß Deutsche im Ausland sehr viel mehr von nationalem Gefühl beseelt waren als jene innerhalb des Reichs, eine Tendenz, die sie während des Krieges reichlich unter Beweis stellten.[2] Dennoch ist es eine ganz andere Frage, ob sie oder zumindest eine bedeutsame Gruppe Liberaler unter ihnen gewillt waren, ihre republikanischen Prinzipien zu vergessen und die Unzulänglichkeiten von Bismarcks Deutschland zu übersehen.

Es ist nicht überraschend, daß fast alle Deutschamerikaner mit Freude die Siege ihrer Landsleute in Europa bejubelten. Die deutsche Einheit war ein jahrhundertealter Traum gewesen. Die Romantik hatte das Verschwinden des Heiligen Römischen Reiches im Jahre 1806 nationalistisch interpretiert, und Studenten, Intellektuelle und zahllose Patrioten in der alten Heimat hatten lange für die Wiederherstellung eines starken und vereinigten Vaterlandes gekämpft. Die nationale Einheit war eines der Ziele der demokratischen und liberalen Revolutionäre von 1848 gewesen. Ihr Scheitern hatte viele von ihnen gezwungen, in die Vereinigten Staaten zu fliehen, wo sie häufig den Idealen ihrer Jugend treu blieben. Obwohl Deutschamerikaner das Verhalten Preußens und Österreichs im Krieg von 1864 gegen Dänemark scharf verurteilten, hatten sie kein Geheimnis aus ihrer Unterstützung für die alldeutsche Sache gemacht.[3] Während sie zwei Jahre später den Ausbruch des ‚brudermörderischen' Krieges zwischen Preußen und Österreich beklagten, begrüßten sie nach Preußens schnellem Sieg die erneuerte Bewegung hin zur Einheit, die in der Schaffung des Norddeutschen Bundes unter preußischer Führung angelegt war.[4] Nachdem die Einberufung eines Zollparlaments die Hoffnung auf die Reichseinheit verstärkt hatte, schien sogar Otto von Bismarck, dessen autokratisches Gebaren Deutschamerikaner häufig verurteilt hatten, weniger Kritik ausgesetzt zu sein. In einem Artikel über den preußischen Miniterpräsidenten für die „North American Review" im Jahre 1869 schrieb Henry Villard: „. . . trotz all seiner Fehler hat er seinen Landsleuten einen großen Dienst erwiesen, die sich seiner immer erinnern werden als des energischen Werkzeugs der Vorsehung, welches einen Weg zur nationalen Einheit bahnte und ihrem Vaterland mehr Respekt im Ausland verschaffte, als es seit der Regierungszeit Karls V. gehabt hatte".[5] Dann, als die erste Nachricht vom Ausbruch des Krieges mit Frankreich Amerika erreichte, kannte die Begeisterung der Deutschamerikaner für die deutsche Sache und ihre Sympathie für die deutschen Armeen keine Grenzen mehr.

Für Amerikaner deutscher Abstammung war Napoleon III. ein natürlicher Widersacher. Sie erinnerten sich des prinzipienlosen Abenteurers, der die französiche Republik gestürzt hatte. Sie gedachten der großen Schriftsteller, die seinetwegen hatten fliehen müssen. Und hatte er nicht Amerikas Schwäche während des Bürgerkrieges ausgenutzt, um die Monroe-Doktrin zu unterlaufen, indem er versuchte, eine Marionettenmonarchie in Mexiko einzusetzen? Diese Tatsachen waren nicht vergessen, ganz zu schweigen von neueren Berichten über die Gelüste des Kaisers auf Erwerb des linken Rheinufers. „Die Zeit ist gekommen. Der Deutsche ist erwacht und stellt sein altes von Frankreich ewig gehaßtes Reich wieder her",[6] frohlockte die Gesellschaft zur Unterstützung deutscher Soldaten in einem Aufruf im „Milwaukee See-Bote."

Die konservative katholische Zeitung brachte lediglich die Gefühle der meisten Deutschamerikaner zum Ausdruck. Wenn er Gott danke, daß er diesen Aufstieg oder diese Auferstehung Deutschlands noch erlebt habe, so könne er sich vorstellen, was er fühle, schrieb Franz Lieber im August 1870 an den Staatsrechtler Johann Kaspar Bluntschli. Er würde ein noch lauteres Te Deum singen, wenn die deutsche Nation Wilhelm die Kaiserkrone aufs Haupt setzte. Dies sei der erste Schritt, der nach dem Ende all des Blutvergießens unternommen werden solle. Wilhelm I., Kaiser der Deutschen: das habe keinen schlechten Klang.[7] Der Krieg war ein Beispiel für den Kampf zwischen germanischer und romanischer Rasse, lasen Deutschamerikaner in ihren Zeitungen. Alle romanischen Rassen seien seit langem im Verfall begriffen, und nun würde auch Frankreich die Logik der Geschichte erleben. Die deutschamerikanische Presse versicherte der Öffentlichkeit, alle Glückwünsche der Deutschen in Amerika begleiteten die deutschen Armeen.[8] Von der Begeisterung der Deutschen in Amerika für die Sache des alten Vaterlands „gegen den Usurpator nicht nur Frankreichs sondern Europas" sagte man, sie sei so weit verbreitet wie tief verwurzelt,[9] und wenn auch die Einwandererpresse, die „Nation" zitierend, zugab, daß Preußen „eine starke feudale Ader in seinen Institutionen" habe, so glaubte der „Milwaukee See-Bote", daß diese schnell beseitigt werden würde.[10] Deutschamerikaner hielten Massenveranstaltungen in den größten Städten des Landes ab; sie sammelten Geld für die Versorgung deutscher Verwundeter und jubelten, als der französische Kaiser bei Sedan kapitulierte. Sie druckten Extrablätter, vertrieben patriotische Kalender, auf denen Germania auf den Höhen der Vogesen Wache hielt und verteidigten das Vaterland kräftig gegen die wachsende Welle der Sympathie für die neu proklamierte französische Republik.[11]

Sogar die geplante Annexion von Elsaß-Lothringen wurde von der deutschamerikanischen Presse begrüßt. Mit der Versicherung, beide Gebiete seien angestammte deutsche Provinzen, erinnerten deutschsprachige Zeitungen ihre Leser daran, daß die Mehrheit der Bevölkerung deutsch spreche, und wenn die Bewohner nicht länger deutsch fühlten, so würden sie bald zu ihrer althergebrachten Gefolgschaft zurückkehren.[12] Was den vorgeschlagenen Volksentscheid anging, so hielt ihn Franz Lieber für völlig indiskutabel. Als die Vereinigten Staaten Gebiete annektierten, hätte es keine Volksentscheide gegeben; Louisiana, Florida, Texas, Kalifornien und Neu-Mexiko seien alle ohne Plebiszit amerikanisch geworden. Vielmehr betonte er, nicht nur Elsaß-Lothringen, sondern auch Luxemburg sei deutsch und sollte vom Reich annektiert werden, eine Meinung, die auch von anderen geteilt wurde.[13]

Dieses allgemeine Gefühl des Triumphs und der Freude überdauerte den Winter; währenddessen vereinigten sich die süddeutschen Staaten mit dem Norden, um das neue Reich zu bilden. Inmitten von Feierlichkeiten warteten die Deutschamerikaner auf das Ende des Krieges, und als es 1871 schließlich kam, begingen sie das Ereignis wieder in angemessener Weise. Im großen und ganzen stimmten die meisten Flüchtlinge von 1848 in die allgemeine Freude ein.[14]

Allerdings gab es ein paar Ausnahmen. Der unbezähmbare Erzradikale Karl Heinzen lehnte es ab, sich mit der preußischen Monarchie auszusöhnen. Diejenigen, die den Kaiser hochleben ließen, waren keine richtigen Amerikaner, betonte er und hielt beständig seine Opposition in seiner Zeitung, dem „Pionier", aufrecht. Wilhelm I. nannte er den „greise[n] Heldenmörder" und weigerte sich, an Empfängen zu Ehren des Reichs teilzunehmen.[15] Die „Neue Zeit", eine linke, feministische Zeitschrift, bezog eine ähnliche Stellung. Krieg war unrecht, hob sie hervor, auch wenn sie zugab, daß die Sympathien der „Neuen Zeit" bei den Deutschen sein müßten, falls Krieg unvermeidlich sei. Auf jeden Fall seien die Herrschenden schuld am Krieg, Männer wie „dieser Wilhelm von Preußen . . . dieser frömmelnde, altersschwache Schauspieler . . . derselbe Prinz von Preußen, der im Jahre 1849 . . . Dutzende der edelsten deutschen Söhne in Sachsen und Baden erschießen ließ". Nicht einmal der Sieg bei Sedan vermochte das Blatt umzustimmen. Mit der Warnung, die Schaffung einer Republik in Frankreich würde für ein Umschwenken der Sympathien der Welt zu Deutschlands Feind sorgen, sagte es vorher, die Annexion Elsaß-Lothringens werde ein Fluch für das deutsche Volk sein. Darüber hinaus betonte es, der Siegesmarsch nach Paris würde sich zu einem großen Hindernis für einen späteren Ausgleich entwickeln und prophezeite, daß diese Maßnahmen einen weiteren Krieg verursachen würden, in dem Deutschland und nicht Frankreich isoliert wäre.[16] Auch einige sozialistische Organisationen waren kritisch eingestellt, aber all diese Manifestationen abweichender Meinungen waren reine Randerscheinungen. Die überwältigende Mehrheit der Deutschamerikaner blieb von ihnen völlig unberührt.[17]

Trotz des Enthusiasmus der meisten Deutschamerikaner aber war es nicht nur die extreme Linke, die seit langem bestimmten Befürchtungen Ausdruck verliehen hatte. Viele deutsche Zeitungen in den Vereinigten Staaten waren in den Händen von Achtundvierzigern und anderen Liberalen. Diese hatten niemals der preußischen Monarchie vertraut, und Bismarcks Untergrabung der preußischen Verfassung im Jahre 1862 in seinem Kampf für einen größeren Militäretat hatte ihnen den preußischen Ministerpräsidenten nicht angenehmer gemacht. Die Einheit war ein wünschenswertes Ziel für Deutschland, so dachten sie, aber auch die Freiheit. Das jetzige „Preußen, das des Herrn von Bismarck, [ist] nicht werth und fähig . . ., an der Spitze Deutschlands zu stehen", versicherte das New Yorker „Belletristische Journal" 1866, während andere Zeitschriften die autoritäre Regierung des militaristischen Staates mißbilligten. Tatsächlich schienen sein König und sein Ministerpräsident lediglich am Aufstieg Preußens interessiert zu sein, statt sich einem vereinten Deutschland verpflichtet zu fühlen.[18] Wie der Philosoph Arnold Ruge im Oktober 1866 gegenüber Franz Sigel erklärte, traf es zu, daß Deutschland durch den Zusammenbruch der österreichischen Militärmacht und die Errichtung der preußischen militaristischen Hegemonie einen Vorteil gewonnen hatte. Dennoch, führte Ruge aus, „geht die alte Polizeityrannei . . . fort. Es ist zwar eine Amnestie erlassen worden, aber das System dauert im Wesentlichen mit aller Gehässigkeit und Nutzlosigkeit für den Staat und der Entfremdung der übrigen Deutschen fort".[19] Auch Mathilde Anneke, die radikale Frauenrechtlerin, schrieb ihrem Ehemann, so fest er davon überzeugt sei, daß Preußen Deutschlands Rettung sein werde, so wenig könne sie sich von ihrem Mißtrauen gegenüber dem militärischen Staat freimachen.[20]

Auch war die neue Verfassung des Norddeutschen Bundes nicht sehr ermutigend. Zugegeben, Bismarck hatte das allgemeine Wahlrecht für Männer eingeführt, aber es gab ein generelles Gefühl des Unbehagens über seine Weigerung, den Abgeordneten Diäten zu zahlen. Nur die Vermögenden würden in der Lage sein, das Amt zu übernehmen. Vielleicht gab es eine Hoffnung in der Zukunft, aber gegenwärtig schien der preußische Militarismus die Oberhand zu behalten. Die Behandlung von kleinen Staaten wie Hannover und der freien Stadt Frankfurt zeigte dies sehr deutlich. Die Preußen sprangen einfach grob mit der Freiheit dieser Staaten um, auch wenn diese Freiheiten sehr begrenzt waren. Wenn auch Franz Lieber ungeachtet früherer republikanischer Überzeugung darauf bestand, daß Deutschland einen Monarchen brauche, brachten andere ihre Hoffnung auf eine zukünftige Republik zum Ausdruck.[21]

Als im Sommer 1870 der Krieg mit Frankreich ausbrach, verstummten diese Gefühle zeitweilig. Gustav Körner sprach für viele seiner Gefährten, als er von einer Massenversammlung in Belleville, Illinois, ein Telegramm an den preußischen Gesandten in Washington schickte. Körner hob hervor, daß die meisten Anwesenden Süddeutsche und alte Achtundvierziger waren, und brachte seine Zufriedenheit darüber zum Ausdruck, daß sie nichtsdestotrotz den Krieg voll unterstützten.[22] Demokratische Zeitungen fanden sogar gute Worte für die Institution der Monarchie in Deutschland. Sie rechtfertigten dies damit, daß verschiedene Völker verschiedene Regierungsformen erforderten und daß die Monarchie mit Freiheit verbunden werden könne.[23] Aber nachdem das neue deutsche Kaiserreich ausgerufen worden war, kehrte das alte Mißtrauen zurück. Ungeachtet ihrer Begeisterung für Deutschlands wiedergewonnene Einheit gab das

Wochenblatt der „New Yorker Staats-Zeitung" zu, daß „der deutsche Einheitsbau kein Musterbau" sei. Er sei „ein Notbau, der mit der Zeit noch mancherlei Umgestaltungen unterworfen werden muß", schrieb das Blatt und brachte seine Hoffnung zum Ausdruck, daß mit dieser festen Grundlage das neue Deutschland langsame Reformen statt einer Revolution erfahren werde.[24]

Das New Yorker „Belletristische Journal" war weniger zuversichtlich. Es begrüßte zwar auch die Einigung Deutschlands, wies aber darauf hin, daß es illegal sei, wenn der König von Preußen sich die deutsche Kaiserkrone ohne vorherige Sanktion des Parlaments aufsetze. Des Kaisers Frömmigkeit verleite ihn dazu, in allem nur die Hand Gottes zu sehen, wo er doch wissen müsse, daß darüber hinaus auch das Volk entscheidend dazu beigetragen habe, mahnte das Blatt. Die kaiserliche Würde, die er nun beanspruche, sei durch Blut, Tränen und tausendfache Opfer des Volkes ermöglicht worden. Es kritisierte die Reise der Abgeordneten nach Versailles, um dem Kaiser zu gratulieren, und bezeichnete ihr Handeln als höchst unpassend, da die Usurpation, die Umgehung des Volkes, nicht zu übersehen sei und Volksvertreter sicherlich keinen Grund hätten, über diese Dinge glücklich zu sein. Bei aller Eile, mit der die süddeutschen Staaten die norddeutsche Verfassung akzeptierten, sei die daraus hervorgehende Reichsverfassung ein baufälliges Gebilde, und es könne nicht ewig Bestand haben.[25] Viele Altliberale stimmten zu. Friedrich Hecker, der leidenschaftliche Achtundvierziger, nahm die Einladung an, als er gebeten wurde, die Hauptrede auf einer deutschen Siegesfeier in Chicago zu halten, aber er konnte nicht umhin, seinen Bedenken Ausdruck zu verleihen.

> „Soll der Mann", fragte er, „der sein Volk und sein Heimatland, das Völkerrecht und die Freiheit liebt, nicht besorgt werden, wenn er eine Verfassung betrachtet ... in der keine *Bill of Rights* das Volk gegen Versklavung wahrt. Eine Verfassung, die kaum mehr werth ist als die Bassermann'sche Volksvertretung beim Bundestage, plus einem Kaiser und minus Österreich? Ein Parlament ohne Macht, in dem die armen Ritter vom Geiste keinen Platz finden konnten, weil sie nicht reich genug sind, um sich selbst die Diäten zu bezahlen; ein Steuerbewilligungsrecht mit einem eisernen, unwandelbaren Militärbudget und eine Verfassung mit einem Doppelleben moderner Feudalität, Reichsvasallenthum und Staatssouveränität."[26]

Sogar Franz Lieber war, bei all seinem Enthusiasmus, über den preußischen Geist des Autoritarismus besorgt.[27] Fritz Anneke, der 1870 so wenig wie früher mit der scharfen Kritik seiner radikalen Frau an deutschen Angelegenheiten übereingestimmt hatte, meldete 1872, während eines Besuches in Deutschland, Zweifel an. „Das wollen die Leute hier gar nicht begreifen", schrieb er aus Dortmund, „daß sie noch keine freie Rede, keine freie Presse haben, daß sie noch immer von der Wiege bis zum Grabe unter polizeilicher Aufsicht stehen, noch immer wie ein Kind am Gängelbande geführt werden".[28] Für diejenigen, die die Freiheitsidee hochhielten, war es schwierig, von dem neuen Deutschland rückhaltlos begeistert zu sein.

Natürlich stimmt es, daß die meisten Deutschamerikaner, die Zweifel an der neuen Verfassung hatten, die Hoffnung hegten, im Laufe der Zeit werde eine

Entwicklung hin zu freien Institutionen erfolgen. Bismarcks Einführung des allgemeinen Wahlrechts für Männer schien weitere demokratische Veränderungen anzukündigen. Aber sie unterlagen einer groben Selbsttäuschung, wie E.J. Passant in seiner „Short History of Germany" so treffend hervorgehoben hat. Der Kanzler war immer entschlossen gewesen, die Macht der Monarchie und der herrschenden Klassen zu bewahren, und seine Zugeständnisse an die Demokratie waren Mittel zum Zweck. Er sah einfach die Notwendigkeit, die Unterstützung der Liberalen in den süddeutschen Staaten zu erlangen.[29]

Diese Wahrheiten beunruhigten enttäuschte Deutschamerikaner auch weiterhin. Katholiken wurden vom Kulturkampf abgestoßen, und eine so vorsichtige Zeitung wie der „Milwaukee See-Bote" betonte 1873, daß die Wehrpflicht in großem Maße zur fortdauernden Auswanderung aus der alten Heimat beitrage und so ihre Stärke beeinträchtige.[30] Liberale waren sogar noch kritischer. Besonders 1878 wurden ihre Sympathien auf die Probe gestellt, als der Reichstag versuchte, Deutschlands Sozialisten durch Verabschiedung des Sozialistengesetzes zu unterdrücken. „Der Sieg der Reaktion" überschrieb das Wochenblatt der „New Yorker Staats-Zeitung", der niemand marxistische Sympathien nachsagen konnte, seinen Bericht über die Maßnahmen.

> „Wie aber muß es der deutschen Nation zu Muthe sein", so klagte es, „wenn sie jetzt, nachdem die Einheit erkämpft worden, sieht, wie die von ihr gewählten Vertreter im Reichstage ohne Rücksicht auf die Stimmung des Volkes sich zu blinden Werkzeugen der Regierung hergeben, um den Polizeistaat . . . wieder im vollen Flor einzuführen und der brutalsten Polizeiwillkür wieder Thür und Thor zu öffnen?"[31]

Der Freiheit wurden wieder Fesseln angelegt, so schien es, und Bismarcks hochfahrendes Handeln, die Anordnung der Verhaftung zweier sozialdemokratischer Reichstagsabgeordneter, wurde von Deutschamerikanern rundweg verurteilt. „Biegen oder Brechen" schien sein Motto zu sein. Und der Aufruhr im Reichstag über die Bemerkung Wilhelm Liebknechts, des Führers der Sozialisten, „Wenn Deutschland einmal eine Republik ist", schien besonders lächerlich. Die Sozialisten waren schließlich nicht die einzigen, die solche Gedanken hegten.[32]

Neue Enttäuschungen folgten. Bismarcks Umgestaltung der politischen Situation im Reichstag, die Aufgabe seiner ehemaligen nationalliberalen Anhänger und sein Bündnis mit Schutzzoll-Befürwortern, erschien Deutschamerikanern, Liberalen wie auch solchen, die am Export amerikanischer Agrarerzeugnisse interessiert waren, als weiterer Rückschlag für die erhoffte demokratische Entwicklung Deutschlands. „Die verhängnisvolle Weihnachtsbescherung" nannte der „Milwaukee Herold" Bismarcks Wendung zum Schutzzoll,[33] und als 1880 ein ‚Schweinekrieg' über den Import von amerikanischem Schweinefleisch zwischen den beiden Ländern ausbrach, warnten deutsche Zeitungen des Mittelwestens, keine Nation der Welt mit einem Funken Ehrgefühl könne es zulassen, solch böswilliger Beeinträchtigung ihres Handels ausgesetzt zu sein, und riefen die Vereinigten Staaten auf, Bismarcks unerträglichem Benehmen Widerstand entgegenzusetzen.[34] Dem Kanzler sei es beinahe gelungen, seinen Willen zum Gesetz zu machen, betonte die „Cincinnati Union". Er finde immer Lakaien, die seine Anweisungen ausführten.[35]

Das Wiederaufkommen des Antisemitismus in Deutschland in den späten 1870er und 1880er Jahren hinterließ gleichfalls einen schlechten Eindruck in liberalen deutschamerikanischen Kreisen. In einem Brief an den deutschamerikanischen Schriftsteller Udo Brachvogel verglich der Autor Martin von Bodenstedt die antideutsche Agitation in Böhmen mit der Judenhetze in Preußen, ein Skandal, den auch andere in unmißverständlichen Worten verurteilten. Nachrichten aus Deutschland waren deprimierend, wie Deutschamerikaner ständig von ihren europäischen Korrespondenten erfuhren.[36]

Die Enttäuschung über die Entwicklung in Deutschland schlug 1884 hohe Wellen, als einer der Führer der Fortschrittspartei und erbitterte Gegner des Kanzlers, Eduard Lasker, plötzlich in New York starb. Nach einer ausgedehnten Reise durch die Vereinigten Staaten, auf der Lasker direkte Kritik an den Verhältnissen im Vaterland sorgfältig zu vermeiden suchte, erlitt er einen Herzanfall und starb in New York. Sein Leichnam wurde unter allgemeiner Trauer nach Deutschland überführt, und der Kongreß verabschiedete eine Beileidsbekundung. Bismarck aber betrachtete diese Ehrenbezeigung für seinen Kritiker als Beleidigung und Einmischung in Deutschlands innere Angelegenheiten und weigerte sich, sie anzunehmen.[37] Deutschamerikaner mißbilligten diese Demonstration von Kleinlichkeit. „Der große Bismarck erwies sich als sehr klein, was das Andenken Laskers angeht", war der Kommentar Gustav Körners, dessen Landsleute in Chicago ausführten, „daß kein Richelieu, kein Napoleon und kein Metternich je die persönliche Allgewalt mit frevelhafter Rücksichtslosigkeit geübt . . . [hätten], als jenes große, absolute ,Ich', welches man den ,Eisernen Kanzler' nennt."[38] Die daraus folgenden diplomatischen Verwicklungen schufen in der deutschamerikanischen Bevölkerungsgruppe weitere Bestürzung, und die Aussicht auf belastete Beziehungen zwischen den beiden Ländern, an denen ihnen so viel lag, sorgte bei den Deutschamerikanern für Unbehagen. Sogar diejenigen, die andere wegen deren Angriffe „auf Bismarck im Zusammenhang mit dem ,Schweinekrieg' kritisiert hatten, warnten den Kanzler nun, er möge sich vorsehen. Deutschland brauche Freunde.[39] Die Tatsache, daß der amerikanische Gesandte in Berlin, Aaron Sargent, den Bismarck nicht mochte, von der deutschen Presse verleumdet wurde, machte es nicht leichter. Das einzige, worauf liberale Deutschamerikaner hoffen konnten, war, daß die Dinge sich in Zukunft bessern würden.[40]

Aber auch die Hoffnungen auf die Zukunft erlitten einen Rückschlag, als nach einer kurzen Regierungszeit von nur 99 Tagen im Juni 1888 Kaiser Friedrich III. starb. Weithin als Liberaler angesehen, schien seine Thronbesteigung nach dem Tod seines Vaters die Erwartungen einer besseren Zukunft zu rechtfertigen.[41] Sein Tod zur Unzeit wurde als Rückschlag für die Entwicklung liberaler Institutionen in Deutschland angesehen. „Wäre dem Sohn ein langes, und bis zum Ende kraftvolles Leben beschieden gewesen, wie dem Vater", so lautete ein deutschamerikanischer Kommentar, „so hätte man mit Sicherheit auf die Verdeutschung Preußens rechnen können; sein zu früher Tod dagegen eröffnet die

„Carl Schurz bastelt am amerikanischen Kabinett herum." Karikatur von Thomas Nast. Schurz (1829–1906) wanderte als Achtundvierziger 1852 in die USA ein, wo er 1877–81 als Innenminister des amerikanischen Kabinetts in die höchste Position aufstieg, die einem Deutschamerikaner beschieden war. Thomas Nast (1840–1902), ebenfalls aus Deutschland eingewandert, gewann in der zweiten Hälfte des 19. Jahrhunderts breite Resonanz und wurde zum bekanntesten amerikanischen Karikaturisten. Seine Bilder erschienen in „Harper's Weekly" und anderen führenden Blättern. Mit der Schaffung neuer Symbole, darunter dem Esel für die Demokraten und dem Elefanten für die Republikaner, verwandelte Nast die politische Ikonographie des Landes grundlegend. (Harper's Weekly)

Aussicht auf Verpreußung Deutschlands".[42] Andere Leitartikel in der deutschsprachigen Presse behaupteten, wenn Friedrich nicht gestorben wäre, hätte er sicherlich „Deutschland einer friedlichen, fröhlichen, glücklichen und innerlich freien Zukunft entgegengeführt". Was sein Sohn, Wilhelm II., tun würde, war weniger sicher. Aber er war als weit weniger liberal bekannt.[43]

Vielleicht das beste Beispiel für die Reaktion gebildeter und liberaler Deutschamerikaner auf die Ereignisse im Vaterland bot Carl Schurz. Ohne Zweifel der bekannteste deutschstämmige Bürger der Vereinigten Staaten, wurde Schurz zu Recht oder zu Unrecht als Wortführer seiner Landsleute betrachtet. Tatsächlich war er Vorbild für sie, und sie hatten allen Grund, stolz auf ihn zu sein. Er hatte die höchsten politischen Ämter erreicht, die einem nicht in den USA geborenenBürger offenstanden, und verkehrte mit Politikern, Präsidenten und führenden Intellektuellen. Als er mit dreiundzwanzig Jahren nach Amerika kam, war er bereits ein ‚Bilderbuch-Achtundvierziger', berühmt wegen der erfolgreichen Befreiung seines Professors Gottfried Kinkel aus dem Zuchthaus in Spandau. Er hatte 1849 am Feldzug gegen die Kräfte der Reaktion in Südwestdeutschland teilgenommen. Den rachedurstigen Preußen war er entkommen, indem er aus der belagerten Festung Rastatt durch einen Abwasserkanal zum Rhein und in die Freiheit nach Frankreich floh. Doch war er nach Deutschland zurückgekehrt, um Kinkels Befreiung zu erreichen. Die Tat schien besonders lobenswert zu sein, da man den Professor wegen seiner revolutionären Aktivitäten zu lebenslanger Haft verurteilt hatte. Schurz ließ sich schließlich in Watertown, Wisconsin, nieder und gab sich mit Journalismus, Immobilien und Jurisprudenz ab. Zutiefst dem Kampf gegen die Sklaverei verpflichtet, wurde er ein Wortführer der republikanischen Partei und brachte durch seine rednerische Begabung eine Anzahl seiner Landsleute von ihrer gewohnten Demokratischen Bindung ab. Überzeugt, daß Schurz' Unterstützung so wichtig gewesen war, daß sie eine diplomatische Belohnung verdiente, ernannte Abraham Lincoln ihn zum Gesandten der Vereinigten Staaten in Spanien, ein Posten, von dem Schurz ein halbes Jahr später zurückkehrte, um in die Armee einzutreten. Er wurde Brigadegeneral und später Generalmajor und nahm an der zweiten Schlacht von Bull Run sowie an den Schlachten bei Chancellorsville, Gettysburg und Chattanooga teil. Nach dem Krieg ging er nach Missouri, übernahm den Posten als einer der Herausgeber der „Westlichen Post" in St. Louis und wurde 1869 zum Bundes-Senator gewählt. Er überwarf sich bald mit Präsident Ulysses S. Grant, zum Teil, weil er den versuchten Kauf der Dominikanischen Republik mißbilligte, zum Teil wegen seines Einsatzes für eine Reform des öffentlichen Dienstes und zum Teil wegen seines Zerwürfnisses mit den traditionellen Republikanern in seinem Heimatstaat. Dieser Bruch führte zur Gründung der liberalrepublikanischen Bewegung, in der Schurz eine wichtige Rolle spielte, obwohl er durch die Nominierung Horace Greeleys als Präsidentschaftskandidat bitter enttäuscht wurde. 1877 aber war er zurückgekehrt in den Schoß der Republikanischen Partei und wurde Rutherford B. Hayes' Innenminister.[44]

Wie andere Deutschamerikaner war Schurz zunächst erfreut über die Fortschritte in der deutschen Einigung. Gewiß, er war entsetzt über den Ausbruch des österreichisch-preußischen Krieges 1866. Es zeige die Unverantwortlichkeit der reaktionären deutschen Regierungen, so meinte er. Es schien keine Führung zu geben außer der Bismarcks, aber der preußische Ministerpräsident stehe auf der falschen Seite. Dennoch hoffte er, eines Tages würde ein Staatsmann in Deutschland erscheinen, der ihm ein Parlament gäbe, das die Fürsten zu akzeptieren hätten.[45]

Natürlich entwickelten sich die Dinge anders, und als der deutsch-französische Krieg ausbrach, teilte Schurz völlig die allgemeine Begeisterung. Nachdem er seine Vorbehalte gegenüber Bismarck aufgegeben hatte, der ihn zwei Jahre zuvor in Berlin herzlich empfangen hatte, erklärte er auf einer großen Massenveranstaltung in Baltimore am 21. Juli 1870, er habe keine Bedenken, in einem Krieg zwischen Königen Partei zu ergreifen. Dies sei eine Frage der Nationalität, und obwohl er den Vereinigten Staaten gegenüber treu sei, so sei er doch in Deutschland geboren, mit einem deutschen Herzen, das für einen deutschen Sieg schlage. Mehr noch, so fand er, [daß] „wenn wir das alte Vaterland verachten, die Liebe für das neue Vaterland nur Lug und Trug sein kann".[46]

Nach diesem Anfang wurde Schurz mehr und mehr in patriotische Gefühle für seine alte Heimat verstrickt. Die ersten deutschen Erfolge ergötzten ihn. „Heute ist Deutschland die stärkste Kriegsmacht der Welt", so schrieb er seiner Frau. „Das alte Vaterland lebe hoch!"[47] Nach weiteren Siegen hißte er selbst die große, neue, schwarz-weiß-rote Flagge seiner Zeitung vom Fenster des Redaktionsraums aus, während das ganze Gebäude mit Fähnchen geschmückt war. Wie er am 27. August 1870 gegenüber seiner Frau zugab, hatte er seit Kriegsausbruch mehr auf der anderen Seite des Atlantik gelebt als in Amerika. Jeden freien Moment verbringe er über Landkarten. Die deutschen Armeen erschienen viel stärker und die französischen viel schwächer, als man angenommen hatte. Es sei ein großartiges, glorreiches Werk. Ein paar Tage später prahlte er damit, daß die deutschen Fahnen bald vor Paris zu sehen sein würden, und als sich der französische Kaiser bei Sedan den Preußen ergab, kannte Schurz' Begeisterung keine Grenzen. „Die Deutschen sind jetzt die größte und mächtigste Nation der alten Welt, und niemand kann ihnen den Rang mehr streitig machen", jubelte er. „Diese Thatsache contrastiert so gewaltig mit der Vergangenheit, daß der Deutsche selbst sie kaum fassen kann. Und doch, sehen wir die Wirklichkeit heute immer so kaltblütig an, wie wir wollen, es ist so. Und es bleibe so. Hallelujah!" Er hatte sogar daran gedacht, nach Europa zurückzugehen, um am Krieg teilzunehmen.[48]

Dennoch behielt Schurz bei all der Begeisterung einige politische Vernunft. Der Senator bedauerte die Tatsache, daß der König von Preußen weiterhin mit Napoleon III. von Souverän zu Souverän verhandelte, gab zu, daß ungeachtet der Größe der heroischen Taten der Deutschen die politischen Verhältnisse von außerhalb besser auszusehen schienen als von innerhalb Deutschlands und betonte seinen Stolz auf die amerikanische Staatsbürgerschaft. Er begrüßte sogar die Schaffung einer Republik im feindlichen Frankreich. Das Wort ‚Republik' mochte einiges Gute bewirken in Deutschland mit seiner gegenwärtigen monarchischen Hochstimmung. Schon seit der Gefangennahme Napoleons III. hatte der Krieg, wie er zugab, für ihn viel von seiner Anziehungskraft verloren, und er hoffte auf ein baldiges Ende.[49]

Anfang 1871 war Schurz, obwohl immer noch optimistisch, sehr vorsichtig geworden. „Du fragst, was ich meine", schrieb er seinem Schwager in Hamburg. „Ihr seid jetzt die große Nation; und nachdem Ihr gezeigt habt, daß Ihr alle Welt besiegen könnt, bleibt Euch noch, den Beweis zu liefern, daß man Euch daheim auch nicht auf der Nase tanzen darf. Die Reichsconstitution ist freilich ein bedauerliches Stück Flickarbeit".

Dennoch glaubte er, daß die nationale Einigung eine Reihe von Problemen schaffen würde, die nicht mit Mitteln des Militärstaats gelöst werden könnten, und schloß mit der Bemerkung, es sei wirklich bei weitem nicht alles so, wie es solle, aber er müsse zugeben, daß er große Hoffnungen für Deutschland hege, sogar für seine innere Entwicklung.[50] Diese Hoffnungen wurden oft enttäuscht. Sicherlich, er blieb noch optimistisch, wie er bei einem Vortrag in Brooklyn im Dezember 1871 über die Ergebnisse des deutsch-französischen Krieges deutlich machte. Deutschland würde sich schließlich zu freien Institutionen hin entwickeln, prophezeite er, besonders, weil er seit seiner Europareise ein Bewunderer Bismarcks geworden war.[51] Zu Beginn der 1880er Jahre aber war er weniger zuversichtlich. „Eure dortigen Zustände", ermahnte er seinen Schwager, „kommen mir recht unbehaglich vor, in der That so unbehaglich, daß ich überhaupt nicht gerne daran denke. Was über die Judenhetze hier durch die Zeitungen ging, konnten wir Deutschen nicht ohne Scham lesen. Und dann Eure verworrenen ökonomischen Verhältnisse, die reaktionäre Strömung und die stets unsicheren internationalen Beziehungen, die keinen unbewaffneten Frieden aufkommen lassen wollen!" Diese Unzulänglichkeiten mit Amerikas Wohlstand vergleichend, rühmte er die friedlichen Wahlen in seinem Land und dessen rapide wirtschaftliche Entwicklung.[52]

Von 1881 bis 1883 war Schurz einer der Herausgeber der New Yorker „Evening Post", die damals ein Sprachrohr der ‚besten Männer', der vornehmen Reformer des ‚vergoldeten Zeitalters', war. Immer noch bestürzt über die Entwicklung in Deutschland, benutzte er seine Zeitung für schonungslose Angriffe auf den Antisemitismus. Die „Evening Post" wies darauf hin, daß zwar die Judenhetze in Rußland schlimmer sei, doch Deutschland gleichermaßen davon befallen war. Mit Freude vermerkte das Blatt jeden Rückschlag der antisemitischen Parteien im Reich und versicherte, es sei lächerlich, zu behaupten, 44 Millionen Christen könnten von weniger als einer Million Juden verschluckt werden.[53]

Die Lasker-Affäre gab Schurz erneut Gelegenheit, seinem Zorn über deutsche antisemitische Übergriffe Ausdruck zu verleihen. Er hatte lange mit dem deutschen Demokraten sympathisiert und erklärte sich bereit, bei einem Gedenkgottesdienst in einer New Yorker Synagoge eine Rede zu halten. „Am Sarge des deutschen Mannes ziemt sich wohl ein deutsches Wort", hub er an. Dann begann er eine Lobpreisung des verstorbenen deutschen Politikers mit einem scharfen Angriff auf die antisemitischen Beleidigungen, denen Lasker ausgesetzt gewesen war. Deutsche Liberale dankten Schurz für seine Parteinahme, und als Bismarck sich weigerte, die Beileidsbekundung des Kongresses anzunehmen, bezeichneten Schurz' deutschamerikanische Korrespondenten das Verhalten des Kanzlers als eine Unverschämtheit. Die Gruppe der Deutschamerikaner solle ihre Mißbilligung zeigen, schlugen sie vor. Besonders aufgebracht über die schäbige Behandlung, die dem amerikanischen Gesandten in Berlin zuteil wurde, schlug Schurz selbst Senator George Edmunds vor, man möge Sargent abberufen und den Posten als Zeichen amerikanischer Mißbilligung unbesetzt lassen.[54]

Schurz' Enttäuschungen wurden noch verstärkt durch die schlechten Nachrichten, die er von fortschrittlichen Deutschen erhielt, die über Bismarcks Bestehen auf einer mehrjährigen Bewilligung des Militäretats erbost waren. Trotzdem verlor der deutschamerikanische Wortführer nie völlig den Glauben an die Zukunft des alten Vaterlands. Als Kaiser Wilhelm I. starb, erklärte sich Schurz bereit, eine Gedenkrede zu halten. Ohne Umschweife gab er seine Bedenken zu und erklärte, er habe viele Freunde unter der eisernen Hand des jetzt betrauerten Fürsten verloren, und er selbst habe der eisernen Hand nur mit Schwierigkeiten und unter Gefahren entkommen können. Wilhelms System sei in Amerika nicht populär gewesen, aber unter seiner Regentschaft sei eine große Nation wiedergeboren worden. Auf diese Weise sei er Deutschlands Nationalheld geworden und werde nun von allen Deutschen geehrt.[55] Offensichtlich hatte diese Einstellung deutschen Amtsträgern gefallen, denn als Schurz 1888 Europa besuchte, hießen sie ihn mit allen Ehren willkommen. Bismarck empfing ihn wieder und schmeichelte ihm. Der Kronprinz, der bald als Wilhelm II. den Thron besteigen würde, gewährte ihm ein Interview, und der Besucher war begeistert über die Aufmerksamkeit, die er erhielt. Daß der neue Kaiser Friedrich III., der schon tödlich erkrankt war, nicht mehr lange leben würde, war offensichtlich. In einem Kommentar zu dem Haß der Reaktionäre auf den Monarchen nannte Schurz Friedrichs erwarteten Tod eine Tragödie. Als seine kurze Regierungszeit im Juni zu Ende ging, nahm Schurz an einer Feier in Hamburg teil, wo er Wilhelm II. traf, der freundlich war, aber zeitweilig fast unheimlich schien.[56]

Die Ereignisse nach 1890 liegen außerhalb des Zeitraums dieser Untersuchung. Man könnte allerdings beiläufig sagen, daß Schurz über Bismarcks Entlassung entsetzt war. Als er sich bereit erklärt hatte, einige Jahre später aus Anlaß des Todes des ‚Eisernen Kanzlers' eine Rede zu halten, äußerte er die Ansicht, er wäre besser gewesen, wenn Bismarck die Innenpolitik anderen überlassen hätte, obwohl er in anderer Hinsicht dem verstorbenen Staatsmann hohes Lob zollte. Nach 1891 kehrte Schurz nicht mehr in sein Geburtsland zurück. Obwohl er fortfuhr, alles in seiner Macht Stehende zu tun, um die deutschamerikanische Verständigung zu fördern, schrieb er seiner Schwägerin, sie sei der einzige Reiz, den Deutschland für ihn noch habe. Die illiberalen Tendenzen der alten Heimat, ihre machthungrigen Junker und deren starker Einfluß auf die Regierung waren ihm zuwider.[57]

Schurz' Einstellung war keinesfalls einzigartig. Franz Sigel teilte sie; Gustav Körner äußerte ähnliche Enttäuschung und Philipp Wagner, zeitlebens ein deutschamerikanischer Patriot, bedauerte, daß die Früchte des patriotischen Kampfes gegen Frankreich nicht das waren, was er sich erhofft hatte, als er Europa während der Bismarck-Ära bereiste.[58] Schon 1872, als er Deutschland wieder besuchte, war Friedrich Hecker unangenehm berührt von der Allgegenwart militärischer Uniformen.[59] Wenn es einige Deutschamerikaner gab, die blind alles priesen, was im alten Vaterland passierte, so behielten ihre herausragenden Vertreter doch ihr Augenmaß.

So ist es denn offensichtlich, daß die Gruppe der Deutschamerikaner während der aufregenden Jahre, die zur Einigung Deutschlands führten, den Enthusiasmus ihrer Landsleute in Übersee teilte und manchmal übertraf. Aber gleichzeitig wurde diese Begeisterung oft von gesunder Skepsis gegenüber den Bedingungen im neuen Reich gedämpft. Die führenden Deutschamerikaner erwiesen sich als gute Demokraten, deren Überzeugungen nicht durch bloßen nationalistischen Fanatismus geändert werden konnten.

Anmerkungen

1 John Gerow Gazley, American Opinion of German Unification, New York: Columbia University Press, 1926, S. 425–508; John A. Hawgood, The Tragedy of German-America. The Germans in the United States of America During the 19th Century and After, New York: Putnam's, 1940, S. 2–9, 280–281; Georg von Skal, Die Achtundvierziger in Amerika, Frankfurt: Frankfurter Societätsdruckerei, 1923, S. 8f.; Carl Wittke, Refugees of Revolution. The German Forty-Eighters in America, 2 Bde., Philadelphia: University of Pennsylvania Press, 1952, S. 352ff.
2 Heinrich Börnstein, Fünfundsiebzig Jahre in der alten und neuen Welt. Memoiren eines Unbedeutenden, 2 Bde., Leipzig: O. Wigand, 1884, Bd. 2, S. 423.
3 Wochenblatt der New Yorker Staats-Zeitung, 23. Jan., 1., 2. u. 4. Feb., 11., 18. u. 26. Aug. 1864; Gazley, S. 462ff., 453ff.
4 Belletristisches Journal, 4. 5., 29. 6., 6. 7., 7. 9. u. 19. 12. 1866; 8. 3. 1867; Wochenblatt, 2. u. 9. 3. 1867; Thomas J. McCormack (Hg.), Memoirs of Gustave Koerner, 1809–1896. Life Sketches Written at the Suggestion of His Children, 2 Bde., Cedar Rapids, IA: Torch Press, 1909, Bd. 2, S. 454–456.
5 Belletristisches Journal, 1. 5. 1868; Henry Villard, Karl Otto von Bismarck-Schönhausen, in: North American Review 112. 1869, S. 220f.
6 Die Welt 6, 26. 7. 1870, S. 686; Milwaukee See-Bote, 10. 8. 1870; als ein Beispiel für die Abneigung gegenüber Napoleon III. s. Carl Schurz, The Reminiscences of Carl Schurz, 3 Bde., New York: McClure, 1907–08, Bd. 1, S. 361f., Bd. 2, S. 201f.
7 Thomas Sergeant Perry (Hg.), The Life and Letters of Francis Lieber, Boston: James Osgood, 1882, S. 398.
8 Wochenblatt der New Yorker Staats-Zeitung, 23. 7. 1870.
9 Die Welt 6, 26. 7. 1870, S. 686.
10 Milwaukee See-Bote, 10. 8. 1870.
11 Alexander I. Schem (Hg.), Deutsch-amerikanisches Conversationslexikon, 11 Bde., New York: Steiger, 1869–74, Bd. 11, S. 285f.; McCormack, Bd. 2, S. 507–518; Milwaukee See-Bote, 19. 9. 1870; Die Welt, 19. 10. 1870; Philadelphia Fair-Zeitung, 7. 12. 1870 u. 2. 1. 1871; Wochenblatt der New Yorker Staats-Zeitung, 2. u. 30. 8., 4. 9. 1870; J. B. Stallo, Reden, Abhandlungen und Briefe, New York: Steiger, 1893, S. 270–273.
12 Wochenblatt der New Yorker Staats-Zeitung, 13. 8. 1870; Philadelphia Fair-Zeitung, 30. 12. 1870; Friedrich Gerhard's Deutsch-Amerikanische Gartenlaube 7. 1870, S. 528.
13 Perry, S. 400f.; Francis Lieber, Contributions to Political Science, Philadelphia: Lippincott, 1881, S. 301–305; Philadelphia Fair-Zeitung 30. 12. 1870; Belletristisches Journal, 12. 5. 1871.
14 Belletristisches Journal, 2. 4. 1871; Wochenblatt der New Yorker Staats-Zeitung, 15. 4. 1871; McCormack, Bd. 2, S. 530.
15 Der Pionier, 1. 2. 1871; Carl Wittke, Against the Current. The Life of Karl Heinzen (1809–80), Chicago: University of Chicago Press, 1945, S. 299f., 272ff.

16 Neue Zeit, 30. Juli, 10., 17. Sept., 1., 22., 29. Okt. 1870; 28. 1. u. 4. 3. 1871.
17 Gazley, S. 507f.; Carl Wittke, The German-Language Press in America, Lexington: University of Kentucky Press, 1957, S. 164–167.
18 Belletristisches Journal, 4. 5. 866; Wochenblatt der New Yorker Staats-Zeitung, 4. 7. u. 16. 8. 1866.
19 Arnold Ruge an Franz Sigel, 2. 10. 1866, Sigel Papers, New York Historical Society.
20 Maria Wagner, Mathilde Franziska Anneke in Selbstzeugnissen und Dokumenten, Frankfurt: Fischer, 1980, S. 256.
21 Wochenblatt der New Yorker Staats-Zeitung, 16. 2. 1867; Belletristisches Journal, 4. 5. u. 17. 8. 1866, 4. 1. 1867; Schem, Bd. 5, S. 164; Perry, S. 377.
22 McCormack, Bd. 2, S. 507–513.
23 Z.B. Wochenblatt der New Yorker Staats-Zeitung, 3. 9. 1870.
24 Ebd., 31. 12. 1870.
25 Belletristisches Journal, 23. u. 30. 12. 1870, 27. 1. u. 7. 4. 1871.
26 Friedrich Hecker, Reden und Vorlesungen von Friedrich Hecker, St. Louis: Witter, 1872.
27 Perry, S. 415f.
28 Wagner, S. 286f., 296f.
29 E.J. Passant, A Short History of Germany, 1815–1945, Cambridge: Cambridge University Press, 1969, S. 87.
30 Milwaukee See-Bote, 24. 2. 1873.
31 Wochenblatt der New Yorker Staats-Zeitung, 26. 10. 1878 u. 28. 2. 1879.
32 Belletristisches Journal, 28. 2., 21. u. 28. 3. 1879.
33 Milwaukee Herald, 1. 5. 1879.
34 Illinois Staats-Zeitung, 3. 1. 1884.
35 Cincinnati Union, 10. 7. 1879.
36 Friedrich Martin v. Bodenstedt an Udo Brachvogel, 1. 3. 1881, Brachvogel Papers, New York Public Library; Theodor Barth an Schurz, 11. 1. 1887, Schurz Papers, Library of Congress, Washington, DC.
37 Louis L. Snyder, Roots of German Nationalism, Bloomington, IN: Indiana University Press, 1978, S. 134–156.
38 McCormack, Bd. 2, S. 709f.; Illinois Staats-Zeitung, 19. 2. 1884.
39 Um die Welt, 26. 1. u. 22. 3. 1884.
40 Ebd.; Wochenblatt der New Yorker Staats-Zeitung, 27. 2. 1884; Belletristisches Journal 19. 3. u. 2. 4. 1884.
41 Golo Mann, The History of Germany Since 1789, New York: Praeger, 1968, S. 245f.
42 Illinois Staats-Zeitung, 16. 6. 1888.
43 Belletristisches Journal, 21. 6. 1888.
44 Hans L. Trefousse, Carl Schurz. A Biography, Knoxville: University of Tennessee Press, 1982, passim.
45 Schurz an Heinrich Meyer, 10. 6. 1866; Schurz-Sammlung im Besitz von Prof. Arthur R. Hogue, Bloomington, IN.
46 Trefousse, S. 165f.; Missouri Democrat, 24. 7. 1870; Der Deutsche Correspondent (Baltimore), 21. 7. 1870.
47 Schurz an seine Frau, 9. 8. 1870, Hogue-Sammlung.
48 Schurz an seine Frau, 15., 27., 29. August, 3. u. 6. September 1870, ebd.
49 Schurz an seine Frau, 10. 9. 1870, ebd.
50 Schurz an Adolph Meyer, 3. 2. 1871, ebd.
51 New York Times, 28. 12. 1871.
52 Schurz an Adolph Meyer, 2. 1. 1881, Hogue-Sammlung.
53 John G. Sproat, „The Best Men." Liberal Reformers in the Gilded Age, New York: Oxford University Press, 1968, S. 236; New York Evening Post, 22. Aug., 2. Nov. 1881 u. 23. 1. 1882.
54 Westliche Post, 9. 5. 1884; Schurz an Fanny Chapman, 27. 2. 1884, Schurz–Chapman Korrespondenz, Universität Münster (Mikrofilm); Johann Ruhm an Schurz, 22. 2. 1884; Schurz an George Edmunds, 9. u. 12. 3. 1884, Schurz Papers, Library of Congress; Andrew Dickson White, Autobiography of Andrew Dickinson White, 2 Bde., New York: Century, 1905, Bd. 1, S. 200f.

55 Theodor Barth an Schurz, 11. 1. 1887, Schurz Papers; Frederick Bancroft (Hg.), Speeches, Correspondence and Political Papers of Carl Schurz, 6 Bde., New York: Putnam's, 1913, Bd. 4, S. 495–506.
56 Schurz, Tagebuch, Schurz Papers, Mai–Oktober 1888.
57 Hermann Freiherr von Eckardstein, Lebenserinnerungen und politische Denkwürdigkeiten, 3 Bde., Leipzig: List, 1919, Bd. 1, S. 11f.; Wochenblatt der New Yorker Staats-Zeitung, 19. 10. 1893; Schurz an William McKinley, 22. 9. 1898, McKinley Papers, Library of Congress; Schurz an Emilie Meyer, 25. 2. 1905, Schurz-Papiere im Besitz von Frau Cissa Morlang, Hamburg.
58 Philipp Wagner, Ein Achtundvierziger. Erlebtes und Gedachtes, Brooklyn: Johannes Wagner, 1882, S. 390; Skal, S. 9; McCormack, Bd. 2, S. 709f.; M.C. Becker, Germans of 1849 in America. An Address Before the Monday Club of Columbus, Ohio, March 14, 1887, Mt. Vernon, OH: Republican Printing House, 1887, S. 23.
59 Wittke, Refugees, S. 361f.

12. Wessen Feier?
Die Hundertjahrfeier von 1876 und die deutschamerikanische sozialistische Kultur

Carol Poore

Am Thanksgiving Day des Jahres 1875 fragte die New Yorker „Arbeiter-Stimme", das offizielle Organ der Sozialdemokratischen Arbeiterpartei von Nordamerika, seine Leser aus der deutschen Arbeiterklasse rhetorisch, wofür sie denn Dank sagen sollten. Sollten sie sich bedanken für die Wirtschaftskrise, die schon drei Jahre lang andauerte? Sollten sie darüber befriedigt sein, daß ihre politischen Optionen immer noch auf die Wahl zwischen Republikanern und Demokraten beschränkt seien? Sollten sie die Käuflichkeit der Presse begrüßen oder dankbar dafür sein, daß die Zahl der Millionäre ständig zunähm? Oder aber für „die bevorstehende Schaustellung unserer Nationaleitelkeit zum hundertjährigen Gedenkfeste der Unabhängigkeit mit all ihren Ausgeburten der Heuchelei und Geschmacklosigkeit?"[1] Im Juli desselben Jahres hatte die Zeitung den 4. Juli als einen Anlaß bezeichnet, bei dem die Bourgeoisie ihre Unabhängigkeitserklärung von der englischen Monarchie feierte und sich bemühte, deutsche Arbeiter davon abzuhalten, bei dieser Gelegenheit zusammen mit ihren Arbeitgebern zu feiern.[2] Solche Leitartikel waren vor 1876 üblich: Die deutschamerikanische sozialistische Presse nahm entweder vom Unabhängigkeitstag überhaupt keine Notiz, oder sie rief ihre Leser ganz einfach auf, an den offiziellen Festlichkeiten nicht teilzunehmen. Doch das Interesse aller Bevölkerungsschichten an der Hundertjahrfeier angesichts einer verbreiteten Stimmung der nationalen Selbstbeglückwünschung, der extravaganten Festlichkeiten und der eindrucksvollen Weltausstellung in Philadelphia veranlaßte eingewanderte deutsche Sozialisten, die Bedeutung dieses Feiertags für Arbeiter umzuinterpretieren und Alternativen zu den offiziellen Festlichkeiten anzubieten – eine Art ‚Volks-Hundertjahrfeier'.

Historiker der Arbeiterbewegung haben die entscheidende politische Rolle erkannt, die deutsche Einwanderer dabei spielten, die Theorie des wissenschaftlichen Sozialismus in die Vereinigten Staaten einzuführen, die amerikanische Arbeiterbewegung nach dem Bürgerkrieg zu organisieren und die erste dauerhafte sozialistische Partei des Landes zu gründen, die Sozialistische Arbeiterpartei (Socialist Labor Party, 1877). Erst in jüngster Zeit jedoch haben Sozialhistoriker begonnen, die komplexe kulturelle Struktur zu untersuchen, die deutsche Sozialisten als größte und bedeutendste Gruppe von eingewanderten Radikalen im Amerika des 19. Jahrhunderts schufen.[3] Diese Sozialisten bauten – zusam-

„Zum 4. Juli 1877." Columbia spricht zum Geldprotzen, den Rücken den Armen zugewandt. Allegorische Darstellung der Vereinigten Staaten, typisch für die Kritik, die die sozialistische Presse der Deutschamerikaner am 4. Juli, dem Nationalfeiertag, übte. (Vorbote, Chicago, 7. Juli 1877)

men mit anderen Angehörigen ihrer ethnischen Gruppe – neben ihrer politischen und gewerkschaftlichen Tätigkeit in vielen Lebensbereichen Institutionen auf, die als Alternativen zu anderen innerhalb ihrer ethnischen Gruppe und in der Gesamtgesellschaft dienen sollten. Dazu gehörten sozialistische Arbeitertheater, Arbeiter-Gesangvereine, sozialistische Literatur, sozialistischer Journalismus und periodisch stattfindende Feste ebenso wie Arbeiter-Turnvereine, Produzenten- und Konsumvereine, Arbeiter-Unterstützungsvereine, besondere Organisationen für Frauen, Arbeiter-Bildungsvereine und sozialistische Schulen für Kinder und Erwachsene. Dieses kooperative soziale Netz bildete einen Puffer gegen Kulturschock und wirtschaftliche Schwierigkeiten und hatte außerdem die gleiche hegemoniale Funktion – Erbauung, Information, Unterhaltung – wie seine Pendants der Mittel- und der Oberschicht.[4] Insbesondere in der Situation des Exils und der Einwanderung gewannen diese kulturellen und sozialen Unternehmungen eine wesentliche Rolle für die Einigung der Arbeiterklasse innerhalb der deutschen ethnischen Gruppe und für die Herstellung eines Gefühls der Solidarität mit Arbeitern anderer Nationalitäten.

Die Festlichkeiten des ‚Arbeiter-4. Juli' von 1876 waren Teil dieser zunehmenden Möglichkeiten zu alternativem kulturellen Ausdruck, und sie geben wichtige Hinweise darauf, wie deutsche Radikale die Vereinigten Staaten zu jener Zeit sahen. Deutschamerikanische Sozialisten organisierten derartige Feiern in mehreren größeren Städten mit einem starken deutschen Arbeiterelement, doch die größte und meistkommentierte ‚Arbeiter-Juli-Feier' fand am 3. Juli 1876 in Chicago statt. In einem Leitartikel des Chicagoer „Vorbote" vom 1. Juli wurden pompöse Vorbereitungen im ganzen Land zur Feier der Unabhängigkeit der „amerikanischen Ausbeuter" von den „englischen Ausbeuter[n]" beschrieben.[5] Der Autor entwarf ein finsteres Bild der Leiden amerikanischer Arbeiter unter dem kapitalistischen Wirtschaftssystem und erklärte, diese hätten keinen Grund, das hundertjährige Bestehen einer Republik zu feiern, die nur „die Handlangerin des Geldsacks gegen uns" sei, denn, so hieß es weiter: „. . . uns war es keine Republik, kein Vaterland . . ." Deshalb verlangte die Zeitung, die Arbeiter sollten sich nicht mit dem Wohlhabenden zusammentun, sondern das von den Sozialisten und Gewerkschaftlern Chicagos vorbereitete Fest besuchen, eine Feier, die einen Geist echter Freiheit, Gleichheit und Brüderlichkeit hochhalten werde.

Den Berichten der sozialistischen Presse zufolge stellten die Parade und die Feierlichkeiten am 3. Juli eine eindrucksvolle Arbeiterdemonstration dar. 1500 Personen nahmen an dem Marsch durch Chicago teil, an der Spitze der Lehr- und Wehrverein, eine bewaffnete Selbstverteidigungsorganisation deutscher Sozialisten mit der Aufgabe, Arbeiter gegen Polizei und Miliz zu schützen[6], und zu den weiteren Beteiligten gehörten Sozialisten aus der ‚Arbeiterpartei von Illinois', aus verschiedenen Gewerkschaften und aus Turnvereinen. Als der Zug in einem belebten Chicagoer Park eintraf, wurde das Fest mit Musik, einem lebenden Bild, Reden und Geselligkeit bis spät in die Nacht von den 10000 Besuchern fortgesetzt. Das an jenem Abend präsentierte lebende Bild bot eine besonders eindringliche Illustration dafür, wie die Sozialisten die Gegenwart sahen und welche Hoffnungen sie für die Zukunft hegten. Es trug den Titel „Die Alte und die Neue Welt", doch anders als ein Teil des Publikums es erwarten mochte, stellte es nicht den Gegensatz zwischen Ausbeutung und Elend in Europa auf der einen Seite, Freiheit und Überfluß in den Vereinigten Staaten auf der anderen dar. Vielmehr zeigte die eine Seite die gegenwärtige Ausbeutung des Menschen durch den Menschen unter dem Kapitalismus, wobei auf der untersten Stufe eine Gruppe von Arbeitern in Ketten gezeigt wurde; auf der zweiten zwei Frauen, die Armut und Elend darstellten, und über diesen Figuren zwei Männer als Repräsentanten der Herrschaft von Geld und Religion. Die andere Seite des lebenden Bildes präsentierte die Neue Welt, die erhoffte Zukunft der Arbeiter unter dem Sozialismus. Auf der ersten Stufe sah man die produktive Landwirtschaft und das glückliche, gesicherte Familienleben der befreiten Menschheit. Auf der zweiten repräsentierten drei Frauen die Industrie, die Wissenschaft und die Kunst im Dienste aller und offen für alle. Auf der dritten Stufe symbolisierte eine Frau mit Waage und Schwert Recht und Freiheit, die über die Neue Welt herrschen; eine zweite Frau trug die Jakobiner-Mütze und schwenkte die rote Fahne.

Der Hauptredner des Abends in deutscher Sprache, der sozialistische Journalist Joseph Brucker aus Milwaukee, wählte dieses Thema der Alten und Neuen Welt für seine Ausführungen.[7] Er charakterisierte die Alte Welt als eine von Zwietracht, Heuchelei und Ungleichheit regierte Klassengesellschaft, an deren Stelle die Sozialisten eine Neue Welt der Freiheit, Gerechtigkeit, Bildung und Sicherheit für alle durchsetzen wollten. Dann fragte Brucker, welche Haltung Sozialisten in den Vereinigten Staaten, „diesem unserem Adoptivvaterland", einnehmen sollten. In einer bewegenden persönlichen Erklärung beschrieb er seine ersten Eindrücke von Amerika, als er mehrere Jahre zuvor aus Österreich eingewandert war. Wie die meisten seiner Zuhörer habe ihn „die Liebe zur Freiheit und das Verlangen nach einem menschenwürdigen Dasein" dazu getrieben, die Heimat zu verlassen. Er wolle den Vereinigten Staaten gegenüber nicht undankbar sein, denn diese Republik habe den Einwanderern die Freiheit des Wortes und der Presse und bessere Existenzbedingungen geboten. Er habe gestaunt über die „Leistungen der menschlichen Tatkraft", die in so kurzer Zeit volkreiche Städte, die transkontinentale Eisenbahn, Werke der Kunst und Wissenschaft hervorgebracht habe. Doch je länger er in Amerika sei, desto mehr habe sich für ihn der Kontrast zwischen Amerika und seiner Heimat abgeschwächt. Enttäuscht von der Realität der versprochenen Freiheiten in den Vereinigten Staaten verwies er auf ein rasches Sinken des Lebensstandards und zunehmend schärfere Beschränkungen von Freiheit und Gleichheit. Dennoch forderte Brucker, die Deutschen sollten nicht verzweifeln oder resignieren, sondern danach streben, ihren Beitrag zu der Verbesserung der Bedingungen zu leisten, die sie in den Vereinigten Staaten vorfanden. Als „die Männer der Revolution" ständen sie in der stolzen Tradition der Unterzeichner der Unabhängigkeitserklärung und hätten eine einzigartige Chance, sich für die wahre Verwirklichung ihrer Prinzipien einzusetzen. Auf diese Weise könne der hundertste Geburtstag der Republik für „Arbeiter, Turner und Parteigenossen" zum Anlaß werden, im Geiste eines

Washington, Jefferson, Franklin und Thomas Paine zu wirken und die Prinzipien des Sozialismus zum ersten Mal unter dem Sternenbanner zu verwirklichen.

Nach Bruckers Rede verlasen die Sozialisten eine zweite Unabhängigkeitserklärung, in der die Unabhängigkeit der Arbeit vom Kapital verkündet und die Mittel aufgezählt wurden, durch die das kapitalistische Wirtschaftssystem die Arbeiter daran hinderte, in den Genuß ihrer unveräußerlichen Rechte auf „Leben, Freiheit und den vollen Ertrag ihrer Arbeit" zu gelangen.[8] Unter den gegenwärtigen Bedingungen besäßen die Besitz- und Geldinteressen einen unverhältnismäßig großen Anteil der Vertretung in den Parlamenten und des Einflusses auf die Gesetzgebung, und dementsprechend gehe es den beiden großen Parteien nicht um das Wohl des ganzen Volkes. Das Rechtswesen sei nicht unparteiisch, der Reichtum ungleich verteilt, und die Unternehmer benutzten die großartigen Erfindungen von arbeitssparenden Maschinen dazu, die Arbeiter noch mehr zu unterdrücken, statt die Arbeitszeit zu verringern. Um das Maß der Ungerechtigkeit voll zu machen, seien Arbeiter, die sich zur Diskussion ihrer Beschwerden und ihres Vorgehens versammelt hatten, auseinandergetrieben und niedergeschossen worden. Nachdem sie vergeblich versucht hatten, innerhalb der bestehenden politischen Parteien gutwillig mitzuarbeiten, so schlossen die Verfasser dieser Erklärung, würden die Arbeiter nunmehr danach streben, die Macht zu gewinnen, ihre eigenen Gesetze zu machen, ihre eigene Produktion zu steuern und sich selbst zu regieren. Dieser Hinweis bezog sich zweifellos auf den sozialistischen Einheitskongreß, der im selben Juli 1876 in Philadelphia stattfand und bei dem sich mehrere vorwiegend deutsche Regionalparteien zur ‚Arbeiterpartei der Vereinigten Staaten' zusammenschlossen.

Angesichts dieser extrem negativen Äußerungen über die Vereinigten Staaten und der hier ausgedrückten Enttäuschung über ihr politisches und wirtschaftliches System könnte man sich fragen, wie repräsentativ dieses Fest eigentlich war. Schließlich ist es schon beinahe zu einem Klischee geworden, daß es den deutschamerikanischen Sozialisten nicht gelang, eine große, dauerhafte sozialistische Bewegung zu schaffen, weil sie sich weigerten, spezifisch amerikanische Erfahrungen (wie etwa soziale Mobilität und einen höheren Lebensstandard) in ihre Theorie und Strategien einzubeziehen.[9] War die Chicagoer Arbeiter-Hundertjahrfeier lediglich das Treffen einer unbedeutenden Gruppe ausländischer Radikaler, die hartnäckig an Denkweisen festhielten, die für Europa angemessen sein mochten, aber nicht auf die Wirklichkeit anwendbar waren, die eingewanderte Arbeiter in den Vereinigten Staaten kennenlernten? Wir können diese Frage aus mehreren Richtungen angehen: 1. Wie war der Zustand der Wirtschaft im Jahr 1876, und waren die Behauptungen der Sozialisten hinsichtlich zunehmender Verarmung gerechtfertigt?[10] 2. Wie entstanden solche ‚Arbeiter-Juli-Feiern' bei deutschen und anderen ethnischen Gruppen als Reaktion auf die amerikanische Tradition? 3. Welches war der Platz dieses Ereignisses im Kontext deutschamerikanischer sozialistischer Feste und Kultur?

Im Jubiläumsjahr standen die USA mitten in der schwersten Wirtschaftskrise, die sie bisher erlebt hatten. Der Zusammenbruch des Bankhauses Jay

Cooke and Company im September 1873 leitete eine Depression ein, die bis zum Ende der 1870er Jahre andauern sollte. 1877 waren drei Millionen Arbeiter beschäftigungslos, und viele der langfristig Arbeitslosen wanderten als Tramps umher. Im Jubiläumsjahr kam es zu großen Arbeitslosen-Demonstrationen, wie etwa im August in New York mit 50000 Teilnehmern. Aus San Francisco berichtete die Presse, daß sich Hunderte von Menschen von dem ernährten, was sie auf der städtischen Mülldeponie finden konnten, während man in Manhattan rund 90000 wohnungslose Arbeiter als ‚Revolver' oder Rundreisende bezeichnete, weil sie während der kältesten Monate ein oder zwei Nächte auf den verschiedensten Polizeirevieren verbrachten.[11] Während der Wirtschaftskrise lösten sich viele Arbeiter-Organisationen auf, die es vielleicht ermöglicht hätten, mehr wirtschaftliche Sicherheit zu gewinnen, während die Arbeitgeber für die nach wie vor Beschäftigten die Löhne drastisch kürzten und die Arbeitszeit verringerten.[12] Das plötzliche Absinken des Lebensstandards führte zu verbreiteter Unruhe und Enttäuschung bei Arbeitern, die sich an eine bessere Vergangenheit erinnern konnten, oder sogar an eine endgültig verlorene Lebensweise als Handwerker, die einigen unter ihnen mehr Unabhängigkeit geboten hatte. Dementsprechend stellten arbeiterfreundliche Zeitungen wie etwa die „Pittsburgh National Labor Tribune" die Angemessenheit der Hundertjahrfeier der Freiheit zu einem Zeitpunkt, da die Arbeiter in Wirklichkeit in ihren Möglichkeiten viel begrenzter waren, in Frage. In einem Leitartikel des Blattes hieß es: „Die Träume sind nicht verwirklicht worden. . . . Die arbeitenden Menschen dieses Landes . . . sehen plötzlich, daß das Kapital ebenso starr ist wie ein absoluter Monarch. . . . Das Kapital übt jetzt das gleiche Maß an Herrschaft über uns aus, wie es die Aristokratie Englands zur Zeit der Revolution besaß."[13]

Die zunehmende Arbeitslosigkeit und Verarmung gipfelte in dem bundesweiten Eisenbahner-Streik von 1877, der in St. Louis zum ersten amerikanischen Generalstreik für den Achtstundentag und die Abschaffung der Kinderarbeit eskalierte. Ausmaß und Heftigkeit dieser Streiks führten zu einer hysterischen Reaktion in Presse und öffentlicher Meinung, wo die Ereignisse in den Vereinigten Staaten mit der Pariser Kommune verglichen und die finstere Steuerung durch die von Ausländern beherrschte ‚Internationale' hinter dem Ganzen angenommen wurde.[14] Andererseits erinnerten sich Gewerkschafts- und sozialistische Funktionäre noch lange an die brutale Behandlung von Streikenden als weiteres Beispiel der Klassenjustiz in den USA. So war es die Erfahrung der Hilflosigkeit in dem Streik von 1877, die zur Gründung von ‚Lehr- und Wehrvereinen' (wie dem in der Chicagoer Sozialisten-Demonstration vertretenen) in den Großstädten des Landes führte. Demnach erscheint im Zusammenhang der Wirtschaftskrise, der Arbeitslosigkeit und sich intensivierender Konflikte zwischen Kapital und Arbeit in den 1870er Jahren die bei der Versammlung in Chicago an den Vereinigten Staaten geübte Kritik als repräsentativ für das Erleben vieler kürzlich eingewanderter ebenso wie in Amerika geborener Arbeiter.

Als ein Versuch, zum Nachdenken über die amerikanische Geschichte anzuregen und konventionelle Mittel zur Pflege des amerikanischen Erbes umzufunktionieren, stand diese ‚Arbeiter-Juli-Feier' in einer Tradition der Gegen-

Festlichkeiten sowohl bei Eingesessenen als auch bei Einwanderer-Gruppen. Bereits in den 1790er Jahren beanspruchten amerikanische Arbeiter den 4. Juli als *ihren* Ehrentag, und seit den 1830er Jahren hatte dieser Tag für sie einen festen Platz, um ihre Forderungen zu verkünden und sich als legitime Erben des Geistes von 1776 zu erklären.[15] Insbesondere die Unabhängigkeitserklärung diente Arbeitern und anderen unterprivilegierten Gruppen als Vorlage für die Formulierung ihrer Beschwerden und ihrer Programme zur Weiterverfolgung der Ziele der amerikanischen Revolution. Zahlreiche Arbeiterorganisationen veröffentlichten während des 19. Jahrhunderts ihre alternativen Erklärungen, und zu diesen Texten kamen solche von anderen Gruppen, die der Auffassung waren, Amerika genüge nicht den in dem ursprünglichen Dokument proklamierten Prinzipien – vor allem für Schwarze und Frauen. In einem Tenor, der sich in der Feier der Chicagoer Sozialisten wiedererkennen läßt, hatte der große schwarze Abolitionist Frederick Douglass am 5. Juli 1852 über „die Bedeutung des 4. Juli für den amerikanischen Neger" gesprochen: „Ich gehöre nicht zu denen, die dieses ruhmreiche Jubiläum feiern können! . . . Dieser 4. Juli ist der *Ihre*, nicht der meine. Sie dürfen jubeln, doch ich muß trauern."[16] Und bei der offiziellen Hundertjahres-Zeremonie in Philadelphia am 4. Juli unterbrach die Frauenwahlrechtlerin Susan B. Anthony, der man einen Platz auf dem Programm verweigert hatte, den Ablauf der Feierlichkeiten, um eine „Frauenrechtserklärung" und eine Anklageschrift gegen die ausschließlich männliche Regierung zu verlesen.[17]

Im Gegensatz zu vielen dieser alternativen Erklärungen war die Chicagoer Feier von 1876 nicht in erster Linie darauf ausgerichtet, spezifische Forderungen der Arbeiter vorzutragen, sondern eher darauf, zum Nachdenken über die Vergangenheit Amerikas im Rahmen einer Gegenfeier nachzudenken. Doch nach der Hundertjahrfeier benutzten eingewanderte ebenso wie einheimische Sozialisten und Arbeiter den 4. Juli als das wichtigste Datum zum Vorbringen ihrer Forderungen nach dem Achtstundentag. Diese Demonstrationen, die von Gewerkschaften und der Sozialistischen Arbeiterpartei organisiert wurden, waren der von Chicago im Jahr 1876 ähnlich, doch hatten sie ein größeres Ausmaß und zeigten eine optimistischere Stimmung – das Gefühl, daß die Arbeiterbewegung mit dem Nachlassen der Depression der 1870er Jahre wuchs. Die sozialistische Presse berichtete am ausführlichsten über die Achtstundentag-Demonstration am 4. Juli 1879 in Städten wie Philadelphia (8000 Teilnehmer), Chicago (9000 Männer und 500 Frauen marschierten mit) und New York (15000 Teilnehmer).[18] Diese Ereignisse waren bemerkenswert wegen der Heterogenität der beteiligten Organisationen und der dadurch nahegelegten Vermutung, daß man den ethnische Grenzen überschreitenden Charakter von Klasseninteressen erkannt hatte. So gehörten etwa zu dem Demonstrationszug durch New York und Brooklyn deutsche, englischsprechende, französische und tschechische Sektionen der Socialist Labor Party, Gewerkschaften der verschiedensten Berufszweige sowie Arbeiter-Gesangvereine, -Turnvereine und andere Vereinigungen. In Chicago waren 130 Arbeiter-Organisationen beteiligt, darunter Gruppen von Deutschen, eingesessenen Amerikanern, Schweden, Franzosen, Tschechen,

Iren und Polen. Einer der Wagen in dem Festzug von Brooklyn erinnerte an das lebende Bild von Chicago; er präsentierte die ‚Verbrüderung aller Nationen' als die Solidarität von Arbeitern aller ethnischen Gruppen unter der roten Fahne. Spruchbänder in deutscher, englischer und tschechischer Sprache verkündeten Parolen wie ‚Tenementhaus-Arbeit ist Sklaverei, doch Einigkeit macht uns frei' und ‚Nieder mit den republikanischen Dieben und demokratischen Räubern'. Doch diese Beteuerung der internationalen Solidarität der Arbeiterklasse schloß keine Pauschalablehnung der amerikanischen Tradition ein. Im Gegenteil priesen Redner bei allen diesen Demonstrationen die revolutionäre Vergangenheit der Vereinigten Staaten und beanspruchten dieses Erbe als ihr eigenes. So erinnerte Georg Winter, der deutsche Sprecher bei der Versammlung in Brooklyn, seine Zuhörer an die Zeit eines unabhängigeren Handwerkerdaseins in den Vereinigten Staaten vor der Ausbreitung des Fabriksystems und forderte die Einführung des Achtstundentages als ersten Schritt auf dem Weg zur Verwirklichung aller Prinzipien, denen sich die Nation bei ihrer Gründung verschrieben hatte.

Der 4. Juli bot während der 1880er Jahre den im Ausland wie im Inland geborenen Arbeitern eine Gelegenheit, für den Achtstundentag zu demonstrieren. Die New Yorker „Volkszeitung" berichtete am 4. Juli 1883, daß eine zunehmende Zahl von englischsprechenden Arbeitern sich beteilige, doch 1889 hieß es im Chicagoer „Vorbote", die dortige Demonstration für den Achtstundentag am 4. Juli habe erheblich weniger Teilnehmer aufgewiesen als in den vorangegangenen Jahren.[19] Allerdings bedeutet dieser Rückgang der Beteiligung an den Arbeiter-Feiern zum 4. Juli nicht unbedingt eine nachlassende Militanz der teilnehmenden Gruppen. Vielmehr schufen sie weitere Gelegenheiten zur Demonstration der Solidarität und Erhebung von Forderungen der Arbeiterbewegung, und bei diesen Bemühungen waren deutsche Sozialisten, Sozialrevolutionäre und Gewerkschaftler führend. Die Feier des 1. Mai hatte ihren Ursprung in dem bundesweiten Streik und den Demonstrationen für den Achtstundentag, die am 1. Mai 1886 stattfanden. Die breite Unterstützung dieses Streiks, sein Höhepunkt in der Haymarket-Affäre in Chicago und die Hinrichtung von vier führenden Chicagoer Gewerkschaftsfunktionären (drei von ihnen Einwanderer aus Deutschland) durch den Strang machten dieses Datum zu einem auf tragische Weise unvergeßlichen Tag für die Arbeiterbewegung. Dementsprechend hieß es im Chicagoer „Vorbote" 1887, der 1. Mai 1886, nicht der 4. Juli, bezeichne den Beginn einer neuen Ära, den „Geburtstag der neuzeitlichen Arbeiter- und Freiheitsbewegung".[20] Im Laufe dieser Jahre wurde es üblich, Labor Day, den Tag der Arbeit, Anfang September zu feiern, ein Prozeß, an dessen Anfang seine Einführung im Jahr 1882 als ein New Yorker Feiertag auf Veranlassung der vorwiegend deutschen Central Labor Union und an dessen Ende seine Einführung als nationaler Feiertag 1894 stand.

Die Jubiläumsversammlung der Chicagoer Arbeiter war nicht nur eines der eindrucksvolleren Ereignisse in der dynamischen Tradition von alternativen Feiern zum 4. Juli. Sie war auch Teil der wiederkehrenden Festlichkeiten, die Arbeiterorganisationen aller ethnischen Gruppen im 19. Jahrhundert als alternative kulturelle Ausdrucksmöglichkeiten schufen. Diese Feste waren zunächst einmal eine Quelle der Unterhaltung, der Freude, der Flucht aus der Härte des Arbeitstages und eine Gelegenheit zur Auffrischung von Kraft und Mut in der Gesellschaft von Freunden, Verwandten und Genossen.[21] Eine weitere Funktion dieser Feste war es, progressive historische Traditionen stärker ins Bewußtsein zu heben und die Solidarität zwischen den Teilnehmern und mit Arbeitern aus anderen ethnischen Gruppen zu festigen. Die deutschamerikanischen Sozialisten veranstalteten gewöhnlich Gegenfeiern nicht nur zum 4. Juli, sondern auch zu religiösen Festen wie Weihnachten (wobei der Sozialismus zum neuen Messias erklärt[22] oder der religiöse Aspekt ganz weggelassen wurde) und Thanksgiving. So zogen 1884 z.B. 5000 amerikanische und deutsche Arbeiter und Tramps unter roten und schwarzen Fahnen durch Chicago und protestierten gegen die Heuchelei, Thanksgiving zu feiern, wenn so viele Menschen arm und arbeitslos waren.[23] Dies alles könnte recht negativ klingen, als wenn diese eingewanderten Sozialisten nur mit Feindseligkeit auf bestehende Bräuche reagierten. Doch waren als Alternativen zu diesen Anlässen auch Feste, bei denen herausragender Ereignisse der internationalen Arbeiterbewegung gedacht wurde, ein wesentlicher Teil der deutschamerikanischen sozialistischen Kultur. Dazu gehörten einige Daten aus ihrem europäischen Erbe, wie etwa die mit großem Engagement begangenen Feiern der Pariser Kommune im März jeden Jahres sowie Ferdinand Lassalles Geburtstag und Todestag. Außerdem wurden von deutschamerikanischen Sozialisten zusammen mit anderen progressiven Gruppen Feiern angeregt und durchgeführt, die ihren Erlebnissen in den USA entsprangen und darauf abzielten, die Auffassung der Arbeiter von der amerikanischen Geschichte zu beeinflussen. Einige dieser Veranstaltungen waren kritische Reaktionen auf traditionelle, zustimmende Formen, den 4. Juli zu feiern. An diesem Tag des Jahres 1885 schrieb etwa die New Yorker Zeitung „Der Sozialist", der 1. Januar, der Tag der Verkündung der Sklavenbefreiung durch Lincoln, wäre als Nationalfeiertag passender, denn bis zu jenem Datum habe die Unabhängigkeitserklärung nur für die Weißen die Freiheit gesichert. Nachdem man die vier im Zusammenhang der Haymarket-Affäre wegen Mordes verurteilten Gewerkschaftsfunktionäre am 11. November 1887 gehängt hatte, wurde dieses Datum zu einem Tag großer Demonstrationen zu ihrem ehrenvollen Angedenken, besonders in Chicago, wo die Hinrichtung stattgefunden hatte. Dieser Tag war viele Jahre lang ein Sammelpunkt für Chicagoer Arbeiter, wenn auch anläßlich der zwanzigsten Wiederkehr im Jahr 1907 – nachdem der 1. Mai und Labor Day zu festen Feiertagen der Arbeiterklasse geworden waren – die jährliche Zeremonie mehr den Eindruck eines Treffens der Veteranen aus den Arbeitskämpfen der 1880er Jahre erweckte.

Das Jahr 1983 wird nicht nur vom dreihundertsten Jahrestag der ersten deutschen Einwanderung nach Nordamerika markiert, sondern auch vom Jahrestag eines anderen wichtigen Ereignisses: dem hundertsten Todestag von Karl Marx. Am 19. März 1883 war Cooper Union in New York City der Schauplatz der größten Trauerfeier, die in der Welt unmittelbar nach dem Tode von Marx abgehalten wurde. Dieses Treffen zu einer Zeit sich zuspitzender Klassenkämpfe in den Vereinigten Staaten war sowohl wegen seines Ausmaßes bedeutsam (6000 Männer und Frauen nahmen teil, mehrere Tausend fanden keinen Platz mehr), als auch aufgrund der Tatsache, daß Gruppen, die häufig miteinander im Streit lagen, bei diesem Anlaß bereit waren, ihre Differenzen ruhen zu lassen. Zu der von der Central Labor Union von New York und der Sozialistischen Arbeiterpartei veranstalteten Feier gehörten ein Liedervortrag eines deutschen Arbeiterchores sowie Reden in englischer, deutscher, russischer, tschechischer und französischer Sprache. Die Redner betonten den Geist des proletarischen Internationalismus und priesen Marx als einen „Mann, der keiner Nation gehörte", und der im Exil lebende ehemalige Reichtstagsabgeordnete Johann Most äußerte die Annahme, man werde sich an Marx auch dann noch erinnern, wenn Nationalhelden schon lange vergessen wären. In der gleichen Richtung wurde in einem Artikel der New Yorker „Volkszeitung" die Auffassung vertreten, die ersten Märzwochen seien passende Feiertage für die „Anhänger der Internationale" im Gedenken an 1848, 1871 und den Tod von Marx. Die Redner betonten jedoch auch die Anwendbarkeit der marxschen Theorien auf die soziale Frage in den Vereinigten Staaten, die – so Johann Most – ebenso drängend war wie in Europa. Mit Formulierungen, die an die ‚Arbeiter-Juli-Feiern' erinnerten, unterstrichen die Redner die Notwendigkeit einer radikalen Umstrukturierung der Gesellschaft mit dem Ziel der Schaffung einer wahrhaft gerechten Republik, in der man Armeen auflösen könnte, Armut unbekannt wäre und die Regierung kooperativ würde.[24]

Das zentrale Problem, das deutschamerikanische Sozialisten bei allen diesen Bemühungen zur Schaffung von kritischen, alternativen Festen aufwarfen, war die Relevanz historischer Tradition – insbesondere des revolutionären Erbes Amerikas – für ihre gegenwärtige Situation und ihre Hoffnungen für die Zukunft. In ihren Erklärungen über die Funktion solcher Feste und bei der Durchführung der Feiern reflektierten sie darüber, welcher historischen Ereignisse sie gedenken sollten und wie diese Ereignisse für eingewanderte Arbeiter Bedeutung gewinnen könnten. Beim amerikanischen Nationalfeiertag priesen die deutschamerikanischen Sozialisten stets die in der Unabhängigkeitserklärung enthaltenen Prinzipien, erklärten jedoch gleichzeitig immer, der 4. Juli solle eine Gelegenheit zum Nachdenken darüber sein, was außerdem noch geleistet werden müsse, damit diese Prinzipien für alle Amerikaner Wirklichkeit würden. Dementsprechend kritisierten sie Festredner und Politiker, die diesen Tag dazu benutzten, in unkritische Selbstgratulation zu verfallen, und die es vermieden, die Bürger an ihr Recht auf revolutionären Wandel zu erinnern. So hieß es in einer sozialistischen Zeitung: „Die Revolution der Altväter soll gefeiert werden, damit aber auch das Revolutionsrecht der Völker erloschen sein. Eben deshalb machen die Redner aus einer *zeitlichen* Erscheinung eine solche *ewige* Herrlichkeit."[25] Statt den 4. Juli und die festliche Begehung anderer Tage zum Anlaß zu nehmen, nostalgischen Erinnerungen nachzuhängen oder eine statische Geschichtsauffassung zu vertreten, betrachteten diese eingewanderten Sozialisten also historische Gedenkfeiern als Anlässe, über die Relevanz der Vergangenheit für die Gegenwart und die Zukunft, über die Geschichte als Kampf und über

Möglichkeiten des sozialen Wandels nachzudenken. In diesem Sinne wurde in einem Leitartikel der New Yorker „Volkszeitung" im Juli 1883 die Behauptung, Arbeiter hätten kein Vaterland, folgendermaßen aufgegriffen: „Für uns hat das Vaterland noch einen Wert, nicht so sehr wegen dessen, was es *ist*, als wegen dessen, was wir noch daraus zu machen hoffen."[26] Sozialisten und Arbeiter seien die wahren Erben von 1776, so hieß es weiter; der 4. Juli habe sogar noch größere Bedeutung für sie als für Anhänger anderer Parteien. So wie die Vereinigten Staaten die Wiege der Freiheit gewesen seien, hege man auch die Hoffnung, sie würden zu dem Ort werden, wo diese Freiheit in vollem Umfang verwirklicht werde. Mit seinen großen natürlichen Hilfsquellen und seiner verschiedenartigen Einwanderer-Bevölkerung könne das Land eine Chance bieten, die Barrieren von Nationalität und Rasse zu überwinden. Der Leitartikel schloß: „Wir lieben trotz alledem das neue Land und Volk wegen dessen, was es durch uns werden soll." Mehrere Jahre lang benutzten deutsche eingewanderte Sozialisten und Arbeiter den 4. Juli als eine Gelegenheit, Solidarität zu schaffen, ihre Bedürfnisse zu bestimmen und ihre Forderungen vorzutragen. Damit nahmen sie ihren Platz in der progressiven amerikanischen Tradition ein, wie es Joseph Brucker in Chicago ausdrückte: „Laßt uns Sozialisten im wahren Sinne des Wortes sein, dann sind wir auch die besten Bürger dieser Republik . . . Wir werden den 4. Juli 1876 nicht vergebens gefeiert haben."[27]

Anmerkungen

1 Arbeiter-Stimme (New York), 28. 11. 1875, S. 1.
2 Ebd., 11. 7. 1875, S. 2.
3 S. Hartmut Keil u. John B. Jentz (Hg.), German Workers in Industrial Chicago, 1850–1910, DeKalb: Northern Illinois University Press, 1983, u. Carol Poore, German-American Socialist Literature, 1865–1900, Bern: Lang, 1982.
4 S. Lee Baxandall, Vorwort zu: The Origins of Left Culture in the U.S., 1880–1940, Sondernummer von Cultural Correspondence/Green Mountain Irregulars, Spring 1978, S. 2.
5 Vorbote (Chicago), 1. 7. 1876, S. 1: „*Uns* war es keine Republik, kein Vaterland."
6 S. Philip Foner, We, the Other People. Alternative Declarations of Independence by Labor Groups, Farmers, Woman's Rights Advocates, Socialists, and Blacks, 1829–1975, Urbana: University of Illinois Press 1976, S. 99. S. auch Christine Heiss, German Radicals in Industrial America. The Lehr- und Wehr-Verein in Gilded Age Chicago, in: Keil u. Jentz, S. 206–224.
7 Bruckers Rede wurde abgedruckt in: Vorbote (Chicago), 22. 7. 1876, S. 3.
8 S. die englische Fassung dieser alternativen Unabhängigkeitserklärung in: Foner, S. 100–103.
9 Diese Beurteilung stammt von Beobachtern der amerikanischen Szene von Engels bis zu einigen Historikern der Gegenwart. S. Friedrich Engels an Friedrich Sorge, 8. 2. 1890, in: Karl Marx u. Friedrich Engels, Letters to Americans, 1848–1895, New York: International Publishers, 1953, S. 224f. S. auch Daniel Bell, Marxian Socialism in the United States, Princeton: Princeton University Press, 1967.
10 Eine sorgfältige soziologische Untersuchung der Armut unter deutschen Einwanderern bieten John B. Jentz u. Hartmut Keil, From Immigrants to Urban Workers. Chicago's German Poor in the Gilded Age and Progressive Era, 1883–1908, in: Vierteljahrschrift für Sozial- und Wirtschaftsgeschichte 68. 1981, S. 52–97.
11 S. John Bergamini, The Hundredth Year. The United States in 1876, New York: Putnam, 1976, S. 224.

12 S. Philip Foner, History of the Labor Movement in the United States, 4 Bde., New York: International Publishers, 1947–1965, Bd. 1, S. 439.
13 Zit. in: Philip Foner, The Great Labor Uprising of 1877, New York: Monad, 1977, S. 7.
14 S. Allan Pinkerton, Strikers, Communists, Tramps and Detectives, New York: Dillingham, 1878.
15 S. Foner, People, S. 2–40.
16 Zit. ebd., S. 15.
17 S. ebd., S. 21, 105–115, u. Bergamini, S. 190.
18 Berichte über diese Demonstrationen finden sich in: Volkszeitung (New York), 5. 7. 1879, u. Vorbote (Chicago), 12. 7. 1879.
19 Ebd., 10. 7. 1889.
20 Ebd., 4. 5. 1887, S. 4.
21 Eine Erörterung der Bedeutung solcher Anlässe für gemeinschaftliche Freizeitgestaltung bietet Gottfried Korff, Volkskultur und Arbeiterkultur. Überlegungen am Beispiel der sozialistischen Maifesttradition, in: Geschichte und Gesellschaft 5. 1979, S. 83–103.
22 S. Ludwig Geissler, Allegorisches Weihnachtsfestspiel, in: Volksstimme des Westens, 18. 1. 1880, S. 3.
23 S. Vorbote (Chicago), 3. 12. 1884, S. 8.
24 S. Philip Foner (Hg.), When Karl Marx Died. Comments in 1883, New York: International Publishers, 1973, S. 83, 70 (Zitat), 105, 198 f., 100 f.
25 Sozialist (New York), 11. 7. 1885, S. 1.
26 Volkszeitung (New York), 5. 7. 1883, S. 2.
27 Vorbote (Chicago), 22. 7. 1876, S. 4.

13. Lebensweise und Kultur deutscher Arbeiter in Amerikas Industriezentren

Das Beispiel Chicagos in der zweiten Hälfte des 19. Jahrhunderts

Hartmut Keil

Den Antworten auf die Frage, welche Bedeutung deutsche Arbeiter in den Vereinigten Staaten während der Industrialisierung in der zweiten Hälfte des 19. Jahrhunderts hatten, liegen drei traditionelle Annahmen zugrunde. 1. Sie seien überwiegend Handwerker und gelernte Arbeiter gewesen, die dringend benötigte Fertigkeiten in das Aufnahmeland mitbrachten. 2. Als Teil der sogenannten ‚alten' Einwanderung hätten deutsche Arbeiter in der ersten Phase der Industrialisierung eine überaus wichtige Funktion innegehabt, aber aus verschiedenen Gründen, z.B. weil sie sich schnell in die amerikanische Gesellschaft integrierten und aufstiegen, nach 1890 in der Arbeiterschaft nicht länger eine zentrale Rolle gespielt. 3. Bei dem in den siebziger und achtziger Jahren in den Industriezentren Amerikas sich äußernden Radikalismus der deutschamerikanischen Arbeiterschaft habe es sich um eine importierte Ideologie gehandelt, die amerikanischen Bedingungen unangemessen gewesen sei.[1]

Diese Annahmen wurden durch die überwiegend ethnische Perspektive der Immigrationsforschung bestärkt, die nationale Gemeinsamkeiten und Erfahrungen ins Blickfeld rückte, Schichten- und Klassenunterschiede innerhalb einer ethnischen Gruppe dagegen eher vernachlässigte.[2] Erst in jüngerer Zeit ist durch sozialhistorische Ansätze, vor allem durch die sogenannte ‚New Urban History' und die ‚New Labor History', der Immigrations- und Integrationsprozeß in anderen Zusammenhängen analysiert worden. So sieht die ‚New Urban History' die räumliche Zuordnung und funktionale Differenzierung je spezifischer urbaner Ansiedlungen als die bestimmenden Faktoren für die Zuweisung wirtschaftlicher und sozialer Ressourcen. Diese Angebotsstruktur habe entscheidende Auswirkungen auf die beruflichen Möglichkeiten und das Alltagsleben eingewanderter deutscher Arbeiter gehabt.[3] Die ‚New Labor History' hat zum erstenmal auch die namenlose Masse organisierter wie unorganisierter Arbeiter ins Blickfeld gerückt und sich dabei unter anderem der Methode der ‚community study' als des notwendigen interdisziplinären Instrumentariums bedient, um Industrie, Arbeitsplatz, Alltagsleben und Freizeit, Institutionen, Politik und Kultur der Arbeiterschaft als eng miteinander verbundenes Beziehungsgefüge zu untersuchen.[4]

Doch weisen beide Ansätze in Bezug auf die eingewanderte deutsche Arbeiterschaft zwei gravierende Lücken auf. Die neue Stadtgeschichtsforschung ist vor allem am langfristigen ökonomischen, demographischen und sozialen Strukturwandel interessiert und hat demgegenüber die Perspektive der von diesen Veränderungen betroffenen Bevölkerung vernachlässigt. Der weitverbreitete *ausschließliche* Rückgriff auf quantitative Daten ohne Berücksichtigung von Quellen, die auch die Werte und Normen dieser Menschen reflektieren, hat die Betroffenen zu bloßen statistischen Größen reduziert.[5] ‚Community'-Studien wiederum liegen vor allem für die Frühindustrialisierung vor, das heißt für die relativ kleinen Industriestädte in Neuengland und den mittleren Atlantikstaaten. Diese zeitliche und regionale Begrenzung schließt deutsche Arbeiter weitgehend aus; denn diese siedelten in erster Linie in den Städten des Mittelwestens während der Hochindustrialisierungsphase vor und nach 1880.

Das Chicago-Projekt, ein von der Stiftung Volkswagenwerk gefördertes Forschungsvorhaben, das die Sozialgeschichte deutscher Arbeiter in Chicago von 1850 bis zum Ersten Weltkrieg untersucht, hat versucht, diese Begrenzungen zu vermeiden, indem es das bedeutendste expandierende Industrie- und Handelszentrum des Mittelwestens zum Gegenstand wählte und die unerläßliche quantitative Analyse von Sozialdaten mit der Analyse der Institutionen der deutschen Arbeiterschaft, allen voran die Arbeiterpresse, verband.[6] Dieser Essay betont Aspekte des Alltagslebens und der Kultur der deutschen Arbeiterschaft Chicagos, um Vergleiche zur Erfahrung anderer Gruppen innerhalb der deutschen Einwandererschaft zu eröffnen und damit vielleicht eine Diskussion über die Beziehung von Klasse und Ethnizität anzuregen. Wir argumentieren, daß Klasse eine zentrale Variable für die Analyse des Einwanderungs- und Integrationsprozesses darstellt. Das bedeutet nicht, daß andere Variablen für sie geopfert oder vernachlässigt werden dürfen. Wohl aber eröffnet Klasse eine zusätzliche und notwendige Dimension für das Verständnis des Integrationsprozesses. Zwar wurde dieser Prozeß von einer gemeinsamen kulturellen Tradition bestimmt, zusätzlich aber auch von der sozialen Stellung der Einwanderer vor und nach der Emigration. Die deutsche Arbeiterschaft war nicht nur Teil einer nationalen Gruppe und teilte deshalb mit anderen deutschen Einwanderern Probleme der Integration in die dominante amerikanische Gesellschaft. Sie gehörte zugleich einer im Entstehen begriffenen und sich ständig verändernden multiethnischen Arbeiterschaft an und wies deshalb auch Reibungspunkte mit dem aufkommenden deutschamerikanischen Mittelstand auf. Sie versuchte zudem, sich mit anderen nationalen Gruppen in der Arbeiterschaft zu arrangieren und eine enge, nationale Grenzen überwindende Solidarisierung der Klasse anzustreben. Für die deutsche eingewanderte Arbeiterschaft, so wird hier argumentiert, stellte sich der Adaptions- und Integrationsprozeß deshalb differenzierter dar als für andere soziale Schichten der deutschen Einwanderung. Wir gehen von einem klassenspezifischen Integrationsprozeß aus, der nicht mit problemloser Aufstiegsmobilität gleichzusetzen ist, sondern oftmals zur festen Plazierung in der amerikanischen Arbeiterschaft führte.

Demographische Struktur

Einige grundlegende Zahlen müssen genannt werden, um die Entwicklung Chicagos und der deutschen Arbeiterschaft in der Stadt wenigstens anzudeuten.[7] Erst Mitte der 1830er Jahre zur Stadt erhoben, expandierte Chicago nicht zuletzt wegen seiner günstigen geographischen Lage am südlichen Ende des Michigansees und am Endpunkt des Wasserweges über die Großen Seen bis zum Ende des 19. Jahrhunderts zur Transport-, Handels- und Industriemetropole des Mittleren Westens. Schon in den fünfziger Jahren war Chicago ein bedeutendes Handelszentrum für die Region und Verkehrsknotenpunkt für die aus dem Osten eintreffenden Einwanderer, von denen sich viele entschlossen, in der Stadt zu bleiben. Arbeitsmöglichkeiten in Handwerk und Industrie, u.a. im Eisenbahnbau, in der Möbel- und der fleischverarbeitenden Industrie, im Landmaschinenbau und in der Metall- und Bekleidungsindustrie lockten auch viele einwandernde Arbeiter an. Diese Expansion von Handel und Industrie fand in einer wahren Bevölkerungsexplosion ihre Entsprechung. Von 30000 im Jahre 1850 stieg die Einwohnerzahl innerhalb von zwanzig Jahren auf das Zehnfache an. Bereits 1890 überschritt sie die Millionengrenze, und zur Jahrhundertwende hatte sie den Stand von 1,7 Millionen erreicht.

An diesem Wachstum waren deutsche Einwanderer und ihre Kinder erheblich beteiligt. Zur Jahrhundertmitte, noch bevor die erste große Welle deutscher Einwanderung voll eingesetzt hatte, lebten nahezu 5000 Deutsche in Chicago. Diese Zahl vervierfachte sich im nächsten Jahrzehnt und nahm danach parallel zum allgemeinen Bevölkerungswachstum der Stadt zu, außer im Jahrzehnt von 1890 bis 1900 nach dem Ende der Massenemigration aus dem Deutschen Reich. Wenn man die Kinder deutscher Einwanderer einbezieht, findet man einen erstaunlichen Grad an Kontinuität im Verhältnis der deutschen Bevölkerung Chicagos zur Gesamtbevölkerung – trotz einer stark fluktuierenden und sich in ihrer ethnischen Zusammensetzung erheblich verändernden Einwohnerschaft. Außer 1850 machten deutsche Einwanderer und ihre Kinder von der Jahrhundertmitte bis zum Ersten Weltkrieg zwischen 25 und 30 Prozent der Gesamtbevölkerung der Stadt aus. Vor allem die letzte große Einwanderungswelle der achtziger Jahre sicherte den nachhaltigen Einfluß der ersten Generation über die Jahrhundertwende hinaus. Noch 1900 waren mehr als drei Viertel aller Haushaltsvorstände deutscher Familien in Deutschland geboren, und nie zuvor hatte es in Chicago eine so große Zahl deutscher Institutionen gegeben. Es wäre deshalb verfehlt, für die Analyse des Integrationsprozesses die Periodisierung zu übernehmen, wie sie die Immigrationsforschung für die Einwanderung vornimmt; sie sieht die achtziger Jahre zu Recht als Übergangsphase von der ‚alten‘ zur ‚neuen‘ Einwanderung. Der Integrationsprozeß verlief jedoch längerfristig und nicht nur über eine Generation.

Auch die soziale Schichtung zeigt über fünfzig Jahre hinweg eine kontinuierliche Entwicklung.[8] Schon 1850 ist eine differenzierte Struktur erkennbar, in der Akademiker genauso stark vertreten waren wie 1900 (2,9%). Auch kleine Geschäftsleute (8,8%) hatten sich bereits fest etabliert. Handwerker und gelernte Arbeiter bildeten die bei weitem größte Gruppe (48,1%), während ihnen in einigem Abstand die ungelernten Arbeiter und Dienstleistungsberufe folgten (36%). Etwa im gleichen Maß, in dem Geschäftsleute und Angestellte bis 1900 an Bedeutung zunahmen (1900 zusammen 25,9%), reduzierte sich der Anteil der Arbeiterschaft (von 84,1 auf 67,7%). Wenn man die Veränderung der Wirtschaftsstruktur der Stadt in dieser Zeit und ihre Auswirkung auf das Arbeitsangebot in Rechnung stellt, wird deutlich, wie wenig spektakulär die Verschiebungen insgesamt waren. Insbesondere verdient die Tatsache hervorgehoben zu werden, daß noch 1900 über zwei Drittel aller deutschen Haushalte Arbeiterhaushalte waren.

Gleichzeitig vollzogen sich aber Strukturwandlungen innerhalb der deutschen Bevölkerung Chicagos, die verständlich werden lassen, warum die relative Prädominanz dieser nationalen Gruppe sich nur selten politisch wirksam niederschlug. Die uns für das Jahr 1850 zur Verfügung stehenden Daten zeigen eine ausgeprägte soziale Stratifizierung der deutschen Bevölkerung schon zu diesem frühen Zeitpunkt und sind ein Hinweis auf deren unterschiedliche wirtschaftlichen, politischen und kulturellen Interessen. Schon bei ihrer Einwanderung waren die Deutschen keineswegs eine so homogene Gruppe wie etwa die Iren oder Polen, sondern zeigten eine relativ differenzierte interne soziale Schichtung. Die lange Dauer der Zuwanderung trug zusätzlich regionale, kulturelle, aber auch soziale und wirtschaftliche Gegensätze bei. Es ist deshalb nicht nötig, für die in der deutschen Bevölkerung vorhandenen Interessengegensätze, die oft genug Klassengegensätze waren, die deutsche Mentalität verantwortlich zu machen.

Eine weiterer Faktor interner Differenzierung waren generationelle Veränderungen von den Einwanderern zu ihren in Amerika geborenen Kindern. Das Verhältnis von erster zu zweiter Generation in drei untersuchten Zensusjahren spiegelt den Wandel eindrucksvoll wider: von 4:1 im Jahr 1850 über etwa 1:1 im Jahr 1880 schlug es zur Jahrhundertwende auf 2:3 um. Noch 1900 lebten über drei Viertel der zweiten Generation als Kinder und Jugendliche unverheiratet mit ihren aus Deutschland eingewanderten Eltern im Familienverband zusammen, doch ist anzunehmen, daß die altersbedingte Statusveränderung der zweiten Generation sich nach dem Ende der Massenzuwanderung aus Deutschland in der Folgezeit demographisch deutlich niederschlug[9] und seit der Jahrhundertwende zu einer stärkeren Abwendung der jüngeren Generation von deutschen Einrichtungen und zu ihrer Umorientierung auf amerikanische Lebensweise führte. Wenn auch der Erste Weltkrieg als Katalysator für die beschleunigte, oft erzwungene Integration der Deutschen in Amerika verstanden werden kann, so hatten die demographischen Veränderungen vor dieser Zeit den Weg für einen solchen Prozeß schon weitgehend geebnet.[10]

Arbeitstraditionen

Einwandernde deutsche Arbeiter brachten unterschiedliche Berufserfahrungen mit, und je nach dem Zeitpunkt ihrer Ankunft in den Vereinigten Staaten wurden sie mit ganz verschiedenen Stufen der Industrialisierung konfrontiert.[11] Die Verschiebung des Auswanderungsschwerpunktes vom Südwesten zum Nordosten des Deutschen Reiches spiegelt berufliche wie soziale und kulturelle Veränderungen der Auswanderungsbevölkerung während des fünfzigjährigen Zeitraums starker Migration in die USA wider. Die ursprüngliche Auswanderung aus dem Südwesten wurde bald von der aus Preußen, vornehmlich aus den ostelbischen Provinzen, übertroffen. Jetzt wanderten neben Handwerkern, Händlern und gelernten Arbeitern zunehmend auch ungelernte Arbeiter und Tagelöhner aus. Gleichzeitig traten zu konservativen, d.h. eher auf Erhaltung der sozialen Stellung bedachten Motiven der Auswanderung verstärkt auch innovative, auf beruflichen und sozialen Wandel abzielende Motive hinzu. So waren etwa im Jahr 1880 in der deutschen Arbeiterschaft Chicagos Gruppierungen mit ganz unterschiedlichem Erfahrungshintergrund und Motiven vertreten. Neben qualifizierten Arbeitern, die bereits in Deutschland in Betrieben tätig gewesen waren, fanden sich Handwerker, deren Status aufgrund der einsetzenden Industrialisierung in Deutschland bedroht war und die ihr Heil in der Auswanderung suchten, sowie Tagelöhner, die direkt aus einer quasi-feudalen Gesellschaftsordnung in die Großstadt eingewandert waren und in der Schwer- und Massengüterindustrie arbeiteten. Wenn man dazu noch die beträchtliche Zahl von Arbeitern in Betracht zieht, die als Kinder mit ihren Eltern eingewandert und in Chicago großgeworden oder die bereits in Amerika geboren waren, so sieht man sich einer wahrhaft heterogenen deutschen Arbeiterschaft gegenüber.

Dennoch gab es – vor allem bis in die achtziger Jahre – eine gemeinsame Basis für ein Zusammengehörigkeitsgefühl innerhalb dieser Arbeiterschaft; nämlich eine lange Handwerkertradition, die bereits in Deutschland regionale Grenzen überschritten hatte und in ihrer grundlegenden Orientierung sogar international gewesen war. Handwerksburschen wurden während ihrer obligatorischen Wanderjahre durch einzelstaatliche und nationale Grenzen nicht aufgehalten; sie durchwanderten oft mehrere europäische Länder und arbeiteten und lebten mit Landsleuten und Fremden auf der Grundlage ihres gemeinsamen Handwerks zusammen. Diese Erfahrung erleichterte es, aus ethnischen und regionalen Traditionen auszubrechen. Da gelernte deutsche Arbeiter in Chicago im Jahr 1850 beinahe fünfzig Prozent der deutschen berufstätigen Bevölkerung ausmachten, konnte diese Handwerkstradition dazu beitragen, neu ankommende Einwanderer in die schnell anwachsende deutsche Handwerker- und gelernte Arbeiterschaft zu integrieren.[12] Solange gelernte Arbeiter im Produktionsprozeß eine zentrale Rolle innehatten – ob in kleinen Handwerksbetrieben oder in den Großbetrieben wie in McCormicks Landmaschinenfabrik – waren sie selbstverständlich auch in der frühen Chicagoer Arbeiterbewegung führend. Diese bedeutende Handwerkstradition prägte über den Arbeitsbereich hinaus auch das Alltagsleben deutscher Arbeiter. Man kann ohne Übertreibung von einer florierenden Handwerkerkultur mit einem Netz von Institutionen sprechen, das den Bildungsbereich, Unterstützungskassen zur sozialen Absicherung, Logen und Klubs, gesellige und politische Vereine umfaßte.

Oberflächlich gesehen hatte sich 1900 nicht viel an dieser Situation geändert, im Gegenteil, noch nie zuvor waren so viele deutsche Arbeiter in gelernten Berufen konzentriert.[13] Die enorme Zahl von fast 175 000 berufstätigen Deutschen brachte es mit sich, daß in praktisch jedem gelernten Beruf, und oft vorwiegend, Deutsche zu finden waren. So waren deutsche Einwanderer in den im veröffentlichten Bevölkerungszensus aufgeführten fünfundsiebzig Berufen in beinahe vier Fünfteln dieser Berufe die größte nationale Gruppe.[14] Dennoch verdecken diese Zahlen entscheidende Umstrukturierungsprozesse, die auch die gelernte deutsche Arbeiterschaft Chicagos nachhaltig betrafen, selbst wenn sie sich nur indirekt auf manche Berufe auswirkten oder in verschiedenen Sektoren phasenverschoben auftraten. Kleine Nachbarschaftsbäckereien zum Beispiel behielten bis weit ins 20. Jahrhundert hinein ihre Kundschaft, doch standen sie seit den achtziger Jahren in heftigem Wettbewerb mit den großen Brotfabriken an der Westseite Chicagos und konnten sich nur behaupten, indem sie unter bedenklichen sanitären Verhältnissen und denkbar schlechten Arbeitsbedingungen produzierten.[15] Die veränderte Wettbewerbssituation bedeutete nicht notwendigerweise den Abbau von Arbeitsplätzen und die Flucht aus dem Gewerbe. Tatsächlich blieb der Prozentsatz deutscher Immigranten unter den Bäckern hoch. Aber sie hatte die finanzielle und soziale Schlechterstellung der Arbeiter zur Folge. In größeren Fabriken brachte sie gewöhnlich eine Neubestimmung der Arbeitsinhalte mit sich, selbst wenn die Berufsbezeichnung beibehalten wurde, so daß diese die tatsächlichen Veränderungen jener Arbeitsinhalte nicht widerspiegelte. In diesem Prozeß der ‚Homogenisierung der Arbeit'[16] erfolgte als nächster Schritt oftmals die Ablösung gelernter durch kürzlich eingewanderte Arbeiter mit geringeren Qualifikationen und niedrigeren Lohnforderungen. Industrieller Wandel führte so zur Verdrängung traditioneller gelernter Arbeit aus dem Zentrum des Produktionsprozesses.

Ein typisches Beispiel ist die Fleischverarbeitung. Schon frühzeitig entwickelte sich diese Branche in Chicago vom handwerklichen Nachbarschaftsbetrieb zu den Großbetrieben der ‚packinghouses' hin, vor allem nach Gründung der ‚Union Stockyards' Mitte der sechziger Jahre an der Südseite. Allerdings waren auch hier qualifizierte Fleischer so lange gefragt, bis in den siebziger Jahren das System arbeitsteiliger Verarbeitung an der ‚disassembly line' bis zur Perfektion ausgebaut wurde. Danach ging der hohe Prozentsatz der in den Schlachthöfen beschäftigten deutschen Fleischer rapide zurück, andere, ‚neue' Einwanderergruppen traten an ihre Stelle, so daß um 1900 nur mehr einige Nischen für immer noch benötigte hochqualifizierte deutsche Arbeiter wie ‚splitters' oder Wurstmacher übrigblieben.

Für die ungelernte deutsche Arbeiterschaft, deren Bedeutung in Chicago und anderen Städten des Mittelwestens meist unterschätzt wird,[17] hatte der Industrialisierungsprozeß andere Konsequenzen. Zwar ging ihr Prozentsatz an der Gesamtzahl der beschäftigten Deutschen Chicagos von über einem Drittel im Jahr 1850 auf ein Viertel im Jahr 1900 zurück, doch stellten sie aufgrund des hohen Anteils der Deutschen an der gesamten Chicagoer Arbeiterschaft immer noch den Großteil selbst der ‚laborers' noch vor den Iren und Polen.[18] Während die ungelernten Arbeiter aber noch 1850 vornehmlich als Handlanger im Hoch- und Tiefbau, in Brauereien, Ziegeleien und anderen Industriebetrieben, in Dienstleistungsberufen und als Tagelöhner auf Farmen beschäftigt waren, fanden sie später zunehmend in der Großindustrie Arbeit.

Diese Entwicklung kann wiederum am Backgewerbe und an der fleischverarbeitenden Industrie illustriert werden. Der langsame relative Anstieg deutscher Arbeiter in diesen beiden Branchen in den Jahren 1880 bis 1900 war ausschließlich auf die wachsende Zahl ungelernter Arbeiter zurückzuführen, während der Anteil gelernter Arbeiter zurückging.[19] Auch der hohe Anteil deutscher Arbeiter Anfang der achtziger Jahre in der Landmaschinenfabrik von McCormick – beinahe die Hälfte der Arbeiter hatte deutsche Namen – kann nur damit erklärt werden, daß viele von ihnen ungelernte oder angelernte Arbeiter waren, die nurmehr verschiedene Maschinen bedienten.[20] Anders als gelernte Arbeiter profitierten also diese ungelernten Arbeiter von der Homogenisierung der Arbeit insofern, als sich ihnen dadurch neue Beschäftigungsmöglichkeiten eröffneten.

Schließlich läßt sich im beruflichem Wandel von den Einwanderern zur zweiten Generation ein weiterer Effekt des Industrialisierungsprozesses ablesen. Noch 1880 folgten Söhne deutscher Einwanderer ihren Vätern in die traditionellen ‚deutschen' Branchen wie die Möbelindustrie, ins Bäckerei- und Fleischergewerbe.[21] Außerdem boten die Zigarren-, Tabak- und Textilindustrie erste Arbeitsmöglichkeiten für Kinder und Jugendliche, um das Familieneinkommen aufbessern zu helfen. 1900 jedoch war sowohl diese generationelle Nachfolge wie der Zustrom in die genannten ungelernten Berufe abgerissen. Jetzt suchte die zweite Generation hochqualifizierte Positionen in den neuen Wachstumsindustrien wie der Metall-, der Elektro- und der chemischen Industrie. Typischer noch war die Abwanderung in untere Angestelltenberufe. Immerhin hatte 1900 der untere Mittelstand für die Haushaltsvorstände der zweiten Generation mit 36,2 Prozent beinahe schon die Bedeutung der gelernten Arbeiterschaft (36,7%) erreicht. Wenn man auch noch die in Amerika geborenen unverheirateten Söhne und Töchter hinzuzählt, überwogen die Angestelltenberufe gegenüber Einzelhändlern und kleinen Geschäftsleuten, die ebenfalls in dieser Kategorie des unteren Mittelstands enthalten sind, um das Dreifache. Diese Zweiteilung des unteren Mittelstands verdeutlicht ebenso wie die Berufe der Arbeiterschaft die verbesserte berufliche Ausgangsposition der zweiten Generation, der vor allem aufgrund ihrer Englischkenntnisse jetzt die unteren Angestelltenberufe offenstanden.[22]

Diese beruflichen Veränderungen innerhalb der deutschen Arbeiterschaft Chicagos widerlegen die vereinfachende Vorstellung, daß diese Arbeiterschaft sich schnell und problemlos in den Mittelstand integrierte. Sie belegen aber auch, wie geschwächt die Handwerkstradition um die Jahrhundertwende bereits war: Sie war aus dem Zentrum der industriellen Produktion verdrängt.

Eingewanderte deutsche Arbeiter, die an ihrem Handwerk und an dieser Tradition festhielten, konnten in der Chicagoer Arbeiterbewegung fortan nur mehr eine untergeordnete Rolle spielen. Andererseits hatten sich viele Einwanderer und besonders ihre in den USA aufgewachsenen Kinder an die neue industrielle Produktionsweise angepaßt und waren ein integraler Teil der modernen amerikanischen Arbeiterschaft geworden.

Nachbarschaft

Studien kleiner Industriestädte in der ersten Phase der Industrialisierung haben gezeigt, wie eine integrierte Analyse von Familie, Haushalt, Arbeitsbereich, Kultur und Politik erstellt werden kann. Dieses Vorgehen kann jedoch nicht ohne weiteres auf eine Stadt von der Größenordnung Chicagos übertragen werden. Mit demselben Problem konfrontiert, hat sich das Philadelphia Social History Project Erkenntnisse über die räumliche Gliederung amerikanischer Städte während des 19. Jahrhunderts zunutze gemacht und eine differenzierte Methode entwickelt, um die Beziehung von Arbeits- und Wohnbereich zu studieren. Diese Methode hat wertvolle Ergebnisse erbracht,[23] konnte aber aus Kostengründen vom Chicago-Projekt nicht übernommen werden; stattdessen mußten andere Lösungen gefunden werden.

Glücklicherweise ist die Entwicklung der Industrieansiedlungen in Chicago hinlänglich bekannt.[24] Seit der Mitte des 19. Jahrhunderts bildeten sich an beiden Armen des Chicago River Industriegürtel und weiteten sich allmählich in die angrenzenden Stadtviertel aus. Daneben gab es aber auch gezielte Auslagerungen von Industrien in noch unbewohnte Gebiete, so die Ansiedlung der Stahlwerke am Lake Calumet südlich von Chicago, der Union Stockyards und der fleischverarbeitenden Industrie in Town of Lake, das später von Chicago eingemeindet wurde, und der Landmaschinenfirma von McCormick an der Südwestseite nach dem Großen Feuer von 1871. In jedem Fall entwickelten sich bald Wohngebiete mit einer Beschäftigungsstruktur, die unmißverständlich darauf hinweist, daß die Bevölkerung dieser Nachbarschaften überwiegend in den nahen Großbetrieben arbeitete.

Dieser so offensichtliche enge Zusammenhang zwischen Wohn- und Arbeitsbereich eröffnet die Möglichkeit, über gezielte Nachbarschaftsanalysen auch für andere Berufe zu gesicherten Aussagen zu gelangen. Außerdem kann ein solches Vorgehen über den Arbeitsbereich hinaus umfassendere Einsichten in die Lebensweise der Arbeiterschaft erbringen. Die Nachbarschaftsanalyse ist deshalb ein zentrales methodisches Element in der Arbeit des Chicago-Projekts.[25] Auf der Ebene der Nachbarschaft wurden strukturelle gesellschaftliche Veränderungen für die Bevölkerung wirksam. Es kann bei einer derartigen Analyse nicht nur um die Rekonstruktion der demographischen Struktur mit Schwerpunkten auf der Gewerbe-, Berufs- und Familienstruktur gehen, sondern zusätzlich um die Analyse von Institutionen und Gruppenaktivitäten, von politischen Willensäußerungen, Freizeit- und geselligem Verhalten, kurz um das ganze Kommunikationsgefüge, mit dem die Menschen in einer Nachbarschaft gesellschaftliche Veränderungen erfuhren und sie zu bewältigen suchten.

Obwohl die Mehrzahl der deutschen Haushalte in Chicago auch noch zur Jahrhundertwende Arbeiterhaushalte waren, unterschieden sich die drei deutschen Nachbarschaften an der Nord-, Nordwest- und Südwestseite in ihrer sozialen Struktur zum Teil beträchtlich voneinander. Wenn sie auch alle derselben grundlegenden Versorgungseinrichtungen bedurften und deshalb entsprechend dieselben Arbeitsmöglichkeiten offerierten – in dezentralisierten Gewerben wie Straßen- und Hausbau, in Handwerksbetrieben (Schuhmacher, Klempner), in einer Vielzahl von Geschäften (z.B. Bäckereien, Fleischereien, Lebensmittel- und Einzelhandelsläden), aber auch in Gewerben, in denen Kinder und Jugendliche arbeiteten (Tabakfirmen, Zigarrenmachereien, Schneidereien) – so führten zusätzliche Industrieansiedlungen in den einzelnen Nachbarschaften dennoch zu signifikanten Unterschieden in der Berufs- und Klassenstruktur. Die Nordseite als älteste deutsche Nachbarschaft wies bereits um 1880 eine mehr mittelständische Struktur auf;[26] kleine Geschäftsleute, Händler, Handwerksbetriebe waren hier relativ am stärksten vertreten, und innerhalb der Arbeiterschaft dominierten die gelernten Arbeiter in Metallbetrieben, in der Schuhmacherei, in Bäckereien, Möbelfirmen und im Druck- und Verlagswesen. Hier wohnte der aufkommende deutschamerikanische Mittelstand, der sich die teuren Häuser in der Nähe des Michigansees leisten und sich auf diese Weise selbst innerhalb des Stadtviertels von anderen Bevölkerungsschichten fernhalten konnte, während ungelernte Arbeiter, die in den Kohlen- und Holzlagern am Nordarm des Chicago River arbeiteten, mit den an den Industriegürtel angrenzenden billigeren Wohnungen vorliebnehmen mußten. Dagegen arbeitete die Bevölkerung der Nordwestseite in den in jenem Stadtviertel angesiedelten Industrien: in den Gerbereien, in den Chicago Rolling Mills, in Möbel- und Maschinenbaufabriken; Heim- und Nachbarschaftsindustrien fielen demgegenüber nicht so stark ins Gewicht. Handelte es sich deshalb bei der Nordwestseite um eine ausgesprochen gemischte Arbeiternachbarschaft, in der gelernte und ungelernte Arbeiter gleichermaßen vertreten waren, so dominierten an der Südwestseite die großen holz- und metallverarbeitenden Betriebe und die Holzlager am Südarm des Chicago River; von allen deutschen Stadtvierteln war hier der Anteil an ungelernten Arbeitern am höchsten.

Nachbarschaften waren auch der selbstverständliche Bezugsrahmen des Alltagslebens. Gerade auf der institutionellen Ebene wird dies eindrucksvoll deutlich. Abgesehen von wenigen Versuchen des emporgekommenen deutschen Mittelstands, auf gesamtstädtischer Ebene eher elitäre Vereine zu gründen, waren alle ethnischen Institutionen und Vereine nachbarschaftlich orientiert. (Die 1854 gegründete Deutsche Gesellschaft war die einzige Ausnahme, wahrscheinlich weil sie klassenübergreifend ausgerichtet war; sie unterstützte hilfsbedürftige Personen und Familien vor allem aus der Unterschicht.)[27] Kirchliche Gemeinden sind das offensichtlichste Beispiel für diesen Zusammenhang, aber auch Turnvereine, Logen und sogar Baugesellschaften wurden nach demselben Muster gegründet. Die starke geographische und Bevölkerungsexpansion hatte zur Folge, daß bereits etablierte Institutionen den starken Mitgliederzuwachs aufzufangen suchten, indem sie Zweigsektionen wiederum auf nachbarschaftlicher Basis neugründeten. So erklärt sich die Auflistung Hunderter von deutschen Kirchengemeinden, Unterstützungsvereinen, Logen, Gesangvereinen und anderen Institutionen in den Adreßbüchern Chicagos nach 1900. Geographisch wurde kein Bereich und keine Funktion ausgegrenzt. Vielmehr garantierte die Vielfalt nachbarschaftlicher Einrichtungen ein dichtes Netz institutioneller und persönlicher Bindungen.

Institutionen der Arbeiterschaft waren keine Ausnahme, im Gegenteil, hier wird die enge Abhängigkeit der Organisationen von Arbeit und Alltagsleben besonders deutlich. Gewerkschaften wurden in den Nachbarschaften gegründet, in denen die entsprechenden Gewerbe angesiedelt waren und die Mitglieder wohnten. So waren die Nord- und Nordwestseite die Zentren der weitgehend deutschen Möbelarbeiterunion, während die meisten Mitglieder der Metallarbeitergewerkschaft an der Südwestseite arbeiteten und wohnten. Genauso war die Sozialistische Arbeiterpartei bei ihren Wahlerfolgen von 1877 bis 1880 von einer starken Nachbarschaftsbasis abhängig; die Bevölkerung der Südwest- und Nordwestseite wählte sozialistische Stadträte in den Stadtrat. Demonstrationen, Boykotte und Streiks waren in dem Maße erfolgreich, in dem die betroffenen Arbeiter auch mit der vorbehaltlosen Unterstützung der Einwohner und der Institutionen in der Nachbarschaft rechnen konnten. Wenn derartige Institutionen (wie Turnvereine) auch andere Zielsetzungen hatten, standen sie der Arbeiterschaft doch nahe. Der Aurora Turnverein an der Nordwestseite Chicagos trug, wie auch andere Turnvereine in der Stadt, 1886 Gelder für die Verteidigung der Anarchisten bei, nicht zuletzt weil August Spies, einer der Angeklagten, ein Vereinsmitglied war. Auch der Lehr- und Wehr-Verein, eine bewaffnete Gruppe von Arbeitern, konnte die Räume des Turnvereins für seine Veranstaltungen benutzen.[28] Daneben gab es Logen mit überwiegender Arbeitermitgliedschaft, wie die Hermannssöhne und den Orden der Harugari, während andere wie die Freimaurer und die Sonderbaren Brüder eher den Mittelstand ansprachen. Diese und andere Vereinigungen waren der institutionelle Ausdruck eines in Arbeiternachbarschaften verankerten alternativen kulturellen Systems.[29] Doch verstärkte diese nachbarschaftliche Basis gleichzeitig auch die ethnische Ausrichtung der Arbeiterorganisationen. Wiederholt ist vorwurfsvoll argumentiert worden, deutsche Arbeiter hätten bewußt an ihrer nationalen Sprache und Kultur festgehalten.[30] Es kann jedoch kein Zweifel bestehen, daß die Arbeiterbewegung des ‚Gilded Age‘ nur auf der Basis nachbarschaftlicher Solidarität Erfolg hatte. Zum Beispiel war es weitaus schwieriger, in großen Industriebetrieben eine dauerhafte gewerkschaftliche Organisation durchzusetzen – in den Brotfabriken, den Schlachthöfen oder in Großbetrieben der Metallindustrie – wo der starke Rückhalt einer homogenen Nachbarschaftsbevölkerung gewöhnlich fehlte.

Die fortschreitende urbane Expansion und das ungehemmte Bevölkerungswachstum der Stadt leiteten geographisch-strukturelle Veränderungen ein, die zur allmählichen Trennung von Arbeitsbereich und nachbarschaftsorientiertem Alltagsleben führten. Um 1900 war der Umzug von Deutschen aus den an das

Stadtzentrum angrenzenden Wohngebieten in die Außenbezirke bereits weit fortgeschritten. Nur 45,5 Prozent der deutschen Bevölkerung wohnten noch innerhalb des früheren Stadtgebietes von 1880, während mehr als die Hälfte in Bezirken lebte, die seitdem eingemeindet worden waren. Allerdings führte diese Entwicklung nicht zu einer absoluten Abnahme der deutschen Bevölkerung im alten Stadtgebiet; tatsächlich lebten dort im Jahre 1900 mehr deutsche Einwanderer als zwanzig Jahre vorher. Für diese Verlagerung in die Außenbezirke ist also vor allem das Bevölkerungswachstum verantwortlich zu machen. Aber die relative Bedeutung der alten Stadtviertel und damit auch der alten Arbeiternachbarschaften war zurückgegangen, weil die Arbeiterschaft vor allem an der Nord- und Nordwestseite stärker als andere Schichten am Umzug an den Stadtrand beteiligt war. 1900 waren mit mehr als zwei Dritteln aller Arbeiterhaushalte an der Nord- und Nordwestseite überdurchschnittlich viele Arbeiterwohnungen dort gelegen, vor allem etablierte Familien mit Vätern in mittlerem Alter und aus der zweiten Generation. Die verschiedensten Faktoren, wie die Verlagerung von Industrien, die Expansion der Industriegürtel am Fluß, die Zunahme anderer ethnischer Bevölkerungsgruppen wie der Polen an der Nordwestseite, die leichtere Verfügbarkeit von Grundstücken und Häusern und der Wunsch, den übervölkerten und ungesunden stadtnahen Bezirken zu entkommen, trugen zu dieser Entwicklung bei. Als Folge verteilten sich deutsche Arbeiter über eine größere geographische Fläche und mußten weitere Entfernungen zwischen Wohnung und Arbeitsplatz in Kauf nehmen. Arbeitswelt einerseits und Familienleben und Freizeit andererseits wurden schärfer voneinander getrennt. Im Zuge dieser Entwicklung waren gemeinsame Veranstaltungen wie geselliges Beisammensein, Picknicks und Festlichkeiten immer weniger in das Alltagsleben deutscher Arbeiternachbarschaften eingebunden. Es stellt sich deshalb die Frage nach der sich ändernden Funktion deutscher Arbeiterkultur in Chicago.

Deutschamerikanische Arbeiterkultur, Ethnizität und dominante Gesellschaft

Arbeiterkultur kann als die gelebten und materiellen Manifestationen gemeinsamer Normen und Werte der Arbeiterschaft verstanden werden. Diese sehr allgemeine Formel verdeckt allerdings eher die Probleme, die entstehen, wenn man eine bestimmte Arbeiterkultur in einem konkreten sozialen Kontext analysieren will. Deutsche Arbeiter waren nur ein Element einer heterogenen Arbeiterbevölkerung in Chicago, deren wichtige ethnische Differenzierungen das Fehlen einer gemeinsamen kulturellen Tradition signalisieren. Bei der Herausbildung einer amerikanischen Arbeiterkultur prallten deshalb unterschiedlich nationale Traditionen mit größerer oder geringerer Wucht aufeinander; solche Koordinaten potentiellen – oft auch realen – Konflikts und prekären bis dauerhaften Ausgleichs sind gegenüber der Situation im Deutschen Reich zusätzliche Bestimmungsfaktoren für die Position deutschamerikanischer Arbeiterkultur in Chicago. Sie ergänzen das zentrale Problem der Auseinandersetzung mit der dominanten Gesellschaft einerseits und mit einem deutschen Mittelstand andererseits, der sich zwar ebenfalls auf die deutsche kulturelle Tradition berief, diese aber in anderer Weise als die deutsche Arbeiterschaft verstand und gebrauchte. Aus dieser Plazierung deutscher Arbeiterkultur in einem komplexen sozialen System ergeben sich verschiedene Probleme.[31]

In seinem bewußten Bezug auf eine Klasse enthält der Begriff Arbeiterkultur alternative bis oppositionelle Bedeutungselemente. Wo es um die Schaffung einer noch nicht ausgeprägten und gefestigten Tradition ging, wurde diese im Gegensatz zur akzeptierten dominanten Kultur formuliert. Doch in diesem Prozeß mußte sich die deutschamerikanische Arbeiterkultur notwendigerweise an bestehenden sozialen Strukturen und vorgegebenen kulturellen Formen orientieren, selbst wenn sie diese zurückwies. So war sie einmal auf Freiräume angewiesen, die die hegemoniale Gesellschaft aus welchen Gründen auch immer offenließ – z.B. weil sie die bestehende Macht- und Gesellschaftsstruktur nicht im Kern berührten.[32] Zum anderen aber mußte Arbeiterkultur an Unterschichtentraditionen feudalen und frühbürgerlichen Ursprungs anknüpfen, um sie sich anzueignen, indem sie diese für ihre Zielsetzungen uminterpretierte. Deutschamerikanische Arbeiterkultur ist also eingebettet zu sehen in die Lebensweise der Unterschichten und in eine Volkskultur, aus der sie sich in wesentlichen Punkten speiste und mit der sie vieles gemeinsam hatte. Ohne diese enge Verbindung ist Arbeiterkultur nicht vorstellbar, und sie hätte die weitreichenden Überschneidungen in Tradition und Lebensweise nur um den Preis ihrer Selbstaufgabe abstreifen können.

Aus diesem Grund ist es unerläßlich, die Alltagserfahrung deutscher Arbeiter zu kennen, auf die sich deutsche Arbeiterkultur in Chicago bezog. Diese Erfahrung beinhaltete in erster Linie die materielle Existenzsicherung nach dem oft beschwerlichen Verlauf der Einwanderung: eine halbwegs menschenwürdige Wohnung und permanente Arbeit zu finden, sich an das Tempo einer großstädtisch-industriellen Umwelt anzupassen und in die Lebensverhältnisse ethnischer Arbeiternachbarschaften einzugewöhnen. Die Bewältigung dieser neuen Lebenssituation suchte man so weit irgend möglich durch das Festhalten an gewohnten Lebensweisen zu erleichtern. Kontinuität bot dabei nicht in erster Linie der materielle und der Arbeitsbereich, weil man sich hier in vorgegebene Bedingungen fügen (etwa einen anderen als den erlernten Beruf akzeptieren) mußte, sondern der Bereich familiären und geselligen Zusammenlebens. Ein 1855 eingewanderter junger Kupferschmied, Nikolaus Schwenck, stand mit seiner Erfahrung nicht allein, wenn er sich in Chicago auf einen Kreis von Verwandten und Freunden aus seinem Heimatort in Württemberg stützen konnte, mit denen er sozialen Kontakt pflegte.[33] Genauso wurden kommunale Formen der Freizeitgestaltung (etwa das Feste-Feiern) von allen deutschen Vereinen unabhängig von ihrer jeweiligen Zielsetzung genutzt, solange sich die Mitgliedschaft dieser Vereine überwiegend aus der Unter- und Mittelschicht rekrutierte. Picknicks im Freien waren typische Familienfeste für jung und alt, auf denen getanzt und getrunken wurde und Wettbewerbe, Kampfspiele und Verlosungen stattfanden. Von Vereinen der Arbeiterbewegung veranstaltete Picknicks wurden darüber hinaus mit zusätzlichen Elementen bereichert – etwa mit einer vorausgehenden Demonstration, mit bildlicher Agitation oder mit einer politischen Rede, um das Fest für die Selbstdarstellung einer bestimmten politischen Kultur zu nutzen. Aber da man sich gleichzeitig und überwiegend volkskultureller Formen bediente, knüpfte man an gemeinsame Lebensweisen und deutsche Traditionen an und konnte so ein Publikum über den begrenzten Kreis der eigentlichen Arbeiterbewegung hinaus ansprechen. Aus diesem Grund war bei solchen Volksfesten der Teilnehmerkreis größer als bei rein politischen Veranstaltungen.

Die Fundierung von Arbeiterkultur in der Lebensweise der Unterschichten weist aber auch auf das Problem des Transfers solcher Traditionen in einer Generation hin, die in einer großstädtischen Umgebung aufwuchs und die ursprünglichen Formen traditioneller Lebensweise nicht mehr kannte, sondern nur mit bereits modifizierten Formen großgeworden war. In Chicago herrschten ganz andere Lebensbedingungen und die dominante Gesellschaft offerierte eine andere kulturelle Tradition. Wie sehr sich die zweite Generation deutscher Einwanderer zu dieser hingezogen fühlte, verdeutlicht eine Auseinandersetzung im Schwabenverein im Jahr 1905 um die Wahl eines neuen Parks für das alljährlich stattfindende Cannstatter Volksfest.[34] Elemente der populären, mit Profit verbundenen Massenkultur schienen für die jüngere Generation durchaus mit dem Volksfestcharakter der Veranstaltung vereinbar, den die ältere Generation zu erhalten suchte. Die Veränderung in der Lebensweise der deutschamerikanischen Unter- und Mittelschicht in Chicago verweist in diesem Fall wie anderswo auf Veränderungen der Bevölkerung und der kulturellen Traditionen, denen sich die deutsche Arbeiterkultur anpassen mußte.

Da die deutsche Arbeiterschaft Chicagos sich vertrauter deutscher Traditionen und selbstverständlich auch der deutschen Sprache bediente, stand sie in einer klassenübergreifenden kulturellen Tradition, an der auch der deutschamerikanische Mittelstand und die im Entstehen begriffene dünne Oberschicht teilhatten. Die zahlenmäßige Stärke in der gesamten Arbeiterschaft der Stadt, die zu einem Übergewicht deutschen Einflusses und unter den Führern der deutschamerikanischen Arbeiterbewegung zu einem durchaus vorhandenen und von ihnen wiederholt artikulierten Stolz auf das Erbe gerade auch des klassischen deutschen Bildungsgutes führte, trug deutschen Arbeitern nicht selten den Vorwurf ein, sich gegenüber anderen nationalen Gruppen überlegen zu geben und sich von ihnen abzusondern. Dieser Vorwurf wurde in den eigenen Reihen vor allem auch von denen erhoben, die zielstrebig auf die Zusammenarbeit der verschiedenen nationalen Gruppen in der Arbeiterbewegung und auf die Überwindung ethnischer Fragmentierung hinarbeiteten. Das ambivalente Verhältnis von Arbeiterkultur und Ethnizität beinhaltet deshalb zwei durchaus unterschiedliche Aspekte: einmal mußten kulturelle Gemeinsamkeiten die Klassengegensätze verwischen; zum andern sprengten die Einzelinteressen einer deutlich definierten nationalen Gruppe immer wieder die Klassensolidarität innerhalb der Arbeiterschaft.

In der Tat bestanden gemeinsame Interessen unter allen Deutschen Chicagos, die ein Zusammengehen sinnvoll, ja notwendig erscheinen ließen. Doch beschränkte es sich auf die Forderung nach der Erhaltung des Deutschunterrichts in den öffentlichen Schulen und auf die Neutralisierung der Sonntagsgesetz- und Temperenzfanatiker, um grundlegende Formen deutscher Lebensweise und Geselligkeit zu schützen. Wo immer derartige Koalitionen zusätzlich mit politischen Inhalten im weiteren Sinn gefüllt werden sollten, schieden sich die Geister. Kirchliche Schulen etwa, wichtigste Vermittler deutscher Sprache und deutschen Unterrichts, wurden von der deutschamerikanischen Arbeiterbewegung deshalb nicht etwa toleriert, sondern aus ideologischen Gründen heftig befehdet. Ebenso unterschied sie beim deutschen Vereinswesen durchaus nach den Zielsetzungen der einzelnen Institutionen, im Gegensatz zu verstärkt nach 1900 einsetzenden Versuchen des deutschamerikanischen Mittelstandes, Ethnizität als politische Größe zu gebrauchen und der drohenden Verkrustung und Selbstauflösung kultureller Traditionen in einem ethnischen Interessenverband entgegenzutreten. Die Arbeiterbewegung verstand sich dagegen als die Hüterin zentraler Traditionen der klassischen deutschen Kultur, der sie wesentliche neue Impulse hinzuzufügen beanspruchte und die sie gegen die Verspießerung und Verflachung durch eine profitorientierte deutschamerikanische Mittelklasse beschützen zu müssen glaubte.[35]

Daß deutsche Arbeiter sich innerhalb der Chicagoer Arbeiterbewegung auf ihre kulturelle Tradition beriefen — dies hatte zunächst nichts mit ethnischer Isolierung zu tun. Man muß sich nämlich fragen, worauf diese Arbeiter sonst hätten zurückgreifen sollen? In Amerika gab es in der zweiten Hälfte des 19. Jahrhunderts keine durchgängig etablierte ‚amerikanische' Arbeiterkultur, in die deutsche und andere Einwanderer hätten einbezogen werden können. In Chicago stellten Einwanderer und ihre Kinder nach 1880 etwa achtzig Prozent der Arbeiterschaft. Sie brachten verschiedene kulturelle Traditionen in eine erst im Entstehen begriffene und sich durch das Hinzukommen neuer Elemente ständig wandelnde amerikanische Arbeiterkultur ein, nahmen also am Prozeß ihrer Entstehung und Veränderung selbst aktiv teil. Nicht die Frage nach ethnischer Fragmentierung sollte deshalb im Mittelpunkt des Interesses stehen, sondern die nach der Überwindung partikularer Traditionen durch ihre Einbindung in eine gemeinsame, solche Unterschiede inkorporierende Tradition. Der Testfall für den Erfolg oder Mißerfolg solcher Einverleibung dürfte aber erst im Übergang von der Kultur der Einwanderergeneration auf die bereits durch verschiedene Einflüsse veränderte Kultur der im Land geborenen zweiten Generation zu sehen sein.

Damit stellt sich auch die Frage nach dem Verhältnis deutschamerikanischer Arbeiterkultur zur dominanten Kultur und Gesellschaft. Dieses Verhältnis war von einem eigentümlichen Widerspruch gekennzeichnet. Auf der einen Seite wurden politische Rechte und Freiräume, die in Amerika im Gegensatz zur Situation in Deutschland von der Verfassung garantiert wurden, nicht nur opportunistisch wahrgenommen, sondern als unveräußerlicher Bestandteil der politischen Kultur auch von der deutschamerikanischen Arbeiterkultur voll akzeptiert. Vor allem berief man sich auf die amerikanische Unabhängigkeitserklärung als Symbol für die Kontinuität radikaleuropäischer und republikanischer amerikanischer Traditionen. Für ihre Erhaltung setzte man sich wie andere Gruppen der amerikanischen Gesellschaft vorbehaltlos ein — ob im Bürgerkrieg, als sich eingewanderte deutsche Arbeiter, Handwerker und liberale Intellektuelle mehr als andere Bevölkerungsteile in die Armee der Nordstaaten rekrutieren ließen, oder in der praktizierten Opposition gegen die Großunternehmer während des ‚Gilded Age'. Genauso stützte die deutsche Arbeiterschaft etwa das öffentliche Schulwesen als Garant für die freiheitliche Erziehung aller Bürger; alternative freie Schulen wurden von deutschen Arbeitervereinen in Chicago in den späten achtziger Jahren gegründet, als diese Zielsetzung durch kirchliche Institutionen, die Partikularinteressen verfolgten, gefährdet schien.[36]

Auf der anderen Seite sah sich die deutschamerikanische Arbeiterschaft dem doppelten Druck ausgesetzt, mitgebrachte deutsche Traditionen zugunsten puritanisch-protestantischer Wertvorstellungen zu modifizieren und ihre klassenspezifische Orientierung als der amerikanischen Wirklichkeit unangemessene und fremde Ideologie aufzugeben. Im historischen Prozeß war dieser Druck unterschiedlich stark. Sicher lag der Höhepunkt einer oppositionellen deutschamerikanischen Arbeiterkultur in Chicago in den siebziger und achtziger Jahren, als die deutsche Arbeiterschaft durch ständige Zuwanderung eine Schlüsselrolle einnahm und gleichzeitig durch massiv einsetzende Umstrukturierungsprozesse in Industrie und Gesellschaft in ihrer beruflichen und sozialen Position nachhaltig bedroht war. Später, als sie im Produktionsprozeß und in der Arbeiterschaft von anderen nationalen Gruppen zunehmend an den Rand verwiesen wurde, verlor die deutschamerikanische Arbeiterkultur ihre zentrale oppositionelle Stellung.

Gemeinhin werden diese Veränderungen als Beleg für erfolgte soziale Mobilität und Integration angeführt. Tatsächlich kann kein Zweifel bestehen, daß deutschamerikanische Arbeiterkultur — wie die Kultur der deutschen Einwanderer insgesamt — mit der zweiten Generation ihren wichtigsten Träger, die deutsche Sprache, zunehmend verlor. Doch wäre es falsch, diese Entwicklung undifferenziert als unterschiedsloses Eintauchen in den amerikanischen ‚melting pot' mißzuverstehen. Vielmehr muß sie im Zusammenhang mit übergreifenden Veränderungen in Wirtschaft und Gesellschaft gesehen werden, in deren Verlauf die Integration in die dominante Gesellschaft nach durchaus unterschiedlichen Kriterien, u.a. dem der Klasse, erfolgte. Deutschamerikanische Arbeiterkultur ging nicht spurlos in einer nivellierten Mittelstandsstruktur unter, sondern trug zu einer amerikanischen Arbeiterkultur bei, deren Wertsystem sich in wesentlichen Teilen von dem der hegemonialen Gesellschaft abhob.

Anmerkungen

1 Die Literatur dazu ist weitverstreut und berührt die Probleme oft nur am Rand; S. Daniel Bell, Marxian Socialism in the United States, Princeton: Princeton University Press, 1967; Morris Hillquit, History of Socialism in the Unites States, New York: Dover 1971; John R. Commons u.a., History of Labour in the United States, 2 Bde., New York: Macmillan, 1918; Philip S. Foner, History of the Labor Movement in the United States, Bde. 1 u. 2, New York: International Publishers 1947 u. 1955; John H.M. Laslett u. Seymour M. Lipset (Hg.), Failure of a Dream? Essays in the History of American Socialism, New York: Anchor Press 1974; Philip S. Foner u. Brewster Chamberlin (Hg.), Friedrich A. Sorge's Labor Movement in the United States. A History of the American Working Class form Colonial Times to 1890, Westport, CT: Greenwood Press 1977; Hermann Schlüter, Die Anfänge der deutschen Arbeiterbewegung in Amerika, Stuttgart: Dietz, 1907; Hermann Schlüter, Die Internationale in Amerika. Ein Beitrag zur Geschichte der Arbeiterbewegung in den Vereinigten Staaten, Chicago: Deutsche Sprachgruppe der Sozialistischen Partei der Vereinigten Staaten 1918; Hermann Schlüter, Brau-Industrie und Brauarbeiter-Bewegung in Amerika, Cincinnati: Int. Verband der Ver. Brauerei-Arbeiter von Amerika, 1910; John H.M. Laslett, Labor and the Left. A Study of Socialist and Radical Influences in the American Labor Movement, 1881–1924, New York: Basic Books, 1970.
2 Zum Forschungsstand zur deutschen Einwanderung siehe Willi Paul Adams (Hg.), Die deutschsprachige Auswanderung in die Vereinigten Staaten. Berichte über Forschungsstand und Quellenbestände, Materialien 14 des John F. Kennedy-Instituts für Nordamerikastudien, Freie Universität Berlin, 1980. Vgl. auch den Überblick zur deutschen Einwanderung und Integration von Kathleen Neils Conzen, Germans, in: Harvard Encyclopedia of American Ethnic Groups, Stephan Thernstrom u.a. (Hg.), Cambridge, MA: Belknap Press der Harvard University Press, 1980, S. 405–425.
3 Das wichtigste Beispiel ist Theodore Hershberg (Hg.), Philadelphia. Work, Space, Family, and Group Experience in the 19th Century, New York: Oxford University Press, 1981; vgl. aber auch Olivier Zunz, The Changing Face of Inequality. Urbanization, Industrial Development, and Immigrants in Detroit, 1880–1920, Chicago: University of Chicago Press, 1982.
4 Beispiele sind Bruce Laurie, Working People of Philadelphia, 1800–1850, Philadelphia: Temple University Press, 1980; Alan Dawley, Class and Community. The Industrial Revolution in Lynn, Cambridge, MA: Harvard University Press, 1976; Paul Faler, Workingmen, Mechanics, and Social Change. Lynn, Massachusetts, 1800–1860, unveröffentl. Diss., University of Wisconsin, 1971; Daniel J. Walkowitz, Worker City, Company Town. Iron and Cotton-Worker Protest in Troy and Cohoes, New York, 1855–84, Urbana: University of Illinois Press, 1978; John Cumbler, Working-Class Community in Industrial America. Work, Leisure, and Struggle in Two Industrial Cities, 1880–1930, Westport,CT: Greenwood Press, 1979; Susan E. Hirsch, Roots of the American Working Class. The Industrialization of Crafts in Newark, 1800–1860, Philadelphia: University of Pennsylvania Press, 1978; John Bodnar, Immigration and Industrialization. Ethnicity in an American Mill Town, 1870–1940, Pittsburgh: University of Pittsburgh Press, 1977.
5 Eine Ausnahme ist das Buch von Kathleen Neils Conzen, Immigrant Milwaukee, 1836–1860. Accommodation and Community in a Frontier City, Cambridge MA: Harvard University Press 1976. Doch geht es nicht über 1860 hinaus und ist deshalb nicht mit der wichtigen Industrialisierungsphase während des ‚Gilded Age' befaßt.
6 Analysen der handschriftlichen Zensuslisten des amerikanischen Bevölkerungszensus wurden für die Jahre 1850, 1880 und 1900 durchgeführt. Für 1850 wurde die gesamte deutsche Bevölkerung berücksichtigt, für die anderen Jahre Samples von 2 222 Haushalten mit mehr als 11 000 Personen (1880) und von 6 116 Haushalten, darunter 1 532 deutschen Haushalten mit mehr als 8 000 Personen (1900). Andere verwendete Quellen sind zu zahlreich, als daß sie hier im einzelnen angeführt werden könnten. Vor allem handelt es sich um deutsch- und englischsprachige Arbeiterzeitungen und bürgerliche Zeitungen sowie Gewerkschaftszeitungen, Vereinsunterlagen, Regierungsveröffentlichungen, private Nachlässe und Korrespondenzen.

7 Zur Geschichte Chicagos im 19. Jahrhundert vgl. das Standardwerk von Bessie Louise Pierce, A History of Chicago, 3 Bde., New York: Knopf, 1937–1957; die folgenden Zahlen stammen aus diesem Werk, dem veröffentlichten Zensus und den Daten des Chicago-Projekts.

8 Vgl. die detailliertere Analyse der demographischen Struktur der deutschen Bevölkerung und Arbeiterschaft in Hartmut Keil, Chicago's German Working Class in 1900, in: H. Keil u. John B. Jentz (Hg.), German Workers in Industrial Chicago, 1850–1910. A Comparative Perspective, DeKalb: Northern Illinois University Press 1983, S. 19–36.

9 Nach dem veröffentlichten Zensus von 1910 betrug das Verhältnis von erster zu zweiter Generation in jenem Jahr etwa 1:2; die genauen Zahlen sind 36,3 bzw. 63,7%; Bureau of the Census, U.S. Thirteenth Census 1910, Population I, Washington, DC: Government Printing Office, S. 946.

10 Studien zur Situation während des Ersten Weltkriegs sind Frederick C. Luebke, Bonds of Loyalty. German-Americans and World War I, DeKalb: Northern Illinois University Press, 1974, und Melvin G. Holli, The Great War Sinks Chicago's German *Kultur*, in: Peter d'A. Jones u. Melvin G. Holli (Hg.), Ethnic Chicago, Grand Rapids: Erdmans, 1981, S. 260–311.

11 Zur deutschen Emigration in die USA vgl. Mack Walker, Germany and the Emigration, 1816–1885, Cambridge: Harvard University Press, 1964; Peter Marschalck, Deutsche Überseewanderung im 19. Jahrhundert, Stuttgart: Klett 1973; Wolfgang Köllmann u. Peter Marschalck, German Emigration to the United States, in: Perspectives in American History 7. 1973, S. 449–554.

12 Bruce C. Levine nennt die folgenden Anteile deutscher Arbeiter an der Chicagoer Arbeiterschaft in einigen ausgewählten Berufen für das Jahr 1860: Maler 30%, Maurer, Steinhauer, Marmorpolierer 32%, Zimmerer 33%, Schmiede 39%, Sattler 53%, Schneider 54%, Gerber 55%, Wagenmacher, Fleischer und Schuhmacher jeweils 56%, Arbeiter in verschiedenen Holzbearbeitungsberufen 66%, Bäcker 68%, Schreiner 74%, Zigarrenmacher 78% (Free Soil, Free Labor, and *Freimänner*. German Chicago in the Civil War Era, in: Keil u. Jentz, German Workers, S. 164).

13 Von allen deutschen Haushaltsvorständen waren 1900 41,2% gelernte Arbeiter; die entsprechende Zahl für 1880 ist 37,5% (Zahlen aus dem Chicago-Projekt).

14 Bureau of the Census, U.S. Twelfth Census 1900, Special Report, Occupations at the Twelfth Census, Washington, DC, 1904, S. 516–519.

15 John B. Jentz, Bread and Labor, Chicago's German Bakers Organize, in: Chicago History 12. 1983, S. 25–35.

16 Der Begriff stammt aus David M. Gordon, Richard Edwards u. Michael Reich, Segmented Work, Divided Workers. The Historical Transformation of Labor in the United States, Cambridge: Cambridge University Press, 1982.

17 Zu einem Vergleich der sozialen Schichtung deutscher Einwanderer in verschiedenen amerikanischen Städten siehe Nora Faires, Occupational Patterns of German-Americans in Nineteeth-Century Cities, in: Keil u. Jentz, German Workers, S. 37–51.

18 Die absoluten Zahlen waren 17442 Deutsche, 14500 Iren und 11768 Polen (Bureau of the Census, U.S. Twelfth Census 1900, Occupations at the Twelfth Census, S.517).

19 Von allen beschäftigten Deutschen waren 1880 1,8%, 1900 2% im Backgewerbe tätig. Der Anteil gelernter Arbeiter nahm von 3,1 auf 2,7% ab, während der Anteil ungelernter von 0,6 auf 1,2% anstieg. In der fleischverarbeitenden Industrie stieg der Anteil aller beschäftigten Deutschen von 2,9 auf 3,3%, der Anteil Gelernter fiel von 5,1 auf 3,9%, während der ungelernter Arbeiter von 0,9 auf 2,5% anstieg (Daten aus dem Chicago-Projekt).

20 Hanss-Theodor Fuss, Massenproduktion und Arbeiterbewußtsein. Deutsche Arbeiter in den McCormick Reaper Works, 1873–1886, in: Amerikastudien/American Studies 29. 1984, S. 149–168.

21 Zur generationellen Abfolge in zwei Berufen vgl. John B. Jentz, Skilled Workers and Industrialization. Chicago's German Cabinet Makers and Machinists, 1880–1900, in: Keil u. Jentz, German Workers, S. 73–85. Vgl. auch die gründliche Analyse generationeller Abfolge bei irischen und deutschen Arbeitern von Bruce Laurie, Theodore Hershberg u. George Alter, Immigrants and Industry. The Philadelphia Experience, 1850–1880, in: Hershberg, S. 93–119.

22 Hartmut Keil, Die deutsche Amerikaeinwanderung im städtisch-industriellen Kontext: das Beispiel Chicago 1880–1910, in: Klaus J. Bade (Hg.), Auswanderer – Wanderarbeiter – Gastarbeiter. Bevölkerung, Arbeitsmarkt und Wanderung in Deutschland seit der Mitte des 19. Jahrhunderts, Ostfildern: Verlag Scripta Mercaturae 1983, S. 378–405; Keil u. Jentz, German Workers in Industrial Chicago. The Transformation of Industries and Neighborhoods in the Late 19th Century, Vortrag auf dem Kongreß der Organization of American Historians in Detroit, 1.–4. 4. 1981.

23 Vgl. z.B. Theodore Hershberg, Harold E. Cox, Dale B. Light, Jr. u. Richard R. Greenfield, The Journey-to-Work. An Empirical Investigation of Work, Residence and Transportation, Philadelphia, 1850 and 1880, in: Hershberg. S. 128–173; und Stephanie W. Greenberg, Industrial Location and Ethnic Residential Patterns in an Industrializing City: Philadelphia, 1880, ebda., S. 204–229.

24 Die beste allgemeine Einführung findet sich bei Pierce.

25 Zu einer detaillierteren Beschreibung dieser Methode vgl. Keil u. Jentz, German Working-Class Culture in Chicago. A Problem of Definition, Method, and Analysis, in: Gulliver. German-English Yearbook 9. 1981, S. 128–147.

26 Keil, Chicago's German Working Class in 1900; Christiane Harzig, Chicago's German North Side, 1880–1900. The Structure of a Gilded Age German Neighborhood, in: Keil u. Jentz, German Workers, S. 127–144.

27 Vgl. die Untersuchung dieses Unterstützungssystems von Jentz u. Keil, From Immigrants to Urban Workers. Chicago's German Poor in the Gilded Age and Progressive Era, 1883–1908, in: Vierteljahrschrift für Sozial- und Wirtschaftsgeschichte 68. 1981, S. 52–97.

28 Christine Heiss, German Radicals in Industrial America. The Lehr- und Wehr-Verein in Gilded Age Chicago, in: Keil u. Jentz, German Workers, S. 206–223.

29 Richard Oestreicher verwendet in diesem Zusammenhang den Begriff ‚competing cultural systems' (Industrialization, Class, and Competing Cultural Systems, in: Keil u. Jentz, German Workers, S. 52–69). Vgl. auch die Analyse der Nachbarschaft der Nordwestseite Chicagos von Hartmut Keil, Einwandererviertel und amerikanische Gesellschaft. Zur Integration deutscher Einwanderer in die amerikanische städtisch-industrielle Umwelt des ausgehenden 19. Jahrhunderts am Beispiel Chicagos, in: Archiv für Sozialgeschichte 24. 1984, S. 47–89.

30 Friedrich Engels und einige seiner Korrespondenten kritisierten eingewanderte deutsche Sozialisten aus diesem Grund heftig, vgl. Karl Marx u. Friedrich Engels, Letters to Americans, 1848–1895. A Selection, New York: International Publishers, 1953.

31 Vgl. auch Hartmut Keil u. Heinz Ickstadt, Elemente einer deutschen Arbeiterkultur in Chicago zwischen 1880 und 1890, in: Geschichte und Gesellschaft 5. 1979, S. 103–124; Keil u. Jentz, German Working-Class Culture in Chicago, und Klaus Ensslen u. Heinz Ickstadt, German Working-Class Culture in Chicago. Continuity and Change in the Decade from 1900 to 1910, in: Keil u. Jentz, German Workers, S. 236–252.

32 Der Begriff ‚hegemoniale Gesellschaft' ist von Raymond Williams übernommen, vgl. z.B. sein Base and Superstructure in Marxist Cultural History, in: New Left Review 82. 1973, S. 3–16.

33 Briefe von Nikolaus Schwenck, Nachlaß der Familie Schwenck, Langenau in Württemberg; auszugsweise veröffentlicht in Hartmut Keil (Hg.), Deutsche Arbeiterkultur in Chicago von 1850 bis zum Ersten Weltkrieg. Eine Anthologie, Ostfildern: Verlag Scripta Mercaturae 1984.

34 „Cannstatter Volksfest," in Chicagoer Arbeiter-Zeitung, 19. 1. 1905.

35 Vgl. Keil u. Ickstadt sowie Ensslen u. Ickstadt.

36 Für eine Beschreibung der freien Sonntagsschulen Chicagos. Die socialistischen Sonntagsschulen in Chicago, in: New Yorker Volkszeitung, 28. 7. 1889, S. 4f.; auszugsweise wiedergegeben in Hartmut Keil (Hg.), Deutsch-Amerikanische Arbeiterkultur in Chicago. Eine Dokumentation, in: Englisch-Amerikanische Studien 6. 1984, S. 166–175; sowie in Keil, Deutsche Arbeiterkultur.

14. Das Bild des deutschen Einwanderers in den Vereinigten Staaten und in Brasilien 1890—1918

Frederick C. Luebke

In den 1890er Jahren, nach einem Jahrzehnt, in dem die Einwanderung aus Europa eine bis dahin unerreichte Intensität gewonnen hatte, erlebten die Vereinigten Staaten eine Periode, in der die nationale Identität einen besonders hohen Stellenwert erhielt. ‚Amerikanisierung' wurde zu einem häufig gebrauchten Wort, und viele Bürger betonten — als Individuen und mittels diverser Organisationen — Konformität mit der dominanten Kultur in Sprache, Sitten und religiösem Glauben.

Während des gleichen Zeitraums ließ sich in Brasilien eine ähnliche Entwicklung feststellen, die in mancher Hinsicht noch stärker war als in den Vereinigten Staaten. 1889 endete das Kaiserreich, als Pedro II. ins Exil ging und brasilianische Politiker eine republikanische Regierungsform einführten. Während des vorangegangenen Jahrzehnts war es in Brasilien, ebenso wie in den Vereinigten Staaten, zu einer starken Einwanderung aus Europa gekommen.[1] Die Abschaffung der Sklaverei im Jahre 1888 hatte, vor allem in den mittleren und südlichen Staaten, zu einem Arbeitskräftemangel geführt, dem die Regierung durch die Anwerbung italienischer, spanischer, portugiesischer und deutscher Einwanderer abzuhelfen suchte. Während der 1890er Jahre wurde die in ihrer Anfangsphase noch unsichere brasilianische Republik von einer Welle des nationalistisch-fremdenfeindlichen ‚Nativismus' erfaßt, die dem entsprechenden Phänomen in den Vereinigten Staaten sehr ähnelte. Die neue brasilianische Führungsschicht, die stark von den Lehren des Comteschen Positivismus beeinflußt war, drängte auf eine neue nationale Einheit. Sie vertrat entschieden die Auffassung, daß Einwanderer der natürlichen Neigung, sich abzusondern, widerstehen sollten. Eine andere Sprache zu sprechen, andere Kleidung zu tragen, andere Speisen zu essen, andere Schulen zu besuchen, zu einem anderen Gott zu beten — das alles schien unerwünscht, weil ein solches Verhalten die nationale Identität zu verändern und die Zuversicht der Republikaner zu untergraben drohte, ihr riesiges, vielfältiges und unterentwickeltes Land regieren zu können.[2]

Deutsche Einwanderer und ihre Kinder waren in beiden Ländern unübersehbar. Etwa fünf Millionen Deutsche waren im Verlauf des 19. Jahrhunderts in den Vereinigten Staaten eingetroffen. In den beiden Spitzenjahren 1854 und 1882 waren es jeweils mehr als 200 000 Personen gewesen. Während 85 Prozent der Deutschen sich im nordöstlichen Viertel des Landes niederließen, waren sie doch in allen Staaten der Union zu finden. Zwei Drittel lebten in Städten (dieser

Anteil lag weit höher als der für die amerikanische Gesamtbevölkerung jener Zeit), aber sie wurden auch stark von der Landwirtschaft angezogen, besonders von der Milchwirtschaft im Mittleren Westen. Gegen Ende des Jahrhunderts lebten rund acht Millionen Deutsche und Deutschamerikaner der ersten und zweiten Generation in den Vereinigten Staaten, ungefähr 10 Prozent der Gesamtbevölkerung. Sie waren ungewöhnlich verschiedenartig hinsichtlich Herkunft, Berufstätigkeit, Siedlungs- und Wohnstrukturen sowie Religionszugehörigkeit, und sie bildeten eindeutig die größte nicht englischsprechende Gruppe in Amerika.[3]

Die Situation in Brasilien war ähnlich, aber die Größenordnung weit geringer. Die deutsche Einwanderung nach Brasilien hatte in den 1820er Jahren begonnen, größtenteils als Ergebnis energischer Werbeanstrengungen, die von der brasilianischen Regierung unterstützt wurden. Die jährliche Einwanderung überstieg nur selten 2000 Personen, doch nach fünfundsiebzig Jahren hatten sich die Deutschen so weit vermehrt und Wohlstand erworben, daß sie fast 400 000 zählten, von denen die Mehrzahl in Brasilien geboren und deutschsprachig war. Zwar entwickelten sich bedeutende Kolonien in den brasilianischen Großstädten und Seehäfen, aber der größere Teil der Teuto-Brasilianer, wie man sie nannte, ließ sich in ländlichen Gebieten nieder; hier gründeten sie ausschließlich deutsche Siedlungen, vor allem in den beiden am weitesten südlich gelegenen Staaten Rio Grande do Sul and Santa Catarina, wo sie 1910 ein Fünftel der Bevölkerung stellten. Dort schufen sie – in noch viel stärkerem Maße als in den Vereinigten Staaten – eine Gesellschaft in der Gesellschaft: eine große, isolierte, mannigfaltige, strukturierte Gruppe mit eigenen Werten, Haltungen, Sprache und Gebräuchen. Sie paßten ihre landwirtschaftlichen Praktiken der subtropischen Wirklichkeit an, gründeten kinderreiche Familien und bauten Kirchen, Schulen und Städte. Ebenso wie die Deutschamerikaner waren die Teuto-Brasilianer verschiedenster regionaler Herkunft und zwischen Katholizismus und Protestantismus aufgespalten. Und ebenso wie die entsprechende Gruppe in den Vereinigten Staaten, schufen die Teuto-Brasilianer eine gewichtige deutschsprachige Presse und ein erstaunliches Spektrum von Vereinen und Vereinigungen.[4]

In beiden Ländern kam es zur spontanen Herausbildung von Klischees. Beide Empfängergesellschaften zeigten die Tendenz, die Deutschen in ihrer Mitte als eine einheitliche Gruppe mit gemeinsamen Charakterzügen zu betrachten. Unterschiedliche Herkunftsregionen, sprachliche Verschiedenheiten, religiöse Trennlinien sowie soziale und politische Unterscheidungen wurden von den Einheimischen in aller Regel nicht bemerkt, so daß sie zumeist alle Deutschen aufgrund von deren angeblich gemeinsamer Sprache in einen Topf warfen. Da Deutschland als einheitlicher Staat bis 1871 nicht existierte, war Deutscher einfach jemand, der Deutsch sprach.

Die Bilder vom deutschen Einwanderer waren weder einheitlich noch in sich konsequent. So waren etwa die Eindrücke reicher und gebildeter Amerikaner günstiger als die der Unterschicht. Diese Leute hatten selten engen Kontakt zu gewöhnlichen Neuankömmlingen und begegneten häufiger Einwanderern, die sich der amerikanischen Lebensweise rasch angepaßt hatten und – wie sie selber – gebildet und erfolgreich waren. Zudem waren ihre Eindrücke gefärbt von Vorstellungen über Deutschland, wie etwa der führenden Stellung der deutschen Wissenschaft. Im Laufe des 19. Jahrhunderts studierten rund 10 000 Amerikaner an verschiedenen deutschen Universitäten. Sie entdeckten dort eine Qualität der wissenschaftlichen Arbeit, eine gedankliche Tiefe und eine Wertschätzung von Forschung und akademischer Freiheit, die sie veranlaßten, Deutschland auf ein kulturelles Podest zu erheben. Man muß zwar derartige Vorstellungen von Deutschland und seinen Institutionen von jenen über deutsche Einwanderer trennen, aber sie trugen zu der allgemein hohen Wertschätzung der letzteren in den höheren Gesellschaftsschichten bei.[5]

Der einfache Amerikaner im 19. Jahrhundert dagegen hatte wenig Berührung mit den Absolventen deutscher Universitäten und noch weniger mit ihren Büchern und Artikeln. Er gewann seine Eindrücke über Deutsche und Deutsches von den Einwanderern, die nebenan oder auf der Farm in der Nähe wohnten, in derselben Fabrik arbeiteten, in seinem Laden einkauften, ihm den Bart stutzten, ihm die Schuhe besohlten oder Erspartes in seiner Bank deponierten.

Die wohl herausragendsten Elemente im amerikanischen Klischeebild vom deutschen Einwanderer waren Fleiß, Sparsamkeit und Ehrlichkeit – bewundernswerte Tugenden im amerikanischen Wertsystem. Der Deutsche schien viel Familiensinn zu besitzen; er war ordnungsliebend, diszipliniert und zuverlässig. Wohl war er nach amerikanischen Maßstäben etwas zu autoritär, doch bewunderte man ihn wegen seiner Fähigkeit, durch harte Arbeit materiellen Erfolg zu erzielen. Ähnlich attraktiv war sein Ruf, mit Werkzeug und Maschinen gut umgehen zu können. Man betrachtete die Deutschen gewöhnlich als ein intelligentes Volk, wenn auch etwas schwerfällig im Denken. Sie neigten, so hieß es, nicht nur zu phantasieloser Gründlichkeit, sondern gelegentlich auch zu Sturheit und Grobheit in den Umgangsformen. Doch die deutsche Frau und Mutter galt allgemein als der Inbegriff von Reinlichkeit und Tüchtigkeit; ihre Tochter wurde als verläßliche Hausangestellte oder Magd geschätzt. Einige Einheimische fanden zwar, daß die Deutschen ihre Frauen schlecht behandelten, doch insgesamt sah man in diesen Einwanderern einen willkommenen Zuwachs der amerikanischen Bevölkerung.

Das Bild enthielt jedoch auch negative Elemente. Manche Leute fanden, die Deutschen seien unerträglich stolz auf ihre Herkunft und ihre Kultur. Andere empfanden Zweifel in Bezug auf ihre Festlichkeiten. Es schien, als veranstalteten die Deutschen bei jeder denkbaren Gelegenheit Feiern, zu denen dann gleich Paraden und Wettkämpfe gehörten, sportliche wie kulturelle. Selbst ihre kirchlichen Feiern nahmen oft einen festlichen Charakter an. Besonders anstößig war das Schauspiel, das puritanische Amerikaner als hemmungsloses Tanzen und bäurisches Biersaufen betrachteten – vor allem am Sonntag, dem Tag, den Gott für Gottesdienst, Ruhe und Kontemplation bestimmt hatte. Wieder andere waren empört über den Radikalismus, den die deutschen Einwanderer mitzubringen schienen. Man konnte den Eindruck gewinnen, daß sich unter den Führern der amerikanischen Arbeiterbewegung eine ungewöhnlich große Zahl von Deutschen befand, die fremde Lehren wie Kommunismus, Anarchismus und

> Germantown als Germanopolis. Das Titelblatt des Souvenirprogramms zum 225. Jahrstag der ersten deutschen Siedlung in Amerika läßt etwas von der hochgemuten – häufig auch hochmütigen – Stimmung der Deutschamerikaner 1908 erkennen. Die Umzüge am Deutschen Tag waren besonders prunkvoll; in Germantown wurde der Grundstein für ein Pastorius-Denkmal gelegt. Allerdings wies die ethnische Presse bereits darauf hin, daß das Deutschamerikanertum durch den Einwandererschwund stark von Substanzverlust bedroht sei. (Roughwood Collection)

verschiedene Grade von Sozialismus predigten. Die Reaktion auf unglückselige und von der Presse hochgespielte Ereignisse wie den Haymarket-Zwischenfall 1886 in Chicago bekräftigte den Eindruck, daß zumindest manche Deutsche gefährliche Revolutionäre seien.[6]

Zusammenstöße zwischen der Kultur der Eingesessenen und Einwanderer-Kulturen schufen eine Reihe der gewichtigsten politischen Probleme des ausgehenden 19. Jahrhunderts. Wenngleich viele deutsche Einwanderer an politischen Reformen, wirtschaftlicher Entwicklung sowie der Schutzzoll- und der Währungsfrage interessiert waren, reagierten sie doch stärker auf Themen, die mit ethnisch-kulturellen Konflikten zusammenhingen. Neben politischen und ökonomischen Freiheiten begehrten sie gesellschaftliche und kulturelle Freiheit. In den 1890er Jahren war die Prohibition, die Forderung des Alkoholverbots, zur beherrschenden politischen Ausdrucksform des kulturellen Konflikts geworden. Das Frauenwahlrecht, die Heiligung des Sonntags im puritanischen Sinne und Bemühungen zur Reglementierung (wenn nicht Schließung) von Konfessionsschulen waren eng damit verknüpfte Streitfragen, die einen bemerkenswerten, wenn auch nur zeitweiligen, Grad von Einheitlichkeit im Wählerverhalten deutscher Einwanderer hervorzubringen vermochten.[7]

Politische Auseinandersetzungen über ethnisch-kulturelle Anliegen blieben nicht ohne Auswirkungen auf nativistische Einstellungen. Das Bewußtsein ethnischer Gruppenidentitäten wurde sowohl bei Einwanderern als auch bei Nativisten erheblich verstärkt. Das Denken in Klischees und Symbolen wurde gefördert, während Toleranz und Verständnis abnahmen. Die Haltung des Leben-und-leben-lassen, die in den vorangegangenen Jahrzehnten verbreitet gewesen war, wurde durch organisierte politische Aktionen geschwächt. Veränderungen in der Einstellung gegenüber Einwanderern wurden gleichfalls durch einige der renommiertesten zeitgenössischen Sozialwissenschaftler gefördert. Im wesentlichen führten ihre Untersuchungen der Einwanderungsfrage zu dem Ergebnis, daß sozial unerwünschte Merkmale erblicher Natur seien, und überdies für einige ethnische Gruppen typischer als für andere. Man hielt also negative ebenso wie positive Eigenschaften für fixiert oder unveränderbar.[8]

Allerdings schnitten die Deutschamerikaner gut ab, als derartige Auffassungen sich Ende des 19. Jahrhunderts verbreiteten. Es gab zwar abweichende Meinungen, aber die meisten Amerikaner betrachteten die deutschen Einwanderer als einen Gewinn für die Vereinigten Staaten. Außerdem fühlten sich, als das Denken in rassischen Kategorien Anfang des 20. Jahrhunderts zunehmend Allgemeingut wurde, einige deutschamerikanische Intellektuelle dazu angeregt, in zahllosen Reden und Artikeln die Leistungen ihrer Gruppe zu preisen und herauszustreichen – von frühen Beiträgen wie dem des Barons von Steuben im Revolutionskrieg bis zu jüngsten Erfolgen von Ingenieuren wie John Roebling und seinem in Amerika geborenen Sohn, denen man die Brooklyn-Brücke zu verdanken hatte. Dieses Schwelgen in kulturellem Chauvinismus ging zum Teil auf das Bemühen zurück, einen Beitrag zur Größe Amerikas zu reklamieren, aber es sollte auch ein Gegengewicht bilden gegenüber angelsächsischen Vorstellungen von rassischer Überlegenheit und Vorherrschaft in der Weltpolitik.[9]

Auf diese Weise wurden die Sprecher des sich rasch assimilierenden deutschen Elements in den Vereinigten Staaten, verständlicherweise stolz auf ihr kulturelles Erbe, bei Beginn des Ersten Weltkrieges in ihrem Ethnozentrismus durch die Klischeevorstellungen bestärkt, die eingesessene Amerikaner in der Regel von ihnen hatten. Einige sahen sich sogar veranlaßt, ihr Erbe als eine Gegenkultur zur vorherrschenden anglo-amerikanischen zu propagieren. Dies jedoch war ein gefährlicher Kurs in einer Zeit des erstarkenden Nativismus. Leute, die unfähig oder nicht bereit waren, zwischen kulturellem Chauvinismus und der politischen oder nationalistischen Spielart zu unterscheiden, brachten nur wenig Toleranz für Abweichungen von der amerikanischen Norm auf.

In Brasilien erschienen deutsche Einwanderer im allgemeinen in einem günstigen Licht, besonders seitens der herrschenden Schichten, die in ihnen eine willkommene Ergänzung der brasilianischen Gesellschaft sahen. Nach ihrer Auffassung brachten die Deutschen nicht nur wertvolle Fertigkeiten nach Brasilien, sondern sorgten auch für die ‚Aufhellung' der Bevölkerung, in der Weiße 1890 nur einen Anteil von 44 Prozent hatten. Wie die amerikanische Elite war auch die brasilianische stark beeinflußt von angeblich wissenschaftlich gestützten rassistischen Theorien, denen zufolge die sogenannten nordischen Völker, zu denen natürlich die Deutschen gehörten, ganz oben auf der Wertskala standen.[10] Und ebenso wie in den USA wurden sie wegen ihres Fleißes, ihrer Ordnungsliebe und ihrer Zuverlässigkeit bewundert.

Obgleich die Deutschen somit der Beiträge wegen, die sie zur Entwicklung Brasiliens leisteten, begrüßt und geschätzt wurden, stützte sich das brasilianische Bild sogar noch stärker als das amerikanische auf verzerrte Informationen, rhetorische Übertreibung und Mythen.[11] Dies rührte daher, daß die vielrassische brasilianische Gesellschaft erheblich größere Unterschiede zwischen Armen und Reichen, Gebildeten und Analphabeten aufwies als die amerikanische. Die deutsche Einwanderergesellschaft in Brasilien war sowohl räumlich stärker konzentriert, als auch sozial stärker isoliert als in den Vereinigten Staaten, vor allem in den ländlichen Siedlungen. Zudem wurden die deutschen Enklaven in den brasilianischen Großstädten oft von reichen, gebildeten Staatsbürgern des Deutschen Reichs beherrscht. Solche Leute – Bankiers, Industrielle, Kaufleute, Journalisten, Techniker und diverse Repräsentanten großer deutscher Firmen – gingen häufig davon aus, daß sie nur vorübergehend in Brasilien leben würden. Zudem blickten viele mit Geringschätzung auf die luso-brasilianische Kultur[12] – eine Haltung, die seitens der Brasilianer, mit denen sie häufig Kontakt hatten, nicht unbemerkt blieb.

Auch einige führende Teuto-Brasilianer teilten diese herablassende Einstellung gegenüber der brasilianischen Kultur. Unter dem Einfluß ethnozentrischer deutscher nationalistischer Propaganda um die Jahrhundertwende betrachteten sie die brasilianische Kultur als der eigenen weit unterlegen. So empfahl etwa ein deutscher Autor in einem Buch über Brasilien entschiedenen Widerstand gegen die Assimilation, weil die brasilianische Kultur wertlos sei. Er schrieb:

> „Was das lusitanische Volk drüben in Amerika geschaffen hat, ist ein Staat, der auf keinem Gebiete, weder auf dem wirtschaftlichen, noch auf dem des Geisteslebens irgend etwas nennenswertes geleistet hat; auf wirtschaftlichem Gebiet . . . ist dieses Staatswesen . . . verkrüppelt, . . . ein schlecht organisiertes Gemeinwesen von 17 Millionen Menschen. Und diese 17 Millionen, die nicht kolonisieren können, die weder imstande sind, ein ordentliches Verkehrswesen, noch eine geordnete Finanzverwaltung, noch gesicherte Rechtszustände, noch ein Heer, das man anders bezeichnen könnte, als eine privilegierte Räuberbande, noch eine Flotte zu schaffen, herrscht über ein reiches und fruchtbares Gebiet von der Größe Europas . . ."[13]

Diese Äußerung ist allerdings so extrem, daß sie nicht als typisch gelten kann. Nichtsdestoweniger betrachteten viele Teuto-Brasilianer die brasilianische Kultur als kraftlos und unzulänglich; die Luso-Brasilianer schienen Trägheit und Unwissenheit mit lächerlichem Dünkel zu verbinden. Was die portugiesische Sprache betrifft, so hielten sie deren Kenntnis aus praktischen Erwägungen für nützlich, doch schien sie im Vergleich zur deutschen nur wenige literarische Schätze zu bieten.[14] Ebenso wie die überspanntesten deutschamerikanischen Kultur-Chauvinisten vertraten einige Teuto-Brasilianer die Auffassung, die Deutschen würden ihre besten Dienste als loyale Bürger leisten, wenn sie die Kultur ihres Gastlandes mit ihren angeblich überlegenen deutschen Qualitäten befruchteten. Wenn man zuließe, daß die deutsche Sprache und Kultur immer weniger gepflegt würden, so argumentierten sie, dann gingen Brasilien das unschätzbare deutsche Pflichtbewußtsein und Leistungsdenken verloren. Verbreitet fand sich die Meinung, die Aussichten für die erfolgreiche Bewahrung der deutschen Sprache und Kultur seien in Brasilien günstiger als in den USA, wo die angloamerikanische protestantische Kultur so stark erschien, daß es deutschen Einwanderern praktisch unmöglich war, ihrer Assimilationskraft zu widerstehen.[15]

Die Stellung der Deutschen in Brasilien bildete kein Diskussionsthema auf nationaler Ebene. Allenfalls war es ein regionales Problem, über das man in denjenigen Staaten debattierte, wo die Deutschen konzentriert waren. Dort gründeten sich die Vorstellungen der Oberschicht vor allem auf das Verhalten von keineswegs repräsentativen Leuten, die sich um die Erhaltung der Einwandererkultur bemühten, weil es ihren wirtschaftlichen Interessen und psychologischen Bedürfnissen diente. Deshalb begriffen die meisten gebildeten Brasilianer nur sehr wenig von der Vielfältigkeit der deutschen Einwanderergruppe, etwa den Unterschieden, die Katholiken von Protestanten trennten, oder den völlig ungleichartigen Werten und Verhaltensweisen, die den Bauern auf dem Land vom Arbeiter in der Stadt und der wirtschaftlichen und sozialen Elite absetzten. Außerdem verstanden sie nicht, wie die physische Umwelt zusammen mit einzigartigen Ereignissen der brasilianischen Geschichte den deutschen Isolationismus förderte. Der deutsche Geist des Separatismus war ihnen oft völlig rätselhaft. Es war ihnen unbegreiflich, daß die Deutschen auch nur den Wunsch haben konnten, ihre eigene Sprache und Kultur auf Dauer zu bewahren, zumal doch die brasilianische Kultur so reizvoll war. In ihren Augen war die brasilianische Kultur offen, tolerant, gastfreundlich, anpassungsfähig, unideologisch, human und frei von starren Klassenschranken. Nach ihrer Überzeugung beseelte die Brasilianer ein Geist der Versöhnung, der den Kompromiß suchte und extreme Schritte verwarf. Und vor allem anderen sahen sie sich als ein Volk der Gewaltlosigkeit.[16]

Es läßt sich nicht feststellen, in welchem Ausmaß die analphabetischen und ungelernten Schichten der brasilianischen Gesellschaft die Auffassung der Elite teilten. Aufgrund der Isolierung der meisten deutschen ländlichen Siedlungen waren die sozialen Kontakte zwischen Deutschen und anderen Brasilianern selten und häufig eher oberflächlich. Außerdem wiesen die Deutschen, wie jede andere gesellschaftliche Gruppe, eine weite Streuung bezüglich Bildung, Fertigkeiten, Gesundheit und Arbeitsgewohnheiten auf. Eine große Zahl mußte sogar einen sozialen und wirtschaftlichen Abstieg hinnehmen, während sie in der brasilianischen Umwelt ums Überleben kämpften. Doch dem vorherrschenden Bild zufolge waren die Deutschen besser untergebracht und ernährt, ihr System von Privat- und Konfessionsschulen häufig dem brasilianischen öffentlichen Schulwesen überlegen und ihre Häuser wie sie selber sauberer und gesünder. Außerdem schienen die Deutschen bereit zu sein, sehr schwer zu arbeiten – zumindest im Vergleich zu den verarmten ‚caboclos‘ (Personen gemischter indianischer und portugiesischer Abstammung), die nur gelegentlich und mit häufigen und langen Unterbrechungen einer Arbeit nachgingen. Es ist anzunehmen, daß einige Brasilianer der weniger privilegierten Schichten die Deutschen mit Groll und Neid betrachteten, doch gibt es keinerlei Zeugnisse für einen länger anhaltenden, auf ethnische Unterschiede gegründeten kulturellen Konflikt.[17]

Natürlich dachten die meisten Brasilianer, reich oder arm, weiß, schwarz, Mulatten oder ‚caboclo‘, kaum über die Deutschen nach, und gewiß noch seltener in systematischer Weise. Ganz ähnlich widmeten sich die einfachen Teuto-Brasilianer ihren Alltagsgeschäften, paßten sich ihrer Umgebung an und schenkten den Problemen der Assimilation nur selten besondere Beachtung. Ebenso wie bei jeder anderen Einwanderergruppe zählten zu der deutschen viele Leute, die der Sprache und Kultur der Gastgesellschaft gegenüber positiv eingestellt waren und so rasch und schmerzlos wie möglich ein Teil von ihr zu werden suchten. Durch die täglichen Kontakte bei der Arbeit, im Laden, in der Kirche, in der Schule oder sogar zu Hause lernten sie Portugiesisch mehr oder weniger automatisch. Ob sie schnell oder langsam lernten, hing von individuellen Umständen ab und davon, ob es viel oder wenig Gelegenheit zu Kontakten mit Portugiesischsprechenden gab. Natürlich boten die isolierten, ethnisch exklusiven ländlichen Kolonien nur wenig derartige Möglichkeiten.

Speziell die Existenz solcher Kolonien (wo es keine portugiesischen Schulen gab und Hunderte von Kindern der zweiten und dritten Generation nur rudimentäre Portugiesisch-Kenntnisse hatten) erweckte am Ende des 19. Jahrhunderts die Besorgnis von Angehörigen der brasilianischen Elite. Wenn sie versuchten, typische deutsche Haltungen festzustellen, schenkten sie natürlich jenen Leuten Beachtung, die am augenfälligsten waren: den gebildeten deutschbrasilianischen Idealisten, die Reden hielten und Leitartikel, Aufsätze und Briefe schrieben, in denen sie ihr Recht auf die Erhaltung ihres kulturellen Separatismus betonten. Einige Leute in Regierungskreisen drangen darauf, die ländlichen deutschen Enklaven aufzulösen, vor allem in Rio Grande do Sul, und sicherzustellen, daß neue Siedlungen ethnisch gemischt wären. Auf Staats- wie auf Bundesebene wurden mehrere Ansätze unternommen, das Wachstum der Kolonien zu beschränken, doch keiner erwies sich als wirksam. In Santa Catarina konzentrierte sich der Angriff gegen Einwanderer-Institutionen auf die Privatschulen. So verlangte ein 1913 ratifiziertes, nach heutigen Maßstäben recht mildes Gesetz Inspektionen durch Staatsbeamte und das Führen von Schulbesuchs-Statistiken. Außerdem wurde bestimmt, daß in jeder Schule, die Mittel von Staat oder Gemeinde erhielt, das Portugiesische Unterrichtssprache zu sein hatte.[18]

Luso-brasilianische Befürchtungen, die Deutschen in den südlichen Staaten würden so zahlreich, daß sie nie mehr zu assimilieren wären, wurden vergrößert durch ausgiebige Debatten über die sogenannte ‚deutsche Gefahr‘ – die verbreitete Annahme, Deutschland habe sich einem weltweiten Imperialismus verschrieben, der sich auch auf die Präsenz deutscher Einwanderer in diversen unterentwickelten Ländern, darunter Brasilien, stütze. Gleichzeitig registrierte man aggressives deutsches Verhalten im Südpazifik, in China, auf den Philippinen und in der Karibik. Als die Deutschen 1904 in einer Kontroverse über die Eintreibung von Schulden die Integrität Venezuelas bedrohten, erblickten

Schwarzseher darin den ersten Schritt in einem Plan zur Errichtung eines deutschen Protektorats über Süd-Brasilien und möglicherweise eines deutschen Staates, der in Sprache und Kultur deutsch wäre.[19]

Unterdessen regte der lautstarke, supernationalistische Alldeutsche Verband in Deutschland neue Ängste vor dem deutschen Imperialismus an. In ihren überall verteilten Publikationen betonte diese Organisation die kulturelle Zusammengehörigkeit der Deutschen überall in der Welt und agitierte energisch für ein Kolonialreich, eine vergrößerte Kriegsmarine, den Krieg als Instrument der nationalen Politik und die Bewahrung der deutschen Sprache und Kultur in deutschen Siedlungen in Übersee. Der Alldeutsche Verband war zwar eher ein Symptom als eine Ursache des zügellosen Nationalismus jener Zeit, doch wurde er von englischen und französischen Propagandisten als die Koordinierungszentrale des deutschen Imperialismus dargestellt. Wenngleich die Bedeutung des Verbandes maßlos übertrieben wurde, erschien bald eine Flut von Artikeln in Zeitungen und Zeitschriften Europas und Amerikas, in denen die angebliche alldeutsche Verschwörung enthüllt wurde. In Brasilien verfaßte Sylvio Romero, der bekannte brasilianische Literaturkritiker, ein langes Traktat mit dem Titel „O allemanismo no sul do Brasil" (1906). Romero begrüßte zwar den Zustrom deutscher Einwanderer, aber er warnte seine Landsleute gleichzeitig vor der deutschen Gefahr, schlug Maßnahmen vor, mit deren Hilfe man der Bedrohung entgegentreten könnte, und verlangte Schritte zur Assimilation der deutschen Kolonisten in die brasilianische Gesellschaft.[20] Andere brasilianische Autoren äußerten ähnliche Befürchtungen.

Als 1914 der Weltkrieg Europa überzog, erklärte die Regierung der Vereinigten Staaten wie die Brasiliens ihre Neutralität. Für die meisten einfachen Leute in beiden Ländern, insbesondere in Brasilien, war der Krieg in Europa eine Sache in weiter Ferne, die keine große Bedeutung hatte. Er schien ihr tägliches Leben nicht unmittelbar oder in erkennbarer Weise zu berühren. Immerhin erweckte der Krieg in der Regel Sympathien für die eine oder die andere Seite. Einwanderer und ihre Nachkommen spürten natürlicherweise ein Gefühl der Verbundenheit mit der alten Heimat und waren überzeugt davon, daß sie für eine gerechte Sache kämpfte. Sprecher der deutschen Volksgruppen in beiden Ländern neigten zu Extremen in ihrer Parteilichkeit für Deutschland. Gleichzeitig jedoch tendierten die gebildeten oder ‚etablierten' Gruppen in den USA wie in Brasilien zur Parteinahme für die Alliierten. In Brasilien war die Presse sogar stärker noch als in den Vereinigten Staaten gegen Deutschland eingestellt.

Im Jahr 1917 endete die Neutralitätsperiode, als sowohl die Vereinigten Staaten als auch Brasilien Deutschland den Krieg erklärten, dem Anschein nach aufgrund der Torpedierung von Schiffen der jeweiligen Handelsflotten durch deutsche Unterseeboote. Während es große Ähnlichkeit im Verhalten von Brasilianern wie Amerikanern gegenüber den Deutschen in ihrer Mitte gab, sind doch gerade die Unterschiede verblüffend.

In den USA leitete der Kriegseintritt eine Zeit der Verfolgung für Deutschamerikaner ein. Viele Bürger deutscher Herkunft gerieten in den Verdacht mangelnder Loyalität. Einzelpersonen wurden in vielfältiger Weise drangsaliert, als das amerikanische Volk von einer Woge antideutscher Affekte ergriffen wurde. Praktisch wurde gegen die deutsche Sprache und Kultur Krieg geführt. Die Atmosphäre des Mißtrauens führte zu Maßnahmen wie dem Verbot von Deutschen komponierter Musik und der Umbenennung von Personen, Lebensmitteln, Straßen, Parks und Ortschaften. Deutschsprachiger Unterricht in den Schulen wurde beschränkt oder ganz abgeschafft, deutschsprachige Zeitungen streng überwacht und reglementiert. In Dutzenden von patriotischen Demonstrationen wurden Deutschamerikaner gezwungen, die amerikanische Flagge zu küssen, Kriegsanleihen zu zeichnen oder die Nationalhymne zu singen. Bei anderen Zeremonien verbrannte man deutschsprachige Bücher. Häufig kam es zu Zerstörungen, Gewalttätigkeiten, Verhaftungen wegen angeblich unpatriotischer Äußerungen und in einem Fall sogar zum Lynchmord an einem deutschen Staatsbürger in Illinois.[21]

Doch das Verhalten der Amerikaner verblaßt gegenüber dem der Brasilianer. Im Gefolge des Abbruchs der diplomatischen Beziehungen mit Deutschland im April 1917 wurden Deutschbrasilianer Opfer zahlreicher bösartiger Krawalle. Enormer Sachschaden entstand, als erregte Massen Hunderte von Wohnhäusern, Redaktionen deutschsprachiger Zeitungen, Kirchen, Schulen, Vereinslokale, Geschäftsräume jeder Art, Fabriken und Lagerhäuser beschädigten oder zerstörten. Als Brasilien sechs Monate später, im Oktober, den Krieg erklärte, brachte eine zweite Welle von Krawallen neue Zerstörungen. In Rio de Janeiro und allen südlichen Staaten, wo die große Mehrheit der Teuto-Brasilianer lebte, wurde das Kriegsrecht verhängt. Alle Publikationen in deutscher Sprache wurden verboten. Jeglicher Deutschunterricht in den Schulen jeder Stufe mußte aufhören. Unter den Bann fielen auch alle Gottesdienste in deutscher Sprache. Der Präsident erhielt das Recht, den Besitz von feindlichen Ausländern zu beschlagnahmen und alle für sie bestimmten Waren zu verkaufen. Es ist zwar einschränkend zu bemerken, daß die Durchsetzung dieser repressiven Maßnahmen inkonsequent und gelegentlich willkürlich erfolgte, aber die Tatsache bleibt bestehen, daß das brasilianische Verhalten im Vergleich zum amerikanischen ausgesprochen gewalttätig und repressiv war.[22]

Es ist nur zu leicht, die brasilianische Reaktion auf das deutsche Problem mit Hilfe des klassischen Klischees vom südländischen Temperament – verantwortungslos, hemmungslos, sprunghaft, emotional und spontan – zu erklären. Aber ein solche simplifizierende Interpretation würde nicht viel bringen. Nützlicher ist es, die Situation der Teuto-Brasilianer mit derjenigen der Deutschamerikaner zu vergleichen. Während die Deutschen einen weit geringeren Teil der brasilianischen Gesellschaft bildeten als der amerikanischen, waren ihre Siedlungsstrukturen in Brasilien stärker konzentriert, exklusiver und isolierter. Da sie in der Regel gebildeter und häufig wohlhabender waren als der Durchschnittsbrasilianer, wurden die Deutschen hier zwangsläufig langsamer assimiliert als die Deutschamerikaner. Als Nordeuropäer besaßen die Teuto-Brasilianer – anders als die zahlreichen italienischen, spanischen und portugiesischen Einwanderer in Brasilien – eine Sprache und eine Kultur, die sich von denjenigen der Gastgesellschaft deutlich unterschieden. Diese Verschiedenheit förderte ihrerseits ein verstärktes Gefühl der Minderheits-Gruppenidentität sowie die Ausbildung eines vollen Spektrums von ethnischen Institutionen – Kirchen, Schulen, gesellschaftliche Organisationen, eine deutschsprachige Presse –, die sich meist stärker an Deutschland anlehnten als ihre Entsprechungen in den Vereinigten Staaten. Alles dies zusammen schuf ein Gefühl der kulturellen Überlegenheit, für das es in den Vereinigten Staaten kein wirkliches Gegenstück gab. Zudem lagen Führungspositionen häufiger in den Händen von deutschen Staatsbürgern, deren Verbindungen zu Deutschland sehr eng waren. Schließlich besaßen die Deutschen in Brasilien im Vergleich zu ihren amerikanischen Vettern größere wirtschaftliche Macht, doch war ihr politischer Einfluß geringer.

Der Vergleich sollte noch einen Schritt weiter geführt werden. Die brasilianische Gesellschaft war gegenüber der amerikanischen stärker stratifiziert: die Reichen waren reicher, die Armen ärmer. Die Wirtschaft war weniger entwickelt, die politischen Institutionen weniger demokratisch; die Verfassungstradition war jung. Das Analphabetentum war weit verbreitet. In einem solchen sozialen Kontext erweckten die relativ wohlhabenden Deutschen natürlich in der Regel Groll, ungeachtet des Rufes der Brasilianer, tolerant und freundlich zu sein.

Als der Geist des Nationalismus Anfang des 20. Jahrhunderts die Oberhand gewann, gingen die Brasilianer ebenso wie die Amerikaner naheliegenderweise von Klischees aus, die individuelle Unterschiede verwischten und persönliche Beziehungen trübten. Da sie die separatistische deutsche Teilgesellschaft, ihre Sitten und Institutionen weder kannten noch verstanden, verlangten sie ein nie dagewesenes Maß an Konformität mit der etablierten brasilianischen Lebensweise. Als 1917 der Krieg begann, behandelten sie ihre Deutschen mit einer Strenge, die alles übertraf, was die Deutschen in den Vereinigten Staaten gemeinhin erlebten. Wären die Deutschamerikaner von den amerikanischen Normen so weit entfernt gewesen wie die Teuto-Brasilianer von den brasilianischen, so hätten sie vermutlich auch unter massiver Gewalttätigkeit zu leiden gehabt, so wie im 19. Jahrhundert Chinesen in den Bergbausiedlungen im amerikanischen Westen oder schwarze Amerikaner während der unmittelbaren Nachkriegszeit in Chicago, East St. Louis, Tulsa und andernorts. Mehr noch, wäre ihre Zahl dafür gering genug gewesen, hätte man sie möglicherweise in Konzentrationslager getrieben, wie es den Amerikanern japanischer Abstammung im Zweiten Weltkrieg geschah.

Anmerkungen

1 Beim Brasilien-Teil dieses Aufsatzes stütze ich mich weitgehend auf meinen Artikel: A Prelude to Conflict. The German Ethnic Group in Brazilian Society, 1890–1917, in: Ethnic and Racial Studies 6. 1983, S. 1–17. Zugängliche Statistiken zur deutschen Einwanderung nach Brasilien finden sich bei Imre Ferenczi (Kompilator) u. Walter F. Willcox (Hg.), International Migrations. Bd. 1: Statistics, New York: National Bureau of Economic Research, 1929., S. 695, 700f.

2 Gilberto Freyre, Order and Progress. Brazil from Monarchy to Republic, Hg. u. Übers. Rod W. Horton, New York: Knopf, 1970, passim; E. Bradford Burns, A History of Brazil, New York: Columbia University Press, 1970, S. 250−254; Fernando de Azevedo, Brazilian Culture, New York: Knopf, 1966, S. 159f., 414−418; Gilberto Freyre, New World in the Tropics. The Culture of Modern Brazil, New York: Knopf, 1966, S. 154; José Honório Rodrigues, The Brazilians. Their Character and Aspirations, Austin: University of Texas Press, 1967, S. 96. Die europäische Einwanderung wird in den Kontext rassistischen Denkens und des brasilianischen Nationalismus gestellt bei Thomas E. Skidmore, Black into White. Race and Nationality in Brazilian Thought, New York: Oxford University Press, 1974, S. 38−68, 124−144.

3 Beim amerikanischen Teil des vorliegenden Aufsatzes beziehe ich mich in starkem Maße auf mein Buch Bonds of Loyalty. German Americans and World War I, DeKalb: Northern Illinois University Press, 1974, bes. Kap. 2. S. auch U.S. Bureau of the Census, Historical Statistics of the United States, Colonial Times to 1957, Washington, DC: Government Printing Office, 1960, S. 57; Edward P. Hutchinson, Immigrants and Their Children, 1850−1950, New York: Wiley, 1956, S. 123f.

4 Die umfassendste Untersuchung über die Deutschen in Brasilien ist Jean Roche, La colonisation allemande et la Rio Grande do Sul, Paris: Institut des Hautes Études de l'Amerique Latine, 1959. Einen nützlichen Überblick bietet Karl Fouquet, Der deutsche Einwanderer und seine Nachkommen in Brasilien: 1808−1824−1974, São Paulo: Instituto Hans Staden, 1974. S. auch Karl H. Oberacker, Jr., Der Deutsche Beitrag zum Aufbau der brasilianischen Nation, São Paulo: Herder, 1955; ders., Die Deutschen in Brasilien, in: Deutschen in Lateinamerika, Hg. Hartmut Fröschle, Tübingen: Erdmann, 1979, S. 169−300.

5 Walter P. Metzger, Academic Freedom in the Age of the University, New York: Columbia University Press, 1955, S. 93−107, 119−124; Clara E. Schieber, The Transformation of American Sentiment toward Germany, 1870−1914, Boston: Cornhill, 1923, S. 256.

6 Luebke, Bonds, S. 59−63.

7 Es gibt eine ganze Reihe von Arbeiten über ethnisch-kulturelle Konflikte während der letzten Jahrzehnte des 19. Jahrhunderts. Beispiele dafür sind: Paul Kleppner, The Cross of Culture. A Social Analysis of Midwestern Politics, 1850−1900, New York: Free Press, 1970; Richard Jensen, The Winning of the Midwest. Social and Political Conflict, 1888−1900, Chicago: University of Chicago Press, 1971; Frederick C. Luebke, Immigrants and Politics. The Germans of Nebraska, 1880−1900, Lincoln: University of Nebraska Press, 1969.

8 S. die Schriften von Josiah Strong, Edward A. Ross, John R. Commons, Edward Channing, John W. Burgess, und vielen anderen. Die umfangreichen Berichte der Immigration Commission, die 1911 veröffentlicht wurden, spiegeln diese Einstellungen gleichfalls wider.

9 Luebke, Bonds, S. 47−51.

10 Skidmore, Black, S. 38−77. S. bes. die Passagen zur Tendenz brasilianischer Autoren, die brasilianische Entwicklung mit derjenigen in den Vereinigten Staaten zu vergleichen, S. 69−77.

11 Egon Schaden, Die Deutschbrasilianer − Ein Problem, in: Staden-Jahrbuch. Beiträge zur Brasilkunde 2. 1954, S. 184.

12 Portugiesisch-brasilianisch. Die Bezeichnung geht zurück auf Lusitanien, die römische Provinz, die der Ausdehnung des modernen Portugal weitgehend entspricht. Sie wird in vergleichbarer Weise gebraucht wie ‚angloamerikanisch' in den Vereinigten Staaten.

13 Walther Kundt, Brasilien und seine Bedeutung für Deutschlands Handel und Industrie, Berlin: Siemenroth, 1903, S. 18.

14 Deutsche Zeitung (Porto Alegre), 20. 10. 1917; Oskar Canstatt, Brasilien. Land und Leute, Berlin: Ernst Siegfried Mittler, 1877, S. 251, 416; Ernest Tonnelat, L'expansion allemande hors d'Europe, Paris: Armand Colin, 1908, S. 125, 141; Clarence H. Haring, The Germans of South America, New York: Oxford University Press, 1920, S. 43.

15 Schaden, Deutschbrasilianer, S. 183f.; Emílio Willems, Immigrants and Their Assimilation in Brazil, in: Brazil. Portrait of Half a Continent, Hg. T. Lynn Smith u. Alexander Marchant, 1951; repr. Westport, CT: Greenwood, 1972, S. 209.

16 Rodrigues, Brazilians, S. 60f.; A.H. Neiva u. M. Diégues, Jr., The Cultural Assimilation of Immigrants in Brazil, in: The Cultural Integration of Immigrants, Hg. W.D. Borrie, Paris: UNESCO, 1959, S. 185.
17 Während Emílio Willems für meine hier gegebene Interpretation in keiner Weise verantwortlich ist, habe ich mich teilweise auf seine zahlreichen Werke gestützt und meine Auffassung als Ergebnis von Korrespondenz mit ihm modifiziert. S. Emílio Willems, A aculturaçaõ dos alemães no Brasil, São Paulo: Companhia Editora Nacional, ²1980. Von seinen englischsprachigen Artikeln s. sein Assimilation of German Immigrants in Brazil, in: Sociology and Social Research 25. 1940, S. 125–132, u. sein Some Aspects of Cultural Conflict and Acculturation in Southern Rural Brazil, in: Rural Sociology 7. 1942, S. 375-384.
18 G. Entres (Hg.), Der Staat Santa Catharina in Vergangenheit und Gegenwart unter besonderer Berücksichtigung des Deutschtums, Florianopolis: Livraria Central, 1929, S. 223; Ferdinand Schröder, Brasilien und Wittenberg. Ursprung und Gestaltung deutschen evangelischen Kirchentums in Brasilien, Berlin: de Gruyter, 1936, S. 356; Martin Braunschweig, Die rechtliche Stellung des deutschen Schulwesens in Südbrasilien, in: Die Kulturbedeutung der evangelischen Kirche in Brasilien, Hg. Bruno Geißler, Leipzig: Hinrichs'sche Buchhandlung, 1922, S. 51.
19 Schieber, Transformation S. 88, 136, 171, 177f.
20 Mildred S. Wertheimer, The Pan-German League, 1890–1914, New York: Columbia University, 1924, S. 65, 74, 117, 126; Sylvio Romero, O allemanismo no sul do Brasil, seus perigo e os meios de os conjurar, Rio de Janeiro: Ribeiro, 1906. S. auch Skidmore, Black, S. 32–37, 56.
21 Luebke, Bonds; Carl Wittke, German-Americans and the World War, Columbus: Ohio State Historical Society, 1936; Donald R. Hickey, The Prager Affair. A Study in Wartime Hysteria, in: Journal of the Illinois State Historical Society 62. 1969, S. 117–134. Zahlreiche weitere Arbeiten auf lokaler Ebene wurden während der letzten zehn Jahre veröffentlicht. S. auch Phyllis Keller, States of Belonging. German-American Intellectuals and the First World War, Cambridge, MA: Harvard University Press, 1979.
22 Ausführliche Berichte über die Krawalle in Brasilien sind in einer ganzen Reihe von Großstadt-Zeitungen vom 16. bis 18. 4. 1917 zu finden. S. z.B. A Federação u. Correio do Povo (Porto Alegre), u. Jornal do Commercio (Rio de Janeiro). Knappe Darstellungen der April-Krawalle in der deutschsprachigen Presse sind enthalten in Deutsche Post (São Leopoldo), 24. 4. 1917, u. Germania (São Paulo), 25. 4. 1917. Da Veröffentlichungen in deutscher Sprache im November 1917 verboten wurden, existieren vergleichbare Meldungen über die Gewalttätigkeiten im November nicht. Die New York Times brachte zahlreiche Übersetzungen von Berichten aus brasilianischen Zeitungen. Der vollständige Text der Lei da guerra (Kriegsgesetz) ist in englischer Übersetzung wiedergegeben in The Brazilian Green Book. Consisting of Documents Relating to Brazil's Attitude with Regard to the European War, 1914–1917, Hg. Andrew Boyle, London: George Allen and Unwin, 1918, S. 99–102. Eine nützliche Überblicksdarstellung zur Rolle Brasiliens im Krieg bietet Percy Alvin Martin, Latin America and the War, Baltimore: Johns Hopkins University Press, 1925, S. 30–106.

IV. Die deutsche Sprache

15. Die deutsche Sprache in Amerika

Jürgen Eichhoff

1

Die Geschichte der deutschen Sprache in Amerika beginnt mit der Ankunft einer Gruppe von dreizehn Familien aus Krefeld im Hafen von Philadelphia und ihrer Ansiedlung sechs Meilen nördlich der damaligen Stadtgrenze im Oktober 1683. Zwar hatten sich schon vorher Menschen aus Deutschland in der Neuen Welt niedergelassen[1], jedoch war dies die erste Ansiedlung, die von ihren Gründern als ‚deutsch' aufgefaßt wurde und als solche, auch sprachlich, auf lange Jahre Bestand hatte.

Die Ansiedlung erhielt den Namen ‚Germantown'. Er ist bis heute erhalten geblieben als der des Stadtteils von Philadelphia, in den die Ansiedlung bei ihrer Eingemeindung aufging. Doch warum ‚Germantown'? Warum nicht ‚Neu/New Krefeld' oder ‚Neu/New' verbunden mit dem Namen der Hauptstadt des Mutterlandes, wie es siebenundfünfzig Jahre zuvor die Niederländer bei der Gründung ihrer Ansiedlung ‚Nieuw Amsterdam'[2] getan hatten? In dem ganz und gar englischen Namen der Ansiedlung kommen die äußeren Umstände zum Ausdruck, die von Anfang an das Bild der deutschen Auswanderung nach Amerika entscheidend mitbestimmt haben. Diese wie spätere Ansiedlungen wurden nicht von einer starken, neue Horizonte aufreißenden politischen oder merkantilen Macht getragen. Deutschland hatte nach dem Ende des Dreißigjährigen Krieges kein politisches oder wirtschaftliches Zentrum. Es war in eine Vielzahl von Fürstentümern, Königreichen und anderer weltlicher oder geistlicher Territorien aufgeteilt. Wer sich nach Amerika auf den Weg machte, kam als Auswanderer, einzeln oder in kleinen Gruppen, für immer vertrieben aus der alten Heimat durch religiöse, politische oder materielle Not. Auch jene dreizehn Familien aus Krefeld hatten sich aus religiösen Gründen zur Auswanderung entschlossen. Sie fanden Aufnahme in einer von Weißen in Besitz genommenen Kolonie, in der die englische Sprache bereits festen Fuß gefaßt hatte. Englisch war die Sprache der Verwaltung, der Rechtsprechung und des Geschäftslebens. ‚Germantown', das sagt der Name, war Teil eines englischsprachigen Verwaltungsbereichs.[3]

Den Ansiedlern in Germantown folgten während des 18. Jahrhunderts Zehntausende weiterer Einwanderer mit deutscher Muttersprache. Eine vom

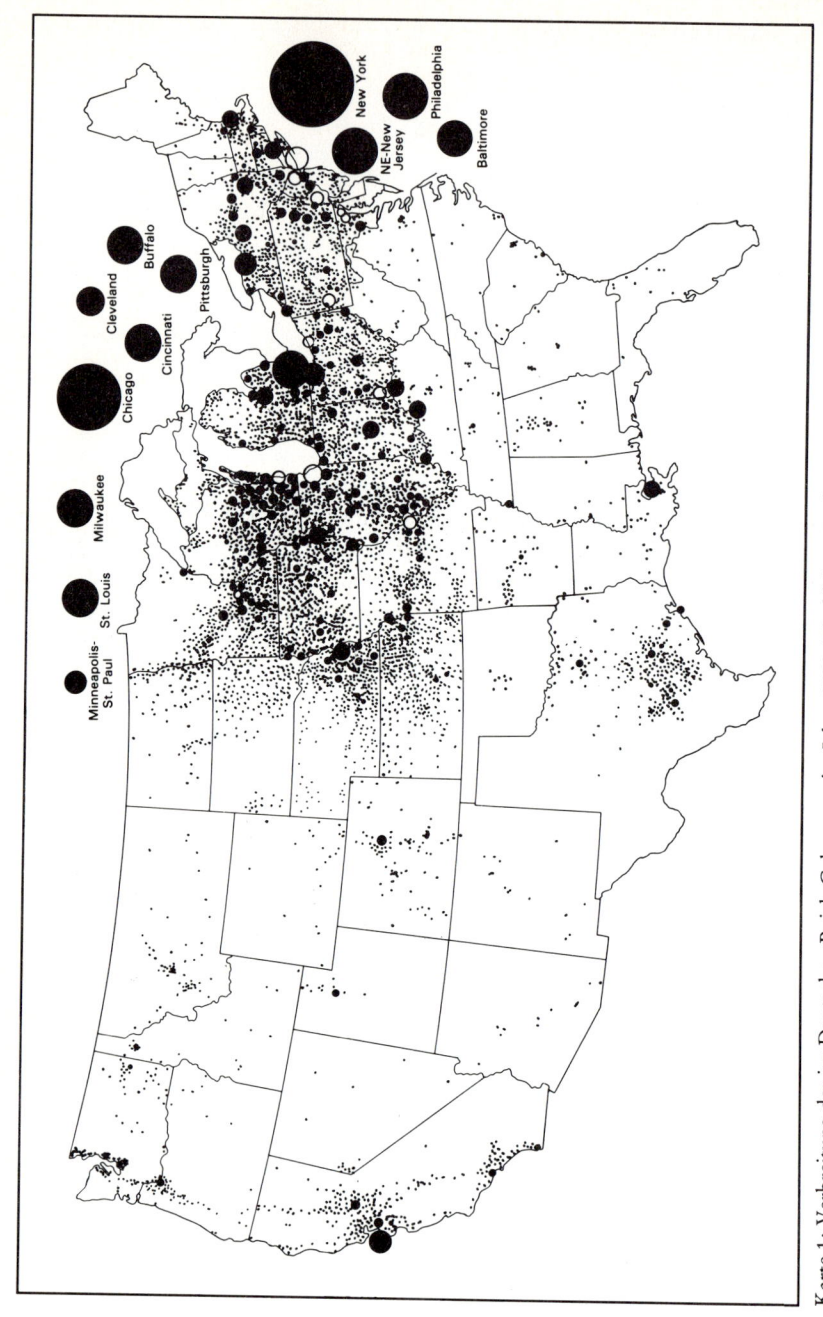

Karte 1: Verbreitung der im Deutschen Reich Geborenen im Jahre 1890. Ein kleiner Punkt = 100 Personen. Nach: Max Hannemann, Das Deutschtum in den Vereinigten Staaten: Seine Verbreitung und Entwicklung seit der Mitte des 19. Jahrhunderts, Gotha: Justus Perthes, 1936 (Petermanns Mitteilungen, Erg.-Heft 224), Tafel 5.

American Council of Learned Societies in Auftrag gegebene Studie[4] kam aufgrund der Familiennamen zu dem Ergebnis, daß im Jahre 1790 rund 227 000 Amerikaner deutscher Abstammung waren. Etwa 141 000 von ihnen lebten in Pennsylvania, wo sie ziemlich genau ein Drittel der Gesamtbevölkerung ausmachten. Nach den seit 1820 geführten offiziellen Statistiken sind seit jenem Jahr bis 1980 mehr als sieben Millionen Deutsche nach den Vereinigten Staaten eingewandert. Das sind mehr als die gesamte Einwohnerzahl der Staaten im Jahre 1808[5]. Die großen Einwandererströme der zweiten Hälfte des 19. Jahrhunderts ergossen sich vor allem in die offenen Prärien der Nordstaaten von New York und Pennsylvania im Osten bis nach den Dakotas, Nebraska und Kansas im Westen. Auf einer von Max Hannemann für das Jahr 1890 erarbeiteten Karte mit der Verbreitung der im Deutschen Reich geborenen Amerikaner (Karte 1) läßt sich der ‚German Belt', der ‚deutsche Gürtel', unschwer erkennen.

Außer aus Deutschland wanderten Hunderttausende von Menschen mit deutscher Muttersprache aus Österreich, aus der Schweiz, aus Rußland, Polen, Rumänien und anderen europäischen Ländern ein. Auch sie kamen vor allem in der zweiten Hälfte des 19. Jahrhunderts. Die Gesamtzahl der in den USA lebenden Menschen mit deutscher Muttersprache wird für das Jahr 1910 von Heinz Kloss auf etwa 9 Millionen geschätzt.[6]

Der zahlenmäßig hohe deutsche Anteil an der Besiedlung großer Teile des nordamerikanischen Kontinents spiegelt sich in den Statistiken der Gegenwart. Bei der Volkszählung des Jahres 1980 gaben über 188 der 227 Millionen Amerikaner eine Antwort auf die Frage nach ihrer ethnischen Herkunft. ‚Deutschland' als einziges oder neben anderen genanntes Land war die Antwort von 49 224 146 Menschen. Das sind nur um ein geringes weniger als die 49 598 035 Menschen, die sich englischer (ohne Irland, Schottland und Wales) Abkunft bewußt waren[7]. In insgesamt 17 Staaten gaben mehr Menschen Deutschland als das Herkunftsland ihrer Vorfahren an als jedes andere Land. Wie Karte 2 erkennen läßt, gehören zu diesen Staaten die des ‚German Belt' (außer New York) sowie die westlich anschließenden Staaten Montana, Wyoming und Colorado; außerdem, mit knapper Mehrheit und vielleicht etwas überraschend, Alaska.

2

Nur in Pennsylvania erreichte die Zahl deutscher Siedler zeitweilig so starkes Gewicht, daß weite Landstriche ein unverkennbar deutsches Gepräge annahmen. Kein geringerer als Benjamin Franklin fragte 1751: „Warum sollte Pennsylvania, das von Engländern gegründet wurde, eine Kolonie von Fremden werden, deren Zahl bald so groß sein wird, daß sie uns germanisieren statt daß wir sie anglifizieren?"[8] Es fällt jedoch schwer zu glauben, daß der große Staatsmann und Erfinder den tatsächlichen Sachverhalt nicht realistisch einzuschätzen vermochte. Eher dürften seine Worte politisch motivierter Panikmache zuzuschreiben sein. Derselbe Benjamin Franklin hatte übrigens 1732 die erste deutschsprachige Zeitung Amerikas, die „Philadelphische Zeitung", herausge-

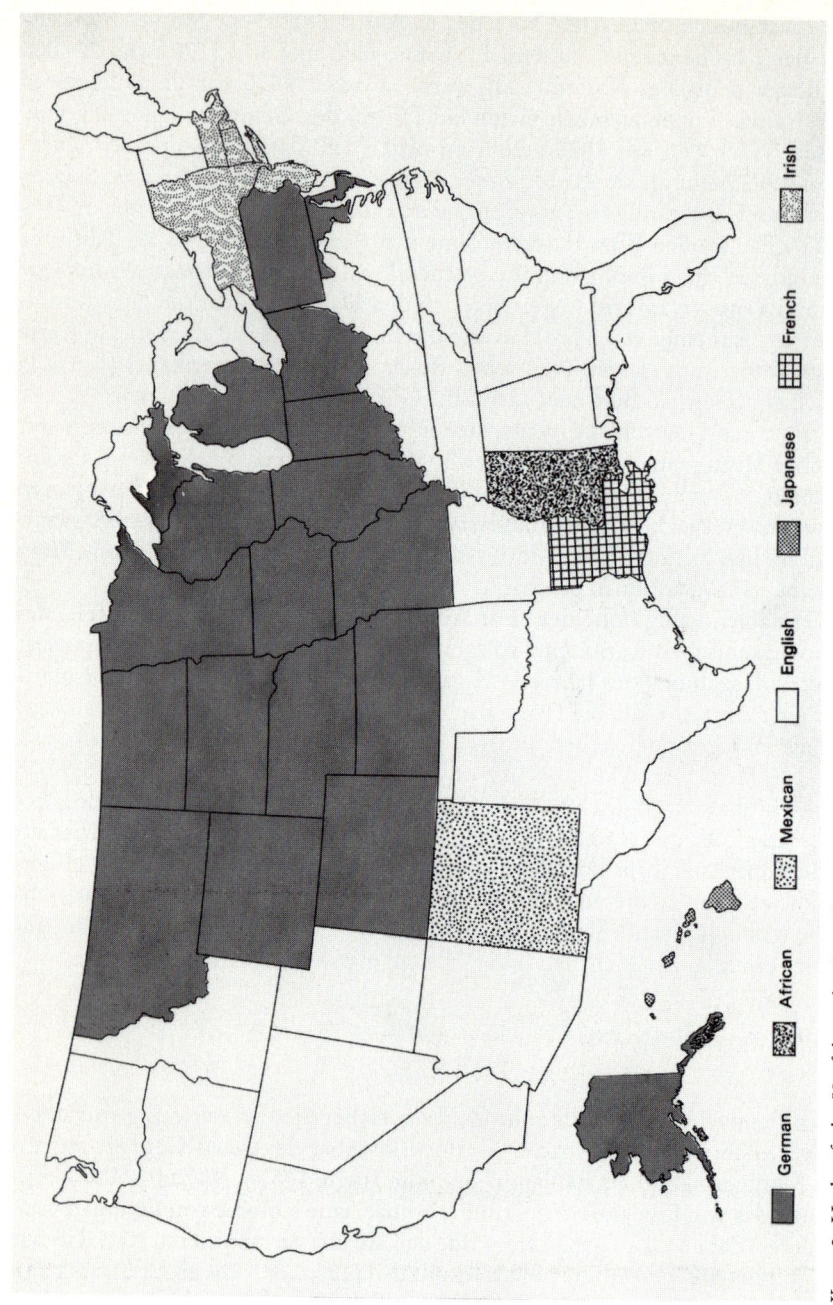

Karte 2: Herkunft der Vorfahren der Amerikaner: Stärkste Gruppe je Staat, 1980.
Nach: Ancestry of the Population by State, 1980, Washington, D.C.: Government Printing Office, 1983.

Ein deutscher Yänke Dudel.

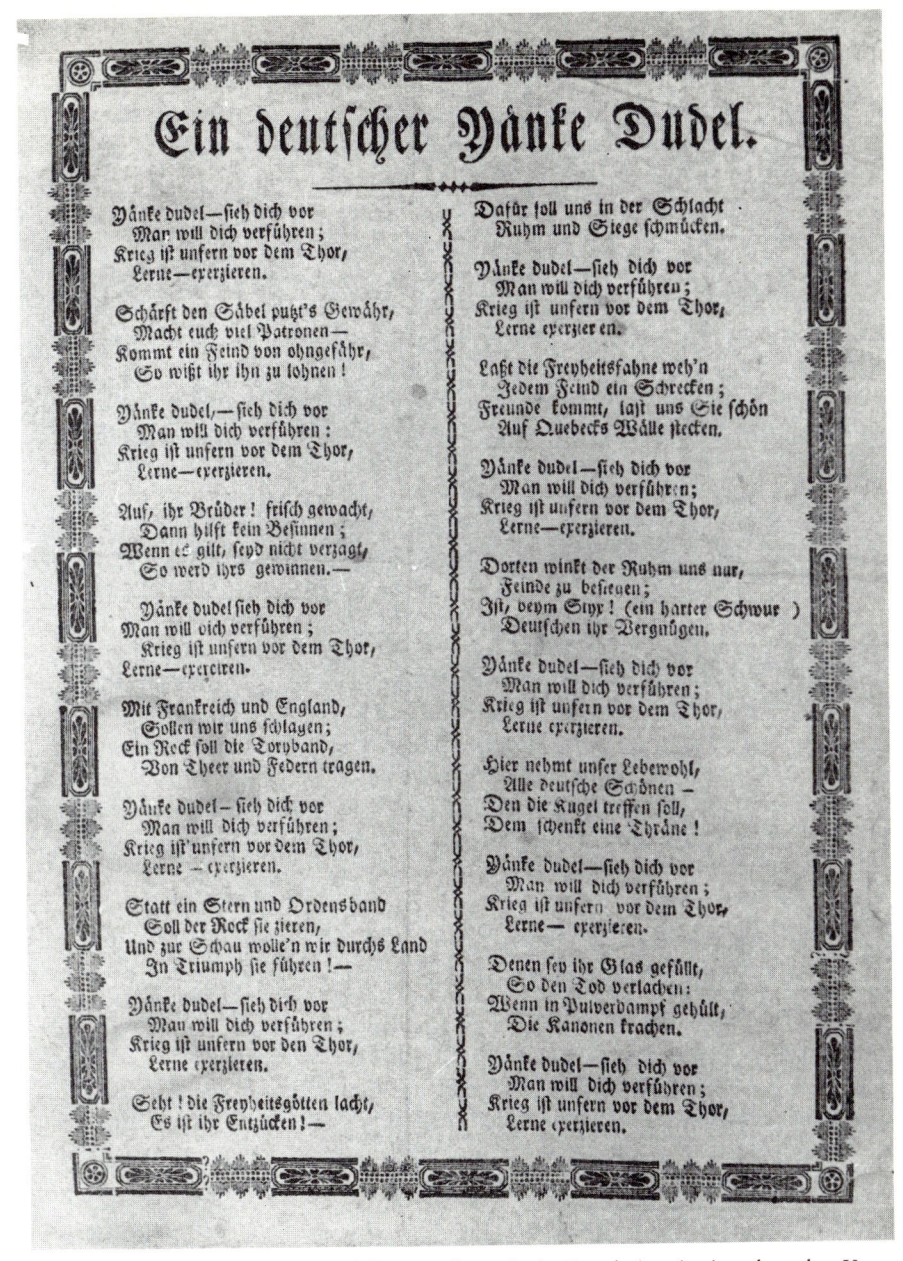

Yänke dudel—sieh dich vor
Man will dich verführen;
Krieg ist unsern vor dem Thor,
Lerne—exerzieren.

Schärft den Säbel putzt's Gewähr,
Macht euch viel Patronen—
Kommt ein Feind von ohngefähr,
So wißt ihr ihn zu lohnen!

Yänke dudel,—sieh dich vor
Man will dich verführen:
Krieg ist unsern vor dem Thor,
Lerne—exerzieren.

Auf, ihr Brüder! frisch gewacht,
Dann hilft kein Besinnen;
Wenn es gilt, seyd nicht verzagt,
So werd ihrs gewinnen.—

Yänke dudel sieh dich vor
Man will dich verführen;
Krieg ist unsern vor dem Thor,
Lerne—exerciren.

Mit Frankreich und England,
Sollen wir uns schlagen;
Ein Rock soll die Toryband,
Von Theer und Federn tragen.

Yänke dudel—sieh dich vor
Man will dich verführen;
Krieg ist unsern vor dem Thor,
Lerne—exerzieren.

Statt ein Stern und Ordensband
Soll der Rock sie zieren,
Und zur Schau wolle'n wir durchs Land
In Triumph sie führen!—

Yänke dudel—sieh dich vor
Man will dich verführen;
Krieg ist unsern vor dem Thor,
Lerne exerzieren.

Seht! die Freyheitsgöttin lacht,
Es ist ihr Entzücken!—

Dafür soll uns in der Schlacht
Ruhm und Siege schmücken.

Yänke dudel—sieh dich vor
Man will dich verführen;
Krieg ist unsern vor dem Thor,
Lerne exerzier en.

Laßt die Freyheitsfahne weh'n
Jedem Feind ein Schrecken;
Freunde kommt, laßt uns Sie schön
Auf Quebecks Wälle stecken.

Yänke dudel—sieh dich vor
Man will dich verführen;
Krieg ist unsern vor dem Thor,
Lerne—exerzieren.

Dorten winkt der Ruhm uns nur,
Feinde zu besiegen;
Ist, beym Styx! (ein harter Schwur)
Deutschen ihr Vergnügen.

Yänke dudel—sieh dich vor
Man will dich verführen;
Krieg ist unsern vor dem Thor,
Lerne exerzieren.

Hier nehmt unser Lebewohl,
Alle deutsche Schönen—
Den die Kugel treffen soll,
Dem schenkt eine Thräne!

Yänke dudel—sieh dich vor
Man will dich verführen;
Krieg ist unsern vor dem Thor,
Lerne— exerzieren.

Denen sey ihr Glas gefüllt,
So den Tod verlachen:
Wenn in Pulverdampf gehüllt,
Die Kanonen krachen.

Yänke dudel—sieh dich vor
Man will dich verführen;
Krieg ist unsern vor dem Thor,
Lerne exerzieren.

Yankee Doodle, das patriotische Lied der Amerikaner in der Revolution, in einer deutschen Version auf einem Einblattdruck des frühen 19. Jahrhunderts. Das populäre Lied wurde verschiedentlich aktualisiert. Ursprünglich hatten es die Engländer gegen die Amerikaner gesungen, die es dann revolutionär ‚umdrehten'. Der erste bekannte Druck in den USA geschah 1795 als Teil von Benjamin Carrs „Federal Overture". (Roughwood Collection) bracht – offenbar, um sich die Unterstützung seiner politischen Ambitionen durch die deutschsprachige Bevölkerung zu sichern.

Dennoch hält sich in Deutschland zäh die Vorstellung, Deutsch wäre einmal um ein Haar zur Nationalsprache der Vereinigten Staaten erhoben worden, und nur durch schnöden Verrat sei die entscheidende Abstimmung im Kongreß dann gegen das Deutsche ausgefallen. Daß die Geschichte einen historischen Kern hat, der dann aber im 19. Jahrhundert über Gebühr aufgebauscht worden ist, hat schon 1931 Otto Lohr[9] nachweisen können. Im Jahre 1794 haben zwei Kongreßausschüsse auf Ersuchen deutschsprachiger Einwohner von Virginia darüber beraten, ob von den Gesetzen der Union außer der englischen auch eine deutsche Fassung gedruckt werden könne. Der Antrag wurde ein Jahr später vom Kongreß knapp abgelehnt. Es gibt Hinweise darauf, daß der Sprecher des Hauses Frederick A. Mühlenberg, ein Amerikaner deutscher Abstammung, die entscheidende Stimme abgegeben hat. Hier dürfte der Ursprung der in der Forschung ‚Mühlenberg-Legende‘ genannten Vorstellung zu suchen sein.

Während der folgenden Jahrzehnte wurden eine Reihe von Vorstößen unternommen, um der deutschen Sprache in Gebieten mit starkem deutschsprachigen Bevölkerungsanteil neben der englischen bei amtlichen Erlassen, in Schulen und vor Gericht offiziellen Status zuzuerkennen.[10] Als im Jahre 1837 in Pennsylvania eine neue Verfassung für den Staat diskutiert wurde, brachte der Abgeordnete Charles Jared Ingersoll, ein Mann angelsächsischer Herkunft, einen Antrag auf sofortige Einrichtung öffentlicher Schulen ein, „in denen jedermann auf Kosten der Allgemeinheit mindestens drei Monate im Jahr in englischer und deutscher Sprache unterrichtet werden kann."[11] Gemeint war: entweder auf deutsch *oder* englisch, je nach Wunsch der Eltern. Die über mehrere Tage sich erstreckende Diskussion über diesen Antrag ist im Protokoll überliefert. Dabei schieden sich Befürworter und Gegner staatlich geförderter deutschsprachiger Schulen durchaus nicht nach ihrer eigenen Abstammung. Männer mit den Namen Porter und Merrill wiesen auf den Reichtum und die Eleganz der deutschen Sprache sowie auf die Bedeutung des Deutschen als Sprache der Wissenschaft hin. Andere Abgeordnete machten dagegen geltend, niemand, der mit den Behörden oder anderen Amerikanern außerhalb des deutschsprachigen Gebiets zu tun habe, komme ohne Kenntnis der englischen Sprache aus. Mit Entschiedenheit erklärte schließlich der Abgeordnete William Hiester, man solle zwar nichts erzwingen und dort, wo es gewünscht werde, deutschsprachige Schulen zulassen. Aber einmal müsse die deutsche Sprache in Pennsylvania doch zugunsten der englischen aufgegeben werden: „Alle öffentlichen Urkunden sind auf Englisch abgefaßt, und es scheint mir angebracht, daß die Deutschen gezwungen werden, sich dem anzupassen".[12]

Wenn Bemühungen wie die in Virginia und Pennsylvania unsere Legende ins Leben gerufen haben, so ist doch offensichtlich, daß es nie darum ging, die englische Sprache in Amerika durch die deutsche zu ersetzen. Stets handelte es sich um die Zulassung des Deutschen neben dem Englischen, und auch das nur auf lokaler Ebene in eng umgrenzten Teilregionen der Vereinigten Staaten.

3

Von Anfang an waren sich unvoreingenommene Betrachter bewußt, daß sich der deutschen Sprache in den Vereinigten Staaten keine Überlebensmöglichkeit bot. Bereits im Jahre 1789, zu einer Zeit also, als in Pennsylvania ein Drittel der Bevölkerung deutscher Abstammung war, schrieb Jedidiah Morse:

> „In den Vereinigten Staaten wird allgemein Englisch gesprochen. In dieser Sprache werden Geschäfte abgeschlossen und die Urkunden abgefaßt. . . . Unter den Anglo-Amerikanern leben die Niederländer, Schotten, Iren, Franzosen, Deutsche, Schweden und Juden. Sie alle, außer den Schotten und Iren, bewahren mehr oder weniger ihre Muttersprache, in der sie ihre Gottesdienste abhalten, in der sie untereinander verkehren und Geschäfte abschließen. Es ist jedoch die Zeit abzusehen, wenn . . . die Sprache, die Verhaltensweisen, die Bräuche und die politischen und religiösen Gesinnungen dieses Menschengemisches, das die Vereinigten Staaten bewohnt, sich so assimiliert haben werden, daß alle formalen Unterschiede in dem allgemeinen und ehrbaren Namen AMERIKANER aufgehen."[13]

Bereits während des gesamten 18. und frühen 19. Jahrhunderts gaben deutsche Einwanderer und ihre Nachkommen in großer Zahl ihre Muttersprache auf. Während der erwähnten Debatte um die Einrichtung deutschsprachiger Schulen in Pennsylvanien stellte ein Abgeordneter fest:

> „In der Stadt Lancaster hörte man vor zwanzig Jahren nichts als Deutsch sprechen. Jetzt aber hört man kaum ein Wort. Ebenso in der Ansiedlung York: Vor zwanzig Jahren hörte man nichts als die ländliche *bauren sprache*, aber jetzt ist das alles verflogen und man hört nichts als Englisch. Die jungen Deutschen wünschen [die deutsche Sprache] nicht zu bewahren."[14]

Ein anderer Abgeordneter sagte voraus: „Nach meiner Ansicht, und das ist auch die Ansicht vieler gebildeter Deutscher, wird es bald soweit sein, daß die deutsche Sprache in diesem Staat nicht mehr bekannt ist."[15] Der Abgeordnete konnte nicht voraussehen, wie stark sich religiöse Gemeinschaften wie die der Amischen und Mennoniten einer solchen Entwicklung widersetzen würden, aber für die übrige Bevölkerung traf die Beobachtung gewiß zu. Und die Tatsache als solche beschränkte sich nicht auf Pennsylvania. Als im Milwaukeer Turnverein, dem gesellschaftlichen Sammelbecken zu Ansehen und Einfluß gelangter Deutscher, im Jahre 1858 die Frage zur Debatte stand, ob das deutsche Element in Amerika eine Zukunft habe, wollte sich kaum einer der Anwesenden dazu positiv äußern.[16] Der prominenteste Amerikaner deutscher Abstammung, Carl Schurz, sah zwar darauf, daß in seiner Familie Deutsch gesprochen wurde, er drückte auch den Wunsch aus, daß alle Amerikaner Deutsch als Zweitsprache lernen, aber er suchte zugleich seinen Landsleuten immer wieder deutlich zu machen, daß es für sie ohne gründliche Kenntnis der englischen Sprache in Amerika kein Fortkommen gebe. Die Entscheidung von Männern wie Mühlenberg und Hiester müssen auch unter diesem Aspekt gesehen werden. Schurz jedenfalls wagte zu sagen, derjenige, der verhindert habe, daß in Pennsylvania

Christian Beckers „Englischer Sprachlehrer", 1808 von C.J. Hütter in Easton, Pennsylvania, gedruckt, dokumentiert die Wendung der Pennsylvania-Deutschen vom Hochdeutschen zum Englischen. (Roughwood Collection)

Deutsch zur Landessprache wird,[17] habe „den Deutschen [d.h., den Amerikanern deutscher Abstammung] einen Dienst erwiesen."

Unter den gegebenen Umständen war der Übergang vom Deutschen zum Englischen ein natürlicher Vorgang, der sich oft zwischen einer zweisprachigen älteren und einer mehr oder weniger einsprachigen jüngeren Generation vollzog. Die Eltern förderten nicht selten die Entwicklung. Gewisse äußere Umstände beschleunigten ihn, zum Beispiel das Zusammensein mit englischsprechenden Kameraden beim Militär. Ein Bericht aus den 1890er Jahren nimmt darauf Bezug:

> „, Vor dem Kriege' und , nach dem Kriege' [dem Bürgerkrieg von 1861–65], war ihr stetes Stichwort. Sie meinte, vor dem Kriege habe schlichte Einfachheit, gute Sitte, und in deutschen Häusern auch die liebe deutsche Sprache geherrscht, jetzt nehme Kleiderpracht, Unbotmäßigkeit der Jugend und das leidige Englischschwatzen mehr und mehr überhand."[18]

Die durch den Ersten Weltkrieg hervorgerufene Amerikanisierungswelle „förderte den natürlichen Drang der in Amerika geborenen Generation, ihre abweichenden Lebensgewohnheiten abzulegen." Diese Beobachtung hat Einar Haugen mit Bezug auf die Amerikaner norwegischer Abstammung gemacht, aber sie gilt mehr noch für die deutscher Abstammung. Als sich erwies, daß der Gebrauch der deutschen Sprache zu Angriffen auf Eigentum und Leben führen konnte, hat manches Elternpaar aufgehört, mit seinen Kindern deutsch zu sprechen. „Die dauernde Flucht der Zweisprachigen... weg von der Zweisprachigkeit" erreichte einen Höhepunkt, der nur wenige wirklich Zweisprachige übrigließ. Ohnehin war diese Zweisprachigkeit „eine spezielle Art der Zweisprachigkeit" gewesen, „indem nämlich die Vorteile alle auf seiten [des Englischen] lagen."[19] Das fast völlige Verlöschen der deutschen Sprache in Amerika dürfte „den zahlenmäßig größten Assimilationsvorgang" darstellen, „der sich je an einer einzigen Sprachgemeinschaft in einem einzigen Staat und einem einzigen Jahrhundert vollzogen hat."[20]

4

Wenn von der deutschen Sprache in Amerika die Rede ist, darf das nicht zu der Annahme verleiten, es habe sich dabei um eine einheitliche Sprachform gehandelt. Vielmehr herrschten je nach der Herkunft der einzelnen Siedlergruppen unterschiedliche Mundarten vor. Zum Teil haben sich die Mundarten auch unabhängig von denen in den deutschen Ausgangslandschaften weiterentwickelt.

In Pennsylvania reicht die Geschichte der deutschen Siedlung bis in die Kolonialzeit zurück. Die Masseneinwanderung seit 1710 und der sprichwörtliche Kinderreichtum der Pennsylvania-Deutschen führte zu einem raschen Anwachsen der deutschsprachigen Bevölkerung. Als zwischen 1870 und 1880 der Gebrauch des Pennsylvania-Deutschen seinen Höhepunkt erreichte, war es die Umgangssprache von etwa 750 000 Personen.[21] Etwa 600 000 davon lebten in

Pennsylvania, die übrigen in Tochtersiedlungen im westlichen Maryland, im Shenandoahtal von Virginia und in Sprachinseln in verschiedenen Teilen des nordamerikanischen Kontinents.

Während die Gründer von Germantown aus Krefeld stammten, kamen die weitaus meisten der im 18. Jahrhundert Eingewanderten aus der Pfalz, in geringerer Zahl auch aus Württemberg, Baden, dem Elsaß und aus der Schweiz. Wo sie in Gruppen einwanderten, war es nur natürlich, daß sie im täglichen Leben ihre heimischen Mundarten beibehielten. Aber es blieb nicht aus, das Württemberger mit Schweizern und Badenser mit Pfälzern sprechen wollten. Das Hochdeutsche, das für sie die Sprache der Schule und der Bibel darstellte, war den Ausdrucksbedürfnissen einer bäuerlichen Gesellschaft offenbar nicht hinreichend zugepaßt. „Aller Wahrscheinlichkeit nach", so schließt L.W. Seifert seine Überlegungen, „war es für jeden Gesprächspartner das einfachste, wenn er seine Mundart verwendete. Mit ein wenig Übung, Geduld und gutem Willen war eine Unterhaltung dann doch ganz gut möglich."[22]

Gegen Ende des 18. Jahrhunderts kam die Neueinwanderung wegen der Revolutionswirren diesseits und jenseits des Atlantiks fast ganz zum Erliegen. Während dieser Zeit wuchsen die Mundarten näher zusammen. Dialekteigenheiten, die nicht allgemein verständlich waren, wurden aufgegeben. Es entstand eine Ausgleichsmundart, die einheitlich genug war, um über weite Landstriche hin verstanden zu werden: das Pennsylvania-Deutsche, auch Pennsilfaanisch genannt.

Das Pennsylvania-Deutsche beruht im wesentlichen auf der Mundart der Siedler aus der Pfalz. Darüberhinaus ist es mit alemannischen und natürlich englischen Einsprengseln durchsetzt. Die prägende Kraft des Pfälzischen erklärt sich nicht nur aus der großen Zahl der pfälzischen Siedler, sondern wohl auch aus der relativen Nähe des Pfälzischen zur Schriftsprache. Wie Werner Veith aufgrund von Sprachaufnahmen (allerdings nur aus dem vornehmlich von religiösen Gruppen bewohnten Lancaster County) festgestellt hat, konnte sich auch innerhalb der pfälzischen Mundarten diejenige mit der größten Nähe zur Schriftsprache durchsetzen: Das Pennsylvania-Deutsche jenes Gebiets steht in lautlicher und lexikalischer Hinsicht den Mundarten der südöstlichen Pfalz (um das heutige Mannheim) am nächsten.[23]

Wenn auch dessen Sprecher sich untereinander überall verstehen können, bedeutet das nicht, daß das Pennsylvania-Deutsche vollkommen einheitlich ist. Carroll E. Reed und L.W. Seifert haben in einem „Linguistic Atlas of Pennsylvania German"[24] zahlreiche lautliche Verschiedenheiten nachgewiesen und dargestellt.

Ein Wortatlas von Seifert harrt noch seiner Veröffentlichung[25]. Eine umfangreiche Bestandsaufnahme und Analyse, die die Mundarten Pennsylvanias wie auch die der Tochtersiedlungen umfassen soll, ist unter der Leitung von Wolfgang W. Moelleken in Angriff genommen worden.[26]

Die deutsche Auswanderung nach Texas ist die einzige, die in größerem Stil geplant und von der Obrigkeit gefördert wurde.[27] Im April 1842 gründeten vierzehn deutsche Fürsten in Biebrich am Rhein eine Gesellschaft, die in Texas Land für eine deutsche Ansiedlung erwerben sollte. Zwei Jahre später, im März 1844, konstituierte sich in Mainz der ‚Verein deutscher Fürsten, Grafen und Herren zum Schutz deutscher Einwanderer in Texas', kurz ‚Mainzer Adelsverein' genannt. Ziel des Vereins sollte es sein, innerhalb kürzester Zeit die Ansiedlung von Tausenden von Deutschen in Texas zu organisieren und zu finanzieren.

Zwischen Oktober 1845 und April 1846 erreichten 5247 Einwanderer in 33 Schiffen die texanische Küste. Bereits im März 1845 war eine Siedlung ausgelegt worden, die nach Prinz Carl zu Solms-Braunfels ‚New Braunfels' genannt wurde. Ein Jahr später folgte die Gründung des heutigen ‚Fredericksburg', genannt nach Prinz Friedrich Wilhelm Ludwig von Preußen. Nach dem Überstehen schwerer Krisen blühten die Siedlungen auf. Um 1850 lebten bereits mehr als 30 000 deutsche Immigranten in Texas. Um 1907, so wird geschätzt, belief sich die Zahl der deutschsprechenden Texaner auf 75 000 bis 100 000. Die Zahl soll 1965 noch rund 70 000 betragen haben.[28] In und um Fredericksburg und New Braunfels ist Deutsch als Umgangssprache bis heute nicht ausgestorben.

Die große Mehrzahl der nach Texas eingewanderten Deutschen stammte aus den westlichen Teilen Mittel- und Norddeutschlands: aus dem Rheinland, der Pfalz, aber auch aus dem Elsaß, aus Nassau, dem Waldeckschen und dem nördlichen Hessen. Wir dürfen annehmen, daß sie von Hause aus Mundart sprachen. Aber auch hier ergab sich bald die Notwendigkeit, mit Einwanderern aus anderen Gegenden des deutschen Sprachgebiets in Verbindung zu treten. Im Gegensatz zu der Entwicklung in Pennsylvania ist hier jedoch der Ausgleich nicht auf der Grundlage einer der beteiligten Mundarten, sondern auf der Grundlage der hochdeutschen Schriftsprache erfolgt. Glenn Gilbert fand bei seinen Studien nur wenige Spuren ursprünglicher Mundarten:

> „Mit Ausnahme von Elsässisch und ostfriesischem Niederdeutsch in Medina County und isolierten Resten mecklenburgischen und pommerschen Niederdeutschen zum Beispiel in den Counties Fayette und Washington kommt es . . . selten vor, daß man auf jemanden trifft, der bewußt eine Sprache sprechen kann, die sich von der vorherrschenden Umgangssprache seiner Nachbarschaft oder der umliegenden Landschaften unterscheidet. Die Entwicklung geht deutlich auf eine Auflösung der kleinräumigen . . . Dialekte. Das geschieht entweder durch Sprachwechsel oder allmähliche Entwicklung. Das Ergebnis ist eine neue Sprachform, die zwar längst nicht einheitlich ist, die aber doch so viele Gemeinsamkeiten kennt, daß sie die Bezeichnung ‚Texasdeutsch' verdient."[29]

Unter den grammatischen Entwicklungen, in denen sich das Texasdeutsche vom Standarddeutschen unterscheidet, ist vor allem die Tendenz zum Zusammenfall von Dativ und Akkusativ bei den Artikeln, beim Adjektiv und bei den Pronomen zu nennen. Unterschiede innerhalb des Texasdeutschen hat Gilbert in seinem „Linguistic Atlas of Texas German" zusammengestellt.

Die Entwicklung der deutschen Sprache im Mittleren Westen sei am Beispiel des am dichtesten von Deutschen besiedelten Staates, Wisconsin, dargestellt. Nach den Ergebnissen der Volkszählungen von 1880, 1890, 1900 und 1910 hatte Wisconsin am Ende der großen Einwanderungswelle in der zweiten Hälfte des 19. Jahrhunderts einen höheren Prozentsatz in Deutschland geborener Einwohner als jeder andere Staat. Im Jahre 1890 waren es 15, 1910 noch 10 Prozent. Deutscher Abstammung waren 1890 nicht weniger als 37 Prozent, 1910 immer noch 34 Prozent der Einwohnerschaft.[30] Auch die absoluten Zahlen waren beträchtlich, wenn man sie mit denen von Texas vergleicht.[31] Im Jahre 1890 waren 259 819, im Jahre 1910 noch 233 384 Einwohner Wisconsins in Deutschland geboren.

Angesichts der Tatsache, daß der Mittlere Westen weitaus dichter von Deutschen besiedelt war als Texas (s. Karte 1), mag man erwarten, daß sich hier, besonders in Wisconsin, die deutsche Sprache besonders gut erhalten hat. Das ist jedoch nicht der Fall. Es gibt heute in Wisconsin kein Gebiet mehr, in dem in der Öffentlichkeit Deutsch gesprochen wird. Zahlreiche ältere Personen sind dazu noch in der Lage, aber mit Rücksicht auf ihre Umwelt tun sie es nicht. Dabei war noch gegen Ende des Ersten Weltkriegs Deutsch die Umgangssprache vieler Dorfgemeinschaften, so daß von den heutigen alten Menschen viele als Kind kaum einen Satz Englisch sprachen, bis sie es in der Schule lernten.

Englisch zu lernen war dann aber eine Notwendigkeit, denn die deutschen Einwanderer siedelten über den ganzen Staat verstreut. Selten einmal kam es zu Gruppensiedlungen; die Regel war die Einzelsiedlung mit Nachzug, sobald in der Umgebung Land käuflich zu erwerben war. Vor den Deutschen hatten nämlich Amerikaner und Iren bereits große Landstriche aufgekauft und besiedelt. Englisch war die Sprache der Verwaltung und des Handelsverkehrs. Nur in dieser Sprache konnte man sich auch mit den zugleich und wenig später einwandernden Iren, Norwegern, Polen und Angehörigen anderer Nationalitäten verständigen.

Während in Wisconsin Einwanderer aus Pommern zahlenmäßig besonders hervortraten, kamen größere Gruppen auch aus Bayern, dem Rheinland, aus Lippe-Detmold, aus der Provinz Hannover, aus Schleswig-Holstein, aus Mecklenburg und aus der Schweiz. Auch sie sprachen von Hause überwiegend Dialekt. Aber das Sprachbewußtsein war offenbar schon zu stark ausgeprägt, die Einflüsse der modernen Zivilisation zu überwältigend, als daß sich wie in Pennsylvania auf der Grundlage eines dieser Dialekte eine Ausgleichssprache hätte herausbilden können. Zudem waren die Mundarten oft auch beim besten Willen zur Kommunikation nicht zu gebrauchen. Das Plattdeutsch der Norddeutschen war für die süddeutschen Einwanderer einfach unverständlich. Aber auch der texanische Weg hat in Wisconsin offenbar nicht genug Anhänger gefunden. Zwar entwickelte sich in urbanen Zentren entlang dem Michigan-See, besonders in Milwaukee, ein reges kulturelles und gesellschaftliches Leben in der hochdeutschen Schriftsprache. Wo der Schulunterricht in der Hand einer deutschen lutherischen oder katholischen Kichengemeinde lag, wurde auch Hochdeutsch gelehrt. Aber die Masse der ländlichen Bevölkerung konnte diese Form des Deutschen eher verstehen als sprechen. Da man allgemein recht passabel Englisch sprach, empfanden es die Sprecher der einzelnen deutschen Mundarten bald als leichter und angesichts der Tatsache, daß sie regionaler Ausprägungen und Fehler in ihrem Hochdeutsch wegen nicht selten gehänselt wurden, auch als weniger peinlich, wenn sie sich bei der überregionalen Kommunikation dieser Sprachform bedienten.

Die deutsche Sprache in Amerika

Wo sie sich bis in unsere Zeit erhalten haben, bewahren die ländlichen Mundarten, sieht man von englischen Lehnwörtern ab, alle wesentlichen Merkmale, die auch für die Ursprungsmundarten in Deutschland charakteristisch sind. Entwicklungen fanden so gut wie nicht statt. Unter diesen Umständen ist man nicht berechtigt, von einem ‚Wisconsin-Deutsch' zu sprechen. Vielmehr handelt es sich um in Wisconsin (und andernorts im Mittleren Westen) gesprochene deutsche Mundarten.

Die deutsche Sprache hat sich in Pennsylvania drei Jahrhunderte erhalten, bis sie jetzt rasch untergeht. In Texas war sie bis in die jüngere Zeit relativ lebendig. Aber Pennsylvania und Texas sind Ausnahmen. Viel typischer ist das langsame Versteinern und Verlöschen, wie es für Wisconsin skizziert wurde. Hier im Mittleren Westen, in Ohio, Illinois, Kansas, Michigan, Wisconsin, Minnesota und Iowa, lag das Zentrum jenes vielzitierten Schmelztiegels. Das Pennsylvania-Deutsch hat den entscheidenden Schritt zu einer eigenständigen Entwicklung noch zu einer Zeit getan, als das Leben in Familie, Nachbarschaft und Kirche seinen Angelpunkt hatte. Die Sonderstellung des Texas-Deutschen beruht auf dem glücklichen Zusammentreffen begünstigender Umstände, die sich im Mittleren Westen nicht fanden:

> „[Die deutschtexanische Volksgruppe] entstand, als Texas noch nicht Bestandteil des Bundes war, und wuchs daher mit einem starken Gleichberechtigungsgefühl in diesen hinein; sie lebte an der Sprach- und Kulturscheide zwischen Ibero- und Angloamerika, wo Zweisprachigkeit nichts Seltenes und gewisse Sprachenrechte der Iberoamerikaner fast eine Selbstverständlichkeit waren; sie lebte weit abseits von den großen Deutschamerikanergebieten in Pennsylvanien und dem Mittelwesten und war hierdurch, wie auch durch ihre besondere Geschichte, geneigt, sich als eine besondere Gruppe und nicht einfach als Teil ‚des' Deutschamerikanertums zu empfinden; sie hatte weniger als die meisten Mittelwestgebiete unter den starken Spannungen zwischen den Weltanschauungsgemeinschaften, zumal Altlutheranern und Freidenkern, zu leiden, obwohl diese keineswegs ausblieben; sie war räumlich in der Hauptsache in einem verhältnismäßig engen Raume zusammengeballt. Stadt und Land fielen bei ihr nicht wie meist im Mittelwesten völlig auseinander, sondern inmitten der vorwiegend deutschen Landbezirke gab es kleine, vorwiegend deutsche Städte; sie hatte eine verhältnismäßig starke gebildete Oberschicht, und diese stellte die Sprecher auch für das Landdeutschtum. Endlich wirkte nach, daß bei der Anlegung der frühesten deutschtexanischen Siedlungen ein besonders starker Wille, das Fortleben der deutschen Sprache zu ermöglichen, im Spiele gewesen war."[32]

5

Nur in Glaubensgemeinschaften, in denen die Bewahrung der deutschen Sprache Teil der religiösen Überlebensstrategie ist, wird im täglichen Leben noch Deutsch gesprochen und die Sprache an die Kinder weitergegeben. Drei solche Gruppen verdienen der Zahl ihrer Sprecher wegen genannt zu werden: die Amischen der Alten Ordnung, die Mennoniten der Alten Ordnung und die Hutterer.

Die Amischen der Alten Ordnung bilden den konservativsten Zweig der Mennoniten. Unter der Führung von Jakob Ammann, einem Schweizer Mennonitenbischof, trennten sie sich um 1695 von ihren Glaubensbrüdern. Im Jahre 1727 sind sie in Pennsylvania bezeugt. Die meisten leben heute in Ohio und Indiana, jedoch finden sich ihre Siedlungen auch in Lancaster County, Pennsylvania, um Arthur, Illinois, und in anderen Teilen der USA und Kanadas. Ihre Gesamtzahl beträgt etwa 90 000. In Europa hat die Glaubensrichtung nicht überlebt.

Die amischen Frauen tragen einfache Kleider, Hauben und Tücher; die Männer tragen Hüte und rasieren sich nach der Eheschließung nicht mehr. Sie betreiben Ackerbau und Viehzucht weitgehend ohne Elektrizität und Autos; Pferdefuhrwerke dienen ihnen als Transportmittel. Die an Zahl geringere Gemeinschaft der Mennoniten Alter Ordnung ist etwas weniger strikt in der Ablehnung der Elektrizität, aber auch sie verwenden Pferd und Wagen für Transportzwecke.

Die Hutterer, Wiedertäufer wie die Mennoniten, gelangten erst nach einer langen Odyssee durch Südwesteuropa in den 70er Jahren des 19. Jahrhunderts nach Amerika. Ihre Zahl wird auf mehr als 22 000 geschätzt. Sie leben in 229 ‚Bruderhöfen' mit Schwerpunkt in South Dakota, Montana und den kanadischen Provinzen Alberta, Manitoba und Saskatchewan.

Alle Gruppen sprechen im täglichen Leben Mundart, die Amischen und Mennoniten Pennsylvania-Deutsch, die Hutterer eine Mischmundart oberdeutsch-südbairischen Charakters. Im Gottesdienst wird daneben, zum Teil unter großer Mühe, ein auf der lutherischen Bibelübersetzung beruhendes Hochdeutsch verwendet. Die Bewahrung der deutschen Sprache beruht bei diesen Gruppen auf der Überzeugung, ihr komme als der Sprache, in der ihr Glaube seinen Ursprung nahm, eine besondere Bedeutung zu. Außerdem bildet sie einen Schild gegen Einflüsse der modernen Außenwelt. Alle aber sprechen daneben sehr gut Englisch. Die sich daraus ergebenden Kommunikationsmuster und Sprachdomänisierungsphänomene haben für die Amischen in den letzten Jahren in mehreren Studien Werner Enninger und seine Mitarbeiter [33], für die Hutterer Kurt Rein in einer voluminösen Studie[34] analysiert. Meine eigene Beobachtung ist, daß die meisten Amischen und Mennoniten Alter Ordnung zwar behaupten, ihnen sei im täglichen Leben der Familie und Gruppe das Pennsylvania-Deutsch am bequemsten, daß aber ihre englische Sprachfähigkeit mehr Lebensbereiche – und zudem adäquater – abdeckt. Das gilt besonders für den Wortschatz. Ein englisches Wort ist immer zur Hand, notfalls auf Nachfrage. Nicht so ein deutsches. Als Folge davon macht englisches Vokabular schnelle, ich möchte sagen: grundstürzende Einbrüche in das Pennsylvania-Deutsch dieser Sprecher. Auch der Sprache der Hutterer gehen infolge kultureller Isolierung vom deutschen Sprachgebiet deutsche Ausdrucksmöglichkeiten verloren.[35]

Ob diese Glaubensgemeinschaften auch in Zukunft die deutsche Sprache für die Bewahrung ihrer religiösen und gruppenmäßigen Identität unentbehrlich finden werden, bleibt abzuwarten. Mir ist verschiedentlich anvertraut worden, es sei in Anbetracht der Sachlage vielleicht doch richtig, die deutsche Sprache aufzugeben, „*wenn* wir dabei den Glauben behalten können." Als die Beachy-Amischen sich 1927 von denen der Alten Ordnung trennten und die Benutzung des Automobils gestatteten, begann bei ihnen auch langsam aber unaufhaltsam die Abkehr von der deutschen Sprache.

Diesen Weg geht auch eine vierte Glaubensgemeinschaft, die sogenannten Rußland-Mennoniten. Sie hatten ihre deutsche Identität und die niederdeutsche Mundart über mehr als ein Jahrhundert bewahrt, als sie in der Ukraine siedelten, und mehrere Jahrzehnte, nachdem sie 1873 und in den frühen zwanziger Jahren unseres Jahrhunderts nach Zentralkanada und in die nördlichen Präriestaaten der USA einwanderten. Um aber die jüngere Generation, die mehr und mehr zum Englischen übergegangen war, nicht zu verlieren, führten sie während des Zweiten Weltkrieges Englisch in ihren Gottesdiensten ein. Die Verwendung des Englischen macht seitdem in allen Lebensbereichen rasche Fortschritte.

6

Es gibt viele Antworten auf die Frage, warum die deutsche Sprache in Amerika trotz der großen Zahl der Einwanderer nicht hat die Lebenskraft entfalten können, die zum Beispiel das Französische in Kanada auszeichnet. Sie sind zum Teil bereits genannt worden: fehlende obrigkeitliche Unterstützung, Streusiedlung, die Tatsache auch, daß die englische Sprache überall, wo die deutschen Einwanderer auftraten, bereits festen Fuß gefaßt hatte. Hinzu kommt, daß die Zahl der Englischsprechenden nicht nur durch Einwanderer aus England, Irland, Schottland und Wales rasch zunahm, sondern auch dadurch, daß die Sprecher anderer seltener Sprachen zumeist bald zum Englischen überwechselten. Viele der deutschen Einwanderer flohen vor religiöser oder politischer Verfolgung, fast alle bewog ganz oder teilweise die Aussicht auf Verbesserung ihrer zum Teil desparaten wirtschaftlichen Lage. Die meisten hatten also keine sonderlich guten Erinnerungen an die alte Heimat und mithin wenig Veranlassung, jenseits des Atlantiks ein ‚Neu-Deutschland' aufzurichten. In der Neuen Welt wurden zudem alte religiöse Streitpunkte neu aufgerissen. Ein Deutscher katholischen Glaubens hatte gewiß mit einem Iren gleichen Glaubens mehr gemein als mit einem deutschen Freidenker. Unter diesen Umständen war es schwer, in Amerika eine deutsche Identität zu entwickeln.

Die weit verbreitete Verwendung von Mundarten sowie die Veränderungen, die die deutsche Sprache der frühen Einwanderer in der Isolierung erfuhr, wirkten sich negativ aus. Die Einwanderer des 19. Jahrhunderts waren zumeist nicht in der Lage oder willens, mit den Pennsylvania-Deutschen sich sprachlich zusammenzuschließen. Männer und Frauen von hohem Bildungsstand, die nach dem Scheitern der Revolution von 1848 einwanderten, entwickelten ein reiches kulturelles Leben, aber es gelang ihnen nicht, die früher eingewanderten, konservativen, den Kirchen verbundenen Deutschamerikaner der Landgebiete an dieser Blüte teilhaben zu lassen. Im Gegenteil tadelten sie sie gern oder machten sich gar lustig über das in Amerika gesprochene Deutsch. Dieser Tadel hat bis heute seine negative Wirkung nicht verloren. „Ich kann das richtige Deutsch nicht, ich bin ein Deutschverderber," habe ich oft, wenn auch zumeist im Scherz, sagen hören.

Es kann an dieser Stelle nicht auf die Kontroverse um die Gründung und den Sinn deutschsprachiger Schulen in Amerika eingegangen werden. Es muß genügen zu sagen, daß die meisten Sprecher nie einen förmlichen Unterricht in der deutschen Standardsprache geboten bekamen. Bereits 1837 baten Sprecher des Pennsylvania-Deutschen darum, daß ihnen amtliche Druckschriften, von denen ein Drittel in deutscher Sprache verteilt wurde, doch lieber in der englischen Fassung zugestellt würden. Entweder sei die Übersetzung schlecht, oder sie könnten das Deutsche nicht lesen.[36] Die Sprache jeder höheren Bildung wurde das Englische; das Pennsylvania-Deutsche sank zur „bauren sprache" herab. Als das Pennsylvania-Deutsche, was die Zahl seiner Sprecher angeht, um 1880 seinen Höhepunkt erreichte, waren diese „weitgehend analphabetisch in Bezug auf das Schriftdeutsche"[37] geworden.

7

Was bleibt also von der deutschen Sprache in Amerika? Schließlich und endlich wohl nicht viel mehr als ein paar Lehnwörter und die Namen. Die Mehrzahl der aus dem Deutschen ins amerikanische Englisch übernommenen Wörter haben mit Essen und Trinken zu tun, z.B. ‚sauerkraut', ‚hamburger' und ‚schnapps'. Aber es sind auch einige dabei, die Zeugnis ablegen von dem deutschen Beitrag zur kulturellen Entwicklung der neuen Heimat: ‚fest' in Wörtern wie ‚songfest', und ‚kindergarten' für die allgemein eingeführte Vorschule.[38]

Da sich die Deutschen überwiegend in Gegenden ansiedelten, in denen das Land bereits vermessen und administrativ erschlossen war, sahen sie sich nicht allzu oft in der Lage, ihrer Ansiedlung einen Namen zu geben. Aber es haben sich doch über 700 deutsch (zum Teil durch Personennamen) beeinflußte Ortschaften nachweisen lassen.[39] Oft bevorzugten die deutschen Einwanderer biblische Namen wie Salem oder Bethlehem. Die Zahl wurde durch offizielle Namenänderungen während des Ersten Weltkriegs verringert. Immerhin gibt es noch New Braunfels und Fredericksburg in Texas, New Holstein und New Berlin in Wisconsin, Bremen in Indiana, Heidelberg in Pennsylvania, Hamburg in Arkansas, usw. Noch häufiger, ja allgegenwärtig sind deutsche Familiennamen. Allerdings lassen immer noch Menschen ihren Namen ändern oder passen ihn englischen Rechtschreibgewohnheiten an. Für viele Amerikaner bilden sie dennoch einen ersten und manchmal einzigen Anlaß, sich für die Herkunft ihrer Familie und geschichtliche Einblicke zu interessieren.

Anmerkungen

1 Paul G. Buchloh und Eitel F. Timm, 300 Jahre Deutsche in Amerika? Die Einwanderung aus Schleswig-Holstein in Neuamsterdam/New York, in: Nordfriesisches Jahrbuch, N.F. 20. 1984, S. 43–59.
2 Gegründet 1626 von Peter Minnewit, einem reformierten Geistlichen aus Wesel, der 1625–1631 in den Diensten der Niederländer Gouverneur der Kolonie Neu-Niederland war. Im Jahre 1664

wurde die Kolonie von der englischen Krone in Besitz genommen und die Stadt in New York umbenannt.
3 Über eine formelle Namengebungs-Zeremonie ist nichts bekannt. Ob der Name in realistischer Einschätzung der Sachlage von dem Organisator der Auswanderung und Gründer der Ansiedlung, Francis Daniel Pastorius, gewählt (wie er schreibt), oder von den Beamten der Kolonie Pennsylvania dem Ort zugewiesen wurde, ist letztlich ohne Bedeutung.
4 American Council of Learned Societies (Hg.), Report of the Committee on Linguistic and National Stocks in the Population of the United States. Washington, DC: Government Printing Office, 1932, S. 305. (Nachdruck als: Surnames in the United States Census of 1790, Baltimore: Genealogical Publishing Co., 1969)
5 Die Bevölkerung der Vereinigten Staaten wird für das Jahr 1808 auf 6838000, für 1809 auf 7031000 geschätzt (Historical Statistics of the United States, Colonial Times To 1970. Hg. U.S. Bureau of the Census. Bicentennial Edition, Teil 2. Washington, DC: Government Printing Office, 1976, S. 8).
6 Heinz Kloss, German-American Language Maintenance Efforts, in: Joshua A. Fishman u.a. (Hg.), Language Loyalty in the United States. The Maintenance and Perpetuation of Non-English Mother Tongues by American Ethnic and Religious Groups, Den Haag: Mouton, 1966, S. 206–252; Hinweis auf S. 213.
7 Ancestry of the Population by State: 1980. 1980 Census of Population. Supplementary Report PC80-S1-10. Hg. U.S. Bureau of the Census. Washington, DC: Government Printing Office, April 1983, S. 1, 12. – Die während der Dreihundertjahrfeiern 1983 vielfach, auch in amtlichen Verlautbarungen, verwendete Zahl von fast 52 Millionen Amerikanern deutscher gegenüber nur 40 Millionen englischer Abstammung beruht auf dem vom Bureau of the Census 1982 veröffentlichten, auf persönlichen Interviews und Hochrechnungen basierenden „Current Population Survey" von 1979: Ancestry and Language in the United States: November 1979. Current Population Reports. Series P-23, No. 116. Hg. U.S. Bureau of the Census. Washington, DC: Government Printing Office, März 1982. Die Zahlen sind offensichtlich durch Mängel in der Fragestellung bedingt. Siehe dazu Ancestry of the Population by State: 1980, S. 4–5, 8, und Heinz Kloss, Aufschlüsse über die US-Bürger. Zu den Abstimmungszählungen in den USA, in: globus 15. 1983, S. 20–21.
8 Zitiert nach Allen Walker Read, Bilingualism in the Middle Colonies, in: American Speech 12. 1937, S. 93–99; Zitat S. 93.
9 Otto Lohr, Deutsch als ‚Landessprache' der Vereinigten Staaten? In: Mitteilungen der Akademie zur wissenschaftlichen Erforschung und zur Pflege des Deutschtums 4. 1931, S. 283–290. – Vgl. auch Jürgen Eichhoff, Deutsch als Siedlersprache in den Vereinigten Staaten von Amerika, in: Festschrift für Gerhard Cordes zum 65. Geburtstag. Hg. Friedhelm Debus u. Joachim Hartig. Bd. 2, Neumünster: Wachholtz, 1976, S. 68–91.
10 Heinz Kloss, Das Volksgruppenrecht in den Vereinigten Staaten von Amerika, 2 Bde., Essen: Essener Verlagsanstalt, 1940–42, Bd. 1, S. 93–129, 247–253, 440f.
11 Proceedings and Debates of the Convention of the Commonwealth of Pennsylvania to Propose Amendments to the Constitution [...], 13 Bde., Harrisburg: o.V., 1837–39, Bd. 5, S. 186.
12 Ebd., S. 281.
13 Jedidiah Morse, The American Geography: Or, A View of the Present Situation of the United States of America, Elizabethtown: Shepard Kollock, 1789, S. 67f.
14 Proceedings (s. Anm. 11), S. 228.
15 Ebd., S. 224.
16 Wilhelm Hense-Jensen, Wisconsin's Deutsch-Amerikaner bis zum Schluß des neunzehnten Jahrhunderts, Milwaukee: Die Deutsche Gesellschaft, 1900, S. 32.
17 Ein früher, noch auf Pennsylvanien beschränkter Bezug auf die Mühlenberg-Legende. Carl Schurz, [Ohne Titel in der Sektion „Zum Schutze deutscher Kultur"], in: New Yorker Staats-Zeitung vom 28. 6. 1886, abgedr. in: Der deutsche Pionier 18. 1886, S. 21.
18 Margarete Lenk, Fünfzehn Jahre in Amerika, Zwickau: J. Herrmann, 1911, S. 34.
19 Einar Haugen, The Norwegian Language in America. A Study in Bilingual Behavior. 2 Bde. in 1, Bloomington: Indiana University Press, 1969, S. 28, 2, 52.

20 Heinz Kloss, Deutsche Sprache außerhalb des geschlossenen deutschen Sprachgebiets, in: Lexikon der Germanistischen Linguistik, Hg. Hans Peter Althaus u.a., Tübingen: Niemeyer, ²1980, S. 543.
21 Lester W.J. Seifert, The Word Geography of Pennsylvania German. Extent and Causes, in: The German Language in America. A Symposium. Hg. Glenn G. Gilbert. Austin: University of Texas Press, 1971, S. 14–42. Bezug S. 17.
22 Ebd., S. 18.
23 Werner Veith, Pennsylvaniadeutsch. Ein Beitrag zur Entstehung von Siedlungsmundarten, in: Zeitschrift für Mundartforschung 35. 1968, S. 254–283.
24 Carroll E. Reed u. Lester W.J. Seifert, A Linguistic Atlas of Pennsylvania German, Marburg: o.V., 1954.
25 Seifert, Word Geography, S. 20, A. 9.
26 Wolfgang W. Moelleken, Language Maintenance and Language Shift in Pennsylvania German: A Comparative Investigation, in: Monatshefte 75. 1983, S. 172–186.
27 Vgl. Glenn G. Gilbert, The German Dialect of Kendall and Gillespie Counties, Texas, in: Zeitschrift für Mundartforschung 31. 1964, S. 138–172; Gilbert, German Regional Dialects in the United States. 8 S., masch.-schr.; Dietmar Kügler, Die Deutschen in Amerika. Die Geschichte der deutschen Auswanderung in die USA seit 1683, Stuttgart: Motorbuch Verlag, 1983, S. 105–119.
28 Glenn G. Gilbert, English Loan Words in the German of Fredericksburg, Texas, in: American Speech 40. 1965, S. 102–112. Bezug S. 102.
29 Glenn G. Gilbert, Linguistic Atlas of Texas German, Austin: University of Texas Press, 1972, S. 1.
30 Nach der 1910 eingeführten amtlichen Definition gehören dazu außer allen in Deutschland geborenen Personen auch die in Amerika Geborenen mit zumindest einem deutschen Elternteil. (Thirteenth Census of the United States Taken in the Year 1910. Hg. U.S. Bureau of the Census. Bd. 1: Population 1910. Washington, DC: Government Printing Office, 1913, S. 875). In der Zahl für 1890 sind die in Amerika Geborenen mit nur einem deutschen Elternteil nicht enthalten.
31 Sie lagen aber niedriger als die absoluten Zahlen in anderen Staaten. Im Jahre 1890 betrug die Zahl der in Deutschland geborenen Personen im Staat New York 498 602, in Illinois 338 382, in Ohio 235 668, und in Pennsylvania 230 516. Im Verhältnis zur Gesamtbevölkerung waren das aber in New York nur 8,3%, in Illinois 8,8%, in Ohio 6,4%, und in Pennsylvania 4,4%. Die Zahl der in Deutschland geborenen Einwohner ist in diesen vier Staaten – zusammen mit Wisconsin – am höchsten. S. auch Jürgen Eichhoff, German in Wisconsin, in: Gilbert, The German Language, S. 43–57, bes. S. 45.
32 Heinz Kloss, Das Nationalitätenrecht der Vereinigten Staaten von Amerika, Wien: Braumüller, 1963, S. 196.
33 U.a. Werner Enninger u. Karl-Heinz Wandt, Pennsylvania German in the Context of an Old Order Amish Settlement. The Structural Instability of a Functionally Stable Variety, in: Yearbook of German-American Studies 17. 1982, S. 123–143. – Werner Enninger, Syntactic Convergence in a Stable Triglossia plus Trilingualism Situation in Kent County, Delaware, USA, in: Sprachkontakt und Sprachkonflikt. Zeitschrift für Dialektologie und Linguistik, Beiheft 32, Hg. Hans Peter Nelde, Wiesbaden: Steiner, 1980, S. 343–350.
34 Kurt Rein, Religiöse Minderheiten als Sprachgemeinschaftsmodelle. Deutsche Sprachinseln täuferischen Ursprungs in den Vereinigten Staaten von Amerika, Wiesbaden: Steiner, 1977.
35 Ebd., S. 291f.
36 Proceedings (s. Anm. 11), S. 224, 228.
37 Ralph C. Wood, Pennsilfaanisch (Pennsylvaniadeutsch). Eine neudeutsche Sprache Nordamerikas, in: Deutsche Philologie im Aufriß, Hg. Wolfgang Stammler, 3 Bde., Berlin: E. Schmidt, ²1956–62, Zitat Bd. 1, Sp. 1934.
38 Karl-Heinz Schönfelder, Deutsches Lehngut im amerikanischen Englisch. Ein Beitrag zum Problem der Völker- und Sprachmischung, Halle: Niemeyer, 1957.
39 Bernd G. Längin, Germantown – auf deutschen Spuren in Nordamerika, Berlin: Westkreuz-Verlag, 1983.

16. Bemühungen um die Spracherhaltung bei deutschen Einwanderern und ihren Nachkommen in den USA

Marion Lois Huffines

Die Spracherhaltung bei deutschen Einwanderern und ihren Nachkommen in den Vereinigten Staaten stützte sich auf drei Hauptpfeiler: die Schule, die Kirche und die Presse; für die Einwanderer, die nach der Kolonialzeit kamen, spielten auch weltliche Vereine und Organisationen eine Rolle. Jede der genannten Institutionen bot eine zeitlang dem Gebrauch der deutschen Sprache einen Rückhalt. Doch jede war auch verschiedenen Arten von Gegendruck von innerhalb wie von außerhalb der deutschamerikanischen Gruppe ausgesetzt. Die folgenden Ausführungen befassen sich mit Bemühungen um die Spracherhaltung seitens verschiedener Untergruppen der Deutschamerikaner in den USA. Sie beruhen auf den allgemeinen Feststellungen von Heinz Kloss,[1] dessen grundlegende Einteilung ich in diesem Artikel übernommen habe, denen von Jürgen Eichhoff zu den Wisconsin-Deutschen,[2] meinen eigenen zu den Pennsylvania-Deutschen[3] und denen in anderen einzelnen Fallstudien, die im folgenden angeführt werden.

Die Gesamtheit der Deutschamerikaner setzt sich aus einer Vielzahl von Untergruppen zusammen, deren jede eine unterschiedliche Beziehung zur vorherrschenden Anglo-Kultur aufweist. Die Lebensweisen unterscheiden sich sehr stark und reichen von dem höchst augenfälligen Konservativismus separatistischer religiöser Gruppen bis zu Deutschamerikanern, bei deren Lebensstil und Sprache keine Abweichung von denen der Angloamerikaner in derselben Gegend feststellbar ist. Bemühungen um die Spracherhaltung haben sich in diesen Untergruppen zu verschiedenen Zeiten in ihrer Geschichte als mehr oder weniger erfolgreich erwiesen. Es ist jedoch offenkundig, daß sich eine gewaltige Zahl von Deutschen assimiliert hat und in der amerikanischen Gesellschaft aufgegangen ist, daß für sie Amerikanisierung auch Anglisierung bedeutet hat und daß die deutsche Sprache in Amerika trotz der zahlenmäßigen Stärke der Deutschen in den Vereinigten Staaten und ungeachtet einer relativ toleranten und sogar günstigen gesetzlichen und politischen Umwelt so weit zurückgegangen ist, daß man sie praktisch als ausgestorben betrachten muß.

Die Sektierer

Die Deutschamerikaner, die das Deutsche am erfolgreichsten bewahrt haben, sind natürlich die Mitglieder der separatistischen Sekten. Die Old Order Amish und die Mehrzahl der Old Order Mennonites in Farmgemeinden in Pennsylvania, Ohio, Indiana, Kansas und auch in anderen Staaten sprechen Pennsylvania-Deutsch zu Hause und innerhalb der Gruppe, verwenden eine Variante des Hochdeutschen im Gottesdienst und gebrauchen das Englische in ihren eigenen Konfessionsschulen und im Verkehr mit Außenstehenden. Die Hutterischen Brüder, die in Kolonien (‚Bruderhöfen‘) in North und in South Dakota sowie in Montana leben, haben ihre deutsche Sprache nachdrücklich bewahrt, wenn auch Kurt Rein schreibt, seine Untersuchungen ergäben „ein sehr delikates Gleichgewicht, bei dem das Deutsche in verschiedenen Varianten sogar bei jungen Leuten unangefochten seine Stellung als gesprochene Sprache aufrechterhält, während das Englische an Boden gewinnt gegen das zurückweichende Standard-Deutsch in dessen Teilfunktion als Bildungs- und Schriftsprache".[4] Die Kinder besuchen sowohl eine englischsprachige Schule als auch – am späten Nachmittag – eine deutschsprachige. Die Anhänger der Amana Society in Iowa bewahren ihre Sprache mit der Unterstützung von öffentlichen Schulen, in denen Deutsch vom 4. bis 6. Schuljahr und dann wieder in den letzten drei Jahren der High School gelehrt wird. Kloss führt dies als den einzigen verbliebenen Fall in den USA an, wo Deutsch in der öffentlichen Schule gelehrt wird, weil es die Muttersprache der Schüler ist.[5] Die amanitischen Gottesdienste werden deutsch abgehalten, aber man hat auch solche in englischer Sprache eingeführt. Diese vier religiösen Gruppen – die Old Order Amish, die Old Order Mennonites, die Hutterischen Brüder und die Amana Society (neben denen man wohl noch ein paar kleinere Sekten nennen könnte) – bewahren ihre deutsche Sprache als Teil ihrer Lebensweise, die sie von der vorherrschenden Gesellschaft trennt. Innerhalb dieser Lebensweise erfüllt das Deutsche kommunikative Funktionen, die vom Englischen nicht wahrgenommen werden. Die Aussichten für die weitere Erhaltung des Deutschen in Amerika sind bei diesen Gruppen am besten.

Die Einwanderer der Kolonialzeit und ihre Nachkommen

Während der Kolonialzeit und der Jahrzehnte nach der Revolution siedelten sich Deutsche in Sprachinseln entlang der Atlantikküste und besonders in Pennsylvania an. Die pennsylvania-deutsche Sprachinsel war so groß und in sich geschlossen, daß es lange Zeit keiner besonderen Bemühungen um die Bewahrung der Sprache bedurfte. Man sprach deutsch, weil es angemessen und bequem war. Deutsche kirchliche Schulen, gegründet von den Herrnhutern, der lutherischen und der reformierten Kirchen, von Mennoniten, Tunkern und anderen Sekten, vermehrten sich rasch. Im allgemeinen boten diese Schulen nur eine Elementarbildung. Sekundarschulen und Institutionen mit Hochschulcharakter verwendeten das Englische als Unterrichtssprache. Diese Konstellation entfremdete die Gebildeten von ihrer deutschen Muttersprache und verminderte die Unterstützung des Gebrauchs der deutschen Sprache seitens der Intellektuellen.

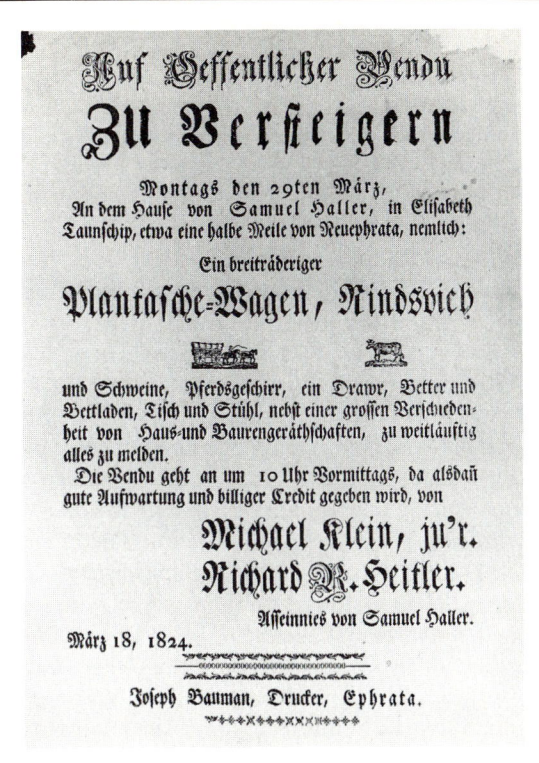

Ankündigung einer öffentlichen Versteigerung in Lancaster County, Pennsylvania, 1824. Verfaßt im sogenannten Pennsylvanisch-Hochdeutsch, enthält der Text verschiedene Lehnworte wie ‚Vendu' für Versteigerung, ‚Plantasche' für Bauernhof (Plantage), ‚Asseinnies' für Bevollmächtigte. (Roughwood Collection)

In den Augen vieler Autoren hat das Gesetz zur Errichtung schulgeldfreier öffentlicher Schulen von 1834 Bemühungen um die Erhaltung der deutschen Sprache bei Nachkommen von Einwanderern der Kolonialzeit ernstlich behindert. Ein Antrag auf Schaffung öffentlicher Volksschulen mit englischer und deutscher Unterrichtssprache fand auf der Pennsylvania State Convention von 1837 keine Mehrheit, ebenso wie Petitionen vergeblich blieben, der deutschen Sprache durch die Einstellung zweisprachiger Gerichtsbeamten einen amtlichen Charakter zu verleihen. Die Wissenschaftler finden heute keine reale Grundlage für die weit verbreitete Legende, ein Antrag, das Deutsche in Pennsylvania (einigen Versionen zufolge im ganzen Bund) zu einer offiziellen Sprache zu erheben, sei mit nur einer Stimme Mehrheit abgelehnt worden.

Während das Deutsche in den Schulen an Boden verlor, wurde es in der Kirche und durch eine rührige deutsche Presse bewahrt, vor allem im östlichen Teil Pennsylvanias. Anstrengungen seitens des 1862 von S.K. Brobst gegründeten Vereins der deutschen Presse von Pennsylvanien führten zur Verabschiedung eines Staatsgesetzes, das vorschrieb, alle amtlichen Bekanntmachungen in deutschen Zeitungen in acht (später neun) festgelegten Counties zu veröffentlichen. Dieser Presseverband setzte sich außerdem erfolgreich für zweisprachige öffentliche Schulen in einigen und für Deutsch als Schulfach in anderen Städten ein, und er gründete Sonntags- und Werktagsschulen zur Ergänzung der schulgeldfreien öffentlichen Schulen. Der Tod Brobsts 1876 führte zur Einstellung der meisten derartigen Bemühungen. Die Bedeutung der deutschen Presse ging zurück, und bis zum Beginn des Ersten Weltkrieges war sie in Pennsylvania beinahe ganz verschwunden. Das Hochdeutsche in den Kirchen ging einen ähnlichen Weg und existiert seit dem Zweiten Weltkrieg nicht mehr.

Der pennsylvania-deutsche Dialekt hielt sich viel länger in Pennsylvania als der Gebrauch des Hochdeutschen, und man kann ihn in isolierten Gegenden des Staates heute noch hören, sogar bei Sprechern, die keiner Sekte angehören. Gewiß unterlag der Dialekt derselben Art von Zermürbung wie das Hochdeutsche aufgrund des Gesetzes über schulgeldfreie öffentliche Schulen und die antideutsche Hysterie im Zusammenhang mit dem Ersten Weltkrieg. Doch während der 1930er Jahre erwachte neues Interesse am Dialekt, und in diesem Zeitraum wurden zahlreiche neue Dialekt-Schauspiele aufgeführt, in den Zeitungen erschienen regelmäßig kurze Dialekt-Beiträge, und die Anzahl von pennsylvania-deutschen Rundfunksendungen nahm erheblich zu. Organisationen führten ‚Fersomlinge' und Sitzungen der ‚Grundsow-Logen' zu Spaß und Fröhlichkeit im Dialekt durch. Wissenschaftler gründeten die Pennsylvania German Society und die Pennsylvania German Folklore Society; 1950 wurden eine Schulgrammatik des Pennsylvania-Deutschen sowie eine pennsylvania-deutsche Übersetzung des Matthäus-Evangeliums veröffentlicht. Ungeachtet dieser Erfolge blieben diese Anstrengungen letztlich fruchtlos. Niemals wurden Bestimmungen eingeführt, Grundschulunterricht im Dialekt zu erteilen; seine Sprecher waren dazu verurteilt, in ihrer Muttersprache funktionale Analphabeten zu bleiben. Das Pennsylvania-Deutsche leidet nicht unerheblich unter dem Fehlen einer Standard-Orthographie und einer respektablen literarischen Tradition; seine Sprecher haben kein Interesse an den linguistischen und historischen Beziehungen, die zwischen Pennsylvania-Deutsch und Varianten des Hochdeutschen bestehen. Außerdem haben die Sprecher des Pennsylvania-Deutschen unter einer verbreiteten Haltung zu leiden, die sich mit dem Klischee des ‚dumb Dutchman', des beschränkten Deutschen, charakterisieren läßt. Diese Einstellung haben auch die Pennsylvania-Deutschen selbst internalisiert, mit dem Ergebnis, daß man das Pennsylvania-Deutsche nicht nur als nutzlos, sondern auch als minderwertig betrachtet.[6] Die Tatsache, daß das Pennsylvania-Deutsche sich bis zu einem gewissen Grad auch bei Personen, die keiner Sekte angehören, erhalten hat, läßt sich auf die ländliche Isolierung seiner Sprecher und deren relative Unabhängigkeit von der Außenwelt zurückführen. Die Chancen einer weiteren Bewahrung des Pennsylvania-Deutschen außerhalb der Sekten stehen denkbar schlecht. Bei meinen eigenen Untersuchungen in Gemeinden in sieben pennsylvanischen Counties habe ich unter den einheimischen Sprechern ohne Sektenzugehörigkeit keinen finden können, der unter 41 Jahren gewesen wäre.[7]

Einwanderer seit dem Ende der Kolonialzeit und ihre Nachkommen

Unter den Einwanderern des 19. und 20. Jahrhunderts waren Katholiken, Alt-Lutheraner und andere Protestanten; diese Gruppen bildeten eigenständige Kirchengemeinden, denen die Loyalität ihrer Mitglieder vor allem anderen gehörte. Dieser Bevölkerungsteil, die Kirchendeutschen, waren Landbewohner und siedelten sich in erster Linie im Mittleren Westen und in Texas an. Zu den Einwanderern seit der Kolonialzeit gehörte auch eine kleine, aber ideologisch aktive Gruppe von Liberalen oder Freidenkern. Sie ließen sich vornehmlich in den Großstädten nieder und waren besonders aktiv im Gründen von weltlichen Vereinen zur Förderung deutscher Belange. Katholiken und Lutheraner trugen durch die Errichtung von kirchlichen Schulen zur Spracherhaltung bei. Die Katholiken betonten eine zweisprachige Schulbildung, doch im Laufe der Zeit gewann das Englische als Unterrichtssprache die Oberhand. Die Lutheraner bemühten sich, den Gebrauch des Deutschen gegenüber dem Englischen an erster Stelle zu erhalten. Deutsch war die in der Kirche und innerhalb dieser halbautonomen deutschen Gemeinden benutzte Sprache.

Die deutschen Einwanderer des 19. Jahrhunderts waren zahlenmäßig stark und siedelten in einigen Gebieten, die noch im Pionierstadium waren. Doch anders als die Pennsylvania-Deutschen, deren ursprüngliche Dialekt-Unterschiede sich angeglichen und eine gemeinsame Volkssprache gebildet hatten, waren diese Deutschen sprachlich heterogen. Wenn sie das Hochdeutsche nicht mehr pflegen konnten, so besaßen sie keine gemeinsame Sprache mehr — außer der englischen. Geplante Bemühungen um die Spracherhaltung wurden erforderlich, wenn das Deutsche überleben sollte.

In den 1830er Jahren kamen politische Flüchtlinge aus Deutschland, die gebildet waren und gewillt, ihre Sprache lebendig zu erhalten. Sie gründeten Zeitungen, schufen weltliche Organisationen wie Gesangvereine und Logen und brachten in erheblichem Umfang deutschsprachige Veröffentlichungen auf natur- und geisteswissenschaftlichem Gebiet hervor. Eine noch größere Anzahl von hochkultivierten Intellektuellen wanderte zwischen 1848 und 1880 aus Deutschland ein. Diese Gruppe der Achtundvierziger sorgte für eine nie zuvor dagewesene Expansion der kirchlichen und unabhängigen deutschen Privatschulen sowie für eine stärkere Betonung des Deutschunterrichts in öffentlichen Schulen. Im letztgenannten Bereich wurden erhebliche Erfolge erzielt. So verabschiedete man etwa 1839 in Ohio ein Gesetz, das Deutschunterricht in den Grundschulen vorsah. Gebiete mit hohem deutschen Bevölkerungsanteil in anderen Staaten schlossen sich an. Diese Bemühungen zielten nicht nur darauf ab, daß auf lokaler Ebene Deutschunterricht erteilt wurde, sondern sollten auch dem Zweck dienen, die Staatsbehörden an einer Einmischung in die lokale Schulpolitik zu hindern. Mit den Achtundvierzigern vermehrten sich auch die Veröffentlichungen: deutsche Zeitungen, deutsche Literatur, deutsche Bücher über religiöse und philosophische Themen. Diese Einwanderergruppe gründete Theater und Chöre, Diskussionszirkel sowie eine neue Art von Verein, den Turnverein, der sowohl kulturelle als auch sportliche Aktivitäten bot. Für diese

> **Die Pennsylvanische Choral Harmonie,**
> enthaltend
> **Die vornehmsten Kirchen-Melodien,**
> versehen
> **Mit Deutschem und Englischem Texte,**
> Gebräuchlich bei allen Religions-Verfassungen, auf drei und vier Stimmen ausgesetzt, mit vielen der vornehmsten musikalischen Stücken — von verschiedenen Dichtern und Componisten — nebst hinreichendem Unterricht versehen, und eingerichtet zur Uebung der Jugend, sowohl als zum Gebrauche beim öffentlichen Gottesdienste, in Familien, Singschulen, und musikalischen Gesellschaften.
>
> Bearbeitet von Thos. R. Weber.
>
> „Lobet den Herrn, denn der Herr ist freundlich; lobsinget seinem Namen, denn er ist lieblich." Psalm 135.3.
>
> Fünfzehnte Auflage.
>
> THE
> **PENNSYLVANIA CHORAL HARMONY,**
> CONTAINING
> **THE PRINCIPAL CHURCH MELODIES,**
> *Provided with German and English Text;*
> Adapted to the use of Christian Churches of every denomination; comprising a number of the most popular pieces of the most eminent Composers — composed for three or four voices, together with a concise introduction to the Art of Singing, designed for the use of Scholars, as well as for Public Worship, Families, Singing Schools, and Musical Societies.
>
> COMPILED BY T. R. WEBER.
> "Praise the Lord, for the Lord is good; sing praises unto His name, for it is pleasant." — Psalm CXXXV.
> FIFTEENTH EDITION.
> THOS. R. WEBER, BOOK AND JOB PRINTER, HELLERTOWN, PA.
> **1888.**

Pennsylvania-Deutsche lebten viele Generationen lang zweisprachig, mit gleicher Betonung des Hochdeutschen und des Englischen. Thomas R. Webers populäre „Pennsylvanische Choral Harmonie" — hier in der 15. Auflage (Hellertown, 1888) — war in den Hunderten von ‚gemeinschaftlichen Kirchen' (Union Churches) in Gebrauch, die Lutheraner und Reformierte gemeinsam benutzten. (Roughwood Collection)

Deutschen bedeutete Amerikanisierung nicht dasselbe wie Anglisierung. Zeitungen und Vereinsleben blühten in dieser Periode bis 1914 wie nie zuvor. Eichhoff berichtet, daß die Zahl der Veröffentlichungen in Wisconsin im Jahr 1900 ihren Höhepunkt erreichte, als etwa 100 Zeitungen für das allgemeine Publikum und weitere 34 für einen speziellen Leserkreis in deutscher Sprache erschienen.[8] Bemühungen um die Bewahrung der Sprache schienen bemerkenswert erfolgreich zu sein.

Der Schein trog. Während dieser Zeit des Wachstums ohnegleichen waren die Deutschen nicht vereint. Die Liberalen, die Katholiken, die Protestanten bildeten verschiedene Lager. Die Kirchendeutschen distanzierten sich von dem 1901 gegründeten Nationalbund der weltlichen Vereine, dessen Mittel in erster Linie für den Kampf gegen die Prohibition verausgabt wurden; die Vereine taten wenig zur Förderung des Deutschunterrichts. Ein Trend zum Englischen in der Kirche zeichnete sich ab: man begann, regelmäßig Gottesdienste in englischer Sprache abzuhalten. Ländliche Sprachinseln von Deutschen, deren Lebensmittelpunkt die Kirche war, konnten den Gebrauch des Deutschen in der Kirche bis über den Ersten Weltkrieg hinaus bewahren, doch schon 1910 ging die Bevölkerungszahl in diesen Gebieten durch die Landflucht zurück.

Die Angloamerikaner blieben diesem verstärkten Hervortreten der Deutschen gegenüber nicht gleichgültig. Lautstarker Protest erhob sich gegen den Gebrauch des Deutschen als Unterrichtssprache in öffentlichen Schulen. In Wisconsin schrieb ein Gesetz von 1846 vor, daß Englisch in allen Schulen in Milwaukee unterrichtet werde, auch in vorwiegend deutschen Bezirken. Ein Gesetz von 1854 verbot jede andere Unterrichtssprache als Englisch. 1889 wurden in Indiana und Illinois Gesetze verabschiedet, die Englisch als Unterrichtssprache in den meisten Fächern sogar in Privatschulen vorschrieben. Die Achtundvierziger mit ihrer Betonung des Deutschtums wurden gerade zu dem Zeitpunkt aktiv, als sich im ganzen Land intensive Ausländerfeindlichkeit verbreitete. Die Angloamerikaner fürchteten die zunehmende politische Stärke der Deutschen und opponierten gegen deren Gepflogenheiten, den Sonntag gesellig-fröhlich zu begehen und Bier zu trinken. Die fremdenfeindliche nativistische Bewegung erzielte das Ergebnis, ein erneuertes ethnisches Bewußtsein bei den Deutschen in Amerika zu schaffen, so daß Gegensätze, die sich sonst hätten friedlich ausgleichen lassen, zu ernsthaften Barrieren zwischen den Deutschen und ihren angloamerikanischen Nachbarn wurden.

Spannungen innerhalb der deutschamerikanischen Gruppe trugen auch dazu bei, den Erfolg von Bemühungen zur Spracherhaltung zu untergraben. Neue Wellen von deutschen Einwanderern verhinderten, daß die bereits seßhaften Deutschen ihren Lebensstil stabilisierten und Stolz auf ihre einzigartig deutsch-amerikanische Lebensweise entwickelten, weil sie daran erinnert wurden, wie undeutsch sie mittlerweile geworden waren und wie mangelhaft und sozusagen verderbt ihre Sprache geworden war. Kloss stellt fest, daß die deutsche Sprache sich dort am hartnäckigsten gehalten hat, wo nach 1890 die wenigsten Einwanderer hinzogen, insbesondere in Texas und in einigen ländlichen Gebieten von Wisconsin und Minnesota.[9] Wie Eichhoff ausführt, haben die deutschsprachigen Zeitungen, während sie den ersten Schock für die neuen Einwanderer milderten, ganz wesentlich deren letztendliche Assimilation erleichtert, indem sie die Neuankömmlinge allmählich in die amerikanische Lebensweise einführten.[10] Je erfolgreicher die Presse dabei war, desto weniger wurde sie gebraucht, und in ähnlichem Maße, wie die Wellen der deutschen Einwanderung abebbten, schrumpften die deutschsprachigen Zeitungen. Im Jahre 1910 waren 54 Prozent der nicht englischsprachigen Tageszeitungen und 56 Prozent der entsprechenden Wochenblätter deutschsprachig; 1960 machten die deutschsprachigen Tageszeitungen nur noch 7 Prozent der nicht englischsprachigen Gesamtzahl, die Wochenblätter noch 15 Prozent aus.[11]

Auf das unvergleichliche politische und kulturelle Wachstum von Deutschamerika und die scheinbaren Erfolge seiner Bemühungen zur Spracherhaltung vor 1917 folgte ein ebenso unvergleichlicher Absturz beim Eintritt der USA in den Ersten Weltkrieg. Wichtige weltliche deutschamerikanische Verbände lösten sich auf. Der Deutschunterricht wurde in vielen Privatschulen ebenso wie in öffentlichen Schulen verboten. Deutsche, die ihre Muttersprache gebrauchten, machten sich verdächtig. Anstrengungen zur Bewahrung der Sprache gewannen nach dem Ersten Weltkrieg nie wieder die Intensität, die sie vorher besessen hatten. Neue deutschamerikanische Organisationen scheiterten – oder gingen zur englischen Sprache über. Neueinwanderer vor 1933 suchten eine Verbesserung ihrer wirtschaftlichen Lage und standen der Frage der Spracherhaltung gleichgültig gegenüber. Nach 1933 wählten die politischen Flüchtlinge aus Nazi-Deutschland bereitwillig Amerikanisierung und Anglisierung. Auch der Niedergang der deutschsprachigen Presse setzte sich fort. Nach dem Zweiten Weltkrieg machten sogar die ergänzenden ‚Sprachschulen' der Kirchen zu, wenn auch einige wenige in den 1950er Jahren neu eingerichtet wurden. Kloss berichtet, im Jahre 1961 habe es insgesamt 23 gegeben. Der Übergang der lutherischen Kirche zur Verwendung des Englischen, der vor dem Zweiten Weltkrieg begonnen hatte, erfolgte rasch. Nach 1945 wurden deutsche Gottesdienste nur noch gelegentlich abgehalten – monatlich, einmal im Jahr, auch überhaupt nicht mehr.

Die Aussichten für das Überleben der deutschen Sprache in Amerika sind schlecht. Eichhoff beschreibt Gegenden in Wisconsin, wo heute noch Deutsch gesprochen wird.[12] 68 seiner Informanten hatten Deutsch gesprochen, bevor sie zur Schule kamen, doch nur acht von ihnen gaben an, das Deutsche besser zu beherrschen als das Englische. Der jüngste Informant, der Deutsch als Muttersprache gelernt hatte, war 1937 geboren. Joseph Wilson bemerkt zu einer deutschen Siedlung in Texas: „Der Niedergang der deutschen Sprache in Texas hat erst in den letzten Jahrzehnten begonnen, nachdem sie über hundert Jahre überlebt hatte, doch der Niedergang erfolgt rasch, und das Texas-Deutsche als lebende Sprache wird zusammen mit der gegenwärtigen älteren Generation sterben."[13] William Pulte schreibt über das Deutsche in Valley View, Texas: „Eine Klasse in der wöchentlich stattfindenden Sabbatschule wird noch in deutscher Sprache unterrichtet. Sie wird jedoch nur von ein paar älteren Leuten besucht, denen es schwerfällt, das Englische zu lesen, oder die noch am Gebrauch des Deutschen im religiösen Kontext hängen." Zur Auswahl von Informanten in Corn, Oklahoma, führt er aus: „Es erschien nicht praktikabel, Informanten nach Altersgesichtspunkten zu wählen, da der generell moribunde Zustand der deutschen Sprache in den fraglichen Gemeinden dafür sorgte, daß die meisten Informanten zwangsläufig zur älteren Generation gehören. Es hatte auch den Anschein, als beherrschten Frauen die verschiedenen in den untersuchten Gemeinden gesprochenen deutschen Dialekte noch besser als die Männer; der typische Informant war weiblich und über 60 Jahre alt."[14] Klaus Wust bemerkt zu den Virginia-Deutschen: „Das Scheitern des Deutschamerikanertums liegt nirgendwo offener zu Tage als in seiner Unfähigkeit, deutsche Schulen beizubehalten. Nun wurde die Existenz der mannigfaltigen Organisationen völlig von Neueinwanderern abhängig. Als diese stetige Kraftquelle versiegte, war es nur noch eine Frage der Zeit, bis das deutsche Element im amerikanischen Gemenge aufging. Mehr und mehr Familien fügten sich dem Unvermeidlichen und fanden es gut."[15]

Die Gründe für das Scheitern der Bemühungen um die Erhaltung der deutschen Sprache sind keineswegs unkompliziert. Nur wenige Wissenschaftler sehen heute im Ersten Weltkrieg den entscheidenden Faktor für den Verlust der deutschen Sprache in Amerika. Der Trend zum Englischen war schon vor 1917 fest etabliert; allenfalls hat der Krieg ihn beschleunigt. Das Überleben einer ethnischen Minderheitssprache hängt ab von ihrer Fähigkeit, spezifische Kommunikationsfunktionen innerhalb der ethnischen Gruppe zu erfüllen, die von der dominierenden Sprache nicht wahrgenommen werden. Die Sprache muß, um mit Joshua Fishman zu sprechen, ihre eigene Domäne haben. Bemühungen zur Spracherhaltung sind nur insoweit erfolgreich, als sie Domänen für die Sprache schaffen oder erhalten. In dem Maße, wie Deutschamerikaner, von der ethnischen Gruppe unabhängig, durch soziale, Bildungs- und berufliche Anliegen in den Hauptstrom der amerikanischen Gesellschaft gezogen werden, verringert sich die ethnische Bindung, und die Sprachfunktionen, die zuvor dem Deutschen zugeordnet waren, verschwinden. Der Übergang vom Deutschen zum Englischen erweckt den falschen Eindruck, sehr langsam vonstatten zu gehen, weil die deutschamerikanischen Gemeinden über riesige Gebiete der Vereinigten Staaten verstreut sind. Hat dieser Übergang jedoch an einem Ort einmal begonnen, so erfolgt er rasch. Es scheint, als gebe es auf der lokalen Ebene eine Schwelle des Kontakts mit der dominierenden Gesellschaft, nach deren Überschreiten die Aufrechterhaltung der ethnischen Sprache unmöglich wird. Das Schulsystem bietet der Muttersprache jener Kinder, die deutschsprachig erzogen werden, keine Unterstützung; Kirchen müssen die religiösen Bedürfnisse jüngerer Generationen befriedigen, die nicht mehr in der Lage sind, die Lehre in deutscher Sprache zu verstehen; die deutsche Presse hat Lesern nichts zu bieten, denen das Deutsche unverständlich bleibt; weltliche Vereine verlieren ihre Bedeutung für solche Deutschamerikaner, die unbeschwert Beziehungen zur Mehrheitsgesellschaft pflegen und deren Werte übernommen haben. Die vom religiösen Separatismus auferlegte Isolierung kann den Assimilationsprozeß wirksam verzögern und die Domänen bewahren, wo allein die deutsche Sprache funktioniert. Auch ländliche Abgeschiedenheit mit geringen Kontaktbedürfnissen und das Zusammenwohnen in Sprachinseln verzögern den Sprachwechsel, indem sie die Domänen des Gebrauchs der deutschen Sprache erhalten. Doch ohne die institutionelle Unterstützung durch deutsche Schulen, deutschsprachige Kirchen und eine starke deutsche Presse geht zunehmende Interaktion mit der dominierenden Gesellschaft mit einem Sprachwechsel zugunsten des Englischen einher.

Anmerkungen

1 Heinz Kloss, German-American Language Maintenance Efforts, in: Language Loyalty in the United States. The Maintenance and Perpetuation of Non-English Mother Tongues by American Ethnic and Religious Groups, Hg. Joshua A. Fishman, u.a., Den Haag: Mouton, 1966, S. 206–252.
2 Jürgen Eichhoff, Wisconsin's German-Americans. From Ethnic Identity to Assimilation, in: German-American Studies 2. 1970, S. 44–54; s. auch Eichhoffs German in Wisconsin, in: The German Language in America. A Symposium, Hg. Glenn G. Gilbert, Austin: University of Texas Press, 1971, S. 43–57.

3 Marion Lois Huffines, Pennsylvania German. Maintenance and Shift, in: International Journal of the Sociology of Language 25. 1980, S. 43—57. S. auch meinen Artikel: Language Contact Across Generations. The English of the Pennsylvania Germans, in: Festschrift for Carroll E. Reed, Hg. Wolfgang Moelleken, Göppingen: Kümmerle, 1984, S. 93—103.
4 Kurt Rein, German Dialects in Anabaptist Colonies on the Great Plains, in: Languages in Conflict. Linguistic Acculturation on the Great Plains, Hg. Paul Schach, Lincoln: University of Nebraska Press, 1980, S. 108f. S. auch Robert H. Buchheit, Language Maintenance and Shift among Mennonites in South-Central Kansas, in: Yearbook of German-American Studies 17. 1982, S. 111—121.
5 Kloss, S. 244.
6 Huffines, Pennsylvania German, S. 52f.
7 Dies., Language, S. 95.
8 Eichhoff, German, S. 49.
9 Kloss, S. 233.
10 Eichhoff, Wisconsin's, S. 48f.
11 Joshua A. Fishman u.a., The Non-English and the Ethnic Press, 1910—1960, in: Fishman, Language, S. 52, 54f.
12 Eichhoff, German, S. 50.
13 Joseph Wilson, The Earliest Anglicisms in Texas German, in: Yearbook of German-American Studies 16. 1981, S. 103.
14 William Pulte, An Analysis of Selected German Dialects of North Texas and Oklahoma, in: Texas Studies in Bilingualism, Hg. Glenn G. Gilbert, Berlin: de Gruyter, 1970, S. 107, 110.
15 Klaus Wust, The Virginia Germans, Charlottesville: University Press of Virginia, 1969, S. 238.

17. Demographische und institutionelle Indikatoren für die Erhaltung der deutschen Sprache in den USA 1960—1980

Joshua A. Fishman

Von der deutschen Sprache ist heute in den USA mehr erhalten, als es zunächst den Anschein hat; und es ist weit mehr, als es der Einstellung vieler deutschamerikanischer Wissenschaftler entspricht, die intellektuell noch immer auf bessere Zeiten in früheren Jahren zentriert sind. Doch dieses Wissen, das sich stützt auf faktische Vertrautheit mit dem Ausmaß der deutschamerikanischen Spracherhaltung in der zweiten Hälfte des 19. Jahrhunderts sowie auf die Kenntnis des Rückgangs, der seit dem Ersten Weltkrieg eingetreten ist, darf nicht zu falschen, selbstquälerischen Überzeugungen führen, daß die deutsche Sprache in den USA gestorben oder zu sterben im Begriff sei. Eine solche ‚Cocktail-Party-Weisheit' ist der Tradition der deutschamerikanischen Wissenschaft unwürdig, einer Tradition, die mehr als die meisten anderen die Erkenntnis enthalten sollte, daß Spracherhaltung und Sprachverschiebung subtile und wechselhafte soziale Prozesse darstellen, die seit der Ankunft der Pilgerväter integraler Bestandteil des Lebens in Amerika gewesen sind. Eine sorgfältige Untersuchung jüngerer amerikanischer ethnolinguistischer Phänomene läßt für die deutsche Sprache in den USA weit mehr Lebendigkeit erkennen, als es viele Beobachter erwartet hatten.[1]

Demographische Trends: 1960, 1970, 1980

Von 1940 bis 1960 sank die Zahl der Personen in den USA, die Deutsch als ihre Muttersprache angaben, um 36 Prozent. Die 3 145 772 Individuen, die 1960 Deutsch als ihre Muttersprache nannten (Tabelle 1), widerstanden einem Trend, jegliche Verbindung mit Geschichte und Kultur Nazideutschlands zu verleugnen. Nie zuvor im 20. Jahrhundert war die Zahl derer, die Deutsch als ihre Muttersprache angaben, so stark reduziert worden.[2] Doch im Kontext des allgemeinen ‚ethnic revival', der Wiederbelebung des ethnischen Bewußtseins, die Amerika von Mitte der sechziger bis Mitte der siebziger Jahre kennzeichnete, stieg die Zahl der Personen, die Deutsch als ihre Muttersprache angaben, auf phänomenale 6 093 054 im Jahre 1970, ein Anwachsen um 93 Prozent! Diese Zunahme läßt sich weder durch eine natürliche demographische Entwicklung noch durch Einwanderung erklären.[3] Sie beruht fast gänzlich auf einer Neubestimmung des Selbstverständnisses bei vielen Menschen, die zuvor ihre deutsche

Tabelle 1: Angabe der Muttersprache: Gesamtzahl für 23 Sprachen 1940, 1960, 1970

Sprache	1940	1960 (geschätzt)	1970
Arabisch	107 420	103 910	193 520
Dänisch	226 740	147 620	194 460
Deutsch	4 949 780	3 145 770	6 093 050
Finnisch	230 420	110 170	214 170
Französisch	1 412 060	1 043 220	2 598 410
Griechisch	273 520	292 030	458 700
Italienisch	3 766 820	3 673 140	4 144 320
Jiddisch	1 751 100	964 610	1 593 990
Litauisch	272 680	206 040	292 820
Niederländisch	289 580	321 610	412 630
Norwegisch	658 220	321 770	612 860
Polnisch	2 416 320	2 184 940	2 437 940
Portugiesisch	215 660	181 110	365 300
Rumänisch	65 520	58 020	56 590
Russisch	585 080	460 830	334 620
Schwedisch	830 900	415 600	626 100
Serbokroatisch	153 080	184 090	239 460
Slowakisch	484 360	260 000	510 370
Slowenisch	176 640	67 110	82 320
Spanisch	1 861 400	3 335 960	7 823 580
Tschechisch	520 440	217 770	452 810
Ukrainisch	83 600	252 970	249 350
Ungarisch	453 000	404 110	447 500
Gesamtzahl	21 786 340	18 356 400	30 434 870
Dasselbe minus Spanisch	19 924 940	15 020 440	22 611 290
Bevölkerung der USA insgesamt	132 165 129	179 325 671	203 210 158
Englisch als Muttersprache insgesamt	93 039 640	149 219 776	160 717 113
Muttersprache nicht englisch insgesamt	22 036 240	19 381 786	33 175 172

Quellen: U.S. Census of Population, 1970. Report PC(2)–1A: National Origin and Language, 1973. (In den folgenden Tabellen zit. als PC(2)–1A.) Die Daten für 1940 und 1960 sind entnommen: Language Loyalty in the United States, Joshua A. Fishman u.a. (Hg.), Den Haag: Mouton, 1966, wo die Originalquellen genannt und die Schätzungsmethoden beschrieben werden. Die 23 in dieser Tabelle aufgeführten Sprachen sind die einzigen, bei denen Daten für 1940, 1960 und 1970 verfügbar sind.

Veränderung 1940–1970		Veränderung 1960–1970		Veränderung 1940–1960	
n	%	n	%	n	%
−3 510	−3,27	+86 100	+80,15	+89 610	+86,24
−79 120	−34,89	−32 280	−14,24	+46 840	+31,73
−1 804 010	−36,45	+1 143 270	+23,10	+2 947 280	+93,69
−120 250	−52,19	−16 250	−7,05	+104 000	+94,40
−368 840	−26,12	+1 186 350	+84,02	+1 555 190	+149,08
+18 510	+6,77	+185 180	+66,97	+166 670	+39,95
−93 680	−2,49	+377 500	+10,02	+471 180	+12,83
−786 490	−44,91	−157 110	−8,97	+629 380	+65,25
−66 640	−24,45	+20 140	+7,39	+86 780	+42,12
+32 030	+11,06	+123 050	−42,49	+91 020	+28,30
−336 450	−51,12	−45 360	−6,89	+291 090	+90,47
−231 380	−9,58	+21 620	+8,95	+253 000	+11,58
−34 550	−16,02	+149 640	+69,39	+184 190	+5,52
−7 500	−11,45	−8 930	−13,63	−1 430	−2,46
−124 250	−21,24	−250 460	−42,81	−126 210	−26,39
−415 300	−49,98	−204 800	−24,65	+210 500	+50,65
+31 010	+20,26	+86 380	+56,43	+55 370	+30,08
−224 360	−46,32	+26 010	+5,37	+250 370	+96,28
−111 530	−62,43	−96 320	−53,92	+15 210	+22,66
+1 474 560	+79,22	+5 962 180	+320,31	+4 487 620	+134,52
−302 670	−58,16	−67 630	−12,99	+235 040	+107,93
+169 370	+202,60	+165 750	+190,27	−3 620	−1,43
−48 890	−10,79	−5 500	−1,21	+43 390	+10,74
−3 429 940	−15,74	+8 648 530	+39,70	+12 078 470	+65,80
−4 904 500	−24,61	+2 686 350	+13,58	+7 590 850	+50,54
+47 160 542	+35,68	+71 045 029	+53,75	+23 884 487	+13,32
+56 180 136	+60,38	+67 677 473	+72,74	+11 497 337	+7,70
−2 654 454	−12,05	+11 138 932	+50,55	+13 793 386	+71,17

Tabelle 2: Angabe der Herkunft (1980) und der Muttersprache (1979) für ausgewählte ethnische Gruppen

Herkunft oder Sprache	Angaben der Muttersprachen (Alter 14+) 1979	Angaben der Herkunft[a] (Alter 14+) 1980	1:2[b]	Angaben nur einer Herkunft (Alter 14+) 1980	1:4[c]
Chinesisch[d]	514	609	84,40	444	116,03
Deutsch	5138	49432	10,39	14943	34,38
Französisch[e]	2417	14692	16,45	3231	74,81
Griechisch	475	896	53,01	473	100,42
Italienisch[f]	4100	11160	36,74	5514	74,29
Japanisch	449	596	64,51	445	100,90
Norwegisch	590	4013	14,70	1125	52,44
Philippinisch	442	632	69,94	393	112,47
Polnisch	2452	8148	30,09	3225	766,03
Portugiesisch	409	880	46,47	427	95,78
Schwedisch	550	4819	11,41	1149	47,87
Spanisch[g]	7652	9469	80,81	6738	113,56
Tschechoslowakisch	511	1644	31,08	743	68,78
Insgesamt	38534	132863	29,00	36367	105,94

[a] Angaben zielen auf eine (ethnische) Herkunft neben anderen
[b] Prozent derer, die Muttersprache sowie Herkunft angaben
[c] Prozent derer, die Muttersprache sowie nur eine Herkunft angaben
[d] einschließlich Taiwaneisch
[e] einschließlich Francokanadisch
[f] einschließlich Sizilianisch
[g] einschließlich Kubanisch, Mexikanisch, Puertoricanisch, sonstiges Lateinamerika und übrige spanische Gebiete

Muttersprache verleugnet hatten. Obwohl ein großer Teil von ihnen fortgeschrittenen Alters war und ihre Zahl deshalb 1980 auf 5486186 gesunken war (eine Verminderung um 10 Prozent gegenüber 1970), ist diese Zahl doch immer noch imposant und größer als die von 1960 (Tabellen 2 und 3). Gewiß verdient es eine Sprache, die von 5½ Millionen Personen, gleich welchen Alters, als ihre Muttersprache angegeben wird, daß man sie sorgfältig untersucht und sie differenzierter charakterisiert als allein mit dem Begriff ‚Niedergang'.

Institutionelle Trends

Eine Schwalbe macht keinen Sommer, und ein Index macht keine Wiederbelebung. Die Angabe der Muttersprache ist genau dies: ein haltungsmäßig beeinflußter Indikator des Selbstverständnisses. Es ist keineswegs dasselbe wie ein In-

Tabelle 3: Geschätzte Veränderungen bei der Angabe nicht-englischer Muttersprachen 1970–1979

Sprache	1970	1979 (geschätzt)	% veränd. (geschätzt)
Afrikanisch	15 783	18 465	17
Albanisch	17 382	22 597	30
Arabisch	193 520	226 418	17
Armenisch	100 495	117 579	17
Chinesisch	345 431	645 963	87[a]
Dänisch	194 462	175 016	−10
Deutsch	6 093 054	5 486 186	−10[a]
Englisch	160 717 113	170 636 000	6[a]
Finnisch	214 168	192 751	−10
Französisch	2 598 408	2 780 550	7[a]
Griechisch	458 699	574 612	25[a]
Hebräisch	101 686	610 116	500
Hindi	26 253	45 943	75
Indianisch	268 205	348 667	30
Italienisch	4 144 315	4 351 530	5[a]
Japanisch	408 504	531 055	30[a]
Jiddisch	1 593 993	1 214 942	−24[a]
Koreanisch	53 528	93 674	75
Litauisch	312 568	331 322	6
Niederländisch	412 637	387 879	−6
Norwegisch	612 862	601 892	−2[a]
Persisch	23 923	27 990	17
Polnisch	2 437 938	2 562 273	5[a]
Portugiesisch	365 300	474 890	30
Rumänisch	56 590	59 985	6
Russisch	334 615	391 500	17
Schwedisch	626 102	556 104	−11[a]
Serbokroatisch	239 455	280 162	17
Slowakisch	510 366	597 128	17
Slowenisch	82 321	87 260	6
Spanisch	7 823 583	11 400 525	46[a]
Tschechisch	452 812	522 771	15[a]
Türkisch	39 314	45 997	17
Ungarisch	447 497	523 571	17
Ukrainisch	249 351	264 312	6
Alle übrigen	1 320 052	1 691 022	25[a]
Keine Angaben	9 317 873	8 386 086	−10[a]
Nichtengl. Muttersprache (NEMS) insgesamt	33 175 172	38 242 647	15
Gesamtzahl (NEMS, Englisch, keine Ang.)	203 210 158	217 264 733	7
% NEMS	16,3	17,6	1,4
% NEMS ohne Spanisch	12,5	12,4	−,1

[a] Genaue prozentuale Zunahme/Abnahme für die Altersgruppen 14 und darüber sind Tabelle 4, Special Studies Series, United States Census Reports, S. 23, No. 116, 1982, entnommen und zur Berechnung der Zahlen für 1979 (Gesamtzahl für alle Altersgruppen) verwendet worden.

dikator des offenen Sprachgebrauchs. Doch auch viele offene Indikatoren auf institutioneller Grundlage lassen erkennen, daß die deutsche Sprache in Amerika noch in erheblichem Maße lebendig ist. Nach einer beträchtlichen Abnahme von 1940 bis 1960 blieb die deutschsprachige Presse bei gut 50 Zeitungen und Zeitschriften recht stabil (Tabelle 4), wobei die pennsylvania-deutschen noch nicht einmal mitgezählt sind, und auch ihre Gesamtauflage blieb mit über 300 000 Abonnenten im Jahr 1980 beinahe unverändert. Das deutschsprachige Radio und Fernsehen hat seit 1960 zugenommen (Tabelle 5), und das um nicht weniger als 60 Prozent! Wir besitzen zwar keine vergleichbaren Daten für 1960 bis 1980 über ethnische Schulen und Kirchen, in denen Deutsch gelehrt und gebraucht wird, doch sind die Zahlen hier noch nennenswert, nämlich 183 für die einen und 261 für die anderen (Tabellen 6 und 7). In den beiden letztgenannten Bereichen ist der Beitrag der deutschen Sekten gewaltig (585 Schulen der Pennsylvania-Deutschen plus 61 der Hutterischen Brüder sowie 1 705 lokale religiöse Einheiten allein der Pennsylvania-Deutschen), wodurch die ständig unterschiedliche Dynamik demonstriert wird, die bei den Deutschamerikanern Hauptstrom und Nebenarme kennzeichnet. Alles in allem bedeuten die genannten offenen Indikatoren des deutschen Sprachgebrauchs auch, daß die Sprache sich jüngst aus ihrem früheren Sturzflug gefangen hat und nicht im Begriff ist, den Geist gänzlich aufzugeben.

Die andere Seite der Intensitätsindikatoren

Nachdem dies festgestellt worden ist, sollte man auch ehrlicherweise hinzufügen, daß die deutsche Sprache nach allen Maßstäben der Gebrauchsintensität recht schwach erscheint. Weniger als 5 Prozent aller Enkel von deutschsprechenden Großeltern in den USA sind des Deutschen überhaupt mächtig.[4] Während die Gesamtauflage der deutschen Presse in den vergangenen zwanzig Jahren nicht zurückgegangen ist, gibt es heute kaum noch deutsche Tageszeitungen, und die meisten Wochenschriften sind Hauspostillen von Organisationen, die ihre Leser als automatische Zugabe zur Mitgliedschaft erreichen, nicht als Konsequenz eines davon unabhängigen Abonnenten-Interesses. Das durchschnittliche Radioprogramm ist von 2,2 Stunden Dauer im Jahr 1960 bis heute auf weniger als 1 Stunde zusammengeschrumpft. Die von Hauptstrom-Deutschen unterhaltenen Schulen gehören beinahe sämtlich zu der Gruppe ‚einmal wöchentlich' (tatsächlich: ein Vormittag), und diejenigen lokalen religiösen Einheiten (drei Viertel protestantisch und ein Viertel katholisch), in denen die deutsche Sprache noch gebraucht wird, tun dies in sehr geringem Umfang und viel weniger intensiv als früher.

Tabelle 4: Ethnische muttersprachliche Publikationen nach Sprache und Erscheinungsweise

Sprache	täglich	wöchentl.	monatl.	sonstige[a]	keine Angaben	insgesamt	%
Albanisch	0	1	3	5	1	10	0,9
Arabisch	0	4	5	0	8	17	1,6
Armenisch	5	7	7	9	6	34	3,3
Chinesisch	15	8	1	2	16	42	4,1
Dänisch	0	1	4	0	1	6	0,6
Deutsch	2	23	15	4	8	52	5,0
Finnisch	0	6	1	1	5	13	1,3
Französisch	0	4	5	5	7	21	2,0
Griechisch	2	8	8	1	3	22	2,1
Hebräisch	0	2	1	3	1	7	0,7
Indianisch	0	1	2	2	10	15	1,5
Irisch	0	2	0	1	14	17	1,6
Italienisch	1	15	13	4	12	45	4,4
Japanisch	7	4	1	1	9	22	2,1
Jiddisch	1	8	10	17	0	36	3,5
Koreanisch	10	1	1	0	10	22	2,1
Kroatisch	0	2	4	4	2	12	1,2
Litauisch	2	5	12	11	8	38	3,7
Niederländisch	0	2	1	0	2	5	0,5
Norwegisch	0	1	6	3	2	12	1,2
Pennsylvania-Deutsch	0	0	4	1	4	9	0,9
Persisch	0	0	0	0	2	2	0,2
Polnisch	4	11	14	13	23	65	6,3
Portugiesisch	0	9	3	0	12	24	2,3
Rumänisch	0	0	3	3	2	8	0,8
Russisch	2	2	6	4	5	19	1,8
Schwedisch	0	4	5	0	4	13	1,3
Serbisch[b]	0	2	1	2	0	5	0,5
Slowakisch	1	6	12	4	4	27	2,6
Slowenisch	0	3	6	0	0	9	0,9
Spanisch	10	36	40	16	72	174	16,9
Tschechisch	1	4	10	8	4	27	2,6
Türkisch	0	0	2	0	0	2	0,2
Ungarisch	1	15	7	5	14	42	4,1
Ukrainisch	2	5	10	7	8	32	3,1
Vietnamesisch	0	1	8	3	33	45	4,4
Walisisch	0	0	1	1	0	2	0,2
Insgesamt	66	203	232	140	312	953	
Prozent	6,9	21,3	24,4	14,7	32,7		100,0

[a] sonstige = vierteljährlich, halbjährlich, jährlich, unregelmäßig.
[b] einschließlich Serbokroatisch.

Quelle: Joshua A. Fishman u.a., The Rise and Fall of the Ethnic Revival, Berlin: Mouton, 1985. In dieser und den folgenden Tabellen sind sehr spärlich vertretene Sprachen ausgelassen. Sie werden in dem erwähnten Werk ausführlich dokumentiert.

Tabelle 5: Radiosendungen in nichtenglischen Sprachen nach Sprache und Sendestunden pro Woche

	−½ Std. n	−½ Std. %	½−1 Std. n	½−1 Std. %	1−3 Std. n	1−3 Std. %
Albanisch	3	50,0			2	33,3
Arabisch	1	4,3	9	39,0	4	17,3
Armenisch			9	50,0	4	22,0
Chinesisch	2	8,0	5	20,0		
Dänisch						
Deutsch	7	4,1	60	35,5	42	24,9
Finnisch			10	71,4	1	7,1
Französisch	4	3,5	45	39,5	28	24,5
Griechisch	3	3,4	30	33,7	19	21,3
Hebräisch	2	13,3	2	13,3	4	26,7
Hindi[a]	5	25,0	6	30,0	6	30,0
Indianisch	6	8,6	15	21,4	8	11,4
Irisch	1	2,0	18	36,7	11	22,5
Italienisch	6	3,9	59	37,8	35	22,4
Japanisch	4	12,5	8	25,0	6	18,8
Jiddisch	3	18,8	5	31,3	2	12,5
Koreanisch	2	11,8	4	23,5	4	23,5
Kroatisch	2	10,0	7	35,0	3	15,0
Lateinisch					1	100,0
Litauisch	4	14,3	6	21,4	4	14,3
Niederländisch			3	27,2	2	18,1
Norwegisch	2	50,0	2	50,0		
Pennsylvania-Deutsch	2	50,0	2	50,0		
Persisch	1	14,3	3	42,9	1	14,3
Polnisch	11	4,7	49	20,9	90	38,5
Portugiesisch	2	3,1	6	9,4	25	39,0
Rumänisch	3	30,0	2	20,0		
Russisch	7	41,2	3	17,7	2	11,8
Schwedisch	2	13,3	6	40,0		
Serbisch[b]	2	15,4	5	38,5	4	30,8
Slowakisch	2	10,5	7	36,9	1	5,3
Slowenisch	3	27,3	1	9,1	2	18,2
Spanisch	29	3,4	174	20,6	162	19,2
Tschechisch	1	5,6	2	11,1	5	27,8
Türkisch			1	50,0		
Ungarisch	3	8,1	11	29,7	3	8,1
Ukrainisch	6	16,7	8	22,2	6	16,7
Vietnamesisch	6	37,5	3	18,8	2	12,5
Insgesamt	137		586		494	

[a] einschließlich Hindustani.
[b] einschließlich Serbokroatisch.
Quelle: Joshua A. Fishman u.a., The Rise and Fall of the Ethnic Revival, Berlin: Mouton, 1985.

3–19 Std.		20–83 Std.		84–168 Std.		keine Angaben		
n	%	n	%	n	%	n	%	Insgesamt
						1	16,7	6
						9	39,0	23
						5	27,7	18
5	20,0			2	8,0	6	24,0	25
						2	100,0	2
15	8,9	1	0,6			44	26,0	169
						3	21,4	14
21	18,4	2	1,8			14	12,3	114
9	10,1	3	3,4			25	28,0	89
2	13,3					5	33,3	15
1	5,0					2	10,0	20
12	17,1	5	7,1	2	2,9	22	31,4	70
5	10,2					14	28,6	49
23	14,7	5	3,2			28	17,9	156
7	21,9	1	3,1	2	6,2	4	12,9	32
1	6,3					5	31,3	16
2	11,8					5	29,4	17
						8	40,0	20
								1
2	7,1					12	42,9	28
						6	54,6	11
								4
								4
						2	28,6	7
47	20,0	1	0,4			36	15,4	234
10	15,6	4	6,3	1	1,6	16	25,0	64
						5	50,0	10
3	17,7					2	11,8	17
						7	46,7	15
						2	15,4	13
						9	47,4	19
1	9,1					4	36,4	11
190	22,5	61	7,2	67	7,9	162	19,2	845
5	27,8					5	27,8	18
						1	50,0	2
2	5,4					18	48,6	37
3	8,3					13	36,1	36
						5	31,3	16
366		83		74		507		2247

Tabelle 6: Ethnische Muttersprachen-Schulen nach Sprache und Besuchshäufigkeit

Sprache	Täglich n	%	Wochentagnachmittage[a] n	%	Samstag/Sonntag[b] n	%	keine Angaben n	%	Insgesamt
Albanisch							1	100,0	1
Arabisch					2	28.6	5	71,4	7
Armenisch	12	13,8	3	3,5	43	49,4	29	33,3	87
Chinesisch	5	2,9	15	8,7	18	10,5	134	77,9	172
Dänisch							3	100,0	3
Deutsch	6	3,3	3	1,7	39	21,3	135	73,7	183
Finnisch							3	100,0	3
Französisch	23	19,5					95	80,5	118
Griechisch	20	4,5	31	7,0	22	5,0	369	83,5	442
Hebräisch	501	19,4	1659	64,1	406	15,7	23	0,8	2589
Hindi					4	80,0	1	20,0	5
Hutterisch-Deutsch	61	100,0							61
Indianisch	37	25,7					107	74,3	144
Italienisch	2	2,7	4	5,3	7	9,3	62	82,7	75
Jiddisch	108	25,6	284	67,3	30	7,1			422
Japanisch	10	5,9	8	4,7	29	17,2	122	72,2	169
Koreanisch					5	4,1	116	95,9	121
Kroatisch			1	6,7	6	40,0	8	53,3	15
Litauisch	1	1,1	2	2,4	18	21,2	64	75,3	85
Niederländisch							1	100,0	1
Norwegisch							5	100,0	5
Pennsylvania-Deutsch	584	99,8					1	0,2	585
Persisch							1	100,0	1
Polnisch	9	7,1	3	2,4	14	11,1	100	79,4	126
Portugiesisch	1	2,3	7	15,9	1	2,3	35	79,5	44
Rumänisch							2	100,0	2
Russisch					1	14,0	6	86,0	7
Schwedisch					2	17,0	10	83,0	12
Serbisch					1	25,0	3	75,0	4
Slowakisch	2	10,0	1	5,0	1	5,0	16	80,0	20
Slowenisch					6	50,0	6	50,0	12
Spanisch	54	7,4	2	0,3	3	0,4	672	91,9	731
Tschechisch			1	7,7	6	46,1	6	46,1	13
Ukrainisch	6	6,8			40	45,5	42	47,7	88
Ungarisch	2	2,4	1	1,2	14	16,9	66	79,5	83
Vietnamesisch					1	11,0	8	89,0	9
Insgesamt	1444	22,4	2025	31,4	719	11,2	2257	35,0	6445

[a] Diese Spalte schließt Kurse ein, die zweimal oder öfter wöchentlich einschließlich eines Samstags oder Sonntags stattfinden.
[b] Diese Spalte schließt Kurse ein, die wöchentlich einmal oder weniger stattfinden.
Quelle: Joshua A. Fishman u.a., The Rise and Fall of the Ethnic Revival, Berlin: Mouton, 1985.

Tabelle 7: Lokale religiöse Einheiten nach Sprache und Konfession

Sprache	Protestantisch	Katholisch	Orthodox[a]	Sonstige Christlich	Asiatisch	Jüdisch	Insgesamt
Albanisch		1	18				19
Alt-Kirchenslawisch		131	127				258
Arabisch		66	10		4		80
Armenisch	21	4	89				114
Chinesisch	343	8		2	22		375
Dänisch	6						6
Deutsch	196	65					261
Finnisch	71						71
Französisch	5	169					174
Griechisch	1	34	443				478
Hebräisch						3 209	3 209
Hindi					2		2
Indianisch	1 014	143	81	34			1 272
Irisch		1					1
Italienisch		267					267
Japanisch	50	4			93		147
Jiddisch						1 168	1 168
Koreanisch	12	14					26
Kroatisch		37					37
Lateinisch		10					10
Litauisch		56					56
Norwegisch	12						12
Pennsylvania-Deutsch	1 705						1 705
Polnisch		462					462
Portugiesisch	3	55		1			59
Rumänisch	3	11	11				25
Russisch	2	1	97			1	101
Schwedisch	13						13
Serbisch			2				2
Slowakisch	53	75					128
Slowenisch		11					11
Spanisch[b]	1 075	1 414		2			2 491
Tschechisch	1	34					35
Ukrainisch	1	124	89				214
Ungarisch	17	56					73
Vietnamesisch		44			1		45
Walisisch	2						2
Insgesamt	4 606	3 297	967	39	122	4 378	13 409

[a] einschließlich sonstige östliche Kirchen.
[b] einschließlich Puerto Rico und Virgin Islands. Entsprechende Zahlen für die 50 Staaten allein: Protestantisch 1 059, Katholisch 1 166, sonstige christlich 1, insgesamt 2 227.

Quelle: Joshua A. Fishman u.a., The Rise and Fall of the Ethnic Revival, Berlin: Mouton, 1985.

Umformulierung des Problems: Nicht Leben oder Tod, sondern Intensität

Demnach scheint das Problem nicht Leben oder Tod, Ende oder Kontinuität zu lauten, sondern es betrifft das sehr dürftige Niveau, auf dem Leben oder Kontinuität der deutschen Sprache erhalten wird. Das Deutsche bedeutet für die Hauptstrom-Deutschamerikaner zumindest auf symbolischer Ebene so viel, daß es während der ethnischen Renaissance Mitte der 1960er Jahre zu einer gewissen Erholung kam, wie bei allen Hauptstrom-Muttersprachen mit zeitlich erheblich zurückliegendem Einwanderungszeitpunkt. Man sollte dies nicht übersehen. Diese Renaissance wies auch wichtige Hauptstrom-institutionelle (statt lediglich individuelle) Manifestationen auf. Hauptstrom-ethnische Publikationen, Rundfunk- und Fernsehprogramme, Schulen und Kirchen führten ein klein wenig Deutsch in ihre institutionellen Gesamtbemühungen ein oder hielten daran fest. Dennoch ist es das Geheimnis der ethnischen Renaissance, deren Höhepunkt heute der Vergangenheit angehört, warum ‚ein wenig Deutsch' erhaltenswert sein soll, wie es den deutlichen Anschein hat. Demnach scheint zwar totaler Pessimismus hinsichtlich der Zukunft der deutschen Sprache innerhalb des Hauptstroms in den USA fehl am Platze, aber das Rätsel bleibt erwägenswert: Wie und warum wird ein klein wenig Deutsch beibehalten?

Sprache und Ethnizität: Maßstab, Darstellung und Symbol

Die Quantität der deutschen Sprache, die von Hauptstrom-Deutschamerikanern über die dritte Generation hinaus bewahrt wird, reicht nicht aus, um die heutige deutschamerikanische Kultur daran zu messen. Man muß ständig auf Begriffe zurückgreifen, für die die Mehrzahl der Deutschamerikaner einfach keinen deutschen Terminus hat und normativ englische Termini benutzt. Für die meisten Deutschamerikaner gibt es in diesem Bereich keinen Weg zurück. Sie werden nie genug Deutsch lernen, um es als adäquaten Gradmesser ihrer Kultur anwenden zu können. Im Bereich der kulturellen Manifestation stehen die Dinge nur wenig besser. Bestimmte ritualisierte Aspekte der deutschamerikanischen Kultur werden noch verbreitet in deutscher Sprache präsentiert, in erster Linie Lieder, bestimmte Gebete und spezielle formelhafte Akte und Ausdrucksweisen. Doch ist die Zahl solcher Manifestationen gering, die ihrer englischsprachigen Pendants sehr groß. Somit gewinnt das Deutsche lediglich auf symbolischer Ebene an Bedeutung. Die deutsche Sprache *repräsentiert* noch häufig die deutschamerikanische Ethnizität, wenngleich die meisten Hauptstrom-Mitglieder, die sich zu diesem Erbe bekennen, die Sprache nicht mehr zum Abstecken oder zur Darstellung der Kultur, zu der sie gehört, verwenden können. Da sie als symbolisches Medium dient, reicht eine geringe Menge völlig aus, um der Rolle, die sie spielt, zu genügen. Sie kann diese Rolle auf dem gegenwärtigen minimalen Intensitätsniveau sogar auf lange Sicht spielen, wenn sie auf generationenübergreifender Basis institutionalisiert wird.

Generationenübergreifende Kontinuität von Zweitsprachen

Vorbehaltlich des Wiederauftauchens politischer und ideologischer Probleme zwischen West- oder Ostdeutschland und den Vereinigten Staaten stellt sich die Frage der generationenübergreifenden Kontinuität für das Deutsche bei Hauptstrom-Deutschamerikanern nicht anders als bei der generationenübergreifenden Kontinuität anderer Sprachen, für die der Einwanderungszeitpunkt weit zurückliegt: Französisch, Polnisch, Jiddisch etc. Diese Sprachen sind sämtlich in ihren entsprechenden ethnolinguistischen Kreisen in erster Linie Zweitsprachen, ganz gleich, was sie historisch oder emotional sein mögen. Als solche müssen sie durch primäre ethnische Institutionen wie Schulen und Kirchen ebensosehr und sogar noch stärker weitergegeben werden als innerhalb der Familien. Es ist eine Schwäche des Deutschen bei Hauptstrom-Deutschamerikanern, daß es in zu starkem Maße von sekundären gesellschaftlichen Institutionen (Zeitungen und Zeitschriften, Rundfunk und Fernsehen) abhängig und bei primären Institutionen wie Schulen und Kirchen massiv unterrepräsentiert ist (Tabelle 8). Die Situation der Nebenarm-Deutschen ist genau umgekehrt; hier stützt sich die Sprache vor allem auf Schulen und Kirchen. Die generationenübergreifende Kontinuität des Nebenarm-Deutschen dürfte demnach gesicherter sein, selbst wenn es in zunehmendem Maße zur Zweit- statt zur Erstsprache würde.

Die Normalisierung der ethnolinguistischen Stellung des Deutschen

Die Hauptanomalie, die heute das Deutsche in den USA kennzeichnet, liegt darin, daß es neben seinem Hauptstrom einen sehr bedeutenden, lebendigen Nebenarm besitzt. Letzterer übertrifft sogar hinsichtlich Schulen und Kirchen eindeutig den ersteren. Doch wenn man den Hauptstrom allein und für sich betrachtet, so ist er auf der amerikanischen ethnolinguistischen Minderheiten-Szene völlig normal. Er reagierte auf die ethnische Renaissance, obwohl er zuvor sehr schwere Schläge erlitten hatte. Er unterhält eine erhebliche (und stabilisierte) Anzahl von ethnischen Institutionen, die sich der deutschen Sprache in zwar minimalem, doch symbolisch signifikantem Umfang bedienen. Insgesamt ist er in Amerika zahlenmäßig immer noch äußerst stark. Angesichts ihres ungewöhnlichen Nebenarms und vorbehaltlich künftiger politischer und ideologischer Gegensätze zwischen den USA und Deutschland (Ost oder West) ist die Wahrscheinlichkeit, daß die deutsche Sprache auch bei der Vierhundertjahrfeier der deutschen Einwanderung in die Vereinigten Staaten dort noch eine Rolle spielen wird, sehr hoch (Tabelle 9).

Tabelle 8: Verhältnis von Institutionen mit Gebrauch nichtenglischer Sprachen (1982) zu Angaben nichtenglischer Muttersprache insgesamt (1979), beide als Quotienten der jeweiligen bundesweiten Gesamtzahl, nach Sprachen

Sprache	Radio (Stunden)	Lokale religiöse Einheiten	Zeitungen	Schulen
Albanisch	3.83	2.33	16.17	0.33
Alt-Kirchenslawisch	c	b	c	c
Arabisch	1.76	1.00	2.80	0.19
Armenisch	2.48	2.71	10.65	4.29
Chinesisch	0.83	1.63	2.41	1.55
Dänisch	0.17	0.09	1.26	0.11
Deutsch	0.48	0.13	0.35	0.26
Finnisch	1.16	1.04	2.52	0.10
Französisch	0.65	0.18	0.28	0.25
Griechisch	2.42	2.33	1.42	4.49
Hebräisch	0.46	14.71	0.42	24.69
Hindi	7.08	0.17	a	0.67
Indianisch[g]	3.05	10.25	1.60	2.42
Irisch	e	e	e	e
Italienisch	0.65	0.17	0.38	0.10
Japanisch	1.14	0.78	1.53	1.56
Jiddisch[f]	0.20	2.69	1.09	2.02
Koreanisch	3.54	3.00	8.55	7.71
Kroatisch	d	d	d	d
Lateinisch	b	b	c	c
Litauisch	1.34	0.47	0.47	1.49
Niederländisch	0.42	a	0.48	0.02
Norwegisch	0.10	0.06	0.74	0.05
Pennsylvania-Deutsch	b	b	b	b
Persisch	3.56	a	2.71	0.39
Polnisch	1.37	0.50	0.94	0.39
Portugiesisch	2.34	0.35	1.88	0.54
Rumänisch	2.88	1.12	4.87	0.18
Russisch	0.69	0.73	1.80	0.11
Schwedisch	0.40	0.07	0.87	0.12
Serbisch[d]	1.85	0.40	2.26	0.40
Slowakisch	0.47	0.60	1.68	0.19
Slowenisch	1.83	0.35	3.78	0.78
Spanisch	1.39	0.61	0.57	0.37
Tschechisch	0.51	0.70	1.91	0.15
Türkisch	1.00	a	1.58	a
Ukrainisch	2.13	2.38	4.49	1.94
Ungarisch	1.07	0.39	2.97	0.93
Vietnamesisch	b	b	b	b
Walisisch[e]	9.00	0.10	8.76	a

Tabelle 9: Rangordnung des Überlebenspotentials von Sprachen, Stand von 1980, Kriterium 3[a]

1. Spanisch	20. Tschechisch
2. Hebräisch	21. Walisisch/Irisch
3. Deutsch	22. Serbokroatisch
4. Polnisch	23. Russisch
5. Jiddisch	24. Arabisch
6. Griechisch	25. Niederländisch
7. Indianisch	26. Finnisch
8. Italienisch	27. Schwedisch
9. Chinesisch	28. Slowenisch
10. Französisch	29. Norwegisch
11. Ukrainisch	30. Rumänisch
12. Ungarisch	31. Thai/Laotisch
13. Kambodschanisch/Vietnamesisch	32. Albanisch
14. Japanisch	33. Hindi
15. Litauisch	34. Dänisch
16. Portugiesisch	35. Persisch
17. Armenisch	36. Türkisch
18. Koreanisch	37. Tagalo
19. Slowakisch	

[a] Kriterium 3 ist ein Kompromiß-Kriterium, das sowohl die Zahl der Angaben als Muttersprache als auch die institutionellen Quotienten insgesamt in Rechnung stellt.
Quelle: Joshua A. Fishman u.a., The Rise and Fall of the Ethnic Revival, Berlin: Mouton, 1985.

[a] Ein Quotient läßt sich nicht errechnen, da Einheiten dieser Art in dieser Sprache nicht aufgefunden wurden. (Falls Personen, die diese Muttersprache für sich nennen, vom Bureau of the Census erfaßt wären, dann wären sie hinsichtlich Einheiten dieser Art unterrepräsentiert.)
[b] Ein Quotient läßt sich nicht errechnen, da das Bureau of the Census die Anzahl der Personen, die diese Sprache als Muttersprache nennen, nicht angibt, sondern unter den Oberbegriff einer Sprachfamilie oder unter der Rubrik ‚alle anderen' nennt.
[c] Sowohl a als auch b.
[d] Die Zensus-Angaben fassen Kroatisch und Serbisch zusammen.
[e] Die Zensus-Angaben fassen Irisch und Walisisch zusammen.
[f] Da die meisten das Jiddisch verwendenden Schulen und alle das Jiddische verwendenden lokalen religiösen Einheiten auch Hebräisch gebrauchen, sind die kombinierten Werte für Jiddisch und Hebräisch 9,63 und 6,72.
[g] Sammelbezeichnung für über 90 einzelne Sprachen.
Quelle: Joshua A. Fishman u.a., The Rise and Fall of the Ethnic Revival, Berlin: Mouton, 1985.

Die ethnische Renaissance: vorübergehend oder dauerhaft?

Die ‚ethnic revival' hat dazu geführt, daß die Bedeutung und Akzeptierbarkeit der ethnischen Identität von Minderheiten nicht nur in den USA, sondern in der gesamten westlichen Welt zugenommen hat. Diese Renaissance deutet zwar darauf hin, daß sich Gruppen der Mittelschicht vom integrativen Ethos und den Institutionen ihrer jeweiligen Staaten entfernen, aber sie hat auch eine größere Kompromißfähigkeit beider Seiten als in früherer Zeit erkennen lassen. Ethnische Minderheiten scheuten den Separatismus und optierten stattdessen für den kulturellen Pluralismus. Nationale Hauptströme scheuten vollständigen Konformismus (man beachte das Vorherrschen von zweisprachiger Bildung, zweisprachigen Wahlzetteln, zweisprachigen Dienstleistungen in Krankenhäusern, bei der Polizei und in anderen Behördenbereichen) und optierten stattdessen für die Anerkennung minimaler Minderheits-Bedürfnisse. Besonders im amerikanischen Kontext ist Ethnizität zu einer öffentlich anerkannten und zulässigen Identifikations- und Verhaltensweise geworden. Man kann sogar sagen, daß ‚ethnisch' zu sein in gleichem Maße eine Art des Amerikanerseins ist wie das Amerikanersein eine Art des ‚Ethnischseins'. Dementsprechend haben die Deutschamerikaner einen akzeptablen Weg zurück zu Teilen ihres Erbes und dabei zu Teilen auch ihres sprachlichen Erbes gefunden. Seit dem Ersten Weltkrieg haben die Deutschamerikaner in erster Linie zum amerikanischen Hauptstrom einen Beitrag geliefert. Zumindest in den verbleibenden Jahren dieses Jahrhunderts könnten sie wiederum dazu gelangen, in zunehmendem Maße auch zur deutschamerikanischen Kultur beizutragen.

Anmerkungen

1 Joshua A. Fishman u.a., The Rise and Fall of the Ethnic Revival. Sociolinguistic Perspectives on Language and Ethnicity, Berlin: Mouton, 1985.
2 Ders. u.a. (Hg.), Language Loyalty in the United States. The Maintenance and Perpetuation of Non-English Mother Tongues by American Ethnic and Religious Groups, Den Haag: Mouton, 1966; Repr. New York: Arno Press, 1978.
3 Ders., Rise.
4 Calvin Veltman, Language Shift in the United States, Berlin: Mouton, 1983.

V. Deutschamerikanische Literatur

18. Deutschamerikanische Literatur
Einige weitere Perspektiven

Harold Jantz

Ein großer Teil unseres Wissens über die deutschamerikanische Literatur und deutsch-amerikanischen literarischen Beziehungen, ob aus früherer oder späterer Zeit, existiert in isolierten Abteilungen, zu denen nicht immer sinnvolle Verbindungen hergestellt worden sind. Wenn wir am heutigen Tag beginnen und uns in der Zeit immer weiter rückwärts bewegen, so erblicken wir ein stets wiederholtes Phänomen hinsichtlich des deutschen Amerikabildes: Jede Generation ist davon überzeugt, daß sie ihre eigene, moderne, realistische Vorstellung von dem Land jenseits des Atlantik besitzt, und ihr ist nicht klar, wieviel davon traditionell, fiktiv, sogar mythisch ist, lediglich mit oberflächlichen Veränderungen in Kleidung und Haartracht. Jeder gut unterrichtete Amerikaner, der in Europa reist, kann aus mitgehörten Aussprüchen über Amerika viel beiläufiges Amüsement schöpfen, indem er deren Verpackung entfernt und sie auf ihr Ursprungsdatum zurückführt. 1966, als die Gruppe 47 die Vereinigten Staaten mit ihrem Besuch beehrte, wuchs sich das Amüsement zu schallendem Gelächter aus. Siegfried Mandel hat uns in seinem Buch über die Gruppe einige Paradebeispiele ihres veröffentlichten Unsinns über Amerika überliefert,[1] und danach konnten diejenigen amerikanischen Germanisten, die das groteske Spektakel und die dümmlichen Worte bestimmter Mitglieder der Gruppe während deren Reisen in Amerika erlebt hatten, ihre Kollegen bei geselligem Zusammensein mit einer köstlichen Anekdote nach der andern erheitern. Natürlich erhoben sich nur wenige Mitglieder der Gruppe zu diesem Niveau der unwissentlichen Komödie; es waren ganz einfach die gleichen albernen europäischen Pseudointellektuellen der letzten einhundertfünfzig Jahre, die im vorhinein alles über Amerika wußten und mit vorprogrammiertem Geist lediglich die traditionellen, zwanghaften Klischees hervorsprudelten. Carl Zuckmayer hatte etwas früher eine urkomische Persiflage dieses Literatenamerikas geschrieben, als er sich nach all den Jahren seines Lebens in der realen Welt der Vereinigten Staaten an seine und Franz Werfels Amerikavorstellungen vor dem Exil erinnerte. Die Literaten von 1966 hätten einige ihrer schlimmsten Schnitzer vermeiden können, wenn sie zumindest Zuckmayers „Amerika ist anders" gelesen hätten.

Tatsächlich geht der ganze Komplex der zwanghaften Klischees viel weiter zurück; einige Details tragen sogar den grauen Schnurrbart der Conquistadores, wie ich vor Jahren in „The Myths about America" zu zeigen versuchte.[2] Meine Analyse der letzten hundertundfünfzig Jahre ist in „The View from Chesapeake Bay: An Experiment with the Image of America" enthalten.[3] Einer der deutschen Literaten las letzteres sogar und bedankte sich bei mir schriftlich für die darin enthaltenen Hinweise, die es einem ersparen könnten, sich lächerlich zu machen. Doch mein höchster Lohn kam von Samuel Eliot Morison, dem der Vortrag gefallen hatte, als ich ihn vor der American Antiquarian Society hielt. Meine Erwähnung einer Goethe-Anekdote, die Robert Wesselhöft Longfellow erzählt hatte, regte ihn dazu an, mir bei dem folgenden Mittagessen von einem anderen Gespräch Goethes zu berichten, dies mit einem Harvardaner, mündlich überliefert und niemals aufgezeichnet. Er schrieb es mir später auf, und ich beabsichtige, es zusammen mit einem anderen zu veröffentlichen.

Mehrere Jahrzehnte vor 1966 gab es — und gibt es noch — das Geheimnis B. Traven mit seinen vielfachen Verwirrungen, die nach einer langen Reihe von Vorgängern Will Wyatt schließlich 1980 durchstieß.[4] Oder nicht? Ich glaube nicht. Der B. Traven / Hal Croves etc., der 1969 in Mexico City starb, war beinahe mit Sicherheit nicht der Otto Feige, der 1882 in Schwiebus geboren wurde. Zweifellos bleibt eine weitere entscheidende kritische Aufgabe zu lösen, bevor das wirkliche Überraschungs-Ende offenbar wird. Ich möchte ein anderes Beispiel für mangelnde Perspektive in unserem Jahrhundert hinzufügen: Kurz nach 1900 gewann ein Kürschner in Brooklyn namens Hugo Bertsch für seine Romane den Beifall deutscher Kritiker in Europa. Er wird weiterhin in deutschamerikanischen Bibliographien aufgeführt, aber in den letzten Jahrzehnten ist niemand so neugierig gewesen, herauszufinden, ob dieser Kritiker-Beifall auch in den 1980er Jahren noch gerechtfertigt ist. Bis zu Bertschs Zeit, aber hauptsächlich in den vorangegangenen Jahrzehnten, gab es einen anderen Romancier, von dem ihn Welten trennten, nämlich Rudolf Lindau, der kosmopolitische Bruder Paul Lindaus. Er war fasziniert vom Leben und Charakter der Auslandsamerikaner, die er in Europa, China, Japan und anderswo traf und beobachtete. Theodor Fontane schätzte ihn sehr, doch in keiner Überblicksdarstellung der literarischen Beziehungen zwischen Deutschland und den Vereinigten Staaten findet man auch nur ein Wort über ihn. In der deutschen Literaturgeschichte wird er verdeckt vom Schatten seines berühmteren und weniger vorzüglichen Bruders (der seinerseits mehr als nur ein paar Worte über Amerika und die Amerikaner zu sagen hatte).

Ich übergehe die eigenartige Zwanghaftigkeit, mit der einschlägige Kritiker immer und immer wieder auf Ferdinand Kürnbergers „Der Amerika-Müde" (1855) als den exemplarischen antiamerikanischen Roman zurückkommen, ungeachtet der Tatsache, daß Guy T. Hollyday uns 1977 eine bessere Sichtweise präsentiert hat.[5] Niemand wird begreifen, wie albern, geistlos und unoriginell Kürnbergers Roman ist, bis er drei oder vier so brillante, direkt und scharfsinnig beobachtete antiamerikanische Romane gelesen hat wie Albert von Halferns „Der Squire" (1857) oder Adelbert von Baudissins „Zustände in Amerika" („Peter Tütt") (1862). Um eine angemessene Perspektive gegenüber dem antiamerikanischen Roman zu gewinnen, müßte man auch dem ausgeglicheneren Roman in der Mitte und im späten 19. Jahrhundert Beachtung schenken – nicht der romantischen, idealisierenden Art oder dem bloßen Abenteuerroman, sondern dem Genre, das sich auf die wache Beobachtung tatsächlicher amerikanischer Phänomene und Menschen stützt. Die meisten derartigen Romane, ja nahezu alle, ruhen noch immer still auf den Regalen der Bibliotheken und warten darauf, mit kritischem Interesse für Deutschamerikana aufgeschlagen zu werden.

In einer Festschrift für William H. McClain[6] habe ich 1982 endlich einer alten, hartnäckigen, unbezweifelten Annahme den Garaus gemacht, wonach der junge Goethe wenig Interese an Amerika zeigte und er erst um 1807 und 1808 den Geschehnissen jenseits des Atlantik Aufmerksamkeit widmete. Man kann eine solche Position nur dann aufrechterhalten, wenn man so wenig über amerikanische Dinge weiß, daß man sie übersieht, wenn sie in Goethes Werken, Briefen und Tagebüchern auftauchen. Auch eine fragmentarische Kenntnis Goethes trägt zur Bewahrung der Illusion bei. Insgesamt gründen sich die bisherigen Arbeiten über Amerika und den jungen Goethe auf die Kenntnis von weniger als zwanzig Prozent der relevanten Tatsachen und Phänomene, und dementsprechend sind die Ergebnisse zu mehr als achtzig Prozent falsch.

Ganz Ähnliches läßt sich über weite Bereiche von anderen deutsch-amerikanischen Beziehungen im 18. Jahrhundert sagen. Die Reiseliteratur ist einigermaßen bekannt, ebenso wie das übrige darstellende Schrifttum mit offen amerikanischem Inhalt. Doch wenn man sich den Romanen, Dramen und Gedichten des Jahrhunderts zuwendet, dann stellt sich heraus, daß nur die offenkundig relevanten und ein paar andere verzeichnet und kritisch betrachtet worden sind. Das heißt erneut ein Wissen von etwa zwanzig oder dreißig Prozent des Vorhandenen, denn der größte Teil der dichterischen Amerikana sind verborgene Amerikana, die sich nur aufspüren lassen, wen man über den Titel hinaus das Werk selbst liest. Wie ich bei früheren Gelegenheiten gezeigt habe, sind ganze Bereiche des deutsch-amerikanischen Kontakts unbeachtet geblieben, zum Beispiel das Motiv des Veteranen, der nach dem Ende des Revolutionskrieges nach Deutschland zurückkehrt, ein zentrales Motiv für mehrere Dramen und eines, das auch Goethe faszinierte, einmal aus negativer, zweimal aus positiver Sicht. Die Kriegsteilnehmer selber, wenn sie die Feder in die Hand nahmen, brachten gelegentlich literarisch wertvolle Werke zu Papier. Der geistvollste und scharfsichtigste unter ihnen, ein anonymer Braunschweiger Offizier, ist einigen unter den besten amerikanischen Historikern wegen seiner farbigen Darstellung der Landschaft und der Menschen von Massachusetts bekannt, doch er wartet noch immer auf die kritische Beurteilung der Literaturwissenschaftler. Was die deutschen Schriftsteller betrifft, die nach Amerika kamen und dort blieben, gibt es eine Anzahl im späten 18. und im frühen 19. Jahrhundert, deren Tätigkeit in Amerika noch zu erforschen ist. Der fleißige Johann Georg Meusel in „Das gelehrte Teutschland" (1796ff.) hat es durch sein geographisches Register leicht gemacht, ein paar von diesen deutschen Amerikanern aufzuspüren, doch niemand hat sich darum gekümmert, bis ich 1977 in ein paar Absätzen eines Beitrags zu der Karl-Arndt-Festschrift mit dem Titel „German Men of Letters in the Early United States"[7] die Laufbahn von zwei Dramatikern namens Gottlob Timotheus Michael Kühl und Anton Christian Hunnius skizzierte, die 1787 und 1794 nach Philadelphia kamen, wo ihre weiteren amerikanischen Spuren noch der Entdeckung harren.

Besonders wichtig ist es jedoch für Mitte und Anfang des 18. sowie das späte 17. Jahrhundert, durch ein besseres und volleres Verstehen des deutschen und des allgemeinen europäischen Hintergrunds unsere Perspektive auszuweiten und zu bereichern. Von zentraler Bedeutung ist hier der Kontakt, zu dem es zwischen den deutschamerikanischen und den angloamerikanischen Schriftstellern kam, wobei es sich nicht um eine einseitige Angelegenheit handelte, denn die englischen Schriftsteller zeigen wiederholt die Wirkung, die ihre deutschen Nachbarn auf sie hatten. Sicherlich wurde dies entscheidend verstärkt durch mehrere einflußreiche Deutsche, die in England lebten und sich für amerikanische Entwicklungen interessierten. Zu diesem englischen Hintergrund bietet Garold N. Davis' bahnbrechende Untersuchung „German Thought and Culture in England 1700—1770" (1969) eine gute Einführung. Großen Raum nimmt in dieser Periode der Faktor des Pietismus ein, der bis weit in die Romantik hinein und darüber hinaus einen dauerhaften Einfluß auf die poetische Literatur Deutschlands, Englands und Amerikas ausübte. Dem „Oxford English Dictionary" zufolge trat das Wort „Pietism" in der englischen Sprache erstmals 1697 auf, und die gebotenen Belege zeigen, daß es sich um einen deutschen Import handelte. Mindestens ein Jahr früher kam das Wort im Angloamerikanischen in Gebrauch, und auch die Engländer in Amerika kannten die deutschen Ursprünge. Einer der Bürger von Newport, Rhode Island, namens Stephen Mumford (1639—1701) schrieb sogar an Johann Kelpius, den Eremiten vom Wissahickon, mit der Bitte, ihn „ein wenig besser zu informieren über die Prinzipien und Praktiken der Leute, die unter dem Namen Pietisten bekannt sind". Der Entwurf von Kelpius' Antwort an Mumford vom 11. Dezember 1699 ist in dem Briefkopierbuch des ersteren erhalten geblieben.

Die Antwort unterscheidet sich weitläufig und radikal von jeder Auskunft, die Philipp Jacob Spener oder August Hermann Francke verfaßt haben könnte, und es wird sogleich deutlich, daß es zwei Arten von Pietismus gab, jenen gemäßigten in der protestantischen Kirche und jenen der radikalen Separatisten. Noch eigenartiger als Kelpius' sonderbare Antwort ist die Tatsache, daß ein Engländer in Rhode Island eine solche Anfrage an einen Deutschen in Pennsylvania richtete, nur wenige Jahre, nachdem letzterer dort angekommen war.

Und Mumford war nicht der einzige Angloamerikaner aus einer anderen Kolonie, der sich ratsuchend an Kelpius wandte, denn Anfragen kamen auch aus Connecticut und Long Island. Wie läßt sich erklären, daß ein einsamer Eremit so rasch so weithin bekannt wurde? Eine mögliche Lösung könnte bei Jacob Telner liegen, einem Krefelder Kaufmann und Mystiker, der schon 1678 und 1681 Geschäftsreisen nach New York gemacht und sich 1685 in Germantown niedergelassen hatte, wo er dreizehn Jahre lang blieb und mindestens einmal als Quäker-Missionar nach Neuengland reiste.[8]

Einen Teil der Lösung birgt vielleicht auch die seltsame Geschichte der Übertragung von Kelpius' poetischen Werken mit ihren musikalischen Kompositionen. Diese Aufgabe übernahm nicht ein Deutscher, sondern ein bemerkenswerter Engländer, Dr. Christopher Witt, der sich zuerst den Eremiten vom Wissahickon anschloß, dann ein Freund und Nachbar von Pastorius wurde und ein begabter Techniker sowie (zusammen mit seinen berühmten Freunden Peter Collinson und John Bartram) ein geschätzter Botaniker war. Christopher Witts Manuskript bewahrt nicht nur die deutschen mystischen Gedichte von Johann Kelpius zusammen mit deren Vertonung, sondern enthält auch Witts englische Übersetzung in Versen. Meines Wissens ist dies die allererste englische Übersetzung der ‚gesammelten Werke‘ eines deutschen Barockdichters. Zinzendorf mit seiner großen, treuen englischen und amerikanischen Gefolgschaft, brauchte nicht lange darauf zu warten, daß ein großer Teil seiner Lyrik und Prosa übersetzt wurde; doch dann kam eine lange Pause, ehe Lyrik in größerem Umfang von einem dritten Barockdichter, Paul Gerhardt (1867) und von einem vierten, Angelus Silesius (1909), ins Englische übersetzt wurde. Wahrscheinlich die erste englische Übersetzung irgendeines einzelnen Gedichts von Angelus Silesius stammt von einem weiteren Wissahickon-Eremiten, Johann Gottfried Seelig.

Wir wissen etwas, sogar eine Menge, über die Angloamerikaner, die im Laufe der Jahrhunderte die Kenntnis der deutschen Literatur und sogar der deutschamerikanischen Literatur gefördert haben. Gelegentlich wurde der eine oder der andere von ihnen tatsächlich Teil des Deutschamerikanertums. Nur ein kleines Beispiel: In unseren jungen Jahren, als wir auf einer wunderbaren Farm lebten, die auf einem Höhenzug liegt, der vom Mount Wachusett ausgeht, hatten wir einen leutseligen Nachbarn, der in einer Stadt in Connecticut mit einem großen deutschen Bevölkerungsanteil aufgewachsen war. Er und seine Freunde traten den deutschen geselligen Vereinen, Turnvereinen usw. bei, weil, wie er sagte, die Deutschen die einzigen waren, die richtig Spaß hatten. Das klingt an dieser Stelle einigermaßen trivial, doch wenn man es vieltausendfach überall in den Vereinigten Staaten multipliziert, wird es alles andere als trivial. Als die Engländer nach dem Eintritt der USA in den Zweiten Weltkrieg ein Kontingent Piloten herüberschickten, die an den neuen Flugzeugen ausgebildet werden sollten, erhielt jeder ein Handbuch mit Ratschlägen, wie man in den Vereinigten Staaten zurechtkommen kann. Eine der Warnungen darin lautete, man solle nicht annehmen, die Amerikaner seien vom Temperament und den Gewohnheiten her genauso wie Engländer, nur weil sie Englisch sprechen. In der Tat seien die Amerikaner, hieß es im Handbuch, in ihren Reaktionsweisen ganz anders, und einer der Hauptgründe dafür sei der große Anteil von Deutschen, die längst einen Teil der Gesamtbevölkerung bildeten und dazu beigetragen hätten, den amerikanischen Charakter zu formen. Über die praktischen Bereiche des täglichen Lebens hinaus erstreckte sich dieser Einfluß natürlich auch auf Kunst und Literatur, selbst in jenen Regionen, wo der deutsche Anteil zunächst relativ gering war, wie etwa Neuengland. Zum Beispiel wurde dort Novalis' „Heinrich von Ofterdingen" 1842 zum ersten Mal übersetzt und elf Jahre später in New York erneut veröffentlicht, während es noch lange Zeit später in England keine

Übersetzung des Werkes gab. Ganz ähnlich wurde die erste englischsprachige Biographie jenes anderen sehr deutschen Deutschen, Jean Paul, ebenfalls 1842 von Eliza Buckminster Lee veröffentlicht, worauf vier seiner Romane in englischer Erstübersetzung von ihr und von Charles Timothy Brooks folgten. Im Bostoner literarischen Kreis ihres älteren Bruders, Joseph Stevens Buckminster, wurde deutsche Literatur gepflegt, schon Jahre bevor die ersten amerikanischen Studenten sich in Göttingen einschrieben.

In ein paar von meinen Jugendwerken verfolgte ich die deutschen Verbindungen dieser Angloneuengländer bis weit ins 17. Jahrhundert hinein und zeigte, wie viele von ihnen enge Beziehungen zu Deutschen hatten, zu denen der Dichter Johann Rist und mehrere weitere Schriftsteller gehörten. Ich versuche eben in einem Artikel für das Yearbook of German-American Studies, der sich intensiver mit der frühesten Präsenz von Deutschen in den amerikanischen Kolonien befaßt, der äußerst rätselhaften Äußerung von John White in „The Planters Plea" auf den Grund zu gehen, wonach eine Gruppe von Deutschen 1630 auf Winthrops Flotte den Atlantik überquerte und ihnen noch weitere Deutsche folgen sollten. Was geschah mit diesen frühen Deutschen in Massachusetts? Die wenigen Historiker, die von Zeit zu Zeit auf John Whites Bericht von 1630 stießen, wußten damit nichts anzufangen und ließen ihn wieder in Vergessenheit geraten. Etwas genauere Forschung in englischen ebenso wie amerikanischen Quellen kann ein paar Schritte weiterführen, zum Beispiel durch das noch unveröffentlichte Tagebuch von John Whiteway aus dem alten Dorchester, in dem die lokalen und europäischen Ereignisse während der entscheidenden Jahre vor der Großen Wanderung aufgezeichnet sind. Doch den Weg weist vor allem die komparative Methode: gesunder Menschenverstand zusammen mit der sorgfältigen Beobachtung des Schicksals der frühen Deutschen in den anderen Kolonien. Ich habe aus der Gegend nordöstlich von Philadelphia Gerüchte gehört, wonach man Anzeichen dafür gefunden hat, daß ein anderes Schiff mit Deutschen nach Amerika kam, etliche Jahre bevor Pastorius und die Krefelder Germantown gründeten. Doch die Tatsache bleibt bestehen, daß die Deutschen in Germantown und Umgebung ihre Identität bewahrten und sich in die größere Gruppe der Pennsylvania-Deutschen und in die noch größere der amerikanischen Deutschen ausbreiteten. Ein Hauptgrund für diese Entwicklung liegt darin, daß sich unter ihnen von Anfang an große Geister und bedeutende Persönlichkeiten fanden, und daß sie eine Literatur hinterließen, die Jahrhunderte lang lebendig blieb und uns noch immer ansprechen kann. Die andere Region mit einem ebenso großen und wahrscheinlich sogar noch größeren geistigen Kapital war Neuengland. In frühen Jahren konnte ich ein Buch über „The First Century of New England Verse, 1620—1720" schreiben. Weder ich noch sonst jemand könnte ein ganzes Buch über das erste Jahrhundert der englischen Dichtung in den mittelatlantischen Kolonien oder auch in den südlichen schreiben, weil es dort offenbar kaum genug für einen kurzen Artikel gibt. Es ist jedoch voll und ganz möglich, ein unausgestopftes, unverdünntes Buch über englische und deutsche Gedichte in Pennsylvania während der Jahrzehnte kurz vor und nach 1700 zu verfassen. Dagegen steht neben der reichlich vorhandenen niederländischen Dichtung der Hudson-Region nur ein dünnes Rinnsal der englischen. Vielleicht ist ein Grund dafür, daß es mehr verseschreibende Angloamerikaner in Pennsylvania gab, das Beispiel von so vielen ihrer deutschen Nachbarn, die sich dieser addiktiven Gewohnheit hingaben.

Es ist nicht notwendig, hier erneut die ein oder zwei Dutzend frühesten pennsylvania-deutschen Dichter über die bekannten Francis Daniel Pastorius, Johann Kelpius und Konrad Beissel hinaus zu betrachten. Auf diesem Gebiet wurden einige gute Anfänge gemacht, doch noch viel mehr ist zu tun, besonders über diejenigen, die nach Deutschland zurückkehrten oder deren Werke dorthin geschickt wurden, wie bei Heinrich Bernhard Köster oder Johann Adam Gruber. Unter den Amerikanern, die Anfang und Mitte des 18. Jahrhunderts nach Deutschland zurückgingen, könnte sich sogar der eine oder andere Romancier befinden. Fast alle diversen ‚Amerikaromane' jener Zeit lassen aufgrund von inneren ebenso wie äußeren Kriterien erkennen, daß sie sich auf Reisedarstellungen, ausländische Quellen und eine gelegentlich überhitzte Phantasie stützen, doch einige klingen authentischer und verlangen genauere Prüfung. Der Amerikaner, der nach Europa kam (oder zurückkehrte), war in der europäischen Literatur und Wirklichkeit eine beliebte Figur, und demzufolge erschien auch eine Reihe von Pseudoamerikanern auf der Bildfläche. Goethes Begegnungen mit zwei Pseudoamerikanern während der 1790er Jahre und mit einem echten, aber mysteriösen Amerikaner 1777 sind Einzelbeispiele für damals recht häufige Vorkommnisse.

Selbst wenn wir uns den am besten bekannten frühen deutsch-amerikanischen Schriftstellern zuwenden, ist es erstaunlich, was für ein neues Bild sich ergibt, wenn wir den Blickwinkel auf sie ausweiten. Sehen wir einmal, was mit Pastorius, mit Kelpius und mit Beissel geschieht. Es ist im allgemeinen bekannt, daß Pastorius' Vater, Melchior Adam, auch mit Hingabe Verse schmiedete. Seine Verbindung zu den Mitgliedern der Nürnberger literarischen Gesellschaft, den sogenannten Pegnitzschäfern, und vor allem mit Sigmund von Birken, ist schon lange bekannt, wenngleich sie noch nie angemessen untersucht wurde. Wenn man davon weiß, wird die Beziehung des Sohnes zu den literarischen Traditionen dieser Gesellschaft offenkundig. Doch woher rührt der derbe Humor in so vielen seiner Gedichte? Ohne Zweifel von ihm selbst und aus vielerlei anderen Quellen. Doch eine Quelle kennen wir heute mit Sicherheit: Sie liegt in der Zeit, als sich der junge Mann in Regensburg aufhielt, in einer sehr fröhlichen Gesellschaft, der auch der hoffnungsvolle Musiker und Romancier Johann Beer angehörte, von dem eine literarische Darstellung dieser bewegten Regensburger Periode erhalten ist. Am Ende schrieben sich Pastorius, Beer und ein weiterer Freund, Christoph Donauer, 1675 gemeinsam an der Universität Altdorf ein. Da Pastorius dort zuvor schon gewesen war, kam der Hauptantrieb in dieser Richtung vermutlich von ihm.

Bekannt sind auch die Verbindungen von Johann Kelpius zu Altdorf und Nürnberg, doch lediglich im Zusammenhang mit seiner Beziehung zu seinem renommierten Lehrer Johann Fabricius, der nach Helmstedt weiterzog, Kelpius von dort schrieb und wahrscheinlich die Antwort empfing, die ihm letzterer am

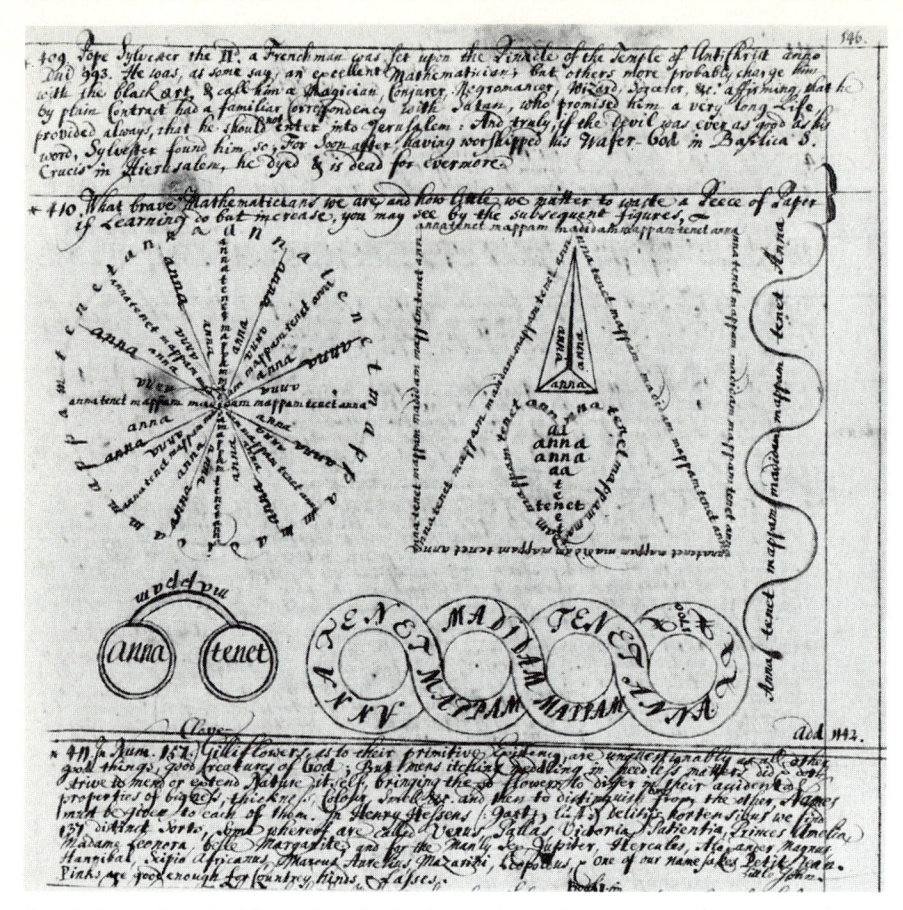

Ausschnitt aus dem „Beehive" (Bienenkorb), dem umfangreichen Gedanken-, Moral-, Zitat- und Lebensmanual von Francis Daniel Pastorius (1651–1719). Der Gründer von Germantown ertüftelte und kopierte sich in diesem Manuskript ab 1696 eine Privatenzyklopädie, die bei aller barocken Zurschaustellung exzerpierten Wissens einen originell beobachtenden, offenen und lebenszugewandten Geist verrät. In obigem Ausschnitt von 1700 gibt sich Pastorius zwischen Überlegungen zu Papst Sylvester und Unwillen über Eingriffe in die Natur besonders spielerisch, kaum anders als später der Dada-Künstler Kurt Schwitters: er flicht den Namen seiner Frau Anna mit den lateinischen Worten tenet mappam madidam zu einem Palindrom zusammen, das, von vorn und hinten gelesen, gleich lautet. („Anna hält eine feuchte Serviette.") Während Pastorius in dem leichter zugänglichen Manuskript „Deliciae Hortenses" viel Deutsch verwandte, ist der „Beehive" fast ausschließlich auf englisch verfaßt. (Special Collections, Van Pelt Library, University of Pennsylvania)

23. Juli 1705 schickte. Doch nichts von alledem berührt sein poetisches Schaffen und dessen mögliche Nürnberger Beziehungen. Die Nürnberger Poesie wird am ausführlichsten dargestellt in Johann Herdegens historisch-biographischen Sammlungen unter dem Titel „Historische Nachricht von deß löblichen Hirten- und Blumen-Ordens an der Pegnitz Anfang und Fortgang..." von 1744. Hier erfahren wir, daß der noch nicht zwanzigjährige Kelpius an der Universität lehrte und daß Joachim Negelein, der später der literarischen Gesellschaft vorstehen sollte, dank der Bemühungen eines gemeinsamen Gönners seine Vorlesungen besuchen konnte. Was die möglichen poetischen Konsequenzen waren, wissen wir nicht. Seine gelegentlichen Berührungspunkte mit dem älteren Dichter Johann Klaj liegen auf der Hand, wenn man einmal darauf hingewiesen wird. Es bestehen deutliche literarische Beziehungen zu dem mystischen Dichterkreis an dem nahegelegenen Hof von Sulzbach, doch es gibt keine Belege dafür, daß sie auch persönlicher Art waren. Tatsächlich starb Christian Knorr von Rosenroth 1689, als Kelpius erst 16 war, und der Hauslehrer der Familie Knorr, Christian Ludwig (Lodowick) hatte Sulzbach 1684 in Richtung Newport und Boston verlassen. Demnach gibt es auch hier keine direkten Verbindungen zu den gleichgesinnten Neuengländern, mit denen Kelpius verkehrte.

Im Falle Konrad Beissels ist die entscheidendste Beziehung, sogar noch entscheidender als die zu Berleburg und Umgebung, so schwach ausgebildet und gleichzeitig so komplex, daß man ihr in diesem kurzen Artikel nicht gerecht werden kann. Eine schlichte Darstellung der Tatsachen und Beziehungen klingt bereits so unwahrscheinlich, daß sie Unglauben wachruft, doch hier ist sie – in ein paar Zeilen und ohne seitenlange dokumentarische Belege. Thomas Tillam, wohlbekannt als Verfasser der schönen Lyrik „Uppon the first sight of New-England June 29, 1638" sowie anderer Gedichte, wurde später bekannt als der engagierte, charismatische Führer einer Gruppe von mystischen, millenarischen, sabbattarischen Pilgern und Flüchtlingen aus England, die ihre monastische Gemeinschaft in der Kurpfalz errichteten, etwa zwei Drittel des Weges (etwa zwanzig Kilometer) von Konrad Beissels Heimatstadt Eberbach in Richtung Heidelberg. Englische wie deutsche Beschreibungen lassen klar erkennen, daß diese Gemeinschaft hinsichtlich Grundsätzen, Absicht und Organisationsform derjenigen, die Beissel später in Ephrata gründen sollte, bemerkenswert ähnlich war. Die wenigen deutlichen Unterschiede, die am Anfang erkennbar waren, wurden immer größer, als der Genius Beissels das Leben in Ephrata zu einem Gesamtkunstwerk der Poesie, der Musik und der Malerei entwickelte, das ohnegleichen war.

Kelpius gewann nach seinem seltsamen Leben und seinen rätselhaften Beziehungen einen noch seltsameren posthumen Ruf. Der allzu phantasievolle George Lippard verwandelte ihn 1848 in den sensationellen Helden seines Romans „Paul Ardenheim, or the Monk of Wissahikon". Hier wurde er fiktiv zum ersten Mal in die Rosenkreuzersage eingegliedert. Die Neurosenkreuzer fügten dieser wenig überzeugenden Darstellung begeistert bestätigende Details hinzu, bis der nur allzu unkritische Julius Friedrich Sachse das Ganze zu einer historischen Wahrheit hochstilisierte, der sogar einige ernsthafte Historiker der jüngsten Zeit nicht ganz ablehnend gegenüberstehen. Vor langer Zeit konnte mir George Allen aufgrund des Sachse-Nachlasses spezifische Einzelheiten dazu mitteilen, wie Sachse gelegentlich die Quellen überstrapazierte, um eine seiner Lieblingstheorien zu stützen. Und ein weiterer bemerkenswerter antiquarischer Buchhändler in Philadelphia erzählte mir während meiner Princetoner Zeit von seiner Jugend, als er beobachten konnte, wie der alte Herr innerhalb weniger Wochen (oder sogar Tage) von einem lediglich spekulativen „was wäre, wenn . . ." zu einem völlig überzeugten „mit Sicherheit" kam. Dennoch sind Sachses Bände wertvoll, ungeachtet dieser Randerscheinungen und Folgen von übermäßiger Phantasie und Gutgläubigkeit, und die kann man ihm mit einem Lächeln verzeihen, einem Lächeln der Dankbarkeit für die unentbehrliche gute Arbeit, die er auf dem Gebiet der Deutsch-Amerikana geleistet hat. Seine Rosenkreuzer-Bände und -Spekulationen sind nach California gewandert, und wenn dieser Staat erneut zu einer Insel wird, wie er dies auf vielen frühen Landkarten war, und die Manuskripte auf geheimnisvolle Weise in ein Kloster im Himalaya transportiert werden, das schon lange auf sie vorbereitet war, dann werden wir, so hoffe ich, unsere deutsch-amerikanischen Untersuchungen nicht weniger phantasievoll und schöpferisch, wenn auch vielleicht mit etwas mehr kritischem gesunden Menschenverstand fortsetzen können.

Anmerkungen

1 Siegfried Mandel, Group 47. The Reflected Intellect, Carbondale: Southern Illinois University Press, 1973, bes. S. 212ff.
2 Harold Jantz, The Myths about America, in: Jahrbuch für Amerikastudien 7. 1962, S. 6–18.
3 ders., The View from Chesapeake Bay. An Experiment with the Image of America, in: Publications of the American Antiquarian Society 79. 1969, S. 151–171.
4 Will Wyatt, The Secret of the Sierra Madre. The Man who was B. Traven, Garden City, NJ: Doubleday, 1980.
5 Guy T. Hollyday, Anti-Americanism in the German Novel, 1841–1862 (German Studies in America 27), Bern: Lang, 1977.
6 Harold Jantz, America und the Younger Goethe, in: Modern Language Notes 97. 1982, S. 515–545.
7 The German Contribution to the Building of the Americas, Hg. Gerhard K. Friesen u. Walter Schatzberg, Worcester, MA: Clark University Press, 1977, S. 75–95.
8 Zu Telner s. bes. Friedrich Nieper, Die ersten deutschen Auswanderer von Krefeld nach Pennsylvanien, Neukirchen, Kreis Moers: Buchhandlung des Erziehungsvereins, 1940, S. 86–88.

19. Die Herausforderung der frühen deutschamerikanischen Literatur

Christoph E. Schweitzer

Ich spreche von der Herausforderung der frühen deutschamerikanischen Literatur, weil ich glaube, daß diese Literatur zwar ziemlich unbekannt ist, aber gleichzeitig genug Bedeutung besitzt, um bei amerikanischen Germanisten mehr Aufmerksamkeit zu erregen. Im folgenden versuche ich die Gründe für eine solche relative Unwissenheit zu erklären, um dann auf einige der Höhepunkte in der ersten Periode der deutschamerikanischen Literatur – also etwa von 1683 bis zum ersten Viertel des 19. Jahrhunderts – hinzuweisen; schließlich werde ich ausführen, welche Schritte meiner Meinung nach unternommen werden sollten, um einen größeren Teil dieses Schrifttums besser zugänglich zu machen.

Ich erhielt in den Vereinigten Staaten die traditionelle germanistische Ausbildung; sie umfaßt Lehrveranstaltungen in historischer Linguistik ebenso wie in Literatur. Als Themen der Dissertation oder erster Veröffentlichungen waren das obskurste Manuskript in einer Bibliothek oder einem Archiv in Deutschland ebenso wie ein kaum bekannter europäischer Autor durchaus akzeptabel. Wenn man die sogenannte Exilliteratur nicht berücksichtigt, waren wir voreingenommen gegen alles, was frühere Deutsche in Amerika geschrieben hatten. Wenn es um die Auswahl von Lektüre für unsere Lehrveranstaltungen ging, warfen wir vielleicht einen Blick auf Titel wie „Sutter" oder „Carl Schurz",[1] doch diese bestätigten nur unsere Vorurteile. Nur sehr wenige von uns hatten Kontakt zu deutschamerikanischen Organisationen. Diese wenigen wußten, daß deren Mitglieder andere Interessen hatten als wir Doktoranden. Bei diesen Organisationen waren keine Vorträge über den Aspekt im Althochdeutschen oder über Kafka zu erwarten. Erst viel später wurde einigen von uns klar, welche unschätzbaren Leistungen diese Organisationen erbrachten und noch erbringen, darunter die Erhaltung wertvoller Bücher und Manuskripte. Wir alle schulden den deutschamerikanischen Organisationen hohe Achtung und große Dankbarkeit.

Die physische Präsenz von Deutsch-Amerikana allerdings wurde selbst jemandem mit meinen Vorurteilen deutlich. Konrad Beissel und sein Ephrata ließen mich stutzig werden und wurden zu einem ersten Forschungsschwerpunkt. Sich mit ihm und der Ephrata-Gemeinschaft zu befassen, erwies sich als schwieriger denn etwa die Erarbeitung einer neuen Interpretation von Lessings „Nathan der Weise". Für „Nathan" besitzen wir einen authentischen Text, hervorragende Anmerkungen und eine komplette Bibliographie der Sekundärliteratur.

„Der Neue Hoch Deutsche Americanische Calender, Auf das Jahr Christi, 1791." Auf dem Titelblatt von Samuel Sauers Almanach für 1791 findet sich die wahrscheinlich erste Abbildung einer amerikanischen Druckerei. Der Holzschnitt zeigt auf der Rechten zwei Drucker an der Presse; der eine schwärzt die Drucktypen, der andere zieht Papier auf einen Rahmen, der über das Blei schwingt, bevor er unter die Presse gerollt wird. Der Drucker auf der Linken erhält von Merkur die Botschaft: „Was ich jetzt nicht offenbar, bring ich dir das nächste Jahr."

Kalender und Almanache spielten bei der Erhaltung kultureller, religiöser und sprachlicher Traditionen der Deutschen eine zentrale Rolle. Sie wurden kunstvoll – in Fraktur – in einer der Druckereien gedruckt, die deutsche Einwanderer im 18. Jahrhundert aufbauten und die ihnen auch im 19. Jahrhundert hohes Ansehen (und gute Geschäfte) eintrugen. (Library Company of Philadelphia)

Die Herausforderung der frühen deutschamerikanischen Literatur 291

Bei der deutschamerikanischen Literatur ist die Lage weitaus weniger klar. Es gibt keine umfassende Bibliographie für das ältere Material. Die neueren Arbeiten sind verborgen in einer Riesenmenge von Titeln zu den vielen verschiedenen Themen, die der Begriff ‚Deutsch-Amerikana' umfaßt.

Es gibt noch andere Schwierigkeiten. Wir finden eine Menge deutschamerikanischer Titel in unseren Bibliographien, die sich mit religiösen Fragen befassen. Es ist wohl bekannt, daß viele Deutsche in die Kolonien kamen, besonders nach William Penns tolerantem Pennsylvania, weil sie nicht zu einer der großen religiösen Gruppen gehörten, also weder Katholiken noch Lutheraner noch Reformierte waren. Mit anderen Worten, sie waren Mitglieder einer der radikalen Sekten. Wir als Literaturhistoriker müssen auch einen Teil des religiösen Materials zur Kenntnis nehmen. Es kann zum Beispiel Vokabular und Gedankengut der Kirchenlieder einer bestimmten Gruppe erklären. Da es sich hier um eine Zeit der radikalen Bibelinterpretationen handelt, von denen einige auf die mystische Tradition im allgemeinen und speziell auf den schwer verständlichen Jakob Böhme und andere ebenso dunkle Autoren zurückgehen, wird die Interpretation der Texte ausgesprochen schwierig, nicht nur für den Literaturhistoriker, sondern sogar für Theologen.

Den Literaturgeschichtler erwarten andere Überraschungen. In unserer Unwissenheit hatten wir angenommen, der nichtreligiöse Teil der deutschamerikanischen Literatur sei im Dialekt geschrieben oder volkstümlicher Natur oder beides, in Sprache und Thematik der Heimatdichtung des Kontinents ähnlich. Weit gefehlt! Zumindest bis Anfang des 19. Jahrhunderts gibt es keine gedruckte Dialekt-Literatur. Die frühen deutschamerikanischen Autoren bringen eine Menge Gelehrsamkeit in ihre Schriften ein. Da Francis Daniel Pastorius für das Tricentennial von 1983 eine so zentrale Rolle spielt, erwähnen wir ihn am besten in diesem Zusammenhang als ersten. Er hatte an verschiedenen europäischen Universitäten Jura studiert, konnte Griechisch, Latein, Niederländisch, Französisch, Italienisch und — nach 1683 — Englisch, unternahm die Kavalierstour durch Europa, besaß Interessen und Kenntnisse, die sich auf beinahe alles Erdenkliche erstreckten, einschließlich Sprachen und Literaturen, Emblematik, Geschichte, natürlich Theologie und Jura, Gartenbau, Bienenzucht und Medizin. Ich benötigte die Hilfe mehrerer Kollegen in anderen Fakultäten, um die Herausgabe nur eines kurzen Manuskripts von Pastorius bewältigen zu können.[2] Die Schwierigkeiten werden beängstigend, wenn man mit den über 800 Seiten des „Beehive"-Manuskripts fertig zu werden versucht, eines Prunkstücks der Rare Book Collection in der Van Pelt Library an der University of Pennsylvania. Harold Jantz, mein Nachbar an der Duke University, der entscheidenden Anteil daran hatte, daß die Familie das Manuskript der Rare Book Collection anvertraute, arbeitet daran, zumindest die wichtigsten Teile des „Beehive" allgemein zugänglich zu machen.

Andere Autoren unserer Periode erhielten die vorzügliche theologische Ausbildung lutherischer Pfarrer, bevor sie zu einer der abgelehnten Sekten konvertierten und nach Amerika auswanderten. Sogar der Autodidakt Konrad Beissel schrieb religiöse Abhandlungen und Kirchenlieder, die erkennen lassen, daß er mit theologischen Fragen bestens vertraut war. Kurz, ein großer Teil der Schriften früher Deutschamerikaner erweist sich als schwer zugänglich und schwer auszuwerten.

Ich möchte noch einen weiteren Punkt erwähnen. Mehrere unter den Wissenschaftlern, die literarische Werke der frühen deutschamerikanischen Autoren untersuchten, hatten erwartet, Erlebnisdichtung vorzufinden und waren enttäuscht, als das ‚Erlebnis' sich als ein Gedanke, ein Bild, ein Symbol oder eine Formulierung erwies, die aus früherer Literatur einschließlich der Bibel tradiert waren. Heute begreifen wir diese Art von literarischem Produkt und die Poetik von Renaissance und Barock wieder besser und können somit an diese Schriften mit weniger vorgefaßten Meinungen herangehen als einige frühere Gelehrte.

Ich bin der festen Überzeugung, daß wir als amerikanische Germanisten mehr über das deutschamerikanische Material wissen sollten, das gedruckt oder als Manuskript in unseren Bibliotheken und Archiven aufbewahrt wird. Dazu besteht nicht nur eine natürliche Verpflichtung unsererseits, sondern dafür spricht auch die Faszination, die darin liegt, mit einigen wirklich ungewöhnlichen Persönlichkeiten und ihren interessanten literarischen Werken bekannt zu werden, und nicht zuletzt die Freude, die mit der Entdeckung eines unbekannten oder beinahe unbekannten literarischen Textes einhergeht.

Zu den Autoren, die mir als ungewöhnlich erschienen und deren Schriften ich schätzen gelernt habe, gehört unbedingt Francis Daniel Pastorius. Er war in der Lage, sowohl die englische Sprache in sein poetisches Schaffen aufzunehmen als auch seine neue Umwelt als Thema in sein Werk einzuschließen. Meines Erachtens ist er am erfolgreichsten als Verfasser von Epigrammen, jenen kurzen Versen mit einer prägnanten und zuweilen humorvollen Wendung. Ich möchte deshalb wenigstens ein Beispiel für eine geschickte Kombination seiner Muttersprache Deutsch und seines erworbenen Englisch in dem folgenden makkaronischen Vers zitieren:

„Hanns has his hands and tongue at his Command;
[Hans hat Hände und Zunge gut in der Gewalt;]
He keeps most fast what he did promise, and
[Am festesten hält er, was er versprach, und]
Verspricht, und lieferts nicht; Das ist eine Schand."[3]

Wie bereits erwähnt, trafen die frühen deutschsprechenden Einwanderer häufig in Gruppen ein, als Mitglieder einer radikalen pietistischen Sekte. Dies ist der Fall bei einem anderen Bewohner Germantowns, Johannes Kelp oder Kelpius, der für eine kleine und lockere Gemeinschaft, die man ‚Das Weib in der Wüste' oder ‚Die Einsiedler auf der Anhöhe' genannt hat, das geistige Zentrum darstellte. Der theologisch hervorragend gebildete Kelpius hinterließ mehrere Manuskripte von geistlichen Liedern im Stil Knorrs von Rosenroth. Außerdem ist Kelpius Verfasser eines Essays über das stille Gebet, das ins Englische übersetzt als „A Short, Easy and Comprehensive Method of Prayer" [ursprünglicher deutscher Titel „Kurtzer Begriff oder leichtes Mittel zu beten, oder mit Gott zu reden"] (Philadelphia: Henry Miller, 1761) erschien und 1951 von E. Gordon

Alderfer neu herausgebracht wurde (New York: Harper). Kelpius' ekstatische Erwartung des Lebens nach dem Tod findet am besten Ausdruck in der ersten Strophe eines Kirchenliedes, das er auf dem Krankenbett schrieb:

> „Hier lieg ich geschmieget
>   erkräncket im Schrein
>   Fast gäntzlich besieget
>   Von süßester pein
>   Ich dencke des blühenden Maÿn
>   Allwo mich der schönste wird Ewig erfreu'n
>   und diese zerbrechliche Hütte verneu'n"

Sein Quietismus wird in Vers 23 desselben Liedes deutlich:

> „Zwar leide ich billig:
>   Ich hab es verschuldt!
>   du machest mich willig,
>   und giebest gedult!
>   Dein Wille dan über mich völlig ergeh'
>   biß meiner in deinem gantz stille besteh',
>   daß nichts ihn absencke noch weiter erhöh'." [4]

In seiner bescheidenen und sorgenden Art ist Kelpius zweifellos einer der bewundernswertesten frühen deutschamerikanischen religiösen Wortführer.

Der nächste wichtige Visionär, Konrad Beissel, ist eine weitaus kontroversere Persönlichkeit. Anders als Pastorius und Kelpius war Beissel Autodidakt und Sohn eines verarmten Bäckers in Eberbach bei Heidelberg. Beissel vermochte jedoch etwas zu erreichen, was weder Pastorius noch Kelpius gelang: Beissel sammelte eine ziemlich große Gemeinde von Gläubigen um sich in Ephrata, Pennsylvania – heute eine Historische Stätte des Staates Pennsylvania, die einen Besuch entschieden wert ist –, wo genug Geld aufgebracht wurde, um den Druck nicht nur von Beissels eigenen Werken, sondern auch von solchen anderer Gemeindeglieder und anderer Autoren, deren Ansichten Beissel guthieß, zu finanzieren. Hier ergaben das Gelobte Land und die Freiheit des Ausdrucks zusammen eine erstaunliche Eruption der Kreativität. Viele Mitglieder der Ephrata-Gemeinde schrieben geistliche Lieder, andere religiöse Abhandlungen. Beissel wurde zu einem vorzüglichen, innovativen Komponisten, und die Gottesdienste von Ephrata erregten mit Hilfe hervorragend ausgebildeter Frauenstimmen breite Aufmerksamkeit. Außerdem entstand in Ephrata die schönste Fraktur der Kolonien. Soweit ich weiß, wird E. Gordon Adelfers neue, anerkennende Beissel-Biographie bald bei der University of Pennsylvania Press erscheinen. Dies ist eine sehr willkommene Nachricht, da Beissel in der Vergangenheit bei seinen Biographen recht schlecht abgeschnitten hat. Vom Standpunkt der Literaturgeschichte ist seine Benutzung des alexandrinischen Distichons besonders interessant. Sowohl im Inhalt wie in der Form erinnern seine Zweizeiler an den „Cherubinischen Wandersmann" von Johannes Scheffler (Angelus Silesius).

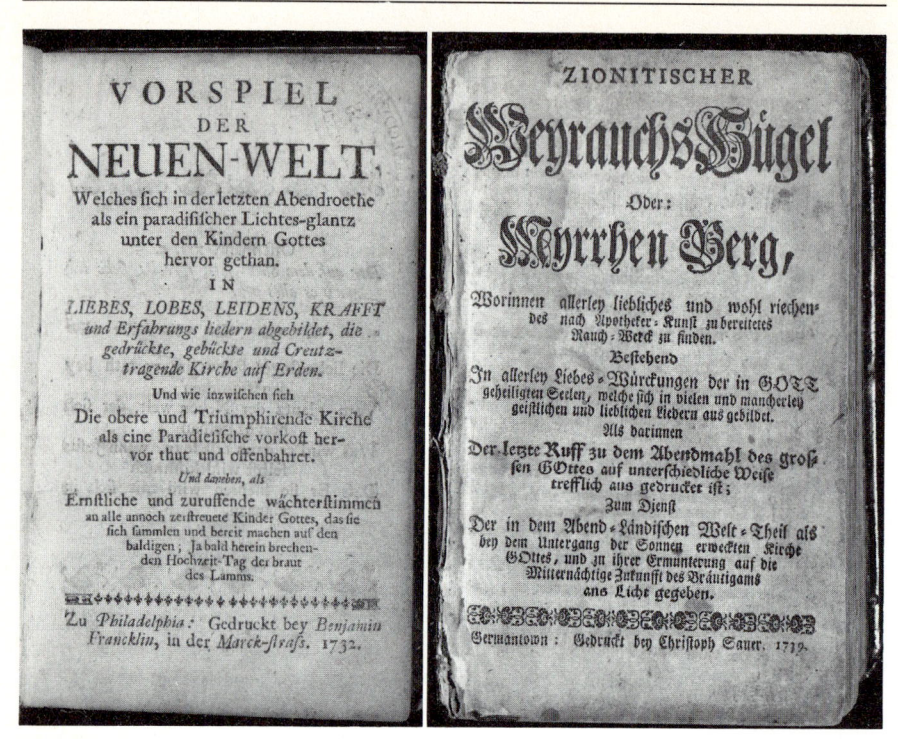

Frühe Hymnenbücher aus den Druckereien von Benjamin Franklin und Christopher Sauer. Links das seltene „Vorspiel der Neuen-Welt" von 1732, das die frühen Hymnen des Sektengründers Johann Konrad Beissel (1690–1768) enthält, rechts „Zionitischer Weyrauchs Hügel Oder: Myrrhen Berg" von 1739, ein Hymnenbuch der Brüder von Ephrata. Beissel richtete in dem von ihm aufgebauten Kloster von Ephrata 1745 eine Druckerei ein, in der er von nun an die zahlreichen Hymnen- und Liederbücher seiner mystisch-pietistischen Brüderschaft selbst herstellte.

Christopher Sauer und Benjamin Franklin konkurrierten nicht nur um den deutschsprachigen Buchmarkt in der englischen Kolonie, sondern auch um politischen Einfluß. Während Franklins deutschsprachige „Philadelphische Zeitung" 1732 nach zwei Ausgaben einging, hatte Sauer mit der 1739 gegründeten Zeitung „Hoch-Deutscher Pensylvanischer Geschicht-Schreiber" nachhaltigen Erfolg. Sie war, wie der abgebildete „Weyrauchs Hügel", in Fraktur gedruckt und kam in Form und Inhalt den Gefühlen der Deutschen besser entgegen. Berühmt wurde Christopher Sauer mit dem Druck der ‚Germantown Bibel' 1743, der ersten in Amerika gedruckten Bibel in einer europäischen Sprache. (Library Company of Philadelphia)

Im Verlauf des 18. Jahrhunderts sollten religiöse Fragen eine immer geringere Rolle unter den Gründen spielen, die Menschen dazu brachten, in die Kolonien und später in die junge unabhängige Nation zu kommen. An die Stelle von Sektenmitgliedern, die das Bedürfnis verspürten, ihrer eigenen Art und Weise der Beziehung zu Gott und der Welt Ausdruck zu geben, traten Angehörige von etablierten Kirchen. Weder die sentimentale und moralische Poesie Justus Helmuths, eines lutherischen Pfarrers in Philadelphia, noch die Johann Christoph Kunzes, eines weiteren lutherischen Geistlichen, der sich aktiv in der German Society of Pennsylvania betätigte, Mitglied des Kuratoriums der Universität war und später Professor für orientalische Sprachen an der Columbia-Universität wurde, erwecken besonderes Interesse. Ihre Poesie geht auf Klopstock und seine Imitatoren zurück. Kunze begann sogar, ein „Messias"-Epos zu schreiben, schloß es aber nie ab.

Unter den Veröffentlichungen deutschamerikanischer Autoren in der zweiten Hälfte des 18. Jahrhunderts gewannen die ‚Ratgeber'-Bücher auf den Gebieten der Medizin, des Gartenbaus und der Informationen über Gesetze und Steuern größerer Bedeutung. Es gibt jedoch einige interessante Berichte, der eine über eine Flucht aus indianischer Gefangenschaft, der andere von einer Frau, die von einem ‚Poltergeist' verfolgt wird, den man schließlich in Ephrata austreibt, und dann gibt es noch die Beichte eines Mannes, der einen Pakt mit dem Teufel einging.[5] Wir wissen noch nicht sehr viel über diese Grenzbereiche der literarischen Produktion der Deutschamerikaner während der genannten Periode. Ich bin überzeugt, daß zukünftige Untersuchungen die Lücken in unseren Kenntnissen ausfüllen werden. Klar ist jedoch, daß an die Stelle des früheren Monopols religiöser Werke eine Vielzahl von Interessen getreten ist, die neben der religiösen auch die weltliche Seite des Lebens einschließen. Weiterhin steht fest, daß ‚Sehnsucht nach der alten Heimat' in unserer Periode kein in irgendeiner Weise wichtiges Thema ist. Das Sehnen nach dem alten Vaterland sollte später, in der deutschamerikanischen Poesie des 19. Jahrhunderts ein beliebtes Thema werden, und dann war es eindeutig von den romantischen Dichtern in Europa abgeleitet. Die Sehnsucht ‚nach Hause' bei den frühen deutschamerikanischen Dichter bedeutete die Rückkehr zu Gott.

Hierher gehört ein Dokument, das, soweit ich feststellen kann, nicht die Aufmerksamkeit gefunden hat, die es zweifellos verdient. Der Unabhängigkeitskrieg brachte, wie man es erwarten sollte, einige Schriften von Deutschamerikanern hervor. Die interessanteste ist das Pamphlet mit dem Titel „Wahrheit und guter Rath, an die Einwohner Deutschlands, besonders in Hessen".[6] Es wurde 1783 in Philadelphia gedruckt. Der einzige ausführlichere Hinweis darauf, den ich finden konnte, stammt von Oswald Seidensticker, der es recht treffend wie folgt beschreibt: „Ein Appell an die Hessen und andere Deutsche im Dienst Englands, nicht unter die despotische Herrschaft ihrer jeweiligen Souveräne, die sie auf gemeine Weise verkauft hätten, zurückzukehren, sondern amerikanische Bürger zu werden und in South Carolina zu siedeln, wo ihnen Land zu günstigen Bedingungen angeboten wird. Das Buch schließt mit einem aufrüttelnden deutschen Gedicht eines amerikanischen Grenadiers, das sich 1777 an Hessen und andere wendet."[7]

Tatsächlich verurteilt der anonyme Autor in einer Weise, die auf eine lange antihöfische Tradition zurückgeht, das Luxusleben der deutschen Fürsten, die ihre Untertanen in Unkenntnis der Wahrheit halten und bei diesem Bemühen von der etablierten Kirche unterstützt werden. Offensichtlich finden wir hier eine Sprache und Thematik, die in ähnlicher Weise eine Generation später in Georg Büchners „Hessischem Landboten" wieder begegnet. Eine Stelle aus dem Pamphlet von 1783 verdeutlicht die Eloquenz des anonymen Verfassers:

> „Ihr Hessen! Schämt euch doch eures schändlichen, verächtlichen und dem Menschen höchst unanständigen Zustandes und seyd nicht mehr die willkührliche Sclaven eines eurer Nebenmenschen, zerbrecht die Ketten der Sclaverey, reist euch aus der Finsterniß und Sclaverey in welche euch eure Voreltern, durch Zagheit und Furcht gestürtzt haben, kommt in das Land der Freyheit, wo ihr, wenn ihr auch nackend ankommt, in kurzer Zeit wieder Menschen, ja freye und glückliche Menschen werden könnt, und hier seyd fromm, tugendhaft, menschenfreundlich, und arbeitsam, so seyd ihr Mensch, wie ihn GOtt, nach seinem Ebenbild, frey und als keinen Knecht erschuf, ihr seyd Herr der Erde und der Schöpfung, und glücklich hier und dort ewig." (S. 29)

Das Ende des Aufrufs besteht, wie Seidensticker vermerkte, aus einem Gedicht eines amerikanischen Grenadiers, das sich wiederum an die hessischen und andere deutsche Söldner wendet. Es trägt das Datum 1777 und gehört somit zu den Bemühungen der Revolutionäre, diese Soldaten, von denen viele zum Militärdienst gezwungen worden waren, zur Desertion zu bewegen. Sieht man sich das Vokabular des Gedichtes näher an, so wird deutlich, daß es von demselben Autor stammt wie der Prosa-Teil des Pamphlets. Betrachtet man einige der Verse noch genauer, so enthüllt sich die literarische Herkunft des Gedichtes. Ich möchte ein paar Strophen zitieren, in denen der Dichter zunächst einen einzelnen hessischen Soldaten anspricht und danach alle:

17. „Säh' von Wahlhalla, Siegmar dich,
    Säh' Hermann sein Geschlecht,
    Sie schämten warlich deiner sich,
    Und schämten sich mit Recht."
23. „O kommt, laßt Deutschland Deutschland seyn,
    Und gebt uns eure Hand,
    Schmied't euer Schwerdt zu Sicheln ein,
    Und baut mit uns das Land."
24. „Kommt zu uns frey von Groll und Trug,
    Und eßt das Freundschaffts-Mahl,
    Wir haben hier der Hütten gnug,
    Und Länder ohne Zahl." (S. 34 f.)

Bei „Säh' Hermann sein Geschlecht" erläutert eine Anmerkung, daß damit die tapferen Ahnen der Deutschen und Hessen gemeint seien, doch gibt es keine Erklärung zu Siegmar, der laut Klopstock Hermanns Vater war (S. sein „Hermann und Thusnelda", Zeilen 21 ff.). Der anonyme Poet übernahm seine Bezüge und seine Sprache vom Pietismus, von Klopstock oder von dessen Bewunderern im Göttinger Hain. Es war schon eine faszinierende Konstellation von Umständen, die den Dichter dieses Liedes den Vaterlandskult, die Freiheit, die deutsche Mythologie, das Christentum und die Freundschaft, wie man sie bei Klopstock und dessen Anhängern findet, in dieser Weise als einen Appell an seine hessischen

Landsleute, zu desertieren und sich den Revolutionären anzuschließen, verwerten ließ.

Noch mehr solcher Juwelen könnten unter den vielfältigen frühen deutschamerikanischen Publikationen verborgen sein. Besonders unsicher fühle ich mich hinsichtlich des literarischen Materials, das in den vielen Almanachen unserer Periode enthalten sein mag. Wir besitzen Untersuchungen von einigen Aspekten des literarischen Inhalts der Almanache des 19. Jahrhunderts – Don Yoder von der University of Pennsylvania ist hier einer der führenden Gelehrten –, doch habe ich nichts über den Almanach des 18. Jahrhunderts gefunden.

Damit komme ich zu meinem letzten Punkt: Was ist zu tun, damit die Schriften der frühen Deutschamerikaner besser zugänglich werden? Immer wieder gewinne ich den Eindruck, daß die Frage des Beitrags der Deutschamerikaner zur Musik der Kolonien und der jungen Republik in kompetenter Weise behandelt worden ist und daß die verschiedensten Kompositionen in wissenschaftlichen Editionen veröffentlicht worden sind. Das gleiche gilt für das Interesse und die Forschung, die man der Kunst der Deutschamerikaner gewidmet hat. Hier braucht man nur Henry S. Bornemans und Donald A. Shelleys Arbeiten über die Fraktur oder den schönen und gut dokumentierten Katalog des Philadelphia Museum of Art „The Pennsylvania Germans. A Celebration of Their Arts, 1683–1850" zu erwähnen. Dagegen haben die literarischen Bemühungen der Deutschamerikaner weniger gut abgeschnitten, und dies offenkundig deshalb, weil Musik, Formen, Farben und handwerkliches Können nicht durch Sprachbarrieren behindert werden. Im Bereich der Lyrik besitzen wir die beiden in Anmerkung 4 genannten Anthologien und für Publikationen ganz allgemein Oswald Seidenstickers unschätzbare Bibliographie von 1893, „The First Century of German Printing in America, 1728–1830", die in Anmerkung 7 erwähnt wird. Dieses Werk wird auf den neuesten Stand gebracht; begonnen wurde die Überarbeitung von dem inzwischen verstorbenen Wilbur H. Oda, danach fortgesetzt von Karl J.R. Arndt; heute liegt sie in den Händen von Werner Tannhof, einem wissenschaftlichen Bibliothekar der Niedersächsischen Staats- und Universitätsbibliothek Göttingen.

Es gibt auch umfassende Bibliographien, die jedes Buch, Pamphlet und Flugblatt enthalten, das vor 1830 in den Vereinigten Staaten gedruckt wurde. Titel, die vor 1819 erschienen, sind als „Early American Imprints" der Readex Microprint Corporation verfügbar, einem für jede Forschungsarbeit im Bereich der frühen Deutsch-Amerikana unentbehrlichen Hilfsmittel. All dies scheint darauf hinzudeuten, daß wir bereits alle notwendigen Informationen besitzen, die wir benötigen, um eine bessere Vorstellung davon zu gewinnen, was es mit der frühen deutschamerikanischen Literatur in allen ihren Aspekten tatsächlich auf sich hatte. Doch das ist nicht ganz richtig. Die Zahl der Titel in „Early American Imprints" ist so enorm, daß es großer Anstrengungen bedarf, diejenigen deutschamerikanischer Autoren herauszusuchen. Die erweiterte und veränderte Seidensticker-Bibliographie wird hier nützlich sein, indem sie die amerikanische Version des Formates übernimmt, das in dem laufenden Projekt „Eighteenth

Century Short Title Catalogue" verwendet wird. Doch bleibt trotzdem die Aufgabe zu lösen, Autor und Ursprung vieler Titel in der Bibliographie zu bestimmen, da eine erhebliche Zahl der deutschamerikanischen Titel entweder Nachdrucke europäischer Veröffentlichungen oder aber Übersetzungen sind.

Nicht einmal erwähnt habe ich bisher das reichhaltige Manuskriptmaterial, das überall in den Vereinigten Staaten in bekannten und weniger bekannten Bibliotheken und Archiven aufbewahrt wird. Ich weiß, daß Klaus W. Jonas von der University of Pittsburgh der Stiftung National Endowment for the Humanities ein Projekt zur Katalogisierung der deutschen Manuskripte in den USA vorlegte, aber dafür keine Mittel bewilligt bekam. Das Archivmaterial der verschiedenen Konfessionen mit deutschen Ursprüngen ist in vielen Fällen so umfangreich, daß die Katalogisierung, falls die Mittel dafür einmal vorhanden wären, in der Weise erfolgen müßte, daß man nicht die getrennte Auflistung jedes Titels versuchen dürfte, sondern sich mit dem Erfassen von größeren Manuskript-Gruppen begnügen müßte. Doch ein solcher Katalog muß unbedingt erstellt werden. Im Augenblick wissen wir noch nicht einmal genau, welche Manuskripte von Pastorius, Kelpius oder Beissel existieren.

Ich kann nicht genug betonen, wie verdienstvoll es wäre, die Texte früher deutschamerikanischer Autoren leichter zugänglich zu machen. Haben wir erst einmal eine klare Vorstellung darüber, welches Material vorhanden ist, dann wäre eine Anthologie mit authentischen Texten und ausführlichen Anmerkungen der nächste und sehr wünschenswerte Schritt.

Der verstorbene John Joseph Stoudt, der so viel für die Sache der frühen pennsylvania-deutschen Literatur und Geistesgeschichte getan hat, hatte den Plan, in englischer Sprache eine Reihe von Dokumenten zu veröffentlichen, die dem amerikanischen gebildeten Publikum Penns heiliges Experiment und den Beitrag der frühen deutschen Einwanderer zu diesem Experiment nahebringen sollte. Als Titel des Buches war „Quäker und Brüder im heiligen Experiment" vorgesehen.[8] Es hätte den geistigen Beitrag der frühen Deutschamerikaner gut dokumentiert. Meine Interessen sind stärker literarischer Natur als die von John Stoudt, und dementsprechend würde ich eine andere Art von Material auswählen. Doch ich stimme mit ihm darin überein, daß die Beiträge der frühen Deutschamerikaner zur geistigen Atmosphäre der Kolonien und der jungen Republik, ihre Idee der brüderlichen Liebe und einer demokratischen Gemeinschaft nur Spezialisten bekannt sind und in der amerikanischen Wissenschaft noch nicht die Aufmerksamkeit gefunden haben, die sie verdienen.

Anmerkungen

1   C.R. Goedsche und W.E. Glaettli (Hg.), New York: American Book Company, 1953.
2   S. Francis Daniel Pastorius, Deliciae Hortenses or Garden-Recreations and Voluptates Apianae, Hg. Christoph E. Schweitzer, Columbia, SC: Camden House, 1982.
3   Beehive, S. 148. Zit. mit freundlicher Genehmigung von Professor Harold Jantz.

4 Das Manuskript ist wiedergegeben in: Church Music and Musical Life in Pennsylvania in the Eighteenth Century, 2 Bde., Philadelphia: Pennsylvania Society of the Colonial Dames of America, 1926, Bd. 1, S. 138–149. Das Lied ist auch enthalten in: Heinrich Arnim Rattermann (Hg.), Deutsch-Amerikanische Dichter und Dichtungen des 17ten und 18ten Jahrhunderts, o.O.: German-American Historical Society of Illinois, 1915, S. 24–27, u. bei John Joseph Stoudt (Hg.), Pennsylvania German Poetry, 1685–1830, Allentown, PA: Schlechter's, 1956, S. 7–12. Die beste vorhandene Darstellung von Kelpius und seiner Gruppe sowie von seinen geistlichen Liedern ist Willard Martin, Johann Kelpius and Johann Gottfried Seelig, Mystics and Hymnists on the Wissahickon, Diss. Pennsylvania State University, 1973.

5 Die einfachste und nützlichste Art und Weise, diese Publikationen zu belegen, ist die Angabe ihrer Nummer in Charles Evans, American Bibliography, Chicago: Privately printed for the author, 1903–1955, Nr. 8347, 8778, und 22877. Diese Titel sind enthalten in der Readex Microprint-Ausgabe der „Early American Imprints", veröffentlicht von der American Antiquarian Society.

6 Evans, 18291.

7 Oswald Seidensticker, The First Century of German Printing in America, 1728–1830, Philadelphia: Schaefer und Koradi, 1893; Repr. New York: Krause, 1966, S. 111; Horst Dippel (Germany and the American Revolution, 1770–1800, Chapel Hill: University of North Carolina Press, 1977) erwähnt das Büchlein (S. 125), wenn auch nur kurz, und widmet den verschiedenen Fragen im Zusammenhang mit dem Einsatz deutscher Hilfstruppen durch Großbritannien einige Seiten (S. 117–130).

8 Die Witwe von John Stoudt hat mir mitgeteilt, daß die Manuskripte ihres Mannes in der Schwenkfelder Library in Pennsburg, Pennsylvania, deponiert worden sind.

20. Tagesfragen und Absatzfragen
Der Feuilletonroman in der liberalen deutschamerikanischen Presse zwischen 1848 und dem Bürgerkrieg

Patricia Herminghouse

Die meisten Leser, die sich auf das Gebiet der deutschamerikanischen Literatur vorwagen, ob nun in erster Linie aus Interesse an deutsch-amerikanischer Geschichte oder an der Literatur, werden nur allzu rasch – und gerechtfertigterweise – durch das Fehlen ernsthafter künstlerischer Qualität enttäuscht. Stark auf Vorlagen aufbauend, rührselig, voller stilistischer Mängel und häufig über die Maßen lang, werden die meisten Werke vermutlich beiseite gelegt, ehe noch das Interesse des Lesers an ihrem besonderen Wert als sozialen Dokumenten geweckt worden ist. Jedenfalls gilt das für die Romane, die hier erörtert werden sollen, Werke, welche zur frühesten von Deutschen in den Vereinigten Staaten veröffentlichten Prosa gehören,[1] und deren Verfasser zu den faszinierendsten und politisch bedeutsamsten deutschen Auswanderern um die Mitte des 19. Jahrhunderts zählen. In den meisten Fällen wurden ihre Werke außerdem in einer für die USA neuen Form veröffentlicht: in Fortsetzungen in deutschamerikanischen Zeitungen der 1850er Jahre – Zeitungen, die die Autoren häufig auch selbst herausgaben. Obwohl die Romane auch in traditioneller Buchform verbreitet wurden und es sogar zum Bestseller brachten, war das Buch eigentlich nur ein Nebenprodukt der journalistischen Tätigkeit. Es ist vor allem der nichtliterarische Aspekt dieser Romane, ihr sozio-historischer Inhalt, der sie heute für uns interessant macht.

Um diese Werke zu verstehen, wird man aber nicht in Deutschland anfangen, sondern im Paris der 1840er Jahre, einer Stadt, die einer zunehmenden Zahl von Flüchtlingen vor Unterdrückungsregimes in Deutschland zur Heimat geworden war. Zu ihnen gehörten Persönlichkeiten wie Heinrich Heine und Ludwig Börne, Karl Marx und Arnold Ruge, sowie ein scheinbar unbedeutender österreichischer Unternehmer namens Heinrich Börnstein.

Börnstein war 1842 nach Paris gekommen, da seine Theater- und journalistischen Unternehmungen in Österreich in zunehmendem Maße durch die Zensur und Unterdrückung des Metternich-Regimes bedroht wurden. Sein unternehmerisches Gespür mag ihm gesagt haben, daß Paris mit seiner Kolonie von etwa 60000 deutschen Emigranten ihm mehr künstlerische und kommerzielle Möglichkeiten bieten würde als jede andere Stadt innerhalb oder außerhalb des unruhigen Deutschland. Nachdem er sich einen Vertrag als Pariser Theaterkorrespondent für die „Augsburger Allgemeine Zeitung" gesichert hatte, machte er das Arrangement noch einträglicher mit seiner ‚Übersetzungsfabrik', in der er zum Ärger deutscher Autoren mehr als 50 Übersetzungen der von ihm rezensierten französischen Stücke für deutsche Theater produzierte. Er eröffnete eine deutsche Nachrichtenagentur und sicherte sich sogar die Stellung eines Pariser Korrespondenten der New Yorker „Deutsche Schnellpost", einer liberalen Zeitung, die ihren Lesern in der Neuen Welt über die Ereignisse in Europa berichtete. Als Leiter der deutschen und italienischen Oper in Paris vermochte er die finanzielle Unterstützung des Komponisten Giacomo Meyerbeer für eine neue Unternehmung zu gewinnen, die er Ende 1843 ankündigte: die Gründung der ersten deutschsprachigen Zeitung in Paris, des monatlich zweimal erscheinenden „Vorwärts! Pariser Signale aus Kunst, Wissenschaft, Theater, Musik und geselligem Leben". Die neue Zeitung verfolgte eher wirtschaftliche denn politische Absichten, sollte sie doch in erster Linie dazu dienen, seine Tätigkeit als Regisseur und Übersetzer zu unterstützen. Da Börnstein sie als ein kulturelles Blatt deklarierte, brauchte er nicht die Kaution zu stellen, die das französische Gesetz von Zeitungs-Herausgebern verlangte, die leicht mit der politischen Zensur in Konflikt gerieten und Geldstrafen zu erwarten hatten. Für Deutsche bedeutete jedoch sogar dieses System eine gewisse Verbesserung gegenüber dem in ihrer Heimat üblichen, wo verschiedene Systeme der Vor- und Nachzensur die Veröffentlichung anstößigen Materials wirksam ausschlossen. Das französische System bot dem, der sich das damit verbundene finanzielle Risiko leisten konnte, zumindest eine eingeschränkte Form von ‚Freiheit', und einige französische Herausgeber erwarben ein bedeutendes Geschick darin, ihre Verkaufseinnahmen soweit zu steigern, daß die Geldstrafen der Zensur sie kaum wirtschaftlich ruinieren konnten. Wenngleich Börnstein diese Praktiken in der französischen Presse sehr wohl kannte, behauptete er doch, für seine neue Veröffentlichung die deutschsprachige Presse in den Vereinigten Staaten zum Vorbild zu nehmen, wobei er insbesondere die „Deutsche Schnellpost" erwähnte, deren Korrespondent er bereits war. Die amerikanische Presse war zwar kaum der Inbegriff journalistischer Spitzenleistungen, doch hatte sie in der Tat keinerlei Probleme mit der Zensur, die ihre europäischen Pendants plagte. Börnstein nahm eine ‚Zeitungsschau' in sein Blatt auf, eine Rubrik mit Zitaten aus der deutschamerikanischen Presse, einschließlich einiger seiner eigenen Meldungen für die „Deutsche Schnellpost", ebenso wie amüsante oder sensationelle Berichte aus anderen Zeitungen, wie etwa dem „Anzeiger des Westens" in St. Louis, mit dem sein Schicksal und Wohlergehen in einigen wenigen Jahren so eng verbunden sein sollten.

Börnstein und sein etwas dubioser Mitarbeiter Adalbert von Bornstedt begannen mit der Veröffentlichung des „Vorwärts!" im Januar 1844. Ende Februar 1844 brachten die zwei führenden Köpfe der radikalen deutschen Gruppe in Paris die erste Ausgabe ihrer „Deutsch-Französischen Jahrbücher" heraus. Herausgegeben von Karl Marx und Arnold Ruge unter der tüchtigen Mitarbeit von Karl Bernays, sollte das neue Unternehmen sehr kurzlebig sein, wie die Radikalen selbst sehr viel rascher begriffen zu haben scheinen als Börnstein und Bornstedt, die auf den Seiten des „Vorwärts!" gegen sie, Heinrich Heine und die jungdeutsche Bewegung zu Felde zogen. Bornstedts politische Zwielichtigkeit führte schließlich zu seinem Abschied vom „Vorwärts!" im Mai und – auf eine nicht ganz geklärte Weise – zu seiner Ersetzung durch den fähigen Bernays. Wir können spekulieren, daß Börnsteins Zorn auf die deutschen Behörden, die sich weigerten, seine Zeitung über die Grenze zu lassen, ihn zu einer etwas radikaleren Haltung drängte. Gleichzeitig führte wahrscheinlich das bevorstehende Eingehen der „Jahrbücher" Marx und Ruge zu der Überlegung, wie sie Einfluß auf den „Vorwärts!", die einzige deutsche Zeitung in Paris, gewinnen könnten. Der Schlüssel zu der ‚Übernahme', wenn man es so nennen kann, scheint darin zu liegen, daß Bernays im Juni einen Herausgeberposten erhielt; im Juli hatte sich der Untertitel der Zeitung in „Pariser Deutsche Zeitschrift" geändert, und eben die Personen, die noch vor wenigen Monaten auf dessen Seiten angegriffen worden waren, veröffentlichten nun im „Vorwärts!". Ganz gleich, was seine ursprünglichen Motive für den Eintritt in die Zeitung gewesen sein mochten, wurde Bernays ein enger Freund Börnsteins. Statt Partei zu ergreifen, als die Marxisten sich spalteten, folgte Bernays Börnstein in die Vereinigten Staaten und wurde dort sein wichtigster Mitarbeiter beim „Anzeiger des Westens".

Nachdem die Zeitung offen politisch geworden war, belangte man die Herausgeber des „Vorwärts!" schließlich im Dezember 1844 gerichtlich, weil sie ohne Kautionsleistung ein politisches Blatt veröffentlichten. Bernays kam ins Gefängnis, und auf Aufforderung der preußischen Regierung hin wurden andere Mitarbeiter der Zeitung angewiesen, Paris zu verlassen.[2] Börnstein scheint sich das Recht, in Paris zu bleiben, durch das Versprechen erkauft zu haben, seinen Plan, den „Vorwärts!" als Monatsschrift zu veröffentlichen, nicht durchzuführen. Nach Bernays' Entlassung aus dem Gefängnis arbeiteten er und Börnstein in Paris weiter, bis sie ihre Enttäuschung über die Entwicklungen von 1848 dazu bewog, in die USA abzureisen. Dort griff Börnstein auf sein als Medizinstudent in Österreich erworbenes Wissen zurück und praktizierte Medizin in einer Kleinstadt in Illinois, bis ihm 1850 die Herausgeberschaft des „Anzeiger des Westen" in St. Louis angeboten wurde. Bald kaufte er die Zeitung dem bisherigen Besitzer ab und erwies sich als ungemein erfolgreicher Konkurrent der schläfrigen deutschsprachigen Presse von St. Louis. Doch bevor wir uns mit Börnsteins Tätigkeit in St. Louis befassen, sollten wir uns unbedingt einem Aspekt des Pariser literarischen Lebens etwas intensiver zuwenden, das ihn in besonderem Maße zu faszinieren schien.

Börnsteins Ankunft in Paris traf zeitlich mit dem Erscheinen eines Romans zusammen, der nicht nur Paris, sondern einen großen Teil Europas und sogar Nordamerikas im Sturm eroberte. Eugène Sues „Les Mystères de Paris" lief von 1842 an zwei Jahre lang als Fortsetzungsroman im „Journal des Debats" und wurde während desselben Zeitraums als Buch in zehn Bänden herausgebracht. Ein späterer ‚roman feuilleton' „Le Juif Errant", wurde 1844–45 in Fortsetzungen in „Le Constitutionnel" veröffentlicht, dessen Auflagenzahl sich durch das enorme Interesse an dem Roman versiebenfachte. Natürlich entging Börnstein nicht die Aufmerksamkeit, die Sues Roman fand; schon in der vierten Nummer des „Vorwärts!" berichtete er über die Unfähigkeit von Leihbüchereien in Paris, der Nachfrage für die „Mystères" zu genügen, und über die Zahl deutscher Schriftsteller, die ihre eigenen „Mysterien" von Wien, Berlin, Leipzig und so fort in Angriff genommen hatten. Insgesamt wurden etwa drei Dutzend Imitationen angekündigt, und schon lange bevor Deutsche selber Fortsetzungsromane zu produzieren begannen, erschien Sues Werk gleichzeitig in einem Dutzend deutscher Zeitungen ebenso wie in zahlreichen legalen und illegalen Buchausgaben.[3] Börnsteins Haltung dem Phänomen gegenüber war recht kritisch, und er bemerkte, Deutschland sei bedauerlicherweise in sehr viel größerer Gefahr, durch die französische Geheimnisliteratur mitgerissen zu werden als durch den viel bedeutsameren Begriff der ‚Öffentlichkeit', der auch auf französischem Boden gewachsen sei. Er schien jedoch die unter der Oberfläche verborgene sozialkritische Note nicht entdeckt zu haben, die scharfsichtigere Leser des Romans erkannten. Seine Ausführungen lassen auch nicht darauf schließen, daß er die im Romanschaffen stattfindende Revolution erkannt hätte, daß nämlich die Armen und Ausgestoßenen der Großstädte statt der Reichen und Adeligen vom Lande zum Thema der Literatur für die Massen geworden waren. Doch während er Verachtung für Sues Werk empfunden haben mag, zog er auch daraus eine Anzahl von Lehren, die ihm später in St. Louis sehr von Nutzen sein sollten. Vor allem registrierte er sehr aufmerksam das Beispiel von „Le Constitutionnel" mit dessen enorm vergrößerter Auflagenzahl. Eine hohe – und zunehmende – Auflage bietet eine herausgeberische Machtbasis, auf der eine Zeitung ihren Einfluß im gesamten politischen und wirtschaftlichen Bereich ausdehnen kann. Zum anderen boten, wie viele Autoren auf deutschem Boden es bereits bewiesen, die Erzähltechniken, Figuren und Motive von Sues Roman ein Vorbild, das sich leicht übernehmen und in andere Milieus als das seiner Heimatstadt Paris übertragen ließ. Sue behauptet in seinem Vorwort, er sei zu seinem Roman über die städtische Barbarei durch die populären Erzählungen über die amerikanische Wildnis von James Fenimore Cooper inspiriert worden, der tatsächlich die Jahre 1826–33 in Europa verbrachte, hauptsächlich in Paris.

Slang, Sex und Aggression, farbige Namen, unterirdische Gänge, windige, regnerische Nächte in dunklen Seitenstraßen: Diese Elemente konnte jeder Autor von Sue übernehmen. Am wichtigsten war das Element des Lokalkolorits: „Die Geheimnisse von . . . (die jeweilige Stadt, für deren Darstellung sich der Verfasser entschied)" verkauften sich gut, weil die Bewohner jener Stadt in der haarsträubenden Geschichte ihre eigene Umgebung wiedererkannten. Eine solche Mischung aus nachprüfbarem, realistischem Detail und phantastischen ‚Enthüllungen' erwies sich als unwiderstehlich, selbst für Leser, die sich sonst hinsichtlich ihrer Lektüre über Sensationslust erhaben dünken mochten.

Die neue Welt, in der Börnstein und Bernays ankamen, war von Sues Erfolg gleichfalls nicht unberührt geblieben. Von George Lippards „The Quaker City or The Monks of Monk Hall. A Romance of Philadelphia Life, Mystery and Crime" wurde bei seinem Erscheinen eine Auflage von 60000 abgesetzt, und zehn Jahre später verkaufte sich das Werk mit 30000 Exemplaren im Jahr immer noch blendend,[4] als das Genre in der deutschamerikanischen Presse blühte und gedieh. Lippards Roman wurde von Friedrich Gerstäcker auf seinen Reisen durch die Vereinigten Staaten entdeckt und von ihm als „Die Quäkerstadt und ihre Geheimnisse" übersetzt[5]. Der Titel wird immer noch gelegentlich zu Unrecht Gerstäcker als Verfasser zugeschrieben. In seiner Kombination des exotischen Reizes des amerikanischen Schauplatzes mit der herrschenden Popularität von Großstadtromanen war das Buch ein ebenso großer Erfolg wie Gerstäckers andere Amerika-Romane. Seinem Titel zum Trotz handelt „The Monks of Monk Hall" überhaupt nicht von Mönchen, sondern von einer finsteren Unterweltbande, deren Mitglieder sich ‚Mönche' nennen und in ihrem Versteck, einem alten herrschaftlichen Haus namens ‚Monk Hall', in weiten schwarzen Mänteln mit Kapuze zechen. Doch Lippard verwandte nicht nur Sues sämtliche Tricks; sein Titel spielte auch eindeutig auf eine andere Strömung in Leben und Literatur Amerikas an: auf die Wellen von Verfolgungswahn und bösartiger antikatholischer Propaganda, die über die noch junge Nation spülten, als die Wogen der Einwanderung aus Europa in den 1820er und 1830er Jahren anzuschwellen begannen.

Ein Buch nach dem anderen beschrieb den Katholizismus als eine moralische und politische Bedrohung der reinen amerikanischen Demokratie, Klöster als „Höhlen des Lasters und der Schändlichkeit, in denen Nonnen und Mönche sich in einem Sumpf von Unwissenheit und Verderbtheit wälzen".[6] Anders als die entsprechenden Romane auf dem europäischen Kontinent erschienen diese amerikanischen Werke jedoch nicht als Fortsetzungsromane in Zeitungen; sie wurden stattdessen in billigen Fortsetzungslieferungen auf Zeitungspapier als sogenannte ‚penny dreadfuls' verkauft und bildeten ein besonderes Genre der von Leslie Fiedler so bezeichneten Subpornographie, die „bloßstellt, enthüllt, ... die innersten Geheimnisse der Leute in Positionen der Macht verrät".[7]

Ohne Zweifel nährte das plötzliche Wachstum der katholischen Kirche, zu der sehr viele Einwanderer dieser Jahrzehnte gehörten, die Furcht amerikanischer Protestanten vor einer ‚papistischen' Verschwörung zur Übernahme der riesigen unbesiedelten Territorien der Vereinigten Staaten, besonders des Mississippitals, auf das Kolonisierungsgesellschaften in Deutschland ihre Aufmerksamkeit richteten. Es machte keinen Unterschied, ob die Einwanderer, wie etwa die Mitglieder der Gießener Gesellschaft, die ihren Blick auf Missouri richteten, keine Katholiken waren – oder sogar konventionelle Protestanten –; es blieb die Befürchtung, sie könnten ‚verkleidete Jesuiten' und somit Verbündete in den Plänen Roms zur Besitzergreifung des Westens sein.[8] In der protestantischen Presse wimmelte es von Geschichten über Lust, Blut und Mord,[9] von denen einige aus der Feder solch prominenter Amerikaner wie etwa Samuel F.B. Morse[10] und Lyman Beecher, Vater von Harriet Beecher Stowe, stammten.[11] Die fremdenfeindlichen Nativisten fanden für ihre Ideen bei den beiden großen amerikanischen politischen Parteien nur unzureichend Unterstützung – bei den Demokraten, die sich um die ethnischen Wähler bemühten, oder bei den Whigs, die mit den Problemen der ökonomischen Expansion und mit dem sich verschärfenden Konflikt zwischen Süd- und Nordstaaten viel zu beschäftigt waren. Daher griffen die Nativisten nach politischer Macht, indem sie selbst eine Partei organisierten. Mit der Verbreitung ihrer Basis wurden ihre Praktiken rücksichtsloser und schlossen Krawalle und das Niederbrennen von Kirchen und Klöstern ein. Der Widerwille, den solche Aktionen bei der amerikanischen Bevölkerung auslösten, führte zum Niedergang der Partei bis etwa 1850, als die Einwanderung aus dem unruhigen Europa erneut Befürchtungen schürte, daß mit ganzen Schiffsladungen Unfriede und Unwissenheit aus dem Ausland importiert werde.[12] Die Nativisten, inzwischen als der Orden vom Sternenbanner oder als ‚Know-Nothings' bekannt, profitierten bei ihrem Machtstreben von der zunehmenden Unfähigkeit der Whigs und der Demokraten, der in den eigenen Parteien sich zuspitzenden Nord-Süd Konflikt Herr zu werden. Die Jacksonsche Demokratische Partei, traditionellerweise die politische Heimat der Einwanderer, erweckte deren Antipathie durch ihre Verbindungen zu den Sklavenhaltern im Süden; die zunehmend dekadente Whig-Partei hatte sich wegen ihrer Beziehungen zu dem nativistischen Element nie der Gunst der Einwanderer erfreut.

In diesem politischen Morast mußten neue Einwanderer wie Börnstein und Bernays sich zurechtfinden. Viele strebten nur das erhoffte billige Land im Westen an, das nunmehr durch die ärgerliche Frage der Sklaverei-Ausweitung gefährdet schien. Andere, die mit radikalen europäischen Traditionen verwachsen waren, von denen sich die hemdsärmelige Demokratie der Siedlungsgrenze erheblich unterschied, bemühten sich, politischen und kulturellen Einfluß bei ihren deutschen Landsleuten zu gewinnen oder wiederzugewinnen. Es war nur natürlich, daß sie sich in einer von Landspekulation, Sklaverei und religiösem Verfolgungswahn beherrrschten Gesellschaft der Presse zuwandten, indem sie entweder ihre eigenen Zeitungen gründeten oder bereits bestehende übernahmen. In dem Jahrzehnt zwischen 1850 und 1860, als die deutsche Bevölkerung der USA von etwas über einer halben Million auf über 1,3 Millionen anschwoll und die junge Republikanische Partei bei den von Whigs und Demokraten Enttäuschten Unterstützung suchte, wurde diese Presse zu einer ernsthaften politischen Kraft, die sich mit ganz anderen Fragen befaßte als mit jenen, mit denen sie ihre Leserschaft gewonnen hatte.[13]

Als Börnstein 1850 aufgefordert wurde, Wilhelm Weber als Herausgeber des angesehenen „Anzeiger des Westens" abzulösen, verfolgte er sogleich eine Strategie mit dem Ziel, das Blatt zur wichtigsten deutschen Zeitung im Westen zu machen. Dies bedeutete einerseits das Anknüpfen politischer Bündnisse mit den Führern des liberalen, die Sklaverei ablehnenden Flügels der Demokratischen Partei in Missouri, andererseits die Schaffung einer Basis beim arbeiterfreundlichen, antiklerikalen Element der deutschen Bevölkerung in St. Louis. Mit dem Beispiel Sues in Paris noch deutlich vor Augen, ging Börnstein auch daran, die Auflagestärke der Zeitung aufzubauen; bald konnte er sie sogar dem Eigentümer abkaufen. Börnstein benutzte zwar nicht die Handlung, aber sonst alle Kunstgriffe von Sues „Les Mystères de Paris", um eine journalistische Sensation zu produzieren: Einen Fortsetzungsroman mit dem Titel „Die Geheimnisse von St. Louis", der dem „Anzeiger" in wenigen Monaten über tausend neue Abonnenten einbrachte.[14] Es gibt allerdings einigen Grund, Börnstein diese Neuerung nicht allzu hoch anzurechnen. In seinen Memoiren teilt er mit, der

> **Deutsch=amerikanischer**
> **Dichterwald.**
>
> Eine Sammlung von Original-Gedichten
> Deutsch-amerikanischer Verfasser.
>
> Herausgegeben von E. Marrhausen.
>
> Detroit, Mich., 1856.
> Druck und Verlag von A. & E. Marrhausen.

Eine repräsentative Anthologie deutschamerikanischer Lyrik von 1856. Während der Großteil der Emigrantenlyrik zur Epigonendichtung im Stile Geibels zu zählen ist, mit der sich die Autoren in der neuen Umwelt als Einzelne ihrer kulturellen Identität vergewisserten, trug ein kleinerer Teil die politische Botschaft der Achtundvierziger und engagierte sich im Bürgerkrieg auf der Seite Lincolns im Kampf gegen die Sklaverei. Besonders nach 1848 entstanden interessante Reflexionen über die geistige Doppelexistenz des Emigranten, von denen diese Anthologie im letzten Teil mit mehreren von Heine inspirierten und an ihn gerichteten Gedichten Zeugnis ablegt.

Für die Gemeinschaftsformen und Festtagsmanifestationen des, wie es zunehmend hieß, Deutschamerikanertums rückten Lyrik und Gesang Ende des 19. Jahrhunderts an eine zentrale Stelle. Das Liedgut der Turner- und Gesangvereine, die sich in großen Massenfesten trafen, stammte allerdings zum großen Teil aus Deutschland. Ohnehin hatte der frei gestattete Nachdruck ausländischer Druckerzeugnisse bis 1911 zur Folge, daß die eigene literarische Produktion der Deutschamerikaner zur brotlosen Kunst verurteilt war. Damit hing ihr literarischer Markt stark von Deutschland ab. (German Society of Pennsylvania)

Plan für den Feuilletonroman sei zwar sein eigener gewesen, doch er habe den ursprünglichen Titel, „Die Raben des Westens" (mit dem die letzte Auflage des Buches 1871 in Deutschland erschien), durch das reizvollere „Die Geheimnisse von St. Louis" ersetzt, als er erfuhr, daß ein Konkurrenzblatt einen Fortsetzungsroman mit diesem Titel plane.[15]

Tatsächlich ist es sehr schwierig festzustellen, ob Börnsteins „Geheimnisse" wirklich der erste der zahlreichen Vertreter dieses Genres in den Vereinigten Staaten war. 1850 erschien in einem billigen Zeitungsdruckformat die erste Folge des anonymen „Die Geheimnisse von Philadelphia" im Verlag von August

Gläser, J.M. Reichard und Nikolaus Schmitt. Neben verschiedenen Zeitungsvorhaben, an denen sich diese drei Männer unabhängig voneinander versuchten, gaben sie 1850 für kurze Zeit gemeinsam eine Tageszeitung heraus, „Der Volksvertreter".[16] Dieses Blatt, von dem sich heute keine Exemplare mehr finden lassen, scheint Verbindungen zu dem radikalen Kreis um Wilhelm Weitling in New York gehabt zu haben, und es ist denkbar, daß das erhalten gebliebene Fragment der „Geheimnisse" Teil eines dem Börnsteinschen ähnlichen Fortsetzungsroman-Vorhabens gewesen ist. In diesem Werk ist der Einfluß Sues in Form wie Inhalt sogar noch deutlicher als in Börnsteins. Es ist wahrscheinlich das einzige der vielen „Geheimnisse von...", das nicht von dem St. Louiser Vorbild beeinflußt wurde, und zeigt das in Sues Roman deutliche soziale Gewissen in stärkerem Maße auf als jeder andere der amerikanischen Ableger. Wie es in der Einleitung heißt, sollte der Roman „die schreckliche Corruption enthüllen, von der ein gewisser Teil des Gebäudes unserer sozialen Verhältnisse so untergraben ist, daß entweder schnelle Hand ans Werk der Reform gelegt oder ein schrecklicher Umsturz befürchtet werden muß."[17] Das Leben solle in seiner ungeschminkten Wirklichkeit gezeigt werden, von den kostbaren Palästen der Reichen bis zu den ekelhaft schmutzigen Hütten der Armen.[18] Der Roman ist voll von Kommentaren über die amerikanische Gesellschaft, unter anderem über die Stellung der Frau, Geschäftspraktiken und soziale Verhaltensmuster. Daß Sue das direkte Vorbild war, wird auch nahegelegt durch die Verwendung von Fußnoten und parenthetischen Kommentaren zur Erklärung amerikanischer Terminologie und der zur Schaffung von Lokalkolorit gebrauchten Slang-Ausdrücke. Die Atmosphäre, in der das Unterwelt-Element eingeführt wird, eine kalte, regnerische, windige Nacht, ist so typisch, daß sie aus jedem anderen Roman dieses Genres hätte stammen können: „Es war eine stürmische, kalte, nasse Novembernacht. Der Regen goß in Strömen vom Himmel und der Wind heulte, daß die alten blechernen Schilder vor den Häusern knarrten und klapperten...".[19]

Betrachten wir zum Vergleich Börnsteins Einführung seines Unterweltmilieus: „Rau und wild heulte der Wind durch die schwarze Nacht, die die Straßen von St. Louis in unheimliches Dunkel hüllte, der Regen goß in Strömen herab... die vereinzelten Gaslaternen flackerten nur hie und da matt auf...".[20] Doch ungeachtet der offenkundigen Anleihen an Motive und Charaktere von Sue überträgt Börnstein, ebenso wie andere Autoren dieses Genres, die Pariser Handlung nicht unverändert auf einen amerikanischen Schauplatz. Vielmehr erzählt er die Geschichte einer hart arbeitenden, aufrechten Einwandererfamilie, deren Bemühungen, als Farmer im Missouri-Tal Fuß zu fassen, wiederholt durch zwei böse Kräfte zunichte gemacht werden, zum einen durch einen herzlosen amerikanischen Bodenspekulanten mit Verbindungen zu einer ruchlosen Unterwelt-Bande von Mördern und Fälschern, den ‚Raben', zum andern durch die allgegenwärtigen Jesuiten, die in ihrem Streben nach Macht und Reichtum vor nichts zurückschrecken, nicht einmal vor Bündnissen mit kriminellen Elementen. In einer unglaublich komplizierten Geschichte, die ebenso wie die anderer Geheimnisromane hier unmöglich wiedergegeben werden könnte, flicht Börnstein Handlungsstrang auf Handlungsstrang voller aufregender Episoden, die seine Leser immer wieder nach einer Fortsetzung verlangen ließen. Unterirdische Gänge, vergrabene Schätze, Grabschändung, Sprünge über Klostermauern, der kalifornische Goldrausch, Tod in der Wüste und Kämpfe mit Indianern, alte Lüstlinge, die tugendhaften Maiden nachstellen, wahnsinnige Eremiten in der Wildnis: Dies alles verziert die Haupthandlung von den rechtschaffenen Einwanderern gegen eine verderbte Gesellschaft, die mit so vielen genauen und realistischen Einzelheiten geschildert wird, daß jeder, der mit der Stadt vertraut ist, mit Leichtigkeit seine tägliche Umgebung wiedererkennen kann. Es steht außer Zweifel, daß – wie Alfred Vagts treffend schreibt – „das Werk ein heftiges Verlangen bei den eingewanderten Lesern befriedigte, das in den ersten, nur allzuhäufig quälenden Jahren nach der Ankunft in dem neuen Land am stärksten war, – ein Verlangen nach Erklärung der dunklen Kräfte, die einer gerechten Belohnung seiner ehrlichen Arbeit im Wege standen und die allzuoft den Sieg der Bösen zu begünstigen schienen".[21]

Betrachtet man den Erfolg des Romans vor dem Hintergrund der wachsenden nativistischen Strömung und der Auseinandersetzung über die Sklavereifrage innerhalb der Demokratischen Partei, so wird deutlich, daß Börnstein noch andere, edlere Motive hatte als die Ausnutzung menschlicher Bedürfnisse zum Zweck der Auflagenerhöhung. Zunächst einmal ist seine deutsche Einwandererfamilie selbst schon eine Widerlegung des nativistischen Klischees vom städtischen Einwanderer, der Amerikanern Arbeitsplätze wegnimmt, dem Trunk ergeben ist, und dem es an den Tugenden eines guten Staatsbürgers mangelt. In Börnsteins Darstellung werden die rechtschaffenen Immigranten bedrängt von Leuten wie Mr. Smartborn, einem gewissenlosen Spekulanten und Fälscher, und von den verschwörerischen Jesuiten, die nicht weniger gewissenlos sind bei ihrer Jagd nach einem vergrabenen Schatz, der tatsächlich der Einwandererfamilie gehört – die übrigens davon Abstand nimmt, sich darum zu bemühen.

Börnsteins vehemente Jesuitenfeindlichkeit rückt ihn in eine eigenartige Position gegenüber den amerikanischen Nativisten, gegen die er sich so entschieden wandte, denn seine Darstellung von Mitgliedern dieses Ordens läßt sich in keiner Weise von den antikatholischen Texten unterscheiden, die bei amerikanischen Lesern so beliebt waren. Man könnte dies mit dem Hinweis darauf erklären, daß Börnstein zweifellos mit Sues zweitem Bestseller, „Le Juif Errant" (1844), vertraut war, in dem Jesuitenfeindlichkeit eine wichtige Rolle spielte, doch eine viel wahrscheinlichere Erklärung ist in einer andernfalls schwer verständlichen Szene des Romans zu finden, in der Börnstein – fast zehn Jahre vor dem Eintritt des tatsächlichen Ereignisses – den amerikanischen Bürgerkrieg vorhersagt. In tiefster Nacht, auf einer Insel im Mississippi, versammeln sich die Jesuiten zur Vorbereitung auf den Tag, an dem sie in den gesamten Vereinigten Staaten die Macht übernehmen werden. Nach ihrer Deutung ist der Nord-Süd-Konflikt um die Sklaverei eine Strafe, die ein zorniger Gott einer Nation auferlegt hat, die ihren römisch-katholischen Ursprung als Kolonie Spaniens untreu geworden ist. Wenn der blutige Krieg schließlich kommt, so heißt es weiter, wird der Süden, der allein nicht stark genug zum Sieg ist, ein Bündnis mit Mexiko eingehen müssen, das inzwischen unter einem Habsburger Monarchen fest in den Armen der katholischen Kirche liegt. Der Norden, diesem Bündnis nicht gewachsen, werde sich an England um Hilfe wenden, wo jedoch das Gespenst von weltweiter Revolution und Massenaufständen den Adel und den anglikanischen Klerus zu dem einen wahren Glauben, der auf dem europäischen Kontinent vorherrscht, zurückgebracht haben wird. Auf diese Weise würde Amerika verlieren, ganz gleich, welche Seite den Bürgerkrieg ‚gewinnt‘, da es in das weltweite katholische Imperium eingegliedert wird.

Diese absurde Spekulation, die offenbar weder in der amerikanischen noch in der deutschen Bevölkerung der USA Resonanz fand, ist nur im Zusammenhang der Lokalpolitik plausibel, in der Börnstein damals stark engagiert war. Deutsche Einwanderer wurden in zunehmendem Maße von den engen Verbindungen der Demokratischen Partei zu den Sklavenhaltern im Süden und den Katholiken in den Städten ernüchtert und enttäuscht. Die Entwicklung eines radikalen Flügels der Partei, der sich gegen diese Tendenz wandte, hatte zur Folge, daß die Demokraten die Kommunalwahlen von 1850 verloren; Sieger waren die Whigs mit ihrem starken nativistischen Element. Deshalb läßt sich Börnsteins unzutreffende Darstellung einer mit auf Ausbeutung der Einwanderer erpichten Amerikanern verbündeten katholischen Kirche als ein Versuch verstehen, bei den Deutschamerikanern Unterstützung für den jungen radikalen Flügel der Demokraten zu gewinnen. Diese Gruppe verbündete sich schließlich mit der Mitte der 1850er Jahre auftretenden Republikanischen Partei, in der die Deutschen im Laufe der Zeit erheblichen Einfluß gewinnen sollten. Indem Börnsteins Roman für seine Zeitung Leser gewann, und zwar auf Kosten seiner beiden Hauptkonkurrenten, der Whig-orientierten „Deutschen Tribüne" und der katholischen „St. Louis Tageschronik", konnte er sich sowohl eine finanzielle als auch eine politische Grundlage auf Gemeindeebene schaffen. Es ist schwierig, genaue Zahlen zu bestimmen, doch Börnstein stellt im Schlußwort der Buchausgabe des Romans von 1851 mit Zufriedenheit fest, daß er bereits in 4000 normalen und 1500 Extra-Nummern des „Anzeiger des Westens" verkauft worden sei. In seinen Memoiren berichtet er außerdem, der Roman habe in zehn Jahren sechs amerikanische Auflagen erzielt, sei in zahlreichen deutschamerikanischen Zeitungen abgedruckt worden – darunter auch im „Anzeiger" selbst zehn Jahre später –, wozu drei deutsche Auflagen sowie Übersetzungen ins Englische, Französische und Tschechische gekommen seien. Bei einer deutschen Bevölkerung von etwas mehr als 22 000 in St. Louis (von insgesamt 77 000) im Jahr 1850 ist eine Auflagesteigerung der von Börnstein berichteten Größenordnung in der Tat eindrucksvoll. Anfang der 1850er Jahre war es ihm sogar gelungen, den „Anzeiger" zur größten der 20 deutschsprachigen Tageszeitungen in den Vereinigten Staaten zu machen, und er schreibt voller Befriedigung, er habe den liberalen Demokraten genug Unterstützung bieten können, um ihnen einen überwältigenden Sieg bei den Kongreßwahlen des Jahres 1852 zu sichern.[22]

Angesichts des erstaunlichen Erfolges von Börnsteins Sue-Imitation kann es nicht überraschen, daß auch Börnstein selbst zahlreiche Nachahmer fand. Als Emil Klauprecht, der zu der früheren deutschen Einwanderungswelle der 1830er Jahre zählte, einen Geheimnisroman für seine Zeitung „Der Deutsche

Republikaner in Cincinnati" schrieb, nahm er im Vorwort die Reaktion des Lesers auf eine weitere abgedroschene, unwahrscheinliche Variante des Genres vorweg. Er behauptete, die Schrecken, über die er schreibe, seien für die Bewohner der amerikanischen Großstädte kein Geheimnis mehr; er verstehe sein Buch als ein Gegengift für die Faszination der Deutschen in Europa angesichts der romantischen Geschichten Coopers, Sealsfields und anderer Pioniere des literarischen Urwalds in Amerika. Dies sei leider nicht das Amerika, das diese deutschen Leser antreffen würden, deshalb benötigten sie dringend eine realistischere Darstellung. Da aller Wahrscheinlichkeit nach nur wenige deutsche Leser Exemplare des in Cincinnati gedruckten Buches und noch viel weniger die Fortsetzungsversion in seiner Zeitung in der alten Welt finden konnten, überzeugt Klauprechts Erklärung kaum, vor allem, wenn man den Schluß des Romans betrachtet. Was wir hinsichtlich Börnsteins Versuchen, die Verbindungen der Demokratischen Partei zu den Sklavenhaltern und den Katholiken zu verurteilen, nur mutmaßen konnten, wird hier offen ausgesprochen: „Im europäischen Absolutismus erkannte der Jesuitismus, . . . stets seinen treuesten Freund und Alliirten. In Amerika ist die Baumwolle König, der absolute Herrscher in der Politik. Mit ihm vereint, wie sie ist, kann die schwarze Bande allen Stürmen trotzen, die auf dem politischen Felde gegen sie hereinbrechen mögen. Allein der Sturz der Sklavenhalterpartei, allein der Sieg der Freiheit und Aufklärung mit der gesetzlichen Waffe des Stimmrechts wird dem Jesuitismus wieder den Triumph entreißen, dessen er sich bereits so offen rühmen kann. Aber dazu bedarf es des Zusammenwirkens der gesammten Vaterlandliebe und Intelligenz der Republik. Der Urfeind der menschlichen Wohlfahrt hat seine Zeit zur Erringung der Mittel trefflich benutzt, um den Boden Washington's und Jefferson's zur Stätte der unheilvollen Kämpfe machen zu können, die er dem Bürgerfrieden Europa's während so vielen Jahrhunderten bereitet hat."[23]

Bei der Beurteilung dieser Romane ist es schwer, unsere übliche Verachtung für die Art, in der sie anscheinend produziert und vertrieben wurden, durch etwas Verständnis für die schwierige politische Lage zu mildern, in der ihre Herausgeber/Verfasser sich befanden. Zweifellos mußten sie einen Teil ihrer eigenen Werte und Ziele Inhalten unterordnen, die ihnen als Mittel zur Auflagensteigerung dienten. Und gewiß liierten sie sich beim Versuch, auf der politischen Szene zwischen Alternativen zu balancieren, die aus verschiedenen Gründen unannehmbar waren, unabsichtlich mit Gruppen, für deren Ziele sie keine Sympathie gehegt haben können. Dies galt offensichtlich für die Position, die sie aufgrund ihres heftigen Antikatholizismus den Nativisten gegenüber einnahmen, deren Gegner sie in jeder anderen Frage waren.

Für Autoren wie Börnstein und Klauprecht war die Literatur kaum in erster Linie eine gesellschaftliche Waffe, sondern vielmehr ein Mittel zum Zweck ihres journalistischen Unternehmens. Die Romane widersprachen zwar nicht direkt dem, was sie in ihren Zeitungen vertraten, doch waren sie nur selten in ihrer sozialen Intention so unzweideutig wie Sues Werk. Ganz gewiß ist nie behauptet worden, daß die Romane sich im geringsten auf Gesetzlosigkeit und Verbrechen in den amerikanischen Großstädten des 19. Jahrhunderts ausgewirkt hätten. In-

Programmzettel des Germania-Theaters New York zur Aufführung einer musikalischen Komödie, 1894. Das von dem Deutschamerikaner Hans Dobers verfaßte Stück „Grünhörner" führt die verschiedensten Stereotypen aus der Lebenssphäre der deutschen Einwanderer in einem New Yorker Milieubild zusammen.

Schwänke und Komödien dieser Art verschafften dem deutschen Theater seit den Erfolgen von August von Kotzebue, Roderich Benedix und der Gebrüder Schönthan einen festen Platz in der Alltagskultur der Deutschamerikaner. Gegenüber dem Gebiet der Prosa, wo Autoren wie Charles Sealsfield, Friedrich Gerstäcker oder Otto Ruppius Prominenz errangen, fehlen auf dem Gebiet des Theaters bekanntere Namen. Das große Drama wurde ohnehin aus Deutschland importiert und erlebte an den deutschen Theatern in New York, Philadelphia, Chicago, Cincinnati, St. Louis, Milwaukee, New Orleans und Baltimore mitunter beachtliche Aufführungen. (Special Collections, Van Pelt Library, University of Pennsylvania)

teressant sind sie jedoch als Dokumente für den Prozeß der politischen und kulturellen Assimilation, den diese Gruppe prominenter Einwanderer durchlief.

Die Geheimnisromane mit ihrer besonderen Kombination amerikanischer und europäischer Elemente geben recht genau den Anliegen ihrer Autoren Anfang der 1850er Jahre Ausdruck: Die Probleme derer, die auf billiges Land im Westen hofften, der Landspekulation und der Geldrafferei, des Nativismus, der Macht der Kirche und des Fehlens einer höheren Kultur in Amerika gehörten zu den Fragen, die ihnen am meisten am Herzen lagen. Bezeichnenderweise waren sie aufgrund ihrer Erfahrungen bei den Bemühungen um eine Einigung der deutschen Staaten anfänglich besorgter über die Gefahr einer Spaltung der Union wegen der Sklavereifrage als über die Sklaverei selbst. In dem Maße, wie sie sich in dem bewegten politischen Leben Amerikas vor dem Bürgerkrieg einrichteten, wurden sie jedoch in diese Frage mehr und mehr hineingezogen. Während die Tagesfragen, denen sie sich in den frühen Jahren widmeten, ethnische Fragen waren, besonders der Nativismus und Ansiedlungsprobleme, war die große Sache, für die sich die meisten von ihnen später engagierten und in der sie sich einig waren, die Sklavereifrage, die in ihren frühen Werken so augenfällig fehlte. Wir brauchen hier nicht ihre Tätigkeit in der Bürgerkriegsära zu schildern, sei es als Soldaten und Offiziere in der Unionsarmee, sei es auf diplomatischen Posten im Ausland, bei denen es sich häufig um Sinekuren handelte, die sie als Belohnung für ihre Dienste für die Republikanische Partei erhielten, insbesondere für die Unterstüzung der Nominierung Lincolns im Jahre 1860.[24] Nachdem sie sich in ihren ethnischen Gruppen eine feste Basis geschaffen hatten, lernten sie, das amerikanische politische Spiel nach amerikanischen Regeln um amerikanische Gewinne zu spielen: finanzielle Sicherheit, lokalen Einfluß, politische, militärische und diplomatische Ämter.

Anmerkungen

1 S. George Condoyannis, German-American Prose Fiction from 1850 to 1914, Diss. Catholic University of America, 1953, S. 6; Oswald Seidensticker, The First Century of German Printing in America, 1737–1830, Philadelphia: Schaefer and Koradi, 1893.
2 Walter Schmidt, Einleitung, in: Vorwärts. Pariser Signale aus Kunst, Wissenschaft, Theater, Musik und geselligem Leben, Hg. Heinrich Börnstein, 1844–1845, Repr. Leipzig: Zentralantiquariat der DDR 1975, S. XXXIII.
3 Norbert Miller u. Karl Riha, Nachwort, in: Eugène Sue, Die Geheimnisse von Paris, München: Deutscher Taschenbuchverlag, 1970, S. 682, 665.
4 Leslie Fiedler, Preface, in: George Lippard, The Monks of Monk Hall, 1844, neu hg. New York: Odyssey Press, 1970, S. VII.
5 George Lippard, Die Quäkerstadt und ihre Geheimnisse, übers. v. Friedrich Gerstäcker, Leipzig: Otto Wigand, 1846.
6 Ray Allen Billington, The Protestant Crusade, 1800–1860. A Study of the Origins of American Nativism, New York: Macmillan, 1938, S. 67. Billington führt vor allem den berüchtigten Roman an, der 1836 unter dem Pseudonym Maria Monk veröffentlicht wurde, „Awful Disclosures of the Hotel Dieu Nunnery of Montreal", von dem vor dem Bürgerkrieg 300000 Exemplare verkauft wurden.
7 Fiedler, S. XX.
8 Billington, S. 119.
9 Ebd., S. 243.
10 S. Samuel F.B. Morse, Imminent Dangers to the Free Institutions of the United States through Foreign Immigration, New York: E.B. Clayton, 1835; The Proscribed German Student; Being a Sketch of Some Interesting Incidents in the Life and Death of Lewis Clausing; to Which is Added: a Treatise on the Jesuits, a Posthumous Work of Lewis Clausing, New York: Van Nostrand and Dwight, 1836; The Confessions of a French Catholic Priest, to Which are Added Warnings to the People of the United States, New York: Van Nostrand, 1837; Foreign Conspiracy against the Liberties of the United States, New York: Leavitt, Lord and Co., 1835.
11 Lyman Beecher, A Plea for the West, Cincinnati: Truman and Smith, 1835.
12 Billington, S. 127.
13 S. Carl Wittke, The German Language Press in America, Lexington: University of Kentucky Press, 1957.
14 Heinrich Börnstein, Fünfundsiebzig Jahre in der alten und neuen Welt. Memoiren eines Unbedeutenden, 2 Bde., Leipzig: Otto Wigand, 1881, Bd. 2, S. 99.
15 Ebd.

16 S. Karl R.J. Arndt u. May E. Olson, The German Language Press in the Americas. History and Bibliography, 1732–1968, 2 Bde., Bd. 1, Pullach: Verlag Dokumentation, ³1976.
17 Die Geheimnisse von Philadelphia. Eine Tendenznovelle, Philadelphia: A. Gläser, 1850, S. 3.
18 Ebd., S. 4.
19 Ebd., S. 18.
20 Heinrich Börnstein, Die Geheimnisse von St. Louis, St. Louis: Druck und Verlag des „Anzeiger des Westens", 1851; 2. Aufl. St. Louis: C. Witters Buchhandlung, 1874, Zitat S. 3.
21 Alfred Vagts, Heinrich Börnstein. Ex- and Repatriate, in: Missouri Historical Society Bulletin 12. 1955, S. 115.
22 Börnstein, Fünfundsiebzig Jahre, Bd. 2, S. 99, 161–169.
23 Emil Klauprecht, Cincinnati oder die Geheimnisse des Westens, 3 Bde. in 1, Cincinnati: C.F. Schmidt, 1854–55, Bd. 3, S. 182.
24 S. Frederick C. Luebke, Ethnic Voters and the Election of Lincoln, Lincoln: University of Nebraska Press, 1971.

21. Das Bild Amerikas in der deutschen Presse von 1828 bis 1865

Maria Wagner

Wenn man nach einer Zeitung sucht, die im 19. Jahrhundert für den deutschen Sprachbereich eine ähnliche Rolle spielte wie die „London Times" für den englischen, oder die der „New York Times" in unseren Tagen vergleichbar ist, wird man unweigerlich nach der „Augsburger Allgemeinen Zeitung" greifen. Die bedeutendsten Köpfe der deutschen Geisteswelt hatten an ihr mitgewirkt, Historiker, Geographen, Ökonomen, Schriftsteller. Heine schrieb für sie seine Pariser Berichte, die er später gesammelt in seinem Buch „Französische Zustände" veröffentlichte. Im Vorwort zu jenem Werk bezieht er sich auf die „Augsburger Allgemeine Zeitung", „die ihre weltberühmte Autorität so sehr verdient und die man wohl die Allgemeine Zeitung von Europa nennen dürfte."[1] Es sei daher erlaubt, diese Zeitung mit ihren Nebenblättern, wie z.B. „Ausland" und „Morgenblatt", als Grundlage dieses Berichtes und als Repräsentant deutscher Journalistik des 19. Jahrhunderts zu wählen.

Die Ziele und Ideale, die Johann Friedrich Cotta bei der Gründung der Zeitung im Jahre 1798 für sie aufgestellt hatte, galten auch als Richtlinien für die Zeit Georg Cottas und seines Chefredakteurs Gustav Kolb: „Vollständigkeit, ... Unparteilichkeit, ... Wahrheit, ... eine Darstellung, die jedes Ereignis unter den Gesichtspunkt zu stellen sucht, aus dem es am richtigsten und deutlichsten erfaßt werden kann, dabei eine Sprache, ... welche ihres Stoffes und ihres Zweckes würdig sein soll."[2]

Nachrichten aus den Vereinigten Staaten spielten in der „AZ", wie die Zeitung kurz genannt wurde, bis in die frühen dreißiger Jahre des 19. Jahrhunderts eine nur untergeordnete Rolle. Bis dahin brachte die Zeitung unter dem Titel ‚Amerika' zusammengefaßt alle jene Neuigkeiten, die sich auf Kanada, die Vereinigten Staaten und das gesamte Südamerika bezogen. Daher tadelt Barthold G. Niebuhr in einem Brief vom 29. Juli 1827 an Johann Friedrich Cotta mit Recht die Dürftigkeit amerikanischer Berichterstattung, die sich lediglich auf mittelbare Nachrichten beschränke, „welche durchaus nichts taugen."[3] Das waren trockene Berichte, meist Übersetzungen aus englischen und amerikanischen Zeitungen und längst überholt, als sie abgedruckt wurden. Erst in den dreißiger Jahren wurde eine eigene Spalte ‚Vereinigte Staaten' eingeführt, mit einer permanenten Berichterstattung, die sich vornehmlich auf deutsch-amerikanische Korrespondenten stützte.

Der neue Schwerpunkt, der ungefähr mit der Geschäftsübernahme Georg Cottas im Jahre 1833 und der Chefredaktion Gustav Kolbs 1837 entstand, ergab sich hauptsächlich aus zwei Gründen:

1. Das Leserpublikum in Deutschland blickte jetzt mit größerem Interesse auf die Entwicklung jenseits des Ozeans, wohin nun Tausende von Verwandten und Freunden gezogen waren. Denn während in den zwanziger Jahren nur 5753 Deutsche nach Amerika ausgewandert waren, weist die Statistik für die dreißiger Jahre eine Zahl von 124726 Auswanderern nach, die in den fünfziger Jahren auf 976072 anwuchs.[4]

2. Im Gegensatz zu der Auswanderung des 17. und 18. Jahrhunderts befand sich in dem Emigrantenkontingent des 19. Jahrhunderts ein wesentlich höherer Prozentsatz von Intellektuellen, die das Interesse und die Fähigkeit besaßen, an der „Augsburger Allgemeinen" mitzuarbeiten. Das sind die Korrespondenten, deren Beiträge wir hier untersuchen.

Wie für viele Auslandskorrespondenten anderer Länder ergab sich der Kontakt mit Cotta durch Empfehlung oder durch das eigene Angebot von ins Ausland reisenden Persönlichkeiten. Viele, die sich zur Verfügung stellten, mußte Cotta abweisen, mit dem Hinweis, daß bereits genügend Berichterstatter für ihn tätig seien. Cottas Korrespondenten blieben ihren Zeitgenossen meist unbekannt. Nur auf ausdrücklichen Wunsch ist der Name eines Autors im Druck angeführt. Georg Cotta betrachtete die Anonymität als Schutz, den zu sichern er seinen Berichterstattern schuldig zu sein glaubte.[5] Der sorgfältigen Administration Georg Cottas und seiner Nachfolger ist die fast einmalige Situation zu verdanken, daß wir heute Honorarbücher, Schriftverkehr, angezeichnete Redaktionsexemplare im Cotta Archiv verfügbar finden. Aus diesen Unterlagen können wir die jeweiligen Verfasser bestimmter Artikel, sowie das empfangene Honorar feststellen. Der Schriftverkehr macht die Beziehung der Korrespondenten zu Cotta klar, und oft werden persönliche Umstände bekannt, die in den Briefen erwähnt sind. So z.B. die Tatsache, daß fast alle amerikanischen Mitarbeiter Cottas gleichzeitig Korrespondenten für andere deutsche Zeitungen waren, woraus man schließen darf, daß die Amerikaberichterstattung der deutschen Presse im allgemeinen ziemlich einheitlich gefärbt war. Abgesehen von einer Anzahl gelegentlicher Einsendungen stammt die Mehrzahl der Beiträge immer nur von wenigen Namen, die innerhalb eines gegebenen Zeitraumes als permanente Korrespondenten erscheinen.

Überblickt man den hier abgegrenzten Zeitraum von ungefähr 40 Jahren, also die Zeit von 1828–1865, so zeigt sich eine deutliche Zweiteilung, ein Wandel der Einstellung in der Korrespondenz, die es erlaubt, von einer älteren und einer jüngeren Periode zu sprechen. Und erst im Vergleich wird die volle Bedeutung der gesamten Berichterstattung faßbar. Die Trennlinie ergibt sich ungefähr um die Jahrhundertmitte, als nach der Revolution von 1848/1849 eine neue Einwandererwelle die Vereinigten Staaten erreichte. Politisch aktiver als ihre Vorgänger, begannen gar manche der Neuankömmlinge sich journalistisch zu betätigen. Obwohl das Bild Amerikas in den zwei Perioden verschieden gezeichnet wurde, war die Grundeinstellung dem Lande gegenüber einheitlich positiv und von Wohlwollen getragen. Verschieden waren jedoch die Ziele und die angewandten Methoden der beiden Gruppen. Beispiele aus beiden Perioden werden die verschiedenen Perspektiven deutsch-amerikanischer Journalistik vor und nach 1850 illustrieren.

Es ist bereits ausführlich über die späteren Einwanderer, die sogenannten ‚Grünen' geschrieben und diskutiert worden, jene Deutschen, die nach der Revolution von 1848/49 nach Amerika kamen. Der Konflikt, der sich zwischen den ‚Grünen' und den ‚Grauen', den vor 1848 Eingewanderten, ergab, wurde hauptsächlich als innerdeutsche Reibung interpretiert, die durch die andere politische Einstellung und geschichtliche Erfahrung der Neueingewanderten verursacht wurde. Wir haben die Achtundvierziger als Radikale, Revolutionäre und Weltverbesserer wegen ihrer politischen Vergangenheit in Deutschland betrachtet. Aus der „AZ"-Berichterstattung ergibt sich jedoch, daß wir das Verhalten der Achtundvierziger in den Vereinigten Staaten nicht allein aus ihrer politischen Vergangenheit beurteilen dürfen, sondern auch die Einflüsse in Betracht ziehen müssen, die zur Zeit ihrer Niederlassung in Amerika auf sie einwirkten. Die Darstellung Amerikas, wie sie aus der Berichterstattung in der „AZ" ersichtlich wird, macht die Kräfte kenntlich, die einerseits die beiden Gruppen trennten, andererseits den gemeinsamen Nenner schufen, der dieser Berichterstattung zu Grunde lag. Der gemeinsame Faktor in der Berichterstattung war der Assimilationsprozeß, den beide Gruppen durchschritten, während die aus der amerikanischen Politik erwachsenen Gegensätze die beiden Gruppen trennten. So gesehen wird sich ergeben, daß der Gegensatz von ‚grau' und ‚grün' in der Entwicklung gesamtamerikanischer Verhältnisse eingebettet lag.

Aus der Zahl der Korrespondenten treten in beiden Perioden Berichterstatter hervor, die für den überwiegenden Teil der Nachrichtenvermittlung verantwortlich waren. Die wichtigsten Korrespondenten der älteren Periode, also der Zeit von 1828 bis etwa 1850, waren Carl Postl vulgo Sidons, vulgo Charles Sealsfield, Franz Lieber, Franz Grund, Wilhelm von Eichthal. Carl Postl-Sidons-Sealsfield ist als Romanschriftsteller allgemein bekannt. Franz Lieber war Professor der Staatswissenschaften an der Columbia Universität, New York, Verfasser mehrerer bedeutender staatswissenschaftlicher Werke, Berater amerikanischer Präsidenten und hatte sich schon bald nach seiner Ankunft in den Staaten einen Namen gemacht, als er das erste amerikanische Lexikon, die „Encyclopedia Americana" herausgab, die auf der Grundlage deutscher Lexika verfaßt war. Franz Grund war Politiker, bekannter Wahlredner für die Demokraten, amerikanischer Konsul in verschiedenen europäischen Staaten, Verfasser mehrerer politischer Werke, Herausgeber englischer und deutscher Zeitungen in Philadelphia.[6] Wilhelm von Eichthal war Herausgeber der „Deutsche(n) Schnellpost" in New York.

Vorherrschend in der jüngeren Periode erscheinen Ottilie Assing, Eduard Pelz, Hermann Raster. Ottilie Assing war die Nichte von Karl Varnhagen von Ense, ihre Schwester Ludmilla war die Herausgeberin von Varnhagens viel diskutiertem Briefverkehr. Ottilie wirkte als Journalistin in New York. Eduard Pelz, im Jahre 1848 erwähltes Mitglied des Frankfurter ‚Vorparlaments', war Buchhändler und Journalist. Hermann Raster, auch ein Achtundvierziger, wurde in New York Redakteur der „New Yorker Abendzeitung" und übernahm später die Redaktion der „Illinois Staatszeitung" in Chicago. Raster wurde von seinen Zeitgenossen als der genialste Zeitungsmann bezeichnet. Zwei ausschlaggebende Erfolge wurden seiner Journalistik zugeschrieben. Der eine war der Übertritt einer großen Zahl von Deutschamerikanern von der Demokratischen zu der Republikanischen Partei in den Jahren 1856 bis 1860. Den zweiten Erfolg brachten seine pro-Union-und Antisklaverei-Artikel in drei prominenten Zeitungen Deutschlands, der „Augsburger Allgemeine(n)", der Berliner „Nationalzeitung" und der „Weser Zeitung", wodurch Deutschland überzeugt wurde, daß die Union gewinnen würde.[7] Auch Georg Cotta wußte Raster zu schätzen. Er machte ihm das Angebot, in die Augsburger Redaktion einzutreten, vermutlich als er Kolbs Gesundheitszustand als hoffnungslos erkannte. Raster nahm nicht an, hielt sich aber Möglichkeiten offen.[8]

Mit Ausbruch des amerikanischen Bürgerkrieges engagierte Cotta einen Sonderberichterstatter, den Obersten Corvin-Wiersbitzki, den seinerzeit zum Tode verurteilten, dann begnadigten ‚Chef des Generalstabs' der Aufständischen zu Rastatt, der nun vom Kriegsschauplatz in Amerika berichten sollte. Corvin schrieb aus Washington und den südlicher gelegenen Orten der Kriegshandlung, während der Großteil der permanenten Berichterstattung aus den nordöstlichen Staaten stammte.

In beiden Perioden erschienen Artikel zunächst in der Form von Reiseberichten, persönlichen Erlebnissen von Einwanderern, Schilderungen topographischer Eigenheiten des Landes, Beobachtungen über staatliche Feiertage, religiöse Sekten, die Indianer, die Stellung der Frau in der amerikanischen Gesellschaft, eben über all jenes, was dem deutschen Auge neu und fremdartig erschien. Natürlich wurde bei der Berichterstattung nicht vergessen, daß die Artikel für ein Publikum in Deutschland bestimmt waren, dessen besondere Interessen berücksichtigt werden mußten. So finden wir sehr viele Berichte, die sich mit den Problemen der Einwanderung beschäftigen, mit Ratschlägen, in welcher Gegend Deutsche die besten Siedlungsverhältnisse finden, Positives und Negatives über die Lage der Deutschen in Amerika, Beschreibungen deutscher Niederlassungen. Mit den Jahren aber, da die Einwanderer sich an ihre Umgebung gewöhnt hatten, sich als Teil der amerikanischen Gesellschaft zu betrachten begannen, wechselten diese ethnographischen Berichte zu analytischer Darstellung amerikanischer Probleme in Politik, Wirtschaft und sozialem Gefüge.

Betrachtet man die beiden Perioden der „AZ"-Berichterstattung im einzelnen, so zeigt sich, daß die große Mehrzahl der Korrespondenz aus der älteren Periode zur Demokratischen Partei neigte. Obwohl für Deutsche auf deutsch geschrieben, erscheinen diese Artikel aus amerikanischem Geist erwachsen, und durch den Gebrauch des ‚wir' und ‚uns' in klarer Identifikation damit. Auf außenpolitischem Gebiet werden u.a. die Interessen der Vereinigten Staaten gegenüber dem deutschen Zollverein verteidigt und eine Verbesserung der amerikanischen Handelsposition angestrebt, oder das prekäre Verhältnis mit England diskutiert. An innenpolitischen Themen findet man alles, was den Amerikaner jener Tage beschäftigte: Präsidentenwahlen, das Bankenproblem, die Ausdehnung nach dem Westen, die Texas-, die Oregonfrage, die Kolonisierung Liberiens. In all diesen Artikeln betrachteten sich die Verfasser als Amerikaner, in positiver Einstellung zu dem Land, dessen Bürger sie nun waren. Es trat bereits die Idee von amerikanischer Sendung auf, eine Vorahnung dessen, was später unter dem Begriff ‚manifest destiny' seinen Ausdruck fand. Man spürt ein Ergriffensein von der Größe und Weite des Landes, dessen Zukunft in Macht und Ansehen vorausgesagt wurde. Schon sehr früh, schon aus einem Bericht des Jahres 1828 im „Ausland" können wir das Gefühl ermessen, das diese Einwanderergeneration dem Land ihrer Wahl entgegenbrachte. Noch handelt es sich um einen Artikel in der Form einer Reisebeschreibung, und zwar über einen Besuch am Grabe Jeffersons:

> „In mir selbst stieg eine dunkle Ahnung jenes göttlichen Stolzes auf, der einmal einen Jefferson bewegen mochte, als ich hinabblickte auf die zahllosen Hügel und Täler, alle mit Urwald bewachsen, oder mit üppigen Fluren bedeckt. In der Ferne erhob sich mit ihrem Dome, ihren Hallen und Colonnaden gleich einem Feenschloß, die Universität Monticello; Charlottesville lag zu meinen Füßen. Amerika, rief ich aus, was bist du, und was wirst du dereinst werden! Eine weite Zukunft tat sich meinem geistigen Auge auf."[9]

Eine Fußnote im ersten Band des „Ausland", einen früheren Artikel dieses Korrespondenten betreffend, gibt bekannt: „Mit diesem Artikel eröffnen wir eine Reihe fortlaufender brieflicher Mitteilungen von Sidons, dem in Philadelphia wohnenden Verfasser des bekannten Werkes über Nordamerika."[10]

Eine positive Einstellung und Anerkennung wurde auch der kulturellen Leistung Amerikas entgegengebracht, gerade jenem Gebiet, auf dem sich die Deutschen jenes Jahrhunderts so sehr als überlegen betrachteten. Ein ausführlicher Bericht aus dem Jahre 1845, „Über Literatur und Kunst in den Vereinigten Staaten", bespricht im einzelnen eine Reihe von amerikanischen Dichtern und deren Werk. Dann wendet sich der Korrespondent gegen die diesbezügliche Kritik aus England:

> „. . . ich habe hier genug Stellen angeführt, um zu beweisen, daß die Behauptung so vieler englischer Rezensenten, Amerika besitze keine Nationalliteratur und sei auch nicht auf dem Wege eine solche zu erwerben, gehässig und ungegründet ist. Die Prosaiker Washington Irving und Fenimore Cooper muß selbst England unter die Classiker zählen, und die englischen Ausgaben der Gedichte Bryants, Hoffmans, Willis, Longfellows usw. beweisen wenigstens, daß den amerikanischen Dichtern auch das englische Publikum Geschmack abgewinnt, so sehr die Rezensenten sich auch dagegen auflehnen."

Und der Verfasser, Franz Grund, versucht den Stand der amerikanischen Literatur im Vergleich zur englischen zu umreißen, indem er schreibt:

> „Unser historisches Bewußtsein, die große Quelle jeder Nationalliteratur, ist natürlich noch jung; aber in Anbetracht seiner Jugend ist es wahrhaftig hinlänglich ausgebeutet, und jedes Jahr vermehrt seinen Schatz . . . Wir haben bis jetzt noch lange nicht die vielen menschlichen Zustände durchlaufen, die ein Volk historisch und durch die belebte Erinnerung poetisch ausbilden . . . Dies beiläufig zur Entschuldigung, warum Amerika bis jetzt noch keinen Shakespeare oder Byron hervorgebracht; was die übrigen englischen Dichter betrifft, so dürfte der Abstand nicht so unendlich sein, als daß uns nicht die bescheidene Hoffnung bliebe, sie mit der Zeit einholen zu können."[11]

Wie aus den angeführten Beispielen hervorgeht, zeichnet die Artikel dieser Periode ein Wohlwollen dem Lande gegenüber aus, mit dem sich die meisten Berichterstatter identifizierten. Wenn Kritik geübt wurde, klang sie en famille, der Schreiber zog sich selbst mit in die Ursache des Übels ein. Sogar in der Sklavenfrage, ein den Deutschen von jeher verhaßter Zustand, schloß man sich damals der herrschenden Tendenz an. Damals, in den dreißiger und vierziger Jahren, hatte man noch nach einer friedlichen Lösung des Problems gesucht. Die Abolitionisten wurden als eine radikale Minderheit betrachtet, die nur Unheil bringen würden. Diese Auffassung wurde in der „AZ" in einem Artikel aus dem Jahre 1842 von Wilhelm von Eichthal ausgesprochen:

„Der Einfluß dieser Partei scheint überhaupt zuzunehmen, leider darf man sich hiezu nicht Glück wünschen, denn es herrscht unter diesen Leuten eine große Beschränktheit und es tut sich (ungeschadet des redlichen Wesens vieler Einzelner) unter denselben ein leerer wertloser Fanatismus kund, der den in ihrem gegenwärtigen Verhältnis konstitutionell geschützten Sklavenstaaten ungeheure, ihre Existenz geradezu zerstörende materielle Opfer auferlegen möchte, ohne sich, wie England seinerzeit auf so großartige Weise getan hat, an denselben im geringsten beteiligen zu wollen. Eine solche Richtung muß den entschiedenen Widerstand, den bittersten Haß hervorrufen, und so lange die Abolitionisten in diesem Sinne zu wirken versuchen, wird die einzige Emanzipation, die auf friedliche Weise geschehen kann, eine stufenweise, die im Interesse nicht weniger der Schwarzen als der Pflanzer liegt, geradezu unmöglich gemacht. Gewännen die Abolitionisten entschiedenen Einfluß, so wäre das blutige Scheusal eines Sklavenkrieges vor der Tür, oder die Auflösung der Union."[12]

Eine Möglichkeit für die friedliche Lösung der Sklaverei wurde z.B. in der Besiedlung Liberiens mit freigelassenen amerikanischen Sklaven gesehen. Im Jahre 1829 schreibt Franz Lieber, der gewiß kein Freund der Sklaverei war, daß dieses Projekt „zur Unterdrückung des Sklavenhandels an seiner Wurzel" viel beitragen könnte.[13] Und 1840 meint Franz Grund,

„Der Handel mit Mittelafrika muß in weniger als 20 Jahren den mit den nördlichen Mächten Europas übersteigen, und wenn dieser Fall eintritt, wird der Handel mit den Sklaven von selber aufhören."[14]

Ganz anders klingt ein Bericht zu demselben Thema von Ottilie Assing aus dem Jahre 1859:

„... ein Irrtum ist es, wenn man glauben wollte, daß durch die Ausführung dieses Planes das Geringste für die Abschaffung der Sklaverei getan werden könnte. Im Gegenteil kann die Abolitionistenbewegung dadurch nur geschwächt werden ... indem derselben dadurch Menschen verloren gehen, die ihre Kraft und Fähigkeiten viel wirksamer für die Sache der Emanzipation und den Fortschritt der farbigen Rasse in den Vereinigten Staaten verwenden könnten ... Dies ist es aber gerade, was die Kolonisationsgesellschaft bezweckte, ... die im Selbsterhaltungstrieb der Sklavenhalter ihren Ursprung hatte."[15]

Mit diesem Artikel befinden wir uns in den fünfziger Jahren, in jenem Jahrzehnt, in dem sich ein allgemeiner Gesinnungswechsel in der Amerikaspalte der

„Augsburger Allgemeinen" ergab. Um diese Zeit verstummten allmählich die Korrespondenten der älteren Periode und eine neue Generation von Journalisten kam zu Wort, die sich aus den nach der 48er Revolution Eingewanderten rekrutierte. Obwohl jetzt ein kritischer, ja aggressiver Ton in der „AZ" laut wird, ist dennoch das Wohlwollen den Vereinigten Staaten gegenüber erkennbar. Der folgende Bericht Ottilie Assings über Frauenemanzipation ist ein Beispiel dafür. Sie stand der Sache zunächst skeptisch gegenüber. Während sie anfangs gewisse lächerliche Auswüchse kritisierte, lernte sie mit der Zeit die Fakten kennen, wie z.B. die Begrenztheit der weiblichen Berufsausbildung, mindere Löhne und Berufsaussichten, Verweigerung des Stimmrechts. Aber sie zog auch Vergleiche hinsichtlich der Emanzipation diesseits und jenseits des Ozeans:

> „Was würde wohl geschehen, wenn die Frauen irgend eines deutschen Staates sich mit einem solchen Gesuch an die Ständeversammlung oder irgend ein Ministerium wenden wollten! Welches Geschrei würde man nicht erheben, würde über Blaustrumpferei und Verkennen der von der Natur der Frau angewiesenen Sphäre räsonnieren! Hier dagegen, wo . . . Toleranz die erste Bedingung des friedlichen Einverständnisses ist und größtenteils auch geübt wird, ist man eher geneigt, jedem Streben, das nicht geradezu gegen alle gesellschaftliche Ordnung verstößt, eine gewisse Berechtigung einzuräumen, und hält sich nicht befugt, alles mit Gewalt zu unterdrücken, was man nicht geradezu billigen kann."[16]

Schon rein äußerlich macht sich um die Jahrhundertmitte ein neuer Aspekt in der Art und Weise der Darstellung geltend. Die Journalistik unternahm den Schritt von faktueller, deskriptiver Berichterstattung zur Meinungsbildung durch das Mittel der Kritik und stellte diese Kritik in den Dienst einer höheren Idee. Die Kritik, durch die sich die ‚Grünen' bei den ‚Grauen' so unbeliebt gemacht hatten, wurzelte in der politischen Entwicklung der Vereinigten Staaten als Ganzes.

Es traf sich nämlich, daß die Ankunft der Achtundvierziger mit einem Wendepunkt in der amerikanischen Innenpolitik und Selbstbewertung zusammenfiel. In der ersten Hälfte des 19. Jahrhunderts blickte der Amerikaner mit Stolz auf die Erfolge der Vergangenheit zurück, auf das Werden seiner Nation und deren einzigartigen Verfassung, auf die Ausbreitung nach dem Westen und Süden, auf die Konsolidierung mit den Nachbarn. Bald aber erwuchsen Probleme zwischen Norden und Süden, zwischen der sich nun entwickelnden Industrie und der Agrarwirtschaft auf sozialer, politischer und ökonomischer Ebene. Um die Jahrhundertmitte erfolgte eine Neuorientierung der öffentlichen Meinung, in deren Vollzug die Fronten härter aufeinanderprallten. Ein Knistern lag in der Luft, eine Kampfesstimmung, ein Argumentieren um Schwerpunkte, die alte Parteilinien kreuzten. Die Abolitionisten hatten ihren Einfluß wesentlich erweitert, und die Sklaverei wurde immer eindringlicher erörtert, immer klarer und deutlicher verdammt oder verteidigt. Die neue Ära manifestierte sich in der Gründung und dem Wachsen der Republikanischen Partei und fand in der Wahl Lincolns zum Präsidenten ihren Höhepunkt. Die „AZ"-Korrespondenz aus New York verweist auf diesen Umschwung der öffentlichen Meinung, auf „die

Größe der Entfernung von Anschauungen, die bis dahin . . . in der Masse des Volkes bestanden hat."[17]

Während in der älteren Periode die Demokratische Partei ihre Anziehungskraft auf die eingewanderten Deutschen ausgeübt hatte, waren es in der jüngeren Periode die Antisklavereibewegung und die Republikanische Partei, deren Ziele und Methoden von den jüngst Eingewanderten ergriffen wurden. Die Auseinandersetzung zwischen den beiden deutschamerikanischen Gruppen scheint identisch mit dem Antagonismus zwischen Demokraten und Republikanern, bzw. Abolitionisten. Es begann damit, daß Börnstein in seinem „Anzeiger des Westens" den alten Deutschamerikanern vorwarf, sie hätten weder auf politischem noch auf sozialem Gebiet etwas geleistet und sich an den „demokratischen Parteikarren" fesseln lassen. Gustav Körner konterte in der „Belleviller Zeitung" und verwies auf die vielen Namen deutscher Herkunft, wie Mühlenberg als Sprecher des Ersten Kongresses, auf die Gouverneure von New York und Pennsylvania, sowie auf viele andere, wie auf sich selbst, der damals Richter des Höchsten Gerichtshofes von Illinois war. Hierauf wurde er „Rädelsführer der Eselsgrauen, grauer Gustav" genannt.[18] Wie scharf die Gegensätze sich zugespitzt hatten, geht aus der folgenden parteinehmenden Beschreibung der Umstände hervor:

> „‚Graue' nannten die sogenannten Achtundvierziger Einwanderer die bereits vor ihnen in den Vereinigten Staaten angesessenen Deutschen, weil diese nicht mit ihren utopischen Weltbeglückungs-Plänen übereinstimmten, wonach die ganze menschliche Gesellschaftsordnung neu umgekrempelt werden sollte. Die im Gegensatz von den ‚Grauen', ‚Grüne' genannten neuen Ankömmlinge lärmten nämlich besonders über die sich in die hiesige Verhältnisse bereits eingelebten Deutschen, daß sie das amerikanisch-republikanische Staatssystem noch nicht umgestürzt, alle Kirchen und die Sklaverei der Neger noch nicht zerstört, die ‚Pfaffen' nicht aus dem Lande gejagt, die Präsidentschaft und den Senat nicht abgeschafft und die Staatsgrenzen noch nicht ausgewischt hätten. Sie, die achtundvierziger Grünen verstünden es ausschließlich, was Freiheit sei, und ihre eingebildete Freiheit konnten sie hier noch nicht finden, und dafür hielten sie die ansässigen ‚Grauen' verantwortlich."[19]

Es ergab sich zwischen ‚Grauen' und ‚Grünen' eine Front, die auch in der „Augsburger Allgemeinen" ihren Niederschlag fand. Als politische Aktivisten bezogen die ‚Grünen' sehr schnell ihre Posten innerhalb des politischen Systems in den Vereinigten Staaten. Zentral in ihrer politischen Aktivität stand die Sklavenfrage, die alle persönlichen Interessen überschattete. Die Achtundvierziger sahen darin den Schandfleck Amerikas und wurden die eindringlichsten und schärfsten Kritiker der Sklaverei. In Verbindung mit den Abolitionisten bauten die ‚Grünen' mit an der neuen Republikanischen Partei, die das soziale und politische Gefüge der Vereinigten Staaten verändern und erneuern sollte. Etwa ein Jahrzehnt lang dauerte die Auseinandersetzung zwischen den beiden Einwanderergruppen. Es gelang den ‚Grünen', allmählich einen Teil der ‚Grauen' in die neugegründete Republikanische Partei überzuführen. Nahezu alle in den dreißiger Jahren eingewanderten Intellektuellen schlossen sich mit der Zeit dieser Antisklavereipartei an — allen voran Gustav Körner, ‚der graue Gustav'. In der Erinnerung aber lebte das ‚Eselsgrau' in Verbindung mit den Demokraten noch lange weiter, und es scheint, daß Thomas Nast, ein Einwanderer der nächsten Generation und Karikaturenmaler par excellence, aus dieser Erinnerung den Esel als Symbol für die Demokraten gewählt hatte, ein Bild, das auch heute als offizielles Wahrzeichen der Demokraten weiterlebt.

Was in der „Allgemeinen Zeitung" von diesem Gegensatz sichtbar wird, spiegelt andererseits aber auch die gemeinsame Erfahrung wider, die dieser Auseinandersetzung zugrunde lag. Wie die Berichterstattung der älteren Periode sich an die vorgefundene Stimmung von Zufriedenheit angepaßt hatte, so lehnten sich die aus den deutschen Revolutionsländern angekommenen Journalisten der zweiten Jahrhunderthälfte an die immer intensiver gewordene Propaganda der Abolitionisten an. Die Neueinwanderer fanden Erregtheit und Angriffslust vor, nahmen sie auf, so wie die Einwanderer der älteren Generation das Gefühl des Stolzes und der Bewunderung aufgenommen hatten. Bei beiden Gruppen handelt es sich um einen Assimilationsprozeß auf politischer Ebene, nur daß der äußere Vorgang zu verschiedenen Zeiten verschiedenes, ja geradezu konträres Verhalten produzierte: Bewunderung im ersten Fall, Kritik, Aggressivität im zweiten. Auf ihre Weise wollten beide Gruppen ihre Zugehörigkeit zu dem neuen Vaterland beweisen.

In den fünfziger Jahren vollzog sich die Auseinandersetzung auf parteipolitischer Ebene zwischen Demokraten und Republikanern, zwischen ‚Grauen' und ‚Grünen'. Im Jahre 1860 begann der Kampf zwischen Norden und Süden. „Das blutige Scheusal des Krieges," das der Korrespondent des Jahres 1842 vorausgeahnt hatte, war nun unvermeidlich geworden.

Die sich verhärtenden Positionen zwischen Norden und Süden zeichneten sich deutlich in der „AZ" ab. Die Sympathien der Leserschaft in Deutschland, die sich aus dem Verhalten der Redaktion widerspiegeln, lagen auf Seiten der Republikaner. Das läßt sich deutlich aus der Linie der akzeptierten Artikel ermessen und findet auch in dem Briefwechsel mit der Redaktion seine Bestätigung. Für Europa schien die Sklaverei das vordringlichste Problem, dessen sich die Vereinigten Staaten zu entledigen hatten. In den Vereinigten Staaten handelte es sich in der Auseinandersetzung nicht ausschließlich um diese Frage, wiewohl sie eine vordringliche Rolle spielte. Den Europäer interessierten die verfassungsrechtlichen, territorialen und ökonomischen Fragen nicht, die zwischen den beiden Lagern ins Treffen kamen. Die Sklaverei erweckte die Empörung deutscher Leser im steigenden Maße. Während Cotta und seine Redaktion der Berichterstattung früher neutral gegenüberstanden, sowohl radikalen als auch konservativen Standpunkten in den Zeitungen Raum gegeben hatten, trat mit dem fortschreitenden Bürgerkrieg in der „Augsburger Allgemeinen" eine unverkennbare Parteinahme für den Norden zutage. Berichterstatter, die die Sache des Südens vertraten, kamen nicht mehr zu Wort, wie z.B. Maximilian Schele de Vere, hervorragender Gelehrter der Universität Virginia und Parteimann der Konföderierten. Lediglich einige Berichte Corvins aus Washington neigen zur Skepsis über die Motive des Nordens, vor allem über die Charaktereigenschaften eines Yankee. Hätte Corvin in objektiver Weise den Standpunkt des Südens erläutert, so wäre dies im Sinne der eingangs erwähnten Grundsätze der „Augsburger Allgemeinen" sehr nützlich gewesen. Corvin aber schreibt sarkastisch und gehässig, in der Meinung, dadurch unterhaltsam zu wirken. So liest man in einem seiner Artikel:

> „Ob es einen Yankee gibt, welcher ein Herz hat, was man bei uns nämlich so nennt, weiß ich noch nicht aus eigener Erfahrung, glaube aber kaum, daß ein solches Individuum in den Vereinigten Staaten aufzutreiben sein möchte, es sei denn in irgendeiner Irrenanstalt oder im Armenhaus. Ich habe einmal gehört, daß die Natur es müde werde, Dinge zu produzieren, welche man beharrlich ausrottet."[20]

Hermann Rasters Protest nährt sich aus der gleichen patriotischen Empfindung wie seinerzeit die Artikel der älteren Periode. Raster bezeichnet Corvin als „Fremden, dessen kurzer Aufenthalt in diesem Lande es nicht gestattet hat, sich in der Unmasse der durch eine freie Presse zu Tage geförderten Details zurechtzufinden." Er schreibt weiter:

> „Wenn Ihr Herr Korrespondent ... mit flotter Leichtigkeit die Bemerkung hinwirft, daß die Abolitionisten nur aus Gründen des rohesten Egoismus, aus Schachersinn, Geldgier oder dergleichen gegen die Abschaffung der Sklaverei zu Felde zögen, so ist das eine Ungerechtigkeit gegen hunderte, ja tausende der edelsten, mutigsten und vor allen Dingen aufopferungsfähigsten und uneigennützigsten Männer und Frauen."[21]

Wir sehen also, daß auch die ‚Grünen' von patriotischen Beweggründen geleitet und nicht weniger pro-amerikanisch waren als die ‚Grauen'. Corvin kann aber nicht zu den ‚Grünen' gerechnet werden, da er erst 1861 nach den Vereinigten Staaten gekommen war, und zwar nicht, um sich dort anzusiedeln, sondern ausschließlich, um als Kriegsberichterstatter seine Beobachtungen nach Europa zu melden bzw. seinem Abenteuergeist genüge zu tun. Obwohl von Cotta eigens als Sonderberichterstatter beauftragt, entließ Cotta ihn 1863, weil seine Anschauungen „mit jenen der Redaction in greller Disharmonie stehen."[22] Und Kolb schrieb über Corvins „mehr und mehr hervortretenden Neigungen für den Süden, während die Sympathien des europäischen Kontinents für den Norden und gegen die Sklaverei sind, wobei kein Zweifel ist, daß der Norden zuletzt siegen muß..."[23]

Politisch auf gleicher Ebene mit Raster schrieb Ottilie Assing im „Morgenblatt". Ihr begeisterter Bericht über das Ende des Bürgerkrieges schließt mit den Zeilen:

> „Es waren damals Tage der Begeisterung und Freude im Leben der Nation, wie sie nicht jeder Generation vergönnt sind zu erleben. Überall wünschte man sich gegenseitig Glück und erging sich in Bildern der großen, glänzenden Zukunft, die sich vor Augen des Volkes erschlossen hatte, eines Staatenbundes, der auf den Grundsätzen der Freiheit und Gleichheit begründet, gereinigt vom tödlichen Gift der Sklaverei, die Gewährleistung seines Bestandes in sich trägt."[24]

Wenig später beklagte sie die Ermordung Lincolns und ließ dabei ihre eigenen politischen Anschauungen durchblicken.

> „Der Präsident war jedem, der ihn durch seine Stimme wählen half, und ihn damit zum Vertreter seiner eigenen Gesinnungen, Wünsche und Bestrebungen erhob, ein persönlicher Freund geworden. Und wenn auch die unbeugsamen radikalen Abolitionisten, die Vorkämpfer und Leitsterne im Kampf für Freiheit, Gerechtigkeit und Fortschritt oft über sein Zögern und seinen Mangel an Entschiedenheit in dieser Richtung unzufrieden waren, so hatte doch auch diese Unzufriedenheit viel von dem Schmerz an sich, den man über die Mißgriffe seiner Freunde und Bundesgenossen empfindet. Seit vielen Jahren hat der Tod eines Menschen nicht so tiefe und allgemeine Trauer verursacht."[25]

Ottilie Assing war eine besonders scharfe Kritikerin der Sklaverei und sprach sich weiterhin eindringlich gegen die Unterdrückung der Neger aus, die trotz der Aufhebung der Sklaverei noch weiter bestand. Und vorausschauend schreibt sie:

> „Die Sklaverei hat den Todesstoß erhalten, und kann niemals wieder zu einer herrschenden Macht heranwachsen. Die bürgerliche Gleichstellung ist aber die logisch notwendige Folge jenes ersten großen Schrittes, und sie wird trotz aller Gegenbestrebungen früher oder später das Gesetz des Landes sein, weil der Geist des Jahrhunderts, der Zivilisation und des Fortschritts sie gebieterisch verlangen, und sie die Bedingung der Größe, Festigkeit und Dauer der Republik ist. Die Frage ist nur, ob eine weise, gerechte Politik das Volk bald diesem großen Ziel entgegenführen und ihm dadurch die Segnungen eines dauernden, beglückenden Friedens sichern, oder ob ein solcher Zustand erst das Resultat ferner Kämpfe und Wirren sein wird."[26]

Wenn wir nun zusammenfassend gewisse Kennzeichen für die Berichterstattung über Amerika in der deutschen Presse festhalten wollen, so ergeben sich folgende Hauptmerkmale:
1. Die Berichterstattung erfolgte aus amerikanischer Sicht und war selbst in ihrer Kritik amerikafreundlich ausgerichtet.
2. In der älteren Periode – vor der Jahrhundertmitte – berichten die Verfasser in Anlehnung an die Ideen der Demokratischen Partei, während in der jüngeren Periode die Überzeugungen der Republikanischen Partei überwiegen.
3. Der Antagonismus zwischen beiden Generationen wurzelt zu einem Großteil in gesamtamerikanischen Verhältnissen sowie in der Assimilation, die beide Gruppen erfaßte. Während in der älteren Periode die Anpassung zu einer Zeit des allgemeinen Nationalstolzes und der Selbstzufriedenheit erfolgte, lehnten sich die Einwanderer der jüngeren Periode der herrschenden Stimmung von Selbstkritik und politischer Aggressivität an.
4. Deutlich zeichnet sich eine Entwicklung ab, wobei der Schritt von der faktuellen und deskriptiven Darstellung zu analytischer Untersuchung und schließlich zur kritischen Urteils- und Meinungsbildung führt.

Anmerkungen

1 Heinrich Heine, Werke und Briefe, Hg. Hans Kaufmann, 10 Bde., Berlin: Aufbau, 1961, Bd. 4, S. 368.
2 Liselotte Lohrer, Cotta. Geschichte eines Verlags 1659–1959, Stuttgart: Cotta, 1959, S. 78f.
3 Eduard Heyck, Die Allgemeine Zeitung 1798–1898, München: Verlag der Allgemeinen Zeitung, 1898, S. 73.
4 Kathleen Neils Conzen, Germans, in: Harvard Encyclopedia of American Ethnic Groups, Hg. Stephan Thernstrom u.a., Cambridge, MA: Belknap Press of Harvard University Press, 1980, S. 410.
5 Georg Cotta an Eduard Pelz, 3. 2. 1859, Kopierbuch, Cotta Archiv, Stiftung der Stuttgarter Zeitung.
6 Z.B. Grund's Pennsylvanischer Deutscher, Age, Evening Mercury, The Standard.
7 The Hermann Raster Papers, in: Newberry Library Bulletin 3, Dez. 1945, S. 26.
8 Cotta an Raster, 8. 2. 1862, Kopierbuch, Cotta Archiv, Stiftung der Stuttgarter Zeitung.
9 Carl Sidons, Jefferson's Grab, in: Ausland I, Nr. 78, 1828, S. 309f. – Der Nachdruck der Zitate aus Ausland, Augsburger Allgemeine Zeitung, Monatsblätter, Morgenblatt erfolgt mit freundlicher Genehmigung des Schiller Nationalmuseums, Marbach a.N., Cotta Archiv (Stiftung der Stuttgarter Zeitung).
10 Ausland I, S. 7.
11 Franz Grund, Über Literatur und Kunst in den Vereinigten Staaten, in: Monatsblätter, Juni 1845, S. 231.
12 Wilhelm v. Eichthal, Augsburger Allgemeine Zeitung, Nr. 332, 1842, S. 2653.
13 Franz Lieber, Über die Fellatah's und Liberia, in: Augsburger Allgemeine Zeitung, Nr. 355 und 356, 1829, S. 1421, 1426.
14 Franz Grund, Die Colonisation von Liberia, in: Augsburger Allgemeine Zeitung, Nr. 126, 1840, S. 1002f.
15 Ottilie Assing, Neue Bestrebungen für die Colonisation der Neger, in: Morgenblatt, Nr. 5, 1859, S. 116.
16 Ottilie Assing, Frauenrechte, in: Morgenblatt, Nr. 16, 1858, S. 383.
17 Hermann Raster, (kein Titel) Augsburger Allgemeine Zeitung, Nr. 119, 1862, S. 1962f.
18 H.A. Rattermann, Deutsch-Amerikanisches Biographikon und Dichter-Album. Zweiter Theil, Cincinnati: Selbstverlag des Verfassers, 1921, Band 11 der Ges. Werke, S. 221.
19 Ebd., S. 222.
20 Otto Corvin-Wiersbitzki, Briefe aus Washington, in: Augsburger Allgemeine Zeitung, Nr. 41, 1862, S. 670.
21 Hermann Raster, (kein Titel) Augsburger Allgemeine Zeitung, Nr. 108, 1862, S. 1773.
22 Georg Cotta an Otto von Corvin, 7. 9. 1863, Kopierbuch, Cotta Archiv, Stiftung der Stuttgarter Zeitung.
23 Gustav Kolb an Otto von Corvin, Brief vom 22. 2. 1863 (Entwurf), Handschriftenabteilung, Cotta Archiv, Stiftung der Stuttgarter Zeitung.
24 Ottilie Assing, Das Ende des Bürgerkrieges, in: Morgenblatt, Nr. 22, 1865, S. 521–523.
25 Ebd.
26 Ottilie Assing, Der Prozeß. Trauerfeierlichkeiten, in: Morgenblatt, Nr. 27, 1865, S. 645f.

22. Frauen in der deutschamerikanischen Literatur
Therese Robinson, Mathilde Anneke und Fernande Richter

Martha Kaarsberg Wallach

Die Mehrzahl der deutschen Frauen, die im 19. Jahrhundert Amerika betrachteten, taten dies aus der Perspektive der Einwanderer in Ellis Island oder durch ein Küchenfenster. Nur wenige beschrieben ihre Eindrücke, und diese wenigen schrieben gewöhnlich über ihre Männer und Kinder und über solche Themen wie die monotone Arbeit des Schindelschnitzens oder die Zahl der Eier, die die Hühner gelegt hatten. Jedoch gab es auch Ausnahmen, privilegierte, gebildete deutsche Frauen, die Amerika aus dem Fenster ihrer Arbeitszimmer sahen und die mit der Feder anstatt mit dem Besen arbeiteten. Sie schrieben Werke, die im amerikanischen Milieu spielten und in deren Mittelpunkt die Lebensgeschichten und Werte von Frauen standen. Zu den bekannteren Autorinnen dieser Gruppe zählten in der zweiten Hälfte des neunzehnten Jahrhunderts Therese Robinson, Mathilde Anneke und Fernande Richter.[1] Für eine Untersuchung ihres Bildes von Amerika seien die weiblichen Charaktere, die Rolle der Frau und die sozialen Verhältnisse in folgenden Werken erörtert: Robinsons Roman „Die Auswanderer"[2], Annekes Erzählungen „Die Sclaven-Auction" und „Die gebrochenen Ketten"[3] und Richters „Ein Farm Idyll in Süd Missouri".[4]

Therese Robinson

Therese Albertine Luise Robinson (geborene von Jacob) schrieb unter dem Pseudonym Talvj, das aus den Anfangsbuchstaben ihres vollen Mädchennamens besteht. Sie war bekannt für ihre Werke über slavische Volkslieder, nordamerikanische Indianersprachen, die Kolonisierung von Neu England sowie für ihre Literaturkritik. Sie veröffentlichte ihren ersten Roman „Heloise or the Unrevealed Secret" 1850 in englischer Fassung und 1852 auf deutsch unter dem Titel „Heloise".[5] Dagegen erschien „Die Auswanderer" 1852 zuerst auf deutsch und ein Jahr später in englischer Übersetzung als „The Exiles".

Die Hauptcharaktere des Romans sind Klotilde Osten, die – ebenso wie Robinson – die wohlhabende Tochter eines deutschen Professors ist, und ihr Bräutigam Franz Hubert, ein ehemaliger Student ihres Vaters, der für seine liberalen Ideen sechs Jahre im Gefängnis verbringen mußte. Nach seiner Entlassung wird er mit Klotilde vereint, muß aber Deutschland sofort verlassen und ins Exil gehen. Das Segelschiff, auf dem das junge Paar nach New Orleans segelt, geht in einem Sturm unter; Klotilde verliert ihren ganzen Reichtum und glaubt, daß Franz ertrunken ist. Darauf folgt eine lebhafte Beschreibung von Klotildes Aufenthalt unter ihren Rettern, reichen südländischen Plantagenbesitzern in Florida und South Carolina. Das Liebespaar findet sich wieder, und wir werden nach Neuengland versetzt, wo Franz Hubert nach dem Schiffbruch von seinen Verwundungen genesen ist und sich das junge Paar niederläßt. Die Eifersucht einer Rivalin, Klotildes ehemaliger Deutschschülerin Virginia, bringt beiden Protagonisten den Tod. Sie werden auf ihrer Farm Woodhill in Vermont begraben. Woodhill ist auch der Titel der zweiten englischen Ausgabe des Romans.

Zwei weibliche Charaktere, Klotildes Schülerinnen Virginia und Sara, repräsentieren in diesem Roman den Süden der Vereinigten Staaten. Ein ungleicheres Paar von Schwestern ist kaum vorstellbar. Die eine ist eine stereotype ‚Southern Belle', eine literarische Urahne der Scarlet O'Hara aus „Vom Winde verweht". Die andere ist deren ganzes Gegenteil und dabei im Gegensatz zu den anderen Familienmitgliedern äußerst fromm. Die nette, sanfte, fromme, scheue und sich selbst verleugnende Sara teilt sogar ihr eigenes Bett mit ihrer Deutschlehrerin Klotilde. (Zur großen Überraschung der letzteren wird ihr in diesem reichen Haushalt kein eigenes Zimmer zur Verfügung gestellt.) Sara hat für jede Erklärung ein Bibelzitat parat und fragt ihre neue Lehrerin und Zimmergenossin, wie viele Stunden sie täglich betet. Sie verteidigt die Sklaverei, weil sie den Sklaven das Christentum gebracht habe, und betet täglich mit ihnen und den anderen Mitgliedern des Haushalts. Trotz ihrer offensichtlich christlichen Einstellung geißelt die Autorin diesen religiösen Fanatimus und kontrastiert ihn mit Klotildes tiefem, aber nicht übertriebenem Glauben.

In starkem Kontrast zur blassen und frommen Sara steht die lebensfrohe, schöne Virginia, die mit ihrem Charme und ihrer Eigenwilligkeit alle tyrannisiert: ihren Vater, ihre Schwester, ihre Sklaven und die jungen Männer, die ihr den Hof machen. Sie lebt nur ihrem Vergnügen und eilt von einer Unterhaltung zur anderen. Plötzlich entwickelt sie eine große Verliebe für die deutsche Literatur und ist die einzige in der Familie, die für die Abschaffung der Sklaverei ist; beides ist zurückzuführen auf den Einfluß eines deutschen politischen Flüchtlings, den sie kennengelernt hat. Ihr Eintreten für die Abschaffung der Sklaverei ist jedoch nur recht oberflächlich. In der Tiefe ihres Herzens akzeptiert Virginia noch immer die Sklaverei. Das wird in ihrem Verhältnis zur Zofe Phyllis deutlich. Diese wird mal grausam bestraft, dann wieder durch Geschenke gewonnen. Virginia erscheint als kindische, selbstbezogene Frau ohne jedes Verantwortungsbewußtsein. Sie flirtet mit allen Männern, die sie bewundern, und spielt am grausamsten mit ihrem Vetter Alonzo, einem Mann, der von ihrem gemeinsamen Großvater als ihr zukünftiger Gatte bestimmt wurde, um das Familienvermögen wieder zusammenzubringen. Alonzo erregt von Anfang an das Bedauern des Lesers, während von Virginia offensichtlich Bezauberung ausgehen soll. Erst als sie, von Wut und Eifersucht überwältigt, Alonzo zum Instrument ihrer Rache an dem zu seiner Braut zurückkehrenden Franz Hubert macht, wirkt sie abstoßend.

Diese beiden Schwestern sind deutlicher als die anderen amerikanischen Charaktere gekennzeichnet. Die Autorin zeigt ihre Boudoirs (Saras weiß und bescheiden, Virginias farbenprächtig und luxuriös) und gibt einen Einblick in ihr tägliches Leben. Trotz ihrer Verschiedenheit haben die Schwestern etwas gemeinsam: einen allzu verplanten Tagesablauf, der für Deutschstunden kaum Zeit läßt. Sara geht täglich zur Kirche und ist dauernd mit kirchlichen Projekten beschäftigt, beispielsweise mit Nähen für wohltätige Zwecke, während Virginia sich schön macht, ständig Gäste empfängt und tanzen geht. Die Autorin widmet der amerikanischen Sitte des ‚calling‘ (Besuche machen) und der freiwilligen Arbeit für wohltätige Zwecke besondere Aufmerksamkeit. Die freiwillig arbeitenden Damen lassen jedoch die Arbeit in ihren eigenen Häusern von Sklaven verrichten.

Die Rolle der amerikanischen Frau wird in diesem Roman wiederholt ausführlich erörtert. Franz erzählt Klotilde, wie überrascht er sei, daß amerikanische Frauen, vor allem junge Frauen und Mädchen, mit so viel Respekt behandelt würden. Er führt das Beispiel seiner Gastfamilie in Maine an, wo die kleinen Jungen dazu erzogen wurden, ihren Schwestern gegenüber höflich und rücksichtsvoll zu sein, und wo sie diejenigen waren, die laufen und ihre Plätze am Erwachsenentisch aufgeben mußten, wenn Besuch kam. In Deutschland hätten kleine Mädchen diese Rolle zu spielen und obendrein noch ihre Brüder zu bedienen. Franz kommt zu der Schlußfolgerung, daß manche Mädchen als Ergebnis dieser ehrerbietigen Behandlung verwöhnt seien, und charakterisiert sie als „im Allgemeinen dreist, laut, gefallsüchtig, im Bewußtsein ihrer Reize oft übermüthig" (E 228–229, A II,83). Obwohl er findet, daß ihnen die hohe Achtung, die sie erfahren, auch Schönheit und Grazie verleiht, setzt er hinzu, daß europäische Reisende oft an der übertriebenen Höflichkeit, mit der man in Amerika Frauen begegnet, vor allem aber an der Arroganz Anstoß nehmen, mit der diese Höflichkeit von den Frauen als ihr Recht beansprucht wird. (E 231, A II,87) Als Beispiel nennt er die Art und Weise, wie Frauen erwarten, daß Männer ihnen mit ‚lächelnder Nachsicht‘ die eigenen Sitzplätze in öffentlichen Fahrzeugen überlassen. Hubert meint, in Amerika bestehe eine ähnliche Einstellung der Frauenemanzipation gegenüber: hier habe sie „nie andere Empfindungen als gutmüthigen Spott erregt". (E 232, A II,88) Für ihn ist das Verhältnis zwischen Mann und Frau in Amerika durch „die schützende Schonung des Stärkern für den Schwächern" bestimmt. „Sie hat", so fügt er hinzu, „bei aller Höflichkeit, etwas von Herablassung". (E 232, A II,88–89) Franz führt den beschützenden Respekt Frauen gegenüber, der in Amerika in allen sozialen Klassen zu beobachten ist, auf die Kolonialzeit zurück, wo immer die Gefahr bestand, von Indianern angegriffen zu werden. Seine Schlußfolgerung lautet: „Die Abhängigkeit, in welcher das weibliche Geschlecht dadurch erhalten ward, war freilich seiner rechtlichen Stellung sehr ungünstig, denn wahrscheinlich lag dieselbe Ursache dem Umstande zu Grunde, daß die alten englischen Gesetze, welche die natürlichen Menschenrechte des weiblichen Geschlechts beschränken, indem sie die Ehegattin für besitz- und erwerbsunfähig erklären, sich noch immer in den meisten Staaten erhalten haben". (E 233, A II,91) Die amerikanische Frau scheint nur privilegierter; „in Wirklichkeit erlaubt ihr die Sitte viel weniger Freiheit für sich selber zu handeln, als das der Fall in Deutschland oder in England ist". (E 234) Er will kein solches Verhältnis zu seiner Frau, weil das nicht „mit der Würde der Frau vereinbar ist". (E 234) Er will nicht, daß Klotilde ein „verhätscheltes Spielzeug" ist, sondern eine Gefährtin in „Freude und Leid, in Qual und Tod". (E 235) Man könnte das Verhältnis zwischen Klotilde und Franz als ein traditionell deutsches ansehen; denn immer wieder wird gezeigt, wie sie ihm zuhört, mit ihm übereinstimmt und ihn ermutigt fortzufahren. Sie ist im allgemeinen ein Echo dessen, was er sagt, und nur zweimal wagt sie ihm ganz sanft zu widersprechen. Als er ihren Einwand ignoriert und in seiner Schmährede fortfährt, besteht sie nicht darauf, gehört zu werden. Ihre Hingabe und ihr Wunsch, seine Gefährtin in Leid, Qual und Tod zu sein, ist so vollständig, daß sie einfach an gebrochenem Herzen stirbt, als er getötet wird, obwohl sie schwanger und physisch ganz gesund ist. Unter diesen Umständen macht die Autorin Franz natürlich zu ihrem Sprachrohr. Das wird besonders deutlich, wenn von Franz gesagt wird, daß er die Verhältnisse in Amerika mit „Freiheit und Klarheit" beurteilte. (E 300) Und die Analyse der Stellung der Frau in den Vereinigten Staaten ist wirklich scharfsinnig. Soziologische und historische Studien, wie z.B. Ronald Hogelands „Woman and Womanhood in America" haben dies inzwischen bestätigt.[6] Der Standpunkt des Romans unterscheidet sich hierin bedeutend von anderen deutschamerikanischen Kommentaren der Zeit, die nur die Privilegien der amerikanischen Frauen sahen, nicht aber die abhängige Rolle, die diese mit sich brachten.[7]

Ein Aspekt Amerikas, der im zweiten Teil des Romans weniger diskursiv als erzählerisch präsentiert wird, betrifft den Unterschied im Klassenbewußtsein zwischen den Hauptcharakteren, vor allem Klotilde und den Amerikanern, denen sie in den Nordstaaten begegnet. Obwohl Franz und Klotilde während ihres Theoretisierens über amerikanische Werte die stolze Haltung der Amerikaner loben, finden sie dieselbe lästig, wenn sie es ihnen schwer macht, ihre vornehme, herrschaftliche Existenz in Amerika weiterzuführen, in einem Land, wo es die Leute erniedrigend finden, andere zu bedienen. (E 237, A II,93) Das aufschlußreichste Beispiel dafür ist die vergebliche Anstrengung, ein Dienstmädchen für Frau Hubert in Neuengland zu finden, wo es keine „dienende Klasse" gibt. (E 333, A II,250) Die Nachbarin, die am Anfang bei der Hausarbeit hilft, besteht darauf, als ebenbürtig behandelt zu werden, und erinnert gerne daran, daß sie das nur vorübergehend aus Gefälligkeit tut. Nachdem Herr und Frau Hubert die Suche nach einem Dienstmädchen aufgegeben haben, fahren sie in ihrer neuerworbenen Kutsche herum, über deren Besitz sie sich sehr freuen, da in Amerika niemand „zu Fuß geht, der auf irgend eine Weise fahren kann" (E 344, A II,252); bei ihrer Bemühung, eine andere Hilfe für den Haushalt zu finden, werden sie immer wieder gefragt: „Kann's die junge Frau nicht selbst verrichten"? (E 335, A II,254). Als eine Nachbarstochter endlich bereit ist, es bei den Huberts zu versuchen, wird Herr Hubert gebeten, sie mit der Kutsche abzuholen. Frau Hubert sagt jedoch für ihren Mann ab und informiert die Familie mit einem Lächeln, daß sie der schwarze Junge, der bei den Huberts arbeitet, stattdessen abholen wird. Die Amerikaner scheinen nicht den sehr subtilen Unterschied zu verstehen, der zwischen Franz Huberts Funktion als *Frau* Huberts Kutscher und als möglicher Kutscher eines Dienstmädchens besteht. Während ersteres nicht unter seiner Würde ist, kommt letzteres für ihn überhaupt nicht in Frage. Das neue Dienstmädchen nimmt irrtümlicherweise an, daß sie mit den Huberts am selben Tisch essen wird; als Vorwand wird ihr gesagt, daß sie nicht passend angezogen ist. Darauf versucht sie, diesen Mangel dadurch zu beheben, daß sie sich zurechtmacht und zu Klotildes Bestürzung die Haarbürsten ihrer Herrin dafür benutzt. Das endgültige Zerwürfnis findet statt, als das Mädchen Familie Hubert und einem Nachbarn Tee serviert, wobei Herr und Frau Hubert das Mädchen dem Nachbarn nicht vorstellen. Frau Hubert, die immer noch eine Putzfrau für die ‚gröbere Arbeit' hat, beschließt daraufhin, daß sie lieber ohne Dienstmädchen bleibt als eine Neuengländerin zu dulden, die Gesellschafterin statt Dienstmädchen sein will. (E 293, A II,264)

Andere Anzeichen des Klassenbewußtseins ist die Haltung kühler Überlegenheit, die Klotilde ihren Nachbarn gegenüber einnimmt. Wenn Franz Hubert sie nach der Kirche nicht sofort abholt, läßt sie sich von den Nachbarn zwar nach Hause fahren und fragt den Mann, der sie fährt, mit großem Geschick aus, aber sie bringt es auch fertig, ihm überhaupt keine Information über sich selbst zu geben. (E 345, A II,272−3) Die Autorin scheint dieses Manöver gutzuheißen. Voller Verachtung spricht sie von „dem lästigen Ungeziefer frecher Bettelkinder" in New York, und Herablassung kennzeichnet ihre Darstellung von Immigranten. (E 304−5, A II,204−5) Die Iren sind ein „durchaus rohes, ungebildetes Volk", und die Deutschen auf den Straßen von New York tragen immer die schlechtesten Kleider, weil sie ihre Sonntagskleider für Sonntag aufheben und ihren Enkelkindern vererben wollen. (E 304−5, A II, 204) Die plumpe Vertrautheit von Leuten, die Gäste in den Hotels von New York bedienen, wird bemängelt. (E 306, A II,207) In Vermont schließt Klotildes würdevolle Art jede Vertrautheit aus. (E 343) Die Huberts sind Verbannte, nicht Emigranten. Klotilde hängt an Europa und Franz will nicht amerikanischer Staatsbürger werden. (E 297,301) Das wird auch durch den Titel der ersten amerikanischen Ausgabe unterstrichen: Mit dem Titel „The Exiles" statt „The Emigrants", was dem Titel „Die Auswanderer" der zuerst erschienenen deutschen Fassung näher gekommen wäre, hebt die Autorin die Tatsache hervor, daß die Hauptcharaktere gezwungen waren, Deutschland zu verlassen, und nicht unbedingt glücklich sind, in Amerika zu sein.[8]

Fernande Richter

Interessant ist ein Vergleich zwischen Therese Robinsons klassenbewußten, ‚dienerlos' im Exil lebenden Flüchtlingen und einer anderen Familie ähnlicher Herkunft, aber mit einer ganz anderen Einstellung gegenüber Amerika. Die beliebte Autorin aus St. Louis, Fernande Anna Therese Franziska Auguste Richter (geborene Osthaus, Pseudonym Edna Fern) schildert diese Familie in ihrer Erzählung „Ein Farm Idyll in Süd Missouri".[9] Es handelt sich dabei um einen humorvollen Bericht über das Landleben im südlichen Missouri, der in Ich-Form von der Tochter einer intellektuellen deutschen Familie erzählt wird. In der alten Welt hatte die Familie so viel ‚Böses' erfahren, daß sie sich entschloß, die akademische Lebenssphäre in Deutschland zu verlassen und es mit der Landwirtschaft in Amerika zu versuchen. Die Erzählerin vermerkt, daß eine deutsche Universitätsausbildung zwar nicht sehr nützlich zum Waldroden und Kühemelken sei, aber sehr nützlich, um die humorvollen Aspekte eines solchen Unternehmens auch richtig zu würdigen. (F 78) Und Humor braucht die Familie, denn ihre landwirtschaftlichen Anstrengungen sind kaum von Erfolg gekrönt. Ihr Brunnen vertrocknet, die Schweine brechen aus ihren Verschlägen aus und laufen wild im Wald herum, sie haben Mißernten. Wenn sie schließlich feststellen, daß sie nur ‚Squatter' (illegale Siedler) auf einer Farm waren, die einer reichen Witwe im Osten gehört und die diese nun zurückhaben will, geben sie das Landleben auf und versuchen ihr Glück in der Stadt.

Der Erzählerin scheint die Erfahrung trotzdem Spaß zu machen. Sie ist weder verwöhnt noch besonders behütet. Genau wie ihre Mutter schläft sie in einer Hängematte in der offenen Tür ihrer Hütte, um nachts Tieren den Eintritt zu verwehren, ohne in den heißen Sommernächten den Zustrom frischer Luft zu blockieren. Die Hütte besteht nur aus einem Raum. Die Männer schlafen oben auf dem Dachboden. Die Erzählerin muß sich sogar eines unwillkommenen Verehrers erwehren. Es ist der Schmied, der groß, dünn und schmalschultrig daherkommt und einen Rückenwirbel zu viel zu haben scheint. Er macht ihr Besuche und irritiert sie, indem er deutsche Wörter lernen will und sie jedesmal fragt, wie sie geschrieben werden. Um ihn zu verwirren, beantwortet sie seine Bitte, ihren Vornamen zu buchstabieren, indem sie alle ihre Vornamen schnell hintereinander buchstabiert, ohne zwischen den Namen eine Pause zu machen; ebenso wie die Autorin hat die Erzählerin fünf Vornamen: Anna Maria Therese Franziska Auguste. Nach diesem Vorfall gibt der Verehrer die Werbung auf. Als ein Pferdedieb ins Haus kommt und mit den Gewehren an der Wand liebäugelt, ist die Erzählerin allein. Statt der Gewehre nimmt er jedoch die Pferde der Nachbarn und den Maulesel des Arztes mit.

Über die Mutter der Erzählerin erfahren wir nur, daß sie sehr schockiert ist, als eine Nachbarin eine Maiskolbenpfeife raucht. Die Nachbarinnen, Frau Nimmocks und Frau Yaeger, sind beides komische Figuren. Frau Nimmocks ist groß, dünn und von strengem Aussehen. Ihr Englisch ist schnell und kaum zu verstehen. Sie geht oft zur Kirche und vernachlässigt ihren Mann und ihre Töchter. Ebenso wie Sara in Robinsons „Auswanderer" ist sie als einzige in der Familie sehr religiös. Frau Yaeger, deren Mann seinen Namen anglisiert hat, nachdem er reich wurde, ist zu verängstigt, in dessen Gegenwart zu sprechen, und kommt daher oft allein zu Besuch. Während sie ihre Maiskolbenpfeife raucht und ohne Unterlaß im Schaukelstuhl hin und her schaukelt, erzählt sie von der früheren ‚Squatter'-Existenz der Yaegers in einem Deutsch, das viele englische Ausdrücke mit deutschen Endungen enthält. Abgesehen vom Rauchen und der Funktion als Türhüter sind die Frauen dieser Erzählung in recht traditionellen Rollen. Sie verrichten auch nicht die schwere Arbeit, die deutsche Immigranten, zum Entsetzen ihrer nicht-deutschen Nachbarn, gewöhnlich ihre Frauen verrichten ließen.[10] Das Dreschen wird von den vier Männern in der Familie der Erzählerin und von anderen Nachbarn erledigt. Sogar das Melken der Kühe, eine Arbeit, die in Deutschland oft die Frauen machten, erledigen ihre Brüder.

Die Autorin gibt sich besondere Mühe zu zeigen, daß die deutsche Familie dieses Abenteuer verkraftet und gewillt ist, ungewohnte physische Arbeit zu verrichten. Ihr Verhältnis zu ihren Nachbarn ist gut. Sie lassen sich gern Ratschläge geben und genießen die grenzenlose nachbarliche Gastfreundschaft. Die Nachbarn bewirten jeden Fremden und lassen ihn, wenn er nichts dagegen hat, auf dem Boden zu übernachten, auch bei sich schlafen. Anders als die Hauptfiguren in „Die Auswanderer" begegnet die deutsche Emigrantenfamilie den ungebildeten Nachbarn ohne Herablassung. Natürlich läßt sich gewisse Überlegenheit bei der satirischen Zeichnung der komischen ländlichen Figuren nicht verkennen, aber diese bleibt innerhalb der Grenzen eines in Amerika akzeptierten Humors. Schließlich trifft das Lachen ja auch die ‚Greenhorn'-Familie selbst.

Mathilde Anneke

Eine ganz andere Welt lernen wir in den Erzählungen der Mathilde Franziska Anneke kennen. Als Achtundvierzigerin, Feministin, Abolitionistin (Kämpferin für die Befreiung der amerikanischen Sklaven) und Journalistin war sie bekannt für ihre Arbeit in der Frauenbewegung, für ihre Essays, ihre Erzählungen, ihre Gedichte und für ihr Mädcheninternat in Milwaukee. Heutigen Lesern wurde sie durch Maria Wagners Veröffentlichung ihrer Briefe und die sensible Analyse ihres Lebens und Werkes zugänglich gemacht.[11] Wagners Arbeit enthält auch eine ausführliche Untersuchung der Erzählungen „Gebrochene Ketten" und „Sclaven-Auction", die hier nur im Hinblick auf die Rolle der schwarzen Frau untersucht werden können.[12]

Annekes Eintreten für die Abschaffung der Sklaverei ist ein Engagement, das in beiden Geschichten stark zum Ausdruck kommt. Sie wurden offensichtlich mit der Absicht geschrieben, die Leserinnen zu schockieren (die Anrede der Autorin an ihr Publikum ist „Leserin"). Die Übel der Sklaverei sollten entlarvt werden, um den Bürgerkrieg als Befreiungskrieg für jene unglücklichen Menschen zu rechtfertigen. Als Feministin hatte sie ein besonderes Interesse daran, die Greuel bekannt zu machen, denen Sklavinnen ausgesetzt waren. Die weiblichen Hauptfiguren in Annekes Kurzgeschichten „Die Sclaven-Auction" und „Die gebrochenen Ketten" sind schwarze Sklavinnen. In beiden Geschichten sind sie in Gefahr, Opfer der Wollust ihrer weißen Herren zu werden, ein Schicksal, von dem sie in letzter Minute durch den Eingriff eines *deus ex machina* gerettet werden. In der ersten Erzählung tritt in letzter Minute ein Abolitionist auf, der die gefährdete Frau kauft. In der zweiten erfolgt die Rettung durch die Verkündung der Befreiung aus der Sklaverei. Beide Frauen werden als sympathisch dargestellt. Sie sind liebenswürdig, sanft, fromm, schön und werden geliebt. Die Demütigungen, denen sie ausgesetzt sind, und die weiteren Demütigungen, die sie bedrohen, sollen den Leser entrüsten. In beiden Erzählungen tötet eine verzweifelte Mutter ihr Kind, um ihm ein Schicksal zu ersparen, das ihr schlimmer als der Tod erscheint.

Isabella, die Heldin in „Sclaven-Auction", die als „dunkel aber schön" beschrieben wird, schneidet ihre langen Haare, um weniger attraktiv zu erscheinen, während sie versteigert wird. Wir hören zuerst ihre Stimme, die liebliche, eindringliche Stimme „eines zarten Geschöpfs". Der Versteigerer preist sie als ein temperamentvolles Wesen mit einem attraktiven Aussehen an. Sie ist die Tochter eines weißen Herren, der in einem Duell getötet wurde, und steht nur deshalb auf dem Versteigerungsblock, weil der gesamte Besitz ihres Herrn verkauft werden muß. Ihre kinderlose weiße Herrin ließ ihr Gesangs-, Klavier- und Gitarrenunterricht geben. Als sie gebeten wird, Gitarre zu spielen und zu singen, wählt sie ein religiöses Lied mit einer melancholischen deutschen Melodie, das die Herzen derer, die ihr wohlwollen, anrührt und die Wollust derer, die sie begehren, anregt. Nachdem sie von einem Abolitionisten gekauft worden ist, ist sie frei, mit ihrem schwarzen Liebhaber Alfonso in die nördlichen Staaten zu gehen. Von Alfonso hören wir die Geschichte seiner Schwester Lili, die von ihrer Mutter ertränkt wurde, als es offensichtlich wurde, daß sie als Mätresse verkauft werden sollte. Ebenso wie Isabella ist Lili die schöne Tochter eines weißen Herrn und hat Haare, die bis zur Taille herunterreichen. Als Junge von acht Jahren war Alfonso Zeuge der herzzerreißenden Qual seiner Mutter, die die arme Schwester in den Wald führte und von einem steilen Ufer in den Bach hinunterstieß.

Die sechzehnjährige Lelia in „Die gebrochenen Ketten" ist von der soeben verstorbenen liebevollen Herrin, Lady Kingsbury, wie eine Tochter behandelt worden. Deren eigene hochmütige und neidische Tochter und ihr dekadenter Sohn streiten sich um die Erbschaft, vor allem den Besitz von Lelia, die der Sohn gerne als Geliebte hätte und die die Schwester demütigen und als Sklavin halten möchte. Lelia zieht die schwere Arbeit und die Mißhandlungen des Sklavenlebens den Umarmungen Alan Kingsburys vor, der sie „wie eine Königin" halten will, vor dem es ihr aber graut. Auf ihren Knien bittet sie die Schwester, sie zu nehmen und als Sklavin zu halten. Da die Geschwister sich nicht darüber einigen können, wer Lelia bekommt, sollen alle Sklaven versteigert werden. Sie sind fassungslos über diese Nachricht und fürchten sich vor allem davor, von jemandem im ‚tiefen' Süden gekauft zu werden. Plötzlich wird jedoch im District of Columbia die Befreiung der dortigen Sklaven verkündet, und ihre Ketten sind gebrochen.[13] Die Freude der Sklaven ist groß, allerdings außer Nancy, die ihr Kind getötet hat, damit es ihr nicht auch wie ihre anderen fünf Kinder weggenommen wird. Als sie hört, daß sie jetzt frei ist und daß ihr Opfer umsonst war, sirbt sie.

Es gibt eine Hierarchie unter den Sklavinnen, die von ihrem Aussehen und der Behandlung durch ihre Herren bestimmt wird. Nancy, die eine tiefschwarze Hautfarbe hat, steht auf der untersten Stufe dieser Hierarchie. Sie ist sehr schlecht behandelt worden und hat ihre Menschlichkeit fast verloren. Ihr Herz wurde zu Stein, sie ist „mürrisch und abstoßend". Niemand liebt sie, und sie liebt niemanden außer ihrem Kind. Nachdem sie es getötet hat, gibt es für sie keinen Grund mehr zu leben. Die zwei Frauen in der Mitte der Hierarchie haben beide jemanden, der sie liebt. Jave, das Hausmädchen, ist flink, hat ein schönes Kleid von ihrer Herrin bekommen und ist mit dem Diener verlobt. Sie beneidet Lelia und ist gar nicht unglücklich, daß Lelia Gefahr läuft, ihre Privilegien zu verlieren. Juno, die Köchin, die als „respektable, ziemlich hübsch aussehende Mulattin" beschrieben wird, ist mit dem Kutscher verheiratet und hat einen intelligenten, lebhaften, europäisch aussehenden Sohn. Auf der obersten Stufe der Hierarchie steht Lelia. Sie wird mit einer olivenfarbigen, durchsichtigen Hautfarbe dargestellt, mit einem „vollen, kirschenroten Mund", „perlenweißen Zähnen", „Sternenaugen" und schönem langen Haar, das ihren Körper bedeckt „wie ein Schleier". Als einzige unter den Sklaven kann sie lesen, was für ihresgleichen eigentlich verboten war. Ebenso wie der europäisch aussehende Sohn des Kochs ist sie von der Nachricht ihrer neuen Freiheit wie verwandelt. Sie spricht voller Selbstbewußtsein mit der Frau, die gerne ihre Herrin geworden wäre. Anneke scheint diese Hierarchie entwickelt zu haben, um zu zeigen, wie die Sklaverei sich auf die Menschen auswirkt. Diejenigen, die am schlimmsten behandelt worden sind und von niemandem geliebt werden, können nicht einmal die Freiheit genießen, wenn sie ihnen endlich gegeben wird. Diejenigen, die gut behandelt worden sind und geliebt werden, können sich verändern, sich nach der Freilassung entwickeln. Die letztere Gruppe von Sklaven sieht am europäischsten aus; es sind diejenigen für die der Leser mehr als Mitleid empfinden soll. Die Autorin stellt fest, es sei mitleiderregend, häßliche Menschen als Sklaven zu sehen, aber der Anblick schöner Menschen in einer solchen Situation schreie „zum Himmel um Erlösung". Dabei gilt die Regel: je weißer, desto schöner.[14]

Vergleichende Betrachtungen

Gemessen an Annekes parteilicher Beschreibung ergeht es den schwarzen Frauen in „Die Auswanderer" weniger gut. Klotilde ist den schwarzen Frauen, die sie während ihrer Krankheit pflegen, dankbar, aber sie findet andere Sklaven kindisch, eigensinnig und ohne Stolz. Sie ist bestürzt, daß Virginias Zofe eine grausame Auspeitschung vergißt, sobald sie ein buntes Kleid bekommt. Andere Sklavinnen werden als häßlich beschrieben und sogar mit Affen verglichen. Die Autorin scheint darüber verärgert zu sein, daß man auf den Straßen von New York plötzlich ein Gesicht sehen kann, „das dem Affengeschlecht näher als dem Menschengeschlecht anzugehören scheint". (E 304, A II,203) Ihre Darstellung enthält Kritik der Sklaverei sowie mitfühlende Beschreibungen von Schwarzen, die nach einem Fluchtversuch gefangen worden sind. Insbesondere beeindruckt die Beschreibung einer Mutter, die gehofft hatte, ihre Kinder zur Freiheit zu führen, und die nach der Gefangennahme wie gelähmt ist. Aber als das Ehepaar

Hubert in den ‚dienerlosen' Norden zieht, kommt es mit einem schwarzen Jungen als Burschen und seiner Mutter als Putzfrau aus, weil es keine passenderen Dienstboten finden kann. Die Symbolik ist deutlich: das Haus der schwarzen Bedienung liegt am Fuße des Hanges, auf dem die Huberts wohnen. Obwohl die Autorin die Sklaverei mißbilligt und Mitleid mit schwarzen Sklaven zu fühlen scheint, läßt sich der Widerwille in den Bildern, die sie von ihnen zeigt, nicht übersehen.

Als Hauptfiguren führt Robinson auch Frauen in sehr traditionellen Rollen vor. Klotilde ist eine ergebene deutsche Ehefrau, die sich ein eigenes Leben gar nicht vorstellen kann. Sara ist Gott und ihrem Vater untertan. Virginia, die ihren eigenen Reichtum besitzt, lehnt sich gegen ihren Vater auf, als sie von zuhause wegläuft, aber sie ist kein positiver Charakter, sondern ein Beispiel von Arroganz und Gefallsucht. Neben diesen Figuren findet sich die aufgeklärte Analyse der Stellung der amerikanischen Frau, die der Frauenemanzipation gar nicht so feindlich gegenübersteht, wie Irma Voigt meint.[15] Ihr Klassenbewußtsein hält die Exilierten in Robinsons Roman davon ab, Amerikas egalitäre Ideale einerseits und die Übel der Sklaverei andererseits besser zu verstehen.

Richters egalitäre Welt kennt weder Herren noch Sklaven; es gibt Unterschiede im Reichtum, aber nicht im Status. Ihre weiblichen Charaktere sind komische, derbe, gründlich in das Landleben integrierte Farmersfrauen. Sie werden mit Humor beschrieben. Obwohl sie im allgemeinen traditionelle Rollen haben, sind sie weder verwöhnt noch behütet.

Annekes schwarze Frauen werden alle in extremen Lebenssituationen gezeigt. Ihre Hierarchie der Sklavengesellschaft zeigt, auf welch unterschiedliche Weise die Sklaverei die Menschen verändert. Dabei verhehlt sie ihre Parteinahme gegen die Sklaverei keineswegs. Ihre Erzählungen richten sich vor allem an Frauen, die sie als Leserinnen direkt anredet.

Robinson und Richter konzentrieren sich vor allem auf die neu angekommenen Deutschen und ihre Beziehungen zu den Amerikanern. Annekes Werk stellt das Leben der Sklaven und deren Beziehungen zu ihren weißen Herren dar. Die Autorinnen sehen die Verhältnisse in Amerika mit kritischen Augen: Richters Blick wird durch ihren Humor geprägt, Robinsons durch ihren europäischen kulturellen Hochmut beeinflußt, und Annekes Perspektive ist politisch bestimmt und voll von missionarem Eifer gegen die Sklaverei, die für sie ein uncharakteristischer Schandfleck in einem sonst so freien Land darstellt. Obwohl alle drei deutsche Autorinnen ein ähnlich privilegiertes Leben in der neuen Welt führten, sind ihre Ansichten über Amerika alles andere als gleichförmig.

Anmerkungen

Für Korrekturen und stilistische Verbesserungen möchte ich meinen Kollegen Winfried Nöth und Gabriele Spengemann danken.

1. Robinson und Anneke sind die ersten Autorinnen, die von Albert Bernhardt Faust (The German Element in the United States, Boston: Houghton Mifflin, 1909, S. 448–465) erwähnt werden und die einzigen, die er eingehend bespricht. Auch Robert E. Ward (The Case for German-American Literature, in: Gerhard K. Friesen u. Walter Schatzberg (Hg.), The German Contribution to the Building of the Americas: Studies in Honor of Karl J.R. Arndt, Worcester, MA: Clark University Press 1977, S. 383) erwähnt sie an erster Stelle in seiner Diskussion deutschamerikanischer Autorinnen und setzt Fernande Richter hinzu, die 1908 als eine der besten deutschamerikanischen Autoren angesehen wurde.
2. Die Auswanderer, Teil I & II, Leipzig: F.A. Brockhaus, 1852. Alle weiteren Zitate werden im Text mit A, Teil- und Seitenzahl identifiziert; englisch The Exiles, New York: J.P. Putnam, 1853. Die englische Übersetzung enthält einige erklärende Zusätze für amerikanische Leser. Da Robinson in den USA lebte, Englisch konnte, und vielleicht sogar die Übersetzung selber verfertigte (ein Übersetzer wird nicht genannt), wurden diese in der deutschen Übersetzung dieses Aufsatzes beibehalten. Sie werden im Text mit E und der Seitenzahl identifiziert.
3. Die Sclaven-Auction, in: Didaskalia, 25.–29. 6. 1862; Die gebrochenen Ketten, in: Der Bund, 17. 11. 1864. Beide Texte sind nach Fertigstellung dieses Aufsatzes als Teil einer Anthologie erschienen: Mathilde Franziska Anneke, Die Gebrochenen Ketten. Erzählungen, Reportagen und Reden 1861–1873 (Stuttgarter Nachdrucke zur Literatur des 19. und 20. Jahrhunderts, 11), Hg. Maria Wagner, Stuttgart: Akademischer Verlag 1983.
4. Fernande Richter, Gentleman Gordon und andere Geschichten, Zürich: Th. Schröter 1901. Alle weiteren Zitate werden im Text mit F und der Seitenzahl identifiziert.
5. Therese Robinson, Heloise or the Unrevealed Secret, New York: D. Appleton, 1850; Heloise, Leipzig: F.A. Brockhaus, 1852.
6. Ronald W. Hogeland, Woman and Womanhood in America. Lexington, MA: Heath, 1974.
7. S. Martha Kaarsberg Wallach, German Immigrant Women, in: Journal of German-American Studies, 13, Winter 1978, S. 99–104.
8. S. auch Guy T. Hollyday, Anti-Americanism in the German Novel, Bern: Lang, 1977, das die allgemeine Einstellung der Autorin gegenüber Amerika behandelt, und auch J. Martin Evans, America. The View from Europe, New York: Norton, 1979. Letzteres ist eine interessante Analyse der europäischen Perspektive, behandelt vor allem literarische Quellen und zeigt, wie viel europäische Kritik an Amerika durch fest etablierte utopische Erwartungen motiviert wird.
9. Nach George Condoyanis (German-American Prose Fiction from 1850 to 1914, Diss. Columbia University, 1954, u. Ann Arbor: University Microfilms, 1977), wurde sie 1861 geboren und emigrierte 1881 in die USA. Daß sie in St. Louis als Frau eines Arztes lebte, ist die einzige zusätzliche biographische Information, die dort vermerkt ist.
10. S. Wallach, Women.
11. Maria Wagner, Mathilde Franziska Anneke in Bildzeugnissen und Dokumenten, Frankfurt: Fischer, 1980.
12. S. auch Maria Wagner, Zerbrochene Ketten – ein Beitrag zum literarischen Feminismus, in: Ralph Ley u.a. (Hg.), Perspectives and Personalities. Studies in Modern German Literature Honoring Claude Hill, Heidelberg: Winter, 1978, S. 340–348.
13. Act of Congress, von Lincoln am 16. 4. 1862 unterschrieben, fast fünf Monate vor der Emanzipierungsproklamation vom 22. 9. 1862.
14. Annekes Einstellung Schwarzen gegenüber ist auch nicht frei von romantischem Rassismus, wie er von George M. Frederickson (The Black Image in the White Mind, New York: Harper and Row, 1971, S. 101) definiert wird: der Glaube, daß es angeborene Unterschiede zwischen den Rassen gibt, verbunden mit einer „verhältnismäßig wohlwollenden Einschätzung schwarzer ‚Eigenheiten'".
15. Irma Elizabeth Voigt, The Life and Times of Mrs. Therese Robinson (Talvj), Thesis, University of Illinois, 1913, S. 133.

23. Deutschamerikanische Literatur
Kritische Anmerkungen zur gegenwärtigen Situation und zu den Problemen philologischer Erfassung

Alexander Ritter

1

Die literarkritische Beschäftigung mit deutschsprachiger Literatur des Auslands sei „in mancher Hinsicht eine Sensation", urteilt Gerd Müller 1982 in der schwedischen Zeitschrift „Moderna Språk". Er halte „diesen Aspekt für äußerst fragwürdig und das Unternehmen des Autors für sehr mutig".[1] Das von Müller gekennzeichnete Dilemma gilt für jeden Germanisten, der sich ausnahmsweise diesem thematischen Bereich nähert.[2] Dazu gehört auch die deutschamerikanische Literatur. Auch ihre Betrachtung hat sich mit den Ursachen der komplexen literar- und sozialgeschichtlichen Verhältnisse von Minderheitenliteraturen und Regionalliteraturen auseinanderzusetzen. Die von Müller gebrauchte Vokabel ‚Fragwürdigkeit' zielt allerdings allzu pauschal auf die fachgeschichtliche Hypothek, die auf dem Zusammenhang von Germanistik, Volkstumskunde und auslanddeutscher Literatur lastet. In der Tat ist vieles verdrängt worden, was „an Begriffen und Methoden bis heute schwer verdächtig geblieben" ist, schreibt der Schweizer Germanist Max Wehrli.[3] Das trifft eben auch immer noch für den Begriff ‚auslanddeutsche Literatur' zu.

Eine solche Tabuisierung sowie die daraus folgende Ignoranz haben eine notwendige theoretische Auseinandersetzung verhindert. Voreilig unterstellte mangelhafte literarische Qualität, wie sie in J. Frank Dobies Warnung „Niemand sollte sich auf Provinzliteratur spezialisieren"[4] anklingt, sorgt für wissenschaftliche Skrupel gegenüber diesem Literaturbereich. Die methodisch erforderliche komparatistische Betrachtungsweise wirft weitere Hindernisse auf, weil nur über ein erhebliches Vorwissen von zwischennationalen Wanderungsbewegungen die jeweilige nationale Kultur und ihre binnenkulturellen Wechselwirkungen in Sprache und Literatur erfaßt und die Produktions- und Rezeptionsumstände von Literatur in ethnisch gegliederten Kulturlandschaften angemessen beschrieben werden können.

Aus der Sicht eines deutschen Germanisten wird eine intensivere Beschäftigung somit fachgeschichtlich durch ideologische Vorbehalte, organisatorisch durch unzulängliche Materiallage, sachlich durch fehlende Kenntnis, methodisch durch fehlende Reflexion im jeweiligen Entstehungsraum behindert und im deutschen Sprachraum weiterhin vereitelt. Spricht man trotz dieser Widrigkeiten darüber, dann erregt man entweder Staunen darüber, daß es solche Literatur überhaupt gibt, oder man bekommt entgegengehalten, diese Literatur sei als mehr kuriose Schreibleistung längst literargeschichtliches Artefakt. Diese Autoren und ihre Literatur befinden sich zwischen allen Stühlen. So scheint es zumindest.

2

Fragen wir zuerst: Was versteht man unter deutschamerikanischer Literatur? Jede Erkundigung danach in der Sekundärliteratur und bei den Autoren selbst stößt auf Unsicherheit und Widersprüche.[5] Nehmen wir den ersten Teil des Attributs ‚deutsch‘: Zählen die so bezeichneten Schriftsteller noch immer zu „diesen schweifenden, verlorenen Söhnen, die doch den Fahnenwagen ihrer Nation in ihrer Mitte führen," wie es Hugo von Hofmannsthal 1927 behauptet?[6] Oder gilt − in Opposition zu diesem bis 1945 noch politisch exzessiv gesteigerten kulturpolitischen Anspruch − die im Parlament öffentlich geäußerte Absage des westdeutschen Politikers Carlo Schmid von 1963 an ‚Bindestrich-Politik‘ z.B. für ‚Bindestrich-Amerikaner‘?[7] Diese Absage ist sicherlich mitverantwortlich für eine fast konsequente Ausklammerung deutschsprachiger Literaturleistung aus Literaturkritik, Literaturgeschichtsschreibung, aus dem Literaturverständnis auch prominenter deutscher Gegenwartsautoren.[8]

Sprechen wird den zweiten Teil des Attributs an: ‚amerikanisch‘. 1972 wird der Ethnic Heritage Studies Programs Act als Titel IX: Ethnic Heritage Program/Statement of Policy offiziell zum Bestandteil der staatlichen Kulturpolitik der USA erklärt. 1978 plädiert Wolodymyr T. Zyla im Vorwort zur Dokumentation „Ethnic Literatures since 1776. The Many Voices of America" in sehr formelhaften Wendungen, aber besonders euphemistisch dafür, „den Wert des Beitrages jeder ethnischen Gruppe zur Gesellschaft anzuerkennen."[9] 1981 klagt der Chicano-Autor Rudolfo Anaya auf dem American Writers' Congress, die Minoritätenliteratur werde „der übelsten Zensur überhaupt ausgesetzt: der Zensur des Nichtbeachtetwerdens."[10] Schon diese wenigen Hinweise lassen den Schatten des literarischen Sektierertums erkennen, der über Autoren und Leser dieser Literatur hängt. Der Mangel an sachkundiger Reflexion dessen, was hinter den Bezeichnungen ‚deutsche‘ bzw. ‚deutschsprachige Literatur im Ausland‘, ‚Minderheitenliteratur‘, ‚Regionalliteratur‘, ‚Nationalliteratur‘ steht, ist die Ursache für die unsicheren Antworten.[11] Gäbe es klarere Definitionen, könnten literaturgeschichtliche und kulturhistorische Entwicklungen deutscher Minderheiten und ihrer Literatur vom Frankfurter Germanistenkongreß im Jahre 1846 unter der Leistung Jakob Grimms bis zur Tricentennial Conference 1983 in Philadelphia benannt und sinnvoll auf die gegenwärtige Situation bezogen werden. Da das in diesem wünschenswert umfassenden Sinne nicht möglich ist, lassen sich nur vorläufige Hinweise zu einer Positionsbestimmung deutschamerikanischer Literatur geben.

Die deutschamerikanische Literatur ist Dichtung in deutscher Sprache, entstanden, jedoch nur begrenzt belegt und rezipiert in den USA, in einem Staat mit anderssprachiger Bevölkerungsmehrheit. Es ist Literatur der überseeischen Distanz zum mitteleuropäischen geschlossenen deutschen Sprach-, Literatur- und Leserraum. Versteht man die Bemühung der Autoren, die amerikanische Lebenserfahrung in deutscher Sprache zu bewältigen, vor allem im Kommunikationszusammenhang der amerikanischen Literaturrezeption, dann müßten die meisten Schriftsteller, sozialgeschichtlich gesehen, Immigranten mit dauerhaftem Wohnsitz in den USA und Immigrantennachfahren sein. Jede personelle und publizistische Erweiterung einer so verstandenen deutschamerikanischen Literaturszene um befristet zugezogene Exilanten, schreibende Amerikabesucher und Verfasser, in deren Œuvre die Amerikaerfahrung nur eine begrenzte Rolle spielt, bleibt ein fragwürdiges Auffüllen der Autorenreihen. Das erscheint zwar verständlich, läßt aber den Verdacht einer künstlichen Selbstaufwertung deutschamerikanischer Literatur zu.

Versuchen wir es nüchtern auf die grundsätzlichen Voraussetzungen hin zu sehen: Die deutschamerikanische Literatur ist eine Einwandererliteratur mit dem Hauptmerkmal der deutschen Sprache, allerdings irritierbar im Selbstverständnis durch unterschiedliche nationale Herkunft (Deutschland, Österreich, Schweiz usw.). Sie ist im Autoren- und Leserbestand quantitativ und qualitativ weitgehend abhängig von historisch zufälliger Zuwanderung. Bestand und Entwicklung erscheinen weiterhin eingeschränkt durch eine überwiegend ökonomisch motivierte hohe Assimilationsbereitschaft, durch weitgehende Siedlungsstreuung und Mobilität in einem großen Land. Diese Umstände verhindern Regionalitäts- und damit ein zusammenschließendes Minderheitenbewußtsein und haben eine ehemals weit gespannte Zeitungslandschaft bis auf wenige Reste vernichtet. Sie gewähren einem eigenen Multiplikationsapparat von Verlagen, Rundfunk, Fernsehen, Schulsystem wie in Rumänien oder der Sowjetunion keine ausreichende Existenzgrundlage und beeinträchtigen nachhaltig Literaturproduktion und Literaturrezeption, indem sie effektive journalistische und wissenschaftliche Reaktionen verhindern.

So ist der deutschamerikanische Autor der Gegenwart weitgehend literarischer Einzelgänger. Mit seiner Begabung, seiner Sprachkompetenz, den stofflichen, formalen, allgemein künstlerischen Eigentümlichkeiten deutscher Sprache im Verhältnis zur amerikanischen Lebenserfahrung ist er alleingelassen und der Zufälligkeit verlegerischer Umsetzung, kritischer Rückkoppelung ausgesetzt, die beide existenznotwendig sind. Die Konsequenzen aus einer solchen existentiellen Situation können personaler, künstlerischer Rückzug sein, aber auch bewußte Demonstration ethnischer Autorenleistung, indem Zusammenhänge deutscher Sprache, Heimat, Herkunft, Minderheitenexistenz zu ideologisierten Behauptungsgesten für ein nebulöses Deutsch-Amerika verführen.

Wenn wir stark vereinfachen, dann zeigt sich das als die elementare Gefahr für Minderheitenliteraturen, sofern sie zuwanderungsabhängig sind, was Lion Feuchtwanger 1943 über die „Arbeitsprobleme des Schriftstellers im Exil"[12] ausführt: „ . . . die bittere Erfahrung abgespalten zu sein vom lebendigen Strom der

Muttersprache", also die sprachlich-formale Erosion, die damit verbundene Provinzialität und schließlich das Schweigen. Eine solch verbitterte Einschätzung der sprachlichen Isolierung muß nicht unbedingt auch zu literarischem Versagen führen. Diese Bedingungen schließen auch die Chance für den Dichter ein, der allerdings „im Besitz einer visionären Begabung und ausgestattet mit Traumfähigkeiten" wie Paul Celan sein muß, aus der Minderheitensituation literarische Leistungen von weltliterarischem Rang zu erbringen, weil er „Deutschland über alle geographischen Weiten ferngerückt . . ., der deutschen Sprache entrückt", im anderen Land „zur Bildung eines neuen Stils" fähig wurde.[13] Behalten wir diese beiden Einschätzungen im Gedächtnis, wenn wir uns nun die derzeitige deutschamerikanische Literaturszene ansehen.

3

Wenn man einmal für einen Moment den ideologischen Standort des Germanisten Heinz Kindermann beiseite läßt, kann man seiner kritischen Feststellung von 1937 im grundsätzlichen noch immer zustimmen: „Es ist nicht leicht, einen Überblick über das Gegenwartsschrifttum der Deutschen in den Vereinigten Staaten zu gewinnen, weil die nötige Materialsammlung und Sichtung auch von den Deutschamerikanern selbst noch nicht vorgenommen wurde."[14]

Gemessen am Material der literarischen Entwicklung von Francis Daniel Pastorius bis Ilse Pracht-Fitzell leisten die seit Conrad Marxhausens Textsammlung von 1856 erschienenen Anthologien keine konzeptionell angemessene Dokumentation, ausgenommen die beiden jetzt vorgelegten Sammelbände von Lisa Kahn und Gerhard Friesen. Die begleitende literarkritische Beschreibung und Einschränkung erscheinen an Breite und Differenziertheit zu schmal und konzeptionell zufällig, auch wenn besonders in diesen Jahren von der Society for German-American Studies, von Don Heinrich Tolzmann und seinen Kollegen bemerkenswerte Anstrengungen unternommen werden.

Alle anschließenden Beobachtungen und Anmerkungen konzentrieren sich notwendigerweise auf die Gegenwartssituation, wie sie in den drei Anthologien „Deutsche Lyrik aus Amerika" (New York 1969) von Robert E. Ward, „In Her Mother's Tongue" (Denver 1983; 1. Auflage „Reisegepäck Sprache", München 1979) von Lisa Kahn und in „Nachrichten aus den Staaten – Deutsche Literatur in den USA" (Hildesheim und New York 1983) von Gerhard Friesen vorgestellt wird. Dreihundert Jahre literar- und sprachgeschichtliche wie kommunikative Bedingungen von Literatur deutscher Sprache aus den USA können nur am Rande mitgedacht werden. Trotz dieser erforderlichen Eingrenzungen gestatten die beiden zuletzt genannten repräsentativen Textsammlungen Einsichten in Symptomatisches.

Deutschamerikanische Autoren: Warum schreiben sie, warum benutzen sie die deutsche Sprache für Literatur, die in einem nichtdeutschsprachigen Land entsteht, aus der Perspektive einer durch bewußte Wanderung gesuchten neuen Existenzform, in einer Gesellschaft mit Englisch als Amts- und Verkehrssprache?

Dank Lisa Kahns Nachfrage, „warum ich noch deutsch schreibe,"[15] lassen sich poetologische Voraussetzungen in charakteristischen Grundzügen benennen. Bei behutsamer Reduzierung der jeweiligen persönlichen Aussagen ergeben sich drei Positionen: 1. Deutsch ist Literatursprache, weil sie die „Muttersprache"[16] ist, weil man „in dieser Sprache erzogen wurde", folgerichtig man „sie auch für dichterisch leistungsfähiger" hält, weil über muttersprachliche Familienerziehung, Schulleistung und akademische Beschäftigung deutsche Literatur die eigene Sprache und Poetologie beeinflussen.[17] Zusammengefaßt ist die deutsche Sprache „Heimat"[18], d.h. Voraussetzung für individuelle Identität und die angestrebte Authentizität von deutschsprachiger Literatur in englischsprachiger amerikanischer Welt: „Landschaft und Charaktere sind alle hierzulande abgelesen", schreibt Ilse Pracht-Fitzell. „Ich leiste also nicht, was sich so einige als Ziel deutschamerikanischer Dichtung vorstellen. Ich schreibe auch keine Heimwehgedichte. Es geht mir in meiner Dichtung um die Seele oder ihre Entfaltung."[19] 2. Deutsch konkurriert mit Englisch als Literatursprache. Lilo A. Pretzer betont den literarischen Gewinn durch Zweisprachigkeit, weil sie „in zwei Sprachen lebe", Sprache als Existenz wie ein „zu bewohnender und bewohnbarer Kontinent" funktioniert, wobei im Prozeß literarischer Erfassung von Welt beide Sprachen einander ergänzend wirksam werden.[20] 3. Deutsch als Literatursprache und damit auch Literatur in deutscher Sprache werden durch die sprachliche Nachordnung des Deutschen im täglichen Leben zum literarischen, existentiellen Problem. Das reicht von einem Verhältnis zur Muttersprache, das beständig als „kompliziert und qualvoll"[21] thematisiert wird, über den schmerzlichen Verlust dichterischer Kraft als Folge der Position zwischen den Sprachen bis hin zum Sprachwechsel als Konsequenz des Identitätswechsels, wie ihn Marianne R. Ultmann darlegt, die sich „von der lebendigen deutschen Sprache physisch und geistig zu weit entfernt" sieht, „um zeitgenössisch schreiben zu können... Ich lebe und schreibe in derselben Sprache: Englisch."[22]

Auch wenn individuelle Verhältnisse – berufliche Situation des Hochschulgermanisten, erste Immigrationsgeneration, die jeweils mitgebrachte deutsche Sprache und Literatur – wichtige Bedingungen für die Spracherhaltung darstellen, ist trotzdem die Existenzproblematik eines deutschschreibenden Minderheitenautors in Amerika sichtbar, ja noch markanter ausgeprägt als es der Bukarester Literaturkritiker Gerhardt Csejka für die rumäniendeutschen Autoren beschreibt: „Wer sich darüber Rechenschaft gibt, wie sehr die Kunst, aber vor allem die Literatur als Sprachkunst, bis auf den heutigen Tag aus der nationalen Wirklichkeit lebt, ... der wird die grundlegende Schwierigkeit jeder Literatur begreifen, die – aus diesem organisatorischen Ganzen herausgebrochen – in eine Zwitterstellung geraten ist: von Sprache (und allen von ihr getragenen Bewußtseinsinhalten) zutiefst einer Realität verpflichtet, mit der sich nicht viel mehr als eben diese Sprache verbindet, und an eine Realität engagiert, die sie mit dieser Sprache nicht voll bewältigen kann."[23]

Halten wir fest: Den Autoren ist die deutsche Sprache Medium zur literarisch-künstlerischen Bewältigung *ihrer* Erfahrung von Wirklichkeit im Immigrationsland. Es geht also um Existenzbeschreibung nach poetischen Mustern der Gegenwartsliteratur, produziert aus dem Spannungszustand von syntaktischen, semantischen, poetologischen Konditionen mitgebrachter deutscher Sprache, andersprachiger Wirklichkeit und dadurch programmierter Erosion der Muttersprache. Man ringt um den Erhalt dieser Muttersprache im künstlerischen Gebrauch, kann ihn aber in den Vereinigten Staaten offenbar langfristig nicht sichern, auch nicht über ein ideologisch begründetes Minderheitenbewußtsein, das Gruppenverhalten und nationale Herkunft zu vordergründigen Argumenten der Sprach- und Literaturpflege verwendet.

Wie realisieren die Autoren diese Position der künstlerischen Gefährdung im literarischen Werk? Verfasserlisten mit Publikationsübersichten bestätigen auch für die deutschamerikanische Literatur die minderheitentypische Bevorzugung der kleinen Form, vorrangig der Lyrik, vor der kürzeren Erzählung, vor Roman und Drama, die beide eine untergeordnete Rolle spielen. Literarische Kleinform, sprachliche, allgemeinkulturelle Diasporabedingung und ein, im Vergleich zum binnendeutschen Literaturraum, relativ stark reduziert kritisch wertender Rezeptionsmechanismus korrespondieren miteinander. Diese Umstände relativieren poetische Impulse, künstlerische Wertung und literarisches Selbstverständnis, so daß auch mittelmäßigen und schwachen Begabungen Bedeutsamkeit zugemessen wird und ein vergleichsweise breites Autorenfeld um Publizität nachsucht.

Weil eine spezifische Tradition autochthoner amerikanischer Literatur deutscher Sprache auf Grund fehlenden Gruppendaseins und rascher Assimilation kaum existiert, erweisen sich die thematischen Grenzen als recht eng gezogen: 1. Erfahrung der Emigration aus Europa mit den Facetten Herkunft, Heimat, Nationalsozialismus, Europaerinnerung und Rückkehrtrauma; 2. Erfahrung der Immigration in die USA mit den Aspekten Ankunft, Heimat, Einsamkeit, Isolierung, Projektionen subjektiver mythischer Fluchtexistenz, Amerikaerfahrung und Daseinstrauma; 3. Erfahrung der Zweisprachigkeit in doppelter Existenz und Identität von Bürger und Dichter.

Die so ausgerichteten thematischen Akzente lassen nur zögernd Themen amerikanischer Literatenerfahrung zu, etwa Reflexionen über die literargeschichtliche Standortzuweisung in der amerikanischen Literatur, über ethnisch-historische Zusammenhänge, über gesellschaftspolitisch aktuelle Vorgänge usw. Die Autoren, die gleichsam die Gangway nach der transatlantischen Überquerung noch immer im Rücken haben, beschreiben und reflektieren ihre durch Anlaß und Durchführung des Heimatwechsels irritierte Existenz in biographisch-geschichtlicher Retrospektive, in weitgehend subjektivistischer Innenschau der nicht überwundenen Fremdheit im neuen Land. Eine vorwiegend akademisch-germanistische Bildung und häufig auch Tätigkeit garantieren, selbst bei weniger hoher Begabung, gewandten Umgang mit Sprache, rhetorischen und formalen Möglichkeiten, vor allem in den lyrischen Arbeiten.

4

Die so angesprochenen Themen- und Motivlinien, aber auch die formalen wie sprachlichen Möglichkeiten lassen sich schon mit Hilfe weniger Texte exemplarisch nachzeichnen. Liest man die beiden Gedichte „Neuer Anfang"[24] von Luise Bronner und „USA"[25] von Alfred Gong nacheinander, dann ergänzen sie sich motivlich zu dem charakteristischen Grundmuster deutscher Gegenwartslyrik in den Vereinigten Staaten. Luise Bronner spricht in lapidarer Kürze, gestaltet Auswandereroptimismus, erfaßt über die metaphorische Verwendung der Alphabetbegrenzung von Z und A, umgesetzt in entsprechender Anlautung, assoziierend Omega und Alpha, Ende und Anfang. Alfred Gong präsentiert in seinem hymnisch wortreichen Entwurf ein Kaleidoskop der Neuen Welt, feiert scheinbar das Wanderungsziel der Immigranten, breitet sein Anliegen panoramahaft in syntaktisch langen Sequenzen aus, fängt die Konstituenten dieses großen Landes substantivisch über Partizipien, Genetivmetaphern und Alliterationen ein, den Zustand dieser neuen Gesellschaft mit mythisierendem Akzent beschwörend: „Kladde verwichener Götter, Labor der Götter von morgen."

Gehen wir einzelnen thematischen Aspekten und ihren literarischen Umsetzungen nach. Schon mit der Überschrift „Auswanderer-Einwanderer" signalisiert Rita Terras die spannungs- und konfliktreiche Doppelexistenz des Dichters.[26] Die sprachlich komprimierte Form unterstützt die Reduktion dieser Welterfahrung auf eine kaum lösbare Polarität der zwei Sprachen und Heimatbereiche, deren belastendes Ertragenmüssen durch die Variation der ambivalenten Bedeutung des Verbs *setzen* eindringlich vorgeführt wird. Der autobiographische Rückzug in die Alte Welt und die Gegenwartsbindung an die Neue Welt bleiben integrale Bestandteile der Einzelerfahrung und können somit auch dem Literaten bereichernde Bedingungen sein, wie es Hertha Nathorff in „Drei Städte" anspricht: „Wenn ich träume: LAUPHEIM ... und wenn ich denke: BERLIN ... und wenn ich dann spüre: NEW YORK ...".[27] Europaerinnerung vermag aber auch traumatisch wirkende seelische Last ein.

In diesem Zusammenhang dürfte sich amerikanische Realität vor allem über die Erosion mitgeführter deutscher Sprache durchsetzen, weil die Divergenz von semantischen Möglichkeiten einer Sprache und einer an diese Bedingung nicht gebundene gesellschaftliche Realität zu Erfassungsproblemen führt, es sei denn, deutsche Sprachtradition in Amerika fände zu lebensfähiger Autonomie, soweit das überhaupt möglich ist. Diese Erfassungsprobleme meint Burghild Holzer in „translating the milky way" mit ihrer dort verbalisierten Geste der Hilflosigkeit: „Wenn ich dir doch sagen könnt' – ... und wenn du das verstehn' könnt'st".[28] Lisa Kahn spricht die Befristung von Sprachkompetenz deutschsprachiger Einwanderer direkt über die Metapher „Reisegepäck Sprache" an. Die lyrische Sprecherin hat „Angst", sieht „Gefahr", meldet „Furcht vor der Verarmung, einsprachig zu werden", das heißt mit der Sprache auch die Identität zu verlieren, radikale Einsamkeit zu erfahren.[29] Einsamkeitsfurcht ist ein häufig verwendetes Motiv wie beispielsweise in Kurt J. Fickerts Gedicht „Beim Alban-Berg-Konzert": „Plötzlich verlor der Konzertsaal das Dach ...

Leere verspürte ich, distelhaft, die stach/wie Einsamkeit in Ölen von van Gogh".[30]

Deutschamerikanische Literatur der Gegenwart erweist sich somit deutlich als Literatur in deutscher Sprache von Einwanderern der ersten Generation. Sie ist Literatur, die an die gesellschaftliche Übergangssituation des Verfassers gebunden ist. Sie zeigt sich somit als zeitlich befristete Literatur zwischen den Kulturen, nicht aus neuer Kultur gewachsen. Die Autoren, zwar „wohnhaft im Garten New Jerseys / doch immer noch nicht angekommen", wie Gert Niers schreibt, werden bei ‚Ankunft', das heißt bei Integration verstummen.[31] Der eher wehmütige „Traum eines deutschamerikanischen Dichters"[32] von Don Heinrich Tolzmann und die resignierte Erinnerung Gert Niers an „das Haus Heinrich A. Rattermanns (deutschamerikanischer Dichter)" sind mehr Beschwörungsgesten, welche die literarisch-sprachliche Kapitulation im „Dickicht fremder Zunge" tatsächlich kaum mehr verdecken wollen.[33] „Lass das – Gedichte / herumtragen mit dir / über tausend Meilen / und mehr es mag sie / eh kein Mensch / lesen hören," mahnt Lisa Kahn.[34]

Sprachlich und formal stehen die Arbeiten selten in der Folge biederer Reimereikonvention oder benennen in sentimentaler Tonlage eine falsche Harmonie der Welt. Es sind, wie Günter Kunert für Lyrik fordert, „Gedichte gegen den Strich",[35] gegen den Bindestrich zwischen deutsch und amerikanisch, dessen Trennungs- und Koppelungsfunktion allerdings in dieser Ambivalenz kaum bewältigt wird. Diese Gedichte sind weder eitles literarisches Überziehen in metaphernschwerer, daher magerer Artistik noch mühsame literarische Erhaltungsgeste zum Wohle einer Minderheitenkultur, die letztlich Fiktion ist. In erkennbarer Übereinstimmung von Welterfahrung, literarischer Umsetzung und Intention nähert sich deutschamerikanische Lyrik auch glaubwürdiger Authentizität.

Dieser Umstand und die schon erläuterte Dominanz von Themen, die unmittelbar mit der Emigrantenexistenz zusammenhängen, einer soziologisch relativ begrenzten Gruppe von Akademikern, Germanisten und Journalisten, kennzeichnen die vor allem in hochdeutscher Sprache verfaßte Literatur als Einwanderungsliteratur im engen Sinne des Wortes, also nicht als traditionsreiche Minderheitenliteratur wie beispielsweise die rumäniendeutsche. Diese Voraussetzungen bedingen auch den Bewegungsraum der literarisch-künstlerischen Einzelbegabung, die eben nicht unabhängig von Wanderungsherkunft, Muttersprache und europäischem Kommunikationssystem Literatur von Weltrang entstehen lassen. Daß sich die Autoren der fatalen Projektion deutschamerikanischer Kultur oder deutscher Kultur in Amerika weitgehend entzogen haben, ist nicht nur vereinfacht als ideologische Entlastung zu sehen, sondern auch als Symptom fehlender Minderheitenkultur. So halten sich die Autoren – nach Franzi Asher-Nash – „in sicherer Distanz von jeder Frage dieser Art", bleiben frei von trivialer Folklore, schreiben um ihrer selbst, um des guten Gedichtes in deutscher Sprache willen.[36] Sie gestalten amerikanische Lebenserfahrung im Konflikt mit europäisch angelegten Lebensgrundlagen, verbalisieren mit den verwendeten Symbolfeldern über die Wanderungsproblematik hinaus grundsätzlich bedeutsame Bilder von der Irritation des Menschen auf seinem Lebensweg. Es sind Identifikationsangebote, die von nachdenklichen Lesern überall auf der Welt akzeptiert werden können. Der deutsche Lyriker Günter Eich notierte 1956: „Ich schreibe Gedichte, um mich in der Wirklichkeit zu orientieren. Ich betrachte sie als trigonometrische Punkte oder als Bojen, die in einer unbekannten Fläche den Kurs markieren."[37] Es gibt lesenswerte Beispiele dafür in der deutschamerikanischen Literatur.

5

Wie ist die deutschamerikanische Literatur der Gegenwart im Vergleich mit anderen Literaturen einzuschätzen, die gleichfalls im nicht-deutschsprachigen Ausland bestehen? Eines ist gewiß: *die* deutschsprachige Literatur des Auslands gibt es nicht. Eine angebliche Zusammengehörigkeit untereinander und die zweifelsfreie Zugehörigkeit zur deutschen Literatur wurde in der Folge von Volkstums-Ideologie und nationalsozialistischem Kulturanspruch in gesellschaftspolitisch-weltanschaulicher Absicht konstruiert.[38] Der umstrittene Beitrag des Germanisten Josef Nadler dazu ist in seiner Fehlorientierung bekannt.

Jede Literatur in deutscher Sprache, entstanden außerhalb des geschlossenen deutschen Literaturraumes, muß über ein Verstehen ihrer jeweiligen besonderen Individualität rezipiert werden. Die Individualität ergibt sich aus unterschiedlicher Distanz zu dieser Region, aus den besonderen historischen, sprach- und literargeschichtlichen, soziologischen, innen- und außenpolitischen Umständen, allgemein aus den eben jeweils besonderen Produktions- und Rezeptionsbedingungen. Das gilt zwar letztlich für die Betrachtung jeder Literatur, ist aber bei unserer Nachfrage besonders sorgfältig zu beachten, weil Minderheitenliteraturen von sprachlich-literarischen Interferenzeinflüssen mitgeprägt werden, die eine komparatistische Perspektive erforderlich machen. Und erst von diesen Voraussetzungen her läßt sich deutschsprachige Literatur des Auslands in den notwendigen Wertungszusammenhang mit deutscher Literatur bringen.[39]

Um es gleich zu sagen: Man muß wohl Skepsis anmelden, ob heute überhaupt von einer eigenständigen deutschamerikanischen Minderheitenliteratur gesprochen werden kann oder nicht besser von Literatur deutscher Sprache, die in den Staaten geschrieben wird und dort ja auch nur zum Teil erscheint. Minderheitenliteratur existiert im sensiblen kulturellen Vermittlungsbereich zwischen Regional- oder Minderheitenkultur, Landeskultur und Herkunftskultur. Sie entwickelt sich im Einflußzusammenhang mit den drei literargeschichtlichen Traditionen und literarkritischen Reaktionsbereichen von Minderheit, Heimatstaat und Herkunftsland. Aus deren Zusammenwirken zieht diese Literatur Inhalte, Sprachverwendung, Formhandhabung und ganz allgemein ihre literarisch-künstlerische Orientierung. Demgegenüber läßt sich die deutschamerikanische Literatur kaum als eine für die deutschamerikanische Minderheit künstlerisch adäquate, selbständige und qualitativ konkurrenzfähige Literaturleistung bezeichnen.

6

Die Betrachtung der deutschamerikanischen Literatur im generellen Kontext von Minderheitenliteratur in deutscher Sprache macht vor allem eines deutlich, daß bisher mehr Fragen als Antworten zum Thema vorliegen. Angesichts dieser unbefriedigenden Forschungssituation fasse ich die bisherigen Überlegungen zu sechs thesenartigen Aussagen zusammen:

1. Die deutschamerikanische Literatur der Gegenwart ist Literatur deutscher Sprache in den USA. Sie ist von den sachlichen Bedingungen her kaum begründbar als Minderheitenliteratur deutschamerikanischer Kulturtradition zu bezeichnen. Alle bereits erläuterten Umstände lassen eine spezifische deutschamerikanische Literaturtradition im literargeschichtlichen Zusammenhang mit amerikanischer und deutscher Literatur lediglich in Ansätzen zu, denen gegenwärtig die Grundlage nahezu völlig entzogen wäre, würden europäische Verlagsleistungen und Rückmeldungen der Kritik ausbleiben.

2. Die bezeichnenderweise relativ wenigen literarkritischen Arbeiten sind stärker geprägt vom rhetorischen Anspruch auf den wünschbaren Status einer begrenzt autonomen Minderheitenliteratur als von einer philologischen Leistung, die sich der literarischen Wirklichkeit methodisch differenziert nähert. Jede Darstellung, die ohne ausreichende methodische Vorklärungen zu scheinbar definitiven Ergebnissen und Bestätigungen gelangt, dann mit fragwürdigen literargeschichtlichen Anleihen und imponierenden Zahlenverweisen zum Anteil der Deutschstämmigkeit an der amerikanischen Gesamtbevölkerung operiert, setzt notgedrungen falsche Akzente und verfehlt die tatsächlichen Sachverhalte.

3. Die bekannte Kritik deutschamerikanischer Autoren an der Zurückhaltung, die Verleger, Kritiker und Leser gegenüber ihren Arbeiten in den USA üben, entspricht wohl einerseits der faktischen Bedeutung von deutschamerikanischer Literatur. Andererseits ist dieser Umstand aber auch Ausdruck von allgemein verbreiteter Unkenntnis und Unsicherheit in der Wertung, die teilweise von der Unzulänglichkeit philologischer Rezeption herrührt. Es bleibt in diesem Zusammenhang bedauerlich und auch unverständlich, warum sich Germanisten im Hinblick auf dieses Thema nicht über Reflexionen und Methoden der Anglisten wie Romanisten informieren, die das Thema der Literaturen außerhalb des muttersprachlichen Herkunftsraumes diskutieren.[40] Dieser Hinweis gilt ebenso für die nahezu völlig fehlende Beachtung der philologischen Arbeiten in Staaten mit deutschen und anderen Minderheiten sowie für den notwendigen Erfahrungsaustausch der geisteswissenschaftlichen Leistungen zum Thema und seinem Kontext von Minderheit zu Minderheit.

4. Die primären Bedingungen für die sprachlich-literarischen Entfaltungs- und Erosionsumstände von Minderheitenliteraturen sind weder allgemein noch spezifisch für die deutschamerikanische Literatur diskutiert worden. Ursachen dafür sind in der kaum bewältigten Verflechtung der Germanistik mit Volkstumsideologie und nationalsozialistischem Kulturverständnis zu suchen, auf die man mit totaler Ausblendung reagierte. Ähnliches gilt für die seit Gründung der

Bundesrepublik Deutschland konsequent verfolgte Absage an eine auswärtige Kulturpolitik, die auch die kulturelle Betreuung der Minderheiten mit einschließt.

5. Geht man von diesen Umständen aus, dann bleibt den Literatur- und Sprachwissenschaftlern, Historikern, Soziologen, Ethnographen sowie Kulturpolitikern beiderseits des Atlantik ein großes Aufgabenfeld interdisziplinärer Aktivitäten: eine verstärkte systematische Sichtung und Dokumentation der deutschamerikanischen Literatur in ihrem kulturgeschichtlichen Kontext, und zwar im Zusammenhang mit multilingualen Sprachsituationen in den USA, mit der Wanderungsforschung, mit der Exilforschung und den kulturgeschichtlich-politischen Wechselwirkungen zwischen Europa und Amerika, mit der Diskussion literargeschichtlicher Ordnung wie literarkritischer Wertung.

6. Wichtigster Schritt scheint mir die erneute Öffnung der Germanistik für diese thematischen Bereiche zu sein, die Einrichtung einer finanziell und organisatorisch angemessen ausgestatteten Dokumentations- und Arbeitsstelle in der Bundesrepublik Deutschland.

7

Es stimmt also doch nicht ganz, wenn die Beschäftigung mit deutschamerikanischer Literatur mit der Jagd des amerikanischen Detektivs Bobby Dodd in Ewald Seeligers komischem Amerikaroman „Peter Voss, der Millionendieb" verglichen wird, jenem gebürtigen Hamburger und späteren deutschamerikanischen Buchhalter Peter Voss, der von St. Louis aus um den ganzen Erdball einem Phantom nachspürt, und mit nur vorgetäuschtem Millionenbetrug die Firma retten will. Immerhin, der Ernst des Appells bleibt, und man kann sich nur dem Luxemburger Schriftsteller Roger Manderscheid anschließen, der über seine Situation ausführt: „Bringen wir mit spitzer feder die schweineblase zum platzen. machen wir aus den ansätzen sätze, ziehen wir aus den anfängen schlüsse. regen wir uns nicht länger aforistisch auf, konzentrieren wir uns. machen wir nicht länger fragmente, sondern ernst. – mich stört nicht so sehr die provinz, als das wenige, was wir daraus zu machen verstehen. wohlverstanden plädiere ich nicht hier dafür, eine art kollektiver nabelschau literarisch abzuziehen, aber wenn wir authentisch sein wollen, gehört dieses regionalbewußtsein dazu. niemand kann auf den hochsitz fliegen."[41]

Anmerkungen

1 Gerd Müller, Rez. zu Manfred Durzak (Hg.), Deutsche Gegenwartsliteratur. Ausgangspositionen und aktuelle Entwicklung, Stuttgart, 1981, in: Moderna Språk 76. 1982, S. 370–372.
2 Vgl. u.a.: Alexander Ritter, Deutschsprachige Literatur des Auslands. Perspektiven germanistischer Analyse, Beurteilung und Aufgabenstellung, in: Reingard Nethersole (Hg.), Literatur als Dialog, Johannesburg: Ravan, 1979, S. 109–127; ders., Zwischen literarkritischem Vorbehalt und kulturpolitischer Empfindlichkeit. Die deutschsprachige Literatur des Auslands, in:

Recherches Germaniques 1981, Nr. 11, S. 229—245; ders., Deutschsprachige Literatur der Gegenwart im Ausland, in: Manfred Durzak (Hg.), Deutsche Gegenwartsliteratur, Stuttgart: Reclam 1981, S. 632—661; ders., Deutsche Lyrik aus der sprachlichen Diaspora. Kritische Anmerkungen zu einem ungeschriebenen Kapitel der deutschen Literaturgeschichte, in: Zeitschrift für Kulturaustausch 33. 1983, S. 200—215; Norbert Mecklenburg, Rettung des Besonderen. Konzepte für die Analyse und Bewertung regionaler Literatur, in: Neue Literatur 35. 1984, H. 10, S. 31—41, Neue Literatur 35. 1984, H. 11, S. 74—84; Ritter, Germanistik ohne schlechtes Gewissen. Die deutschsprachige Literatur des Auslands und ihre wissenschaftliche Rezeption, in: ders. (Hg.), Deutschsprachige Literatur im Ausland (Zeitschrift für Literaturwissenschaft und Linguistik, Beiheft 13), Göttingen: Vandenhoeck & Ruprecht, 1985, S. 10—34.
3 Max Wehrli, Deutsche Literaturwissenschaft, in: Felix Philipp Ingold (Hg.), Literaturwissenschaft und Literaturkritik im 20. Jahrhundert, Bern: Kandelaber, 1970, S. 15. Vgl. Eberhard Lämmert u.a., Germanistik — eine deutsche Wissenschaft, Frankfurt: Suhrkamp, [5]1971; Jürgen Kolbe (Hg.), Ansichten einer künftigen Germanistik, München: Hanser, 1969.
4 J. Frank Dobie, Guide to Life and Literature of the Southwest, Dallas: Southern Methodist University Press, [6]1969, S. 1.
5 Linus Spuler, Deutsches Schrifttum in den Vereinigten Staaten von Amerika, Luzern: Lehranstalten 1960; Robert Spiller u. William Thorp, German-American Literature, in: Robert Spiller u.a., Literary History of the United States, New York: Macmillan 1974, S. 678—684; Erika A. Metzger, Deutsche Lyrik in Amerika, in: German-American Studies 9. 1975, S. 2—10; Robert E. Ward, The Case for German-American Literature, in: Gerhard K. Friesen u. Walter Schatzberg (Hg.), The German Contribution to the Building of the Americas, Worcester, MA: Clark University Press, 1977, S. 373—389; Carl Hammer Jr., A Glance at Three Centuries of German-American Writing, in: Wolodymyr Zyla u. Wendell M. Aycock (Hg.), Ethnic Literatures Since 1776. The Many Voices of America, Lubbock: Texas Tech Press 1978, Teil 1, S. 217—232; Lisa Kahn, Deutschsprachige Literatur der Gegenwart in den USA, in: Heinz Kloss (Hg.), Deutsch als Muttersprache in den Vereinigten Staaten, Teil II. Regionale und funktionale Aspekte, Wiesbaden, 1985, S. 155—168; Don Heinrich Tolzmann, Amerikabürtige deutschsprachige Autoren der Gegenwart, Ebd., S. 169—176.
6 Hugo von Hofmannsthal, Das Schrifttum als geistiger Raum der Nation (1927), in: Hans Mayer (Hg.), Deutsche Literaturkritik, 4 Bde., Bd. 3, Frankfurt: Fischer, 1978, S. 491 f.
7 Carlo Schmid, Zur auswärtigen Kulturpolitik, in: Walter Hinderer (Hg.), Deutsche Reden, Teil II, Stuttgart: Reclam, 1973, S. 1115.
8 Günter Kunert, Hört endlich auf, uns ständig neue Paradiese zu versprechen. Überlegungen zur ungeteilten deutschen Literatur, in: Die Welt, 14. 8. 1982.
9 Wolodymyr T. Zyla, Preface, in: Zyla und Aycock, S. 5—7.
10 Teru Kanazawa, The American Writer's Congress 1981, in: Dollar & Träume 1982, H. 5, S. 131.
11 Vgl.: Norbert Mecklenburg, Einleitung, in: Erzählte Provinz. Regionalismus und Moderne im Roman, Königstein: Athenäum, 1982, S. 5—28.
12 Lion Feuchtwanger, Arbeitsprobleme des Schriftstellers im Exil (1943), in: Mayer, Literaturkritik, Bd. 4, S. 200.
13 Marie Luise Kaschnitz, Rede an den Preisträger (1960), in: Dietlind Meinecke (Hg.), Über Paul Celan, Frankfurt: Suhrkamp, 1970, S. 69—76.
14 Heinz Kindermann, Deutschtum in Nord-Amerika, in: Heinz Kindermann, Rufe über Grenzen. Antlitz und Lebensraum der Grenz- und Auslanddeutschen in ihrer Dichtung, Berlin: Junge Generation, 1938, S. 846.
15 Vgl. die beiden Anthologien: Lisa Kahn (Hg.), Reisegepäck Sprache. Deutschschreibende Schriftstellerinnen in den USA 1938—1978, München: Fink, 1979; Lisa Kahn u. Jerry Glenn (Hg.), In Her Mother's Tongue. Bilingual Updated Edition of Reisegepäck Sprache, Denver: Emerson Press, 1983.
16 Kahn, Reisegepäck, S. 120; Kahn u. Glenn, S. 253.
17 Kahn u. Glenn, S. 229.
18 Kahn, Reisegepäck, S. 75.
19 Vgl. ebd., S. 97.
20 Vgl. ebd., S. 103 f.

21 Kahn u. Glenn, S. 139.
22 Vgl. ebd., S. 363.
23 Gerhardt Csejka, Bedingtheiten der rumäniendeutschen Literatur, in: Emmerich Reichrath (Hg.), Reflexe. Kritische Anmerkungen zur rumäniendeutschen Gegenwartsliteratur, Bukarest: Kriterion, 1977, S. 45.
24 Kahn u. Glenn, S. 103.
25 Gerhard Friesen (Hg.), Nachrichten aus den Staaten. Deutsche Literatur in den USA (Auslandsdeutsche Literatur der Gegenwart 5), Hildesheim: Olms, 1983, S. 55.
26 Ebd., S. 123.
27 Vgl. ebd., S. 93.
28 Kahn u. Glenn, S. 141.
29 Friesen, Nachrichten, S. 69.
30 Vgl. ebd., S. 51.
31 Vgl. ebd., S. 94.
32 Vgl. ebd., S. 125.
33 Vgl. ebd., S. 94f.
34 Kahn u. Glenn, S. 175.
35 Günter Kunert, Kontroverses Schreiben, in: ders., Warum schreiben? München: Hanser, 1976, S. 255f.
36 Franzi Ascher-Nash, . . . rika-Deutsch-Amerika-Deutsch-Amerika-Deutsch-Ame . . ., in: Friesen, Nachrichten, S. 130−133.
37 Günter Eich, Der Schriftsteller vor der Realität, in: Hans Dieter Zimmermann, Vom Nutzen der Literatur, Frankfurt: Suhrkamp, 1977, S. 175f.
38 Vgl.: Hugo Grothe (Hg.), Grothes Kleines Handwörterbuch des Grenz- und Auslanddeutschtums, München: Oldenbourg, 1932; Adolf Meschendörfer, Die Stimme der Auslandsdeutschen, in: Heinz Kindermann (Hg.), Des deutschen Dichters Sendung in der Gegenwart, Leipzig: Reclam, 1933, S. 138−145; ders., Wesen und Entfaltungsraum der grenz- und auslanddeutschen Dichtung, in: ders., Rufe, S. 11−31.
39 Vgl.: Alexander Ritter, Bibliographie zur deutschen Sprache und deutschsprachigen Literatur im Ausland (1945−1978), in: ders. (Hg.), Karl Kurt Klein, Literaturgeschichte des Deutschtums im Ausland, Nachdruck der Ausgabe Leipzig 1939, Hildesheim: Olms, 1979, S. 475−555.
40 Vgl. Heinz Kosok und Horst Priessnitz (Hg.), Literaturen in englischer Sprache, Bonn: Bouvier, 1977.
41 Roger Manderscheid, Leerläufe, Esch-Alzette: Kramer-Muller, 1978, S. 10.

Zweiter Teil
Die Beziehungen im 20. Jahrhundert

VI. Deutsch-amerikanische Beziehungen 1900—1950

24. Kaiserreich und Republik
Deutsch-amerikanische Beziehungen vor 1917

Reinhard R. Doerries

Das Jahr 1983 hat eine wahre Flut von öffentlichen Erklärungen und Druckerzeugnissen hervorgebracht, die dem Gedenken an dreihundert Jahre deutsche Einwanderung nach Amerika und mehr als zwei Jahrhunderte deutsch-amerikanische Beziehungen gewidmet sind. Künftige Studenten könnten sehr wohl beeindruckt sein von der allem Anschein nach überwältigenden Übereinstimmung, der auf beiden Seiten des Atlantik in unserer Zeit öffentlich Ausdruck verliehen wird. Die feierlichen Beschwörungen gemeinsamer Interessen haben vorwiegend die sieben Millionen deutschen Einwanderer und ihre zahlreichen Beiträge auf allen Ebenen des amerikanischen Lebens betont, ebenso wie die positiven sozio-politischen Auswirkungen amerikanischer demokratischer Theorie und Praxis auf die deutsche Entwicklung, insbesondere während der Zeit nach dem Zweiten Weltkrieg.[1] Zweifellos spiegeln die Erklärungen von 1983 die zunehmende politische, wirtschaftliche und soziale Interdependenz der transatlantischen Gemeinschaft wider, und nur schwer sind die spezifischeren ökonomischen und politischen Anliegen, die der Bundesrepublik Deutschland und den Vereinigten Staaten von Amerika gemeinsam sind, zu übersehen. Wenn daran erinnert wird, daß deutsche und amerikanische Interessen im Verlauf der Geschichte nicht immer harmonierten, bedeutet dies nicht einen Versuch, die Hochstimmung des festlichen Anlasses zu dämpfen, sondern vielmehr die Anerkennung der Tatsache, daß die Beziehungen von heute nur das Ergebnis eines historischen Prozesses sind, der auch durch Mißverständnisse, Konflikte, Konfrontationen und nicht zuletzt zwei Kriege in drei Generationen gekennzeichnet ist.

Blicken wir auf das 19. Jahrhundert zurück, so stellen wir fest, daß andere Nationen, wie etwa Frankreich und England, für die jungen Vereinigten Staaten kulturell und politisch von viel größerer Bedeutung waren als Deutschland. Es ist zwar richtig, daß eine große Zahl von Einwanderern aus deutschen Gebieten kam und sie im allgemeinen in der Neuen Welt gern aufgenommen wurden. Doch die aus ihrer Heimat durch massive wirtschaftliche Not, politischen Druck und religiöse Intoleranz vertriebenen Deutschen wurden in den Vereinigten Staaten nicht zu einer bedeutenden politischen Kraft; sie richteten ihre Anstrengungen vielmehr darauf, wirtschaftlichen Aufstieg für sich und vor allem für ihre Kinder zu erreichen.[2] Nur wenige von ihnen, wie etwa die Achtundvierziger[3] und eine Reihe von Sozialisten,[4] beide einigermaßen atypisch, weil sie als politische Flüchtlinge häufig hofften, in ein neues Deutschland zurückkehren zu können, hielten bedeutsame politische Kontakte zur Alten Welt aufrecht. Übrigens unternahm auch die deutsche Regierung vor dem Ersten Weltkrieg keine Anstrengungen, unter den Auswanderern eine deutsche Kultur am Leben zu erhalten. Und Otto von Bismarck ließ kaum Zweifel daran, was er von den Leuten hielt, die das Land verließen: „Ich kämpfe gegen die Beförderung der Auswanderung; ein Deutscher, der sein Vaterland abstreift wie einen alten Rock, ist für mich kein Deutscher mehr; ich habe kein landsmannschaftliches Interesse mehr für ihn."[5]

Es ist auch richtig, daß die Vereinigten Staaten schon im Jahre 1785 im Zuge einer Außenpolitik, die Felix Gilbert als „idealistisch und internationalistisch" bezeichnet hat, mit Preußen einen Freundschafts- und Handelsvertrag abschlossen, der in der Formulierung George Washingtons „der liberalste Vertrag [war], der je zwischen unabhängigen Mächten geschlossen wurde".[6] Der deutsche Geschäftsträger Ludwig Niederstetter handelte später einen modifizierten Vertrag aus und unterzeichnete das neue Dokument 1828. Ein Vertrag mit dem deutschen Zollverein, den man 1844 ausfertigte, wurde nicht ratifiziert, doch kam es in der ersten Hälfte des 19. Jahrhunderts zum Abschluß einer Reihe von separaten Abkommen mit Hamburg und Bremen sowie mit mehreren deutschen Staaten, die nicht dem Zollverein angehörten. Doch scheinen wirtschaftliche Anliegen, wie sie sich durch Handelsschranken und Versuche, diese durch Verträge zu überwinden, manifestierten, nicht von ausreichender Bedeutung gewesen zu sein, um eine Atmosphäre ernsthaften gegenseitigen Interesses zwischen den relativ machtlosen deutschen Fürstentümern und den rasch wachsenden Vereinigten Staaten zu schaffen.[7]

Tatsächlich gewannen Ereignisse in Deutschland erst 1848 Interesse in den Vereinigten Staaten, als das revolutionäre Beben für kurze Zeit die verkrusteten politischen Strukturen der Alten Welt erschütterte. Das Scheitern des Frankfurter Parlaments und die offenbare Unfähigkeit der Deutschen, einen demokratischen Staat zu schaffen, wurden von den informierten Teilen der amerikanischen Öffentlichkeit mit Enttäuschung registriert.[8] Das reaktionäre nachrevolutionäre Preußen besaß wiederum keine große Bedeutung für die meisten Amerikaner, und das Schauspiel, wie eingewanderte deutsche Revolutionäre, Liberale, Sozialisten und Freidenker einander in der Neuen Welt grimmig bekriegten, war kaum geeignet, Deutschland und seine Kultur dem amerikanischen ‚Mann auf der Straße' sympathischer zu machen.

Während der turbulenten Jahre des Bürgerkriegs gehörte Deutschland nach wie vor zu den Hinterbänklern der internationalen Diplomatie und war — abgesehen von einigen Handelsinteressen und Kreditarrangements deutscher Bankiers — anders als Frankreich und England nicht in der Lage, sich in die amerikanischen Entwicklungen einzumischen. Mit Ausnahme der Ereignisse von 1848 war es der deutsch-französische Krieg, der die Amerikaner zum ersten Mal veranlaßte, die Geschehnisse in Deutschland mit einigem Interesse zu verfolgen. Die Deutschen waren sich dessen bewußt und ersuchten am 12. Juli 1870 um Unterstützung durch die US-Marine. Zwar erwähnen amerikanische Lehrbücher der Diplomatiegeschichte kaum die Reaktion der Vereinigten Staaten auf Bismarcks Feldzug gegen Frankreich, doch andere Quellen lassen klar erkennen, daß anfänglich viel amerikanische Sympathie auf seiten der Deutschen war, unter anderem deshalb, weil Frankreich durch die Verfolgung seiner imperialistischen Politik in Mexiko eine gravierende Einmischung in die westliche Hemisphäre begangen hatte. Amerikanischer Gesandter in Berlin war damals der Historiker George Bancroft, der mit vielen einflußreichen Deutschen freundschaftlich verbunden war und gute Verbindungen zum Hof herzustellen vermochte. Bancroft hegte wenig Sympathie für das katholische Frankreich; er vertrat den Standpunkt, daß die deutschen Interessen denen der Vereinigten Staaten parallel gelagert seien, und riet Washington von einer Vermittlung in dem Konflikt ab. Ein beträchtlicher Sektor der amerikanischen sogenannten öffentlichen Meinung ergriff ebenso für die Deutschen Partei, und ungeachtet des Festhaltens von Ulysses S. Grant an einer strikten Neutralität schien es um die deutschamerikanischen Beziehungen bestens bestellt, bis die französische Regierung stürzte. Nunmehr begrüßten Washington, zumindest offiziell, und viele Amerikaner die neue französische Republik und brachten ganz offen ihre Ablehnung deutscher Pläne für die Annexion Elsaß-Lothringens zum Ausdruck.[9] Als die Deutschen im Januar 1871 mit einem Affront gegen das besiegte Frankreich ihren Kaiser und das Reich im Spiegelsaal von Versailles proklamierten, feierten Deutschamerikaner beinahe jeder regionalen, ökonomischen, politischen und religiösen Gruppierung ihre Jubelfeste, und ein naiver Betrachter hätte aus dieser ungewöhnlichen Demonstration deutsch-amerikanischer Einigkeit leicht falsche Schlüsse ziehen können.[10] Tatsächlich nahmen die Deutschamerikaner nach dem Ende der Festlichkeiten ihre bitteren Fehden wieder auf. An die Stelle des Patriotismus vom Frühjahr 1871 trat wieder Kritik an Deutschland: „Das Deutsche Reich ist nicht gekommen, um unserem Volk Frieden zu bringen, sondern das Schwert."[11] Für die Beziehungen zwischen dem Deutschen Reich und der amerikanischen Republik jedoch begann eine entschieden neue Ära.

Deutschland hatte nunmehr eindeutig Zutritt zur Bühne der internationalen Konkurrenz unter den größeren Mächten gewonnen. Die Vereinigten Staaten konnten sich ungeachtet ihres Wunsches, keinen Teil an den historischen Streitigkeiten Europas zu haben, kaum der Einsicht verschließen, daß das neue Deutschland mit seinem wirtschaftlichen und politischen Ehrgeiz zu einem Problem werden könnte. Die nun folgenden Konflikte und Beinahe-Konfrontationen mit dem Reich über Venezuela und Samoa oder auf den Philippinen reichten aus, um eine Anzahl von führenden Amerikanern davon zu überzeugen, daß die Außenpolitik Berlins eine potentielle Bedrohung amerikanischer Interessen darstellte. In der Tat fehlte den deutsch-amerikanischen Beziehungen die zuweilen schwache, doch nie ganz verlorengegangene Komponente latenten Wohlwollens, die seit der Zeit des Marquis de La Fayette und des Comte de Rochambeau für das französich-amerikanische Verhältnis charakteristisch gewesen war.[12] Im

Gegensatz auch zu den Briten, die nach dem Bürgerkrieg im Umgang mit den Nachkommen ihrer ehemaligen Kolonial-Untertanen kluge Umsicht walten ließen, fanden es die Deutschen offenkundig sehr schwierig, den Amerikanern entgegenzukommen und gleichzeitig ihre eigene Machtpolitik in der westlichen Hemisphäre und im Pazifik zu verfolgen.

Zwar ist die Feststellung richtig, daß die Beziehungen zwischen den beiden Staaten in der Zeit vor 1914 durch keine ernsthaften Differenzen getrübt wurden, doch gibt es auch nur wenige Anzeichen dafür, daß der gute Wille zwischen Washington und Berlin auf einer ausreichenden Basis gemeinsamer Interessen beruhte, die den vorhersehbaren Schwierigkeiten, die ein größerer Konflikt oder Krieg mit sich bringen würde, hätte standhalten können. Mit Sicherheit lassen die Quellen erkennen, daß ein deutsch-amerikanischer Bündnisvertrag, ungeachtet gegenteiliger Hoffnungen und Äußerungen, nicht zu den realistischen Möglichkeiten zählte.[13] Wirtschaftliche Konkurrenz, wie sie etwa in einer albernen Konfrontation wegen der Einfuhr amerikanischen Schweinefleischs nach Deutschland Ausdruck fand, das intensive Streben nach Märkten und, noch stärker, das sich aufgrund dieser Konkurrenz rasch wandelnde politische Klima führten zu gegenseitigem Mißtrauen und zu der Einsicht führender Staatsmänner auf beiden Seiten, daß ein zukünftiger Konflikt nicht unmöglich wäre.[14] Die Kombination der Faktoren, daß der deutsche Kaiser nicht in der Lage war, einen Modus vivendi mit den Briten herzustellen, und die geschickte britische Politik des Entgegenkommens gegenüber Amerika trug mit zur Gefahr einer deutsch-amerikanischen Konfrontation bei. Großsprecherische Verlautbarungen führender deutscher Persönlichkeiten, sogar von dem hitzigen Kaiser selbst, verstärkten das amerikanische Mißtrauen. Bei einer Gelegenheit im Jahr 1908 mußte Theodore Roosevelt persönlich intervenieren, um amerikanische Zeitungen an der Veröffentlichung unkluger Bemerkungen des Kaisers zu hindern, damit weitere Peinlichkeiten vermieden wurden.[15] Augenblicke der Entspannung, wie etwa, als Wilhelm II. bei den Bemühungen Theodore Roosevelts, in Portsmouth die Beendigung des russisch-japanischen Krieges zu arrangieren, dem amerikanischen Präsidenten hilfreich zur Hand ging, hatten nicht genügend Langzeitwirkung, um diesem Trend Einhalt zu gebieten.[16] Der Mythos einer besonderen Beziehung zwischen Theodore Roosevelt und Wilhelm II. war, ungeachtet aller gegenteiligen Behauptungen[17], niemals in der Realität verankert. Sicherlich wurden beide Männer von den großen Strömungen ihrer Zeit mitgerissen, doch die Quellen zeigen deutlich, daß Roosevelt ein wachsames Auge für seinen Zeitgenossen jenseits des Ozeans hatte. Selbst die taktvollen Manöver der beiden deutschen Botschafter in Washington während der Vorkriegsjahre, Hermann Freiherr Speck von Sternburg und Johann-Heinrich Graf von Bernstorff, konnten die bedrohliche Entwicklung nicht merklich verändern. Entgegen ihrem nachdrücklichen Rat konnte sich Berlin nicht dazu durchringen, einen Arbitrationsvertrag mit den Vereinigten Staaten zu unterzeichnen, und die deutsche Regierung wies entsprechende amerikanische Angebote mit formalen und legalistischen Argumenten zurück.[18] Übrigens mochte Deutschland einen Schlichtungsvertrag mit den USA nicht einmal im Herbst 1914 ab-

Kaiserreich und Republik: Beziehungen vor 1917 357

Kaiser Wilhelm II. als Zentralfigur der Deutschen im Pro und Contra der Amerikaner. Links das Titelblatt des Huldigungsmarsches anläßlich seines 25. Regierungsjubiläums 1913, komponiert vom populären amerikanischen Komponisten E. T. Paull. Ein amerikanischer Offizier erweist dem Kaiser seinen Tribut. Rechts ein amerikanisches Kriegsplakat von 1918, auf dem der Kaiser mit ‚seinen' U-Booten als abschreckendes Feindsymbol erscheint, mit dem man zum sparsamen Genuß von Weizen aufruft. (Roughwood Collection; The Balch Institute, Philadelphia)

schließen, als Frankreich und Großbritannien sich beeilten, ein solches Dokument als Ausdruck des guten Willens zu unterschreiben.[19]

Mit dem Beginn der Feindseligkeiten in Europa wurden die Unterschiede zwischen dem Deutschen Reich mit seinen traditionellen Sozialstrukturen, einem mächtigen Militär und nur sehr begrenzter demokratischer Erfahrung und der amerikanischen Republik mit ihrer mobileren multi-ethnischen Gesellschaft und einer etablierten demokratischen Tradition um so offenkundiger. Die unüberbrückbare Kluft zwischen dem unsicheren und doch übertrieben selbstbewußten und agressiven Wilhelm II. und dem nachdenklichen, reservierten Woodrow Wilson schien manchmal fast symbolisch für die Dinge, an denen die Interessen der beiden Nationen auseinandergingen. Während der folgenden drei Jahre offizieller Neutralität der USA von 1914 bis 1917 sollten Berlin und Washington über drei wichtigen Streitfragen zusammenstoßen: die Führung des deutschen U-Boot-Krieges, die Frage der Wilsonschen Friedensvermittlung und die Versuche der deutschen Regierung, die Bedingungen innerhalb der Vereinigten Staaten durch eine breit angelegte Propaganda- und Sabotagekampagne zu beeinflussen.

Das Unterseeboot war eine relativ neue Waffe, die aufgrund ihrer spezifischen Qualitäten nicht wirksam eingesetzt werden konnte, wenn die allgemein akzeptierten Verhaltensregeln auf hoher See beachtet wurden: das Unterseeboot war also im Überwasser-Seekrieg nicht verwendbar. Mit dem Einsatz der neuen Waffe gegen die Handelsschiffahrt war die Konfrontation mit den Vereinigten Staaten sozusagen vorprogrammiert. Die deutsche Regierung und die militärische Führung wußten sehr wohl, daß der U-Boot-Konflikt Washington letzten Endes auf seiten der Entente in den Krieg bringen würde, und es war eindeutig, daß die kleine Zahl verfügbarer Einheiten sowie der geringe Operationsradius der meisten U-Boote nicht ausreichten, die USA durch Erpressung zum Stillhalten zu zwingen. Doch eine grobe Überschätzung der Ressourcen und Fähigkeiten Deutschlands zusammen mit einem verblüffenden Mangel an Erkenntnis der potentiellen wirtschaftlichen und militärischen Kraft der Vereinigten Staaten bewogen den Kaiser und seine Militärführer, besonders nachdem deutlich geworden war, daß der Krieg zu Lande nicht gewonnen werden konnte, den militärischen Sieg durch den uneingeschränkten Einsatz der U-Boote anzustreben. Zu dieser Entscheidung gelangten sie ungeachtet zahlreicher Warnungen des deutschen Botschafters in Washington, daß der uneingeschränkte U-Bootkrieg mit Sicherheit zum amerikanischen Kriegseintritt führen würde. Ironischerweise war es also die Frage der Freiheit der Meere, über die man sich bereits im Freundschafts- und Handelsvertrag zwischen den Vereinigten Staaten und dem Preußen Friedrichs des Großen 1785 geeinigt hatte, die zu einem der Hauptgründe für die amerikanische Kriegserklärung gegen Deutschland wurde.[20]

Dem zweiten Konfliktbereich, Wilsons Vermittlung zwischen den kriegführenden Mächten, ist häufig weniger Aufmerksamkeit geschenkt worden, möglicherweise deshalb, weil die komplizierten Verhandlungen, die oft auf privater und quasi unautorisierter Ebene zwischen dem deutschen Botschafter Grafen Bernstorff und Wilsons Ratgeber Colonel Edward M. House geführt wurden, zu einer dramatischen Darstellung weniger geeignet sind als etwa die Torpedierung großer Passagierdampfer wie der ‚Lusitania' oder der ‚Ancona' durch deutsche U-Boote.[21] Tatsächlich läßt sich jedoch heute sagen, daß die ständige Zurückweisung von Wilsons Vermittlungsbemühungen durch Berlin und die weniger als ehrliche Vorgehensweise, die von der deutschen Regierung gewählt wurde, um die Anstrengungen des amerikanischen Präsidenten zu blockieren, wahrscheinlich ebenso stark wie die blutige Statistik des Unterseebootkrieges gegen die Handelsschiffahrt dazu beitrug, Wilson davon zu überzeugen, daß er sich der Entente anschließen müsse. Der Höhepunkt kaiserlich-deutscher Doppelzüngigkeit kam am 12. Dezember 1916, wenig mehr als zwei Monate vor dem Abbruch der diplomatischen Beziehungen, als die Wilhelmstraße ein sogenanntes Friedensangebot veröffentlichte, das – wie die Akten deutlich zeigen – den ausdrücklichen Zweck verfolgte, dem in kürzester Frist erwarteten Vermittlungsangebot des amerikanischen Präsidenten den Wind aus den Segeln zu nehmen.[22] Selbst wenn man eine legitime deutsche Befürchtung in

Price 5 Cents   No. 21—Dec. 30th, 1914

THE Fatherland
A Weekly

GEORGE WASHINGTON
VALLEY FORGE ••• CHRISTMAS 1777
HE FOUGHT THE SAME FOE THEN THAT GERMANY FIGHTS TODAY

George Washington als Alliierter der Deutschen gegen England. „Er bekämpfte denselben Gegner, den Deutschland heute bekämpft." Titelblatt der prominentesten pro-deutschen Zeitschrift, die mit Ausbruch des Ersten Weltkrieges, von deutschen Geldern unterstützt, ‚fair play' für Deutschland und Österreich-Ungarn forderte. „The Fatherland" wurde von George Sylvester Viereck, einem Deutschamerikaner, herausgegeben und war mit seiner lärmenden Propaganda den Absichten, die amerikanische Öffentlichkeit auf die deutsche Seite zu ziehen und die USA im Kriegskonflikt neutral zu halten, eher abträglich. (Kings Court Collection)

Rechnung stellt, daß der amerikanische Präsident bei zukünftigen Friedensverhandlungen eine der Entente zuneigende Haltung an den Tag legen würde, so versprach doch angesichts der Konsequenzen der Entscheidung für den U-Bootkrieg und der militärischen Gesamtlage Deutschlands jeder Verhandlungsfriede ein günstigeres Ergebnis für Deutschland als eine volle amerikanische Kriegsbeteiligung auf seiten der Entente. Nur einige wenige Deutsche in führenden Positionen schienen diese Tatsache begriffen zu haben, und noch weniger – einer von ihnen der Botschafter in Washington – mochten das Risiko eingehen, offen gegen die mächtigen Militärs Stellung zu beziehen.[23]

Der dritte Konfliktbereich zwischen den Vereinigten Staaten und Deutschland während der Zeit der amerikanischen Neutralität ist bisher von Historikern nur sehr lückenhaft behandelt worden, obwohl alles verfügbare Material darauf hinweist, daß der deutsche Propaganda- und Sabotagefeldzug innerhalb der USA keinen geringen Anteil daran hatte, die amerikanische Öffentlichkeit gegen

Deutschland einzunehmen und auf diese Weise dem amerikanischen Kriegseintritt den Boden zu bereiten. In voller Übereinstimmung mit ihrer bereits erwähnten Vorkriegspolitik des Entgegenkommens organisierten die Briten eine ungemein geschickte, eher gedämpfte Propaganda, der es gelang, die amerikanische öffentliche Meinung auf vielen Ebenen zu infiltrieren, die aber gleichzeitig alles tat, um aggressive Erklärungen oder schroffe öffentliche Auftritte zu vermeiden. Die deutsche Regierung vertraute diese schwierige Aufgabe einer Gruppe von Männern an, denen entweder eine gründlichere Kenntnis der amerikanischen politischen und sozialen Mentalität fehlte oder die in den Vereinigten Staaten bereits ihrer parteiischen Haltung wegen wohlbekannt waren, so daß es ihnen an der Eignung wie an der Fähigkeit mangelte, ernsthafte Kontakte zu einflußreichen professionellen und gesellschaftlichen Kreisen anzuknüpfen. Die Leitung der deutschen Kampagne lag bei Bernhard Dernburg, dem ehemaligen Staatssekretär des Reichskolonialamts, dessen aggressiver Ton und unbedachte Ausdrucksweise nicht dazu geeignet waren, die Amerikaner davon zu überzeugen, daß der Krieg dem Deutschen Reich aufgezwungen worden sei und daß Großbritannien die Schuld an der bedauerlichen Entwicklung der Dinge trage.[24] Der Überfall auf Belgien, das harte Vorgehen des deutschen Militärs in den besetzten Gebieten, die Deportation von Zwangsarbeitern aus Belgien und die Versenkung von Passagierdampfern und Handelsschiffen ohne jede Vorsorge für die Zivilisten an Bord wären freilich selbst für hochqualifizierte Experten der Öffentlichkeitsarbeit nur äußerst schwer zu rechtfertigen gewesen. Als der Leiter der deutschen Propagandaorganisation in Amerika einem aufgebrachten Publikum mitteilte, das U-Boot sei völlig im Recht gewesen, als es die ‚Lusitania' torpedierte und damit mehr als 1000 Zivilisten in den Tod schickte, kam seine Karriere zu einem plötzlichen Ende.[25] Ein Faktor, der erheblich zum Scheitern der deutschen Öffentlichkeitsarbeit beitrug, war der überraschende Informationsmangel oder, besser gesagt, die Masse der Falschinformationen über die Vereinigten Staaten bei den Deutschen. Liest man zeitgenössische Kommentare der Presse und Meinungsäußerungen deutscher Akademiker, so spürt man eine zumindest latente Strömung des Antiamerikanismus. Es ist durchaus denkbar, daß einige der Fehler der deutschen Propaganda ihren Ursprung in derartigen Antipathien hatten.[26]

Während die Propaganda aus dem Reich zur amerikanischen Öffentlichkeit nur schwer Zugang fand, waren die Resultate des deutschen Sabotagefeldzugs in den USA noch viel zweifelhafter, insbesondere dann, wenn man davon ausgeht, daß es Hauptziel dieser Operationen war, zu verhindern, daß amerikanisches Kriegsmaterial zu den Alliierten gelangte, und daß darüber hinaus Amerika am Eintritt in den Krieg gegen Deutschland gehindert werden sollte. Standarddarstellungen betonen gern die Eskapaden von Heinrich Albert, der zu Tarnungszwecken zum Handelsattaché in Washington gemacht wurde,[27] und Hauptmann Franz von Papen, dem Militärattaché, der zu Unrecht noch immer als der Chef der deutschen Untergrundtätigkeit in den USA gilt.[28] Das Sündenregister dieser Männer und ihres Kollegen, des Marineattachés Kapitän Karl Boy-Ed, war schillernd genug, um die meisten Historiker von weitergehenden

Recherchen abzuhalten.[29] Tatsächlich jedoch unterhielten Heer und Marine des Deutschen Reiches ihre eigenen Nachrichtendienste in Nordamerika. Ihre Agenten erhielten ihre Instruktionen direkt von den militärischen Spitzen in Deutschland und unterstanden nicht der Kaiserlichen Botschaft in Washington. Zu ihren bekanntesten Sabotageunternehmen gehören die Zerstörung eines großen Frachtumschlagplatzes im Hafen von New York, des Black Tom Terminal, im Juli 1916, und der mit hohem Schaden verbundene Angriff auf die Canadian Car and Foundry Company in Kingsland, New Jersey, im Januar 1917. Diese Ereignisse schockierten ohne Zweifel die amerikanische Öffentlichkeit und trugen praktisch den europäischen Krieg noch während der Periode der amerikanischen Neutralität in die Vereinigten Staaten.[30] Ein schmutziges Unternehmen der bakteriologischen Kriegsführung, das vom militärischen Nachrichtendienst in Deutschland angeordnet worden war, wurde nicht durchgeführt, anscheinend vor allem, weil die in die USA gebrachten Bakterienkulturen die lange geheime Reise der mit dem Transport beauftragten Agenten nicht überstanden hatten.[31]

Obwohl die Akten zeigen, daß die noch jungen amerikanischen Nachrichtendienste von der Kooperation britischer Agenten profitieren,[32] steht doch fest, daß die Regierung der Vereinigten Staaten über Details und über die Größenordnung dieser deutschen Operationen nicht informiert war. Allerdings wissen wir, daß Präsident Wilson schon relativ früh im Krieg über eine ganze Reihe von deutschen Geheimoperationen in seinem Land erfuhr, und es kann kaum überraschen, daß diese Entwicklungen seine Sympathien für den deutschen Standpunkt in anderen Fragen nicht vergrößerten.[33]

Der endgültige Bruch wurde jedoch nicht durch nachrichtendienstliche Operationen herbeigeführt, sondern durch die offizielle deutsche Erklärung der Eröffnung des uneingeschränkten Unterseebootkriegs am 1. Februar 1917 und durch das unglaubliche Bündnisangebot an die mexikanische Regierung, das die Rückgabe von Texas, Arizona und New Mexico an die Mexikaner vorsah. Gerade so, als wolle man die Tatsache unterstreichen, daß Berlin keinerlei Interesse mehr an der amerikanischen Neutralität habe, expedierte das deutsche Auswärtige Amt sein Angebot an Mexiko in Telegramm Nr. 158 zusammen mit Telegramm Nr. 157, der Note, in der der uneingeschränkte U-Bootkrieg erklärt wurde.[34] Die Wilhelmstraße zögerte nicht einmal, eine der Versionen dieser Botschaft an Graf Bernstorff über das amerikanische Außenministerium zu schicken, das den Code-Text auch prompt an die deutsche Botschaft weitergab. Nicht ohne Schadenfreude konnte die britische Regierung, deren Marinenachrichtendienst, als ‚Room 40' bekannt und geleitet von Admiral Reginald Hall, dem ‚Blinker', alle Versionen des Telegramms abgefangen hatte, einer schockierten amerikanischen Regierung den Text des deutschen Angebots an Mexiko präsentieren. Bald sollte sich der Vorhang senken nach dem letzten Akt der Tragikomödie, in der das Deutsche Reich, ohnehin schon von ernsthaften wirtschaftlichen Schwierigkeiten bedrängt, dem amerikanischen Präsidenten den Fehdehandschuh zuwarf und ihn offen herausforderte, die Vereinigten Staaten in den Krieg zu führen.

Antideutsche Plakate im Ersten Weltkrieg 1917/18. Die Verteufelung der Deutschen als Hunnen prägte einen Großteil der amerikanischen Propaganda und traf die Deutschamerikaner hart. Sie basierte auf dem deutschen Überfall auf das neutrale Belgien 1914 und den englischen Propagandaberichten über deutsche Grausamkeiten. Dem entspricht das Motiv vom deutschen Soldaten, der Mutter und Kind bedroht, aber vom amerikanischen Soldaten aufgehalten wird. Die Plakate riefen zumeist zum Zeichnen von Kriegsanleihen auf oder warben um Kriegsfreiwillige. (The Balch Institute, Philadelphia)

Am 2. April 1917, nachdem der Kaiser weitere Sondierungen aus Washington schroff zurückgewiesen hatte, trat Woodrow Wilson vor den Kongreß und forderte, die Vereinigten Staaten sollten den Kriegszustand akzeptieren, der ihnen vom Deutschen Reich aufgezwungen worden sei. Der Kongreß applaudierte, als der Präsident ausrief: „Wir freuen uns . . . für den endlichen Frieden der Welt und die Befreiung ihrer Völker, darunter auch des deutschen Volkes zu kämpfen, für die Rechte der Nationen groß und klein, das Recht aller Menschen, ihr Leben und ihre Herrschaft selbst zu bestimmen. Die Welt muß für die Demokratie gesichert, ihr Friede muß auf die erprobten Grundlagen politischer Freiheit gestellt werden."[35] Das Schicksal des wilhelminischen Deutschland war besiegelt. Nun sollte es nur noch eine Frage der Zeit sein, bis die USA ihr volles wirtschaftliches und militärisches Gewicht auf seiten der Alliierten einsetzen und damit die sichere Niederlage des Deutschen Reiches herbeiführen würden.

Eine Armee von 3 Millionen Männern, von denen viele Amerikaner deutscher Herkunft waren, wurde aufgestellt, und schon Ende 1917 waren 176 000 amerikanische Soldaten in Europa im Einsatz. Bis zum September 1918 war ihre Zahl auf anderthalb Millionen gestiegen. Doch die Amerikaner zahlten auch einen hohen Preis für ihre erste Beteiligung an einem Krieg auf dem europäischen Kontinent: mehr als 50 000 Soldaten fielen im Kampf, 200 000 wurden verwundet. Am 11. November 1918 unterzeichneten die Vertreter der zwei Tage alten deutschen Republik die von Feldmarschall Ferdinand Foch, dem Oberbefehlshaber der alliierten Streitkräfte, diktierten Kapitulationsbedingungen. So ironisch es scheinen mag, klammerte sich die deutsche Führung noch im Augenblick ihrer Niederlage an Präsident Wilsons 14 Punkten fest und erhoffte maßvolle Friedensbedingungen von den Aliierten. Weniger als zwei Jahre, nachdem das kaiserliche Auswärtige Amt das Angebot Wilsons, als ‚clearing house' für die kriegführenden Nationen auf dem Weg zum Konferenztisch zu dienen, glatt abgelehnt hatte, sah man in dem Programm des amerikanischen Präsidenten einen Schutzschild gegen die rachedurstigen Absichten Großbritanniens und Frankreichs. Gewiß strapaziert A.J.P. Taylor die Quellen erheblich, wenn er meint, Deutschland sei „als eine weitere Geste, Wilson zu besänftigen" zu einer Republik geworden, doch ist er der Wahrheit nicht so fern, wenn er zu dem Schluß gelangt, daß „die Ideale, die von den Revolutionären von 1848 vertreten wurden, somit in Deutschland auf amerikanischen Befehl triumphierten".[36]

Anmerkungen

1 Vgl. Hans Dietrich Genscher, Die geistigen Grundlagen der deutsch-amerikanischen Freundschaft, Rede in Würzburg am 13. 1. 1983, in: Bulletin, Bonn, Nr. 5, 15. 1. 1983, S. 41–44; Genscher, Rede in Worms am 12. 6. 1983, in: Bulletin, Nr. 66, 22. 6. 1983, S. 617f.; Helmut Kohl, Rede in Krefeld am 25. 6. 1983, in: Bulletin, Nr. 70, 29. 6. 1983, S. 646–648; Arthur F. Burns, Rede in Hamburg am 14. 3. 1983, gedruckt als The Human Side of German-American Relations, in: Current Policy, Nr. 469, 14. 3. 1983; Amerika ist eben auch ein Stück von uns, Interview mit Berndt von Staden (Auswärtiges Amt), in: Die Welt, Nr. 145, 25. 6. 1983, S. 8.
2 Vgl. J. Turner, German Immigration in the Colonial Period, in: The Chicago Record-Herald, 28. 8. 1901, S. 7; Alfred Vagts, Deutschland und die Vereinigten Staaten in der Weltpolitik, 2 Bde., Bd. 1, New York: MacMillan, 1935, S. 570: „Der Deutsche war ökonomisch regsam, aber nicht politisch ...". S. auch Theodor von Holleben (deutscher Botschafter in Washington) an Auswärtiges Amt, 19. 6. 1900, ebd., S. 571; H.L. Mencken, Die Deutschamerikaner, in: Die neue Rundschau 39. 1928, Bd. 2, S. 488f.
3 Carl Wittke, Refugees of Revolution, Philadelphia: University of Pennsylvania Press, 1952, bleibt das Standardwerk über diese Gruppe von Deutschamerikanern.
4 Philip S. Foner u. Brewster Chamberlin (Hg.), Friedrich A. Sorge's Labor Movement in the United States, Westport: Greenwood Press, 1977; Karl Marx, Frederick Engels, Letters to Americans, 1848–1895, Hg. Alexander Trachtenberg, New York: International Publishers, 1953; A. Sartorius Frhr. von Waltershausen, Der moderne Sozialismus in den Vereinigten Staaten von Amerika, Berlin: Hermann Bahr, 1890.
5 Vor dem Reichstag am 26. 6. 1881, zit. aus: Die Reden des Reichskanzlers Fürsten von Bismarck im Deutschen Reichstage 1884–1885, Stuttgart: Cotta, 1894, S. 203; Vagts, Bd. 1, S. 570. Der deutsche Botschafter Speck von Sternburg warnte vor einer offiziellen Berliner Forderung dieser Art.

6 Felix Gilbert, To the Farewell Address, Princeton: Princeton University Press, 1970 [1961], S. 72; deutscher, französischer und amerikanischer Text des Vertrages und Kommentare in: Karl J.R. Arndt, Hg., Der Freundschafts- und Handelsvertrag von 1785 zwischen Seiner Majestät dem König von Preußen und den Vereinigten Staaten von Amerika, München: Moos, 1977; George Washington an Rochambeau, 1786, zit. aus Frank Lambach, Our Men in Washington, Köln: Rudolf Müller, 1976. S. 10.

7 Zu den verschiedenen Vertragsverhandlungen s. Otto Graf zu Stolberg-Wernigerode, Deutschland und die Vereinigten Staaten von Amerika, Berlin: de Gruyter, 1933, S. 26–30.

8 S. Hans W. Gatzke, Germany and the United States. A „Special Relationship?" Cambridge, MA: Harvard University Press, 1980, S. 30. Eine Analyse des Hintergrundes des deutschen Scheiterns gibt Erich Angermann, Early German Constitutionalism and the American Model, Vortrag beim 14. International Congress of Historical Sciences, San Francisco, 1975, CISH-AHA-Broschüre.

9 Henry Blumenthal, A Reappraisal of Franco-American Relations, 1830–1871, Chapel Hill: University of North Carolina Press, 1959, S. 185–197; ders., France and the United States. Their Diplomatic Relations 1789–1914, Chapel Hill: University of North Carolina Press, 1970, S. 91f., 117, 127; Henry Adams, Prussian-American Relations, 1775–1871, Cleveland: Press of Western Reserve University, 1960, S. 101–103. Eine große Zahl von Amerikanern irischer Herkunft hatte aus historischen Gründen mit den Franzosen sympathisiert. S. Auszüge aus John Mitchels Ansprache bei dem St. Patrick's Day Banquet der Knights of St. Patrick in New York, in: The Irish Citizen, 25. 3. 1871, S. 192; Leitartikel German „Peace" Jubilees, in: The Irish Citizen, 8. 4. 1871, S. 205.

10 Die Deutschen in Amerika und die deutsch-amerikanischen Friedensfeste im Jahr 1871, New York: Verlags-Expedition des deutsch-amerikanischen Conversations' Lexicons, 1871; Heinz Kloss, Um die Einigung des Deutschamerikanertums, Berlin: Volk und Reich Verlag, 1937, S. 231f.; s. F.A. Sorge an Wilhelm Liebknecht, Hoboken, 25. 9. 1870, in: Georg Eckert (Hg.), Wilhelm Liebknecht. Briefwechsel mit deutschen Sozialdemokraten, Bd. 1, Assen: Van Gorcum, 1973, S. 342.

11 Courrier (Cincinnati), 7. 11. 1871, zit. nach G.A. Dobbert, German-Americans between New and Old Fatherland, 1870–1914, in: American Quarterly 19. 1967, S. 666.

12 Kurz vor den deutsch-amerikanischen Festlichkeiten in Philadelphia feierten Franzosen und Amerikaner den Pariser Vertrag, der 1783 das Ende des Revolutionskrieges und die de facto-Anerkennung der Vereinigten Staaten gebracht hatte. S. Dominique Dhombres, La naissance des États-Unis d'Amérique, in: Le Monde, 5. 9. 1983, S. 5; s. auch Un défilé historique: Quand l'armée de Rochambeau investit Vendôme . . ., in: Le Monde, 1. 9. 1983, S. 8.

13 Vgl. Notizen von Anton Graf Monts de Mazin, Rom, Juni 1907, und die Randkommentare von Bernhard Fürst von Bülow, Politisches Archiv, Auswärtiges Amt, Bonn, Vereinigte Staaten von Amerika, Nr. 16, Geheim, Bd. 2; Ernst Graf von Reventlow, Deutschlands auswärtige Politik 1888–1914, Berlin: Mittler, 1917, S. 217.

14 Andrew D. White, Botschafter der USA in Deutschland von 1897 bis 1903, schreibt in seinen Memoiren, die Sensationspresse auf beiden Seiten habe zum Entstehen einer Mißstimmung zwischen den beiden Staaten beigetragen. Nur „zwei wirklich bedeutende Zeitungen" in Deutschland seien den USA gegenüber freundlich eingestellt gewesen. Besonders betroffen war White darüber, daß er unter den Gebildeten eine starke antiamerikanische Haltung vorfand, und er befürchtete, daß deshalb ein Krieg durchaus möglich sein könnte. Autobiography of Andrew Dickson White, Bd. 2, London: Macmillan, 1905, S. 144–147. Zu deutsch-amerikanischen Handels- und Zollproblemen vgl. Glenn A. Altschuler, Andrew D. White. Educator, Historian, Diplomat, Ithaca: Cornell University Press, 1979, S. 237f.

15 Unter anderem soll der deutsche Kaiser in einem Interview, das er dem amerikanischen Journalisten William Bayard Hale gab, ausgeführt haben: „Die Zukunft . . . gehört der weißen Rasse; keine Angst . . . sie gehört dem Anglo-Teutonen, dem Menschen, der aus Nordeuropa kam – wo Sie, denen Amerika gehört, herkamen – die Heimat der Germanen. Sie – die Zukunft – gehört nicht den Gelben oder den Schwarzen oder den Olivfarbenen; sie gehört dem hellhäutigen Menschen, und sie gehört dem Christentum und dem Protestantismus. Wir sind die einzige Rasse, die sie retten kann. In keiner anderen Zivilisation und keiner anderen Religion gibt es die

Kaiserreich und Republik: Beziehungen vor 1917 365

Kraft, die die Menschheit retten kann; und die Zukunft – gehört – uns." Weitere Details und Belege bei Reinhard R. Doerries, Washington–Berlin 1908/1917, Düsseldorf: Schwann, 1975, S. 32f. Bei dem hier zitierten Text handelt es sich um die Übersetzung eines Exzeptes aus dem für amerikanische Zeitungen von Hale verfaßten Bericht.

16 Vgl. Eugene P. Trani, The Treaty of Portsmouth, Lexington: University of Kentucky Press, 1969, S. 58–60; Justus Hashagen, Zur Geschichte der amerikanisch-deutschen Beziehungen 1897–1907, in: Zeitschrift für Politik 16. 1927, S. 122–129, betont die gemeinsamen Interessen zu sehr.

17 Vgl. Howard Beale, Theodore Roosevelt, Wilhelm II. und die deutsch-amerikanischen Beziehungen, in: Die Welt als Geschichte 15, 1955, S. 155–187; Hashagen (s. Anm. 16) überschätzt gleichfalls den Einfluß von Speck von Sternburg auf Theodore Roosevelt.

18 S. bes. Dokumente in: Akten betreffend deutsch-amerikanischen Schiedsgerichtsvertrag, Politisches Archiv, Auswärtiges Amt, Bonn.

19 Großbritannien und Frankreich unterzeichneten am 15. 9. 1914 Schiedsgerichtsverträge mit den USA. Beide wurden 1915 ratifiziert. Vgl. U.S. State Department, Foreign Relations of the United States, Washington, DC: Government Printing Office, 1914, S. 304–307.

20 Unterschiedliche Ansichten zum U-Boot-Konflikt finden sich bei Thomas G. Frothingham, The Naval History of the World War, 3 Bde., Cambridge, MA: Harvard University Press, 1924–1926; R.H. Gibson u. Maurice Pendergast, The German Submarine War, 1914–1918, London: Constable, 1931; Arno Spindler, Der Handelskrieg mit U-Booten, 5 Bde., Berlin: Mittler, 1932–1941.

21 Die ‚Lusitania', ein britischer Passagierdampfer, wurde am 7. 5. 1915 von U-20 torpediert. Unter den 1198 Todesopfern waren 124 Staatsbürger der USA. Vgl. Thomas A. Baileys kompetente Untersuchung, The Lusitania Disaster (mit Paul B. Ryan), New York: Free Press, 1975. Die ‚Ancona', ein italienischer Passagierdampfer, wurde am 7. 11. 1915 von einem deutschen U-Boot versenkt, das unter österreichischer Flagge fuhr.

22 Details und Belege bei Doerries, Washington–Berlin, S. 232f.

23 Vgl. Johann-Heinrich Graf von Bernstorff, Deutschland und Amerika, Berlin: Ullstein, 1920, S. 389–391; Graf Bernstorff wird 70, in: Frankfurter Zeitung, 13. 11. 1932; William L. Langer, An Honest German Diplomat, in: New York Herald Tribune Books, 25. 10. 1936, Sektion X, S. 2.

24 Zu den Leuten, die mit dem German Information Office zusammenarbeiteten, gehörten der amerikanische Journalist William Bayard Hale, der Harvard-Professor Hugo Münsterberg, der deutsche Wirtschaftswissenschaftler Moritz Julius Bonn, George Sylvester Viereck vom „Fatherland", M.B. Claussen von der Hamburg-Amerika-Linie, Kuno Meyer, der Spezialist für keltische Studien, der Journalist Edward Lyell Fox und eine Reihe von Männern aus dem deutschen diplomatischen Dienst.

25 Bailey u. Ryan, S. 237; Arthur S. Link, Wilson. The Struggle for Neutrality, 1914–1915, Princeton: Princeton University Press, 1960, S. 377–379.

26 Hans-Ulrich Wehler hat in seiner beachtenswerten Analyse gegenwärtiger Probleme: Zum dritten Mal. Deutscher Antiamerikanismus, in: Der Monat, Nr. 281, 1981, den Beginn des Antiamerikanismus möglicherweise zu spät datiert (1917, Versailles).

27 Staatssekretär des Auswärtigen Amts Jagow an Staatssekretär des Inneren, 25. 10. 1915, Personalakte Heinrich Albert, Bundesarchiv, Koblenz.

28 Vgl. Colin Simpson, Lusitania, Harmondsworth: Penguin, 1983, S. 64.

29 Von Papen ebenso wie Boy-Ed wurden schließlich zur persona non grata erklärt und mußten die USA verlassen. Papens Memoiren. Der Wahrheit eine Gasse, München: List, 1952, enthalten keine verläßlichen Informationen über diese Tätigkeiten. Boy-Eds Veröffentlichungen, Die Vereinigten Staaten von Amerika und der U-Boot-Krieg, Berlin: Karl Sigismund, 1918, und Verschwörer? Berlin: Scherl, 1920, bieten nur wenige nützliche Angaben zu diesem Thema für den Historiker.

30 Diese und andere Projekte der deutschen Nachrichtendienste sind bisher von Wissenschaftlern nicht umfassend untersucht worden. Ich habe Material aus verschiedenen Quellen für eine geplante vollständige Darstellung der Tätigkeit der deutschen Nachrichtendienste in den Vereinigten Staaten während des Ersten Weltkrieges gesammelt.

31 Richmond Levering an Bruce Bielaski (Bureau of Investigation), 28. 3. 1918, Record Group 165, Nr. 10546, National Archives, Washington, DC.
32 Die britische Arbeit wurde größtenteils von Captain Guy R.A. Gaunt geleitet, der am 22. 4. 1914 zum Militärattaché in Washington ernannt worden war, sowie von William Wiseman, der Ende 1916 in die USA kam. Über ihre Tätigkeiten s. M.L. Sanders u. Philip M. Taylor, British Propaganda during the First World War, 1914–1918, London: Macmillan, 1982, S. 178–207.
33 Besonders schwerwiegend war dies im Falle des deutschen Botschafters, Graf Bernstorff, der unfreiwillig mit einer Reihe von deutschen Nachrichtendienst- und Propagandaoperationen in Verbindung gebracht wurde. Wilson und House hatten daher Grund, die Zuverlässigkeit Bernstorffs bei den Verhandlungen über eine potentielle Vermittlung der Vereinigten Staaten in Frage zu stellen. Mehrmals bemühte sich Bernstorff, die deutsche Regierung von der Notwendigkeit zu überzeugen, Vertreter der Nachrichtendienste zurückzuhalten oder abzuziehen. Die Quellen zeigen, daß Berlin seine Mahnungen nicht befolgte. Vgl. Bernstorff an Auswärtiges Amt, 2. 6. 1916 und 19. 8. 1916, Record Group 59, Box 244, National Archives, Washington, DC.
34 Seit den ‚Lusitania'-Verhandlungen im Sommer 1917 hatte Washington Graf Bernstorff gestattet, über die entsprechenden Einrichtungen des State Departments Code-Nachrichten zu senden und zu empfangen. Diese Verbindung war schneller, als es die normalen deutschen Depeschen sein konnten, die von Berlin über Stockholm und Buenos Aires nach Washington gelangten.
35 Rede vor einer gemeinsamen Sitzung des Kongresses am 2. 4. 1917, in: Arthur S. Link (Hg.), The Papers of Woodrow Wilson, Bd. 41, Princeton: Princeton University Press, 1983, S. 519–527. Der in der vorliegenden deutschen Übersetzung meines amerikanischen Vortrags zitierte deutsche Text stammt aus Georg Ahrens u. Carl Brinkmann (Hg.), Wilson. Das staatsmännische Werk des Präsidenten in seinen Reden, Berlin: Dietrich Reimer (Ernst Vohsen), 1919, S. 173f.
36 A.J.P. Taylor, From Sarajewo to Potsdam, London: Thames and Hudson, 1966, S. 51.

25. Die Vereinigten Staaten und die Weimarer Republik
Das Scheitern einer ‚besonderen Beziehung'

Klaus Schwabe

1

Die Anklage, mit der die deutsche Rechte die Weimarer Republik am meisten in Mißkredit brachte, war der Vorwurf, daß diese als Regierungs‚system' ‚undeutsch' sei, daß sie ein politisches Regime darstelle, das Deutschland von seinen Feinden, besonders von den USA, aufgezwungen worden sei. Daß zumindest ein Funken Wahrheit in dieser Behauptung steckt, bestätigte unbeabsichtigt und indirekt der amerikanische Botschafter in Deutschland, Jacob Gould Schurman, als er am Steuben-Tag 1927 vor einer Zuhörerschaft in New York sagte, daß „niemals in unserer Vergangenheit die politischen Institutionen und internationalen Ideale Deutschlands und der Vereinigten Staaten so sehr übereinstimmten wie heute. Beide Nationen glauben an die Regierung des Volkes, durch das Volk und für das Volk. Beide sind instinktiv und unabänderlich Gegner der Diktatur, ohne Rücksicht darauf, ob der Diktator ein Einzelner oder eine Klasse ist . . ."[1]

Ob verwünscht oder begrüßt – offenbar bestanden zwischen den Vereinigten Staaten und der ersten deutschen Republik starke Bindungen. Welcher Art waren diese Bindungen? Gab es eine ‚besondere Beziehung' zwischen den beiden Ländern? Warum entpuppte sich diese Beziehung lediglich als Episode, der erneut eine Zeit bitterer Feindschaft zwischen Deutschland und Amerika folgte?

Der vorliegende Aufsatz soll dieses Thema anhand von fünf wesentlichen Fragestellungen beleuchten. Die erste Frage führt in den Ersten Weltkrieg zurück. Es geht darum festzustellen, ob die Einführung einer republikanischen Regierungsform in Deutschland eines der Hauptziele der amerikanischen Regierung bildete, nachdem die USA in den Krieg eingetreten waren. An zweiter Stelle wird zu untersuchen sein, in welchem Ausmaß und aus welchen Gründen Amerika die Weimarer Republik unterstützte. Drittens stellt sich die Frage, welche Mittel Amerika anwandte, um das Weimarer Deutschland zu unterstützen und zu stärken. Der vierte zu untersuchende Aspekt betrifft die deutsche Sicht der zeitgenössischen deutsch-amerikanischen Beziehungen. Hier soll gezeigt werden, wie die deutsche Außenpolitik die amerikanische Unterstützung ausnutzte, wenn sie die eigenen Ziele verfolgte. Fünftens soll die Frage beantwortet werden, warum Amerikas Politik, die darauf ausgerichtet war, die Existenz der Weimarer Republik zu sichern, schließlich fehlschlug.

2

Die Ursprünge der Weimarer Republik reichen in den Ersten Weltkrieg zurück. Waren sie ausschließlich in Deutschland zu suchen, oder konnten sie auch auf ausländische Einflüsse zurückgeführt werden?[2] War insbesondere Amerika in die Vorgeschichte der Weimarer Republik verwickelt? Es gab einige Anzeichen, die diese Annahme zu bestätigen schienen. Fielen nicht die Ausrufung der Deutschen Republik am 9. November 1918 und der Abschluß des Waffenstillstands von Compiègne fast auf den Tag zusammen? War das nur ein Zufall? Viele Zeitgenossen waren anderer Ansicht. Sie glaubten, daß beide Ereignisse, die ‚Novemberrevolution' und der Waffenstillstand, die Abschaffung der Monarchie in Deutschland und die eigene militärische Niederlage, eng miteinander in Verbindung standen. In ihren Augen hatte das deutsche Volk sich von der Monarchie getrennt und die Waffen gestreckt, weil Amerika versprochen hatte, daß ein republikanisches Deutschland auf der bevorstehenden Friedenskonferenz besser behandelt würde. Entsprach dies der Wirklichkeit? Hatte die amerikanische Regierung ein solches Versprechen gegeben und damit den Deutschen das republikanische Regierungssystem mehr oder weniger aufgezwungen?

Es ist richtig, daß Amerikas Kriegspropaganda und Präsident Woodrow Wilsons Unterscheidung zwischen Deutschlands militärischen Befehlshabern und ‚Alleinherrschern' einerseits und dem deutschen Volk andererseits den Eindruck erweckt hatten, als ob die Ausschaltung der regierenden Schicht in Deutschland – den Kaiser einbegriffen – in der Tat eines der wichtigsten Kriegsziele Amerikas darstellte. Dennoch läßt die Haltung Wilsons während der letzten Wochen des Ersten Weltkriegs darauf schließen, daß sich die Dinge tatsächlich anders verhielten. Bekanntlich bat die deutsche Regierung am 4. Oktober 1918 in einer allein an den amerikanischen Präsidenten gerichteten Note um Frieden auf der Grundlage von Wilsons 14-Punkte-Friedensprogramm. Gewiß schlug die amerikanische Regierung in ihrer Antwort auf das deutsche Gesuch einen scharfen Ton an und drängte auf liberalisierende Veränderungen in der politischen Struktur des deutschen Reiches. Sehr zur Bestürzung seiner europäischen Verbündeten wies Wilson gleichwohl das deutsche Gesuch nicht auf der Stelle zurück. Statt dessen gab er es an die Alliierten weiter und bekräftigte es damit im Prinzip. Nachdem die Alliierten und die Vereinigten Staaten über den Wortlaut des Waffenstillstandes, der Deutschland gewährt werden sollte, Einigkeit erzielt hatten, nahm die amerikanische Regierung in der berühmten Lansing-Note vom 5. November 1918 das deutsche Gesuch um Waffenstillstand und Friedensverhandlungen auf der Grundlage des amerikanischen Friedensprogramms (mit zwei Vorbehalten) im Namen ihrer Verbündeten an. Damit erkannte Amerika indirekt die zwar umgebildete, jedoch immer noch existierende monarchische Regierung Deutschlands als rechtmäßige Vertreterin des deutschen Volkes an. Die Einführung einer republikanischen Regierungsform gehörte nicht zu den Vorbedingungen, die die Siegermächte für Friedensverhandlungen auf der Grundlage der Vierzehn Punkte stellten. In Washington befürchteten einige Berater Wilsons tatsächlich eine Revolution in Deutschland, und nach dem heutigen Stand der Erkenntnisse liegt die Vermutung nahe, daß der Präsident eine wirklich parlamentarische deutsche Regierung als Partner bei den Friedensverhandlungen begrüßt hätte, auch wenn eine auf eher dekorative Funktionen beschränkte Monarchie in Deutschland beibehalten worden wäre.[3]

Wir kennen die Gründe, die Wilson zur Vorsicht veranlaßten: Zum einen wollte er nicht, daß Deutschland völlig zusammenbrach. Er hoffte vielmehr, daß Deutschland ein gewisses Maß an Stärke, selbst militärischer Stärke, als ein Gegengewicht zu den westeuropäischen Mächten behalten würde, das ausreichte, um die Alliierten von imperialistischen Neigungen abzuhalten. Zum anderen fürchtete Wilson, daß die Abschaffung der Monarchie in Deutschland alsbald einen Triumph des Bolschewismus nach sich ziehen und somit nicht nur die Zivilisation im Herzen Europas zerstören, sondern auch eine Machtzusammenballung vom Rhein bis zum Pazifik herstellen würde. Dieses Gespenst einer ‚deutsch-bolschewistischen Verschwörung' sollte in den folgenden Jahren in Washington noch öfter Alpträume wecken.

Die Errichtung eines republikanischen Regierungssystems, von einer Revolution ganz zu schweigen, war also kein Kriegsziel der Vereinigten Staaten. Mit anderen Worten: Die Weimarer Republik war für Amerika ein ungewolltes oder bestenfalls ein halbwünschtes Kind.

3

Nachdem die Novemberrevolution erfolgt war, bemühten sich amerikanische Politiker allerdings darum, das politische Überleben der Weimarer Republik zu sichern – nicht nur Wilson tat dies, sondern auch Männer wie Herbert Hoover oder General Tasker H. Bliss. Sie vertraten diese Haltung – und dies führt zum zweiten Punkt – nicht so sehr, weil sie von der demokratischen Unanfechtbarkeit dieses neuen Deutschlands überzeugt gewesen wären, sondern weil sie zur deutschen Republik keine Alternative sahen, die in der Lage gewesen wäre, eine geordnete politische Entwicklung in Deutschland zu gewährleisten und eines Tages die Bestimmungen des Friedensvertrags zu erfüllen.

Mit mehr Erfolg, als viele seiner Zeitgenossen zuzugeben bereit waren, bestand Wilson darauf, die deutsche Sache am Konferenztisch gerecht und fair zu behandeln. Er tat dies, weil er prinzipiell für einen gerechten Frieden kämpfte, der sowohl für die Sieger als auch für den Besiegten annehmbar sein und den bolschewistischen Wortführern keine Angriffsfläche für moralische Kritik bieten sollte, nicht jedoch, weil er die frühe Weimarer Republik für wahrhaft demokratisch hielt. Je heftiger die Friedensbestimmungen in Deutschland kritisiert wurden, desto mehr gewann er sogar die Überzeugung, daß Deutschland in Wirklichkeit nicht erneuert worden sei, sondern immer noch unter dem Einfluß der traditionellen und reaktionären Kräfte stehe.[4]

Insgesamt gesehen, begannen die Beziehungen zwischen den USA und der neuen deutschen Republik damit ungünstig; doch dieser Anfang verhinderte nicht eine Wendung zum Guten innerhalb weniger Jahre. Unter seinen nachfolgenden republikanischen Regierungen gelangte Amerika mehr und mehr dazu, mit der Weimarer Republik gemeinsame Sache zu machen.

Aus der Sicht der frühen zwanziger Jahre war dies nicht selbstverständlich. Nachdem der amerikanische Senat den Versailler Vertrag abgelehnt hatte, bewahrte die amerikanische Regierung in europäischen Auseinandersetzungen generell eine entschiedene Zurückhaltung. In dem separaten Friedensvertrag, der zwischen Deutschland und Amerika geschlossen worden war (August 1921), lehnte Washington jede Verantwortung für die politischen und militärischen Bestimmungen des Versailler Vertrages und für ihre Ausführung ab. So verwundert es nicht, daß sich die amerikanische Regierung im Hintergrund hielt, als 1923 die Spannungen zwischen Deutschland und Frankreich einen neuen Höhepunkt erreichten und zur Besetzung des Ruhrgebietes durch Frankreich führten. Amerikas einzige Reaktion war der Rückzug der letzten amerikanischen Besatzungstruppen, die im Rheinland geblieben waren. Der amerikanische Außenminister Charles Evans Hughes war der Ansicht, daß „ein wenig Chaos" den Europäern nicht schaden, sondern sie im Gegenteil schließlich zur Vernunft bringen würde.[5] Als der Industrie im Westen Deutschlands allerdings die totale französische Kontrolle drohte und Deutschland das völlige Chaos bevorstand, revidierten die USA zumindest teilweise ihre Zurückhaltung. Sie begannen eine Art Wirtschaftsdiplomatie, die typisch werden sollte für die folgenden Jahre. Zunächst beteiligten sie sich inoffiziell, jedoch in entscheidender Weise, an der vorläufigen Lösung des Reparationsproblems, das die Vereinigten Staaten stärker betraf als irgendeine andere Frage im Nachkriegseuropa, da sie zum größten Gläubiger ihrer ehemaligen Verbündeten geworden waren, die ihrerseits Reparationsforderungen gegenüber Deutschland erheben konnten. Der Dawes-Plan, der die deutschen Reparationszahlungen regelte, basierte auf einem amerikanischen Entwurf. Er wurde Frankreich, das sich sehr dagegen wehrte, jedoch finanziell geschwächt war, mehr oder weniger aufgezwungen. Dieser 1924 verabschiedete Zahlungsplan berücksichtigte Deutschlands Zahlungsfähigkeit, schloß künftige militärische Sanktionen von französischer Seite aus und führte dazu, daß die französischen Truppen das Ruhrgebiet räumten. Dies bedeutete „das Ende der französischen Vorherrschaft in Europa", wie es eine kürzlich erschienene Monographie definiert, – wahrscheinlich noch mehr als das.[6]

Nachdem das Hindernis der ungelösten Reparationsfrage beseitigt worden war, bauten amerikanische Geschäftsleute systematisch ihren Anteil an der deutschen Wirtschaft aus. Amerikanische Kredite flossen nach Deutschland; amerikanische Gesellschaften fusionierten mit ihren deutschen Ebenbildern. Die Weimarer Republik erlebte ihre wenigen goldenen Jahre relativen Wohlstands.

Das wachsende Engagement Amerikas in der deutschen Wirtschaft trug nicht nur zur inneren Stabilität der Weimarer Republik bei; es beeinflußte auch den Bereich der diplomatischen Beziehungen. Die amerikanische Regierung neigte mehr und mehr dazu, Deutschlands Forderungen nach einer friedlichen Revision des Versailler Vertrags zu unterstützen. Sie war der Meinung, daß die deutsch-polnische Grenze zugunsten Deutschlands verändert werden sollte, sie befürwortete den Gedanken des österreichischen Anschlusses an Deutschland, und sie kam den deutschen Wünschen in bezug auf eine Abrüstung der Sieger des Ersten Weltkriegs zumindest auf halbem Wege entgegen.[7]

Der finanzielle Einfluß, den Amerika gewonnen hatte, half Deutschland ebenfalls, günstigere Zahlungsbedingungen für die Reparationsverpflichtungen zu bekommen. Hierin lag die Bedeutung des Young-Planes, der 1929 verabschiedet wurde und zum Abzug der letzten französischen Besatzungstruppen aus dem Rheinland führte. Schließlich erwies sich das von Präsident Hoover verkündete Moratorium, das 1931 die Zahlung von Reparationen und internationalen Schulden für ein Jahr aufschob, als erster Schritt auf dem Weg zu einem endgültigen Verzicht der Westmächte auf ihre Reparationsforderungen. In der Tat hob 1932 die Konferenz von Lausanne diese Forderungen im wesentlichen auf. All diese Erfolge der deutschen Außenpolitik wären ohne die Unterstützung Berlins durch die USA undenkbar gewesen.[8]

Aus welchen Gründen glaubte Amerika, die Ziele der deutschen Außenpolitik mit wachsender Entschiedenheit unterstützen zu müssen? Auf den ersten Blick scheint die wirtschaftliche Motivierung vorrangig gewesen zu sein, und zwar in dreifacher Hinsicht. Einerseits unterlag Deutschland bis 1925 wirtschaftlichen Benachteiligungen verschiedener Art, die ihm von den Siegern durch den Versailler Vertrag auferlegt worden waren. Diese Diskriminierung widersprach dem ‚Open Door'-Prinzip der USA. Auf diese Weise entstand eine natürliche Interessengemeinschaft zwischen den beiden Ländern. Der deutsch-amerikanische Handelsvertrag von 1924 legte Zeugnis ab von dem Wunsch der beiden Länder, die ‚Offene Tür' in Europa so bald wie möglich wiederherzustellen. Darüber hinaus war Amerika (um Außenminister Hughes zu zitieren) immer überzeugt gewesen, daß es in Europa keine wirtschaftliche Erholung geben könne, falls nicht Deutschland zu Kräften komme.[9] Die amerikanische Außenpolitik betrachtete es als wichtiges Ziel, der wirtschaftlichen Erholung Deutschlands alle Hindernisse aus dem Weg zu räumen. Die Besetzung deutschen Gebietes durch fremde Truppen und allgemein die Reparationen erschienen als Hindernisse dieser Art. Deutschlands Forderung nach deren Beseitigung mußte daher unterstützt werden. Daneben gab es einen dritten sehr naheliegenden Grund, weshalb die Vereinigten Staaten dazu neigten, für Deutschland in dessen Kontroversen in Europa – besonders mit Frankreich – Partei zu ergreifen: Die Kredite und Investitionen, die seit der Verabschiedung des Dawes-Planes von Amerika nach Deutschland geflossen waren, hatten einen wachsenden amerikanischen Anteil an der deutschen Wirtschaft geschaffen. Diese Tatsache mußte die amerikanische Regierung in ihrer Haltung gegenüber Deutschland berücksichtigen; und in diesem Sinne hatte Außenminister Henry Stimson sicher recht, wenn er 1931 zu Hoover sagte, daß „wir fest an die Situation Deutschlands gebunden sind".[10]

Dennoch wäre es einseitig, die Motive der amerikanischen Politik gegenüber der Weimarer Republik auf diese wirtschaftlichen Überlegungen zu reduzieren. Das übergreifende Ziel aller amerikanischen Regierungen von Wilson bis Hoover für Deutschland war es, in Europa Bedingungen zu schaffen, die die gesellschaftliche und politische Stabilität gewährleisteten und zu einer schnellen Wiedereingliederung Deutschlands in die Familie der friedlichen Nationen beitrugen. Schließlich hoffte Amerika, daß auf diese Weise der Friede in Europa gesichert und eine erneute ‚sinnlose' Tragödie (als eine solche wurde der Erste Weltkrieg mehr und mehr angesehen) vermieden werden würde. Vorbedingung für den Erfolg dieser Politik schien es zu sein, daß in Deutschland Regierungen und politische Persönlichkeiten unterstützt wurden, die sich – wie Walther Rathenau, Gustav Stresemann und selbst Heinrich Brüning – fortschrittlich-liberal gaben.[11] Alle amerikanischen Regierungen seit Wilson waren sich darin einig, daß liberale Regierungssysteme wie die Weimarer Republik von Natur aus friedlich seien. Auch hielt man solche Regierungen für die beste Barriere gegen die Verbreitung bolschewistischer Ideen. Die führenden amerikanischen Politiker waren sich völlig im klaren über die Notwendigkeit, den liberalen Kräften, die hinter der Weimarer Republik standen, ein bestimmtes Maß an außenpolitischen Erfolgen zu sichern, da nur sichtbare diplomatische Leistungen den deutschen Liberalen die Popularität im Lande zu bringen versprachen, die sie brauchten, um an der Macht zu bleiben.[12]

Daneben gab es einen weiteren politischen Grund für die amerikanische Außenpolitik, mehr und mehr eine Position zu wählen, die die Weimarer Republik (nicht zuletzt gegenüber Frankreich) unterstützte: Das politische und wirtschaftliche Gleichgewicht in Europa blieb weiterhin ein Leitsatz der amerikanischen Außenpolitik, obwohl dies beharrlich abgestritten wurde. Bis zur Ruhrkrise und darüber hinaus schien Frankreich das Land zu sein, das aufgrund hegemonialer Bestrebungen dieses Prinzip verletzte.[13] In den Augen des USA galt das gleiche in bezug auf freiwillige französisch-deutsche Abmachungen im wirtschaftlichen Bereich – eine ‚Klüngelbildung' der Europäer, gegen die Amerika konsequent protestierte. Ob Opfer französischer Unterdrückung oder freiwilliger wirtschaftlicher Satellit Frankreichs – Deutschland wurde von Amerika ermutigt, eine unabhängige Position gegenüber den französischen Plänen einzunehmen.[14]

4

Es war notwendig, die Gründe für die wachsende Unterstützung Amerikas für das Deutschland der Weimarer Zeit im Detail zu beleuchten. Der dritte Punkt, der die Mittel behandeln soll, mit denen die amerikanische Regierung ihre Politik in die Praxis umsetzte, kann kurz gehalten werden, da die Antwort auf diese Frage recht einfach ist. Die USA setzten in erster Linie auf die Mittel des wirtschaftlichen Einflusses, die sie als Ergebnis des Ersten Weltkrieges gewonnen hatten. Bereits Wilson hatte verausgesehen, daß Amerika als größter Gläubiger der Welt nicht zögern würde, zu finanziellem Druck zu greifen, um seine außenpolitischen Zielvorstellungen durchzusetzen.[15] Die republikanischen Regierungen teilten die Überzeugung, daß die Anwendung von wirtschaftlichen Druckmitteln – und nur dies – ausreiche, um Frieden und Stabilität in Europa zu sichern. Für die zwanziger Jahre galt dies alles in allem in der Tat. Das diplomatische Mittel, das Amerika zu jener Zeit anwandte, die Vermittlung, erwies sich als umso wirkungsvoller, je weniger Amerika zögerte, sein ökonomisches Gewicht in die Waagschale zu werfen. Der Dawes-Plan, der Vertrag von Locarno und der Young-Plan sind Beispiele für die Wirksamkeit dieser wirtschaftlichen Diplomatie. Sie schien sogar so erfolgreich zu sein, daß die Politiker in Washington und die amerikanischen Kongreßabgeordneten mehr und mehr die Überzeugung gewannen, daß diese wirtschaftlichen Mittel die Anwendung von militärischen Maßnahmen überflüssig machten.[16]

Durch den Verlauf der Ereignisse in Europa wurde die weit verbreitete Hoffnung, Amerika dürfe nie wieder militärische Verpflichtungen in Europa eingehen, bestärkt. Was, wie es schien, auf militärischem Gebiet lediglich zu tun blieb, war, eine allseitige Abrüstung in die Wege zu leiten. Amerika nahm an den diesbezüglichen Verhandlungen teil und war weitgehend wie Deutschland der Auffassung, daß Frankreich das Land sei, das abzurüsten habe. Ein militärisches Wiedererstarken Deutschlands schien undenkbar, nicht zuletzt deshalb, weil amerikanische Militärbeauftragte gleich nach dem Waffenstillstand begonnen hatten, ein sehr enges und sogar herzliches Verhältnis zur deutschen Reichswehr aufzubauen, die uneingeschränkt pro-amerikanisch zu sein schien.[17]

5

Wie sah die Haltung der Weimarer Republik gegenüber den USA in Wirklichkeit aus? Welche Rolle wies Deutschland Amerika im Rahmen seiner eigenen politischen Konzeption zu? Diese vierte Frage führt damit zur deutschen Perspektive. Einige Wochen nach dem Waffenstillstand schlug der frühere deutsche Botschafter in Washington, Johann Heinrich Graf von Bernstorff, vor, daß Deutschland, da Amerika den Ausgang des Ersten Weltkriegs bestimmt und damit eine entscheidende Position gewonnen habe, auf der Friedenskonferenz der amerikanischen Führung folgen und später seinen Staat und seine Wirtschaft mit amerikanischer Hilfe wiederaufbauen solle.[18] In Versailles erkannten die deutschen Vertreter, daß sie die ideologische Solidarität, die Amerika gegenüber der Weimarer Republik empfand, und das Gewicht, das die amerikanische Außenpolitik am Konferenztisch besaß, überschätzt hatten.

Aber selbst diese Enttäuschung beeinträchtigte nur kurze Zeit die grundsätzlich pro-amerikanische Orientierung der deutschen Außenpolitik. Diese Orientierung war ambivalent: Auf der einen Seite begrüßte Berlin die Ablehnung des Versailler Vertrags durch den amerikanischen Senat und hoffte, daß Amerika Deutschland bei der Revision jenes Friedens unterstützen würde. Auf der anderen Seite wollte Berlin nicht einsehen, daß die Ablehnung des Versailler Vertrags in Wirklichkeit bedeutete, daß Amerika sich aus der Verwicklung in europäische Angelegenheiten befreien wollte und vorläufig seinen Einfluß in Europa zurückgeschraubt hatte, einen Einfluß, der Deutschland in seiner Finanzkrise der folgenden Jahre hätte helfen können. Wie sich sehr zur Enttäuschung der deutschen Regierungen von Joseph Wirth bis Wilhelm Cuno herausstellte, dauerte es nach der Unterzeichnung des deutsch-amerikanischen Friedensvertrages (1921) fast drei Jahre, bis Amerika bereit war, im Reparationskonflikt zu vermitteln, der 1923, zur Zeit der Ruhrbesetzung, fast die nationale Einheit des Deutschlands von Weimar zerstört hätte.[19]

Obwohl Deutschland unerwartet lange darauf warten mußte, daß Amerika in den Reparationskonflikt eingriff, hatten seine führenden Politiker immer die von Gustav Stresemann 1920 folgendermaßen ausgedrückte Hoffnung bewahrt: „Der gesunde Sinn der führenden amerikanischen Wirtschaftskreise wird begreifen, daß die Entscheidung nicht in einer Isolierung Amerikas, sondern in einem Ergreifen der Initiative zum Wiederaufbau der Welt liegen muß. Dabei ist diese Frage des wirtschaftlichen Wiederaufbaus nur auf der Grundlage einer gleichberechtigten Mitwirkung Deutschlands zu lösen."[20]

Als Stresemann im September 1923 die Leitung der deutschen Außenpolitik übernahm, gründete er seine diplomatischen Überlegungen auf die Annahme, daß Amerika, die stärkste Weltmacht, bald sein Gewicht in die Waagschale werfen würde, um Deutschland wieder in die Weltwirtschaft und den ‚Club' der größeren Mächte einzugliedern.[21] Man erwartete in Berlin dies dadurch zu erreichen, daß Amerika Deutschlands Forderungen nach einer Revision des Versailler Vertrags unterstützte.[22] Die Dawes-Regelung des Reparationsproblems wurde in Berlin als erster Schritt auf einem Weg gewertet, der Deutschland die Großmachtstellung zurückbringen würde. In diesem Zusammenhang schien es besonders wichtig, daß Amerika die deutsche Forderung nach Abrüstung Frankreichs unterstützte. Zweifellos war Stresemanns Ziel lediglich eine friedliche Revision des Versailler Vertrags; war dies jedoch auch die Absicht der deutschen Militärs?[23] Auf jeden Fall zweifelten die führenden deutschen Außenpolitiker nicht an der Wirksamkeit des wirtschaftlichen Druckes, den die USA gegenüber Frankreich ausüben konnten, das sich gegen eine Revision des Versailler Vertrages sträubte. Die deutsche Diplomatie tat daher alles, um Spannungen mit Amerika zu vermeiden, und unterließ sorgfältig diplomatische Schritte, die als Zusammenschluß der westeuropäischen Mächte gegen die USA hätten ausgelegt werden können.[24]

Brüning behielt diese grundsätzliche Haltung bei; er nutzte den amerikanischen Anteil an der Wirtschaft Deutschlands aus, um Amerika für eine völlige Aufhebung der Reparationsforderungen zu gewinnen. Seine Deflationspolitik war zum Teil dazu bestimmt, in Washington einen guten Eindruck zu machen (womit er Erfolg hatte). Brüning verstärkte daher die deutschen Forderungen nach einer Revision des Versailler Vertrags. Eigentlich wollte er ihn – was die Reparationen anbetraf – ganz und gar beseitigen, wobei er wiederum auf amerikanische Hilfe hoffte. Damit gab er nur die zunehmende Ungeduld der öffentlichen Meinung in Deutschland wieder, die sich der wachsenden ökonomischen Stärke Deutschlands, die dieses nicht zuletzt Amerika zu verdanken hatte, bewußt geworden war. So wurde der Young-Plan von der Rechten angegriffen, noch bevor die Wirschaftskrise von 1929 einsetzte.[25] Als mit Hitler die extreme Rechte die Oberhand gewann, trat der in diesen Rechtskreisen schon immer latent gewesene Anti-Amerikanismus an die Stelle der früheren pro-amerikanischen Einstellung aller Regierungen der Weimarer Republik.[26] Hitlers Machtübernahme bedeutete den Bankrott der amerikanischen Stabilisierungspolitik in Deutschland. Amerikanische Beobachter hatten diesen Eindruck schon, als Franz von Papen, der seit seinen geheimen Aktivitäten im Ersten Weltkrieg in Amerika verrufen war, deutscher Kanzler geworden war.[27]

6

Was war fehlgelaufen? Warum hatte sich diese besondere Beziehung, die bestimmt war durch einen nie dagewesenen amerikanischen und westeuropäischen Einfluß auf Deutschland, lediglich als Episode erwiesen? Ist es möglich, daß der Fehler – zumindest teilweise – in der amerikanischen Stabilisierungspolitik der zwanziger Jahre selbst zu suchen ist? Dies ist die letzte hier zu beantwortende Frage. Die bisherigen Ausführungen legen den Schluß nahe, daß nicht die Kozeption der amerikanischen Stabilisierungs- und Appeasementpolitik an sich fehlerhaft war, sondern deren Ausführung. Die Absicht, das neue Deutschland in die Nachkriegswelt zu integrieren, war vernünftig. Die Fehler wurden bei der Auswahl der Mittel gemacht. Dies galt sowohl für den wirtschaftlichen als auch für den politischen Bereich.

Wirtschaftlich gesehen hatte Amerikas Stabilisierungspolitik zwei Seiten: Seit dem Ende der Ruhrkrise war Amerika bemüht, die Last der deutschen Reparationsverpflichtungen zu erleichtern; aber die Amerikaner waren nicht bereit zuzugeben, daß die Fähigkeit der Alliierten, ihre Kriegsschulden an Amerika zurückzuzahlen, in gewissem Grade von den deutschen Reparationszahlungen abhing. Bis 1931, als es zu spät war, lehnten alle amerikanischen Regierungen (bei Wilson angefangen) ab, eine finanzielle Gesamtregelung zu treffen, die gleichzeitig sowohl die deutschen Reparationen als auch die alliierten Schulden bei den USA umfaßt hätte. Nur eine solche Übereinkunft hätte das Reparationsproblem rechtzeitig gelöst und dadurch die wirtschaftliche Lage Deutschlands gefestigt.[28] Amerika war aber aus verständlichen Gründen nicht bereit, seine im Krieg erworbene günstige finanzielle Position aufzugeben. Dies bildete die entscheidende Überlegung, die hinter der amerikanischen Wirtschaftspolitik der zwanziger Jahre stand.

Die oft zitierte ‚Offene Tür' als Leitmotiv amerikanischer Außenpolitik spielte nur eine sekundäre Rolle, die freilich auch Deutschlands Lage in Europa betraf. Wie oben dargelegt wurde, erhob Amerika im Namen des Prinzips der ‚Offenen Tür' in Europa bei mehreren Anlässen (z.B. nach den Thoiry-Verhandlungen von 1926) Einspruch gegen Versuche, französische und deutsche Industriezweige zusammenzulegen, und bestand stattdessen auf dem Prinzip der Zweiseitigkeit der Handelsbeziehungen der USA zu den jeweiligen europäischen Staaten. Diese Haltung, die man in Berlin genau erkannte, widersprach dem amerikanischen Ziel, die deutsch-französischen Beziehungen zu verbessern.[29]

Der größte Irrtum der amerikanischen Diplomatie in den zwanziger Jahren war jedoch ihre illusionäre Hoffnung, mit wirtschaftlichen Mitteln alle politischen Probleme in Europa lösen zu können. Überhaupt dachten die amerikanischen Politiker, daß im Grunde alle politischen Meinungsverschiedenheiten auf die ihnen vermeintlich zugrundliegende wirtschaftliche Dimension reduziert werden könnten. Dies war das eigentliche Ziel des amerikanischen Eingreifens in den Reparationskonflikt in den Jahre 1923 und 1928/29. Man glaubte, daß das Reparationsproblem ‚entpolitisiert' werden könnte. Die amerikanischen Zeitgenossen übersahen, daß diese ‚Nicht-Politik' sehr deutliche politische Konsequenzen nach sich zog, insofern als sie die Mittel vernichtete, mit denen Frankreich dem Versailler Vertrag Geltung verschaffen konnte.[30]

Deutschland war sich dieser Tatsache selbstverständlich bewußt. Amerikas Unterstützung für die deutschen außenpolitischen Ziele und die Erfolge dieser Hilfe führten dazu, daß weite Kreise Deutschlands die diplomatische Stärke ihres Landes überschätzten – eine Tendenz, die Wasser auf den Mühlen der Rechten war und eine zurückhaltende Außenpolitik innenpolitisch erschwerte. Selbst das Auswärtige Amt war der Ansicht, daß Deutschland immer auf die amerikanische Untertützung gegen Frankreich zählen könne, solange es für eine *friedliche* Revision des Versailler Vertrags kämpfte.

Die zeitgenössische amerikanische Diplomatie erkannte nicht die politisch-psychologischen Konsequenzen ihrer wirtschaftlich ausgerichteten Außenpolitik und sah ebenfalls nicht, daß der großzügige Wiederaufbau Deutschlands das Gleichgewicht der Kräfte in Europa zuungunsten Frankreichs verändern mußte. Die Konzessionen, die man den Deutschen in bezug auf die Reparationen einräumte, waren nie – nicht einmal indirekt – verbunden mit amerikanischen Garantien für die Sicherheit Frankreichs. Die amerikanische Diplomatie war blind gegenüber den militärischen Konsequenzen ihrer Europapolitik. Ihr Grundsatz blieb es, daß Amerika nie wieder militärische Verpflichtungen in Europa eingehen sollte. In dieser Hinsicht unterschied sich die republikanische Außenpolitik wesentlich von der Wilsons. Indem Amerika Deutschland half, seine Wirtschaft zu stabilisieren, steigerte es natürlich dessen militärische Möglichkeiten; und dennoch war es nicht bereit, diese Auswirkung seiner Politik dadurch auszugleichen, daß es Frankreich half, dessen eigene Sicherheit zu stärken. Diese amerikanische Haltung machte es Frankreich seinerseits schwerer, einer Revision des Versailler Vertrags zuzustimmen, wie sie die Amerikaner im Einklang mit den Deutschen forderten.[31]

Von den vielfältigen Motiven der amerikanischen Europa- und Deutschlandpolitik wurden hier einige genannt. Nicht zu vergessen ist, daß diese Außenpolitik völlig dem Standpunkt des amerikanischen Kongresses entsprach. Es handelte sich, kurz gesagt, um eine Politik, die mit einem Minimum an Aufwand ein Maximum an Wirkung erzielen sollte. Zu spät stellten die Amerikaner fest, daß diese Politik auf einer für sie kostspieligen Fehrkalkulation basierte.

Anmerkungen

1 Hans W. Gatzke, Germany and the United States. A „Special Relationship?" Cambridge, MA: Harvard University Press, 1980, S. 1.
2 Klaus Schwabe, Äußere und innere Bedingungen der deutschen Novemberrevolution, in: Die Deutschen und die Revolution, Hg. Michael Salewski, Göttingen: Musterschmidt, 1985, S. 320–345.
3 Klaus Schwabe, Deutsche Revolution und Wilson-Frieden, Düsseldorf: Droste, 1971, S. 110–118, 144–175, 191–193. Ich stimme in diesem Punkt nicht überein mit H. Gatzke, S. 73.
4 Arthur S. Link, Woodrow Wilson. Revolution, War and Peace. Arlington Heights: AHM Publishing Corp. 1979, S. 99–103; Schwabe, Deutsche Revolution, S. 581–583.
5 Hughes, Memorandum vom 23. 2. 1923. In: U.S. Department of State, Papers Relating to the Foreign Relations of the United States 1923, Bd. 2. Washington: Government Printing Office, 1938, S. 56; Werner Link, Die Vereinigten Staaten und der Ruhr-Konflikt, in: Die Ruhrkrise 1923, Hg. v. Klaus Schwabe, Paderborn: Schöningh, 1985, S. 39–51.
6 Stephen A. Schuker, The End of French Predominance in Europe. The Financial Crisis of 1924 and the Adoption of the Dawes Plan, Chapel Hill: University of North Carolina Press, 1976; Werner Link, Die amerikanische Stabilisierungspolitik in Deutschland 1921–32, Düsseldorf: Droste, 1970, S. 241–292; Marc Trachtenberg, Reparation in World Politics. France and European Economic Diplomacy, 1916–1923, New York: Columbia University Press, 1980, S. 291–335. Die neue Studie von Manfred Jonas war dem Vf. bei Abfassung des Manuskriptes noch nicht zugänglich.
7 Melvyn P. Leffler, The Elusive Quest. America's Pursuit of European Stability and French Security, 1919–1933, Chapel Hill: University of North Carolina Press, 1979.
8 Ebd., S. 116; Werner Link, Die Beziehungen zwischen der Weimarer Republik und den USA, in: Manfred Knapp u.a., Die USA und Deutschland 1918–1975, München: Beck, 1978, S. 98–102.
9 Link, Beziehungen, S. 72.
10 Ebd., S. 100.
11 Leffler, Quest, S. 251; Link, Beziehungen, S. 102.
12 Leffler, S. 234.
13 Ebd., S. 85.
14 Link, Stabilisierungspolitik, S. 350–352.
15 Schwabe, Revolution, S. 54.
16 Link, Stabilisierungspolitik, S. 263–272; Leffler, Quest, S. 40–43, 79–81, 228–230.
17 Link, Stabilisierungspolitik, S. 517; Edward W. Bennett, German Rearmament and the West, 1932–1933, Princeton: Princeton University Press, 1979, S. 20–22; Michael Geyer, Aufrüstung oder Sicherheit. Die Reichswehr in der Krise der Machtpolitik 1924–1936, Wiesbaden: Steiner, 1980, S. 160–164. Für die frühe Phase vgl. Lloyd E. Ambrosius, Secret German-American Negotiations during the Paris Peace Conference, in: Amerikastudien/American Studies 24. 1979, S. 288–309; Klaus Schwabe, Revolution, S. 280–289, 358–368, 394–401.
18 Vgl. Hagen Schulze, Die Deutschen und ihre Nation. Weimar. Deutschland 1917–1933, Berlin: Severin und Siedler, 1982, S. 191.
19 Link, Beziehungen, S. 65–74.
20 Michael-Olaf Maxelon, Stresemann und Frankreich, 1914–1929. Deutsche Politik der Ost-West-Balance, Düsseldorf: Droste, 1972, S. 92.
21 Ebd., S. 287.
22 Link, Beziehungen S. 65, 79, 104.
23 Ebd., S. 79.
24 Ebd., S. 80.
25 Schulze, Die Deutschen, S. 310–312.
26 Klaus Schwabe, Anti-Americanism within the German Right 1917–1933, in: Amerikastudien/American Studies 21. 1976, S. 89–108.
27 Link, Stabilisierungspolitik, S. 529–534.

28 Denise Artaud, La question des dettes interalliées et la reconstruction de l'Europe 1917−1929, 2 Bde., Paris: Champion, 1978.
29 Leffler, Quest, S. 151−154.
30 Ebd., S. 364−366.
31 Link, Stabilisierungspolitik, S. 509−511.

26. Franklin D. Roosevelt und die nationalsozialistische Bedrohung der USA

Detlef Junker

Die Vereinigten Staaten von Amerika genossen als einzige Großmacht der Erde das Privileg, einige Jahre darüber diskutieren zu können, ob die vitalen Interessen des Landes durch Hitler, die Achsenmächte und Japan bedroht waren oder nicht. Dieses Privileg hatte seinen Grund in der strategisch ungefährdeten Lage des Landes in der westlichen Hemisphäre. Atlantik und Pazifik garantierten eine offene Entscheidungslage und die Diskussion von Alternativen, die nicht *allein* vom Willen der Aggressornationen diktiert wurden. Ein vergleichender Blick auf Frankreich, England, die Sowjetunion und China macht die Einzigartigkeit der amerikanischen Situation klar.

Wer als Historiker nach den Umständen und Ursachen für den amerikanischen Kriegseintritt fragt,[1] ist deshalb gut beraten, wenn er den innenpolitischen Kampf zwischen den Isolationisten einerseits, Präsident Franklin D. Roosevelt und den Internationalisten andererseits rekonstruiert. Denn der Grund für den amerikanischen Kriegseintritt lag nicht in der Herausforderung durch das nationalsozialistische Deutschland, das faschistische Italien und das imperiale Japan *als solcher*, sondern in der Weise, wie die Internationalisten – Roosevelt an der Spitze – diese Gefahr interpretierten. Dieser innenpolitische Konflikt nimmt deshalb nicht zufällig in allen Darstellungen über die Vorgeschichte des Kriegseintritts der USA eine zentrale Stellung ein.[2]

Bei der Rekonstruktion dieser Entscheidungslage sollte sich der Historiker allerdings daran erinnern, daß er wegen seiner Fähigkeit geehrt wird, hinterher allemal klüger zu sein, und nicht wegen seiner Fähigkeit als Moralist und Prophet. Ich stimme mit Lord Acton überein: „Die Moral der Historiker konstituiert sich aus den Dingen, die die Wahrhaftigkeit berühren."[3]

Ein so geehrter Historiker muß vollen Nutzen aus der Tatsache ziehen, daß er – eine vorzügliche Quellenlage wie in diesem Fall vorausgesetzt – grundsätzlich mehr über eine Zeit weiß als die Zeitgenossen selbst. Er kennt Handlungs- und Wirkungszusammenhänge, die jenen noch unbekannt waren. Er kennt die langfristigen Konsequenzen politischer Entscheidungen und kann die Absichten der Handelnden mit den Folgen vergleichen. Er hat deshalb nicht nur die Möglichkeit, sondern auch die Pflicht, die Faktizität von Aussagen und Anklagen einer heißen politischen Debatte im kalten Licht des Forschungsstandes zu prüfen.

Erst so gewonnene Aussagen des Historikers verdienen, ‚historische Urteile' genannt zu werden. Solche Urteile sollen weder einfach die Positionen der

Zeitgenossen reproduzieren, noch sollte sich der Historiker darin gefallen, als Richter oder rückwärts gewandter Prophet Partei zu ergreifen.

Genau das ist in der Geschichtsschreibung über den amerikanischen Kriegseintritt leider oft genug geschehen. Man findet ‚Revisionisten', die die Position der zeitgenössischen Isolationisten und Gegner Roosevelts anklagend übernehmen, und man findet ‚Traditionalisten', deren Aussagen auf nicht viel mehr als auf eine Rechtfertigung und Wiederholung der internationalistischen Weltsicht Roosevelts hinauslaufen.

Ich beginne mit einer historischen Beurteilung – nicht der moralisch-politischen Bewertung – derjenigen isolationistischen Aussagen und Vorwürfe gegen Roosevelt und die Internationalisten, die ich nach dem heutigen Stand unseres Wissens für *richtig* halte.

Erstens: Die zeitgenössische Behauptung der Isolationisten, Roosevelt habe das amerikanische Volk in der Frage von Krieg und Frieden taktisch behandelt und wesentliche Teile der Wahrheit verschwiegen, ist richtig. Roosevelt hat es bis Pearl Harbor vermieden, das amerikanische Volk *offen* mit der Alternative zu konfrontieren, die seit 1939 das einzige außenpolitische Thema Amerikas war: die Frage, ob die USA in die Kriege Europas und Asiens eintreten sollten oder nicht. Im Gegenteil, die schrittweise Aufgabe einer neutralen Position, die Hilfe der USA für die von den Aggressoren bedrohten Staaten bis kurz vor einem Kriegseintritt (short of war) und den Aufbau einer globalen Vorwärtsverteidigung hat Roosevelt mit dem Argument verkauft, daß diese Schritte einen amerikanischen Kriegseintritt *unnötig* machen würden. Er tat das, obwohl er wußte, daß die Hilfe der USA, die vor einem Kriegseintritt haltmachte, bestenfalls den Untergang Englands und Chinas verhindern, aber nie einen Sieg über Deutschland, Italien und Japan erzwingen konnte; und obwohl Roosevelt nichts so sehr fürchtete wie die wahrscheinlichen Konsequenzen einer solchen Politik, nämlich einen Verhandlungsfrieden, der die Eroberung des europäischen Kontinents durch das nationalsozialistische Deutschland sanktionieren und zu einem ‚Super-München' führen mußte. Die amerikanische Nation wurde mit Versprechungen über einen Nicht-Kriegseintritt in den Krieg geführt.

Zweitens: Diese Strategie erzeugte in der Tat, wie die Isolationisten behaupteten, falsche Hoffnungen. Sie zwang Roosevelt immer wieder zu irreführenden, manchmal absurden Aussagen und zum Gebrauch falscher Etiketten. Um nur drei Beispiele zu nennen: Am 31. Januar 1939 erklärte er den Mitgliedern des Senatsausschusses für Militärfragen in einer geschlossenen Sitzung im Weißen Haus, er habe vor drei Jahren ziemlich definitive Informationen darüber erhalten, daß Deutschland, Italien und Japan dabei seien, eine Politik der Welteroberung vorzubereiten. Dieser Herausforderung könne man auf zweierlei Weise begegnen. Eine sei die Hoffnung, daß irgendjemand Hitler umbringe oder Deutschland von innen zerbreche. Der zweite Weg sei der Versuch, die Welteroberung zu verhindern – mit friedlichen Mitteln.

Oder: Nach dem Ausbruch des Krieges in Europa weigerte sich Roosevelt, öffentlich zu erklären, daß hinter der Aufhebung des Waffenembargos im Neutralitätsgesetz die Absicht stand, den westlichen Demokratien zu helfen.

Oder: Sowohl der Begriff ‚Pacht- und Leihgesetz' als auch Roosevelts berühmte Analogie vom Gartenschlauch, den man dem Nachbarn ausleihe, wenn sein Haus in Flammen stehe, verdeckten die wirkliche Bedeutung des Gesetzes. Es war in der Tat, wie die Isolationisten immer wieder erklärten, ein Meilenstein auf dem Weg Amerikas in den Krieg. Die ironische Kritik der Isolationisten an der irreführenden Bezeichnung des Gesetzes traf den Nagel auf den Kopf: „Das Verleihen von Kriegsmaterial ist wie das Verleihen eines Kaugummis. Man will denselben Kaugummi mit Sicherheit nicht zurückhaben."[4]

Drittens: Der Vorwurf der Isolationisten gegen den Präsidenten, dieser versuche, sie als illoyale Amerikaner zu verunglimpfen, war richtig. Roosevelt behandelte prominente Isolationisten nicht als loyale Amerikaner, deren legitimes Recht es war, eine grundsätzlich andere Auffassung von der Reichweite des vitalen außenpolitischen Interesses und der Stellung der USA in der Welt zu haben. Der Präsident und andere Mitglieder seiner Regierung versuchten vielmehr, diese in die Nähe von Antidemokraten, Nazi-Sympathisanten, Nazi-Agenten, ja von Verrätern zu rücken. Roosevelt war nach eigener Aussage absolut überzeugt, daß sein einflußreichster Gegner, Charles A. Lindbergh, ein Nazi war. Er verweigerte dem weltberühmten Flieger nach Pearl Harbor den offiziellen Eintritt in den Militärdienst der USA.

Roosevelt scheute sich nicht, J. Edgar Hoovers FBI, das Justizministerium und andere Regierungsbehörden im Kampf gegen die Isolationisten einzusetzen – allerdings mit wenig Erfolg. Keinem prominenten Isolationisten konnten staatsfeindliche und illoyale Handlungen nachgewiesen werden.

Mit Wissen Roosevelts wurden Telefone von Isolationisten angezapft. 1941 stellte sich die Situation für prominente Isolationisten so dar: „Führende Isolationisten fürchteten um ihr Leben. Viele erlitten das Ende ihrer Karriere. Ihr Ansehen wurde unwiderruflich zerstört, weil sie beschlossen hatten, alles in ihrem Kampf gegen die Außenpolitik des Präsidenten zu riskieren."[5]

Viertens: Das zentrale Argument der Isolationisten, daß die Sicherheit der *kontinentalen USA nicht* durch eine Nazi-Invasion gefährdet sei, war richtig. Zu keinem Zeitpunkt vor Pearl Harbor – man darf als Historiker ergänzen: vor der Erfindung der Interkontinentalrakete – waren die kontinentalen USA im militärischen Sinne bedroht. Roosevelt dagegen hatte seit der Quarantänerede im Oktober 1937 vor der Illusion gewarnt, daß die USA und die westliche Hemisphäre *nicht* angegriffen würden. Seine öffentlichen Äußerungen in den Jahren 1940/41, auch die anderer Kabinettsmitglieder wie Cordell Hull, Frank Knox und Henry L. Stimson waren übersät mit Warnungen vor der Gefahr eines nationalsozialistischen Angriffs auf die USA. Ein typisches Beispiel war Roosevelts Feststellung bei der Begründung des unbegrenzten nationalen Notstandes am 27. März 1941:

„Die erste und fundamentale Tatsache ist, daß das, was als europäischer Krieg begann, sich in einen Weltkrieg zur Welteroberung entwickelt hat, wie es die Nazis immer wollten. Adolf Hitler hat die Herrschaft über Europa nie als einen Endzweck betrachtet. Die europäische Eroberung war nur ein Schritt zu den letzten Zielen in allen anderen Kontinenten. Für uns alle ist unverkennbar deutlich, daß die westliche Hemisphäre in der Reichweite der nationalsozialistischen Zerstörungswaffen liegen wird, falls der Vormarsch des Hitlerismus jetzt nicht gewaltsam gestoppt wird."[6]

Zu einem völlig anderen Ergebnis kam dagegen am 24. April 1940 ein Bericht des Senatsausschusses für Flottenfragen, dem die besten und prominentesten Flotten- und Militärexperten der USA angehört hatten. Ich habe bisher kein Argument gefunden, das geeignet wäre, die Schlußfolgerungen dieses Berichtes zu widerlegen:

„Vom militärischen Standpunkt aus müssen die Vereinigten Staaten als eine Inselnation betrachtet werden. Wir sind im Osten und im Westen durch breite und tiefe Ozeane von möglichen Feinden getrennt. Jenseits unserer nördlichen und südlichen Grenzen gibt es Nationen, die uns bisher freundlich gesonnen waren. Über diese Landesgrenzen könnten keine Armeen eindringen, die stark genug wären, unsere Sicherheit zu gefährden.
Unsere Situation ist mit der gegenwärtigen Lage der Briten nicht vergleichbar. Bevor es eine Luftwaffe gab, waren die Britischen Inseln ein isoliertes Gebiet. Diese insulare Position ist im militärischen Sinne gefährdet, weil die Inseln das Ziel Schaden anrichtender Angriffe durch eine Luftwaffe ist, die auf dem Kontinent stationiert ist.
Die Armeen Europas und Asiens bedrohen uns nicht. Um eine Bedrohung zu sein, müßten sie in Schiffen über See transportiert werden. Flugzeuge mit Basen auf dem europäischen und asiatischen Kontinent bedrohen uns nicht. Um unsere kontinentale Sicherheit ernsthaft zu gefährden, müßten sie in Schiffen herübergebracht werden und von Basen in oder in der Nähe der westlichen Hemisphäre operieren. Die Streitkräfte keiner auswärtigen Macht oder Gruppe von auswärtigen Mächten können unsere kontinentale Sicherheit ernsthaft gefährden, wenn wir sicherstellen, daß wir die Meere beherrschen, die uns von allen potentiellen Feinden trennen . . .
Gegenwärtig sind die Vereinigten Staaten die einzige Großmacht der Welt, die sich in dieser günstigen Lage befindet. Wir sind die einzige Nation außerhalb der Reichweite eines direkten Angriffs, mit welchen Mitteln er auch immer erfolgen sollte . . ."[7]

Soweit vier zentrale Aussagen der Isolationisten, die nach meiner Beurteilung des heutigen Wissensstandes richtig sind. Auf der anderen Seite schätzten die Isolationisten die Motive Roosevelts und damit die Ursachen seiner Politik falsch ein. Roosevelt wollte sich weder, wie von den Isolationisten immer wieder behauptet, zum Diktator von Amerika machen, noch war er ein Kriegstreiber, der die USA aus purer Aggressionslust in die Kriege Europas und Asiens verwickeln wollte. Die polemische Kennzeichnung des Pacht- und Leihgesetzes durch den isolationistischen Senator Burton K. Wheeler aus Montana als ein Gesetz, das jeden vierten amerikanischen Jungen unter die Erde bringen werde, hat Roosevelt tief getroffen und zu Recht empört.

Sowohl Roosevelts Versuche, seine innenpolitischen Gegner mit dem Makel der Illoyalität zu versehen, als auch die Verzeichnung der Motive Roosevelts durch die Isolationisten verdunkelten für einen großen Teil des amerikanischen Volkes den wahren Gegenstand der Debatte. Der Kern des innenpolitischen Kampfes war nicht das moralische und demokratische Problem, ob Roosevelt das amerikanische Volk belog oder nicht, sondern der nicht überbrückbare Gegensatz zwischen beiden Lagern über die zukünftige Stellung der USA in der

Welt. Zwischen 1937 und 1941 wurde die vierte große innenpolitische Debatte über die außenpolitische Frage geführt, ob die USA eine Weltmacht im wörtlichen Sinn sein sollten oder sich mit der Rolle einer regionalen Großmacht in der westlichen Hemisphäre bescheiden sollten – die vierte Debatte nach 1898, 1914 bis 1917 und 1920. In dieser Debatte nahm die Einschätzung der nationalsozialistischen – weniger: der japanischen – Gefahr einen zentralen Platz ein. Der Konflikt drehte sich um das Bedrohungspotential Hitlers und des nationalsozialistischen Deutschlands für die Vereinigten Staaten. Deshalb sei im folgenden versucht, die Positionen und Argumente beider Lager gegenüber dieser Bedrohung in idealtypischer Verknappung vorzustellen, zunächst der Isolationisten.

Die Isolationisten hatten sich eine sehr effektive Organisation, das ‚America First Committee' geschaffen. Ihr prominentestes Mitglied war der berühmte Flieger, Atlantik-Überquerer und Volksheld Charles Lindbergh, bis 1941 der populärste innenpolitische Gegner Roosevelts. Die vier Prinzipien des Ausschusses, die in millionenfacher Auflage verbreitet und über das Radio propagiert wurden, beschränkten das vitale, d.h. notfalls mit Waffengewalt zu verteidigende nationale Interesse der USA auf die westliche Hemisphäre, den östlichen Pazifik und den westlichen Atlantik, im geographischen Sinne auf knapp die Hälfte des Erdballs. Diese vier Prinzipien hatten folgenden Wortlaut:

„1. Die Vereinigten Staaten müssen ein uneinnehmbares Verteidigungssystem für Amerika aufbauen.
2. Keine auswärtige Macht, auch keine Gruppe von auswärtigen Mächten, kann ein aufgerüstetes Amerika erfolgreich angreifen.
3. Die Demokratie in Amerika kann nur bewahrt werden, wenn wir uns aus dem europäischen Konflikt heraushalten.
4. Hilfe bis an den Rand des Kriegseintrittes schwächt die nationale Verteidigung hier bei uns und droht, Amerika in Übersee in den Krieg hereinzuziehen."[8]

Als Konsequenz einer solchen Definition des nationalen Interesses ihres Landes traten die Isolationisten entschieden dafür ein, die USA aus den Kriegen Europas (und Asiens) herauszuhalten. Solange die USA selbst nicht angegriffen würden, war nach Ansicht der Isolationisten ein Kriegseintritt der USA nicht zu rechtfertigen – was auch immer in Europa und Asien geschehe. Die Übel, die für die USA daraus erwachsen würden, seien größer als die Konsequenzen eines Sieges der Achsenmächte.

Der Erste Weltkrieg und seine Folgen waren für viele Isolationisten ein schlagendes Beispiel für die völlige Nutzlosigkeit, das Geschehen im alten, moralisch verrotteten und immer wieder von Kriegen erschütterten Europa mitbestimmen zu wollen. Hatte die Entwicklung seit 1919 nicht überzeugend bewiesen, wie richtig die traditionelle ‚splendid isolation' der USA im 19. Jahrhundert gewesen war? Hatte nicht der Untersuchungsausschuß unter Vorsitz des Senators Gerald P. Nye 1934/35 vor aller Öffentlichkeit demonstriert, daß die amerikanische Nation von den internationalen Bankiers und der Rüstungsindustrie, den ‚Kaufleuten des Todes', in den Ersten Weltkrieg hineingezogen worden war? Anstatt noch einmal die Rolle des Weltpolizisten zu spielen, anstatt noch einmal für das Britische Empire die Kastanien aus dem Feuer zu holen, sollten sich die USA weiter an die kluge Abschiedsbotschaft ihres ersten Präsidenten George Washington erinnern, in der er der Nation geraten hatte, sich aus Europas Kriegen herauszuhalten.

Die Sicherheit der USA sei, so die Isolationisten, durch Hitler und das nationalsozialistische Deutschland nicht gefährdet, ein in defensiver Absicht bis an die Zähne bewaffnetes Amerika uneinnehmbar. Durch die Reden des Präsidenten und durch die Sprecher der Regierung werde eine hysterische Furcht vor einer Invasion der Nazis geschürt. Das erklärte zum Beispiel Philip F. LaFollete, ein früherer Gouverneur der isolationistischen Hochburg Wisconsin, am 3. Februar 1941 vor dem außenpolitischen Ausschuß des Senats. Immer wieder werde der amerikanischen Öffentlichkeit erzählt, daß Invasion und Zerstörung unmittelbar bevorstünden, falls Großbritannien falle. Den Amerikanern wolle man weismachen, daß 80 Millionen Deutsche nach zwei oder drei Jahren außerordentlich kostspieliger Kriegsführung stark genug sein würden, das Risiko einzugehen, doppelt so viele rachedurstige und Aufstände planende Engländer, Franzosen, Belgier, Holländer, Dänen, Schweden, Norweger, Polen, Tschechen und Griechen in ihrem Rücken zu lassen – von der großen und unberechenbaren russischen Militärmaschine ganz zu schweigen – und die Eroberung von Afrika zu beginnen; daß Deutschland dann, nach der Besetzung Afrikas, den südlichen Atlantik überqueren und die Millionen von Menschen im Süden der USA besiegen werde, und dann seine Panzer, Geschütze, Schiffe und Flugzeuge, Trockendocks, Rüstungsdepots, Nahrungsmittel und wenigstens eine Armee von einer Million Mann gegen das überraschte 130-Millionen-Volk der Amerikaner in Bewegung setzen werde. „Das sollen wir glauben –, daß Deutschland, das sechs Jahre sorgfältiger Vorbereitung benötigte, bevor es seine eigenen Grenzen überschritt, plötzlich über 3000 bis 6000 Meilen Wüste, Ozean, Dschungel und Berge hinweg losschlagen wird, um die mächtigste Industrienation der Welt anzugreifen?"[9] Aussagen wie diejenige des ehemaligen amerikanischen Botschafters in Frankreich, William C. Bullitt, Hitler werde nach einem Fall Englands in die Unabhängigkeitshalle von Philadelphia einmarschieren, seien nichts als Kriegstreiberei.

Auch ökonomisch könnten die USA, so argumentierten die Isolationisten, den Verlust der Märkte in Eurasien verkraften. Selbst nach einem Sieg in Europa könne Hitler keineswegs die Handelsbedingungen diktieren, Handel sei nie eine Einbahnstraße. Außerdem bringe eine Steigerung des Binnenhandels um fünf Prozent mehr Dollars ein als ein Anwachsen des Außenhandels um hundert Prozent.

Alles in allem: Für das Überleben der USA gebe es „no clear and present danger".

Die Internationalisten dagegen, an ihrer Spitze Präsident Franklin D. Roosevelt, reduzierten das nationale Interesse der USA nicht auf die westliche Hemisphäre, sondern bestimmten es im globalen Maßstab, und zwar wirtschaftlich, militärisch und ideell, ohne der isolationistischen Mehrheit bis Pearl Harbor zu sagen, daß ein Kriegseintritt der USA die notwendige Folge dieser

Bestimmung des nationalen Interesses sein mußte. In ihrem Bewußtsein war es für das zukünftige wirtschaftliche Wohlergehen der USA von entscheidender Bedeutung, daß die Weltmärkte offen blieben, die Weltwirtschaft nach liberalen Prinzipien funktionieren und das Entstehen von geschlossenen, auf Autarkie zielenden Wirtschaftsräumen in Europa und Asien verhindert würde; eine Entwicklung, die überdies noch die wirtschaftliche Position der USA in Lateinamerika untergraben würde.

Die zukünftige Sicherheit der USA könne nur gewährleistet bleiben, wenn durch eine Niederlage der Achsenmächte und Japans die Etablierung von bewaffneten und aggressiven Imperien in Europa und Asien verhindert würde; und das liberal-demokratische System der USA könne nur überleben, wenn die Welt außerhalb der westlichen Hemisphäre nicht von nazistisch-faschistischen Prinzipien regiert würde. Ein berühmtes Wort Lincolns wurde auf globale Maßstäbe übertragen: Die Welt könne nicht halb frei und halb versklavt sein.

Das nationale Interesse der USA wurde von den Internationalisten im Horizont dieser drei Unteilbarkeiten bestimmt, des unteilbaren Weltmarktes, der unteilbaren Sicherheit, des unteilbaren Rechts und der unteilbaren Freiheit. Dabei ist es wichtig zu erkennen, daß es angesichts der Herausforderung durch die Achsenmächte und Japan im Rahmen und im Zusammenhang einer *Vorwegnahme der Zukunft* artikuliert wurde. Die Antizipation der Konsequenzen eines möglichen Sieges dieser Mächte auf die ökonomische, die militärische und ideelle Position der USA war das entscheidende, reale Motiv für die Politik Roosevelts vor Eintritt der USA in den Zweiten Weltkrieg. Als der isolationistische Historiker Charles A. Beard Präsident Roosevelt und die Internationalisten 1941 während der dramatischen Anhörung zum Pacht- und Leihgesetz angriff und erklärte, ihr kindisches Sendungsbewußtsein sei nur dem der Bolschewisten gleichzusetzen, die ebenfalls das Evangelium des *einen Modells für die ganze Welt* verkündeten, hatte er, wenn man die Bewertung des Sachverhalts außer Betracht läßt, den Sachverhalt selbst richtig gekennzeichnet. Die Internationalisten waren in der Tat Globalisten.

Diese dreifache Vorwegnahme der Zukunft sei im folgenden noch ein wenig näher erläutert, zunächst die wirtschaftliche, dann die militärische und schließlich die ideelle. Schon seit ungefähr 1934, seit der Verkündung des neuen Außenhandelsprogrammes der USA, hatte sich ein handelspolitischer Gegensatz zwischen den USA und den Aggressornationen entwickelt, der durch die militärischen Erfolge dieser Mächte eine qualitativ neue, nämlich den Kriegseintritt der USA mitentscheidende Funktion gewann.

Mit jedem militärischen Erfolg rückte eine mögliche wirtschaftliche Zukunft näher, deren Verwirklichung in den Augen Roosevelts und der Internationalisten die Katastrophe für die amerikanische Wirtschaft schlechthin bedeutet hätte. Diese negative Vision begann sich ab München – mit Rücksicht auf die isolationistische Grundstimmung – zunächst in vertraulichen Memoranden, in Botschafterberichten und privater Korrespondenz, ab Sommer 1940 zunehmend auch in öffentlichen Reden, Anhörungen im Kongreß, programmatischen Erklärungen von Verbänden und internationalistisch gesonnenen Gruppen nie-

Fritz Kuhn, der selbsternannte ‚Führer' des Amerikadeutschen Volksbundes, als Redner bei der Eröffnung von Camp Nordland, New Jersey, 1938. Mit aggressiven Naziparolen voller Antisemitismus und paramilitärischem Gehabe in verschiedenen Camps machte sich der 1936 gegründete Bund in der amerikanischen Öffentlichkeit und bei der Regierung so unbeliebt, daß ihn selbst die Führer des Dritten Reiches fallenließen. Die Mitglieder rekrutierten sich weitgehend aus neu Eingewanderten (1919–1932 kamen 500 000 Deutsche nach den USA), weniger aus eingesessenen Deutschamerikanern. Die tatsächliche Mitgliederzahl lag unter 25 000. (UPI/Bettmann Newsphotos)

derzuschlagen. Ihre Grundstruktur sei mit wenigen Sätzen nachgezeichnet: Ein Sieg Hitlers und Italiens in Europa, Japans im Fernen Osten würde beide Regionen in ein System fast autarker Planwirtschaft zwingen. Die USA würden ihre Investitionen verlieren, das Handelsvolumen würde drastisch fallen und Außenhandel, wenn überhaupt, zu den Bedingungen der Achsenmächte stattfinden. Südamerika, der natürliche Lieferant Europas, würde zusehends unter den Einfluß von Hitlers Europa geraten. Durch das Schrumpfen der Import- und Exportindustrie der USA und der damit verbundenen sekundären Effekte auf die gesamte Volkswirtschaft würde das vom New Deal ungelöste Arbeitslosenproblem sich radikal zuspitzen und soziale Spannungen erzeugen, die im Rahmen des bestehenden Systems nicht gelöst werden könnten. Roosevelt selbst warnte seit 1937 unermüdlich *zugleich* vor den militärischen und den wirtschaftlichen

Roosevelt und die nationalsozialistische Bedrohung der USA 387

Demonstranten machen der ‚Siegesfeier' des Bundes in Union City, New Jersey, am 2. Oktober 1938 ein vorzeitiges Ende. Sie hinderten Bundesführer Fritz Kuhn daran, anläßlich der Annektierung des Sudetenlandes vor 400 Mitgliedern der German American Business League zu sprechen. Auf den Schildern die Aufschriften „Fritz Kuhn kämpft gegen Bill of Rights" und „Freiheit, nicht Konzentrationslager". Die Hitlerfigur wurde vor dem Gebäude der Business League, auf das die Menge Steine warf, verbrannt. Der Bund forderte solche Demonstrationen heraus. (UPI/Bettmann Newsphotos)

Konsequenzen eines deutschen Sieges in Europa. In einer ‚Kaminplauderei' am 29. Dezember 1940 erklärte er zum Beispiel dem amerikanischen Volk: „Wenn Großbritannien untergeht, werden die Achsenmächte die Kontinente von Europa, Asien, Afrika und Australien sowie die Weltmeere beherrschen und in der Lage sein, gewaltige militärische Hilfsmittel zu Wasser und zu Lande gegen uns aufzubringen. Es ist keine Übertreibung zu sagen, daß wir alle – in allen amerikanischen Staaten – unter einer vorgehaltenen Pistole leben müßten, einer Pistole, die mit explosiven wirtschaftlichen und militärischen Geschossen geladen wäre."[10] Roosevelt warnte vor dem Gedanken eines Verhandlungsfriedens mit Hitler. Ein solcher Frieden war für Roosevelt nur ein Waffenstillstand, der zu dem „gigantischsten Wettrüsten und den verheerendsten Handelskriegen"[11] der bisherigen Geschichte führen werde. Mit anderen Worten: Für die Internationalisten war der offene, ungeteilte Weltmarkt eine der Grundbedingungen für das Überleben des amerikanischen Systems. Diese Aussage ist nur eine andere Fassung einer berühmten Feststellung des Präsidenten Coolidge aus dem Jahre 1928: Die amerikanischen Investitionen und Handelsbeziehungen seien derart, daß es fast unmöglich sei, sich irgendeinen Konflikt irgendwo auf der Erde vorzustellen, der den Vereinigten Staaten nicht schaden würde.

Nun zum militärischen Aspekt. Zu Beginn der Präsidentschaft Roosevelts umfaßte die amerikanische Sicherheitszone die westliche Hemisphäre und den halben Pazifik, insgesamt ein Drittel des Erdballs. Seit der Konferenz von München und der fast zeitgleichen Verkündung einer ‚Neuen Ordnung' in Ostasien durch Japan schob Roosevelt die Grenzen der Sicherheit der USA immer weiter hinaus, bis sie spätestens mit dem Pacht- und Leihprogramm globale Dimensionen im wörtlichen Sinne angenommen hatten. Die Ausdehnung lag in der Überzeugung begründet, daß das letzte Ziel der Achsenmächte, besonders Hitlers, die Eroberung der Welt einschließlich der USA sei. Im April 1941 teilte die Mehrheit der Amerikaner diese Einschätzung Roosevelts. Laut Umfrage waren 70 Prozent der Bevölkerung der Meinung, daß Hitler die USA beherrschen wolle, und 53 Prozent der Ansicht, daß nach einem Fall Englands und der Ausschaltung der englischen Flotte Hitler tatsächlich fähig sei, eine Invasion der USA erfolgreich durchzuführen. Das Resultat dieser Einschätzung des Feindes war ein Sicherheitskonzept, das man als ‚globale Vorwärtsverteidigung' charakterisieren kann.

Schon kurz nach München begriff Roosevelt die Situation der USA in Analogie zur Bedrohung nach 1818 durch die Heilige Allianz. Nach einer Aufzeichnung von Finanzminister Henry Morgenthau sagte er am 14. November 1938 in einer Kabinettssitzung: „Der Präsident wies dann darauf hin, daß das Wiederaufleben der deutschen Macht in München unsere eigenen auswärtigen Beziehungen vollständig verändert hat; daß die Vereinigten Staaten sich zum ersten Male seit der Heiligen Allianz im Jahre 1818 der Möglichkeit eines Angriffs auf der atlantischen Seite gegenübersehen, im nördlichen und im südlichen Teil der Hemisphäre."[12]

Einer der Eckpfeiler in dieser Neuorientierung war eben eine neue Bestimmung der Grenzen der Sicherheit der USA: Eine Beschränkung auf die Verteidigung der westlichen Hemisphäre sei selbstmörderisch; ohne die Kontrolle der Weltmeere glichen diese Straßen – so ein oft gebrauchter Vergleich Roosevelts –, die die Achsenmächte jederzeit zum Angriff auf die USA nutzen könnten. Eine Kontrolle der Meere könne aber nicht von der US-Flotte allein geleistet werden, sie sei nur möglich, wenn Europa und Asien nicht von den Achsenmächten beherrscht würden und ihnen die Schiffsbaukapazitäten zweier Kontinente zur Verfügung stünden. Frankreich, England und China, seit Mitte 1941 auch die Sowjetunion, müßten unterstützt werden, weil sie stellvertretend die USA mitverteidigten. Auch im militärischen Sinne hätten die USA ein vitales Interesse an der Wiederherstellung des Gleichgewichts der Kräfte in Europa und Asien.

Deutschamerikaner beim Gartenfest in Philadelphia, 1940. Auch nach Beginn des Zweiten Weltkrieges fand die Biergeselligkeit, für die die Deutschen seit jeher berühmt waren, ihre Fortsetzung. Während die Japaner nach Beginn der Feindseligkeiten interniert wurden, ließ man die Deutschamerikaner, wenn auch nicht ohne Argwohn, weitgehend in Ruhe. (Historical Society of Pennsylvania)

Vereinskultur 1940. Deutschamerikanerinnen in modernisierter Tracht posieren mit Bierglas vor der alljährlich vom Cannstätter Volksfestverein Philadelphia errichteten Fruchtsäule. Sie ist noch heute die Attraktion des Vereinsfestes am Labor Day Anfang September. (Historical Society of Pennsylvania)

Die dritte globale Komponente in der Bestimmung des nationalen Interesses der USA vor Eintritt in den Zweiten Weltkrieg war die ideelle. In fast ermüdender Wiederholung haben die Internationalisten immer wieder erklärt: Das Recht der Völker auf freie Selbstbestimmung und die Pflicht der Staaten, sich in der internationalen Politik den Grundsätzen des Völkerrechts zu unterstellen, seien unteilbar.

Diese Prinzipien müßten für alle Staaten überall auf der Welt uneingeschränkt gelten. Gewalt und Aggression als Mittel zur Veränderung des Status quo seien illegitim. Die Regierung Roosevelt hatte sich die Stimson-Doktrin aus dem Jahre 1932 uneingeschränkt zu eigen gemacht, nach der die USA gewaltsame territoriale Veränderungen nicht anerkennen würden.

Im Selbstverständnis Roosevelts war die heraufziehende Auseinandersetzung mit den Achsenmächten nie nur ein Konflikt zwischen den ‚Habenden‘, den beati possidentes, und den ‚Habenichtsen‘. Er deutet ihn als einen epochalen Kampf um die zukünftige Gestalt der Welt zwischen Aggressoren und friedlichen Nationen, zwischen liberaler Demokratie und Faschismus, zwischen westlicher, christlich-humanistischer Zivilisation und Barbarei, zwischen Bürgern und Verbrechern, zwischen Gut und Böse. Roosevelt warnte: „Statt der Bibel werden die Worte von ‚Mein Kampf‘ gewaltsam als Heilige Schrift durchgesetzt werden. An die Stelle des christlichen Kreuzes werden zwei Symbole treten – das Hakenkreuz und das blanke Schwert. Der Gott von Blut und Eisen wird den Platz des Gottes der Liebe und Barmherzigkeit einnehmen."[13]

Worum es in diesem Weltkonflikt aus der Sicht Roosevelts ging, beschrieb der Präsident am 21. Januar 1941 in einem vertraulichen Brief an den amerikanischen Botschafter in Japan, Grew: „Ich glaube, die fundamentale Aufgabe ist, zu erkennen, daß die Kämpfe in Europa, in Afrika und in Asien alle Teile eines einzigen Weltkonfliktes sind. Wir müssen deshalb erkennen, daß unsere Interessen in Europa und in Asien bedroht werden. Wir sind der Aufgabe verpflichtet, unsere Lebensweise und unsere vitalen nationalen Interessen zu verteidigen, wo immer sie ernsthaft gefährdet sind. Unsere Strategie der Selbstverteidigung, die jede Front berücksichtigt und jede Gelegenheit nutzt, zu unserer totalen Sicherheit beizutragen, muß deshalb global sein."[14] Klarer als mit diesen Worten Roosevelts kann der Sachverhalt schwerlich beschrieben werden, daß die totale und globale Vorwärtsverteidigung der USA in den globalen Interessen des Landes selbst gründete.

*

Abschließend seien die Jahre von 1937 bis 1941 thesenartig in die Kontinuität der amerikanischen Außenpolitik und der deutsch-amerikanischen Beziehungen gestellt.

Erstens: In der Zwischenweltkriegszeit waren die USA in Europa und Asien ökonomisch anwesend, aber militärisch und bündnispolitisch abwesend. Durch die Herausforderung der Achsenmächte und Japans konnten die USA diese Politik nicht länger durchhalten. Sie wurden vor die Alternative gestellt, entweder das internationale System der Nachkriegszeit preiszugeben und sich auf die Festung Amerika zurückzuziehen, oder selbst in den Weltkrieg einzutreten, um sowohl die ‚Neuen Ordnungen' in Europa und Asien zu verhindern als auch – uno actu – die eigene Position als Weltmacht zu sichern.

Zweitens: Angesichts dieser Herausforderung verband sich im Denken Roosevelts der ideelle und wirtschaftliche Globalismus der Freiheit (Wilsons ‚liberal globalism') mit einem neuen, durch die Entwicklung der Waffentechnik und die angenommenen Weltherrschaftspläne Hitlers bedingten militärischen Globalismus. Die eigentümliche Dialektik amerikanischer Weltmachtpolitik, nämlich die globale Definition des eigenen nationalen Interesses in Verbindung mit dem behaupteten Weltherrschaftswillen des Feindes, trat nicht erst nach 1945, sondern schon von 1937 bis 1941 klar zutage.

Drittens: Von 1938 bis 1943/44 war das nationalsozialistische Deutschland Amerikas Weltproblem und Feind Nr. 1. Im negativen Sinn erreichten die deutsch-amerikanischen Beziehungen ihre äußerste Intensität.

Viertens: Seit der sich abzeichnenden Niederlage des Nationalsozialismus spielte Deutschland eine zusehends geringere Rolle in der Zukunftsplanung des Präsidenten und der amerikanischen Nation. Deutschland wurde in entscheidendem Maße eine abhängige Variable der amerikanischen Politik gegenüber der Sowjetunion: zunächst der Versuche Roosevelts, mit Stalin gemeinsam eine europäische Friedensordnung zu begründen, dann ab 1946/47 der globalen Eindämmungspolitik gegenüber der Sowjetunion und dem internationalen Kommunismus.

Fünftens: Die zum ersten Male durch Roosevelt in den Jahren 1937 bis 1941 formulierte Dialektik des amerikanischen Globalismus änderte sich nicht, nur wurden Hitler und der Nationalsozialismus durch Stalin und den Kommunismus als Weltfeind Nr. 1 abgelöst.

Anmerkungen

1 Die Vortragsform wurde für den Druck beibehalten. Die Thesen des zweiten Teiles fassen Ergebnisse meiner Habilitationsschrift zusammen: Detlef Junker, Der unteilbare Weltmarkt. Das ökonomische Interesse in der Außenpolitik der USA 1933–1941, Stuttgart: Klett, 1975. Vgl. ders., Franklin D. Roosevelt. Macht und Vision. Präsident in Krisenzeiten, Göttingen: Musterschmidt, 1979; ders., Nationalstaat und Weltmacht. Die globale Bestimmung des nationalen Interesses der USA durch die Internationalisten 1938–1941, in: Oswald Hauser (Hg.), Weltpolitik II, 1939–1945. 14 Vorträge, Göttingen: Musterschmidt, 1975, S. 17–36; ders., Franklin D. Roosevelt in deutscher Historiographie, in: Willi P. Adams / Knud Krakau (Hg.), Deutschland und Amerika. Perzeption und historische Realität, Berlin: Colloquium, 1985, S. 97–110.

2 Das gilt auch für die bisher einzige Monographie, die den gesamten Zeitraum der Rooseveltschen Außenpolitik umfaßt: Robert Dallek, Franklin D. Roosevelt and American Foreign Policy, 1932–1945, New York: Oxford University Press, 1979; und insbesondere für die grundlegende Arbeit von Wayne S. Cole, Roosevelt and the Isolationists, 1932–1945, Lincoln: University of Nebraska Press, 1983. Cole hat seine lebenslangen Forschungen zum Isolationismus der dreißiger Jahre in diesem Werk zusammengefaßt.

3 „The morality of historians consists of those things which affect veracity." Zitiert nach Geoffrey Barraclough, History, Moral and Politics, in: International Affairs 34. 1958, S. 15. Zu meiner Position im Werturteilsstreit vgl. Detlef Junker, Über die Legitimität von Werturteilen in den Sozialwissenschaften und der Geschichtswissenschaft, in: Historische Zeitschrift Bd. 211. 1970, S. 1–33.
4 Congressional Record, 77th Congress, 1st Sess., Bd. 87, S. 1277. (Aussage von Senator Robert A. Taft am 22. 2. 1941)
5 Cole, S. 457f.
6 The Public Papers and Addresses of Franklin D. Roosevelt, 13 Bde., Hg. Samuel I. Rosenman, Bd. 10, The Call to Battle Stations 1941, New York: Random House, 1950, S. 181.
7 U.S. Congress, Senate, 76th Cong., 3d Sess., Report 1615 (To Accompany H.R. 8026), S. 2, 3.
8 Cole, S. 381.
9 U.S. Congress, Senate, To Promote the Defense of the United States. Hearings before the Committee on Foreign Relations, Jan. 27 – Febr. 11, 1941, 77th Cong., 1st Sess., Report 45, S. 311.
10 Rosenman, Bd. 9, War – and Aid to Democracies 1940, New York: Random House, 1941, S. 365.
11 Ebd., S. 639.
12 Morgenthau Diary 150, S. 340. Roosevelt Library, Hyde Park, New York.
13 Rosenman, Bd. 10, S. 440.
14 Briefwechsel Grew-Roosevelt, in: Joseph C. Grew, Ten Years in Japan. A Contemporary Record drawn from the Diaries and Official Papers of Joseph C. Grew, New York: Simon and Schuster, 1944, S. 359–363.

27. Von der Konfrontation zur Kooperation
Deutschland und die Vereinigten Staaten 1933–1949

Gerhard L. Weinberg

Es geht mir in diesem Beitrag darum, einige Ideen zu den dramatischen Veränderungen in den deutsch-amerikanischen Beziehungen in jenen anderthalb Jahrzehnten darzulegen, als diese Beziehungen heftiger schwankten als zuvor oder seitdem. Das Erbe dieser Schwankungen lebt heute noch fort, und sie verdienen unsere allergrößte Aufmerksamkeit. Bei der Skizzierung der dramatischen Ereignisse werde ich zwei Ansätze kombinieren: die weitmaschige interpretierende Generalisierung und die Darlegung spezifischer Details, die von der jüngeren Forschung erarbeitet wurden. Da ein neues Überdenken der Vergangenheit einen ausgewogeneren Zugang zu Gegenwart und Zukunft ermöglichen kann, habe ich die Hoffnung, daß beide Ansätze – entweder Generalisierungen, mit denen Sie nicht einverstanden sind, oder Forschungsergebnisse, die Ihnen neu sind – dazu beitragen werden, Sie zu erneutem Nachdenken über das Verhältnis zwischen Deutschland und den Vereinigten Staaten anzuregen.

Nach einem besonders schlechten Start im Ersten Weltkrieg sowie bei und nach der Friedenskonferenz hatten sich die deutsch-amerikanischen Beziehungen in den 1920er Jahren stetig verbessert. Anfang der 1930er Jahre ließ sich mit Bestimmtheit sagen, daß es keine zwei anderen bedeutende Mächte gab, die weniger Schwierigkeiten miteinander hatten und besser zusammenarbeiteten als die Vereinigten Staaten und Deutschland. In den USA erzeugten die Reaktion gegen die Kriegsbeteiligung, Zweifel an der Friedensregelung, Hoffnungen auf den Erfolg des deutschen demokratischen Experiments, zunehmende Wirtschaftsverbindungen und in einigen Kreisen Interesse an den mit Weimar-Deutschland identifizierten kulturellen Experimenten eine generell prodeutsche Haltung zu den europäischen Angelegenheiten. In Deutschland ließen die Anerkennung vergangener amerikanischer Unterstützung für Revisionen der Friedensregelung, die Hoffnung auf weitere Hilfe dieser Art und ein im Vergleich zu den Beziehungen Deutschlands mit den meisten anderen Staaten geringes Maß an Reibungen die Vereinigten Staaten als einen wohlmeinenden, wenn auch fernen Freund in der Weltpolitik erscheinen. Das sollte sich nach Hitlers Machtergreifung ganz ungemein rasch ändern.[1]

Die Wirtschaftskrise in den Vereinigten Staaten hielt die meisten Amerikaner davon ab, sich über die letzten Jahre der Weimarer Republik im einzelnen zu informieren; dies trug zu dem Schock bei, den die von der Presse ausführlich dargestellten ungewöhnlichen Ereignisse um die Errichtung des neuen Regimes in Deutschland auslösten. Die amerikanische Öffentlichkeit reagierte verblüfft und empört auf das Ende demokratischer Institutionen und Rechte in Deutschland, auf die Eingriffe in die Universitäten, die Bücherverbrennungen, die Angriffe auf die Kirchen und die Diskriminierung der Juden. Wenngleich die amerikanische Praxis, wie die meisten Leute wußten, amerikanischen Idealen häufig nicht entsprach, erweckte doch die öffentliche Verkündung von Idealen, die den amerikanischen diametral entgegengesetzt waren, in den Vereinigten Staaten Abscheu und Mißtrauen. Diese Reaktion wurde noch verschärft durch das Verhalten von Nazi-Organisationen in den Vereinigten Staaten, den Friends of the New Germany und dem German-American Volksbund, und dies erheblich mehr, als es der geringen zahlenmäßigen Stärke dieser Gruppen entsprach.[2] Der Effekt, den eine an fremden politischen Vorbildern orientierte Bewegung auf ein Einwandererland hat, läßt sich kaum übertrieben darstellen.

Sicherlich haben vielerlei Einwanderergruppen in den USA eine ethnische Identität bewahrt und gepflegt, doch dies war stets eine Verbindung zwischen der Erhaltung des eigenen kulturellen Erbes in einem neuen Land und einem nach wie vor bestehenden Interesse am Schicksal der früheren Heimat. Amerikaner polnischer, irischer, italienischer Herkunft haben niemals vorgeschlagen, man solle die politischen Institutionen ihres früheren Heimatlandes in die Vereinigten Staaten bringen und sie an die Stelle derer setzen, die in den Gründungsjahren der Republik geschaffen wurden. Auch die überwältigende Mehrheit der Deutschamerikaner verhielt sich entsprechend diesem fest etablierten, so gut wie allgemeingültigen Muster. Ich glaube, man sollte die dem Anschein nach übertriebene Bestürzung des amerikanischen Publikums über das vom Nazi-Bund gebotene Spektakel einschätzen als eine verständliche Reaktion auf eine einzigartige Entwicklung, die intuitiv – und richtig – als etwas gänzlich Neues und Gefährliches begriffen wurde. Deshalb war, als man diese neue Bewegung mit einer Bezeichnung bedachte, die später noch alle möglichen anderen Konnotationen gewinnen sollte – ‚unamerikanisch' –, dieses Etikett durchaus in einer verschwommenen Weise zutreffend.[3]

Zwei weitere Aspekte des neuen Deutschland trugen zu dessen Entfremdung von den USA bei. Hinsichtlich beider bewegte sich die Politik Deutschlands und Amerikas in entgegengesetzten Richtungen. Während der Pazifismus in den 1930er Jahren in den Vereinigten Staaten für das 20. Jahrhundert seine größte Stärke erreichte, befand sich Deutschland inmitten eines riesigen Wiederaufrüstungsprogramms. Entgegen den in den zwanziger Jahren verbreiteten deutschen Propaganda-Fabeln von einer hochgerüsteten Welt hatten die USA ebenso wie die anderen Siegermächte des ersten Weltkriegs in großem Umfang abgerüstet und ihre Armee freiwillig etwa auf das Deutschland vorgeschriebene Niveau von 100 000 Mann reduziert. Es sollte Jahre dauern, bis die Vereinigten Staaten ihr Wiederaufrüstungsprogramm starteten – ich komme auf diesen Punkt später zurück –, doch mittlerweile machte die deutsche Aufrüstung – die noch heute zu den angeblichen Erfolgen des Dritten Reiches gezählt wird – einen fatalen Eindruck auf die amerikanische Öffentlichkeit. Die deutschen propagandistischen Prahlereien über die Aufrüstung verstärkten nur noch den Eindruck, daß jede Gefahr eines neuen Krieges in Europa in erster Linie von Deutschland ausgehe.

Eine zweite zur Entfremdung beitragende Streitfrage lag im Bereich der Wirtschaftspolitik. Die Männer, die aufgrund der Wahl von 1932 in Washington an die Macht gelangten, standen für eine Politik der Verringerung der Schutzzölle, und sie hatten jahrelang gegen die protektionistische Haltung ihrer Republikanischen Gegenspieler und deren Verbündeten in Handel, Industrie und Finanz gekämpft. Einer der Politiker, die es seit langem für äußerst wichtig gehalten hatten, den Welthandel von Barrieren zu befreien, um sowohl den Frieden zu bewahren als auch den Wohlstand zu fördern, bekleidete in der neuen Administration ein Amt, das einer solchen Position besonderes Gewicht verleihen sollte: Cordell Hull, Außenminister von 1933 bis Ende 1944. Hulls Rolle in den Jahren, als Präsident Roosevelt sich vor allem mit inneren Angelegenheiten befassen mußte, verlieh seiner Hingabe an die Sache der Befreiung des Welthandels für die amerikanische Politik größte Bedeutung zu einer Zeit, als die deutsche Handelspolitik sich in entgegengesetzter Richtung bewegte. Der deutsche Versuch im Jahre 1934, die USA in einen neuen Vertrag zu drängen, indem das Reich den deutsch-amerikanischen Freundschafts- und Handelsvertrag von 1923 kündigte, erwies sich als totaler Fehlschlag: ungeachtet der verzweifelten Lage während der Wirtschaftskrise vermochte das State Department, allen Anstrengungen zur Einführung neuer Handelsformen mit Deutschland, wie sie von Kräften innerhalb wie außerhalb der Administration unternommen wurden, zu widerstehen; das Deutschlandbild der amerikanischen Öffentlichkeit hatte sich zu drastisch gewandelt. Hjalmar Schacht hatte zu dieser Entwicklung einen eigenen Beitrag mittels seiner von Hitler freudig begrüßten Maßnahmen geleistet, durch die amerikanische Besitzer deutscher Anleihen betrogen wurden, um den deutschen Außenhandel zu subventionieren. Gewiß verdient der Mann, der aus einem Land von 125 Millionen Bewohnern zielsicher genau jene treffen konnte, deren Gelder Deutschland geholfen hatten, um sie gegen das Dritte Reich einzunehmen, seinen Ruf als Zauberer.

Auf die Verschlechterung der deutsch-amerikanischen Beziehungen reagierte die Reichsregierung kaum. Hitler hatte schon seit langem einen Krieg gegen die Vereinigten Staaten als einen notwendigen Teil der Zukunft Deutschlands betrachtet; wie wir heute wissen, veranlaßte er in den dreißiger Jahren erhebliche Vorbereitungen für einen solchen Krieg.[4] Die negative Reaktion der amerikanischen Öffentlichkeit auf die neuen Entwicklungen in Deutschland – Entwicklungen, auf die *er* ganz ungemein stolz war – zeigten ihm nur, was für Dummköpfe die Amerikaner waren. Seine Auffassungen zu Fragen der Rasse ließen ihm die Vereinigten Staaten als ein Land erscheinen, das zu ernsthaften Anstrengungen in der Weltpolitik unfähig war.[5] Und seine Überzeugung von der Wahrheit der Dolchstoßlegende, die in seiner Umgebung weitgehend geteilt wurde, hatte zur Folge, daß man der militärischen Rolle der Vereinigten Staaten im Ersten Weltkrieg nur sehr geringe Bedeutung beimaß – auch auf diesen Punkt werde ich zurückkommen. Der Einsatz der letzten deutschen Reserven im Zweiten Weltkrieg bei der Ardennen-Offensive läßt erkennen, daß Hitler bis zum Ende seiner Laufbahn in Amerika das Land der unbegrenzten Inkompetenz sah.

In Washington dagegen lösten die offenkundigen Gefahren, die von Deutschland ausgingen, zunehmende Beunruhigung aus, wenngleich die isolationistische Neigung der Bevölkerung dafür sorgte, daß auf der internationalen Bühne keine aktiven Schritte unternommen wurden. Präsident Roosevelt war unermüdlich im Sammeln von Informationen und Eindrücken, und die Materialien und Einzelheiten, die ihm vorgelegt wurden, deuteten in zunehmendem Maße auf einen neuen von Deutschland ausgelösten Krieg hin. Als diese Gefahr in den Jahren 1936–38 zu wachsen schien, erwog der Präsident eine Anzahl von ziemlich nebulösen Projekten, die dazu dienen sollten, der amerikanischen Öffentlichkeit die Probleme ins Bewußtsein zu rücken und die Gefahr durch neue Formen internationaler Verhandlungen abzuschwächen. Sie alle wurden verworfen, wodurch der eine Aspekt der internationalen Politik, der realisierbar erschien, um so größeres Gewicht erhielt: Die Bemühungen um eine Wiederbelebung des Welthandels durch multilaterale Handelskonzessionen und -übereinkünfte. In diesem Kontext sollte man meiner Auffassung nach das französisch-britisch-amerikanische Währungsabkommen vom 25. September 1936 und den Handelsvertrag mit England vom 17. November 1938 sehen. Generell sympathisierte Roosevelt mit den Versuchen der britischen und der französischen Regierung, das neue Deutschland durch Konzessionen in Europa und Afrika mit einer in ihren wesentlichen Zügen unveränderten Weltordnung zu versöhnen, aber er gab auch ihren auf die Möglichkeit eines neuen Krieges abgestellten Aufrüstungsprogrammen jede in seiner Macht stehende Unterstützung. Er hoffte 1939, den Krieg abzuwenden, indem er eine Änderung der amerikanischen Neutralitätsgesetze durchzusetzen versuchte und Stalin den Rat erteilte, sich an die Seite der westlichen Mächte zu stellen gegen die Gefahr, die Deutschland für alle bilden würde, wenn es im Westen gesiegt hätte. Doch der amerikanische Kongress ließ die Neutralitätsgesetze unverändert bestehen, während Stalin – wie er es selbst formulierte – vorzog, das alte Gleichgewicht in Europa *mit* Hitler zu zerstören, statt es *gegen* ihn aufrechtzuerhalten.[6]

Als Deutschland den Krieg im September 1939 begann, wollte die amerikanische Regierung neutral bleiben; sie hoffte, daß die Unterstützung der Alliierten es ermöglichen würde, die USA aus den Feindseligkeiten herauszuhalten. Die geringe Größe der amerikanischen Armee – im Mai 1940 besaß sie weniger als ein Drittel der Stärke der belgischen –, das beinahe Fehlen einer Luftwaffe und die Tatsache, daß die Kriegsmarine kleiner war als zwanzig Jahre zuvor, reflektierten und bestärkten gleichermaßen eine starke Neigung zur Aufrechterhaltung der Neutralität. Die deutschen Siege in Skandinavien und im Westen während des Frühjahrs 1940 verursachten eine Art politische Revolution in den Vereinigten Staaten, was von späteren Beobachtern und Wissenschaftlern allzu oft übersehen wird. Roosevelt beschloß, für eine dritte Amtszeit zu kandidieren, und er nahm Henry Stimson, Hulls Vorgänger als (Republikanischer) Außenminister, sowie Frank Knox, den letzten Republikanischen Vizepräsidentschaftskandidaten (angesichts der Weigerung des Republikanischen Präsidentschaftskandidaten Alfred Landon) in sein Kabinett auf; dies alles hatte es in der Geschichte der Vereinigten Staaten noch nie gegeben. Ein massives Aufrüstungsprogramm wurde gestartet; die dramatischsten Schritte dabei waren das Gesetz zur Schaffung einer Zwei-Ozeane-Kriegsmarine und das erste Wehrpflichtgesetz des Landes in Friedenszeiten. Als die äußeren Komponenten dieser Reaktion auf die deutschen Siege vom April, Mai und Juni 1940 können das direkte Bündnis mit Kanada im Abkommen von Ogdensburg sowie der – wenn auch vielleicht etwas widerwillige – Verkauf eines Teils der in Amerika gelagerten Rüstungsgüter aus dem Ersten Weltkrieg an Großbritannien gelten.

Wie sah Roosevelt die deutsch-amerikanischen Beziehungen in dieser völlig umgeworfenen Welt? Es hat endlose Kontroversen über diese Frage gegeben, und ich möchte eine Interpretation vorlegen, die durch jüngst zutage gekommenes Material starke Unterstützung findet. Roosevelt hoffte, daß amerikanische Unterstützung Großbritannien in die Lage versetzen würde, zu überleben und weiterzukämpfen. Überzeugt davon, daß Deutschland eine Gefahr für alle darstelle – wie er Stalin warnend erklärt hatte –, wollte er die Vereinigten Staaten aufrüsten für den Fall, daß sie entgegen ihren Wünschen in den Krieg hineingezogen würden, ähnlich wie er sich zuvor bemüht hatte, Frankreich beim Aufbau von dessen Luftwaffe zu unterstützen; doch zog er es weiterhin entschieden vor, die USA aus dem Krieg herauszuhalten. Die Tatsachen, daß Großbritannien durchhielt und daß im folgenden Jahr auch Rußland nach anfänglichen Katastrophen weiterkämpfte, legten den Gedanken nahe, daß es zumindest die Möglichkeit gab, daß Deutschland von anderen besiegt würde. Allzu viele Leute in Amerika und anderswo haben sich dem Glauben hingegeben, Staaten könnten sich nur entweder im Friedens- oder im Kriegszustand miteinander befinden. Der kenntnisreiche Roosevelt hingegen war sich der Tatsache bewußt, daß die amerikanische Kriegsmarine ihre Ursprünge hauptsächlich aus dem unerklärten Krieg mit Frankreich (1797–1801) herleitete, einer begrenzten Auseinandersetzung auf See ohne allgemeine Feindseligkeiten zwischen den beiden früheren Verbündeten; und es ist nicht zu weit hergeholt, darauf hinzuweisen, daß ihm ebenso bekannt war, wie Japan und die Sowjetunion 1938 und 1939 an Brennpunkten in Ostasien sich blutige, aber begrenzte Kämpfe geliefert hatten, ohne dabei in einen umfassenden Konflikt miteinander zu geraten. Der Schießbefehl auf dem Atlantik und die Zwischenfälle im Zusammenhang mit der Verschiffung amerikanischer Güter zunächst nach England und später auch nach Rußland sind von einigen Historikern als Aspekte der Suche nach Kriegsvorwänden interpretiert worden, doch kann man darin auch eine Rückkehr zu einer früheren amerikanischen Marinepolitik sehen. Diese Auffassung wird bestärkt durch die Einblicke, die wir heute hinsichtlich der Art und Weise besitzen, wie die Amerikaner ihre Kenntnisse des deutschen Marine-Funkverkehrs 1941 benutzten, die sie erlangten, nachdem die Briten die Codes der deutschen Kriegsmarine entschlüsselt hatten. Weit entfernt davon, diese Kenntnisse so zu verwenden, daß es zu möglichst vielen Zwischenfällen auf dem Atlantik kam, wie es möglich gewesen wäre, benutzte die U.S. Navy sie derart, daß die Zahl der Zwischenfälle möglichst *gering* gehalten und solche nach Kräften ganz vermieden wurden.[7]

Dieses Bild von einem Roosevelt, der sich bemühte, zu verhindern, daß die Vereinigten Staaten in einen allgemeinen Krieg gegen Deutschland hineingezogen würden, hat eine dramatische Bestätigung durch die jüngst entdeckte Aufzeichnung von Kommentaren erfahren, die Roosevelt im Herbst 1940 machte, als ein Aufnahmegerät nach dem Ende der Pressekonferenz, die aufgezeichnet werden sollte, nicht abgeschaltet worden war.[8] Roosevelt erklärte den führenden Demokraten des Repräsentantenhauses, wenn Deutschland oder Italien oder Japan mit einer Kriegserklärung gegen die Vereinigten Staaten drohten, falls diese die Unterstützung Großbritanniens nicht einstellten, so würde er erwidern, das sei ihr Problem; die Vereinigten Staaten würden ihnen nicht den Krieg erklären. Es wäre ihr Problem, wenn sie sich als im Kriegszustand befindlich betrachteten, und die Amerikaner würden sich lediglich verteidigen, wenn die anderen sie angriffen. Diese Auffassung Roosevelts entspricht ungemein genau dem, was tatsächlich geschah, als Ungarn, Bulgarien und Rumänien den USA im Dezember 1941 den Krieg erklärten: Ein halbes Jahr lang bemühte sich die amerikanische Regierung auf Roosevelts persönliche Anweisungen hin vergeblich, diese Länder davon zu überzeugen, daß ihre Völker ohne einen Krieg gegen die Vereinigten Staaten ganz gut auskommen könnten, ehe schließlich am 5. Juni 1942 seitens der USA der Krieg erklärt wurde![9] Eine ähnliche Politik wurde verfolgt – mit beinahe genau den Worten, die Roosevelt am 4. Oktober 1940 gebraucht hatte –, als Thailand im Januar 1942 den Vereinigten Staaten den Krieg erklärte.[10] Doch alle solche Hoffnungen wurden durch die deutsche Politik zerstört.

Die deutsche Kriegsmarine hatte sei dem Herbst 1939 auf Krieg mit den USA gedrängt, doch zunächst wollte Hitler Feindseligkeiten mit den Vereinigten Staaten aufschieben, bis es ihm möglich gewesen wäre, die Hochseeflotte zu schaffen, die sie für Operationen gegen die westliche Hemisphäre benötigte. Der Bau einer solchen Kriegsflotte hatte Mitte der dreißiger Jahre begonnen, war aber durch den Ausbruch des Krieges unterbrochen worden. Als es im Sommer 1940 den Anschein hatte, der Krieg sei vorbei, wurde die Arbeit an diesem Bauprogramm wieder aufgenommen, doch mußte sie erneut verschoben werden zugunsten der Vorbereitungen für den Angriff auf Rußland. Da dieser im Sommer 1941 gut zu laufen schien, wurden die Projekte für Schlachtschiffe und Flugzeugträger wiederum aktiviert, aber nur um noch einmal – wegen der erbitterten Kämpfe im Osten – verschoben zu werden. Unterdessen hatte Hitler einen bequemen Ersatz für seine eigene Hochseeflotte gefunden: die japanische.

Die deutsche Regierung hatte seit 1938 versucht, die Unterstützung Japans gegen die Westmächte zu gewinnen; im Sommer 1940 drängte sie Japan in zunehmendem Maße, sich dem Krieg gegen England anzuschließen und in Richtung Singapore vorzustoßen. Als die Japaner zögerten, versuchte Hitler, sie anzutreiben. Wohl wissend, daß nach Ansicht Tokios ein Ausgreifen nach Süden entweder erfolgen mußte, nachdem die Amerikaner die Philippinen 1946 verlassen hatten, oder ein solcher Schritt, falls er früher kam, einen Krieg mit den USA erforderte, setzte Hitler die Japaner unter Druck, rascher zu handeln; Anfang April 1941 versprach er, sich dem Krieg gegen die Vereinigten Staaten anzuschließen, falls Tokio diesen als einen notwendigen Teil eines Angriffs auf Großbritannien betrachtete. Wenn Japan mitmachte, dann gäbe es sogleich eine Hochseeflotte auf der Seite der Achsenmächte, und man hätte es nicht nötig, zu warten, zumal die deutsche Kriegsmarine bereits an der Leine zerrte. Anders als alle früheren Schritte zur Ausweitung des Krieges begegneten die deutschen Maßnahmen in Richtung eines Krieges gegen die USA innerhalb der Reichsregierung praktisch keiner Opposition. Man mag sich heute unbeliebt machen, wenn man daran erinnert, doch bleibt es eine Tatsache, daß blinde Unwissenheit, ergebener Glaube an die Wahrheit der Dolchstoßlegende und Begeisterung über die Ansicht auf eine offene Jagd auf Amerikaner gemeinsam bewirkten, daß die offizielle deutsche Kriegserklärung gegen die Vereinigten Staaten, der einige Tage zuvor der Befehl zur Eröffnung der Feindseligkeiten vorangegangen war, zur *einzigen* Gelegenheit in der Geschichte des Dritten Reiches wurde, als der Beifall des Reichstags einen völlig einigen Regierungsapparat widerspiegelte. Zum zweiten Mal trat Deutschland in einen Krieg mit den Vereinigten Staaten ein, um einen bereits bestehenden Krieg mit Großbritannien schneller zu gewinnen.[11]

Die enormen Siege Japans in Ostasien und der deutschen U-Boote vor der nordamerikanischen Atlantikküste in der ersten Hälfte des Jahres 1942 schienen die Berechnungen der Politiker in Tokio, Berlin und Rom, die auf Krieg gesetzt hatten, zu bestätigen. Doch entgegen den Erwartungen der Deutschen und der Japaner war die amerikanische Regierung nicht nur entschlossen, den Krieg, zu dem man ihr Land gezwungen hatte, mit einem totalen Sieg zu beschließen, sondern hinter ihr standen eine einige Öffentlichkeit und die notwendigen Ressourcen, auch wenn es mehrere Jahre dauern sollte, diese menschlichen und materiellen Kräfte für den Kampf zu mobilisieren. Da sich die amerikanische Führung der Tatsache sehr wohl bewußt war, daß diese lange Verzögerung die Gefahr eines Bruchs in der alliierten Koalition in sich barg, und weil sie aus bitterer persönlicher Erfahrung die Diskussion über den Waffenstillstand von 1918 innerhalb und außerhalb der Vereinigten Staaten sowie die in Deutschland verbreiteten Legenden kannte, war man in der amerikanischen Regierung der festen Überzeugung, daß die Feindmächte dieses Mal zur Kapitulation gezwungen werden sollten.[12] Dasselbe, was Deutschland am 27. Mai 1940 von Belgien verlangt hatte – die bedingungslose Kapitulation[13] –, würde auch Deutschlands Schicksal sein. Wie groß die Schwierigkeiten an der Front, in der Heimat oder mit den Verbündeten auch sein mochten – in dieser Frage gab es innerhalb der USA keine erheblichen Divergenzen. Das Bild, daß das Dritte Reich mit seinen Hoffnungen und Ambitionen der Welt gegenüber abgab, ließ den Amerikanern keine andere Alternative, und alles, was in den späteren Kriegsjahren über das von den Deutschen beherrschte Europa bekannt wurde, konnte diese Auffassung in der amerikanischen Regierung und Öffentlichkeit nur bestärken.

Die Ansichten der amerikanischen Regierung über die Nachkriegswelt waren bis zu einem sehr späten Zeitpunkt des Krieges hinsichtlich vieler Punkte ungenau, und sie schwankten erheblich. Eingedenk der Erfahrungen mit den ‚Geheimverträgen' des Ersten Weltkrieges und der langsamen Entfaltung der

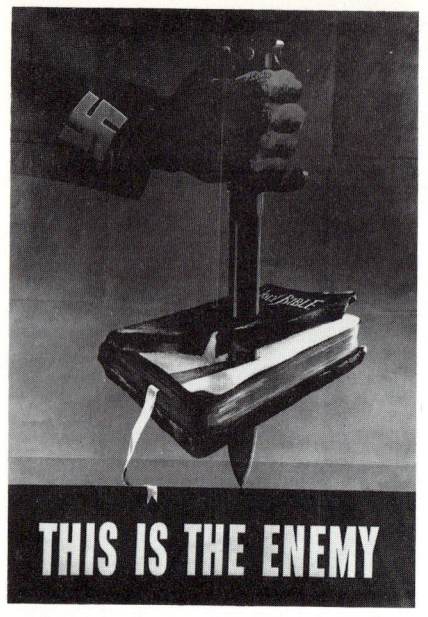

Antideutsche Plakate im Zweiten Weltkrieg. Gegenüber der zentralen Bedeutung des Plakats für die Kriegspropaganda 1914–18 trat es im Zweiten Weltkrieg hinter Radio und Film zurück. Es richtete sich stärker auf die ideologischen Auseinandersetzungen aus und ermahnte zu bestimmtem Verhalten, während es im Ersten Weltkrieg vor allem Mobilisierungsfunktion hatte. Der Appell, mit guter Arbeitsmoral zum Sieg beizutragen, ist häufig. („Jeder Tag, den Du freinimmst, gibt der Achse eine Verschnaufpause.") Insgesamt waren die Plakate realistischer und humoristischer. Dabei spielte die Tatsache eine nicht geringe Rolle, daß die Bevölkerung nach den Propagandaexzessen des Ersten Weltkrieges der Propaganda generell mißtraute. (Historical Society of Pennsylvania)

amerikanischen Militärmacht zog es Präsident Roosevelt vor, Entscheidungen über solche Fragen so weit wie möglich hinauszuschieben. Er stellte sich gegen die britische Tendenz, sowjetische Bestrebungen in Osteuropa anzuerkennen und hinzunehmen; und als Konsequenz ihres Wissens von diesem Widerstreben schlug die britische Regierung ohne vorherige Konsultation mit den USA ihren Plan für die Besatzungszonen in Deutschland vor, den sie dann gemeinsam mit den Russen den Amerikanern dringend nahelegte. Nur in einem Punkt war Roosevelt ebenso wie Churchill bereit, die Vereinigten Staaten im voraus auf eine spezifische Position bei der bevorstehenden Friedenskonferenz festzulegen, von der alle *damals* annahmen, sie würde bald nach Kriegsende stattfinden: Ostpreußen würde nie an Deutschland zurückfallen. An dieser Stelle konnte die deutsche Propaganda über die angeblichen Mängel der Friedensregelung von 1919 einen verspäteten, wenn auch unvorhergesehenen, endgültigen ‚Erfolg' verbuchen.[14]

Die amerikanische Strategie in der Endphase des Krieges in Europa wurde den Erfordernissen des Krieges im Pazifik untergeordnet, von dem man damals

Antideutsches Kriegsplakat von 1942, das bei der Propagierung von Kriegsanleihen in witziger Form auf die Aktivitäten der Naziorganisation ‚Bund' Bezug nimmt. Hitler verwechselt Bond (Anleihe) mit Bund und glaubt, Amerikaner unterstützten ihn mit 10% ihres Gehalts. Goebbels sucht ihn, an Göring gewendet, über das Mißverständnis aufzuklären. (Historical Society of Pennsylvania)

erwartete, daß er weitere anderthalb Jahre dauern würde, und der während der Monate, als die Kämpfe in Europa zu Ende gingen, sich im Gegenteil in seiner blutigsten Phase befand. Als das erste wichtige amerikanische Hauptquartier am 1. Mai 1945 von der europäischen Front abgezogen und in Richtung Pazifik verschifft wurde, lag das Dritte Reich bereits in Trümmern. In letzter Minute versuchte die britische Regierung, die Amerikaner zu einer Veränderung genau jenes Besatzungszonen-Arrangements zu bewegen, zu dessen Annahme sie ein paar Monate zuvor einen widerstrebenden Roosevelt überredet hatte, doch Roosevelts Nachfolger Truman ließ sich nicht bewegen. Und ich habe den Verdacht, daß die nichtamtlichen amerikanischen Kommentare zu diesem Vorschlag erheblich weniger höflich waren als Trumans klare Absage. Die amerikanischen Truppen zogen sich zurück oder besetzten die Gebiete, die ihnen durch das alliierte Abkommen zugewiesen waren; nun begann eine völlig neue Periode der deutsch-amerikanischen Beziehungen.

Die Situation, in der sich Amerikaner und Deutsche nach Abschluß des europäischen Teils des Zweiten Weltkriegs gegenüberstanden, war für beide neu. Deutsche Gebiete waren nach dem Ersten Weltkrieg amerikanisch besetzt gewesen, doch diese Okkupation war nicht nur geographisch verschieden, sondern vor allem hinsichtlich ihres Zweckes und ihres politischen Charakters. Die amerikanischen Besatzungstruppen von 1918–23 sollten innerhalb ihrer Zone den Beitrag der USA zu dem Sieg über Deutschland demonstrieren; sie sollten außerdem sicherstellen, daß der Friedensvertrag zunächst von Deutschland akzeptiert und dann nicht durch einen neuen Krieg gebrochen wurde. Aber da gab es nicht nur stets andere Besatzungsmächte, mit denen man sich auseinanderzusetzen hatte, da war auch eine deutsche Zentralregierung mit einem ihr mehr oder weniger unterstellten Verwaltungsapparat. Die Lage im besetzten Deutschland vom Juli 1945 war davon gänzlich verschieden.

Die Entwicklungen nach 1945 können hier nicht im Detail verzeichnet werden, doch ich würde gern einige Thesen über die Ereignisse bis 1949 vortragen. Wenn wir uns fragen, wie es dazu kam, daß Deutschland für absehbare Zukunft zwischen Ost und West geteilt wurde, die drei westlichen Zonen zu einer Einheit zusammengeschlossen wurden – ein weitaus weniger wahrscheinliches Ereignis, als heute häufig angenommen wird – und die deutsch-amerikanischen Beziehungen sich ein weiteres Mal umkehrten, wie es durch die Luftbrücke symbolisiert wird, so möchte ich vier Aspekte der Situation jener Jahre als die entscheidenden hervorheben.

Zunächst einmal waren die Vorstellungen von der Zukunft Deutschlands bei Sowjets und Amerikanern in einem äußerst wichtigen Bereich von Anfang an einander diametral entgegengesetzt. Ganz gleich, wie ein neues Deutschland aussah und was seine Grenzen sein mochten – Stalin wollte das neue deutsche System von *oben* konstruieren, während die Amerikaner *unten* beginnen wollten. Die sowjetische Regierung flog die Ulbricht-Gruppe bereits vor der deutschen Kapitulation vom Mai 1945 nach Berlin ein und versuchte, während der folgenden Jahre unter diesem Dach ein Gebäude zu errichten. Die Hauptschritte und die Hauptschwierigkeiten dieses Prozesses sind nur dann zu verstehen, wenn man sie aus einer solchen Perspektive betrachtet.[15] In den Jahren zwischen 1945 und 1948 bedeutete dies vor allem die Schaffung der SED, der Sozialistischen Einheitspartei. Als die sowjetische Führung einsah, daß die dünnen Mauern der Kommunistischen Partei Deutschlands das neue Dach niemals tragen könnten, kam sie rasch zu dem Schluß, nur eine Zwangsvereinigung der KPD und der SPD zusammen mit einem Verbot der Bildung irgendwelcher anderer Arbeiterparteien könne die neue Konstruktion stützen.[16] Während des hier erörterten Zeitraums brachte dieser Prozeß die Partei hervor, die noch heute die Deutsche Demokratische Republik beherrscht, und er hatte auch wichtige Auswirkungen auf die anderen Besatzungszonen. Seit 1949, in der Gegenwart und bis in unbestimmte Zukunft verurteilt dieses Muttermal des Systems dieses zu einer ständigen Suche nach inneren und äußeren Stützpfeilern für ein Dach, das fortwährend in Einsturzgefahr schwebt.

Die Amerikaner taten auf der Grundlage ihrer politischen und ideologischen Sichtweise das genaue Gegenteil. Sie begannen unten. Nicht immer sehr sorgsam oder konsequent, mit viel Verwirrung und zahlreichen Irrtümern, bauten sie — oder veranlaßten oder drängten sie die Deutschen zu bauen — von der lokalen Ebene hinauf zur regionalen und darüber hinaus. Jene Deutsche, die dies für falsch hielten und sich beschwerten, etwa über die Verzögerungen bei der Lizenzierung von politischen Parteien, sollten später ihre Chance bekommen. Aus der Rückschau betrachtet ist ‚später' in der Tat sehr verschieden von ‚niemals'. Es ist in letzter Zeit Mode geworden, vor allem in Westdeutschland, über die angebliche Störung einer wirklichen Reorganisation der deutschen Gesellschaft durch die amerikanischen Besatzungstruppen zu dozieren; was alle diese Spekulationen übersehen, ist die Tatsache, daß die extreme Rechte in Deutschland nach 1945 weitaus stärker war und ein wesentlich stärkeres Unterstützungspotential besaß, und daß die amerikanischen Besatzungsstreitkräfte die uneinsichtigen Nationalisten und Nazis weit mehr als irgendwelche anderen Elemente der Bevölkerung daran hinderten, die Entwicklung in einem Land zu beeinflussen, wo große Entbehrungen im Vergleich zum Ersten Weltkrieg viel mehr ein *Nachkriegs-* als ein Kriegsphänomen waren.[17] Die Entwicklung der amerikanischen Besatzungszone war außerdem nicht nur völlig verschieden von jener in der sowjetischen Zone, sondern sie sollte auch weit einflußreicher sein, als man es hätte erwarten können. Damit komme ich zu dem zweiten und dem dritten Aspekt.

Die britische Regierung hatte darauf bestanden, daß England die nordwestliche Zone bekam. Bis zum Spätherbst 1944 hatte sich Präsident Roosevelt dieser Einteilung widersetzt und darauf beharrt, daß der Nordwesten aus Gründen, bei denen sich Erwägungen der Politik und der Verkehrswege verwoben, an die Vereinigten Staaten fiele. Erst der einhellige Rat seiner Mitarbeiter hatte ihn schließlich dazu bewogen, eine Aufteilung zu akzeptieren, bei der die Russen die Landwirtschaft, die Briten die Industrie und die Amerikaner die schöne Landschaft bekamen, wie es damals hieß. Es sollte rasch deutlich werden, daß die Londoner Regierung sich gründlich verrechnet hatte. Zu einer Zeit, als — wie wir heute wissen — die amerikanische Besatzungspolitik massiv von dem Druck beeinflußt wurde, die Belastung des amerikanischen Steuerzahlers durch die Besatzungskosten zu verringern, war der Einfluß des offenkundigen und raschen Niedergangs der britischen Macht in den Nachkriegsjahren entscheidend für die britische Deutschlandpolitik. London konnte sich eine eigene Politik ganz einfach nicht leisten: Die ärmste der großen Siegermächte hatte sich diejenige Besatzungszone ausgesucht, die unter den Bedingungen der Zeit die bei weitem teuerste war. Diese Tatsache mußte mit Sicherheit zu neuen Entscheidungen führen.

Die französische Regierung war diejenige Besatzungsmacht gewesen, die sich am konsequentesten irgendwelchen größeren Einheiten oder einem zentralen Regierungsapparat in Deutschland widersetzt hatte. Unter dem Einfluß der nationalen Idee — die so weitgehend französischen Ursprungs war — und der scheinbaren Unmöglichkeit, ganz Deutschland zu besetzen, hatte die französische Regierung von 1919 die weitere Existenz eines damals weniger als fünfzig Jahre alten Deutschland akzeptiert.[18] Genau dies wollten die Franzosen in der Zukunft nach Möglichkeit vermeiden. Es ist schwer, mit Bestimmtheit die Zukunft Deutschlands aus französischer Sicht zu beschreiben, doch jedenfalls schloß sie ganz entschieden nicht irgendwelche größeren Einheiten oder zentralen Institutionen ein. In dieser Hinsicht sollte das Zusammentreffen von französischen Kolonialkriegen und der wirklichen oder angenommenen Bedrohung durch Rußland zu neuen Entscheidungen führen. Erstere – die Kolonialkriege – schwächten die Position Frankreichs in Europa; letztere drängte die französische Regierung in ihrer Deutschlandpolitik in neue Richtungen.

Damit kommen wir zu dem vierten Element, dem Druck aus dem Osten. Ob sie nun richtig verstanden wurde oder nicht – die Politik Stalins brachte in der zweiten Hälfte der vierziger Jahre doch neue Wahlmöglichkeiten im Westen mit sich; und jedesmal, wenn Schwierigkeiten zwischen den Westmächten entstanden, schoben sowjetische Aktionen sie beiseite. Die Berliner Blockade spielte bei diesem Prozeß eine besondere Rolle. Ich möchte betonen, daß es sich dabei um ein überall bemerktes und begriffenes, höchst dramatisches Ereignis handelte. Auf der deutschen Seite – und das hieß sowohl die Bevölkerung Berlins als auch die gleichzeitig zusammentretenden Gründer der Bundesrepublik – war nun die Zeit gekommen, da die Deutschen selbst zum ersten Mal seit 1945 eine gewichtige Rolle bei der Entscheidung über wesentliche Aspekte ihres eigenen Schicksals spielten. Dies geschah zu einer Zeit, als die täglichen Lieferungen der Luftbrücke nicht nur in drei-Minuten-Abständen über Berlin augenfällig waren, sondern auch überall im Radio, in den Zeitungen, in den Wochenschauen, im Mittelpunkt von Blick wie Gedanken. Plötzlich sah man die Schwärme von großen amerikanischen und britischen Flugzeugen am Himmel voller Hoffnung statt Angst. Nicht nur die neue Radar-Ausrüstung der Berliner Flughäfen drehte sich.

Auch für die amerikanische Öffentlichkeit war es ein neuer Anfang. Ganz gleich, was die Leute über die Einzelheiten der amerikanischen Besatzungspolitik dachten – falls sie darüber überhaupt nachdachten – die Deutschen waren der kürzlich besiegte Feind. Das änderte sich im Jahr der Luftbrücke, und wir sollten uns vor Augen halten, daß es praktisch ein ganzes Jahr war. Ein ganz neues Kapitel begann, und das nicht nur für Piloten, die vielleicht früher einmal Bomben nach Berlin geflogen hatten und jetzt in Montana lernten, wie man winters in Tempelhof landet. Was ich dabei für entscheidend halte, ist die Tatsache, daß diese Entwicklung sich im vollen Blick der gesamten Öffentlichkeit abspielte. Es wäre schwierig, sich irgendetwas vorzustellen, was mit größerer Wahrscheinlichkeit die Aufmerksamkeit des Durchschnittsamerikaners auf sich ziehen und ihn beeinflussen könnte. Die Herausforderung der technischen Kompetenz eines stolzen Volkes zusammen mit der Möglichkeit von Hungertod und Versklavung für viele Menschen, die sich für die amerikanische Seite entschieden hatten – niemand hätte ein Drehbuch erfinden können, das gekonnter für ein amerikanisches Publikum zugeschnitten war. Wer hätte darin einen glaubhaften

Entwurf für einen Film oder einen Roman sehen können? Nur die sowjetische Regierung konnte sich eine so wirksame Methode ausdenken, Massen von Menschen dazu zu zwingen, ihre eigenen Urteile und Vorurteile zu überdenken.

Ein neuer Staat wurde in Deutschland gegründet, und dieser Staat sollte eine neue Beziehung zu den Vereinigten Staaten haben. Ob dieses Kapitel in den deutsch-amerikanischen Beziehungen sich heute seinem Ende zuneigt oder nicht — ich habe nicht den geringsten Zweifel daran, daß es 1948—49 um Berlin begann.

Anmerkungen

1 Das Thema wird im einzelnen behandelt in Gerhard L. Weinberg, The Foreign Policy of Hitler's Germany, 2 Bde., Chicago: University of Chicago Press, 1970, 1980, bes. Bd. 1, Kap. 6 und Bd. 2, Kap. 8.
2 Eine gute Darstellung findet sich in Sander A. Diamond, The Nazi Movement in the United States, 1924—1941, Ithaca: Cornell University Press, 1974.
3 Der Ausschuß, der später als das ‚House Committee on Un-American Activities' bekannt wurde, hatte bei seiner Gründung im März 1934 die Aufgabe, die deutschen Aktivitäten in den Vereinigten Staaten zu untersuchen. S. Walter Goodman, The Committee. The Extraordinary Career of the House Committee on Un-American Acitivities, New York: Farrar, Straus and Giroux, 1968.
4 Eine vorläufige Zusammenfassung gibt Jochen Thies, Architekt der Weltherrschaft. Die ‚Endziele' Hitlers, Düsseldorf: Droste, 1976, S. 136—148.
5 S. Gerhard L. Weinberg, World in the Balance. Behind the Scenes of World War II, Hanover, NH: University Press of New England, 1981, S. 53—95.
6 Ebd., S. 7.
7 Vgl. Jürgen Rohwer, Die USA und die Schlacht im Atlantik, in: Kriegswende Dezember 1941, Hg. J. Rohwer und Eberhard Jäckel, Koblenz: Bernard und Graefe, 1984, S. 81—103, bes. S. 97, 99, 101.
8 Robert J.C. Butow, The FDR Tapes, in: American Heritage 33. Nr. 2, 1982, S. 16f.
9 U.S. Department of State, Foreign Relations of the United States, 1942, Bd. 2, S. 833—842.
10 Ebd., Bd. 1, S. 916.
11 Dies wird ausführlicher dargestellt in meinem Aufsatz, Die Deutsche Politik gegenüber den Vereinigten Staaten im Jahr 1941, in dem in Anm. 7 genannten Band, S. 73—79.
12 Raymond G. O'Connor, Diplomacy for Victory. FDR and Unconditional Surrender, New York: Norton, 1971.
13 Franz Halder, Kriegstagebuch, 3 Bde., Hg. Hans-Adolf Jacobsen, Bd. 1, Stuttgart: Kohlhammer, 1962, S. 322.
14 Die formelle Zustimmung zur Auslieferung eines Teils von Ostpreußen an die Sowjetunion gab Truman in Potsdam, aber Roosevelt hatte früher bereits darin eingewilligt, daß Ostpreußen nicht Teil Deutschlands bleibe.
15 Zu diesem Schluß gelangt auch Alexander Fischer, Sowjetische Deutschlandpolitik im Zweiten Weltkrieg, 1941—1945, Stuttgart: Deutsche Verlags-Anstalt, 1975, S. 156—168.
16 Eine sehr nützliche Darstellung findet man bei Henry Krisch, German Politics under Soviet Occupation, New York: Columbia University Press, 1974. Sie muß heute ergänzt werden durch Jan Foitzik, Kadertransfer. Der organisierte Einsatz sudetendeutscher Kommunisten in der SBZ 1945/46, in: Vierteljahrshefte für Zeitgeschichte 31. 1983, S. 308—334.
17 Vgl. Hans Woller, Zur Demokratiebereitschaft in der Provinz des amerikanischen Besatzungsgebiets, in: ebd., S. 343.
18 Ich habe diese Frage erörtert in The Defeat of Germany in 1918 and the European Balance of Power, in: Central European History 2. 1969, S. 248—260.

28. Produktion und Rehabilitation
Die wirtschaftlichen Grundlagen der amerikanischen Förderung Westdeutschlands in der atlantischen Gemeinschaft der Nachkriegszeit

Charles S. Maier

Wenn Institutionen und Beziehungen über die Spanne einer Generation oder noch länger bestehen bleiben, vergißt man leicht, wie überraschend ihre Stabilität am Anfang erschienen wäre. Nur wenige Leute hätten angesichts der Ruinen von Hitlers Reich im Jahr 1945 die Behauptung gewagt, daß Westdeutschland zu einer wirtschaftlichen Supermacht und zum entscheidenden Element des amerikanischen Bündnissystems in Europa werden würde. Mehr noch, niemand hätte mit einiger Sicherheit voraussagen können, daß die Vereinigten Staaten sich je in solch einem dauerhaften atlantischen Rahmen binden würden. Wie man Deutschland daran hindern könne, ‚es wieder zu tun‘, dies blieb der Ausgangspunkt für politische Zukunftsüberlegungen — nicht nur für die Fürsprecher einer fundamentalen Umgestaltung, wie sie etwa der Morgenthau-Plan vorsah, sondern auch für jene, die an das deutsche Problem mit einem geringeren Drang zur Reorientierung seiner Industriewirtschaft herangingen. Noch weit in die 1950er Jahre hinein mußten sich maßgebliche amerikanische Sprecher zu Zweifeln äußern, ob nicht der zweite Anlauf zur Demokratie in Deutschland zu zerbrechlich sei, um langfristig überleben zu können. James Bryant Conant kehrte Ende der 1950er Jahre an die Harvard-Universität zurück und versicherte seinen Zuhörern, Deutschland werde mit größter Wahrscheinlichkeit stabil und demokratisch bleiben.[1] Was für den Historiker dabei am bemerkenswertesten bleibt, ist die Tatsache, daß er es für notwendig hielt, diesen Gedanken zu unterstreichen.

Wie ist es zu diesem Ergebnis gekommen? Wie ist ein Land, das seit dem Ende des 19. Jahrhunderts *der* problematische Nationalstaat war — so problematisch, daß es die Amerikaner tiefer als jedes andere Land früher, einschließlich des revolutionären Frankreich, in die europäischen Rivalitäten hineinzog —, zu dem unproblematischsten aller Partner geworden (zumindest bis 1980 oder 1981)? Die Antwort, die einem als erste einfällt, ist die offensichtliche. Da Deutschland durch die Kraft der Umstände geteilt wurde, das heißt durch den zunehmenden Antagonismus zwischen den Großmächten, die den Nazismus besiegt hatten, gab es keine Alternative. Das politische Rumpf-Gebilde im Westen war von seinem Wohlverhalten abhängig, mußte sich unter der wohlwollenden Lenkung der Vereinigten Staaten entwickeln. Nur ein vereinigtes Deutschland wäre in der Lage gewesen, erneut die Ressourcen aufzubauen, um zu einer Großmacht zu werden. Somit löste die Teilung Deutschlands alle Probleme und verwandelte den Löwen zwar vielleicht nicht in ein Lamm, aber doch wenigstens in einen Biber.

Diese spontane Antwort ist nicht falsch. In der Tat hat die Teilung Deutschlands so viele Konsequenzen gezeitigt, daß ihr der Vorrang gebührt. Nichtsdestoweniger gab es keine Garantie dafür, daß sich Westdeutschland allein zwar wohl nicht als ein Rivale im Bereich der Macht, doch zumindest als ein widerspenstiges separatistisches Staatswesen erweisen würde. Auch kann die aus der Teilung resultierende Verwundbarkeit nicht die entscheidenden Variablen erklären: demokratisches Engagement, atlantische Kooperation und wirtschaftlichen Erfolg. Schließlich hat auch Japan, obwohl dessen Einheit nie in Zweifel gezogen wurde, seine Position als eine ökonomisch mächtige, demokratische Nation gewonnen. Wir müssen auch andere Faktoren betrachten.

Ich werde hier die These vertreten, daß es die Attraktivität und die Erträge eines in Amerika zentrierten internationalen Systems waren – eines Einverständnisses der Staaten, die als Volkswirtschaften ebenso wie als Verteidigungspartner organisiert sind –, die eine Umorientierung Deutschlands erleichterten. Erinnern wir uns noch einmal für einen Augenblick an die beunruhigten Diagnosen des deutschen Problems um 1950. Die Kommentatoren argumentierten gewöhnlich, daß sich die Institutionen zwar gesund zu entwickeln schienen, aber der deutsche Bürger innerlich noch nicht bekehrt sei. Die Demokratie bilde nur einen dünnen Anstrich. Diese Sorge ging zum Teil auf den amerikanischen Glauben an das Bildungswesen und an die Notwendigkeit tiefer Überzeugungen des Staatsbürgers zurück, die sich während des ganzen 19. Jahrhunderts als Schlüsselbegriffe im Bestreben zur Integration des amerikanischen Staatswesens erwiesen hatten. Doch ohne mich auf die Kontroverse einzulassen, ob der erwachsene Durchschnittsdeutsche von 1950 innerlich zur Demokratie bekehrt war, möchte ich die Meinung äußern, daß wir zuviel verlangten und zudem etwas, was nicht wirklich notwendig war. Wie Historiker und Zeugen gleichermaßen betont haben, brachte die amerikanische Handhabung der Entnazifizierung bestenfalls einen zweideutigen Erfolg.[2] Sie schien willkürlich, härter gegen den kleinen Mann als gegen Täter mit besseren Beziehungen (und dies, ohne auf so schändliche Fälle wie Klaus Barbie einzugehen) und kaum dazu angetan, eine echte Demokratisierung herbeizuführen. Doch spielte dies langfristig wirklich eine Rolle? Wichtig war, daß die Vereinigten Staaten ein internationales Geflecht konstruierten, in dem Westdeutschland eine lohnende Rolle fand, und daß die westdeutsche Teilhabe an diesem Geflecht mit Selbstverständlichkeit eine undemokratische oder feindselige innere Entwicklung ausschloß.

Internationale Anreize machten es für die Westdeutschen vernünftig, demokratisch zu werden, ebenso wie Ende der siebziger Jahre die spanische Entscheidung, sich der europäischen Gemeinschaft anzuschließen, die demokratische Entwicklung im Innern förderte. Individuelles demokratisches Engagement ist vielleicht gar nicht der Schlüssel zur demokratischen Stabilität einer Gesellschaft. Entscheidender ist möglicherweise, jedenfalls für die Dauer ungefähr einer Generation, eine internationale Struktur, die demokratisches Verhalten belohnt. Damit soll nicht behauptet werden, daß die Deutschen heute nicht demokratisch seien, wohl aber, daß ihre staatsbürgerlichen Überzeugungen sich langsamer entwickelten als ihre institutionelle Anpassung. (Die ‚Spiegel-Affäre' von 1962 und die Übergabe der Macht an die modernisierte SPD im Jahr 1969 scheinen verläßlichere Indikatoren des aktiveren demokratischen Engagements zu sein, das die USA zu einem früheren Zeitpunkt einzupflanzen versucht hatten. Erstere ließ erkennen, wie die Öffentlichkeit das autoritäre Vorgehen der Regierung ablehnte; letztere demonstrierte, daß der ganz entscheidende Übergang von einer Regierungspartei zu einer Opposition bewerkstelligt werden konnte, ohne daß fundamentale Institutionen gefährdet wurden.)

Ein Teil der internationalen Struktur, die dazu beitrug, die Demokratie in Westdeutschland zu verankern, war ein politisches und militärisches Netzwerk. Gerhard Weinbergs Beitrag zu diesem Band lenkt den Blick auf die Berliner Luftbrücke als einen entscheidenden Faktor in dem Prozeß, der diese Struktur glaubhaft und sichtbar machte. Doch die andere Komponente des internationalen Rahmens war wirtschaftlich, und diese bildet das spezifische Thema des vorliegenden Aufsatzes. Das übergreifende Wirtschaftssystem, das die Amerikaner errichteten und das eine wesentliche Rolle für die Westdeutschen vorsah – schon bevor der Nachkriegs-‚Takeoff' erfolgte – war auch von entscheidender Bedeutung für die politische Verankerung der neuen Gesellschaft. Ich will durchaus nicht nur behaupten, daß es mit vollem Magen leichter sei, demokratisch zu sein. Vielmehr dienten wirtschaftliche Institutionen im Nachkriegsdeutschland effektiv als politische; seine ökonomische Wiederbelebung und Produktion innerhalb der entstehenden atlantischen Wirtschaft erwies sich als ein Ersatz für Staatsbürgerschaft. Friedrich Meinecke beklagte in seinen Reflexionen nach 1945, daß homo faber den homo sapiens verdrängt habe, den „individuell entwickelten Kulturmenschen".[3] Doch unter den Nachkriegsbedingungen war tatsächlich homo faber der Bürger. Selbst wenn dieser Rolle Dimensionen einer kosmopolitischen Kultur fehlen mochten, erfüllte sie doch den Zweck, einen demokratischen Staat zu organisieren. Produktion sowie Integration in ein transnationales Geflecht von Produktion und Austausch waren die Wege zur demokratischen Rehabilitation.

Dieses Ergebnis sollte nicht weiter erstaunen. Wenn Deutschland demokratisch werden sollte, wenn es die Vorbilder über Bord werfen sollte, die ihm während der vorangegangenen zwölf Jahre aufgezwungen worden waren, und es sich daran orientieren sollte, wie die Amerikaner und die Briten ein Staatswesen zum Funktionieren brachten, dann war es nur natürlich, daß die wirtschaftliche Produktivität als eine Hauptkomponente des Staatsbürgertums erschien. Schließlich teilten Deutsche und Amerikaner, vielleicht mehr als jedes andere Nationenpaar, ökonomische Energie und Fasziniertsein von der Technik. Amerikaner hatten deutsche Universitäten besucht, um dort Mathematik und Naturwissenschaften zu studieren, und sie hatten das Seminar- oder Institutsmodell als Organisationsform wissenschaftlicher Disziplinen übernommen. (Im übrigen haben amerikanische Historiker erst vor ganz kurzem zu betonen begonnen, in wie hohem Maße die ganze Heilslehre der ‚Progressive Era' von nationaler Effizienz und kommunalem Management von den Vorbildern der deutschen Gemeindeverwaltung um die Jahrhundertwende herrührte. Genau zur gleichen Zeit, als die Japaner bedauerlicherweise die nationalen konstitutionellen Institutionen des Zweiten Reiches imitierten, brachten reformorientierte amerikanische Ökonomen und Politiker Institutionen der Lokalverwaltung, das bürokratische Wohlfahrtswesen und das evangelische soziale Engagement des Vereins für Sozialpolitik nach Amerika herüber. Akademische Strenge war Teil der Gesamtdoktrin von Fachwissen und Spezialistentum, mit der Amerikaner aus Deutschland zurückkamen. Fachwissen und Spezialistentum konnten einer elitären Politik und dem Kampf gegen die ‚irisch' beherrschten städtischen Parteiapparate dienen; desgleichen standen sie auch Progressiven zur Verfügung, die bemüht waren, die sozialen Konsequenzen des uneingeschränkten plutokratischen Kapitalismus zu mildern.)

Umgekehrt brachten die Deutschen aus Amerika Lektionen darüber mit, wie sich die Früchte der Technik verbreiten lassen. Physik und Mathematik mochten aus Göttingen und Berlin kommen (und aus den Cavendish Laboratories in Cambridge), doch das elektrische Licht und das Fließband stammten vom anderen Ufer. Geschäftsleute, Ingenieure, Sozialwissenschaftler und Gewerkschafter berichteten über diese Entwicklungen und empfahlen häufig deren Anwendung in Deutschland. Es gab also eine gewisse gemeinsame Faszination von der Anwendung von Naturwissenschaften und Technik, vom raschen Vorantreiben der industriellen Entwicklung, vom energischen Anpacken und Lösen anstehender Aufgaben. Diese beiderseitige Begeisterung für das Ingenieurwesen blieb unter der Oberfläche des auseinanderstrebenden politischen Kurses der beiden Länder bestehen. Sie ließ sich nach dem Zweiten Weltkrieg wieder aktivieren, so zum Beispiel mit den Produktivitäts-Missionen der fünfziger Jahre.

Für die politische Wirksamkeit ökonomischer Regelungen gab es einen weiteren Grund. Die Deutschen mußten ihren Staat während der Besatzungszeit sozusagen von der Wirtschaft her aufbauen. Die Bundesrepublik entstand aus den Institutionen der Bizone, in denen Deutsche demokratische Erfahrungen sammelten, indem sie im ‚Wirtschaftsrat', der als eine Art Proto-Parlament funktionierte, über die Vorzüge der Plan- bzw. der Marktwirtschaft debattierten. Wenngleich diese Versammlung hinsichtlich dessen, was sie diskutieren durfte, wenig Spielraum besaß und noch weniger hinsichtlich ihrer Entscheidungsbefugnisse, war es doch für die Deutschen nicht das erste Mal, daß sie das Terrain für die Politik prüften, indem sie zunächst die Gestaltung der Wirtschaftspolitik erörterten. Der Zollverein hatte als Vorläufer des preußisch-deutschen Zusammenschlusses gedient, und zwischen 1867 und 1870 hatte Bismarck versucht, das Zollparlament als einen institutionellen Weg zur Vereinigung der süddeutschen Staaten mit dem Norddeutschen Bund zu benutzen. Die Beratung über Wirtschaftsfragen sollte damals einen Vorstoß zur Errichtung politischer Institutionen ermöglichen, ebenso wie nach der Niederlage von 1945, die Deutschland ohne einen souveränen Staat ließ. Natürlich behielten sich die Alliierten Vetorechte gegen die Initiativen des Wirtschaftsrats des Vereinigten Wirtschaftsgebietes vor. Dennoch wurden die Debatten energisch geführt, und während das Schlüsselproblem der Wiederbewaffnung der künftigen Bonner Republik überlassen und die Fragen des Föderalismus und des parlamentarischen Wiederaufbaus den konstituierenden Gremien vorbehalten wurden, diskutierte man im Wirtschaftsrat doch mit großem Engagement die Hauptalternativen der politischen Ökonomie.[4]

Ein weiterer Grund dafür, daß Wirtschaftsgremien als protopolitische Parlamente fungieren konnten, lag in der Tatsache, daß ein großer Teil des modernen deutschen politischen Lebens kaum wirklich über eine ökonomische Debatte hinausgelangt war. Politik war häufig politische Ökonomie. In Bismarcks Reich waren ‚Roggen und Eisen‘ sowie der Schutzzoll wesentliche politische Orientierungspunkte gewesen. In der Weimarer Republik erschien die Reduzierung der Politik auf politische Ökonomie sogar noch durchgängiger, wurde doch der Reichstag kritisiert, weil er ein bloßes Forum für widerstreitende Interessengruppen geworden sei, vor allem für Schwerindustrie und Gewerkschaften. Sowohl die sozialistische Linke als auch die autoritäre Rechte beklagten den Niedergang eines echten Staates, der über der Wirtschaftsgesellschaft steht. Man könnte den Erfolg der Nazis zu einem Teil als Resultat der Suche nach einem politischen Herrn sehen, an den sich verzweifelte Einzelmenschen an den organisierten Interessengruppen vorbei und auch gegen sie wendeten. In den meisten innenpolitischen Fragen liefen politische Alternativen auf ökonomische hinaus.

Auch in den Vereinigten Staaten galt bis zu einem gewissen Grade dieser Primat der Wirtschaft. Mit einem unvollkommenen Klischee gesprochen, besaßen die Amerikaner keinen Staat in dem Sinne, wie Deutsche oder Franzosen den Staat verstanden. Periodisch kristallisierte sich die Politik der USA um einen Kreuzzug gegen wirtschaftliche Monopole. In jeder Generation bildete sich eine reformorientierte Koalition, um sich der politischen Einflußnahme der Banken oder der Konzerne oder der ‚Missetäter großen Reichtums‘ entgegenzustellen. Diese Kreuzzüge errangen einige Teilreformen, aber neigten dazu, sich aufzulösen und sich einem auf gesteigerte Produktion abzielenden Kompromiß zuzuwenden, der die Gegenseite zufriedenstellen konnte. Im Kampf um Macht gab sich die Linke in Amerika gewöhnlich mit Effizienz zufrieden. Das letzte Mal war dies der Fall im Zweiten Weltkrieg, als Roosevelt sich vom Dr. New Deal in Dr. Gewinn-den-Krieg verwandelte, und Wirtschaftsführer, die er erst ganz kurz zuvor als ökonomische Royalisten gebrandmarkt hatte, als ehrenamtliche Spitzenbeamte zur Koordinierung der gewaltigen Produktionsanstrengungen in die Bundesverwaltung eintraten. In einer Nation, wo nach dem Wort von Präsident Coolidge das Geschäft Amerikas das Geschäft ist, blieb der Begriff der politischen Sphäre begrenzt. Sicherlich hatten die Vereinigten Staaten dort, wo die Deutschen eine mächtige Tradition staatlicher Bürokratie aufgebaut hatten, politische Parteien zu einem essentiellen Herrschaftsinstrument gemacht. Doch hinsichtlich der öffentlichen Bedeutung von Wirtschaftsfragen und kapitalistischer Organisation blieben Deutschland und die Vereinigten Staaten einander ähnlich. Die Erfahrung beider Länder ließ zu, daß wirtschaftliche Entwicklung als Ersatz für den politischen Wiederaufbau fungierte und schließlich auch als Ansatzpunkt dazu.

Die Amerikaner zogen mit einigen Grundideen über die Beziehung der deutschen Wirtschaftsorganisation zur deutschen Politik in das besiegte Deutschland ein. Keine der anderen Besatzungsmächte unternahm so große Anstrengungen in Richtung individueller Rehabilitation und Ausrichtung des Bildungswesens. Dennoch, so meinte man, vermochte nur die richtige wirtschaftliche Organisation auf gesellschaftlicher Ebene die Demokratie zu stärken, von der man hoffte, sie auf individueller Ebene einpflanzen zu können. Drei oder vier Denkrichtungen hinsichtlich des angemessenen Wiederaufbaus der deutschen Wirtschaft lassen sich bei den amerikanischen Entscheidungsträgern unterscheiden. Die erste war natürlich die den Morgenthau-Plan bestimmende, die aufgrund des engen persönlichen Verhältnisses zwischen Finanzminister und Präsident für kurze Zeit während des Jahres 1944 den Status der offiziellen Politik erreichte. Morgenthau erstrebte die Schleifung Deutschlands als Industriemacht; wenn Skeptiker nicht nur fragten, wie das Land sich ernähren solle, sondern auch, wie der frühere europäische Handel ohne Deutschlands Industrieproduktion wieder hergestellt werden könne, argumentierte Morgenthaus Finanzministerium, die Ruhr und andere deutsche Industriezentren seien für die europäische Wirtschaft nicht entscheidend. Sie leugneten jegliche Interdependenz.[5] Roosevelt selbst, der immer Empfänglichkeit zeigte für die jeweils letzte nachdrückliche Empfehlung, die an ihn herangetragen wurde, entfernte sich von dieser drakonischen Vorstellung bereits wieder, nachdem er die Überzeugungskraft von Churchills Opposition in der zweiten Konferenz von Quebec erkannt hatte. Der Präsident starb jedoch, ohne sich hinter eine klare Alternative gestellt zu haben, und die beim Formulieren amerikanischer Positionspapiere übliche Kopiermethode sorgte dafür, daß einige von Morgenthaus Zielen in JCS 1067, der entscheidenden Richtlinie für die Besatzungspolitik, enthalten blieben.[6]

Eine zweite Denkweise war im wesentlichen deutschen Ursprungs: die der sozialdemokratischen Emigranten, deren Analyse das Office of Strategic Services und Vorbereitungen für eine Zivilverwaltung beeinflußten. Franz Neumanns einflußreiches Buch „Behemoth", das 1942 erschien, machte kundige Amerikaner mit einer quasi-marxistischen Analyse der Mängel Weimars und den sozioökonomischen Quellen der Macht der Nazis vertraut. Es paßte gut zu der Beschäftigung der amerikanischen Linken mit konzentrierter wirtschaftlicher Macht. (Als Roosevelts Engagement gegen Monopole 1938 auf dem Höhepunkt war, hatte der Präsident erklärt, der Faschismus stütze sich auf konzentrierte privatwirtschaftliche Macht; eine solche Analyse fand sich auch in wissenschaftlichen Interpretationen wie jener in Robert Bradys „Spirit and Structure of German Fascism".)[7] Diese Studien lieferten eine Begründung für die Betonung der Wichtigkeit von sozialistischen und Gewerkschaftsführern im Nachkriegs-Wiederaufbau Deutschlands. Die Analyse privatindustrieller Macht gestattete es wohlinformierten Kommentatoren und Beamten, sich von einer allzu einfachen Verdammung des preußischen Militarismus als tieferliegender Quelle der Nazi-Brutalität abzuwenden. Sie legte die Vermutung nahe, daß eine reformierte Republik befriedigend funktionieren würde, wenn man die sozialen Grundlagen einer rechten Politik durch Landreform beseitigte, etwas Sozialisierung oder öffentliche Kontrolle der Schwerindustrie, wie etwa an der Ruhr, durchsetzte und mächtige Gewerkschaften wiederherstellte. Natürlich stand diese Ansicht auch hinter den Vorstellungen der Labour Party für einen Wiederaufbau der Britischen Zone mit deren Konzentrationen von Kohle- und Stahlproduktion, wenngleich die britischen Besatzungsbehörden an Ort und Stelle konservativer waren.

Diese Vorstellungen einer strukturellen sozioökonomischen Reform verhielten sich zu der dritten amerikanischen Denkrichtung – jene der entschiedenen Kartellgegner – ganz ähnlich wie der erste New Deal zum zweiten. Mit den Kartellgegnern meine ich jene Leute, die aus der von Thurman Arnold 1938 mit neuem Leben beseelten Kartellabteilung des Justizministeriums in die Sektion Dekonzentration und Entflechtung der amerikanischen und später der amerikanisch-britischen Wirtschaftsabteilung der Besatzungsbehörden überwechselten. Praktisch bot Deutschland diesen Beamten ein Betätigungsfeld zur Fortsetzung der Kartellzerschlagungs-Politik, die 1938 vom Temporary National Economic Committee intensiviert, doch dann durch den Vorrang der Kriegsproduktion und -koordination in den Vereinigten Staaten in den Hintergrund gedrängt worden war. In Washington unterdrückt, konnte die Offensive gegen die Kartelle in Frankfurt fortgesetzt werden, wo die Nazi-Regierung, so hieß es, sich auf konzentrierte wirtschaftliche Macht gestützt hatte. Doch aus einer Mischung von persönlichen und bürokratischen Gründen wurde dieser Kreuzzug rasch eingestellt. Seine verbissenen Fürsprecher – ob nun Bernhard Bernstein, ein Hauptvertreter der Ideen Morgenthaus, oder die Juristen wie etwa Alexander Sachs und andere, die 1948–49 entlassen wurden, oder James Stuart Martin, der eine polemische Verteidigung ihres Ansatzes hinterließ – wurden nach 1947 aus Deutschland zurückbeordert, nachdem William Draper, Lucius Clays Stellvertreter, praktisch die Leitung der Wirtschaftspolitik übernommen hatte.[8]

Draper, der aus dem Investitionsbankhaus Dillon-Reed kam, vertrat die vierte Denkrichtung. Er, Clay und Heeresminister Kenneth Royall bestritten nicht die Analyse, die Kartelle mit dem Nationalsozialismus verknüpfte. Sie glaubten ernsthaft daran. Mehr noch, sie tendierten dazu, die Zerschlagung der Kartelle als ein Mittel zu betrachten, das dem Sozialismus vorbeugen könnte, der für sie als dem Nazismus einigermaßen verwandt galt. Andererseits spiegelte ihre Interpretation dessen, was ein Monopol ausmacht, die Kartell-Kontroversen zuhause wider. Während die engagierten Kartellgegner (die dritte Denkrichtung) die Position vertraten, die marktbeherrschende Stellung einer Firma allein rechtfertige die Dekapitalisierung und ‚Dekonzentration', definierten die Besatzungsbeamten der Zeit nach 1947 – ihrerseits den konservativeren Konsens der Truman-Administration in der Wirtschaftspolitik widerspiegelnd – das Monopol so, daß ein daraus resultierender Mißbrauch dazugehörte. Für sie war Größe allein kein Grund zur Verfolgung, gemäß der ‚Regel der Vernunft', die amerikanische Gerichte inzwischen zur Begrenzung von Kartell-Verfahren in den USA anwendeten. Die Konsequenz war in Deutschland, daß Beamte zwar weiterhin eine energische Dekonzentration verbal und theoretisch guthießen, doch die mit der Ausführung dieser Politik betraute Behörde sich schließlich vor allem auf das Linoleum-Kartell konzentrierte – wohl kaum eine strategische Industrie für die deutsche Kriegsmaschine, die zudem 1949 ganze drei Prozent ihrer Vorkriegsproduktion erreichte. Gewiß war Dekonzentration die Devise auf drei Schlüsselsektoren: die I.G. Farben wurden zerschlagen, und ihre Nachfolger wurden die vier großen Chemiefirmen von heute; Banken wurden wieder errichtet; die Stahlindustrie wurde reorganisiert. Nichtsdestoweniger behielten die auf diesen Sektoren gebildeten neuen Einheiten im wesentlichen die Kontinuität zu den älteren.

Aus der Rückschau betrachtet, sollten diese begrenzten Ergebnisse nicht überraschen. Der Antimonopol-Kreuzzug in den Vereinigten Staaten hatte gewöhnlich ähnlich geringfügige Konsequenzen gehabt, denn das Zerschlagen der Kartelle als Ziel hatte vorwiegend als eine ideologische Alternative zum Gemeineigentum gedient. Warum hätte es zu einer radikalen Umformung des Kapitalismus in Deutschland führen sollen, wenn seine Wirkung in Amerika begrenzt gewesen war? Außerdem scheint es, betrachtet man die verflossene Zeit, als hätten Draper, Royall und andere Recht gehabt, als sie die Meinung vertraten, industrielle Konzentration für sich sei keine ausreichende Ursache des Faschismus. Zum Schutz der deutschen Demokratie war es wahrscheinlich fruchtbarer, sich auf die Kräfte zu stützen, die John Kenneth Galbraith ein Jahrzehnt später ‚gegengewichtige Marktmacht' nannte: praktisch die Gewährleistung einer pluralistischen Rivalität.

Blickt man zurück auf diese Dispute innerhalb des Spektrums der amerikanischen Besatzungs-Vorstellungen, so scheint es heute, daß es dabei ebenso sehr um das Ende des New Deal wie um die Zukunft Deutschlands ging. Der Verlierer von 1947–48 war die heimatlose Linke der Demokratischen Partei: einerseits die Sympathisanten der Volksfront, die sich immer noch nach Kooperation mit der heroischen Sowjetunion sehnten, und nun mit schwacher Stimme in „The Nation" oder dem ‚Committee against World War III' warben; andererseits die stärker südstaatlich und in Richtung des Westens der USA orientierte populistische Antikartell-Linke, die ihre Schlachten zuerst innerhalb des Justizministeriums und dann in der Militärregierung verloren hatte. Was sich schließlich durchsetzte, war jene Verbindung zwischen Teilreform und wiederhergestelltem Glauben an Wirtschaft und Produktion, den der Krieg wiederbelebt hatte und den Trumans Fair Deal mit reformorientierten sozialen Fortschritten im eigenen Land auszugleichen suchte.[9] Die westdeutsche politische Ökonomie sollte letztlich zu einem der großen Erfolge des Truman-Kompromisses werden.

Die Auseinandersetzungen über die wirtschaftliche Organisation Deutschlands und die Niederlage sozialistischer Alternativen trugen dazu bei, eine positive Einschätzung der deutschen Produktionskapazität herbeizuführen. In die gleiche Richtung wirkte die Entwicklung zum Kalten Krieg hin. Ende 1947 legte eine neue Obergrenze für die einzelnen Industriezweige bei der wirtschaftlichen

Wiederbelebung Deutschlands (der nunmehr statt der Produktionshöhe von 1932 die von 1936 zugrundegelegt wurde) die Annahme nahe, daß die Vereinigten Staaten und Großbritannien dringend wünschten, die Deutschen würden so viel produzieren, wie sie konnten.[10] Die Kontroversen innerhalb der Militärregierung führten zur Entfernung jener, die befürchteten, die Industriekonzentration werde wahrscheinlich zur Wiederbelebung des Faschismus führen. Die amerikanische Ankündigung des Marshall-Plans und die Reaktion auf die vielfachen wirtschaftlichen und politischen Krisen der Jahre 1947–48 stellten klar, daß die deutsche wirtschaftliche Erholung für die Amerikaner als ein positiver Schritt zur nationalen Rehabilitation gelten werde. Deutschland erhielt einen positiven Produktionsauftrag. In seinem Kielwasser sollte die Wiedergewinnung der Souveränität und die Rehabilitierung des Landes stehen.

Die Verkündung des Marshall-Plans wurde, kurzfristig gesehen, durch die europäischen Rückschläge von Ende 1946 und Anfang 1947 sowie durch die Tatsache ausgelöst, daß es auf der Moskauer Konferenz nicht gelang, die Kooperation der vier Mächte bei der Verwaltung Deutschlands wiederherzustellen. Das Innovative des Marshall-Plans lag genau in der Idee, Westeuropa als eine Einheit zu betrachten und Westdeutschland eine Rolle innerhalb dieser Einheit zuzuweisen. Betrachtete man einmal das deutsche Wirtschaftspotential als einen Beitrag zu einer größeren Region, so erschienen die Beschränkungen der Produktionskapazität des Landes als schädlich. Natürlich mögen kritische Stellungnahmen zur Besatzungspolitik, wie etwa Herbert Hoovers Bericht vom Frühjahr 1947, einen solchen Wandel der Politik rascher herbeigeführt haben, als er sonst eingetreten wäre. Doch in jedem Falle war die Logik dieses Wandels klar. Die deutschen Kohlengruben und Deutschlands hochqualifizierte, fleißige Arbeiter konnten zum Nutzen des ganzen Westens arbeiten. Kohle war 1947 der kritische Rohstoff, die Grundlage für den industriellen Wiederaufbau. Wenn man die deutschen Bergleute ausreichend ernähren und unterbringen, sie mit Stempeln und den notwendigen Kalorien versehen konnte, vermochten sie für die wirtschaftliche Wiederbelebung ihres eigenen Landes und die der Nachbarstaaten zu produzieren. Als Handelsminister Averell Harriman im Sommer 1947 nach Deutschland reiste, hörte er Kumpeln und Managern zu, ließ sich von älteren Gewerkschaftern ihr Engagement an der Idee der Produktion versichern und erklärte ihnen, warum Streiks, ganz gleich wie verzweifelt die Lage der Bergleute sein mochte, in den Vereinigten Staaten einen schlechten Eindruck machen würden.[11] Wie Minister George Marshall und der Vorsitzende des außenpolitischen Senatsausschusses, Thomas Connally, sowie andere einflußreiche Amerikaner betonten, lag die deutsche Wirtschaft im Herzen Europas und war somit von zentraler Bedeutung für den Wiederaufbau des Kontinents. Die Erfordernisse der Produktion konnten legitimerweise gegenüber französischen Sorgen hinsichtlich des deutschen Wiederaufbaus und britischen Wünschen nach einer sozialistischen Umstrukturierung der Kohle- und Stahlindustrie den Vorrang beanspruchen. Ebenso wie der Sieg in Kriegszeiten hatte die wirtschaftliche Wiederbelebung in einer Mangelperiode in amerikanischen Augen eine selbstverständliche Priorität, die geringerwertige politische Überlegungen beiseite schob.

Allen Beobachtern war klar, daß eine Währungsreform die Voraussetzung eines wirtschaftlichen Wiederaufbaus auf fester Grundlage war. Zudem war die Währungsreform um so notwendiger, als die deutsche Bevölkerung sie bereits erwartete, denn während der Wartezeit wurden Waren vom Markt zurückgezogen. Die Währungsreform war jedoch auch die Eintrittskarte für die internationale Wirtschaft unter amerikanischer Regie. Die Verwaltung des Europäischen Wiederaufbauprogramms (ERP) verlangte ein Höchstmaß an Befriedigung europäischer wirtschaftlicher Bedürfnisse zunächst innerhalb eines europäischen Handelssystems. Auf der Grundlage von Zigaretten als Reservewährung konnten die Deutschen kaum daran teilnehmen. Gleichzeitig war die Währungsreform der greifbarste Akt der westdeutschen Wiedervereinigung. Sie erfolgte rasch nach der Londoner Konferenz von Anfang 1948, die ihrerseits zu Verhandlungen über die Bildung einer westdeutschen Regierung führte und dazu beitrug, die sowjetische Blockade Berlins nach dem Juni heraufzubeschwören.

Als die Deutschen begriffen hatten, daß die Produktion nunmehr für den Westen Vorrang hatte, appellierten sie sogleich an das Prinzip der gemeinsamen Anstrengung, um verbliebene alliierte Pläne für die Demontage von Fabriken oder die Entflechtung der Industrie zu Fall zu bringen. Arbeiter, Manager und Kommunalpolitiker verlangten jahrelang im Chor die Suspendierung oder Annullierung solcher Entscheidungen. Im Jahr 1950 rechtfertigten die Thyssen-Werke bereits die Ausweitung ihrer Walzkapazität in Hamborn als den Beitrag guter Europäer.[12] Gleichzeitig begriff Konrad Adenauer, daß die Frage der Produktion zu politischen Konzessionen und zur Rehabilitation führen müsse. Sobald der Schuman-Plan im Mai 1950 auf dem Tisch lag, betonte er nachdrücklich, die partikularistischen Befürchtungen deutscher Firmen gegenüber französischer Konkurrenz dürften der Erreichung eines Abkommens über die Kohle-Stahl-Gemeinschaft nicht im Wege stehen. Für die Manager der Stahlindustrie rechtfertigten neue politische Konzeptionen Forderungen nach wirtschaftlicher Modernisierung und Expansion. Für Adenauer erlaubte es das Wirtschaftspotential Deutschland, sein Streben nach Souveränität voranzutreiben.

Amerikanische Beamte waren begeistert über die Initiative von Jean Monnet und Robert Schuman, die Kohle- und Stahlindustrie der beiden Länder unter einer gemeinsamen Behörde zusammenzufügen. Gute und harmonische Beziehungen zwischen Monnet und John J. McCloy, dem amerikanischen Hochkommissar, ließen die Idee gedeihen. Umgekehrt war Washington enttäuscht über das Widerstreben Großbritanniens, seine Zustimmung zu geben, und über London aus Neid geborene Bemühungen, weniger weitreichende Alternativen anzubieten. Trotzdem war die Konsequenz der englischen Verlegenheit gegenüber der französischen Initiative eine Beschleunigung des Prozesses der deutschen nationalen Rehabilitation. Denn in ihrem Widerstreben dagegen, den Schuman-Plan zu akzeptieren, schlugen die Briten als Ausgleich eine raschere Wiedergewinnung von politischen Rechten und eine frühere Lockerung politischer Kontrollen vor: schnellere Aufnahme in die NATO und weniger Beharren auf einer demokratischen Orientierung, als es selbst Washington angemessen erschien.[13]

Wenn die Devise 1947/48 Produktivität lautete, so war es 1950 Integration. Doch Integration — ob militärische oder wirtschaftliche mit Hilfe des Schuman-Plans und der entstehenden europäischen Zahlungsunion — hing von der Wirtschaftskapazität Deutschlands ab. Es war, wie Dean Acheson es offen aussprach: „Es läßt sich keine sinnvolle Unterscheidung zwischen der Kontrolle über innere Angelegenheiten und jener über Außenpolitik und Handel treffen. Uns geht es darum, daß Deutschland sich in [den] Westen verstrickt und integriert."[14] Doch wenngleich Frankreich nach dem Mai 1950 bereit war, die Deutschen ihre Industrie wieder aufbauen zu lassen, blieb es doch mißtrauisch gegenüber einer deutschen Armee. Großbritannien war gewillt, eine neue Armee zuzulassen, aber hegte Befürchtungen hinsichtlich der deutschen Industrie. Die USA drängten auf Schritte in beide Richtungen. Das Ergebnis waren die Verhandlungen auf verschiedenen Ebenen von Ende 1950, 1951 und 1952, die in die Montanunion und die europäische Verteidigungsgemeinschaft mündeten. Das Wirtschaftsabkommen wurde zur Grundlage für den heutigen Gemeinsamen Markt, während sich die militärische Regelung als zu ehrgeizig erwies, um überleben zu können. Doch als eine Gegenleistung erreichte Deutschland eine Beendigung des Kriegszustandes mittels der Verträge von 1951—52. Diese regelten die Probleme der Auslandsverschuldung und erlaubten der jungen Bonner Republik, ein Auswärtiges Amt zu schaffen und praktisch eine begrenzte Souveränität wiederzugewinnen.

Tatsächlich erwarteten die westlichen Alliierten damit eher eine Versicherungspolice für die Zukunft als einen mächtigen Partner im Augenblick. Erst im Herbst 1950 stieß die deutsche Stahlkapazität schließlich an die Produktions-Höchstgrenzen. Die Bundesrepublik erhielt weiterhin mehr von anderen Staaten als es exportierte; das erste größere Ereignis in der Geschichte der Europäischen Zahlungsunion war eine Krise, in der deutsche Importe durch Hilfskredite gesichert werden mußten. Noch 1950 blieb die deutsche Produktion somit eher eine potentielle als eine aktuelle Größe. Das bedeutet keineswegs, daß die westliche Politik nicht vorausschauend gewesen wäre. Doch gibt es Anlaß zu der Frage, wer in dem Austauschprozeß was gewann.

Die Deutschen erlangten eine politische Aufwertung ihres wirtschaftlichen Potentials. Indem sie auf die Aussicht einer großen Produktionskapazität hinwiesen, konnten sie ihr Potential gegen eine allmähliche politische Rehabilitation eintauschen, nachdem sie gänzlich gedemütigt und geschlagen schienen. Sie gewannen auch noch mehr als politische Akkreditierung. Sie bekamen bis weit in das Jahr 1950 hinein fortgesetzt wirtschaftliche Subventionen und Investitionen: zuerst Hilfs- und GARIOA-Mittel, die sogar höher waren als die Leistungen der Verwaltung für wirtschaftliche Zusammenarbeit (ECA), sodann Marshall-Plan-Zahlungen und schließlich eine Transfusion seitens der Europäischen Zahlungsunion. Was war ihre Gegenleistung? Die Zusicherung, daß sie den Briten und Amerikanern nicht ewig zur Last fallen würden und, wichtiger noch, die Sicherheit, daß sie sich nicht nach Osten orientieren würden. Und zweifellos leistete der deutsche Wiederaufbau auch einen Beitrag zum Wohlstand jeder europäischen Nation; denn ein wirtschaftlich darniederliegendes Deutschland hätte das Wachstum überall behindert. So gesehen, wäre das Ausbleiben einer wirtschaftlichen Erholung, die möglicherweise eine Isolation Deutschlands begleitet hätte, für die Partnerländer weit kostspieliger gewesen als die Subventionen, die sie leisten mußten. Die Lage war nicht allzu verschieden von jener der 1920er Jahre, als Deutschland mehr Geld aus dem Ausland erhielt, besonders amerikanische Investitionen, als es an Reparationszahlungen leistete. Nichtsdestoweniger war es auch damals für den Westen weit günstiger gewesen, die wirtschaftliche Gesundheit Deutschlands zu subventionieren als sich über die Bilanz direkter Kapitalbewegungen zu ärgern.

Letztlich nahm Westdeutschland 1950 die Orientierung wieder auf, um die Stresemann sich in den 1920er Jahren bemüht hatte. Vielleicht war es für Adenauer leichter als für Stresemann, diesen Kurs durchzusetzen, denn es gab weniger Alternativen. Unter Stresemann existierte eine mächtige nationalistische Alternative, während eine solche unter Adenauer einen schwächlichen Versuch bedeutet hätte, zwischen Ost und West zu lavieren. Beide Staatsmänner begriffen die Wichtigkeit einer Versöhnung mit Frankreich unter Herstellung einer Verbindung mit den USA. Versöhnung mit Paris bedeutete, die politischen Vetorechte gegen eine deutsche Teilhabe an einem westlichen Mächtekonzert zu überwinden. Die Herstellung einer Verbindung zu Washington brachte Deutschland die wirtschaftliche Unterstützung, die es benötigte, um seine Verpflichtungen gegenüber den anderen europäischen Staaten einschließlich Frankreichs zu erfüllen. Langfristig gesehen, war die amerikanische Hilfe für Adenauers Deutschland vorhersehbarer und stetiger als die Hilfe durch privatwirtschaftliche Investitionen, die zwischen 1924 und 1929 mobilisiert wurde. Die Vereinigten Staaten erwiesen sich nach dem Zweiten Weltkrieg als bereitwilliger denn nach dem Ersten, als eine verantwortungsbewußte Großmacht zu handeln.

In beiden Fällen bedeutete das verantwortungsbewußte Vorgehen der USA eine Investition in die zukünftige Prosperität Deutschlands. Eine Untersuchung der deutsch-amerikanischen Beziehungen der 1950er Jahre läßt sowohl die deutsche Rolle als auch die Struktur der amerikanischen Führung erkennen. Washingtons Vorrangstellung in einem westlichen internationalen System beruhte schließlich auf den amerikanischen ökonomischen Ressourcen und nicht lediglich auf militärischer Macht. Während die Sowjetunion ihr militärisches Übergewicht teilweise dazu benutzte, um Ressourcen aus ihrem Block in die eigene Gesellschaft zu transferieren, sicherten sich die USA die Loyalität ihrer Verbündeten, indem sie das Kapital für deren wirtschaftlichen Wiederaufbau zur Verfügung stellten. Spezifischer betrachtet, übernahmen die Vereinigten Staaten schließlich die Aufgabe, Europas Defizit in der Zahlungsbilanz abzusichern, indem sie entweder, wie nach 1924, die deutschen Reparationszahlungen an Großbritannien und Frankreich deckten oder Reparationszahlungen durch Marshall-Plan-Hilfe ersetzten. Politik und Wohlergehen Amerikas erforderten die Unterbrechung des Kreislaufs von Zahlungen und Handel, der Europa ausblutete, indem sie Europa und insbesondere Deutschland direkte Transfusionen leisteten. Das soll nicht heißen, es hätte nicht letztlich im eigenen Interesse Amerikas gelegen, diese Investition zu tätigen. Immerhin verlangte es ein weitsichtiges Konzept des Eigeninteresses, künftigen Ertrag gegen augenblickliche Forderungen aufzurechnen. Von 1947 an, sobald Morgenthaus Gedanke von einem Europa ohne ein industrialisiertes Deutschland zu den Akten gelegt war, befürworteten Amerikaner die Idee eines Europas mit Deutschland als wichtigstem industriellem Partner. Der Marshall-Plan sollte dazu dienen, Europa auf dieses Plateau ökonomischen Austauschs zu heben. Ende der 1950er Jahre konnte Westdeutschland sogar anfangen, die Rolle der wichtigsten kontinentalen Militärmacht innerhalb des Nordatlantikvertrages zu spielen.

Für ein Nachkriegs-Westdeutschland wurde der Einfluß der Vereinigten Staaten offenkundig fundamental: als militärische Schutzmacht, als wirtschaftlicher Investor, als ideologisches Vorbild. Jede dieser Rollen ermöglichte die Ausfüllung der anderen beiden. Ganz offensichtlich wären die 50 Millionen Westdeutschen ohne die sichere Basis der militärischen Sicherheit nicht zufrieden und weitgehend einstimmig innerhalb des Wirkungsbereichs des amerikanischen kulturellen Einflusses geblieben. Sie hätten nicht ganz so reibungslos das Vorbild einer relativ pluralistischen und leistungsorientierten Gesellschaft importiert, wenngleich ihnen tatsächlich die Zerstörung ihrer älteren Hierarchien kaum eine andere Wahl ließ. Sie hätten nicht geglaubt, daß sie amerikanische Vorbilder für die Beziehungen zwischen den Sozialpartnern mit deren weniger auf Konfrontation ausgerichteten Stil importierten. Doch der wirtschaftliche Inhalt der Beziehung war in den Nachkriegsjahren gleichfalls fundamental, weil die deutschen politischen Institutionen so gründlich zerstört waren. Die Produktion versprach zu einem Zeitpunkt, als man Westdeutschland keine Politik anvertraute, als Ersatz für Politik zu dienen. Die Attraktivität des amerikanischen Vorbildes lag gerade in der Tatsache, daß nach Auffassung der Deutschen die Amerikaner ökonomische Rationalität und Verwaltung an die Steller vieler der Bereiche gesetzt hatten, die in der Alten Welt immer noch von politischer Ideologie bestimmt zu sein schienen. Dazu gehörten die Beziehungen zwischen den Klassen, die Zuweisung materiellen Wohlergehens und Einfluß am Arbeitsplatz. Sozialwissenschaftliche Theorien der Modernisierung und konfliktfreier Beziehungen zwischen den Sozialpartnern entstanden im Amerika der Nachkriegszeit, wurden aber von Deutschen übernommen, um damit die neuen Grundlagen ihrer Nachkriegsgesellschaft zu beschreiben.

Gäbe es an dieser Stelle Raum dafür, ließe sich eine ironische Geistesgeschichte präsentieren, die zeigt, wie die herrschenden aus Amerika importierten sozialwissenschaftlichen Theorien ihrerseits zurückgingen auf eine teilweise und selektive Auswertung deutscher Vorstellungen von Modernisierung der vorhergehenden Generation; wie, um zwei Gelehrte anzuführen, Talcott Parsons Max Weber rezipierte, doch nur jene Teile übernahm, die eine Rationalisierung betonten, während er die dunkleren Weberschen Klangfarben hinsichtlich politischer Herrschaft und politischen Zwanges weniger beachtete. In gewissem Sinne war es die ‚sonnige Seite' Max Webers, die in den 1950er Jahren nach Deutschland reimportiert wurde, um Modelle einer Gesellschaft zu liefern, in der ökonomische Optimierung an die Stelle von politischem Irrationalismus und charismatischem Führungsstil trat.

Wenn, wie ich es glaube, die von Westdeutschen und Amerikanern geteilten Vorstellungen einer Nachkriegswelt unter Führung der USA mit Deutschland in der Rolle des wichtigsten europäischen Industrieproduzenten auf einer gewissen ökonomischen Simplifizierung beruhten, dann war es nur natürlich, daß man die Zusammenarbeit in einem späteren Stadium als weniger befriedigend empfand denn ursprünglich. Denn das Nachlassen des wirtschaftlichen Erfolges in den 1970er Jahren und die Tatsache, daß die Vereinigten Staaten weniger in Westeuropa investierten und stattdessen mit einem überbewerteten Dollar mehr europäische Ressourcen herauszogen, mußte unweigerlich die Nützlichkeit einer solchen Beziehung in Frage stellen. Gleichzeitig besannen sich die Deutschen auf den Nachhall der nationalen Existenz, den sie in den 1950er Jahren unterdrückt hatten, wie etwa die Attraktivität kultureller Appelle an nichtmaterielle Werte, die Rolle von Landschaft und Umwelt, die Wiederkehr einer Suche nach der Befriedigung durch Gemeinschaft und Ganzheit in der Politik, das Bewußtsein der Existenz eines weiteren und eines tieferen Deutschland. Heute steht Deutschland wiederum an dem Kreuzweg zwischen politischen Konzeptionen; es wägt den berechenbaren Nutzen des Westens, des Wohlstands und einer funktionierenden Republik ab gegen die ungewisse Verlockung, auf eine umfassendere, aber potentiell verhängnisvolle politische Zukunft zu setzen.

*

Da dieser Aufsatz Teil einer Feier deutsch-amerikanischer Beziehungen ist, lassen Sie mich mit einer persönlichen Erinnerung schließen. Mein erster direkter Kontakt mit Deutschland war mein Besuch als 16jähriger amerikanischer Schüler bei einer Familie in Bonn im Sommer 1955. In gewissem Sinne kam ich gerade in dem Augenblick, als das Land das erste Nachkriegsjahrzehnt hinter sich ließ, was Günter Grass und Rainer Werner Fassbinder so beißend in Erinnerung gerufen haben. Das Deutschland, das ich aus erster Hand kenne, ist Deutschland als Produzent. Doch das Deutschland, das ich aus meinen historischen Studien kenne, zeigte sich für romantischere und manchmal brutalere Strömungen empfänglich. Ich bin nicht mehr so fest überzeugt wie früher einmal, daß solche Appelle keinen Widerhall mehr finden können. Und während diese Möglichkeit für ein Kind der 1950er Jahre einigermaßen beängstigend ist, muß sie noch viel beängstigender für einen Deutschen sein, der spürt, wie die emotionalen und materiellen Grundlagen seiner nationalen Existenz in Bewegung geraten. Trotzdem sollten Wissenschaftler, die sich mit Deutschland beschäftigen, diese alternative Zukunft ins Auge fassen. Denn die Aufgabe der kommenden Generation hinsichtlich der deutsch-amerikanischen Beziehungen könnte es sein, Verständnis für einander in einer Ära zu bewahren, in der wirtschaftlicher Erfolg als Grundlage der Beziehung der beiden Länder nicht mehr ausreicht, in der widerstreitende politische Vorstellungen von neuem autonome und zwingende Kraft erlangen.

Anmerkungen

1 James Bryant Conant, Germany and Freedom. A Personal Appraisal, Cambridge, MA: Harvard University Press, 1958.
2 Lutz Niethammer, Die Mitläuferfabrik. Entnazifizierung am Beispiel Bayern, Berlin: J.H.W. Dietz, 1982; John Gimbel, A German Community under American Occupation. Marburg, 1945–1952, Stanford: Stanford University Press, 1961.
3 Friedrich Meinecke, The German Catastrophe, Boston: Beacon Press, 1963, S. 38; [ders., Die deutsche Katastrophe. Betrachtungen und Erinnerungen, Wiesbaden: Eberhard Brockhaus, ²1946, S. 62].
4 Die Protokolle dieser Debatten, die im Koblenzer Bundesarchiv, Aktenbestand Z/3, verfügbar sind, sind nun wenigstens teilweise veröffentlicht worden. S. Walter Vogel u.a. (Hg.), Akten zur Vorgeschichte der Bundesrepublik Deutschland 1945–1949, 5 Bde., München: Bundesarchiv und Institut für Zeitgeschichte, 1976 –.
5 S. U.S. Treasury Memorandum, „Is European Prosperity Dependent upon German Industry?", 7. 9. 1944, in: Harry Dexter White papers, Box 7, F. 22e, Mudd Library, Princeton University; zu der Auseinandersetzung über Morgenthaus Ideen s. John Morton Blum, From the Morgenthau Diaries. Years of War, 1941–1945, Boston, MA: Houghton Mifflin, 1967, S. 323–347.
6 John Gimbel, The American Occupation of Germany. Politics and the Military, 1945–1949, Stanford: Stanford University Press, 1968, S. 1–22; Paul Y. Hammond, Directives for the Occupation of Germany. The Washington Controversy, in: Harold Stein (Hg.), American Civil-Military Decisions, Birmingham, AL: University of Alabama Press, 1963, S. 311–464.
7 Franz Neumann, Behemoth. The Structure and Practice of National Socialism, New York: Oxford University Press, 1942, veränd. Aufl. 1944; Robert A. Brady, The Spirit and Structure of German Fascism, New York: Viking Press, 1937.
8 Zum Hintergrund hinsichtlich der Frage der Kartellbekämpfung s. Ellis Hawley, The New Deal and the Problem of Monopoly, Princeton: Princeton University Press, 1966, S. 420–471; James Stewart Martin, All Honorable Men, Boston: Little Brown, 1950. Das Material zum Fall Sachs und zur Entfernung der kartellfeindlichen Elemente befindet sich in den National Archives: Record Group 200, Johnston Avery Papers, und Record Group 335, Ferguson Committee Records.
9 Zu den widerstreitenden Strömungen in der Truman-Administration, s. Alonzo L. Hamby, Beyond the New Deal. Harry S. Truman and American Liberalism, New York: Columbia University Press, 1973.
10 Zur Auseinandersetzung über die Höchstgrenzen der Industrieproduktion s. die Berichte in: U.S. Department of State, Foreign Relations of the United States, 1947, Bd. 2, S. 983–1067.
11 Report on the Harriman Mission (Sommer 1947), in: W. Averell Harriman papers [in Privatbesitz].
12 S. „Vorschlag . . . der August-Thyssen-Hütte", 9. 2. 1950, in: Akten des Verwaltungsamtes für Eisen und Stahl, Z41/23, Bundesarchiv Koblenz.
13 S. das Byroade Memorandum vom 6. 5. 1950 in: Foreign Relations of the United States, 1950, Bd. 3, S. 933 f.
14 Telegramm Acheson v. 12. 5. 1950, ebd., S. 1046.

29. Vom Nazismus zum NATOismus
Das westdeutsche Wandlungswunder im Spiegel der Luce-Presse

Jost Hermand

1

Je deutlicher es in den Jahren 1943 bis 1945 wurde, daß die Alliierten über die Achsenmächte siegen würden, desto dringlicher stellte sich die Frage, was mit Deutschland nach dem Kriege geschehen solle. So einig sich die Regierungen der USA, Englands und der UdSSR in ihrem Antifaschismus waren, so uneinig waren sie sich – aufgrund höchst verschiedener Ausgangspositionen – in diesem Punkte. Eine endgültige Entscheidung in dieser Frage wurde daher von einer Konferenz zur anderen verschoben. Doch nicht nur zwischen den drei Alliierten herrschten im Hinblick auf ein zukünftiges Deutschland gravierende Meinungsverschiedenheiten, auch in den Vereinigten Staaten selbst bestand in diesem Punkt alles andere als ein Konsensus. Vereinfacht gesprochen, gab es hier seit 1941 etwa drei Einstellungen zu Deutschland: 1. einen ‚harten' Kurs, der vom Gesichtspunkt der Bestrafung ausging, das heißt Deutschland wegen seiner offenbar nicht zu zügelnden Aggressivität so stark entmachten wollte, daß es nie wieder die Kapazität zur Entfesselung eines neuen Weltkrieges haben würde, 2. einen ‚mittleren' Kurs, der zwar auch harte Maßnahmen zur Bestrafung Deutschlands für richtig hielt, aber dieses Land nach einem langen Prozeß der Umerziehung wieder in den Kreis der friedliebenden Nationen aufnehmen wollte, und 3. einen ‚weichen' Kurs, der auf einer sofortigen politischen und wirtschaftlichen Stärkung Deutschlands bestand, um dieses Land so schnell wie möglich in ein ‚Bollwerk gegen den Kommunismus' zu verwandeln.

Bei den Vertretern des ‚harten' Kurses[1] handelte es sich um eine höchst gemischte Gruppe aus zu Recht verbitterten Juden, alten Deutschenhassern aus der Zeit des Ersten Weltkrieges und jenem Industriellenkonsortium, das Deutschland ein für allemal als Konkurrenten auf dem Weltmarkt ausschalten wollte. Aufgrund dieser Zusammensetzung waren die Vorschläge, die diese Richtung auf journalistischer oder publizistischer Ebene machte, notwendig höchst verschiedenartige. Sie reichten von Vorschlägen zur Aufteilung Deutschlands in mehrere Staaten, der Demontage aller Fabriken und einer Neuverteilung des Grundbesitzes, wie sie etwa Louis Nizer 1944 in seinem Buch „What to do with Germany?" machte,[2] bis zur Aussiedlung, biologischen Umzüchtung oder Sterilisierung aller Deutschen, um so den Namen ‚deutsch' für alle Zeiten aus den Blättern der Geschichte zu tilgen.³ Und wie im Ersten Weltkrieg stand die Mehrheit der amerikanischen Bevölkerung, wie sich aus einschlägigen Meinungsbefragungen ersehen läßt, durchaus hinter diesem ‚harten' Kurs.

Es nimmt daher nicht wunder, daß auch die amerikanische Regierung, zumal 1944 ein Wahljahr war, zu diesem Zeitpunkt weitgehend den populären ‚harten' Kurs unterstützte. So hat sich Franklin D. Roosevelt, der den Deutschen, dieser „monstrous nation", wie er sie nannte, ohnehin mißtraute,⁴ 1943 und 1944 mehrfach für einen ‚harten' Frieden ausgesprochen. Für ihn gab es damals kein ‚anderes Deutschland', kein Deutschland der Widerstandskämpfer und der Inneren Emigration, sondern nur *ein* Deutschland, nämlich Nazi-Deutschland. Dieses Land zu bestrafen und klein zu halten, erschien ihm allerdings eine Angelegenheit der europäischen Nationen und nicht der Amerikaner, die sich nach dem Kriege wieder aus Europa zurückziehen und eine globale Friedensregelung im Rahmen der Vereinten Nationen anstreben sollten.⁵ Roosevelt wurde in dieser Sicht vor allem von seinem Vertrauten Bernard Baruch unterstützt, der wie er Deutschland für wesentlich gefährlicher als die UdSSR hielt und für eine massive ökonomische Unterstützung Rußlands eintrat. Ebenso entschieden bekannte sich Sumner Welles, Roosevelts Undersecretary of State, zu diesem ‚harten' Kurs und trat 1944 in seinem Buch „Time for Decision" für eine Aufteilung Deutschlands, eine Entmachtung der Schwerindustrie, eine Liquidierung des preußischen Generalstabs und eine teilweise Abtretung deutscher Ostgebiete an Polen ein.⁶

Doch wirklich bekannt wurden alle diese Konzepte erst durch den sogenannten ‚Morgenthau-Plan'. Henry Morgenthau war Roosevelts Secretary of the Treasury, der Deutschland bereits seit dem Ersten Weltkrieg mißtraute und wie Bernard Baruch nicht in den Russen, sondern in den Vertretern dieser Nation die Hauptgegner der USA erblickte. Dieser Mann war in Roosevelts Kabinett keine Nebenfigur, sondern „the man I admired and loved second only to my father", wie Roosevelt selber beteuerte.⁷ Morgenthau und sein Undersecretary Harry Dexter White entwarfen daher schon 1943 ein „Programm, Deutschland an der Entfesselung eines dritten Weltkrieges zu hindern", in dem sie wie Sumner Welles und Lord Vansittard für eine Aufteilung Deutschlands, einen Abbau der Industrie, eine Umsiedlung großer Teile der deutschen Arbeiterschaft, eine Internationalisierung des Ruhrgebiets und eine von Frankreich, Polen und Rußland durchgeführte scharfe Kontrolle des ‚verbäuerlichten' Restdeutschlands eintraten.⁸ Solche Vorschläge galten damals keineswegs als extrem oder bizarr. „Morgenthaus Verlangen nach einem starken Rußland als Alternative zu einem aggressiven Deutschland," schrieb der US-Historiker John L. Snell später, „wurde im Jahr 1944 selbst von vielen Nicht-Kommunisten geteilt".⁹ Man nannte dieses Konzept allgemein ‚die karthagische Friedensregelung' – und viele Politiker fanden, daß Deutschland nach zwei Weltkriegen nichts anderes verdient habe. Jedenfalls galt dieser ‚harte' Kurs um 1944/45 als der liberale, ja geradezu ‚linke' und wurde neben Roosevelt, Morgenthau und White auch von Politikern wie Henry A. Wallace und James F. Byrnes unterstützt.

Allerdings gab es zu gleicher Zeit selbst in Roosevelts Kabinett schon Vertreter des ‚mittleren' Kurses, die sich in aller Offenheit gegen solche drastischen Maßnahmen aussprachen. Auch sie setzten sich für eine harte Bestrafung Deutschlands ein, traten aber sowohl der Idee der Aufteilung Deutschlands als auch der Idee des totalen Abbaus der deutschen Industrie scharf entgegen. Statt dessen erklärten sie, daß sich Deutschland nach einer Zeit internationaler Kontrollen, demokratischer Umerziehung und der Auswahl neuer politischer Führer, unter denen bereits im September 1944 der Name Konrad Adenauer auftaucht,[10] sicher wieder in den Kreis der friedliebenden Nationen eingliedern lasse. Zu den Hauptvertretern dieses Kurses gehörten der Secretary of War Henry Stimson und sein Undersecretary John J. McCloy, die zwar die Deutschen auch von Natur aus als ‚aggressiv' einschätzten, aber ihnen nach dem Kriege – fairerweise – nochmals eine Chance geben wollten. Den gleichen Kurs vertraten der Secretary of State Cordell Hull und James P. Warburg im Office of War Information, die ebenfalls auf eine durchgreifende Katharsis vertrauten, aus der ein ‚anderes, besseres Deutschland' hervorgehen werde.[11] Auf Wunsch dieser Gruppe entließ Roosevelt im September 1943 den Undersecretary Sumner Welles und ersetzte ihn durch Edward R. Stettinius, der als Chairman des Post-War Programs Committee im August 1944 eine Erklärung ausarbeitete, die sich gegen die Aufteilung Deutschlands aussprach, nur eine begrenzte Kontrolle der deutschen Wirtschaft befürwortete und nach einer kurzen Periode von Reparationsleistungen eine „spätere Wiedereingliederung Deutschlands in die Weltwirtschaft" vorsah.

Durch das Auftreten dieser Kreise geriet Roosevelt im Herbst 1944 in eine etwas schwierige Situation. Obwohl er innerlich mehr zu der Morgenthau-White-Welles-Linie neigte und an einem weiteren Ausbau der guten Beziehungen zur Sowjetunion interessiert war, sah er an der scharfen Gegenreaktion, welche das Bekanntwerden des Morgenthau-Plans in der amerikanischen Presse verursachte, daß die auf eine Restitution des Kapitalismus in Deutschland drängenden und damit einen antisowjetischen Kurs vertretenden Kreise eine ebenfalls nicht zu unterschätzende Anhängerschaft hatten. Roosevelt taktierte deshalb in den Wochen vor seiner Wiederwahl im November 1944 in diesem Punkte etwas vorsichtiger. Er hielt zwar weiterhin an der Kollektivschuldthese fest und erklärte: „Dem deutschen Volk als ganzem muß ein für allemal klar gemacht werden, daß sich die ganze Nation in eine gesetzlose Verschwörung gegen die Anstandsformen der modernen Zivilisation verwickelt hat",[12] betonte aber ebenso offen, daß es nicht seine Absicht sei, „das deutsche Volk zu versklaven" oder „die einfachen Leute der Achsenmächte zu schädigen."[13] Ja, im Dezember 1944 schrieb er sogar, daß es Deutschland nach dem Kriege erlaubt sein solle, „industriell wieder hochzukommen, um die eigenen Bedürfnisse zu befriedigen."[14] Allerdings müßten sich die Deutschen, wie er immer wieder einschränkend hinzufügte, ihre Rückkehr „in die Gemeinschaft friedliebender und gesetzestreuer Nationen" schwer verdienen.[15] Aufs Ganze gesehen, blieb also Roosevelt auch nach seiner Wiederwahl bei einem mittleren Kurs zwischen Morgenthau und Stettinius, den er am 1. Dezember 1944 anstelle des schwer erkrankten Cordell Hull zum neuen Secretary of State ernannte. Und diesen Kurs behielt er bis zu seinem Tode am 12. April 1945 bei. Letztlich blieb dieser Kurs noch weit über das Potsdamer Abkommen hinaus, das heißt bis Anfang 1946, der offizielle Kurs der Demokratischen Partei und des neuen Präsidenten Harry S. Truman.[16]

Die dritte Richtung, die ‚weiche' oder ‚rechte' Deutschland-Politik, wurde anfänglich vor allem von den Wortführern der republikanischen Opposition vertreten. Diese Kreise, die ideologisch noch immer Herbert Hoover nahestanden, hatten sich sowohl gegen die diplomatische Anerkennung der Sowjetunion, die New-Deal-Politik Roosevelts, die Kriegspartnerschaft mit der UdSSR im Kampf gegen Nazi-Deutschland als auch gegen alle anderen Übel der sogenannten ‚Red Decade' gesperrt. Ja, auf ihrem rechten Flügel waren immer wieder Stimmen laut geworden, sich aus den europäischen ‚Wirren' entweder isolationistisch herauszuhalten oder sich mit den Nazis gegen die Sowjetunion zu verbünden. In der New-Deal-Periode und im Zweiten Weltkrieg sahen sie deshalb nur ein ‚demokratisches' Zwischenspiel, auf das nach dem Ende der Feindseligkeiten wieder die Rückkehr zur Normalität, nämlich die Rückkehr zum Kalten Krieg gegen die Sowjetunion folgen müsse. Zu den Hauptvertretern dieses Kurses gehörten neben einigen Wallstreet-Größen vor allem Männer wie John Foster Dulles, General George S. Patton[17] und ein republikanischer Senator wie Arthur H. Vandenberg, der 1941 noch als strenger Isolationist aufgetreten war,[18] sich jedoch ab 1943/44 als weltpolitisch orientierter ‚Realist' ausgab und die Erörterung eines durch die ‚United Nations' garantierten zukünftigen Weltfriedens als idealistisches Gewäsch hinstellte. Nach dem Tode Roosevelts und dem siegreichen Ende des Krieges, aus dem die USA aufgrund ihres gewaltig angewachsenen wirtschaftlichen und militärischen Potentials sowie des Auseinanderfalls des britischen Weltreichs und der Schwächung Westeuropas als die Weltmacht Nummer Eins hervorgingen, bekamen diese Kreise Oberwasser und entfesselten eine immer intensiver werdende Medienkampagne gegen die UdSSR und den Kommunismus, die 1946 zum Sieg der Republikaner bei den Kongreßwahlen beitrug. Von da ab war der sogenannte ‚Kalte Krieg' unvermeidlich. Auch Präsident Truman, der schon immer zu den ‚Realisten' gehört hatte, bekannte sich seit 1946 ganz offen zu diesem neuen Kurs. Das gleiche taten die meisten Mitglieder seines Kabinetts wie Dean Acheson, Robert Lovett, George C. Marshall und James F. Byrnes. Doch am stärksten profilierten sich selbstredend die Republikaner bei diesem antikommunistischen Backlash, unter ihnen ein Kongreßmann wie Richard M. Nixon und ein Senator wie Joseph McCarthy, deren wichtigste Plattform bei dieser immer hektischeren Kommunistenhetze das House Committee on Un-American Activities wurde. All das führte – bekanntermaßen – zur Truman-Doktrin, zur Containment Policy, zur aktiven Unterstützung Griechenlands und der Türkei gegen die ‚Reds', zum Korea-Krieg und schließlich zum Wahlsieg der Republikaner unter General Dwight D. Eisenhower im Jahre 1952.

Im Hinblick auf Deutschland bewirkte diese Entwicklung die rapide Eingliederung der drei Westzonen und dann der im Herbst 1949 gegründeten Bundesrepublik, die ohne den Kalten Krieg wohl nie in dieser Form entstanden wäre, in das westliche Wirtschafts- und Bündnissystem. Diese Politik, die unter Roosevelt noch undenkbar gewesen wäre, erfreute sich vor allem auf seiten der schon immer antikommunistisch eingestellten oder neu gegen den Kommunismus aufgeputschten Geschäftsleute und Militärs einer rückhaltlosen Unterstützung.[19] Das beweist unter anderem das Pamphlet „American Policy Towards Germany" von 1947, in dem sich 89% der führenden Geschäftsleute der USA für eine „rasche Entwicklung der deutschen Industrie" einsetzten,[20] da ihnen bei der Wahl zwischen Scylla und Charybdis die westdeutsche Konkurrenz auf dem Weltmarkt – im Vergleich zur Stärkung des Kommunismus – schließlich doch als das kleinere Übel erschien. Noch offener bekannte sich der Undersecretary of the Army, William H. Draper, zu dieser Deutschland-Politik,[21] die George Shaw Wheeler einmal in folgenden Hauptpunkten zusammengefaßt hat: „1. Die Restaurierung des Monopolkapitalismus. 2. Die Einrichtung einer antisowjetischen Militärbasis. 3. Die Schaffung eines Konfliktherdes für den Kalten Krieg."[22] Und damit deutete sich bereits 1947 die Machtzusammenballung an, die Eisenhower gegen Ende der fünfziger Jahre als jenen „militärisch-industriellen Komplex" bezeichnet hat, vor dem sich die USA zu hüten hätten. Doch wer sind die USA? Und wie sollen sich die Machtlosen vor den allzu Mächtigen hüten?

2

Lassen wir diese Fragen einmal stehen und konzentrieren uns statt dessen im folgenden auf den politischen Paradigmawechsel der unmittelbaren Nachkriegszeit, das heißt auf all jene ideologischen Manöver, durch die aus den guten Russen die bösen Russen bzw. aus den bösen Deutschen die guten Deutschen wurden, um den außenpolitischen Kurs – nach dem aggressiven Auftreten der Nazis und der ‚perversen' Allianz mit der UdSSR – wieder in normale Bahnen zurückzulenken. Wie kam es eigentlich dazu, daß jene Vielzahl von Amerikanern, die noch 1944/45 auf seiten des Morgenthau-Plans gestanden hatte, wenige Jahre später für diesen Plan nur noch ein höhnisches Lächeln übrig hatte und plötzlich das genaue Gegenteil befürwortete, ja bereit war, mit Unterstützung der Deutschen gegen die Sowjetunion in den Krieg zu ziehen? Wie stark Stalin diese Entwicklung mitprovoziert hat, läßt sich heute wohl kaum noch leugnen. Doch Fakten allein erzeugen noch keinen allgemeinen Stimmungsumbruch. Zu einem solchen Paradigmawechsel sind viel tiefergehende Machinationen als ein paar außenpolitische Meldungen erforderlich. Dazu gehören einflußreiche Meinungsmacher und die entsprechenden Massenmedien, die sich in den Dienst der neuen Tendenzen stellen. Gehen wir darum an die Frage einmal aus der Perspektive der damaligen Massenmedien heran. Wer stand eigentlich hinter diesen Medien? Und wer versprach sich einen Nutzen von dieser außenpolitischen ‚Vereisung', um im Metaphernfeld des Kalten Krieges zu bleiben?

All dies sind selbstverständlich höchst komplizierte und widerspruchsvolle Prozesse. Um also weiteren Vergröberungen zu entgehen, sei im Rahmen dieser

Untersuchung *ein*, wenn auch recht einflußreicher Beförderer dieser Entwicklung herausgegriffen: der republikanisch und antikommunistisch eingestellte Medienzar Henry Luce (1898—1967), der seit 1923 Editor und Publisher von „Time" war und zu dessen Imperium auch „Life", „Fortune" und „Sports Illustrated" gehörten. Luce war von Anfang an einer der offensten Vertreter der „Geschäftsinteressen gegen den Kommunismus" in den USA und „haßte" demzufolge die Demokraten und vor allem Roosevelt.[23] In seinen Blättern begann der Kalte Krieg schon 1944, um jenen Meinungsbefragungen entgegenzuarbeiten, die im selben Jahr herausgefunden hatten, daß 81% der Amerikaner dafür eintraten, daß die USA mit Rußland „als gleichwertige Partner im kommenden Frieden" zusammenarbeiten sollten. Luce war daher höchst kritisch am Ausgang der Konferenzen von Teheran und Jalta, ja sparte selten mit abfälligen Bemerkungen gegen die „gottlosen Russen".[24] Um seinen politischen Einfluß zu vergrößern, kaufte er 1944 zwölfeinhalb Prozent von NBC's Blue Network. Dadurch verschaffte er sich die Möglichkeit, seine Ideologie nicht allein durch seine Illustrierten, sondern auch durch hundert Radiostationen zu verbreiten, durch die er jede Woche etwa ein Drittel aller erwachsenen Amerikaner mit seiner Botschaft des Antikommunismus erreichte. Sein Hauptslogan war dabei: „Ich favorisiere nun einmal Gott, die Republikanische Partei und die freie Wirtschaft."[25] Luce setzte seine politischen Hoffnungen vornehmlich auf die Elite der großen Geschäftsleute, in der er die Aristokratie der Vereinigten Staaten sah. Wohl am massivsten äußert sich diese Gesinnung in seinem Essay „The American Century" von 1941, worin er dem konservativen Isolationismus, dem damals noch viele Republikaner anhingen, seine Form des ‚Liberalismus' entgegenstellte, nämlich einen Liberalismus, der weit über die USA hinausgreift und die gesamte Welt mit den Segnungen des ‚American Way' zu beglücken sucht. Luce forderte hier seine Partei ganz offen auf, ein „Programm für Amerikas Initiative und Aktivität als Weltmacht" zu entwickeln. Aus diesem Grund trat er dem bisherigen „Isolationismus" mit einem „wahrhaft amerikanischen Internationalismus" entgegen. „Es ist unser Jahrhundert," schrieb er triumphierend. „Es ist unseres nicht nur in dem Sinne, daß wir zufällig darin leben, sondern auch in dem Sinne, daß es Amerikas erstes Jahrhundert als herrschende Macht in der Welt darstellt."[26]

Luce, der nie aufgehört hatte, in der Sowjetunion den Hauptwidersacher seines ‚American Dream' zu sehen, wurde damit schon 1944/45 zu einem der einflußreichsten Scharfmacher in dem, was man seit 1946 den ‚Kalten Krieg' nannte. In den folgenden Jahren unterstützte er alle Politiker, die einen eindeutig antikommunistischen Kurs vertraten: General Douglas MacArthur, Tschiang Kai-schek, Winston Churchill, Francis Kardinal Spellman und den Schah von Persien. Zugleich arbeitete er eng mit protestantischen Organisationen zusammen, während seine Frau Clare Boothe Luce die Beziehungen zur katholischen Kirche pflegte. In der Regierungszeit Roosevelts sahen Luce und seine Freunde zu diesem Zeitpunkt nur noch ein bedauerliches Zwischenspiel, bei dem die amerikanische Politik durch ihren Flirt mit den Russen von ihrem naturgemäßen Kurs abgewichen sei. Selbst Truman und Byrnes waren diesen

Kreisen ‚zu weich gegenüber dem Kommunismus'. Der eindeutig politik-ökonomischen Orientierung ihres ‚neuen Kurses' hängten sie meist ein moralisches oder religiöses Mäntelchen um und kleideten ihr Verlangen nach größerem Einfluß in der Welt gern in die Form eines ‚Kreuzzuges' ein. So wandte sich Luce 1948 in seinem Essay „Christianity and War" gegen den Pazifismus mancher Kirchenführer, der nur dazu beitrage, daß Europa in die Hände des Kommunismus falle. Bei diesem militanten Kurs blieb Luce die gesamten fünfziger Jahre. Immer wieder hämmerte er in dieser Zeit seinen Lesern ein: „Wir müssen gewinnen, und je früher desto besser", wie es noch in seinem Essay „National Purpose and Cold War" von 1960 heißt. Ja, er betonte, daß zur Erreichung dieses Ziels, nämlich des Siegs über die Sowjetunion, auch „das größte vorhersehbare Risiko des totalen Krieges" erforderlich werden könne.[27]

3

Im Hinblick auf diese Kalte-Kriegs-Strategie soll im folgenden die Deutschland-Berichterstattung der Blätter „Time" und „Life" etwas genauer durchleuchtet werden, und zwar vom Zeitpunkt des totalen Zusammenbruchs des Nazi-Regimes im Mai 1945 bis zur Erringung der vollen Souveränität der Bundesrepublik im Jahre 1955, die Luce wie kaum ein anderer herbeigewünscht und befördert hat.

Schon kurz nach Kriegsende beklagte die Luce-Presse die Fehler von Jalta und Potsdam, das heißt die amerikanische Zustimmung zur Entkartellisierung und teilweisen Demontage der deutschen Schwerindustrie, und setzte sich für einen rapiden Wiederaufbau dieser Industrien im Sinne der amerikanischen Interessen in Europa ein. Statt eine Neuordnung der deutschen Verhältnisse zu befürworten, wie sie im Potsdamer Abkommen vorgesehen war, setzten sich „Time" und „Life" für eine Restauration früherer Zustände ein. Langwierige Wandlungs- und Umerziehungsprozesse erschienen ihnen nur hinderlich. Luce selber sagte 1945 im Hinblick auf das besiegte Nazi-Deutschland lapidar: „Ergreife drastische Maßnahmen, um das Naziregime und -system zu zerstören. Töte eine Anzahl von Leuten. Bestrafe eine größere Anzahl von Leuten schwer. Dieses Unternehmen sollte in sehr wenigen Monaten abgeschlossen sein."[28] All das hielt er für gar nicht so wichtig. Wirklich wichtig war ihm der möglichst schnelle Wiederaufbau Deutschlands als eines Brückenkopfes amerikanischer Interessen in Westeuropa, das heißt die Etablierung eines ‚Bollwerks gegen den Kommunismus'.

Was lesen wir also in „Time" und „Life" im Herbst 1945 über dieses Deutschland? Über das Potsdamer Abkommen wurde am 13. August in „Time" relativ kurz berichtet. Neben den unumgänglichen Fakten hob man dabei vor allem Rußlands „Absicht, Osteuropa zu beherrschen" hervor. Am gleichen Tage brachte „Life" einen kurzen, im Sinne einer ‚human interest story' angelegten Bildbericht über die unehelichen SS-Kinder in der ‚Lebensborn'-Anstalt Hohenhorst und dann am 27. August einen etwas längeren Bildbericht über die

Krupps. In ihm wurde zwar Alfried Krupp als Hauptkriegsverbrecher hingestellt, ja sogar behauptet: „Die Krupp-Familie ist mindestens so sehr wie Adolf Hitler für die Verluste an alliierten Soldaten im Zweiten Weltkrieg verantwortlich. Zusammen mit anderen deutschen Industriellen machten sie zuerst Hitler und dann seine Kanonen," aber aus solchen Behauptungen werden keine weiterreichenden Konsequenzen gezogen. Ebenso vordergründig wirkt die Berichterstattung über die Nürnberger Prozesse am 10. Dezember in „Time" und „Life", in der ‚die Deutschen' von jeder Kollektivschuld ausdrücklich freigesprochen wurden, um so den Weg zu einer möglichst schnellen Aufwertung dieser Nation offenzuhalten. Dazu paßt, daß „Time" schon am 16. Juli 1945 das Buch „Bones of Contention" von Lord Vansittart angegriffen hatte, in dem die Deutschen als „Hunnen", als von Natur aus „wild", als „kollektiv schuldig" hingestellt werden und ihnen ein Karthago-Frieden, das heißt eine Aufteilung und Entindustrialisierung ihres Territoriums angedroht wird. Ebenso scharf wandte sich „Time" am 15. Oktober — wie zu erwarten — gegen das Buch „Germany is Our Problem" von Henry Morgenthau und kanzelte dessen Eintreten für einen „harten Frieden" als bloße „Rhetorik", ja „Tautologie" ab.

Noch deutlicher wurde die Luce-Presse im Jahr 1946, als sie voll auf den Kurs des ‚Kalten Krieges' einschwenkte. So wandte sich „Life" am 28. Januar noch einmal gegen den Morgenthau-Plan und forderte die US-Regierung angesichts des Auseinanderfalls Europas in einen östlichen und einen westlichen Teil auf, endlich etwas zur ökonomischen Stärkung der drei westdeutschen Besatzungszonen beizutragen. Die gleiche Forderung, nämlich „Deutschland wirtschaftlich stark zu machen", wurde in „Life" am 23. Juli wiederholt. „Time" begrüßte am 16. September jene Rede, welche James F. Byrnes nach der gescheiterten Pariser Außenministerkonferenz in Stuttgart hielt und in der er die Westdeutschen aufrief, sich im Kalten Krieg auf der Seite der „westlichen Demokratien" zu engagieren, und ihnen dafür die Möglichkeit versprach, „ihre Geschäfte in die eigene Hand zu nehmen", als „kühn", ja als „Amerikas kühnsten Schritt in Richtung auf die Führung der Welt." Auch von Byrnes gegebene Versicherungen wie „Die deutsche Industrie wird wiederhergestellt werden" oder „Wir werden uns um unsere Pflicht nicht drücken. Wir ziehen uns nicht zurück", denen von polnischer und französischer Seite heftig widersprochen wurde, fand Luce im besten Sinne „amerikanisch". „Life" druckte daher am 21. Oktober jenen massiven Angriff des amerikanischen Theologen Reinhold Niebuhr gegen die „skrupellose Sowjettyrannei" in Osteuropa ab, in dem — unter Berufung auf Byrnes und mit scharfen Seitenhieben gegen einen ‚Softie' wie Henry Wallace — die sofortige ökonomische Integration der drei westlichen Besatzungszonen in die freie Wirtschaft der atlantischen Nationen gefordert wird, um so den Vormarschgelüsten der Sowjetunion einen wirksamen Riegel vorzuschieben. Am 9. Dezember 1946 ließ Luce in „Life" einen längeren Bildbericht folgen, in dem gezeigt wurde, wie die besten „Nazihirne", also Männer wie Wernher von Braun, Alexander Nippisch, Anselm Franz und Theodor Knacke, den USA beim Bau von Flugzeugen und Raketen helfen.

Auch im Jahr 1947 stellte die Luce-Presse die „Wiederbelebung der deutschen Industrie", wie „Life" am 13. Januar schrieb, weiterhin als die vordringlichste Aufgabe der amerikanischen Außenpolitik hin. So heißt es in der langen Titelgeschichte „U.S. Occupation of Germany", die am 10. Februar in „Life" erschien: „Deutschland sollte Gelegenheit gegeben werden, unter demokratischer Selbstverwaltung wieder einen friedensmäßigen Handel aufzubauen." Neben der „industriellen Gesundung" wurde hierbei als zweites Hauptziel der amerikanischen Außenpolitik die deutsche Wiedervereinigung in den Vordergrund gerückt, die auch die Rückgabe der polnisch besetzten Gebiete einbeschließen müsse. „Life" forderte am 15. Dezember, nach der gescheiterten Londoner Außenministerkonferenz, alle Konzessionen, die man an die Russen in Jalta und Potsdam gemacht habe, wieder rückgängig zu machen. „Tatsache ist", hieß es hier, „daß ein alter Krieg zuende ging und ein neuer begann." Aus diesem Grunde empfahl „Life", mit sämtlichen Formen ‚harter' Strafen, also Demontagen, Reparationen sowie der „Überbetonung der Entnazifizierung", die noch an den Morgenthau-Plan erinnerten, endlich aufzuhören und zu einer neuen Strategie überzugehen. Und diese neue Strategie müsse sein, wie es hieß, Westdeutschland zu einem Bollwerk gegen den Kommunismus auszubauen. Bei ihrem ersten Versuch, „Europa zu stehlen", seien die Russen zwar gescheitert. Aber ein solches auf Expansion bedachtes System werde Versuche dieser Art sicher nicht aufgeben. „Später werden sie es zweifellos wieder versuchen", schrieb damals „Life".[29] Und diesem Bestreben müsse man gerade in Deutschland mit einer entschiedenen ‚Politik der Stärke' entgegentreten.

Noch aggressiver äußerte sich die Kalte-Kriegs-Mentalität in der Luce-Presse im Jahre 1948, in dem die westlichen Alliierten in ihren Zonen eine separate Währungsreform durchführten, auf welche die Sowjets mit der Berliner Blockade antworteten, wodurch die Gefahr eines Dritten Weltkriegs immer näher rückte. „Aggressive Festigkeit", schrieb „Life" am 12. Juli, „ist der einzige Weg zum Frieden". Was sich die Luce-Presse unter dieser „aggressiven Festigkeit" vorstellte, kommt in ihrer Forderung nach einer „westeuropäischen Förderation" zum Ausdruck, „ die nach Osten erweiterungsfähig ist". Reinhold Niebuhrs Beitrag zur Deutschland-Frage erschien am 20. September in „Life" unter dem bewußt provozierenden Titel „For Peace, We Must Risk War". Der einzige Aggressor, von dem alle Gefahr ausgehe, ist in all diesen Artikeln selbstverständlich die UdSSR, wie man in „Life" am 4. Oktober nochmals erfährt, während die amerikanische Position als die moralisch und religiös einzig gerechtfertigte hingestellt wird. „Life" unterstützte aus diesem Grunde bei den Wahlkämpfen des Jahres 1948 nicht nur Thomas E. Dewey, sondern auch John Foster Dulles, Deweys Kandidaten für Secretary of State, da Dulles als Kartell-Anwalt genügend Deutschlanderfahrungen besitze, ein frommer Christ sei und sich sicher für eine Stärkung der westdeutschen Wirtschaft einsetzen würde.[30]

Im Jahre 1949 stellte sich die Luce-Presse im Zuge der Vorbereitungen zur Gründung eines separaten Weststaates auf deutschem Boden von vornherein hinter die konservativ-christliche Gruppe um Adenauer und versuchte, alle anderen politischen Gruppierungen in Westdeutschland als Gefahren für die amerikanische Außenpolitik zu diskreditieren. Nicht nur die Kommunisten unter Max Reimann wurden am 4. April in „Time" als politische Gegner hingestellt, sondern auch die Sozialdemokraten unter Schumacher („ein Anlaß zur Beunruhigung"), die in Westdeutschland dem Nationalbolschewismus die Wege zu ebnen suchten. Die Luce-Presse war darum sehr erleichtert, als die CDU am 14. August aus den Wahlen zum ersten westdeutschen Bundestag als Sieger hervorging. In einem Interview mit Adenauer, das „Life" am 29. August brachte, wurde dieser Sieg als ein Sieg des „freien Wirtschaftssystems" über den Sozialismus, ja als eine Entscheidung der Westdeutschen „für die christliche Welt des Westens" hingestellt. Adenauer, nach „Life" das Ideal eines „Christen der freien Wirtschaft", sagte bei dieser Gelegenheit: „Deutschlands Wirtschaftsmacht ist immer noch beträchtlich. Sie sollte in die des Westens integriert und mit den großen Industriezentren der USA verbunden werden." Und „Life" sagte dazu selbstverständlich Amen. Am 5. Dezember brachte „Time" eine Titelgeschichte über Adenauer mit der Überschrift „A Good European". Durch ihn, lesen wir hier, habe ‚Deutschland' wieder den ihm gebührenden Platz unter den „freien Nationen" eingenommen. Und zwar griff man dabei – wie immer, wenn es etwas zu verschleiern gilt – zu den gängigen Klischees der Völkerpsychologie. Nach Adenauers Ansicht, heißt es, sei in ‚Deutschland', trotz des Faschismus, noch immer viel „Anständigkeit" zu finden. Daher lasse sich aus ‚den Deutschen', wie Adenauer erklärt habe, zweifellos „etwas Gutes" machen. Und „Time" stimmte dem voll zu, obwohl die Deutschen in ihrer Geschichte noch nie ein „Talent für Demokratie" entwickelt hätten, wie es einschränkend hieß. Um also die autoritätsgläubigen Deutschen endlich in gute Demokraten zu verwandeln, wurde Adenauer aufgefordert, sie mit starker Hand in die „christliche Welt des Westens" zu führen, eine Aufgabe, für die der „grimmige und ungezügelte" Schumacher und seine „Sozialisten" (die nur in Ausnahmefällen als „Sozialdemokraten" bezeichnet werden) völlig ungeeignet seien. Und an dieser Stelle wird – in einem Vorgriff auf die Zukunft – bereits eine möglichst schnelle Wiederbewaffnung ‚Deutschlands' gefordert, da ein unbewaffnetes ‚Deutschland' sicher in die Hände der Kommunisten fallen würde. Die gleichen Thesen finden sich am 12. Dezember in „Life", wo es noch unzweideutiger heißt: „Wiederbewaffnung wird kommen: Es fragt sich nur wann." Nicht mehr ‚Deutschland', lesen wir hier, sei heute die Hauptgefahr, sondern die UdSSR. Daher habe jede „Zweideutigkeit" in dieser Frage, wie sie bei den Demokraten noch immer üblich sei, endlich aufzuhören.

In die gleiche Kerbe haute die Luce-Presse im folgenden Jahr. Am 13. Februar 1950 begrüßte „Time" die Stuttgarter Rede des Hochkommissars John J. McCloy über die Entscheidung, die konfiszierten Fabriken wieder an die ursprünglichen Besitzer zurückzugeben, wie auch seine Erklärung, daß nicht das deutsche Volk, sondern Hitler an den Verbrechen des Dritten Reichs schuldig sei. Am 15. Mai lobte „Life" den „tapferen Kampf" Ernst Reuters in Westberlin gegen die „östliche Bedrohung". Gegen Ende des Jahres brachte „Life" einen längeren Bericht unter dem Titel „West Sector Shows Brave Gaiety" über die ersten Zeichen einer neuen Lebenslust in Westberlin.[31]

Im Jahr 1950 konfrontierte „Life" am 26. März den steigenden Wohlstand in Westdeutschland mit den ‚schrecklichen' Zuständen in dem Teil Deutschlands hinter dem Eisernen Vorhang. Besonders ausführlich berichtete „Life" am 16. Juli über die NATO-Mission General Eisenhowers in Europa, die sie als „eine kolossale Aufgabe nicht allein materiellen Aufbaus oder militärischer Wiederbewaffnung, sondern primär moralischer und psychologischer Regeneration", ja als ein „historisches Unternehmen ohne Parallele" bezeichnete. Am 6. August schrieb „Time", nach einem Lob Adenauers und Erhards für ihre Aufbauleistungen: „Heute ist die ‚deutsche Gefahr' nicht, daß die Deutschen den Westen beherrschen oder verlassen. Die Gefahr ist vielmehr, daß die Deutschen nicht in die Lage versetzt werden, ihren adäquaten Beitrag für den Westen zu leisten." Unter „adäquatem Beitrag" verstand „Time" natürlich die Wiederbewaffnung, die nun endlich fällig sei. Um den Westdeutschen diesen Schritt zu erleichtern, zitierte „Time" Eisenhower, der damals öffentlich erklärte, „daß der deutsche Soldat nie seine Ehre verlor." Auf einer ähnlichen Linie liegt der Bericht vom 8. Oktober in „Life" über das Treffen des ehemaligen Afrikakorps in Iserlohn. Schumachers Bedenken gegen die Wiederbewaffnung nannte „Time" am 3. Dezember einen „rabiaten Standpunkt". Daß sich die Westdeutschen in diesem Punkt für den Adenauer-Kurs entscheiden würden, war „Time" schon damals klar. „Die Deutschen sind von Natur aus keine Rebellen", heißt es im gleichen Beitrag, „gewohnheitsgemäß respektieren sie wirksame Autorität." Das mag wahr sein. Ob damit allerdings der Sache der Demokratie in Deutschland geholfen war, gehört auf ein anderes Blatt.

Im Jahr 1952 berichtete die Luce-Presse fast ausschließlich über den steigenden Wohlstand in Westdeutschland. So wurde das „Nachkriegsdeutschland" am 9. Juli in „Life" in einem längeren Beitrag unter dem Titel „The Germans on Our Side" vornehmlich als „ein Land der Geschäftsleute" präsentiert. Doch das war sicher das größte Lob, das dem Berichterstatter einfiel.[32] Um so mehr Berichte finden sich in der Luce-Presse im Wahljahr 1953 über die Bundesrepublik. So pries „Life" am 30. März Adenauer, daß er trotz der „kommunistischen Aufrührer" den Vorschlag zur Wiederbewaffnung im Bundestag durchgesetzt habe. Am 20. April brachte „Life" einen Bericht über den ersten Besuch Adenauers in den USA, auf dem Adenauer vor allem mit Eisenhower, Dulles, Kardinal Spellman, Nixon und einer Gruppe von Geschäftsleuten aus dem Mittleren Westen zusammentraf.[33] Am 10. August unterstützten „Time" und „Life" noch einmal den Plan einer Wiederbewaffnung Westdeutschlands, und am 31. August brachte „Time" zur Unterstützung der Wiederwahl Adenauers eine längere Titelstory über Adenauer, dessen Wiederwahl einfach mit einem „Nein" gegen den Kommunismus gleichgesetzt wurde. „Ein Sieg für Adenauer wäre eine gute Nachricht für den Westen", hieß es hier. „Er würde 1. Deutschlands Entscheidung für die Wiederbewaffnung an der Seite des Westens bestätigen; 2. Deutschlands langsames Experiment mit der Demokratie durch eine kontinuierlich starke, also stabile Regierung festigen." Auch hier blieb wiederum offen, welches Demokratiekonzept eigentlich hinter solchen Sätzen steckt. Schließlich wurde Adenauer vornehmlich als der Mann mit der starken Hand hingestellt. „Er scheint turmhoch über ihnen zu stehen", hieß es über sein Verhältnis zu den ‚Deutschen', „als jemand, mit dem man nicht streitet, sondern dem man gehorcht." Besonders rühmenswert fand „Time" Adenauers Überzeugung, daß „das Christentum" die Antwort auf alle Ideologien sei. Sein sozialdemokratischer Gegenkandidat Erich Ollenhauer wurde dagegen von „Time" als „kleines Tönnchen" lächerlich gemacht. Auch „Life" präsentierte Adenauer am 10. September noch einmal als den einzig richtigen Kanzler für ‚Deutschland', und zwar vor allem, weil er so entschieden für die Wiederbewaffnung eintrete, „wohl wissend, daß nur ein bewaffnetes Deutschland der Europäischen Verteidigungsgemeinschaft wirkliche Stärke verleihen könne". Am 14. September zitierte „Time" noch einmal Dulles, der kurz zuvor erklärt hatte, daß eine Niederlage Adenauers für ‚Deutschland' „unheilvoll" sein würde – und brachte dann anschließend einen Bericht über die Wiederwahl Adenauers. „Life" feierte den Sieg Adenauers am 21. September unter dem Titel „New Leadership in Europe." Durch ihn sei ‚Deutschland', wie es hieß, „das stabilste Land in Europa" geworden. Dieser Mann wisse, was er wolle. Er sei wie ein „Vater, dessen Wort in seinem eigenen Hause Gesetz sei". Am 4. Januar erschien Adenauer auf der Titelseite von „Time" als „Man of the Year", der Deutschland als ein „Demokrat mit starker Hand" wieder in den Kreis der „großen Mächte" zurückgeführt habe. Sein Wahlsieg, lesen wir hier, sei „1953 der größte Sieg des Westens im Kalten Krieg" gewesen.

Und damit hatten die Vertreter des ‚rechten' Kurses endlich ihr Ziel erreicht. Aus ‚Deutschland' war wieder ein mächtiger Industriestaat, ein verläßlicher Bündnispartner, ein Bollwerk gegen den Kommunismus geworden. „Life" brachte darum am 10. Mai 1954 ein Sonderheft unter dem Titel „Germany: A Giant Awakening" heraus, in dem die Bundesrepublik als „hoffnungsvoll" und „gesund" hingestellt wird, da man hier sowohl auf Gott als auch auf das „freie Wirtschaftssystem" vertraue. Die einzige Sorge, welche die Luce-Presse weiterhin bewegte, war, wie schnell sich der Gedanke einer neuen Wehrmacht in die Tat umsetzen lasse. Wer gegen dieses Konzept protestierte, blieb in ihren Augen weiterhin ein Störenfried, ein Infiltrator, ein Linker, wie einem „Time"-Beitrag vom 6. Dezember 1954 zu entnehmen ist. Als die Sozialdemokraten Anfang 1955 im Bundestag noch einmal eine Grundsatzdebatte über die neue Bundeswehr begannen, wurden sie am 24. Februar in „Time" als „rücksichtslos", ja als „doktrinär marxistisch" angegriffen. Besonders scharf zog man hierbei gegen Herbert Wehner vom Leder, den „Time" die „böse Eminenz auf der Linken" nannte. Um so mehr lobte „Life" einen Mann wie General Adolf Heusinger, welchen sie als den idealen „New-Model Boss" für die neue Bundeswehr hinstellte.[34] Wirklich beruhigt war deshalb die Luce-Presse erst, als Westdeutschland im Frühjahr 1955 in die NATO aufgenommen wurde, wodurch die Bundesrepublik endlich ein „voller Partner des Westens" geworden sei, wie es am 16. Mai in „Time" hieß.

4

Soviel zur Berichterstattung der Luce-Presse über die unmittelbare Nachkriegszeit und die ersten sechs Jahre der Bundesrepublik. Zugegeben: vieles geht hier auf das Konto journalistischer Übertreibungen, ohne die solche Blätter – bei aller ‚Objektivität' – im Rahmen einer auf sensationalistische Nachrichtenübermittlung angewiesenen Presse wohl nicht auskommen können, wenn sie sich gegen die Konkurrenz behaupten wollen. Dennoch ist man beim Durchlesen solcher Magazine immer wieder bestürzt, wie hier nicht nur Profite, sondern auch Meinungen gemacht werden, die zu solchen Profiten führen. Aus diesem Grunde fallen alle kritischen, liberalen oder linken Stimmen in Blättern dieser Art einfach unter den Tisch – oder werden als utopisch, unrealistisch, querköpfig, kommunistisch oder einfach lächerlich hingestellt. Und dies waren in unserem Falle all jene amerikanischen und westdeutschen Kritiker der herrschenden Kalten-Kriegs-Mentalität, die von den Konservativen in diesem Zeitraum skrupellos als Oddballs, gottlose Commies oder irregeleitete Fellow Travelers abqualifiziert wurden. Dabei gehörten in den USA zu diesen Kritikern des Kalten Krieges so ehrenwerte Leute wie die demokratischen Senatoren Claude Pepper von Florida und Glen Taylor von Idaho, Präsidentschaftskandidaten wie Henry Wallace und Adlai Stevenson, ein Journalist wie Walter Lippmann und viele andere wie W.E.B. DuBois, Freda Kirchwey, David Dellinger und Grenville Clark, die fest daran glaubten, „daß die Aussöhnung mit der Sowjetunion möglich war, ohne das nationale Interesse zu opfern",[35] während die Kalten Krieger eine Politik der Stärke gegenüber Rußland befürworteten, bei der an die Stelle des bisherigen Eindämmungs-Konzepts immer stärker die Forderung nach „Befreiung der unter dem Joche des Kommunismus schmachtenden Völker" trat.[36] Und auch in Westdeutschland waren die Kritiker des Kalten Krieges nicht nur ‚Spinner' und Kommunisten, wie die konservativen Blätter gern behaupteten, sondern weitgehend ehrenwerte Antifaschisten, Sozialdemokraten, Mitglieder der Bekennenden Kirche oder Gewerkschaftsführer, welche die Zeit des Dritten Reichs zum Teil im Exil, in Gefängnissen, Strafbataillonen und Konzentrationslagern verbracht hatten und von denen die meisten nicht besonders kommunistenfreundlich waren, jedenfalls nicht Kurt Schumacher, Erich Ollenhauer, Gustav Heinemann, Willy Brandt, Wolfgang Abendroth oder Martin Niemöller. Was diesen Leuten vorschwebte, war ein ‚Dritter Weg' zwischen Kapitalismus und Kommunismus, der vielen – angesichts der Stärke der sozialdemokratischen oder linkssozialistischen Parteien in den meisten nord- und westeuropäischen Ländern – damals gar nicht so utopisch erschien.

Die Blätter der Luce-Presse haben darum der Sache des wahren Internationalismus, nämlich einer auf Völkerverständigung beruhenden Friedenspolitik, durch ihre schroffe Ablehnung aller Neutralitätskonzepte einen schlechten Dienst erwiesen. Ja, im Hinblick auf die besonderen Probleme Westdeutschlands muß man noch hinzufügen, daß sie auch den Gedanken einer Demokratie, die auf Pluralismus, auf Widerspruch, auf Meinungsverschiedenheit beruht, nicht wirklich befördert haben. Was sie den Deutschen empfahlen, war lediglich die Stärkung der Industrie und eine möglichst schnelle Wiederbewaffnung. Und als den besten Garanten einer solchen Politik unterstützten sie einzig und allein jenen Adenauer mit der eisernen Hand, der unbeugsamen Starrheit und der einsamen Entschlüsse, als ob nicht den Deutschen auf ihrem Weg zur Demokratie gerade solche Autoritätsfiguren immer wieder hemmend entgegengetreten wären.

Anmerkungen

1 Vgl. Jutta Lange-Quassowski, Neuordnung oder Restauration, Opladen: Westdeutscher Verlag, 1979.
2 Louis Nizer, What to Do with Germany? Chicago: Ziff-Davis, 1944, S. 55–109.
3 Vgl. John L. Snell, Wartime Origins of the East-West Dilemma over Germany, New Orleans: Pasauer Press, 1959, S. 8–13.
4 Zit. in Snell, S. 31.
5 Zit. Bruce Kuklick, American Policy and the Division of Germany. The Clash with Russia over Reparations, Ithaca: Cornell University Press, 1972, passim.
6 Vgl. John H. Backer, The Decision to Divide Germany. American Foreign Policy in Transition, Durham: Duke University Press, 1978, S. 23f.
7 Zit. in Snell, S. 65.
8 Vgl. Backer, S. 25.
9 Snell, S. 82. – Alle Zitate wurden vom Herausgeber übersetzt.
10 Vgl. ebd., S. 11.
11 Vgl. hierzu allgemein Hans W. Gatzke, Germany and the United States: A „Special Relationship?" Cambridge, MA: Harvard University Press, 1980, S. 146f. – James P. Warburg beschrieb später seine Einstellung zu Deutschland in dem Buch: Germany. Key to Peace, Cambridge, MA: Harvard University Press, 1953.
12 Zit. in Snell, S. 74.
13 Ebd., S. 19.
14 Zit. in Gatzke, S. 148.
15 Snell, S. 102.
16 So entsprach die ursprüngliche Deutschland-Direktive (JCS 1067) noch ganz dem ‚Karthago'-Plan Morgenthaus. Vgl. Richard J. Barnett, Annals of Diplomacy, in: New Yorker, 10. 10. 1983.
17 General George S. Patton sprach sich schon im Sommer 1945 für eine sofortige Wiederbewaffnung Deutschlands aus, um im Kampf gegen die „goddam Bolshies" soviele Bundesgenossen wie nur möglich zu haben. Er sagte damals: „We're going to have to fight them sooner or later. Why not now while our army is intact and we can kick the Red Army back into Russia? We can do it with my Germans. They hate those Red bastards." Zit. in Barnett, S. 64.
18 Vgl. Roger Morgan, The United States and West Germany. A Study in Alliance Politics, London: Oxford University Press, 1974, S. 13.
19 Vgl. hierzu die Beispiele bei George Shaw Wheeler, Who Split Germany? Berlin: Verlag Tribüne, 1962.
20 American Policy Toward Germany. A Report of the Views of Community Leaders in Twenty-Two Cities. Hg. Joseph Barber, New York: Council on Foreign Relations, 1947.
21 Zu William H. Draper vgl. auch Barnett, S. 74.
22 Vgl. Wheeler, S. 19.
23 W.A. Swanberg, Luce and his Empire, New York: Scribner, 1972, S. 209.
24 Zit. ebd., S. 211.
25 Zit. in The Ideas of Henry Luce. Hg. John K. Jessup, New York: Atheneum, 1969, S. 7.
26 Ebd., S. 113f., 115.
27 Vgl. ebd., S. 299, 132.
28 Ebd., S. 239.

29 Life, 13. 1. 1947. – Für die Hilfe bei der Durchsicht von Time und Life bin ich Thomas Wolber zu Dank verpflichtet.
30 Vgl. Life, 4. 10. 1948.
31 Life, 4. 12. 1950.
32 Dieser Bericht stammt von Konrad Heiden, dem Autor des Buches „Der Führer" (1944).
33 Vgl. Journey to America. Collected Speeches, Statements, Press, Radio, and Television Interviews by Dr. Konrad Adenauer during his Visit to the United States April 6–18, 1953, Washington: German Diplomatic Mission, 1953.
34 Life, 5. 12. 1955.
35 Cold War Critics. Alternatives to American Foreign Policy in the Truman Years. Hg. Thomas G. Peterson, Chicago: Quadrangle Books, 1971, S. 4.
36 Vgl. Hugh Ross, The Cold War. Containment and Its Critics, Chicago: Rand McNally, 1963, S. 2–4.

VII. Das Bündnis: Eine Bestandsaufnahme 1983

30. Die deutsch-amerikanischen Beziehungen in den Nachkriegsjahrzehnten

Wolfram F. Hanrieder

Es wäre unmöglich und deshalb vermessen, wollte man auf wenigen Seiten mehr als vorläufige Gedanken über ein Thema präsentieren, das so weitgreifend und komplex ist wie der Charakter der deutsch-amerikanischen Beziehungen während der letzten dreieinhalb Jahrzehnte. Dieser Themenkomplex ist schon deshalb schwer zugänglich, weil die deutsch-amerikanischen Beziehungen nicht nur ein breites Spektrum von Aspekten umfaßten – politische, ökonomische, militärisch-strategische –, sondern für beide Seiten notwendigerweise auch mit anderen bilateralen und multilateralen außenpolitischen Fragen verbunden waren: Ost-West-Beziehungen, das globale und europäische militärische Gleichgewicht, die Frage der deutschen Einheit, die politischen und ökonomischen Dimensionen der europäischen Nachkriegsordnung, die Strukturen der globalen Wirtschafts- und Währungssysteme, um nur eine wenige zu erwähnen. Zwar würde niemand die zentrale Rolle der deutsch-amerikanischen Beziehungen, jedenfalls für die Bundesrepublik, in Frage stellen wollen, doch müßten sie eigentlich (was hier nur teilweise möglich ist) in dem breiteren Kontext des globalen und europäisch-regionalen Staatensystems betrachtet werden.[1]

Die formative Phase: Das erste Jahrzehnt

Eine wesentliche Zielsetzung – vielleicht ein Paradoxon – der alliierten und besonders der amerikanischen Politik gegenüber der Bundesrepublik Anfang der 1950er Jahre bestand darin, daß die Westdeutschen frei werden sollten und gleichzeitig nicht frei. Die Deutschen sollten frei sein hinsichtlich der persönlichen Grundrechte und der Verfassungsgarantien, die den Kern einer demokratischen politischen Ordnung bilden; nicht frei sollten sie sein in Bezug auf die Formulierung und Durchführung einer unabhängigen Außenpolitik. In ihren frühen Jahren besaß die Bundesrepublik weder die Macht noch die Legitimierung zur Gestaltung einer eigenen Außenpolitik. Als sie 1949 geschaffen wurde, war sie kein souveräner Staat (dazu wurde sie erst 1955, als die Bundesrepublik der NATO beitrat, und selbst dann blieben Einschränkungen bestehen); und die Alliierte Hochkommission, die auf die Militärgoverneure des Besatzungsregimes folgte, kontrollierte in allen wesentlichen Belangen die politischen und ökonomischen Beziehungen der Bundesrepublik zu anderen Staaten und besaß außerdem die Befugnis, innere politische und wirtschaftliche Entwicklungen zu reglementieren oder wenigstens zu überwachen. Die Bonner Regierung besaß in der Innen- wie in der Außenpolitik nur eine begrenzte und provisorische Autorität. Das erste und unverzichtbare außenpolitische Ziel der Bundesrepublik war es deshalb, das Recht auf eine eigene Außenpolitik zu gewinnen.

Wenngleich die Westmächte, besonders die Vereinigten Staaten, bereit waren, als Gegenleistung für Westdeutschlands Bereitschaft zur Wiederaufrüstung politische und ökonomische Konzessionen zu machen, ließen es diese Konzessionen doch nicht zu, daß Bonn eine unabhängige Außenpolitik verfolgte, weil die diplomatisch-politischen, wirtschaftlichen und militärischen Instrumente dieser Politik voll in die Strukturen des westlichen Bündnisses eingebettet waren. Im Bonner Vertrag (1952) und in den Pariser Verträgen (1954) tauschte Bonn die Wiederaufrüstung für die Wiederherstellung der legalen Souveränität und die westliche Verpflichtung ein, die Wiedervereinigung Deutschlands zu unterstützen und die Bonner Regierung als einzige legitime Vertretung Gesamtdeutschlands anzuerkennen. Doch die Elemente der legalen Souveränität, die man der Bundesrepublik zugestand, wurden zugleich in den internationalen Organisationen, denen sich Deutschland anschloß, eingefroren: Der Hauptnutzen lag dabei für Bonn eher im Bereich der Gleichberechtigung als in dem der Unabhängigkeit.

Die Beschränkungen, die der Bundesrepublik durch internationale Organisationen und vertragliche Verpflichtungen erwuchsen, waren das Ergebnis bewußter Politik, denn den Kern der Nachkriegs-Europapolitik Washingtons bildete eine Strategie des Doppel-Containment: das In-Schach-Halten der Sowjetunion mittels Eindämmung, und das In-Schach-Halten der Bundesrepublik mittels integrativer westlicher Bündnisstrukturen. Jedes entscheidende Ereignis in der Nachkriegsgeschichte Europas resultiert daraus: die Wiederaufrüstung und der politische und wirtschaftliche Aufbau der Bundesrepublik innerhalb der Beschränkungen der internationalen Organisationen, die Entwicklung der NATO von einem locker organisierten Beistandspakt zu einem integrierten Militärbündnis, die amerikanische Unterstützung für die westeuropäische Integration und die aus diesen Fakten resultierende Zementierung der Teilung Deutschlands und Europas. Solange die beiden Komponenten der amerikanischen Doppel-Eindämmungs-Politik sich gegenseitig stärkten, stand Amerikas Europa-Diplomatie auf festem Boden; in späteren Jahren, als sich zwischen den beiden Komponenten Spannungen und Widersprüche entwickelten, wurden die deutsch-amerikanischen Beziehungen zunehmend problematisch – ein Thema, das uns später noch beschäftigen wird.

Die Wendung zum Westen

Aus der Sicht der deutschen Regierung und insbesondere Bundeskanzler Konrad Adenauers war die ‚Verwässerung' des Zugewinns an Souveränität — ein Begriff, der in den Nachkriegsjahrzehnten durch politische und wirtschaftliche Interdependenz ohnehin seine Gültigkeit einbüßte — durch den Beitritt zu integrativen Organisationen im Grunde nicht zu beanstanden. Seine Einschätzung der Prioritäten ließ ihn in die gleiche Richtung tendieren. Für Adenauer war die Substanz des Zieles des politischen Wiederaufbaus die Integration der Bundesrepublik in eine fest geknüpfte westeuropäische Gemeinschaft — und dieses Kernziel konnte selbst mit der Einschränkung der deutschen Handlungsfreiheit erlangt werden, solange das den Anspruch auf Gleichberechtigung bewerkstelligte. Tatsächlich wäre es für Bonn viel schwieriger gewesen, von den Westmächten Konzessionen zu gewinnen, wenn die gewährten Elemente der ‚Souveränität' nicht einer internationalen Überwachung unterworfen worden wären. Die Schaffung integrativer westeuropäischer und atlantischer Strukturen hatte somit einen entscheidenden Einfluß auf den raschen politischen und ökonomischen Wiederaufbau Westdeutschlands. Sie etablierten Mechanismen für die Kontrolle der Bundesrepublik, und sie machten den deutschen Gleichberechtigungsanspruch für die Westmächte, insbesondere Frankreich, weniger riskant. Umgekehrt schuf der zunehmende Druck, Westdeutschland politische und wirtschaftliche Konzessionen zu gewähren, einen kräftigen Antrieb zur Errichtung integrativer Strukturen, die zur Überwachung der Bundesrepublik dienen konnten. In dieser Wechselbeziehung war Adenauers integrative Europa-Politik eine wesentliche Vorbedingung eines erfolgreichen politischen und ökonomischen Wiederaufbaus. Die Verfolgung des Ziels der Sicherheit — zumal es mittels einer engen Anlehnung an den Westen und der Entscheidung für die Wiederbewaffnung verwirklicht wurde — war dementsprechend nicht nur mit dem Ziel des politischen Aufbaus vereinbar, sondern war dessen Voraussetzung. Das Streben nach Sicherheit und das Ziel des politischen Wiederaufbaus mit der Bedeutung, die Adenauer dem Wiederaufbau beimaß, standen in einem Komplementärverhältnis zueinander.

Die beißende Charakterisierung Adenauers als ‚Kanzler der Alliierten' durch die sozialdemokratische Opposition war demnach unangemessen, denn worum es ging, war nicht eine Absprache zwischen der deutschen Regierung und den Alliierten auf Kosten der deutschen Interessen, sondern vielmehr Adenauers Zustimmung zu einem Kurs der westlichen Diplomatie, den er selbst bevorzugte. Für ihn fielen Wahl und Notwendigkeit zusammen. Die Doppel-Eindämmungs-Politik Amerikas wurde ergänzt durch eine deutsche Selbst-Eindämmung: Adenauer, der die politische Reife und Umsicht seiner Landsleute mit tiefer Skepsis betrachtete, war entschlossen, sie an den Westen zu binden und auf diese Weise seine Nachfolger daran zu hindern, eine Schaukelpolitik zwischen Ost und West zu verfolgen. Außerdem konnte der prowestliche Kurs, den die deutsche Regierung einschlug, auf die politische Zustimmung und die Wahl-Unterstützung der Bürger der Bundesrepublik zählen, schon deshalb,

Konrad **Adenauer** als ‚Mann des Jahres' 1953. Die Tatsache, daß die Wochenzeitschrift „Time" den Kanzler der erst vier Jahre alten Bundesrepublik in den Rang der Jahrhundertprominenz erhob, wurde weithin als Signal für die gewandelte Haltung der USA gegenüber dem Besiegten von 1945 gewertet. Als einziger Deutscher war zuvor nur Adolf Hitler ‚Mann des Jahres' geworden – im ominösen Jahr 1938, dem 1939 Stalin folgte. „Time" datierte die Rückkehr der Deutschen in die Weltpolitik auf 1953. Dank Adenauers konservativer Führung und kompromißlos westlicher Ausrichtung seien sie nun im Rat der großen Mächte ein neues Mitglied geworden. (Time Magazine)

weil Adenauers Politik rasche Fortschritte in Richtung des wirtschaftlichen Wiederaufbaus und der politischen Rehabilitation versprach. Wenngleich die Wiederbewaffnung nicht populär war, so wurde sie doch weithin und richtig als der Eckpfeiler von Adenauers West-Politik erkannt, die es der Bundesrepublik ermöglichte, unverzüglich wirtschaftliche und politische Vorteile zu gewinnen. Tatsächlich ergänzten einander ökonomischer und politischer Wiederaufbau in hohem Maße. Eine schwache westdeutsche Wirtschaft hätte eine Belastung für die westliche Allianz bedeutet, da sie die politische Stabilität untergraben und Ansatzpunkte für sowjetische Manöver geboten hätte. Wegen der integrativen Elemente der westlichen Allianz hätten massive wirtschaftliche Schwierigkeiten eines Bündnispartners den ganzen Block geschwächt, was wiederum negative Konsequenzen für die militärische Dimension der amerikanischen Eindämmungspolitik gehabt hätte. Die Spannungen des Kalten Krieges schufen im Westen eine Atmosphäre, aus der Sympathie für das deutsche Streben nach Wiederherstellung einer lebensfähigen Wirtschaft erwuchs.

Die Erzielung eines wirtschaftlichen Wiederaufschwungs wurde durch Bonns Politik der politischen Rehabilitation ergänzt und untermauert und war dadurch auch mit der Sicherheits- und Wiederaufrüstungspolitik verkoppelt. In ebenso politischen wie ökonomischen Unternehmen wie dem Schuman-Plan (und später in der EWG) wurden zugleich politische und ökonomische Gewinne durch eine koordinierte Strategie erreicht, in der deutsche Forderungen im Namen der europäischen und atlantischen Einheit vorgetragen werden konnten, nicht im Namen eines diskreditierten deutschen Nationalismus. Die Entschlossenheit der deutschen Regierung, den Binnen- und den internationalen Handel zu liberalisieren, war langfristig politisch ebenso wie ökonomisch vorteilhaft, weil damit das Engagement Bonns für den politischen Internationalismus unterstrichen wurde. Indem Bonn auf den traditionellen Protektionismus verzichtete, verwarf es die ökonomische Ergänzung des politischen Nationalismus, eine Politik der Handelsliberalisierung, die von Washington nachdrücklich unterstützt wurde. Kurz: die außenpolitischen Ziele der Bundesrepublik – Sicherheit/Wiederbewaffnung, politische Rehabilitation und wirtschaftlicher Wiederaufbau – waren interdependent und ergänzten und verstärkten sich gegenseitig, wie es sich deutlich in den verschränkten Bestimmungen der Pariser Verträge widerspiegelt.

Auf diese Weise ergab sich während der 1950er Jahre, im formativen Stadium der Entwicklung der Bundesrepublik, eine frappante Übereinstimmung zwischen den Grundsätzen der inneren Wirtschaftsordnung Deutschlands und denen der von den USA gelenkten und von den Institutionen der westeuropäischen Integration ergänzten internationalen Wirtschaftsordnung. Die deutsche Neigung zu niedrigen Inflationsraten, Budget-Disziplin und Handelsliberalisierung wurde von den Vereinigten Staaten geteilt; das Währungssystem von Bretton Woods kam Ende der 1950er Jahre mit der freien Konvertierbarkeit der Währungen zur vollen Entfaltung und leitete eine Periode des Gleichgewichts zwischen vergangener Dollarknappheit und zukünftiger Dollarschwemme ein; Unternehmen wie der Schuman-Plan und die EWG trugen Deutschland politischen ebenso wie ökonomischen Nutzen ein. Außerdem waren die Auffassungen Washingtons und Bonns über Mittel und Wege zur Eindämmung der Sowjetunion ebenso wie die Persönlichkeiten deutscher und amerikanischer Staatsmänner zu jener Zeit einander ähnlicher als danach je wieder.

In wenig augenfälliger, aber grundsätzlicher Weise stellten diese Entwicklungen die Stabilisierung der amerikanischen Einflußsphäre in West- und Mitteleuropa sicher und gewährleisteten damit ebenso die Realisierbarkeit der Doppel-Eindämmungs-Politik Washingtons. Anders als ihre ostdeutschen Landsleute gewannen die Westdeutschen die Überzeugung, daß ihre Supermacht ihnen nicht nur Sicherheitsgarantien biete, sondern ihnen auch den Weg zur politischen, wirtschaftlichen und vielleicht sogar moralischen Rehabilitation weise und erleichtere. Militärische Siege sind für den Besiegten immer hart. Doch auf den amerikanischen militärischen Sieg über Deutschland am Ende des Zweiten Weltkrieges folgte bald eine subtilere, abgemessenere Eroberung, die durch wirtschaftliche Anreize, politisches Drängen und diplomatische Überredung bewerkstelligt wurde. Es ist nicht möglich und auch nicht nötig, über das genaue Zusammenspiel der Motive hinter der amerikanischen Politik zu spekulieren – altruistische Erwägungen, aufgeklärtes Eigeninteresse, Hegemoniestreben oder das Kalkül, die Deutschen als Verbündete gegen die Sowjetunion zu gewinnen; die Tatsache bleibt bestehen, daß in jenen Jahren die Grundlage für bemerkenswert stabile deutsch-amerikanische Beziehungen gelegt wurden, die in beiden Ländern solide Unterstützung bei Regierungs- und Oppositionsparteien gewinnen sollte. Die Durchdringung Westeuropas durch die transatlantische imperiale Macht, die mittels der konstruktiven und unwiderstehlichen Invasionen der amerikanischen Wirtschaftskraft und des American way of life bewerkstelligt wurde, schuf für die USA eine Einflußsphäre, die ebenso umfassend war wie jene, die die Rote Armee der Sowjetunion in Osteuropa gesichert hatte. Um es noch deutlicher zu sagen: 1955 hatte sich Amerikas Politik des Doppel-Containment sowohl hinsichtlich seines sowjetischen als auch seines deutschen Aspekts als erfolgreich erwiesen. Die Sowjetunion war innerhalb der politischen und geographischen Einflußgrenzen, die sie am Ende des Zweiten Weltkrieges gewonnen hatte, eingedämmt, und die Bundesrepublik war sicher im westlichen Bündnissystem eingebettet.

Angesichts der Grundsätze einer demokratischen Ordnung, die in der Bundesrepublik galten, und der Möglichkeiten, die sie dem Ausdruck politischen Willens durch freie Wahlen boten, erfolgte die Eingliederung der Bundesrepublik in das westliche Bündnis unter politischen und moralischen Bedingungen, die grundsätzlich von jenen verschieden waren, unter denen die Deutsche Demokratische Republik Teil des östlichen Blocks der sozialistischen Staaten wurde. Doch realpolitisch betrachtet waren die Konsequenzen der Integration beider deutscher Staaten in ihre jeweiligen Allianzen im Kalten Krieg ähnlich, und sie verstärkten einander: Die Teilung Deutschlands und damit Europas wurde zu einem entscheidenden stabilisierenden Element in der globalen Auseinandersetzung zwischen den Vereinigten Staaten und der Sowjetunion, die keine der beiden Seiten grundsätzlich in Frage zu stellen gewillt war, weil auf diese Weise das regionale und das globale Kräftegleichgewicht gestört worden wäre.

Front gegen Osten

Bundeskanzler Adenauer war sich dieser Realitäten voll bewußt, und seine langfristige Wiedervereinigungspolitik für Deutschland stützte sich auf zwei zentrale Voraussetzungen: Erstens, daß Washington und Moskau den Schlüssel zur deutschen Frage besaßen; und zweitens, daß im Laufe der Zeit das Kräfteverhältnis zwischen den beiden Blöcken im Kalten Krieg sich zugunsten des Westens verschieben würde, wodurch Verhandlungen aus einer Position der Stärke möglich würden, in denen die Sowjetunion veranlaßt werden könnte, die deutsche Frage in einer Weise zu lösen, die für den Westen annehmbar wäre. Die erste dieser Annahmen war richtig, die zweite falsch — falsch vor allem, weil die Sowjetunion sich zu einer vollwertigen Nuklearmacht entwickelte und dadurch weniger unter politischen Druck gesetzt werden konnte.

Aus der ersten Voraussetzung folgte, daß Bonn innerhalb der westlichen Allianz politischen Einfluß benötigen würde, um für die Sache der deutschen Wiedervereinigung die Unterstützung der Westmächte, besonders der USA zu gewinnen, und um sicherzustellen, daß der Westen die deutsche Frage nicht in einer Globallösung des Kalten Krieges preisgeben würde. Es war Adenauer klar, daß bei den Westmächten der Gedanke an ein vereinigtes Deutschland erhebliche Befürchtungen auslöste. Deshalb erforderte Bonns Wiedervereinigungspolitik einen zunehmenden deutschen Einfluß innerhalb des westlichen Bündnisses, damit die rechtliche und moralische Verpflichtung der Westmächte, die Wiedervereinigung zu unterstützen und die Bonner Regierung als die einzige legitime Vertretung Deutschlands anzuerkennen, auf der politischen Ebene gefestigt werden konnte. Doch die einzige Weise, in der Bonn seine Position innerhalb des westlichen Bündnisses zu stärken vermochte, bestand darin, daß es zu einem unentbehrlichen Partner darin wurde. Diese Partnerschaft jedoch richtete sich gegen die Sowjetunion und war deshalb kaum geeignet, den Kreml zu einer Lösung der deutschen Frage in einem für den Westen akzeptablen Sinne zu bewegen. Dementsprechend war Adenauers Moskau-orientierte Wiedervereinigungspolitik weitaus passiver und negativer als seine Washington-orientierte Politik — sie war lediglich ein formalistisches und phantasieloses Anhängsel seiner Westpolitik. Ihrem Wesen nach war es eine Politik der in rechtliche Begriffe gekleideten Politik der Verneinung, mit der sich Bonn weigerte, die Deutsche Demokratische Republik und die Oder-Neiße-Linie — kurz, die existierende Lage der Dinge in Mittel- und Osteuropa — anzuerkennen.

Beide Lager im Kalten Krieg hielten es für politisch ratsam, die deutschen Wiedervereinigungsbestrebungen zumindest verbal zu unterstützen. Doch weder die Vereinigten Staaten noch die Sowjetunion wünschten ein vereinigtes Deutschland, das tatsächlich freie Hand gehabt hätte, seine Außenpolitik zu gestalten, weil dies das Kräftegleichgewicht in Europa gestört und damit negative Auswirkungen auf den Zusammenhalt beider Bündnissysteme gehabt hätte. Die Sicherung der Bündnistreue und des Machtpotentials des jeweiligen Teils von Deutschland, das sich bereits unter der Kontrolle der beiden Lager im Kalten Krieg befand, versprach für jede Seite einen massiven Kräftezuwachs. Nachdem es der Sowjetunion mißlungen war, den westdeutschen Beitritt zur NATO zu verhindern, wechselte sie über zu einer ‚Zwei Deutschland'-Politik, die in der Bereitschaft des Kreml Ausdruck fand, diplomatische Beziehungen mit Bonn anzuknüpfen. Spätestens 1955 hatte die Sowjetunion den Status quo in Mitteleuropa anerkannt, und von diesem Zeitpunkt an war es ihr zentrales Ziel, die bestehende Lage politisch und vertraglich zu festigen — ein Prozeß, der beinahe zwei Jahrzehnte später in Bonns Ostverträgen und den Abkommen der Konferenz für Sicherheit und Zusammenarbeit in Europa von Helsinki gipfelte.

Dieser Schwenk in der Moskauer Deutschlandpolitik hatte wichtige Konsequenzen für die westliche Basis der Bonner Wiedervereinigungspolitik – eine Basis, von der Adenauer befürchtete, sie werde in dem Maße geschwächt, wie die Westmächte sich bemühten, von der scharfen Konfrontation des Kalten Krieges abzurücken in Richtung einer entspannteren Periode der Koexistenz. Nach 1955 beschränkten sich die wichtigeren Wiedervereinigungsbemühungen Bonns zwangsläufig darauf, der Sowjetunion und Ostdeutschland die de jure-Anerkennung der existierenden Lage zu verweigern – gab es doch wenig Hoffnung, die Wiedervereinigung selbst herbeizuführen –, und Bonn erwartete von seinen Verbündeten, daß sie diese Verweigerungspolitik diplomatisch unterstützten. Auf verbaler Ebene wurde diese Unterstützung geleistet, besonders von den USA. Doch Adenauer blieb argwöhnisch, da ihm das fundamentale Paradoxon der deutschen Frage voll bewußt war. Die Polaritäten von Spannungen, Interessen und Macht waren nicht dazu angetan, die deutsche Wiedervereinigung herbeizuführen; das war die Lehre, die man aus der internationalen Konstellation der Periode vor 1955 ziehen mußte. Doch das entstehende nukleare Gleichgewicht des Schreckens, die sich allmählich wandelnden Einschätzungen der sowjetischen Bedrohung, der Gaullistische Druck auf das westliche Bündnis und die generelle Veränderung der Konstellation von Macht und Interesse aus einer bipolaren in eine multipolare Struktur waren gleichermaßen ungünstig für die Aussichten auf Wiedervereinigung. Ohne ein Nachlassen der Ost-West-Spanungen konnte es sich keine der beiden Seiten leisten, eine deutsche Wiedervereinigung unter den Bedingungen des Gegners zuzulassen – doch eine Ost-West-Verständigung brachte die Wahrscheinlichkeit mit sich, daß die Teilung Deutschlands nicht nur stillschweigend politisch, sondern auch ausdrücklich rechtlich besiegelt würde.

Übergänge und Widersprüche: Das zweite Jahrzehnt

In der zweiten Phase der Entwicklung der Bonner Außenpolitik – in dem Jahrzehnt zwischen Ende der 1950er und Ende der 1960er Jahre – bestand das zentrale Dilemma der westdeutschen Außenpolitik in der Notwendigkeit, schwierige Entscheidungen zwischen Washington und Paris zu treffen, oder noch prägnanter ausgedrückt das Dilemma, zwischen Sicherheitsinteressen und dem Bestreben, eine lebensfähige europäische Gemeinschaft aufzubauen, wählen zu müssen. Die Konstellation gegenseitiger Ergänzung, die in den 1950er Jahren zwischen den Zielen der Sicherheit sowie denen des politischen und wirtschaftlichen Wiederaufbaus bestand – die auf Bonns Bereitschaft zur Wiederbewaffnung beruhte und die zur Grundlage der Integration der Bundesrepublik in die westliche Allianz wurde – begann in den 1960er Jahren abzubröckeln. Es entwickelten sich Spannungen zwischen Bonns an Washington orientierter Sicherheitspolitik und seiner an Paris orientierten Europapolitik; die Verbindungen zwischen der deutschen Sicherheitspolitik und der Wirtschaftspolitik waren zwar noch ebenso eng wie im ersten Jahrzehnt, wurden aber politisch problematisch; die Wirtschafts- und Währungs-Kontroversen innerhalb der atlantischen Allianz erforderten schwieriges und kostspieliges diplomatisches Manövrieren; und die Übereinstimmung zwischen der amerikanischen und der deutschen Währungspolitik begann zu schwinden. Diese Spannungen innerhalb des westlichen Bündnisses beeinflußten nicht nur Bonns Westpolitik, sondern auch seine Ostpolitik, da Washington und Paris eine voneinander abweichende Politik gegenüber der Sowjetunion und Osteuropa verfolgten und Bonn Schwierigkeiten hatte, seine starre Ostpolitik an die mehr auf Verständigung ausgerichtete Haltung der Westmächte anzupassen. Vor allem anderen verfolgte weder Washington noch Paris ein außenpolitisches Programm, das voll mit den deutschen Interessen übereinstimmte, wodurch Bonn gezwungen wurde, zwischen Alternativen zu wählen, die beide wesentliche Mängel aufwiesen.

Vor der Wahl zwischen Washington und Paris

Gewiß begannen die Differenzen zwischen Washington und Paris nicht mit General de Gaulles Rückkehr an die Macht im Jahr 1958; sie hatten Adenauer von Anfang an vor ernsthafte Probleme gestellt. Während Washington den Beitritt der Bundesrepublik zum westlichen Militärbündnis und ein integriertes Westeuropa rasch herbeizuführen suchte, verhielt sich Frankreich verständlicherweise reserviert und bemühte sich, den westdeutschen Einfluß in diesen internationalen Organisationen zu beschränken. Wenngleich diese Lage gelegentlich für Bonn mißlich war, ließ sie sich doch noch bewältigen, solange die westliche Allianz einigermaßen eng zusammenhielt, solange die Vereinigten Staaten Frankreich mit ‚schmerzlichen Überprüfungen' der amerikanischen Außenpolitik drohen konnte und solange Bonn seine Interessen im Namen eines integrierten westlichen Bündnisses zu fördern vermochte. Doch diese Probleme der frühen Jahre waren nur ein Vorgeschmack auf das viel ernstere Dilemma, vor das sich Bonn später gestellt sah, nachdem Charles de Gaulle 1958 wieder an die Macht gelangt war und als eine Parteinahme Bonns zugunsten der Vereinigten Staaten oder zugunsten Frankreichs die sich entwickelnden Spannungen innerhalb der atlantischen Allianz verschärfte.

Wenngleich die Abhängigkeit der Bundesrepublik von den USA in Sicherheitsfragen in den 1960er Jahren ebenso unauflöslich blieb wie in den 1950ern, war sie doch zunehmenden Belastungen ausgesetzt. Während der 1960er Jahre fand, als die amerikanische nukleare Überlegenheit sich angesichts der Entwicklung des sowjetischen nuklearen strategischen Potentials zu verringern begann, innerhalb der NATO eine intensive Debatte über militärische Doktrinen statt, die sich im wesentlichen um die Frage drehte, wie sich die Glaubwürdigkeit der amerikanischen nuklearen Verpflichtung gegenüber Westeuropa aufrechterhalten ließ, wenn die Vereinigten Staaten allmählich selbst verwundbar würden. Dieses Problem (das bis zum heutigen Tag besteht) besaß besondere Bedeutung für die Bundesrepublik, wegen ihrer exponierten geographischen und politischen Position und weil Bonn in zunehmendem Maße von dem NATO-Abschreckungspotential abhängig wurde, das der Kontrolle der Deutschen entzogen war. Außerdem strebte die Kennedy-Administration eine flexiblere amerikanische strategische Doktrin an, die dazu bestimmt war, die strategischen und taktischen Optionen Washingtons zu vermehren und die eine Verstärkung der konventionellen Streitkräfte seitens der europäischen NATO-Verbündeten erforderte. Diese Doktrin des ‚flexible response', die eine flexiblere und damit glaubwürdigere ‚abgestufte' Skala von westlichen Reaktionen schaffen sollte und die 1967 zur offiziellen NATO-Doktrin wurde, verlangte höhere deutsche Verteidigungsausgaben, wenngleich die Betonung auf konventionelle Aufrüstung in Europa mit Zurückhaltung betrachtet wurde, weil dies die Glaubhaftigkeit der amerikanischen Bereitschaft, den nuklearen Schild vor die europäischen NATO-Mitglieder zu stellen, zu untergraben schien. Obwohl die Bundesrepublik zu ihrer transatlantischen Sicherheitsbeziehung – die nach dem französichen Austritt im Jahre 1966 zum Hauptpfeiler der NATO wurde – keine realistische Alternative besaß, wurde im Laufe der 1960er Jahre zunehmend klar, daß die Sicherheitsinteressen der Vereinigten Staaten und der Bundesrepublik nicht mehr so stark übereinstimmten, wie dies in den 1950er Jahren der Fall gewesen war.

Doch ein Optieren für Paris (das in Sicherheitsfragen nicht ernsthaft in Erwägung gezogen werden konnte) bedeutete ein Optieren für ein französisches außenpolitisches Programm, das in einer Reihe von Fragen größter Wichtigkeit, einschließlich der zukünftigen Gestalt der europäischen Ordnung, deutschen Zielen widersprach. Adenauer wie de Gaulle zogen eine ‚klein-europäische' Integrationsstruktur vor; doch de Gaulle stellte sich gegen eine echte politische Integration, weil dies die nationale Unabhängigkeit Frankreichs eingeschränkt hätte, und er erwartete von der Bundesrepublik, daß sie Frankreichs Bestreben, seine Stellung in der Weltpolitik wiederzugewinnen, wirtschaftlich und politisch unterstützen würde. De Gaulle wollte den wirtschaftlichen Nutzen des Gemeinsamen Marktes, ohne dafür einen politischen Preis zu zahlen; Adenauer war bereit, einen wirtschaftlichen Preis für politischen Nutzen zu zahlen. De Gaulle suchte eine europäische Basis für seine weltpolitischen Ambitionen; Adenauer suchte eine atlantische Basis für seine europäischen Ambitionen.

Die Konflikte, die sich während der späten 1950er und der frühen 1960er Jahre zwischen den anglo-amerikanischen Mächten und Frankreich entwickelten, komplizierten die Verwirklichung von Adenauers Ziel der Integration der Bundesrepublik in eine eng verbundene westeuropäische Gemeinschaft ganz außerordentlich. Während die USA der unentbehrliche Partner der Sicherheitspolitik blieben, war de Gaulle, der unentbehrliche Partner für die Europapolitik der Bundesrepublik, zur Verdrängung des anglo-amerikanischen Einflusses auf dem Kontinent entschlossen. Dies bedeutete, daß sich in den 1960er Jahren Widersprüche zwischen der Sicherheitspolitik der Bundesrepublik und seiner Europapolitik entwickelten – anders als in den 1950er Jahren, als die gegenseitige Ergänzung der Bonner Atlantik- und seiner Europapolitik den Eckpfeiler von Adenauers außenpolitischem Programm bildete. Doch nun gab es praktisch nicht eine deutsche Außenpolitik, sondern zwei. Die erste war die Außenpolitik

Adenauers, die zu dem deutsch-französischen Freundschaftsvertrag von 1963 führte und es de Gaulle ermöglichte, den Beitritt Großbritanniens zur Europäischen Wirtschaftsgemeinschaft mit stillschweigender deutscher Einwilligung zu verhindern. Die zweite außenpolitische Richtung wurde von Wirtschaftsminister Ludwig Erhard und Außenminister Gerhard Schröder vertreten, die einen flexibleren Kurs befürworteten und eher die anglo-amerikanische Position unterstützten, nicht nur bezüglich der EWG und der atlantischen Allianz, sondern auch hinsichtlich einer phantasiereicheren Ostpolitik.

Als Ludwig Erhard im Herbst 1963 die Nachfolge Konrad Adenauers antrat, verschlechterten sich die politischen Beziehungen zwischen der Bundesrepublik, Frankreich und den Vereinigten Staaten deutlich. De Gaulles Programm stand im klaren Widerspruch zu Kernelementen der deutschen Außenpolitik und dies zu einer Zeit, als der neue Bundeskanzler französischen Vorhaben viel weniger positiv gegenüber stand, als dies bei Adenauer der Fall gewesen war. Die Krise von 1965 über die politische Zukunft und die Vergrößerung der EWG fand Bonn in Frontstellung gegen Paris (wenngleich letztlich die Position der Bundesrepublik in der EWG dadurch gestärkt wurde), und der deutsch-französische Gegensatz in politischen Grundsatzfragen wurde weiter verschärft durch Zusammenstöße im handels- und währungspolitischen Bereich. Doch auch Erhards Beziehungen zu Washington waren gestört. Das glücklose Projekt der multilateralen Atomstreitmacht (MLF), die militärisch-strategisch wertlos und in erster Linie dazu bestimmt war, den europäischen NATO-Mitgliedern den Schein nuklearer Verfügungsgewalt zu geben, ohne sie in Wirklichkeit zu gewähren, führte zu ernsthaften Spannungen zwischen Bonn und Washington, als die Johnson-Administration das Projekt 1965 abblies. Entgegen starken innenpolitischen Widerständen hatte Erhard die amerikanische Politik (zu NATO, Vietnam, stärkerer konventioneller Aufrüstung für Mitteleuropa und Währungsfragen) konsequent unterstützt und sich auf Johnsons Bereitschaft verlassen, als Gegenleistung die MLF zu unterstützen. Doch es entwickelten sich Spannungen zwischen fundamentalen amerikanischen Interessen und den wichtigsten politischen Zielen, die Bonn durch nukleare Mitbestimmung zu fördern suchte. Ein wichtiger Grund für Bonns Interesse an der MLF war die Hoffnung, man könnte sie gegen sowjetische Konzessionen in der deutschen Frage austauschen – ein Gedanke, dem Außenminister Gerhard Schröder im Sommer 1965 sehr deutlich Ausdruck gab. Dieser erwartete Einfluß, der wahrscheinlich von Anfang an illusionär war, verlangte offenkundig fortgesetzte amerikanische Unterstützung der MLF, die Präsident Johnson nicht zu leisten bereit war, weil die implizite anti-sowjetische Dimension der Bonner MLF-Politik zwei zentrale amerikanische außenpolitische Ziele gefährdete: Entspannung mit der Sowjetunion und ein Rüstungskontrollabkommen. Verhandlungen über einen Kernwaffen-Nichtverbreitungsvertrag waren bereits seit geraumer Zeit im Gang, und die Sowjetunion hatte wiederholt deutlich gemacht, daß Washington zwischen dem Vertrag und der MLF wählen müsse. Es war für Johnson relativ leicht, die MLF zu opfern, da die meisten NATO-Mitglieder kein echtes Interesse daran gezeigt hatten. Die Deutschen dagegen fanden, ihr Argwohn über ein mögliches sowjetisch-amerikanisches Arrangement auf Kosten deutscher Interessen sei durch Washingtons Kehrtwendung in der MLF-Frage bestätigt worden.

Auch Wirtschafts- und Währungskontroversen innerhalb der atlantischen Allianz zwangen die Bonner Regierung, Entscheidungen zu treffen, die sie zu vermeiden wünschte. Zwischen den Europäern und Amerikanern stand ein breites Spektrum umstrittener Fragen: die Ausweitung des Gemeinsamen Marktes, der Plan der europäischen Gemeinschaft zur Errichtung eines gemeinsamen Währungsgebietes und die politisch-strategischen und wirtschaftlichen Beziehungen zwischen den Vereinigten Staaten und Europa insgesamt. Angesichts des Niedergangs der wirtschaftlichen Hegemonie Amerikas im Verhältnis zu Europa und Japan zeigten Amerikas Verbündete, besonders Frankreich, zunehmend Unzufriedenheit über die amerikanischen politischen und ökonomisch-monetären Privilegien und begannen, auf Strukturveränderungen (wie etwa das internationale Währungssystem von Bretton Woods) zu drängen, innerhalb deren diese politischen und ökonomischen Regelungen getroffen worden waren. Zahlreich waren auch Washingtons Beschwerden über Praktiken der EWG, doch sie konzentrierten sich weitgehend auf drei miteinander verbundene Bereiche: die Präferenzabkommen der Gemeinschaft mit einer zunehmenden Zahl von Staaten, die mehr oder weniger das Meistbegünstigungsprinzip verletzten; die protektionistische Agrarpolitik der Gemeinschaft; und die Tatsache, daß die großen landwirtschaftlichen Überschüsse der Gemeinschaft auf traditionelle Märkte der Vereinigten Staaten geworfen wurden, besonders im Fernen Osten und in Nordafrika. Die Europäer waren demgegenüber der Auffassung, das zentrale wirtschaftliche Problem sei nicht Handels-, sondern Geldpolitik, zumal die USA gegenüber der Gemeinschaft ständig eine positive Handelsbilanz aufwiesen. Aus europäischer Sicht handelten die Vereinigten Staaten unverantwortlich und auch eigensüchtig, indem sie keine Maßnahmen trafen, um ihren chronischen Zahlungsbilanzproblemen abzuhelfen, und einen wesentlichen Teil der sich daraus ergebenden Anpassungsbelastung auf ihre europäischen Partner abwälzten.

All dies brachte die Deutschen in eine mißliche Lage. Frankreich forderte die Unterstützung der Bundesrepublik für die gemeinsame Agrarpolitik der Gemeinschaft, da dies der Eckpfeiler des beim Eintritt in das System der Gemeinschaft geschlossenen französisch-deutschen Wirtschaftspaktes war, der vorsah, daß Frankreich ein Arrangement des freien Zugangs für deutsche Industrieprodukte akzeptierte und dafür im Agrarsektor Vorteile erlangte. Die Vereinigten Staaten wiederum bestanden auf finanzieller Unterstützung durch die Bundesrepublik, was den Devisenausgleich für Militärausgaben, Rüstungskäufe in den USA und andere Vereinbarungen zur Lastenteilung innerhalb der NATO einschloß, um die Spannungen zu mindern, die sich zwischen den drei zentralen Grundsätzen des Bretton Woods-Systems entwickelt hatte – der Dollar-Gold-Parität, der festen Wechselkurse und der freien Konvertierbarkeit der Währungen. Die Fiktion, daß Bretton Woods nach wie vor funktioniere, ließ sich ohnehin nur deshalb aufrechterhalten, weil die Deutsche Bundesbank sich 1967 verpflichtete, Dollars nicht in Gold einzutauschen, und weil sie im allgemeinen vermied, diese Ordnung, das Bretton-Woods-Monitärsystem, zu erschüttern, wie es Frankreich zu politischen Zwecken tat. Doch obwohl die Bundesrepublik in den 1960er und den frühen 1970er Jahren mehr unternahm als jeder andere Staat, die Vereinigten Staaten gegen dauernde Angriffe auf den Dollar abzuschirmen, waren die Differenzen zwischen Bonn und Washington über monetäre Fragen grundsätzlicher Natur, denn sie entsprangen gegensätzlichen Auffassungen davon, was verantwortliche Währungs- und Haushaltspraktiken sind. Es hatte sich eine Beziehung beiderseitiger Abhängigkeit entwickelt: Die USA lieferten der Bundesrepublik Sicherheitswerte (worin Washington eine der Hauptursachen seiner Zahlungsbilanz-Schwierigkeiten erblickte), und die Bundesrepublik revanchierte sich mit direkter und indirekter finanzieller Unterstützung, bis die formellen Ausgleichsregelungen 1976 ausliefen.

Kleine Schritte nach Osten

Das zentrale Dilemma der bundesrepublikanischen Ostpolitik in den 1960er Jahren bestand darin, daß Bonn nicht in der Lage war, die politischen und die rechtlichen Aspekte dieser Politik in Einklang zu bringen. Den Deutschen war klar, daß die internationalen Entwicklungen (in West- ebenso wie in Osteuropa, in Washington so gut wie in Moskau) eine Revision der sterilen Bonner Ostpolitik erforderten, doch die legalistischen Beschränkungen, die man dieser Politik in den 1950er Jahren auferlegt hatte, waren in zunehmendem Maße hinderlich geworden und standen einer angemessenen Reaktion auf die politischen Erfordernisse der 1960er Jahre im Wege – eine Behinderung, die auch erklärt, warum sich Bonns Ostpolitik nicht auf die seiner Hauptverbündeten einstellen konnte.

Aus deutscher Sicht war die amerikanische Diplomatie zu ,konservativ', die französische zu innovativ. Washingtons Europapolitik erschien als zu konservativ in dem Sinn, daß sowohl die Kennedy- als auch die Johnson-Administration eine Verständigung mit der Sowjetunion anstrebte, die einen betont bilateralen Charakter hatte und indirekt zur Stabilisierung des europäischen Status quo tendierte. Die amerikanische Koexistenz-Politik stützte sich auf die Annahme, daß das gemeinsame nukleare Risiko und die gemeinsame politische Verantwortung der beiden Supermächte eine Stabilisierung des nuklearen militärischen Kräfteverhältnisses verlangten und daß die beiderseits angestrebte Stabilität der europäischen Ordnung das Weiterbestehen der sowjetischen ebenso wie der amerikanischen Einflußsphäre auf dem Kontinent erforderlich machte. Für Washington war die allmähliche Auflockerung des Warschauer Paktes (ein Prozeß, der im August 1968 teilweise zum Stillstand kam) weniger ein Grund zur Befriedigung als ein Anlaß zur Sorge. Die Fragmentierung des sowjetischen Imperiums in Osteuropa könnte unter Umständen den Kalten Krieg eskalieren und bestenfalls zu einer Auflösung der relativ stabilen und erträglichen europäischen Nachkriegsordnung führen – kurz, zur Demontage der amerikanischen Doppel-Eindämmungs-Politik. Die Kennedy-Administration hatte ungeachtet deutscher Bedenken die NATO-Strategie verändert, legte hinsichtlich der Frage der deutschen Einheit wenig Entschlossenheit an den Tag und erstrebte offenbar eine Verständigung mit der Sowjetunion in Europa, notfalls auch auf Kosten deutscher Interessen. Die Politik der Johnson-Administration gab auch Anlaß zur Sorge. Der Präsident persönlich schien in europäischen Angelegenheiten verunsichert und generell uninteressiert; und Washington war in zunehmendem Maße mit Vietnam sowie mit der Ausarbeitung einer Rüstungskontroll-Regelung mit der Sowjetunion beschäftigt. Dies alles machte die Regierung Johnson für die Bundesrepublklik zu einem politisch wie psychologisch fernen Verbündeten. Die Möglichkeit, daß die Vereinigten Staaten einer Legitimierung der Teilung Europas und Deutschlands – das zentrale außenpolitische Ziel der Sowjetunion in den 1960er Jahren – zustimmen würden, war für Adenauer ebenso wie für Erhard ein Alptraum und blieb eine ständige Sorge während der Amtszeit der Regierung Kiesinger-Brandt, wenngleich bei letzterer bereits Uneinigkeit in der deutschen Frage deutlich wurde.

Während die amerikanische Politik wegen ihrer impliziten Bereitschaft, den europäischen Status quo zu zementieren, für Bonn zu ‚konservativ' war, erschien die französische Politik als zu innovativ und dynamisch, da sie letztlich die Auflösung der amerikanischen und der sowjetischen Einflußphäre in Europa zum Ziel hatte. Angesichts seines Mißtrauens Amerika gegenüber fühlte sich Adenauer gezwungen, Unterstützung für Bonns starre Ostpolitik in Paris zu suchen, obwohl de Gaulle die Oder-Neiße-Linie 1959 anerkannt hatte (eine Voraussetzung seiner Initiativen gegenüber Osteuropa) und obwohl der Bundeskanzler sicherlich gewußt haben muß, daß de Gaulle sich nur für eine solche Lösung der deutschen Frage einsetzen konnte, die hinter einer tatsächlichen Wiedervereinigung zurückblieb. Gewiß wünschte de Gaulle eine Entschärfung der deutschen Frage; er sah in ihr die Hauptursache (und Rechtfertigung) der Präsenz der Supermächte in Europa, eine Ursache, die bei einer Lösung der deutschen Frage entfiele und zur Auflösung der beiden Militärbündnisse des Kalten Krieges führen sowie den Rückzug von Amerikanern und Sowjets aus Europa beschleunigen würde. ‚Europa vom Atlantik bis zum Ural' unter Führung Frankreichs sollte an die Stelle der Zweier-Hegemonie treten, die Amerika und Rußland der europäischen Nachkriegsordnung aufgezwungen hatten. Doch bei seiner Annäherung an Osteuropa und die Sowjetunion ging de Gaulle sehr viel weiter, als es der Bonner Regierung angemessen erschien, und die grundlegende Veränderung der französischen Politik gegenüber der Sowjetunion mit der implizierten französisch-sowjetischen Verständigung hatte tiefgreifende Auswirkungen auf die französisch-deutschen Beziehungen, die ohnehin schon in den Bereichen der transatlantischen und europäischen Politik angespannt waren.

Kurz, die Politik Washingtons untergrub die politischen Dimensionen der Ostpolitik Bonns, da sie die Zementierung der bestehenden Einflußsphären in Europa in sich schloß und deren zukünftige Legitimierung voraussehen ließ; die französische Politik untergrub die rechtliche Dimension der Bonner Ostpolitik, da Paris, anders als Bonn, die osteuropäischen Staaten als vollwertige diplomatische Partner behandelte und dazu die auf die NATO gestützte Sicherheitspolitik der Bundesrepublik mißbilligte. Die Entscheidungen zwischen Washington und Paris, die in den 1960er Jahren den Regierungen Adenauer, Erhard und Kiesinger aufgezwungen wurden, stellten keine Wahlmöglichkeiten zwischen politischen Alternativen dar, die diese Regierungen selbst bevorzugt hätten. Im Gegensatz zu den 1950er Jahren, als die Regierung Adenauer nur eine von zwei einander ausschließenden, aber für sich wünschenswerten Alternativen wählen konnte – eine praktikable Westpolitik und eine ebensolche Ostpolitik –, liefen die Alternativen der 1960er Jahre hinaus auf eine Wahl zwischen einer verstümmelten europäischen und einer ebenso brüchigen atlantischen Option sowie zwischen einer amerikanischen und einer französischen Ostpolitik, die – aus unterschiedlichen Gründen – für die deutsche Regierung gleichermaßen anstößig waren. Während die deutsch-amerikanischen Beziehungen der Nachkriegszeit in den 1960er Jahren durch einen Reifungsprozeß gekennzeichnet waren, wiesen sie auch zunehmende Belastungen auf, die sich über ein breites Spektrum von militärisch-strategischen, ökonomisch-monetären und politischen Problemen erstreckten.

Reibungen im Wandel: Die siebziger Jahre

In den 1970er Jahren veränderte sich das globale wie das regionale Kräfteverhältnis, wodurch für die deutsch-amerikanischen Beziehungen neue Möglichkeiten ebenso wie neue Probleme entstanden. Die Ursprünge dieser Veränderungen lagen in den 1960er Jahren und (teilweise) in der unmittelbaren Nachkriegszeit, doch ihre Manifestationen wurden erst in den 1970er Jahren deutlich sichtbar und schufen ein erheblich unterschiedliches internationales Umfeld für die deutsch-amerikanische Diplomatie, was auch für die innenpolitischen Grundlagen der deutsch-amerikanischen Beziehungen Konsequenzen hatte.

Da war, vor allem anderen, der relative Niedergang der amerikanischen Macht. Am Ende des Zweiten Weltkriegs und zu Beginn des Kalten Kriegs besaßen die Vereinigten Staaten unanfechtbare wirtschaftliche Hegemonie; sie kontrollierten das internationale Währungssystem, das sie geschaffen hatten; sie standen auf dem Gipfel des internationalen Prestiges und politischen Einflusses; und sie besaßen eine unverwundbare nukleare Streitmacht, die die Sicherheit Amerikas und seiner Verbündeten garantierte. Drei Jahrzehnte später mußten die USA ihre wirtschaftliche und monetäre Vormachtstellung mit Westeuropa und Japan teilen, waren gezwungen, den sowjetischen Paritätsanspruch hinsichtlich des nuklearen Potentials anzuerkennen und hatten wegen Schwächen in ihrer Außen- und Innenpolitik einen Schwund an Prestige und Einfluß erlitten.

Mit diesen Entwicklungen sowie mit dem wachsenden Selbstbewußtsein Westeuropas verband sich die Erkenntnis auf beiden Seiten des Atlantiks, daß die amerikanischen und westeuropäischen Interessen nicht mehr so stark übereinstimmten, wie dies in der Nachkriegszeit der Fall gewesen zu sein schien – eine Erkenntnis, die sich in einer Anzahl von äußerst wichtigen Aspekten der deutsch-amerikanischen Beziehung widerspiegelte.

Ost-West-Entspannung, deutsche Ostpolitik und die politische Ordnung Europas

Der Regierung Brandt—Scheel, die im Herbst 1969 die Macht übernahm, war klar, daß eine deutsche Annäherung an den Osten und die Koordination der deutschen Diplomatie mit den Entspannungsbemühungen der Westmächte die formelle Anerkennung des europäischen Status quo durch Bonn voraussetzte. Durch die Einstellung der westdeutschen Außenpolitik auf die Dynamik der Entspannungspolitik, das herausragende außenpolitische Ziel des Warschauer Paktes ebenso wie des atlantischen Bündnisses, hoffte Bonn, eine konstruktivere Haltung gegenüber dem Osten aufzubauen, mit den internationalen Entwicklungen Schritt zu halten, die diplomatischen Einflußmöglichkeiten zu erweitern und damit die diplomatische Ost-West-Konstellation mitzubestimmen, in der politische, strategische und wirtschaftliche Fragen zusammengekoppelt waren. Aus historischen und geographischen Gründen sowie wegen der ständigen Frage der deutschen Einheit waren die Bestrebungen und Hoffnungen, die in einer westlichen Entspannungspolitik Ausdruck fanden, für die Bundesrepublik besonders bedeutsam; die Regierung Brandt war bereit, den unentbehrlichen Beitrag zu ihrem Erfolg zu leisten – das Akzeptieren des europäischen Status quo.

Die Ostpolitik der Regierung Brandt—Scheel trug auch zur Ergänzung ihrer Sicherheitspolitik bei – nicht etwa, weil sie die strategische Abhängigkeit der Bundesrepublik von den USA oder ihr Engagement für die NATO verminderte, sondern weil die Bereitschaft Bonns, den territorialen Status quo zu akzeptieren, die deutschen Sicherheitsprobleme bei deren politischen Wurzeln packte. Im Gegensatz zu den 1950er und 1960er Jahren, als die Sicherheitspolitik Bonns den Ost-West-Konflikt widerspiegelte und eher verschärfte, überwand die neue Ostpolitik diese krassen Widersprüche. Indem sie die aus dem Zweiten Weltkrieg herrührenden territorialen und politischen Realitäten anerkannte, ließ die Bundesrepublik ihre Sicherheitspolitik und ihre Ostpolitik ineinandergreifen, entwickelte damit auch eine konstruktivere Haltung zur Rüstungskontrolle und paßte die westdeutsche Außenpolitik der Dynamik der Ost-West-Entspannung an.

Die Anpassung der deutschen Diplomatie an die Entspannungspolitik der Westmächte Anfang der 1970er Jahre war jedoch nicht leicht. Wenngleich die Bonner Ostpolitik anderen dynamischen westlichen Initiativen gegenüber dem Osten nachfolgte und nicht vorgriff, zeigte doch die anfängliche Reaktion ihrer Partner (besonders in Washington) den Deutschen, daß ihr eigenes Vorgehen ein prekäres Gleichgewicht von Initiative und Zurückhaltung verlangte. Eine zu geringe Bereitschaft, die Ost-West-Verständigung zu unterstützen, hatte ihnen in der Vergangenheit Vorwürfe der Obstruktion eingebracht (insbesondere, wenn Bonn sich in Fragen der Rüstungskontrolle unbeweglich zeigte); eine zu große Begeisterung für die Entspannung weckte Befürchtungen, daß Bonn seine Verbindungen zum Westen schwächen würde, um die Chancen für die deutsche Einheit zu verbessern. Der Verdacht, die Bundesrepublik sei eine tatsächliche oder potentielle revisionistische europäische Macht, die bereit wäre, den Status

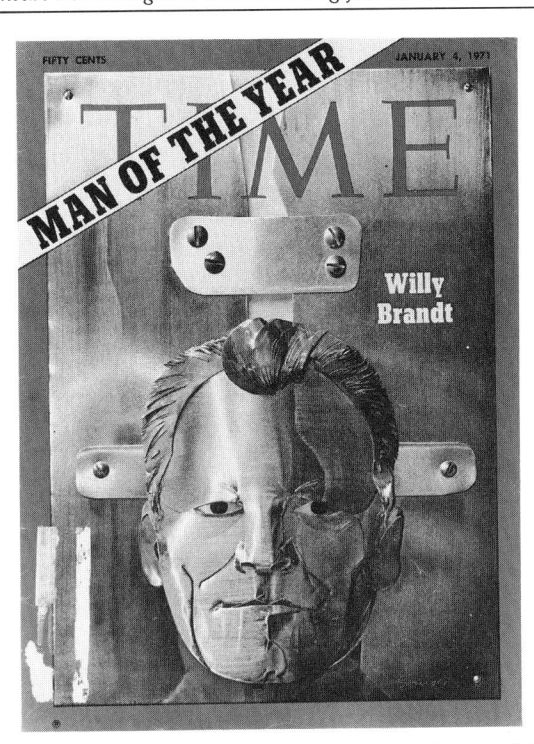

Willy Brandt als ‚Mann des Jahres' 1970. Diese Auszeichnung von Adenauers früherem innenpolitischen Gegner durch „Time" markierte das Ausmaß des Umdenkens in den USA gegenüber der Bundesrepublik. Man erkannte die Ostpolitik, mit der sich die 1969 gewählte Regierung Brandt–Scheel von Adenauers einseitiger Westorientierung löste, mit der Schlagzeile „Auf dem Weg zu einer neuen Realität" an. Damit sei der Versuch gemacht, den Zweiten Weltkrieg zu beenden und der Teilung Europas entgegenzuwirken.
Für die Herausstellung Brandts durch das Massenmagazin „Time" im Jahre 1970 war allerdings ein fotografisch überlieferter Moment von besonderem Gewicht: sein symbolischer Kniefall vor dem Mahnmal für die 500 000 Juden im Ghetto von Warschau, die im Zweiten Weltkrieg von Deutschen ermordet wurden. „Time" stellte diese Geste eines deutschen Kanzlers an Bedeutung für die Geschichte Europas neben den – im Gemälde überlieferten – Moment, an dem 99 Jahre zuvor Wilhelm I. im Spiegelsaal von Versailles zum Kaiser des geeinten Deutschen Reiches ausgerufen wurde. (Time Magazine)

quo aus den Angeln zu heben, wenn sich eine Gelegenheit dazu böte, lag dicht unter der Oberfläche von vielen der politischen, militärisch-strategischen und wirtschaftlichen Probleme, die zwischen Bonn und anderen Ländern umstritten waren.

Außerdem wurde es Ende der 1970er Jahre, nachdem die Afghanistan- und die Polen-Frage die Ost-West-Beziehungen in Mitleidenschaft gezogen hatten, in zunehmendem Maße deutlich, daß die Ergebnisse der Entspannungspolitik in den Vereinigten Staaten und in Westeuropa sehr unterschiedlich eingeschätzt wurden, zum Teil deshalb, weil die Erwartungen, die Anfang der 1970er Jahre hinter dem Entspannungsprozeß gestanden hatten, verschieden gewesen waren. Die Erwartungen der Supermächte, hätten sie klare Artikulation gefunden, waren von Anfang an ungleich — die Vereinigten Staaten erwarteten von der Sowjetunion Zurückhaltung in den meisten Bereichen der Ost-West-Auseinandersetzung, während die Sowjetunion in erster Linie die Legitimierung des europäischen Status quo und die Verbriefung des militärisch-strategischen Gleichgewichts zwischen Ost und West zusammen mit intensivierten Wirtschaftsbeziehungen mit dem Westen anstrebe. Die Deutschen waren wohl die Hauptnutznießer der Entspannung, weil ihre Erwartungen hinsichtlich der Erleichterung menschlicher Kontakte zwischen den beiden deutschen Staaten zumindest teilweise erfüllt wurden und es der Bundesrepublik gleichfalls gelang, ihr internationales Prestige und ihren diplomatischen Einfluß zu erhöhen. Demzufolge blieb die Bundesrepublik während der 1970er Jahre der Entwicklung einer europäischen Ordnung verpflichtet, die diese Gewinne sichern und ausweiten würde, und sie neigte dazu, die Entspannung als einen teilbaren Prozeß zu betrachten, der gegenüber außereuropäischen Störungen abgeschirmt werden sollte. Andererseits waren sowohl die USA als auch die Sowjetunion, aus je unterschiedlichen Gründen, von den Resultaten der Entspannung enttäuscht; ihr Engagement für den Neuaufbau einer europäischen politischen Ordnung war, wiederum aus unterschiedlichen Gründen, fraglich; und die USA bemühten sich, die Bonner Regierung davon zu überzeugen, daß der Entspannungsprozeß unteilbar und mit der globalen Ost-West-Auseinandersetzung verbunden sei.

Wirtschafts- und Währungsbeziehungen

Die 1970er Jahre brachten nicht nur unterschiedliche Interpretationen von Bedeutung und Ergebnissen der Entspannung, sondern auch eine ganze Serie von Differenzen zwischen den Vereinigten Staaten und der Bundesrepublik in ökonomischen und monetären Fragen.

Die Weltwährungskrise vom Sommer 1973 bildete den Höhepunkt der ökonomisch-monetären Kontroversen zwischen den Vereinigten Staaten und den Ländern des Gemeinsamen Marktes, die sich in den 1960er Jahren entwickelt hatten. Die Krise kündigte eine seit langem überfällige Umstrukturierung des Weltwährungssystems an und betraf sowohl in starkem Maße die wirtschaftliche, strategische und politische Rolle der Vereinigten Staaten in der Weltpolitik als auch die Frage, welchen Teil dieser Rolle die Verbündeten bereit waren, weiterhin zu finanzieren. Die Notwendigkeit, diesen Rahmen zu verändern, stellte sich umso dringlicher angesichts des wachsenden Vorrangs ökonomisch-monetärer über militärisch-strategische Angelegenheiten, angesichts zunehmender wirtschaftlicher Interdependenz sowie der besonderen politischen und ökonomischen Schwierigkeiten, die sich aus der Erweiterung der europäischen Gemeinschaft und ihrer begrenzten integrativen Dynamik ergaben.

Wenngleich diese Entwicklungen die deutsche diplomatische Position stärkten, weil sie Elemente der Macht in eine Richtung verschoben, in der die Hauptquelle des deutschen Potentials lag, waren ihre politischen, ökonomischen und psychologischen Auswirkungen besonders störend, nachdem Helmut Schmidt 1974 die Kanzlerschaft von Willy Brandt übernommen hatte — weniger wegen des Wechsels in der deutschen Führung, als deshalb, weil die deutsche Ostpolitik ihre dramatischen Höhepunkte überschritten hatte und die weltweite Rezession wirtschaftliche Fragen in den Vordergrund schob. Mitte und Ende der 1970er Jahre standen die Westeuropäer nicht mehr so stark im Bann der dramatischen ‚großen Politik' der vorangegangenen Jahre; vielmehr waren sie mit den mehr technischen wirtschaftlichen und politischen Aufgaben beschäftigt, vor die sie sich gestellt sahen: Wirtschaftswachstum und Währungsstabilität, Sicherheit der Versorgung mit Energie und anderen Rohstoffen, eine konstruktive Politik gegenüber der Dritten Welt und die Umgestaltung von EG-Strukturen zwecks Durchführung dringend notwendiger Reformen und Eingliederung neuer Mitgliedsstaaten. Bei allen diesen Aufgaben, die koordinierte und somit sorgfältig abgemessene Schritte verlangten, wurde deutlich, daß die Wirtschaftspolitik eine stetige, grundlegende und vielleicht entscheidende Rolle spielte, wobei sich der Bundesrepublik große Möglichkeiten boten, Wirtschafts- und Währungspotential in politischen Einfluß umzumünzen.

Einer solchen Transaktion standen einige Schwierigkeiten im Wege. Die Bonner Regierung stellte sich gegen amerikanische Vorschläge zu einer politisch-ökonomischen ‚Achse' Washington-Bonn oder einer Lokomotivenfunktion der deutschen Wirtschaft, und sie betrachtete generell den Stil ebenso wie den Inhalt der Außenpolitik Washingtons recht kritisch. Die Regierung Schmidt zeigte auch eine weitaus härtere Haltung als frühere deutsche Regierungen gegenüber der Europäischen Gemeinschaft, wenn sie die Mitgliedsstaaten aufforderte, für eine verantwortliche Haushaltsführung zu sorgen und Reformen der fest etablierten Gemeinschafts-Bürokratie mitzutragen. Bonn stellte klar, daß es monetäre Forderungen von Mitgliedsstaaten der Europäischen Gemeinschaft nur dann erfüllen würde, wenn diese sich bemühten, zur Lösung der umfassenden strukturellen Probleme der Gemeinschaft beizutragen. Zwar war Schmidt bereit, ein ‚guter Europäer' zu sein — seine insgesamt harmonische Beziehung zu dem französischen Präsidenten Giscard d'Estaing ermöglichte es Frankreich und Deutschland, das europäische Währungssystem zu initiieren —, aber er meinte auch, die Wirtschafts- und Währungsnöte einiger EG-Staaten gingen großenteils auf fiskalische und politische Verantwortungslosigkeit zurück, und man könne das Gefühl des passiven Dahintreibens in der Gemeinschaft nur durch eine politische Führung überwinden, die sich den Herausforderungen der Zukunft stelle und sich gegenüber dem Alltagsdruck politischer Zweckdienlichkeit widerstandsfähiger zeige.

Ihr zunehmendes politisches und diplomatisches Gewicht beeinflußte auch den Stil der Außenwirtschaftspolitik der Bundesrepublik. Die ‚Sprache' von Wirtschaft und Währung hatte den Westdeutschen traditionell eine ausgezeichnete Möglichkeit geboten, politische Forderungen, die angesichts der Vergangenheit Deutschlands noch immer etwas suspekt sein mochten, in respektable ökonomische Forderungen zu übersetzen. Dies bot den Deutschen eine Kompensation für ihre Unfähigkeit, politische Forderungen in militärisch-strategische Sprache zu übertragen, wie es de Gaulle auf so dramatische Weise mit seiner force de frappe getan hatte, die vor allem anderen ein in höchstem Grade politisches Instrument darstellte. Hätten die Deutschen politische Bestrebungen mit militär-strategischen Sprachbegriffen ausgedrückt, so hätte man ihnen vorgeworfen, unverbesserliche Militaristen zu sein; so jedoch betrachteten sie die Wirtschaft als die Fortsetzung der Politik mit anderen Mitteln. Doch in dem Maße, wie Wirtschaftsfragen als solche direkte politische Bedeutung erlangten, besonders wenn sie die Rahmenbedingungen der Wirtschafts- und Währungsordnung berührten, wurde auch die wirtschaftliche Sprache politisch weniger neutral und legte es näher, daß man sie als Ausdruck der Machtpolitik interpretierte.

Die Artikulation deutscher Interessen wurde noch durch eine weitere Entwicklung kompliziert. Bonn war im Rahmen multilateraler Organisationen in der Vertretung seiner Anliegen immer höchst effektiv gewesen (im Gegensatz zu Frankreich, dessen Außenpolitik ihre Vitalität aus einem separatistischen Kurs gewann) und hatte es oft verstanden, aus internationaler Zusammenarbeit nationale Vorteile zu ziehen. Dies brachte den zusätzlichen Nutzen – und diesen Punkt möchte ich hier unterstreichen –, daß Bonn deutsche Bestrebungen in die Sprache Europas und der atlantischen Allianz statt in die des deutschen nationalen Interesses kleiden konnte. Ein guter Deutscher zu sein, war das gleiche, wie ein guter Atlantiker oder ein guter Europäer zu sein. Doch in dem Maße, wie die Ziele der beiden Bündnisse zunehmend auseinanderstrebten und die Bundesrepublik eine Führungsrolle in der Europäischen Gemeinschaft gewann, verringerten sich die Möglichkeiten, nationale Interessen im Namen der allgemeinen internationalen Zusammenarbeit zu verfolgen, und solche Versuche wurden auch weniger überzeugend. Die legitimierende ökumenische Sprache, in der sich deutsche Anliegen in der Vergangenheit hatten ausdrücken lassen, wurde für die neuen Bedingungen weniger geeignet, so daß die Deutschen ein neues diplomatisches Vokabular erlernen mußten. Dies war eine delikate Angelegenheit, da andere europäische Mächte, besonders Frankreich, sich gegenüber der Bonner Umsetzung von wirtschaftlicher Macht in politischen Einfluß höchst empfindlich zeigten. Als die Auffassungen der Bundesrepublik mehr und mehr Autorität gewannen, mußten sich die Deutschen nach der psychologischen Tatsache richten lernen, daß Autorität zwar mehr als ein Rat, doch weniger als ein Befehl ist. In der Formulierung Helmut Schmidts hieß dies, die Bundesrepublik sei nicht klein genug, um den Mund zu halten, doch zu klein, um mehr tun zu können als reden – worin man vielleicht eine prägnante Definition einer mittleren Macht sehen kann.

Die militärisch-strategische Dimension

Ende der 1960er Jahre näherte sich die Sowjetunion der Parität im Potential an Langstreckenraketen mit den Vereinigten Staaten. Das zwang Washington dazu, den Automatismus seiner Kernwaffen-Garantie gegenüber Europa einzuschränken, beeinträchtigte die Glaubwürdigkeit dieser Garantie, führte zur Institutionalisierung der Parität zwischen USA und Sowjetunion in den SALT-Verträgen und ließ schließlich die strategisch unterschiedlichen Positionen Amerikas und Europas deutlich werden.

Nichtsdestoweniger ließen die intensiven Debatten der 1960er Jahre, wie sich das Bündnis auf die abbröckelnde amerikanische Kernwaffen-Überlegenheit einstellen sollte, Anfang der 1970er Jahre allmählich nach – aus Gründen, die für die Diplomatie Amerikas der 1980er Jahre höchstens lehrreich sind. Auf deutscher Seite bestand weniger Anlaß, die amerikanische Verpflichtung gegenüber Europa in Frage zu stellen, nicht nur wegen einer veränderten Einschätzung der Bedrohung durch die Sowjetunion, sondern auch, weil die (durch die NATO symbolisierte) transatlantische Sicherheitspartnerschaft in vieler Hinsicht zu einer bilateralen deutsch-amerikanischen Übereinkunft geworden war – und die Regierung Brandt-Scheel hatte nicht die Absicht, diese Übereinkunft mit Streit über Doktrinen zu belasten, zumal zu einem Zeitpunkt, da sie ihre fortdauernde Bündnistreue unzweideutig demonstrieren mußte, um das Mißtrauen auszuräumen, das ihre Ostpolitik anfänglich in Washington erweckt hatte. Doch auch die amerikanische Seite trug zur Entschärfung der NATO-Debatten über Doktrinen bei. Im Vergleich zu ihren Vorgängern und Nachfolgern legte die Nixon-Administration eine bemerkenswerte Selbstsicherheit in ihrer Position zum nuklearen Kräftegleichgewicht an den Tag; sie erkannte deren zentrale Rolle für die sowjetisch-amerikanischen Beziehungen an, sah aber auch ihren geringen Stellenwert für die Alltagsdiplomatie ein. Dies hieß natürlich nicht, daß die grundlegenden Widersprüche, die bisher die deutsch-amerikanischen Sicherheitsbeziehungen belastet hatten, nunmehr verschwunden gewesen wären, doch zeigte es, daß sich selbst nach dem Eintreten der nuklearen Parität eine überzeugende amerikanische Sicherheitsdiplomatie aufrechterhalten ließ, gerade weil diese in immer stärkerem Maße von politischen statt rein militärisch-strategischen Einschätzungen sowjetischer Absichten abhängig war. Als die amerikanische Sicherheitspolitik und Bündnis-Diplomatie in die weniger kompetente Regie der Carter-Administration überging, und als die deutsche Politik von dem bestimmteren und schärferen Stil Helmut Schmidts geprägt wurde, kamen politische Differenzen – in die Sprache der strategischen Doktrinen gekleidet – rasch wieder zutage.

In einem sehr erheblichen Ausmaß drehte sich die neu entstehende Debatte der späten 1970er Jahre über die transatlantische Sicherheit um die immerwährend störrische Frage der Vorneverteidigung und das damit verwandte Problem der ‚konventionellen Pause'. Gewiß erneuerte Präsident Carter die amerikanische Verpflichtung auf das Prinzip der Vorneverteidigung, und er schloß auch den Einsatz taktischer Kernwaffen nicht prinzipiell aus. Die zentrale Frage jedoch – der Zeitpunkt einer taktischen nuklearen Reaktion – blieb so unklar wie je zuvor. Da viele deutsche Militärs taktische Kernwaffen als ein essentielles Glied in der Eskalationskette von einer konventionellen Reaktion bis zu einem strategischen nuklearen Schlagabtausch zwischen der Sowjetunion und den Vereinigten Staaten betrachteten, sah man in der amerikanischen Ambivalenz hinsichtlich der Frage, wann (oder sogar ob) taktische Kernwaffen eingesetzt würden, eine massive Gefährdung für die Gesamtheit der NATO-Eskalations-Leiter, was zu einem Abkoppeln der amerikanischen Kernwaffengarantie für Europa führen würde. Während die europäischen NATO-Mitglieder und vor allem die Bundesrepublik die Auffassung vertraten, ihre Sicherheitsinteressen seien am besten durch die Drohung gewahrt, Kernwaffen in einem frühen Stadium eines konventionellen Krieges einzusetzen, wünschten die USA, daß dieser Augenblick so lange wie möglich hinausgeschoben würde. Während europäische Strategen amerikanische taktische Kernwaffen als das essentielle Glied zwischen den strategischen Kernwaffen der Vereinigten Staaten und dem amerikanischen Potential auf einem europäischen Kriegsschauplatz betrachteten, die ein Symbol für Washingtons Entschlossenheit darstellten, für seine europäischen Verbündeten das Risiko der Eskalation einzugehen, galten taktische Kernwaffen in den Augen amerikanischer Strategen als eine Art Reserve für den Fall, daß die konventionelle Verteidigung der NATO versagte, sowie als ein Mittel zur Begrenzung des Konflikts auf den Kontinent und zur Verhinderung einer Eskalation. Während Amerikas NATO-Partner an der vordersten Verteidigungslinie keine Strategie akzeptieren konnten, die eine längere konventionelle Kriegsführung auf Kosten ihrer Bevölkerung und ihres Territoriums bedeutete, mußten die USA die potentielle nukleare Vernichtung Amerikas in Rechnung stellen und waren deshalb bestrebt, den Einsatz von Kernwaffen hinauszuzögern. Diese unterschiedlichen Perspektiven, die sich aus der Tatsache ergaben, daß die Sicherheitsinteressen der Vereinigten Staaten und Westeuropas nicht deckungsgleich waren, wurden besonders verdeutlicht durch die Aufregung innerhalb der NATO angesichts von Präsident Carters Schwanken bei der Entscheidung über die Entwicklung und Aufstellung von Neutronenwaffen, da einige europäische Strategen solche Sprengköpfe mit verstärkter Strahlung, die wirksam gegen Panzer und gepanzerte Fahrzeuge eingesetzt werden konnten, als einen Ausgleich für die Schwäche der NATO im Bereich der konventionellen Streitkräfte ansahen. Auch wirkte es keineswegs beruhigend auf die Deutschen, als amerikanische Journalisten Auszüge aus dem Presidential Review Memorandum 10 veröffentlichten, worin sich neben anderen Optionen ein Vorschlag an Präsident Carter fand, man sollte Westeuropa vielleicht nicht entlang der Grenze zwischen West- und Ostdeutschland, sondern entlang Weser und Lech verteidigen. Zwar hatten NATO-Planer schon seit langem die militärische Praktikabilität einer Verteidigung Europas an der Grenze der Bundesrepublik zur Deutschen Demokratischen Republik und zur Tschechoslowakei in Frage gestellt, jedoch war es politisch zwingend notwendig, den Deutschen zu versichern, daß ihre geographische Lage sie nicht dazu verurteilen würde, das erste (und vielleicht einzige) Opfer eines konventionellen Krieges zu werden.

Die Frage des eurostrategischen Gleichgewichts

Ende der 1970er Jahre wurde die zwanzig Jahre alte Frage des Kernwaffengleichgewichts zwischen Ost und West in Europa, die ein Jahrzehnt lang geruht hatte, erneut mit den dreißig Jahre alten Fragen der Vorneverteidigung, des Zeitpunkts einer amerikanischen nuklearen Reaktion und des Charakters der amerikanischen Kernwaffen-Verpflichtung gegenüber Europa verbunden. Gegen Ende der Carter- und zu Beginn der Reagan-Administration wurde die Annahme, das Streben nach Entspannung und das nach Abschreckung ergänzten einander — die bildete das Kernstück der Sicherheitspolitik der Bundesrepublik in den 1970er Jahre — in Frage gestellt. Das Hauptproblem betraf das eurostrategische (Mittelstrecken-Kernwaffen) Gleichgewicht zwischen der NATO und dem Warschauer Pakt. Dieses Gleichgewicht wurde durch die Aufstellung einer großen Zahl von sowjetischen SS-20 Mittelstreckenraketen verschoben, auf die seitens der NATO im Dezember 1979 mit dem sogenannten ‚Doppelbeschluß' geantwortet wurde, der die Aufstellung von 572 modernisierten amerikanischen Pershing-II-Raketen und Marschflugkörpern ab Ende 1983 vorsah, wenn nicht ein Rüstungskontrollabkommen mit der Sowjetunion diese Aufstellung unnötig machte.

Hier ist nicht der Ort, sich mit der technischen Komplexität und der politischen Kontroverse im Zusammenhang mit der Frage des eurostrategischen Gleichgewichts auseinanderzusetzen. Doch diese Kontroverse, so wichtig sie als solche bereits ist, gewinnt auf beiden Seiten des Atlantik eine Bedeutung, die weit über ihr militärtechnisches Gewicht hinausgeht und sich auf grundsätzliche Fragen über die künftige Gestalt der transatlantischen Allianz und der europäischen politischen Ordnung erstreckt. Deutsche Haltungen zur Frage des eurostrategischen nuklearen Gleichgewichts werden in einer Art und Weise gebildet oder auch verfestigt, die sich auch auf benachbarte Bereiche der deutsch-amerikanischen Beziehungen erstreckt und diese auf Jahre hinaus beeinflussen wird. Die komplizierten technischen Diskussionen über Rüstungskontrollmaßnahmen sowie die äußerst emotionalen Reaktionen, die diese Diskussionen oft hervorrufen, stehen in enger Beziehung zu grundlegenden politischen Haltungen (in der Bundesrepublik ebenso wie in den Vereinigten Staaten) zum Charakter des Ost-West-Konflikts, zur Form einer erstrebenswerten regionalen und globalen politischen Ordnung und zu den Prämissen, die den deutsch-amerikanischen Beziehungen zugrunde liegen. Die Tatsache, daß Sicherheitsfragen in den achtziger Jahren erneut zu Hauptproblemen des atlantischen Bündnisses geworden sind, wird damit verständlich, daß diese Probleme, sogar noch mehr als in den 1960er Jahren, politische Ziele widerspiegeln und vorankündigen, die weitaus tiefer gehen als ein numerisches Abwägen des regionalen oder globalen militärischen Gleichgewichts.

Vielleicht vor allem anderen zeigte die Debatte über die eurostrategischen Raketen, daß es bei der Bevölkerung der westlichen Länder keinen breiten Konsens mehr gab hinsichtlich des Charakters und der Intensität der sowjetischen Bedrohung sowie der angemessenen westlichen Außenpolitik gegenüber der

Sowjetunion und den politischen Herausforderungen, vor die sich der Westen in den 1980er Jahren gestellt sieht. Viele Westdeutsche waren zwar überzeugt, daß die deutschen Sicherheitsinteressen eine fortdauernde Unterstützung der NATO durch die Bundesrepublik erforderten, waren aber nicht daran interessiert, daß zusätzliche Kernwaffen auf ihrem Territorium in Stellung gebracht würden: Im Verhältnis zu ihrer Größe enthielt die Bundesrepublik bereits mehr Kernwaffen als jedes andere Land der Welt; die Sowjetunion erklärte wiederholt, sie betrachte die geplante Aufstellung neuer Mittelstrecken-Kernwaffen als eine gefährliche Bedrohung, was zu einer Erhöhung der Ost-West-Spannungen führen würde; und es bestand der hartnäckige Verdacht, der durch Erklärungen aus Washington genährt wurde, daß die USA die nukleare Überlegenheit gegenüber der Sowjetunion anstrebten und daß die Aufstellung von Raketen, mit denen die Sowjetunion aus Westeuropa getroffen werden könnte, ein Mittel zur Verwirklichung dieser Absicht darstelle. Dies alles unterstrich das zentrale Paradoxon der Haltung der Westeuropäer zu ihrer transatlantischen nuklearen Schutzmacht: Sie scheinen gleichermaßen zu fürchten, daß die Vereinigten Staaten zum Einsatz von Kernwaffen greifen würden – und daß sie es nicht täten. Ebenso stark scheinen sie einen Mangel an Umsicht seitens der Vereinigten Staaten zu fürchten – wie auch einen Mangel an amerikanischer Entschlossenheit. Sie machen sich Sorgen über eine amerikanische Konfrontationspolitik gegenüber der Sowjetunion, doch befürchten sie auch die Möglichkeit des amerikanischen Unilateralismus und eines amerikanischen Rückzugs aus Europa.

Bedenkt man die Beunruhigung der Deutschen durch die Frage der eurostrategischen Raketen und deren breitgefächerte politische Rückwirkungen, so kann es kaum überraschen, daß diese Beunruhigung sich nicht nur in maßvollen, sondern auch in schrillen Tönen äußerte. Die Amerikaner müssen unbedingt verstehen, daß die eher zurückhaltende Einstellung, die viele Europäer gegenüber ihrem transatlantischen Partner gewonnen haben, sie nicht schon deshalb enger an Moskau heranrücken oder sie zu unzuverlässigen Bündnispartnern werden läßt. Die abwertende Metapher der ‚Äquidistanz' mit ihrer Implikation, daß die Vorbehalte der Europäer gegenüber der amerikanischen Diplomatie sie in einer Ecke eines gleichseitigen politischen und moralischen Dreiecks ansiedeln, läßt sich nur dann aufrechterhalten, wenn man den Ost-West-Konflikt als ein Nullsummenspiel betrachtet, in dem der Verlust des einen der sofortige und automatische Gewinn des anderen ist. In der Bundesrepublik gibt es ein weites und tiefes Reservoir des guten Willens gegenüber der Vereinigten Staaten, das die unscharfen und durchlässigen Grenzen des Alters, des sozioökonomischen Status und des politischen Bewußtseins überspannt. Doch die Übertragung dieses guten Willens in die praktische Politik, die letztlich den Charakter der deutsch-amerikanischen Beziehungen bestimmt, erfolgt nicht automatisch. Sie verlangt Umsicht und Pflege auf beiden Seiten des Atlantik, insbesondere bei Sicherheitsfragen, die für die jeweiligen nationalen Interessen als zentral gesehen werden. Die meisten Europäer sind nicht ‚neutralistisch' oder ‚antiamerikanisch', doch ihr Vertrauen in die amerikanische Diplomatie muß ständig in der alltäglichen Praxis der amerikanischen Außenpolitik neu verdient werden. Verdient werden muß es auch in der Praxis der amerikanischen Innenpolitik, denn viele Europäer verbinden ihre Beurteilung der Außenpolitik Washingtons mit ihrer Einschätzung des innenpolitischen Prozesses in den USA; ihre langfristigen Erwartungen hinsichtlich der politischen Verläßlichkeit und Umsicht ihres transatlantischen Partners entspringen ebenso sehr ihrer Auffassung von der zukünftigen innenpolitischen Ordnung Amerikas wie ihrer Auffassung von der gegenwärtigen amerikanischen Diplomatie.

Wenn die Bundesrepublik dazu beitragen möchte, eine europäische Ordnung zu schaffen, die deutschen Interessen entspricht, und dabei nicht die Unterstützung Amerikas verlieren will, dann muß die deutsche Diplomatie die Tatsache akzeptieren, daß die innenpolitischen Grundlagen für eine konsequente, langfristige Europapolitik in den Vereinigten Staaten nicht mehr so gesichert sind wie in den vorangegangenen Jahrzehnten, und daß Washington höchstwahrscheinlich daran festhalten wird, seine Außen-, militärisch-strategische und Wirtschaftspolitik nicht nur in der Auseinandersetzung mit Gegnern, sondern auch gegenüber seinen Verbündeten mittels einer verkoppelten ‚Linkage'-Politik zu vertreten. Wenn die USA die Entwicklung der europäischen Ordnung in konstruktiver Weise beeinflussen möchten, dann muß die amerikanische Diplomatie die Unvermeidlichkeit dieser Entwicklung ebenso akzeptieren wie die unumgänglichen Neuerungen, die sie begleiten werden. Was erforderlich ist, und was viele Europäer begrüßen würden, ist eine Umstrukturierung der politischen Landschaft Amerikas, in der ein aufgeklärter, verantwortlicher ökonomischer Konservatismus von Rüstungsbesessenheit abgekoppelt und mit einer Haltung in militärisch-strategischen Fragen zusammengefügt wird, die ihre zentrale Rolle für die amerikanische Sicherheit hinnimmt, aber sich ihrer geringfügigen Bedeutung im Alltagsgeschäft der amerikanischen Diplomatie bewußt ist. Ohne eine solche Umstrukturierung wird es schwierig sein, Verbündete in Europa davon zu überzeugen, daß die amerikanische Politik einer ausgereiften Inrechnungstellung gemeinsamer und widersprechender Interessen Ausdruck gibt. Der Boden, der in den 1980er Jahren überquert werden muß, ist steinig, aber es ist auch ein gemeinsamer Boden, der nicht völlig unabgesteckt bleiben muß, selbst wenn jede Seite eine etwas unterschiedliche Richtung einschlägt.

Anmerkung

1 Diese historische Realität erschwert es, dem Leser eine Bibliographie zu bieten, die ihm bei der Vertiefung des Themas durch weitere Lektüre nützlich sein könnte. Die Literatur über die deutsch-amerikanischen Beziehungen in der Nachkriegsperiode ist enorm umfangreich, wenn diese Beziehungen so umfassend gesehen werden, wie dies der Fall sein sollte, und eine kritische und selektive Bibliographie wäre ebenso lang (und ebenso interpretativ) wie dieser Aufsatz. Nützliche Bibliographien für die historische Dimension der deutsch-amerikanischen Beziehungen finden sich bei Hans W. Gatzke, Germany and the United States. A „Special Relationship?" Cambridge, MA: Harvard University Press, 1980; Roger Morgan, The United States and West Germany 1945–1973, London: Oxford University Press, 1974; James L. Richardson, Germany and the Atlantic Alliance. The Interaction of Strategy and Politics, Cambridge, MA: Harvard University Press, 1966. Nützliche Orientierung zu der zwischen 1974 und 1981 erschienenen Literatur bietet: Literaturrecherche. Bundesrepublik Deutschland-USA, Hg. Kai Schellhorn für die Stiftung Wissenschaft und Politik, München-Ebenhausen: Reihe B, Nr. 49, Mai 1984. Eine detailliertere Ausführung meiner eigenen Analyse der deutsch-amerikanischen Beziehungen in der Nachkriegsperiode, die sich auf die relevante Literatur bezieht, findet sich bei Wolfram F. Hanrieder, West German Foreign Policy, 1949–1963. International Pressure and Domestic Response, Stanford: Stanford University Press, 1967; ders., The Stable Crisis. Two Decades of German Foreign Policy, New York: Harper and Row, 1970; ders. Fragmente der Macht. Die Außenpolitik der Bundesrepublik, München: Piper, 1981.

31. Der gegenwärtige Antiamerikanismus in der Bundesrepublik

Kurt Sontheimer

Die Jubiläumsveranstaltungen aus Anlaß der 300jährigen deutschen Einwanderung in die Vereinigten Staaten sind zweifellos eine günstige Gelegenheit, die Qualität der deutsch-amerikanischen Beziehungen in der Gegenwart zu beurteilen. Die Tatsache, daß die Regierungen beider Länder es für sinnvoll gehalten haben, gerade bei dieser Gelegenheit ihre Partnerschaft und ihr gemeinsames Festhalten an den großen Werten und Traditionen der westlichen Zivilisation zu bezeugen, beweist, daß es zumindest auf offizieller Ebene ein gemeinsames Interesse und gemeinsame Bemühungen um eine positive Fortentwicklung der deutsch-amerikanischen Beziehungen gibt. Wenn im Grund diese positive Beziehung zwischen unseren beiden Völkern auch nicht in Zweifel gezogen werden kann, so gibt es doch – und zwar mehr auf amerikanischer als auf deutscher Seite – eine gewisse Besorgnis, daß diese besondere Beziehung, die in den fünfziger und sechziger Jahren so außerordentlich stark und unverbrüchlich gewesen war, zur Zeit einem gewissen Wandlungsprozeß unterworfen ist, der vielfach mit der Tatsache in Verbindung gebracht wird, daß es in Westdeutschland in wachsendem Maße antiamerikanische Tendenzen und Gefühle gäbe. Ich will diese beunruhigende Frage so gut wie möglich zu klären versuchen, indem ich untersuche, was es mit dem deutschen Antiamerikanismus tatsächlich auf sich hat.

Zu diesem Zweck ist es sicherlich sinnvoll, genauer zu bestimmen, was mit dem Begriff Antiamerikanismus eigentlich gemeint ist. Es gibt zwei Hauptformen von Antiamerikanismus, einen kulturellen und einen politischen. Der *kulturelle* Antiamerikanismus sieht in den herrschenden amerikanischen Werten und ihrer Umsetzung ins praktische Leben eine den europäischen Standards unterlegene kulturelle Ausdrucksform. Er wird von der Furcht getragen, daß die Verbreitung der Werte der amerikanischen Zivilisation und ihrer Lebensformen auf andere Kulturen diese Kulturen schwächen, ja am Ende zerstören könnte und sie so ihrer nationalen Substanz entkleiden müßte.

Es hat in der deutschen Gesellschaft immer eine gewisse Tradition eines kulturell motivierten Antiamerikanismus gegeben, aber es handelte sich dabei in aller Regel um ein mehr isoliertes soziales Phänomen, das allein auf die Oberschichten beschränkt war und von ihren Intellektuellen artikuliert wurde. Es stand vielfach im Zusammenhang mit der deutschen Suche nach Identität, die in der Ära des Nationalismus eine wichtige Rolle spielte. Wie Fritz Stern in seinem Buch „Kulturpessimismus als politische Gefahr" gezeigt hat, bestand im wilhelminischen Deutschland tatsächlich die Gefahr, daß solche kulturellen Orientierungen auf die Politik einwirkten, doch scheint mir, daß wir es heute nicht mehr mit einem kulturell bestimmten Antiamerikanismus zu tun haben, der sich unmittelbar auf die Politik auswirkt. Der kulturelle Antiamerikanismus war noch während der Weimarer Republik ziemlich stark, aber er hat in der deutschen Gesellschaft nach 1945 so gut wie keine maßgebliche Rolle mehr gespielt. Im Gegenteil, nach 1945 bestand auf fast allen Gebieten, ob in Wirtschaft, Wissenschaft, Kultur oder Politik, ein offensichtliches Interesse der deutschen Gesellschaft, sich den von der amerikanischen Zivilisation und Demokratie gesetzten Standards anzunähern, wenn nicht anzugleichen. Amerika war nach dem Zweiten Weltkrieg nicht nur die technische, wissenschaftliche und politische Vormacht der Welt, es war auch das Land, zu dem die meisten Deutschen aufblickten und das gewissermaßen den Maßstab dafür lieferte, an dem die Entwicklung der anderen westlichen Staaten gemessen wurde. Der kulturelle Antiamerikanismus war nach 1945 im wesentlichen überwunden und spielt auch heute, wenn ich richtig sehe, eine eher sekundäre Rolle. Er erscheint manchmal noch in Verbindung mit einem politisch motivierten Antiamerikanismus und unterstützt dabei in der Regel eine politische Position, zu deren Rationalisierung auch kulturelle Argumente herangezogen werden.

Der *politische* Antiamerikanismus präsentiert sich in zwei Richtungen. Entweder verurteilt oder kritisiert er die Natur und die Arbeitsweise der politischen Institutionen Amerikas sowie der Werte, die diese Institutionen verkörpern, indem er z.B. die amerikanische Demokratie als unzureichend darstellt oder die Institutionen dieser Demokratie als ungeeignet für die Erfüllung der Aufgaben einer Weltmacht; oder aber er verurteilt bestimmte politische Entscheidungen und Orientierungen der amerikanischen Politik, weil sie den eigenen Interessen eher schädlich zu sein scheinen. Fast alles, was neuerdings an Antiamerikanismus in der Bundesrepublik sichtbar wurde, hat mit solchen Besorgnissen über die Politik der Amerikaner zu tun, nicht jedoch mit negativen Einstellungen gegenüber dem amerikanischen politischen System.

Es ist meine These, daß der Antiamerikanismus, sei er kulturell oder politisch mit Bezug auf das politische System der USA, im gegenwärtigen Deutschland keine maßgebliche Rolle spielt. Es handelt sich ausschließlich um kritische oder negative Reaktionen auf die amerikanische Politik der letzten Jahre, und hier insbesondere die amerikanische Politik gegenüber dem Osten und gegenüber Europa, die ihren deutlichsten Ausdruck in den gegenwärtigen Konflikten über die angemessene Sicherheitspolitik gefunden haben.

Verschiedene Ansichten über die Angemessenheit einer Politik sollten jedoch nicht voreilig als Manifestation von Antiamerikanismus angesehen und beurteilt werden. Derartige kritische Auffassungen finden sich ja vielfach in den Vereinigten Staaten selber und gehören insofern zur politischen Auseinandersetzung in einer freien Gesellschaft. Es ist darum irreführend, kritische Äußerungen oder Artikulationen des Protests über die Klugheit und Wirksamkeit bestimmter amerikanischer politischer Maßnahmen mit Antiamerikanismus zu identifizieren. Man kann ein guter Freund, ja sogar ein Bewunderer der Vereinigten Staaten sein und gleichwohl bestimmte politische Maßnahmen nicht gutheißen oder die besonderen ideologischen Fixierungen einer jeweiligen Regierung nicht teilen. Eine vorläufige Antwort auf die Frage, wie relevant der Antiamerikanismus im gegenwärtigen Westdeutschland ist, lautet deshalb: Er ist nicht wirklich relevant. Es gibt keine bedeutsame Welle von antiamerikanischen Gefühlen und Haltungen in der westdeutschen Bevölkerung, doch es gibt, wenn auch mehr auf intellektuelle und politische Minderheiten beschränkt, zur Zeit ein hohes Maß an Skepsis und Mißtrauen inbezug auf bestimmte amerikanische politische Orientierungen und Entscheidungen insbesondere im Bereich der Nuklearbewaffnung und der Ost-West-Beziehungen.

Die deutsche öffentliche Meinung war inbezug auf Amerika ohnehin nie wirklich unfreundlich gewesen. In den gängigen Abhandlungen über die Entwicklung der deutsch-amerikanischen Beziehungen wird ja nicht ohne Grund immer wieder Goethes Vers zitiert: „Amerika, du hast es besser, hast keine Basalte, keine Schlösser". Damit will man zum Ausdruck bringen, daß die Vereinigten Staaten das große Privileg hatten, nicht in gleicher Weise wie die Europäer an ihre Vergangenheit gekettet zu sein, und daß dieses Land darum in der beneidenswerten Lage war, freier und offener als Europa in die Zukunft zu gehen.

Nach 1945 war zumindest Westdeutschland dank des Sieges der alliierten Mächte, zu denen auch die Sowjetunion gerechnet werden muß, für die Demokratie gewonnen worden, auch wenn dies nicht aus eigener Kraft geschah. Vor allem die USA haben nach einer gewissen Periode des Abwartens in den ersten Jahren der Militärherrschaft volles Vertrauen in den demokratischen Entwicklungsprozeß des neuen Deutschland gesetzt, und dieses Vertrauen und ihre Ermutigung dieser Entwicklung sind keineswegs enttäuscht worden. Dank einer kontinuierlichen gemeinsamen Erfahrung blieben die deutsch-amerikanischen Beziehungen über zwanzig Jahre lang von gemeinsamem Respekt, ja von Sympathie bestimmt. Die Bundesrepublik Deutschland sah in ihrer engen Freundschaft und ihrem Bündnis mit den Vereinigten Staaten nicht nur eine notwendige Garantie für ihre militärische Sicherheit, sondern sah im amerikanischen Volk auch einen verläßlichen und guten Freund für alle voraussehbare Zukunft.

Zwar waren auch die deutsch-amerikanischen Beziehungen nie ganz ohne Probleme oder Unterschiede in der Beurteilung bestimmter Fragen, aber sie erschienen im Ganzen positiv und unerschütterlich. Ist das nun alles anders? Hat die deutsch-amerikanische Freundschaft den Boden verloren, auf dem sie sich in der Zeit nach 1945 so günstig entwickeln konnte? Ich persönlich glaube nicht, daß die Grundlagen, auf denen die deutsch-amerikanischen Beziehungen fußten, in den letzten Jahren wesentlich verändert worden sind. Alle westdeutschen Regierungen, von Konrad Adenauer über Willy Brandt und Helmut Schmidt bis zum gegenwärtigen Bundeskanzler Helmut Kohl, waren sich der Tatsache bewußt, daß Deutschland, ja ganz Europa seine gegenwärtige Sicherheit, und damit auch seine Freiheit der Unterstützung und der militärischen Zusammenarbeit mit den USA verdankt. Sie sind überzeugt, daß dieses Bündnis nicht nur aus Gründen der Sicherheit, sondern auch für die geistige und emotionale Fundierung unseres freien Regierungssystems unverzichtbar ist.

Als der amerikanische Präsident Ronald Reagan im Sommer 1982 vor dem deutschen Bundestag sprach, war er des Lobes voll für die westdeutsche Demokratie. Er betonte, die Amerikaner seien voller Bewunderung für die Leistungen des deutschen Volkes, das innerhalb von 30 Jahren einen „Dom der Demokratie" in Deutschland errichtet habe.

Man braucht nicht unbedingt solche blumigen Worte bemühen, um festzustellen, daß die deutsch-amerikanischen Beziehungen in den letzten dreißig Jahren in der Tat nicht allein von Sicherheitsüberlegungen bestimmt waren, sondern daß es sich um eine gemeinsame und unangefochtene Verpflichtung gegenüber den Ideen und Idealen der westlichen Zivilisation handelte. Hier besteht zwischen den Regierungen und auch zwischen den Völkern beider Seiten in der Tat keine Meinungsverschiedenheit, doch zugleich wissen wir, daß sich zwischen den Idealen, zu denen wir uns bekennen, und den Handlungen, die wir vollbringen, oft eine Kluft auftut. Dies gilt für Amerika ebenso wie für Deutschland. Es handelt sich um den immer wiederkehrenden Konflikt zwischen dem Ideal und der Wirklichkeit, der zu einem gewissen Grade erklärt, warum die Deutschen, und hier insbesondere die Deutschen der jüngeren Generation, heute nicht mehr mit der gleichen Selbstverständlichkeit zu Amerika aufblicken, wie es in der Nachkriegszeit der Fall war. (Übrigens haben die jungen Menschen auch ihre Schwierigkeiten mit der eigenen Demokratie im Lande.) Nach Vietnam, nach Watergate, nach den nicht wenigen problematischen Erfahrungen mit dem gegenwärtigen präsidentiellen System der Vereinigten Staaten und einigen seiner führenden Repräsentanten ist es in der Tat für einen informierten und kritischen Beobachter der amerikanischen Verhältnisse etwas schwieriger geworden, das amerikanische Regierungssystem, sowie die Gestalt und die Entwicklung der amerikanischen Gesellschaft als die vollkommene Verkörperung der großen Ideale der westlichen Zivilisation zu sehen. In den Augen vieler Europäer und nicht weniger Deutscher hat Amerika etwas von seinem Glanz und seiner Ausstrahlungskraft eingebüßt, die für die Nachkriegsgeneration noch so selbstverständlich gewesen waren.

Immerhin ist es wichtig zu betonen, daß die Umfragen, in denen nach den Sympathien der Westdeutschen für die Amerikaner gefragt wurde, eine eher ansteigende positive Tendenz offenbarten. Im September 1981 äußerten 56% der Befragten, daß sie die Amerikaner sehr gern hätten, während im Jahre 1957, das heißt auf dem Höhepunkt der Adenauerschen Außenpolitik, die durch eine besonders enge Zusammenarbeit mit den USA geprägt war, nur 37% diese Frage positiv beantworteten.

Ich bin im übrigen der Meinung, daß solche Zahlen nicht sehr viel hergeben, wenn man das Auf und Ab in den deutsch-amerikanischen Beziehungen erklären will, aber sie bestätigen zumindest, daß es keinen ansteigenden und wachsenden Antiamerikanismus in der deutschen Bevölkerung gibt; eher das Gegenteil. Zwar gibt es in der öffentlichen Meinung der Bundesrepublik heute weniger offene Bewunderung für das amerikanische politische System und für die amerikanische Gesellschaftsverfassung; auch die Rolle Amerikas in der Weltpolitik wird zunehmend kritischer betrachtet, und es gibt insbesondere seit der Präsidentschaft Ronald Reagans eine größere Unsicherheit über die Kontinuität und Verläßlichkeit der amerikanischen Außenpolitik sowie eine größere Zahl von Reibungsflächen zwischen den Amerikanern und Europäern, doch mit Antiamerikanismus hat dies alles in meinen Augen nichts oder fast nichts zu tun.

Es wird manchmal behauptet, daß die jüngsten politischen Verschiebungen in den USA, die zu einer Abschwächung der führenden Rolle von Amerikas pro-europäischem Ostküsten-Establishment geführt haben, auf amerikanischer Seite auch zu einer undeutlicheren Wahrnehmung der besonderen Probleme Europas und seiner geopolitischen Situation geführt hätten, aber auf der anderen Seite scheinen die Europäer auch immer wieder zu vergessen, daß es sich bei den Vereinigten Staaten von heute um eine Weltmacht mit globalen Verpflichtungen und Interessen handelt, die nicht allein auf Europa ausgerichtet sein kann.

Zusammenfassend würde ich also sagen, daß die Grundlagen, die für die deutsch-amerikanische Partnerschaft und Freundschaft in den Jahren unmittelbar nach dem Zweiten Weltkrieg gelegt wurden, nicht ernsthaft erschüttert worden sind und daß die wesentlich positive Einstellung des deutschen Volkes gegenüber dem amerikanischen Volk ziemlich konstant geblieben ist. Andererseits gibt es eine Reihe von politischen Fragen und Problemen, die von den europäischen Regierungen einschließlich der Bundesrepublik heute anders beurteilt werden als von den Amerikanern. Das deutsch-amerikanische Verhältnis ist aufgrund dieser Interessendifferenzen nicht mehr so problemlos und spannungsfrei, wie es in den ersten zwanzig Jahren nach dem Zweiten Weltkrieg war. Deshalb wird immer wieder auch von der Notwendigkeit einer besseren Koordination und von dem Bemühen um ein tieferes gegenseitiges Verstehen gesprochen. Doch nach wie vor hält man auf beiden Seiten daran fest, daß die deutsch-amerikanische Partnerschaft und Freundschaft eine unerläßliche Voraussetzung für unsere Selbstbehauptung als ein freies Land ist.

Der frühere Bundeskanzler Helmut Schmidt hat in diesem Zusammenhang einmal erklärt: „Es gibt keinen Zweifel, daß Amerikaner und Europäer keine eineiigen Zwillinge sind, die überall und zu jeder Zeit in gleicher Weise handeln müssen. Sie sind Partner, sie teilen gemeinsame Ideale und zentrale Interessen miteinander, doch haben sie in vielen Einzelfällen verschiedene Perspektiven und Interessen. Sie sind Partner, die stets von neuem ihre Politik miteinander abzustimmen haben und die dies auch zu leisten vermögen, weil sie nicht nur historisch und politisch, nicht nur ökonomisch und militärisch miteinander verbunden sind, sondern die gemeinsamen Werte der Demokratie und Freiheit miteinander teilen."

In der gegenwärtigen Diskussion über die europäisch-amerikanischen Beziehungen ist die Angst spürbar, daß die beiden Kontinente und damit auch unsere beiden Länder sich etwas weiter voneinander entfernen könnten. Es herrscht die Sorge, daß der Geist der Zusammenarbeit und Partnerschaft durch einen Geist gegenseitigen Mißtrauens und Wettbewerbs abgelöst werden könnte und daß, insgesamt gesehen, die Ideale der westlichen Zivilisation, die ursächlich sind für die geistige und moralische Überlegenheit des Westens in dieser Welt, etwas von ihrer Wirksamkeit und Lebenskraft verloren haben, so daß wir nun in ein Zeitalter des Niedergangs der westlichen Zivilisation eintreten. Ich möchte über den „Untergang des Abendlandes", um Spengler zu zitieren, hier nicht weiter spekulieren, aber es gibt ohne Zweifel in meinem Lande sowie auch in anderen westlichen Ländern ein wachsendes Mißtrauen in die praktische Umsetzung der Werte der westlichen Zivilisation; es gibt ein vages Suchen nach neuen Werten und neuen Lebensformen, die in offenem Gegensatz zu den beherrschenden Standards und Lebensformen der westlichen Industriegesellschaft stehen. Dies ist ein Problem, mit dem beide Länder zu tun haben.

Was also oft fälschlich Antiamerikanismus genannt wird, ist in erster Linie ein politisches Phänomen, das in Deutschland in einer direkten Kausalbeziehung mit den Veränderungen in der amerikanischen Politik seit den letzten Jahren der Carter-Administration und vor allem seit der Präsidentschaft Reagans zu sehen ist. Es stimmt, daß die Kritik amerikanischer politischer Maßnahmen und auch des amerikanischen politischen Systems unter linken deutschen Intellektuellen weit verbreitet war, insbesondere in der Studentenbewegung der späten sechziger Jahre, aber auch dies würde ich nicht als Antiamerikanismus qualifizieren; es handelte sich eher um eine Art von Enttäuschung darüber, daß die führende westliche Weltmacht nicht in der Lage zu sein schien, die hohen Prinzipien und Ideale der amerikanischen Demokratie zu respektieren, wie sich außenpolitisch vor allem in Vietnam und innenpolitisch in Watergate zeigte. Es ist insofern verständlich, daß führende deutsche Schriftsteller und Intellektuelle wie z.B. Günter Grass und Walter Jens bei manchen Gelegenheiten an das andere, das „bessere" Amerika appellierten, „das Land der Bürgerrechtler und Reformer, der Friedfertigen und der Gewaltlosen, nicht das Land der Sozialdarwinisten, Spekulanten und Hegemonisten." (Walter Jens) Diese Anrufung des anderen Amerikas ist ein weiterer Beweis dafür, daß es sich um keinen allgemeinen Antiamerikanismus handelt, sondern um die gezielte Kritik an mehr konservativen politischen Orientierungen und Tendenzen, wie sie für die neue Regierung charakteristisch geworden sind.

Die Kritik an der amerikanischen Politik ist in den letzten Monaten und Jahren in der deutschen Intelligenz und auch in den linksorientierten Parteien und Bewegungen, vor allem in der sogenannten Friedensbewegung gängig geworden, aber auch hier ist es keine Kritik an Amerika als solchem, sondern eine Kritik an bestimmten amerikanischen politischen Maßnahmen und Perspektiven, die als gefährlich eingeschätzt werden, weil sie angeblich auf imperialistischen Einstellungen und Ideologien beruhen. In der Tat beurteilt die amerikanische Regierung und ihre Anhänger die Natur der sowjetischen Bedrohung sehr viel anders und sehr viel ernster als jene deutschen Minderheiten, die den amerikanischen strategischen Maßnahmen, insbesondere dem Doppelbeschluß der NATO, kritisch gegenüberstehen. Ich kann zwar nachfühlen, daß die Amerikaner diese Art von Opposition als Ausdruck von Antiamerikanismus interpretieren, doch halte ich dies für eine kurzsichtige und irreführende Interpretation. Die Sorge, daß diese Kritik immer stärker werden und schließlich eine Lockerung der Verbindungen zwischen den Vereinigten Staaten und der Bundesrepublik Deutschland herbeiführen könnten, ist nicht berechtigt, auch wenn es notwendig erscheinen mag, ein tieferes und besseres Verständnis zwischen den beiden Ländern zu erwirken. Es ist im übrigen bezeichnend, daß ein deutscher Fernsehjournalist (Klaus Harpprecht), der lange in Amerika gearbeitet hat, seinem jüngsten Buch über das gegenwärtige Amerika den Titel „Der fremde Freund" gegeben hat. Dies mag umgekehrt noch mehr auf die Amerikaner zutreffen.

Wie verhält es sich also mit dem ‚Antiamerikanismus' im gegenwärtigen Westdeutschland? Ein grundlegender Wandel in der positiven Einstellung der Deutschen zu den Vereinigten Staaten ist nicht festzustellen, und es gibt auch keinen grundlegenden Wandel in der offiziellen Politik der deutschen Regierungen gegenüber den USA; es gibt jedoch eine deutliche Abnahme der Bewunderung für das amerikanische politische System und seine weltpolitische Handlungsfähigkeit, wenn man dies mit der Periode der ersten Nachkriegsjahrzehnte vergleicht. Insbesondere gibt es in der Bundesrepublik bei nicht unbedeutenden politischen Minderheiten ein großes Gefühl der Besorgnis und Unsicherheit hinsichtlich der Rolle der USA in der Weltpolitik, die sich oft in der Gestalt einer harten Kritik an den Amerikanern und ihrer Politik Luft macht.

Wenn die im Grund gute und nach wie vor fundierte Beziehung zwischen unseren beiden Ländern eine Zukunft haben soll, worüber sich die meisten Amerikaner und Deutschen sicherlich einig sind, dann sind ständige Bemühungen notwendig, um dieses Bündnis von falschen Einschätzungen und Mißverständnissen freizuhalten. Die tatsächlich bestehenden Unterschiede in den nationalen Interessen der beiden Länder sollten uns nicht vergessen machen, was Präsident Reagan bei seinem Besuch in Bonn 1982 so nachdrücklich betonte: „Unsere Partnerschaft beruht auf derselben westlichen Tradition: daß Demokratie die beste Hoffnung für die Zukunft darstellt."

32. Mit Differenzen leben

Theo Sommer

All die anderen Tricentennial-Redner haben den Vorzug, sich in den üblichen Übertreibungen ergehen zu dürfen, die sich bei solch einem feierlichen Anlaß ziemen. Hingegen bin ich gebeten worden, mich mit der realen Welt zu beschäftigen, wo die Interessen auseinandergehen und gelegentlich zusammenstoßen; wo die Einheit des Wollens kein Naturzustand ist, sondern das Ergebnis einer immerwährenden Anstrengung; und wo wir lernen müssen, mit unseren Differenzen zu leben, wenn wir unfähig sind, sie zu überwinden.

Lassen Sie mich zwei Bemerkungen vorausschicken. Die erste ist sehr persönlicher Art. Es ist jetzt 33 Jahre her, daß ich zum ersten Mal den Fuß auf amerikanischen Boden gesetzt habe – als Austauschstudent, der das damals seltene Glück hatte, zwei Jahre zunächst an einem kleinen College in Indiana und dann an der University of Chicago zu studieren. Es war der erste von 40 oder 50 Amerikabesuchen. Mittlerweile habe ich das Land lieben gelernt, und ich bin mir in meiner Zuneigung und meinem Respekt für die Vereinigten Staaten seitdem nie unsicher geworden. In mancher Hinsicht bin ich das paradigmatische Produkt der ‚re-education'. Care-Pakete und Hoover-Speisung, der Marshall-Plan, die Berliner Luftbrücke während der Blockade, Amerikas Solidarität in der zweiten Berlinkrise 1958–62 – all dies hat sich meinem Gedächtnis unauslöschlich eingeprägt, neben vielerlei unvergeßlichen Erinnerungen: an die Universität in Chicago und Henry Kissingers Sommerseminar in Harvard; an Flöße auf dem Colorado; an Konferenzen, Seminare, Symposien; an Ausritte ins Hochgebirge um Aspen; an viele Freunde und Bekannte. Als Journalist bin ich in all diesen Jahren das gewesen, was man einen ‚Atlantiker' zu nennen pflegte. Obwohl ich häufig an bestimmten Aspekten der jeweiligen amerikanischen Regierungspolitik Kritik geübt habe, war ich doch immer der Überzeugung: Unsere Streitigkeiten waren Streitigkeiten innerhalb der Familie.

Dies führt mich unmittelbar zu meiner zweiten Bemerkung. Die überwältigende Mehrheit meiner Landsleute denkt genauso wie ich. Sie will gut Freund mit Amerika sein; es gibt keinen nennenswerten Antiamerikanismus. Sie will das Bündnis mit den Vereinigten Staaten fortsetzen; es gibt keinen schleichenden Neutralismus. Und sie will die amerikanische Garnison in Westdeutschland und Berlin behalten; es gibt keine Ami-go-home-Bewegung. Alle ernsthaften Umfragen ergeben, daß Amerikas Volkstümlichkeit unvermindert ist: Seit 25 Jahren geben 50–60 Prozent der Befragten zu Protokoll, daß sie die Amerikaner mögen. In jüngsten Umfragen erklären 89,1 Prozent, daß die NATO für die Erhaltung des Friedens unverzichtbar sei (SPD-Wähler 85 Prozent). Anders als die

Mit Differenzen leben 471

Podiumsdiskussion ‚300 Jahre deutsch-amerikanischer Geschichte' auf der Tricentennial Conference in Philadelphia am 6. Oktober 1983. Im Zellerbach Theater der University of Pennsylvania debattierten amerikanische und deutsche Vertreter verschiedener Disziplinen. Am Podium Diskussionsleiter Hans Gatzke, Professor an der Yale University. (Randall Schilling / Tricentennial Conference)

Sprecher der Podiumsdiskussion ‚300 Jahre deutsch-amerikanischer Geschichte'. Von links: Hans Gatzke, Kathleen Conzen, Günter Moltmann, Hans Trefousse, Peter Demetz, Theo Sommer. (Randall Schilling / Tricentennial Conference)

Bundespräsident Karl Carstens bei der Schlußansprache auf der Tricentennial Conference am 6. Oktober 1983 im Zellerbach Theater der University of Pennsylvania. (Randall Schilling / Tricentennial Conference)

Briten (von denen 53 Prozent der Ansicht sind, daß die amerikanischen Stützpunkte aufgelöst werden sollten), wollen sie die 230000 G.I.'s im Lande behalten: 60 Prozent würden ihren Abzug bedauern. Das sind mehr als in den Jahren 1969–1976 (59 Prozent). Lassen Sie sich also von sensationellen Schlagzeilen nicht in die Irre führen. Es gibt keine Sensation. Die Westdeutschen wenden sich nicht von den Vereinigten Staaten ab (nicht einmal Petra Kelly. Sie ist stolz auf ihren amerikanischen Stiefvater, wenngleich der gegenwärtige Amtsinhaber im Weißen Haus nicht ihr Lieblingsamerikaner sein mag). Sie sind nicht drauf und dran, die Siebte Armee aus dem Lande zu jagen, und sie spüren nicht die geringste Versuchung, aus der westlichen Gemeinschaft auszubrechen.

Ich wollte diese beiden Vorbemerkungen machen, um das, was nun folgt, in die richtige Perspektive zu rücken: meine Analyse der deutsch-amerikanischen Differenzen, die in den letzten Jahren die Titelseiten bestimmt haben – Interessendifferenzen, Wahrnehmungsdifferenzen, auch Unterschiede der Rhetorik. Und ungeachtet aller Eintracht, die jetzt zur 300-Jahrfeier zur Schau gestellt wird – diese Differenzen existieren. Sie werden unser Verhältnis auch weiterhin plagen und – mehr noch – sie sind weithin ganz unabhängig davon, wer jeweils in Washington oder Bonn an der Regierung ist.

Solche Verschiedenheiten der Wahrnehmungen und der Interessen fallen besonders in vier Bereichen ins Auge: Ost-West-Verhältnis, Rüstung und Rüstungskontrolle, Nord-Süd-Verhältnis und Wirtschaftpolitik. Lassen Sie mich nacheinander einen Blick auf jeden dieser vier Bereiche werfen.

1. Das Ost-West-Verhältnis

Bonn und Washington sind sich ja schon eine ganze Zeitlang über den Wert und die Aussichten der Entspannung uneins. Die Amerikaner, vor allem nach Ronald Reagans Amtsantritt, halten sie für gescheitert. Ihnen erscheint sie bar jeglicher Realität; ein riesiger Betrug; ein Rauchschleier, hinter dem die Sowjets unablässig aufrüsten und ihr geopolitisches Ausgreifen über den ganzen Erdball vorantreiben. Ihre erste Reaktion war es, nicht länger mit den Russen zu reden, massiv aufzurüsten und die Wirtschaftsbeziehungen als ein Instrument zu benutzen, mit dem sich die Russen bestrafen ließen.

Die Deutschen, in Wahrheit die meisten Westeuropäer, sehen dies anders. In ihren Augen hat die Entspannung, wiewohl sie begrenzt bleibt, doch Wirklichkeit gewonnen; in vieler Hinsicht jedenfalls. Die Entspannung, so meinen sie, hat sich menschlich ausgezahlt: Sie erleichterte und vervielfältigte die Kontakte vor allem zwischen den beiden deutschen Staaten und deren Bevölkerung. Sie hat sich politisch ausgezahlt, indem sie die Krisenhäufigkeit in Europa verminderte, besonders am Druckpunkt Berlin, und sie gab auch den Reformern in Osteuropa Flankenschutz, wie immer geringfügig man ihn einschätzen mag. Im übrigen hat sich die Entspannung auch wirtschaftlich ausgezahlt: In einer schwierigen Phase eröffnete sie willkommene Geschäftsmöglichkeiten. Indessen sind wir der Ansicht, daß uns der Osthandel keineswegs in Abhängigkeit zur Sowjetunion brachte, sondern umgekehrt uns in mancher Hinsicht als politischer Hebel dienen konnte. Die Westdeutschen sind, wie die übrigen Westeuropäer, der Ansicht, daß es von überragender Bedeutung ist, für unsere Sicherheit Sorge zu tragen. Wenn die Sowjets uns den Fehdehandschuh hinwerfen, müssen wir uns wehren können, aber Konfrontation um der Konfrontation willen – nein. Trotz Afghanistan und trotz Polen halten wir es für wichtig, der fortdauernden Konfrontation zwischen Ost und West einen immer kräftigeren Schuß Kooperation beizumischen und nie nachzulassen in der Suche nach Ausgleich.

Unsere Ansicht ist eine pragmatische, keine ideologische. Rußland ist nicht erst im Jahre 1917 in unseren Gesichtskreis geraten; wir teilen uns seit 500 Jahren mit ihm in einen Kontinent. Wir erkennen, daß ein gut Teil des sowjetischen Auftretens auf der Weltbühne auf zaristische Tradition zurückgeht, nicht auf den weltrevolutionären Marxismus – die Sowjets sind zu 80 Prozent Russen, nur zu 20 Prozent Kommunisten. Wir verschließen nicht die Augen vor den Monstrositäten, deren sie fähig sind. Niemand braucht uns darüber zu belehren – sie waren es schließlich, die ganz brutal die Teilung Europas und Deutschlands durchgesetzt haben. Aber wir glauben nicht, daß eine Rückkehr zum Kalten Krieg in irgendjemandes Interesse wäre; daß ein uneingeschränkter Handelskrieg die Kremlführer auf die Knie zwingen könnte, oder daß dauerndes rhetorisches Auf-Sie-Eindreschen ihrer Bereitschaft zur Zusammenarbeit förderlich wäre.

Natürlich hat die Entspannung der Konfrontation kein Ende gesetzt, doch die Konfrontation ist durch Kooperation ergänzt und gemildert worden. Natürlich können wir nicht ignorieren, was in Afghanistan oder sonstwo außerhalb der Grenzen des NATO-Vertragsgebietes geschieht, doch wäre es töricht, Spannungen von der Peripherie nach Mitteleuropa zu importieren. Diplomatie hat sich an der Aufgabe zu bewähren, Spannung teilbar zu halten und zu versuchen, die Regeln der Entspannung auf die peripheren Regionen auszudehnen. Konfrontationen müssen wir durchstehen, wenn sie uns aufgezwungen werden, doch darf Kooperation nicht leichthin in die Wolfsschlucht geworfen werden. Die Sowjetunion ist ein schlauer und zuweilen rücksichtsloser Gegner. Sie ist nicht der Antichrist und auch nicht der Urheber aller Schwierigkeiten in der Welt. Und wir sollten sie nicht als vogelfrei betrachten. Die beiden Weltmächte müssen in enger Fühlung miteinander bleiben. Sie müssen in der Lage und willens sein, sich jeweils in die Schuhe des anderen zu versetzen, wenn Vorhersehbarkeit und Kalkulierbarkeit in der Weltpolitik Geltung behalten sollen.

In dieser Hinsicht gibt es kaum einen Unterschied zwischen der früheren sozialdemokratischen Regierung und der gegenwärtigen christlich-demokratischen Regierung unter Helmut Kohl. Die Erklärung dafür ist einfach. Wir haben die Option der Wiedervereinigung unserer geteilten Nation nicht aufgegeben, aber wir sehen die nationale Einheit nicht länger als einen Gegenstand unserer operativen Politik an. Wir überlassen ihr Zustandekommen den Gezeiten der Geschichte, wobei wir uns voll und ganz darüber im klaren sind, daß der historische Tidenhub nicht unbedingt zu unseren Gunsten wirken mag. Aber wenn es denn unmöglich ist, die Teilung des Landes zu überwinden, wird es unabdingbar, wenigstens die Trennung der Menschen zu beenden. Jeder deutsche Kanzler, gleich welcher Couleur, muß sich unablässig darum bemühen, das Los der 17 Millionen DDR-Bürger zu erleichtern; die Kontakte zwischen DDR und Bundesrepublik zu vermehren; und die Grenze wo sie nun einmal nicht abgeschafft werden kann, durchlässiger zu machen. Jeder Kanzler muß versuchen, das deutsch-deutsche Verhältnis gegen äußere Turbulenzen abzuschirmen, und jeder Kanzler wird sich für einen permanenten, ehrlichen und ernsthaften Dialog zwischen Washington und Moskau einsetzen, denn es kann zwischen Bonn und Ostberlin kein ersprießliches Verhältnis geben, solange die Supermächte miteinander streiten. Dieses sind fundamentale westdeutsche Interessen. In ihnen liegt die Erklärung dafür, daß Helmut Kohl (und selbst Franz Josef Strauß) die Ostpolitik Helmut Schmidts getreulich fortführen.

2. Rüstung und Rüstungskontrolle

Hier enthüllt sich schon dem oberflächlichen Blick auf die Lage in Mitteleuropa, was die konstitutiven Fakten sind, die unser Interesse bestimmen.

Das erste Faktum ist beinahe banal. In jeder bewaffneten Auseinandersetzung zwischen Ost und West wäre Deutschland das Schlachtfeld. Die oberste Aufgabe ist es dementsprechend, eine Auseinandersetzung abzuschrecken. Die Strategie und die tatsächliche militärische Positur der NATO muß sich auf das Abschrecken von Kriegen, nicht auf das Ausfechten von Kriegen konzentrieren. Manche losen Äußerungen von amerikanischen Experten, daß man Atomkriege führbar und sogar gewinnbar machen müsse, hat vielen Deutschen Gänsehaut verursacht. Dieselbe Wirkung hatte das Gerede in Washington über die Möglichkeiten, in Europa begrenzte Atomkriege zu führen. Nuklearisierung und Regionalisierung des Krieges sind die beiden Fälle, die wir fürchten. Jegliche Regierung in Bonn muß sich derlei Vorstellungen entgegensetzen. Wie sie auch nicht umhin kann, immer wieder zu betonen, daß für den Fall eines Scheiterns der Abschreckung angemessene Verteidigungsmittel und Verteidigungsstrategien vorhanden sind – und zwar solche Mittel und Strategien, die nicht zerstören, was doch beschützt werden muß.

Das zweite Faktum ist ebenso einleuchtend. Auf dem Boden der beiden deutschen Staaten haben wir heute die größte Konzentration militärischer Macht, die es überhaupt in der Welt gibt. In der Bundesrepublik und der DDR stehen 1,5 Millionen Soldaten. Allein in der Bundesrepublik, einem Land ungefähr von der Größe des Staates Oregon, gibt es 900 000 Soldaten unter sieben verschiedenen nationalen Flaggen. Obendrein sind rund 4 000 Atomwaffen auf westdeutschem Boden gelagert; davon haben zwei Drittel eine Reichweite unter 30 Kilometer und werden, wenn sie je zum Einsatz kommen, vernichten, was sie eigentlich verteidigen sollen. Für diese Atomwaffen gibt es 1 700 Abschußgeräte und 100 Sondermunitionsdepots. Zur gleichen Zeit stehen in der DDR 170 000 Volksarmisten und 380 000 Sowjetsoldaten mit 3 500 Atomwaffen und 1 500 Abschußgeräten.

Die amerikanische Regierung mag die Rüstungskontrolle geringschätzen oder ganz beiseiteschieben; sie mag mit der Idee spielen, zwischen Abrüstungsverhandlungen und dem sowjetischen Auftreten in der Welt ein Junktim zu schaffen; sie mag auch loses Gerede darüber dulden, daß es darauf ankomme, die Sowjets in Grund und Boden zu rüsten; sie mag die Aufrüstung vor die Abrüstung stellen. Kein Bonner Bundeskanzler könnte sich damit einverstanden erklären. Wie die meisten Europäer sind wir der Ansicht, daß der Rüstungskontrollprozeß zwischen den beiden Supermächten im gegenwärtigen Zeitpunkt ein unverzichtbarer Bestandteil der Weltpolitik ist. Wir fürchten, daß eine strikte Junktimspolitik bloß ein Wettrüsten weiter ankurbeln würde, das in sich selbst schon die bestehenden Spannungen verschärft. Wir halten dafür, daß ausreichende Sicherheit durch eine militärische Verstärkung allein nicht zu erlangen ist, sondern daß es im gleichen Maße darauf ankommt, dem Wettrüsten Einhalt zu gebieten. Im übrigen sind wir überzeugt, daß die Schaffung wirtschaftlicher und gesellschaftlicher Stabilität eine ebenso wichtige Aufgabe ist wie die Anhäufung immer schrecklicherer Waffen in unseren Zeughäusern. Wir meinen es ernst, wenn wir ‚Doppelbeschluß' sagen: Rüsten, wo nötig; Abrüsten, wo möglich.

3. Nord-Süd-Beziehungen

Über die Dritte Welt gibt oder gab es divergierende, ja kollidierende Ansichten. Die Deutschen, wie die anderen Europäer, nehmen die Dritte Welt, wie sie ist. Sie betrachten sie nicht nur und nicht einmal primär als erweiterte Arena der Rivalität zwischen den Supermächten. Im Gegenteil, sie warnen davor, dem Nord-Süd-Verhältnis das simplistische Schema des Ost-West-Konfliktes überzustülpen. Die Unruhe in der Dritten Welt führen sie nicht so sehr auf sowjetische Machenschaften zurück, sondern auf gesellschaftliche und wirtschaftliche Übel, die sich in erster Linie aus der Entwicklungsstufe der jungen Staaten ergeben. Wir sind uns mit den Amerikanern darin einig, daß die Dritte Welt in Distanz zu den Sowjets gehalten werden soll, doch finden wir, daß wir sie dazu politisch gewinnen, wirtschaftlich unterstützen und in Verhandlungen ernst nehmen müssen; mit militärischen Muskelspielen oder Gardinenpredigten ist da wenig zu machen. Wirkliche Blockfreiheit der jungen Staaten fürchten die Deutschen nicht. Sie unterstützen lieber Reformen als Uniformen. Sie treten für politische Lösungen der inneren Probleme in der Dritten Welt ein, weniger für geopolitische. Sie sind für Auslandshilfe, für multilaterale Institutionen wie die Weltbank und den Internationalen Währungsfond, für geduldige Gespräche mit den Entwicklungsländern.

In Bonner Regierungskreisen wie in der öffentlichen und veröffentlichten Meinung der Bundesrepublik herrscht zuweilen der Eindruck vor, die Regierung Reagan habe sich viel zu engstirnig auf Punkte wie Nicaragua und El Salvador konzentriert – und dies zu einem Zeitpunkt, da Brasilien und Mexiko dem finanziellen Abgrund entgegengingen. Allzulange beschimpfte Washington die Weltbank und den Währungsfond als ‚Keimzelle des Kommunismus‘, anstatt sie als entscheidende Instrumente zu begreifen, mit denen sich ein weltweiter Bankenkollaps verhindern ließe. Allzu oft war die Administration so besessen von der Vorstellung sowjetischen Expansionismus, daß sie blind wurde für die tatsächlichen Notwendigkeiten und Möglichkeiten.

Es fällt auf, daß all den Differenzen und Divergenzen in den verschiedenen Bereichen eine zentrale Frage zugrunde liegt: Wie soll der Westen mit der Sowjetunion umgehen? Ich werde gleich darauf zurückkommen. Bevor ich dies tue, möchte ich jedoch einige wenige Worte über einen vierten Zankapfel verlieren, der mit dem Management des Ost-West-Konflikts nichts zu tun hat: unser Auseinanderlaufen wirtschaftspolitischer Vorstellungen.

4. Wirtschaft

Ich rede hier nicht über Reaganomics im allgemeinen, sondern möchte mich nur mit einem einzigen Aspekt beschäftigen, der ganz Westeuropa in Unruhe und Sorge versetzt: dem hohen amerikanischen Budget-Defizit. Es beläuft sich in diesem Jahr auf rund 200 Milliarden Dollar und wird sich wohl noch einige Zeit in dieser Größenordnung bewegen. Für ein Europa, das 12 Millionen Arbeitslose hat und mühsam versucht, sich aus einer lang andauernden Rezession herauszustrampeln, hat dies fatale Konsequenzen. Es treibt die amerikanischen Zinssätze in eine Höhe, wie wir sie im 20. Jahrhundert noch nie erlebt haben. Es saugt Kapital aus Europa ab, welches dort zur Wiederankurbelung der eigenen Wirtschaft bitter vonnöten wäre. Es treibt den Kurs des Dollars in schwindelnde Höhen. Zwar verbilligt der Dollarkurs die europäischen Exporte in die Vereinigten Staaten, doch verstärkt dies zugleich den Ruf der amerikanischen Hersteller und Gewerkschaften nach protektionistischen Maßnahmen, die ihrerseits europäische Gegenmaßnahmen herausfordern – ein Teufelskreis, von dem niemand profitieren kann. Das Gefühl ist weit verbreitet in der Alten Welt, daß Reagans Defizit-Politik Europa in seiner Malaise einmauern wird. Es interessiert den Präsidenten kaum, was mit dem Dollar geschieht. Kein Wunder, daß viele der Ansicht sind, Weltwirtschaftsgipfel wie der diesjährige in Williamsburg seien für die Katz.

In Anbetracht all dieser schwierigen Probleme mag es wie ein Wunder erscheinen, daß die Allianz noch immer zusammenhält. Aber wenn man genau hinsieht, so ist zu erkennen: Wir sind aufeinander zugegangen. Es hat jüngst mehr Konvergenz gegeben als Divergenz. In Washington hat der Realismus zunehmend über die Rhetorik triumphiert. Die Politik, die Reagan tatsächlich betrieb, erwies sich am Ende als viel pragmatischer denn seine Reden ahnen ließen. Man mag auf seine Politik den Satz münzen, den Mark Twain über Richard Wagners Musik gesagt hat: „Sie ist nicht so schlecht wie sie klingt."

Wir haben immer unsere Schwierigkeiten miteinander gehabt; wir haben sie immer überwunden; wir werden sie auch diesmal überwinden. In der Tat werden viele der aktuellen Streitigkeiten heute weit weniger scharf ausgetragen als noch vor einem Jahr; man denke nur an das Erdgas-Röhren-Geschäft. Wir lernen, mit unseren Differenzen zu leben und mit unseren Meinungsverschiedenheiten umzugehen. Doch wird es dazu ständiger Bemühung bedürfen. Voraussetzung ist sowohl ein Ablassen von der manichäischen Rhetorik als auch ein Verzicht auf amerikanischen Unilateralismus. Vonnöten in einem Wort ist eine Rückkehr zu Positionen der Mitte.

Es ist klar, daß der Westen in der Lage sein muß, sich zu verteidigen, wenn er herausgefordert wird. Die Ziele der westlichen Politik liegen ebenfalls auf der Hand: einen Krieg zu verhindern, die kommunistische Expansion einzudämmen, das sowjetisch-marxistische System zu zähmen und schließlich zu wandeln, seine Evolution in eine Richtung zu steuern, die den Interessen des Westens förderlicher ist als die heutige.

Über die Methode, deren sich der Westen zur Erreichung dieser Ziele bedienen sollte, gibt es im westlichen Lager verschiedene Ansichten. Meine eigene kommt jener sehr nahe, die Lord Carrington unlängst in seiner Alastair Buchan Memorial Lecture in London formuliert hat: Wir brauchen eine positive politische Strategie für den Umgang mit der Sowjetunion. Wir sollten davon ausgehen, daß Moskau bereits ein verfallendes Byzanz ist. Aber wir sollten nicht zu viel und nicht zu früh jubeln. Wir können den Verfallsprozeß nicht nennenswert beschleunigen; dahinsiechende Imperien haben eine Art, ihren Zusammenbruch hinauszuzögern; es kann keine Rede davon sein, das sowjetische Reich mit Bulldozern niederzureißen. Wir müssen mit den Russen reden — „mit einem gleich schwer bewaffneten, aber weit weniger skrupellosen Gegner zu reden, ist kein Zugeständnis, sondern normale Vorsicht". Rüstungskontrolle liegt in jedermanns eigenem Interesse, nicht nur wirtschaftlich, sondern auch sicherheitspolitisch. Im übrigen haben die Demokratien die Pflicht, ihren eigenen Prinzipien treu zu bleiben: Dialog, Offenheit, Vernunft und einem nicht-ideologischen Herangehen an das gefährliche Geschäft der Weltpolitik. Wir dürfen uns nicht auf kruden, eindimensionalen Moralismus einlassen. Wir müssen uns darüber im klaren sein, daß willkürliche wirtschaftliche Sanktionen weder machbar noch wünschenswert sind. Den Sowjetführern muß eine klare Wahl vor Augen gehalten werden. Sie müssen erkennen, daß ihnen fortgesetzte Widerborstigkeit nichts bringt, aber sie müssen auch sehen, daß ein positives Verhalten ihnen zum Vorteil gereichen würde. In jüngster Zeit hat es zu viele Knüppel und zu wenig Karotten gegeben. Wir sollten uns vor Überreaktionen hüten. Wir sollten persönliche Kontakte zwischen den Staatschefs nicht scheuen. „Wir müssen mit den Russen einfach schon deswegen reden, weil es sie gibt." Auf der Basis eines solchen nüchternen Realismus ließe sich meiner Ansicht nach ein neuer transatlantischer Konsens aufbauen.

Meine Schlußfolgerung ist eindeutig. In den achtziger Jahren braucht Europa die Verbindung mit Amerika nicht weniger dringlich als in den vier Jahrzehnten zuvor. Das Verhältnis mag nie problemfrei sein; in der Tat mag es sogar in dem Maße konfliktreicher werden, in dem sich Prioritäten verschieben, Sorgen verändern. Der Themenwechsel, der seit 1973 in der Weltpolitik eingetreten ist, hat ohne Zweifel ein neues Element der Konkurrenz, ja Rivalität in das transatlantische Verhältnis eingeführt. Dies sollte jedoch nicht die fundamentale Wahrheit überschatten, daß gute Beziehungen mit den Vereinigten Staaten für Westeuropa absolut lebenswichtig sind. Die Entspannung in Europa ist nie auch nur in die Nähe des Punktes geraten, an dem der eherne Zwang zur Existenzsicherung und damit zur Anlehnung an die USA entfallen wäre.

Umgekehrt könnten die Vereinigten Staaten ohne das Bündnis mit Europa in einer brodelnden, feindseligen Welt schwerlich isoliert überleben. Was immer auch gelegentlich Anlaß zu Reibereien und Mißmut geben mag — käme es zu einem Bruch zwischen Europa und Amerika, so müßten beide vielerlei Hoffnung fahren lassen: auf die Bewahrung des militärischen Gleichgewichts und damit des Friedens zwischen Ost und West; auf die Wiederbelebung der Weltwirtschaft; auf einen Ausgleich zwischen dem Norden und einer immer stärker auftrumpfenden, zuweilen aufbegehrenden Dritten Welt. Die historische Begründung des amerikanisch-europäischen Bündnisses ist heute nicht minder gültig als zuvor — und sie gilt mehr denn je für das deutsch-amerikanische Verhältnis.

33. Amerikanisch-deutsche Beziehungen
Ein Bündnis, das normal geworden ist

Fritz Stern

Selbst in unserem Jahrhundert der Umbrüche ragt die Turbulenz der deutsch-amerikanischen Beziehungen, die sich zweimal von erbitterter Feindschaft zu spektakulärer Freundschaft wandelten, als höchst außergewöhnlich heraus. 1917 brachte ein Deutschland, das leichtfertig nach der Weltmacht griff, Amerika nach Europa; amerikanische Truppen führten die Wende im Weltkrieg herbei, und in demselben Jahr, als Amerika die Weltbühne betrat, stellte die bolschewistische Revolution Amerikas Anspruch auf die moralische Führungsrolle infrage. Während der folgenden Jahrzehnte haben das deutsche Machtstreben, die amerikanische Macht und die sowjetische Herausforderung die Weltpolitik beherrscht. 1941 brachte die deutsche Macht, zu noch mehr Raserei und Perfektion getrieben, Amerika erneut nach Europa, dieses Mal, um den Kontinent vom Nazi-Terror zu befreien, und dieses Mal im Bündnis mit der Sowjetunion. In den zwanziger Jahren teilweise und halbherzig, seit 1947 konsequent und entschieden, verwandelten sich die Vereinigten Staaten vom Feind Deutschlands zu dessen wichtigstem Freund, Alliierten und Beschützer –, und die Umkehrung der Rolle vom Feind zum Freund brachte einen Umschwung der Einstellung mit sich. Beide Länder sind ungewöhnlich begabt in der Emotionalisierung von auswärtigen Beziehungen; als die Vereinigten Staaten im Ersten Weltkrieg gegen Deutschland kämpften, schwelgten sie in Karikaturen des brutalen Hunnen, des bösen Junkers; im zweiten Krieg übertraf die Wirklichkeit des Nazi-Horrors die Phantasie im Westen. Doch bei Kriegsende wurden die Sowjets unser Hauptgegner, und unser Bild von den Deutschen wurde wohlwollender; zudem geriet ein besiegtes Deutschland unter Amerikas Bann – und mit dieser Umkehrung begann ein Zelebrieren von Freundschaft und Harmonie, das bis in die jüngste Vergangenheit währte.

Mit der Formulierung ‚Ein Bündnis, das normal normal geworden ist' möchte ich der Meinung Ausdruck geben, daß die Überschwenglichkeit der letzten Jahre verlorengegangen ist: Die neue deutsch-amerikanische Beziehung ist nüchtern geworden, ‚sachlich', außer in Augenblicken nationaler Feiern, wie wir sie heute begehen. Bevor ich mich diesem Normalzustand zuwende, möchte ich einige historische Worte für die gegenwärtige Phase anführen: Lord Palmerston sagte einmal, Großbritannien habe keine bleibenden Freunde, nur bleibende Interessen; im Jahre 1849, nachdem die Russen Österreich geholfen hatten, den ungarischen Aufstand niederzuwerfen, erklärte ein österreichischer Staatsmann, sein Land werde die Welt durch seine Undankbarkeit in Erstaunen versetzen. Sieben Jahre später griffen die Österreicher Rußland tatsächlich an. Palmerstons Ausspruch ist denkwürdig und irreführend: Selbst Interessen sind selten bleibend, und das Erkennen der wahren Interessen ist für Nationen ebenso wie für Individuen nicht immer leicht. Doch es ging Palmerston vor allem um eine Warnung gegen die Emotionalisierung der Politik, gegen die Annahme ständiger Kongruenz in einer Welt des Wandels.

Jahrzehntelang hatten wir – auf beiden Seiten des Atlantik – geglaubt, die USA und Deutschland seien bleibende und beispielhafte Freunde und eine gemeinsame Bedrohung durch die UdSSR reiche aus, um uns zusammenzuhalten. Zudem nahmen die Vereinigten Staaten an, die Deutschen würden bleibend dankbar und gefügig sein. Ich glaube, wir befinden uns jetzt in dem Prozeß der Entdeckung, daß wir Verbündete sind, die von gemeinsamen Interessen zusammengeführt und von auseinanderstrebenden bedroht werden, daß rhetorische Appelle an die Gefühle nicht die Realität des Konflikts aufheben werden – daß es für uns am günstigsten wäre, die Differenzen zwischen uns anzuerkennen und nach Wegen zu suchen, mit ihnen umzugehen. Wir sind Verbündete mit Differenzen, Freunde mit Vorbehalten.

Wenn ich behaupte, daß das Bündnis normal wird, so will ich damit ganz entschieden nicht sagen, daß Gefühle in der Staatskunst keine Rolle spielen; sie tun es. Gelegentlich spüren Nationen eine besondere Affinität zueinander oder eine besondere Distanz oder sogar Feindseligkeit gegeneinander. Im 19. Jahrhundert empfanden die Briten große Begeisterung für Griechen und Italiener, und ihre Dichter waren Vorkämpfer der Befreiung. Gleichzeitig hegten die Briten tiefstes Mißtrauen gegenüber dem russischen Bären, der ständig an den Toren Indiens kratzte; es war ein historischer Augenblick, als das britische Mißtrauen sich von Rußland ab- und dem kaiserlichen Deutschland zuwandte. Emotionen werden stärker und werden schwächer, und das neue deutsch-amerikanische Bündnis nach 1945 war gewiß von einer außergewöhnlichen Portion Gefühlen belastet.

Schon seit beinahe vier Jahrzehnten besteht eine besondere Verbindung zwischen den Vereinigten Staaten und der Bundesrepublik Deutschland. Während dieser Jahrzehnte sind gewaltige Veränderungen eingetreten, und wir betrachten das Bündnis heute kühler; es ist eine Allianz zwischen gleicheren Partnern geworden – unter kritischeren Bedingungen, mit zunehmend divergierenden Interessen und Auffassungen sowie wachsendem Mißtrauen. Es wäre gefährlich, ließe man besondere Gelegenheiten oder überspannte Rhetorik die Wirklichkeit vernebeln.

Und doch schließt die Wirklichkeit die lange zurückreichenden kulturellen Beziehungen zwischen unseren beiden Ländern ein: Erinnerungen und Familienbande. Vorherrschende Klischees sind bedeutsam, auch wenn eine Beziehung sachlicher, nüchterner wird. Für die Feier des 300. Jahrestages der deutschen Einwanderung nach Amerika besteht mehr als antiquarisches Interesse; lassen Sie mich beiläufig bemerken, daß die Deutschen in zwei Jahren den 300. Jahrestag der Hugenotten-Einwanderung nach Brandenburg-Preußen feiern werden; insgesamt hat jene Einwanderung, die für Deutschland nicht weniger wichtig war als die deutsche Einwanderung für die Vereinigten Staaten, im wesentlichen aus einer einzigen Welle von außergewöhnlich begabten und disziplinierten Menschen bestanden, die ihre abgehobene Identität mindestens ebensolange bewahrten, wie die Deutschen in Amerika es taten. In der amerikanischen Geschichte wurde aus dem anfänglichen Rinnsal nach Germantown ein Sturzbach, und die deutschen Einwanderer leisteten nicht nur einen großen Beitrag zur Entwicklung der USA, sondern hatten auch starken Einfluß auf die amerikanische Vorstellung vom Leben in Deutschland. Auf beiden Seiten verhärteten sich Eindrücke zu Klischees; einige davon sind in früheren Vorträgen erörtert worden. Man hielt die Deutschamerikaner für fleißig, ehrlich und ein wenig humorlos. Als Max Weber die Vereinigten Staaten besuchte, veranstaltete die Columbia-Universität einen Abend, der bewirken sollte, daß er sich wie zuhause fühlte: Deutschsprechende Studenten, die unablässig Bier tranken, ergriffen die Säbel und duellierten sich bis spät in die Nacht. Weber konnte kaum meinen, daß dieses Schauspiel Wesen und Realität des deutschen Studentenlebens wiedergab. Und die meisten Deutschen standen Amerika wohl noch ferner als die Amerikaner Deutschland. Bismarck bildete eine Ausnahme: Er spielte einmal mit dem Gedanken, in die Vereinigten Staaten auszuwandern, obwohl es ein Rätsel bleibt, was er dort getan hätte. Er war vorsichtiger und schickte nur sein Geld nach Amerika, indem er es gleich nach dem Bürgerkrieg in Bundesanleihen investierte.

Schon im 19. Jahrhundert umfaßten die deutschen Amerikabilder ein breites Spektrum, von einem Utopia, einer klassenlosen Gesellschaft der unbegrenzten Möglichkeiten bis zu der Furcht, die der hervorragende Naturwissenschaftler Emil Du Bois-Reymond 1873 ausdrückte, daß Deutschland von einer Amerikanisierung bedroht sei, in Gestalt aller Übel des Kommerzialismus, des Kapitalismus und des Materialismus. Anfang der 1870er Jahre, in der sogenannten Gründerzeit, begannen viele Deutsche, die Auswüchse des Kapitalismus – oder ihr eigenes spektakuläres Geschick bei der Entwicklung einer industrie-kapitalistischen Gesellschaft – Außenstehenden anzulasten, die sie angeblich korrumpierten, und zwar ganz besonders den Juden, den Manchester-Liberalen und den Angelsachsen. Ich möchte ein letztes verblüffendes Beispiel für deutsche Vorstellungen von den Vereinigten Staaten zitieren. In seinem „Das Unbehagen in der Kultur" spricht Freud davon, „daß es Schwierigkeiten gibt, die dem Wesen der Kultur anhaften und die keinem Reformversuch weichen werden." Eine der wichtigsten sei „‚das psychologische Elend der Masse'". Er fährt fort: „Diese Gefahr droht am ehesten, wo die gesellschaftliche Bindung hauptsächlich durch Identifizierung der Teilnehmer unter einander hergestellt wird, während Führerindividualitäten nicht zu jener Bedeutung kommen, die ihnen bei der Massenbildung zufallen sollte. Der gegenwärtige Kulturzustand Amerikas gäbe eine gute Gelegenheit, diesen befürchteten Kulturschaden zu studieren. Aber ich vermeide die Versuchung, in die Kritik der Kultur Amerikas einzugehen; ich will nicht den Eindruck hervorrufen, als wollte ich mich selbst amerikanischer Methoden bedienen."[1] Es ist sehr bemerkenswert, daß Freud diesen Autoritätsverfall 1929 eine amerikanische Malaise nannte; in mancherlei Beziehung war es eine prophetische Einsicht.

Es herrschte große Vielfalt in der Art und Weise, wie Deutsche und Amerikaner einander sahen. Deutsche Gelehrsamkeit und deutsche Naturwissenschaften wurden in Amerika stets hoch geschätzt, während die Deutschen in den 1920er Jahren die amerikanische Technologie, den Taylorismus und den Jazz bewunderten. Doch ungeachtet solcher Bewunderung wohnte dem deutschen Geist vor 1945 ein Gefühl unzweideutiger kultureller Überlegenheit inne — ein nationalistischer Eindruck, die deutsche Kultur sei die beste. 1945 verschwanden alle Vorstellungen von Überlegenheit, von einer deutschen Kultur, die sich von einer westlichen deutlich unterschied.

Die Deutschen haben das Jahr 1945 die Stunde Null genannt, und wie unangemessen die implizite Vorstellung von einem vollständigen Bruch und einem Neuanfang auch ist — sie bezeichnete den Moment, als Deutschland an seinem Tiefpunkt und die Vereinigten Staaten auf ihrem Höhepunkt standen. Die neue Freundschaft begann zwischen Sieger und Besiegtem, zu einer Zeit, als Deutschland in Ruinen lag, moralisch vernichtet war, wirtschaftlich am Boden, geistig bankrott — und Amerika sich im Zenit seiner Macht befand. Es war nicht nur die siegreiche Weltmacht, mit der kein anderer Staat sich messen konnte, es war auch ein Land voller Selbstvertrauen, das auf allen Gebieten herausragte; es hatte nicht seinesgleichen. Damals waren die Deutschen von allem, was amerikanisch war, hingerissen; sie sahen in Amerika den einzigen Beschützer und Ernährer, das Vorbild und den Wegweiser. Niemals wieder sollte der Abstand zwischen den beiden Ländern so groß werden: Deutsche kamen scharenweise in die USA, als Studenten, als Touristen, als Vagabunden; sie alle kamen zu ihrem Pflichtjahr nach Amerika, und hier fand die wahre Umerziehung oder re-education statt. Unsere entsprechenden Bemühungen innerhalb Deutschlands waren weitgehend erfolglos und häufig lachhaft. Doch im großen und ganzen — trotz mancher Mißverständnisse und anhaltender Vorurteile — waren die Deutschen von den USA begeistert, von ihren CARE-Paketen und ihrer Musik, von ihrer materiellen Macht und ihren Schriftstellern. Es war unvermeidlich, daß aus Begeisterung früher oder später Enttäuschung wurde, daß die Faszination der Deutschen von Amerika sich in exzessive Desillusionierung verwandelte. Eine andere Generation von Deutschen sieht heute ein anderes Amerika, und der Enttäuschung haftet so etwas wie die Bitterkeit des enttäuschten Liebhabers an. Doch die Nachkriegsdeutschen hegten keinerlei Zweifel daran, daß ihr Land ‚westlich' sei; die lange Tradition antiwestlichen Denkens war mit dem Nazismus zusammen untergegangen.

Ich bin der Meinung, daß die Deutschen weder uns noch sich selbst einen Gefallen taten, indem sie uns so unkritisch umarmten; ihre Bedürfnisse waren klar, und sie sahen uns nicht, wie wir waren — selbst damals —, sondern so, wie wir sein wollten und wie sie uns gern gehabt hätten. Gewiß war Amerika voller Selbstvertrauen, doch in dem Jahr unserer konstruktivsten Staatskunst, 1948, schrieb ein junger amerikanischer Historiker namens Richard Hofstadter, dem es bestimmt war, der größte Vertreter seiner Disziplin in seiner Generation zu werden, die amerikanische Kultur sei „in höchstem Maße nationalistisch und meist isolationistisch gewesen; sie war und ist entschieden individualistisch und kapitalistisch".[2] Im Jahr 1948 stand Amerika vor einer nie dagewesenen historischen Herausforderung: die Führungsrolle in der Welt mehr oder weniger plötzlich und ein Vakuum ausfüllend zu übernehmen und gleichzeitig im Innern die Demokratie zu bewahren und auszuweiten. Ohne Umschweife ausgedrückt, war die Vereinbarung des globalen Imperiums mit der isolationistischen, demokratischen Tradition eine gigantische Aufgabe, die keinesfalls ganz zu bewältigen, sondern lediglich in wiederholten Ansätzen teilweise lösbar war.

Seit zehn oder mehr Jahren verweht der rosa Schleier, durch den Deutschland die Vereinigten Staaten sah; man betrachtet sie nicht mehr als die vorbildliche Gesellschaft, ja, für viele Deutsche – und für viele Europäer – sind die USA und die UdSSR moralisch auf dieselbe Stufe gerückt: zwei Supermächte, die Furcht und Mißtrauen erwecken. Die Amerikaner nehmen eine solche Sichtweise übel und betrachten sie als undankbar; doch über weite Strecken greifen die Europäer nach Vietnam und Watergate, nach dem Scheitern von so vielen innenpolitischen Programmen und Hoffnungen in den Vereinigten Staaten nur die Zweifel auf, die überall in Amerika zu finden sind: Betrachten wir uns noch so, wie wir es 1945 taten? Amerikaner schwelgen in Selbstkritik, doch als Nation grollen wir Ausländern, die eine solche Kritik wiederholen. Für eine Weltmacht sind wir bemerkenswert, ja untragbar dünnhäutig.

Bevor ich mich gemeinsamen und divergierenden Interessen zuwende, lassen Sie mich an die fundamental veränderten Bedingungen in der Weltpolitik erinnern: Das westliche Bündnis bleibt intakt – die dauerhafteste Allianz freier Partner in der Geschichte. Die USA sind immer noch der Hauptpfeiler dieses Bündnisses, die nukleare Abschreckung gilt immer noch als die Garantie des Friedens; doch grundlegende Veränderungen sind erfolgt, indem die Vereinigten Staaten ihre strategische Überlegenheit über ihren Hauptgegner verloren haben und gegenüber ihren westeuropäischen Verbündeten auch relativ schwächer geworden sind. Die USA sind noch immer die größte Wirtschaftsmacht der Welt, doch sie haben ihren eindeutigen Vorsprung in Naturwissenschaften und Technik eingebüßt; in vielen Bereichen können sie mit ihren Hauptrivalen nicht mehr konkurrieren. Auch üben die Vereinigten Staaten nicht mehr den kulturellen Magnetismus aus, den sie einmal besaßen. Schließlich hat Amerika nicht die Art stetiger Führerschaft in der Allianz ausgeübt, wie dies einmal der Fall war – zumindest in unserer nostalgischen Erinnerung; es ist keine leichte Aufgabe, in einem Bündnis mit alten historischen Staaten, die eifersüchtig über ihre einst unbestrittene Autonomie wachen, an der Spitze zu stehen, und die Europäer haben uns immer kritisiert, weil wir entweder zu stark oder zu schwach, zu eng oder zu distanziert in unserem Umgang mit der Sowjetunion gewesen seien, doch seit etwa der Mitte von Präsident Carters Administration hat sich die Kritik in Europa und in Deutschland zu einer nahezu permanenten Stimmung der Nörgelei und des Unbehagens verhärtet.

Jahrzehntelang haben wir angenommen, wir hätten sogar innerhalb der Allianz eine besondere Beziehung zu Westdeutschland. Die Bundesrepublik war ein amerikanisches Produkt, wir spielten für sie die Vater- und die Beschützerrolle. Sie war das verwundbarste Glied des Bündnisses, Amerika allein garantierte ihre gefährdete Sicherheit. Unter unserem wohlwollenden Schutz genoß die Bundesrepublik eine unvergleichliche Periode der wirtschaftlichen Prosperität und politischen Stabilität. Anders ausgedrückt, die Bundesrepublik ragte auf dem Gebiet heraus, wo Europas größte Nachkriegsleistung lag: dem der Befriedung Europas nach innen und außen. Seit Jahrzehnten hat jetzt die Bundesrepublik nicht nur politische Stabilität, einzigartig günstige Arbeitgeber-Arbeitnehmer-Beziehungen, sondern auch eine soziale Kohäsion aufgewiesen, die sich selbst durch den Ausbruch von Studentenrevolten, Terrorismus und Feindseligkeit gegen ausländische Arbeiter nicht ernsthaft erschüttern ließ. Bis vor sehr kurzer Zeit schien der berühmte Klassenkampf vollständig verschwunden zu sein. Nach außen haben die Deutschen unablässig für die Integration Westeuropas gearbeitet und ihre eigenen Brücken nach Osteuropa gebaut. Helmut Schmidts starkes persönliches Engagement für eine Versöhnung und eine Partnerschaft mit Polen trotz aller historischen Hindernisse und rivalisierenden Verbindungen hat die Entschlossenheit der vorigen Bundesregierung demonstriert, die Befriedung voranzutreiben.

Die Vereinigten Staaten haben mit wachsender Besorgnis beobachtet, wie ihr gefügigster Klient seine eigene Entspannungspolitik, seine eigene Ostpolitik verfolgte – auch dann, als die USA selbst sich daraus zurückzogen. Die Vereinigten Staaten wie die Bundesrepublik hegen häufig Erwartungen gegenüber der Außenpolitik des anderen, die nicht selten die Realitäten innenpolitischen Drucks auf die Außenpolitik außer acht lassen. So erfolgreich war die Integration Deutschlands gewesen und so eng seine Beziehungen zu den Vereinigten Staaten, daß viele Menschen in den USA darüber vergaßen, wie deutsche Interessen – über das fundamentale Interesse an der Bewahrung des Friedens hinaus – zwangsläufig von der Geopolitik diktiert sind, von der Tatsache, daß es noch einige zwei Millionen Volksdeutsche in Osteuropa und siebzehn Millionen Ostdeutsche gibt und daß diese alle in gewisser Weise Geiseln der Entspannung sind. Ihr Schicksal ist mit den sowjetisch-deutschen Beziehungen mit einer Direktheit verbunden, die von vielen Leuten in den Vereinigten Staaten nicht verstanden wird. Auch das Wohlergehen Berlins hängt von der getreulichen Durchführung des Viermächte-Abkommens ab, und der Handel mit Osteuropa hat in einer Periode der ausgedehnten Rezession noch mehr kritische Bedeutung gewonnen. Doch vor allem anderen vergessen viele Menschen in den Vereinigten Staaten – und vielleicht einige Leute sogar in der Bundesrepublik –, was Deutsche nie vergessen können: daß Deutschland das einzige Land in Europa ist, vielleicht das einzige Land in der Welt, das mit einer tiefverwurzelten, unerfüllten nationalen Forderung lebt. Die Tatsache, daß die Teilung Deutschlands selbst zugefügt, die Konsequenz von Hitlers Krieg ist, verringert nicht die deutsche Hoffnung, daß die deutsche Nation einen Tages – im Rahmen einer allgemeinen Befriedung Europas vom Atlantik bis zum Ural – wiedervereinigt sein wird. Bis vor kurzem wurde die Frage der Wiedervereinigung weitgehend mit Schweigen zugedeckt; es war fast, als hätten die Deutschen die alte französische

Parole der Zeit nach 1871 hinsichtlich des Verlustes von Elsaß-Lothringen an Deutschland übernommen. Die Franzosen befolgten die Mahnung: „Niemals davon sprechen, immer daran denken." Kein deutscher Staatsmann kann je auch nur für einen Augenblick die Bande zur DDR oder die ferne Hoffnung auf Wiedervereinigung vergessen. Es ist überraschend, daß es Bundeskanzler Kohl war, der anläßlich seines jüngsten Moskaubesuchs die Frage offen auf den Tisch legte. Auch Franz Josef Strauß hat es gelernt, in östlichen Wassern zu fischen. Helmut Schmidts Bewunderung für die Polen war zum Teil durch die Bewunderung bestimmt, die er für ein Volk empfand, das nach 125 Jahren der Auslöschung wieder zum Staat wurde. Der Traum von einer vereinigten deutschen Nation wird nicht verschwinden, ganz gleich, welche Partei an der Regierung ist. Hier liegt der tiefste Grund dafür, warum die Bundesrepublik für die Entspannung ist; es gibt noch viele andere naheliegende Gründe für die Beibehaltung einer Politik, die einst ihre weise Entsprechung in Washington hatte.

Ein Hauptunterschied zwischen der Bundesrepublik und den Vereinigten Staaten — selbst auf Regierungsebene — war und ist eine unterschiedliche Einschätzung der Macht und der Absichten der UdSSR. Die Deutschen neigen dazu, die sowjetische Bedrohung gering einzuschätzen, die Amerikaner, sie periodisch zu übertreiben — wobei die Einschätzung jeweils von den Interessen der beiden Seiten beeinflußt wird. Eine verschiedene Einschätzung führt zwangsläufig zu Unterschieden in der Politik, da letztere auch auf die unterschiedlichen Interessen abgestimmt wird. Es hat viele amerikanische Regierungsvertreter gegeben, die davon überzeugt sind, daß die UdSSR einen aggressiven Kurs verfolgt, wie sich an den unablässigen Fortschritten ihrer Rüstung und an ihrem aggressiven Verhalten in verschiedenen Teilen der Welt ablesen läßt. Von der Realität der sowjetischen Macht überzeugt und voller Furcht vor den sowjetischen Absichten, erstreben diese Kräfte eine immer stärkere Rüstung, und sie befürworten einen harten Kurs gegen ein System, das Präsident Reagan in seiner Rede in Orlando als „die Quelle allen Übels" gebrandmarkt hat. Daher rührt die amerikanische Ungeduld gegenüber dem Phänomen, das man als europäisches Widerstreben bei der Begegnung der Herausforderung von Afghanistan, des Druckes auf Polen oder sowjetischen Abenteurertums andernorts betrachtet. Daher rührt auch der Wunsch Amerikas, die Sowjets durch Wirtschaftssanktionen zu bestrafen, woraus der erbitterte Streit über die Erdgas-Pipeline resultierte. Viele Deutsche sind — darin in Übereinstimmung mit allgemein europäischen Auffassungen — viel eher beeindruckt von der Vorsicht der Sowjets, von der Tatsache, daß diese stets versucht haben, ihre Macht mit einem minimalen Risiko auszudehnen. Auf der anderen Seite sind die Deutschen ängstlich geworden, ob nicht ihre Beschützer — in Umkehrung des Wortes von Theodore Roosevelt — zwar laut reden, aber nur einen kleinen Knüppel in der Hand halten; zum ersten Mal tauchte dieser Gedanke auf, als der Schah gestürzt wurde. Die Deutschen betrachten es als ein Paradoxon, daß Amerika darauf beharrt, die Sowjets seien unendlich mächtig und unendlich gefährlich — doch ihr System könne aus den Angeln gehoben werden, wenn man ihnen ein Wettrüsten aufzwinge. Weitere eigensüchtige Widersprüche sehen die Deutschen darin, daß die USA wirtschaftliche Zurückhaltung predigen, doch massive Getreidelieferungen an die UdSSR vereinbaren, und von ihren Verbündeten größere Verteidigungsbereitschaft, vor allem auf dem Sektor der konventionellen Waffen fordern, doch ihrerseits nicht die Wehrpflicht einführen.

Ebenso wie viele Europäer und Amerikaner bedauern die Deutschen Präsident Reagans Rhetorik; selbst im besten Falle halten sie diese für unklug und gefährlich. Sie sind entsetzt über die Rückkehr zum politischen Manichäismus, mit der Sowjetunion als Verkörperung des Bösen und den Vereinigten Staaten anscheinend per Definition als Quelle der Tugend; viele Kritiker befürchten auch, daß die Rhetorik entweder einer herausfordernden Politik Ausdruck geben soll oder aber – eine Art sich selbst realisierende Prophezeihung – zu einer solchen führen wird. Nicht ein extremer Angehöriger der Friedensbewegung, sondern der hervorragende Physiker und Philosoph Carl Friedrich von Weizsäcker schrieb vor wenigen Jahren: „Während die sowjetische Politik gleichmäßig machtorientiert ist, bewegt sich die amerikanische Politik in Wellen, in Pendelausschlägen, und ihr jetziger Pendelausschlag zielt auf Wiedergewinnung ihrer hegemonialen Weltposition."[3] In Deutschland ist die Befürchtung verbreitet, daß die Vereinigten Staaten einen provokativen Kurs verfolgen; unzureichend beachtet wird dabei die Tatsache, daß die Sowjets ihr militärisches Potential in den siebziger Jahren weit über die Anstrengungen des Westens hinaus verstärkt haben.

Emotionale Haltungen sind nicht immer durch präzise rationale Ursachen zu erklären; wir können nicht die Tatsache außer acht lassen, daß in der Bundesrepublik und andernorts ein Gefühl der Furcht und Unsicherheit entstanden ist – bedrohlicher als alles andere, was es in der Nachkriegswelt gegeben hat. In der Bundesrepublik gibt es zusätzliche Gründe für dieses Gefühl: Ein Land, das sich an wirtschaftlichen Wohlstand gewöhnt hatte, ist mit einer zunehmenden und scheinbar endlosen Wirtschaftskrise konfrontiert, durch die bereits soziale Spannungen, die man in den vorangegangenen Jahrzehnten erfolgreich entschärft hatte, akuter geworden sind. In den letzten Jahren hatte Deutschland ein Gutteil Stärke und Sicherheit durch die beherrschende Stellung der deutsch-französischen Partnerschaft in Westeuropa gewonnen; diese Beziehung ist schwächer geworden, nicht nur wegen des Abtretens der beiden einander persönlich nahestehenden Spitzenpolitiker Giscard und Schmidt, sondern auch wegen der prekären Lage der französischen Wirtschaft. Vor allem anderen rangiert die existenzielle Unsicherheit, die so viele Menschen im Westen ergriffen hat: das mehr oder weniger plötzliche Bewußtwerden des Schreckens der nuklearen Bedrohung und der Katastrophe eines sich immer höher schraubenden Wettrüstens. Zu einem späteren Zeitpunkt vielleicht werden wir in der Lage sein, die politisch-psychologische Tatsache besser zu begreifen, daß die nukleare Gefahr erst in den letzten Jahren so unmittelbar und angstvoll empfunden wird, sowie die Gründe dafür, daß in den meisten unserer Länder erst jetzt eine Friedensbewegung entstand. Hier behaupte ich lediglich, daß die Deutschen sich als besonders verwundbar betrachten: aufgrund ihrer ungeschützten geographischen Lage und der Tatsache, daß sie sich total auf den nuklearen Schutz durch Amerika verlassen – zu einer Zeit, da anerkannte Experten beider Seiten die Wirksamkeit jenes Schutzes in Frage gestellt haben. Viele, häufig logisch miteinander unvereinbare Befürchtungen drängen sich auf der psychisch-politischen Szene zusammen: Einige Deutsche fürchten, ein kriegerisches Amerika, das aus Gründen seiner eigenen Innenpolitik nicht gewillt ist, mit der UdSSR in irgendwelche ernsthafte Verhandlungen einzutreten, werde die Sowjets zu einem Schritt provozieren, der Europa in ein nukleares Schlachtfeld verwandeln und dabei möglicherweise Amerika unversehrt lassen würde. Logik oder Vernunft reichen nicht aus, um diese und ähnliche Ängste zu zerstreuen; sie existieren, und sie bilden eine Belastung für das Bündnis.

In den Vereinigten Staaten – in der Regierung, bei einigen Kongreßmitgliedern und bei einem wahrscheinlich wachsenden Teil der Öffentlichkeit – besteht der Eindruck, daß die Europäer, vor allem aber die Deutschen, Undankbarkeit und politische Kurzsichtigkeit an den Tag legen; die USA hatten ein dauerhaft gefügiges Deutschland erwartet. In Amerika herrscht Ungeduld angesichts militärischer Anstrengungen seitens der Europäer, die als unzureichend betrachtet werden, und wiederum legen wir bei den Deutschen einen besonders hohen Maßstab an. Warum sollten die Europäer nicht die äußersten Anstrengungen unternehmen, um sich in die Lage zu versetzen, sich konventionell zu verteidigen, oder zumindest weit mehr in dieser Richtung tun – selbst um den Preis der enormen sozialen Opfer, die dies verlangen würde? Ganz ebenso wie amerikanische Reden als kriegerisch aufgefaßt werden, so versteht man deutsche Reden und Demonstrationen als Anzeichen eines beginnenden appeasement, eines schleichenden Neutralismus – und es steht außer Zweifel, daß eine kleine, aber wachsende Minderheit in Deutschland sich ein blockfreies, ein mehr oder weniger neutralisiertes Europa wünscht. Eine winzige, aber stetig zunehmende Minderheit der Deutschen ist für einseitige Abrüstung. Die überwältigende Mehrheit der Deutschen bevorzugt nach wie vor die NATO.

Die beiden Länder vertrauen einander, und doch gibt es in beiden Gruppen, die den anderen Staat mit tiefer Besorgnis betrachten. Amerikaner fürchten, die Bundesrepublik Deutschland könnte sich in östlicher oder neutralistischer Richtung vom Bündnis entfernen; es gibt Deutsche, die befürchten, daß die USA ihre Hegemoniestellung wiederzugewinnen suchen, darauf aus sind, die Sowjets in die Knie zu zwingen, oder aber umgekehrt, daß die Vereinigten Staaten zu einem unfreundlichen, protektionistischen Isolationismus zurückkehren könnten. Spezifische Ereignisse lassen sich, aus dem Blickwinkel der Furcht betrachtet, jeweils als Bestätigung deuten, etwa die deutsche Ostpolitik oder ein amerikanischer Senat, der droht, den Vereinten Nationen Gelder vorzuenthalten.

Die Befürchtungen werden durch ständig zunehmende Schwierigkeiten verschärft. Ist die Feststellung übertrieben, daß für die Bundesrepublik das Wirtschafts- und das politische Wunder gleichzeitig zu Ende gegangen ist? Die langwierige Rezession signalisiert das Ende einer Prosperitätsperiode ohnegleichen. Auch die politische Szene in der Bundesrepublik Deutschland könnte an Stabilität einbüßen, und wie sehr auch einige Amerikaner die Liebenswürdigkeit Bundeskanzler Kohls angenehmer finden als Helmut Schmidts stets lehrreiche

Schärfe, werden sie doch entdecken, daß er für ein stärker von Problemen belastetes Gemeinwesen spricht. Das Auftreten der Grünen als vierte Partei oder eher das Auftreten einer vierten Partei, die eine Anti-Partei zu sein behauptet, der Linkstrend einer SPD in der Opposition, die Schwierigkeiten, denen nun Bundeskanzler Kohl begegnen wird, wenn es gilt, Forderungen für Sozialausgaben, für Investitionen und für militärische Zwecke zum Ausgleich zu bringen – alle diese Elemente werden die politische Szene in der Bundesrepublik komplizieren. Fünfunddreißig Jahre lang hat die Bundesrepublik mehr politische Stabilität, bessere politische Führung auf allen Ebenen und einen höheren Grad sozialer Kohäsion genossen als Deutschland unter irgendeinem anderen Regime in seiner Geschichte. Doch nun könnte auch dieses Deutschland normaler werden.

Der Kontext, innerhalb dessen Bündnisfragen gelöst werden müssen, ist schwieriger geworden. Im wirtschaftlichen Bereich – wie in so vielen anderen Bereichen – brauchen die beiden Länder einander, sie haben gemeinsame internationale Interessen und Ziele, und sie ziehen Nutzen aus den offenen Märkten, für die sie beide eintreten. Doch es gibt auch entzweiende Probleme: Die Deutschen sind besorgt über das ständig wachsende Haushaltsdefizit Amerikas, das eine konservative Administration anhäuft; ihre Ökonomen betrachten ebenso wie die unseren dieses Defizit als die Ursache entweder für weiterhin hohe Zinssätze oder für neuerliche Inflation. Die Deutschen stellen nicht allein die Frage, wie zukünftige Historiker über eine Nation urteilen werden, die so leichtfertig und scheinbar vergeßlich ökonomische Vorsicht in den Wind schlagen und stillschweigend eingestehen konnte, daß der aktuelle politische Preis für eine verantwortliche Haushaltsgestaltung zu hoch ist, so daß man eine unbekannte Zukunft mit gegenwärtigen Schulden belastet. Die USA ihrerseits sind besorgt über den deutschen Osthandel. Die beiden Länder sind in manchen Bereichen Konkurrenten, und beide sind bedroht durch das Auftreten neuer Rivalen, besonders in Ostasien, wo der Kapitalismus recht unerwarteterweise offenbar sein letztes und passendstes Heim gefunden hat. Die Arbeitslosigkeit bildet heute in der Bundesrepublik Deutschland die ernsthafteste Herausforderung.

Wir müssen auch zur Kenntnis nehmen, daß wir mit einer Altersgruppe zusammenleben, die man häufig die Nachfolgegeneration nennt – Menschen, die sich kaum an die Blütezeit des Bündnisses, die frühen Jahre des amerikanischen Überflusses erinnern. Ihre politische Erziehung erfolgte unter dem Eindruck von Vietnam, und sie fürchten amerikanische Einmischungen im Libanon und in Mittelamerika, auf den Philippinen und in Chile. Über ihre eigene Vergangenheit wissen viele junge Deutsche relativ wenig; Hitlers Verbrechen liegen in jeder Hinsicht fern. Tatsächlich ist es eine unhistorische Generation, die nichts weiß von John Dos Passos' Mahnung, daß „in Zeiten der Veränderungen und der Gefahr, wenn der Mensch auf einem Triebsand der Angst denkt, ein Gefühl der Kontinuität mit vorangegangenen Generationen sich wie eine Rettungsleine über die furchterweckende Gegenwart spannen kann."[4]

Die jüngeren Generationen auf beiden Seiten treiben auseinander und haben kein vorgegebenes Gefühl der Affinität. Auch die regierende Elite Amerikas verändert sich, und die Vorherrschaft der Gruppe, die wir das östliche oder das liberale Establishment nannten, gehört der Vergangenheit an. Wir können nicht mehr auf eine Art automatische Affinität zählen, darauf, daß sich die Menschen im jeweils anderen Land zuhause fühlen.

Wir alle wissen, daß eine dramatische Frage heute die Szene beherrscht: die Durchführung des Doppelbeschlusses. Wie bei vielen historischen Momenten besitzt diese Frage substantielle ebenso wie symbolische Bedeutung. Es ist das brennende Problem des Tages und berührt jeden anderen Aspekt unserer Beziehung. Es begann als eine militärische Frage, die von Helmut Schmidt aufgeworfen wurde als Antwort auf eine sowjetische Stationierung, durch die das militärische Kräfteverhältnis in Europa derart verändert worden war, daß sich die Möglichkeit einer politischen Erpressung abzeichnete. Die Brüsseler Entscheidung stellte einen Kompromiß dar, und niemand hätte voraussagen können, daß die Durchführung dieses Kompromisses angesichts einer neuen und breiten Friedensbewegung erfolgen müßte, die in den meisten westlichen Staaten die Würdenträger der Kirche, die Spitzenvertreter von ehrbaren akademischen Berufen, die Jugend, den einfachen Bürger und die engagierte Linke zusammenbringen sollte. Experten gleicher Qualifikation sind sich heute uneins über die militärische Notwendigkeit der Stationierung; einige vertreten den Standpunkt, daß Alternativen auf Schiffen einen gleichen Grad von Sicherheit bieten könnten. Doch die Frage ist zu einer politischen geworden, zu einem Problem der Glaubhaftigkeit und des Prestiges. Die Stationierung bedroht die politische Ruhe in der Bundesrepublik und bietet der Sowjetunion ihr wichtigstes Werkzeug zur Spaltung der Allianz. Die deutsche und die amerikanische Regierung sind entschlossen, die Stationierung durchzuführen, wenn die Genfer Verhandlungen zu keinen befriedigenden Ergebnissen führen. Nicht zu stationieren würde den Eindruck einer unerträglichen Schwäche innerhalb des Bündnisses erwecken, würde den Gedanken nahelegen, daß die Allianz angesichts sowjetischer Drohungen und inneren Zwistes nicht mehr fähig sei, an ihren Beschlüssen festzuhalten, ihre eigenen anerkannten Bedürfnisse zu befriedigen. Die meisten Spitzenpolitiker sind sich darin einig, daß ein solcher Verzicht unter Druck katastrophal wäre. Er würde weiterer sowjetischer Erpressung den Boden bereiten; wie bereits ausgeführt, ist die Angelegenheit in erster Linie zu einer Frage der Glaubwürdigkeit geworden.

Doch für viele Deutsche – und auch für viele Niederländer und Engländer – bedeutet das Stationierungsproblem etwas weit Umfassenderes. Für viele Menschen ist es zu einer existenziellen Frage geworden, ob das Wettrüsten immer noch gefährlicher, immer noch absurder werden wird. Es legt Fragen über die Endziele der Vereinigten Staaten nahe, es deutet auf eine weitere Eskalation der Hoffnungslosigkeit und Hilflosigkeit, eine Verleugnung menschlicher und politischer Verantwortung hin. Es gibt Menschen, die den Standpunkt vertreten, die Pershing II – deren Reichweite genau in den Moskauer Vororten endet, wo die Deutschen schon einmal waren – bedeute eine Provokation der Sowjets und würde deshalb die westliche Sicherheit schwächen statt stärken. Die Stationierungsgegner kommen aus vielen Lagern; unter ihnen sind auch Anhänger der Allianz, die sich in dieser Frage gegen das Bündnis wenden. Washington könnte meinen, alle Gegner seien gleich: Wer nicht für uns ist, der ist gegen uns, so daß die Stationierungsfrage dem Geist des Bündnisses schaden wird, wenn nicht in letzter Minute in Genf eine Einigung zustande kommt, wozu Präsident Reagan einige wichtige neue Vorschläge gemacht hat.

Ich habe meine Auffassung dargelegt, daß die Allianz normal geworden ist, und als normales Bündnis wird sie überleben. Sie wird überleben aufgrund unserer gemeinsamen Interessen und gemeinsamen Werte – und sie wird überleben, weil es zu der Allianz keine Alternative gibt. Doch angesichts der neuen Differenzen und Schwierigkeiten bedarf die Gesundheit des Bündnisses nunmehr größerer Pflege und größeren Verständnisses als bisher. Die traditionellen frommen Sprüche reichen nicht mehr aus; die Zukunft des Bündnisses verlangt die Bemühungen nicht nur der beiden Regierungen, sondern auch engagierter Bürger in beiden Ländern. Unsere fortgesetzte Freundschaft und Zusammenarbeit setzt Trägergruppen in den beiden Ländern voraus, zu denen Bürger aus allen Berufen und allen sozialen Schichten gehören.

Anmerkungen

1 Sigmund Freud, Das Unbehagen in der Kultur, Wien: Internationaler Psychoanalytischer Verlag, 1930, S. 87f.
2 Richard Hofstadter, The American Political Tradition and the Men Who Made it, New York: A.A. Knopf 1948, S. X.
3 Carl Friedrich von Weizsäcker, Der bedrohte Friede. Politische Aufsätze 1945–1981, München: Carl Hanser Verlag, 1981, S. 595.
4 John Dos Passos, The Use of the Past, in: Ders., The Ground We Stand On. Some Examples From the History of a Political Creed, Boston: Houghton Mifflin, 1941, S. 3.

VIII. Politische Beziehungen: Perspektiven der Forschung

34. Deutsch-amerikanische Beziehungen im 20. Jahrhundert
Geschichtsschreibung und Forschungsperspektiven

Hans-Jürgen Schröder

Der Aufstieg der Vereinigten Staaten zur Weltmacht hatte für das europäische Staatensystem des 20. Jahrhundert weitreichende Folgen. Namentlich für die deutsche außen- und zum Teil auch innenpolitische Entwicklung wurden die USA in unserem Jahrhundert zu einem entscheidenden Faktor. Das gilt gleichermaßen für Phasen der Kooperation wie der Konfrontation, die einander in der wechselvollen Geschichte der deutsch-amerikanischen Beziehungen wiederholt ablösten. Es sei nur an die Tatsache erinnert, daß die USA in beiden Weltkriegen die militärische Niederlage Deutschlands entschieden und dann in beiden Nachkriegsphasen die Initiative zur Stabilisierung Deutschlands und der Wiedereingliederung in die westliche Staatenwelt ergriffen. Angesichts der für das 20. Jahrhundert offenkundigen Bedeutung der Vereinigten Staaten für Deutschland sowie der Rückwirkungen des jeweiligen Standes der deutsch-amerikanischen Beziehungen auf das europäische Staatensystem muß es überraschen, daß die internationale Forschung dem deutsch-amerikanischen Verhältnis im 20. Jahrhundert erst seit Mitte der sechziger Jahre stärkere Beachtung geschenkt hat. Für diese relativ späte ‚Entdeckung‘ der deutsch-amerikanischen Beziehungen als Gegenstand der Forschung dürften vor allem drei Gründe zu nennen sein: Unter dem Eindruck der katastrophalen Folgen des Zweiten Weltkrieges hat sich die Geschichtswissenschaft zunächst darauf konzentriert, die Verantwortung des Dritten Reiches für die Entfesselung des Zweiten Weltkrieges und die nationalsozialistische Kriegs- und Besatzungspolitik zu dokumentieren sowie die Hitlerschen Weltherrschaftspläne zu analysieren. Überdies orientierte sich die deutsche Geschichtswissenschaft zunächst an einer europazentrischen Betrachtungsweise, und schließlich war die auf die Erhellung außenpolitischer Probleme gerichtete Forschung lange am primär sichtbaren diplomatischen Geschehen orientiert und vernachlässigte zunächst die stärker indirekt-informellen Mechanismen der politischen Einflußnahme, welche die amerikanische Außenpolitik, vor allem vor dem Zweiten Weltkrieg, charakterisieren.

Seit Mitte der sechziger Jahre bemüht sich die internationale Forschung verstärkt um eine gründlichere Analyse der deutsch-amerikanischen Beziehungen, wobei sich bisher zwei Schwerpunkte herausgebildet haben: Die Zwischenkriegszeit und die Jahre nach dem Zweiten Weltkrieg. Namentlich die – in den folgenden Überlegungen im Mittelpunkt stehende[1] – Analyse der Zwischenkriegszeit markiert einen methodischen Wandel in der Geschichtswissenschaft: Die stärkere Einbeziehung innenpolitischer Antriebskräfte und die Berücksichtigung wirtschaftlicher Komponenten als Bestimmungsfaktoren der internationalen Beziehungen im 20. Jahrhundert. Bahnbrechend hat in bezug auf die Interpretation der amerikanischen Außenpolitik William Appleman Williams gewirkt, dessen Vorstellungen vor allem durch seine in mehreren Auflagen und auch in deutscher Übersetzung erschienene Untersuchung „Die Tragödie der amerikanischen Diplomatie" Verbreitung gefunden haben.[2]

Zur Rezeption der Arbeiten der Williams-Schule in der Bundesrepublik hat namentlich Hans-Ulrich Wehler[3] mit seinen Publikationen zum amerikanischen Imperialismus beigetragen, die dem Ansatz Williams' durchgehend verpflichtet sind. Die anhaltende Debatte über Möglichkeiten und Grenzen des Williamschen Forschungsansatzes als Interpretationsmodell amerikanischer Außenpolitik hat fraglos auch der Beschäftigung mit den deutsch-amerikanischen Beziehungen im 20. Jahrhundert Impulse verliehen, allerdings für die jeweiligen Zeitabschnitte in unterschiedlicher Intensität.

So läßt etwa die historische Auseinandersetzung mit den deutsch-amerikanischen Beziehungen in den Jahren vor dem Ausbruch des Ersten Weltkrieges zu wünschen übrig. Das ist umso mehr zu bedauern, als im ausgehenden 19. und zu Beginn des 20. Jahrhunderts in den beiden Krisen um Venezuela (1895/96 und 1902/03) Entscheidungen fielen, denen indirekt oder auch direkt Auswirkungen auf den weiteren Gang der deutsch-amerikanischen Beziehungen zukommen und die einer weiteren Aufhellung bedürfen. Bereits 1958 hatte Erich Angermann auf die Bedeutung der zweiten Venezuela-Krise von 1902/03 für die Interpretation der weiteren Entwicklung der deutsch-amerikanischen Beziehungen hingewiesen: Die Krise stellte einmal „einen wichtigen Wendepunkt in der Geschichte der Monroe-Doktrin" dar und wirkte sich „überdies nachteilig aus" auf die deutsch-amerikanischen Beziehungen, während die britisch-amerikanischen Beziehungen aus dieser Krise eher positive Impulse empfingen.[4] Angesichts der bisher vernachlässigten Fernwirkungen der Venezuela-Krisen für das Verhältnis zwischen den USA und Deutschland ist es sehr zu begrüßen, daß den deutsch-amerikanischen Beziehungen in den ersten beiden Jahrzehnten vor Ausbruch des Ersten Weltkrieges jetzt zwei in Kürze erscheinende Arbeiten gewidmet sind.

Ragnhild Fiebig hat unlängst ihre Dissertation über deutsch-amerikanische Rivalitäten in Lateinamerika im ausgehenden 19. und zu Beginn des 20. Jahrhunderts abgeschlossen.[5] Umfassende Archivstudien haben die Autorin in die Lage versetzt, am Beispiel zahlreicher Interessenüberschneidungen zwischen Washington und Berlin in Drittländern einen wichtigen Beitrag zur Analyse jener antagonistischen Kräfte zu leisten, die das deutsch-amerikanische Verhältnis vor dem Ersten Weltkrieg mitbestimmten. Vor allem wird die zentrale Bedeutung der Venezuela-Krise von 1902/03 für die weitere Entwicklung der deutsch-amerikanischen Beziehungen herausgearbeitet. „Die Krise stellte den Höhepunkt der deutsch-amerikanischen Spannungen vor dem Ausbruch des Weltkrieges dar, und ihr Ausgang wurde in den USA zu Recht als ein Sieg für die Monroedoktrin gefeiert. Lateinamerika war für die deutsch-amerikanischen Beziehungen zum Konfliktherd geworden." Dennoch sei, so betont die Autorin, der Eintritt der USA in den Ersten Weltkrieg „durch die Existenz eines derart die zentralen politischen Grundsätze der USA berührenden Interessengegensatzes nicht vorprogrammiert" gewesen. „Erst die Tatsache, daß sich an den Ursachen dieses Konfliktpotentials und ihren äußeren Bedingungen nichts Wesentliches änderte, gab ihm für die amerikanische Entscheidung ein solches Gewicht."

Die graduelle Herausprägung des deutsch-amerikanischen Gegensatzes vor dem Ersten Weltkrieg ist fraglos ein wichtiges Forschungsproblem. Es verdient stärker als bisher Aufmerksamkeit, vor allem auch im Kontext der Verschlechterung der deutsch-britischen Beziehungen und der allmählichen Herausbildung einer ‚special relationship' zwischen Großbritannien und den USA nach der Venezuelakrise von 1895/96.[6] Die von Reiner Pommerin angekündigte Untersuchung könnte hier Aufschlüsse bringen.[7] Sowohl eine gründlichere Analyse der bilateralen Beziehungen zwischen Deutschland und den USA als auch deren Einordnung in den Gesamtzusammenhang des sich wandelnden internationalen Systems[8] sind nicht zuletzt deshalb erforderlich, um die amerikanische Intervention des Jahres 1917 auf dem Hintergrund eines längerfristigen historischen Prozesses interpretieren zu können.

Was die unmittelbare Vorgeschichte der amerikanischen Intervention sowie die Verschlechterung der deutsch-amerikanischen Beziehungen am Vorabend des Ersten Weltkrieges anbelangt, ist die Literaturlage als relativ günstig anzusehen.[9] Hervorzuheben sind hier insbesondere die Studien von Reinhard Doerries.[10] In seinem Buch über Graf Bernstorff und zahlreichen Aufsätzen zu den bilateralen Beziehungen hat Doerries im einzelnen gezeigt, daß der deutsche Botschafter in Washington zu den wenigen Repräsentanten des Wilhelminischen Deutschland gehörte, die sich davor hüteten, das wirtschaftliche, politische und strategische Gewicht der USA zu unterschätzen. Doch Bernstorff konnte Berlin weder von einer amateurhaften Mexikopolitik abhalten noch zu einer realistischen Einschätzung des Faktors USA veranlassen. Noch nach dem amerikanischen Kriegseintritt wurde Bernstorff, dessen Ringen um einen deutsch-amerikanischen Ausgleich gescheitert war, von Ludendorff dahingehend belehrt, daß „wir jetzt durch den U-Bootkrieg die Sache in drei Monaten beenden", eine groteske Fehleinschätzung, wie sich bald zeigen sollte.[11]

Seit über fünfzig Jahren haben sich die Historiker immer wieder mit Problemen des Ersten Weltkrieges befaßt; die Fülle der Publikationen über so zentrale Fragen wie Verantwortlichkeit für Ausbruch und Verlauf des Krieges, die jeweiligen Kriegsziele der Kriegsgegner sowie Probleme eines Friedensschlusses sind auch für den Fachmann kaum noch zu überschauen. In bezug auf die Politik der

USA werden vor allem immer wieder Motive und Zielsetzung der amerikanischen Intervention, amerikanische Friedensinitiativen und namentlich Wilsons Kampf um eine stabile Ordnung im Nachkriegseuropa diskutiert, und zwar unter zum Teil sehr divergierenden Ansätzen. Begriffe wie ‚Imperialism of Idealism‘, ‚Higher Realism‘, ‚Puritanertum und Liberalismus‘, ‚Response to War and Revolution‘ und ‚Containment and Counterrevolution‘ markieren die große Bandbreite der unterschiedlichen historischen Interpretation.[12] Mit dem amerikanischen Entschluß zur Intervention war der Krieg aus historischer Perspektive angesichts der schier unerschöpflichen Ressourcen der USA faktisch entschieden. Als sich die Niederlage des Reiches abzeichnete, stand die amerikanische Führung vor dem ungleich schwierigeren Problem, wie die innere Entwicklung in Deutschland in demokratische Bahnen kanalisiert werden konnte und wie dieses neue Deutschland in das internationale System integriert, das heißt in die westliche Staatengemeinschaft aufgenommen werden konnte, deren Fortbestand durch die bolschewistische Revolution grundlegend herausgefordert schien. Die Beantwortung dieser Fragen ist das zentrale Thema des umfangreichen Werkes von Klaus Schwabe über „Deutsche Revolution und Wilson-Frieden", in dem eine detaillierte Analyse der deutsch-amerikanischen Beziehungen vom Oktober 1918 bis zum Juni 1919 gegeben wird.[13] In Ergänzung zu den Ergebnissen Gordon Levins unterscheidet Schwabe in bezug auf die Wilsonsche Deutschlandpolitik stärker zwischen kurzfristigen tagespolitischen Notwendigkeiten sowie mittel- und langfristigen Zielsetzungen, wobei er drei Ebenen der Wilsonschen Politik ausmacht: „eine erste, die kurzfristige Entschlüsse, d.h. insbesondere die Ausführung des Waffenstillstandes, umfaßte und auf der das Integrationsbestreben Wilsons im Vordergrund stand; eine zweite, die zu mittelfristigen Zielen hinführte, d.h. zur Ausarbeitung des Friedensvertrages mit seinen unmittelbar nach seiner Ratifizierung auszuführenden Bestimmungen hinführte und auf welcher der Wunsch nach einer Bestrafung und Entmachtung Deutschlands überwog; – und eine dritte, von der aus Wilson seine Fernziele für die zukünftige Rolle Deutschlands in der Staatenwelt anvisierte, wie er das bereits in seinen Kriegsreden getan hatte. Von dieser dritten Ebene her gesehen war Wilson wieder von der Hoffnung auf eine schließliche Integration Deutschlands in die neue Weltordnung bestimmt. Dieser Wunsch Wilsons ist z.B. in seinem Bestreben, für alle Deutschland diskriminierenden Vertragsbestimmungen eine feste Zeitgrenze zu setzen, zu erkennen".[14] Durch diese Interpretation werden die inneren Widersprüchlichkeiten der Wilsonschen Politik allerdings so stark reduziert, daß sie als Erklärung für das Scheitern eines Wilson-Friedens dann nicht mehr zur Verfügung stehen.

Schwabe sieht die Gründe für das Scheitern eines Wilson-Friedens nicht zuletzt in denjenigen inneramerikanischen Kräften, „denen das ‚Disengagement' ihres Landes wichtiger war als die Durchsetzung eines Wilson-Friedens". Wilson habe diesen isolationistischen Tendenzen, nämlich dem „Zurückschrecken Amerikas vor der mit seiner neuen Weltmachtrolle übernommenen Verantwortung" nachgeben müssen.[15] Damit folgt Schwabe im wesentlichen der traditionellen Interpretation amerikanischer Außenpolitik für die zwanziger Jahre.

Doch haben sich die USA nach dem Ersten Weltkrieg wirklich auf den amerikanischen Kontinent zurückgezogen? Betreiben die USA eine isolationistische Politik? Und ist es schließlich für die Interpretation gerade der amerikanischen Außenpolitik zulässig, eine scharfe Trennungslinie zwischen Außenwirtschaftspolitik und Außenpolitik zu ziehen und zugleich zwischen ökonomischem und politischem Isolationismus unterscheiden zu wollen?[16] Wie diese Fragen beantwortet werden, ist für die Interpretation der deutsch-amerikanischen Beziehungen der Zwischenkriegszeit von hervorragender Bedeutung.[17] Unter Hinweis auf die politischen Intentionen und die politischen Wirkungen des amerikanischen finanziellen und wirtschaftlichen Engagements in Europa hat namentlich Williams in kritischer Auseinandersetzung mit der traditionellen Geschichtsschreibung die Isolationismusthese wiederholt als Legende bezeichnet.[18]

Wenngleich viele Historiker lange gezögert haben und zum Teil noch zögern, eine Interpretation zu akzeptieren, die die politischen Dimensionen der amerikanischen Außenwirtschaftpolitik berücksichtigt, so hat es über die Tatsache zumindest der finanzpolitischen Präsenz der USA in Europa, vermittelt über das Kriegsschulden- und Reparationsproblem, nie Zweifel gegeben. Zahlreiche Arbeiten sind vor allem der amerikanischen Verwicklung in das Reparationsproblem gewidmet. Bereits 1956 publizierte Dieter Bruno Gescher eine Studie über die Jahre 1920–24, an die zeitlich die Arbeit Eckhard Wandels über die Jahre 1924–29 anschließt, die sich allerdings auf die Beschreibung finanzpolitischer Mechanismen beschränkt. Die neuere Forschung hat demgegenüber zunehmend auf die politischen Dimensionen des amerikanischen finanzpolitischen Engagements verwiesen.[19] Stephen Schuker hat dies bereits im Titel seines wichtigen Buches über den Dawes-Plan „The End of French Predominance in Europe" deutlich gemacht.[20] Für die amerikanische Deutschlandpolitik hat Werner Link im Jahr 1970 eine bahnbrechende Studie über das amerikanische wirtschaftliche Engagement und dessen vielfältige innen- wie außenwirtschaftliche Implikationen vorgelegt.[21] Genesis und Mechanismen der deutsch-amerikanischen Kooperation der zwanziger Jahre werden hier in überzeugender Weise herausgearbeitet. Link folgt im wesentlichen dem Ansatz der Williams-Schule, und es gelingt ihm, die generellen Aussagen dieser Forschungsrichtung zur amerikanischen Außenpolitik am Beispiel der deutsch-amerikanischen Beziehungen mit einer kaum zu überbietenden Fülle an Belegen aus amerikanischen und deutschen Archiven empirisch zu untermauern. So wird im einzelnen eindrucksvoll nachgewiesen, daß Deutschland nicht nur als Absatzmarkt für amerikanische Exporte überragende Bedeutung zukam, sondern für die USA auch ein wichtiger Partner zur möglichst weltweiten Durchsetzung des Prinzips der ‚Offenen Tür' war.[22] Der deutsch-amerikanische Handelsvertrag aus dem Jahre 1923, der auf dem Prinzip der unbedingten Meistbegünstigung basierte, ist sichtbarer Ausdruck dieser deutschlandpolitischen Zielsetzungen. Im Rahmen der Neuordnung der amerikanischen Handelsvertragsstruktur nach dem Krieg kam dem deutsch-amerikanischen Handelsvertrag aus Washingtoner Perspektive überdies Modellcharakter zu.

Der hohe Stellenwert Deutschlands im außenwirtschaftlichen Kalkül der amerikanischen Führungseliten ist unlängst von Carl-Ludwig Holtfrerich in einer quantitativen Analyse untermauert worden. Er verweist auf die durch die Inflation in Deutschland stimulierte Nachfrage nach zahlreichen amerikanischen Produkten, deren konjunkturbelebende Wirkung in den Vereinigten Staaten schließlich auch zur Überwindung der Weltwirtschaftskrise von 1920/21 habe beitragen können.[23] Angesichts dieser Zusammenhänge kann es nicht überraschen, daß bereits zu Beginn der zwanziger Jahre Deutschland zum Kernstück der amerikanischen Europapolitik erklärt wurde: „Ohne Deutschlands Erholung kann es keine wirtschaftliche Erholung in Europa geben," wie Außenminister Charles Evans Hughes im Dezember 1922 formulierte.[24] Die einzelnen Etappen der amerikanischen Stabilisierungspolitik in Deutschland, die im Dawes-Plan und den amerikanischen Kapitalexporten den deutlichsten Ausdruck fanden, hat Link detailliert herausgearbeitet.[25]

Die amerikanische Stabilisierungspolitik erwies sich vor allem deshalb als so erfolgreich, weil für Berlin eine enge Kooperation mit den USA von zentraler wirtschaftlicher wie auch politischer Bedeutung war: Der Zufluß von amerikanischem Kapital war eine Voraussetzung für die Stabilisierung der deutschen Wirtschaft. Diesem Prozeß der ökonomischen Rekonstruktion kam deshalb auch so großes Gewicht zu, weil er von den Reichsregierungen auch aus außenpolitischen Überlegungen als notwendig erachtet wurde. Eine stabilisierte Wirtschaft und namentlich die daraus resultierenden Möglichkeiten einer aktiven Handelspolitik wurden als wichtige Instrumente deutscher Revisionspolitik betrachtet, eine Strategie, die bereits in der Niederlage 1918/19 artikuliert worden war.[26]

Die aus der engen deutsch-amerikanischen Kooperation resultierenden Abhängigkeiten der Weimarer Republik eröffneten Washington wiederum die Möglichkeit, innereuropäische Entwicklungen indirekt-informell zu beeinflussen. Das Scheitern der Gespräche von Thoiry, in denen Stresemann und Briand im Jahre 1926 die Locarno-Politik durch eine engere deutsch-französische wirtschaftliche Zusammenarbeit zu vertiefen suchten, ist hierfür ein eindrucksvoller Beleg.[27] Aufgrund der zahlreichen – hier nur skizzierten – Abhängigkeiten von den USA ist die Weimarer Republik für die Jahre 1924–1929 als „penetriertes System" charakterisiert worden.[28]

Mit dem Auflösungsprozeß der Weimarer Republik driftete die deutschamerikanische Interessenkongruenz auseinander. Dieser Auflösungsprozeß der deutsch-amerikanischen Kooperation während der Weltwirtschaftskrise bedarf weiterer Erforschung.[29] War der Wandel von der Kooperation zur Konfrontation primär Ergebnis der nationalsozialistischen Machtergreifung? Gab es strukturelle Divergenzen zwischen den USA und der Weimarer Republik, die während der Weltwirtschaftskrise lediglich zum Vorschein kamen? Oder ist die Entwicklung der deutsch-amerikanischen Beziehungen seit 1930 nur Bestandteil eines umfassenderen Prozesses, der als „Dissolving International Politics" beschrieben worden ist?[30] Kann die Formel vom „penetrierten System" angesichts der schnellen Beendigung der deutsch-amerikanischen Kooperation der zwanziger Jahre aufrechterhalten werden? Welche Einflußmöglichkeiten in Europa besaß die Regierung Hoover noch zu Beginn der dreißiger Jahre?

Während der Auflösungsprozeß der deutsch-amerikanischen Kooperation zu Beginn der Weltwirtschaftskrise weiterer empirischer Recherchen bedarf, kann der Informationsstand über die Beziehungen zwischen dem Dritten Reich und den USA als hervorragend bezeichnet werden. Eine Fülle von Monographien und Aufsätzen sowie ungedruckten Dissertationen bietet Analysen vor allem zu bilateralen politischen und wirtschaftlichen Problemen. Neben Studien zu den bilaterialen Beziehungen insgesamt[31] sind vor allem auch folgende Schwerpunkte zu nennen: Der Stellenwert der USA im politischen und strategischen Kalkül der nationalsozialistischen Führung[32], nationalsozialistische Propaganda in den Vereinigten Staaten[33], die amerikanische Reaktion auf die Judenverfolgung in Deutschland[34], der Einfluß der deutschen Emigration in den USA auf die Politik Washingtons[35] und schließlich die grundlegende Herausforderung amerikanischer Interessen durch die nationalsozialistische ideologische, ökonomische und territoriale Expansion.[36] Die von der nationalsozialistischen Politik ausgehende Bedrohung manifestierte sich zum Teil dramatisch in der Haltung des Dritten Reiches gegenüber Lateinamerika, das sich seit Mitte der dreißiger Jahre zu einem wichtigen Konfliktherd zwischen Washington und Berlin entwickelte.[37] Neben den genannten Themenbereichen wären noch Studien über wichtige Einzelereignisse zu nennen, wie etwa Hjalmar Schachts Besuch in den USA im Jahre 1933, Roosevelts Friedensappell vom April 1939 oder die Erkundungsreise des Staatssekretärs Sumner Welles vom Sommer 1940.[38] Angesichts der Fülle der bereits vorliegenden Untersuchungen gerade für die Jahre von 1933 bis zum Kriegseintritt der USA besteht das Hauptproblem der Forschung also weniger in der Beseitigung von Informationsdefiziten als in der Aufgabe, den Stellenwert der einzelnen Faktoren für Genesis und Verschärfung der deutsch-amerikanischen Konfrontation in den dreißiger Jahren genauer zu bestimmen. Daß dem Verhältnis von ökonomischen und politischen Faktoren hier eine zentrale Bedeutung zukommt, kann angesichts der Grundtendenzen der amerikanischen Deutschlandpolitik in den zwanziger Jahren kaum überraschen.

Aufgrund der engen ökonomischen Kooperation zwischen der Weimarer Republik und den USA mußte die zu Beginn der Weltwirtschaftskrise eingeleitete Auflösung der deutsch-amerikanischen Interessenparallelität vor allem die wirtschaftlichen Beziehungen zwischen den Ländern treffen. Es war jedoch nicht primär die dramatische Verminderung des zweiseitigen Warenaustausches, die die Regierung Roosevelts alarmierte, sondern die Konkurrenz in nicht-industrialisierten Zonen wie Lateinamerika und auch Südosteuropa, wie bereits Lloyd Gardner in seinen „Economic Aspects of New Deal Diplomacy"[39] hat zeigen können. Wenngleich die agressiven deutschen Exportoffensiven ihre Erfolge vor allem in Lateinamerika auf Kosten des Marktanteils der USA verbuchten, ging es für die Roosevelt-Administration nicht ausschließlich um die quantifizierbaren Größen von Marktanteilen. Noch bedeutender waren in diesem

Zusammenhang die prinzipiellen Herausforderungen amerikanischer Ordnungsvorstellungen: Das deutsche Autarkieprogramm und der in seinem Kern auf einen Tauschhandel reduzierte Bilateralismus in der Außenwirtschaft wurden von der Roosevelt-Administration als Herausforderung für ihr Konzept vom „unteilbaren Weltmarkt" (Detlef Junker) interpretiert, die umso schwerer wog, als Japan und Italien ähnliche Methoden praktizierten.[40] In Washington wurde diese Herausforderung des traditionellen Konzepts der ‚Offenen Tür' nicht nur im außenwirtschaftlichen Kontext begriffen, sondern zugleich als Problem der Außenpolitik generell interpretiert. Überdies wurden die von der Unterminierung amerikanischer Außenwirtschaftsprinzipien ausgehenden Störungen in letzter Konsequenz auch als Gefährdung der innenpolitischen Stabilität in den Vereinigten Staaten gesehen: „Jeder Schlag gegen unseren Außenhandel ist ein direkter Stoß gegen unser wirtschaftliches und soziales Leben", so hat etwa der Assistant Sectretary of State Francis B. Sayre im Jahre 1936 unter dem Eindruck der nationalsozialistischen Außenwirtschaftspolitik formuliert.[41] Wie hat Washington nun auf diese von Deutschland ausgehenden Gefahren reagiert? Lassen sich in der amerikanischen Deutschlandpolitik vor 1938 aktive Elemente ausmachen?

Das Fehlen sichtbarer diplomatischer Aktivitäten in der amerikanischen Deutschlandpolitik bis zum November 1938 — als Roosevelt in Reaktion auf die nationalsozialistischen Judenpogrome den amerikanischen Botschafter in Berlin zur Berichterstattung nach Washington zurückberief und gegenüber der Weltöffentlichkeit in unmißverständlicher Weise Position bezog[42] — ist wiederholt zum Anlaß genommen worden, die amerikanische Deutschlandpolitik pauschal als Appeasementpolitik zu bezeichnen. So hat Arnold Offner sein wichtiges Buch über die Deutschlandpolitik der Regierung Roosevelt in den dreißiger Jahren bezeichnenderweise unter dem Titel „American Appeasement" veröffentlicht. Auch an anderer Stelle hat er wiederholt betont, daß es Hauptziel der Washingtoner Europapolitik gewesen sei, „to appease Germany during 1933–1940". In seiner Überblicksdarstellung „The Origins of Second World War" hat Offner unter Hinweis auf eine angebliche Parallelität in der Politik der beiden angelsächsischen Mächte pauschal von einer „era of appeasement" gesprochen. Noch für das Jahr 1938 stellt er fest: „American diplomacy floundered in the sea of appeasement".[43] Doch gab es so etwas wie eine allgemeine Appeasementpolitik der „English-speaking world"?[44]

Gerade ein Vergleich der britischen und amerikanischen Politik, der auch die ökonomischen Antriebskräfte in die Analyse einbezieht, bietet die Möglichkeit, die pauschale Interpretation zu differenzieren und die Unterschiede in den deutschlandpolitischen Strategien Washingtons und Londons zu verdeutlichen. Die neuere Forschung zur britischen Appeasement-Politik hat die Interdependenz politischer und ökonomischer Faktoren für die britische Außenpolitik klar herausgearbeitet und vor allem die politisch-ökonomische Doppelfunktion eines wirtschaftlichen Ausgleichs mit dem Dritten Reich verdeutlicht.[45] ‚Economic Appeasement' hatte nicht nur das Ziel, wirtschaftliche Divergenzen mit dem Dritten Reich zu mildern; ‚Economic Appeasement' war integraler Bestandteil einer außenpolitischen Strategie, die darauf abzielte, einen Beitrag auch zur politischen Befriedung Europas zu leisten. Wirtschaftsabkommen mit Deutschland besäßen große Möglichkeiten als wichtiger Schritt in Richtung auf politisches Appeasement, so formulierte ein Mitglied des Department of Overseas Trade im Juli 1938.[46] Diese Interdependenz von wirtschaftlichen und politischen Zielsetzungen ist namentlich in Stellungnahmen des Foreign Office pointiert hervorgehoben worden, wenn wiederholt betont wurde, daß wirtschaftliches und politisches Appeasement Hand in Hand gehen müßten.[47]

Ähnlich wie die britische Regierung ging auch die amerikanische Regierung bei der Formulierung ihrer Deutschlandpolitik von der engen Wechselbeziehungen politischer und ökonomischer Faktoren aus; auch amerikanische Politiker und Diplomaten sprachen in diesem Kontext von ‚Economic Appeasement'. Doch unterscheidet sich die amerikanische Formel eines ‚Economic Appeasement' in ihrer deutschlandpolitischen Zielsetzung grundlegend von dem britischen Konzept. Fraglos teilte die Roosevelt-Administration die britische Auffassung, daß internationale Zusammenarbeit in Wirtschaftsfragen eine Verminderung politischer Spannungen bewirken werde. Allerdings bedeutete diese generelle Übereinstimmung keinesfalls Zustimmung zu den deutschlandpolitischen Schlußfolgerungen der britischen Regierung, im Gegenteil: die meisten Angehörigen des State Department befürworteten eine kompromißlose Haltung gegenüber dem Dritten Reich.[48] ‚Economic Appeasement' sollte sich unter Bedingungen vollziehen, die von der amerikanischen Regierung definiert wurden, nämlich auf der Basis des amerikanischen Außenwirtschaftsprogramms vom Juni 1934, das in seinen Postulaten für die amerikanischen Exporte an den Grundprinzipien der Politik der ‚Offenen Tür' orientiert war. Mit der Ausweitung eines liberalen Handelsvertragssystems wäre das Dritte Reich, vermittelt über den außenwirtschaftlichen Bereich, zunehmend unter ökonomischen Druck geraten. Hier ergab sich ein Ansatzpunkt, das Dritte Reich auch politisch unter Druck zu setzen, formulierte etwa der Leiter der Europa-Abteilung zu Beginn des Jahres 1938: „Die Entwicklung unseres Handelsvertragsprogramms wird automatisch wirtschaftlichen Druck auf Deutschland ausüben, und damit haben wir eine fertiggeschmiedete Waffe in der Hand, um Deutschland zu veranlassen, den allgemeinen Welthandels- und politischen Gepflogenheiten zu entsprechen."[49] Handelskonzessionen nach britischem Vorbild, so die Exponenten eines harten deutschlandpolitischen Kurses, würden es dem nationalsozialistischen Regime lediglich erleichtern, die Hegemonialstellung in Europa auszubauen und schließlich seine Weltherrschaftspläne zu konkretisieren. Namentlich Assistant Secretary of State George S. Messersmith hat immer wieder betont, daß ein harter Kurs im wirtschaftlichen Bereich die Möglichkeit biete, das nationalsozialistische Deutschland ökonomisch und politisch derart zu schwächen, daß es schließlich gezwungen sein werde, an seiner Wirtschafts- und Außenpolitik Kurskorrekturen vorzunehmen.[50] Diese aktive Gegenpolitik erfolgte zu einem Zeitpunkt, als von einer Bedrohung der Sicherheit der USA im militärisch-strategischen Sinne keine Rede sein konnte,[51] und manifestierte sich am deutlichsten in den britisch-amerikanischen Handelsvertragsverhandlungen von 1937/38. Der von der Forschung für den Gesamtkontext der britischen und amerikanischen Außenpolitik bisher nicht hinreichend gewürdigte britisch-amerikanische Handelsvertrag vom November 1938 war ein Eckpfeiler der amerikanischen Eindämmungsstrategie mit ökonomischen Mitteln. Die politisch-ökonomische Doppelfunktion dieses Vertrages wurde auf amerikanischer Seite wiederholt betont, ganz besonders seitens des State Department. Für die Interpretation der deutsch-amerikanischen Beziehungen kann die politische Bedeutung des Handelsvertrages kaum überschätzt werden. Angesichts der isolationistischen Tendenzen in der amerikanischen Öffentlichkeit sowie der Neutralitätsgesetzgebung des Kongresses war die Handelsvertragspolitik das einzige Instrument, das der Regierung Roosevelt im Bereich der Außenpolitik bis zum Jahre 1939 zur Verfügung stand. Selbst für den Fall, daß man die ökonomischen Antriebskräfte der amerikanischen Außenpolitik für unbedeutend hält und sich stattdessen auf die politischen und ideologischen Aspekte der Rooseveltschen Diplomatie konzentrieren will, bleibt davon der instrumentale Einsatz der Handelspolitik für die Außenpolitik unberührt.

Die zentrale Bedeutung der Handelspolitik für die amerikanische Außenpolitik wurde übrigens sowohl von der britischen Regierung als auch von der nationalsozialistischen Führung klar diagnostiziert. Die britischen Akten dokumentieren deutlich die politische Dimension des 1938 mit den Vereinigten Staaten abgeschlossenen Handelsvertrags. Bereits im Mai 1937 ließ Neville Chamberlain die Delegierten der Empire-Konferenz darauf hinweisen, daß die moralischen und psychologischen Wirkungen eines solchen Abkommens in aller Welt enorm sein würden, daß es wirtschaftliche Zusammenarbeit sei, mit der amerikanische Sympathie zu gewinnen wäre, und daß die Sympathie von unschätzbarem Wert wäre, wenn man sich eines Tages wieder in einem großen Kampf befände.[52] Im Juli 1937 kamen die Mitglieder des Kabinetts überein, „die Bedeutung aktenkundig zu machen, die sie vom politischen und internationalen Standpunkt aus dem Abschluß eines Handelsabkommens mit den Vereinigten Staaten von Amerika beimaßen."[53] In Berlin wurde der britisch-amerikanische Handelsvertrag ebenfalls als Instrument der amerikanischen und auch britischen Außenpolitik gesehen, und zwar mit eindeutig antideutscher Stoßrichtung. Die Reichsregierung legte jedoch allergrößten Wert darauf, diese außenpolitischen Gesichtspunkte in einer breiteren Öffentlichkeit nicht zu diskutieren. Das Propaganda-Ministerium hatte zwar vor Abschluß des Vertrages die Journalisten vertraulich auf dessen politische Bedeutung hinweisen lassen, zugleich aber angeordnet, den Handelsvertrag „nicht zum Anlaß von Kombinationen über einen engeren politischen Zusammenschluß der westlichen Demokratien" zu nehmen.[54] Nach Vertragsabschluß wurde der Presse auf Anregung des Auswärtigen Amtes noch einmal ausdrücklich verboten, gegen das Abkommen „zu polemisieren, um nicht den Eindruck zu erwecken, als betrachteten wir das als einen Sieg der Demokratien".[55]

Der britisch-amerikanische Handelsvertrag ist einmal ein Beleg für die potentiell auch politische Bedeutung sich scheinbar auf ökonomische Fragen beschränkender Vorgänge in der amerikanischen Außen- und der hier zur Debatte stehenden Deutschlandpolitik. Zum anderen unterstreicht eine Analyse des Vertrages, welche Möglichkeiten ein über die Behandlung bilateraler Probleme hinausgreifender Forschungsansatz für die Interpretation der deutsch-amerikanischen Beziehungen bieten kann. Die von der Forschung noch nicht umfassend ausgewerteten britischen und amerikanischen Akten zu den Handelsvertragsverhandlungen zwischen den beiden angelsächsischen Mächten[56] enthalten jedenfalls umfangreiches Material, das zu einem solchen komparativen Vorgehen ermuntern sollte. Wichtige Ansätze bietet in dieser Hinsicht bereits Callum MacDonald mit seinem Buch „The United States, Britain, and Appeasement". Allerdings orientiert sich MacDonald noch zu stark an einem diplomatiegeschichtlichen Koordinatensystem, wenn er etwa in Auseinandersetzung mit Offner zusammenfassend bemerkt: „. . . eine Wendung vom Appeasement zum Containment . . . fand im Oktober 1937 statt."[57] Weitere Studien über die von der Forschung lange vernachlässigten britisch-amerikanischen Beziehungen dürften bei Berücksichtigung der Verschränkung politischer, militärisch-strategischer und ökonomischer Faktoren zu einer weiteren Klärung der Frage beitragen, ab wann man von einer ‚Containment'-Politik gegenüber dem Dritten Reich sprechen kann.[58] Fraglos läßt gerade die Washingtoner Politik gegenüber Großbritannien Grundprinzipien amerikanischer Außenpolitik erkennen, die ein Appeasement der Regierung Roosevelt gegenüber dem Dritten Reich ausschlossen. So hat die neuere Forschung nicht zuletzt unter Hinweis auf die vor Kriegsausbruch intensivierte britisch-amerikanische Kooperation betont, daß Roosevelt eine „indirekte Führungsrolle für die USA in der Welt angestrebt" habe.[59] Die Vision einer Pax Americana, wie sie dann etwa in der Atlantik-Charta formuliert wurde, richtete sich im Kern auch gegen das britische Empire. Man kann sich kaum vorstellen, warum die Regierung Roosevelt die Etablierung einer nationalsozialistischen Hegemonialstellung ausgerechnet zu einem Zeitpunkt akzeptieren sollte, als Washington sich ungeachtet der um die Jahrhundertwende etablierten britisch-amerikanischen ‚special relationship' anschickte, den Fortbestand des britischen Empire in Frage zu stellen.

In welchem Maße die nationalsozialistische Expansion in Washington als grundlegende Herausforderung der weltweiten Interessen der USA betrachtet wurde, spiegelt sich nicht zuletzt in den amerikanischen Nachkriegsplanungen.[60] Wie war das besiegte Deutschland zu behandeln, um für alle Zukunft die Gefahr einer von Deutschland ausgehenden Aggression auszuschließen? Der fraglos extremste Vorschlag wurde von Finanzminister Henry Morgenthau formuliert, der vor allem auf eine drastische Beschneidung der industriellen Kapazität Deutschlands abzielte, weil diese Deutschland in der Vergangenheit wiederholt in die Lage versetzt hatte, den Status quo in Europa grundlegend herauszufordern.[61] Das Nachwirken des Morgenthau-Plans im Bewußtsein der Zeitgenossen sollte freilich nicht darüber hinwegtäuschen, daß die in den Vorstellungen Morgenthaus kulminierende Diskussion über eine harte Behandlung des besiegten Deutschland innerhalb weniger Monate kaum mehr war als eine historische Episode.

Im Zuge der Genesis des Kalten Krieges wurde der von den Westmächten kontrollierte Teil Deutschlands innerhalb eines Jahres erneut zum Kernstück amerikanischer Stabilisierungspolitik in Deutschland. Zwar nahm man die in vielen Passagen an den Morgenthau-Plan erinnernde ‚destruktive' Weisung an die amerikanische Militärregierung vom Frühjahr 1945 (JCS 1067) erst im Juli 1947 mit der ‚konstruktiven' Weisung JCS 1779 zurück, doch wurde hier weniger eine neue Deutschlandpolitik angekündigt als vielmehr der bereits praktizierte Kurs aktenkundig gemacht: die amerikanische Stabilisierungspolitik nämlich, die die Truman-Administration aus verschiedenen, zum Teil eng miteinander verzahnten Motiven verfolgte, von denen hier fünf Faktoren hervorgehoben seien:

1. Deutschland war ein wichtiges Konfliktfeld für Genesis und Verschärfung des Ost-West-Konfliktes. Im Interesse der Begrenzung und Zurückdrängung sowjetischer Einflußnahmen in den Westzonen schien eine Verhinderung von ökonomischem Chaos dringend geboten. Vor allem der stellvertretende amerikanische Militärgouverneur, Lucius D. Clay, hat auf diese Zusammenhänge wiederholt hingewiesen, die ihn veranlaßten, ab Frühjahr 1946 zu einer pragmatischen Stabilisierungspolitik in der amerikanischen Zone überzugehen.
2. Seit Anfang 1947 setzte sich innerhalb der Truman-Administration die Auffassung durch, daß bei der aus politischen und wirtschaftlichen Gründen gebotenen ökonomischen Stabilisierung Westeuropas den westlichen Besatzungszonen Deutschlands eine Schlüsselfunktion zukam.
3. Die Schwäche Westdeutschlands eröffnete der amerikanischen Regierung wie nach dem Ersten Weltkrieg zugleich die besten Möglichkeiten, amerikanische Rekonstruktionshilfen mit der Durchsetzung eigener Ordnungsvorstellungen im binnen- und außenwirtschaftlichen Bereich zu verknüpfen.
4. Angesichts der engen Verzahnung von westdeutscher und westeuropäischer Rekonstruktion zeichnete sich hier auch in mittel- und langfristiger Perspektive die Möglichkeit ab, auf die Politik der westeuropäischen Staaten – insbesondere Frankreichs und Großbritanniens – mittelbar Einfluß zu nehmen.
5. Ein wirtschaftlicher Wiederaufstieg Westdeutschlands lag schließlich im unmittelbaren ökonomischen Interesse der USA. Neben der Bedeutung Westdeutschlands als Absatzmarkt ist auch die Wiederbelebung von Industriekooperationen und Investitionen zu nennen. Die amerikanischen Führungseliten haben hier an die enge deutsch-amerikanische Kooperation in der Dawesplan-Phase angeknüpft.

In der Gewichtung der einzelnen Motive für eine amerikanische Stabilisierungspolitik wird es für die weitere Forschung vor allem darauf ankommen, den zeitlichen Rahmen für die etappenweise Durchsetzung dieser zunächst nur von General Clay verfolgten pragmatischen Stabilisierungspolitik zu ‚der' amerikanischen Politik genauer als bisher abzustecken und zugleich auch die auf die Deutschlandpolitik wirkenden verschiedenen Einflußfaktoren innerhalb der Truman-Administration auszumachen.

Die Rekonstruktion Westdeutschlands in den Jahren 1945—49, die Gründung des westdeutschen Teilstaates sowie die Konsolidierung der Bundesrepublik zu beginn der fünfziger Jahre haben sich mittlerweile zu einem Schwerpunkt der zeitgeschichtlichen Forschung entwickelt.[62] Die große Bandbreite der dabei aufgegriffenden Fragen spiegelt sich nicht zuletzt in einer Reihe von Aufsatz- und Quellensammlungen und namentlich in der ganz hervorragenden Edition der Akten zur Vorgeschichte der Bundesrepublik Deutschland.[63] Angesichts der zentralen Rolle der USA für den westdeutschen Rekonstruktionsprozeß kann es nicht überraschen, daß die amerikanische Deutschlandpolitik in diesem Zusammenhang besonderes Interesse findet.[64] Dies wird nicht zuletzt auch durch das vom Institut für Zeitgeschichte und dem Bundesarchiv betreuten OMGUS-Projekt unterstrichen, das zahlreiche Akten der amerikanischen Militärregierung auch in der Bundesrepublik der Forschung unmittelbar zugänglich macht.[65]

Wenngleich die meisten Kommentatoren bei ihrer Bewertung der Vorgeschichte der Bundesrepublik von einer Interdependenz zwischen der inneren Entwicklung in den Westzonen einerseits und der außenpolitischen Einflüsse andererseits ausgehen, so haben sich in der Gewichtung externer Faktoren für die innere Entwicklung in den Westzonen in den letzten Jahren Forschungskontroversen herausgeschält, die eng mit der amerikanischen Rekonstruktionspolitik im allgemeinen und dem Marshall-Plan im besonderen verknüpft sind. Zwei Fragen sind in diesem Zusammenhang vor allem zu stellen:

1. Wann begann in Westdeutschland der Prozeß der ökonomischen Rekonstruktion, und welche wirtschaftliche Bedeutung kommt dem Marshall-Plan für diesen Prozeß zu?
2. Welches waren die ordnungspolitischen Intentionen und Wirkungen der Washingtoner Stabilisierungspolitik in Westdeutschland?

Was den Beginn des ökonomischen Rekonstruktionsprozesses anbelangt, so ist in diesem Zusammenhang zunächst auf die Forschungen von Werner Abelshauser zu verweisen.[66] Er hat die These entwickelt, daß angesichts „systematischer Bemühungen der angelsächsischen Besatzungsmächte, die Industrieproduktion in ihren Zonen wieder in Gang zu setzen", die Phase der Stagnation nach Kriegsende nicht lange anhielt. In der amerikanischen und britischen Zone sei auf den Zusammenbruch „ein schneller Anstieg der industriellen Produktion" erfolgt, der „seine Dynamik bis in den Sommer 1946 bewahrte, bis in das vierte Quartal 1946 anhielt und rund vier Zehntel der Vorkriegsproduktion wiederherstellte". Der bis dahin „ungebrochene Aufschwung" sei im Winter 1946/47 an der „akuten Schwäche des Transportsystems" gescheitert. Ein weiterer „anhaltender Aufschwung" setzte im Herbst 1947 ein, wobei bis dahin „Hilfe von außen... kaum erfolgt" sei. Währungsreform und Marshallplan, so folgert Abelshauser, konnten mithin „nicht eine Entwicklung eingeleitet haben, die schon lange vor seiner Realisierung begonnen hat. Als im Oktober 1948 die ersten gewerblichen ERP-Lieferungen im Besatzungsgebiet eintrafen, trat der Rekonstruktionsprozeß schon in ein zweites Jahr. Die Bedeutung der Währungsreform und der Marshall-Plan-Lieferungen als Treibsätze des Starts in das ‚Wirtschaftswunder' der fünfziger Jahre muß deshalb erheblich eingeschränkt werden." Ob diese anregende Interpretation Abelshausers wird Bestand haben können, dürften erst weitere Forschungen zeigen, die sich stärker auf bestimmte Sektoren der deutschen Nachkriegsindustrie konzentrieren.[67]

In bezug auf die ordnungspolitischen Entscheidungen im Nachkriegsdeutschland wird immer wieder die Frage nach möglichen Alternativen zur Restabilisierung des privatkapitalistischen Systems diskutiert, denn in der Niederlage schien das kapitalistische Wirtschaftssystem nachhaltig diskreditiert: „Kurz nach dem Zusammenbruch hätte kaum jemand eine Wette auf den Fortbestand des kapitalistischen Wirtschaftssystems abgeschlossen. Antikapitalistische Bestrebungen und Bestimmungen waren weit verbreitet, wenn auch vage und wenig entschieden. Intellektuelle und Politiker plädierten für irgendeine Form des Sozialismus oder der Gemeinwirtschaft . . ."[68] Das kapitalistische Wirtschaftssystem habe sich an seinen eigenen Gesetzen totgelaufen, bemerkte noch im Juni 1947 der nordrhein-westfälische Ministerpräsident Karl Arnold.[69] Aus welchen Gründen konnten sich derartige Stimmungen und Tendenzen nicht durchsetzen, warum hat sich eine Restabilisierung der kapitalistischen Wirtschaftsordnung so schnell vollziehen können? Und welchen Einfluß übte hier die amerikanische Deutschlandpolitik aus? Für die revisionistische Geschichtsschreibung gilt es als ausgemacht, daß es ein Hauptziel der Truman-Administration gewesen sei, Westdeutschland in das westliche kapitalistische System zu reintegrieren und im Zuge dieser Politik auch dafür zu sorgen, daß sich Westdeutschland am amerikanischen Modell des freien Unternehmertums orientierte. So hat etwa Lloyd Gardner die Truman-Politik als reaktionär beschrieben: „Was in Westdeutschland tatsächlich stattfand . . . war eine amerikanische Konterrevolution – gegen die Politik . . . deutscher Sozialdemokraten und schließlich den europäischen Radikalismus."[70]

Diese revisionistische Interpretation ist in den letzten Jahren wiederholt auf Kritik gestoßen, ja zurückgewiesen worden. In der Entwicklung einer Gegenposition zu dieser revisionistischen Argumentation ging Dörte Winkler sogar so weit, von einer „amerikanischen Sozialisierungspolitik in Deutschland" zu sprechen.[71] Diese Einschätzung hat Werner Link in seinem wichtigen Aufsatz über den Marshall-Plan in Deutschland in einer freilich differenzierteren Argumentation im wesentlichen unterstützt, wenn er die von Erich Ott formulierte These vom „präjudizierende(n) Charakter" des Marshall-Plans für die Wirtschaftsordnung Westdeutschlands zurückweist und sich dagegen wehrt, pauschal von einer „Verhinderung der Sozialisierungsmaßnahmen durch die US-Militärregierung" zu sprechen. Es sei fraglos „zutreffend, daß gemäß dem amerikanischen Wertesystem, in dem freiheitliche Demokratie und freie Wirtschaft eine untrennbare Einheit bilden, die amerikanischen politischen und ökonomischen Eliten hofften und wünschten, daß sich in Westdeutschland eine freie Marktwirtschaft durchsetzen würde". Doch müsse man, so Link, zwischen „Wunsch und Oktroi" unterscheiden. Im übrigen sei in der US-Zone, nämlich in Hessen, die Sozialisierung entgegen einer immer wieder formulierten Auffassung nicht auf Dauer suspendiert, sondern (allerdings in restriktiver Auslegung) verwirklicht worden.[72]

Link hat seine Position schließlich mit dem Hinweis zu untermauern gesucht, daß die Washingtoner Diplomatie in England die Sozialisierungspolitik toleriert habe. Gerade aber eine Einbeziehung des Faktors England und der in den britischen Akten zugänglichen Informationen zwingt zu einer Neubewertung der amerikanischen Position gegenüber den Problemen der Sozialisierung in Westdeutschland. So haben Horst Lademacher[73] und Rolf Steininger[74] unter Auswertung dieser britischen Akten in überzeugender Weise belegen können, daß die Regierung Attlee mit ihren Plänen zur Sozialisierung des Ruhr-Bergbaus am Widerstand der Washingtoner Regierung scheiterte. Aufgrund ihrer finanzpolitischen Schwierigkeiten sah sich die britische Regierung schließlich genötigt, dem amerikanischen Wunsch auf Verschiebung der Sozialisierungspläne zuzustimmen – wohl wissend, daß dies das faktische Ende der Sozialisierungspolitik sein mußte. General Robertson, der britische Militärgouverneur, brachte diesen Zusammenhang auf die einprägsame Formel: „He who pays the piper calls the tune".[75] Die hier nur angedeutete Diskussion über Motive und Scheitern der britischen Sozialisierungspolitik im Rhein-Ruhr-Raum unterstreicht zunächst einmal mehr die zentrale Bedeutung der USA für den westdeutschen Rekonstruktionsprozeß. Überdies machte die im Kontext der amerikanisch-britischen Beziehung geführte Debatte deutlich, daß Zielsetzungen und Ergebnisse der amerikanischen Deutschlandpolitik sowie vor allem die Mechanismen zu deren Realisierung von einer bilateralen Analyse der deutsch-amerikanischen Beziehungen nicht hinreichend erfaßt werden können. Gerade angesichts des häufig indirekt-informellen Charakters der amerikanischen Einflußnahme scheint für die Analyse der deutsch-amerikanischen Beziehungen ein Forschungsansatz erforderlich, der sich stärker als bisher auf eine multilaterale Interpretationsbasis stützen kann. In diesem Zusammenhang ist vor allem der Marshall-Plan als ein hervorragendes Forschungsproblem zu nennen.[76] In den letzten Jahren wurden zwar zahlreiche Studien über Genesis und Wirkung des Marshall-Plans auch für den speziellen Bereich der deutsch-amerikanischen Beziehung vorgelegt. Wichtige Fragen blieben jedoch kontrovers oder gar ganz offen: Welche Wirkungen hatte der Marshall-Plan im einzelnen auf Konjunkturverlauf und Wirtschaftsordnung, Weststaatsgründung und Außenpolitik der Bundesrepublik? Handelte es sich beim Marshall-Plan um ein improvisiertes „crash-program"[77] oder ein sorgfältig geplantes Wiederaufbauprogramm und welche Funktion erfüllte Westdeutschland in diesem Konzept? Wie wurden die amerikanischen ökonomischen Interessen im Kontext des Marshall-Plans definiert? Welche politische Funktion hatte er zu erfüllen und wie ist es möglich, ein über die allgemeine Diagnose einer Interdependenz politischer und ökonomischer Aspekte hinausgehende Gewichtung dieser Faktoren vorzunehmen? Wie ist es möglich, die Auswirkungen des Marshall-Plans auf die einzelnen Empfängerländer in vergleichender Perspektive zu quantifizieren? Wahrscheinlich lassen sich hier durch eine komparative Analyse bisher nicht hinreichend erkannte Elemente der amerikanischen Deutschlandpolitik diagnostizieren.

Schließlich öffnet eine vergleichende Interpretation von Zielsetzungen und Wirkungen amerikanischer Rekonstruktionspolitik in den einzelnen westeuropäischen Ländern die Perspektive, Kontinuitäten und Diskontinuitäten in der amerikanischen Europapolitik in der ersten Hälfte des 20. Jahrhunderts deutlicher als bisher zu markieren. Wo hat die Truman-Administration konzeptionell an die Stabilisierungspolitik der zwanziger Jahre angeknüpft, wo liegen qualitativ neue Entwicklungen? Am Beispiel der deutsch-amerikanischen Beziehungen drängen sich fraglos Vergleiche zwischen der amerikanischen Politik der zwanziger Jahre und vierziger Jahre auf, denn nach beiden Weltkriegen wurde Deutschland zum Kernstück der amerikanischen Stabilisierungspolitik.

Es ist vor allem Werner Links Verdienst[78], für die deutsch-amerikanischen Beziehungen nach den beiden Weltkriegen derartige Kontinuitätselemente herausgearbeitet und im einzelnen gezeigt zu haben, daß in den Jahren 1945/46 die Nachkriegssituation „wie nach 1918/19 zunächst primär ökonomisch definiert" wurde, nämlich als „Notwendigkeit, die Weltwirtschaft zu stabilisieren, der expandierenden amerikanischen Wirtschaft günstige Weltmarktchancen zu schaffen und die freiheitliche Wirtschafts- und Gesellschaftsstruktur zu sichern ... Die Kontinuität des ökonomischen Engagements ist also zweifellos vorhanden; aber im Gegensatz zu der Zwischenkriegszeit ist nunmehr eine starke politische und militärische Fundierung dieses Engagements gegeben – so wie es aufgrund der Erfahrungen in der Zwischenkriegszeit und angesichts der neuen internationalen Konstellation von kompetenten Autoren nach 1945 gefordert worden war." Und diese „Verbindung zwischen ökonomischem, politischem und militärischem Engagement hat in der amerikanischen Deutschlandpolitik nach dem Zweiten Weltkrieg ihre markanteste Ausprägung erfahren."

Mit der Betonung dieser Kontinuitätslinien im deutsch-amerikanischen Verhältnis treten dann auch die kooperativen Phasen in den deutsch-amerikanischen Beziehungen des zwanzigsten Jahrhunderts hervor. Diese kooperativen Elemente der deutsch-amerikanischen Beziehungen sind für Deutschland wie auch für Washington von hervorragender Bedeutung. Das kann nicht nachdrücklich genug betont werden. Dennoch besteht bei einer zu starken Fixierung auf die konstruktiven Kontinuitätslinien die Gefahr, daß die Sensibilität für Störfaktoren vermindert wird. Gerade für die zukünftige Fortentwicklung der deutsch-amerikanischen Beziehungen scheint es erforderlich, die Ursachen für Konflikte in der ersten Hälfte des 20. Jahrhunderts – eines Zeitraums, für den inzwischen eine kaum zu bewältigende Fülle von Quellen zur Verfügung steht – umfassender als bisher zu erforschen. Hier ist noch einmal an die Ausprägung der deutsch-amerikanischen Antagonismen vor dem Ersten Weltkrieg und vor allem an die schnelle Auflösung der deutsch-amerikanischen Interessenparallelität in der Weltwirtschaftskrise nach 1929 zu erinnern. Bei der Analyse der Genesis derartiger Konfliktpotentiale wie auch der Mechanismen amerikanischer Einflußnahme auf die deutsche und damit auch europäische Politik sollte hierbei stärker als bisher von einem multilateralen Forschungsansatz ausgegangen werden. Ein solcher multilateraler Ansatz läßt dann auch noch stärker, als dies eine bilaterale Analyse vermag, ökonomische Faktoren der deutsch-amerikanischen Beziehungen hervortreten, die von einer traditionellen Geschichtsschreibung häufig nicht erfaßt oder vernachlässigt werden. Hier wird es darauf ankommen, durch empirische Untersuchungen den jeweiligen politischen Stellenwert ökonomischer Faktoren im Gesamtgeflecht der deutsch-amerikanischen Beziehungen deutlich zu machen, das heißt vor allem zwischen der aus innenpolitischen Konstellationen resultierenden möglichen Eigendynamik wirtschaftlicher Interessen und der stärker funktionalen Rolle der Ökonomie für die Durchsetzung außenpolitischer Strategien im Einzelfall zu unterscheiden. Durch solche primär empirisch orientierten Forschungen ergibt sich dann vielleicht die Möglichkeit, stärker als bisher einen Brückenschlag zwischen gelegentlich dogmatischer oder als dogmatisch diskreditierter revisionistischer Geschichtsschreibung und einer sich um die Integration ökonomischer Perspektiven bemühenden modernen Politikgeschichte zu vermitteln. Durch eine vergleichende Perspektive eröffnet sich überdies die Möglichkeit, die Frage zu beantworten, ob es sich bei der zunehmenden Bedeutung wirtschaftlicher Faktoren für die Entwicklung der deutsch-amerikanischen Beziehungen im 20. Jahrhundert um einen generellen Trend in den internationalen Beziehungen oder ein Spezifikum im deutsch-amerikanischen Verhältnis handelt.

Schließlich ist es eine wichtige Aufgabe der Forschung, ihre Ergebnisse in einer Weise darzustellen, die auch eine breitere politisch interessierte Öffentlichkeit erreicht. Ohne derartige Information über Grundlagen der deutsch-amerikanischen Beziehungen und ihre historischen Vorbelastungen sowie der an historischen Beispielen entwickelten Interessenlagen der beiden Staaten wird eine dauerhafte Fortentwicklung der deutsch-amerikanischen Kooperation schwer möglich sein. Denn diese Zusammenarbeit ist auf Dauer ohne einen breiten innenpolitischen Konsens schwer durchsetzbar, und ein solcher Konsens ist umso störanfälliger, je geringer der Informationsstand ist. Die Tatsache, daß in der Bundesrepublik seit einigen Jahren das Wort vom Antiamerikanismus wieder die Runde macht, mahnt jedenfalls zur Vorsicht. Das gilt umso mehr, als die Entwicklungen in der ersten Hälfte unseres Jahrhunderts eindringlich gezeigt haben, daß der Stand der deutsch-amerikanischen Beziehungen nicht nur für die beteiligten Länder, sondern für das gesamte internationale System von überragender Bedeutung sind.

Anmerkungen

1 Der Text lehnt sich im wesentlichen an die auf der Tricentennial Conference in Philadelphia im Herbst 1983 in englischer Sprache vorgelegte Fassung an. Aus Platzgründen wurde auf umfangreiche Ergänzungen verzichtet.
2 William Appleman Williams, The Tragedy of American Diplomacy, Cleveland: World Publishing Co., 1959; 2. erw. Aufl., New York: Dell, 1972; dt.: Die Tragödie der amerikanischen Diplomatie, Frankfurt: Suhrkamp, 1974.

3 Vgl. Hans-Ulrich Wehler, Der Aufstieg des amerikanischen Imperialismus. Studien zur Entwicklung des Imperium Americanum 1865–1900, Göttingen: Vandenhoeck & Ruprecht, 1974; von den früheren Aufsätzen Wehlers: 1889 – Wendepunkt der amerikanischen Außenpolitik. Die Anfänge des modernen Panamerikanismus – Die Samoakrise, in: Historische Zeitschrift (= HZ) 201. 1965, S. 57–109; zur Rezeption der Williams-Schule außerdem Werner Link, Die Außenpolitik der USA 1919–1933.Quellen und neue amerikanische Literatur, in: Neue Politische Literatur (= NPL) 12. 1967, S. 343–356; ders., Die amerikanische Außenpolitik aus revisionistischer Sicht, ebd., 16. 1971, S. 205–220; Hans-Jürgen Schröder, Ökonomische Aspekte der amerikanischen Außenpolitik 1900–1923, ebd., 17. 1972, S. 298–321.

4 Erich Angermann, Ein Wendepunkt in der Geschichte der Monroe-Doktrin und der deutsch-amerikanischen Beziehungen. Die Venezuelakrise von 1902/03 im Spiegel der amerikanischen Tagespresse, in: Jahrbuch für Amerikastudien (= JfA) 3. 1958, S. 22–58; vgl. zur Venezuela-Krise auch Holger Herwig, German Imperialism and South America before the First World War. The Venezuelan Case 1902/03, in: Alexander Fischer u.a. (Hg.), Rußland–Deutschland–Amerika. Russia–Germany–America. Fs. Fritz T. Epstein, Wiesbaden: Steiner, 1978, S. 117–130.

5 Ragnhild Fiebig, Lateinamerika als Konfliktherd der deutsch-amerikanischen Beziehungen 1890–1903, Diss. Köln 1984 (im Druck, Zitat im Manuskript S. 1119).

6 Vgl. Paul M. Kennedy, The Rise of the Anglo-German Antagonism, 1860–1914, London: George Allen & Unwin, 1980; ders., British and German Reactions to the Rise of American Power, in: Roger J. Bullen u.a. (Hg.), Ideas into Politics. Aspects of European History, 1880–1950, London: Croom Helm, 1984, S. 15–24.

7 Reiner Pommerin, Deutsch-amerikanische Beziehungen zwischen Realität und Perzeption, 1890–1917 (in Vorbereitung).

8 Grundlegend noch immer Alfred Vagts, Deutschland und die Vereinigten Staaten in der Weltpolitik, 2 Bde., New York: Macmillan, 1935.

9 Zusammenfassend Hans W. Gatzke, The United States and Germany on the Eve of World War I, in: Imanuel Geiss u. Bernd Jürgen Wendt (Hg.), Deutschland in der Weltpolitik des 19. und 20. Jahrhunderts, Düsseldorf: Bertelsmann, 1973, S. 271–286.

10 Reinhard R. Doerries, Washington–Berlin 1908/1917. Die Tätigkeit des Botschafters Johann Heinrich Graf von Bernstorff in Washington vor dem Eintritt der Vereinigten Staaten von Amerika in den Ersten Weltkrieg, Düsseldorf: Pädagogischer Verlag Schwann, 1975; vgl. außerdem die Aufsätze Imperial Berlin and Washington. New Light on Germany's Foreign Policy and America's Entry into World War I, in: Central European History 11. 1978, S. 23–49; The Politics of Irresponsibility. Imperial Germany's Defiance of United States Neutrality during World War I, in: Hans L. Trefousse (Hg.), Germany and America. Essays on the Problems of International Relations and Immigration, New York: Brooklyn College Press, 1980, S. 3–20; vgl. auch Jürgen Möckelmann, Deutsch-amerikanische Beziehungen in der Krise. Studien zur amerikanischen Politik im ersten Weltkrieg, Frankfurt: Europäische Verlags-Anstalt, 1967; Kennedy, British and German Reactions, S. 24.

11 Doerries, Washington–Berlin, S. 257.

12 Williams, Tragedy, Überschrift Kapital 2; Arthur S. Link, The Higher Realism of Woodrow Wilson and Other Essays, Nashville: Vanderbilt University Press, 1971; Klaus Schwabe, Woodrow Wilson. Ein Staatsmann zwischen Puritanertum und Liberalismus, Göttingen: Musterschmidt, 1971; N. Gordon Levin, Woodrow Wilson and World Politics. America's Response to War and Revolution, New York: Oxford University Press, 1968; Arno J. Mayer, Politics and Diplomacy of Peacemaking. Containment and Counterrevolution at Versailles, 1918–1919, New York: Random House, 1969.

13 Klaus Schwabe, Deutsche Revolution und Wilson-Frieden. Die amerikanische und deutsche Friedensstrategie zwischen Ideologie und Machtpolitik 1918/19, Düsseldorf: Droste, 1971.

14 Ebd., S. 655.

15 Ebd., S. 658.

16 Vgl. die Überlegungen bei Melvyn P. Leffler, Political Isolationism, Economic Expansionism or Diplomatic Realism? American Policy toward Western Europe, 1921–1933, in: Perspectives in American History 8. 1974, S. 413–468; Klaus Schwabe, Der amerikanische Isolationismus im 20. Jahrhundert. Legende und Wirklichkeit, Wiesbaden: Steiner, 1975.

17 Einen vorzüglichen Überblick über unterschiedliche Interpretationen zur amerikanischen Außenpolitik in den zwanziger Jahren gibt John Braeman, American Foreign Policy in the Age of Normalcy. Three Historiographical Traditions, in: Amerikastudien/American Studies 26. 1981, S. 125–158.

18 William Appleman Williams, The Legend of Isolationism in the 1920's in: Science and Society 18. 1954, S. 1–20.

19 Dieter Bruno Gescher, Die Vereinigten Staaten von Nordamerika und die Reparationen 1920–1924. Eine Untersuchung der Reparationsfrage auf der Grundlage amerikanischer Akten, Bonn: Röhrscheid, 1956: Eckhard Wandel, Die Bedeutung der Vereinigten Staaten von Amerika für das deutsche Reparationsproblem 1924–1929, Tübingen: J.C.B. Mohr, 1971; vgl. die Auseinandersetzung mit der Literatur bei Peter Krüger, Das Reparationsproblem der Weimarer Republik in fragwürdiger Sicht. Kritische Überlegungen zur neuesten Forschung, in: Vierteljahrshefte für Zeitgeschichte (= VfZ) 29. 1981, S. 21–47.

20 Stephen A. Schuker, The End of French Predominance in Europe. The Financial Crisis and the Adoption of the Dawes Plan, Chapel Hill: University of North Carolina Press, 1976.

21 Werner Link, Die amerikanische Stabilisierungspolitik in Deutschland 1921–32, Düsseldorf: Droste, 1970; Zusammenfassung: Die Beziehungen zwischen der Weimarer Republik und den USA, in: Manfred Knapp u.a., Die USA und Deutschland 1918–1975. Deutsch-amerikanische Beziehungen zwischen Rivalität und Partnerschaft, München: C.H. Beck, 1978, S. 62–106.

22 Vgl. in diesem Zusammenhang auch Peter H. Buckingham, International Normalcy. The Open Door Peace with the Former Central Powers, 1921–29, Wilmington: Scholarly Resources, 1983.

23 Carl-Ludwig Holtfrerich, Die konjunkturanregenden Wirkungen der deutschen Inflation auf die US-Wirtschaft in der Weltwirtschaftskrise 1920/21, in: Gerald D. Feldman u.a. (Hg.), Die deutsche Inflation. Eine Zwischenbilanz, Berlin: de Gruyter, 1982, S. 207–234.

24 Zitiert, bei Link, Stabilisierungspolitik, S. 174.

25 Vgl. in diesem Zusammenhang auch Frank Costigliola, The United States and the Reconstruction of Germany in the 1920s, in: Business History Review 50. 1976/77, S. 477–502; Manfred Jonas, Mutualism in the Relations between the United States and the Early Weimar Republic, in: Trefousse, Germany and America, S. 41–53, mit weiteren Belegen.

26 Vgl. Peter Krüger, Deutschland und die Reparationen 1918/19. Die Genesis des Reparationsproblems in Deutschland zwischen Waffenstillstand und Versailler Friedensschluß, Stuttgart: Deutsche Verlags-Anstalt, 1973.

27 Vgl. Link, Stabilisierungspolitik, S. 348 ff.; Robert Gottwald, Die deutsch-amerikanischen Beziehungen in der Ära Stresemann, Berlin: Colloquium, 1965.

28 Werner Link, Der amerikanische Einfluß auf die Weimarer Republik in der Dawesplanphase (Elemente eines ‚penetrierten Systems'), in: Hans Mommsen u.a. (Hg.), Industrielles System und politische Entwicklung in der Weimarer Republik, Düsseldorf: Droste, 1974, S. 485–498.

29 Wichtige Probleme der deutsch-amerikanischen Beziehungen in der Ära Bruning behandelt jetzt die vorzügliche Dissertation von Robert C. Dahlberg, Heinrich Brüning, the Center Party, and Germany's ‚Middle Way'. Political Economy and Foreign Policy in the Weimar Republic, Johns Hopkins University 1983.

30 Gustav Schmidt, Dissolving International Politics? In: ders. (Hg.), Konstellationen internationaler Politik 1924–1932. Politische und wirtschaftliche Beziehungen zwischen Westeuropa und den Vereinigten Staaten, Bochum: Brockmeyer, 1983, S. 348–428.

31 Vgl. für die Jahre 1933–39: Josef E. Heindl, Die diplomatischen Beziehungen zwischen Deutschland und den Vereinigten Staaten von 1933–1939, Diss. Würzburg 1964; Joachim Remak, Germany and the United States, 1933–1939, Diss. Stanford University 1965; Peter Schäfer, Die Beziehungen zwischen Deutschland und den Vereinigten Staaten von 1933 bis 1939. Unter besonderer Berücksichtigung der Boykottbewegung der Vereinigten Staaten, Diss. Humboldt Universität Berlin 1964; Thomas E. Etzold, Fair Play. American Principles and Practice in Relations with Germany, 1933–1939, Diss. Yale University 1970; Alton Frye, Nazi Germany and the American Hemisphere, New Haven: Yale University Press, 1967; Arnold A. Offner, American Appeasement. United States Foreign Policy and Germany, 1933–1938, Cambridge, MA: Belknap Press of Harvard University Press, 1969; Hans-Jürgen Schröder, Deutschland und

die Vereinigten Staaten 1933—1939. Wirtschaft und Politik in der Entwicklung des deutsch-amerikanischen Gegensatzes, Wiesbaden: Steiner, 1970; zu der unmittelbaren Vorgeschichte des amerikanischen Kriegseintritts: Hans L. Trefousse, Germany and American Neutrality, 1939—1941, New York: Bookman, 1951; Jürgen Rohwer, Das deutsch-amerikanische Verhältnis 1937—1941, T. 1, Vom Neutralitätsgesetz zur Englandhilfe, Diss. Hamburg 1954; Saul Friedländer, Auftakt zum Untergang. Hitler und die Vereinigten Staaten von Amerika 1939—1941, Stuttgart: Kohlhammer, 1965; Günter Hass, Von München bis Pearl Harbor. Zur Geschichte der deutsch-amerikanischen Beziehungen 1938—1941, Berlin: Akademie, 1965; Thomas A. Bailey u. Paul B. Ryan, Hitler vs. Roosevelt. The Undeclared Naval War, New York: Free Press, 1980; vgl. auch die Literaturberichte von Ernest R. May, Nazi Germany and the United States. A Review Essay, in: Journal of Modern History 41. 1969, S. 207—214, u. Werner Link, Das nationalsozialistische Deutschland und die USA 1933—1941, in: NPL 18. 1973, S. 225—233.

32 Vgl. insbes. Andreas Hillgruber, Der Faktor Amerika in Hitlers Strategie 1938—1941, in: Aus Politik und Zeitgeschichte. Beilage zur Wochenzeitung Das Parlament (= PuZ), 11. 5. 1966, S. 3—21, abgedruckt in: ders., Deutsche Großmacht- und Weltpolitik im 19. und 20. Jahrhundert, Düsseldorf: Droste, 1977, S. 197—222; außerdem Joachim Remak, Hitlers Amerikapolitik, in: Außenpolitik 6. 1955, S. 706—714; ders., Two German Views of the United States. Hitler and His Diplomats, in: World Affairs Quarterly 28. 1957/58, S. 25—35; Gerhard L. Weinberg, Hitler's Image of the United States, in: American Historical Review 69. 1963/64, S. 1006—1021; Harald Frisch, Das deutsche Roosevelt-Bild (1933—1941), Diss. Freie Universität Berlin 1967; James V. Compton, The Swastika and the Eagle. Hitler, the United States and the Origins of World War II, Boston: Houghton Mifflin, 1967 (dt.: Hitler und die USA. Die Amerikapolitik des Dritten Reiches und die Urspünge des Zweiten Weltkrieges, Oldenburg: Stalling, 1967).

33 Joachim Remak, ‚Friends of the New Germany'. The Bund and German-American Relations, in: Journal of Modern History 29. 1957, S. 38—41; Arthur L. Smith, The Deutschtum of Nazi Germany and the United States, The Hague: Martinus Nijhof, 1965; Klaus Kipphan, Deutsche Propaganda in den Vereinigten Staaten 1933—1941, Heidelberg: Winter, 1971; Gernot Heinrich Willy Graessner, Deutschland und der Nationalsozialismus in den Vereinigten Staaten von Amerika 1933—1939. Ein Beitrag zur Deutschtumspolitik des Dritten Reiches, Diss. Bonn 1973; Sander A. Diamond, The Nazi Movement in the United States, 1924—1941, Ithaca: Cornell University Press, 1974.

34 Henry L. Feingold, The Politics of Rescue. The Roosevelt Administration and the Holocaust, 1938—1945, New Brunswick: Rutgers University Press, 1970; Saul S. Friedman, No Haven for the Oppressed. United States Policy toward Jewish Refugees, 1938—1945, Detroit: Wayne State University Press, 1973; Arthur M. Morse, While Six Million Died, New York: Random House, 1968 (dt.: Die Wasser teilten sich nicht, Bern: Rütten & Loenig, 1968); Moshe R. Gottlieb, American Anti-Nazi Resistance, 1933—1941. An Historical Analysis, New York: KTAV Publishing House, 1982; David S. Wyman, The Abandonment of the Jews. America and the Holocaust, 1941—1945, New York: Pantheon Books, 1984.

35 Joachim Radkau, Die deutsche Emigration in den USA. Ihr Einfluß auf die amerikanische Europapapolitik, Düsseldorf: Bertelsmann, 1971.

36 Detlef Junker, Der unteilbare Weltmarkt. Das ökonomische Interesse in der Außenpolitik der USA 1933—1941, Stuttgart: Klett, 1975.

37 Zur nationalsozialistischen ideologischen und ökonomischen Durchdringung Lateinamerikas und zu den daraus resultierenden Konflikten zwischen Washington und Berlin vgl. Manfred Kossok, „Sonderauftrag Südamerika". Zur deutschen Politik gegenüber Lateinamerika 1938 bis 1942, in: Lateinamerika zwischen Emanzipation und Imperialismus 1810—1960, Berlin: Akademie, 1961, S. 234—255; Der deutsche Faschismus in Lateinamerika 1933—1939, Berlin: Humboldt Universität, 1966; Frye, Nazi Germany; Arnold Ebel, Das Dritte Reich und Argentinien. Die diplomatischen Beziehungen unter besonderer Berücksichtigung der Handelspolitik, Köln: Böhlau, 1971; Hans-Jürgen Schröder, Hauptprobleme der deutschen Lateinamerikapolitik 1933—1941, in: Jahrbuch für Geschichte von Staat, Wirtschaft und Gesellschaft Lateinamerikas 12. 1972, S. 408—433; Stanley A. Hilton, Brazil and the Great Powers, 1930—1939. The Politics of Trade Rivalry, Austin: University of Texas Press, 1975; Reiner Pommerin, Das Dritte Reich und Lateinamerika. Die deutsche Politik gegenüber Süd- und Mittelamerika 1939—1942, Düs-

seldorf: Droste, 1977; Stanley A. Hilton, Hitler's Secret War in South America, 1939–1945. German Military Espionage and Allied Counterespionage in Brazil, New York: Ballantine Books, 1982.
38 Gerhard L. Weinberg, Schachts Besuch in den USA im Jahre 1933, in: VfZ 11. 1963, S. 166–180; Günter Moltmann, Franklin D. Roosevelts Friedensappell vom 14. April 1939. Ein fehlgeschlagener Versuch zur Friedenssicherung, in: JfA 9. 1964, S. 91–109.
39 Lloyd C. Gardner, Economic Aspects of New Deal Diplomacy, Madison: University of Wisconsin Press, 1964.
40 Junker, Der unteilbare Weltmarkt.
41 Francis B. Sayre, Our Problem of Foreign Trade, Washington, DC: U.S. Government Printing Office, 1936, S. 2.
42 Erklärung Roosevelts vom 15. 11. 1938 in: Donald B. Schewe (Hg.), Franklin D. Roosevelt and Foreign Affairs, 2nd Series, January 1937 – August 1939, Bd. 1, New York: Clearwater Publishing Co., 1979, S. 83.
43 Arnold A. Offner, Appeasement Revisited. The United States, Great Britain, and Germany, 1933–1940, in: Journal of American History 64. 1977/78, S. 373; ders., American Appeasement; ders., The Origins of the Second World War. American Foreign Policy and World Politics, 1917–1941. New York: Praeger, 1975, S. 104ff., 124.
44 Ritchie Ovendale, Appeasement and the English-Speaking World. Britain, the United States, the Dominions and the Policy of Appeasement, 1937–1939, Cardiff: University of Wales Press, 1975.
45 Vgl. Bernd-Jürgen Wendt, Economic Appeasement. Handel und Finanz in der britischen Deutschlandpolitik 1933–1939, Düsseldorf: Bertelsmann, 1971, u. die grundlegende Untersuchung von Gustav Schmidt, England in der Krise. Grundzüge und Grundlagen der britischen Appeasement-Politik 1930–1937, Opladen: Westdeutscher Verlag, 1981.
46 Hudson Minute, 8. Juli 1938, Public Record Office (= PRO), London, FO 371/21647.
47 E (37) 28, 28. Mai 1937, PRO, Cab. 32/129.
48 Vgl. hierzu insbes. die Debatte innerhalb des State Departments über das deutsche Handelsvertragsangebot vom Oktober 1937, in: National Archives (= NA), Washington, D.C., Record Group (= RG) 59, 611. 6231/998ff.
49 Memorandum Moffat, 31. Januar 1938, ebd., 1002 1/2.
50 Zahlreiche Belege in den Messersmith Papers, University of Delaware Library, Newark, Delaware, sowie in den entsprechenden Beständen des State Departments und der Franklin D. Roosevelt Library, Hyde Park, New York.
51 Allerdings sah sich die Regierung Roosevelt vor die Aufgabe gestellt, die Privatwirtschaft auf diesen außenpolitischen Kurs zu verpflichten. Vgl. zu der fortdauernden privatwirtschaftlichen Kooperation zwischen deutschen und amerikanischen Firmen die Bemerkungen bei Bernd Martin, Friedens-Planungen der multinationalen Großindustrie (1932–1940) als politische Krisenstrategie, in: Geschichte und Gesellschaft (= GG) 2. 1976, S. 66–88.
52 Text der Rede in: PRO, Cab 32/128.
53 Cabinet 36 (38), in PRO, Cab. 23/94.
54 Bundesarchiv Koblenz, Sammlung Brammer, Bd. 10.
55 Ebd., Sammlung Traub, Bd. 10.
56 Das gilt etwa für David Reynolds, The Creation of the Anglo-American Alliance, 1937–41. A Study in Competitive Cooperation, London: Europa Publications, 1981.
57 Callum A. MacDonald, The United States, Britain, and Appeasement, 1936–1939, London: Macmillan, 1981, S. IX.
58 Wichtige Beiträge bisher Warren F. Kimball, The Most Unsordid Act. Lend-Lease, 1939–1941, Baltimore: John Hopkins University Press, 1969; James R. Leutze, Bargaining for Supremacy. Anglo-American Naval Collaboration, 1937–1941, Chapel Hill: University of North Carolina Press, 1977; Reynolds, Creation; ders., Lord Lothian and Anglo-American Relations, 1939–1940, Philadelphia: American Philosophical Society, 1983.
59 Andreas Hillgruber, Der Zenit des Zweiten Weltkrieges. Juli 1941, Wiesbaden: Steiner, 1977, S. 31; vgl. auch Bernd Martin, Amerikas Durchbruch zur politischen Weltmacht. Die interventionistische Globalstrategie der Regierung Roosevelt 1933–1941, in: Militärgeschichtliche Mittei-

lungen, Heft 2, 1981, S. 57–98. Einen vorzüglichen Überblick über die deutsche Roosevelt-Forschung gibt jetzt Detlef Junker, Franklin Delano Roosevelt in deutscher Historiographie, in: Willi Paul Adams u. Knud Krakau (Hg.), Deutschland und Amerika. Perzeption und historische Realität im deutsch-amerikanischen Verhältnis, Berlin: Colloquium, 1985, S. 97–110.
60 Vgl. Günter Moltmann, Amerikas Deutschlandpolitik im Zweiten Weltkrieg. Kriegs- und Friedensziele 1941–1945, Heidelberg: Winter, 1958.
61 Vgl. Warren F. Kimball, Sword or Ploughshares? The Morgenthau Plan for Defeated Nazi Germany, 1943–1946, Philadelphia: J.B. Lippincott, 1976.
62 Vgl. z.B. Westdeutschlands Weg zur Bundesrepublik 1945–1949. Beiträge von Mitarbeitern des Instituts für Zeitgeschichte, München: C.H. Beck, 1976; Claus Scharf u. Hans-Jürgen Schröder (Hg.), Politische und ökonomische Stabilisierung Westdeutschlands 1945–1949. Fünf Beiträge zur Deutschlandpolitik der westlichen Alliierten, Wiesbaden: Steiner, 1977; Heinrich August Winkler (Hg.), Politische Weichenstellungen im Nachkriegsdeutschland 1945–1953, Sonderheft 5 GG, Göttingen: Vandenhoeck & Ruprecht, 1979; Josef Becker u.a. (Hg.), Vorgeschichte der Bundesrepublik Deutschland. Zwischen Kapitulation und Grundgesetz, München: Fink, 1979; Rudolf Richter u. Wolfgang F. Stolper (Hg.), Economic Reconstruction in Europe. The Reintegration of Western Germany. A Symposium, in: Zeitschrift für die gesamte Staatswissenschaft 137. 1981; Claus Scharf u. Hans-Jürgen Schröder (Hg.), Die Deutschlandpolitik Frankreichs und die Französische Zone 1945–1949, Wiesbaden: Steiner 1983 (mit einer Bibliographie zur Entwicklung Westdeutschlands im Kontext der internationalen Beziehungen); einen Überblick über die neuere Literatur zur deutschen Frage gibt die Bibliographie zur Deutschlandpolitik 1975–1982, hg. vom Bundesministerium für Innerdeutsche Beziehungen, Frankfurt: Alfred Metzner, 1983.
63 Akten zur Vorgeschichte der Bundesrepublik Deutschland 1945–1949, 5 Bde., München: R. Oldenbourg, 1976–83.
64 Eine umfassende Gesamtdarstellung der amerikanischen Deutschlandpolitik und der deutsch-amerikanischen Beziehungen in der Zeit nach dem Zweiten Weltkrieg und der Entstehungsphase der Bundesrepublik Deutschland steht noch aus. Vgl. aus der Fülle von Publikationen zu Einzelproblemen z.B. Harold Zink, The United States in Germany, 1944–1955, Princeton: Princeton University Press, 1957; John Gimbel, The American Occupation of Germany. Politics and the Military, 1945–1949, Stanford: Stanford University Press, 1957 (dt. Amerikanische Besatzungspolitik in Deutschland 1945–1949, Frankfurt: Fischer, 1971); Wolfgang Schlauch, American Policy towards Germany, 1945, in: Journal of Contemporary History 5. 1970, S. 113–128; Bruce Kuklick, American Policy and the Division of Germany. The Clash with Russia over Reparations, Ithaca: Cornell University Press, 1972; Lutz Niethammer, Entnazifizierung in Bayern. Säuberung und Rehabilitierung unter amerikanischer Besatzung, Frankfurt: Europäische Verlagsanstalt, 1972; Roger Morgan, The United States and West Germany, 1945–1973. A Study in Alliance Politics, London: Oxford University Press, 1974; Manfred Knapp (Hg.), Die deutsch-amerikanischen Beziehungen nach 1945, Frankfurt: Campus, 1975; Edward N. Peterson, The American Occupation of Germany. Retreat to Victory, 1945–1952, Detroit: Wayne State University Press, 1977; Werner Link, Deutsche und amerikanische Gewerkschafter und Geschäftsleute 1945–1975. Eine Studie über transnationale Beziehungen, Düsseldorf: Droste, 1977; Hans-Jürgen Grabbe, Die deutsch-alliierte Kontroverse über den Grundgesetzentwurf im Frühjahr 1949, in: VfZ 26. 1978, S. 393–418; Ekkehard Krippendorff (Hg.), The Role of the United States in the Reconstruction of Italy and West Germany, 1943–1949, Berlin: John F. Kennedy-Institut, 1981; Hans-Dieter Kreikamp, Die amerikanische Deutschlandpolitik im Herbst 1946 und die Byrnes-Rede in Stuttgart, in: VfZ 29. 1981, S. 269–285; Hans-Jürgen Grabbe, Unionsparteien, Sozialdemokratie und Vereinigte Staaten von Amerika 1945–1966, Düsseldorf: Droste, 1983, mit jeweils weiteren Literaturangaben.
65 Vgl. James J. Hastings, Die Akten des Office of Military Government (US), in: VfZ 24. 1976, S. 75–101; John Mendelsohn, The OMGUS Records Project, in: Prologue 10. 1978, S. 259–260; Wolfgang Benz, Das OMGUS-Projekt. Die Verzeichnung und Verfilmung der Akten der amerikanischen Militärverwaltung in Deutschland (1945–49) in: Jahrbuch der Historischen Forschung in der Bundesrepublik Deutschland, Berichtsjahr 1978, Stuttgart: Klett, 1979, S. 84–88; außerdem Wolfgang J. Wittwer, Deutschland nach 1945. Entstehung und Entwick-

lung der Bundesrepublik und der DDR. Ein neuer Förderungsschwerpunkt der Stiftung Volkswagenwerk, in: VfZ 27. 1979, S. 151–154; Christoph Weisz, Politik und Gesellschaft in der US-Zone 1945–1949. Geschichte der Nachkriegszeit aus amerikanischen und deutschen Dokumenten. Ein Projekt des Instituts für Zeitgeschichte, in: Winkler, Weichenstellungen, S. 290–297.
66 Vgl. z.B. Werner Abelshauser, Wirtschaft in Westdeutschland. Rekonstruktion und Wachstumsbedingungen in der amerikanischen und britischen Zone, Stuttgart: Deutsche Verlags-Anstalt, 1975; ders., Die Rekonstruktion der westdeutschen Wirtschaft und die Rolle der Besatzungspolitik, in: Scharf u. Schröder, Stabilisierung, S. 1–17, Belege S. 15f.; ders., Wiederaufbau vor dem Marshall-Plan. Westeuropas Wachstumschancen und die Wirtschaftsordnungspolitik in der zweiten Hälfte der vierziger Jahre, in: VfZ 29. 1981, S. 545–578; ders., Wirtschaftsgeschichte der Bundesrepublik Deutschland 1945–1980, Frankfurt: Suhrkamp, 1983.
67 Vgl. in diesem Zusammenhang den während der Drucklegung erschienen Beitrag von Albrecht Ritschel, Die Währungsreform von 1948 und der Wiederaufstieg der westdeutschen Industrie. Zu den Thesen von Mathias Manz und Werner Abelshauser über die Produktionswirkungen der Währungsreform, in: VfZ 33. 1985, S. 136–165.
68 Jürgen Kocka, 1945: Neubeginn oder Restauration? In: Carola Stern u. Heinrich August Winkler (Hg.), Wendepunkte deutscher Geschichte 1848–1945, Frankfurt: Fischer, 1979, S. 147.
69 Zitiert ebd., S. 148.
70 Lloyd C. Gardner, America and the German ‚Problem', 1945–1949, in: Barton J. Bernstein (Hg.), Politics and Policies of the Truman Administration, Chicago: Quadrangle, 1972, S. 113–148.
71 Dörte Winkler, Die amerikanische Sozialisierungspolitik in Deutschland 1945–1948, in: Winkler, Weichenstellungen, S. 88–110.
72 Werner Link, Der Marshall-Plan und Deutschland, in: PuZ B 50, 1980, S. 14.
73 Horst Lademacher, Die britische Sozialisierungspolitik im Rhein-Ruhr-Raum 1945–1948, in: Claus Scharf u. Hans-Jürgen Schröder (Hg.), Die Deutschlandpolitik Großbritanniens und die Britische Zone 1945–1949, Wiesbaden: Steiner, 1979, S. 51–92.
74 Rolf Steininger, Reform und Realität. Ruhrfrage und Sozialisierung in der anglo-amerikanischen Deutschlandpolitik 1947–1948, in: VfZ 27. 1979, S. 167–240.
75 Robertson Memorandum vom 5. Juli 1947, PRO, FO 371/64514.
76 Zur Bedeutung des Marshallplans für Deutschland vgl. z.B. Manfred Knapp, Deutschland und der Marshallplan. Zum Verhältnis zwischen politischer und ökonomischer Stabilisierung in der amerikanischen Deutschlandpolitik nach 1945, in: Scharf u. Schröder, Stabilisierung, S. 19–43; Erich Ott, Die Bedeutung des Marshall-Plans für die Nachkriegsentwicklung in Westdeutschland, in: PuZ B4, 1980 S. 19–37; Link, Marshall-Plan; Manfred Knapp, Reconstruction and West-Integration. The Impact of the Marshall Plan on Germany, in: Richter u. Stolper, Economic Reconstruction, S. 415–433.
77 So etwa John Gimbel, The Origins of the Marshall Plan, Stanford: Stanford University Press, 1976; dazu der ausführliche Kommentar von Manfred Knapp, Das Deutschlandproblem und die Ursprünge des Europäischen Wiederaufbauprogramms. Eine Auseinandersetzung mit John Gimbels Untersuchung „The Origins of the Marshall Plan", in: Politische Vierteljahresschrift 19. 1978, S. 48–65.
78 Werner Link, Zum Problem der Kontinuität der amerikanischen Deutschlandpolitik im zwanzigsten Jahrhundert, in: Knapp, Die deutsch-amerikanischen Beziehungen, Zitate, S. 117ff.

35. Forschungen zum deutsch-amerikanischen Verhältnis
Eine kritische Stellungnahme

Arnold A. Offner

Hans-Jürgen Schröder hat eine vortreffliche Analyse der Bemühungen von Wissenschaftlern geliefert, die Hauptursachen aufzuspüren, derentwegen die Vereinigten Staaten und Deutschland im 20. Jahrhundert gegeneinander Krieg führten und miteinander für eine friedliche Weltordnung kooperierten. Mein Beitrag konzentriert sich zunächst auf die deutsch-amerikanischen Beziehungen in den zwanziger Jahren, dann auf die Konfrontation zwischen den USA und Nazi-Deutschland in den dreißiger Jahren und schließlich auf amerikanische Pläne für Deutschland während des Krieges und die daraus folgende Wiederaufbaupolitik nach Kriegsende. Ich glaube, es gibt in diesen Zeitabschnitten wiederkehrende Probleme und Themen, die uns einen bedeutsamen Einblick geben in die deutsch-amerikanischen Beziehungen im speziellen, in die US-Außenpolitik im allgemeinen und in die Widersprüche unseres Zeitalters ganz generell.

In der Darstellung von Einschätzungen der deutsch-amerikanischen Beziehungen in den zwanziger Jahren beschreibt Schröder die wirtschaftsexpansionistischen Thesen, die in den Vereinigten Staaten von William A. Williams und seinen Schülern, in Deutschland von Werner Link vertreten wurden, als besonders eindrucksvoll.[1] Sie beweisen, so behauptet Schröder, daß amerikanische Politiker nach dem Ersten Weltkrieg weder die Lehren von Woodrow Wilsons Internationalismus aufgaben, noch sich aus Europa zurückzogen; vielmehr hätten sie eine Außenpolitik verfolgt, die davon ausging, daß Deutschland für die USA von zentraler Bedeutung war, sowohl als Markt für amerikanische Waren und amerikanisches Kapital als auch als Partner bei dem beständigen amerikanischen Versuch, weltweit eine Politik der ‚Offenen Tür‘ zu etablieren, die auf konvertierbaren Währungen, gleichem Zugang zu Märkten und Rohstoffen sowie Handelsverträgen mit Meistbegünstigungsklauseln basieren sollte. Tatsächlich könnte der Historiker auf den ersten Blick zu dem Schluß kommen, eine solche Politik sei mehr denn je vonnöten gewesen, da der Erste Weltkrieg eine massive Verschiebung in der internationalen Wirtschaftsordnung herbeigeführt oder beschleunigt hatte: Die Vereinigten Staaten, bis dahin eine Schuldner-Nation, waren nun der Welt größter Kreditgeber. Unter der Regierung Wilson erlaubten das Edge- und das Webb/Pomerene-Gesetz amerikanischen Banken, im Ausland Niederlassungen zu gründen, sowie Unternehmen, sich für Zwecke des Außenhandels ohne Einschränkung durch Antitrust-Bestimmungen zusammenzuschließen. Zu diesem Zeitpunkt produzierten die Vereinigten Staaten fast die Hälfte der Industriegüter der Welt, mehr als Deutschland, Frankreich und England zusammen.

Sicherlich haben Schröder und andere recht, wenn sie davon ausgehen, daß die Vereinigten Staaten in den zwanziger Jahren nicht ‚isolationistisch' waren, wenn man darunter einen völligen Rückzug aus europäischen Angelegenheiten versteht. Aber es ist ebenso unbestreitbar und der Erinnerung wert, daß führende amerikanische Politiker von den erbitterten innenpolitischen Debatten über den Versailler Vertrag und den Völkerbund ernüchtert waren, ebenso wie von der öffentlichen Abneigung gegen europäische Angelegenheiten, einschließlich Vorkriegsallianzen, Rüstungswettlauf und Rücksichten auf das Gleichgewicht der Mächte. Ebenso wie der neugewählte Präsident Warren G. Harding im November 1920 in typischer Übertreibung erklärte, das Thema Völkerbund sei „genauso tot wie die Sklaverei", kapitulierte auch Franklin D. Roosevelt im Kampf um die Nominierung als Präsidentschaftskandidat der Demokraten vor dem einflußreichen ‚isolationistischen' Zeitungsmagnaten William Randolph Hearst, als er einen amerikanischen Beitritt zum Völkerbund ausschloß.

Von gleicher Bedeutung aber ist die Feststellung, daß amerikanische Politiker die Wirksamkeit traditioneller politisch-militärischer Mittel zur Bewahrung des Friedens anzweifelten. In typischer Manier betonte der republikanische Außenminister Frank B. Kellogg 1928, die Geschichte zeige in tragischer Weise, daß weder Verträge noch militärische Bündnisse ausreichten, den Frieden in Europa oder der Welt zu erhalten. Der liberale Senator William E. Borah behauptete, keine internationale Organisation könnte den Frieden bewahren, solange es keine wirtschaftliche Gerechtigkeit in der internationalen Ordnung gäbe. Und führende Bankiers und Geschäftsleute, die später eine Schlüsselrolle in internationalen Angelegenheiten spielten, wie etwa Owen D. Young, Aufsichtsratsvorsitzender von RCA und General Electric, machten geltend, daß Frieden und Wohlstand gegenüber massiven widrigen wirtschaftlichen Kräften nicht erhalten werden könnten. Ebenso riet Norman H. Davis, ein prominenter Geschäftsmann und Diplomat, der unter den Präsidenten Wilson und Roosevelt tätig war, 1921 dem neuen Außenminister Charles Evans Hughes:

> „Durch die starke industrielle Entwicklung Europas vor dem Krieg ist Deutschland der Dreh- und Angelpunkt geworden, und Wiederaufbau und beständige Prosperität Europas hängen am stärksten von der Deutschlands ab. Solange Deutschland nicht arbeitet und gedeiht, kann Frankreich es nicht, und der Wohlstand der ganzen Welt hängt von der Fähigkeit des industriellen Europa ab, zu produzieren und zu kaufen."[2]

Dieser überparteiliche Konsens über die wechselseitigen Verbindungen von politischer und wirtschaftlicher Weltordnung und der Glaube, Deutschland sei der wirtschaftliche Angelpunkt der Vereinigten Staaten und Europas, wenn nicht der ganzen Welt, führte amerikanische Diplomaten zu dem Schluß, die erste Aufgabe für Politiker sei es, die unlösbar ineinander verstrickten Probleme der deutschen Reparationen sowie des Wiederaufbaus Deutschlands und seiner Wiedereingliederung in das westliche politische und wirtschaftliche System zu lösen, zugleich aber auch französischen Ansprüchen auf politische und wirtschaftliche Sicherheit, jedoch nicht auf Hegemonie nachzukommen, die nach häufigen Befürchtungen Washingtoner Amtsträger das wahre Ziel der Pariser Regierung war.[3] Aus amerikanischer Perspektive hing der Frieden in Europa – oder die Entspannung – von der Errichtung eines angemessenen deutsch-französischen Gleichgewichts ab. Angespornt von wirtschaftlich-expansionistischen Argumenten, haben Historiker in den letzten Jahren eine sorgfältige Neubewertung der amerikanischen Außenpolitik in den zwanziger Jahren vorgenommen und eine überzeugende neue ‚postrevisionistische' These entwickelt, die sich zum Beispiel spiegelt in Melvyn Lefflers Schriften über amerikanische Politik und die Suche nach Stabilität in Europa, Frank Costigliolas Studien über amerikanische Anstrengungen für den wirtschaftlichen Wiederaufbau Deutschlands und den Ergebnissen von Kenneth Paul Jones und anderen über die Rolle, die amerikanische Geschäftsleute/Diplomaten in Europas immer wiederkehrenden politischen und finanziellen Krisen spielten.[4] Diese Historiker bestätigen, daß amerikanische Amtsträger versuchten, ein bürgerlich-liberales Deutschland zu fördern, das in der Lage wäre, amerikanisches Kapital und amerikanische Güter aufzunehmen, das eine friedliche Revision des Versailler Vertrages anstrebte und möglicherweise fähig war, die Rolle eines Gegengewichts zur Sowjetunion in Europa zu spielen. Aber diese Historiker betonen auch, daß amerikanische Politik nicht einseitig auf politischem Isolationismus oder wirtschaftlichem Expansionismus basierte, sondern auf einer wohlüberlegten Mischung aus Pragmatismus, Realismus und bewußt gewähltem minimalem politisch-militärischem Engagement in Europa, die sich gleichermaßen aus den Präferenzen der Politiker wie aus den Beschränkungen durch Öffentlichkeit und Kongreß ergab.

Die Ruhr-Krise von 1923 bedeutete für amerikanische Diplomaten eine beinahe willkommene Herausforderung, den beunruhigenden französisch-deutschen Reparationskonflikt zu lösen, was von immenser politischer wie auch wirtschaftlicher Bedeutung war. Dieser Versuch ist nicht nur von Spezialisten amerikanischer Deutschlandpolitik, sondern auch von Historikern der europäischen Diplomatie untersucht worden, die als Vertreter der ‚neuen internationalen Geschichte' die Rolle der Privat- und Zentralbanken in internationalen Beziehungen und den diplomatischen Gebrauch von Währungs-, Handels- und Finanzpolitik als Mittel der Machtpolitik in den Vordergrund stellen.[5] Beinahe jede Studie hat den amerikanischen Amtsträgern gute Noten gegeben. So wird der bedeutsame, 1924 von Amerika initiierte Dawes-Plan, bei dessen Ausformung Owen Young eine zentrale Rolle spielte, nicht länger als eine Maßnahme aufgefaßt, die lediglich einen fruchtlosen Kreislauf installierte, in dem amerikanisches Kapital nach Deutschland, Reparationen nach England und Frankreich und Kriegsschulden zurück in die USA flossen. Eher wird der Dawes-Plan als ein geschickter Versuch betrachtet, den deutschen Wiederaufbau zu fördern, indem man die deutschen Reparationszahlungen in Mark hauptsächlich an Guthaben (statt an frei konvertierbare Zahlungsmittel) für deutsche Waren band und so die deutsche Industrie förderte. Auf der anderen Seite wurden Großbritannien und Frankreich gezwungen, zu wählen zwischen der Annahme deutscher

Exporte (die auch mit britischen und französischen Waren konkurrieren würden) als Reparationen oder der jährlichen Reduzierung deutscher Reparationen um die Beträge, die über eine fixe Summe Reparationsmark hinaus in der Reichsbank angesammelt würden. Unterdessen speisten amerikanische Kredite den deutschen Aufschwung, und die deutsche Regierung erhob Steuern, um dem Anschein nach die Reparationen zu bezahlen, während ein amerikanischer Generalbevollmächtigter die deutschen Maßnahmen zur wirtschaftlichen Stabilisierung beaufsichtigte – mit einem Veto-Recht gegenüber Maßnahmen, die Deutschland als im Verzug mit den Reparationszahlungen erklärt hätten – und damit einen weiteren französischen Marsch an die Ruhr verhindern konnte.

In der zweiten Hälfte der zwanziger Jahre sorgte amerikanische ‚Dollardiplomatie' für die Atmosphäre, deren die Stresemann-Briand-Gespräche, der Locarno-Pakt (das politische Pendant zum Dawes-Plan), der Kellogg-Pakt und Frankreichs frühe Räumung des Rheinlandes bedurften. Der Young-Plan von 1930 setzte die Gesamtsumme der deutschen Reparationen auf bescheidene acht Milliarden Dollar, zahlbar über 59 Jahre, fest, wobei sich die letzten 22 deutschen Jahreszahlungen ungefähr mit den britischen und französischen Kriegsschulden deckten. Weiterhin hatten die Bankiers und Geschäftsleute scheinbar die schnöde Politik aus den Reparationen herausgenommen, indem sie der deutschen Regierung erlaubten, die Reparationen durch Ausgabe von Staatsanleihen zu kommerzialisieren, und sicherten so den Franzosen die Zahlungen zu. Gleichzeitig erleichterten sie die finanzielle Belastung der deutschen Regierung, warnten sie jedoch vor jedem Zahlungsverzug, der ihre Kreditwürdigkeit zerstören und den Zorn amerikanischer Obligationsinhaber erregen würde.

Gewiß funktionierte nicht alles so wie beabsichtigt. Amerikanische Zölle behinderten den internationalen Handel, und sowohl amerikanische Bankiers als auch deutsche Politiker verursachten einen allzu großen Dollarzufluß nach Deutschland, der zur Transferkrise von 1927–28 führte. Dann trocknete der Börsenkrach Ende 1929 schnell den internationalen Kreditmarkt aus und enthüllte, daß der Zufluß amerikanischer Dollars für das Kriegsschulden/Reparationen-Gewirr von größerer Bedeutung war, als irgend jemand angenommen hatte. Es folgten erbitterte politische Beschuldigungen auf beiden Seiten des Atlantik, ganz zu schweigen von der bösartigen Kampagne der Nationalsozialisten 1930 gegen die Ratifizierung des Young-Planes, während die Regierung unter Reichskanzler Heinrich Brüning eine riskante deflationäre Politik im Innern verfolgte und nach außen unnachgiebige Forderungen nach weiterer Revision des Versailler Vertrages vertrat, einschließlich Waffengleichheit, Wiedereingliederung des Saargebietes und Verringerung der Reparationen; alles Faktoren, die in der Machtergreifung Adolf Hitlers 1933 gipfelten.[6]

Insgesamt haben ‚postrevisionistische' Historiker amerikanische Politiker kritisiert, weil sie die Vorteile des Versailler Vertrages erhalten wollten, ohne dessen Verpflichtungen einzugehen; weil sie es versäumten, Kriegsschulden und Reparationen direkt miteinander zu verbinden und vielleicht beide zu streichen; und weil sie wirtschaftliche Gewinne ohne ein entsprechendes politisches Engagement in Europa anstrebten. Jedoch haben Historiker amerikanische Politiker auch dafür gelobt, daß sie die wachsende wirtschaftliche Vorrangstellung ihres Landes und den dazugehörigen politischen Einfluß erkannten und versuchten, diese Macht geschickt und vernünftig einzusetzen, statt sie durch unbegrenzte globale Engagements zu verwässern. Auf diese Weise suchten amerikanische Amtsträger ihre legitimen nationalen Interessen weitestgehend zu verwirklichen und ungewollte außenpolitische Verwicklungen möglichst gering zu halten. So gelang es ihnen mit beachtlichem Erfolg, ein friedliches und liberales Deutschland wieder in das westliche System zu integrieren, während sie den vorgeblichen französischen Drang zur Vorherrschaft mäßigten und größere Sicherheit durch eine friedliche und wirtschaftlich blühende europäische Ordnung schufen.

Letztendlich erwies sich der amerikanische Weg zur Sicherheit in Europa als trügerisch, zum Teil, wie Historiker festgestellt haben, weil amerikanische Politiker zu viel Vertrauen in das Wirken privater Gruppen setzten und ihnen eine Überlast an Verantwortung aufbürdeten, die angemessener von der Regierung hätten wahrgenommen werden sollen, aber auch weil sie die provinziell-nationalistischen Strömungen der zwanziger Jahre nicht kontrollieren konnten. Schließlich konnte der Damm den steigenden Fluten der großen Depression nirgendwo mehr standhalten. Wie es Costigliola formulierte, machte der bewundernswerte Sinn für Selbstbeschränkung im Gebrauch der Macht die amerikanischen Amtsträger ironischerweise mehr denn je unfähig, die stabile Weltordnung aufrechtzuerhalten, die ihnen vorgeschwebt hatte.[7]

Die nachfolgende Konfrontation zwischen den Vereinigten Staaten und Nazi-Deutschland in den dreißiger Jahren hat in letzter Zeit große Aufmerksamkeit erfahren; besonders Hans-Jürgen Schröder hat hierzu durch zahlreiche wissenschaftliche Artikel und sein bemerkenswertes Buch „Deutschland und die Vereinigten Staaten 1933–1939. Wirtschaft und Politik in der Entwicklung des deutsch-amerikanischen Gegensatzes"[8] einen höchst bedeutsamen Beitrag geleistet. Schröder und andere haben argumentiert, daß die amerikanische Feindschaft gegenüber Deutschland weniger ein Ergebnis von Nazi-Militarismus und Expansionismus als vielmehr eine Folge deutscher Wirtschaftspolitik gewesen sei, die die Politik der ‚Offenen Tür' insbesondere in Lateinamerika und Osteuropa in Frage stellte. Insbesondere lehnten die Amerikaner Deutschlands ‚neuen Plan' von 1934 und spätere Autarkiemaßnahmen ab, deren Betonung auf Kompensationsgeschäften und bilateralen Handelsverträgen lag, um Deutschland eine positive Handelsbilanz zu sichern, auf gebundener und ‚ASKI'-Mark, die nur zum Kauf deutscher Waren benutzt werden durften, auf nicht-konvertibler Währung und dem Verbot, Profite ausländischer Firmen in deren Herkunftsländer abzuführen, sowie auf deutschen Exportsubventionen für Handel und Industrie.

Schröder dokumentiert den deutlichen Rückgang im deutsch-amerikanischen Handel in den dreißiger Jahren und stellt heraus, daß Deutschland oft auf Kosten der USA in Mittelamerika (Costa Rica, Guatemala, Nicaragua) und Südamerika (Bolivien, Brasilien, Chile und Peru) erheblich vordrang. Während die Briten – so Schröders weitere Argumentation – Deutschland durch Anbieten bilateraler wirtschaftlicher Zugeständnisse – insbesondere in Osteuropa –

Forschungen zum deutsch-amerikanischen Verhältnis 519

zu beschwichtigen und Deutschlands politische Forderungen zu mäßigen gesucht hätten, seien die amerikanischen Handelsverträge mit Meistbegünstigungsklausel und die weltweite wirtschaftliche Beschwichtigungspolitik darauf ausgerichtet gewesen, Deutschland in Schach zu halten und es zu zwingen, sich an Amerikas liberale Normen zu halten. Kurzum, die Handelsrivalität, die zwei unterschiedlichen wirtschaftlichen Systemen entsprang, hätte die Basis für den Krieg zwischen den Vereinigten Staaten und Deutschland geschaffen – lange, bevor die ersten Schüsse fielen.

Diese Theorie ist beeindruckend, aber meine Analyse der Wirklichkeit in den dreißiger Jahren eröffnet eine andere Perspektive und führt zu anderen Schlußfolgerungen.[9] Zum Beispiel kam es zu einem deutlichen Rückgang des deutsch-amerikanischen Handels zuerst während der großen Depression 1929–1933, und wenn auch in der Folge die Erholung des deutsch-amerikanischen Handels hinter der Erholung des Welthandels herhinkte, so nahmen die USA, gemessen am Wert der Exporte nach Deutschland (insbesondere kriegswichtiger Materialien und Weizen), in den Jahren 1933, 1934 und 1938 den ersten Platz ein. Ungeachtet liberaler Handelsmaximen erlaubte das amerikanische Außenministerium amerikanischen Geschäftsleuten, mit raffinierten buchhalterischen Tricks Tauschgeschäfte vorzunehmen, die 1938–1939 50% des deutsch-amerikanischen Handels ausmachten. Und die amerikanischen Diplomaten, die sich 1934–1935 mit Erfolg einer Erneuerung des deutsch-amerikanischen Handelsvertrages widersetzten (weil die Deutschen sich weigerten, eine Meistbegünstigungsklausel mitaufzunehmen), taten dies aus *politischen* Gründen, nämlich wegen ihrer Annahme, Deutschland suche Kredite und Rohstoffe für Wiederbewaffnung und anschließenden Krieg, um die Landkarte in Europa neu zu gestalten. Tatsächlich glaubten während des ganzen Jahrzehnts viele amerikanische Diplomaten (einschließlich der Botschafter Norman H. Davis, William C. Bullitt, Hugh R. Wilson, Joseph P. Kennedy und sogar der stellvertretende Außenminister Sumner Welles), Deutschland sollten besondere wirtschaftliche Vorrechte in Osteuropa zugestanden werden. Darüber hinaus kam sogar die kritischste Untersuchung der amerikanischen Handelspolitik in Lateinamerika zu dem Schluß, daß die Roosevelt-Regierung „hauptsächlich aus politischen Gründen niemals zu einer Entspannung im Bereich des Handels gegenüber Nazi-Deutschland, Japan oder Italien kam".[10] Kurz, die amerikanische Feindseligkeit gegenüber Nazi-Deutschland entsprang hauptsächlich der politischen Opposition gegenüber der Nazi-Barbarei im Innern und im Ausland, insbesondere der deutschen Invasion Westeuropas im Frühling des Jahres 1940, die die Roosevelt-Regierung dazu veranlaßte, Ausgleichszölle auf deutsche Importe aufrechtzuerhalten sowie Handelslizenzen und Subventionen zu benutzen, um amerikanische Firmen zu veranlassen, ihre Verbindungen zu deutschen Firmen in Lateinamerika und auf dem Balkan zu kappen und lebenswichtige Kommunikations- und Transporteinrichtungen zu übernehmen.

Die Politik der Vereinigten Staaten gegenüber Deutschland läßt sich am besten verstehen, wenn man sich klarmacht, daß die Amerikaner zwei miteinander konkurrierende Bilder von Deutschland hatten oder meinten, es gäbe zwei miteinander konkurrierende Deutschlands. Das traditionelle Bild, das von vielen, einschließlich Roosevelt und dem als Nazi-Gegner bekannten Botschafter in Berlin, William E. Dodd, geteilt wurde, zeigte Deutschland als höchst effiziente, organisierte und produktive Gesellschaft, obwohl es gelegentlich unter dem preußischen Einfluß zum Militarismus und zu Versuchen neigte, seine Nachbarn zu beherrschen. Aber grundsätzlich war Deutschland ein Paradies für amerikanischen Handel, Investitionen und kulturellen Austausch, natürlich das Vorbild für amerikanische Universitäten und Wissenschaft, und noch im Oktober 1939 äußerte sich Roosevelt bewundernd über deutsches Familienleben und deutsche Eigentumstradition, welche der russischen „Brutalität"[11] vorzuziehen sei. Gleichzeitig waren die Amerikaner entsetzt über Deutschlands zunehmend autoritäres oder totalitäres Verhalten, und bald fürchteten sie, daß seine Nazi-Diktatoren zum Krieg entschlossen waren oder daß die Dynamik des Nazi-Staats und einer überhitzten Wirtschaft Krieg erfordern würde. Um die Mitte des Jahrzehnts betonten sogar Diplomaten, die Deutschland so positiv gegenüberstanden wie Botschafter Davis, daß es von einem ‚Frankenstein' regiert werde, der nicht wisse, wann es genug sei, während der Staatssekretär im Außenministerium Adolf E. Berle 1938–1939 meinte, Deutschland werde von „Verrückten" regiert, deren „Napoleonische Maschinerie" auf Eroberung ausgerichtet sei. Er fügte hinzu, zwar könne Europa geographisch und wirtschaftlich so reorganisiert werden, daß Deutschland zufriedengestellt würde, aber „die wahre Frage ist das moralische und philosophische Konzept auf allen diesen Gebieten".[12]

Trotz beständiger Ängste hatten amerikanische Diplomaten gehofft, den Frieden durch politisch-wirtschaftliche Revision des Versailler Systems zu bewahren. Sie nahmen die deutsche Wiederbewaffnung und Besetzung des Rheinlandes hin, und während sie zunehmend verärgert waren über Hitlers säbelrasselnde Diplomatie und zwiespältig gegenüber den Folgen der Beschwichtigungspolitik, duldeten sie auch den Anschluß Österreichs, das Münchener Abkommen und die deutschen Ansprüche gegenüber Polen. Tatsächlich sondierten Roosevelt und seine Emissäre 1936 bis 1939 zahlreiche Konferenz-Vorschläge, die darauf abzielten, Versailles zugunsten Deutschlands zu revidieren, oder ‚gemäßigte' Deutsche zu ermuntern, Hitler abzusetzen, falls er in der Frage von Verhandlungen unnachgiebig blieb.

Aber diese Vorstöße führten zu keinem Ergebnis, sei es weil Roosevelt unentschlossen war, sei es weil die Briten sich der Aufgabe ihrer Rolle als Schiedsrichter Europas widersetzten, sei es weil Hitler jede Offerte verschmähte. Der stellvertretende Außenminister Welles unternahm einen letzten Versuch in Richtung auf politisch-wirtschaftliche Verhandlungen während seines Europabesuchs im Winter 1940, aber er kehrte in der Überzeugung zurück, daß keine Konferenz Erfolg haben könnte, solange das Hitler-Regime an der Macht blieb und das deutsche Volk fortfuhr, „auf einem anderen Planeten [zu leben], wo Lügen zur Wahrheit geworden sind, Böses zu Gutem und Aggression zur Selbstverteidigung". Oder, wie der junge Diplomat George F. Kennan im März 1940 schrieb, der „deutsche Riese" war entschlossen, Europa zu beherrschen oder zu zerstören, und Frieden war unmöglich, weil „das Nazi-System auf der Annahme beruht, daß Krieg, und nicht Frieden, der normale Zustand der Menschheit ist".[13]

Nach Hitlers Invasion Westeuropas gab die Roosevelt-Administration die öffentliche Erwähnung „Deutschlands" auf und sprach nur von einem „Nazi-Staat": totalitär, unersättlich, gefangen in einer „unheiligen Allianz" und mit Gewalt nach einem „Weltreich" strebend. Daher hätten die Amerikaner keine Wahl, betonte Roosevelt, als zum „großen Waffenlager der Demokratie" zu werden, und es könnte keinen Frieden geben, bis der Würgegriff, in dem die Nazis Europa hielten, gebrochen war, wonach die Vereinigten Staaten entscheiden würden, wie mit dem besiegten Deutschland zu verfahren sei.[14]

Schröders Untersuchung der deutsch-amerikanischen Beziehungen nach 1945 hat wesentliche, aber noch nicht voll erforschte Fragen bezüglich amerikanischer Planungen für Nachkriegsreformen oder den Wiederaufbau Deutschlands und seine voraussichtliche Rolle in einer neuen Weltordnung aufgeworfen.

Roosevelts Pläne während des Krieges waren mehrdeutig, aber er wollte ohne Frage das deutsche Volk die Last seiner Verantwortung – oder Schuld – tragen lassen. So forderte er „bedingungslose Kapitulation", wollte Deutschland von den Nazis und der „preußischen Militärclique" befreien und äußerte gelegentlich unreflektierte Bemerkungen dazu, wie man die „Krieg heckenden Banden" der Deutschen durch Kastration und schmale Tagesrationen aus Armee-Suppenküchen unschädlich machen könnte.[15]

Roosevelts amtliche deutschlandpolitische Richtlinien erwuchsen aus den harten Positionen in Sumner Welles' Ausarbeitungen, aus dem berühmten „Programm, Deutschland an der Entfesselung eines dritten Weltkrieges zu hindern" des Finanzministers Henry Morgenthau Jr., den schärferen Bestimmungen von JCS 1067 und den Vereinbarungen von Jalta. Zusammengenommen gingen diese Programme aus von hohen Reparationszahlungen (in Jalta hatte man 20 Milliarden Dollar geschätzt), Zerstückelung des Deutschen Reiches, Polens Abtretung seiner angestammten Gebiete im Osten an Rußland, die durch Gebietsgewinne im Westen auf Kosten Deutschlands kompensiert werden sollte, und – vor allem anderen – von britisch-amerikanisch-sowjetischer Übereinstimmung.[16]

Konservative Kritiker des Welles-Morgenthau-Jalta-Ansatzes haben ihm vorgeworfen, er hätte nicht funktionieren können: politisch zu sehr auf Rache bedacht, hätte er in Europa wahrscheinlich Chaos angerichtet und dem sowjetischen Expansionismus noch mehr Vorschub geleistet. Kritiker auf der Linken haben hervorgehoben, das amerikanische Abgehen von Jalta, insbesondere in den Deutschland betreffenden Fragen, habe den Kalten Krieg heraufbeschworen. Insbesondere Bruce Kuklick hat in seinem Buch „American Policy and the Division of Germany" den Vorwurf erhoben, der amerikanische liberale Kapitalismus („Multilateralismus") habe die USA veranlaßt, den Russen eine feste Reparationssumme, die aus ganz Deutschland entnommen werden sollte, zu verweigern und stattdessen eine restriktive zonale Reparationspolitik zu betreiben, die wirtschaftliche Einflußsphären beinhaltete, welche wiederum zu politischen Einflußsphären in Deutschland führten und so die politisch-wirtschaftliche Teilung Europas ankündigten.[17]

Kritiker von Roosevelts angeblich harter Zerstückelungs-und Reparationspolitik haben die übergreifenden Probleme ignoriert oder verwischt, die er damit ansprechen wollte: das historische Streben der Sowjetunion nach Grenzveränderungen im Interesse ihrer nationalen Sicherheit und die Aussicht, daß Reparationen die Sowjets für Kriegsverluste entschädigen und die britische Wirtschaft wiederbeleben könnten, indem diese den früheren deutschen Außenhandel übernahm. Und Roosevelt hätte es vielleicht vermeiden können, den Kongreß, der bereits im Fall der Lend-Lease-Kosten Schwierigkeiten bereitet hatte, um enorme Nachkriegskredite für Großbritannien und die Sowjetunion zu bitten. Insgesamt versuchte Roosevelts Deutschlandpolitik, das amerikanische Engagement im Nachkriegseuropa finanziell und militärisch möglichst gering zu halten und in der Alten Welt das zu sichern, was er für vergeltende Gerechtigkeit und dauerhafte politische und wirtschaftliche Sicherheit − oder Gleichgewicht − hielt.[18]

In Potsdam im Juli 1945 gaben die Vereinigten Staaten weitgehend Roosevelts Einstellung zu Deutschland auf, jedoch nicht nur aus den Gründen, die von ‚wirtschaftlichen Revisionisten' genannt worden sind. Tatsächlich hatte 1944 der Kriegsminister Henry L. Stimson eindrucksvoll und beredt Roosevelt seinen Widerstand gegen den Morgenthau-Plan vorgetragen und betont, daß zehn europäische Länder, *einschließlich Rußlands*, von deutschem Import und Export und deutscher Rohstoffproduktion abhingen, und daß es unvorstellbar sei, daß dieses „Geschenk der Natur", das von Menschen voller „Energie, Tatkraft und fortschrittlicher Einstellung" bevölkert sei, in eine „Geisterlandschaft" oder eine „Müllhalde" verwandelt werden könnte. Dennoch erstrebte Stimson auch größere Gebietsabtretungen (Ostpreußen, Oberschlesien, Elsaß-Lothringen) und womöglich darüber hinaus eine Nord-Süd-Teilung Deutschlands und Internationalisierung des Ruhrgebiets. Was er aber am meisten fürchtete, war, daß ein zu niedriges Niveau einer Subsistenzwirtschaft den Zorn des deutschen Volkes gegen die Alliierten richten und auf diese Weise „... die Schuld der Nazis und die Bösartigkeit ihrer Lehren und Taten verschleiern" würde. Stimson trug ähnliche Argumente auch Präsident Harry S. Truman im Frühling 1945 vehement vor, während William Donovans O.S.S. Truman riet − da weder die Sowjetunion noch die Vereinigten Staaten dem anderen erlauben könnten, Deutschland zu dominieren, welches nicht geteilt werden sollte −, die beste Lösung sei „die Errichtung und Erhaltung eines demokratisch-sozialistischen Deutschland, das gleiche Beziehungen zum östlichen und westlichen Block unterhalten würde, aber keinem der beiden angeschlossen wäre".[19]

In der Vorbereitung auf Potsdam sprachen sich Beamte des Außenministeriums häufig gegen Zerstückelung und hohe Reparationen aus, allerdings oft aus Gründen, die sich aus der jüngsten Geschichte ergaben, und aus solchen der Menschlichkeit. Sie warnten davor, die „Geschichte von Versailles" zu wiederholen, und fürchteten eine Politik, die deutsche „Quislings und Vichy-Politiker" zwingen würde, sie zu vollziehen (jeder „nazifeindlichen Partei sollte das

Odium dieser Kollaboration erspart bleiben"), und sie glaubten, daß ein ‚Armenhaus'-Lebensstandard für Deutschland denselben für Europa und schließlich — noch einmal — die Revolte des deutschen Volkes gegen ein System und Alliierte, die schwach und zerstritten wären, bedeuten würde.[20] Gleichzeitig rieten amerikanische Amtsträger von einem britischen Vorschlag zur Verschmelzung der drei Westzonen ab, weil dies eine „wirtschaftliche Mauer" zwischen Ost und West errichten würde, und warnten vor der französischen „fixen Idee" einer Abtrennung von Westdeutschlands Kohle- und Industrieregionen, die die Amerikaner zu sehr an die französische Politik nach dem Ersten Weltkrieg zu erinnern schien.[21]

In Potsdam vertraten die Amerikaner anfänglich nachdrücklich ihr Prinzip der ‚ersten Forderung', aber gingen davon ab, als sie zonale Reparationen aushandelten, die einen Austausch-Transfer von 25% der Kapitalausstattung der westlichen Zonen an die Russen vorsah, aber keine feste Reparationssumme. Zweifellos hätten Trumans Beauftragter für Reparationsfragen, Edwin M. Pauley, und der neue Außenminister James F. Byrnes gegenüber den Russen entgegenkommender sein können, insbesondere als diese bereit schienen, deutlich verringerte Reparationen zu akzeptieren. Aber die Amerikaner waren zu provinziell, zu sehr Pferdehändler und zu entschlossen, den Russen in Deutschland amerikanische Prinzipien aufzuzwingen.

Es gibt allerdings keinen Beweis, daß die Amerikaner eine dauerhafte Teilung Deutschlands beabsichtigten. Tatsächlich hat der Historiker John Gimbel nachgewiesen, daß in den nachfolgenden Jahren die amerikanische Politik genauso belastet war von französischer Reparations- und Abtrennungspolitik — und Widerstand gegen die Schaffung zentraler Einrichtungen — wie von der sowjetischen Politik.[22] Und dies wurde von Trumans Sonderbotschafter Byron Price in seinem ausführlichen Bericht über Deutschland im November 1945 und in ähnlichen Kommentaren umherreisender Beamter des Verteidigungsministeriums in den folgenden Monaten entsprechend wiedergegeben.[23] Französische Unnachgiebigkeit lag, wie Gimbel nachgewiesen hat, der Entscheidung General Lucius D. Clays zugrunde, Reparationsentnahmen aus der amerikanischen Zone im Mai 1946 zu stoppen, während Byrnes' Stuttgarter Rede im September, die ein sich selbst versorgendes Deutschland und anschließend die wirtschaftliche Verschmelzung der britischen und amerikanischen Zonen forderte, sich aus mehreren Zielen ableitete, einschließlich Entnazifizierung, Entflechtung der Industrien, Demokratisierung, Vereitelung sowohl französischer als auch russischer Politik, Wiederaufbau Deutschlands und Europas und Sicherung amerikanischer Steuergelder. Diese Schritte in Verbindung mit dem strengen Winter 1946-47, steigenden Besatzungskosten und der ‚Dollar-Lücke' führten zum Marshall-Plan und zum Europäischen Wiederaufbau-Programm von 1947–48, was zur weiteren — oder politischen — Teilung Deutschlands und Europas und zur Intensivierung des Kalten Krieges führte.

Man kann allerdings auch sagen, daß ebenso wie die amerikanische Politik in Deutschland 1945–46 mehreren Überlegungen entsprang, auch der Marshall-Plan mehr als nur eine antisowjetische Maßnahme oder eine Stütze des internationalen Kapitalismus darstellte. Offensichtlich begannen amerikanische Amtsträger ihre Planungen mit stark ausgeprägten, kulturell verwurzelten Annahmen über die hervorragende Rationalität und Effektivität des privaten Unternehmertums und einem offiziellen Bekenntnis zu den Lehren einer weltweiten liberal-kapitalistischen Ordnung, die sie ebenso wie ihr Vorurteil gegen Nationalisierung zu heftig als Grundlage für die Teilnahme am Marshall-Plan verfochten. Und als sie den Marshall-Plan der Öffentlichkeit und dem Kongreß schmackhaft machten, benutzten sie zu viel antikommunistische Rhetorik und beschworen zu oft das Gespenst der Eindämmung der Sowjetunion. Die USA hätten mehr tun sollen, um die Sowjetunion zur Teilnahme zu ermuntern, wenn es auch unwahrscheinlich ist, daß die Russen wirklich teilgenommen oder den osteuropäischen Staaten erlaubt hätten, dies zu tun.

Obwohl es unbestreitbar ist, daß die Diskussion über eine Eindämmung der Sowjetunion ein Bestandteil der Diskussion um den Wiederaufbau Europas war, entwickelte sich der Marshall-Plan, wie Gimbel argumentiert hat, jedoch auch zu einem Instrument, das auf die Eindämmung Deutschlands in einer größeren Wirtschaftsstruktur und die Schaffung einer im Entstehen begriffenen atlantischen Gemeinschaft zielte, wodurch die Obstruktion Frankreichs oder Wiederholung seiner Hegemoniebestrebungen der frühen zwanziger Jahre möglichst klein gehalten, jedoch die französischen Ansprüche auf politische und wirtschaftliche Sicherheit befriedigt würden. In diesem Sinne diente die amerikanische Rhetorik der ‚Offenen Tür' dazu, die politisch belastete Frage der deutschen Rehabilitation zu entschärfen, während die beginnende europäische Zusammenarbeit oder Integration die Mittel bereitstellen würde, um den deutschen Wiederaufbau zu bewirken und ‚einzudämmen'. Oder, wie es sowohl Edwin Pauley als auch John Steelman, Präsident Trumans Sonderberater, im Frühjahr 1947 formulierten, als sie sich gegen den unbegrenzten industriellen Wiederaufbau Deutschlands aussprachen, die Wiederbelebung des „deutschen Riesen" würde zur Militarisierung und den Konsequenzen der dreißiger Jahre führen.[24]

Der Marshall-Plan war so, wie Stalin betonte, mehr als die Truman-Doktrin plus Dollars, obwohl es nicht überrascht, daß die wirtschaftliche Teilung die weitere politische und militärische Teilung Deutschlands und Europas insgesamt förderte. Aber bevor man die politische und wirtschaftliche Teilung Deutschlands schlankweg verurteilt, könnte man sich fragen, ob diese Teilung nicht ironischerweise einem höheren Zweck diente.[25] Oder, um es anders zu formulieren, weder die Vereinigten Staaten noch die Sowjetunion waren darauf vorbereitet, das Risiko einzugehen, daß der jeweils andere ein vereinigtes Deutschland völlig kontrollieren könnte, was auch die Franzosen nicht wollten. Und möglicherweise hätte ein vereinigtes und wirtschaftlich starkes Deutschland dieselbe ‚revisionistische' Bedrohung Europas darstellen können wie in der Zwischenkriegszeit. Daher half die politisch-wirtschaftliche Teilung Deutschlands, ein amerikanisch-sowjetisches (und französisches) Dilemma in dem Sinne zu lösen, daß es zwanzig Jahre ‚Frieden' zwischen den beiden Weltkriegen gegeben hat, aber bereits vierzig Jahre seit dem Ende des Zweiten Weltkrieges. Und vielleicht half die Teilung Deutschlands in einer Weise, die man sich damals nicht vorgestellt hat, Europas ‚deutsches Problem' zu lösen, indem sie einen Rahmen schuf, in dem Deutschlands immenser Vorrat an menschlicher Begabung und natürlichen Ressourcen ihrer eigenen wie auch den anderen Gesellschaften zur Blüte verhelfen konnte, ohne das Mächtegleichgewicht auf dem Kontinent oder das Gleichgewicht zwischen den beiden Supermächten zu bedrohen, die sich erstmals 1945 über dem am Boden liegenden Europa gegenüberstanden. Man könnte sagen, die deutsche Teilung habe auf diese Weise lange erträumte Integrationsversuche in Westeuropa beschleunigt und womöglich dazu beigetragen, die Bedingungen zu schaffen, unter denen Deutschland oder die beiden Deutschlands nun dazu beitragen könnten, die Bedingungen zu verbessern, die der Erreichung einer dauerhaften Entspannung förderlich sind.

Damit soll nicht behauptet werden, Politiker in der Mitte des vierziger Jahre seien nach einem grandiosen Plan vorgegangen statt wahllos oder wenigstens auf Umwegen. Aber es soll behauptet werden, daß das neue Staatensystem, das sich im Nachkriegseuropa herausbildete, wenigstens etwas ähnliches wie Frieden für vier Jahrzehnte geschaffen hat. Womöglich könnte man sagen, daß unter der Voraussetzung dessen, was Politiker aus der Vergangenheit kannten und fürchteten – französische Unnachgiebigkeit, deutschen Revisionismus, den Zusammenbruch der Weltwirtschaftsordnung –, die Teilung Deutschlands mehr Logik beinhaltete oder unvermeidlicher war, als Politiker und sogar Historiker jemals bereit wären zuzugeben. Vielleicht kommen wir, wenn wir mehr über die politischen, wirtschaftlichen und bürokratischen Pressionen erfahren, denen die sowjetische Diplomatie ausgesetzt war, zu dem Schluß, daß beide Seiten oder alle Seiten mitverantwortlich dafür sind, daß uns so viele kalte und heiße Kriege aufgezwungen worden sind. Und gleichermaßen sollten wir alle Seiten dafür verantwortlich machen, daß das Gleichgewicht des Schreckens, welches jetzt unsere Existenz bedroht, verringert wird, während wir stärker denn je die Gleichheit unseres Menschseins herausstellen sollten, die die Grenzen jeder Nation, jedes Militärbündnisses oder jeder regionalen Gruppe überschreitet und uns alle vereint in dem gemeinsamen Streben nach Frieden und Wohlstand.

Anmerkungen

1 William A. Williams, The Tragedy of American Diplomacy, New York: Dell, ²1972, und Werner Link, Die amerikanische Stabilisierungspolitik in Deutschland 1921–1932, Düsseldorf: Droste, 1970. S. hierzu auch Manfred Knapp u.a., Die USA und Deutschland 1918–1975. Deutsch-amerikanische Beziehungen zwischen Rivalität und Partnerschaft, München: C.H. Beck, 1978.
2 Davis an Hughes, 12. 3. 1921, Norman H. Davis Papers, Box 27, Manuscript Division, Library of Congress, Washington, DC.
3 Melvyn P. Leffler, Political Isolationism, Economic Expansionism, or Diplomatic Realism. American Policy toward Western Europe, 1921–1933, in: Perspectives in American History 8. 1974, S. 441.
4 S. Leffler, S. 413–461; ders., American Policy and European Stability, 1921–1933, in: Pacific Historical Review 46. 1977, S. 207–228; ders., The Elusive Quest. America's Pursuit of European Stability and French Security, 1919–1933, Chapel Hill: University of North Carolina Press,

1979; Frank C. Costigliola, The Other Side of Isolationism. The Establishment of the First World Bank, 1929–1930, in: Journal of American History 59. 1972, S. 602–620; ders., The United States and the Reconstruction of Germany in the 1920's, in: Business History Review 50. 1976, S. 477–502; Kenneth Paul Jones (Hg.), U.S. Diplomats in Europe, 1919–1941, Santa Barbara, CA: ABC Clio, 1981.

5 Einen Überblick bietet Jon Jacobson, Is There a New International History of the 1920's? in: American Historical Review 88. 1983, S. 617–645. Zu den bedeutenden Studien zählen Marc Trachtenberg, Reparations in World Politics. France and European Economic Diplomacy, 1916–1923, New York: Columbia University Press, 1980; Stephen A. Schuker, The End of French Predominance in Europe. The Financial Crisis of 1924 and the Adoption of the Dawes Plan, Chapel Hill: University of North Carolina Press, 1976; Charles S. Maier, Recasting Bourgeois Europe. Stabilization in France, Germany, and Italy in the Decade After World War I, Princeton: Princeton University Press, 1975; Dan P. Silverman, Reconstructing Europe after the Great War, Cambridge, MA: Harvard University Press, 1982.

6 Zur deutschen Politik s. Edward W. Bennett, Germany and the Diplomacy of the Financial Crisis, 1931, Cambridge, MA: Harvard University Press, 1962, und Wolfgang J. Helbich, Die Reparationen in der Ära Brüning. Zur Bedeutung des Young-Plans für die deutsche Politik, 1930 bis 1932, Berlin: Colloquium, 1962.

7 Costigliola, United States, S. 501 f.

8 Hans-Jürgen Schröder, Deutschland und die Vereinigten Staaten 1933-1939. Wirtschaft und Politik in der Entwicklung des deutsch-amerikanischen Gegensatzes, Wiesbaden: Steiner, 1970; s. auch Schröders Aufsatz Das Dritte Reich und die USA, in: Knapp u.a., S. 107–152, sowie ders., The Ambiguities of Appeasement. Great Britain, the United States, and Germany, 1937–1939, in: Wolfgang J. Mommsen u. Lothar Kettenacker (Hg.), The Fascist Challenge and the Policy of Appeasement, London: Allen and Unwin, 1983, S. 390–399, u. ders., Economic Appeasement. Zur britischen und amerikanischen Deutschlandpolitik vor dem Zweiten Weltkrieg, in: Vierteljahrshefte für Zeitgeschichte 30. 1982, S. 82–97. S. auch Callum A. MacDonald, The United States, Britain and Appeasement, 1936–1939, New York: St. Martin's Press, 1981.

9 Arnold A. Offner, American Appeasement. United States Foreign Policy and Germany, 1933–1938, Cambridge, MA: Belknap Press of Harvard University Press, 1969, u. ders., The Origins of the Second World War. American Foreign Policy and World Politics, 1917–1941, New York: Praeger, 1975, S. 104–132, 165–172; ders., Appeasement Revisited. The United States, Great Britain, and Germany, 1933–1940, in: Journal of American History 64. 1977, S. 373–393, u. ders., The United States and National Socialist Germany, in: Mommsen u. Kettenacker, S. 413–427.

10 Dick Steward, Trade and Hemisphere. The Good Neighbor Policy and Reciprocal Trade, Columbia, MO: University of Missouri Press, 1975, S. 283.

11 Roosevelt an Joseph P. Kennedy, 30. 10. 1939, in: Elliot Roosevelt (Hg.), FDR. His Personal Letters, 1928–1945, 2 Bde., New York: Duell, Sloan and Pierce, 1947–1950, S. 942–944.

12 Norman H. Davis an Cordell Hull, 17. 11. 1936, Cordell Hull Papers, Box 40, Manuscript Division, Library of Congress, Washington, DC; Tagebucheintragungen Berles am 16. Mai und 15. November 1939, in: Beatrice Bishop Berle u. Travis Beal Jacobs (Hg.), Navigating the Rapids, 1918–1971. From the Papers of Adolf A. Berle, New York: Harcourt, Brace, Jovanovich, 1973, S. 199–201, 270.

13 Welles Memorandum, 19. 3. 1940, in: U.S. Department of State, Foreign Relations of the United States. Diplomatic Papers 1940, 5 Bde., Washington, DC, 1959, Bd. 1, S. 110-117; George F. Kennan, Memoirs, 1925–1950, Boston: Little, Brown, 1967, S. 117 f; zu Roosevelts Friedensbemühungen s. Offner, Appeasement Revisited, S. 378–393.

14 Samuel I. Rosenman (Hg.), The Public Papers and Addresses of Franklin D. Roosevelt, 13 Bde., New York: Random House, 1938–1950, Bd. 9, S. 161,638 f, 643.

15 Raymond G. O'Connor, Diplomacy for Victory. FDR and Unconditional Surrender, New York: Norton, 1971, S. 50–56; Rosenman, Bd. 12, S. 391, und John Morton Blum, From the Morgenthau Diaries. Years of War, 1941–1945, Boston: Houghton Mifflin, 1959–1967, S. 341, 348 f.

16 Sumner Welles, The Time for Decision, New York: Harper, 1944, bes. S. 306–361; zum Morgenthau-Plan, JCS 1067, und Jalta s. Blum, S. 327–414, sowie Warren F. Kimball, Swords or Ploughshares? The Morgenthau Plan for Defeated Nazi Germany, 1943–1946, Philadelphia: Lippincott, 1976. Ursprünglich hatte Morgenthau geplant, die Reparationen auf bestehende deutsche Ressourcen und Gebiete zu beschränken, aber in Jalta schloß Roosevelt auch Entnahmen aus der laufenden Produktion ein.

17 Kritik – normalerweise von konservativer Seite – an der harten Einstellung gegenüber Deutschland bei: Hanson W. Balwin, Great Mistakes of the War, New York: Harper, 1950; Chester Wilmot, The Struggle for Europe, New York: Harper, 1952; Anne Armstrong, Unconditional Surrender. The Impact of Casablanca Policy Upon World War II, New Brunswick: Rutgers University Press, 1961; Gaddis Smith, American Diplomacy During the Second World War, 1941–1945, New York: Wiley, 1965; Sir John W. Wheeler-Bennett u. Anthony Nicholls, The Semblance of Peace. The Political Settlement after the Second World War, London: Macmillan, 1972. Revisionistische Einschätzungen, die davon ausgehen, daß amerikanische ,reintegrationistische' Politik gegenüber Deutschland den Kalten Krieg vorbereiten half, bei: Bruce Kuklick, American Policy and the Division of Germany. The Clash with Russia over Reparations, Ithaca: Cornell University Press, 1972; Lloyd G. Gardner, Architects of Illusion. Men and Ideas in American Foreign Policy, 1941–1949, Chicago: Quadrangle Books, 1970, u. Diane Clemens, Yalta, New York: Oxford University Press, 1970. Post-revisionistische Einschätzungen bei: John Lewis Gaddis, The United States and the Origins of the Cold War, 1941–1947, New York: Columbia University Press, 1972; Tony Sharp, The Wartime Alliance and the Zonal Division of Germany, Oxford: Clarendon Press, 1975; John H. Backer, The Decision to Divide Germany. American Foreign Policy in Transition, Durham: Duke University Press, 1978.

18 Arnold A. Offner, FDR Remembered. Statesman of Peaceful Means, in: OAH Newsletter 2. 1983, S. 23–25.

19 Henry L. Stimson und McGeorge Bundy, On Active Service in Peace and War, New York: Harper, 1948, S. 571–583; Donovan an Truman, 5. Mai 1945, Office of Strategic Service Files, Box 15, Harry S. Truman Papers, Truman Library, Independence, MO.

20 Department of State, Briefing Book, „Policy toward Germany" (29. Juni 1945), in: U.S. Department of State, Foreign Relations of the United States. The Conference of Berlin (The Potsdam Conference), 2 Bde., Washington, DC: U.S. Government Printing Office, 1960, Bd. 1, S. 435–449.

21 Ebd.; Department of State, Briefing Papers „The Ruhr" und „The Rhineland", 30. 6. 1945, in: ebd., Bd. 1, S. 586–589 und 591 f.

22 John Gimbel, On the Implementation of the Potsdam Agreement. An Essay on U.S. Postwar Policy, in: Political Science Quarterly 87. 1972, S. 242–269, und ders., The American Reparations Stop in Germany. An Essay on the Political Use of History, in: Historian 37. 1975, S. 276–296.

23 Price an Truman, 9. 11. 1945, Official File 198, Box 687, Truman Papers, Truman Library. S. auch Gimbel, Implementation, S. 250–254.

24 John Gimbel, The Origins of the Marshall Plan, Stanford: Stanford University Press, 1976; Pauley an Truman, 15. April 1947, und Steelman an Truman, Ende April 1947, President's Secretary's Files, Box 122, Truman Papers, Truman Library; Pauley und Steelman antworteten auf die Vorschläge des Ex-Präsidenten Herbert Hoover zum unbegrenzten industriellen Wiederaufbau Deutschlands.

25 S. hierzu z.B. Anton W. DePorte, Europe Between the Superpowers. The Enduring Balance, New Haven: Yale University Press, 1979.

IX. Die Deutschamerikaner im 20. Jahrhundert

36. Affinität auf Widerruf
Amerikas willkommene und unwillkommene Deutsche

Christine M. Totten

Der deutsche Historiker Hermann Oncken bedauerte im Jahre 1911, daß die deutschen Einwanderer trotz ihres zahlenmäßigen Gewichts nur wenig Einfluß auf die Vereinigten Staaten geltend machten.[1] Als die Deutschamerikaner drei Jahre später in Onckens Sinne stärker in Erscheinung traten, löste ihr Bemühen, die amerikanische Neutralität im Ersten Weltkrieg zu bewahren, heftige Feindseligkeit aus. Die Elementargewalt dieser Reaktion war ohne Beispiel. Früheres politisches Engagement der Deutschstämmigen, als sie gegen die puritanische Sonntagsgesetzgebung auftraten, gegen die Sklaverei Partei nahmen, und maßgebend zur Entstehung der Arbeiterbewegung beitrugen, hatte die vorwiegend freundliche Grundeinstellung gegenüber den Deutschen wenig gestört.

Das Aufspüren meinungsbildender Prozesse, aus denen sich Pauschalurteile gegenüber ethnischen Gruppen entwickeln, wird methodisch beargwöhnt, wenn es sich an den Äußerungen von Autoritäten wie Politikern, Journalisten und Wissenschaftlern orientiert. Die Meinungsforschung entzog sich dem Vorwurf einer zu engen, gegenüber historischen Tatsachenberichten als subjektiv angesehenen Quellenwahl erst in den 1940er Jahren, als sie sich mit der quantitativen Befragung von breiten Schichten von Meinungsträgern Respekt verschaffte. Inzwischen haben Experten der Imageforschung den Rahmen ihrer Enquêten eher wieder enger gezogen. Sie erkannten, daß die öffentliche Meinung unablässig vereinfacht und wiederholt. Breit angelegte Untersuchungen ergeben nur größere Mengen der gleichen Ergebnisse wie die Befragung sorgfältig ausgesuchter Repräsentativgruppen.[2] Wenn es schwierig ist, den Wandel der Sicht einer Minderheit in den Augen der Mehrheit zu verfolgen und darzustellen, so dürfen solche Aufgaben doch nicht vernachlässigt werden. Stimmungen und Ressentiments spiegeln nicht nur historische Konstellationen, sondern helfen auch, sie zu verändern.

Die Deutschen stellten einen genügend umfangreichen, im ganzen Lande verbreiteten Sektor der amerikanischen Bevölkerung dar, um zu vergleichenden Bewertungen anzuregen, nicht nur bei ihren Nachbarn, sondern auch bei Politikern, die auf ihre Wahlstimmen aus waren. Aus der Vogelperspektive gesehen, teilt eine Trennungslinie die dreihundert Jahre des Zuzugs deutscher Einwanderer in zwei verschiedene Bilder. Das erste zeigt relativ einfache und klare Umrisse, im zweiten entfaltet sich seit dem Beginn der Masseneinwanderung nach 1830 ein vielschichtiges und widersprüchliches Panorama.

William Penns Zuneigung zu den in ihrer Frömmigkeit wahlverwandten Mennoniten und Quäkern aus dem Rheinland ebnete den Weg für einen warmen Empfang der Begründer des Städtchens Germantown. In seiner „Umständlichen Beschreibung" von Pennsylvania berichtet Francis Daniel Pastorius mit Genugtuung, daß der Landesherr der Provinz seinen Mitarbeitern empfahl, den Deutschen freundlich entgegenzukommen: William Penn „contestierte gegen seinen Räthen, daß er mich und die Hoch-teutsche sehr liebete und wolte haben, dass sie dergleichen auch thun solten."[3]

Die herzlichen Beziehungen zwischen Germantown und Philadelphia kühlten sich im Jahre 1688 ab, als Pastorius und drei andere führende Bürger den Teilnahmern der Monatskonferenz der Quäker erklärten, warum sie „gegen das Geschäft mit Menschen" intervenierten. Ihren Protest gegen die Sklaverei legte die davon peinlich berührte Monats- und Jahresversammlung ad acta.

Die Quäker nahmen den Siedlern vom europäischen Festland, denen die historischen Erfahrungen der britischen Kolonialmacht fern lagen, ihre selbstgerechten Vorhaltungen übel. Schon in der Jamestown Kolonie von 1607 hatten verschiedene Grade der Voreingenommenheit gegenüber den Ureinwohnern Amerikas Reibungen zwischen Captain John Smith und seinen deutschen Zimmerleuten verursacht. Der Captain verfluchte die „damn Dutch", als sie bei dem Indianerkönig Powhatan wohnen blieben, nachdem sie ihm ein Haus errichtet hatten. Trotzdem waren dem Anführer der Kolonisten die schwerarbeitenden Deutschen und Polen lieber als die verarmten englischen Gentlemen, die „eher imstande waren, ein neues Gemeinwesen zu ruinieren als es aufzubauen."[4]

Anderthalb Jahrhunderte später kam Benjamin Franklin 1753 zu einer ähnlichen Einsicht. Er stellte fest, daß „die Engländer in der Neuen Welt fauler werden," während die deutschen Arbeiter „ihren altgewohnten Fleiß und ihre Sparsamkeit beibehalten." In seinen Augen war die Arbeitsleistung der groben und ungeschlachten „Pfälzer Bauerntrampel" die einzige ausgleichende Tugend der „Dümmsten ihres Landes."[5] Dennoch vertraute Franklin genügend auf ihre Lesefreudigkeit, um schon 1730 die ersten deutschen Bücher für sie zu drucken und zwei Jahre später die erste deutschsprachige Zeitung herauszubringen.

Weil die deutschen Sektierer in Pennsylvania jede Form weltlicher Schulbildung ablehnten, entstanden zwei sehr verschiedene Eindrücke von den Deutschen, einerseits als ungebildete Spießer, andererseits als eifrige Leser. Der deutsche Einfaltspinsel sollte als einer der sichtbarsten Fäden im Webemuster der Reaktionen auf das Auftreten seiner Landsleute ebensooft verschwinden und wieder auftauchen wie das Gegenstück, der gelehrte und gebildete Deutsche.

Aus Franklins abfälligen Bemerkungen über die Deutschen spricht in erster Linie seine Angst vor Überfremdung. Er fürchtete, daß die Deutschen „uns bald zahlenmäßig so überholen, daß alle unsere Vorteile nicht imstande sein werden, unsere Sprache zu erhalten, und selbst unsere Regierung in Frage gestellt werden wird."[6] Solche Sorgen, die verständlich sein mochten, solange Zeitungsanzeigen und Straßenschilder in Philadelphia noch zweisprachig waren, blieben jedoch selbst dann wach, als spätere Wellen von Einwanderern sich so bereitwillig „anglifizieren" ließen, wie Franklin es forderte. An historisch kritischen Punkten, immer wenn ein erheblicher Zustrom von Neuankömmlingen aus Deutschland eintraf, belasteten Befürchtungen vor ihrem möglichen sprachlichen und kulturellem Übergewicht das Verhältnis zu den Deutschamerikanern.

Es war das Schicksal der Deutschen, permanent den zweiten Platz unter Amerikas Bevölkerungsgruppen zu belegen. Ob der daraus resultierende Argwohn gegenüber dem deutschen Element von dessen krampfhaftem Zusammenhalten intensiviert, oder ob er im Gegenteil eher gemildert wurde von der bemerkenswerten Fähigkeit der Deutschen, sich schnell und gründlich ihrer Umgebung anzupassen, bleibt ein Hauptgegenstand historischer Auseinandersetzungen.[7] Auf jeden Fall waren die aus Deutschland stammenden Einwanderer den anderen atlantiknahen europäischen Gruppen, aus denen der Großteil der amerikanischen Bevölkerung bestand, so ähnlich in Aussehen, Ansichten und Herkommen, daß ihr massenhaftes Auftreten weniger bedrohlich wirkte. Doch kristallisierten sich innerhalb der familiären Gemeinsamkeiten der mittel- und westeuropäischen Einwanderer Einzelzüge, wie auffälliger Fleiß, schon in der Kolonialzeit als spezifisch deutsche Zutat zum amerikanischen Schmelztiegel heraus.

In der folgenden Ära der nationalen Konsolidierung fand die deutsche Schaffenskraft immer häufiger allgemein Anerkennung. Das Lob der Pennsylvania-Deutschen, deren Fleiß und Sparsamkeit besonders hervorgehoben wurde, verbreitete am eindrucksvollsten Dr. Benjamin Rush, der angesehene Arzt und Staatsmann aus Philadelphia. Er erklärte 1789 anhand von sechzehn Beispielen, wie die Deutschen zu Pennsylvanias Wohlstand beitrügen. Die deutschen Bauern versorgten ihr Vieh gewissenhafter, verglichen mit ihren englischen und schottisch-irischen Nachbarn.[8] Rushs Beobachtung, daß die deutschen Siedler das unberührte Land auf hervorragende Weise urbar machten, wurde später von französischen und englischen Reisenden bestätigt.[9]

Die durchsichtige Dialektik seines schmeichelhaften Portraits brachte Dr. Rush den Beinamen eines „Tacitus" der Pennsylvania-Deutschen ein. Rush unterschlug die dunkleren Seiten des Bildes, wie die weitverbreitete Kritik an bäuerlichem Geiz und Materialismus, und an der ungebührlichen Ausnutzung der Bauersfrauen durch schwere Feldarbeit. Doch überwogen die positiven Aspekte von Rushs Bewertung der Deutschen auch bei nachfolgenden Beobachtern. Henry Clay sprach 1832 von den „ehrlichen, geduldigen und fleißigen Deutschen."[10] In jüngster Zeit bekräftigten quantitative Inhaltsanalysen von Populärliteratur aus der Zeit vor dem Bürgerkrieg „Ausdauer, Fleiß, Beharrlichkeit und Zielstrebigkeit" als die wesentlichen deutschamerikanischen Charakterzüge.[11] Die Deutschamerikaner selbst stimmten auf derselben Tonlage in den Chor der Bewunderer ihrer Leistungsfähigkeit ein. In seiner „Festschrift zum deutschen Pionierjubiläum" belegt Oswald Seidensticker 1883 mit Hilfe von Statistiken seine Feststellung: „Die deutsche Einwanderung hat einen bedeutend stärkeren Procentsatz arbeitstüchtiger Leute als die Gesamtbevölkerung."[12]

Seit 1834 erscheint die „New Yorker Staats-Zeitung" ohne Unterbrechung. Als Flaggschiff der deutschsprachigen Presse Nordamerikas, die Ende des 19. Jahrhunderts fast 800 Tages-, Wochen- und Monatsblätter zählte und heute bis auf 14 Zeitungen fast untergangen ist, feierte sie 1984 ein nostalgisches 150. Jubiläum. Ihre Geschichte spiegelt die großen Zeiten der deutschen Presse, die von den Initiativen der Achtundvierziger und dem in der zweiten Hälfte des 19. Jahrhunderts anschwellenden Publikum der Masseneinwanderung bestimmt wurden, bis im Ersten Weltkrieg der Absturz erfolgte, mit dem die Berichterstattung aus Verein und Region endgültig das Erscheinungsbild bestimmte. Die „Staats", die sich im Zweiten Weltkrieg mit dem „New Yorker Herold" zusammenschloß, ist von der Tageszeitung wieder zum Wochenblatt geworden. An ihrem Überleben hat heute der deutschsprachige Reisedienst ‚Staats-Herold Tours' entscheidenden Anteil. (C.J. Zumwalt / New Yorker Staats-Zeitung und Herold / Mecki McCarthy)

Dem Klischee des überlegenen deutschen Arbeitswillens konnten selbst die Schmähungen alles Deutschen in beiden Weltkriegen nichts anhaben.[13] Es gehört bis heute zu den Standardbegriffen von Journalisten auf beiden Seiten des Atlantik, obwohl man in der Bundesrepublik zu zweifeln beginnt, ob es weiterhin wesentlichen deutschen Charakterzügen entspricht.[14]

In den Vereinigten Staaten hat sich die stereotype Vorstellung vom deutschen Fleiß von Jamestown bis zu den jüngsten Meinungsumfragen unverändert erhalten. Demgegenüber wurde ein zweiter altgewohnter Begriff des unauffälligen, ruhigen Deutschen von diametral entgegengesetzten Beanstandungen des lauten und anmaßenden Deutschen überlagert, der mit Einwanderergruppen des 19. Jahrhunderts eintraf. Die ersten deutschen Pioniere, die frommen, pazifistischen Sektierer und kirchentreuen Familienverbände, hatten den Atlantik nicht auf Schiffen ihrer Landsleute überquert, wie die Spanier, Engländer und Holländer. Die Deutschen kamen ohne Waffen, nach innen gerichtet, heiter und sanftmütig.

Die so angenehm einheitlichen Eindrücke von diesen frühen Einwanderern wurden zuerst von deutschen Intellektuellen, Anhängern der revolutionären Bewegungen um 1830 und 1848/49 in Frage gestellt, dann von der verwirrenden Mannigfaltigkeit der Massenwanderung aus den deutschsprachigen Ländern nach Übersee.

Anfänglich hatte man mit den politisch fügsamen Deutschen gut auskommen können. Pastorius beklagte sich 1703 in einem Brief an William Penn darüber, daß die Bürger von Germantown absolut nicht bereit waren, öffentliche Ämter anzunehmen.[15] Benjamin Franklin erinnerte sich gern an die Tage, „als die Deutschen noch bescheiden ablehnten, sich in unsere Wahlen einzumischen." Es ärgerte ihn später, daß sie sich als unberechenbare unabhängige Wähler entpuppten.[16] Der erste Schub politisch motivierter deutscher Einwanderer, die Achtundvierziger, sahen wie viele andere im Lande geringschätzig auf die politisch schwunglosen Deutschamerikaner herab. Julius Froebel tat sie als „Stimmvieh" ab. Sowie die deutschen Revolutionäre versuchten, ihre apathischen Landsleute wachzurütteln, sie für ihre Ziele der Sklavenbefreiung zu werben, für die sozialistischen Ideale der Turner zu gewinnen, und als sie sogar kirchliche Institutionen angriffen, da warfen sie alle vorgefaßten Meinungen von den Deutschen über den Haufen. Das Nebeneinander von radikalen deutschen Stimmführern und passiv-konservativen Gefolgsleuten stimmte unbehaglich. Es löste Feindseligkeit aus gegenüber den Agitatoren, von denen „die Gefühle der braven, anständigen, einfachen und ehrlichen Deutschen durcheinander gebracht wurden."[17]

Der Prozeß der Auffächerung des Deutschenbildes war besonders augenfällig im Hinblick auf das erweiterte Spektrum der religiösen Bekenntnisse. Zu Anfang war die deutsche Einwanderung rein protestantisch, leicht einzuordnen als Zuzug aus ‚Luthers Land', einem freundlichen Beinamen für Deutschland in der Zeit stark protestantisch betonter amerikanischer Selbsteinschätzung.[18] Doch trafen mit den Achtundvierzigern auch Freidenker und reformorientierte Juden ein, und im späteren 19. Jahrhundert erhielt die römisch-katholische Kirche erheblichen Zuwachs aus den deutschsprachigen Ländern. Damit war die alte konfessionelle Einheitlichkeit ein für allemal aufgehoben.

Ein wesentlicher Zug des deutschen Image entstand im ‚Deutschen Gürtel' des Mittelwestens. Dort konzentrierte sich die in Deutschland geborene Bevölkerung und entwickelte einen eigenen Lebensstil. Die zahllosen geselligen und feuchtfröhlichen Vereinigungen ließen langlebige stereotype Vorstellungen vom deutschen Biertrinker, Bierbrauer und allen Alkoholverboten abholden Förderer des Bierkonsums entstehen. Es ist bemerkenswert, wie dieselben Eigenheiten der Deutschen je nach den Forderungen des jeweiligen amerikanischen Zeitgeistes einmal Ablehnung, dann Zuneigung hervorriefen. In den 1850er Jahren erregten die lauten ‚verdammten Deutschen' weithin Anstoß. Die Now-Nothing-Aktivisten konnten von den in Bier schwimmenden Picknicks, mit denen die „bärtigen, rot-republikanischen" Turner ihren Sabbath entheiligten, bis zu handgreiflicher Weißglut gereizt werden.[19] Hundert Jahre später fand der deutsche Sinn für ‚Gemütlichkeit' für das vergnügte Feiern der Mußestunden als Ausgleich zu angestrengter Arbeit, im ländlichen Amerika ebenso begeisterten Anklang wie in den Städten.[20] Im ganzen Land sind Oktoberfeste längst aus dem Rahmen deutscher Vereinsveranstaltungen hinausgewachsen und sind zu einem allgemein beliebten Herbstereignis geworden.

Außer den Reibereien mit Nativisten machte sich um die Mitte des 19. Jahrhunderts ein weiterer komplizierender Faktor im Prozeß der Meinungsbildung über die Deutschen in Amerika bemerkbar. Mehr als je zuvor brachten Presseberichte aus Europa der amerikanischen Öffentlichkeit beifällig oder mißbilligend zum Bewußtsein, wie sich die Deutschen in ihren Heimatländern politisch verhielten. Bis zu den Napoleonischen Kriegen hatten die alle Aufmerksamkeit beherrschenden Beziehungen zu London und Paris das Interesse für die deutschen Mächte mehr an die publizistische Peripherie gedrängt. Seit den 1830er Jahren fanden jedoch die revolutionären Unruhen in Südwestdeutschland ein lebhaftes Echo in den Vereinigten Staaten.[21] Einst hatte religiöse Übereinstimmung Wohlwollen für die Deutschen geweckt. Jetzt wurden in deutschen politischen Strömungen wahlverwandtschaftliche Züge entdeckt. Ehe noch Anhänger der revolutionären Bestrebungen als Flüchtlinge eintrafen, drückten amerikanische Journalisten ihre Sympatie aus für die Kräfte, die nach nationaler Einigung riefen, nach einer Föderation deutscher Staaten, und vor allem nach einer Republik, die den Klüngel tyrannischer Fürstentümer ablösen sollte. Als die Revolution jedoch 1849 zusammenbrach, fanden die enttäuschten amerikanischen Beobachter dieselbe deutsche Unfähigkeit für die Politik bestätigt, die sie von den deutschen Einwanderern seit anderthalb Jahrhunderten gewohnt waren.[22]

Über zwanzig Jahre später wurde dann die deutsche Einigung verwirklicht, nicht in der Form einer Republik nach amerikanischem Muster, sondern als Verband von Fürsten, die einem Kaiser huldigten. Die amerikanische öffentliche Meinung reagierte heftig und sprunghaft mit einem Stimmungsumschwung, der nicht nur unmittelbar dem neuen Deutschen Reich galt, sondern der sich schließlich auch auf das deutsche Element in den Vereinigten Staaten auswirken sollte. Welche Ansichten die amerikanische Presse im Verlauf des deutsch-französischen Krieges spiegelte, ist gründlich untersucht worden.[23] Noch im Jahre 1866 charakterisierte ein bezeichnender Bericht die Deutschen als „das gelehrteste, geduldigste, kultivierteste Volk auf dem ganzen Erdkreis, das sich in den schönen Künsten auszeichnet, in den Wissenschaften, der Waffenkunst, der Literatur, kurz in allem außer der Politik."[24]

Beim Ausbruch der Feindseligkeiten im Jahre 1870 setzten sich die meisten amerikanischen Zeitungen warm für die preußische Sache ein.[25] Das unter der preußischen Blockade leidende Paris bewegte jedoch die amerikanische Presse dazu, mit ihrer moralischen Unterstützung auf die französische Seite umzuschwenken. Jetzt gewannen die Franzosen alle amerikanischen Sympathien, nicht nur als die Unterlegenen, sondern auch als „von jeher freiheitsliebende Republikaner." Im Gegensatz dazu wurden die Deutschen als „schon immer ihren Herrschern unterwürfig" dargestellt, als „kriegs- und eroberungslüstern, großtuerisch und unmoralisch."[26] Beinamen des Abscheus, die in beiden Weltkriegen wieder auftauchten, erschienen jetzt zum erstenmal. Die Preußen werden als „die schonungslosesten und bösartigsten Eroberer seit Attila und seinen Hunnen" bezeichnet.[27]

Ressentiments gegenüber anderen Nationen glimmen unmerklich weiter in ruhigen Zeitläufen, bis ein Sturmwind sie wieder zu offener Flamme entfacht. Der Widerwille gegen das Deutsche Reich, der seit 1871 schwelte, wurde um die Jahrhundertwende von Rivalitäten zwischen beiden Ländern auf dem Gebiet der Wirtschaft und der Seegeltung weiter genährt.[28] Aber die öffentliche Meinung geriet erst in hellodernden Brand, als die Lenker von Amerikas Geschicken für England und Frankreich Partei nahmen und der amerikanischen Neutralität 1917 ein Ende setzten.

Auf solche langfristigen Folgen der besonderen Umstände der deutschen Einigung war von der sofort sichtbaren Wirkung dieses Ereignisses auf das Prestige der Deutschamerikaner nicht zu schließen. Einige wenige enttäuschte und warnende Stimmen der Liberalen wurden beiseite geschoben. Die Mehrzahl der Deutschamerikaner sonnte sich im Auftrieb für ihr Selbstvertrauen als Gruppe, stolz auf die militärischen und wirtschaftlichen Erfolge des alten Vaterlandes.[29]

Zur gleichen Zeit, als auf die Deutschamerikaner ein Abglanz des materiellen Aufschwungs ihrer Vettern jenseits des Atlantik fiel, profitierte ihr Renommee auch besonders von der amerikanischen Bewunderung für die deutsche Kultur. Das Bild der Deutschen als hervorragende Forscher und Lehrer, Musiker, Künstler und einfallsreiche Erfinder kristallisierte sich damals zu einer unverwüstlichen stereotypen Vorstellung. Sie wurde aus zwei Wurzeln genährt, den persönlichen Erfahrungen von Amerikanern in den deutschsprachigen Ländern einerseits, und deren Bestätigung durch die Beiträge deutscher Einwanderer zum amerikanischen Leben andererseits. Bis zum Ersten Weltkrieg studierten fast zehntausend junge Amerikaner an deutschen Universitäten. Sie wählten deutsche Hochschulen aus Gründen, die zeigen, welche nationalen Charakterzüge Amerikaner im 19. Jahrhundert anzogen und abstießen.[30] Das britische Image litt damals noch unter einem bitteren Nachgeschmack gegenüber dem ‚Erbfeind' der Unabhängigkeitskriege und der Auseinandersetzungen von 1812. Oxford und Cambridge wurden abgelehnt. Sie erschienen zu konservativ und mit dem Makel britischen Kastengeistes behaftet. Waterloo stand am Ende eines halben Jahrhunderts der Vorliebe für die französische Kultur, die von Thomas Jefferson verkörpert wurde. Amerikanische Eltern zögerten, ihre Söhne den Frivolitäten des Pariser Lebens auszusetzen, einem Atheismus, der noch als Erbe der Revolution nachklang, und einer von sinnenfrohen ästhetischen Werten getränkten Atmosphäre, die Amerikanern ebenso fern lag wie Deutschen. Dagegen erschien Martin Luther beispielhaft für deutsche Unabhängigkeit des Denkens. Die Brüder Humboldt repräsentierten modernste Bildungsideale,

Bunsen, Helmholtz und Koch überlegene Leistungen in den Naturwissenschaften.

Der Bahnbrecher für die deutsche Literatur war nicht Goethe, dessen persönlicher Lebensstil moralischen Argwohn weckte. Dagegen erfüllte Schillers erhabenes Pathos in vollkommener Weise die ethischen und poetischen Erwartungen des Landes gerade zu der Zeit, als der hundertste Geburtstag des Dichters im Jahre 1859 von Küste zu Küste feierlich begangen wurde.[31] Der Geist dieses Barden der Freiheit wurde auch im Idealismus gelehrter deutscher Emigranten wie Franz Lieber und Karl Follen gesucht.

Das musikalische Erbe, das die Einwanderer aus Deutschland mitbrachten, wurde anfangs nur mit Vorbehalten akzeptiert. Neuenglands Puritaner sahen ebenso wie die Quäker in Pennsylvania scheel auf Gesang in Gottesdiensten. Später gewann jedoch die Freude an den musikalischen Neuerungen der deutschen Sekten die Oberhand: Die Chöre von Ephrata und die Orchestermusik der Mährischen Bruder wirkten als unwiderstehliche Vorbilder. Im 19. Jahrhundert gewann die deutsche Musik die Herzen von Amerikanern aller Schichten – mit den kleinen Kapellen an der Straßenecke wie mit den großaufgezogenen Sängerwettbewerben der Männerchöre, mit den Konzertreisen des Germania Orchesters der Achtundvierziger und so hervorragenden Dirigenten wie Theodore Thomas und Leopold Damrosch. Amerikas Konzertsäle verließen sich auf die ‚Drei Bs‘, Bach, Beethoven und Brahms, als Grundpfeiler ihrer Programme.[32]

Mit der Liebe zu deutschen Komponisten und Musikern begann Amerikas Zuneigung für das von deutschen Immigranten mitgebrachte Kulturgut, sie sollte auch den längsten Bestand haben. Sie überlebte den Beifall für die deutschamerikanischen bildenden Künste wie die Düsseldorfer Schule mit den grandiosen Ölgemälden von Emanuel Leutze und Albert Bierstadt, die ebenso schnell in der Gunst des Publikums fielen, wie sie in den 1860er Jahren gestiegen waren. Der amerikanische Geschmack wandte sich von ihnen ab, um in Paris und dem französischen Impressionismus neue Idole zu finden.[33]

Dieser Geschmackswandel war symptomatisch dafür, daß gegen Ende des Jahrhunderts deutsche kulturelle Vorbilder von der Begeisterung für französische Eleganz und britischen Flair in den Hintergrund gedrängt wurden. Kuno Francke, der nationalistische Hohe Priester der Germanistik, versuchte diese Strömung dadurch einzudämmen, daß er 1897 die Initiative zur Gründung eines Germanischen Museums in Harvard ergriff. In den 1850er Jahren hatte Henry Adams festgestellt, daß Harvard von Verehrung für Deutschland beherrscht war.[34] Ein halbes Jahrhundert später fühlte sich Francke bedrängt von „dem alles überwiegenden englischen und französischen Einfluß." Verglichen mit der „maßvollen Feinheit des Franzosen" und „der weltmännischen Kraft des Engländers" fand Francke, daß „das Formlose, Sprunghafte, Übertriebene, Sentimentale des deutschen Charakters ... als etwas Minderwertiges empfunden" wurde. Nur „die einzigartige Größe der deutschen Musik" wurde in Neuengland noch voll anerkannt.[35]

Die deutsche Kultur fiel in Amerika in derselben Zeit allmählich in Ungnade, in der sich die Anzeichen mehrten, daß der ethnische Zusammenhalt der

Das Monument Steuben: die Identifikationsfigur der Deutschamerikaner ist erst Ende des 19. Jahrhunderts inthronisiert – und keineswegs von allen als solche anerkannt – worden. ‚Washingtons Drillmaster', wie man den ehemals preußischen Offizier Friedrich Wilhelm von Steuben (1730–1799) nannte, stellte die rühmlichste Verbindung der Deutschen zur amerikanischen Revolution dar. Unter den Steuben-Monumenten, die vor 1914 in amerikanischen Städten errichtet wurden, ragt das obige Denkmal in Washington heraus. Mit Geldern des amerikanischen Kongresses unweit des Weißen Hauses errichtet und 1910 eingeweiht, brachte es zugleich die Anerkennung des deutschen Beitrages zum Bau des Landes vonseiten des amerikanischen Volkes zum Ausdruck. Als nach dem Ersten Weltkrieg das Ansehen der Deutschen auf einem Tiefpunkt angekommen war, suchte man Steubens Prestige für eine neue politische Organisation der Deutschamerikaner – die 1919 gegründete Steuben-Gesellschaft – fruchtbar zu machen. Ähnliches geschah nach dem Zweiten Weltkrieg mit der Abhaltung von Steuben-Paraden seit 1958 in New York und später auch in anderen Städten. (National Park Service, Capitol Region)

Deutschamerikaner abbröckelte. In der gleichen Phase vor dem Krieg rückten die Vereinigten Staaten politisch näher an England und Frankreich. Alte, ursprüngliche Bande mit England wurden durch den Beitritt der USA zur Allianz neu gestärkt. Losungen, die den Begriff der „Schwesternation der angelsächsischen Rasse" populär machten, forderten auf, „sich über das Meer hinweg die Hände zu reichen."[36] Dem Zuwachs anglophiler Gefühle auf der einen Seite entsprach der Abbau der alten Zuneigung für die Deutschen auf der anderen. Das

Steuben-Parade auf der Fifth Avenue in New York 1981. Im Vordergrund der Parade-Marschall Frank Bolz, ein stadtberühmter Polizeioffizier deutscher Herkunft. Dahinter, direkt an der weißen Linie, Richard von Weizsäcker, Regierender Bürgermeister von Berlin, der spätere Bundespräsident, und seine Frau Marianne. Rechts, ohne Jackett und mit erhobenem Arm, New Yorks Bürgermeister Ed Koch. Neben ihm der Generalkonsul der Bundesrepublik, Hartmut Schulze-Boysen und seine Frau Marita. (C.J. Zumwalt / New Yorker Staats-Zeitung und Herold)

gute Verhältnis zu ihnen war erst vor kurzem brüchig geworden, sein Verfall wurde jedoch drastisch beschleunigt, als man Vereinigungen wie die Deutsch-Amerikanische Allianz der politischen Anmaßung bezichtigte und Angst bekam, daß sich die Bindestrich-Amerikaner als unzuverlässig in ihren Kriegspflichten erweisen würden. Den in die Defensive Gedrängten leisteten hochfahrende und schrille Äußerungen des deutschamerikanischen Kulturchauvinismus schlechte Dienste.[37] Seit der Jahrhundertwende war Amerika dabei, die Haut einer deutsch-orientierten Ära abzustreifen. Dieser allmähliche Prozeß wurde jetzt von den Emotionen der Kriegszeit in eine radikale Operation umgewandelt, die mit einem Schnitt jede Spur deutscher Art aus dem amerikanischen Leben tilgen wollte.[38]

In den Jahren 1917 und 1918 hatten sich die Deutschamerikaner ihren verheerendsten Zurücksetzungen zu stellen. Ihre Eigenheiten und ihr Eigenleben war nach diesem Zeitpunkt der amerikanischen Öffentlichkeit umso weniger interessant, je mehr die Deutschen aus dem allgemeinen Blickfeld verschwanden. Ihr Image verkrustete und wurde kaum noch verschoben. Wo es schien, als ob es sich noch veränderte, waren Reflexe der amerikanischen Reaktionen auf die

Deutschen in Europa im Spiel: Eine Mischung von Faszination und Skepsis in der Zeit der Weimarer Republik, Feindseligkeit gegenüber Hitlers Diktatur, Abscheu vor den Nachkriegsenthüllungen der Völkermorde der Nazis, schließlich neue Annäherung im Zuge vorher nie erlebten Zusammenwirkens der Regierungen der Vereinigten Staaten und der Bundesrepublik Deutschland.

Doch übten die Deutschamerikaner weiter einigen direkten und indirekten Einfluß aus, nachdem sie ihren Vettern in Übersee das Rampenlicht abgetreten hatten. In der Wahlzelle ließen sie ihren Solidaritätsgefühlen freien Lauf.[39] Nach beiden Kriegen setzten sie Hilfsaktionen in Gang, die alte familiäre Bande festigten. Mit ihrer Wohltätigkeit weckten sie amerikanische Sympathien für die Unterlegenen, die allmählich zu gutwilligeren Einstellungen gegenüber dem besiegten Feind führten. Vor allem zeigte sich, daß die von den Deutschamerikanern in über zwei Jahrhunderten vermittelten positiven Eindrücke nicht über Nacht verblaßt waren. Als eine Meinungsenquête 1942 ergab, daß achtundzwanzig Prozent der Befragten die Japaner haßten, während zwölf Prozent Haß gegenüber Deutschen empfanden, wurde der Unterschied nicht nur mit der größeren kulturellen Fremdheit der Japaner erklärt, sondern auch „durch die Tatsache, daß die traditionellen freundlichen, vorteilhaften stereotypen Vorstellungen von den Deutschen den Japanern gegenüber nicht vorhanden waren." Im September 1944, als Amerikaner gefragt wurden, wem „die Grausamkeiten dieses Krieges zur Last gelegt werden sollten, nannten zwei Prozent das deutsche Volk, achtundfünfzig Prozent die Naziführer, achtunddreißig Prozent sowohl Führer als auch das Volk.[40]

Neue Einwanderungsschübe aus Deutschland, die Amerika nach 1918 erreichten, bestätigten wesentliche Züge des alten Image. Der von Hitlers Verfolgungen ausgelöste Exodus der dreißiger Jahre, dem sich die genialsten Köpfe der Weimarer Zeit anschlossen, führte so deutlich zu Deutschlands Verlust und Amerikas Gewinn wie keine Einwanderungswelle je zuvor. Alle historischen Erfahrungen mit schöpferisch begabten Immigranten aus dem deutschen Sprachraum wurden jetzt in den Schatten gestellt von dem, was die Flüchtlinge zur amerikanischen Philosophie, zu den Geistes- und Naturwissenschaften beitrugen, zur Musik, Kunst und Architektur. Das Klischee vom erfinderischen Deutschen war im 19. Jahrhundert von Männern wie Ottmar Mergenthaler und Charles Proteus Steinmetz geprägt worden, vor allem auch von den Roeblings, den Meistern des Brückenbaus. In den späten 1940er und in den 1950er Jahren erhielt es neue Nahrung. Techniker und Erfinder wurden mit der ‚Operation Paperclip' nach USA gebracht; unter dem ‚brain drain' faßte man die Wanderung von Wissenschaftlern zusammen. Wernher von Braun und seine Raketenspezialisten wurden von den Medien viel beachtet und beargwöhnt, in einer für diese Zeit charakteristischen Mischung von alten positiven Vorstellungen über den leistungsfähigen Deutschen mit dem neuen abschreckenden Bild des Nazischurken.[41]

Die Einwanderung nach dem Zweiten Weltkrieg mit einer dreiviertel Million Deutscher bis 1970 bestand zu einem großen Teil aus Ehepartnern und Kindern amerikanischer Bürger. Die Kriegsbräute paßten in die Kategorie der

Traditionspflege der Deutschamerikaner. Die Vielfalt der deutschsprachigen Einwanderergruppen ist ein faszinierender Reflex der zersplitterten deutschsprachigen Kulturregion Europas. Für eine Untersuchung der ethnisch-ästhetischen ‚Haltbarkeit' deutscher Kultur in fremder Umwelt liefern die Vereinigten Staaten breites Anschauungsmaterial. Der erst im 19. Jahrhundert, besonders von den Achtundvierzigern etablierte Begriff ‚Deutschamerikaner' wird dem Phänomen nicht eigentlich gerecht. Er trägt in der ethnischen Repräsentationswelt Amerikas starke Spuren der Schaukultur des Wilhelminischen Zeitalters. Andererseits haben sich als stärkste Identifikationsträger regional-ethnischer Schaukultur die süddeutsch-österreichischen Gruppierungen erwiesen, abgesehen von Gruppen wie den Deutschungarn, Donauschwaben oder Wolgadeutschen. Die Abbildungen zeigen beide Aspekte, oben, die Preußen' (‚Die Langen Kerls' der Steuben-Parade Philadelphia 1981), links ‚die Bayern' (bei der Flaggen-Parade am Deutschen Tag in Highland Park, St. Paul, Minnesota, 1983). (Max A. Frei/Steuben Day Observance Association Philadelphia; Hugo Skrastins/Voyageur)

ruhigen, unauffälligen, schnell assimilierten Neuankömmlinge.[42] Ein anderer beträchtlicher Sektor dieser Gruppe bestand aus Flüchtlingen und Vertriebenen aus den ehemaligen Grenzgebieten mit Polen und Rußland oder von deutschen Volkstumsinseln in Osteuropa. Sie brachten eine vom Leben an der Grenze geprägte Mentalität mit, wie sie früher die Rußlanddeutschen kennzeichnete. Der neue Schwung, mit dem sie die schrumpfenden deutschamerikanischen Vereine belebten, trug dazu bei, daß die alte Tradition eines ‚Deutschen Tages' wieder aufgenommen wurde.

Seit den Zweihundertjahrfeiern der deutschen Einwanderung 1883 dienten periodische Rechenschaftsberichte bei den Treffen der Deutschstämmigen als Barometer ihrer Geltung in der amerikanischen Öffentlichkeit. Auf der Jahresversammlung des Deutschen Pioniervereins von Philadelphia im April 1883 nahm der Vorsitzende, Dr. Oswald Seidensticker, den Vorschlag von Dr. Kellner an, den Jahrestag des ersten Eintreffens deutscher Siedler vor zwei Jahrhunderten mit einer besonderen Feier zu begehen. Das festliche Ereignis dauerte vier Tage, vom 6. bis 9. Oktober, und erhielt das Prädikat „glänzend."[43] Sein Erfolg wurde zum großen Teil vom hohen Niveau der Veröffentlichungen bestimmt, die für diese Konferenz entstanden. Weitere Untersuchungen der deutschamerikanischen Geschichte folgten ihr auf dem Fuße, aus der Feder von Germanisten und Historikern wie Oswald Seidensticker, Friedrich Kapp, Heinrich Rattermann, und dem späteren Gouverneur von Pennsylvania, Samuel Pennypacker.

Seit der Zweihundertjahrfeier begann man den 6. Oktober als Deutschen Tag, Pastorius-Tag oder Siedlertag in unregelmäßiger Folge zu begehen, nicht nur in Philadelphia, sondern auch im Mittelwesten sowie in New York und New Jersey. Am nächsten wichtigeren Markstein, dem 225. Geburtstag der deutschen Immigration, waren wiederum die Beiträge der Fachgelehrten bemerkenswert. Marion Dexter Learned, der Nachfolger von Oswald Seidensticker als Leiter der Deutschen Abteilung der Universität von Pennsylvania, veröffentlichte eine umfangreiche Pastorius-Biographie.[44] Die Festlichkeiten des Jahres 1908 waren einzigartig als Demonstration des Selbstvertrauens der Deutschamerikaner, die nie wieder so hochgemut und in so stolzer Zahl zusammenkommen sollten. Der Hauptorganisator, Dr. Charles J. Hexamer, Ingenieur und Sohn eine Achtundvierzigers, hatte eine führende Rolle beim Zusammenschluß der deutschamerikanischen Vereinigungen gespielt. Er fungierte bei der Gründung der Nationalen Deutsch-Amerikanischen Allianz am 6. Oktober 1901 als Vorsitzender. Sieben Jahre später schlossen sich Tausende von Zuschauern den zwanzigtausend Teilnehmern des Festzuges an, die im Vernon Park dem Mammutchor der vereinigten Sänger von Philadelphia und einem Kinderchor zuhörten. Georg von Bosse, Pastor der Deutsch-Lutheranischen St. Paulskirche und späterer Vorsitzender der Allianz, hielt die Hauptrede auf Deutsch. Theodore Roosevelt schickte eine Grußadresse an die „Amerikaner deutscher Abstammung." Vertreter des deutschen Kaisers versuchten die Gelegenheit zu benutzen, in einer Zeit wachsenden Argwohns und Mißfallens an Wilhelm II. in den USA um Sympathie zu werben.

Die Grundsteinlegung für ein Pastorius-Denkmal war der Höhepunkt des Tages. Das Los dieses Denkmals war bezeichnend für die Mißhelligkeiten, die auf die Deutschamerikaner zukamen.[45] In die Kosten für das Bauwerk von fünfzigtausend Dollar teilten sich die Allianz und der amerikanische Kongress. Im Frühjahr 1917 hatte das Kriegsministerium den Bau kaum fertiggestellt, als schon Demonstranten gegen die allegorische Figur protestierten, die auf dem Sockel, hoch über zehn Meter weißschimmernden Marmors aus Tennessee, eine Lampe hielt und von ihnen zur triumphierenden Germania erklärt wurde. Es nützte nichts, daß der Künstler, Albert Jaegers, beteuerte, „daß die Gestalt die Kultur darstellte, die Lichtbringerin, das Ideal in den Herzen der deutschen Pilger," – das Denkmal verschwand hinter einer Holzverkleidung.

Die umstrittene Dame sah das Licht von Vernon Park wieder bei den Einweihungsfeierlichkeiten am 10. November 1920. Sie wurde zum Versammlungsziel der deutschamerikanischen Vereinigungen, die der Dezimierung durch den Krieg entgangen waren. Das nächste größere Treffen zu ihren Füßen im Jahre 1933 zur Feier der 250. Wiederkehr des Einwanderungsbeginns bewies eine erstaunliche Langlebigkeit altbekannter Traditionen, wenn sie auch auf einen sehr viel kleineren Maßstab reduziert waren. Am 6., 7., und 8. Oktober schlossen sich den Mitgliedern des Zweiten Deutschamerikanischen Kongresses von Philadelphia und New York, der Steuben Gesellschaft und den deutschamerikanischen Kriegsteilnehmern nahezu zwanzig andere Vereine an. Sie bestanden aus Sängern, Turnern und Kirchenverbänden, und sie feierten den zweiten und dritten Tag im Stil eines Volksfestes. Professor A. Busse organisierte am 6. Oktober die kulturelle Konferenz mit Vorträgen von fünf Professoren und zwei Pfarrern. Die ominösen politischen Veränderungen in Europa traten nur mit dem Namen der ‚Freunde des Neuen Deutschland' am Ende der Liste teilnehmender Vereine in Erscheinung. Hitlers Botschafter, Hans Luther, wurde neben Präsident F.D. Roosevelt, Senatoren und Kongreßmitgliedern als Mitglied des Ehrenkomitees aufgeführt. Man hielt die Reden sowohl auf Englisch als auch auf Deutsch. Anzeigen von deutschsprachigen Zeitungen und Kirchen, von Bäckern, Metzgern und Brauern trugen zur vertrauten Atmosphäre bei. So wünschten beispielsweise die Vorsitzenden des Columbia Pinochle Clubs den Helfern der Pastorius-Feier „einen schönen Erfolg mit dem Wahlspruch: Edel sei der Mensch, hilfreich und gut" und Empfehlung ihres „erstklassigen Fleisch – Wurst – Grocery – und Delikatessengeschäfts."

Ein paar Wochen später setzte Albert Faust mit seiner Ansprache bei der Pastorius-Feier in Cincinnati am 27. Oktober 1933 eigene Akzente. Um den alten verlorenen Schwung bemüht, zählte er die wohlbekannten Tugenden der „gesetzestreuen, schwer arbeitenden und friedlichen Deutschamerikaner" auf. Er ermahnte seine Zuhörer, jetzt ihre „zahlreichen, stillschweigenden, unabhängigen Wahlstimmen einzusetzen, die er als den „Schrecken der Politiker, aber die Zuflucht und das Rückgrat der Nation" bezeichnete.[46]

Ähnlich wie die Festlichkeiten des Jahres 1933 fiel auch ihre Fortsetzung 1958 in eine Periode der Erholung von Schlägen, die den Deutschamerikanern als Gruppe fast zwei Jahrzehnte früher versetzt worden waren. Der 275. Deutsche Siedlertag wurde von der Pastorius-Tag Gesellschaft und siebenundzwanzig Mitgliedsorganisationen in der Stadthalle von Philadelphia veranstaltet. Er war auf den 6. Oktober beschränkt. Das historische Programm, mit Musik und Theateraufführungen, wurde ganz auf Englisch abgewickelt. Kongreßmitglieder, die Gouverneure von Pennsylvania und Maryland, sowie Präsident Eisenhower schickten Glückwunschadressen, in denen von „dem Fleiß, der harten Arbeit und der Kultur" die Rede war, die deutsche Einwanderer mitgebracht hätten.[47] Der Botschafter der Bundesrepublik, Wilhelm Grewe, hielt die Festrede.

Im Jahre 1958 bewiesen die deutschamerikanischen Verbände neue Initiative, indem sie die Steubenparade auf New Yorks Fifth Avenue einführten. Am 20. September defilierte der Festzug an New Yorks Gouverneur Averell Harriman vorbei. Neben ihm standen New Jerseys Gouverneur Robert Baumle Meyner und der Bürgermeister der Stadt New York, Robert Ferdinand Wagner, beide deutscher Abstammung in der zweiten Generation. Präsident Eisenhower hatte die Fahne für das Podium aus dem Weißen Haus geschickt, die deutsche Fahne war ein Geschenk von Bundespräsident Theodor Heuss. Mit zehntausend Teilnehmern zog der Umzug, der bewußt dem Stil der irischen St. Patricks-Day-Parade und der polnischen Pulaski-Parade angepaßt wurde, schätzungsweise 150000 Zuschauer an.[48] Das Unternehmen war so erfolgreich, daß daraus neuer Auftrieb für gemeinsame Aktionen der deutschamerikanischen Vereinigungen entstand, wie sie der im selben Jahr gegründete Deutsch-Amerikanische National Kongreß (DANK) und andere auf Zusammenarbeit bedachte Organisationen anstrebten.

In dem Vierteljahrhundert, das auf 1958 folgte, gingen trotz aller Anstrengungen die Zahlen der Vereinsmitglieder und der deutschsprachigen Zeitschriften weiter zurück. Das wurde jedoch in gewissem Grade ausgeglichen von Faktoren, die den Deutschamerikanern als Gruppe zugute kamen. Das Klima in den Beziehungen zwischen Washigton und Bonn blieb vorwiegend freundlich. Als Amerika 1976 die Bilanz zweier Jahrhunderte zog, ließ der deutsche Beitrag aufmerken. Die Folklore erfreute sich zunehmender Beliebtheit, und ein wacheres ethnisches Bewußtsein schloß auch die Forschung in deutschen Familienstammbäumen mit ein. Das wissenschaftliche Interesse belebte sich und spiegelte sich im Wachstum der Gesellschaft für Deutschamerikanische Studien.

Alle diese Entwicklungen trugen zu den charakteristischen Aspekten der Dreihundertjahrfeiern 1983 bei. In ganz Amerika erfüllten hunderte von Volksfesten die allgemeine Erwartung, daß die Deutschamerikaner verstehen, für Unterhaltung und Vergnügen zu sorgen. An der Universität von Pennsylvania in Philadelphia fand eine viertägige Konferenz über deutsch-amerikanische Geschichte, Politik und Kultur statt. Der Kreis der Themen und Sprecher war weiter gezogen als je zuvor bei ähnlichen Symposien, vor allem durch die Einladung vieler Wissenschaftler von westdeutschen Universitäten. An der Universität von Wisconsin in Madison wurde ein Max-Kade-Institut für deutschamerikanische Studien gegründet „als nationaler Mittelpunkt für das Studium der deutschen Einwanderung und der deutschen Volkskultur in Amerika." Die Johns Hopkins

Universität errichtete ein Amerikanisches Institut für das Studium deutscher Gegenwartsfragen in Washington. Der offizielle festliche Rahmen der Feierlichkeiten am 6. Oktober 1983 war ungleich mehr von der Teilnahme hoher Regierungsvertreter der USA und der Bundesrepublik bestimmt als frühere Gedenktage. Präsident Ronald Reagan ernannte ein ‚Tricentennial Committee'. In den Auftakt der festlichen Ereignisse wurde die Stadt Krefeld einbezogen. Die Beteiligung von Vizepräsident George Bush und von Bundespräsident Karl Carstens verlieh den Festakten eine merklich mit Nebentönen politischer Besorgnis gemischte Bedeutsamkeit, die in Zeiten größeren Abstandes zwischen den beiden Nationen gefehlt hatte. Der Protestumzug amerikanischer und deutscher Friedensdemonstranten gegen die Aufstellung von Atomraketen in Europa, in dem latente Spannungen innerhalb des Bündnisses in Erscheinung traten, war für den Großteil der amerikanischen Presse das einzige der Erwähnung werte Ereignis, soweit sie überhaupt von den Dreihundertjahrfeiern Notiz nahm.[49]

Wenn man mit einem Blick in die Zukunft erwägt, ob in den Jahren 2008 und 2033 noch Deutsche Tage möglich sein werden, so legt das wohl endgültige Austrocknen der letzten deutschen Einwanderungswellen in den 1970er Jahren nahe, daß sie bestenfalls historische Erinnerungen wachrufen werden. Achtung und Mißachtung für die Deutschamerikaner hätten dann aufgehört, eine Rolle in den deutschamerikanischen Beziehungen zu spielen. Ob das Erbe der Deutschamerikaner weiter wirkt, wird davon abhängen, wie die Eintracht der Nachfolgegenerationen junger Amerikaner und junger Deutscher gepflegt wird, die schon jetzt von Gleichgültigkeit und Ressentiments bedroht ist.

Anmerkungen

1 Hermann Oncken, Die deutsche Auswanderung nach Amerika und das Deutschamerikanertum vom 17. Jahrhundert bis zur Gegenwart, in: Jahrbuch des Freien Deutschen Hochstifts 1912, S. 3–25.
2 Einführung zu John Gerow Gazley, American Opinion of German Unification, New York: 1926, Columbia University Press, bes. S. 16. Meine Untersuchung des amerikanischen Deutschenbildes im Jahrzehnt vor 1963 kam zum gleichen Schluß: Christine M. Totten, Deutschland – Soll und Haben. Amerikas Deutschlandbild, München: Rütten und Loening, 1964, S. 11–16.
3 Francis Daniel Pastorius, Umständige Geographische Beschreibung Der zu allerletzt erfundenen Provintz Pensylvaniae, Frankfurt und Leipzig 1700. Zit. bei Oswald Seidensticker. Die erste deutsche Einwanderung in Amerika, Philadelphia: Globe Printing House, 1883, S. 52.
4 Albert Bernhardt Faust, The German Element in the United States, 2 Bde., Boston: Houghton Mifflin, 1909, Bd. 1, S. 8, 9.
5 Carl Wittke, We Who Built America. The Saga of the Immigrant, Cleveland: Case Western Reserve University Press, 1964, S. 81.
6 Faust, Bd. 2, S. 153–155.
7 Eine Kettenreaktion läßt sich verfolgen in der Betonung zu hartnäckigen Zusammenhaltens, von John Arkas Hawgood, The Tragedy of German-America, New York: G.P. Putnam's Sons, 1940, bes. S. 93–224, zu Richard O'Connor, The German-Americans. An Informal History, Boston: Little Brown, 1968, bes. S. 67–97, und von ihm zu Journalisten, die O'Conners flüssig dargestellte und plausibel klingende Klischees benutzen. Unter den Arbeiten, die in letzter Zeit die schnelle Assimilierung als charakteristisch hervorheben, ist besonders zu nennen Kathleen Neils Conzen mit: Immigrant Milwaukee 1836–1860. Accommodation and Community in a

Frontier City, Cambridge, MA: Harvard University Press 1976, und: The Paradox of German-American Assimilation, in: Yearbook of German-American Studies 16. 1981, S. 153-160.
8 Faust, Bd. 2, S.130—135.
9 Wittke, S. 82.
10 Ebd. S. 232.
11 Dale T. Knobel, „Hans" and the Historian. Ethnic Stereotypes and American Popular Culture, 1820—1860, in: Occasional Papers of the Society for German-American Studies Nr. 10, 1980, S. 63.
12 Seidensticker, S. 11.
13 S. vergleichende Meinungsumfragen bei Manfred Koch-Hillebrecht, Das Deutschenbild. Gegenwart, Geschichte, Psychologie, München: Beck 1977, hier S. 213.
14 Helge Pross, Was ist heute deutsch? Wertorientierungen in der Bundesrepublik, Reinbek: Rowohlt, 1982, S. 13, S. 93 ff.
15 Seidensticker, S. 67.
16 Faust, Bd. 2, S. 154.
17 Wittke, S. 216.
18 Norbert Muhlen, Germany in American Eyes. A Study of Public Opinion, Hamburg: Atlantik Brücke, 1959, S. 12; Gazley, S. 100, 125.
19 Horst Ueberhorst, Turner unterm Sternenbanner, München: Moos, 1978, S. 48, sowie Wittke, S. 215.
20 Häufig zitiert: John F. Kennedys Feststellung, daß „wir die Milderung des strengen puritanischen Stempels auf unserem Lebensstil... ganz besonders den deutschen Einwanderern zu verdanken haben..." In: A Nation of Immigrants, New York: Harper & Row, 1964, S. 53.
21 Gazley, S. 26—33, und Hans W. Gatzke, Germany and the United States. A „Special Relationship?" Cambridge, MA: Harvard University Press, 1980, S. 28 f.
22 Gazley, S. 35, 80-86.
23 Gazleys umfangreiche Dokumentation wird ergänzt von Clara Eve Schieber, The Transformation of American Sentiment Toward Germany, 1870—1914, Boston: Cornhill, 1923. Neuerdings untersuchten diesen Zeitabschnitt La Vern J. Rippley, German Assimilation. The Effect of the 1871 Victory on Americana-Germanica, in: Germany and America. Essays on Problems of International Relations and Immigration, Hg. Hans L. Trefousse, New York: Brooklyn College Press, 1980, sowie Hans L. Trefousse in seinem Vortrag in diesem Band: Die deutschamerikanischen Einwanderer und das neugegründete Reich.
24 Gazley zit. auf S. 227 die deutschfreundliche Nation (16. 8. 1866).
25 Die propreussischen Gefühle basierten vor allem auf der Bewunderung von Preussens schulgeldfreien Volksschulen, wie sie Horace Mann und Henry Barnard priesen. S. Gazley S. 40—41, 322 f.
26 Muhlen, S. 19.
27 New York Times, in Gazley S. 398.
28 Schieber, S. 39—136, und Gatzke, S. 43—45.
29 Rippley, S. 128—130.
30 Charles Franklin Thwing, The American and the German University. One Hundred Years of History. New York: Macmillan, 1978, bes. S. 46 f., 66, 69 f., 75.
31 Henry August Pochmann, German Culture in America. Philosophical and Literary Influences, 1600—1900. Madison: University of Wisconsin Press, 1957, S. 329—332.
32 Wittke, S. 368—375, sowie Wallace Brockway u. Herbert Weinstock, Men of Music. Their Lives, Times and Achievements, New York: Simon and Schuster, 1950, S. 469 f.
33 Anneliese E. Harding, America Through the Eyes of German Immigrant Painters. Ausstellungskatalog. Boston: Goethe Institut, 1975—1976, sowie in Three Hundred Years of German Immigrants to North America, Hg. Klaus Wust u. Heinz Moos, München: Moos 1983, S. 143.
34 Gazley, S. 140.
35 Richard C. Spuler, Mediating German Culture. American Germanistik at the Turn of the Century, in: Yearbook of German-American Studies 16. 1981, S. 9—25, bes. S. 22.
36 Muhlen, S. 14.
37 Schieber, S. 251, 277.

38 Überzeugend geschildert bei Frederick C. Luebke, Bonds of Loyalty. German-Americans and the World War, De Kalb: Northern Illinois University Press, 1974.
39 Für das Schicksal der Deutschamerikaner zwischen den Kriegen s. La Vern J. Rippley, The German-Americans, Boston: G.K. Hall, 1976, hier bes. S. 190, 193–195.
40 Muhlen, S. 33, 35.
41 Totten, S. 63–65, 100.
42 Ebd. S. 141, 338. Statistiken in Robert Henry Billigmeyer, Recent German Immigration to America, in: Contemporary American Immigration, Hg. Dennis Laurence Cuddy, Boston: Twayne 1982, hier S. 117.
43 Beschrieben im Nachtrag zur 250jährigen Gedenkfeier der Landung der ersten deutschen Einwanderer und Gründung von Germantown. Unter den Auspizien des Deutsch-Amerikanischen Zentralbundes von Pennsylvanien und anderer angeschlossener Vereinigungen. Zweiter Deutsch-Amerikanischer Kongress, Philadelphia, Freitag, Samstag, und Sonntag, den 6., 7. und 8. Oktober 1933. Das Programm hat keine Seitenzahlen.
44 Ebd. Im folgenden Jahr, 1909, wurden zwei grundlegende Werke über die Deutschamerikaner veröffentlicht: Faust, The German Element in the United States, und Rudolf Cronau, Drei Jahrhunderte deutschen Lebens in Amerika, Berlin: Dietrich Reimer.
45 Edward W. Hocker, Germantown, 1683–1933, Germantown: Published by the Author, 1933, S. 300f.
46 Albert B. Faust, Francis Daniel Pastorius and the 250th Anniversary of the Founding of Germantown, Philadelphia: Carl Schurz Memorial Foundation, 1934, S. 19, 21.
47 Aus einem Brief von 25.9.1958 von Congressman Hugh Scott an Herman Witte, Präsident der Pastorius Day Association, im Programm des 275. German Settlers' Day.
48 Steuben Parade am 20. September 1958. Ein Bericht in Wort und Bild, Hg. The German-American Committee of Greater New York. Text Gerhard Hirseland, S. 1f.
49 Im Gegensatz zu der ausführlichen Darstellung im Philadelphia Inquirer veröffentlichte die New York Times nur einen gehaltvolleren Artikel am 4. 10. 1983 (D 26), ein Bild und eine kurze Notiz am 6. 10. (A 1,5), sowie eine Rezension des Fernsehdokumentarfilms über die Deutschamerikaner (C 31). Über die Friedensdemonstration wird am 7. 10. eingehender berichtet (A 14). In der Washington Post vom selben Tag (A 14) wird ihr zweimal soviel Platz eingeräumt wie dem Besuch von Carstens am 6. 10. (E 3).

37. Die Rhetorik des Überlebens
Der Germanist in Amerika 1900–1925

Henry J. Schmidt

Die Dokumente, in denen die Geschichte der Germanistik in den Vereinigten Staaten zwischen 1900 und 1915 aufgezeichnet ist – die Fachzeitschriften, die Veröffentlichungen für Spezialisten und für ein breites Publikum, die Reden und Memoiren –, lassen eine dem Anschein nach gesunde, selbstbewußte Disziplin erkennen. Aus der Rückschau gesehen, waren die Umstände denkbar beneidenswert. Seit dem Ende des 19. Jahrhunderts hatte man Deutsch als die zweite Sprache der Republik betrachtet, und im Jahre 1915 hatten 24 Prozent aller Schüler in öffentlichen high schools Deutschunterricht, gegenüber 9 Prozent Französisch und 2 Prozent Spanisch. (Heute liegt die Vergleichszahl für Deutsch bei 1,5 Prozent.) Das Lehren der deutschen Sprache wurde aktiv unterstützt von den Zeitungen, Organisationen, Kirchen und Finanzunternehmen der damals größten ethnischen Gruppe in den Vereinigten Staaten: 1910 waren 8 Millionen Amerikaner entweder in Deutschland geboren, oder sie hatten deutsche Eltern. Die Germanisten schienen fest und geschlossen hinter ihren Hauptzielen zu stehen: Die Erhaltung der deutschen Sprache und die Weitergabe des kulturellen Erbes und des moralischen Idealismus des Wilhelminischen Deutschland.

Unter solchen Umständen sollte man erwarten, daß der Berufsstand sich selbstzufrieden in seinem Erfolg sonnte. Deshalb stellt sich die Frage, warum schon lange vor dem Ausbruch des Ersten Weltkrieges Deutschlehrer sich bei ihrer Verherrlichung alles Deutschen so schrill und unbescheiden ausdrückten. Ganze Bücher, zahllose Reden und Essays priesen den deutschen Nationalcharakter und seinen angeblich prägenden Einfluß auf die Entwicklung der amerikanischen Demokratie. Man betrachtete die Deutschen als anderen Nationalitäten in Merkmalen überlegen, die von der Disziplin und der Gründlichkeit bis zur Liebe zu Musik, Familie und Haustieren reichten. Eine schlichte Umstellung des vertrauten Tugendkataloges enthüllt durch Widersprüchlichkeit, daß er im Grunde bedeutungslos ist: Die Deutschen sind demnach ein stolzes, demütiges, ernsthaftes, leichtherziges Volk; sie sind kühn und gehorsam, männlich und seelenvoll, aristokratische Verteidiger der Demokratie und individualistische Verteidiger des kollektiven Willens. Ganz eindeutig geht die Bedeutung dieser Rhetorik über ihren hohlen Inhalt hinaus. Wie ich in diesem Beitrag darzulegen beabsichtige, weisen solche chauvinistischen Äußerungen auf einen harten

Kampf um Legitimität hin; ein Ringen um Anerkennung im universitären Bereich und ein Kampf um eine sichere Stellung der Deutschamerikaner innerhalb der amerikanischen Gesellschaft.

Deutsche Einwanderer, die an amerikanischen Universitäten lehrten, trugen zur Popularisierung des Gedankens bei, daß der Professor ein geistiger Führer sei. Ebenso wie ihre Kollegen in anderen Disziplinen betrachteten sich Germanisten an deutschen Universitäten als Hohepriester der Kultur, als Charakterbildner, als Interpreten letzter moralischer Werte. Diese akademischen Mandarine, wie Fritz K. Ringer sie nennt,[1] bildeten eine homogene soziale Schicht: männlich, wohlhabend, christlich, politisch konservativ. Sie verteidigten ihren privilegierten Status gegen die weniger gebildeten Massen sowie gegen Frauen, Juden und Einflüsse aus dem Ausland, indem sie für sich in Anspruch nahmen, die Wächter des kulturellen Erbes der Nation zu sein, das sie zu einem Instrument der Unterstützung für die Monarchie gestalteten.

Um 1900 war die amerikanische Universität gegenüber einer Bildungsideologie dieser Art nicht unempfänglich, weil auch sie sich einer Theorie der Ausbreitung der Kultur von oben verschrieben hatte. Der in Amerika geborene Germanist Marion Dexter Learned etwa forderte die deutschen Bildungsschichten auf, sich mit amerikanischen Universitätslehrern zusammenzutun, um sicherzustellen, daß die deutsche Kultur von deutsch-amerikanischen Intellektuellen vertreten wurde und nicht von den „deutschen Gruppen, welche die ungebildeten Schichten repräsentieren", wo das deutsche Element „so beanstandenswert [ist], nicht nur für die englischsprachige Bevölkerung, sondern auch für die deutschen besseren Kreise."[2] Seine Äußerung spiegelt die Gegensätze wider, die innerhalb der deutschamerikanischen Gruppe zwischen dem sogenannten Seelendeutschen und den Magendeutschen bestanden. Humanisten an den Universitäten versuchten, sich aufgrund ihrer klassischen Bildung nicht nur von den Ungebildeten zu unterscheiden, sondern auch von Plutokraten, Aristokraten und Militärs. Das Prestige und die Autorität, die von einer klassischen Bildung ausgingen, forderten die Beherrschung eines festgelegten Fächerkanons ebenso wie Vertrautheit mit dem jeweils gültigen Klassikerkanon. Um ihre Mission, die moralische Erziehung amerikanischer Studenten, erfüllen zu können, mußten die Germanisten Vorbilder für geistige Erbauung in ihrem eigenen kulturellen Erbe finden. Dabei hatten sie sich der traditionellen Vorherrschaft der griechischen und der lateinischen Klassik zu stellen und auf dem Bildungsmarkt mit angloamerikanischen, französischen und hispanischen Kulturmissionaren zu konkurrieren — eine Konkurrenz, die bis heute nicht aufgehört hat. Dieses Streben nach Raumgewinn in den Universitäten wurde in einem Artikel deutlich, den Julius Goebel, der sich bemühte, das Lehren des Idealismus auf eine deutsche Grundlage zu stellen, bereits 1887 veröffentlichte: „Es ist eine falsche Annahme einiger klassischer Philologen . . ., daß ‚Idealismus' nur durch die Lektüre der antiken Klassiker erfaßt werden kann. Würde nicht das sorgfältige Studium von Schillers ‚Anmut und Würde' oder ‚Ästhetische Briefe' den Geist des Schülers oder Studenten mindestens ebensosehr bereichern wie einer der leichteren Dialoge von Platon?"[3]

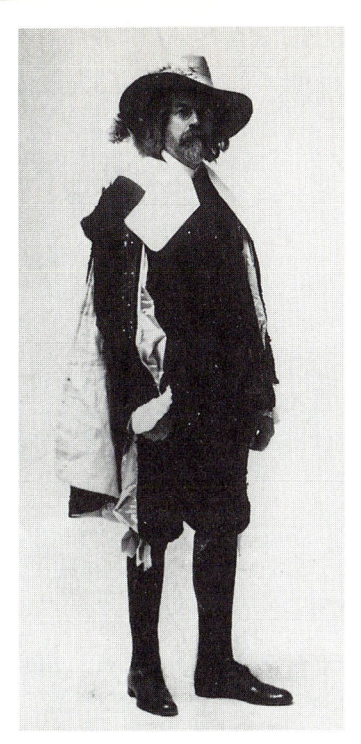

Pastorius Redivivus 1908, dargestellt von dem Germanisten Marion Dexter Learned (1857–1917), der im selben Jahr seine große Biographie des Gründers von Germantown veröffentlichte. Learneds Verehrung für Francis Daniel Pastorius – von dem kein Bild mehr aufzufinden ist – und sein Interesse für die Kultur der deutschen Immigranten verschaffte dem Gebiet der deutschamerikanischen Studien um die Jahrhundertwende eine feste Basis. Ähnlich wie Oswald Seidensticker, ebenfalls Professor an der University of Pennsylvania und Erforscher der deutschamerikanischen Kultur, hielt er sich im allgemeinen an einen nüchternen Positivismus. (Roughwood Collection)

Ebenso wie Literatur zu einer Lehrplan-Ware wurde, erlebte auch die Kultur eine ähnliche Instrumentalisierung; so betrachtete etwa Kuno Francke seine Bemühungen, an der Harvard-Universität 1903 ein Germanisches Museum zu schaffen, „als eine Notwendigkeit, wenn das von mir vertretene Fach sich gegenüber dem alles überwiegenden englischen und französischen Einfluß dauernd behaupten sollte".[4] Germanisten rechtfertigten ihren kulturellen Expansionismus mit der Behauptung, sie arbeiteten in einem geistig rückständigen Land. Charles J. Hexamer, der in Amerika geborene Präsident des Deutsch-Amerikanischen Nationalbundes, äußerte 1915, niemand werde „uns je bereit finden, in eine geringere Kultur hinabzusteigen; nein, wir haben es uns zum Ziel gesetzt, diese zu uns hinaufzuziehen".[5] Seine Polemik ging auf ethnischen Protektionismus zurück; wie Goebel 1910 bemerkte, war die wichtigste Zielgruppe der Kultur-Chauvinisten die zweite und dritte Generation der Deutschamerikaner: „Es gilt nur, ... sie zurückzuholen vom Versinken in eine niedrigstehende Kultur und, anstelle der feigen Scham über ihre Herkunft, den berechtigten Stolz zu setzen".[6] Die Stärkung des ethnischen Bewußtseins hätte eine gleichbleibende und möglicherweise wachsende Klientel für Lehrer, Geistliche, die deutschsprachige Presse und für alle solche Unternehmer gewährleistet, die von der Bewahrung der deutschen Identität profitierten.

Es braucht deshalb nicht zu erstaunen, wenn der Geist des ‚am deutschen Wesen soll die Welt genesen' innerhalb der deutschamerikanischen Gemeinde häufig ebenso ausgeprägt war wie im Vaterland selbst. Um ethnische Ziele zu fördern, wandten sich Germanisten gegen die Prohibition, den Puritanismus, das Frauenwahlrecht, den amerikanischen Materialismus, die Massenkultur und – wichtiger als alles andere – gegen Deutschlands Feinde. Während deutschsprachige Zeitungen ihren Lesern deutsche Fahnen und Bilder von Kaiser Wilhelm verkauften,[7] widmete der Herausgeber der „Monatshefte für deutsche Sprache und Pädagogik", der offiziellen Zeitschrift des Nationalen Deutschamerikanischen Lehrerbundes, 1913 eine ganze Seite der Gratulation an den Kaiser zu dessen 25jährigem Krönungsjubiläum.[8] Sogar Kuno Francke, der führende Germanist seiner Zeit und ein Gegner ethnischer Extremisten im eigenen Lager, ließ sich zu dem Bekenntnis hinreißen, er sehe in dem Kaiser eine Kombination aus Richard Wagners Parsifal und dem Übermenschen Nietzsches.[9] Schon im Jahr 1900 hatte Francke den deutschen Kampf um kulturelle Vorherrschaft als einen heiligen Krieg beschrieben.[10] Es ist deswegen wenig erstaunlich, daß dieser Kreuzfahrergeist schließlich einige Germanisten den Ausbruch der Feindseligkeiten 1914 begrüßen ließ. Heinrich Hermann Maurer verkündete in den Monatsheften: „Wir wollen den Sieg Deutschlands ... wir brauchen den Sieg Deutschlands als Bürgschaft dessen, was uns hier bitter not tut: des sieghaften Einflusses einer überlegenen deutschen Kultur".[11]

Als der Krieg begann, verteidigten viele Germanisten weiterhin die Sache Deutschlands. (Andere, die abweichende Ansichten hatten, machten entweder keinen Versuch, ihre Meinung kundzutun, oder man verweigerte ihnen ein Sprachrohr dazu, soweit ich dies feststellen konnte.) Die größte Bedrohung für ihre ethnische Stellung ging von der probritischen Haltung Amerikas aus. Als Reaktion darauf sprachen prominente Universitätsprofessoren aus Amerika und aus Deutschland vor Massenversammlungen, und man verteilte Tausende von Exemplaren von Büchern und Broschüren, die Greuelgeschichten über die deutsche Armee entkräften, den Einmarsch in Belgien rechtfertigen und allgemein gegen falsche Darstellungen der deutschen Position in der amerikanischen Presse protestieren sollten. Amerikanische Germanisten leisteten ihren Beitrag zur Wiederbelebung der alten Furcht vor den ‚barbarischen slavischen Horden', die das Vaterland und seine Kultur überrennen könnten. Doch mit der Zunahme der antideutschen Einstellung wuchs auch die Bereitschaft von Deutschamerikanern, ihre Ethnizität abzulegen und in dem großen Schmelztiegel aufzugehen. Der Deutsch-Amerikanische Nationalbund führte verzweifelt Kampagnen gegen eine solche Assimilation; wer seine extremistischen Ansichten nicht teilte, wurde als Verräter gebrandmarkt. Kuno Francke zum Beispiel zog sich den

Zorn des Bundes zu, als er sich öffentlich gegen dessen Bemühungen um politischen Einfluß wandte und sich für eine auf die Kultur beschränkte Werbung einsetzte. Wenn der Nationalbund sich auf die Pflege deutscher Musik, Literatur und Kunst beschränkt hätte, so erklärte Francke, so würde er bei der amerikanischen Öffentlichkeit viel williger Gehör gefunden haben.[12] Seine idealistische Haltung gehörte zu der Tendenz unter Geisteswissenschaftlern, ihre Interessen auf der Grundlage von Moral und Fairneß statt durch politische Nützlichkeitserwägungen zu verteidigen, wodurch sie sich dem Vorwurf der Naivität aussetzten.

Nach 1914 waren die Deutschamerikaner im wesentlichen in vier Lager aufgespalten: die Prodeutschen, die Proamerikaner, die Neutralisten (aus religiöser Überzeugung oder dem Wunsch nach Anonymität) und die Sozialisten, die sich von Anfang an gegen den Krieg als eine Manifestation des kapitalistischen Imperialismus stellten. Germanisten, die weiter publizierten, hatten zwei Optionen: Entweder stellten sie ihr Fachwissen und ihre Wortgewandtheit dem Kampf für deutsche Ideale zur Verfügung, den die „Monatshefte" und die deutschsprachige Presse führten, oder sie veröffentlichten ‚neutrale', ‚apolitische' Wissenschaft in „PMLA", „Modern Language Notes", „The Journal of English and Germanic Philology" und „Modern Philology". Die Nationalisten fuhren fort, bei den Klassikern Aussagen zur Stärkung der deutschen Sache aufzuspüren. So wurde behauptet, die Deutschen seien im Begriff, die Prophezeiung der Nathan-Parabel zu erfüllen,[13] und Goethe und Schiller wurden als heroische Propheten eines mächtigen deutschen Nationalstaates eingesetzt,[14] doch Heinrich Heine als „ein moralisch haltloser Mensch" beiseite gelassen.[15] Die ‚neutrale' Wissenschaft hatte ein gänzlich anderes Ziel, nämlich die Legitimierung der deutschen Literaturkritik und Philologie als akademische Disziplinen, für die Grundsätze der wissenschaftlichen Objektivität galten. Zu jener Zeit wurde die amerikanische Germanistik nicht durch eine bestimmte Schule der Literaturkritik beherrscht; viel eher gleicht der Eklektizismus der kritischen Methode jenem der Zeit nach dem Zweiten Weltkrieg, wie eine kleine Probe von Artikel-Titeln, die alle während des Krieges erschienen, demonstriert: „Kleist at Boulogne-sur-mer", „Goethe's Theory of the Novelle", „English Translations of *Werther*", „Isoldes Gottesurteil", „The Influence of Hans Tolz on Hans Sachs", und „Concerning the German Relatives ‚Das' und ‚Was', in Clauses Dependent upon Substantivized Adjectives, and upon Neuter Indefinites, as Used in Schiller's Prose".

Ausgenommen die „PMLA", hatte der Erste Weltkrieg keine erkennbaren Auswirkungen auf Zeitschriften der ‚reinen' Forschung. Nachdem sie ihre Wissenschaft vom Krieg abgeschirmt hatten, konnten sie ohne Unterbrechung weiter erscheinen, während die „Monatshefte" 1918–1920 völlig verschwanden und ihr monatliches Erscheinen erst 1928 wieder aufnahmen. Tatsächlich veröffentlichten diese anderen Zeitschriften regelmäßig vergleichende Studien von Germanisten, die eine gegenüber dem kulturellen Separatismus der „Monatshefte" antithetische Funktion gehabt zu haben scheinen. Die Komparatisten versuchten, die deutsche Literatur in die europäische Kultur zu *integrieren*, ihre Verbindungen zu anderen Nationalliteraturen zu stärken. Es ist bezeichnend, daß selbst während einer Periode länger anhaltender Feindseligkeit die englische und die germanische Philologie bereitwillig unter dem Dach derselben Zeitschrift koexistierten, besonders angesichts der Tatsache, daß der langjährige Herausgeber dieser Zeitschrift und einer ihrer produktivsten Autoren Julius Goebel war, der gleichzeitig als einer der am entschiedensten militanten, antisemitischen, unversöhnlichen deutschen Nationalisten im universitären Bereich auftrat.[16] Offenkundig schlossen die integrationistische und die segregationistische Alternative einander keineswegs aus; zahlreiche Germanisten neben Goebel praktizierten beide gleichzeitig. Ich möchte behaupten, daß ihre Anpassungsfähigkeit paradigmatisch für den Institutionalisierungsprozeß der Germanistik in Amerika ist: Die Vertreter der Disziplin versuchten, durch mehrere institutionalisierte Arten des Diskurses gleichzeitig Anerkennung und Status zu gewinnen. Die historischen Ereignisse zeigten, daß die nationalistische Rhetorik letztlich eine zeitlich begrenzte und unwirksame Methode zur Erreichung institutioneller Dauerhaftigkeit war. Kurz, die Zukunft gehörte der Assimilation.

Den ersten größeren Rückschlag für den prodeutschen Feldzug in den Vereinigten Staaten brachte die Versenkung der ‚Lusitania' im Mai 1915. Danach begannen die Deutschlehrer etwas leiser zu treten, und man konnte – sogar in den „Monatsheften" – Stimmen hören, die sich einer blinden Parteinahme entgegenstellten.[17] Mit dem Blick über das Kriegsende hinaus sahen die Deutschlehrer allmählich ein, daß sich die Stabilität ihrer Disziplin jetzt im Konflikt mit ihrer kulturellen Identität befand. Besonders nach der Kriegserklärung der USA im April 1917 erlebte der Deutschunterricht eine umfassende ideologische Metamorphose. Dieser Wandel wurde besonders in den „Monatsheften" deutlich. Anfang 1915 hatte ein prominenter Verfasser einen Artikel über den Krieg mit den folgenden Worten abgeschlossen: „Und darum Heil und Sieg den deutschen und österreichischen Waffen auf dem Wasser und unter dem Wasser, auf dem Lande und in der Luft";[18] im Mai 1918 gab die Zeitschrift ihren Lesern Ratschläge – nunmehr in englischer statt in deutscher Sprache – zu Überlebenstechniken im Klassenzimmer. In einem langen Artikel mit dem Titel „Adjusting Instruction in German to Conditions Imposed by the War" legte J.D. Deihl den Lehrern nahe, „eine sympathisierende Einschätzung der Werte des Deutschen zu kombinieren mit einer kompromißlosen amerikanischen Opposition gegen jene Kräfte in Deutschland, die dazu beigetragen haben, diesen Krieg herbeizuführen". Er empfahl den Lehrern „Yankee-Einfallsreichtum und -Entschlossenheit" ins Spiel zu bringen bei der Umstellung ihrer Lehrtätigkeit, denn seiner Meinung nach konnte die Disziplin es sich leisten, optimistisch zu sein: „Man kann nicht im Ernst daran zweifeln, daß der gegenwärtige Krieg das Interesse am Studium moderner Fremdsprachen bis zu einem Grad anregen wird, den man sich bisher nicht träumen ließ".[19] Der Massenaustausch von Progermanismus durch Proamerikanismus wirkt weniger verblüffend, je mehr man sich klar macht, daß die patriotische Haltung sich überhaupt nicht geändert hatte, sondern lediglich ihr Inhalt.

Zum Selbstschutz suchten die Deutschlehrer nach ‚sicheren' literarischen Texten. (Deihl empfahl Heyse, Fouqué, Eichendorff und Chamisso, und er legte den Dozenten nahe, die formalen und stilistischen Schönheiten der Literatur zu betonen.)[20] Lehrbücher, in denen Kaiser und Vaterland glorifiziert wurden, verschwanden, und ein Deutschlehrer in Cincinnati wurde von seinem Schulrat gelobt, weil er „mit absoluter Treue" Lehrbücher zensierte, die er selber verfaßt hatte.[21] Die Literaturwissenschaft in den „Monatsheften" erlebte einen ähnlichen Wandel. So veröffentlichte zum Beispiel C.H. Handschin im Mai 1916 einen Artikel über „Gottfried Keller und Deutschland", in dem er Keller als einen „Seher des Germanentums" anpries. Während er sich um die unbequeme Tatsache herumwinden mußte, daß Keller Schweizer war, erblickte Handschin in ihm dennoch „die Hauptmerkmale des deutschen Charakters: Treue, Ehrlichkeit, Gründlichkeit, Fleiß und Gemütstiefe".[22] Weniger als zwei Jahre später publizierte Handschin einen weiteren Artikel über Keller in den „Monatsheften", doch diesmal war das Thema „Kellers Tierliebe". Nunmehr war Keller nicht mehr und nicht weniger als ein „passionierter Tierfreund".[23] Ich kann zwar nicht beweisen, daß die Veränderung des Zeitgeistes Handschins Blickwinkel beeinflußte, doch ist der Kontrast symptomatisch für die Reaktion der Germanisten auf den Krieg.

Allerdings muß man den Loyalitätswechsel der Germanisten auch vor dem Hintergrund der antideutschen Hysterie betrachten, die Amerika nach seinem Kriegseintritt 1917 erfaßte. Der Zorn richtete sich gegen all und jedes Deutsche, von Beethoven und Schiller bis zu Hamburgern und Sauerkraut. Universitätsprofessoren wurden wegen unpatriotischer Äußerungen entlassen, Lehrbücher im Rahmen öffentlicher Zeremonien verbrannt. Der sprachliche Chauvinismus bei den Antideutschen war ebenso heftig wie bei den Prodeutschen: Deutsch wurde als eine barbarische Sprache bezeichnet, „in der es unmöglich ist, klar zu denken",[24] eine Sprache, deren Klang „uns daran erinnert . . ., wie hunderttausend französische, belgische und polnische junge Frauen in die Zwangsprostitution getrieben wurden".[25] Als Konsequenz wurde der Deutschunterricht in etwa der Hälfte der Bundesstaaten gänzlich verboten. Das massive Absinken der Studentenzahlen führte zu einem starken Stellenabbau im Deutschunterricht und hinterließ — wenngleich ich dies nicht zwingend beweisen kann — ein Trauma bei den Mandarinen der amerikanischen Germanistik. Unter Beschuß lagen die Fachvertreter nicht in erster Linie wegen ihrer kulturellen Bestrebungen und ihrer humanistischen Ideale, sondern vor allem, weil sie die deutsche Sprache lehrten.

Um die Konsequenzen voll begreiflich zu machen, müssen wir uns kurz mit dem Gesamtbild der Institutionalisierung des Studiums fremder Kulturen an der amerikanischen Universität bis zu jenem Zeitpunkt befassen. Bester Gradmesser dieser Entwicklung ist die wichtigste Zeitschrift für den Bereich der modernen Sprachen, „PMLA" (Publications of the Modern Language Association of America). Die frühesten Nummern nach der Gründung im Jahr 1884 enthalten eine Mischung aus pädagogischen und philologischen Forschungen sowie Literaturwissenschaft. Doch als die Universitäten in zunehmendem Maße das Graduiertenstudium betonten und der Graduate School erlaubten, eine dominierende Stellung einzunehmen, spalteten sich diese Disziplinen in klar umrissene

Spezialgebiete auf. Die Philologie verlagerte sich allmählich von „PMLA" in andere Zeitschriften. Pädagogische Arbeiten verschwanden vor der Jahrhundertwende aus „PMLA", und 1902 wurde die Sektion Pädagogik der Modern Language Association (MLA) eingestellt. In seiner feierlichen Rede als Präsident der MLA im Jahr 1914 begrüßte der Germanist Alexander Hohlfeld von der University of Wisconsin diese Entwicklung und erklärte, sie sei notwendig gewesen, „um enge und spezifisch pädagogische Interessen zurückzudrängen". Er pries den „endgültigen Sieg der Wissenschaft" und lobte jene, „die in diesem Kampf um die Vorherrschaft die Fahne der Gelehrsamkeit hochgehalten haben".[26] Man beachte, daß hier die Pädagogik sowohl von der „Wissenschaft" als auch von der „Gelehrsamkeit" ausgeschlossen wird. Die Pädagogen revanchierten sich, indem sie ihre eigenen Organisationen ausweiteten und 1916 das „Modern Language Journal" gründeten. Demzufolge wurde die verbleibende Hierarchie der MLA, von der die Maßstäbe wissenschaftlicher Leistungen gesetzt wurden, von einer hochspezialisierten Elite von Literaturwissenschaftlern beherrscht.

Doch diese Situation entsprach nicht den Erwartungen der amerikanischen Gesellschaft — eine Meinungsverschiedenheit, die noch heute besteht. Während der Geisteswissenschaftler bestrebt war, moralische Werte zu beeinflussen und Ideale weiterzugeben, verlangte die Gesellschaft eine Ausbildung in praktischen Fähigkeiten.[27] Als viele Germanisten — das heißt diejenigen, die noch eine Stelle hatten — sich gezwungen sahen, kleinen Gruppen ‚der, die, das' beizubringen, wurde die wahre Beziehung von Basis und Überbau in der amerikanischen Germanistik enthüllt. Das Selbstbild des Germanisten als geistige Führergestalt erreichte nie wieder seine aufgeblasene Vorkriegs-Größenordnung, weil nie wieder mit Selbstverständlichkeit von hohen Hörerzahlen ausgegangen werden konnte. Demnach wirkten sich sinkende Studentenzahlen in der Germanistik dahingehend aus, daß Klassenunterschiede in den germanistischen Seminaren ebenso wie bei der deutsch-amerikanischen Gruppe verringert wurden.

Sicherlich wählte nicht jeder Germanist den Weg der Anpassung zwecks Selbstschutz. Kuno Francke und andere regelmäßige Mitarbeiter der „Monatshefte" machten aus der Not eine Tugend, indem sie aus der Asche des alten Mythos der deutschen Unbesiegbarkeit einen neuen schmiedeten. Da es den Deutschen nicht gelungen war, Größe im Sieg zu erringen, sollte ihnen Größe im Martyrium zugestanden werden; sie wurden ein Volk mit übermenschlichen Fähigkeiten zum Ertragen von Leiden. Dieses Thema erscheint in einem großen Teil der Erbauungspoesie Franckes, die regelmäßig in den „Monatsheften" und in amerikanischen Zeitungen erschien. Sein Gedicht „Deutsches Volk", das auf der ersten Seite der Ausgabe der „Monatshefte" vom Januar 1917 erschien, ist für die Gattung typisch; ich zitiere den letzten Vers:

„O du Volk, schicksalsgestählt,
O du Volk, gnadenerwählt —
Neue Menschheit hast du begründet,
Neuen Glauben hast du entzündet,
Mitten aus Schrecken und Donner der Schlacht
Hast du den Heiland der Zukunft gebracht!
Deutsches Volk!"[28]

An anderer Stelle schrieb er, der deutschen Geschichte und Kultur sei eine „Signatur des Tragischen aufgezwängt", wodurch die Deutschen immer wieder eine Götterdämmerung durchzustehen hätten, aus der sie zu neuen Höhe des Idealismus aufsteigen würden.[29] Unterdessen gaben andere Germanisten und die deutschsprachige Presse die Schuld am Kriege den Herrschenden Deutschlands, die das deutsche Volk, so wurde behauptet, irregeleitet hätten. Dieser Sündenbock lenkte die Aufmerksamkeit von ihrer eigenen Mitschuld ab, so daß von neuem die moralische Überlegenheit der Deutschen und damit auch der Deutschamerikaner sichergestellt war. Indem die Revisionisten sich wie zuvor auf geistige statt auf materielle Werte konzentrierten, vermochten sie das Kriegsende als einen Sieg amerikanischer Ideale zu begrüßen, während sie ihre Leser gleichzeitig aufforderten, gegen die sogenannte Schmach Deutschlands von Versailles zu protestieren.

Zwischen 1920 und ungefähr 1925 versuchte eine Reihe von früheren Kultur-Kreuzfahrern und ethnischen Politikern, den Einfluß und das Prestige, die sie vor dem Krieg genossen hatten, wiederzugewinnen. In der Germanistik standen in dieser kurzen Ära der Restauration die „Monatshefte" erneut in vorderster Front. Sie brachten wiederum fast ausschließlich Beiträge in deutscher Sprache und ließen die Definition des Deutschlehrers als Missionar für deutsche Sprache, deutschen Geist und deutsche Kultur wiedererstehen. Daß die Zeitschrift diese Form der Vergangenheitsbewältigung wählte, geht möglicherweise zurück auf ihren Gründungsherausgeber Max Griebsch, der diesen Posten 1899 übernahm, ihn auch nach dem Krieg noch bekleidete und bis 1934 beibehielt – eine Herausgeberschaft von 35 Jahren. In seinem Vorwort zu dem ersten „Monatshefte-Jahrbuch" von 1920 erklärte er: „Das Jahrbuch soll die Kunde ins Land hinaus tragen, ... daß unser Glaube an die Sache, die wir vertreten ... nicht erschüttert ist."[30] Die Gesetze des Wettbewerbs auf dem Bildungsmarkt schienen den Nationalismus erneut als eine akzeptable Größe eingeführt zu haben; Griebsch wies anerkennend darauf hin, daß Kollegen, die Französisch und Spanisch lehrten, mit ihren neuen Lehrbüchern das „Im Vaterland" der Vorkriegszeit imitierten, eines der Lieblingsobjekte der Bücherverbrenner.[31] Die „Monatshefte" führten, um ihr ideologisches Erbe zu unterstreichen, eine Serie mit dem Titel „Sie waren unser" ein, im Gedenken an die Extremisten, die für die deutsche Sache gekämpft hatten. Um weitere moralische Unterstützung zu bieten, verbreitete eine regelmäßig erscheinende Spalte „Stimmen von drüben" die politischen Meinungen von deutschen Universitätsprofessoren, die Nostalgie für das Kaiserreich empfanden. Mit einem Seufzer der Erleichterung hießen die Autoren die alten Werte willkommen: „Also doch – der unverwüstliche Idealismus, das deutsche Pflichtgefühl: arbeiten und nicht verzweifeln."[32] Ein Führerethos herrschte vor, und die Wortwahl war gelegentlich furchterregend prophetisch: „Was jetzt als ein stilles Säuseln vernehmbar ist, wird dereinst als ein Sturm, als reinigendes Gewitter über das Land fahren. Das Gesunde wird über das Kranke und Abgelebte siegen, der Gemeinsinn über die Selbstsucht, der Geist der Wahrheit über den Irrwahn der Lüge."[33] Doch kein Verfasser vermochte der blanken Unverbesserlichkeit gleichzukommen, mit der Julius Goebel 1922 schrieb: „Die Zeit [wird] kommen, wo man uns danken wird, den wahren Geist der Republik vorm Untergang gerettet zu haben . . . mir persönlich scheint es, daß wir im Lob des Deutschen im allgemeinen ziemlich bescheiden gewesen sind."[34] Ein weiterer Hinweis auf die politische Richtung dieser Kampagne findet sich in einer Polemik desselben Jahrbuchs gegen „die durch die Idee der proletarischen Internationale verblendeten Arbeitermassen." Sie kommt zu dem Schluß: „das Heil liegt nicht im Internationalen, sondern im Nationalen!"[35]

Doch der ethnischen Propaganda alter Zeiten und den Rufen nach der mystischen Verjüngung des deutschen Geistes mangelte es an Unterstützung an der Basis. Zwar mögen viele Deutschamerikaner die prodeutschen Gefühle der Mitarbeiter der „Monatshefte" geteilt haben, doch zogen sie es nun vor, innerhalb des amerikanischen nationalen Konsenses zu bleiben und Aufmerksamkeit und Kritik der Öffentlichkeit zu meiden. In der Germanistik begannen die Gemäßigten sich durchzusetzen, und wiederum steckten die „Monatshefte" zurück. Nachdem der Oberste Gerichtshof der Vereinigten Staaten 1923 entschieden hatte, das Verbot des Deutschunterrichts sei verfassungswidrig, beschleunigten die germanistischen Seminare den Wiederaufbau ihrer Sprachprogramme, und 1932 war laut Alexander Hohlfeld die Aufgabe der Disziplin die „. . . zielstrebig verfolgte deutsch-englische Vermittlertätigkeit".[36] Die Literaturwissenschaft hielt sich politischen Fragen fern, und die deutsche Kultur wurde in ein nicht anstößiges Gut umgeformt. Mit der Behauptung, eine Wiederholung von Fehlern der Vergangenheit zu befürchten, schenkten die Germanisten den Umwälzungen in Europa während der dreißiger und vierziger Jahre wenig Beachtung; die Auswirkungen des Zweiten Weltkriegs wurden vorwiegend hinsichtlich ihres Effekts auf die Pädagogik betrachtet. Da die Disziplin ihre Ziele auf streng wissenschaftliche Belange begrenzt hatte, „versäumte sie es", so Henry C. Hatfield und Joan Merrick 1948, „ihren möglicherweise größten Beitrag in einer Zeit der Krise zu leisten: die Interpretation des deutschen Geistes für eine verwirrte Nation".[37] Ich halte ihre Kritik für berechtigt, denn die Germanistik hatte in der Tat auf die chauvinistischen Exzesse einer früheren Ära überreagiert. Ihre Abneigung gegen die Politik schuf eine Hinterlassenschaft der Exklusivität, eine Voreingenommenheit für rein ästhetische und existenzphilosophische Themen, die noch lange in die Nachkriegsperiode hinein überlebte.

Anmerkungen

1 Fritz K. Ringer, The Decline of the German Mandarins. The German Academic Community, 1890–1933, Cambridge, MA: Harvard University Press, 1969.
2 Marion Dexter Learned, The ‚Lehrerbund' and the Teachers of German in America, in: Pädagogische Monatshefte 1. 1899, S. 13.
3 Julius Goebel, A Proposed Curriculum of German Reading, in: Modern Language Notes 2. 1887, S. 26.
4 Kuno Francke, Deutsche Arbeit in Amerika, Leipzig: Felix Meiner, 1930, S. 41.
5 Zitiert bei Frederick C. Luebke, Bonds of Loyalty. German-Americans and World War I, De Kalb: Northern Illinois University Press, 1974, S. 100.
6 Julius Goebel, Gedanken über die Zukunft des Deutschtums, in: Monatshefte für deutsche Sprache und Pädagogik (früher: Pädagogische Monatshefte) 11. 1910, S. 154.

7 Carl Wittke, German-Americans and the World War (With Special Emphasis on Ohio's German-Language Press), Columbus: Ohio State Archaeological and Historical Society, 1936, S. 31.
8 Monatshefte für deutsche Sprache und Pädagogik 14. 1913, Titelseite.
9 Kuno Francke, A German-American's Confession of Faith, New York: B.W. Huebsch, 1915, S. 6.
10 Ders., Goethes Vermächtnis an Amerika, in: Pädagogische Monatshefte 1. 1900, S. 6.
11 Heinrich Hermann Maurer, Wir Deutschamerikaner und der Weltkrieg, in: Monatshefte für deutsche Sprache und Pädagogik 16. 1915, S. 42.
12 Kuno Francke, Die Deutschamerikaner, die Harvard Universität und der Krieg, o.O. 1915, Sonderdruck in Kuno Francke Papers, Harvard University Archives; s. auch ders., Deutsche Arbeit, S. 68.
13 Clara L. Nicolay, Die Kinder des Ringes, in: Monatshefte für deutsche Sprache und Pädagogik 17. 1916, S. 89.
14 Julius Goebel, Goethe und Schiller, in: Pädagogische Monatshefte 2. 1901, S. 357.
15 O.E. Lessing, Neuere Literaturgeschichten, in: Pädagogische Monatshefte 4. 1903, S. 42.
16 S. z.B. sein Das Deutschtum in den Vereinigten Staaten von Nord-Amerika, München: Lehmanns, 1904.
17 S. z.B. Paul E. Titsworth, The Attitude of the American Teacher of German toward Germany, in: Monatshefte für deutsche Sprache und Pädagogik 17. 1916, S. 195 f.
18 Ernst Voss, Zum Weltkriege, ebd. 16. 1915, S. 73.
19 J.D. Deihl, Adjusting Instruction in German to Conditions Imposed by the War, ebd. 19. 1918, S. 128–134.
20 Ebd., S. 131, 134.
21 Umschau, ebd. 19. 1918, S. 236.
22 C.H. Handschin, Gottfried Keller und Deutschland, ebd. 17. 1916, S. 155–161; Zitat S. 155.
23 C.H. Handschin, Kellers Tierliebe, ebd. 18. 1917, S. 71–74; Zitat S. 72.
24 Knight Dunlap, Value of German Language Assailed, Abdruck aus der New York Times, in: ‚German Department', William Oxley Thompson Papers, Ohio State University Archives.
25 Throw Out the German Language and All Disloyal Teachers, veröff. von der American Defense Society; zit. bei Luebke, Bonds, S. 216.
26 Alexander R. Hohlfeld, Light from Goethe on our Problems, in: PMLA 29. 1914, S. LXXIII.
27 Richard Ohmanns Kommentar zum Englischunterricht kann ebensogut für Anfängerkurse in Fremdsprachen gelten: „derjenige Teil unserer Tätigkeit, der uns als Rechtfertigung innerhalb und außerhalb der Universität dient, ist gerade der Teil, den wir am geringsten schätzen und den wir von den am wenigsten angesehenen Kollegen verrichten lassen". Richard Ohmann, English in America. A Radical View of the Profession, New York: Oxford University Press, 1976, S. 243.
28 Kuno Francke, Deutsches Volk, in: Monatshefte für deutsche Sprache und Pädagogik 18. 1917, S. 1.
29 Kuno Francke, Die Kulturwerte der deutschen Literatur von der Reformation bis zur Aufklärung, Berlin: Weidmannsche Buchhandlung, 1923, S. 623.
30 Max Griebsch, Begleitwort, in: Monatshefte für deutsche Sprache und Pädagogik (Jahrbuch 1920), S. 1.
31 Ebd., S. 3.
32 F. Klaeber, Stimmen von drüben, ebd., S. 37.
33 Ebd., S. 39.
34 Julius Goebel, Das Recht auf die Muttersprache und ihre Erhaltung, in: Monatshefte für deutsche Sprache und Pädagogik (Jahrbuch 1922), S. 24.
35 Heinrich Maurer, Der Kampf um das Deutschtum in Amerika in seiner kulturgeschichtlichen Bedeutung, ebd., S. 73.
36 Alexander R. Hohlfeld, Eine Hauptaufgabe der Deutschen in Amerika, in: Monatshefte für deutschen Unterricht (früher Monatshefte für deutsche Sprache und Pädagogik) 24. 1932, S. 11.
37 Henry C. Hatfield u. Joan Merrick, Studies of German Literature in the United States 1939–1946, in: Modern Language Review 43. 1948, S. 354.

38. Erleichterte Amerikanisierung
Die Wirkung des Ersten Weltkriegs auf die Deutschamerikaner in den zwanziger Jahren

La Vern J. Rippley

Der Erste Weltkrieg war der Katalysator, der die Amerikanisierung des deutschen Elements in den Vereinigten Staaten verfestigte. Die Entwicklung zur Assimilation war jedoch schon lange vor diesem Ereignis begonnen und in vieler Hinsicht auch abgeschlossen worden, wobei das Ausmaß natürlich davon abhängt, welche spezifischen Gruppen oder Regionen man im Auge hat.[1] In den Gebieten der früheren Einwanderung zum Beispiel – New York, Maryland, Pennsylvania, Ohio, Missouri – waren einst weitgehend deutsche Regionen unter dem weltlichen, politischen, sozialen oder psychologischen Druck des täglichen Lebens weggeschmolzen. In denselben Landesteilen hielten bestimmte Gruppen jedoch hartnäckig aus Gründen, die wenig mit ihrer Nationalität zu tun hatten, an ihrem Deutschsein fest. Unter den assimilationshemmenden Faktoren war die religiöse Tradition zweifellos der wirksamste. Die Amish in Pennsylvania sind, obwohl sie zu den frühesten Einwanderern gehörten, noch heute nicht assimiliert. Auch Traditionen des Heiratsverhaltens behinderten das Aufgeben der Ethnizität, und es gab Landgemeinden, die sowohl in religiöser als auch in politischer Hinsicht zum Konservativismus neigten – und demzufolge auch hinsichtlich der Ethnizität.[2] Eng verwoben mit der Assimilationsverzögerung zwischen Stadt und Land im ersten Drittel des 20. Jahrhunderts waren technische und Verkehrs-Barrieren. So war zum Beispiel Elektrizität schon vor 1930 in den Städten allgemein verfügbar, während die Elektrifizierung aufgrund des Rural Electrification Act abgelegene nichtstädtische Gebiete erst im Zweiten Weltkrieg erreichte. Dementsprechend hatten Familien auf dem Lande keine Radios und waren nur selten an das Telefonnetz angeschlossen. Bis in die dreißiger Jahre hinein waren die Straßen auf dem Land nicht asphaltiert, mit der Konsequenz, daß das Automobil erst nach dem Zweiten Weltkrieg seine verheerende Wirkung zeigte: die Zerschlagung des ländlichen Amerika und mit ihm der ethnischen Gemeinden. Auch der Krieg hatte einen verheerenden Effekt auf ethnische Gemeinden. Nicht im physischen Sinne, und auch nicht nur deshalb, weil junge Männer auf ferne Schlachtfelder geschickt wurden und häufig nicht bereit waren, aufs Land zurückzukehren, sondern weil der Arbeitskräftemangel in den Industriezentren ganze Familien aus ländlichen Gegenden in Großstädte lockte, wo sie nach Kriegsende blieben.

Erleichterte Amerikanisierung

A slice of American life has a German filling.

1683 — 300 Years of German Immigration

On 6 October 1683, the first 13 German families arrived aboard the small ship "Concord", the "German Mayflower". They founded Germantown in Pennsylvania and in 1688 issued the first manifesto against slavery.
Over seven million German immigrants followed. Today more than one fourth of the population of the United States claims German ancestry.

„Ein Stück amerikanischen Lebens hat eine deutsche Füllung." Vielverbreitetes Plakat zum Tricentennial 1983. Das witzig genutzte Bild der Torte assoziiert zugleich die in den USA als ‚deutsch' empfundene Konditorkunst. Im Text wird der frühe Protest deutscher Einwanderer gegen die Sklaverei 1688 sowie die Tatsache in Erinnerung gebracht, daß über sieben Millionen Deutsche immigrierten; mehr als ein Viertel aller Amerikaner beriefen sich heute auf deutsche Vorfahren. Das Plakat stammt von einer bundesdeutschen Auslandsorganisation und dokumentiert den Wandel in der Behandlung solcher Jubiläumsdaten auf deutscher Seite. Die meisten aus Deutschland kommenden Deklarationen gingen besonders vor 1918 und nach 1933 von der völlig unrealistischen Einordnung der Deutschamerikaner als Auslandsdeutschen aus, was deren ungewollte Isolation und nachfolgende Assimilation nur um so mehr beförderte. (Inter Nationes, Bonn)

Ungeachtet der Existenz ländlicher Inseln machte die Assimilation der Deutschen in die amerikanische Gesellschaft Fortschritte, wenn auch nur langsam, bis die Hysterie des Ersten Weltkrieges sie beschleunigte. Zum Beispiel gab es im Jahr 1900 noch 15 Großstädte in den Vereinigten Staaten, in denen 15 000 oder mehr in Deutschland geborene Einwanderer lebten. Hier wohnten 36 Prozent der gesamten in Deutschland geborenen Bevölkerung der USA. Weitere 13 Prozent bewohnten 94 Städte mit einer Zahl von 1 000 bis 15 000 in Deutschland Geborenen.[3] In diesen über hundert Städten war die deutsche Bevölkerung so stark konzentriert, daß die Existenz eigenständiger Nachbarschaften möglich war. Das intellektuelle Niveau war hoch, und die Zahl der Akademiker und Freiberufler reichte aus, um die Bedürfnisse der Gruppe zu befriedigen, wenn sie sich dafür entschied, weiterhin in Isolation zu leben. Dies bedeutete, daß deutsche Nachbarschaften qualitativ hochstehend erhalten werden konnten, wenn sie ihre eigenen Ärzte, Anwälte, Bankiers, Geschäftsleute, Politiker und nicht zuletzt Lehrer, Journalisten und Künstler besaßen. Wie zahlreiche Forscher gezeigt haben, ist eine ethnische Gruppe zu einem schnellen Ende verdammt, wenn sie nicht groß genug ist und nicht in ausreichendem Maße von Intellektuellen gestützt wird, die für die Aufrechterhaltung von Traditionen, Kunst, akademischen Berufen und Sprache auf hohem Niveau sorgen.[4]

Die Deutschen waren so erfolgreich in den akademischen Berufen, im Verlagswesen, im Journalismus, im Unterhalten ihrer eigenen Schulen und in der Pflege ihrer eigenen Kirchen mit ihren gebildeten Geistlichen, daß die Jugend paradoxerweise bestens dafür präpariert war, den Übergang in den amerikanischen Hauptstrom zu bewältigen. Nachdem die Deutschen in den 1850er Jahren den Bedrohungen des Nativismus mehr oder weniger erfolgreich getrotzt hatten, wurden sie in den 1860er Jahren nolens volens in großer Zahl in den Bürgerkrieg hineingezogen,[5] und aufgrund der Kriegsteilnahme gewannen sie ohne weiteres Respektabilität, indem sie auf ihre Rolle im Krieg oder ihre tatsächliche oder eingebildete Gegnerschaft zur Sklaverei vor dessen Ausbruch verwiesen.[6] Mit ihrem guten Ruf aus dem Bürgerkrieg als Grundlage bezogen die Deutschen in den 1870er und 1880er Jahren außerdem Stolz und Erfolgserlebnisse aus der Einigung Deutschlands unter Bismarck im Jahr 1871. Über Nacht hatte Deutschland eine neue, mächtige Position in Europa gewonnen, sowohl in politischer Hinsicht (zumindest bis zur Thronbesteigung Kaiser Wilhelms II. 1888), als auch – wichtiger noch – auf den Gebieten der Wissenschaft, der Industrie, der Technik, des Bildungswesens, der Stadtplanung und des Welthandels.[7] In vielen Großstädten der USA gab es nun Bezirke, die man beinahe liebevoll und gewiß voller Bewunderung, wenn auch vielleicht widerwillig, ‚Kleindeutschland‘, ‚das andere Rheinufer‘, ‚Kleinsachsen‘, ‚German town‘ oder ähnlich nannte.

Da die Deutschen in Amerika sich in den 1880er und 1890er Jahren weder bedroht fühlten noch die Mehrheitsgesellschaft bedrohten, waren ihnen verarmte Neueinwanderer willkommen; häufig gründeten sie Vereine, Ausbildungsprogramme, Arbeitsvermittlungen; kurz, sie verhalfen ihren Landsleuten zu einem möglichst guten Start.⁸ In mancher Hinsicht gab es während dieser Jahrzehnte in den meisten Gemeinschaften der Neuen Welt mehr Solidarität als in der alten Heimat, wo die seit langem bestehenden Gegensätze zwischen Norden und Süden, Osten und Westen, Arbeiterklasse und Intelligenz, Protestanten und Katholiken ausgeprägter waren. In deutschen Landgemeinden in den Vereinigten Staaten bestand häufig Homogenität auf der Grundlage der lutherischen, katholischen, mennotischen und anderer Konfessionen, während in den städtischen Zentren eher die Ethnizität als die Religion zum gemeinsamen Nenner wurde. Viele der städtischen deutschen Gemeinden waren sehr groß und so differenziert, daß sie alle Konfessionen umfaßten, einschließlich der deutschen Juden. Preußen, Pommern, Bayern, Deutsche aus Böhmen und aus Österreich sowie Deutschschweizer konnten ihre Identität über die Sprache definieren – und über den Stolz, den sie auf die von ihnen angenommene Überlegenheit empfanden. Ob Akademiker oder Bauer, Atheist oder Katholik, eine aufgrund der Bismarckschen Mai-Gesetze ausgewiesene Nonne oder ein entflohener Jesuit und Lehrer – eine starke Solidarität schirmte die urbanisierten Deutschen gegen die Verlockungen der Amerikanisierung ab.

Seit der Jahrhundertwende allerdings waren diese Gemeinden im Niedergang begriffen, wenngleich sie den Anschein unüberwindlicher Solidarität erweckten. Die Schaffung einer bundesweiten deutschamerikanischen Organisation im Jahr 1901, des ‚Deutsch-Amerikanischen Nationalbundes' (German-American Alliance) zur Einigung aller Deutschen in Amerika hinter gemeinsamen Zielen, die vorwiegend als kulturelle bezeichnet wurden, war ein ziemlich verspäteter Schritt.⁹ Der Bund sollte eine Dachorganisation für alle lokalen deutschsprachigen Vereine sein und schloß alle religiösen und politischen Fragen aus seinem Wirkungsbereich aus, außer für den Fall, daß Deutsche offen politisch angegriffen wurden. In vieler Hinsicht folgte der Bund dem Vorbild der Polish National Alliance und anderer Organisationen, die mindestens ein Jahrzehnt früher als die deutsche gegründet worden waren und die tatsächlich für die jeweilige ethnische Gruppe kulturelle und politische Interessen zu schützen hatten. Während der wirkliche Zweck des Deutsch-Amerikanischen Nationalbundes nur dünn verschleiert war, wurde er Ende der 1880er Jahre und in den ersten Jahren des 20. Jahrhunderts niemals so dringend benötigt wie andere ethnische Organisationen. Die Deutschamerikaner waren sicher, anerkannt und zufrieden. Praktischer Zweck des Bundes war die Verteidigung der Traditionen des Vaterlandes in Bezug auf alkoholische Getränke. Zwar wurde der Bund zur Zeit des Ersten Weltkriegs beschuldigt, ein Ableger des 1897 in Berlin gegründeten imperialistischen Alldeutschen Verbandes zu sein, doch erhielt er seine reichlich fließenden Spenden nicht von der Reichsregierung in Berlin, wie behauptet wurde, sondern vom amerikanischer Brauerverband, einem Berufszweig, der zu jener Zeit so gut wie ausschließlich in deutschamerikanischer Hand war.¹⁰ Während der ganzen durch Zufriedenheit gekennzeichneten Periode von 1910 bis 1915 war das Bierfaß für die Deutschen in Amerika ein sehr viel stärker einigendes Element als das alldeutsche Geschrei des Kaisers und des preußischen Offizierskorps.

Der einzige konkrete Vorschlag, der vom Bund zwecks Erhaltung der deutschen Kultur und Traditionen in den Vereinigten Staaten ausging, war die Forderung nach dem Gebrauch der deutschen Sprache in öffentlichen und kirchlichen Schulen. Selbst für die Einführung des Deutschen in amerikanischen Schulen kam der Anstoß nicht vom Bund, denn es war schon lange zuvor in vielen Staaten gesetzlich sanktioniert worden, zunächst 1839 in Pennsylvania, im weiteren Verlauf des 19. Jahrhunderts auch in Ohio, Wisconsin, Nebraska und vielen anderen Staaten.[11] In einigen wenigen, wie etwa Nebraska, kam die Initiative für die Einführung des Deutschen in den Schulen von der Staatsorganisation des Bundes, die mit ihrer Lobby die Legislative zur Verabschiedung des Mokkett-Gesetzes im Jahr 1913 bewegen konnte. Dieses Gesetz wiederum bildete die entscheidende Grundlage für das gesetzliche Verbot des Deutschen in den Schulen seit 1918 und – ungeachtet des Kriegsendes – danach in Colorado, Arkansas, Indiana, Iowa, Kansas, South Dakota und natürlich Nebraska.[12] Schließlich wurden einzelstaatliche Gesetze gegen den Gebrauch des Deutschen und anderer nichtenglischer Sprachen in den Schulen vom Obersten Gerichtshof der Vereinigten Staaten außer Kraft gesetzt, doch dies geschah erst 1923.

Bei der Einschätzung der Frage der Amerikanisierung ist es wichtig, sich klarzumachen, daß die Sprache ein wichtiger, wenn nicht der entscheidende Faktor der Ethnizität ist. Unterstrichen wird dies durch die Resultate der Fremdenfeindlichkeit, die sich während des Ersten Weltkrieges und danach gegen die Deutschen richtete. Während des Krieges und der zwanziger Jahre waren die Deutschen als Volksgruppe in Amerika kaum auffällig; sie waren nicht zu unterscheiden von Angloamerikanern, deren viele nordeuropäische Traditionen und sogar gemeinsame historische Sprache von beiden Gruppen geteilt wurden. Alle Nordeuropäer waren in einer Menschenmenge in gleicher Weise identisch. Es waren somit nicht die Nationalität, nicht das physische Erscheinungsbild und auch nicht die geographische Herkunft, sondern tatsächlich die Sprache, die Deutsche im Ersten Weltkrieg und danach zur Zielscheibe von Gehässigkeit und Anwürfen machte.

In diesem Zusammenhang ist auf einige statistische Daten hinzuweisen. Wenngleich das deutsche Element Anfang des 20. Jahrhunderts als ethnischer Block im Zerfallen begriffen war, bildete es nichtsdestoweniger die zahlenmäßig stärkste nicht-angloamerikanische Gruppe in den USA. Der 13. Bundes-Volkszählung zufolge hatte 1910 die Gesamtbevölkerung der USA 91 972 333 erreicht. Davon waren 13 345 546 im Ausland geboren. In der Einleitung zu dem der Bevölkerung gewidmeten Bänden hieß es: „Unter den Ursprungsländern der im Ausland Geborenen . . . nahm Deutschland 1910 den ersten Platz ein, mit 2 501 333 oder 18,5 Prozent der Gesamtzahl der im Ausland Geborenen. Danach folgten Rußland und Finnland (gemeinsam) mit 12,8 Prozent; Österreich-Ungarn, 12,4 Prozent, Irland, 10 Prozent . . ."[13] Wollen wir die gesamte ethnische Gruppe berücksichtigen, so müssen wir auch die Kategorie der Einwanderer und in Amerika geborenen Kinder von Einwanderern (die mindestens einen im Ausland geborenen Elternteil haben) einbeziehen. So gesehen, waren 1910 von 92 Millionen Amerikanern 8 646 402 deutscher Herkunft, was einen Anteil von nahezu 10 Prozent an der amerikanischen Gesamtbevölkerung ergibt.

Doch selbst diese Zahlen lassen nicht das volle Gewicht erkennen, da – wie bereits festgestellt – die Sprache die primäre identifizierende Qualität des Deutschseins und seiner Verhaßtheit im Ersten Weltkrieg und danach war. Interessiert man sich für die Aufteilung der 92 Millionen nach der Muttersprache, so ist es ein glücklicher Umstand, daß die Volkszählung von 1910 die erste war, bei der umfassend nach dem Gebrauch der Muttersprache gefragt wurde. 1910 gab es demnach 9 187 000 Sprecher des Deutschen als Muttersprache in den Vereinigten Staaten, was sich auf 28 Prozent aller Personen beläuft, die nicht Englisch als Muttersprache angaben, und auf über 11 Prozent der Gesamtbevölkerung der USA zu jenem Zeitpunkt. Während des Krieges und des darauf folgenden Jahrzehnts war es nicht die Nation seiner Geburt oder seiner Tradition, wodurch sich das Mitglied einer ethnischen Gruppe von anderen unterschied. Grenzen und Nationen waren im Fluß. Sprach jemand Deutsch, so hatte es wenig Bedeutung, ob er aus dem Deutschen Reich, aus Österreich, aus der Schweiz, aus Luxemburg, aus Böhmen, aus Ungarn oder aus den deutschen Siedlungen in Südrußland kam. Für den Mann auf der Straße handelte es sich um einen ‚feindlichen Ausländer', selbst wenn dessen Vaterland – zum Beispiel Rußland – im Kampf gegen die deutschsprachigen Mittelmächte mit den Vereinigten Staaten verbündet war.

Die Konsequenz war, daß Organisationen wie der Deutsch-Amerikanische Nationalbund auf Bundesebene außer Gefecht gesetzt wurden, als ihm der Kongreß nach der Durchführung eines Hearings 1918 die Zulassung entzog.[14] Die Veröffentlichung deutschsprachiger Zeitungen erlebte einen rapiden Niedergang, als ein Gesetz in Kraft trat, das sie zwang, beim örtlichen Postamt Übersetzungen aller den Krieg behandelnden Artikel niederzulegen; die Kosten dafür waren zu hoch für eine Presse, die ohnehin schon seit ihren Spitzenjahren 1895–1900 im Abstieg begriffen war.[15]

Die wohl am leichtesten belegbare Veränderung der Einstellung von Deutschamerikanern läßt sich aus den Wahlergebnissen ablesen, die ein massenhaftes Überwechseln von den Demokraten (für die Deutschen die Partei Wilsons und des Krieges) zu den Republikanern erkennen lassen, das 1918 und 1920 besonders ausgeprägt war.[16] Vielleicht noch faszinierender ist das statistische Bild. 1920 lebten in den Vereinigten Staaten 1 686 108 Personen, die in Deutschland geboren waren, was 12,1 Prozent der im Ausland Geborenen und 1,6 Prozent der gesamten Bevölkerung ausmachte. Die Deutschen waren nach wie vor die größte der im Ausland geborenen Gruppen, gefolgt von Italien, Rußland, Polen, Kanada, Irland etc. Im Jahre 1920 gab es demnach 631 826 oder 25,3 Prozent in Deutschland Geborene weniger als nur ein Jahrzehnt früher, obwohl in der Zwischenzeit 174 227 deutsche Einwanderer dazugekommen waren. Doch ebenso wie 1910 bildeten die Deutschen auch 1920 noch das größte im Ausland geborene Element in den USA. Vergleicht man die Zahlen für die erste und die zweite Generation im Jahr 1920 mit denen von 1910, so ergibt sich ein ähnliches

Bild. 1920 lebten 8 164 111 Personen mit Deutsch als Muttersprache in den Vereinigten Staaten, ein Rückgang um 482 291 oder 5,6 Prozent. Zudem bildeten die Deutschen 1920 unter allen im Ausland geborenen weißen Bevölkerungsgruppen in den USA nicht nur die größte, sondern auch diejenige mit dem höchsten Anteil von Personen, die bereits amerikanische Bürger geworden waren, nämlich etwa 74 Prozent. Umgekehrt rangierten die Deutschen an letzter Stelle hinsichtlich der Personen, die erst die Einbürgerung beantragt hatten oder Ausländer waren. Hinsichtlich der amerikanischen Staatsbürgerschaft folgten auf die Deutschen 1920 die Skandinavier (Norwegen, Schweden, Dänemark) mit etwa 68 Prozent, die Iren mit 65 Prozent und die Engländer (einschließlich Schottland und Wales) mit 64 Prozent. Der Erwerb der amerikanischen Staatsbürgerschaft war 1920 am unwahrscheinlichsten für Einwanderer aus Mexiko, danach Ungarn, Italien und Polen.[17]

Was erweisen diese Daten? Einmal, daß die Deutschen in die Vereinigten Staaten mit der Absicht kamen, dort zu bleiben[18] — nicht nur, um dort eine zeitlang zu arbeiten und dann in die alte Heimat zurückzukehren. Einwanderer aus Ländern wie Mexiko, Portugal, Griechenland, Ungarn und sogar Italien legten auf die Staatsbürgerschaft keinen besonderen Wert, weil sie die Absicht hegten, zurückzuwandern, sobald sie genug Geld gespart hatten, um sich in ihrem Heimatland eine sichere Existenz aufzubauen.[19] Zum anderen legen die Daten nahe, daß die Deutschen 1920 dem Leben in den USA so gut angepaßt waren, daß ein Deutschland auf der anderen Seite des Atlantik für sie kaum noch Bedeutung hatte. Bestenfalls erhofften sie, daß eine deutsche Kultur erhalten bleiben würde, die dem amerikanischen politischen System parallel laufen, aber an ihm voll teilnehmen würde.[20] Eines der Hauptziele des Deutsch-Amerikanischen Nationalbundes war es gewesen, den Erwerb der amerikanischen Staatsbürgerschaft durch Deutsche zu fördern, um die Chancen für deutsche Anliegen an der Wahlurne zu erhöhen. Schließlich lassen die Daten erkennen, daß zwischen 1910 und 1920 ein Teil der in Deutschland Geborenen ebenso wie der Deutschstämmigen in den Vereinigten Staaten untertauchte. Man kann vernünftigerweise nicht davon ausgehen, daß die Zahl der in Deutschland Geborenen zwischen 1910 und 1920 tatsächlich um 25,3 Prozent sank, wenn nach 1910 und bis zum Kriegsausbruch im Sommer 1914 nach wie vor deutsche Einwanderer hereinströmten. Vielmehr hat es den Anschein, daß in Deutschland geborene Personen im Jahr 1910 den Volkszählungshelfern bereitwillig angaben, wo sie geboren waren. Dagegen scheint 1920 das Stigma des Deutschseins in bestimmten Gebieten so stark gewesen zu sein, daß viele Deutsche ihre Herkunft Beamten gegenüber verleugneten. Von allen Statistiken über Sprecher einer nichtenglischen Muttersprache, die in den Volkszählungsdaten für 1910 und 1920 enthalten sind, war die einzige, die in jenem Jahrzehnt ein Absinken aufwies, die deutsche — um nahezu eine halbe Million Sprecher. Alle anderen, einschließlich der italienischen, polnischen, jüdischen, schwedischen, norwegischen und sogar der französischen, nahmen zu, einige in erheblichem Maße, ungeachtet der Einwanderungsbeschränkungen, die auch diesen Gruppen auferlegt waren. Die einzige vernünftige Schlußfolgerung daraus lautet, daß die Deutschen 1920 den Volkszählungsbeamten gegenüber sowohl das Land ihrer Geburt als auch ihre Muttersprache in vielen Fällen verheimlichten. Zwar ist noch mehr Forschung vonnöten, bevor sich die Ursachen für dieses Verhalten überzeugend bestimmen lassen, doch läßt sich die Abnahme möglicherweise mit den deutschfeindlichen Bedingungen in bestimmten Staaten in Beziehung setzen. Die Abnahme der Zahl von Sprechern des Deutschen zwischen 1910 und 1920 war am stärksten in New York, Illinois, Ohio und Pennsylvania, während sich in Minnesota kaum eine Veränderung ergab und in Michigan, California und Colorado ein leichter Anstieg zu verzeichnen war.[21]

Bis 1920, als die Identifikation mit der deutschen Kultur nicht mehr mit Stolz erfolgen konnte, ging auch die Zahl der Publikationen in deutscher Sprache abrupt zurück, von 554 im Jahr 1910 auf 234 für 1920, also um über 50 Prozent. Die Auflagehöhe deutscher Tageszeitungen betrug 1920 nur noch ein Viertel des Standes von 1910. Die deutsche Sprache war bereits durch Gesetze aus den Schulen vertrieben, und auch in den Kirchen beschleunigte sich das Überwechseln zum Englischen sehr stark. 1917 hielt nur ein Sechstel der lutherischen Kirchen der Missouri-Synode einmal im Monat einen englischen Gottesdienst ab; 1920 waren es drei Viertel.[22] Die veränderte Haltung wird in einer Beobachtung treffend zusammengefaßt, die George N. Shuster, der ehemalige Präsident des Hunter College in New York, niederschrieb: „Geht man in die Öffentliche Bibliothek von Milwaukee, so findet man für das deutsche Drama eine gute Kollektion. Alle frühen Stücke von Hauptmann, Sudermann und den übrigen sind vorhanden. Doch auf den Regalen fehlen alle Titel, die nach 1914 erschienen sind. Interessant daran ist nicht so sehr die Tatsache, daß nach dem Krieg keine weiteren Bücher angeschafft wurden, als der Umstand, daß niemand es für nötig hielt, die Bibliothekare darum zu bitten."[23] Deutsche waren nicht nur bereit, den Volkszählungsbeamten gegenüber ihre Herkunft zu verleugnen, sie schämten sich auch, ihr Interesse an deutscher Kultur öffentlich zu bekunden. Nur an der Wahlurne gaben sie häufig ihrer Zusammengehörigkeit mit Brüdern jenseits des Atlantik Ausdruck.

Auch in der relativ nichtöffentlichen Situation am Postschalter riskierten sie es, sich mit erheblichen Spenden für notleidende Familien in Deutschland zu ihrer Identität zu bekennen. In ähnlicher Weise waren halböffentliche Spendenaktionen für die Hungernden in Deutschland nach dem Krieg höchst erfolgreich, wenn sie von den Kirchen in Amerika getragen wurden, denn dann schien das Stigma aufgehoben zu sein. Aus Milwaukee, einer Stadt mit starkem deutschamerikanischen Bevölkerungsanteil, wurde die Versendung von über hunderttausend Paketen mit Butter, Wurst und Mehl in den Monaten unmittelbar nach der Aufhebung der Blockade um das ehemalige Kaiserreich berichtet. Die Zahl der Vereine, die allein zum Zweck der Sammlung von Geldspenden und Lebensmitteln für die hungernden Deutschen gegründet wurden, schätzte man auf dreihundert.[24] Während die Deutschen in den Vereinigten Staaten gegenüber ihren eigenen privaten Organisationen enorm großzügig waren, zeigten sie sich bemerkenswert knauserig gegenüber Herbert Hoovers offiziell sanktionierter Hilfsorganisation European Relief Council; für diesen spendete der Durchschnitt der Amerikaner 27 Cents pro Person, die sechs Millionen Deutschen in Amerika dagegen — Schätzungen zufolge — nur 15 Cents.

Zudem gaben die traditionellerweise Demokratischen Deutschen in der Wahl von 1920 ein entschieden negatives Votum ab; mit großer Mehrheit wiesen sie den Demokraten James M. Cox aus Ohio zugunsten Warren Hardings zurück, der aus demselben Bundesstaat kam. In der Abgeschiedenheit der Wahlkabine zeigten sich die Deutschen entschlossen, die Wilson-Demokraten abzulehnen, doch taten sie dies nicht in erster Linie, indem sie Republikaner wählten, sondern vor allem durch Überwechseln zu Kandidaten dritter Parteien; sie gaben viele Stimmen für Bewerber der Nonpartisan League und der Lafollette-Progressiven ab, die im oberen Mittelwesten von erheblicher Bedeutung waren. Zur gleichen Zeit wurde auch die neue Steuben Society gegründet, die an die Stelle des Deutsch-Amerikanischen Nationalbundes treten sollte, doch blieb ihre Mitgliederzahl winzig — sie überstieg nie 20000, gegenüber den etwa drei Millionen, die sich dem Bund angeschlossen hatten.

Während der zwanziger Jahre waren die Deutschen zwei weiteren Bedrohungen ausgesetzt, die beide nur indirekt deutschfeindlich wirkten. Die eine war die ‚Furcht vor den Roten' (Red Scare); es handelte sich im wesentlichen um eine konservative Bewegung gegen die kommunistische Gefahr nach dem Erfolg der Oktoberrevolution von 1917 und dem Bürgerkrieg in Rußland von 1919—1921 mit seinen Hungersnöten.[25] Diese Strömung stellte für die Deutschen insofern ein Problem dar, als die sozialistische Bewegung in einigen Gebieten weitgehend unter der Führung von deutschsprechenden, wenn nicht sogar in Deutschland geborenen amerikanischen Politikern stand. Am besten bekannt ist der Fall des Repräsentanten Victor Berger aus Milwaukee, der seinen festen Rückhalt in dieser deutschesten aller amerikanischen Städte während eines Großteils der zwanziger Jahre bis zu seinem Tod 1927 behielt, ungeachtet aller Bemühungen, die sogar von dem Kongreß selbst ausgingen, ihn wegen seines ungeschminkt vertretenen Sozialismus von seinem Sitz im Repräsentantenhaus zu verdrängen.[26]

Die andere Bedrohung lag in dem hartnäckigen Druck der Temperenz-Bewegung. Die Forderung nach dem totalen Alkoholverbot, der Prohibition, wurde bereits in den 1850er Jahren erhoben, schwächte sich während des Bürgerkriegs und in den folgenden Jahren ab und drang 1869 wieder nach vorn, als eine bundesweite Prohibitionspartei einen Präsidentschaftskandidaten aufstellte.[27] Bis zum Ende des 19. Jahrhunderts erschienen Kandidaten dieser Partei verschiedentlich in Wahlen, stets heftig bekämpft von den Deutschamerikanern und den amerikanischen Brauern, die ihrerseits fast ausschließlich Deutschamerikaner waren. Parallel zu der politischen Partei existierten Organisationen wie die Women's Christian Temperance Union, die 1873 in Ohio gegründet wurde. Ihr ähnlich war die Anti-Saloon League, die 1897 in Wisconsin entstand und bundesweit Unterstützung fand, besonders durch die Methodisten. Als Reaktion auf die ständig wachsende Bedrohung ihres Lebensstils unterstützten die Deutschen begeistert den Deutsch-Amerikanischen Nationalbund als Gegenkraft zur Temperenz-Bewegung. Trotzdem führten nach der Jahrhundertwende immer mehr Staaten die Prohibition ein – Maine, Kansas, North Dakota. 1914 waren 14 Staaten ‚trocken', 1916 waren es 23, und ganze zwei Jahre später bereits 32. Nur Staaten mit so starkem deutschen Bevölkerungsanteil wie Wisconsin hielten stand. Die Prohibition, die den Deutschen ein Greuel gewesen war, erlangte im ganzen Land Gesetzeskraft, als die von Andrew J. Volstead (Wraalstad), einem Amerikaner norwegischer Herkunft aus Minnesota, eingebrachte Vorlage zum Volstead-Gesetz wurde. Der 18. Verfassungszusatz trat am 1. Juli 1919 in Kraft, nachdem ihn 45 Staaten ratifiziert hatten. Die Prohibition hatte nicht aus eigener Kraft gesiegt, sondern weil die deutschamerikanische Opposition dagegen zurückgeschlagen worden war, indem man sie während des Ersten Weltkrieges mit Illoyalität, mangelndem Patriotismus und fehlendem amerikanischen Nationalgeist gleichgesetzt hatte. Es ist bemerkenswert, daß es 1932, als das Land sowohl hinsichtlich seiner Deutschfeindlichkeit als auch in Bezug auf seine Einstellung zum Alkohol wieder zu sich gekommen war, es wiederum die Deutschamerikaner waren, die – in Gestalt der Vertretung Wisconsins, des prozentual gesehen deutschesten Staates, im Kongreß – den Gesetzentwurf zur Annullierung des verhaßten 18. Verfassungszusatzes einbrachten. Verständlicherweise war Wisconsin (gleichzeitig mit Michigan) der erste Staat, der den neuen 21. Verfassungszusatz, der die Prohibition wieder abschaffte, ratifizierte.

In die zwanziger Jahre fiel auch der Aufstieg des Isolationismus und des Konservatismus in der Politik, und zusammen damit die Entstehung einer Nazi-Partei in den USA.[28] Schon 1924, als Hitler noch seine Strafe für den Marsch auf die Feldherrnhalle 1923 absaß, rekrutierte Kurt G.W. Ludecke Deutsche in Amerika für die Bewegung, war aber gegen die offene Bildung von Nazi-Ortsgruppen in den Vereinigten Staaten. Etwas später organisierte Fritz Gissibl einige kurz zuvor eingewanderte Deutsche in Chicago in einer Sturm-Abteilung, die er Teutonia nannte. Diese Einheit wurde zur Keimzelle von nationalsozialistischen Parteiorganisationen in New York, Detroit, Milwaukee, Philadelphia und vielen anderen Städten. 1932 wurde Ludecke zum offiziellen Vertreter der Partei in den USA ernannt, doch nach der Machtübernahme bremste Berlin ein weiteres Wachstum der Partei in den Vereinigten Staaten. Stattdessen begab sich die Bewegung unter das Dach der neuen Organisation der ‚Friends of the New Germany', die bis 1935 florierte, als der Ausschuß für Einwanderung und Naturalisierung des Repräsentantenhauses sie zu untersuchen begann. Was danach übriggeblieben war, schloß sich dem German-American Bund an, der im März 1936 von Fritz Julius Kuhn, dem früheren Leiter der Detroiter Ortsgruppe der Friends of the New Germany, gegründet worden war. Wenngleich zuweilen behauptet wurde, die Mitgliederzahl betrage 200000, belief sie sich tatsächlich zu keiner Zeit auf mehr als 25000, von denen die Mehrzahl in den Industriestädten des Nordens von Milwaukee bis New York konzentriert war. Zum größten Teil bestand der Bund aus deutschen Staatsbürgern, die in den zwanziger Jahren nach Amerika gekommen waren. Nach großen Versammlungen im New Yorker Madison Square Garden Ende der dreißiger Jahre, stets am Geburtstag George Washingtons, löste die Tätigkeit des Repräsentantenhaus-Ausschusses für unamerikanische Umtriebe unter dem Vorsitz von Martin Dies eine Welle kritischer Stellungnahmen in den Medien aus, die zum Abtreten des Bundes im Jahr 1939 führte.

In den zwanziger Jahren erschienen nicht nur Nazis und die Prohibition als Folge des verdunkelten Bildes von den Deutschen, sondern es kam auch zur Verabschiedung von Gesetzen zur Einwanderungsbeschränkung und zum ersten Mal zur Festlegung von Quoten. Das Einwanderungsgesetz von 1924 mit seiner Bestimmung über die „nationale Herkunft" bevorzugte die Staaten Nord- und Westeuropas. Der Druck gegen die Einwanderung hatte sich seit dem Erscheinen des vielbändigen Berichts von Senator William P. Dillingham 1910 ständig verstärkt, ließ sich aber erst in Gesetzgebung umsetzen, als der Erste Weltkrieg die Möglichkeit dazu bot. Das erste Einwanderungsgesetz, das tatsächlich in Kraft trat, wurde 1917 verabschiedet und sah zunächst eine Prüfung der Lese- und Schreibfähigkeit vor; es wurde 1921 und noch einmal 1924 erweitert.[29] Die Durchsetzung der Einwanderungsbeschränkungen wurde zwar durch die im Krieg entstandene Deutschfeindlichkeit erleichtert, aber die entsprechenden Gesetze richteten sich nicht gegen die Deutschen, und auch die deutsche Einwanderung wurde nicht getroffen, da bereits eine hohe deutsche Quote festgelegt worden war.

Stattdessen bemühten sich kirchliche, staatsbürgerliche und Bildungsinstitutionen, die bereits in Amerika befindlichen Deutschen zu amerikanisieren. Mehrere Staaten versuchten, Kurse in Staatsbürgerkunde durch Einrichtungen der Berufs- und Erwachsenenbildung zu fördern.[30] Andere unternahmen Anstrengungen, große Industriebetriebe zur Organisierung von Kursen in Staatsbürgerkunde und Englisch zu bewegen. Gelegentlich wurden diese aufdringlichen Bemühungen als Maßnahmen zur Erhöhung der ‚Sicherheit' am Arbeitsplatz ausgegeben, und patriotische ‚Loyalität' sollte angeblich der Produktivitätssteigerung dienen. Sogar die katholische Kirche wurde gedrängt, ihren Religionsunterricht mit einem Amerikanisierungsprogramm anzureichern. Staatsbürgerliche Vereinigungen setzen auf County-Ebene Amerikanisierungskommissionen ein. Man führte Konferenzen durch, von denen einige durch Universitäten organisiert wurden, und veranstaltete Kongresse, auf denen Führungskräften beigebracht werden sollte, wie sie ihre Untergebenen amerikanisieren konnten.[31] Auch Frauenvereine beteiligten sich, und man setzte Bücherbusse ein, die den Arbeitern in Fabriken und Bergwerken ‚gute Bücher in englischer Sprache' bringen sollten. In mehreren Universitäten wurden Professuren für Amerikanisierung eingerichtet. Wenngleich diese Bemühungen in erster Linie eine Reaktion auf die Bedrohung darstellten, die als Ergebnis des Ersten Weltkriegs von den Deutschen auszugehen schien, stellte sich heraus, daß die Deutschen derartige Kampagnen am allerwenigsten benötigten und sie höchst gelangweilt aufnahmen. Die Amerikanisierungs-Anstrengungen im Sinne der Förderung staatsbürgerlichen Verantwortungsgefühls konzentrierten sich deshalb immer stärker auf Ost- und Südeuropäer.

Unterdessen trafen Deutsche während der zwanziger Jahre als neue Einwanderer ein und wurden bei der 15. Volkszählung in den Vereinigten Staaten mitgezählt. Die Inflation in Deutschland und ein relativ starker wirtschaftlicher

Aufschwung in Nordamerika veranlaßten weit mehr Deutsche zwischen 1920 und 1930 zur Überquerung des Nordatlantik als während des vorangegangenen Jahrzehnts, wenn auch für den letztgenannten Zeitraum der Krieg selbst das Haupthindernis gebildet hatte. Während nur 174 227 Personen oder 2,7 Prozent der Gesamteinwanderung zwischen 1910 und 1920 aus Deutschland in die USA kamen, waren es erheblich mehr als doppelt so viele, 386 634 oder 9 Prozent aller Einwanderer, während des folgenden Jahrzehnts. Erst in den fünfziger Jahren sollte es zu einer weiteren großen deutschen Einwanderungswelle in die Vereinigten Staaten kommen.[32] 1930 lebten 1 608 814 in Deutschland geborene Personen in den USA, was eine Verringerung um nur 4,6 Prozent gegenüber 1920 bedeutet – in scharfem Gegensatz zu der Abnahme um 25,3 Prozent in derselben Kategorie gemäß der Volkszählung von 1920.[33] 1930 waren die in Deutschland Geborenen am zahlreichsten in New York, Illinois und Wisconsin vertreten, was darauf hinweist, daß sie sich nunmehr vorwiegend in den Städten niederließen. Die in Deutschland Geborenen und die Personen mit wenigstens einem in Deutschland geborenen Elternteil zusammen stellten 1930 die mit Abstand größte Gruppe von Personen ausländischer Herkunft in der ersten und zweiten Generation dar; sie zählten 6 873 103 vor Italien mit 4 546 877. Demnach entfielen in der ersten und zweiten Generation zusammen auf die Deutschen 17,7 Prozent, auf die Italiener 11,7 Prozent der Gesamtzahl.[34] Ebenso wie oben hinsichtlich der in Deutschland Geborenen festgestellt, kam es zwischen 1920 und 1930 nur zu einer geringen Abnahme der Bevölkerung deutscher Herkunft (1. und 2. Generation, nämlich von 7 032 106 im Jahr 1920 zu 6 873 103 oder 159 000 weniger 1930) im Vergleich zu der massiven Reduzierung in dieser Kategorie zwischen 1910 und 1920 (um beinahe eine Million – 949 590 – von 7 981 696, 1910, zu 7 032 106, 1920). Diese Zahlen scheinen den Schluß zu bestätigen, daß die Deutschen während der Jahre unmittelbar nach dem Ersten Weltkrieg in einem erheblichen Umfang ihre Herkunft verleugneten. Unter diesen Umständen ist verständlich, daß der Prozeß der Assimilation stark beschleunigt wurde. Ein Mittel zum Verbergen der nationalen Identität waren Namensänderungen, doch mit Sicherheit gab es auch viele andere, darunter das unauffällige Aufgehen in der anonymen Masse.

Der Name ‚Deutschland‘ oder ‚Germany‘ hatte in den zwanziger Jahren den Respekt verloren, den er vor dem Ersten Weltkrieg genoß, so daß es zur Loslösung der Einwanderer von ihrem Herkunftsland und dessen Sprache kam. In den Jahren 1916–19 wurden die Deutschen von der angloamerikanischen Propagandamaschine und von übereifrigen Patrioten am Ort recht brutal attackiert. In den zwanziger Jahren war die Tendenz zur Zwangsassimilation schwächer, aber keineswegs verschwunden. Einst hatte das bloße Etikett ‚deutsch‘ in vielen Kreisen Erfolg versprochen. So habe ich zum Beispiel gerade eine Untersuchung des deutschen Banksystems im Staat Minnesota abgeschlossen und dabei entdeckt, daß die große Zahl der ‚deutschen‘ Banken nicht in erster Linie entstanden waren, um die Bankgeschäfte der deutschen ethnischen Gruppe abzuwickeln, sondern vor allem deshalb, weil die Gründer der Banken sich Vorteile von einem Namen versprachen, der Solidität, Sicherheit und Erfolg verhieß.

Konnte ein Einleger mehr verlangen? Von den über zwei Dutzend Banken in Minnesota, in deren Namen das Wort ‚deutsch' enthalten war, überlebte nicht eine einzige das Jahr 1918. In ähnlicher Weise gab es im Mittleren Westen viele Vereine, Organisationen und sogar Schul-Sportmannschaften, die ein ‚German' oder ‚Germania' in ihren Namen aufwiesen. In den zwanziger Jahren gab es keine solchen Manifestationen ethnischen Stolzes, und auch heute finden sie sich nicht. Wir haben Mannschaften in bundesweiten Ligen, die sich nach den Wikingern nennen, ebenso wie zahllose Wohnkomplexe, die ihre Bezeichnungen aus der britischen, französischen und spanischen Tradition schöpfen. Meines Wissens greift niemand auf das deutsche Erbe zurück, wenngleich wir die Baseball-Mannschaft ‚Milwaukee Brewers' haben. Die Amerikanisierung der Deutschen nach der Zeit des Ersten Weltkriegs wurde erheblich erleichtert, und sie hat sich seitdem bis heute in den feineren Verästelungen des amerikanischen Bewußtseins fortgesetzt.

Anmerkungen

1 James M. Bergquist, German-America in the 1890s. Illusions and Realities, in: E. Allen McCormick (Hg.), Germans in America. Aspects of German-American Relations in the Nineteenth Century, New York: Columbia University Press, 1983, S. 1–14. S. auch Robert Henry Billigmeier, Americans from Germany. A Study in Cultural Diversity, Belmont, CA: Wadsworth, 1974, S. 171–179, und La Vern J. Rippley, Xenophobia and the Russian-German Experience, in: Workpaper of the American Historical Society of Germans from Russia, Nr. 18, September 1975, S. 6–12.
2 Z.B. Richard Bernard, The Melting Pot and the Altar. Marital Assimilation in Early Twentieth-Century Wisconsin, Minneapolis: University of Minnesota Press, 1980.
3 Kathleen Neils Conzen, Immigrant Milwaukee, 1836–1860, Cambridge, MA: Harvard University Press, 1976, u. dies., The Germans, in: Harvard Encyclopedia of American Ethnic Groups, Hg. Stephen Thernstrom u.a., Cambridge, MA: Harvard University Press, 1980, S. 405–425.
4 Joshua A. Fishman u.a. (Hg.), Language Loyalty in the United States, The Hague: Mouton, 1966, darin bes. Heinz Kloss, German-American Language Maintenance Efforts, S. 206–252; Vladimir C. Nahirny u. Joshua A. Fishman, Ukrainian Language Maintenance Efforts in the United States, S. 318–357; Nathan Glazer, The Process and Problems of Language-Maintenance. An Integrative Review, S. 358–368.
5 Wilhelm Kaufmann, Die Deutschen im amerikanischen Bürgerkriege, München: Oldenbourg, 1911, S. 118–137, u. Albert B. Faust, The German Element in the United States, 2 Bde., New York: Steuben Society,[2] 1927, Bd. 1, S. 526–568.
6 Als Überblick Frederick C. Luebke (Hg.), Ethnic Voters and the Election of Lincoln, Lincoln: University of Nebraska Press, 1971, u. Georg von Bosse, Das deutsche Element in den Vereinigten Staaten, New York: Steiger, 1908.
7 La Vern J. Rippley, German Assimilation. The Effect of the 1871 Victory on Americana-Germanica, in: Hans L. Trefousse (Hg.), Germany and America. Essays on Problems of International Relations and Immigration, New York: Brooklyn College Press, 1980, S. 122–136.
8 John B. Jentz u. Hartmut Keil, From Immigrants to Urban Workers. Chicago's German Poor in the Gilded Age and Progressive Era, 1883–1908, in: Vierteljahrschrift für Sozial- und Wirtschaftsgeschichte 68. 1981, S. 52–97, u. dies., German Working-Class Culture in Chicago. A Problem of Definition, Method and Analysis, in: Gulliver 9. 1981, S. 128–147.
9 Max Heinrici (Hg.), Das Buch der Deutschen in Amerika, Philadelphia: Walther's Buchdruckerei, 1909, S. 781f.

10 Clifton James Child, The German-Americans in Politics, 1914–1917, Madison: University of Wisconsin Press, 1939, S. 8–21.
11 Heinz Kloss, The American Bilingual Tradition, Rowley, MA: Newbury House, 1977, Kap. 4, S. 81–106, u. ders., Das Volksgruppenrecht in den Vereinigten Staaten von Amerika, 2 Bde., Essen: Essener Verlagsanstalt, 1940, Bd. 1, S. 216f. u. Bd. 2, S. 615f.
12 Jack W. Rodgers, The Foreign Language Issue in Nebraska, 1918–1923, in: Nebraska History 39. 1959, S. 1–22; La Vern J. Rippley, The German-Americans, Boston: G.K. Hall, 1976, Kap. 8: The German-American Schools; und Paul Schach, Language in Conflict. Linguistic Acculturation on the Great Plains, Lincoln: University of Nebraska Press, 1980.
13 U.S. Congress, Senate, Thirteenth Census of the United States, 1910, Washington, DC: U.S. Government Printing Office, 1918, Bd. 1, S. 783.
14 S.U.S. Congress, National German-American Alliance, Hearings before the Subcommittee of the Committee on the Judiciary, 65th Cong., 23. 2. – 13. 4. 1918, Washington, DC: U.S. Government Printing Office, 1918, S. 1–18.
15 Carl Wittke, The German-Language Press in America, Lexington: University of Kentucky Press, 1957, S. 206–210.
16 John B. Duff, German-Americans and the Peace, 1918–1920, in: American-Jewish Historical Quarterly 59. 1970, S. 425–444.
17 U.S. Congress, Senate, Fourteenth Census of the United States, 1920, 3 Bde., Washington, DC: U.S. Government Printing Office, 1922, Bd. 2, S. 687–693, 970–975, 803–814.
18 Alfred Vagts, Deutsch-Amerikanische Rückwanderung, Heidelberg: Winter, 1960, und Betty Boyd Caroli, Italian Repatriation from the United States, New York: Center for Migration Studies, 1974.
19 Z.B. Linda Degh, Survival and Revival of European Folk Cultures in America, in: Ethnologia Europaea 2/3. 1967–68, S. 97–108; dies., Ethnicity in Modern European Ethnology, in: Folklore Forum 7. 1974, S. 48–55, und bes. dies., Approaches to Folklore Research among Immigrant Groups, in: American Folklore 79. 1966, S. 551–556.
20 Heinrici, S. 782, Nr. 6.
21 Fourteenth Census (Anm. 17), Bd. 2, S. 972.
22 Conzen, Germans, S. 423.
23 George N. Shuster, Those of German Descent, in: Common Ground 4. 1943, S. 146.
24 Rippley, German-Americans, S. 193–195, u. ders., Gift Cows for Germany, in: North Dakota History 40. 1973, S. 4–16.
25 Benjamin M. Weissman, Herbert Hoover and Famine Relief to Soviet Russia. 1921–1923, Stanford: Hoover Institution Press, 1974, und George F. Kennan, Our Aid to Russia. A Forgotten Chapter, in: New York Times Magazine, 19. 7. 1959.
26 Sally M. Miller, Victor Berger and the Promise of Constructive Socialism, 1910–1920, Westport, CT: Greenwood Press, 1973.
27 Eine angemessene zusammenfassende Darstellung der Prohibitions-Bewegung findet sich in William Francis Raney, Wisconsin. A Story of Progress, Appleton: Perin Press, 1963, S. 316–324.
28 Knappe Zusammenfassung bei Rippley, German-Americans, Kap. 15.
29 William S. Bernard, Immigration. History of U.S. Policy, in: Harvard Encyclopedia of American Ethnic Groups (s. Anm. 3), S. 486–495, bes. S. 492.
30 Z.B. Gerd Korman, Industrialization, Immigrants and Americanizers. The View from Milwaukee, 1866–1921, Madison: State Historical Society of Wisconsin, 1965.
31 Z.B. Alfred E. Koenig (Ausschußvorsitzender), Proceedings of the Second Minnesota State Americanization Conference at Minneapolis, Minnesota, May 19, 1920, Minneapolis: Council of Americanization, 1920.
32 United States Bureau of the Census, Historical Statistics of the United States. Colonial Times to 1970, Washington, DC: U.S. Government Printing Office, 1975, S. 105.
33 Fifteenth Census of the United States, 1930, 4 Bde., Washington, DC: U.S. Government Printing Office, 1933, Bd. 2, S. 228–242.
34 Ebd., Bd. 4, S. 264–286.

39. Ein problematisches Liebesverhältnis
Das amerikanische Deutschlandbild seit 1930

Victor Lange

Die Formulierung des Titels meines Beitrages könnte die gestellte Aufgabe ungebührlich dramatisieren: der eher nüchterne Zweck meiner kurzen Ausführungen soll sein, das Bild zu skizzieren, das die Amerikaner sich seit den dreißiger Jahren von ‚den Deutschen', denen jenseits des Ozeans ebenso wie denen in ihrer Mitte, gemacht und wie sie sich diesem schwer fixierbaren, aber entschieden gegenwärtigen ‚deutschen' Phänomen gegenüber instinktiv und konkret politisch verhalten haben.

Lassen Sie mich mit einer selbstverständlichen Prämisse beginnen. Was für Vorstellungen eine Gesellschaft von einer anderen hat, ist in der Regel unerschöpflicher Gegenstand nicht so sehr der nüchternen Analyse als einer zumeist impulsiven Spekulation, die bestenfalls amüsant, gelegentlich herablassend, zu zeiten von Spannung, nicht selten von Abneigung und Animosität bestimmt, ihr vieldeutiges Wesen oder Unwesen treibt. Die Lebensformen und Denkschemen einer anderen Gesellschaft, die von der eigenen in wesentlichen Zügen abweicht, zuverlässig zu beschreiben und innerhalb gewisser Grenzen zu begreifen, setzt bekanntlich ein ungewöhnliches Maß an Objektivität, adäquate kritische Kategorien und eine prinzipiell zureichende Kenntnis der enormen Schwierigkeiten zwischenkulturellen Verstehens voraus, über die die wenigsten von uns verfügen. Was ich hier zu sagen habe, muß bis zu einem gewißen Grad subjektiv bleiben: es stützt sich auf ein halbes Jahrhundert des eigenen Lebens und der Lehrtätigkeit als mehr oder minder amerikanisierter Deutscher, das heißt als Amerikaner deutscher Herkunft, als Vermittler der deutschen Sprache und ihrer diversen Projektionen, nicht zuletzt auf die Hoffnung, akademische wie private Wirkung unter das Zeichen des gegenseitigen Verstehens zu stellen, der Bemühung um die Interpretation von oft herausfordernden und nicht immer selbstverständlichen gesellschaftlichen oder politischen Handlungsweisen der eigenen wie der anderen Welt. Ein so verlockender Vorsatz sieht sich immer wieder durch die Chimären jener nahezu paralysierenden kulturellen Stereotypen frustriert, durch die gerade die faszinierendsten Züge des Anderen banalisiert werden, Züge, die wir aus persönlichen Erfahrungen, den Medien, aus Reisebroschüren und Romanen abstrahieren, die sich unkritisch in pittoresken, emotionellen, oft auch radikal abweisenden Schemen verfestigen und sich den vernünftigsten Argumenten widersetzen. Das stereotypische Bild vom Deutschen ist, vor allem in seiner Negativität, oft gezeichnet worden und geläufig genug: es

Das Fräulein mit dem Bier. Ethnische Stereotypen sind nicht nur negativ. Manche erhalten sich über hundert Jahre hinweg, wie in der Werbung für deutsches Bier. Links das Bockbierfräulein, das 1886 für die Phillip Best Brewing Company Bier und Bretzeln feilbietet, rechts das Bierfräulein der St. Pauli Girl-Brauerei von 1985. Das seit den sechziger Jahren aus Deutschland importierte St. Pauli Girl-Bier erzielte mit seiner erfolgreichen Werbung den fünften Platz unter den importierten Bieren. (Library of Congress; Charlton Importing Company)

hat sich in dem halben Jahrhundert, von dem ich spreche, kaum wesentlich verändert, und ich fürchte, es wird weder durch eine verständnisvolle Presse noch durch geschickt gestellte Fernsehbilder an Zuverlässigkeit gewinnen. Als vermeintliche Experten im Bereich des deutschen sozialen, kulturellen und wissenschaftlichen Lebens neigen wir Lehrenden gelegentlich zu dem optimistischen Schluß, es müsse die in letzter Zeit so offen geäußerte Bewunderung (oder Hochachtung) gegenüber allerlei zeitgenössischen oder auch etablierten deutschen künstlerischen Leistungen, sei es von Goethe, Nietzsche, Wagner, Kafka oder Grass, Mahler, Strauß oder Schönberg, Wernher von Braun oder Fassbinder, das seit langem gespürte Mißbehagen am autoritären deutschen ‚Wesen' modifizieren. Aber wir verwechseln spezifisches oder auch nur modisches Interesse mit historischen, wenn auch irrationalen Vorstellungen von Affinität (wie sie der Amerikaner für gewisse charakteristische Züge des Französischen oder auch des Englischen empfindet). Nicht zuletzt, weil die markantesten unter den frühen Einwanderergruppen sich zwar demonstrativ von den Klammern des feudalen Machtapparates gelöst, die elementaren Bindungen an das Gehorsamkeitssyndrom aber nicht abgelegt hatten, konnte sich das Schema des disziplin- und ordnungsgebundenen Deutschen in der militant libertären amerikanischen Gesellschaft bis auf unsere Zeit behaupten.

Europäer und Amerikaner wußten sich Generationen lang räumlich wie zeitlich durch einen weiten Ozean von einander getrennt und differenziert: bis nach dem Zweiten Weltkrieg verschoben fünf oder sechs Tage Seereise die Perspektivik des Selbstbewußtseins, eine Zeitspanne, die sowohl Entfernung wie Annäherung bedeutete, Abschied und Neubeginn, Träume in die Zukunft wie in die Vergangenheit. Diese allmähliche Ablösung hatte seelische und geistige Folgen, von denen in unseren Tagen der Reisende kaum noch etwas spürt. Denn wie erregend auch die Erwartungen damals gewesen sein mögen – das, was wir verlassen und das, was vor uns liegt, täuscht heute nach nur wenigen Stunden Flugzeit, durch die selbstverständliche Fülle der identischen Zeichen, Institutionen und Verkehrsformen ein Maß an Vertrautem vor, das jede Interpretation, jedes Bemühen um eine Definition des Eigenen gegenüber dem anderen überflüssig zu machen scheint.

Noch in den dreißiger Jahren war die Ankunft eines prominenten Deutschen in Amerika, sei es Max Schmelings oder eines berühmten Schriftstellers oder Dirigenten, ein Ereignis von erregter Anteilnahme; das Eingliedern eines Deutschen in die Gemeinschaft eines Colleges, einer Fabrik, einer kleinen Stadt im Mittleren Westen wurde mit Interesse in den Zeitungen vermerkt. Die deutschen Einwanderer kamen in ein Amerika, das von den langen Schatten der großen Depression schon und noch schmerzlich und spürbar belastet war, deren Vorstellungen andererseits von dem, was sich in Deutschland ereignete, höchst unzureichend waren. Das Ende des Ersten Weltkrieges lag nicht allzu weit zurück, der Kaiser, diese nahezu emblematische Verkörperung ‚preußischer' militaristischer Arroganz, war kaum noch sichtbar. Und um 1930 schien Hitler vielen eher eine noch unerprobte, aber vielversprechende Chiffre der Hoffnung auf ein Ende des Chaos und des Bürgerkrieges. Was den Amerikanern aus Deutschland erzählt und berichtet wurde, konnte, negativ wie positiv, stereotypische Vorstellungen nur bekräftigen: aggressive Energie in einer zauberhaften Landschaft, der eigentümlich zwielichtige Glanz Berlins, gemütvolle Kleinstädte, der vielbesungene deutsche Wald, das Pathos deutscher Flüsse von der Etsch bis an den Belt, alles das galvanisiert durch das neu-alte Phänomen disziplinierter Aufmärsche vor einem Meer von Fahnen und Girlanden, von Emblemen und Abzeichen . . . Kein Wunder, daß das Herz der alten und neuen Deutschamerikaner schneller, stolzer denn je und heimatverbundener schlug.

Wir können heute das Maß des nach dem Ersten Weltkrieg verspielten Selbstbewußtseins und der jetzt neugewonnenen Hoffnung auf eine politische Repräsentanz des sogenannten ‚deutsch-amerikanischen Elementes' kaum noch nachvollziehen. Turnvereine und Liedertafeln, Pfälzer und Schwaben, Harugari-Frohsinn und Schlaraffia, Deutschlehrer und neueingewanderte Geschäftsleute aus Elberfeld oder Offenburg waren sich einig in der Zuversicht auf das Wiedererwachen jener Bewunderung für das Deutsche, die der verlorene Krieg in Frage gestellt hatte.

Selbsttäuschung und Kurzsichtigkeit gehören meist zu den uneingestandenen Impulsen aggressiver Selbstbehauptung von Minoritäten: anders als die in die Zukunft lebenden Italo-Amerikaner oder die Amerikaner irischer Herkunft motivierten das deutsch-amerikanische Bewußtsein statische, ja petrifizierte Erinnerungen an ein Deutschland, das in nostalgischen Träumen seinen Anspruch auf Geltung zu rechtfertigen suchte.

Das Bild, das sich damals, überhöht oder distanziert, die Amerikaner von den Deutschen zu machen pflegten, wurde nicht erst durch die unmittelbaren Erfahrungen des Zweiten Weltkrieges modifiziert, sondern schon durch die Begegnung mit den immer zahlreicheren deutschen und österreichischen Emigranten. Die Formel von den zwei Typen des Deutschen schien auch ohne die zeitbedingte propagandistische Überspitzung gerechtfertigt: der eine aggressiv und maßlos in seinen geistigen und politischen Ambitionen, der andere in betonter Distanz gegenüber einer brutalen Herrschaftsform, der verschütteten Tradition geistiger und humaner Kultur verpflichtet, momentan expatriiert und angewiesen auf die historischen Sympathien des Amerikaners für Nonkonformisten und Vertriebene. Wir wissen, welchen kaum abzuschätzenden Beitrag diese Emigranten und deren Kinder zum kritischen Denken Amerikas und seinem Verhältnis zu europäischen Denkweisen geleistet haben, und wie stark die Polarisation des amerikanischen Deutschlandbildes das Handeln der Vereinigten Staaten während und in den Jahrzehnten nach dem Kriege bestimmt hat. Die Integration dieser Emigranten bietet eines der komplexesten Kapitel in der Geschichte interkultureller Beziehungen. Die Schwierigkeiten der wirtschaftlichen wie der geistigen und nicht zuletzt sprachlichen Eingliederung waren für diese zum beträchtlichen Teil hochqualifizierten Menschen enorm; nur wenige verfügten über zureichende Mittel, die meisten mußten sich mit der ersten besten Verdienstmöglichkeit begnügen. Anders als die früheren irischen oder ostjüdischen Immigranten mußten hier kultivierte Europäer, die ihre verbürgt sicheren Berufe als Ärzte, Juristen oder Gelehrte verloren hatten, unterwürfig um eine Anstellung irgendwelcher Art kämpfen. Es ist ein erstaunlicher Beweis von amerikanischer Toleranz, gewiß auch von instinktivem Selbstinteresse, daß früher oder später die meisten dieser Emigranten ihren Platz fanden, ja bis zu einem gewissen Grad trotz verständlicher beiderseitiger Widerstände integriert werden konnten. Daß nicht wenige von ihnen als kurzerhand Eingebürgerte in das amerikanische Heer aufgenommen wurden und in Europa mit gebürtigen Amerikanern Gefahren und Hoffnungen teilten, sollte in den meisten Fällen die Bindung an neue gesellschaftliche Wertvorstellungen nur verstärken und das Verhältnis zur angestammten deutschen Welt immerhin relativieren.

Gewiß, auch die Emigranten schienen den stereotypischen ‚Deutschen' oft ähnlich genug. Ordnung und Gehorsam blieben ihre unverrückbaren Verhaltensformeln, das befreiende Ethos der ‚Arbeit', die Neigung zum abstrakten Spekulieren, das Primat literarischer und musikalischer ‚Bildung' waren unveräußerliche Glaubensartikel, die es in der scheinbar so materialistischen amerikanischen Gesellschaft zu behaupten galt. Wie paradox auch ihre Situation, so entschieden doch der Wille, die unmittelbaren Anlässe ihre Notlage zu relativieren;

so unabweisbar aber andererseits die unvermindert tiefe, wenn auch subliminale Bindung an die kulturellen Werte, die ihr Leben dreißig, vierzig oder fünfzig Jahre lang geprägt hatten.

Die systematische Entlarvung und völkerrechtliche Verurteilung der nazistischen Führung, und die erschreckenden Bilder der Vernichtungslager bestätigten paradoxerweise eher die Vorstellung mancher Amerikaner, daß es sich bei diesen exorbitanten Perversionen nicht um ein charakteristisch ‚deutsches' Phänomen handeln könne, daß es im Angesicht grenzenlosen kollektiven Leidens möglich sein müsse, das stereotypische Deutschenbild zu revidieren und wenigstens Teile dieser gezeichneten und gebrochenen Generation innerhalb eines demokratischen Konzeptes sich bewähren zu lassen. Kein Zweifel, daß weite Kreise sich diesen optimistischen Erwägungen nicht anschließen konnten, und daß andererseits Motive der verschiedensten Art dieser Revision entgegenkamen: enorme Summen an wirtschaftlicher Hilfe, ein fragwürdiges, wenn auch enthusiastisch konzipiertes Programm politischer Reeducation, die unmittelbare Teilnahme von Tausenden von amerikanischen Soldaten und Beamten am deutschen Leben, – alles das mußte die traditionelle Skepsis gegenüber nicht immer ganz kongenialen individuellen und kollektiven ‚deutschen' Verhaltensweisen zum mindesten in Frage stellen. Es bleibt die Tatsache, daß vierzig Jahre lang – etwa die Lebensdauer des Deutschen Reiches zwischen 1870 und 1914 – Deutschland und die Deutschen das zentrale Anliegen der amerikanischen Außenpolitik geblieben sind. Die gegenseitige Bindung der zwei Gesellschaften wird auch heute noch, trotz offener oder verdeckter Kritik hier wie dort als nützlich und produktiv anerkannt. Das amerikanische ‚Bild der Deutschen' ist heute jedenfalls konkreter und toleranter als seit vielen Generationen.

Das bisher Ausgeführte könnte Anlaß zum Optimismus bieten, zu der Überzeugung, die Zeit des Mißtrauens und des Mißverstehens sei ebenso überwunden wie das nostalgische Pathos der heimatlich beschwingten provinziellen Festzüge amerikanischer Pfälzer oder Bayern. Aber das eingangs apostrophierte Liebesverhältnis zwischen den zwei Partnern bleibt distanziert: sowohl der Verdacht wesentlicher Verschiedenheit als auch die Neigung zu oberflächlicher Sentimentalität bestimmen nach wie vor die Umgangsformen ihres Verkehrs. Es mag nützlich sein, einmal nach den Gründen für die tiefsitzenden und sozialpsychologisch so wichtigen Differenzen zu fragen, ihre effektive Bedeutung abzuwägen und die Möglichkeiten eines wirksamen gegenseitigen Verstehens vorsichtig zu prüfen.

Die Erfahrung von herausfordernden Diskrepanzen zwischen den einander gegenüberstehenden Denkformen machten sich schon im Verhalten, im Urteilen, im Schreiben der deutschen Emigranten in Amerika immer wieder bemerkbar. Für viele der ‚Gebildeten' unter ihnen war ein ererbtes deutsches Postulat die Formel ‚Denken macht frei'; kein Amerikaner hätte diese eigentümliche Vorstellung ohne weiteres begreifen, geschweige denn teilen können. Denn das reflektierende ‚Denken' steht für ihn nicht vor dem Handeln, sondern folgt als Ergebnis von sozusagen heuristischem Nutzen. Während der Amerikaner, von seiner historischen Ausgangssituation geprägt, jede Aufgabe, ja jedes ‚Problem'

Ein problematisches Liebesverhältnis 577

Günter Grass als Arzt. Seit Thomas Mann und Hermann Hesse ist keinem deutschen Schriftsteller von Amerikanern so viel Beachtung geschenkt worden wie dem Autor der „Blechtrommel" und des „Butt". Daß „Time" Grass ausgerechnet 1970 mit dem Roman „Örtlich betäubt" als großen Diagnostiker der Deutschen herausstellte, der zur jungen Generation Zugang habe, war nicht ohne Ironie: gerade dieses Buch fiel beim deutschen Publikum durch, und gerade zu dieser Zeit wandte sich die junge Generation von Grass ab. Dennoch wurde der Vorstoß von „Time" weithin beachtet. Er durchbrach das Desinteresse, dem deutsche Literatur, von Ausnahmen wie dem Kultautor der sechziger Jahre, Hermann Hesse, einmal abgesehen, in der amerikanischen Öffentlichkeit im allgemeinen begegnet. Schon in den dreißiger und vierziger Jahren war das nicht viel anders gewesen, als zahlreiche führende deutsche Schriftsteller wie Bertolt Brecht, Heinrich Mann, Alfred Döblin, Carl Zuckmayer ins Exil in die USA gingen. Nur wenige Autoren, darunter Thomas Mann, Lion Feuchtwanger, Emil Ludwig, Franz Werfel, konnten sich auf dem amerikanischen Markt durchsetzen. (Time Magazine)

unmittelbar handelnd anzufassen gelernt hat, ist der Deutsche geneigt, im Sinne des protestantischen Idealismus, auf der Priorität von Reflexion und Spekulation zu bestehen. Der Unterschied zwischen diesen Voraussetzungen und ihren gesellschaftlichen Folgen – die eine in vollem Vertrauen auf die Wirksamkeit resoluter Tätigkeit, die andere grundsätzlich skeptisch und eher geneigt, dem vermeintlichen Telos der Geschichte nachzugeben –, mußte immer wieder das Denken und Handeln der Neueingewanderten belasten.

Es war dies aber zugleich eine Spannung, die den Schriften vieler der eingewanderten Intellektuellen, die in diesen nicht leichten Jahren ihr Werk in Amerika gestalteten, den Reiz theoretischer Originalität verlieh. Wenn wir an im einzelnen durchaus divergente Geister wie Herbert Marcuse, Max Horkheimer und Theodor W. Adorno, Paul Tillich, Hannah Arendt, an Erich Fromm oder Erik Erikson denken, wird deutlich, wie stark bei ihnen allen – und anderen wie etwa Hans Rothfels oder Eric Voegelin – die Grundimpulse einer unverkennbar deutschen idealistischen Tradition sich an gesellschaftlichen Denkmodellen messen und bewähren mußten, deren nicht nur abstrakt legitimen, sondern zwingenden Charakter sie vor ihrer amerikanischen Existenz kaum empfunden hatten. Es kann nicht überraschen, daß diese Schriftsteller und Künstler (für Max Beckmann, Joseph Albers oder George Grosz, ja selbst für Walter Gropius gilt daselbe) bei aller Erweiterung ihres geistigen Horizontes an ihrer deutschen Grundsubstanz festhielten und mit Recht auch von wohlwollenden amerikanischen Kritikern als eigentümlich deutsch beurteilt wurden. Sie verkörperten jedenfalls weithin anerkannte deutsche Tugenden und Ideale: sie verfügten über einen beneidenswert tiefen historischen Horizont, systematisierten ihren Instinkt für ästhetische und emotionelle Werte, verstanden es, zu differenzieren und zugleich in übergreifenden Zusammenhängen zu denken, waren aber andererseits eher als ihre amerikanischen Freunde bereit, die Autorität der hegelschen ‚Logik' gewisser geschichtlicher Konstellationen anzuerkennen.

Nicht zuletzt durch die aktive Teilnahme dieser Emigranten, gewiß auch durch die wachsende Zahl der in den Kriegs- und Nachkriegsjahren kritisch und skeptisch geprägten jüngeren Einwanderer, konnte sich das amerikanische Bild des Deutschen innerhalb verständlicher Grenzen von seinem petrifizierten Stereotyp emanzipieren. Dazu kamen gemeinsame wirtschaftliche und politische Interessen und Unternehmungen, vor allem das prinzipiell akzeptierte Primat einer gegenseitigen Abhängigkeit. Daß bis heute von Zeit zu Zeit in ernster oder komischer Form Impulse des fatalen stereotypischen Urteilens oder Fühlens spürbar werden, daß in der beliebten Fernsehserie ‚Hogans Heroes' die Figuren mit ihrem vermeintlich deutsch-groben Verkehrston, und jener verdächtigen Mischung von Sentimentalität und Brutalität zum Gegenstand nicht ganz harmlosen Amüsements werden konnten, daß die Furcht vor einer wiederbelebten nazistischen Gesinnung ein Lieblingsthema politischer Diskussionen abgibt, das werden auch weiterhin die atavistischen Reaktionen auf Verhaltensformen des Fremden bleiben, die ohne zureichendes Bemühen um Verständnis das gemeinsame Handeln belasten müssen.

Denn die psychologische Struktur, die historischen Symbole und Stigmata, die unausgesprochenen Voraussetzungen einer anderen Gesellschaft angemessen zu begreifen, ist schwer genug. Sympathisierende Information und echte Anteilnahme sind die notwendigsten Voraussetzungen. Wissen wir, als Amerikaner, genug von den Deutschen, sowohl denen in unserer Mitte als deren Angehörigen und Freunden in Deutschland? Was wären die Bereiche, die an das Verstehen die schwersten Forderungen stellen, und wer sind die kompetentesten und überredsamsten Interpreten? Sind wir bereit, von Voraussetzungen radikal anderer historischer Zielvorstellungen auszugehen? Einigkeit sollte darüber bestehen, daß die Medien im Ganzen – selbstverständlich gibt es löbliche Ausnah-

Ein problematisches Liebesverhältnis

Amerikanisch-deutsche Schriftstellerdebatte bei der Deutschen Buchmesse in New York 1983. Unter dem Thema „Die Verantwortung des Schriftstellers in einer gefährdeten Welt" diskutierten (von links) Fritz J. Raddatz (der für Max Frisch einsprang), Joyce Carol Oates, Ted Solotaroff (Diskussionsleitung), John Irving, Günter Grass. Die Differenzen traten ins helle Licht: während Grass und Raddatz für verstärktes politisches Engagement des Schriftstellers plädierten, grenzten die beiden amerikanischen Autoren Oates und Irving die literarische Arbeit von politischem Aktivismus ab. Als Bestandsaufnahme und Förderung des amerikanisch-deutschen Buchgeschäfts war die „German Book Fair", inoffiziell „Frankfurt-on-Hudson", im Jubiläumsjahr 1983 mit 35 000 Besuchern unerwartet erfolgreich und lenkte in der amerikanischen Presse viel Interesse auf die vernachlässigten literarischen Beziehungen. (Börsenverein des Deutschen Buchhandels)

men – nur unzureichende, impressionistische und verkürzte Analysen der anderen Gesellschaft bieten können und durch scheinbar allgemeinmenschliche Platitüden grundsätzlich verschiedenes Denken und Handeln nur verharmlosen.

Die heutige deutsche Literatur ist dem durchschnittlichen amerikanischen Leser kaum vertrauter als etwa die finnische oder argentinische. Die wenigsten der in Deutschland sichtbaren Schriftsteller sind in zureichenden Übersetzungen verfügbar; die marktbedingte Misere des auch nur einigermaßen einträglichen Verkaufs von übersetzten Werken ist jedem Verleger bekannt genug. Wie ließe sich unter den literarisch so ungewöhnlich interessierten Amerikanern eine produktivere Anteilnahme an den Ereignissen des deutschen geistigen und gesellschaftlichen Lebens wecken? Es muß das die immer wieder zu stellende Frage jeder resoluten deutschen Kulturpolitik sein. Der deutsche Film hat in letzter Zeit weitgehende Faszination ausgeübt und die amerikanische Kritik ernsthaft engagiert, und zwar nicht so sehr als Dokument des zeitgenössischen deutschen Lebens, sondern als Zeugnis künstlerischer Intelligenz und Experimentierbereitschaft. Im internationalen Kunsthandel erscheinen deutsche Maler und Bildhauer kaum als stilschaffende Vertreter einer spezifisch deutschen Sensibilität. Von den bemerkenswerten Leistungen deutscher Architekten wird selten und nur im kleinsten Kreis öffentlich Notiz genommen.

Alles das hat gewiß mit der Situation der modernen Kunst überhaupt zu tun; die große Kunst unserer Zeit hat sich von nationalen Impulsen weitgehend gelöst. Die bedeutenden Gestalten der deutschen und österreichischen künstlerischen Tradition der vergangenen hundert Jahre, die im Erleben gebildeter Amerikaner eine geradezu entscheidende Rolle spielen – Sigmund Freud und Franz Kafka, Thomas Mann, Hermann Hesse, Robert Musil oder Hermann Broch, Rainer Maria Rilke oder Bertolt Brecht, Arnold Schönberg oder Anton Webern, das Bauhaus, die immens geschätzten Maler des Expressionismus – sind Zeugen einer umfassenden modernen Bewußtseinskrise, nicht aber (wie die Romantiker oder noch Richard Wagner) Interpreten einer deutlich umschreibbaren nationalen Empfindungsweise. Sie bieten, nicht anders als eindrucksvolle Produkte der deutschen Automobilindustrie oder der deutsche Anteil am globalen Musikbetrieb, bemerkenswerte Beiträge zu einer internationalen Konkurrenz der Qualität, kaum aber das Material für eine effektive Interpretation des sogenannten ‚deutschen Charakters'.

Gewiß war in den letzten zwei Jahrzehnten das amerikanische Interesse an deutscher Geschichte – zum Teil durch hervorragende Darstellung amerikanischer Gelehrter – lebendiger als je zuvor; aber der Eindruck läßt sich nicht ganz widerlegen, daß die populärsten politischen (und literarischen!) Historiker ihre Aufmerksamkeit einigermaßen monoton auf die zwanziger Jahre und ihre erschreckenden Folgen bis zum Holocaust als dem eigentlichen Thema deutschen Erlebens gerichtet haben. So legitim und so aufschließend dieses Interesse auch sein mag, so vordergründig und eindimensional muß es denen erscheinen, die sich um einen umfassenderen kulturanthropologischen Verständnishorizont bemühen.

In welcher Form, mit welchen Materialien und Themen sich der amerikanische Schriftsteller oder Lehrer um eine wirksamere Kenntnis der Deutschen, die offensichtlich im amerikanischen Denken und Planen ein durchaus wichtiges, wenn auch undeutliches Element darstellen, bemühen könnte oder sollte, ist nicht leicht zu sagen. Gegenüber dem französischen oder englischen Lebensstil ist das Verhältnis des Amerikaners ein sehr viel weniger problematisches, oder scheint es wenigstens zu sein. Man sollte meinen, es seien die Lehrer in den Schulen, Colleges und Universitäten, die den Zugang zur anderen Gesellschaft am zuverlässigsten und nachhaltigsten vermitteln könnten. Wir sehen aber heute deutlicher denn je, daß mit wenigen Ausnahmen der amerikanische Deutschlehrer aufgrund seiner Vorbildung und Neigung stereotypische Vorurteile eher bekräftigt als gelockert und beseitigt hat, und daß bis vor kurzem jeder Versuch einer sozialen oder politischen Analyse aufs bedenklichste (aber ganz im Sinne der traditionellen deutschen Bildungsschematik) fast ausschließlich aus literarischen oder künstlerischen Dokumenten abgeleitet wurde. Innerhalb eines axiomatisch philologischen Denkrahmens haben viele Deutschlehrer mit patriotischer Überzeugung geglaubt, höchst zweifelhafte Schlüsse über die Analogie von Sprache und Verhalten der deutschen Gesellschaft ziehen zu dürfen. Vor allem aber werden heute die Ziele und der aufschließende Wert der (literarischen) Materialien des Deutschunterrichtes grundsätzlich durch die unabweisliche Einsicht verän-

> # Film Reviews
>
> ## The Marriage of Maria Braun
>
> Directed by Rainer Werner Fassbinder; screenplay by Peter Martesheimer and Pia Frohlich, with additional dialogue by R. W. Fassbinder; cinematography by Michael Ballhaus; edited by Juliane Lorenze; music by Peer Raben. With Hanna Schygulla, Klaus Lowitsch, Ivan Desny, Gottfried John, Gisela Uhlen, Gunter Lamprecht and Hark Bohm. Color, 120 minutes. A New Yorker Films release.
>
> The Marriage of Maria Braun is well on its way to becoming R. W. Fassbinder's most popular film to date in this country. The prolific and controversial German director is by now well-known to people knowledgeable about film, but Maria Braun may become his breakthrough film to mass audiences in the U.S. His films have ranged from the beautifully clear Ali: Fear [...] geant—not a handsome youth, but a stolid, kindly man several years her senior. Hermann is not dead, however, and he returns to Maria's apartment just as she and Bill are about to make love. A fight ensues, and Maria, trying to protect Hermann, accidentally kills [...] German, the English subtitles are especially good. Michael Ballhaus, one of Germany's best cinematographers who has often worked with Fassbinder, once again shows his special talent for dramatic framing devices. Here, his camera is more free-

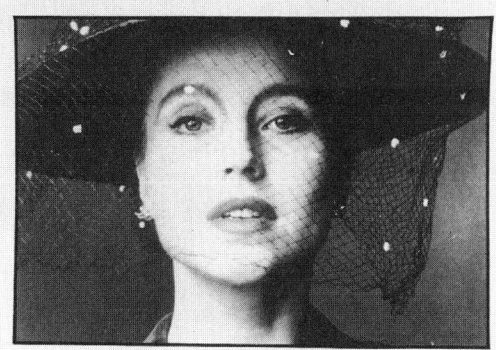

Als faszinierende Deutung von Deutschlands Nachkriegsaufstieg fand Rainer Werner Fassbinders Film „Die Ehe der Maria Braun" 1980 in den USA großen Widerhall. In der Rolle einer erfolgreichen Geschäftsfrau erhielt Hanna Schygulla (im Bild) hervorragende Kritiken. Fassbinders Film löste die Versprechen ein, die die amerikanische Filmkritik in den siebziger Jahren im ‚Neuen Deutschen Film' (‚New German Cinema') gesehen und diskutiert hatte. Diese Diskussion war für seinen internationalen Durchbruch von starkem Gewicht. Die Arbeit von Regisseuren wie Werner Herzog (besonders mit dem Kaspar Hauser-Film), Volker Schlöndorff (dessen „Blechtrommel" 1980 als bester ausländischer Film mit dem Oskar ausgezeichnet wurde), Wim Wenders und Hans Jürgen Syberberg (dessen siebenstündiger Filmessay über Hitler sogar unter dem Titel „Our Hitler" lief) erregte eine Aufmerksamkeit, die über die Wirkung zeitgenössischer Literatur hinausging.
Allerdings beschränkte sich die Anerkennung des neuen deutschen Films – bis auf Wolfgang Petersens Kriegsfilm „Das Boot" – weitgehend auf künstlerisch interessierte Kreise und die Universitäten. Dort inspirierte er ein Deutschlandbild, das sich von den etablierten ethnischen Klischees entfernte, andererseits mit der Betonung auf Melancholie, kalter Romantik und Selbstpeinigung ältere Stereotypen wiederbelebte. Sie wirkten in den Selbstreflexion der Nach-Vietnam- und Nach-Watergate-Periode stimulierend, ja befruchtend. (Ruth McCormick / Cineaste)

dert, daß die deutsche (wie jede andere europäische) Kultur bei aller Hochachtung gegenüber ihren eminenten Leistungen längst nicht mehr – wie noch im 19. Jahrhundert – den Status eines schlechthin beispielhaften Modells beanspruchen kann. Mit dieser Veränderung des Maßstabes ist eines der wesentlichsten Motive für das Erlernen der deutschen Sprache wenn auch nicht hinfällig so doch stark modifiziert worden.

Und doch bleibt ein adäquates Verständnis der Deutschen eine der folgenreichsten Voraussetzungen des politischen Urteilens und Handelns der Amerikaner. ‚Das Deutsche' gibt es heute in Ost und West in zwei Ausprägungen mit zwei von einander sehr verschiedenen Geltungsansprüchen. Sind sich die Amerikaner jenseits der rhetorischen Schibboleths über die so radikal entgegengesetzten Wertsysteme innerhalb eines gemeinsamen Sprachbereiches ganz im Klaren? Wo liegt der Grund für die Tatsache, daß der amerikanische Student heute an den sozialen und literarischen Tendenzen der DDR unmittelbarer teilnimmt als an den (amerikanisierten) des Westens?

Der gegenwärtige Respekt des Amerikaners für den deutschen Partner ist zweifellos das nüchterne Ergebnis komplexer politischer und wirtschaftlicher Verhältnisse, das mit vermeintlichen Sympathien für deutsche Charakterzüge wenig zu tun hat. Gerade deshalb aber ist es wichtig, uns an das politische Axiom zu erinnern, daß ein Verständnis des Kontrahenten in erster Linie vom Stärkeren erwartet werden muß — so viel auch über die oft grotesken Unzulänglichkeiten und emotionellen Vorurteile der deutschen Sicht auf die Amerikaner zu sagen wäre. Verständnis bedeutet aber, daß die Divergenzen ebenso wie die Übereinstimmungen in den gesellschaftlichen Glaubenssätzen vorurteilslos anerkannt werden. Wenn es den Deutschen nicht leicht fällt, amerikanische Verhaltensweisen zu verstehen, dann sollten wir Amerikaner uns umso ernster darum bemühen, historische und aktuelle Voraussetzungen des deutschen Denkens, begründete oder fragwürdige Ambitionen, alte oder neue Zeichen der Abneigung oder Begeisterung so vorurteilslos und unbelastet zu sehen, wie es dem kritischen, aber freundschaftlichen Blick nur möglich ist.

X. Einwanderung nach 1933

40. Kontinuität im Wandel
Der deutsch-jüdische Einwanderer seit 1933

Herbert A. Strauss

1

Es ist völlig in Ordnung, daß die Einwanderung der Juden aus Deutschland nach den USA seit 1933 in einer Gedenkfeier zur dreihundertjährigen Geschichte der deutschen Einwanderung nach Amerika hier in Philadelphia vertreten ist. In dieser Stadt ist einer der historischen Ursprünge der amerikanisch-jüdischen Gemeinschaft zu finden. Hier legten Juden aus deutschen Staaten viele der Grundlagen für das amerikanisch-jüdische religiöse, geistige und organisatorische Leben im 18. und 19. Jahrhundert. Hier liegen die Anfänge eines Zweiges des amerikanisch-jüdischen Wirtschaftslebens: Juden begannen als Hausierer zu Fuß und zu Wagen, arbeiteten sich zum Einzelhandel in festen Läden hinauf und nahmen schließlich ihren Platz in der amerikanischen Wirtschaft als Geschäftsleute, Fabrikanten oder Bankiers ein. Die jüdische Wanderung entsprang ähnlich unwirtlichen Bedingungen in Deutschland, die auch nichtjüdische Auswanderer nach Übersee getrieben hatten. Juden wie Christen kamen nach Amerika, um ihr Leben frei gestalten zu können, ohne die Beschränkungen, die ihnen durch drückende wirtschaftliche Bedingungen oder durch die noch halbfeudale Struktur ihrer Gesellschaft auferlegt wurden. Für Juden im Deutschland des 18. und im Deutschen Bund des 19. Jahrhunderts gab es noch die zusätzliche Last der uralten Diskriminierung und einer Stellung als Mensch zweiter Klasse. In der Regel beteiligte sich der deutsch-jüdische Einwanderer des 19. Jahrhunderts — zumindest bis in die 1860er und 1870er Jahre — an den deutschen kulturellen Aktivitäten, zusammen mit seinem nichtjüdischen Miteinwanderer aus Deutschland. Als die Masseneinwanderung von Juden aus dem zaristischen Rußland und Polen nach 1881 begann, standen deutsch-jüdische Institutionen bereit, den Neuankömmlingen, die das Wesen des amerikanischen Judentums bestimmen sollten, zu helfen. Bis zum Ende des Jahrhunderts hatten deutsch-jüdische Einwanderer jedoch die Institutionen geschaffen, in denen religiöses Leben und soziale Dienste unter den Juden in Amerika zum Ausdruck kommen sollten.

Das Thema meiner Ausführungen ist die Einwanderung und Akkulturation von Juden aus Nazi-Deutschland seit 1933. Dieses Thema im Kontext einer Jubiläumsfeier der deutschen Einwanderung zu behandeln, ist nicht einfach, und es geht dabei auch nicht um die Kontinuität der Strukturen des 19. Jahrhunderts. Ebenso, wie an der deutschen Geschichte nichts einfach ist, ist auch nichts einfach an der Beziehung zwischen Deutschen und Juden sowie Juden und Deutschen in unserem Zeitraum.

2

Um den Charakter der jüdischen Auswanderung aus Deutschland nach 1933 zu verstehen – die bedeutsame österreichische und deutschsprachige tschechoslowakische jüdische Auswanderung werde ich nicht behandeln –, muß man sich auf mehrere Hauptfaktoren konzentrieren, die zur Gestaltung der Beziehung zwischen Juden und Nichtjuden in Deutschland vor 1933 beigetragen hatten. Die Judenemanzipation hatte in Deutschland Mitte des 18. Jahrhunderts begonnen. Sie wurde zu einem sehr langwierigen Prozeß. Im Gegensatz zu der Vorgehensweise in Frankreich und den Vereinigten Staaten sollte hier die Gleichheit vor dem Gesetz erst am Ende eines Vorgangs stehen, den man am besten als die Akkulturation des Juden an das Geistesleben, die Gesellschaft, die Politik und das Wirtschaftsleben Deutschlands bezeichnen kann. Praktisch hatten alle deutschen Regierungen diese gesellschaftliche und kulturelle Integration des deutschen Juden zur Grundvoraussetzung für die Gewährung gesetzlicher und wirtschaftlicher Gleichberechtigung gemacht.

Die Juden in Deutschland hatten diese ihnen gestellten Bedingungen in exemplarischer Weise erfüllt. Die deutsch-jüdische Periode der jüdischen Geschichte wurde zu einem der herausragenden Beispiele jüdischer Kreativität. Hier wurden viele der Formen geschaffen, in denen das jüdische Leben in der modernen Welt Gestalt annehmen sollte, und eine geistige, religiöse und philosophische Kultur entwickelt, die sich gut etwa mit der hellenistischen oder der spanischen Periode der jüdischen Geschichte messen kann. Es mag zu früh sein, wir könnten dieser fruchtbaren Periode noch zu nahe sein, und möglicherweise stehen wir noch zu stark unter dem Schock über die Art und Weise, wie sie endete, um ein umfassendes Bild der vielen Faktoren gewinnen zu können, die diese Koexistenz möglich machten. Eine einfache Koexistenz war es nie. Die christlichen Kirchen des 19. und 20. Jahrhunderts taten sich schwer, zu begreifen, daß ein wahrer Dialog die volle Anerkennung der Notwendigkeiten, unter denen beide Partner stehen, voraussetzt. Es könnte auch noch zu früh sein, um die historische Frage zu stellen, ob die Unsicherheit, in der die Juden in Deutschland sich zu sehen gezwungen waren, nicht – als ein Faktor von vielen – dazu beitrug, die kulturellen und psychosozialen Energien freizusetzen, die in den großen jüdischen Leistungen dieser Periode Ausdruck fanden.

Wie dem auch sei: Als Hitler 1933 zuschlug, setzte er die Verfolgung einer Gruppe in Gang, die durch ein extrem vielfältiges Muster von Integration und

Akkulturation gekennzeichnet war. Quantitativ war sie winzig im Verhältnis zu den 65 Millionen Bewohnern des Deutschen Reiches. Am 30. Januar 1933 gab es etwa 525 000 Juden, die zu jüdischen Religionsgemeinschaften gehörten. Etwa 100 000 davon waren Staatsbürger anderer Länder, vor allem aus Osteuropa und dem alten Österreich. Aus antisemitischer Sicht galten sie häufig als Fremdkörper, obwohl ihre alte Sprache, das Jiddische, auf den mittelhochdeutschen Dialekt zurückging, den sie aus Mitteleuropa nach Osten mitgenommen hatten, als sie nach dem 14. Jahrhundert dorthin zu wandern begannen.

Sozial gesehen gehörten die Juden in Deutschland zum Mittelstand, vor allem zur unteren Mittelschicht. Von ihrer christlichen Umwelt unterschieden sie sich deutlich in einigen demographischen Merkmalen. Die Juden in Deutschland waren stärker als die christliche Bevölkerung in ‚Handel und Verkehr‘ (61,3% gegenüber 19,4%) und in den freien Berufen sowie im Dienstleistungssektor der Wirtschaft (12,5% gegenüber 8,4%) tätig. Weniger Juden waren in Industrie und Handwerk (23,1% zu 40,4%) sowie Land- und Forstwirtschaft (1,7% zu 28,9%) beschäftigt. Beinahe die Hälfte der jüdischen Bevölkerung (46%) war selbständig gegenüber 16,4% der Gesamtbevölkerung. Ein Drittel aller Juden waren Angestellte (17% der Christen), und nur 8,7% fielen in die Kategorie der Arbeiter, die insgesamt 46,4% ausmachten. (Alle genannten Zahlen und die benutzte Einteilung stammen aus der deutschen Volkszählung vom Mai 1933.)

Doch stand dieser statistischen Wirklichkeit eine schon lange gängige Klischeevorstellung entgegen, derzufolge die Juden in Deutschland (und nicht nur dort) finanzielle oder politische Rollen innehatten, deren Bilder bestenfalls aus den Selbsttäuschungen oder voreiligen Verallgemeinerungen der Umwelt abgeleitet waren. Nach ihrer Befreiung aus der vormodernen Isolierung hatten sich die Juden ins deutsche Bürgertum eingereiht, wobei einige besonders erfolgreiche es zu erheblichem Reichtum und sehr exponierten Stellungen in einigen wenigen Sektoren der Wirtschaft brachten. So betätigten sich etwa relativ gesehen mehr Juden als Christen im Textilgewerbe, besonders in Großstädten wie Berlin, das sie zum Zentrum der Massenproduktion in diesem Bereich machten, oder auch im Metallgewerbe, im Einzelhandel (wo sie die Pioniere des bereits vorher in den USA entwickelten Warenhauses wurden), im Verlagswesen (für ein Massenpublikum) sowie im Bereich der Privatbanken und der Börse. Außerhalb dieser Gebiete spielten Juden so gut wie keine Rolle im gesamten Prozeß der Industrialisierung, etwa bei Kohle und Stahl, ob als Industrielle oder als Bergwerksbesitzer. Eine Ausnahme bildete Oberschlesien, wo der Kohlenhandel zu Bergwerksbesitz und Eisenproduktion führte. Eine weitere war die Elektrizität; hier gründete Emil Rathenau Deutschlands ‚General Electric Company‘, die AEG in Berlin. Mehr noch, das Fortschreiten der industriellen Revolution in Deutschland nach 1856 bewirkte eine Reduzierung der jüdischen Rolle zum Beispiel im Bankwesen: Als die Entwicklung von Großbanken und industrieller Selbstfinanzierung eine massive Kapitalbildung verlangte, stieg der im allgemeinen kleine bis mittlere jüdische Bankier ab und wurde zum Bankangestellten oder Aufsichtsratsmitglied. Im Ersten Weltkrieg zeichnete das jüdische

Bürgertum patriotisch Kriegsanleihen, die nach dem Krieg nur noch bedrucktes Papier waren, und die galoppierende Inflation der Nachkriegszeit traf Juden ebensosehr oder noch stärker als Bevölkerungsgruppen, die ihr Einkommen als Lohnempfänger erwarben. Als 1929/30 die Weltwirtschaftskrise einsetzte, wurde die jüdische Bevölkerung nicht nur durch wirtschaftliche Schwierigkeiten bedrängt, sondern auch durch politische Diskriminierung, da die Krise mit dem Aufstieg des Nazismus und des Antisemitismus in Deutschland zusammenfiel. Von 1933 bis 1938, als es Juden verboten wurde, in der deutschen Wirtschaft einer Erwerbstätigkeit nachzugehen, und sie jedes noch verbliebene Recht auf eine Geschäftstätigkeit oder die Ausübung ihrer Berufe verloren, wurde von jüdischen sozialen Einrichtungen eine Arbeitslosenzahl von etwa 40000 Juden im Jahr registriert. Diese Zahl gewinnt zusätzlich an Gewicht, wenn man die abnehmende absolute Zahl von Juden in Nazi-Deutschland in Rechnung stellt.

Somit straften soziale und ökonomische Realitäten die alte Klischeevorstellung vom reichen und mächtigen Juden in Deutschland Lügen. Demographisch im Niedergang begriffen, zu einem „absurden Grad" (Bennathan) überaltert, ökonomisch nicht gerade zentral hinsichtlich der Industrialisierung (im Vergleich zu ihrer früheren Rolle im Handelskapitalismus), waren die Juden Zielscheibe von Klischees, die zu ihrer wahren Stellung im Widerspruch standen.

Es gab jedoch einen Sektor, auf dem Juden Anfang der dreißiger Jahre noch eine höchst augenfällige Rolle von einiger Bedeutung spielten. Der öffentliche Dienst war Juden bis 1918 verschlossen geblieben. Juden wie Nichtjuden hatten seit den 1880er Jahren in zunehmendem Maße an den Universitäten studiert, doch anders als die Christen wandten sich die Juden den freien Berufen, dem Journalismus, der Kunst, der Literatur und anderen kulturellen Tätigkeiten auf privatwirtschaftlichem Gebiet zu. Da die Akkulturation in Deutschland seit 1815 unter den Juden erhebliche Fortschritte gemacht hatte – die meisten Juden waren nicht mehr ‚assimilierte Juden', sondern betrachteten sich als jüdische Deutsche oder deutsche Juden –, heiratete eine Anzahl von Juden christliche Partner, oder sie kehrten der jüdischen Gemeinde den Rücken. Vor 1918 hatte die Konversion zum Christentum, wie Heinrich Heine es Jahrzehnte zuvor ausgedrückt hatte, als ‚Entrébillet' zur deutschen Kultur und zu Universitäts- oder Verwaltungskarrieren gedient. Als Ergebnis dieses vielschichtigen Prozesses, der sich über mehrere Generationen erstreckte, waren Personen jüdischer Herkunft, ob jüdischer oder christlicher Religion, als Universitätsprofessoren insbesondere in den Naturwissenschaften und der Mathematik, den Sozialwissenschaften, der Ökonomie und der Philosophie tätig, und Juden waren unter Juristen und Medizinern mit Anteilen vertreten, die höher lagen als ihr Prozentsatz an der Bevölkerung, wenngleich die absoluten Zahlen relativ gering waren. Etwa 12% der Ärzte und etwa 16% der Anwälte in Preußen waren Juden. Wenn man Juden jüdischer Religion und Personen, die von Juden abstammten, aber die jüdische Gemeinde verlassen hatten, zusammenfaßt – wie es die schwachsinnigen ‚Rassengesetze' des Dritten Reiches bereits am 7. April 1933 vorschrieben („Gesetz zur Wiederherstellung des Berufsbeamtentums") –, dann könnte etwa ein Drittel des Lehrkörpers der deutschen Universitäten (in allen Stufen: vom Assistenten bis zum Ordinarius) 1933 ‚jüdischer Herkunft' gewesen sein.

Diese Verteilung erklärt die charakteristische Gruppenbildung unter den Flüchtlingen, aber auch die enormen Schwierigkeiten, vor denen sie standen, als sie aus Deutschland fliehen mußten, nachdem Hitler am 30. Januar 1933 seine Regierung gebildet hatte. Die Gesamtzahl von Personen, denen die Flucht aus Deutschland gelang, bevor ein Erlaß des Reichsführers SS Heinrich Himmler vom Oktober 1941 jede weitere Auswanderung von Juden verbot, beläuft sich auf schätzungsweise 278 000. Davon erreichten etwa 132 000 vor 1945 die Vereinigten Staaten. Die große Mehrzahl war jüdischer Religion und gehörte vorwiegend zur unteren Mittelschicht und Mittelschicht. Dies entsprach nicht nur der oben genannten demographischen und beruflichen Verteilung, sondern auch den damals gültigen Einwanderungsbestimmungen der USA. Diese verlangten Sicherheiten dafür, daß ein Einwanderer hinsichtlich seines Lebensunterhalts nicht der öffentlichen Hand zur Last fallen würde. Nach dem Gesetz waren Bürgschaften von Verwandten bei den Konsulaten im Ausland vorzulegen, in deren Kompetenz es lag, Einwanderungsvisa zu gewähren oder zu verweigern. Da die jüdische Auswanderung aus Deutschland in die USA im 19. Jahrhundert von den ländlichen Teilen im Süden, von Westdeutschland sowie den Großstädten wie Frankfurt und Berlin ausgegangen war, wo die jüdische Bevölkerung vorwiegend zur unteren Mittelschicht und Mittelschicht gehörte, spiegelte die Auswanderung der dreißiger Jahre auch diese historische Tatsache in der sozialen Zusammensetzung der Einwanderer wieder.

Diese Gruppe hatte die Hauptlast der Einwanderungsbeschränkungen zu tragen, die für die dreißiger Jahre charakteristisch waren – nicht nur in den USA, sondern überall in der Welt. In den USA war durch entsprechende Gesetzgebung ein ‚Quotensystem' auf der Grundlage des Geburtsstaates in Kraft. Die Zahl der aus Deutschland aufzunehmenden Einwanderer betrug 25 957, eine relativ hohe Quote im Vergleich zu solchen von je 6 000 Personen aus Italien und Polen. Neben den ‚durchschnittlichen', das heißt den ‚Quoteneinwanderern', sah das amerikanische Einwanderungsgesetz auch ‚Vorzugsquoteneinwanderer' (preference quota; nahe Verwandte in aufsteigender oder absteigender Linie) und ‚Außerquoteneinwanderer' (non-quota) vor. Zur letztgenannten Kategorie gehörten Geistliche und solche Universitätsprofessoren, die während eines im Gesetz festgelegten Zeitraumes an einer ausländischen Universität tätig gewesen waren und von einer anerkannten amerikanischen Hochschule eingeladen waren, dort zu lehren.

Somit legte das Gesetz einige der beruflichen Kategorien nahe, in die sich die Einwanderer aus Nazi-Deutschland aufteilen lassen. Die größte Gruppe bildete die ‚jüdische Einwanderung'. Sie war kulturell vielschichtig entsprechend dem Grad der Emanzipation und der Integration in die deutsche Gesellschaft, wie oben beschrieben, und setzte sich hauptsächlich aus Angehörigen der unteren Mittelschicht und der Mittelschicht, Angestellten und Kleinunternehmern zusammen. Sie enthielt außerdem einen höheren Anteil von Akademikern aus den

Bereichen der Jurisprudenz, der Medizin, der Lehre und der Kunst als jede andere vergleichbare Einwanderergruppe vor ihnen. Diese Akademiker lassen sich wiederum einteilen in die heute wohlbekannte ‚Intellektuellenwanderung', die politische Wanderung, die sogenannte ‚Exilliteratur'- und ‚Kunstexil'-Wanderung sowie eine jüngere Gruppe von Schülern oder Studenten, die sich später gleichfalls erfolgreich als Angehörige akademischer freier Berufe oder als Künstler etablieren sollten. Hinsichtlich sozialer Merkmale gab es die Gruppe der Universitätsprofessoren und Dozenten, die darauf hofften, ihre von der Nazi-Verfolgung unterbrochene wissenschaftliche Arbeit fortsetzen zu können. Dann kam die vorwiegend links ausgerichtete Intelligentsia, die die Weimarer Republik zu einem Zentrum der Avantgarde-Kultur und zu einer Hochburg der modernen Kunst und Literatur gemacht hatte. Die politische Wanderung bestand aus Menschen, die sich im allgemeinen nicht als Einwanderer betrachteten, sondern als Exilanten, also die Hoffnung hegten, bald in ihre Heimat zurückzukehren und an der Entwicklung ihres Staates und ihrer Gesellschaft nach dem Ende der Naziherrschaft teilzunehmen. Die meisten Vertreter dieser Gruppe gehörten nicht der jüdischen Religion an, aber eine Anzahl von ihnen war jüdischer Herkunft. Von der Auswanderung besonders schwer getroffen waren die deutschen Schriftsteller, die sich bereits einen Ruf und ein festes Publikum in Deutschland geschaffen hatten, aber nicht in der Lage waren, im Ausland eine entsprechende Gruppe von Verlegern und Lesern zu finden. Auch sie erwarteten eine Rückkehr in die Heimat, wo sie meinten, dann als Träger der deutschen Kultur im Ausland in dunklen und satanischen Zeiten anerkannt zu werden.

Schätzungen zufolge war der Anteil von Personen jüdischer Religion an der Gesamtauswanderung aus Deutschland, Österreich und der Tschechoslowakei vielleicht 94%. Die Gesamtzahl der Immigranten aus diesen drei Ländern von 1933 bis 1945 wird auf 500 000 geschätzt, die Zahl der Nichtjuden auf etwa 30 000.

3

Zwar gingen die oben getroffenen Unterscheidungen in das Selbstverständnis der Emigranten und ihrer Organisationen so tief ein, daß unter den politischen Immigranten ein fein abgestimmtes, linksorientiertes Sektierertum entstand, doch die amerikanische Öffentlichkeit unterschied kaum zwischen Exil, Auswanderung, Einwanderung, Religionen oder dem Grad der Integration in deutsche Gesellschaft und Kultur. Die Wähler und die Medien und demzufolge der Kongreß standen allen ‚Flüchtlingen' unfreundlich gegenüber. Dies fand seinen Niederschlag in dem langfristigen Trend der amerikanischen Einwanderungsgesetzgebung seit dem Ende des 19. Jahrhunderts. Nach dem Ersten Weltkrieg hatte der rassistische und nationalistische ‚Zeitgeist', wie oben erwähnt, ein Quotensystem festgelegt, dessen Zahlen von dem Glauben diktiert waren, daß die ‚nordische Einwanderung' (aus Ländern, die an die Nordsee angrenzen) – und somit einschließlich Deutschlands – einem Zustrom von Menschen aus

Süd- und Osteuropa (das heißt slawisch, mediterran, katholisch und ostjüdisch) überlegen sein würde. Im September 1930 hatte man auf Anordnung von Präsident Herbert A. Hoover die rechtlichen Bedingungen und die finanziellen Sicherheiten, die von Bewerbern um ein Einwanderungsvisum zu erfüllen waren, so weit erschwert, daß jede Art von Einwanderung, einschließlich derer von Flüchtlingen aus Deutschland, einschneidend beschränkt wurde. Diese Anordnung blieb in Kraft, obwohl zwischen 1932 und 1935 mehr Ausländer die Vereinigten Staaten verließen als Einwanderer einreisten. (1936 betrug der Überschuß von Einwanderern gegenüber Ausreisenden 512.) Die Visa-Abteilung des Außenministeriums forderte die Konsulate auf, so viele potentielle Einwanderer wie möglich von den USA fernzuhalten. Dies regte die Konsulate zu Ungezogenheiten an, die von Visa-Bewerbern auf der Flucht vor Hitlers Verfolgung nur als unermeßliche Schikanen empfunden werden konnten. Im Repräsentantenhaus beherrschten Abgeordnete aus den Südstaaten, die immer wieder gewählt worden waren und als Ausschußvorsitzende Seniorität geltend machen konnten, den Unterausschuß für Einwanderung und Naturalisierung. Während des ganzen Zeitraums von 1933 bis 1945 machte Präsident Franklin D. Roosevelt, der die öffentliche Meinung nicht führte, sondern ihr folgte, in der Einwanderungsfrage nur *eine* kleine Ausnahme (die Zulassung von etwa 1 000 Flüchtlingen aus Italien und Jugoslawien, die dann für die Dauer des Krieges im Fort Oswego interniert wurden). Obwohl die erwähnte Anordnung Hoovers Anfang 1937 gelockert wurde, dauerte es bis 1939, nachdem die ‚Kristallnacht' deutlich gemacht hatte, wie ernsthaft die Judenverfolgung in Deutschland war, daß die Einwanderungsquote aus Deutschland voll ausgeschöpft wurde. Nach dem Angriff auf Pearl Harbor wurden keine ‚feindlichen Ausländer' eingelassen. Erst nach der Ratifikation von Sondergesetzen zur Zulassung von ‚displaced persons', darunter Katholiken und Osteuropäern, konnten auch deutsche Juden aus Ländern wie Großbritannien, wo sie während der Kriegsjahre auf Gelegenheit gewartet hatten, in die USA zu gelangen, dies schließlich auch tun.

4

Die Flucht von Opfern der Verfolgung in Nazi-Deutschland (seit 1933), Österreich (seit März 1938) und der Tschechoslowakei (seit September 1938) wurde aus zwei Hauptgründen zu einem ‚Wanderungsnotstand'. Die Nazi-Regierung bewirkte die Verarmung der jüdischen Bürger durch eine bedrückende Vielfalt von Maßnahmen und weigerte sich, sich an internationalen Bemühungen, die Flucht zu einem geordneten Auszug zu machen, zu beteiligen, während die meisten Länder – einschließlich der Vereinigten Staaten - weiterhin die Einwanderung beschränkten. Es bleibt eine offene Frage, ob entschiedenere Anstrengungen der jüdischen Gemeinschaft dazu geführt hätten, die Vorstellung von den nationalen und wirtschaftlichen Interessen, die diese restriktive Politik bestimmten, zu ändern. Sicher ist dagegen, daß jüdische Gemeinschaften – vor allem in den USA und Großbritannien – und jüdische Organisationen in von den

Nazis beherrschten Ländern einzigartige Anstrengungen unternahmen, den Flüchtlingen zu helfen. In Europa organisierte die jüdische Gemeinschaft Hilfskomitees in jedem Staat, der Flüchtlinge aufgenommen hatte. Von 1933 an machten Juden in Deutschland aus Organisationen wie dem ‚Hilfsverein der Juden in Deutschland‘, dem ‚Palästina-Amt‘ und der ‚Jüdischen Auswanderungshilfe‘ wirksame Zentren der Unterstützung für den gesamten Wanderungsprozeß. Sie hätten nicht funktionieren können ohne die finanzielle (und politische) Unterstützung, die den deutschen Juden durch jüdische Organisationen im Ausland zuteil wurde, vor allem durch das American Jewish Joint Distribution Committee (Joint), die Hebrew Sheltering and Aid Society (HIAS) und zahlreiche andere freiwillige Gruppen, die keineswegs nur aus Juden bestanden. In den USA organisierten sich bundesweit der National Council of Jewish Women, das Jewish Labor Committee, der National Refugee Service und später die (New Yorker) Association for New Americans (NAYANA) und widmeten sich der Beratung von Flüchtlingen nach deren Ankunft. In jeder größeren Stadt erhielten jüdische Hilfsorganisationen Spenden von örtlichen Gemeinden, um damit wirtschaftliche Beratung und kulturelle Bereicherung zu bieten. Die orthodoxen wie die Reform-Gruppen leisteten Außerordentliches in der Gewährung religiöser Gastfreundschaft, menschlicher Kontakte und persönlicher Unterstützung.

Neben der Befriedigung massiver Bedürfnisse durch jüdische Hilfe kam jüdischen Flüchtlingen häufig auch die Unterstützung christlicher und nicht konfessionell gebundener Gruppen zugute, etwa die des Catholic Refugee Service, des American Friends Service Committee, des Unitarian Service Committee sowie von Universitäts-, Frauen-, Studenten- und Berufsorganisationen verschiedener Art und weiter Verbreitung. Dank dieser umfangreichen freiwilligen Hilfe konnte die restriktive Haltung der Roosevelt-Administration auf die Probe gestellt und der von ihr angerichtete Schaden begrenzt werden – wenn auch leider mit nur sehr geringen Auswirkungen auf die Gesetzgebung.[1] Dank dieser einzigartigen (und bisher noch nicht systematisch analysierten) freiwilligen Anstrengung von Bürgern aus allen Schichten und Berufen wurde es dem jüdischen Flüchtling leichter gemacht, das Abenteuer seiner Integration und Akkulturation in den Vereinigten Staaten zu bestehen.

Im Kontext der amerikanischen Einwanderungsgeschichte läßt sich die jüdische Einwanderung der Nazizeit kaum eine Massenbewegung nennen. Ihr Umfang – ungefähr 132000 Personen – verblaßt im Vergleich zu den 1,5 Millionen ostjüdischen Einwanderern, die zwischen 1881 und 1924 in den USA eintrafen, oder auch zu den 750000 deutschen Einwanderern, die in der kurzen Spanne von zwanzig Jahren zwischen 1950 und 1970 in die USA kamen. Ihre vielschichtige Sozialstruktur, ihr relativ hoher Bildungsgrad und die Akademiker und Künstler, die sich darunter befanden, lassen außerdem das Etikett ‚jüdische Masseneinwanderung‘ unpassend erscheinen, das häufig von sozialistischen oder kommunistischen Wissenschaftlern bei der Behandlung dieser Periode gebraucht wird, um sie von der angeblichen Elite-Gruppe des politischen Exils abzusetzen. Schon ihre kulturelle Komponente allein reicht aus, um sie von vergleichbaren Einwanderergruppen zu unterscheiden — mit der möglichen Ausnahme einiger Gruppen der Kolonialzeit oder der sogenannten Achtundvierziger.

In vieler Hinsicht nimmt diese Einwanderergruppe in der allgemeinen Entwicklung der amerikanischen Einwanderungsgeschichte allerdings keine Ausnahmestellung ein. Genau so wie andere Einwanderer blieben die deutschen Juden nach ihrem Eintreffen in den großen Hafenstädten und städtischen Zentren im Binnenland. New York bot bis zu 70 000 Flüchtlingen Zuflucht. Weitere wichtige Konzentrationen fanden sich im nördlichen New Jersey, in Boston, Chicago und Los Angeles, während San Francisco, Pittsburgh, Cleveland, Cincinnati und Philadelphia kleinere Gruppen aufnahmen. Sie kamen in den meisten Fällen ohne Geld oder Vermögenswerte, brachten aber häufig ihre gesamte Wohnungseinrichtung mit, sehr oft in dem etwas wuchtigen Stil der ‚neuen Sachlichkeit' des deutschen Bürgertums der zwanziger Jahre. Die Nazi-Gesetze hatten sie durch zahlreiche Steuern und Abgaben ausgeraubt und die Ausfuhr von Reichsmark verboten. Die Wechselkurse waren lächerlich und ausbeuterisch, doch durften sie ‚persönlichen Besitz', wozu Möbel gehörten, außer Landes bringen. Dies führte sie häufig dazu, möblierte Zimmer an Mit-Flüchtlinge in den großen Wohnungen unterzuvermieten, die aufgrund rückläufiger Nachfrage in den Jahren der Wirtschaftskrise vorher leer gestanden hatten und in die ihre europäischen Möbel paßten. So begann für die meisten Einwanderer, einschließlich vieler Akademiker oder Intellektueller, die soziale Mobilität ganz unten — mit dem sprichwörtlichen Job des Greenhorns.

Wie bei vielen anderen Einwanderergruppen wurde die Integration dieser Flüchtlinge in das amerikanische Leben durch die Familie mit ermöglicht. In Deutschland hatte der traditionelle Familienverband noch als Zentrum der wirtschaftlichen Bildungs-, Heirats- und gesellschaftlichen Entscheidungsprozesse funktioniert. Das damals gültige amerikanische Einwanderungsgesetz tendierte zur Betonung des familiären Zusammenhalts, da es Personen eine Vorzugsstellung verlieh, die Bürgschaften für prospektive Einwanderer von amerikanischen Verwandten bei den Konsulaten der USA im Ausland vorzulegen vermochten. Amerikanische Hilfsorganisationen hatten Suchzentralen zum Auffinden längst in Vergessenheit geratener Verwandten von Einwanderungswilligen eingerichtet, um auf diese Weise die Hürden zu überwinden, die die einwanderungsfeindliche Politik der USA aufgerichtet hatte. Einen ‚Onkel in Amerika' zu besitzen, bot während jener Jahre in Nazi-Deutschland reale Vorteile und soziales Prestige.

In New York durchgeführte Interviews vermitteln jedoch der Eindruck, daß die Gemeinsamkeit von Einwanderern und amerikanischen Verwandten nur kurzlebig war. An die Stelle der gegenseitigen Unterstützung innerhalb des Familienverbandes, wie sie in Europa üblich gewesen war, trat das städtische Verhaltensmuster der Kernfamilie, die hinsichtlich Wohnraum und finanzieller Mittel beschränkt lebte und die traditionelle Erwartung hegte, daß Einwanderer auf sich selbst gestellt seien und sich hinaufarbeiten sollten ‚wie alle anderen Einwanderer vor ihnen'.

Auf diese Weise wurde die Einwandererfamilie zum Kern des sozialen und kulturellen Wandels, und dies um so mehr, als diese Einwanderung vorwiegend eine Familieneinwanderung von zwei oder drei Generationen war. An den Scheidungsraten gemessen, scheint die Stabilität der Familien extrem hoch gewesen zu sein, möglicherweise der Stabilität der älteren deutsch-jüdischen Generation entsprechend. Sogar bei Intellektuellen und Künstlern der älteren Einwanderergeneration scheint es seltener zu Scheidungen gekommen zu sein als unter den jüngeren Kollegen.[2] Dies soll nicht heißen, daß es unter der Belastung der Einwanderungssituation keine Spannungen gegeben hätte. Die Anzeichen sprechen dafür, daß die Einwanderung eine Fortsetzung jener Veränderungen bewirkte, die bereits in Europa durch Urbanisierung und ähnliche Faktoren die Beziehungen zwischen den Generationen und den Geschlechtern beeinflußt hatten. Frauen begegneten den Schwierigkeiten der Verpflanzung rascher und anscheinend mit größerer Anpassungsfähigkeit; sie hatten weit weniger Angst davor, fehlerhaft Englisch zu sprechen, (mußten es aber beim Krämer und Metzger um die Ecke), und waren weit besser als Männer in der Lage, Handarbeit zu leisten, teils aufgrund ihrer traditionellen Tätigkeit als Hausfrauen, teils wegen ihrer Umschulung durch deutsch-jüdische soziale Institutionen vor der Auswanderung zu Gewerben wie Hutmachen, Schneidern, Herstellung von künstlichen Blumen, Konfekt oder Schokolade. Deshalb waren es häufig Frauen, die als erste Geld verdienten, ihren Ehemännern dazu verhalfen, in ihrem Beruf tätig zu werden, und als Töchter, Ehefrauen und Mütter fungierten, während sie gleichzeitig als Hausfrauen wirkten *und* für den Lebensunterhalt sorgten.

Eine New Yorker Studie legt den Schluß nahe, daß der Grad der Veränderungen in der Stellung der Frau in der Familie weniger durch religiöse Unterschiede als durch das Alter beeinflußt waren.[3] Das gleiche Werk bietet einige Hinweise darauf, daß ernste Spannungen zwischen Eltern und Kindern von deren unterschiedlichen Auffassungen davon abhingen, was qualitativ hochstehende Bildung ausmacht. Für die ältere Gruppe erschien das damals vorherrschende progressive Bildungsmuster („amerikanische Bildung") minderwertig gegenüber der traditionelleren und auf Auswendiglernen orientierten Bildung ihrer Jugend. Dies führte zu entsprechenden Reibungen zwischen den Generationen. Diese Spannung sollte eine wichtigere Rolle spielen als manche andere, und zwar aufgrund des starken Gewichts der Bildung in der aufstiegsorientierten Erwartungshaltung, die mit der Position von ursprünglich der Mittelklasse angehörigen Einwanderern ganz unten in der sozialen Hierarchie verknüpft war, besonders nachdem man durch Verfolgung und Auswanderung den Mittelklassen-Status verloren hatte. Es ist nicht klar, ob der deutsch-jüdische Einwanderer weiterhin einem Verhaltensmuster folgte, das aus der Zeit seiner Integration in die deutsche Gesellschaft stammte (wo höhere Bildung ein Faktor bei der erworbenen Status- und wirtschaftlichen Mobilität und Teil des Prestige-Systems der ‚bürgerlichen Gesellschaft' gewesen war), ob es sich um die klassische Reaktion von Einwanderern in der Generationenfolge handelte (wobei diese Gruppe einen Teil des Generationswandels aufgrund ihrer schon zu Anfang höheren Bildung und ihrer Sprachbeherrschung übersprang), oder ob diese Einwanderer von der außerordentlichen Ausdehnung und Demokratisierung des höheren Bildungswesens in den USA nach dem Zweiten Weltkrieg profitierten. Eltern wie Kinder schienen gleichermaßen hinter dieser Betonung der Bildung zu stehen. Ein Gradmesser für deren Erfolg ist die Tatsache, daß unter den hervorragenden Akademikern und Künstlern, die im „Biographischen Handbuch der deutschsprachigen Emigration nach 1933" Aufnahme fanden, 28% jünger als 19, weitere 19% zwischen 20 und 29 Jahre alt waren, als sie ihre Ursprungsländer verließen, und etwa 48% aller im „Handbuch" erscheinenden Personen sich in den USA als endgültigem Zielland niederließen. 80% der im „Handbuch" aufgeführten Personen waren jüdischer Religion. Die Frage, ob das hier in Erscheinung tretende ‚deutsch-jüdische Arbeitsethos' auch zur Erklärung des Fehlens verbreiteter Pathologien sozialer oder psychischer Art bei den Einwanderern der zweiten Generation aus Mitteleuropa beitrug, ist noch in angemessener Weise zu analysieren. In dieser Hinsicht ist die Traumatisierung, die für die zweite Generation der KZ-Überlebenden behauptet wird, in dieser Gruppe nicht beobachtet worden.

Heute, mehr als 50 Jahre nach Hitlers Ernennung zum Reichskanzler und fast 40 Jahre nach dem Ende seiner Herrschaft wird die Zeit knapp für eine umfassende Untersuchung der wirtschaftlichen Anpassung der deutsch-jüdischen Flüchtlinge. Sie ist bisher nicht unternommen worden. Auf der Grundlage von Interviews, die die Research Foundation for Jewish Immigration (New York) bei der Vorbereitung mehrerer Studien, die größtenteils vor 1980 abgeschlossen waren,[4] durchführte, sowie der Unterlagen von Einwandererorganisationen läßt sich der Eindruck gewinnen, daß diese Gruppe erstens ebenso wie andere Einwanderer das Niveau ihres ökonomischen Status *vor* der Einwanderung unter den günstigen wirtschaftlichen Bedingungen der Kriegskonjunktur, des Nachkriegs-Booms und größerer Bildungschancen erreichten und zweitens, anders als andere Emigrantengruppen, eine außerordentlich hohe Zahl von Akademikern und Künstlern einschloß, denen es gelang, in der ersten Generation produktive Arbeit auf ihrem Gebiet zu beginnen oder diese von neuem aufzunehmen.

Die Unterlagen der Research Foundation for Jewish Immigration (New York) und des Instituts für Zeitgeschichte (München) enthalten rund 25 000 Aktenordner über bedeutende Leistungen von Emigranten in allen Zielländern, unter denen die USA eine große Mehrheit aufnahmen. Diese Leistungen liegen auf den Gebieten des Ingenieurwesens, des Managements, der Buchhaltung, des Bankwesens, des Export-Import-Handels, des Textilsektors, der Industrieproduktion, der Sozialarbeit, der Lehre, der Industrieberatung, der Einführung neuer Gewerbezweige wie Lederwaren, Spielwaren, Freizeitindustrie, mehrerer Haute Couture-Firmen, des Metallhandels, der chemischen Industrie, der Konzerne und Aktiengesellschaften, und einer breiten Palette von Einzel- und Großhandelsgeschäften. Doch im Kontext einer Wirtschaft, die einen ganzen Kontinent umfaßt, lassen sich nur wenige dieser Leistungen als bahnbrechend oder innovativ einstufen, wie sie die deutsch-jüdische Einwanderung des 19. Jahrhunderts erbrachte, indem sie neue wirtschaftliche Formen schuf, z.B. im

Bankwesen und im internationalen Handel. Die deutschen Juden nahmen ihren Platz in einer entwickelten Wirtschaft ein. Sie hatten kein neues Wirtschaftssystem aufzubauen.

Außerdem bedeutete für die Masse der Einwanderer das Erreichen des Status, den sie vor ihrer Einwanderung besaßen, die Erlangung von vorwiegend Angestellten- oder Kleinunternehmer-Positionen im Lebensmittelbereich, im Einzelhandel, auf dem Reparatur- oder Dienstleistungssektor. Ihr ‚embourgeoisement' war ‚petit'. Erhebliche Armutsbereiche blieben übrig. Die Unterlagen der von dieser Gruppe geschaffenen sozialen Hilfsorganisationen (s. unten) deuten daraufhin, daß unter den schätzungsweise 700 000 Juden in New York, die 1983 an oder unter der amtlich so definierten ‚Armutsgrenze' lebten – das heißt vor allem Alte und physisch oder psychisch Behinderte – die Zahl von Einwanderern, besonders, aber nicht ausschließlich solchen aus Österreich, eine Größenordnung erreicht, die es gerechtfertigt hat, während der Nachkriegsjahrzehnte Hilfsorganisationen für Flüchtlinge zu unterhalten. In vielen Fällen reichten die deutschen Wiedergutmachungszahlungen nicht aus, um das Fehlen von Familienersparnissen wettzumachen, so daß zusätzliche Wohlfahrts- und Alterssicherungsunterstützungen in dieser Gruppe nicht unbekannt sind.

5

Dieses Ergebnis der Integration von Einwanderern in das amerikanische Wirtschaftsleben sollte nicht in den Schatten gedrängt werden durch die breite Sichtbarkeit der meistdiskutierten Flüchtlingsgruppe der Intellektuellen, vor allem der Schriftsteller, Wissenschaftler, Künstler, Filmemacher oder Hochschullehrer, die im Begriff sind, in der amerikanischen Kulturgeschichte einen legendären Ruf zu erwerben – ‚Hitlers Geschenk an die Welt'. Verzeichnet sind ihre Leistungen in vielen der etwa 9 000 biographischen Einträge (für mitteleuropäische Emigranten *in allen Einwanderungsländern* und *jeglicher Religion, Nationalität und politischen Schattierung*, das heißt nicht nur für jüdische Einwanderer und nicht nur in den USA), die in dem erwähnten „Biographischen Handbuch" enthalten sind. Hier erscheinen massive Leistungen ebenso wie wesentliche Pioniertaten der älteren, in Europa ausgebildeten, wie der jüngeren (‚Kissinger'-)Generation. Dazu gehören unter den 26 Nobelpreisträgern aller Religionen und Staaten Namen wie Albert Einstein, James Franck, Erwin Schroedinger, Otto Stern, Felix Bloch, Victor Hess, Max Born, Hans Bethe und Arno Penzias (Physik), Richard Willstaetter, Fritz Haber, Peter Debye, Georg von Hevesy, Max Perutz und Gerhard Herzberg (Chemie), Otto Mayerhoff, Otto Loewi, Sir Ernst Boris Chain, Sir Hans Adolf Krebs, Fritz Albert Lippmann, Konrad Emil Bloch, Max Delbrueck, Sir Bernard Katz (Physiologie und Medizin) neben Henry Kissinger, Elias Canetti, Nelly Sachs oder Thomas Mann. Viele von diesen Männern und Frauen, doch keineswegs alle, waren jüdischer Herkunft oder jüdischen Glaubens. Fünfzehn Nobelpreisträger wanderten nach 1933 in die USA ein.

Unter den Mathematikern waren Richard Courant, Emmi Noether, Hans Lowy. Zu den Judaisten gehörten Abraham Heschel, Leo Baeck, Julius Guttmann, Ismar Elbogen, Eugen Taeubler, Jacob Katz und Hans Liebesschuetz. Die Soziologie war vertreten durch Max Horkheimer, Theodor W. Adorno, Paul Lazarsfeld, Herbert Marcuse, Karl Mannheim, Adolf Schutz, Otto Neurath neben zahlreichen weniger bekannten, doch einflußreichen Hochschullehrern und Forschern. Die politische Wissenschaft wurde bereichert durch Hannah Arendt, Leo Strauss, Richard Loewenthal, Karl Loewenstein, Hans Morgenthau, Ernst Fraenkel, Franz Neumann, Siegfried Neumann und Karl Deutsch, die Geschichtswissenschaft durch Hajo Holborn, Felix Gilbert, Ernst Kantorowicz, Fritz Stern und andere einflußreiche Wissenschaftler. Unter den Philosophen sind vor allem Ernst Cassirer, Karl Loewith, Hans Jonas und Walther Kauffmann zu nennen. Besonders zahlreich war die mit den verschiedenen Zweigen oder Aktivitäten der psychoanalytischen Bewegung verbundene Gruppe (Männer und Frauen), darunter Sigmund Freud (der 1939 nach Großbritannien emigrierte), Erich Fromm, Erik Erikson, Ernst Kris, Alfred Adler, Otto Lowenstein, Helene Deutsch, Frieda Reichmann-Fromm, Therese Benedek, Heinz Hartmann, Kurt Eisler, Bruno Bettelheim, Wilhelm Reich und zahlreiche andere. Das Bauhaus gehörte ebenso dazu wie die Nationalökonomen Joseph Schumpeter und Karl Hayek.

Namen und Disziplinen dieser Art können als stellvertretend gelten für den breiten Strom geistiger Talente und Leistungen von Personen beiderlei Geschlechts aus der älteren, in Europa ausgebildeten Generation und der jüngeren Generation von Emigranten der Jahre 1933 bis 1945. Nicht alle diese Männer und Frauen waren jüdischer Herkunft oder gingen ausschließlich in die Vereinigten Staaten. Doch sie repräsentieren den einflußreichsten und welthistorisch bedeutsamen Effekt der Hitler-Verfolgung, den Transfer wichtigen Wissens und wissenschaftlicher Methoden in Person und Disziplin von Flüchtlingen, die fähiger und schöpferischer waren als ihre Verfolger. Nichts in den älteren deutschen, jüdischen oder anderen Einwanderungsbewegungen, die es bisher auf der Welt gab, läßt sich mit ihnen hinsichtlich Qualität und Quantität von Begabungen vergleichen.

Aus dem Blickwinkel der deutschen Geschichte gesehen, zerstörte der Verlust von Vitalität und der selbst verschuldete wissenschaftliche Niedergang ganze Disziplinen an deutschen Universitäten (Soziologie, politische Wissenschaft, Gestaltpsychologie, Psychoanalyse, moderne Architektur, Judaistik, moderne Musik, moderne Literatur, moderne Kunst, angewandte Mathematik, bedeutende Aspekte der theoretischen Physik, Chemie, Physiologie/Medizin, liberale und sozialistisch-marxistische Geschichte und Sozialtheorie). Andere Disziplinen wurden erheblich geschwächt, so etwa angewandte Ingenieurwissenschaft, wissenschaftliches Management, Film, Theater, unabhängige Publizistik und Journalismus, internationales Recht und Wirtschaftstheorie, um die am stärksten geschädigten zu nennen. Keine andere Vertreibung in der neueren Geschichte, nicht einmal der Widerruf des Edikts von Nantes 1685 und dessen Konsequenzen, hatte solche langfristigen Auswirkungen auf das Ursprungsland. Es sollte Jahre dauern, bis die deutsche Wissenschaft nach 1945 wieder den internationalen Stand erreichte. Noch heute erscheint etwas fraglich, ob es in bestimmten Bereichen seine Komplexität und Vitalität wiedergewonnen hat.

In der amerikanischen Geistesgeschichte und in der Geschichte der Akkulturation hat diese einzigartige Gruppe bereits zur Legendenbildung geführt. Es ist eine Legende, daß die amerikanischen Universitäten und Hochschulen die Wissenschaftler unter den Flüchtlingen mit offenen Armen aufnahmen. Tatsächlich war es für sie sehr schwer, in einer Zeit der Arbeitslosigkeit von Universitätslehrern und der Sorge um die Ausbildung der nächsten Generation amerikanischer Hochschullehrer Beschäftigung zu finden. Flüchtlings-Wissenschaftler mußten fertig werden mit Spannungen zwischen progressiven Fakultäten, die sich gegen konservative zu verteidigen suchten, und Universitätsverwaltungen, die auf der Suche nach Qualität waren, aber ihre Institutionen nicht Radikalen (wie Einstein) oder Minoritäten (wie Juden oder Frauen) öffnen wollten. Man betrachtete das Verhalten und die soziale Anpassung ausländischer Professoren als problematisch, weil sich der Lehrbetrieb, der Umgang mit Kollegen und die Forschung an den deutschen Universitäten von den feinsinnigen undergraduate-Traditionen amerikanischer Colleges unterschieden. Die Tatsache, daß es einer erheblichen Zahl von älteren Gelehrten und einer erstaunlichen Anzahl von Einwanderern der jüngeren Generation gelang, ungeachtet dieser Unterschiede in Amerika erfolgreich und produktiv Karriere zu machen, liegt zum Teil an dem selbstlosen Einsatz und humanitären Denken von Wissenschaftlern, Universitätsverwaltungen und Studenten in den USA und andernorts, die in der Nazi-Verfolgung der Wissenschaft eine Bedrohung aller freien Institutionen, auch und gerade ihrer eigenen sahen und dieser Überzeugung entsprechend handelten.

Allgemein gesprochen waren Gelehrte, denen es gelang, im amerikanischen höheren Bildungswesen und der Wissenschaft unterzukommen, dort erfolgreich, wo die intellektuelle Atmosphäre darauf vorbereitet war, sie aufzunehmen und zu integrieren. In der Regel hatten sich in zahlreichen Naturwissenschaften, in der Psychoanalyse, der modernen Architektur, Soziologie oder politischen Wissenschaft bereits in den zwanziger Jahren internationale Kommunikationsnetze entwickelt, durch die Ideen nach Übersee übermittelt und im entsprechenden Rahmen der Universitäten oder der Kultur übernommen wurden. Wo dies der Fall war, profitierten die geflüchteten Wissenschaftler von amerikanischen Entwicklungen und bereicherten diese ihrerseits. Die bekanntesten Beispiele sind die Verschmelzung des Bauhaus- und Neue Sachlichkeit-Stils mit dem in den USA aus einheimischen Ursprüngen entwickelten International Style, die Synthese der europäischen Psychoanalyse mit amerikanischen Trends, die seit Anfang des 20. Jahrhunderts entstanden waren, oder die Rezeption der Werke des größten deutschen Soziologen, Max Weber, durch amerikanische Soziologen (Talcott Parsons) bereits in den zwanziger Jahren. Eher vorübergehender Art scheint die Wirkung zu sein, die der deutschen Schule der Gestalt-Psychologie zuzuschreiben ist, wenngleich auch diese seit den Zwanziger Jahren an ein oder zwei amerikanischen Colleges gelehrt worden war. Einzigartige Leistungen, die von Flüchtlingen bewirkt wurden, waren das Entstehen zahlreicher Werke über den Nationalsozialismus und den Totalitarismus, die Schaffung eines neuen Zentrums für angewandte Mathematik an der New York University, die Einführung der philosophischen Phänomenologie, das höhere wissenschaftliche Niveau progressiver Sozialwissenschaften an der New School for Social Research in New York, die Einführung der Archivwissenschaft in Washington und der ikonographischen Schule der Kunstkritik am Princetoner Institute for Advanced Study durch Erwin Panofsky. Dagegen wurden einige Trends nicht so dauerhaft in den Hauptstrom der amerikanischen Kultur aufgenommen, darunter möglicherweise die kommerzialisierte Sozialwissenschaft (Paul Lazarsfeld an der Columbia-Universität) oder die theoretische Sozialphilosophie, wie sie das ehemalige Frankfurter Institut für Sozialforschung mit Max Horkheimer, Herbert Marcuse und Theodor W. Adorno vertrat.

Das bekannteste Beispiel in diesem Gesamtkomplex ist natürlich der Beitrag, den deutsche und österreichische Physiker zur theoretischen und Kernphysik geleistet haben, sowie die Entwicklung der Kernspaltung und -fusion auf dem Weg zur Atom- und Wasserstoffbombe und zum Beginn des Atomzeitalters. Die Legende, Einstein oder ‚die Flüchtlinge' hätten die Atombombe gebaut, entspricht nicht der Realität. Die Bombe war das Ergebnis vieler internationaler Entwicklungen, die in der politischen Entscheidung der Vereinigten Staaten gipfelten, knappe Kriegsressourcen dem Manhattan-Projekt zuzuteilen, einem riesigen technischen Unternehmen. Völlig im Widerspruch zu den üblichen Legenden wurde Albert Einstein während der Kriegsjahre über technische Entwicklungen in Unwissenheit gehalten, weil ihn Wissenschaftler im Dienst der Bundesregierung als Sicherheitsrisiko betrachteten. Nichtsdestoweniger wurden diese Entwicklungen durch die Anwesenheit führender theoretischer Physiker unter den Flüchtlingen um Wissen und Forschungsenergie bereichert, ebenso wie die amerikanische Naturwissenschaft und höhere Mathematik von einer erheblichen Zahl von begabten Einwanderern der ersten und zweiten Generation noch lange nach 1945 profitierte. Die präzisen Vorgänge dieser Wissensauswanderung bedürfen noch immer einer systematischen Untersuchung. Ihre Bedeutung, auch nach Abzug von Legenden und Übertreibungen, steht außer Zweifel.

6

Neben diesen Individuen, Hilfsorganisationen, Stiftungen und Institutionen, die von Freiwilligen geleitet und durch humane Impulse inspiriert wurden, verdient auch der Beitrag Erwähnung, den Selbsthilfe der Flüchtlinge und Selbsthilfeinstitutionen bei der Integration und Betreuung der Einwanderer leisteten. Überall dort, wo Einwanderer eine ‚kritische Masse' erreichten, organisierten sie sich in Organisationen, denen die Doppelrolle zukam, einen gewohnten Lebensstil weiterzuführen und gleichzeitig die Integration des Flüchtlings in die von ihm gewählte Bezugsgruppe zu fördern. Flüchtlinge schufen zahlreiche religiöse Gemeinden, die es ihnen erlaubten, auf lokaler Ebene ihre gewohnten rituellen und musikalischen religiösen Formen beizubehalten. Sie organisierten Fürsorge- und Selbsthilfe-Gesellschaften zur Arbeitsvermittlung, Beratung und Rechtshilfe, zur Durchführung von Ferienlagern für Kinder und Bereitstellung von Urlaubsmöglichkeiten für Erwachsene sowie – im Laufe der Zeit – zur Unterhaltung von Altersheimen. Einige dieser sozialen Organisationen wie etwa die New York Selfhelp Community Services oder United Help vollbrachten Pionierleistungen bei der Einführung von Wohnkomplexen für alte Menschen und von häuslichen Betreuungsdiensten, die auf die amerikanische Geriatrie in Konzeption und Praxis Einfluß hatten. Neben den professionalisierten Hilfsdiensten führten sie ältere Methoden der direkten und ergänzenden Fürsorge für die Notleidendsten fort (Blue Card), organisierten ein breites Spektrum von freiwilligen Diensten für die Alten und errichteten ein vorbildliches Pflegeheim (z.B. das Margaret Tietz Center for Nursing Care in Queens, New York City). Die Gemeinschaft schuf kulturelle Institutionen, die zu Forschung und Publikation sowie zum Anlegen von archivalischen Sammlungen über die deutsch-jüdische Epoche der jüdischen Geschichte anregen sollten (Leo Baeck Institutes) oder die letzte Phase der Wanderungsperiode der Vergessenheit entreißen sollten (Research Foundation for Jewish Immigration). Als Reaktion auf die einzigartigen Bemühungen der Regierung der Bundesrepublik Deutschland, zumindest materielle Wiedergutmachung für die Schädigungen zu leisten, die vom Naziregime verfolgte Menschen erlitten hatten, errichteten Flüchtlinge Rechtsberatungsstellen, die sich mit Rückerstattung und Entschädigung befassen (United Restitution Organization). Für zahlreiche politische und Gemeinschafts-Aufgaben bildeten sie eine zentrale Vertretung nach dem Vorbild ihrer letzten jüdischen Vertretung in Deutschland, der ‚Reichsvertretung der Juden in Deutschland', und nannten sie ‚American Federation of Jews from Central Europe'. Die meisten dieser Organisationen hatten Vertretungen in den wichtigsten Städten, wo Flüchtlinge konzentriert waren, oder sie stellten – wie im Fall der American Federation und der United Restitution Organization – amerikanische Zweigstellen internationaler Organisation dar. Durch diese wurden neue Arbeitsbeziehungen auf vielen politischen und rechtlich-staatlichen Ebenen mit der Regierung der Bundesrepublik Deutschland hergestellt.

Einen dritten Organisationstyp bildeten Gruppen, die sich mit Freizeitgestaltung verschiedenster Art beschäftigen, von ernsthaften politischen und intellektuellen Diskussionsgruppen bis zu leichter Unterhaltung und nostalgischer Wiener Operette. Ihr wichtigster Prototyp war der New Yorker New World Club, der außerdem die intellektuell anspruchsvollste deutschsprachige Wochenzeitung der Zeit herausgab, den „Aufbau", der noch heute existiert. Die meisten dieser Gruppen waren der neuen Umwelt angepaßte Versionen von Organisationen des Herkunftslandes wie Studentenverbände (diesmal ohne Paukboden), Anwaltsvereine, medizinische Gesellschaften, Kriegsteilnehmer-Verbände, Wandervereine, Bestattungsgesellschaften, Sportvereine, zionistische Gruppen, Frauenclubs (besonders innerhalb der Religionsgemeinden) und in späterer Zeit ‚Senioren-Gruppen'.

Die Emigrantenzeitung „Aufbau" durchbrach am 3. Juli 1942 als eines der ersten Blätter in den USA das Schweigen um die Massenmorde der Nazis an den Juden. Der Artikel „Die Verschwörung des Schweigens", der wenige Tage nach den Schreckensberichten des Londoner „Daily Telegraph" erschien, erregte weites Aufsehen, nachdem die Zeitung schon zuvor auf die Judenvernichtungen im Osten Europas hingewiesen hatte. Zu dieser Zeit hatten bereits über eine Million Juden das Leben verloren.

Der „Aufbau" wurde 1934 in New York als Nachrichtenblatt jüdischer Flüchtlinge aus Deutschland gegründet und wuchs unter dem Chefredakteur Manfred George zu einem international beachteten Wochenblatt, das für die deutsch-jüdischen Emigranten in aller Welt bis heute eine zentrale Rolle spielt. Mit dem Abtreten der älteren Emigrantengeneration hat das Blatt, das 1984 sein 50-jähriges Bestehen feierte, seine Höchstauflage von 50000 seit langem verloren. Der „Aufbau" war ein Forum bedeutender Exilautoren wie Thomas Mann, Lion Feuchtwanger, Oskar Maria Graf, Franz Werfel und hat bis heute seine kritische Kulturberichterstattung jüdischer und deutscher Ereignisse aufrechterhalten. Nach dem Zweiten Weltkrieg half die Zeitung bei einem neuen Brückenbau zwischen Juden und Deutschen. Unter anderem wurde seine Anregung, ehemalige jüdische Bewohner deutscher Städte zu einem vollbezahlten Besuch einzuladen, in die Tat umgesetzt. Berlin machte den Anfang. (Aufbau)

Die Bedeutung dieser Organisationsstruktur liegt in ihrer Funktion als Quelle der Persönlichkeitsintegration und als Ausgangspunkt für den Akkulturationsprozeß von Individuen wie von Organisationen. Wo genug Einwanderer zusammenkamen, entwickelte sich eine Einwanderer-Subkultur, die mit denen anderer Einwanderungsbewegungen in den USA vergleichbar ist. Im allgemeinen war angesichts der nach Pearl Harbor wachsenden emotionalen propagandistischen Spannung die deutsche Sprache für diese Subkultur nicht von zentraler Bedeutung. Nur die Gruppe um den „Aufbau", das heißt Journalisten, Literaten und politische Emigranten, hielten an der Sprache fest. Schon bald nach dem Eintreffen führte die Gemeinschaft insgesamt ihre Aktivitäten in englischer Sprache durch, einschließlich Predigten, Versammlungen, Vorträgen und sonstigen gesellschaftlichen Gelegenheiten. Doch ist die Sprache allein kein Gradmesser der Akkulturation. Subjektiv erschütterten die Schärfe der Verfolgung in Deutschland, das offenbare Fehlen von wirksamem Widerstand gegen Nazismus und Antisemitismus und schließlich die Nachricht vom Holocaust die organisierte jüdische Gemeinschaft so stark, daß jüngere Soldaten, die aus dem Krieg zurückkamen, großenteils die Haltung zu Deutschland bestimmten. Während des Dritten Reiches und noch erhebliche Zeit danach hatte es, wenn überhaupt, nur sehr wenige organisierte Verbindungen zu deutsch-amerikanischen Gruppen gegeben. Der starke zahlenmäßige Niedergang der deutschen Sprache und Literatur in der Lehre an Colleges und Universitäten (z.B. in New York) könnte eine tiefergreifende kulturelle Reaktion darstellen als die hier konstatierte, und möglicherweise haben Flüchtlinge ihren Teil an dieser Reaktion gehabt. (Hinsichtlich der Sprache erscheint die Reaktion von Flüchtlingen der Nazizeit in Israel und Lateinamerika anders gewesen zu sein als die in Frankreich, Großbritannien und in USA beobachtete. Eine vergleichende Untersuchung hierzu könnte Licht auf die Ursachen werfen. Sie ist bisher nicht unternommen worden.)

Ausgehend von diesem Tiefpunkt, läßt die Nachkriegsgeschichte einen Wandel der Haltung gegenüber dem Bild eines demokratischeren Deutschland erkennen, das sich – mit wieviel Zögern auch immer – von den schlimmsten Teilen seines Nazi-Erbes zu befreien sucht. Dennoch blieb die Rückwanderungsrate in Herkunftsländer selbst für Gelehrte und Künstler extrem niedrig. (Eine umfassende Studie dieser Rückkehrbewegung sollte bald unternommen werden.) Die deutsche Wiedergutmachung, ein in der Wanderungsgeschichte einzigartiges Programm, führte in ihrer politischen Phase zu fruchtbarer Zusammenarbeit der Emigranten mit deutschen Beamten und Abgeordneten. In den späteren Phasen der Durchführung dieses Gesetzes kam es aufgrund der Sparmaßnahmen deutscher Regierungshaushalte und ministerieller Etatkürzungen in vielen Fällen zu Unzufriedenheit. Verschiedene von deutschen Stellen unternommene Besucherprogramme ebenso wie die Suche dieser alternden Einwanderergruppe nach persönlichem Kontakt mit ihren Wurzeln waren weitere Faktoren, die einen Wandel begünstigten. Dennoch wies diese Gruppe ebenso wie nichtjüdische Einwanderergruppen aus Deutschland Integrations- und Akkulturationsmuster auf, die eine psychologische Bereitschaft erkennen lassen, den Bruch mit dem Heimatland als endgültig hinzunehmen und auf individueller wie auf Organisationsebene neue Bezugsgruppen in der sie umgebenden Mehrheitskultur zu finden. Auf organisatorischer Ebene schrumpften die neuesten Fürsorge- und Selbsthilfegruppen oder lösten sich auf, und die meisten religiösen Gemeinden litten unter starkem Mitgliederschwund, vor allem, weil ihre Klientel entsprechend der Stadtentwicklungsmuster der amerikanischen Metropolis den Wohnsitz wechselte und Synagogen sowie Gemeinde-Gebäude in Nachbarschaften mit ethnisch veränderter und nicht-jüdischer Bevölkerung zurückließ (z.B. im Bereich der Ostküste). Die Gemeinschaft zahlte auch einen Preis für ihre Ideologie der erfolgreichen Integration: Es gelang ihr selten, das Interesse ihrer jüngeren Generationen zu bewahren, wenngleich auch hier lokale Mobilität und sozialer Aufstieg einen realistischen Einfluß auf die Mitgliedschaft hatten. Anderen Organisationen, besonders den kulturell orientierten und Forschungsgruppen sowie den Sozialfürsorgediensten, die ihre Konzeptionen zu weiter gespannten Gemeinschaftszwecken auszuweiten vermochten, ist es gelungen, zu allgemeinen amerikanischen Gemeinschaftsorganisationen zu werden und eine bessere gesunde Altersschichtung zu erreichen. Die Verlagerung der Sozialfürsorge auf staatliche Stellen (Präsident Johnsons Programm der ‚Great Society') zeitigte die Wirkung, konfessionelle Vereinigungen zu überkonfessionellen zu machen, da eine der Bedingungen für den Empfang von staatlichen Zuschüssen durch private Organisationen lautete, daß diese allen Gruppen offenstanden. Auch bei den religiösen Gruppen haben sich die Orthodoxen weitgehend und entschieden in das allgemeine amerikanisch-jüdische Leben integriert, wobei sie allerdings ihre ethnische Grundlage bewahrten. Es liegen nicht genug zuverlässige Angaben über die Haltung der dritten Generation gegenüber der deutsch-jüdischen Kultur vor, aber einige Beobachter vertreten den Standpunkt, das ‚Hansen-Gesetz' (die dritte Generation hat ein besseres Verständnis der Einwandererkultur als die Kinder der Einwanderer), könnte auch bei Teilen dieser Generation wirksam sein. Die Einwanderer als Gruppe haben hohe professionelle Standards der Sozialfürsorge und Altenpflege eingeführt; von ihnen stammen Bildungsformen wie Vortragsreihen und ‚Lerntage' (Ganztags-Konferenzen über ein Zeitproblem in historischer Perspektive mit Personen aus verschiedenen Schichten). Sie haben Forschungsorganisationen und neue Wissenszweige geschaffen (deutsch-jüdische Geschichte, deutsch-jüdische Wanderungsgeschichte) und eine objektivere Einschätzung der deutsch-jüdischen historischen Beziehungen sowie ein neues Bewußtsein bewirkt.

Obwohl das deutsche Judentum für die historische Rolle unvorbereitet war, in die es die Nazi-Verfolgung zwang, und obwohl es *als Gruppe* keine größere Rolle im amerikanischen oder amerikanisch-jüdischen Leben spielte, hat sein Gemeinschaftsgeist und sein Arbeitsethos die Rahmenbedingungen geschaffen für die individuellen Leistungen seiner Intellektuellen und Akademiker sowie für die Erleichterung der aus Entwurzelung und Neuansiedlung der Gemeinschaft herrührenden Schwierigkeiten. Selbst wenn diese Einwanderer durch ihre Reaktion auf die harten Bedingungen der Entwurzelung kein bleibendes Zeichen gesetzt haben und heute im Geschichtsbewußtsein durch den größeren

Schock über den Holocaust in den Schatten gestellt werden, taten sie ihre Pflicht in dem nüchternen und entschieden unekstatischen Geist, mit dem sich der Bourgeois gegen turbulente Realitäten verteidigt. Das Prinzip ihres Erfolges war damit eine Bedingung ihres Scheiterns.

Anmerkungen

1 Die Geschichte dieser Hilfeleistungen ist dokumentiert in Jewish Immigrants of the Nazi Period in the U.S.A., Hg. Herbert A. Strauss, Bd. 1: Archival Resources zus. gest. v. S.W. Siegel, New York: K.G. Saur, 1978.
2 Diesen Eindruck gewinnt man aus dem Material in International Biographical Dictionary of Central European Emigrés, 1933–1945 / Biographisches Handbuch der deutschsprachigen Emigration nach 1933, Hg. Herbert A. Strauss u. Werner Röder, Bd. 2, München/New York: K.G. Saur, 1983.
3 Ruth Neubauer, Differential Adjustment of Adult Immigrants and their Children to American Groups, Diss. Ed., Teacher's College, Columbia University, New York, 1966.
4 S. relevante Titel in Jewish Immigrants of the Nazi Period in the U.S.A., Bd. 2. Classified and Annotated Bibliography, zus. v. Henry Friedlander u.a. New York: K.G. Saur, 1981, S. 148–151, 170–183.

41. Kassandras mit deutschem Akzent

Anthony Heilbut

In der Geschichte der Auswanderung nach Amerika hat keine andere Gruppe eine so große und unmittelbare Wirkung gehabt wie die der deutschsprachigen Menschen, die vor Hitler flohen. Man könnte auch behaupten, daß keine andere Gruppe sich so stark bemühte, ihr kulturelles Erbe zu bewahren. Allerdings würden diese Flüchtlinge gegenüber einer Veranstaltung zum Gedenken von dreihundert Jahren deutsch-amerikanischer Beziehungen sehr unterschiedliche Haltungen einnehmen. Anders als die Gruppe, die Leo Schelbert als Einwanderer aus freier Wahl bezeichnet, wollte diese nicht nach Amerika kommen; wie Brechts Gedicht „Sah verjagt aus sieben Ländern" implizit aussagt, war für die meisten Künstler und Intellektuellen Amerika nicht das Land ihrer ersten Wahl.

Nach ihrem Eintreffen bemühten sich einige Flüchtlinge wacker darum, amerikanischer als die Amerikaner zu werden; sie zeigten sich als wahrhaftige Chamäleons und bestätigten unbeabsichtigt Heinrich Manns zynische Bemerkung, der Schauspieler sei der vollkommene Vertreter der Moderne. Andere, besonders die Künstler und Intellektuellen, verhielten sich ihrer Geschichte gegenüber loyaler, wenn auch diese Loyalität die Amerikaner veranlaßte, sie mit äußerstem Mißtrauen zu betrachten, – als Kassandras wider Willen.

Zwar waren die meisten Flüchtlinge Juden, doch waren sie auch, wie Paul Breines feststellt, so stark assimiliert und säkularisiert, daß etwas anderes als die Religion eine gemeinsame Basis der Identität bieten mußte. Da es unter ihnen außerdem zahlreiche politische Divergenzen gab, sollte die große Tradition der deutschen Kultur zu dieser Basis werden, wenn auch eine Tradition, die von Menschen, bei denen es sich um vollendete Modernisten handelte, ständig infrage gestellt und revidiert wurde. Während des Transits hielten sich die Emigranten mit enormen Gedächtnisleistungen aufrecht. Wir wissen, daß in den Internierungslagern eine wahre Zitier-Epidemie grassierte. Das war nicht bloße Nostalgie; es war auch ein bewußtes Geltendmachen des Anspruchs, die Emigranten seien die letzten und besten Erben Goethes, dessen gewaltige Spanne von Wißbegier und Enthusiasmus Vorbild ihrer eigenen Vielseitigkeit darstellte, oder Heines, dessen geistreiche Darstellungen der Bourgeoisie und dessen zwanghaftes Interesse an einem Deutschland, das er gleichzeitig verehrte und verachtete, ihrer eigenen Ambivalenz ähnelte. Es war eine Huldigung an die deutsche Sprache ebenso wie an die deutsche Philosophie, die jene Emigranten dazu bewog, Goethe und Heine, Marx und Nietzsche als Kommentatoren ihres eigenen Schicksals zu zitieren.

Die Kultur leistete Überstunden, um anstelle von Politik oder Religion ein gemeinsames Element zu liefern. Doch Kultur bedeutete nicht ausschließlich die Klassiker; die volksnahe Kultur bot eine vergleichbare Quelle der Energie, besonders für Leute, die ihre Jugend in Berlin verlebt hatten und inmitten der literarischen Cafes und Filmstudios aufgewachsen waren. Hier liegt ein Grund dafür, daß Brecht zum herausragenden Dichter der Emigration wurde. Er bemerkte häufig, ein armer Flüchtling könne nicht zu viel Gepäck mitschleppen. Also besang er die Emigration mit Versen, die ebenso flott, idiomatisch und auswechselbar waren wie ein Schlager; tatsächlich lieferten Brechts Gedichte in Internierungslagern wie Gurs in Frankreich die rasche Aufladung, das emotionale Auftanken, das man von Schlagermusik erwartet. Gedichte, die nach Großstadtstraßen schmeckten, waren für Emigranten nicht Ersatz für die Verse Goethes und Heines, sondern deren Ergänzung. Sie begriffen, daß die Kultur, die sie mitbrachten, nun alle Formen des Modernismus einschloß, ganz besonders die volksnahe Kultur; so war es für Künstler wie die großen Filmregisseure eine Selbstverständlichkeit, daß die amerikanische Kultur Blues, Jazz und Spirituals ebenso einschloß wie Melville, Whitman und Twain.

Die Wachsamkeit der Emigranten gegenüber allzuviel ‚Schmus' und ‚Quatsch' stellte der Respektlosigkeit, die im Berlin der zwanziger Jahre eingepflanzt worden war, ein gutes Zeugnis aus. Der Sohn von Max Ophüls berichtet, diese beiden Wörter seien seines Vaters Lieblingsausdrücke vernichtender Kritik gewesen, wenn auch Bürger ebenso wie Bohemiens sie benutzten, um eine allgemeine Atmosphäre der Banalität und der Täuschung zu beklagen.[1] Das machte sie zu einer ungeheuer lebendigen und anziehenden Gruppe, die bestens dazu geeignet war, Neuheiten zu meistern, ohne dabei ihre Orientierung zu verlieren. Es ließ sie auch einschüchternd und herablassend erscheinen: Respektlosigkeit ist nicht leicht von Verachtung zu unterscheiden.

Während die Flüchtlinge diese feste, wenn auch nicht anerkannte kulturelle Identität bewahrten, wurde ihnen eine enger begrenzte Identität von außen aufgezwungen. Hitlers Bücherverbrennungen und die Entlassung jüdischer Wissenschaftler hatten die Tendenz, Radikale und Intellektuelle in Verbindung zu bringen. So stellten die Flüchtlinge, als sie schließlich in Amerika eintrafen, fest, daß der typische Vertreter ihrer Gruppe ein arbeitsloser, linker Hochschullehrer war – nicht der Kartoffel-Farmer oder Fabrikarbeiter, der frühere Einwandererwellen repräsentiert hatte. In Amerika waren die meisten Identifikationen, die ihnen Juden wie Christen, Linke wie Rechte auferlegten, solch negativer Art. Dementsprechend empfanden sich Flüchtlinge häufig als von allen Seiten gefährdet.

Während der dreißiger Jahre hatten amerikanische Beamte wie der berüchtigte Breckinridge Long die Auswanderung in die Vereinigten Staaten extrem schwierig und von schriftlichen Leumundszeugnissen sowie Nachweisen finanzieller Bonität abhängig gemacht. Besonders für die Schriftsteller war diese Reduktion der Bedeutung eines Lebens auf Codes und Parolen quälend. (Longs Missetaten endeten nicht in den dreißiger Jahren; 1943 half er beim Vertuschen von Berichten über die Todeslager, weil sie ablenkend wirken würden und unwichtig seien.) Eleanor Roosevelts Engagement für die Flüchtlinge wurde nie in Zweifel gezogen; demzufolge gaben die Emigranten für kurze Zeit ihre Skepsis auf und betrachteten die Roosevelts als Idole, ungeachtet der Lethargie des Präsidenten, wenn es um ihre Notlage ging: Erst im Januar 1944 setzte er eine Flüchtlingsbehörde ein, das War Refugee Board. Politisch Konservative hegten nie Sympathie für die Flüchtlinge; sie betrachteten sie abwechselnd als Fünfte Kolonne, internationale jüdische Verschwörer und unfaire Konkurrenz für amerikanische Arbeiter. Doch die Linke war nicht viel vertrauenswürdiger. Die Stalinisten gaben den Kampf gegen den Faschismus zwei ganze Jahre lang auf, und während des Krieges wandten sich Trotzkisten gegen die Teilnahme amerikanischer Arbeiter an einem ‚Konflikt zwischen Imperialisten'. Sogar in amerikanischen Juden sah man zweifelhafte Verbündete. (Die langlebigen Fehden zwischen osteuropäischen und westeuropäischen Juden erwiesen sich dabei keineswegs als hilfreich.) Viele führende Vertreter der amerikanischen Juden fürchteten, das Hereinströmen von Flüchtlingen würde den einheimischen Antisemitismus schüren. So übten sie vielleicht übertriebene Vorsicht in ihren Bemühungen um Unterstützung für die Neuankömmlinge oder bei ihren Forderungen nach Rettung der Gefangengen in Hitlers Lagern. (Außerdem betrachteten viele Emigranten während des Krieges den Zionismus als eine unverantwortliche Ablenkung vom Schicksal ihrer Verwandten in Europa.)

Ich weise auf diese unerfreuliche Geschichte hin, um damit sowohl meine Auffassung zu stützen, daß die eher manischen Reaktionen der Emigranten gelegentlich nicht von einfachem gesunden Menschenverstand zu unterscheiden waren, als auch einen Hintergrund zu bieten für die wenigen, doch sehr provokativen Behauptungen von Identität durch Emigranten-Schriftsteller. Als wollten sie ihre Feinde verwirren, akzeptierten sie die gesamten Implikationen von ‚wurzelloser Jude' und ‚Avantgarde-Intellektueller', indem sie die beiden verschmolzen. Auf diese Weise gelangten drei denkbar verschiedene Emigranten-Schriftsteller in den vierziger Jahren unter Californias Himmel zu ähnlichen Schlußfolgerungen. Theodor W. Adorno schrieb in „Dialektik der Aufklärung", der Fluch und Triumph der Juden sei es, daß ihr Bild die Züge trage „ des Glückes ohne Macht, des Lohnes ohne Arbeit, der Heimat ohne Grenzstein, der Religion ohne Mythos".[2] Die ersten drei Bedingungen gelten nur für einige Juden, doch ganz entschieden für Adorno und seine Mit-Intellektuellen, für welche die Arbeit, da sie in dem guten germanischen Doppelsinn von Kunst und Muse Spiel ist, nicht in Lohn oder Macht umgesetzt werden kann. In Thomas Manns „Doktor Faustus" (1947) möchte der Konzertagent Saul Fitelberg dem Komponisten ein jüdischer Vermittler zwischen dessen Heimatland und der Welt sein. Er sei einzigartig befähigt, beiden zu dienen, denn als Jude sei er sowohl „international" als auch „pro-deutsch", wenngleich seine besten Attribute die nichtdeutschen Züge der Toleranz und des Sinns für Humor sind. Sonst, so warnt Fitelberg, würden die „mit sich selbst eingeschlossenen" Deutschen „in ein wahrhaft jüdisches Unglück" stürzen.[3] Und der Roman endet mit dem Bild eines geächteten Deutschland, das von seinen Nachbarn abgekapselt ist „wie die Juden des Ghetto...".[4]

Alfred Döblin, jene anomale Kombination von Mitläufer und katholischem Konvertiten, hatte eine ähnliche Vision. In „November 1918" (1948–50) schrieb er, die Juden würden „das Volk der Zukunft" sein, indem sie die scheinbar nutzlosen Ideen lieferten, durch die das Leben der Nichtjuden umgestaltet würde.[5] Adorno war teilweise Jude (ein Teil, den er möglicherweise bewußt verdunkelte, indem er den Mädchennamen seiner Mutter benutzte), Döblin war Konvertit, Mann ein Nichtjude, der früher antisemitische Bemerkungen gemacht hatte, von denen er sich später distanzierte, und nun mit einer Jüdin verheiratet und der Vater halbjüdischer Kinder war. Gewiß sind sie nicht die unangreifbarsten Autoritäten zur jüdischen Identität. Doch wer könnte das angesichts der ganz besonderen Geschichte der deutschen Juden überhaupt sein? Entscheidend ist, daß der Zweite Weltkrieg sie alle in eine gemeinsame Position hineinschokkiert hatte: die des Flüchtlings. Die Juden sollten Avantgarde-Gestalten sein, Modelle für das Nachkriegsleben. Hannah Arendt, eine denkbar unwahrscheinliche Genossin für dieses ohnehin schon bunt gemischte Trio, hätte zugestimmt. Sie glaubte, die Juden im Exil hätten als erste gelernt – wenngleich nicht durch eigenes Glück oder Talent –, daß sich in Politik und Universität alles verändert hatte (und so identifizierte sie sich völlig logischerweise als Politikwissenschaftlerin). Paraphrasiert man Brecht, so wußte dieser nun, ob das Nutzlose nicht tatsächlich das am ehesten wahrhaft „Nützliche" war:[6] eine Einsicht, die bereits den Dutzenden von Flüchtlingen gekommen war, die sich durch das Rezitieren alter Texte vor dem Wahnsinn retteten.

Vor diesem Hintergrund wird die Nachkriegsgeschichte der Emigranten in Amerika verständlicher. Denn die öffentlichen Fragen, denen sie sich zuwandten, waren unweigerlich verbunden mit ihrer eigenen Lebensgeschichte, den politischen Fakten ihres Exils und philosophischen Problemen, die ihre Aufmerksamkeit in Berlin, Frankfurt oder Wien gefesselt hatten. Fritz Lang wies einmal jede Prophetenrolle als Regisseur von „Doktor Mabuse" zurück; es sei kein Vergnügen für ihn gewesen, daß er die Zukunft richtig erraten hatte. In gleicher Weise waren Flüchtlinge zutiefst unglücklich, wenn sie Elemente des amerikanischen Nachkriegslebens kritisierten; die meisten von ihnen hatten das Land einmal in extremem Maße geliebt, und sie alle wußten, daß sie ungemein verwundbar blieben, wenn ihre berühmtesten Vertreter wie Albert Einstein und Thomas Mann in Presse und Kongreß verurteilt wurden. In eine Komödie gehört Kassandra nicht.

Ich habe an anderer Stelle bemerkt, daß eine der exorbitantesten beruflichen Anforderungen, die je an Einwanderer gestellt wurde, darin zu sehen ist, daß man von Sozialwissenschaftlern erwartete, sie hätten das amerikanische Leben zu meistern und es außerdem für die Einheimischen zu interpretieren. Impressionistische Autoren wie Adorno waren von unserer ‚popular culture' entsetzt; und sogar objektivere Gelehrte entdeckten Spuren faschistischer Propaganda in den Massenmedien. Ihre Schlußfolgerungen mögen fraglich gewesen sein. Interessanter ist das Paradoxon, daß sie sich damit beschäftigten, die amerikanische Freizeit zu erklären. Die Emigranten waren praktisch die ersten Wissenschaftler, die sich um amerikanische Phantasien kümmerten (wenn auch ein paar

Schlauberger hätten erklären können, ‚hausgemacht' sei gewöhnlich dasselbe wie ‚im Laden gekauft'). Ebenso, und in noch stärkerem Maße ironischerweise wurden Menschen, die mit geliehener Zeit lebten, die professionellen Beobachter der freien Zeit anderer Leute. Ihre Erregung über so frivole Dinge wie Radio-Serien und Zeitschriften-Biographien war nicht übertrieben: Sie sahen das große moderne Dilemma der freien und vergeudeten Zeit voraus, und zwar genau deshalb, weil es für ihre eigene Lage in so spektakulärer Weise unzutreffend war.

Obwohl Einstein und Thomas Mann während der fünfziger Jahre die führenden Opponenten des McCarthyismus gewesen waren, kam es zu der umfassendsten Opposition von Flüchtlings-Intellektuellen zur amerikanischen Regierung während des Vietnam-Krieges. Wiederum kamen starke Echos aus der Vergangenheit. Zum Beispiel wurde Herbert Marcuse zum intellektuellen Guru der amerikanischen Studentenbewegung gestempelt, obwohl seine Werke voll waren von Anspielungen auf genau jene deutsche literarische Kultur, die ich oben beschrieben habe; seine seltenen und späten Bezugnahmen auf amerikanische Soul-Musik wogen kaum die zahlreichen Erwähnungen von Schiller und Hegel, Walter Benjamin und Karl Kraus auf. Marcuses berühmteste Formulierung, die „repressive Toleranz", verwirrte viele Amerikaner. Tatsächlich war das, gemessen an den Maßstäben der Paradoxe der Frankfurter Schule, ein Schulbeispiel an Präzision. Früher, in Europa, hatten Benjamin und Kraus darauf hingewiesen, daß die Kakophonie der Zeitungsseite mit ihrer lärmenden Collage von Text, Foto und Anzeige jede systematische Argumentation erdrücke. Viele Flüchtlinge waren anfänglich verwirrt, als sie feststellen mußten, daß Reden und Schreiben in Amerika keine Veränderungen bewirkte; ganz gleich, welche Argumente vorgebracht und toleriert wurden – die Machtverhältnisse blieben die gleichen. Marcuse gab einer allgemeinen Sichtweise lediglich einen linken Anstrich.

Zu dem wohl spektakulärsten Hineintragen von Flüchtlings-Konflikten in das amerikanische öffentliche Leben kam es durch das Erscheinen von Hannah Arendts „Eichmann in Jerusalem" (1963). Arendts berühmter Ausdruck und Untertitel „die Banalität des Bösen" hätte nicht die zahllosen Flüchtlinge schockiert, die gewaltige Kräfte des Bösen in ihren Nachbarn und Freunden entdeckt hatten, und es sollte auch Amerikaner nicht erschrecken, die eine Fülle von Beweisen für politische Korruption zusammen mit Platitüden und Klischees besaßen. Arendts größtes Vergehen, das ihr nie vergeben wurde, war ihre Weigerung, ‚Schmus' und ‚Quatsch' gelten zu lassen. Sie erregte bei den Deutschen enormen Anstoß, indem sie deren Haltung nach dem Krieg als dumm und selbstsüchtig abtat: In Arendts Augen hatte die ältere, schuldige Generation ihre Schuld nicht eingestanden, während die unschuldigen Jüngeren masochistisch in einer künstlichen Schuld schwelgten. Für sie war Eichmann sowohl schrecklich als auch ungemein komisch, wenn er seine Aussage mit ‚geflügelten Worten' spickte. Ihr Amüsiertsein erschien herzlos, aber würden nicht auch einige Amerikaner lachen, wenn ein Massenmörder seinem Geständnis alle möglichen Sinnsprüche und Zitate beigäbe?

Ironischerweise gingen Arendts umstrittenste Bemerkungen auf die Anforderungen einer korrekten Berichterstattung zurück. Der israelische Ankläger sprach über die Ohnmacht der jüdischen Führerpersönlichkeiten in Europa; Arendt glaubte, er habe das aus politischen Gründen getan. Sie bedauerte seine Ausführungen, fühlte sich aber verpflichtet, näher auf sie einzugehen: Überall in Europa hatten jüdische Führer mit den Machthabern kooperiert; ob dies aus altruistischen oder egoistischen Motiven heraus geschah – die Resultate waren dieselben. Arendt zeigte sich von ihrer kühnsten und radikalsten Seite – und auch von ihrer europäischsten, denn diese Argumente waren allen deutsch-jüdischen Intellektuellen vertraut –, als sie dieses Problem auf den Charakter jedes Establishments zurückführte. Sie beklagte die Existenz privilegierter Kategorien von Menschen, ob sie nun auf nationaler Herkunft, militärischem Rang oder Bildungsstand beruhten; hier war eine deutsche Jüdin, der die alten ‚Jid gegen Jecke'-Fehden ein Greuel waren. Sie mag sich auch daran erinnert haben, daß einige prominente Rabbiner in den frühen dreißiger Jahren geschrieben hatten, sie bewunderten den Einsatz der Nazis für die deutsche Kultur und Hitlers vehemente Opposition gegen den atheistischen Kommunismus.

Hier ist nicht der Ort, Arendts Analyse oder die erstaunlichen öffentlichen Attacken zu untersuchen, die sogar noch nach ihrem Tod fortgesetzt wurden – diese Fragen werden ausführlich in meinem „Exiled in Paradise" (1983) erörtert. Betont werden sollte allerdings, daß der Fall Arendt ein Vorläufer vieler späteren Kontroversen war. Weil sie es wagte, das jüdische Establishment infrage zu stellen, warf man ihr im besten Fall vor, zu wenig „Herzenstakt" zu besitzen (Gershom Scholem), und im schlimmsten, ein Verräter zu sein. Die Erfahrung dieses öffentlichen Konfliktes setzte sie wahrscheinlich in die Lage, in späteren Jahren das amerikanische Establishment zu kritisieren – während der McCarthy-Ära war sie weit vorsichtiger gewesen –, besonders wegen des amerikanischen Verhaltens in Südostasien. Als Israel 1982 in den Libanon einfiel, leisteten amerikanische Juden dem Establishment auf viel breiterer Basis Widerstand. Einer der ersten, der seine Opposition äußerte, war Arendts Freund Hans Jonas. Doch wiederum wurden jene Juden, die sich gegen die Politik des Establishments stellten, als Verräter verdammt: Die Ankläger stammten weitgehend aus dem Ensemble der Arendt-Kritiker. Etwas früher war Jacobo Timerman, als er die wirkungslose Reaktion argentinischer jüdischer Führer beschrieb, von amerikanischen Neokonservativen als hysterisch abgetan worden, als sei der argentinische Antisemitismus eine Chimäre. Arendt hatte alles durchschaut: entweder man griff die Autoritäten an oder man identifizierte sich mit ihnen; jede dieser beiden Positionen lieferte ein charakteristisches Vokabular und ein Instrumentarium zur Erklärung der Geschichte. (Der impertinente Brecht hätte auf Anzeichen eines konventionellen Klassenkampfes hinweisen können, der durch die Rechtsorientierung des israelischen und des amerikanischen Establishments deutlicher hervortrat.)

Andere Flüchtlinge neben Arendt oder Marcuse waren in Protestbewegungen gegen die Regierungspolitik aktiv, darunter der politisch gemäßigte Hans Morgenthau. In den letzten Jahren wurden Naturwissenschaftler, die sich aktiv um eine Verhinderung der Verbreitung von Kernwaffen bemühten, von den Emigranten Hans A. Bethe, Victor F. Weisskopf und Konrad E. Bloch angeführt. Einstein spielte in der amerikanischen Politik eine ganz außerordentliche Rolle, ob in seiner öffentlichen Verteidigung politischer Ketzer oder in seiner unablässigen Agitation für die Kernwaffen-Abrüstung (wenn der französische ‚nouveau philosophe' André Glucksmann Einstein als einen Fürsprecher nuklearer Stärke beansprucht, so ist das eine skandalöse Fehlinterpretation).

Zwar gab es weniger Konservative unter den Flüchtlingen, aber auch sie erzielten eine überproportionale Wirkung. Die Spaltungen in rechts und links hatten in Europa begonnen, häufig als interne Streitereien bei linken Splittergruppen. Die Extreme begegneten sich am dramatischsten in einer Familie, bei den Eislers. Als der Repräsentantenhaus-Ausschuß für unamerikanische Aktivitäten seine Hearings 1947 wieder aufnahm, bot er das ungewöhnliche Schauspiel einer Ruth Fischer, die ihren Bruder Gerhard Eisler schlimmster Verbrechen im Dienst Sowjetrußlands beschuldigte. Vier Jahre später sagte ein anderer ehemaliger Kommunist, Karl August Wittfogel, vor dem McCarran-Ausschuß aus. Fischer wie Wittfogel erklärten, sie zögen endlich die Stalinisten zur Rechenschaft für zahlreiche Verrätereien an ihren deutschen Genossen. So wurde Amerika zum Schauplatz der Begleichung europäischer Rechnungen. Ganz ähnlich wurde Willi Schlamm, ein österreichischer Ex-Marxist, zu einem eifernden kalten Krieger bei „Time-Life" und zu einem der führenden Geister der „National Review". Während des Vietnam-Krieges verglichen einige Flüchtlings-Intellektuelle wie Bruno Bettelheim die protestierenden Studenten mit jungen Nazis. Überhaupt ist der Einfluß desillusionierter europäischer Sozialisten auf den amerikanischen Konservativismus noch nicht vollständig untersucht worden. Die stringente Argumentation, der aggressive Ton, die gnadenlosen Angriffe auf Abweichler, die einst für den europäischen linken Diskurs charakteristisch waren, finden sämtlich ein Echo in der Sprache des heutigen amerikanischen Konservativismus. Was dagegen fehlt, ist der historische Kontext, der diesen Argumentationen ihre spezifische Würde gab; was übrig bleibt, klingt gewöhnlich querköpfig und schrill.

Mir geht es hier nicht darum, welche Seite die Dinge richtig sah, sondern vielmehr darum, daß Emigranten-Kritiker dazu beitrugen, Ton und Tagesordnung für die politische Argumentation im Amerika der Nachkriegszeit festzulegen. Ihr Einfluß hat sich, ungeachtet der Einbrüche des Alters und des ständigen Wechsels der Mode nicht abgeschwächt; man denke an die weitergehenden Debatten über Israel oder Kernwaffen. Emigranten wie Einstein betonten nachdrücklich, ihre Kritik an Amerika sei untrennbar verbunden mit ihrer Liebe für das Land und seine besten Institutionen, vornehmlich die Verfassung. Häufig wurden Flüchtlinge zu fanatischen Patrioten, für die Amerika immer Recht und niemals Unrecht hatte, während ein paar weiterhin alles an diesem Land verabscheuten, von seinen finanziellen Arrangements bis zu seiner volksnahen Kultur. Einige Chamäleons erklärten, eine zweite Natur sei an die Stelle ihrer ersten getreten; ein paar davon behaupteten sogar, sie träumten nicht mehr auf Deutsch.

Doch die Kassandras lebten und starben, indem sie eine europäische Kulturtradition hochhielten. 1939 schrieb Thomas Mann seinem Bruder Heinrich: „Das Leben im Goethe'schen Sinn ist nur unsere Tradition, es ist weniger Vitalität als Sinn und Wille."[7] Mann unterließ es, hinzuzufügen, daß Goethe im Alter erfreut war über die Aussicht der Erleichterung für die Menschheit, die durch die amerikanische Revolution eingeleitet werde; die Vorstellung einer Neuen Welt belebte ihn. In ähnlicher Weise gab Amerika Leuten wie Mann zwar Grund, sich wie demoralisierte Propheten zu fühlen, gewährte ihnen aber auch die Freiheit, vorzutreten und sich zu erklären – Kassandras mit deutschem Akzent. Ein überraschendes Ergebnis dieser deutsch-amerikanischen Beziehung lag darin, daß sie eine nie dagewesene Lehre bot über eine neue Art, alt zu werden.

Anmerkungen

1 Marcel Ophuls, Strange Invaders (Rez. v. Anthony Heilbut, Exiled in Paradise), in: American Film 9. 1983, S. 60.
2 Max Horkheimer u. Theodor W. Adorno, Dialektik der Aufklärung, Frankfurt: S. Fischer, [1944] 1969, S. 208 f.
3 Thomas Mann, Doktor Faustus, (Stockholmer Gesamtausgabe der Werke), Frankfurt: S. Fischer, 1967, S. 542.
4 Ebd., S. 638.
5 Alfred Döblin, November 1918. Eine deutsche Revolution, 4 Bde., München: Deutscher Taschenbuch Verlag, 1978, Bd. 3, S. 69.
6 Bertolt Brecht, Liefere die Ware!, in: ders., Gesammelte Werke, 20 Bde., Frankfurt: Suhrkamp, 1967, Bd. 10, S. 851.
7 Thomas Mann an Heinrich Mann, 2. 3. 1939, in: Thomas Mann. Heinrich Mann. Briefwechsel 1900–1949, Frankfurt: S. Fischer, 1968, S. 177.

42. Weder Staat noch Synagoge
Der linke deutsch-jüdische emigrierte Intellektuelle
als repräsentativer Jude

Paul Breines

Heute ist es bei vielen Juden um den Ruf von deutsch-jüdischen Intellektuellen im allgemeinen und den der linken Kreise im besonderen schlecht bestellt. In ihren Bemühungen um Assimilation als ‚deutsche Bürger jüdischen Glaubens‘ oder um ein humanistisches Kosmopolitentum außerhalb von Religion und Nationalismus scheinen sie dem Typus anzugehören, den Jean-Paul Sartre den ‚unauthentischen‘ Juden genannt hat, den tragischen Spezialisten für die Flucht vor sich selbst. Das heute vorherrschende Bild von deutschen Juden als Juden verdunkelt sich vollends, wenn man es neben unsere in hohem Maße romantisierten Vorstellungen von Ostjuden vor und Israelis nach dem Holocaust stellt. Verglichen mit der natürlichen ‚Jiddischkeit‘ der ersteren und dem robusten Zionismus der letzteren wirken die Jeckes (deutsche Juden) für die meisten Betrachter wie jüdische Gojim.

Die Hauptgründe für dieses schwache Bild sind nicht schwer zu finden. Zum Beispiel ist es offenkundig mitgeprägt durch den Nazi-Massenmord. Schließlich sind die Träume von Emanzipation und Assimilation im Alptraum der Endlösung in entsetzlicher Weise Lügen gestraft worden; es zeigte sich, daß die jüdischen Gojim nichts weiter waren als Juden, die entweder fliehen oder mit den übrigen zusammen sterben mußten. Es kann nicht überraschen, daß wir diese Träume nach jener Erfahrung kritischer und häufig ablehnender betrachten. Doch nicht nur in Verbindung mit dem Holocaust erscheinen die verschiedenen jüdisch-deutschen Programme für ein minimales Jüdischsein aus der Sicht der Gegenwart auf so tragische Weise aussichtslos. Auch der heutige amerikanische Kontext mit seiner intensiven öffentlichen Pflege ethnischer Wurzeln, ob sie nun schwarz, italienisch, polnisch, jüdisch oder was immer sind, beeinflußt die Beurteilung. Vor diesem Hintergrund wirkt die Tatsache, daß die deutschen Juden ihr Jüdischsein nicht energischer verkündeten und bekräftigten, geradezu unmodern.

Diese Einschätzungen sind jedoch nicht ausreichend. Ich möchte hier versuchen, zumindest einen Teil des jüdischen Erbes deutsch-jüdischer Intellektueller zu verteidigen und greife dabei auf einige der Impulse zurück, die mehrere revisionistische Historiker jüngerer Zeit gegeben haben, darunter George L. Mosse, Peter Gay und Michael Marrus, die den Standpunkt vertreten, es sei weder genug noch ganz gerecht, Auffassungen der Zeit nach dem Holocaust auf das 19.

und das frühe 20. Jahrhundert in Europa zu übertragen. Doch bevor ich dazu komme, erscheint es mir lohnend, noch einen Augenblick und nicht ohne Sympathie bei der heute vorherrschenden Sichtweise zu verweilen. Die entsetzlichen Tatsachen des Nazi-Angriffs auf die Juden und das Stillhalten eines großen Teils des christlichen Westens scheinen durchaus die Hoffnungen der assimilationistischen und kosmopolitischen jüdischen Deutschen bestenfalls naiv und schlimmstenfalls selbstmörderisch zu machen. Man könnte sogar mit einiger Plausibilität, wenn auch meiner Überzeugung nach doch zu Unrecht argumentieren, derartige Ereignisse hätten den Kosmopolitismus als solchen gänzlich zerstört. Jedenfalls hätten die deutschen Juden, wenngleich für sie einige greifbare Gewinne zu verzeichnen waren, es besser wissen müssen, klüger sein müssen, die Gefahrenzeichen sehen müssen — selbst in den hoffnungsvollsten Jahren des frühen 19. Jahrhunderts.

Wirkliche Juden, jüdischere Juden hätten das getan. Jüdischere Juden haben es tatsächlich getan, so sagen die Zionisten, von denen natürlich auch die gewichtigsten Angriffe gegen Assimilationisten und Kosmopoliten kommen. So kommentiert Gershom Scholem den jüdischen Enthusiasmus Anfang und Mitte des 19. Jahrhunderts für den ‚deutsch-jüdischen Dialog' ebenso scharfsinnig wie bitter: „Das unendliche Verlangen, nach Hause zu kommen, verwandelte sich bald in die ekstatische Illusion, zu Hause zu sein"[1] — zu Hause in Deutschland, mitten in der Kultur des Bildungsidealismus, Schillers und des Humanitätsideals. Der bekannte kritische jüdische Geist, so fährt Scholem fort, schien zu verschwinden, wenn deutsche Juden auf ihre eigene Lage zu sprechen kamen. Zum Ergebnis der „ekstatischen Illusion" führt Scholem ein Beispiel an, das er in dessen grotesker Selbstverleugnung für unübertroffen hält. Es stammt von Margarete Susman aus dem Jahre 1935, als der Dichterin die verzweifelte Notlage der jüdischen Deutschen bekannt war. Sie schrieb: „Die Bestimmung Israels als Volk ist nicht Selbstverwirklichung, sondern Selbstaufgabe um eines höheren, übergeschichtlichen Zieles willen."[2]

Es dürfte ausreichen, lediglich auf Auschwitz hinzuweisen, um Margarete Susmans Programm auf Pathos oder Schlimmeres zu reduzieren. Doch das reicht nicht aus. Susmans Idee von 1935 hat kürzlich in Amerika ein tragikomisches Echo gefunden, und ich möchte darauf kurz eingehen. Jüdische Selbstaufgabe ist das Unterthema des von Woody Allen gedrehten und gespielten Films „Zelig". Der Held, Leonard Zelig, mitteleuropäisch-jüdischer Herkunft, leidet an einer verblüffenden psychosomatischen Krankheit — ein derart extremer Mangel an Identität, daß er sich physisch ebenso wie emotional in die Art Person verwandelt, mit der er jeweils gerade in Kontakt ist. Er ist der assimilationistische Jude, der völlig übergeschnappt ist, dessen Drang nach Akzeptiertwerden und Bestätigung über den Punkt der Selbstaufgabe hinausschießt bis zur totalen Selbstauslöschung. Seine Krankengeschichte beginnt in seiner Grundschulzeit, als sich Leonard Zelig zwecks Integration bei den Kindern der Nachbarschaft in einen irisch-katholischen Jungen verwandelt und dabei alle Klischees beachtet: rotes Haar, grüne Augen, kleine Stupsnase. Später wird er ein pausbäckiger Neger, ein Indianerhäuptling, ein Profi-Baseball-Star, ein ungemein fähiger und gelehrter Psychiater, ein chassidischer Rabbiner und schließlich ein Nazi.

Eines der verschiedenen Themen des Films ist das jüdische. Gershom Scholem ist in seinem Essay „Juden und Deutsche" treffend und zornig sehr dicht an den Kern der Bedeutung der Gestalt des Zelig herangekommen, indem er sich bezieht auf „ihre Würdigung als klassische Repräsentanten des Phänomens der Entfremdung des Menschen in der Gesellschaft"[3] – eine Würdigung, aus der die Juden nie Vorteile gewonnen hätten. In der Formulierung Scholems ist Leonard Zelig der Idealtyp des Juden als reine Entfremdung und Selbstentfremdung. Ich meine, daß Zelig auch mehr als das ist, mehr als was Gershom Scholems Sichtweise zulassen würde. Ebenso wie in Margarete Susmans Idee der jüdischen Selbstaufgabe zugunsten eines übergeschichtlichen Ziels verkörpert Zelig in seiner extremen Unsicherheit, seinem völligen Fehlen von Identität, gerade in seinem Defekt genau jene Werte und Bedürfnisse, die in unserem Jahrhundert durch die Macht nationaler, religiöser und ethnischer Leidenschaften so entscheidend geschwächt worden sind: Einfühlungsvermögen, Mitgefühl, Erkennen des Selbst im anderen und des anderen in sich selbst. Dieses psychische Wrack ist eine utopische Figur, mitgenommen und heimgesucht wie heute jedes utopische Bild.

Lassen Sie mich versuchen, noch einen weiteren Tropfen aus Woody Allens Film herauszupressen. Die in Leonard Zelig versenkte Utopie ist die des Humanitätsideals der deutschen Aufklärung und des problematischen deutsch-jüdischen Dialogs. Gewiß haben Kritiker des Dialogs in mehrerlei Hinsicht Recht. Seit Ende des 18. Jahrhunderts (nach Lessing und Kant) bis 1933 und darüber hinaus war es weitgehend ein jüdischer Monolog; die nichtjüdische deutsche Beteiligung war immer schwach. Verzicht war zudem beinahe stets die Aufgabe der jüdischen, nicht der deutschen Seite. Schließlich war der tatsächliche historische Rahmen der jüdisch-deutschen Selbstaufgabe nicht übergeschichtlich, sondern eng national; das Judentum sollte aufgegeben werden und wurde häufig aufgegeben nicht zugunsten des Menschentums, sondern des Deutschtums, was in vielen Fällen die traurige Gestalt des jüdischen deutschen Nationalisten ergab.

Eine solche Kritik kann nicht ignoriert oder auch nur für einen Augenblick ausgeklammert werden. Doch wiederum: sie ist nicht das letzte Wort. So waren zum Beispiel mehrere Flügel des deutsch-jüdischen Dialogs, seien sie auch klein und schwach gewesen, nicht durch die scharfen Grenzen eingeengt, die von den späteren Kritikern des Dialogs gezeichnet wurden. Einer unter ihnen war der linke, antinationalistische Flügel mit Persönlichkeiten von Karl Marx über Rosa Luxemburg bis zu Paul Levi unter seinen Vertretern, der von nicht nur jüdischer, sondern universeller Selbstaufgabe sprach, von einem *gemeinsamen* Verzicht auf Staaten und Götter und damit von einer Bekräftigung einer gemeinsamen oder kollektiven Selbstverwirklichung. Doch die Marxisten sind weder die einzigen noch die interessantesten Vertreter. Die ethische, freiheitliche Strömung von Heinrich Heine, ein Art Vorläufer, über Gustav Landauer zu Erich Mühsam ist interessanter, weil sie komplexer und stärker in Ambiguitäten verstrickt ist. Sie erstrebte einen dritten Weg zwischen dem Zionismus auf der einen und der Assimilation auf der anderen Seite; sie stellte eher noble Fragmente und Strähnen dar als eine Bewegung. Aus politischer Sicht scheiterte sie gänzlich.

Unter den emigrierten linken deutsch-jüdischen Intellektuellen finden wir einige der großartigsten ebenso wie einige der traurigsten Manifestationen dieses Typs von Judentum. Und es geht mir darum, daß es ein jüdischer Typus *ist*, eine Art und Weise, in der modernen Welt Jude zu sein. Doch was diese Art, Jude zu sein, kennzeichnet, ist die Tatsache, daß seine Vertreter zentrale Ideale der deutschen Aufklärung übernahmen und daran festhielten: die Wichtigkeit von Bildung, wie George L. Mosse es eindringlich gezeigt hat, der Primat der Kultur über Politik und Wirtschaft, die Bedeutung von Freundschaft, Dialog und Toleranz. Diese deutschen Juden oder jüdischen Deutschen trugen dazu bei, die Reste des ‚anderen Deutschlands' zu bewahren, so schreibt Mosse, und dabei hätten sie im Verhältnis zu den religiösen und den nationalistischen Juden die Position der anderen Juden eingenommen.[4] Betrachten wir zum Beispiel die folgenden Worte Ernst Tollers, der in seiner Jugend in Deutschland den unbeleuchteten Tunnel des jüdischen Selbsthasses durchschritten hatte:

> „Hat allein die Fiktion des Blutes zeugende Kraft? Nicht das Land in dem ich aufwuchs, die Luft die ich atmete, die Sprache, die ich liebe, der Geist, der mich formte? Ringe ich nicht als deutscher Schriftsteller um das reine Wort, das reine Bild? Fragte mich einer, sage mir, wo sind deine deutschen Wurzeln, und wo deine jüdischen, ich bliebe stumm. In allen Ländern regt sich verblendeter Nationalismus und lächerlicher Rassenhochmut, muß ich an dem Wahn dieser Zeit . . . teilnehmen? . . . Die Worte ‚Ich bin stolz, daß ich ein Deutscher bin', oder ‚Ich bin stolz, daß ich ein Jude bin', klingen mir so töricht, wie wenn ein Mensch sagte, ‚Ich bin stolz, daß ich braune Augen habe'. . . . Stolz und Liebe sind nicht eines, und wenn mich einer fragte, wohin ich gehöre, ich würde antworten: eine jüdische Mutter hat mich geboren, Deutschland hat mich genährt, Europa mich gebildet, meine Heimat ist die Erde, die Welt mein Vaterland."[5]

Diese Zeilen wurden fast zehn Jahre vor dem Holocaust geschrieben, den Ernst Toller nicht erlebte. Er nahm sich 1939 das Leben. Doch würde ich die Behauptung zurückweisen, daß der Holocaust die Worte Tollers irgendwie widerlegt oder sie ‚unjüdisch' macht. Es sind jüdische, d.h. deutsche jüdische oder jüdische deutsche Worte vor allem gerade in ihrer Ambiguität, in ihrem Betonen mehrfacher Selbstdefinitionen, in ihrem menschlichen und verzweifelten Kosmopolitismus. Der gleiche Geist lebt in den Worten eines anderen emigrierten linken deutsch-jüdischen Intellektuellen, Albert Einstein; er begrüßte 1948 die Gründung Israels, bemerkte aber, seinem Verständnis vom Wesen des Judentums widerstrebe die Vorstellung einen jüdischen Staates mit Grenzen, einer Armee und einem gewissen Maße an zeitlicher Macht, ganz gleich, wie bescheiden. Er fürchte den inneren Schaden, den das Judentum nehmen werde — besonders durch die Entwicklung eines engen Nationalismus in den eigenen Reihen.[6]

In ihrer Auseinandersetzung mit der Dialektik des Universellen (Menschlichen) und des Besonderen (Jüdischen, Deutschen, des Emigriertseins) erkannten die Tollers, Einsteins und ihre wenigen verwandten Geister, daß Selbstaufgabe in mehr als einer Richtung wirkt: daß ebenso wie die konsequenten

Assimilationisten ihr jüdisches Besonderes unterdrückten, die jüdischeren Juden, die für die Synagoge oder für den jüdischen Staat optierten, etwas von ihrem universellen Menschentum unterdrückten. Doch an dieser Stelle ertönt eine vertraute Stimme; verärgert spricht sie: Eure linken deutsch-jüdischen Intellektuellen haben schließlich kein Monopol auf Kosmopolitismus. Das ist zwar richtig, doch für die Juden wie für Nichtjuden ist er keine einfache Wahrheit, sondern eine verité á faire, eine historische Wahrheit, die gemacht, geteilt und gelebt werden muß.

In den dreißiger und vierziger Jahren wie danach erlebten die emigrierten deutschen Intellektuellen, Juden und Nichtjuden, Linke und andere ihre dramatische Begegnung mit Amerika, die zum Thema einer wachsenden Zahl von Memoiren und Untersuchungen geworden ist, darunter Anthony Heilbuts vorzügliches „Exiled in Paradise". Eines der vielen Kapitel dieser Geschichte, die auf ihren Interpreten warten, ist die spezifische Begegnung zwischen emigrierten deutsch-jüdischen Intellektuellen der Linken und ihren ungefähren Pendants unter manchen, meist jüngeren Amerikanern. Diese Begegnung fand im Umfeld der Columbia-Universität, der New School for Social Research und des Smaller Institute for Social Research statt. Ich nenne die beteiligten Amerikaner ‚ungefähre Pendants' nicht nur wegen des Altersunterschiedes, sondern auch deshalb, weil das ethnische Erbe der meisten unter diesen Amerikanern – etwa Daniel Bell, Alvin Gouldner, Seymour Lipset – nicht deutsch, sondern osteuropäisch ist. Auch die soziale Herkunft ist verschieden; während die Marcuses, Horkheimers und Neumanns aus Familien der Handelsbourgeoisie stammten, kamen die Amerikaner, die mit ihnen Kontakt hatten, im allgemeinen aus ärmeren, eher handwerklichen Schichten.

Ich wüßte gern mehr – und vielleicht gibt es unter den heute hier Versammelten einige Menschen, die dazu etwas sagen könnten – über die innersten Gedanken der an dieser faszinierenden Versammlung von Vertriebenen Beteiligten. Empfanden die sozial mobilen Amerikaner, die frisch aus den jüdischen Ghettos von New York City kamen, zusammen mit ihrem Ärger über das nonchalant assimilierte Betragen der hegelianisch-marxistischen Jecke-Flüchtlinge vor Hitler auch Neid? Und reagierten die Frankfurter Emigranten nicht nur mit Unbehagen auf die offenbar jüdischeren amerikanischen Juden, deren Eltern wahrscheinlich vor einem zaristischen Pogrom geflohen waren, oder auch mit Bewunderung? Fragten sich beide Gruppen, ob sie hierher gekommen waren, um ausgerechnet *das* zu finden?

Während wir noch auf die historische Untersuchung oder den historischen Roman über diese jüdisch-deutsch-amerikanische Geschichte warten, möchte ich darauf hinweisen, daß es sich dabei nicht nur um etwas Vergangenes handelt. Es ist Teil eines Vermächtnisses mit einigen zeitgenössischen Aspekten. Die Idee der jüdisch-deutschen linken Emigranten nahm in den sechziger Jahren einen gewundenen Weg durch die größeren Geschichten der Bewegungen der neuen Linken in Westdeutschland wie in Amerika, und sie ist klarer und bewußter aufgetaucht bei der Gruppe von Amerikanern und Deutschen um die linke Germanistik-Zeitschrift „New German Critique". Auf ihren Seiten lassen sich unter anderem lebhafte Diskussionen und Rekonstruktionen der Frage von Deutschen und Juden, Jeckes und Ostjuden, Kosmopolitismus und Nationalismus finden. Alle diese kleinen Kapitel sind natürlich Teil einer Geschichte einer Niederlage. Als Alternative dazu spreche ich lieber von der Geschichte eines kleinen Samenkorns, das wie immer mehr Pflege braucht, als es finden kann. Deshalb ist es bei dem Anlaß der Dreihundertjahrfeier ein kleines Samenkorn, das unsere Sorge und Unterstützung in besonderem Maße verdient. Es ist nur allzu wahrscheinlich, daß wir bei einer Konferenz wie dieser nur zwei historischen Nationalismen huldigen, dem amerikanischen und dem deutschen, die beide als Nationalismen zur Förderung einer menschlichen Gemeinschaft so wenig beigetragen haben. Es stünde uns besser an, uns den Margarete Susmans, Ernst Tollers und Leonard Zeligs anzuschließen, sie zu ermutigen und mit ihnen über die engen, verheerenden Grenzen von Religion, Nation und Blut hinaus vorzustoßen.

Anmerkungen

1 Gershom Scholem, Juden und Deutsche, in: ders., Judaica II, Frankfurt: Suhrkamp, 1970, S. 20–46, Zit. S. 32.
2 Ebd., S. 43.
3 Ebd., S. 34.
4 S. George L. Mosse, Germans and Jews. The Right, the Left, and the Search for a ‚Third Force' in Pre-Nazi Germany, New York: Grosset & Dunlap, 1971.
5 Ernst Toller, Eine Jugend in Deutschland, in: ders., Prosa, Briefe, Dramen, Gedichte, Reinbek: Rowohlt, 1961, S. 178f.
6 Frederic Grunfeld, Prophets Without Honor. A Background to Freud, Kafka, Einstein and Their World, New York: Holt, Rinehart, Winston, 1979, S. 183.

43. Die Kritische Theorie in den USA
Gedanken über vier Jahrzehnte ihrer Rezeption

Andrew Arato

Die Präsenz der Kritischen Theorie der Frankfurter Schule in den Vereinigten Staaten ist von Anfang an nicht unproblematisch gewesen. Obwohl die Kritische Theorie in erheblichem Maß eine Theorie der amerikanischen Gesellschaft als der am weitesten fortgeschrittenen Version des modernen Kapitalismus darstellt, war sie niemals in vollem Umfang eine Theorie für Amerikaner. Die geistigen Traditionen, aus denen sie schöpfte, die wissenschaftlichen Probleme, denen sie sich zuwandte, und die politischen Möglichkeiten, von denen die Gründer um Max Horkheimer träumten, gehörten zur Alten Welt, auch wenn die Massenkultur, die sie erstaunlicherweise an den Faschismus erinnerte, ein Produkt der Neuen war. Selbst Herbert Marcuse, der in seinem Spätwerk vor allem über die Erfahrung amerikanischer Bewegungen der Neuen Linken reflektierte, benutzte ein theoretisches Medium, das von diesem potentiellen Publikum nicht verstanden wurde – nicht einmal von der Mehrzahl seiner Intellektuellen. Und Jürgen Habermas, der jetzt einige wichtige Ergebnisse der amerikanischen Soziologie, Sprachphilosophie und Entwicklungspsychologie in seine Theorie integriert hat, wird in den Vereinigten Staaten gewöhnlich nicht in der Weise verstanden, wie es seinen tieferen geistigen und politischen Intentionen entspräche.

Zumindest im Bereich der Gesellschaftstheorie ist das radikale Denken in Amerika paradoxerweise von europäischen Quellen abhängig, und doch selten fähig, diesen ganz gerecht zu werden. Nach meiner Auffassung ist der Grund dafür in erster Linie die Unfähigkeit, eigene kritische Traditionen zu entwickeln, die in der Lage sind, einen wirklich reifen Dialog mit den französischen, deutschen und anderen Traditionen zu führen. Es besteht jedoch einige Hoffnung, daß nach vierzig Jahren Erfahrung mit der Kritischen Theorie, wie mangelhaft sie auch sein mag, sich autonome Wege ernsthaften kritischen Denkens, durch diese Erfahrung bereichert, aber darüber hinauswachsend, schließlich um einige Zeitschriften und Universitäten entwickeln. Es läßt sich mit Sicherheit sagen, auch wenn es vielleicht tautologisch ist, daß unsere zukünftige Rezeption europäischen und insbesondere deutschen Denkens, falls es diesen Möglichkeiten gelingt, zu überleben und sich zu entfalten, tiefer, kritischer, kreativer und interessanter sein wird.

Die vier Jahrzehnte der Rezeption der Kritischen Theorie in den Vereinigten Staaten weisen fünf Phasen auf: 1. die gleichzeitige Präsenz und Nichtrezeption in den Sozialwissenschaften der vierziger Jahre, 2. eine unvollständige politische Rezeption in den sechziger Jahren, 3. eine geistesgeschichtliche Rezeption, die Anfang der siebziger Jahre begann und noch anhält, 4. eine Serie von Verdammungen, die gleichfalls in den siebziger Jahren einsetzten, und schließlich 5. eine theoretische Rezeption, die Mitte der siebziger Jahre begann und die mehr dem Geist der Kritischen Theorie selbst entspricht, aber dazu tendiert, die ursprünglichen Grenzen zu überschreiten. Ich werde die ersten vier dieser Phasen recht kurz kommentieren, um mich auf die fünfte konzentrieren zu können, die meiner — natürlich parteiischen — Meinung nach die bedeutsamste ist, zumindest potentiell.

1. Als Mitglieder des Frankfurter Instituts für Sozialforschung 1934 und danach in die USA kamen,[1] setzten sie anfänglich ihre Bemühungen in einer Richtung fort, die man eine interdisziplinäre Sozialwissenschaft genannt hat.[2] Doch sollte man diese Richtung vielleicht angemessener charakterisieren als die Ausarbeitung der sozialwissenschaftlichen Implikationen eines historisch-materialistischen Funktionalismus in der Epoche des Übergangs vom liberalen zum organisierten Kapitalismus. Die Mitglieder des Instituts — heute in International Institute for Social Research umbenannt und mit der Columbia-Universität verbunden — waren gewiß immer noch radikale Marxisten, die zutiefst verstört waren durch den Zusammenbruch der ‚revolutionären Subjektivität', die die subjektive, das heißt politische und kulturelle Seite desselben Überganges darstellte. Sie untersuchten den Gesamtprozeß auf den Ebenen der Kultur (von Hoch- zu Massenkultur), der Politik (vom liberalen zum autoritären Staat), der Persönlichkeit (Niedergang des Individuums), des Rechts (von allgemeinen zu speziellen Gesetzen) und natürlich der Wirtschaft (vom Laissez-faire zum Monopol- und Staatskapitalismus).[3] Wir können jedoch mit Bestimmtheit sagen, daß die entsprechenden Bemühungen von Theodor W. Adorno, Leo Löwenthal, Herbert Marcuse, Max Horkheimer, Erich Fromm, Franz Neumann, Otto Kirchheimer und Friedrich Pollock zusammen mit dessen Mitarbeitern Kurt Mandelbaum und Gerhard Meyer ungeachtet der oberflächlichen Verbindung mit dem geistigen Leben der Columbia-Universität auf die amerikanische Umgebung nur geringe Auswirkungen hatten. Dasselbe galt um so mehr für die programmatischen Erklärungen über das Projekt der Kritischen Theorie, die Horkheimer und Marcuse Mitte und Ende der dreißiger Jahre herausbrachten, und besonders für die negative Geschichtsphilosophie, die Adorno und Horkheimer in Arbeiten wie „End of Reason", „Minima Moralia", „Dialektik der Aufklärung" und „Eclipse of Reason" in den vierziger Jahren entwickelten. Immerhin brachte in dieser späteren Periode die Bereitschaft Adornos, Horkheimers und Löwenthals, sich an empirischen Forschungsprojekten zu beteiligen, wie etwa demjenigen, das zu der berühmten „Authoritarian Personality" führte, eine Rezeption mit sich, die zwei Seiten hatte. Einerseits wurden einige der Frankfurter Theoretiker, und sei es auch nur vorübergehend, zu Sozialwissenschaftlern amerikanischer Art; andererseits konnten einige ihrer Anliegen nun von einer ganzen Gruppe von amerikanischen und deutschamerikanischen Forschern ver-

folgt werden, wenn auch in verwässerter Form. Interessanterweise überlebte in den Sozialwissenschaften der fünfziger Jahre kaum eine Spur selbst von dieser zahmen Interaktion mit der Kritischen Theorie. Ein nahezu offizieller Funktionalismus, der zwar gewiß komplexer war als der Marxismus der Kritischen Theorie der dreißiger Jahre, aber auch eine entschieden apologetische Haltung gegenüber der amerikanischen Gesellschaft bewies, tolerierte keine wirklich bedeutsame Präsenz der Art des für die Frankfurter Schule charakteristischen Denkens. Das gleiche galt auch für die analytische Philosophie und die neue Kritik. Hauptsächlich als Lehrende übten die Mitglieder der Gruppe, die in Amerika blieben (Löwenthal, Neumann, Kirchheimer und Marcuse), weiterhin einen gewissen Untergrund-Einfluß aus, obwohl sie alle auch in den dunkelsten Momenten der amerikanischen Politik fortfuhren, bedeutende Werke zu verfassen.

2. Es wird häufig angenommen, daß die späten sechziger Jahre einen Schwerpunkt des politischen Einflusses von Herbert Marcuses Arbeiten bilden. Gewiß haben bei ein paar Leuten „Vernunft und Revolution", „Eros und Zivilisation" (beide mit einiger Verspätung gelesen) und „Der eindimensionale Mensch" wie Bomben eingeschlagen. Hier war eine Reihe von kritischen Arbeiten, die einer konformistischen, manipulierten und scheinbar von einem glücklichen Bewußtsein beherrschte Gesellschaft ohne wirkliche Opposition vollständig die Maske abrissen. Es wäre auch vorstellbar, daß eine wichtige Lehre der Werke Marcuses gewesen sei, daß man die amerikanische Gesellschaft von einem marxistischen Standpunkt aus kritisieren kann, der an keine andere existierende Herrschaftsweise — insbesondere an die der Sowjetunion — Konzessionen machte, nicht einmal die üblichen trotzkistischen. Und doch erwiesen sich selbst jene wenigen Neuen Linken, die Marcuses „Die Gesellschaftslehre des sowjetischen Marxismus" — ein Buch, dessen Kritik an der Sowjetgesellschaft gewiß inkonsequent war — gelesen hatten, im großen und ganzen als sprachlos (ebenso wie Marcuse selbst), als die Masse der politischen Bewegung in autoritäre und dogmatisch-marxistische Richtungen einschwenkte. Es war, wie Paul Breines es einmal in einem bemerkenswerten Essay formulierte: Die Marcuse-Rezeption war nicht nur auf ganz wenige Personen beschränkt, sondern sie war auch extrem oberflächlich.[4] Außerdem war sie unpolitisch. Die Angriffe der Zeitschrift der maoistisch-stalinistischen Progressive Labor Party von 1968/69 — „The Professor Contemplates His Navel" (Der Professor beschaut seinen Nabel) und „Marcuse: Cop out or Cop" (Marcuse: Aussteiger oder Bulle) — fanden nicht nur keine Entgegnung bei wichtigeren Strömungen in der Bewegung, sondern Bernadine Dohrn, die damalige Vorsitzende der Students for a Democratic Society (SDS), konnte Marcuse bei einem Essen der Zeitschrift „Liberation" ungestraft öffentlich beleidigen. Nicht nur wurde Marcuses Eintreten für individuelle Freiheit zunehmend unbequem für eine Bewegung, die ihre Vorbilder bei autoritären Staaten suchte, sondern ein Publikum, das keinerlei Ahnung von deutschem Idealismus, Weber, Freud und dem Neonazismus hatte, konnte seine Schriften auch ganz einfach nicht verstehen, gleichgültig, wieviel Sympathie es ihm zunächst entgegenbringen mochte. Der Marcusianismus ist, zumindest in den Vereinigten Staaten, immer Sache von sehr kleinen Gruppen gewesen.

3. Seit Anfang der siebziger Jahre begann eine ganze Serie von Büchern, Essays und Übersetzungen dem Problem des fehlenden Rezeptionskontextes abzuhelfen. Die Werke von Paul Breines, Dick Howard und Karl Klare, Frederic Jameson, Russell Jacoby, Trent Schroyer, William Leiss, Andrew Arato und Eike Gebhardt, Susan Buck-Morss, Mark Poster, Richard Wolin, Richard Bernstein und vor allem Martin Jay sowie die Übersetzung eines kurzen, aber bedeutsamen Buches von Albrecht Wellmer,[5] zusammen mit Dutzenden von Aufsätzen in „Telos" und „New German Critique" haben bewerkstelligt, nicht nur die Theorien der Frankfurter Schule, sondern auch ihren intellektuellen und politischen Hintergrund zu rekonstruieren, und dies auf einem Niveau, das sich gewiß mit den besten Arbeiten dieser Art in Deutschland und Italien messen kann und jene in Frankreich und England übertrifft.[6] Eine große Zahl von neuen Übersetzungen von Adorno, Benjamin, Horkheimer, Marcuses früheren Schriften und Habermas ebenso wie die Veröffentlichung von Marcuses letzten Werken konnten nun weit besser aufgenommen werden, und sei es auch nur von einer beinahe ausschließlich an den Universitäten konzentrierten Gruppe. Tatsächlich war angesichts des Fehlens einer Bewegung, die sich mit jener der sechziger Jahre vergleichen ließ, die neue Rezeption in erster Linie akademisch und rückwärts gewendet. In dieser Literatur wurden weder die Möglichkeiten noch die Grenzen der Verwendung von auf das Frankfurter Modell gestützten Theorien in unseren aktuellen Zusammenhängen erforscht – eine Haltung, die sich völlig unterscheidet von der Methode der kritischen Aneignung, die Mitglieder der Frankfurter Schule erarbeitet haben. Selbst im Falle von Habermas, der ganz entschieden an zeitgenössischen Problemen arbeitet, ist die Rezeption, für die Thomas McCarthys vorzügliches und zuverlässiges Werk typisch ist, vor allem rekonstruktiver Art.[7] Die Rezeption der Kritischen Theorie im Kontext der Philosophie und der Geistesgeschichte vermochte noch nicht einmal indirekte Verbindungen zu potentiellen gesellschaftlichen Akteuren herzustellen (anders als in Deutschland), und sie bedrohte lediglich etablierte akademische Positionen.

4. Die Einsätze, um die es im akademischen Leben ging, waren anscheinend hoch genug, um einige recht blinde Gegenangriffe zu motivieren. Werke wurden geschrieben, deren einziger Zweck es war, abzuwehren und herabzusetzen – ob vom Standpunkt bereits etablierter Positionen wie der Alasdair McIntyres, von dem erbitterter Außenseiter wie Zoltan Tar, oder aus der Perspektive von Marxisten, denen es darum ging, die akademische Welt insgesamt zu verunglimpfen, wie Phil Slater.[8] Aus anderen Gründen erscheinen ähnliche, wenn auch etwas abgeschwächte Motive in dem trotzkistisch inspirierten Werk von Perry Anderson, ebenso wie in dem dritten, schwächsten und polemischsten Band von Leszek Kolakowskis „Die Hauptströmungen des Marxismus".[9] Insbesondere Habermas wurde zur Zielscheibe der am wenigsten qualifizierten Attacken – von Göran Therborn, Quentin Skinner und zuletzt von Stanley Aronowitz. Er ist paradoxerweise der akademischste und gleichzeitig der politischste kritische Theoretiker seit 1940 und wird deshalb in beiden dieser Lager in besonders hohem Maße als Konkurrent gefürchtet.

5. Meiner persönlichen Meinung nach wird das Gewicht der polemischen Rezeption im Augenblick nur ausgeglichen durch die positive Rezeption seitens der Geistesgeschichte. Dennoch bleibt eine positive Rezeption, die sich auf diese Ebene beschränkt, verletzbar durch eine transzendente Kritik (Adorno), die behauptet, die Kritische Theorie sei für die Gegenwart irrelevant. Nur eine immanent kritische Rezeption, eine Anstrengung, die es vermag, die Tradition zu kritisieren *und* ihre wertvollen Erkenntnisse für eine *neue* kritische Theorie der Gesellschaft zu retten, besitzt eine Chance, den Rahmen der existierenden Debatte zu überschreiten. Gewiß haben in Westdeutschland Jürgen Habermas, Albrecht Wellmer, Claus Offe und andere bereits viel zu einer solchen Anstrengung beigetragen, und die fortgesetzte Rezeption und Transmission ihrer Werke behält entscheidende Bedeutung. Doch die Rezeption selbst einer wahrhaft zeitgenössischen Theorie ist kein Ersatz für unabhängige theoretische Arbeit. Mitte der siebziger Jahre und in der Folgezeit gewannen zwei Zeitschriften, „Telos" und „New German Critique", international Aufmerksamkeit als beste amerikanische Bemühungen in solchen theoretischen Richtungen. Gewiß haben diese Zeitschriften ihren erheblichen Anteil am Marcusianismus sowie an der Bewahrung und Übermittlung der Werke deutscher kritischer Theoretiker in Form von Übersetzungen und wissenschaftlichen Rekonstruktionen. In einem weit geringeren Umfang haben sie sogar einige Arbeiten der transzendenten Kritik an der Kritischen Theorie veröffentlicht, doch beinahe nie Attacken. Am wichtigsten ist jedoch, daß sie sich ausdrücklich der kritischen Fortsetzung der Tradition verschrieben haben. Im Fall der „New German Critique" hat eine spezielle Konzentration auf die Bereiche von Kunst und Massenkultur, Faschismustheorie und das Problem des Antisemitismus die Zeitschrift besonders eng an wenigstens einen Teil der Ideenwelt der ursprünglichen „Zeitschrift für Sozialforschung" und deren unmittelbare Nachwirkungen herangeführt. Während eine — schon lange überwundene — gewisse apologetische Tendenz gegenüber der Deutschen Demokratischen Republik anfänglich dazu angetan war, die Zeitschrift von ihren kritischen Aufgaben abzulenken, zielte die Verwendung von Habermas' Konzept der kritischen Öffentlichkeit später auf normativer Ebene gegen alle zeitgenössischen Formen von Autoritarismus und Ungerechtigkeit. Auf der analytischen Ebene wurde die Zeitschrift durch ihre vor allem literarische und deutsche Ausrichtung etwas aufgehalten, was vielleicht unvermeidlich ist, aber nichtsdestoweniger die Entwicklung von Theorie im Sinne der Frankfurter Schule behindert.

„Telos", das nicht in ähnlicher Weise beschränkt ist, hat lange an einem geistesgeschichtlichen Erbe getragen, das die Rezeption eines vollen Spektrums von westlich-marxistischem Denken (Georg Lukács, Karl Korsch, Antonio Gramsci, Maurice Merleau-Ponty, Jean-Paul Sartre), des italienischen phänomenologischen Marxismus, des französischen nachmarxistischen Denkens ebenso wie der osteuropäischen Praxis-Philosophie einschloß — neben der Kritischen Theorie, die immer Vorbild und hauptsächliches Erbe war. Schließlich besaß diese Vielzahl geistiger Wurzeln zusammen mit einer großen Freiheit der Themenwahl (die von Wirtschaft und Politik bis zu Kunst und Philosophie reichte) eine befreiende Wirkung auf die Zeitschrift, die in den letzten Jahren begann, ihre eigenen, orginellen Formen der theoretischen Analyse zu entwickeln. Mehrere politische Faktoren trugen zu diesem Ergebnis bei: 1. die Erschöpfung der Neuen Linken in einem Zusammenhang, der denjenigen Konzepten der Kritischen Theorie, die sich auf die Integration der Opposition in fortgeschrittenen Industriegesellschaften beziehen, neue Gültigkeit zu verleihen schien, 2. das Aufkommen eines nachmarxistischen Dissidententums in mehreren osteuropäischen Staaten Mitte der siebziger Jahre und 3. das Aufleben neuer Typen von sozialen Bewegungen in mehreren westlichen Ländern. In der Regel führte die Konzentration auf den einen oder den anderen dieser Faktoren zur speziellen Betonung verschiedener Phasen der Frankfurter Tradition. Anscheinend wollte niemand zu der Welt des materialistischen Funktionalismus der dreißiger Jahre zurückkehren. Doch ist die gänzlich pessimistische und resignierte Philosophie des späten Adorno unter dem Schlagwort der „artifiziellen Negativität", die von einer Gesellschaft ausgeht, die so total verwaltet ist, daß sie ihre Opposition zu planen vermag, von einer kleinen Gruppe um den Herausgeber, Paul Piccone, wiederbelebt worden. Eine andere Gruppe (Paul Breines, Joel Kovel, Seyla Benhabib u.a.) hat sich bemüht, die Suche nach dem revolutionären Subjekt (die mit „Eros und Zivilisation" begann und von Marcuse in den siebziger Jahren fortgesetzt wurde) auf einige der neuen sozialen Bewegungen zu richten, zuletzt die Friedensbewegung. Schließlich wurde eine von Habermas abgeleitete und einigen der Bemühungen von Neumann und Kirchheimer verwandte demokratische Theorie von einer dritten Gruppe dazu benutzt, die Kritische Theorie ihres exzessiven Utopismus zu entkleiden (Joel Whitebook) und als gemeinsamen Rahmen die Anstrengungen zeitgenössischer sozialer Bewegungen in Ost wie West zu thematisieren, um die „zivile Gesellschaft" zu rekonstruieren (Jean Cohen, José Casanova, Dick Howard, Andrew Arato).

Im Falle der dritten Gruppe hat ihre Nähe zu nichtfundamentalistischen Elementen der deutschen Grünen-Bewegung einen ernsthaften Konflikt mit mehreren ähnlich denkenden westdeutschen Kollegen nicht verhindert. Dieser Konflikt fand ziemlich karikaturartig Ausdruck in der Zeitschrift „Links", die einen Artikel brachte, in dem „Telos" als Ganzes neokonservativer Neigungen beschuldigt wurde. Tatsächlich spielte sich der Konflikt auch *innerhalb* unserer Zeitschrift ab. Es ging um die Einschätzung der Friedensbewegung, der die „Adornoanische" und die „Habermasianische" Gruppe bei „Telos", eine jede ihrem Segment der Tradition treu, eindeutige Unterstützung verweigerte. In diesem Zusammenhang nicht unterschätzt werden sollte der Einfluß der Totalitarismus-Kritik, die von französischen (Cornelius Castoriadis, Claude Lefort, die Zeitschrift „Esprit") und osteuropäischen Autoren (Jacek Kuron, Ivan Szelenyi, George Markus, Ferenc Feher, Viktor Zazlavsky, Adam Michnik, Jadwiga Staniszkis u.a.) entwickelt wurde. Tatsächlich ist „Telos" zum ersten Medium in der Tradition der Kritischen Theorie geworden, in dem eine umfassende Kritik von Gesellschaften sowjetischen Typs erarbeitet wurde, die sich auf die Sozial- und Wirtschaftsstruktur, die politische Kultur und Legitimationsbedingungen, soziale Bewegungen, Politik und Rüstung konzentriert. Diese breitgefächerte Kritik, die in einer wichtigen Hinsicht über die Entwicklung der Kritischen Theorie in deren Heimat hinausgeht, wo die Sowjetgesellschaft für sie lange Zeit einen wirklichen ‚blinden Fleck' bildete,[10] blockierte die Möglichkeit eines naiven Verständnisses sowjetischer Politik, die für die meisten deutschen Linken charakteristisch war.

Während von irgendeiner Tendenz innerhalb „Telos" zur Apologie für die amerikanische Außen- oder Rüstungspolitik nie die Rede sein konnte, ist der Kritik am autoritären Staatssozialismus und am Sowjetimperium noch keine ähnliche innovative Arbeit zum Spätkapitalismus und zum amerikanischen Imperialismus entgegengestellt worden. In dieser Hinsicht haben unsere deutschen Kritiker Recht, auch wenn bereits einige Schritte in Richtung der Untersuchung sozialer Bewegungen im Westen getan worden sind. Nur eine volle Entwicklung theoretischer Erkenntnisse, die während der letzten Jahre hinsichtlich unserer eigenen Gesellschaften gewonnen worden sind, kann die Fortsetzung des Unternehmens legitimieren.[11] In einer Epoche, in welcher der Zerfall der geistigen Substanz klassischer liberaler, konservativer und sogar sozialistischer Perspektiven extrem rasch fortzuschreiten scheint, besteht ein starkes Bedürfnis nach einer neuen kritischen Gesellschaftstheorie, die mit Reflexion, aber ohne Traditionalismus auf eine reiche Tradition zurückgreift. Die Erarbeitung einer solchen Theorie oder solcher Theorien ist unsere Aufgabe.

Anmerkungen

1 Martin Jay, The Dialectical Imagination. A History of the Frankfurt School and the Institute of Social Research, Boston: Little, Brown, 1973 (Dialektische Phantasie, Frankfurt: S. Fischer, 1976).
2 Helmut Dubiel, Wissenschaftsorganisation und politische Erfahrung. Studien zur frühen Kritischen Theorie, Frankfurt: Suhrkamp, 1978.
3 S. die heute als Reprint verfügbare Zeitschrift für Sozialforschung, München 1980.
4 Paul Breines, Critical Interruptions, New York: Herder and Herder, 1970.
5 Ebd.; Dick Howard u. Karl Klare, The Unknown Dimension. European Marxism since Lenin, New York: Basic Books, 1972; Frederic Jameson, Marxism and Form. Twentieth-Century Dialectical Theories of Literature, Princeton: Princeton University Press, 1971; Russell Jacoby, Social Amnesia. A Critique of Conformist Psychology from Adler to Laing, Boston: Beacon Press, 1975; s. auch ders., Dialectic of Defeat. Contours of Western Marxism, Cambridge: Cambridge University Press, 1981; Trent Schroyer, Critique of Domination. The Origins and Development of Critical Theory, New York: Braziller, 1973; William Leiss, The Domination of Nature, Boston: Beacon Press, 1974; Andrew Arato u. Eike Gebhardt, The Essential Frankfurt School Reader, New York: Urizen Books, 1978; Susan Buck-Morss, The Origin of Negative Dialectics, New York: Free Press, 1977; Mark Poster, Critical Theory of the Family, New York: Seabury Press, 1980; Richard Wolin, Walter Benjamin. An Aesthetic of Redemption, New York: Columbia University Press, 1980; Richard Bernstein, The Restructuring of Social and Political Theory, Philadelphia: University of Pennsylvania Press, 1978; Jay; Albrecht Wellmer, Critical Theory of Society, New York: Herder and Herder, 1971.
6 Die besten Arbeiten in England stammen von David Held (Introduction to Critical Theory, London: Hutchinson, 1980), der in Boston bei Thomas McCarthy studiert hat.
7 Thomas McCarthy, The Critical Theory of Jürgen Habermas, Cambridge, MA: MIT Press, 1978.

8 Alasdair McIntyre, Marcuse. An Exposition and a Polemic, New York: Viking Press, 1970; Zoltan Tar, The Frankfurt School. The Critical Theories of Max Horkheimer and Theodor W. Adorno, New York: Wiley, 1977; Phil Slater, Origin and Significance of the Frankfurt School. A Marxist Perspective, London: Routledge & Kegan Paul, 1977. Slater ist Engländer, doch verkörpert er eine Art der Rezeption, die auch in Amerika unter orthodoxen Marxisten weit verbreitet ist.
9 Perry Anderson, Considerations of Western Marxism, London: NLB, 1976 (Über den westlichen Marxismus, Frankfurt: Syndikat, 1978); Leszek Kolakowski, Die Hauptströmungen des Marxismus. Entstehung, Geschichte, Zerfall, 3 Bde., München: Piper, 1978. – Kolakowskis wie auch Andersons Bücher sind in den USA äußerst einflußreich, wenn sie auch natürlich nicht direkt Teil der amerikanischen Rezeption darstellen.
10 S. Jürgen Habermas, A Reply to my Critics, [Antwort an meine Kritiker] in: Habermas. Critical Debates, Cambridge, MA: MIT Press, 1982, S. 281. Dieser von David Held u. J.B. Thompson herausgegebene Band leistet viel in Richtung der ‚kritischen Aneignung' von Habermas' Werk.
11 Die Sondernummer über den französischen Sozialismus (Frühjahr 1983), hg. v. Jean Cohen, sowie geplante Ausgaben über zeitgenössische Formen des Konservativismus, die zivile Gesellschaft und den Imperialismus stellen weitere Schritte in dieser Richtung dar.

44. Die literarische und akademische Abwanderung aus dem Dritten Reich in die USA
Ein Forschungsbericht

John M. Spalek

1

Ich möchte mit zwei scheinbar widersprüchlichen Aussagen beginnen. Zum einen waren in westdeutschen Zeitungen und Zeitschriften während der letzten Jahre Kommentare über den sogenannten ‚Boom' der Arbeiten über die Emigration der dreißiger Jahre zu finden, die nahelegten, daß auf diesem Gebiet zu viele Veröffentlichungen erscheinen, daß die Arbeit zum größten Teil bereits geleistet sei oder daß dieses Thema zu einer Modeerscheinung geworden sei – oder vielleicht auch alle drei zusammen.[1]

Zum andern haben amerikanische Wissenschaftler auf das Fehlen von einschlägigen Arbeiten über diesen enormen Talent-Verlust mehrfach hingewiesen. Vornan steht der Wunsch nach Studien über bestimmte Berufsgruppen, die noch nicht erforscht oder nur unzulänglich behandelt worden sind, sowie nach integrativen Arbeiten über die Einwanderung in die USA nach 1933. David Hollinger stellt in seiner scharfsichtigen Rezension von „The Muses Flee Hitler" (1983)[2] überrascht fest, daß es fünfzehn Jahre nach dem Erscheinen von Donald Fleming and Bernard Bailyns „The Intellectual Migration" (1968) noch immer keine Gesamtdarstellung der akademischen Abwanderung in die Vereinigten Staaten gibt.

Tatsächlich besteht kein Widerspruch zwischen diesen Aussagen. Sie stellen zwei verschiedene Standpunkte dar und betrachten zwei verschiedene Aspekte der Abwanderung nach 1933. Was einigen deutschen Kritikern als eine Überfülle von Studien über die deutsche Emigration erscheint, betrifft eine relativ große Zahl von Veröffentlichungen, die sich auf die deutsche Exilliteratur und -politik beziehen und vorwiegend in deutscher Sprache erschienen sind. Der Kommentar amerikanischer Wissenschaftler zu dem Bedarf an Untersuchungen spezifischer Bereiche ebenso wie an Gesamtdarstellungen bezieht sich nicht auf die deutsche Exilliteratur und -politik (das ist eher ein deutsches Thema), sondern auf die Abwanderung im Bereich der Kunst sowie der Sozial- und Naturwissenschaften – mit anderen Worten auf die Künstler- und Hochschullehrerflucht in die USA.

Der Ruf nach integrativen Arbeiten über die Emigration verlangt, so angemessen und sachlich gerechtfertigt er auch ist, etwas sehr Anspruchsvolles, das nicht leicht geleistet werden kann, wenn man den Umfang und die Vielfalt dieser Gruppe in Rechnung stellt (über dreißig Berufszweige, die von Archäologie bis zur Zoologie reichen). Bevor eine Gesamtdarstellung mit einiger Aussicht auf Erfolg versucht werden kann, muß eine ganze Reihe von Berufen, die bis jetzt nicht untersucht oder allenfalls gestreift worden sind, erforscht werden (z.B. Ökonomie, Geschichte, politische Wissenschaft, Jura, Medizin, Musik, Psychologie, Sinologie).

Das Vorstehende läßt erkennen, daß ich die Forschungsergebnisse für die Zwecke dieser Darlegung in zwei Bereiche aufteile: 1. Forschung, die sich mit deutscher Literatur und Politik im Exil befaßt, die vor allem − wenn auch nicht ausschließlich − für die deutsche Wissenschaft und das deutsche Publikum von Interesse ist, und 2. Forschung zur akademischen, d.h. naturwissenschaftlichen, freiberuflichen und künstlerischen Emigration, für die sich hauptsächlich − wenn auch wiederum nicht ausschließlich − die amerikanische Wissenschaft interessiert. Während sich diese Unterscheidung im großen und ganzen aufrecht erhalten lassen wird, so ist doch der Hinweis am Platz, daß die jüngsten allgemeinen und einführenden Untersuchungen zum Thema der deutschen Exilliteratur − ein ‚deutsches Thema' − von Wissenschaftlern an amerikanischen Universitäten stammen: Egbert Krispyn (University of Georgia), Manfred Durzak (Indiana University), Alexander Stephan (UCLA), Michael Winkler (Rice University), Helmut Pfanner (University of New Hampshire) und Joseph Strelka (State University of New York at Albany). Auch die bisher erschienenen Sammelbände, die Konferenz-Vorträge enthalten (etwa 18), behandeln hauptsächlich Exilliteratur und resultieren aus Tagungen an amerikanischen Universitäten und anderen Institutionen: die Universitäten von Kentucky, Wisconsin, Alabama, South Carolina (dreimal), University of California at Riverside und at Los Angeles, Rice University, Washington University und die Smithsonian Institution in Washington (zweimal).

Während man auch an amerikanischen Universitäten (Lewis J. Edinger, Peter Gay, H. Stuart Hughes) über die deutsche Exilpolitk gearbeitet hat, wurde bei weitem die größte Zahl von Untersuchungen über die politische Emigration, einschließlich Einzelpersönlichkeiten, erwartungsgemäß von deutschen und österreichischen Gelehrten verfaßt. (z.B. Werner Röder, Franz Goldner, Helene Maimann, Erich Matthias). Hier verdienen zwei Gemeinschaftsprojekte von amerikanischen und deutschen Wissenschaftlern Erwähnung, das von Werner Röder und Herbert A. Strauss herausgegebene „Biographische Handbuch der deutschsprachigen Emigration nach 1933" und das von Thomas Koebner, Wulf Koepke und Joachim Radkau herausgegebene Jahrbuch „Exilforschung."[3]

2

Der Hauptteil meiner Ausführungen besteht aus einer Einschätzung der bis heute geleisteten Arbeit und schließt mit einer Reihe von Vorschlägen hinsichtlich der Gebiete, die noch erforscht werden müssen. Zum Beginn möchte ich die uns verfügbare Literatur in Kategorien einteilen. Es gibt, soweit ich schätzen kann, etwa 350 unabhängige Buchpublikationen: von Einzelautoren, von mehreren Verfassern, Dissertationen, Enzyklopädien, Ausstellungskataloge und Verzeichnisse.[4] Nicht eingeschlossen sind hierin die Arbeiten über die Emigrationsjahre einzelner Autoren, Künstler und Naturwissenschaftler (mindestens mehrere Dutzend weitere Werke). Das gleiche gilt für Zeitschriftenartikel, die ich nur am Rande mit einbeziehe.

1. Von den 350 Titeln sind etwa 50 Nachschlagewerke, wie Enzyklopädien (von denen die umfassendste die von Werner Röder und Herbert A. Strauss ist), Bibliographien, Findhilfen für Archive (John M. Spalek/Adrienne Ash/Sandra Hawrylchak, Max Kreutzberger, W. Siegel) und für bestimmte Bibliotheksbestände ebenso wie diverse umfassende und spezielle Register für Periodika (Lieselotte Maas, Harro Kieser und Brita Eckert sowie mehrere von Georg Heintz und dem Aufbau-Verlag veröffentlichte Bände). Einige dieser Werke wiederholen Informationen – wahrscheinlich etwas Unvermeidliches. Unter den größeren Projekten, die noch nicht abgeschlossen sind, wären zu nennen: Hans-Albert Walters „Deutsche Exilliteratur"; der zweite Band des „Guide to the Archival Materials of the German-Speaking Emigration to the United States after 1933" von Spalek und Hawrylchak; die Enzyklopädie über die Emigranten in der Filmindustrie von Peter Günther Straschek; und die fortlaufende Serie von bibliographischen Hilfsmitteln, die von der Deutschen Bibliothek in Frankfurt herausgebracht wird.

2. Unter den erwähnten rund 350 Werken sind etwa 40 Anthologien: Dichtung („Welch Wort in die Kälte gerufen", hg. von Heinz Seydel), Drama („Stücke gegen den Faschismus", hg. von Karl Heinz Schmidt), Essays (Ernst Loewys Kompendium „Exil: Literarische und politische Texte"), autobiographische Texte (Egon Schwarz und Matthias Wegners „Verbannung"), vermischte Texte (Walter Zadeks „Sie flohen vor dem Hakenkreuz"), und mehrere Anthologien aus Interviews mit früheren Emigranten, wie etwa „Auszug des Geistes" von Radio Bremen, „Um uns die Fremde", hg. vom Sender Freies Berlin und „Die Zerstörung einer Zukunft", hg. von Mathias Greffrath. Nach unserer bisherigen Rechnung läßt sich sagen, daß rund 30% der 350 Bücher Nachschlagewerke und Anthologien sind.

3. Die dritte Kategorie umfaßt Untersuchungen, die mit den dreißiger Jahren beginnen und Rettungsaktionen sowie Probleme der Einwanderung behandeln. Etwa 20 Titel gehören in diese Kategorie. Die meisten dieser Untersuchungen sind früheren Datums, und eine umfassende Studie erscheint nach wie vor geboten. Diese sollte die Rettungsanstrengungen in den Kontext der späten dreißiger Jahre stellen und zeigen, wieviel Idealismus und Altruismus trotz der noch anhaltenden Wirtschaftskrise hinter diesen Bemühungen stand. Schließlich sollte die Arbeit der Rettungsorganisationen im Zusammenhang mit der Tätigkeit der amerikanischen Stiftungen betrachtet werden. (Die Stiftungen, wie etwa die Rockefeller Foundation, gingen mit der Vergabe von Stipendien für den wissen-

schaftlichen Nachwuchs nach dem Ersten Weltkrieg auf dem Weg zur Herstellung von Kontakten zwischen deutschen und amerikanischen Wissenschaftlern voran.)

4. Mit Abstand die größte Kategorie der Arbeiten über die Emigration behandelt das Thema der deutschen Literatur und des literarischen Schaffens im Exil. Wie zu erwarten ist, sind praktisch alle diese Arbeiten in deutscher Sprache geschrieben. Von den rund 350 Werken befassen sich mindestens 110 mit Literatur in einer breiten Definition, die Drama und Theater einschließt. Dieses Überwiegen von Arbeiten über die *Literatur* im Exil ist aus der Sicht Nachkriegsdeutschlands durchaus verständlich. Die Anzahl derer, die ihren Lebensunterhalt mit der Feder verdienten, zumindest vor der Auswanderung, belief sich auf etwa 2 000 hauptberuflich aktive Journalisten, Kritiker, Dramatiker, Drehbuchautoren, Romanciers und Lyriker. Ferner wird der Schriftsteller im Exil völlig zu Recht als der Inbegriff des Menschen im Exil betrachtet. Was ihm diesen repräsentativen Status verleiht, ist sein Handwerkszeug: seine Muttersprache, die er nicht aufgeben kann, ohne gleichzeitig mit der Kultur, die er repräsentiert, seine Identität zu opfern. Das Identitätsproblem betrifft einen Mathematiker, einen Architekten oder einen Musiker nicht in derselben Weise. Ihre Werkzeuge und Kommunikationsmittel werden viel leichter verstanden und verlangen nicht die Mühe der ‚Übersetzung‘. Deshalb sprechen wir mit Recht von Literatur im Exil, während wir nicht im gleichen Sinn ‚Mathematik im Exil‘ gebrauchen.

Wie die Zahl der vorliegenden Arbeiten zeigt, ist in den fünfzehn Jahren, seit die Exilforschung ernsthaft begann, viel geleistet worden. Verfügbar sind heute Einführungen in die deutsche Exilliteratur mit jeweils unterschiedlicher Akzentsetzung (Egbert Krispyn, Alexander Stephan, Manfred Durzak, Hans-Albert Walter), Arbeiten über verschiedene Aspekte, wie etwa Studien über den Roman, das Drama, die Lyrik im Exil, Untersuchungen, die sich auf Exilliteratur und -kultur in verschiedenen Ländern konzentrieren, wie Schweden, Holland, die Tschechoslowakei, die Schweiz, die USA und Sowjetunion. Viele Primärwerke sind neu gedruckt oder zum ersten Mal veröffentlicht worden (z.B. die von Werner Berthold und Hans-Albert Walter herausgegebene Reprint-Serie des Gerstenberg Verlages); eine Reihe von Autoren (neben naheliegenden wie Thomas und Heinrich Mann, Bertolt Brecht, Hermann Broch, Robert Musil, Alfred Döblin) liegen in gesammelten Werken oder in Gesamtausgaben vor: Lion Feuchtwanger, Kurt Tucholsky, Oskar Maria Graf, Joseph Roth, Ernst Toller, Franz C. Weiskopf, Ernst Weiss, Anna Seghers; noch wichtiger ist, daß ein erheblicher Teil der nach 1933 im Exil geschriebenen deutschen Literatur als Paperback erhältlich ist (Luchterhand, Hanser, Fischer, Rowohlt, Deutscher Taschenbuch Verlag).

Nichtsdestoweniger läßt sich behaupten, daß noch viel Primärliteratur veröffentlicht oder nachgedruckt werden muß, bevor die Werke deutscher Autoren im Exil voll in die deutsche Literaturgeschichte des 20. Jahrhunderts integriert sind.

Hinsichtlich der Behandlung der deutschen Exilliteratur in der Literaturgeschichte möchte ich zur Illustration einen persönlichen Kommentar geben: In einem Vortrag bei unserer ersten amerikanischen Konferenz über Exilliteratur 1971 an der University of Kentucky berichtete ich, daß so gut wie keine nach 1945 veröffentlichte deutsche Literaturgeschichte ein Kapitel über die Exilliteratur enthielt, und zum anderen, daß zwar Dissertationen und Magisterthesen über Autoren geschrieben wurden, die ins Exil gingen, doch ihr Werk nicht unter dem Blickwinkel ihrer Exil-Erfahrung gesehen und untersucht wurde. Im Gegensatz dazu läßt sich heute feststellen, daß die Erforschung der deutschen Exilliteratur seit 1971, also in relativ kurzer Zeit, diese Lücke weitgehend gefüllt hat. Beispiele: Die Hälfte des 10. Bandes der in der DDR veröffentlichten „Geschichte der deutschen Literatur" ist dem Exil gewidmet. Die jüngst erschienenen „Handbuch des deutschen Dramas" (hg. von Walter Hinck, 1980) und „Handbuch des deutschen Romans" (hg. von Helmut Koopmann, 1983) enthalten jeweils ein Kapitel über die Exilperiode.

Die bekannte 16-bändige Reclam-Serie über die deutsche Literatur, die von Otto F. Best und Hans-Jürgen Schmitt herausgegeben wurde, schließt einen Band ein, der sich mit der Literatur von den zwanziger bis zu den vierziger Jahren befaßt und das Wort „Exil-Literatur" im Titel führt. Band 6 der „Propyläen Geschichte der Literatur" enthält eine Kapitel über deutsche Exilliteratur. Und man könnte die Reihe der Beispiele noch lange fortsetzen.

Die Integration der deutschen Exilliteratur in die deutsche Literaturgeschichte stößt jedoch auf eine vielleicht unlösbare Schwierigkeit: Wie kann man im Exil geschriebene Werke in den Hauptstrom der Literaturgeschichte integrieren und gleichzeitig betonen, daß es zwischen 1933 und 1945 zwei deutsche Literaturen gab und der mit Abstand wichtigste Teil außerhalb Deutschlands entstand? Blickt man auf die kurze Geschichte der Exilforschung, so lag die Betonung vor fünfzehn Jahren auf dem *unterschiedlichen* Charakter der Exilliteratur, wobei davon ausgegangen wurde, daß außerhalb Nazideutschlands geschriebene Literatur von der innerhalb Nazideutschlands entstandenen radikal verschieden sein müsse. Und selbstverständlich gibt es wichtige Unterschiede. Thomas Manns (auf das Alte Testament gestützte) Josephs-Geschichte hätte nicht in Deutschland geschrieben werden können, und dasselbe gilt für Anna Seghers' Roman „Transit". Zahlreiche Romane, die sich direkt oder symbolisch scharf gegen die Diktatur in Deutschland wenden, hätten nur im Exil geschrieben und veröffentlicht werden können; formale Entwicklungen in der Lyrik (Nelly Sachs, Rose Auslaender, Bertolt Brecht, Else Lasker-Schüler) fanden im Exil statt;[5] ähnliches läßt sich über die Romane von Hermann Broch, Alfred Döblin und Hans Henny Jahnn sagen.[6] Außerdem wurde die deutsche Literatur durch neue Themen bereichert, die die Erfahrungen in verschiedenen Ländern ebenso wie eine durch die Exilerfahrung bedingte neue Sicht von deutschen Traditionen und deutschem Gedankengut widerspiegeln.

In jüngster Zeit läßt sich eine merkliche Tendenz verzeichnen, die – bei aller Beachtung der Unterschiede – doch die Kontinuität der deutschen Literatur im

20. Jahrhundert betont, d.h. den gemeinsamen Hintergrund und Bezugsrahmen *aller* Autoren, ob im Exil oder nicht. (Recht offenkundig ist dies durch die Vorträge und Diskussionen bei der 11. amerikanischen Konferenz über deutsche Exilliteratur geworden, die 1982 in Houston stattfand.) Eine Formulierung der Fragen, die im Rahmen der Kontinuität gestellt wurden, lautete: Was geschah mit den literarischen und geistigen Traditionen innerhalb wie außerhalb Deutschlands nach 1933? Vor fünfzehn Jahren wäre niemand auf den Gedanken gekommen, derartige Fragen zu stellen.

Klaus Schöffling gibt im Nachwort seiner kürzlich erschienenen Anthologie von Exilliteratur, „Dort, wo man Bücher verbrennt",[7] der Notwendigkeit Ausdruck, die Exilliteratur in den Hauptstrom zu integrieren. Er räumt ein, daß viele ehemalige Exilschriftsteller gedruckt greifbar sind, meint jedoch, daß man sie in ein respektables Ghetto gesteckt habe. Mit anderen Worten bleibt das Problem bestehen: Wie läßt sich eine solche Integration bewerkstelligen, ohne daß man vergißt, daß der größere Teil der deutschen Literatur nach 1933 außerhalb der deutschen Grenzen geschrieben und debattiert wurde?

Ein zweites Hauptproblem der Forschung über deutsche Exilliteratur ist und bleibt in der Frage enthalten: Was ist Exilliteratur? Es handelt sich um eine ästhetische, literarische Frage, die mit dem literarischen Ausdruck der Erfahrung des Schriftstellers zu tun hat, also damit, bis zu welchem Grad das Erlebnis des Exils die Ausdrucksmöglichkeiten, die Sprache und den Stil des Schriftstellers beeinflußt hat. Bisher hat es mehrere kurze Versuche gegeben, eine solche Beschreibung zu liefern,[8] wenngleich eine grundlegende Untersuchung darüber, was Exilliteratur ausmacht, nach wie vor fehlt. Die meisten der bisher erschienenen Studien haben Geschichte, politischen Gehalt, Biographie und die Psychologie des Emigranten betont.

Die Feststellung, daß die deutsche Exilliteratur sich von der im Dritten Reich geschriebenen politisch unterscheidet, reicht als Antwort nicht aus — eine Antwort übrigens, die fast durchweg von marxistischen Kritikern gegeben wurde. Sie neigen dazu, Exilliteratur als antifaschistische Literatur zu definieren und den Begriff ‚antifaschistisch' wiederum auf marxisitisch orientierte Werke zu beschränken.

5. Die fünfte Kategorie, nach der Exilliteratur die wichtigste, umfaßt die Exilpolitik. Zu den Arbeiten in dieser Gruppe gehören die Geschichte und Tätigkeit deutscher und österreichischer politischer Parteien im Exil: Kommunistische Partei Deutschlands (KPD), Sozialdemokratische Partei Deutschlands (SPD), Sozialistische Arbeiterpartei Deutschlands (SAP), Deutsche Freiheitspartei (DFP), die Gruppe ‚Neu Beginnen', die Volksfront-Bewegung und die Bewegung ‚Freies Deutschland'. Diese Studien konzentrieren sich gewöhnlich auf die Tätigkeit einer Partei in einem speziellen Land; das gilt besonders für die KPD und die SPD. Diese Untersuchungen (Bücher ebenso wie zahlreiche Artikel) begleiten die ebenso zahlreichen Autobiographien, von denen ein großer Teil aus der Feder von Politikern stammt (Willy Brandt, Heinrich Brüning, Arnold Brecht, Julius Deutsch, Tony Sender, Kurt Schuschnigg, Friedrich Stampfer,

Ernst Karl Winter). Selbst Autobiographien, die nicht von direkt am politischen Leben beteiligten Leuten stammen, wie etwa die von Künstlern und Naturwissenschaftlern, sind durchtränkt von den politischen Ereignissen und Erfahrungen, die ihr Leben veränderten.

Es gibt bisher noch keine Gesamtdarstellung der deutschen politischen Emigration, die sich Fragen wie den folgenden zuwendet: der Zusammenarbeit – oder vielmehr deren Fehlen – zwischen den verschiedenen politischen Parteien im Exil; der Tatsache, daß nie eine deutsche Exilregierung zustande kam; den Auswirkungen der Tätigkeit politischer Emigranten in den USA; einer gründlichen Analyse der Debatte unter den Emigranten über die Zukunft Deutschlands; der Rolle von Emigranten als Berater verschiedener Behörden der USA-Regierung während des Zweiten Weltkrieges und in den Jahren nach 1945.

6. Die Zahl der Arbeiten über die deutschsprachige Presse im Exil – an erster Stelle die von Hans-Albert Walter, danach jene von Benjamin Link, Sigrid Schneider, Hanno Hardt, Gertraude Dotzauer – bezeugt das Interesse an dem Thema und das Ausmaß seiner Behandlung durch die Exilforschung. Dieses Interesse wurde möglicherweise in erheblichem Maße durch die Verfügbarkeit von Neudrucken der Exilpresse unterstützt, vor allem durch Hans Peter Kraus, selber Emigrant, heute Kraus-Thompson Ltd. Angesichts der relativ großen Zahl von Studien über die Exilpresse scheint eine Frage angebracht zu sein: Könnte es sein, daß wir die Bedeutung der Exilpresse überschätzen, insbesondere die Rolle vieler kurzlebigen Veröffentlichungen mit begrenzter Auflage?

3

Beschäftigen wir uns mit den Ergebnissen der Forschung über die akademische und künstlerische Emigration in die Vereinigten Staaten, so haben wir es – in chronologischer Reihenfolge – mit den folgenden Werken zu tun: „The Cultural Migration", hg. von William Rex Crawford (1953); „Die deutsche akademische Emigration nach den Vereinigten Staaten 1933–1941" von Helge Pross (1955); Band 10 (1965) des „Jahrbuch für Amerikastudien"; Laura Fermis „The Illustrious Immigrants" (1968); „The Intellectual Migration", hg. von Donald Fleming und Bernard Bailyn (1969); „The Sea Change" von H. Stuart Hughes (1975); „The Legacy of the German Refugee Intellectuals", hg. von Robert Boyers (1969–70); „The Muses Flee Hitler", hg. von Jarrell C. Jackmann (1983); John Russell Taylors „Strangers in Paradise" (1983); Anthony Heilbuts „Exiled in Paradise" (1983); sowie Einzelartikel in Zeitschriften, die einen Überblick zu einem einzigen Berufsstand oder Untersuchungen von Einzelpersönlichkeiten enthalten. Schließlich sollten in diesem Zusammenhang drei weitere Arbeiten erwähnt werden: Martin Jays „The Dialectical Imagination. A History of the Frankfurt School and the Institute of Social Research 1923–1950" (1973; Dialektische Phantasie, 1976) Martin B. Dubermanns „Black Mountain. An Exploration in Community" (1972); und David Nachmansohns „German-

Jewish Pioneers in Science 1900—1933. Highlights in Atomic Physics, Chemistry and Biochemistry" (1979).

Bei einer Bewertung dieser Untersuchungen sollte bedacht werden, daß a) ihre Zahl (sieht man von früheren ab, die sich mit der Rettung von Natur- und Geisteswissenschaften befassen) noch immer recht begrenzt ist, besonders im Vergleich zu den Arbeiten über die deutsche Exilliteratur und -politik; b) sie mit Ausnahme der Bücher von Helge Pross und mehreren Artikeln in englischer Sprache verfaßt sind; c) sie vorwiegend Zusammenstellungen der Beiträge mehrerer Wissenschafter darstellen, wodurch die Tatsache unterstrichen wird, daß die Fähigkeit, interdisziplinär zu arbeiten, noch nicht entwickelt worden ist; d) sie einen großen Anteil von Beiträgen der Emigranten selbst enthalten, darunter auch in deutscher Sprache veröffentlichte. Genauer gesagt: Von den fünf Büchern, die von Einzelautoren stammen (Pross, Fermi, Hughes, Heilbut, Taylor) wurde eines von einer Emigrantin (Fermi) und das andere von dem Sohn von Emigranten (Heilbut) verfaßt; bei den vier Bänden, die William Crawford, Fleming und Bailyn, Robert Boyers und Jarrell Jackmann zusammen mit Clara Borden herausgaben, die Beiträge zahlreicher Autoren enthalten, haben wiederum die Emigranten selbst mehr oder weniger zahlreiche Beiträge verfaßt; unter den fünf Beiträgen bei Crawford stammen vier von deutschen Emigranten (Neumann, Köhler, Panofsky und Tillich); von den vierzehn in Fleming und Bailyns Band sind sechs der Autoren gleichfalls Emigranten; mindestens die gleiche Zahl ist in den neunzehn Beiträgen in Robert Boyers' Band enthalten; drei der neunzehn Artikel in „The Muses Flee Hitler" wurden von Emigranten der ersten Generation verfaßt. Schließlich ist auch unter den Artikeln über die intellektuelle Abwanderung eine erhebliche Zahl von Emigranten geschrieben worden; e) Eine Betrachtung des Inhalts der genannten Werke deutet darauf hin, daß sie sich in erster Linie auf bestimmte bevorzugte Bereiche und ausgewählte Personen konzentrieren, die sich zu Brennpunkten der Forschung zu entwickeln scheinen, so daß sich eine Art Kanon repräsentativer Themen bildet. Außerdem verleitet die Behandlung hervorragender Individuen dazu, umfassendere Erörterungen von Gruppen, Berufen, Institutionen oder Trends zu vernachlässigen. Ich glaube, es ist nicht übereilt, wenn ich zu bedenken gebe, daß eine solche Verengung des Interesses verfrüht ist und der Breite und Tiefe der intellektuellen Abwanderung nicht gerecht wird.

Zu den am häufigsten behandelten Themen gehören das Institut für Sozialforschung, die Physik, die Psychoanalyse, die Gestalt-Psychologie, der Wiener Kreis, die Mathematik und die Soziologie. In geringerem Maße begegnen wir Untersuchungen zum Bauhaus, zu Kunstgeschichte und zum Film. Ein oder zwei Aufsätze sind Musik, Musikwissenschaft, Chemie, klassischer Philologie und Literaturkritik gewidmet.

Unter den einzelnen Emigranten erhalten die größte Aufmerksamkeit Albert Einstein, Franz Neumann, Hannah Arendt, Max Horkheimer, Theodor W. Adorno, Heinz Hartmann, Erik Erikson, Paul Tillich, Mies van der Rohe, Paul Lazarsfeld, Ludwig Wittgenstein und Karl Mannheim.

4

Abschließend möchte ich darauf hinweisen, was meines Erachtens noch getan werden muß. Im großen und ganzen noch unerforscht sind Berufszweige wie Jura, Medizin, Wirtschaftswissenschaft, Geschichte, Psychologie, Musik und Kunst, um wiederum nur die Hauptgebiete zu erwähnen. Hier ließen sich noch engere Bereiche wie Museumskuratoren, Verleger und Vertreter der Orientalistik hinzufügen.

Im Bereich der Jurisprudenz haben wir es zu tun mit Namen wie (in alphabetischer Reihenfolge): Eberhard Bruck, Albert Ehrenzweig, Hans Kelsen, Friedrich Kessler, Stephan Kuttner, Karl Loewenstein, Alfred C. Oppler, Ernst Rabel, Max Rheinstein, Rudolph Schlesinger und George Wunderlich. Juristen spezialisierten sich nicht nur auf Bereiche wie römisches Recht und Kirchenrecht, sondern eine Anzahl von ihnen betonte charakteristischerweise auch Gebiete wie internationales Privatrecht und Rechtsvergleichung. Ein interessantes Forschungsgebiet wäre ihre Rolle als Berater der USA-Regierung bei der Ausarbeitung des japanischen Nachkriegs-Rechtssystems (Oppler, Steiner), ihre Beteiligung an den Nachkriegs-Verhandlungen mit Deutschland über Fragen wie die Wiederbewaffnung (Riesenfeld) und Hans Kelsens Rolle bei der Formulierung der österreichischen Verfassung nach 1945.

Im Fall der Medizin – zahlemäßig vermutlich der größte Bereich nächst der Psychologie – handelt es sich um: Erwin Chargaff, Rudolf Höber, Paul Kimmelstiel, Otto Krayer, Otto Loewi, Hans Popper, Leopold Lichtwitz, David Scherf, Henry Sigerist, Erwin Straus, Siegfried Thannhauser. (Mit Sicherheit habe ich eine Reihe von repräsentativen Namen aus meiner eigenen Liste mit über hundert ausgewählten Namen weggelassen.) Das Gebiet der Medizin wird, weil es so groß und vielfältig ist, am schwierigsten im Ganzen zu bearbeiten sein. Einige Angehörige des Medizinerstandes, die fast ausschließlich in der Forschung tätig waren, ließen sich in Kategorien wie Biochemie fassen und behandeln. Es gibt auch Überschneidungen mit der klinischen Psychologie. Tatsächlich klassifizierte die 1936 in London veröffentlichte „List of Displaced German Scholars" die Mediziner in Kategorien wie Bakteriologie, Biochemie, Dermatologie, Gynäkologie, Innere Medizin, Neurologie, Pathologie, Physiologie, Radiologie und Chirurgie.

Bei der Erörterung der Mediziner ist eine Reihe von Fragen zu stellen, die auch schon in Arbeiten über die Einwanderung von Physikern und Mathematikern aufgeworfen wurden. Welche Kontakte bestanden schon vor 1933 zwischen den einschlägigen Wissenschaftlern? Was war der Stand der amerikanischen Medizin zu jener Zeit, insbesondere ihrer Forschungseinrichtungen? Wie schwierig war es für den emigrierten Mediziner, an einer Universität, an einem Krankenhaus oder in einer Praxis Arbeit zu finden?

Im Bereich der Wirtschaftswissenschaft – mein dritter Vorschlag – haben wir es im wesentlichen mit zwei Gruppen zu tun. Die österreichischen Ökonomen vertreten ein klassisches Wirtschaftskonzept, in dem der Markt die grundlegende regulierende Kraft ist: Gottfried Haberler, Friedrich August von Hayek, Fritz Machlup, Ludwig von Mises, Oskar Morgenstern ebenso wie Joseph Schumpeter, Gerhard Tintner und Henry Wallich.

Die zweite Gruppe, zum Teil Angehörige der ‚Kieler Schule', d. h. deutsche Reformökonomie der zwanziger Jahre, wird von Mitgliedern der Wirtschaftsfakultät (auch das Institute for World Affairs) der New School for Social Research in New York vertreten, die übrigens immer der stärkste Fachbereich der New School war: Adolf Lowe, Gerhard Colm, Emil Lederer, Fritz Lehmann, Hans Staudinger, Frieda Wunderlich und andere. Außerdem sind da Namen wie Julius Hirsch, Karl Brandt und Carl Landauer ebenso wie die früheren Menschewiki Jacob Marschak und Alexander Gerschenkron. Eine Studie der deutschen Reformökonomie, die sich für langfristige Planung einsetzte und der Regulierungsfähigkeit des Marktes allein mißtraute, wird gegenwärtig von Claus-Dieter Krohn in Hamburg angefertigt, dem ich einen Teil dieser Informationen verdanke.

Zwar ist das Gebiet der Gestaltpsychologie in verschiedenen Zusammenhängen behandelt worden, doch erscheint eine gründliche Untersuchung der Psychologie, die diesem zahlenmäßig größten Berufsstand, der Deutschland und Österreich verließ (etwa 400 Psychoanalytiker, klinische und Experimentalpsychologen), gerecht wird, wünschenswert. Auch der Bereich der Geschichte bedarf einer Untersuchung – hier sind repräsentative Namen zu nennen wie Hans Baron, Dietrich Gerhard, Felix Gilbert, Wolfgang Hallgarten, Hajo Holborn, Ernst Kantorowicz, Hans Kohn, Alfred Vagts und Veit Valentin.

Benötigt wird auch solide Arbeit über die Auswirkungen der gesamten Gruppe von emigrierten Musikern – von den berühmten Dirigenten (Bruno Walter, Erich Leinsdorf, William Steinberg), Komponisten (Arnold Schoenberg, Paul Hindemith) und berühmten Sängern und Sängerinnen, wie Lotte Lehmann, bis zu Gesangslehrern, Mitgliedern von Symphonie- und Kammerorchestern und natürlich Musikwissenschaftlern. Die Tradition der Kammermusik, die, wie die „New York Times" hervorhob, in Amerika einen festen Platz gefunden hat,[9] geht vor allem auf Tätigkeit und Einfluß der Emigranten zurück, wie etwa Fritz Stiedry, und Quartetten wie das Busch Quartet, das Budapest Quartet und das Kolisch Quartet. Ein anderes Beispiel wäre das Musizieren auf authentischen Instrumenten, das Curt Sachs und Emanuel Winternitz viel verdankt. Noch ein weiteres Beispiel von den vielen, die gegeben werden könnten, ist die Haydn-Renaissance, die man Karl Geiringer und seinem Schüler und Verfasser der vielbändigen Haydn-Biographie, H. C. Robbins Landon, zuschreiben muß.

Meiner Auffassung nach besteht der gleiche Bedarf für die Untersuchung des Kunsttransfers, und zwar wiederum auf verschiedenen Ebenen. Wir wissen von der Arbeit Hans Hoffmanns, Josef und Anni Albers', George Grosz', Laszlo Moholy-Nagys, Max Beckmanns – aber wie steht es mit Benedikt F. Dolbin, Arthur Kaufmann, Max Oppenheimer, Josef Scharl, Walter Nußbaum, Eugene Spiro und Gert Wollheim? Wie weiterhin mit der Rolle von Kunsthändlern und Galeristen wie Curt Valentin, Otto Kallir (Gallery St. Etienne), Leopold und

Helen Blumka, Frederick Mont, Walter Schatzki, Helen Serger und der Rolle von amerikanischen Museen in diesem Transfer moderner Kunst aus Europa? Eine faszinierende Frage wäre die Rückkehr bestimmter Teile der Arbeiten von Emigranten nach Europa, besonders nach Deutschland. Dies würde eine interessante Studie des Kunstmarktes darstellen.

Film: Obwohl einige Arbeiten über dieses Medium vorliegen (J.R. Taylor, Jan Christopher Horak und Hans-Bernhard Moeller neben Studien von Persönlichkeiten wie Billy Wilder, Otto Preminger, Fritz Lang), ist noch Raum für eine solide und sorgfältig gearbeitete Untersuchung dieses Themas.

Die kurze Arbeit von William M. Calder III über die klassische Philologie sollte ausgeweitet und vertieft werden durch eine Untersuchung von Spezialisten für den Nahen und den Fernen Osten, die nach 1930 in die Vereinigten Staaten kamen: Hans Guterbock, Albrecht Goetze, Benno Landsberger, Wolfram Eberhard, Ludwig Bachhofer, Ferdinand Lessing, Otto Maenchen-Haelfen.

Unter den Institutionen, an denen Emigranten eine bedeutende Rolle spielten, hat das Frankfurter Institut für Sozialforschung die größte Aufmerksamkeit auf sich gezogen, und wir haben die Arbeit von Martin B. Duberman über das Black Mountain College. Andere Institutionen, die eine wissenschaftliche Bearbeitung verdienen, sind die Roosevelt University in Chicago, das Institute of Fine Arts und das Courant Institute, beide an der New York University; das Institute of Oriental Studies an der University of Chicago, die Graduate School of Design an der Harvard-Universität und das Illinois Institute of Technology.

Schließlich — aber hinsichtlich ihrer Bedeutung gewiß nicht an letzter Stelle — ist die University in Exile zu nennen, d.h. die Graduate Faculty of Social and Political Science, die im Herbst 1933 von Alvin Johnson gegründet wurde. Die University in Exile wurde bisher von der Forschung zugunsten des Instituts für Sozialforschung vernachlässigt, und wenngleich heute einige Untersuchungen im Gange sind (Peter Rutkoffs Geschichte der New School for Social Research mit einem Teil über die University in Exile, Benita Luckmanns historische Studie der Graduate Faculty und Claus-Dieter Krohns Arbeit über die Wirtschaftswissenschaftler der Graduate Faculty), so bedarf es doch noch intensiverer wie umfassenderer Forschung. Die Bemerkung von H. Stuart Hughes, daß das Überwiegen von Exilwissenschaftlern an der New School wenig Bedeutung gehabt habe, das heißt die Leistungen der New School diejenigen einzelner Gelehrter gewesen seien, nicht die einer Gruppe, wie im Fall des Institute for Social Research, scheint verfrüht.[10] Dieses Werturteil wurde von Lewis Coser in einem an der Columbia-Universität gehaltenen Vortrag wiederholt, wenngleich er andere Gründe nannte. Das Institute for Social Research umfaßte eine viel kleinere Gruppe, während die University in Exile ein Lehrkörper für das Graduiertenstudium mit einer Reihe von Spezialgebieten war, die sich allmählich zu Fachbereichen entwickelten. Dementsprechend war ihre Tätigkeit vielfältiger und ist eine Einschätzung schwieriger. Hinsichtlich eines Programmes boten zumindest die Reformökonomen (Adolf Lowe, Gerhard Colm, Hans Neisser) einen gemeinsamen Ansatz. Auch in der Philosophie bestand klare Kontinuität; die Entwicklung begann mit Felix Kaufmann und wurde von Alfred Schutz, Aron

Gurwitsch und Hans Jonas fortgesetzt. Auch die wöchentlichen Lehrkörper-Seminare und deren Rolle bei der Formung der Institution verdienen eine nähere Prüfung.

Die Schlußfolgerung: Angesichts der verschiedenartigen Tätigkeitsbereiche der Intellektuellen-Abwanderung könnte es sich — jedenfalls in naher Zukunft — als unmöglich erweisen, eine einzige Gesamtdarstellung aller Gebiete zu versuchen. Es könnte realistischer sein und würde eine tiefere Durchdringung erlauben, wenn man stattdessen mehrere Bände ins Auge faßt, die sich darum bemühen, miteinander im Zusammenhang stehende Gebiete zu integrieren: die Naturwissenschaften (einschließlich der Medizin); die Sozialwissenschaften (einschließlich der Psychologie); die Künste: Malerei, Film, Musik, Theater; Literatur und Politik sowie ein Band über die akademische Gemeinschaft im Ganzen, das heißt die Universitäten und Institutionen, die für die Emigranten zur neuen beruflichen Heimat wurden.

Anmerkungen

Vorschläge und Ideen verdanke ich meiner langjährigen Mitarbeiterin Sandra H. Hawrylchak, meiner ehemaligen Mitarbeiterin Adrienne Ash sowie Claus-Dieter Krohn (Hamburg) und Will Schaber (New York).

1 Seit etwa 1972 ist eine Serie von Forschungsberichten erschienen, die sich mit den Ergebnissen und der Methode der Exilforschung befassen: Richard Albrecht, Exil-Forschung. Eine Zwischenbilanz (I), in: Neue politische Literatur 28. 1983, S. 174—201; Siegfried Mews, Quo vadis? Zur Situation der amerikanischen Exilforschung anläßlich des Exilsymposiums in Riverside/Kalifornien im April 1981, in: Arbeitskreis Heinrich Mann. Mitteilungsblatt, Sonderheft Siegfried Sudhof, 1981, S. 192—203; Hans-Albert Walter, Schwierigkeiten beim Kurs auf die Realität, [sowie] Eike Middell, Methodenfragen, [gefolgt von] Hans-Albert Walter, Erwiderung auf Eike Middell, in: Sammlung 5. 1983, S. 92—114; Wolfgang Frühwald u. Wolfgang Schieder, Einleitung, in: Leben im Exil. Probleme der Integration deutscher Flüchtlinge im Ausland 1933—1945, Hamburg: Hoffmann und Campe, 1981, S. 9—27; Eike Middell, Exilliteraturforschung. Zur Methodologie einer literaturwissenschaftlichen Disziplin, in: Weimarer Beiträge 27. 1981, S. 7—35; Alexander Stephan, Die Deutsche Exilliteratur 1933—1945, München: Beck, 1979, S. 7—18 (Einführung); Joseph Strelka, Probleme der Erforschung der deutschsprachigen Exilliteratur seit 1933, in: Colloquia Germanica 2. 1976—77, S. 140—153; Reinhard Bollmus, Österreichs Unabhängigkeit im Widerstreit. Neuere Arbeiten über das politische Exil der Österreicher in Großbritannien und der Sowjetunion 1938—1945, in: Zeitgeschichte 4. 1976, S. 56—75; Hans-Albert Walter, Bemerkungen zu einigen Problemen bei der Erforschung der deutschen Exilliteratur, in: Jahrbuch für Internationale Germanistik 6. 1975, S. 86—108; Manfred Durzak, Das Elend der Exilliteratur-Forschung, in: Akzente 21. 1974, S. 186—188; Peter Laemmle, Vorschläge für eine Revision der Exilforschung, in: Akzente 20. 1973, S. 509—519. — Zum Abschluß sei noch genannt: Manfred Briegel, Der Schwerpunkt Exilforschung bei der Deutschen Forschungsgemeinschaft, in: Nachrichtenbrief (Gesellschaft für Exilforschung) Nr. 3. 1984, S. 11—23.

2 An Intellectual Migration, in: Science 220. 1983, S. 1370f.

3 Der vollständige Titel lautet: Biographisches Handbuch der deutschsprachigen Emigration nach 1933/International Biographical Directory of Central European Emigres, 1933—1945, Hg. Institut für Zeitgeschichte, München, u. Research Foundation for Jewish Immigration, New York. Bd. 1: Politik, Wirtschaft, Öffentliches Leben, Hg. Werner Röder u. Herbert A. Strauss in Zusammenarbeit mit Dieter Marc Schneider u. Louise Forsyth, München/New York: K.G. Saur, 1980; Bd. 2: The Arts, Sciences and Literature, 1983; Bd. 3: Index, 1983. — „Exilforschung. Ein

Interationales Jahrbuch" wird von Text und Kritik (München) publiziert. Der erste Band erschien 1983.
4 Die umfassendste veröffentlichte Bibliographie der Sekundärliteratur ist enthalten in Stephan, Exilliteratur, S. 335–362. Die vollständigste unveröffentlichte Auflistung (Kartenkatalog) wird von der Deutschen Bibliothek, Frankfurt/Main, Abteilung Exil-Literatur geführt.
5 S. Adrienne Ash, Lyric Poetry in Exile, in: John M. Spalek u. Robert F. Bell (Hg.), Exile. The Writer's Experience, Chapel Hill: University of North Carolina Press, 1980, S. 1–23; Klaus Weissenberger, Dissonanzen und neugestimmte Saiten, in: Literaturwissenschaftliches Jahrbuch der Görres-Gesellschaft, N.S. 17. 1976, S. 321–342.
6 S. Joseph P. Strelka, The Novel in Exile: Types and Patterns, in: Spalek u. Bell, S. 24–31.
7 Stimmen der Betroffenen, Suhrkamp Taschenbuch 905, Frankfurt: Suhrkamp, 1983, S. 484.
8 Werner Vordtriede, Vorläufige Gedanken zu einer Typologie der Exilliteratur, in: Akzente 15. 1968, S. 556–575; Michael Hamburger, Einige Bemerkungen zur Kategorie Exil-Literatur, in: Literatur und Kritik Nr. 128. 1978, S. 481–485; Hilde Spiel, Psychologie des Exils, in: Die Neue Rundschau 84. 1975, S. 424–439; John M. Spalek, Literature in Exile. The Comparative Approach, in: Deutsches Exildrama und Exiltheater. Akten des Exilliteratur-Symposiums der University of South Carolina 1976, Hg. Wolfgang Elfe u.a. (Jahrbuch für Internationale Germanistik, Reihe A, Kongressberichte 3, Bern: Peter Lang, 1977), S. 14–26; Joseph Strelka, Topoi der Exilliteratur, in: Zeitschrift für deutsche Philologie 100. 1981, S. 219–232.
10 Allan Kozinn, After the ‚Boom'. Chamber Music Is Here to Stay, in: New York Times, 8. 1. 1984, S. 19, 22.
11 H. Stuart Hughes, Social Theory in a New Context, in: The Muses Flee Hitler. Cultural Transfer and Adaptation 1930–1945, Hg. Jarrell C. Jackman u. Carla M. Borden, Washington, DC: Smithsonian Institution Press, 1983, S. 115.

XI. Exkurs in die Psychoanalyse

45. Freuds Amerika

Peter Gay

Die Wanderung der Psychoanalyse von Europa nach Amerika ist eine uns allen vertraute Geschichte. Ihre Auswirkungen sind in jeder amerikanischen Großstadt spürbar und voll und ganz deutlich geworden; aufgezeichnet und in kompetenter Weise dokumentiert wurden sie in mehreren gewichtigen Untersuchungen. Nathan Hale berichtet einfühlend über die frühe Phase der Ausbreitung von Freuds Ideen in den Vereinigten Staaten – gering und langsam – bis zu Amerikas Eintritt in den Ersten Weltkrieg.[1] David Shakow und David Rapaport haben einen systematischen, wenn auch sparsamen Überblick geliefert für die Art und Weise, wie die Psychoanalyse die amerikanische Gesellschaft und die amerikanische Psychiatrie über die Jahrzehnte durchdrungen hat.[2] Und eine kleine Schar von Autoren – Psychoanalytiker ebenso wie andere – hat eine instruktive Literatur geschaffen, die den mächtigen Einfluß von Flüchtlings-Psychoanalytikern nach 1933 festhält. Zeitschriften, die sich an ein gebildetes Publikum wenden, wie „The New Yorker" haben das faszinierte Interesse – gelegentlich modisch; häufig argwöhnisch –, das Freuds Wissenschaft nach wie vor in Amerika erweckt, gleichzeitig untersucht und verkörpert. Es ist eine komplizierte Geschichte, wie alle Geschichten von wandernden Ideen es sein müssen, doch glaube ich, sie zusammenfassen zu können, ohne dabei allzu viel Schaden anzurichten.

In Kürze: Freuds Wissenschaft wanderte in die Vereinigten Staaten in zwei unzusammenhängenden Wellen, von denen die zweite erheblich mehr Furore machte als die erste. Die erste Welle rollte über die USA weitgehend als Folge von Freuds viel beschriebenem Besuch an der Clark-Universität in Worcester, Massachusetts, im September 1909. Dieser Besuch hinterließ einen bleibenden Eindruck auf den Psychologen G. Stanley Hall, der als Gastgeber der Tagung natürlich gewillt war, sich beeindrucken zu lassen. Doch er hinterließ Spuren auch bei dem Skeptiker William James, der Freud äußerst interessant fand. „An der Clark-Universität, deren Präsident Stanley Hall ist," so schrieb James Ende September 1909 an einen Freund, „gab es dieser Tage einen kleinen internationalen Kongreß zu Ehren des 20. Jahres ihres Bestehens. Ich fuhr für einen Tag hin, um zu sehen, wie Freud ist."[3] Was James sah, gefiel ihm – innerhalb diagnostischer Grenzen: „Ich gestehe, daß er auf mich persönlich wie ein Mann wirkte, der von fixen Ideen besessen ist. Ich kann in meinem eigenen Fall mit seinen

Traumtheorien nichts anfangen, und offenkundig ist ‚Symbolismus' eine höchst gefährliche Methode." Gleichzeitig wünschte James, großzügig und Abenteuern nicht abgeneigt, Freud nur Gutes: „Ich hoffe, Freud und seine Schüler werden ihre Ideen bis an deren äußerste Grenze verfolgen, damit wir erfahren können, wo sie liegen. Sie werden zweifellos Licht auf die Natur des Menschen werfen."

James Jackson Putnam, möglicherweise der hervorragendste Neurologe Amerikas, der den Kongreß in Worcester gleichfalls besuchte, war bereit, die menschliche Natur in diesem Licht zu sehen. Nach dem Ende der Sitzungen lud der von Freud sehr eingenommene Putnam diesen zusammen mit Jung und Ferenczi für drei Tage in sein Sommerhaus in den Adirondacks ein, um sich über die Psychoanalyse auszusprechen. Das Ergebnis war, daß Putnam sich in die Ränge der Freudianer einreihte – in einer leidenschaftlichen Parteinahme, die für die Psychoanalyse in Amerika zu einem frühen Zeitpunkt ihrer öffentlichen Karriere viel erreichte. Und Freuds gefeierter Besuch verschaffte ihm auch einen kleineren, wenn auch keineswegs folgenlosen Popularitätsschub in amerikanischen Bohemien- und Avantgarde-Kreisen. Abraham Brill, Freuds erster Übersetzer, erinnerte sich, daß er im Winter 1913 vor einer Gruppe in Mabel Dodges Salon in Greenwich Village über die Psychoanalyse sprach. Es war ein denkwürdiges Ereignis. Brill schrieb: „Eingeladen, dort einen Vortrag zu halten, hatte mich ein junger Mann namens Walter Lippmann, der kürzlich an der Harvard-Universität Examen gemacht hatte und bei Lincoln Steffens arbeitet. Dort traf ich Radikale, Literaten, Künstler und Philosophen."[4] Zumindest diese, jedenfalls einige von ihnen, zeigten sich Freud gegenüber gastfreundlich.

Dann kam die relative Flaute der zwanziger Jahre – ‚relativ', weil selbst zu jener Zeit generell ablehnende amerikanische Psychologen mit Teilen der Freudschen Botschaft liebäugelten und sogar einiges davon mehr oder weniger unbewußt übernahmen. Robert S. Woodworth, ein bekannter dynamischer Psychologe, hatte sich 1917 als „sehr skeptisch" gegenüber „der Freudschen Lehre" bezeichnet. Doch 1931 konnte er gelassen feststellen: „Die Atmosphäre hat sich etwas geklärt; Anhänger wie Gegner urteilen jetzt differenzierter, und die Freudsche Psychologie wird heute allgemein, so läßt sich mit Sicherheit sagen, als ein wichtiger Beitrag zu unserer wachsenden Wissenschaft betrachtet."[5]

Doch zwei Jahre nach Woodworths Einschätzung gelangte Hitler in Deutschland an die Macht und zwang die Psychoanalyse zur Auswanderung, indem er sie in Deutschland fast völlig zerstörte. „Ich könnte mir keinen Psychoanalytiker vorstellen, der mit einem Hitlerbild an der Wand arbeitet", sagte mir Heinz Hartmann einmal Ende der sechziger Jahre in New York. Und so gingen sie nach 1933; einige nach England, einige nach Argentinien, ein paar nach Palästina, die meisten in die Vereinigten Staaten. „Hitler ist mein bester Freund", pflegte Walter Cook, der Leiter des Institute of Fine Arts an der New York University in den dreißiger Jahren zu sagen, „er schüttelt den Baum, und ich sammle die Äpfel auf". Dasselbe galt, sogar noch entschiedener, für Psychoanalytiker. Die Einwanderer, eindrucksvoll gelehrt in ihrer geheimnisvollen Disziplin und gerade exzentrisch genug, um ständig interessant zu erscheinen, wurden durch zahllose Imitationen von Schauspielern und ebenso zahllose

Karikaturen Teil der amerikanischen Folklore. Es fiel ihnen schwer, sich anzupassen, besonders am Anfang, doch sie wurden in amerikanischen psychoanalytischen Institutionen willkommen geheißen; sie eröffneten einträgliche Privatpraxen, erlangten Machtpositionen im Berufsstand der Psychiater und gaben sogar bei Debatten innerhalb der psychoanalytischen Gruppe selbst den Ton an. Schließlich waren Karen Horney, Erich Fromm und in jüngerer Zeit Heinz Kohut, sie alle Quelle und Brennpunkt grundsätzlicher Auseinandersetzungen in Fragen der Technik und fundamentaler Elemente der Metapsychologie, in Europa geboren und ausgebildet. Es schien manchmal, als stellten die Vereinigten Staaten lediglich das Forum für Ausländer, die über das Freudsche Erbe stritten. Allmählich natürlich kamen die Amerikaner dazu, nahmen, als die Flüchtlinge älter wurden, das Heft in die Hand und begannen, selbständig zu arbeiten und zu streiten.

Diese zweite Welle erlebte weit mehr als die erste die aufnahmefreudigen und erschöpfenden Züge des amerikanischen Lebens. In den fünfziger Jahren, dem goldenen Jahrzehnt der Psychoanalyse in den USA, richteten sich übertriebene und häufig rührende Hoffnungen auf Freuds Therapie und ließen die Reihen der Psychoanalytiker anschwellen. In den mageren siebziger Jahren hat die übertriebene Verzweiflung das Publikum der Leidenden in Amerika auf ein breites Sammelsurium von Geistes-Kuren verstreut, das Interesse an der Psychoanalyse bei Medizinstudenten und Psychiatern reduziert und Voraussagen ihres unmittelbar bevorstehenden Ablebens hervorgerufen.

Ich glaube, diese Vorhersage ist verfrüht. Doch ironischerweise hatte Freud einen großen Teil dieses Tumultes vorhergesehen. Er meinte, Amerika werde die Psychoanalyse voll und ganz annehmen – und so geschah es. Er glaubte, Amerika würde sie ruinieren – doch hier traf er nicht genau ins Ziel. Tatsächlich ist Freuds Amerika ein seltsames und faszinierendes Land. Doch es ist im wesentlichen ein Land des Geistes. Und diesem Land möchte ich den verbleibenden Teil meiner Bemerkungen widmen.

Ich möchte ganz wörtlich über Freuds Amerika sprechen, über das Land, das Freud konstruiert hat, die Phantasie, die für ihn zu einer Wirklichkeit wurde. Seine Einstellungen zu den Vereinigten Staaten sind wohlbekannt, doch verbergen sie ein interessantes Paradoxon, das nie die forschende Aufmerksamkeit erhalten hat, die es verdient. Das wird vielleicht wenig über Amerika aussagen, doch viel über Freud.

Freuds meistzitierte Bemerkungen über die amerikanische Kultur sind beißend und beinahe ausschließlich verachtungsvoll. Gewiß waren – und sind – einige davon Gemeinplätze bei kultivierten Europäern, doch Freud fügte ein paar eigenartige eigene Schnörkel hinzu. Im Juli 1915 schrieb er an James J. Putnam: „Die sexuelle Moralität, wie die Gesellschaft, am extremsten die amerikanische, sie definiert, scheint mir sehr verächtlich. Ich vertrete ein ungleich freieres Sexualleben, . . ."[6] Während Freud unmittelbar darauf beteuerte, er selber habe sehr wenig von der Freiheit geübt, die er für die moderne Gesellschaft zu schaffen suchte, ist doch gewiß, daß er sich als einen Reformer sah, der mit der Verkörperung dessen konfrontiert war, was am radikalsten der Reform bedurfte: die amerikanische Kultur mit ihrer Prüderie, ihrer Heuchelei. Zwar beschränkte sich Freud nicht auf diesen einen Hieb gegen Amerika, doch sein Brief an Putnam enthüllt, welcher Aspekt für ihn zentral war; er blieb es sein ganzes Leben lang. Woodrow Wilsons moralistische Politik und frömmelnde Haltung, die ihn erbosten, lieferten ihm weiteres Material zur Stärkung seiner Vorurteile; sie verlockten ihn zu dem unglückseligsten, am wenigsten für ihn charakteristischen Unterfangen seines Lebens – seine Zusammenarbeit mit William Bullitt an einer Psycho-Biographie Wilsons; es war eine Schmähschrift, die jeden Grundsatz der wohlwollenden Neutralität und der behutsamen Zurückhaltung verletzt, die Freud für seinen Berufsstand fest vorgeschrieben und jedem anderen gegenüber peinlich genau beachtet hatte. Sein Anteil an „Thomas Woodrow Wilson. A Psychological Study" ist ziemlich unbedeutend gewesen, doch es ist lehrreich, daß er dafür seinen Namen überhaupt hergegeben hat.[7] Ganz offenkundig genoß er es. Außerdem ist es symptomatisch, daß er ganz irrational Amerika die Schuld an Beschwerden gab, unter denen er bereits gelitten hatte, bevor er je amerikanischen Boden betrat. So nannte er seine Verdauungsbeschwerden pittoresk, aber ohne nähere Festlegung, seine „amerikanische Dyspepsie".[8] Er fürchtete, wie wir wissen, die Amerikaner würden die Psychoanalyse in einer allumfassenden Umarmung zerdrücken und, wie er es formulierte, verwässern.[9] Es ist also kein Wunder, daß er die Vereinigten Staaten am Ende seines Lebens, in einem Brief an Arnold Zweig vom März 1939, als ein „Anti-Paradies" bezeichnen konnte.[10] Viele Jahre zuvor hatte er seine Abneigung gegen dieses Anti-Paradies in einer denkwürdigen Bemerkung gegenüber Ernest Jones zusammengefaßt: „Amerika ist ein Fehler, gewiß ein gigantischer Fehler, doch nichtsdestoweniger ein Fehler."[11] Das Schmieden von Phrasen war ihm generell nicht zuwider, doch diese Phrase kam wirklich von Herzen.

Vielleicht der absurdeste Vorwurf unter seinen antiamerikanischen Spitzen war, daß seine Handschrift sich nach dem Amerikabesuch verschlechtert habe. Jones, dem er diese Klage anvertraute, charakterisiert ebenso wie andere Autoren Freuds Sammelsurium von Vorurteilen vernünftigerweise als „offenkundig unfair", und Freuds Biograph meint, daß sie einer Erklärung bedürfen.[12] In der Tat, denn Freuds hartnäckiger Antiamerikanismus steht in augenfälligem Gegensatz zu einem seiner herausragenden Charakterzüge: seiner meisterhaften Fähigkeit, Tatsachen aufzunehmen und seine Meinung zu ändern. Denn Freud konnte kaum leugnen – tatsächlich leugnete er es auch nicht – , daß Amerika zu ihm und zu seiner persönlichen Schöpfung, der Psychoanalyse, sehr gut gewesen war. Als er jung, mittellos und verlobt war, hatte er mehr als einmal erwogen, in die USA auszuwandern und dort Medizin zu praktizieren. Noch bedeutsamer für das Paradoxon, das ich bloßzulegen suche, ist die Tatsache daß er einige höchst angenehme Erlebnisse mit Amerikanern hatte, als er schließlich in die Vereinigten Staaten kam. Die amerikanische Zwanglosigkeit scheint ihn ein wenig schockiert zu haben, und das amerikanische Essen hat ihm offenbar eine Reihe von häßlichen Überraschungen bereitet. Doch er berichtete wiederholt angenehm überrascht, daß die Amerikaner sich sowohl großzügig als auch aufgeschlossen gezeigt hätten. Und er unterließ es auch nicht, abfällige Vergleiche mit seiner Heimat zu äußern. 1914 wies er in seiner polemischen Darstellung der Geschichte der psychoanalytischen Bewegung ausdrücklich darauf hin, daß er „auf dem Katheder einer amerikanischen Universität zuerst öffentlich von der Psychoanalyse reden durfte", und betonte, er sei „von der Bedeutung des Moments für meine Bestrebungen ergriffen" gewesen.[13] Er ersparte seinen europäischen Lesern auch nicht die Bemerkung, daß „die Einführung der Psychoanalyse in Nordamerika ... unter besonders ehrenvollen Anzeichen" erfolgt sei. Mit gewohnter Offenheit bekannte er, wie wenig er auf die Atmosphäre an der Clark University vorbereitet gewesen sei: „Wir fanden zu unserer großen Überraschung, daß die vorurteilslosen Männer jener kleinen, aber angesehenen pädagogisch-philosophischen Universität alle psychoanalytischen Arbeiten kannten und in den Vorträgen für ihre Schüler gewürdigt hatten".[14] Und er fügte hinzu, Wertschätzung durch Herabsetzung dämpfend: „In dem so prüden Amerika konnte man wenigstens in akademischen Kreisen alles, was im Leben als anstößig galt, frei besprechen und wissenschaftlich behandeln." Er fragte sich nicht – er, der scharfsinnige, ständig suchende Wissenschaftler des Geistes, der dauernd Fragen stellte –, wie es kam, daß das prüde Amerika eine Atmosphäre von derartiger Offenheit erzeugen konnte, sogar an der Clark-Universität. Es ist interessant, daß Freud diese Frage 1914 nicht stellte.

Freud ging ihr auch später nicht nach. Doch blieb ihm lebendig in Erinnerung, wie angenehm ihm der Amerikabesuch gewesen war. 1925 schrieb er in seinem kurzen autobiographischen Essay, wie bewundernswert ihm James J. Putnam ebenso wie William James erschienen waren; er erinnerte sich auch an den Ehrendoktor von Clark University. Wiederum, 1925 wie zuvor 1914, vermittelte er entschieden den Eindruck, daß er sich – von Enttäuschungen durch Küche und Verdauungsapparat abgesehen – ungemein wohl gefühlt hatte: „Damals war ich erst 53 Jahre alt, fühlte mich jugendlich und gesund, der kurze Aufenthalt in der Neuen Welt tat meinem Selbstgefühl überhaupt wohl; in Europa fühlte ich mich wie geächtet, hier sah ich mich von den Besten wie ein Gleichwertiger aufgenommen." Freud war kein Snob, aber, wie es nur menschlich ist, er freute sich über Beifall; sein Empfang hatte ihm offenkundig sehr gut getan; er gab, wie Freud offen zugab, seinem Selbstgefühl großen Auftrieb. Ein Wunschtraum hatte sich erfüllt: „Es war die Verwirklichung eines unglaubwürdigen Tagtraumes, als ich in Worcester den Katheder bestieg, um meine ‚Fünf Vorlesungen über Psychoanalyse' abzuhalten. Die Psychoanalyse war also kein Wahnbild mehr, sie war zu einem wertvollen Stück der Realität geworden."[15]

Solche Formulierungen legen nahe, daß sich in Sigmund Freud mit Sicherheit ein proamerikanischer Europäer herausbildete. Schließlich war es Amerika, das – wie er es bei der Annahme seines Ehrendoktors liebenswürdig ausdrückte – ihm und seinen Mitarbeitern „die erste offizielle Anerkennung unserer Bemühungen" gezollt hatte.[16] Ganz ohne Zweifel hatte sich Amerika für Freuds skandalöse Ideen weitaus empfänglicher gezeigt als die kultiviertesten europäischen Hauptstädte. Begierig und lange hatte Freud solche Anerkennung und Empfänglichkeit in seiner Heimat vergeblich gesucht; daran gemessen, waren amerikanisches Essen oder amerikanische Naivität triviale Mängel. Und doch beurteilte

Freud, wie ich es gezeigt habe, die amerikanische Kultur mit brüsker Verachtung.

Hier also liegt das Paradoxon. In seiner Einschätzung Amerikas lernte Freud nicht aus seiner Erfahrung, obwohl sie doch mitreißend gewesen war. Er ließ sogar die Tatsachen außer acht, die er in seinen Erinnerungen angeführt hatte. Seine Beschwerde gegenüber Putnam, die amerikanische Sexualmoral sei die allerverächtlichste, blieb für ihn die entscheidende amerikanische Wirklichkeit. Und das war, wie erwähnt, einfach nicht seine Art. Die Geschichte der Entwicklung von Freuds Denken, von seinen frühesten Hysterie-Fällen um 1890 bis zu seinem letzten Buch, das er fast ein halbes Jahrhundert später begann, ist die Geschichte der Flexibilität eines Wissenschaftlers. Seine ersten Patienten veranlaßten ihn, seine Diagnosen zu revidieren, und lehrten ihn, zuzuhören, und zwar nicht seinen ihm teuren Konstruktionen, sondern dem Material, das er vor sich hatte. Seine klinische Erfahrung brachte ihn ebensosehr wie seine theoretischen Bedürfnisse dazu, seine Theorie der Kinderverführung, seine Konzeption von den Trieben, vom Denkapparat und von der Angst drastisch neu zu überdenken. Wenn ein Zuhörer wie Freud sich ausnahmsweise weigert, zuzuhören, so stehen wir vor einem Widerspruch, und ein Widerspruch, so hat uns die Psychoanalyse gelehrt, ist das Symptom eines Konfliktes. Gewiß – und Thomas Kuhn hat auf dieser Wahrheit eine Karriere aufgebaut – leisten Wissenschaftler normalerweise Widerstand gegen Befunde, die ihren Lieblingstheorien widersprechen, und konstruieren die kompliziertesten Umwege, damit sie auch weiterhin denken können, was sie schon immer gedacht haben. Doch Freud setzte, wie ich nach wie vor betone, gewöhnlich keinen solchen unsinnigen Stolz in seine Thesen, sondern begriff, daß ein derartiger Stolz einen Widerstand verbirgt. Freuds Antiamerikanismus ist demnach irgendein Widerstand und somit ein Indiz für etwas Wichtiges. Wie Ernest Jones scharfsinnig bemerkt, hatte er „in Wirklichkeit nichts mit Amerika selbst zu tun".[17] Doch wenn es nicht um Amerika ging, um was dann?

Ich glaube, daß Freud an seiner Fehlinterpretation Amerikas festhielt, weil sie Teil einer hochgeschätzten und stark besetzten Selbstwahrnehmung bildete; es war eine Selbsteinschätzung, der er ausgerechnet in einem Brief an einen Amerikaner Ausdruck gab, in jenem Brief an Putnam, den ich bereits zitiert habe. Freud sah sich hauptsächlich als einen Wissenschaftler, als einen gut ausgebildeten und hochbegabten Voyeur, der die Schleier hob, die einige der am besten verborgenen Geheimnisse der Menschheit bedecken. Doch sein Voyeurtum war nicht sanft und friedlich; in einer fesselnden Selbsteinschätzung nannte sich Freud einmal einen Conquistador. Eines der Länder, die er erobern wollte, war das Land der sexuellen Heuchelei. Nun dürsten Conquistadoren nach großen, schwierigen Gebieten, auf denen sie ihre Kühnheit unter Beweis stellen können, nach Gegnern, die ihres höchsten Einsatzes würdig sind. Freud selber äußerte mehr als einmal, und zu Recht, er habe immer einen Feind gebraucht. In seiner Eigenschaft als Kulturkritiker – und speziell als Sexualreformer – hatte er jenen Feind in der bürgerlichen Sexualmoral gefunden. Und Amerika war dieser Feind in konzentriertester Form. Ich behaupte also, daß Freuds hartnäckige

Fehlinterpretation Amerikas ein unentbehrlicher Bestandteil einer umfassenderen, wenn auch vielleicht notwendigen Fehlinterpretation der bürgerlichen Sexualität des 19. Jahrhunderts war.

Ich weiß, daß meine Behauptung riskant ist, und ich möchte klarstellen, was ich *nicht* zu sagen versuche. Ich beschuldige Freud *nicht* eines zentralen Versagens seiner Erkenntnisfähigkeit. Er war, wie bereits gesagt, der denkbar sensibelste, denkbar aufmerksamste Beobachter, der die geringste Veränderung im Ton der Stimme oder der Gestik seiner Patienten wahrnahm. Ihm entging sehr wenig, bei seinen Patienten und in seiner Welt, und wenn es einige Dinge gibt, die er nicht sah und die wir heute, vier Jahrzehnte nach seinem Tod, besser zu sehen vermögen, so kenne ich doch keine Anzeichen dafür, daß in *seiner* Zeit *andere* sahen, was *er* übersah. Seine Entdeckungen im Bereich der menschlichen Sexualität bleiben für uns buchstäblich epochemachend. Auch nähere ich mich in keiner Weise der ebenso verbreiteten wie falschen Auffassung, wonach die Gültigkeit der Einsichten Freuds auf das enge, stark eingegrenzte Spektrum seiner Patienten, der gelangweilten, reichen, jüdischen Wiener Hausfrauen, beschränkt sei. Ich habe an anderer Stelle geschrieben, daß erstens Freuds Patientenkreis weitaus vielfältiger war, als es diese Legende wahrhaben will, und daß zweitens die psychoanalytische Sichtweise, die Freud aus seinen Patienten herausdestillierte, auch aus dem privilegiertesten seiner Patienten, ihm selbst, für Kulturen und Zeitalter Gültigkeit besitzt, zu denen Freud keinen direkten Zugang hatte.

Doch: es bleibt gewiß, daß Freuds Amerika – Hauptbeweismittel in seiner Anklage gegen die bürgerliche Moral – Züge der Karikatur trug. Sicherlich waren die Vereinigten Staaten mit ihren Anthony Comstocks gesegnet, die Zeitungsredaktionen nach schlüpfrigen Anzeigen durchsuchten und Kunsthändler verklagten, weil sie Aktfotografien ausstellten. Doch gleichzeitig war Amerika gesegnet mit humoristischen Zeitschriften, die solche Zensoren massiv lächerlich machten. Sie deuteten auch an – fast so, als hätten sie Freud gelesen –, daß Comstocks unermüdliche Kreuzzüge einige wenig appetitliche sexuelle Interessen bei dem Reformer selbst erkennen ließen. Amerikanische Psychiater konnten ohne weiteres bezeugen, daß abgrundtiefe Unwissenheit über die menschliche Psychologie und quälende Schuldgefühle wegen sexueller Gelüste bei der amerikanischen Oberschicht weit verbreitet psychisches Leiden hervorrief. Doch im verworfenen Europa war das nicht viel anders, und der beschriebene Zustand wurde schon lange vor dem Ersten Weltkrieg, sogar noch vor Freuds Besuch an der Clark University, scharf kritisiert. Freud nahm das nicht wahr. Warum nicht?

Es ist von entscheidender Bedeutung, Freuds Meinungen über die Vereinigten Staaten einzuordnen. Sie gehören zu seinen Schriften im Bereich der Kulturkritik, Arbeiten, die von seinen klinischen und metapsychologischen Untersuchungen ziemlich abweichen. Wie wir wissen, äußerte Freud eine solche pauschale Kritik bei mehreren Gelegenheiten. Wenn er dies tat, war er notwendigerweise weniger selbstkritisch und seiner Sache weniger sicher, als er es bei seinen eigentlich wissenschaftlichen Schriften sein konnte.

Doch riskierte er es, mit großer Energie, wenn auch nicht unweigerlich mit glücklichen Resultaten. In einem wichtigen Aufsatz von 1908, „Die ‚kulturelle' Sexualmoral und die moderne Nervosität" übernahm Freud die allgemeine Auffassung, die bei Ärzten ebenso verbreitet war wie bei Pädagogen und Leitartiklern, daß in der modernen Welt die Nervosität rasch zunehme. Er bot dafür eine charakteristisch originelle und im Zusammenhang mit diesem Artikel bedeutsame Erklärung; es seien die übermäßigen Forderungen der bürgerlichen Kultur nach sexueller Unterdrückung, die zu diesen nervösen Leiden führten.[18] Doch war er ganz und gar nicht originell, indem er als gegeben hinnahm, dies sei typisch modern und in zunehmendem Maße bedrohlich. Woher wußte er das? Wie konnte das irgendjemand wissen?

Freuds Gutgläubigkeit ist bezeichnend; sie sollte uns vorbereiten auf das Phänomen, das ich Freuds Fehlinterpretation der Sexualität des Mittelstandes im 19. Jahrhundert genannt habe. Denn diese Sexualität war, wie meine eigene Forschung der letzten Jahre gezeigt hat, bei aller verbreiteten Prüderie und Unwissenheit weit weniger quälend und weitaus befriedigender als man uns anzunehmen gelehrt hatte. Sogar Ärzte, die Abhandlungen schrieben, in denen angeblich die geringere Fähigkeit der Frau zur sexuellen Erregung bewiesen wurde, zeigten ganz unwissentlich die Spannbreite und Intensität weiblichen erotischen Erlebens. Als der junge amerikanische Sozialwissenschaftler Lester Ward Anfang der 1860er Jahre um die Person warb, die er in seinem geheimen französischen Tagebuch „Das Mädchen" nannte, zeichnete er das langsame Fortschreiten des Paares zur Intimität auf – vom zärtlichen Kuß zur leidenschaftlichen Umarmung, zum Schlafen im selben Bett, bis die beiden endlich eines nachts, ein paar Monate vor der geplanten Heirat, „zusammen das Paradies betraten".[19] Hier war das Paradies – für zwei – in Amerika, dem Anti-Paradies. Es gab im 19. Jahrhundert Tausende von solchen Paaren, Paare, für die sexuelle Zufriedenheit die volle Befriedigung beider Partner bedeutete. Wenn viele Frauen niemals einen Gynäkologen konsultierten, so konnte das Angst, Unwissenheit oder Sichabfinden mit ihrem unglücklichen, leidenschaftslosen Schicksal heißen. Doch für viele bedeutete es auch, daß sie es nicht nötig hatten, einen Gynäkologen zu konsultieren. Was Freud und andere Nervenärzte sahen, waren die Verunglückten ihrer Kultur. So unvollständig die Beweislage heute ist und immer bleiben muß: Es erscheint immer klarer, daß diese Unglücksfälle für den Durchschnittsbürger nicht repräsentativ waren.

Es ist sehr wichtig, sich Freuds Position Mitte und Ende der 1890er Jahre sowie im ersten Jahrzehnt des 20. Jahrhunderts vor Augen zu führen, als er seine psychoanalytischen Theorien entwickelte. Sie sind natürlich völlig verwoben in die Äußerungen der Sexualität, deren Potentialität wie deren Ausübung. Im Jahr 1896 war er vierzig, ein ehrgeiziger Wissenschaftler, der mehr als einmal dem Ruhm nahegewesen und gescheitert war. Nun bot sich die menschliche Sexualität als Hauptschlüssel für einen großen Teil menschlichen Verhaltens an. Der Ödipuskomplex, die kindliche Erotik insgesamt, die sexuelle Ätiologie der Neurosen, die Zonen des Eros, die Verdrängung sexueller Wünsche – dieses ganze Konglomerat, das wir, zusammen gesehen, Psychoanalyse nennen, schloß sich von etwa 1893 an und mit zunehmendem Tempo und wachsender Intensität nach 1895 zusammen. Für Freud stand mit der Sexualität enorm viel auf dem Spiel. Heinz Hartmann sagte mir in dem bereits erwähnten Gespräch: „Sie glauben doch wohl nicht, daß Freud, ein ehrbarer österreichischer Arzt, über die Entdeckung der kindlichen Sexualität *erfreut* war?" Ich besaß damals weder die Geistesgegenwart noch das Wissen, um zu antworten, ich glaubte wohl, daß er erfreut war, zumindest teilweise. Seine Entdeckungen waren auch Entdeckungen in seiner eigenen Sexualität. Doch ihre zentrale Rolle im menschlichen Leben begründet seinen Anspruch auf Ruhm, ja auf Unsterblichkeit. Und so verteidigte er sie auch. Bei dieser Verteidigung griff er auf einen Mechanismus zurück, den man in seiner Disziplin als ‚Spaltung' bezeichnet.

Alle kleinen Kinder sind unheilbare Dualisten. Sie leben in einer Welt des ungedämpften Melodrams. Es gibt keine kleinen Freuden, es gibt nur Seligkeit. Es gibt keine kleinen Rückschläge, sondern nur Katastrophen. Wenn die Mutter fortgeht, so ist das ein Verlassen auf Dauer; wenn sie Nahrung und Zuwendung spendet, ist die Befriedigung vollständig. Das Universum des Kindes ist mit Liebe und Haß gefüllt; selbst seine Gefühle gegenüber einer Einzelperson durchlaufen die rhythmischen Zyklen von Bewunderung und Abscheu: Die Mutter, die der kleine Junge am Morgen totwünscht, will er am Nachmittag heiraten. Diese Spaltung der Erfahrung in gut und schlecht ist kein Verteidigungsmechanismus; sie ist vielmehr eine primitive Technik zum Begreifen einer komplexen Welt, indem man deren Phänomene in zwei scharf voneinander unterschiedenen Körben sammelt.

Grautöne werden erst später erworben. Wenn das Ich seine Fähigkeit entwickelt, verschiedenste Erfahrungen zusammenzufassen, Aufschub zu ertragen, dann kann es in einer Einzelperson den Wechsel von Gunstbezeugungen und Bestrafungen, positiven und negativen Gefühlen zusammenbringen. Kinder sind in einem beinahe wörtlichen Sinne verrückt; sie müssen zur Vernunft gebracht werden, zu Einsichten in Unvollkommenheit. Ist das einmal geschehen, so bedeutet ein verspätetes Abendessen nicht mehr die Gefahr des Verhungerns. Hat das Kind das einmal begriffen, so erhebt es sich über das Melodram und erkennt, ja schätzt sogar die Komplexität seiner Erfahrung; dann haben seine Verbündeten ein paar Fehler, seine Gegner einige Tugenden; es sieht, daß sich zu mehreren Standpunkten etwas Positives sagen läßt.

Dieser Erwerb des Unterscheidungsvermögens hat seinen Preis. Das Ich zwingt die Triebe, ihre Gewalt zu dämpfen, ihren Ausdruck zu mäßigen. Doch gilt, was Sigmund Freud mehr als einmal erklärte: daß man für alles in der einen oder anderen Weise bezahlen müsse. Die Fähigkeit, Urteile in reifer Weise zu differenzieren, verlangt die Opferung einiger instinktmäßiger Befriedigungen, der Aggression ebenso wie der Sexualität. Daher muß diese Einsicht in die Komplexität, diese Liberalität gefährdet bleiben. Es ist schwindelerregend, vernünftig zu sein, die Wirklichkeit als das anzuerkennen, was sie ist — schwindelerregend und wie gesagt, nicht gänzlich befriedigend.

Der Drang, zu einer einfacheren, kategorischeren Weltsicht zu regredieren, ist deshalb immer latent vorhanden und oft unwiderstehlich. In Zeiten der Belastung, des Krieges, ist dieser regressive Drang besonders heftig. Nun stand Sigmund Freud gleichzeitig mit herrschenden Werten und dem medizinischen Establishment im Krieg. Forscher haben jüngst gezeigt – gelegentlich mit unfreundlicher Absicht –, daß Freud nicht gänzlich allein stand, sondern es zu seiner Zeit Sexologen gab, die recht anrüchige Dinge über den menschlichen Körper und seine Leidenschaften zu sagen hatten. Doch Freud faßte zusammen, was manche Leute wußten, und darüber hinaus fügte er eine Menge Material hinzu, das er allein kannte – oder allein verstand. Während er seinen Patienten zuhörte, drängten sich ihm die sexuellen Ursprünge ihrer Leiden auf. Er lernte es, sowohl die Macht des Geschlechtstriebs als auch dessen Verwundbarkeit zu respektieren. Seine persönliche Erfahrung, vor allem seine lange und frustrierende Verlobung, lieferte ihm zusätzliches bitteres Anschauungsmaterial dafür, wie verletzend sexuelle Enthaltsamkeit und wie lähmend Gehorsam gegenüber zeitgenössischen Normen sein konnte. Er hatte demnach, wie gesagt, eine Menge auf die Sexualität gesetzt; er hatte so viel in sie investiert, wie er sich nur leisten konnte. Ende der 1890er Jahre legte er die meisten seiner Chips auf diese eine Zahl.

Ich behaupte nicht, daß er Unrecht gehabt und verloren hätte. Im Gegenteil, er hatte Recht und gewann. Doch in dem Prozeß des Entwickelns der entscheidenden Aussagen seiner Wissenschaft war es unvermeidlich, daß er die kulturelle Situation zu kraß, zu einfach sah und die bürgerliche Gesellschaft – *seine* Gesellschaft – zumindest in dieser einen wichtigen Hinsicht als den Feind behandelte. Und die menschliche Psychologie fordert, daß ein Feind alle negativen Eigenschaften zu sich heranzieht und alle positiven von sich abwirft. Das macht den Kampf leichter – mehr noch, es macht ihn überhaupt erst möglich.

Es steht außer Frage, daß unter allen Entdeckungen Sigmund Freuds die Aussagen um die Sexualität mit Abstand die skandalösesten waren. Nathan Hale hat einige zeitgenössische Berichte über Freuds fünf Vorlesungen an der Clark University ausgegraben und festgestellt, daß die Berichterstatter zum Thema der kindlichen Sexualität kritisch waren, sich ungläubig zeigten, knapp darüber hinweggingen oder gänzlich schwiegen. Freud wußte das natürlich. Ich behaupte nicht, daß er Medizinern und Journalisten irgendeine Art von Verschwörung unterstellte, doch betrachtete er ihre verzweifelte Wohlanständigkeit als ein weiteres Stück Beweismaterial dafür, daß seine Theorien richtig sein mußten: Sie waren gerade schockierend genug, um richtig zu sein.

Kurz, Freud hatte nicht nur auf seine Sexualtheorien einen hohen Einsatz geleistet, sondern auch seine Gegner spielten in diesem Zusammenhang eine wichtige Rolle. Deshalb schenkte er seinen Anhängern in seinen polemischen Schriften recht wenig Beachtung. Und deshalb schließlich brauchte er Amerika als die Verkörperung jener Art von heuchlerischer Kultur, die seine Theorien bei korrekter Interpretation für immer zerstören würden. Je stumpfsinniger, je verlogener, je mächtiger der Feind war, desto radikaler würde seine eigene Arbeit sein.

Wenn die These, die ich hier entwickelt habe, tragfähig ist, so wirft sie einen höchst faszinierenden Gedanken auf, einen Gedanken, mit dem ich schließen möchte. Ich habe argumentiert, daß Freud dem bürgerlichen Sexualleben des 19. Jahrhunderts nicht gerecht wurde. Es war, wie gesagt, weit weniger traumatisch, weit fröhlicher und sinnlicher als er angenommen hatte. Doch gerade diese Fehlinterpretation war ein befriedigender und wesentlicher Impuls für ihn: Er lenkte seine Forschungen, gestaltete seine Hypothesen, stärkte seine Schlußfolgerungen. Und diese Forschungen, so möchte ich wiederholen, waren epochemachend, diese Hypothesen wohlbegründet und diese Schlußfolgerungen im wesentlichen richtig. Seit Freud wissen wir unschätzbar viel mehr über uns selbst, als dies vor ihm der Fall war. Und so hat es den Anschein, daß sich seine Fehlinterpretation als immens fruchtbar erwies. Sie muß als einer der glücklichsten Fehler in der ganzen Geschichte der Wissenschaft gelten. Freud tat viel für Amerika, aber Amerika tat auch viel für Freud — mehr als er wußte.

Anmerkungen

1 Nathan Hale, Freud and the Americans. The Beginnings of Psychoanalysis in the United States, 1876–1917, New York: Oxford University Press, 1971.
2 David Shakow u. David Rapaport, The Influence of Freud on American Psychology (Psychological Issues Bd. 4, Nr. 1, Monograph 13) New York: International Universities Press, 1964.
3 Henry James (Hg.), The Letters of William James, 2 Bde., Boston: Atlantic Monthly Press, 1920, Bd. 2, S. 327.
4 Abraham Arden Brill, The Introduction and Development of Freud's Work in the United States, in: American Journal of Sociology 45. 1939, S. 322.
5 Shakow u. Rapaport, S. 69.
6 Sigmund Freud, Briefe, Hg. Ernst u. Lucie Freud, Frankfurt: Fischer, ²1968, S. 321.
7 William Bullitt u. Sigmund Freud, Thomas Woodrow Wilson, Twenty-Eighth President of the United States. A Psychological Study, London: Weidenfeld and Nicolson, 1967.
8 Ernest Jones, The Life and Work of Sigmund Freud, Bd. 2: The Years of Maturity, 1901–1919, New York: Basic Books, 1955, S. 65.
9 Sigmund Freud, Selbstdarstellung, in: ders., Gesammelte Werke. Chronologisch geordnet, 18 Bde., Bd. 14: Werke aus den Jahren 1925 bis 1931, Hg. Anna Freud u.a., Frankfurt: Fischer, ⁵1976, S. 78.
10 Sigmund Freud-Arnold Zweig, Briefwechsel, Hg. Ernst L. Freud, Frankfurt a.M.: S. Fischer Verlag, 1968, S. 186.
11 Jones, Bd. 2, S. 60.
12 Ebd., S. 59.
13 Sigmund Freud, Zur Geschichte der psychoanalytischen Bewegung [1914], in: ders., Gesammelte Werke, Bd. 10: Werke aus den Jahren 1913–1917, ⁶1973, S. 43–113.
14 Ebd., S. 17.
15 Freud, Selbstdarstellung, S. 78.
16 Jones, Bd. 2, S. 57.
17 Ebd., S. 59.
18 Sigmund Freud, Die ‚kulturelle' Sexualmoral und die moderne Nervosität, in: ders., Gesammelte Werke, Bd. 7, S. 143–167.
19 Lester Ward, French Diary, 25. 10.1861, Lester Frank Ward Papers, John Hay Library, Brown University. S. Peter Gay, The Bourgeois Experience, Victoria to Freud, Bd. 1: Education of the Senses, New York: Oxford University Press, 1984, S. 129, u. Bd. 2: The Tender Passion, New York: Oxford University Press, in Vorb. f. 1986.

XII. Amerikanismus und Massenkultur

46. Massenkultur und Modernität
Notizen zu einer Sozialgeschichte des frühen amerikanischen und deutschen Films

Anton Kaes

In der folgenden Untersuchung geht es darum, Massenkultur einmal nicht im Hinblick auf ihren ästhetischen Wert oder Unwert, sondern auf ihre *historische Funktion* hin zu analysieren. Statt von einem zeitlosen Gegensatz zwischen ‚schlechter' Massenkultur und ‚guter' kanonisierter Hochkultur auszugehen, möchte ich die spezifische gesellschaftliche Rolle näher betrachten, die die beginnende technische Massenkultur in Amerika und Deutschland zwischen 1890 und 1930 gespielt hat.[1] Bei einem Vergleich der Anfänge der Massenkultur in diesen beiden Ländern ergeben sich folgende Fragen: Welches waren die Bedingungen, unter denen sich die Massenkultur anders in Amerika als in Deutschland herausbilden konnte? Welche Wirkungen übte sie auf das gesellschaftliche Leben beider Länder im historischen Kontext von Modernisierung, Massenkonsum und Freizeit aus? Welches waren die amerikanischen und die deutschen Reaktionen auf das Hervortreten des Kinos als der mächtigsten Form und Institution der Massenkultur? Solche Fragen berühren Unterschiede in den historischen Ursprüngen und Funktionen der amerikanischen und deutschen Massenkultur – Unterschiede, die heute in unserer globalen, alles gleichmachenden Massenmedienkultur so gut wie verschwunden sind. Wenn ich nun die gesellschaftlichen Wurzeln der Massenkultur rekonstruiere, so geht es mir nicht nur um eine Archäologie der Vergangenheit, sondern in gleichem Maße um das, was Michel Foucault eine „Geschichte der Gegenwart" nannte.[2]

1

Von 1890 bis 1920 kamen über 23 Millionen Einwanderer aus Osteuropa und Süditalien in die Vereinigten Staaten, fanden Arbeit und ließen sich in den großen Industriezentren der Ostküste nieder. Aus einer Welt der Kleinlandwirtschaft und des Kleinhandwerks entwurzelt, wurden sie in eine soziale Umwelt gestoßen, die alle ihre traditionellen Werte und Orientierungen zu zerstören drohte. Sie sahen sich konfrontiert mit einem fragmentierten und mobilen Lebensstil, der auf Konsum und dem Geldwert der Arbeitskraft basierte, und sie erlebten die rapide Desintegration ihrer vormals engen familiären, kirchlichen und Gemeinschafts-Bindungen. Zudem wurden sie überwältigt von der ‚Semiotisierung' des täglichen Lebens in einer Großstadt: von der Überfülle der Zeichen und Botschaften in der Werbung, von der sinnlichen Kraft immer wieder neuer verführerischer Bilder in illustrierten Blättern und auf Plakatwänden sowie von der generellen sensorischen Überbeanspruchung und Reizüberflutung in einer konsumorientierten Umwelt. Um den Übergang vom ländlichen Leben ihrer Heimat zum Großstadtleben der Neuen Welt verarbeiten zu können, mußten die eingewanderten Arbeiter bereit sein, ihre Verbindungen zur Vergangenheit zu kappen und sich offen zu zeigen für die Prozesse der Akkulturation und der Modernisierung. Eine ganze Kultur entstand, um entwurzelten und verwirrten eingewanderten Arbeitern dabei zu helfen, sich in ihrem Leben in der neuen Umwelt zu orientieren. Besonders die Massenblätter von William Randolph Hearst und Joseph Pulitzer verstanden sich als Vorkämpfer der Einwanderer und der Armen in der industriellen Welt. Der ‚gelbe' Journalismus von Hearsts „Journal" und Pulitzers „World" erreichte mit großen Schlagzeilen und einer Fülle von Fotografien und Illustrationen auch noch jene, die des Englischen kaum mächtig waren. Comics mit ihrem vereinfachten englischen Grundwortschatz erwiesen sich als besonders nützlich zur häufig witzigen Vermittlung von Anpassungsproblemen. Ähnlich setzten die zahlreichen Komödianten der beliebten Vaudeville-Theater in den 1890er Jahren die Ängste und Frustrationen vieler Einwanderer in Farce und Spott um; in ihren Monologen und Einaktern thematisierten sie die Schwierigkeiten, die aus dem Mißverstehen der Sitten und Normen des amerikanischen way of life entstanden. Indem sie ihre Satire und Kritik häufig gegen die gemeinsamen Feinde – Slum-Hauswirte, Richter und Polizisten – richteten, entsprachen sie den geheimen Wünschen ihrer Zuschauer. Dieser respektlose, häufig antiautoritäre und subversive Geist der Einwanderer-Vaudeville-Komödie – meist trugen hier die proletarischen underdogs den Sieg über ihre Widersacher davon – setzte sich auch noch im frühen amerikanischen Film fort, man denke nur an Mack Sennetts Keystone Cops-Komödien und an Charlie Chaplin-Klassiker wie „Der Einwanderer" und „Ein Hundeleben". Diese Filme forderten die ideologischen Prämissen und die sozialen Normen des amerikanischen way of life aus der Perspektive des Außenstehenden heraus und stellten sie auf den Kopf. Genau durch diesen kritischen und karnevalistischen Geist bewahrte das frühe amerikanische Kino Spuren der alten Volkskultur.[3]

Zwischen 1895 und 1910 benutzten eingewanderte Arbeiter das Nickelodeon und das Kino als eine Art Ersatz-Versammlungsort und säkularisierte Kirche, wo Familien und Freunde sich zum Lachen und zur Ablenkung von dem Stumpfsinn der mechanischen Arbeit und dem Elend der überfüllten Mietskasernen zusammenfanden. Um 1909 gab es allein in New York City mehr als 340 Kinos und Nickelodeons, die täglich von einer Viertelmillion Menschen, sonntags sogar von einer halben Million besucht wurden. Russel Nye schreibt in seinem Buch „The Unembarrassed Muse": „Preise von fünf, zehn und fünfzehn Cents brachten Unterhaltung auf Bühne und Leinwand zu einem Publikum, das weder Vaudeville noch die Volksbühne je hatte erreichen können. Nickelodeons und billige Kinos, in den ärmsten und gedrängtesten Bezirken der Stadt gelegen, lieferten genau das, was die städtischen Massen brauchten."[4] Es ist kein Zufall, daß viele der frühen Filmproduzenten und -regisseure Einwanderer waren, da sie am besten die kulturellen Bedürfnisse und Wünsche ihres Einwandererpublikums aus der Arbeiterklasse verstanden. Carl Laemmle zum Beispiel, einer der innovativsten, energischsten und mächtigsten Pioniere der frühen Filmindustrie, war der Sohn eines deutschen Immobilienmaklers. Harry Cohn war der Sohn eines eingewanderten deutschen Schneiders, Marcus Loew der Sohn eines österreichischen Kellners. Die Filme der ersten beiden Jahrzehnte boten Bilder und Darstellungen, mit denen die soziale Ganzheit dessen, was es bedeutete, Amerikaner zu sein, vermittelt wurde. Auf diese Weise leisteten die Filme Hilfestellung beim Akkulturations- und Amerikanisierungsprozeß großer Massen von eingewanderten Arbeitern: Im Kino fanden sie ihre persönlichen Erfahrungen, Wünsche, Befürchtungen und Frustrationen visuell dargestellt und dadurch objektiviert. Indem sie die täglichen Kämpfe des Einwanderers in Form von Slapstick-Komödien und primitiven Melodramen verarbeiteten, lösten die Filme Spannungen, stifteten Sinn in einer verwirrenden Umgebung und kanalisierten utopische ebenso wie kritische Impulse; sie boten eine Möglichkeit, die soziale Wirklichkeit zu erkennen und zu verstehen, ja sie wirkten ihrerseits formend auf diese Wirklichkeit zurück. Die amerikanische Massenkultur erfüllte damit zwei Funktionen: zum einen dienten ihre Fiktion und Phantasie dazu, den Sinnverlust, der durch den mechanischen und entmenschlichenden Prozeß der industriellen Produktion verursacht war, zu kompensieren, zum anderen absorbierte sie aber auch kritische Tendenzen der Arbeiterklasse und lenkte sie in Richtung Unterhaltung ab.

Als die junge Filmindustrie sich bemühte, ihren Markt auszuweiten und ihr Publikum in der Weise zu vergrößern, daß es einen größeren Teil des wohlhabenden Mittelstandes umfaßte, verlor der Film bald seinen spezifischen Charakter als eine anarchische, karnevaleske Volksunterhaltung mit direktem Bezug zu den kulturellen Bedürfnissen der eingewanderten Arbeiterklasse. D.W. Griffith z.B. betrachtete den Film in erster Linie als ein Instrument für die moralische und politische Bildung der Massen. „Die Vergrößerung des Wissens", so schrieb Griffith 1913, „das Zerschlagen alten Aberglaubens, der Sinn für das Schöne haben sämtlich mit dem Fortschritt der Leinwand zugenommen. Unsere Helden sind immer demokratisch. Die gewöhnlichen Tugenden des amerikanischen Lebens triumphieren. Kein Konservativismus. Kein Sozialismus."[5] Das frühere Kino, so führte er aus, habe als reine Massenunterhaltung vor allem des notwendigen sozialen und ethischen Inhalts entbehrt. Hier ist bereits eine Veränderung der sozialen Funktion des Films zu beobachten – von einem naiven und populistischen Ausdruck der Kultur der Arbeiterklasse zu einem subtilen Instrument der sozialen Lenkung und Kontrolle.

Zwischen 1910 und 1913 zogen die meisten Filmproduktionsgesellschaften nach Hollywood um, damals noch ein Vorort von Los Angeles, um in einem Klima zu sein, das ganzjähriges Drehen erlaubte. Als die Filme länger wurden – zwei oder drei Stunden waren schon damals nicht ungewöhnlich –, stiegen auch die Produktionskosten drastisch an. Der ökonomische Druck, Gewinne einzuspielen, führte zur Massenproduktion von Genrefilmen (Western, Musical, Abenteuer- und Komödienfilme) und zur Einführung des Starsystems, wobei Stars wie Charlie Chaplin, Mary Pickford oder Douglas Fairbanks bis zu einer Million Dollar pro Film fordern konnten. Die Filmproduktion benötigte nunmehr immer gewaltigere Investitionen, die unvermeidlich zu einer zunehmend engeren Verflechtung von Hollywood und den großen Wall Street Banken und Aktiengesellschaften führten. Um 1915 bereits war die Filmindustrie selbst zum Big Business geworden, und bald galt das Wort ‚Hollywood' als Synonym für die kommerzielle Unterhaltungsindustrie generell.

2

Vergleicht man die Debatten über die Entstehung der Massenkultur in den Vereinigten Staaten mit jenen in Deutschland, so fallen einige markante Unterschiede auf. Form und Funktion der amerikanischen Massenkultur stellten, wie wir gesehen haben, eine Reaktion auf die kulturellen Bedürfnisse der riesigen Einwanderer-Arbeiterklasse dar und wurden von ihr geprägt. Wenngleich der Film in Berlin im selben Jahr (1895) wie in New York eingeführt wurde, gab es in Deutschland zu dieser Zeit – anders als in Amerika – kein vergleichbares großes Publikum dafür und demzufolge auch keinen ökonomischen Anreiz zur Ex-

---

Der brutale Deutsche als Stereotyp im amerikanischen Film. Negative Filmklischees vom Deutschen und Deutschamerikaner existierten seit Jahrhundertbeginn, doch machte erst der Kriegseintritt der USA 1917 die Verteufelung des Deutschen als Hunnen zur Alltagskost des Kinogängers. Assoziationen vom sadistischen Deutschen in Uniform, der Frauen quält und vergewaltigt, stammen im wesentlichen aus dieser Zeit, als auch D.W. Griffith seinen antideutschen Film „Hearts of the World" (1918) über die grausame Besetzung eines friedlichen französischen Dorfes durch deutsche Truppen drehte. Daraus (oben) die Szene, in der ein deutscher Soldat die junge Heldin (Lillian Gish) quält.
Im Zweiten Weltkrieg wurden derartige Stereotypen wieder hervorgeholt, allerdings mit stärkerer Differenzierung, vor allem in der Unterscheidung von Deutschen und Nazis. Während die Deutschen, zumeist die ‚kleinen Leute', auch positive Züge aufweisen, ist der kalt-brutale Nazi die immer wieder abgewandelte Verkörperung des Bösen. In der Szene (unten) aus „Hitler's Children", einem Kassenschlager von 1943 über Jugendliche, die sich für die Züchtung der Herrenrasse verpflichten sollen, kommen beide Gruppen nebeneinander zu stehen. Die junge Heldin, eine Amerikanerin, wird von SS-Leuten während des Gottesdienstes brutal arretiert.
Im Nachkriegsfilm verstärkte sich die Unterscheidung von Deutschen und Nazis, ebenso aber auch das Interesse am bösen Nazi, vor allem als Offizier, Spion oder Wissenschaftler. Damit hat der Nazi neben dem Kommunisten und dem Orientalen als einer der bestimmenden Negativtypen im amerikanischen Film und Fernsehen eine Dauerstellung gefunden. (Museum of Modern Art, New York/Courtesy of RKO General)

Massenkultur und Modernität

pansion. Während der ersten fünfzehn Jahre waren die Nickelodeons und Ladenkinos in Deutschland vor allem Zufluchtsstätten für Analphabeten, Arme und Arbeitslose. Erst nach 1910 wurden einige Versuche unternommen, Filme der heute normalen Länge mit durchgehender Handlung einzuführen (statt der üblichen Slapstick-Szenen von wenigen Minuten). Anders als das amerikanische Kino, das zu jener Zeit bereits eine auf die Unterhaltungsbedürfnisse der städtischen Massen ausgerichtete Industrie etabliert hatte, bewahrte das deutsche Kino eine vorwiegend literarische Orientierung. Die meisten der frühen deutschen Unterhaltungsfilme verwerteten Romane und Dramen des 19. Jahrhunderts oder Drehbücher von geschätzten Autoren wie Hugo von Hofmannsthal.[6] Die starken Verbindungen des deutschen Kinos zur etablierten Institution des Theaters zeigen sich auch darin, daß die meisten deutschen Filmschauspieler jener Zeit von der Bühne kamen, wodurch sich vielleicht der spezifisch unnaturalistische und letztlich sehr unfilmische Schauspielstil erklären läßt, der später für den expressionistischen Film so wichtig sein sollte. Die Literarisierung des deutschen Kinos zwischen 1910 und 1920 stieß allerdings auf heftigen Widerstand sowohl beim Publikum der Arbeiterklasse, das zur Zerstreuung und Unterhaltung und nicht zu Zwecken der literarischen Bildung ins Kino ging, als auch bei den Intellektuellen, die sich über die Erniedrigung ‚hoher' Kunst durch die Übertragung in die angeblich krude Sprache des Films beklagten. Zudem behinderte die Abhängigkeit des frühen deutschen Kinos von Roman und Theater die Entwicklung einer wirklich filmischen narrativen Syntax, die um diese Zeit in den USA bereits ein hohes Niveau der Differenziertheit erreicht hatte, etwa in einem so bahnbrechenden Film wie D.W. Griffiths „Birth of a Nation" (1915). Das deutsche Kino interessierte sich weniger für Handlung als für Atmosphäre und neoromantische Bildersprache. Schon 1913 führte Stellan Ryes Produktion des „Studenten von Prag" die Motivik des psychologischen Horrors, der Besessenheit und des Unheimlichen ein – eine Handlungs- und Bildmotivik, die später zum Wahrzeichen des deutschen expressionistischen Avantgarde-Films der zwanziger Jahre werden sollte. Offensichtlich konnten diese klar experimentellen Filme mit ihren Themen Verfolgungswahn, Identitätsverlust und Narzißmus kein Massenpublikum anziehen. Das deutsche Publikum schien Slapstick-Komödien, Melodramen und action-Filme vorzuziehen, alles vorwiegend importierte Unterhaltungsware aus Frankreich, Italien und den USA.

Der Ausbruch des Ersten Weltkriegs beendete jedoch abrupt die Einfuhr aller ausländischen Filme, und Deutschland wurde seinerseits vom internationalen Markt abgeschnitten. Als Antwort auf den Druck der erhöhten Nachfrage nach im Inland produzierten Filmen verfügte die Regierung die Fusion aller deutschen Produktionsgesellschaften sowie der Vorführ- und Vertriebsfirmen zu einem einzigen Konzern. Die Universum Film Aktiengesellschaft (UFA) wurde im wesentlichen zu dem Zweck subventioniert, deutsche Propagandafilme als psychologische Waffe gegen den Feind zu produzieren und zu vertreiben. Bei Kriegsende im November 1918 wurde die UFA an Firmen wie Krupp, Deutsche Bank und IG Farben verkauft und in eine private Gesellschaft umgewandelt. Die Konzentration der meisten, wenn auch nicht aller Talente und Ressourcen in einer Gesellschaft machte die UFA zum größten Studio in Europa vor dem Zweiten Weltkrieg, das während einer kurzen Zeitspanne in den zwanziger Jahren auf dem Auslandsmarkt sogar mit dem amerikanischen Film erfolgreich konkurrierte. Es ist nicht ohne Ironie (und nicht sehr verschieden von der Situation des neuen deutschen Kinos), daß der deutsche Avantgarde-Film der zwanziger Jahre, der die UFA mit Recht berühmt machte, von Seiten der Kritiker in den Vereinigten Staaten mehr Beifall erhielt als in Deutschland. „Das Cabinett des Dr. Caligari" zum Beispiel, visuell wahrscheinlich der gewagteste Film von 1920, wurde in New York mit großem Erfolg gezeigt, kaum ein Jahr nach seiner Uraufführung in Berlin, wo der Film nur mildes Interesse gefunden hatte. Amerikanische Filmkritiker benutzten „Caligari" als Beispiel eines künstlerischen Films, wie ihn Hollywood nicht produzieren konnte (und wollte), und polemisierten gegen die gesamte amerikanische Unterhaltungsindustrie, die, wie ein amerikanischer Kritiker es 1921 formulierte, Filme für „eine Gruppe von unterentwickelten Erwachsenen auf dem Niveau von Neunjährigen" machte.[7]

Diese kritische Auffassung von der Massenkultur unterschied sich erheblich von der, die man nach dem Krieg in Deutschland hegte. Deutsche Avantgarde-Schriftsteller und -Intellektuelle jener Zeit verstanden die amerikanische Massenkultur in deren *ursprünglichem Sinne* als eine Art moderne Volkskultur, die den kulturellen Bedürfnissen großer städtischer Massen entsprach. Gerade dieses Bild der Massenkultur erschien in Deutschland bis Mitte der zwanziger Jahre so immens attraktiv. Die Berliner Avantgarde betrachtete die amerikanische Massenkultur als ein Instrument zur radikalen Modernisierung und Demokratisierung der deutschen Kultur ebenso wie des deutschen Lebens. Die amerikanische Massenkultur wurde nicht nur gleichgesetzt mit Charlie Chaplin und Kino, Jazz und Charleston, mit Boxen und Zuschauersport; vor allem repräsentierte sie Modernität und das Ideal eines Lebens auf der Höhe der Zeit.

Kein anderes Land verschrieb sich der Modernität fieberhafter als Deutschland nach dem Krieg. „Amerika war eine gute Idee", schrieb einer der deutschen Intellektuellen 1930 aus der Rückschau,

> „es war das Land der Zukunft. Es war in seinem Jahrhundert zu Hause. Wir waren zu jung, um es zu kennen; unterdessen liebten wir es. Lang genug war bei uns die glorreiche Disziplin der Technik nur in Form von Tank, Mine, Blaukreuz zum Vorschein gekommen und zwecks Vernichtung von Menschenleben. In Amerika stand sie im Dienst des Menschenlebens. Die Sympathie, die man für Lift, Funkturm, Jazz äußerte, war demonstrativ. Sie war ein Bekenntnis. Sie war eine Art, das Schwert zur Pflugschar umzuschmieden. Sie war gegen Kavallerie; sie war für Pferdekräfte. Ihre Meinung ging dahin, den Flammenwerfer zum Staubsauger umzuschmieden und die Pflugschar noch zum Dampfpflug."[8]

Diese Begeisterung für Amerika bedeutete eine Ablehnung der jüngsten deutschen militärischen Vergangenheit und die Abkehr von den alten europäischen humanistischen Werten, die sich gegen den Mißbrauch der Technik für die Zwecke des Krieges als machtlos erwiesen hatten. Nach dem Zusammenbruch

„Im Westen nichts Neues" (1930), Hollywoods erfolgreiche Filmversion von Erich Maria Remarques gleichnamigem Roman, stellt die große Ausnahme der amerikanischen Kriegsfilme dar. Das Portrait des deutschen Soldaten ist darin durchgehend positiv gezeichnet. Er steht stellvertretend für die Soldaten aller Nationen im sinnlosen Kampf des Ersten Weltkrieges. Im Bild der Held Paul Bäumer, den kurz vor Kriegsende doch noch eine Kugel trifft. (Museum of Modern Art, New York/Courtesy of Universal Pictures)

der alten politischen Ordnung mit der militärischen Niederlage und dem Abtreten der autoritären Herrschaft des Kaisers wurden alle traditionellen aristokratischen Vorstellungen von Kultur, die mit dem alten politischen System verbunden waren, in Frage gestellt. Die frühe amerikanische Massenkultur wurde von der deutschen Avantgarde als Vorbild einer ‚Kultur für die Massen' benutzt, die alle falschen Ansprüche einer traditionellen Elitekultur untergraben konnte.

In einem 1923 erschienenen Artikel mit dem ironischen Titel „Bücher-Besprechung" gibt Hans Siemsen mutig zu, er werde nicht, wie man es von ihm erwarte, einige Bücher rezensieren, sondern stattdessen neue Jazz-Platten mit Titeln wie „California, Here I Come", Negro Spirituals und amerikanische Volkslieder besprechen.[9] In einem früheren Artikel hatte er auf den populistisch-kritischen Impuls der frühen amerikanischen Massenkultur angespielt und den Wunsch ausgedrückt, alle Politiker und Professoren sollten verpflichtet sein, „zuweilen öffentlich Jazz zu tanzen! Auf welch fröhliche Weise würden sie aller ihrer Würde entkleidet! Wie menschlich, wie nett, wie komisch müßten sie werden! [...] Hätte der Kaiser Jazz getanzt — niemals wäre das alles passiert! Aber ach! Er hätte es nie gelernt. Deutscher Kaiser zu sein, das ist leichter als Jazz zu tanzen."[10] Die Frage, ob Jazz als Kunst zu betrachten sei, wird von Siemsen als irrelevant abgetan. Jazz sei ganz einfach Teil des Lebens in der Gegenwart, ein Ausdruck des Tempos und des Rhythmus des städtischen Lebensstils. Wie die Liebe zum amerikanischen Film galt auch die Liebe zum amerikanischen Jazz in den frühen zwanziger Jahren als Zeichen für kulturelle Modernität.

Für die Berliner Avantgarde der Jahre unmittelbar nach dem Krieg bedeutete die amerikanische Massenkultur eine Art Ersatz-Revolution. Nach dem Scheitern der politischen Revolution im Jahr 1919 und dem nachfolgenden Abebben des revolutionären Impulses zog sich die literarische Avantgarde praktisch aus dem aktiven politischen Leben zurück und verlegte ihr Interesse von der Politik auf eine Umformulierung des Status und der sozialen Funktion der Kultur. Sie hegte die Hoffnung, eine radikale Modernisierung der deutschen Kultur und des deutschen Lebensstils würde eine Energie und eine Dynamik freisetzen, die das Leben in Deutschland dergestalt umformen könnten, daß sogar traditionell verkrustete Institutionen wie Literatur und Theater revolutionär werden könnten. Die amerikanische Massenkultur wurde als das Instrument angesehen, mit dem sich Deutschland für die Modernität mobilisieren ließe. Natürlich hatten die von Krieg und Inflation verursachten politischen und sozialen Veränderungen bereits die Grundlagen der deutschen Kultur des 19. Jahrhunderts mit ihrer Orientierung auf Goethe und Schiller erheblich erschüttert. Sowohl die Demontage der Vorstellungen von Kunst als Institution durch die Dadaisten als auch die politische Instrumentalisierung der Kunst als Waffe im Klassenkampf in der proletarisch-revolutionären Literatur hatten nach dem Krieg gleichfalls dazu beigetragen, den Widerstand gegen das Einströmen der amerikanischen Massenkultur zu schwächen.

„Wie mich dieses Deutschland langweilt." So faßt Bert Brecht in einem kurzen Tagebucheintrag vom 18. Juni 1920 seinen Überdruß an Deutschland zusammen. Er kritisiert alle Klassen der deutschen Gesellschaft — Bauern, Mittelstand und Intellektuelle — und gelangt zu dem Schluß: „Bleibt Amerika".[11] Für Brecht wie für andere Avantgarde-Autoren der frühen zwanziger Jahre bot Amerika die einzige moderne, progressive Alternative zu dem halbfeudalen Lebensstil Deutschlands. Amerika — mehr als Rußland — wurde durchgängig als die *Neue* Welt dargestellt, als die Alternative, das Andere. Die Beziehung zwischen Deutschland und Amerika wurde damals verstanden als die historisch bedeutsame Begegnung zwischen zwei radikal verschiedenen Kulturen, zwischen zwei Weisen, die Welt zu sehen und zu interpretieren, als Kampf zwischen zwei unterschiedlichen kulturellen Sprachen und Zeichensystemen. Die Faszination von einer alternativen und durch und durch modernen kulturellen Sprache hat sich in einem großen Teil der Literatur der Weimarer Republik niedergeschlagen. So erscheint z.B. in Brechts frühem Stück „Im Dickicht der Städte" (1923) ein Geistlicher, der allein an einem Seitentisch in einer Bar sitzt und laut die Namen der verschiedenen Getränke auf der Karte liest: „Cherry-Flip, Cherry-

Brandy, Gin-Fizz, Whisky-Sour, Golden Slipper, Manhattan Cocktail, Curaçao extra sec, Orange, Maraschino, Cusinier und das Spezialgetränk dieser Bar: Egg-Nog. Dieses Getränk allein besteht aus: rohem Ei, Zucker, Cognac, Jamaica-Rum, Milch."[12] Dieser kurze Ausflug in die Welt der amerikanischen Drinks, der im Rahmen des dramatischen Geschehens völlig unmotiviert ist, demonstriert die rein linguistische Verlockung und Magie des amerikanischen konsumorientierten Lebensstils. Bilder von diesem modernen Lebensstil fanden weite Verbreitung in der Weimarer Republik und beeinflußten Mode, Benehmen, Schönheitsideal, Geschmack, sexuelles Verhalten, Freizeitgestaltung und Unterhaltung in Deutschland. Besonders amerikanische Filme feierten die Ideale des Konsums und bekräftigten die Hoffnung auf materiellen Überfluß. Sie schufen die Bilder und Phantasien von der Neuen Welt, die bei der Entstehung der deutschen Auffassung von Modernität allgemein entscheidend waren.

Die amerikanische Massenkultur erschien weltweit attraktiv. Implizit untergrub sie das ethnisch-kulturelle Konzept des Nationalstaats, und deutsche Intellektuelle sahen in ihr ein Gegengift zu dem kriegerischen Patriotismus des Ersten Weltkriegs. Die Popularität Charlie Chaplins überwand nationale Grenzen und verwandelte viele verschiedene Nationen praktisch in ein großes gleichzeitiges Publikum, das in der gemeinsamen Freude an Chaplins Komödie vereint war. Die amerikanische Massenkultur wurde in Deutschland als wahrhaft demokratisch und egalitär betrachtet. In einem Essay des Jahres 1926 über die Demokratisierung der Kultur schrieb der Kunstkritiker Adolf Behne, die europäische Auffassung von Kultur sei diktatorisch; die amerikanische Zivilisation dagegen sei „aufgebaut auf den Herzen und auf den Sinnen der Masse".[13] Er verlangte die Zerstörung des elitären Prinzips der Kunst und den Übergang „von der Luxus-Produktion zur Bedarfs-Produktion", so „wie Ford es, demokratisch denkend und handelnd, im Automobil-Bau getan hat." Er zog den Film der Literatur vor, weil, so führt er aus, „der Film von seiner Geburtsstunde an demokratisch ist".[14] Der Film habe als „Massenkunst" begonnen und könnte deshalb nicht als „individualistisches Kunstwerk" bestehen. Die deutschen Massen (so Behne) strömten in die Charlie Chaplin-Filme, weil diese den Bedürfnissen und Wünschen der Massen *überall* entsprächen.

Um die Mitte der zwanziger Jahre war in Deutschland ein neues Massenpublikum entstanden. Es bestand vorwiegend aus Angestellten, aus Sekretärinnen, Buchhaltern und Verkäufern, die mit gesichertem Einkommen, festen Arbeitsstunden und viel Freizeit in den Großstädten lebten. Berlin als größtes Industrie- und Technik-Zentrum in Deutschland wies für Deutschland den höchsten Anteil von Angestellten auf (31 Prozent der Beschäftigten). Siegfried Kracauer zufolge bildeten die Angestellten die „Massen, deren Dasein in Berlin und den übrigen großen Städten vor allem, mehr und mehr ein einheitliches Gepräge annimmt. Gleichförmige Berufsverhältnisse und Kollektivverträge bedingen den Zuschnitt der Existenz".[15] Entstanden sei dabei „das *homogene Weltstadt-Publikum*, das vom Bankdirektor bis zum Handlungsgehilfen, von der Diva bis zur Stenotypistin *eines* Sinnes ist".[16] Berlin ist für Kracauer die „Stadt der ausgesprochenen Angestelltenkultur, d.h. einer Kultur, die von Angestellten für Angestellte gemacht und von den meisten Angestellten für eine Kultur gehalten wird".[17] Offensichtlich steht Kracauer dieser Art von Kultur, die vor allem abzulenken sucht, ironisch gegenüber. Dennoch spielte die Massenkultur für die Angestellten eine zunehmend wichtige sozio-psychologische Rolle: Sie bot imaginäre Fluchtwege aus der Öde eines Berufsalltags, der häufig nur routinemäßige, mechanische Aufgaben mit wenig oder gar keiner Verantwortung und Befriedigung bot. Die Massenkultur lieferte die Spannung und die Aufregung, die im Einerlei und der Langeweile des täglichen Lebens fehlte; sie füllte die Lücke, die entfremdete und sinnlose Arbeit gerissen hatte. Der Niedergang von Status und Bedeutung des einzelnen Angestellten wurde kompensiert durch die zunehmende Aufmerksamkeit, die man seinen Freizeit- und Unterhaltungsbedürfnissen widmete. In den Vereinigten Staaten wie in Europa wurden während der zwanziger Jahre gigantische Filmtheater gebaut, mit denen das neue Mittelstands-Publikum angezogen werden sollte. Die Architektur dieser Vergnügungspaläste mit ihren luxuriösen Innenausstattungen, bombastischen Foyers und extravagant dekorierten Wänden und Decken verkündete, daß diese Welt sich vom ‚wirklichen Leben' abhebe. Auch die gezeigten Filme spiegelten die Veränderung des Kinopublikums wider. Dominierende Themen waren nicht mehr die Anpassungs- und Überlebensprobleme von Einwanderern und Arbeitern in einer Industriegesellschaft, sondern vielmehr die (wirklichen und eingebildeten) Schwierigkeiten des Lebens der Mittelschicht. Probleme der ehelichen Treue und Romanzen wurden in endlosen Variationen melodramatisch oder ironisch durchgespielt, häufig von der Gegenwart abgehoben und in einen historischen oder exotischen Rahmen gestellt. Ein immer größerer Teil dieser offen eskapistischen Filme wurde direkt aus Hollywood importiert.

Das zunehmende Hereinströmen amerikanischer Filme ab Mitte der zwanziger Jahre läßt sich auf die Auswirkungen des Dawes-Plans von 1924 zurückführen, der Deutschland die Zahlung der Reparationen erleichtern sollte. Eine der Bestimmungen des Plans verlangte die Einschränkung aller deutschen Exporte — eine Bestimmung, die verheerende Folgen für die deutsche Filmindustrie hatte. Zahlreiche unabhängige Filmgesellschaften machten Bankrott, und die deutsche Filmproduktion ging stark zurück. Dies wiederum bot Hollywood eine Chance, mehr Filme nach Deutschland zu schicken, Filmtheater aufzukaufen und sogar in das Verleihgeschäft einzusteigen. Als die UFA 1925 kurz vor dem Zusammenbruch stand, kamen die amerikanischen Studios Paramount und Metro-Goldwyn-Mayer zu Hilfe und liehen Geld; als Gegenleistung erhielten sie gemeinsame Rechte an UFA-Studios, -Kinos und -Personal, mit der Konsequenz, daß viele UFA-Regisseure und -Künstler, unter ihnen Ernst Lubitsch, F.W. Murnau, Berthold Viertel, Conrad Veidt und Greta Garbo, um nur die berühmtesten zu nennen, auch in Hollywood arbeiteten. Einige blieben dort, andere kehrten nach Deutschland zurück und gingen ein paar Jahre später, nach Hitlers Machtergreifung, erneut nach Hollywood.[18]

Mythos Marlene. Auch er gehört zum deutschen Image in Amerika, so sehr der Regisseur Josef von Sternberg Anfang der dreißiger Jahre die Berliner Schauspielerin Marlene Dietrich zu einem internationalen Hollywood-Star machte. In der Mischung von androgynem Vamp und männerverschlingender ‚Neuer Sachlichkeit' verkörperte sie einen Typus, in dem man auch nach 1933 das moderne Deutschland der Weimarer Republik präsent sah. Das Foto gehört zu dem 1930 von Sternberg gedrehten Film „Morocco". (E.R. Richee, Courtesy of Museum of Modern Art, New York)

3

Der durch Hollywoods Hegemoniestreben systematisch vorangetriebene Machtkampf um das Monopol der Massenkultur in Deutschland rief bereits ab Mitte der zwanziger Jahre bei den deutschen Intellektuellen zunehmend Kritik am scheinbar unaufhaltsamen ‚Kultur-Amerikanismus' hervor. Herbert Ihering, ein einflußreicher Theaterkritiker und in den frühen zwanziger Jahren einer der entschiedensten Fürsprecher der Massenkultur und der kulturellen Modernität, schrieb 1926:

> „Die Zahl der Menschen, die Filme sieht und keine Bücher liest, geht in die Millionen. Sie alle werden dem amerikanischen Geschmack unterworfen, werden gleichgemacht, uniformiert... Der amerikanische Film ist der neue Weltmilitarismus. Er rückt an. Er ist gefährlicher als der preußische. Er verschlingt nicht Einzelindividuen. Er verschlingt Völkerindividuen."[19]

Nicht nur unter konservativen Kritikern wie Adolf Halfeld, Oswald Spengler und anderen, sondern auch unter linken Avantgarde-Intellektuellen wie Lion Feuchtwanger und Bertolt Brecht wurde die Befürchtung geäußert, die fortschreitende Amerikanisierung Deutschlands führe zum Verlust seiner kulturellen Identität – es werde, wie Ihering es formulierte, von der amerikanischen Massenkultur verschlungen werden.

Um die Mitte der zwanziger Jahre, als eine Fünf-Jahres-Periode relativer politischer und wirtschaftlicher Stabilisierung begann, erfolgte eine merkliche Veränderung des Amerikabildes. Mit Amerika verband sich nun nicht mehr in erster Linie die Massenkultur von Jazz, Sport und Kino, sondern in starkem Maße das Image von Technokratie und industrieller Rationalisierung. Amerikanismus im ökonomischen Bereich bedeutete Effizienz, Disziplin und Kontrolle. Bei deutschen Avantgarde-Schriftstellern und -Intellektuellen begann eine bittere Desillusionierung: Idealistisch hatten sie sich eingesetzt für Amerika und die Massenkultur als Symbole der sozialen, politischen und kulturellen Modernität mit progressivem Potential für die Demokratisierung und Modernisierung der Kultur. Stattdessen mußten sie nunmehr einräumen, daß die Dynamik des kapitalistischen Markts eine Filmproduktion erzeugt hatte, die auf Standardisierung, Konzentration und kosteneffektiver Einförmigkeit basierte. Siegfried Kracauer, einer der zahlreichen deutschen Intellektuellen, die sich für die Massenkultur als logische Erweiterung der Massendemokratie und des technischen Fortschritts ausgesprochen hatten, kritisierte 1929 den Kultur-Amerikanismus als eine Mode, die dazu dienen solle, die „obdachlosen" Angestellten-Massen mit Unterhaltung abzulenken, statt sie über ihre Ausbeutung aufzuklären.[20] Die Funktion der Mittelstands-Massenkultur als eines ungemein wirksamen Instruments der sozialen Kontrolle war Ende der zwanziger Jahre klar erkannt worden. Es bedeutete keine Überraschung für Intellektuelle wie Kracauer und – später in der gleichen Tradition – Theodor W. Adorno und Max Horkheimer, daß Hitler und sein Propagandaministerium die Massenkultur für eine umfassende Manipulation der Massen zu mißbrauchen vermochten.

Die Veränderung der Einstellung deutscher Intellektueller in den zwanziger Jahren zur amerikanischen Massenkultur drückt eine Ambivalenz aus, die für Debatten über die sozialen Funktionen der Massenkultur bis zum heutigen Tag charakteristisch ist. Einerseits vermag die fiktionale Welt der Massenkultur unserem notwendigerweise eingeengten sozialen und emotionalen Leben kritische, oft karnevalistische Perspektiven und utopische Alternativen anzubieten; andererseits funktioniert sie als allumfassender und häufig zynischer Apparat für die soziale Kontrolle und die Manipulation legitimer Wünsche. Wenngleich die technischen Medien der Massenkultur heute nicht mehr als wichtigste Antriebskraft für die Modernisierung des gesellschaftlichen Lebens in der Bundesrepublik oder in den USA gelten können, so scheint es doch, daß die Debatte über die ursprünglichen Funktionen der Massenkultur in beiden Ländern gerade erst begonnen hat.[21] Die Hoffnung besteht, daß der Blick auf die Ursprünge Perspektiven für die Zukunft eröffnet.

Anmerkungen

1 Die folgenden neueren amerikanischen Publikationen bieten den diskursiven Kontext, in den meine Arbeit gestellt werden kann: Daniel J. Czitrom, Media and the American Mind. From Morse to McLuhan, Chapel Hill: North Carolina Press, 1982; Stuart u. Elizabeth Ewen, Channels of Desire. Mass Images and the Shaping of American Consciousness, New York: McGraw Hill, 1982; Lary May, Screening Out the Past. The Birth of Mass Culture and the Motion Picture Industry, New York: Oxford University Press, 1980; Gerald Mast (Hg.), The Movies in Our Midst. Documents in the Cultural History of Film in America, Chicago: University of Chicago Press, 1982; Judith Mayne, Immigrants and Spectators, in: Wide Angle 5. Nr. 2, 1982, S. 32−40; Robert Sklar, Movie-Made America. A Social History of American Movies, New York: Random House, 1975; Robert C. Toll, The Entertainment Machine. American Show Business in the Twentieth Century, New York: Oxford University Press, 1982. − Es gibt keine vergleichbaren Arbeiten über die Sozialgeschichte der frühen Massenkultur in Deutschland. Der vorliegende Artikel kann lediglich versuchen, aus vergleichender (amerikanisch-deutscher) Perspektive einige der Gebiete abzustecken, die eine solche Geschichte zu behandeln hätte.
2 S. Foucaults Beschreibung seines „Projekts" in: Discipline and Punish. The Birth of the Prison, Übers. Alan Sheridan, New York: Random House, 1977, S. 30 f.: „Ich möchte die Geschichte dieses Gefängnisses schreiben.... Warum? Einfach nur, weil ich mich für die Vergangenheit interessiere? Nein, wenn man damit das Schreiben einer Geschichte der Vergangenheit unter dem Blickwinkel der Gegenwart meint. Ja, wenn man das Schreiben einer Geschichte der Gegenwart meint."
3 Der Kunsthistoriker Erwin Panowsky betrachtete den Film ursprünglich als „ein Produkt echter Volkskunst". S. Panowsky, Style and Medium in the Motion Pictures, in: Film Theory and Criticism. Introductory Readings, Hg. v. Gerald Mast u. Marshall Cohen, New York: Oxford University Press, 1979, S. 243.
4 Russel Nye, The Unembarrassed Muse. The Popular Arts in America, New York: Dial Press, 1970, S. 364.
5 Zit. bei May, S. 61.
6 Zu weiteren Details über die Wechselwirkung zwischen Literatur und Film in Deutschland, s. meine Kino-Debatte. Texte zum Verhältnis von Literatur und Film, Tübingen: Niemeyer, 1978.
7 Alfred B. Kuttner, The Foreign ‚Invasion', in: Exceptional Photoplays, Bulletin Nr. 10, November 1921, o. S. Exceptional Photoplays war eine unabhängige kritische Filmzeitschrift ohne Filmwerbung. − Eine kurze Darstellung der amerikanischen Rezeption dieses Films findet sich bei Michael Budd, The Cabinet of Dr. Caligari. Conditions of Reception, in: Ciné-tracts 3, 1981, S. 41−49; vgl. auch mein Expressionismus in Amerika. Rezeption und Innovation, Tübingen: Niemeyer, 1975, S. 62−67.
8 Hans A. Joachim, Romane aus Amerika, in: Die neue Rundschau 41. 1930, S. 397 f. Vgl. die ausgedehnte Debatte über Kultur-‚Amerikanismus' in dem von mir herausgegebenen Band Weimarer Republik. Manifeste und Dokumente zur deutschen Literatur 1918−1933, Stuttgart: Metzler, 1983, S. 265−286.
9 Hans Siemsen, Bücher-Besprechung, in: Die Weltbühne 21. 1923, S. 858.
10 Ders., Jazz-Band, in: Die Weltbühne 10. 1921, S. 287.
11 Bertolt Brecht, Gesammelte Werke, 20 Bde., Frankfurt: Suhrkamp, 1967, Bd. 20, S. 10.
12 Ebd., Bd. 1, S. 181.
13 Adolf Behne, Die Stellung des Publikums zur modernen deutschen Literatur, in: Kaes, Kino-Debatte, S. 161. S. auch William Fox' Beschreibung des Kinos als demokratischer Institution aus dem Jahr 1912 (zit. in May, S. 152 f.): „Filme atmen den Geist, in dem das Land gegründet wurde, Freiheit und Gleichheit. In den Filmtheatern gibt es keine Trennung der Klassen... Im Kino sind die Reichen in Tuchfühlung mit den Armen, und so sollte es sein. Der Film ist eine deutlich amerikanische Institution."
14 Behne, Ebd.
15 Siegfried Kracauer, Die Angestellten. Aus dem neuesten Deutschland, Frankfurt: Suhrkamp, 1974, S. 65.

16 Ders., Kult der Zerstreuung. Über die Berliner Lichtspielhäuser, in: Kaes, Weimarer Republik, S. 249.
17 Kracauer, Angestellten, S. 15.
18 S. den Ausstellungskatalog German Film Directors in Hollywood. Film Emigration from Germany and Austria, Hg. v. Ernst Schürmann, San Francisco: Goethe Institute, 1978.
19 Herbert Ihering, UFA und Buster Keaton, in: ders., Von Reinhardt bis Brecht, 3 Bde., Berlin (Ost): Aufbau, 1961, Bd. 2, S. 509.
20 Kracauer, Angestellten, S. 95–100.
21 Vgl. die Sondernummer von New German Critique (29. 1983) über Mass Culture in Imperial Germany 1871–1918, bes. die Aufsätze von Jochen Schulte-Sasse, Toward a Culture for the Masses, und Miriam Hansen, Early Silent Cinema. Whose Public Sphere? S. auch Thomas Elsaesser, Film History and Visual Pleasure. Weimar Cinema, in: Cinema Histories, Cinema Practices, Hg. v. Patricia Mellencamp u. Philip Rosen, Los Angeles: The American Film Institute, 1984, S. 47-84.

47. Aufstieg und Fall des Amerikanismus in Deutschland

Frank Trommler

1

Spricht man von Entwicklungen, die Amerika und Europa im 20. Jahrhundert näherbrachten, dürfte der beste Ausgangspunkt die Besinnung auf die Distanz sein, die dabei zu überwinden war (und ist). Georges Clemenceaus berühmtgewordene Aussage setzt dafür in unübertroffener Arroganz den Ton: „Amerika? Das ist die Entwicklung von der Barbarei zur Dekadenz ohne den Umweg durch die Kultur."[1] Heinrich Heine schalt die Amerikaner wegen ihrer Gleichmacherei und hielt ihnen vor: „Der weltliche Nutzen ist ihre eigentliche Religion, und das Geld ist ihr Gott, ihr einziger, allmächtiger Gott."[2] Friedrich Nietzsche schließlich bemühte sogar die ahnungslosen Indianer bei seiner Feststellung in der „Fröhlichen Wissenschaft," es sei „eine indianerhafte, dem Indianer-Blute eigentümliche Wildheit in der Art, wie die Amerikaner nach Gold trachten."[3]

In der Tat war die Distanz groß, und der Eifer, mit dem man sie in zahllosen Publikationen, Reflexionen und Proklamationen herausstellte, legt den Schluß nahe, daß sich Europäer und Amerikaner im allgemeinen mehr für die Definition der Unterschiede als der Gemeinsamkeiten interessiert haben. Sowohl der Begriff ‚Amerikanisierung', der um die Jahrhundertwende Verbreitung fand, als auch der Parallelbegriff ‚Amerikanismus', der in den zwanziger Jahren in fast ideologischer Form propagiert wurde, enthielten viel Ambivalenz und tendierten eher zum Negativen. Der Hinweis auf die Vereinigten Staaten als Modell gesellschaftlicher und industrieller Modernisierung hatte einen oft kritischen und alarmierenden, bisweilen geradezu feindlichen Ton. Schon Nietzsche fügte seiner Feststellung über die indianerhafte Wildheit der goldgierigen Amerikaner die Warnung an: „Ihre atemlose Hast der Arbeit – das eigentliche Laster der neuen Welt – beginnt bereits durch Ansteckung das alte Europa wild zu machen und eine ganz wunderliche Geistlosigkeit darüber zu breiten."[4] Ein erstes Resümee zog 1901 der britische Kritiker W.I. Stead in seiner umfassenden Studie „The Americanization of the World or the Trend of the Twentieth Century" (Die Amerikanisierung der Welt oder der Trend des 20. Jahrhunderts). Dort heißt es, daß Amerikanismus bzw. Amerikanisierung mit Modernisierung gleichgesetzt werde und die Furcht vor seelenloser Rationalisierung, Massengesellschaft und Massenkultur wecke. Stead stellte ebenfalls fest, daß die Definition von Amerikanismus schwanke und von den jeweils verschiedenen Ansichten über das moderne Leben abhänge.

Steads Analyse wurde dreißig Jahre danach von dem holländischen Historiker und späteren Sekretär des Weltkirchenrates, Visser't Hooft, bestätigt, der darlegte, daß der in Europa kultivierte Amerikamythos als psychologische Realität für die Europäer wesentlich wichtiger sei als die Wahrheit über Amerika. Denn Europa, schrieb Visser't Hooft 1931, „wird von seinem eigenen Amerikabild stärker beeinflußt als von Amerika selbst." Er gelangte zu folgender Differenzierung, die den Kern der meisten Definitionen von Amerikanisierung enthält: „Es gibt demnach zwei verschiedene europäische Reaktionen gegenüber Amerika; sie entstammen zwei verschiedenen Geisteshaltungen: auf der einen Seite der technischen und wirtschaftlichen, die gleichermaßen von Arbeitgebern und Arbeitnehmern repräsentiert wird, die amerikanische Methoden studieren und für Rationalisierung eintreten; auf der anderen Seite der kulturellen, die von denjenigen vertreten wird, die sich der Amerikanisierung als Angriff auf die von ihnen höchstgeschätzten Werte europäischen Lebens widersetzen würden. . . . Das tragische Paradox der europäisch-amerikanischen Beziehungen liegt darin, daß wir uns, je näher wir uns in äußeren Formen kommen, desto weiter in den tieferen Dingen des Lebens voneinander zu entfernen scheinen."[5] Die Unterscheidung zwischen ökonomischer und kultureller Amerikanisierung ist grundlegend. Sie hat für viele Zeitgenossen Gültigkeit bewahrt, auch wenn sie nach dem Zweiten Weltkrieg an Gewicht verlor.

Überblickt man die Feststellung von Europäern über Amerika und den Amerikanismus in ihrer ganzen Vielfalt, überrascht die Ähnlichkeit der Kritik. In immer neuen Variationen ziehen die Autoren gegen das häßliche Antlitz vom Leder, das die Modernisierung in Amerika enthüllt habe. Obwohl die Amerikanisierung auf dem Gebiet wirtschaftlicher und industrieller Organisation wichtige Innovationen gebracht hat, wird sie als ein Phänomen kultureller Entfremdung gewertet, das man vermeiden müsse. Mit anderen Worten, was Europäer an der Modernisierung ablehnen, etikettieren sie als ‚amerikanisch'. Europa scheint Amerika und den Amerikanismus als ein Ventil für seine Schwierigkeiten zu benutzen, mit den entfremdenden Wirkungen der Modernisierung fertigzuwerden. Es ist, als ob Europa Amerika benötige, um ein klar umrissenes Bild seiner selbst zu bewahren.

Weniger ist darüber geschrieben worden, daß dieses Phänomen eine sehr enge Entsprechung in den Vereinigten Staaten besitzt. In seinem Buch „Amerika and the Image of Europe" hat Daniel Boorstin die Geschichte des amerikanischen Selbstverständnisses mit den Worten zusammengefaßt: „Wir stehen für all das, was Europa *nicht* ist." Boorstin verfolgt, wie diese Selbsteinschätzung im 20. Jahrhundert besonders mit der Weltwirtschaftskrise und der Teilnahme Amerikas an den Weltkriegen zerbrach. Er nennt es den „Fall des amerikanischen Adam," der sich – gegen seinen Willen – der Tatsache stellen mußte, daß auch er gegenüber den Übeln, die Europa heimsuchten, nicht gefeit war. „Die Folge dieser und anderer Tatsachen," schließt Boorstin, „war nicht, daß wir unsere Denkgewohnheit aufgaben, unsere traditionelle Tendenz, die Vereinigten Staaten am einen Ende der Antithese und ein Bild aller möglichen Übel am andern Ende zu sehen. Vielmehr hat sie uns dazu geführt, den Rahmen mit einem neuen Inhalt zu füllen. Während wir früher ein Nicht-Europa waren, sind wir heute zu einer Art Nicht-Kommunismus geworden. War Europa fast während unserer ganzen Geschichte ein handlicher Spiegel, in dem wir sehen konnten, was wir nicht waren, und der uns somit zu entdecken half, was wir waren, so leistet uns heute der Kommunismus den gleichen Dienst."[6] In Boorstins These, die in den fünfziger Jahren formuliert wurde, schwingt noch etwas vom Kalten Krieg mit. Trotzdem traf Boorstin den Nagel auf den Kopf. Er lieferte wichtige Argumente für die Feststellung, daß zwischen dem europäischen Konzept des Amerikanismus und der Erkenntnis der Amerikaner, daß sie im 20. Jahrhundert ihre Einmaligkeit verloren haben, eine Korrespondenz besteht. Diese Korrespondenz ist komplex. Trotz aller Erklärungen zur wesentlichen Allianz spielt sie für die transatlantischen Beziehungen nach wie vor eine bedeutsame Rolle.

2

Das Amerikabild der Deutschen ist Teil dieser Konstellation, wobei die beiden Weltkriege und die nachfolgenden Aufbauperioden für besonders extreme Reaktionen gegenüber Amerika und dem Amerikanismus gesorgt haben. Da eine zusammenfassende Darstellung der neueren Entwicklungen noch nicht existiert, mögen hier einige Beobachtungen am Platze sein, nicht zuletzt angesichts des vermuteten neuen Antagonismus zwischen Europa und den Vereinigten Staaten.

Trotz des enormen Exodus von Deutschen nach Amerika in den vergangenen Jahrhunderten standen Amerikainteresse und -kenntnis am Rande des deutschen politisch-gesellschaftlichen Denkens. Hatte sich der deutsche Imperialismus stark aus einem überkompensierten Provinzialismus genährt, so verhalf die Isolierung der Mittelmächte im Ersten Weltkrieg kaum zu einer klareren Sicht auf die aufsteigende Weltmacht auf der anderen Seite des Atlantik. Im Gegenteil, eine starke ideologische Rechtfertigung für den Kriegseinsatz leitete sich aus der Auffassung her, gegen die Massendemokratie und Dekadenz des Westens kämpfen zu müssen. Damit war auch Amerika gemeint, obwohl man es nur als dünne Silhouette am westlichen Horizont hinter Frankreich und England wahrnahm. Als die Vereinigten Staaten 1917 in den Krieg eintraten, fühlten sich deutsche Politiker und Schriftsteller bemüßigt, der Welt – zumindest ihrer Welt – zu versichern, Amerika sei eine Nation ohne Kultur, zumindest ohne das deutsche Konzept von Kultur.

Dieses Verdikt, das im Selbstverständnis der Deutschen als Kulturnation tief verwurzelt war, behielt sein Gewicht lange nach dem Ersten Weltkrieg. Klaus Schwabe hat gezeigt, wie der Antiamerikanismus der Kriegsjahre von der politischen Rechten in Deutschland lebendig erhalten wurde, besonders in der Zeit nach dem Ende der Inflation 1923, als sich die Republik ökonomisch und politisch zu stabilisieren begann.[7] Da Modernisierung, vor allem industrielle Rationalisierung und politische Demokratisierung, als offizielle Politik der Weimarer

Republik galt, gingen der Kampf gegen Amerikanisierung und der Kampf gegen die neue Republik oft ineinander über.

Als die chaotischen Nachkriegsjahre endeten und das Thema Modernisierung ins Zentrum der Aufmerksamkeit rückte, wurde der Begriff ‚Amerikanismus' speziell von zwei gesellschaftlichen Gruppierungen hochgespielt, Ingenieuren und Geschäftsleuten auf der einen Seite und Journalisten und Intellektuellen auf der anderen. Die erste Gruppierung erfuhr in der zweiten Hälfte der zwanziger Jahre eine Periode höchsten Interesses. Abhandlungen und Berichte deutscher Reisender verkündeten die Botschaft, daß das amerikanische Wirtschaftswunder, wie man es nannte, ein Modell für den wirtschaftlichen Aufbau Deutschlands sein könne und solle. Der Begriff ‚Wirtschaftswunder' erschien im Titel eines einflußreichen Buches von Julius Hirsch, einem Professor an der Universität Köln und zeitweiligen Staatssekretär im Reichswirtschaftsministerium. In „Das amerikanische Wirtschaftswunder" (1926) analysierte Hirsch die Herausforderung der USA an die Welt. Er betonte, daß der amerikanische Wirtschaftserfolg kein Wunder darstelle, sondern auf neuen Formen industrieller Organisation beruhe, die man übernehmen solle.

Den Begriff Wirtschaftswunder hat man bekanntermaßen nach dem Zweiten Weltkrieg auf den erfolgreichen deutschen Wiederaufbau angewendet. Das war keine Koinzidenz. Kontinuitäten in Haltungen und Einschätzungen erhielten sich über die dreißiger und vierziger Jahre hinweg. Wirtschaftspolitische Vorstellungen, die in der zweiten Hälfte der zwanziger Jahre wuchsen, behielten trotz der Weltwirtschaftskrise ihre Anziehungskraft. Schon der deutsche Wirtschaftsaufschwung nach 1933 wurde mit dem amerikanischen Beispiel verglichen. „Es ist seltsam," bemerkte ein amerikanischer Historiker, „daß sowohl viele Befürworter als auch Gegner des Amerikanismus auf die Hitlerbewegung ihre Hoffnung setzten. Insofern Amerika als Inspiration gewirkt hatte, war es sein Geist der Initiative, seine Dynamik, seine Zukunftsorientierung gewesen, denen man nacheiferte. Demokratie *per se* war wenig anziehend, ausgenommen wenn sie ein Gefühl der Kameradschaft, der Solidarität bei der Bewältigung nationaler Probleme vermittelte, und für zahlreiche Deutsche wurde das auch von der Nazi-Bewegung vermittelt."[8] Eine heikle Zuordnung, könnte man anschließen, allerdings weniger fragwürdig, wenn man die Geschwindigkeit bedenkt, mit der die deutschen Wirtschafts- und Industrieführer nach der bedingungslosen Kapitulation von 1945 ihren Sinn für dynamische Expansion wiederfanden, ganz abgesehen von dem konsequenten Leistungsdenken, aus dem sich die westdeutsche Gesellschaft in den fünfziger und sechziger Jahren das Gefühl eines wohlverdienten Erfolges verschaffte.

Wenn von Julius Hirschs Propagierung des Amerikanismus die Rede ist, zu der die Bewunderung für Henry Ford als Propheten des Amerikanismus hinzuzufügen wäre, sollte man auch von Hirschs Antipoden in der Weimarer Republik, Adolf Halfeld, sprechen, dessen Buch „Amerika und der Amerikanismus" (1927) für den Antiamerikanismus eines großen Teiles der kulturellen Elite zur Bibel wurde. Seine Kapitalüberschriften verraten bereits die Orientierung an

Amerika als gestaltgewordene Moderne, wie es der Umschlag eines der zahlreichen Reiseberichte in den zwanziger Jahren zeigt. New Yorks Wolkenkratzer und die großen transkontinentalen Eisenbahnzüge waren Fixpunkte eines aus Wunschdenken, Erschrecken und europäischer Selbstkritik gemischten Bildes, das in Deutschland nicht nur nach dem verlorenen Ersten, sondern auch nach dem verlorenen Zweiten Weltkrieg als Ansporn wirkte. Mit der Mythisierung der Größe Amerikas aus europäischer Perspektive wuchs allerdings auch die Verletzbarkeit dieses Bildes. (Garden Court Collection)

den bestehenden Klischees und Vorurteilen, so etwa „Der Geschäftsstaat," „Die Allmacht des Erfolgsdenkens," „Fesseln des Geistes." Den Band begleitete ein Werbetext, demzufolge er „das Gegenstück zu Henry Ford" darstelle. Auf dem Umschlag war zu lesen, die Kultur Europas, besonders Deutschlands, die aus der Tradition gewachsen sei, werde von Amerika mit seiner Konzentration auf Materialismus und Mechanisierung des Lebens bedroht. Rationalisierung nach amerikanischem Vorbild sei Trumpf, gleichgültig ob sie das Humane im Menschen töte.[9] Halfelds Sorge wurde von vielen Zeitgenossen geteilt, die im Aufstieg des ‚Dollar-Imperialismus' den Abstieg nicht nur Deutschlands, sondern generell der europäischen Kultur bestätigt sahen. Oswald Spenglers Prophezeiung schien sich zu bewahrheiten, und sogar Autoren wie Hermann Hesse, die die Bedeutung der amerikanischen Massenkultur, besonders von Jazz und Film, als Ausdruck der Gegenwart anerkannten, verheimlichten nicht ihre

Aufstieg und Fall des Amerikanismus in Deutschland

Amerika stuft sich selbst zum Land der begrenzten Möglichkeiten zurück. Der „Spiegel"-Titel faßte 1979 zusammen, was in der Periode des Vietnamkrieges und der Watergate-Affäre mit dem amerikanischen Mythos geschehen war: eine Selbstdemontage. Allerdings blieb es nur selten bei dieser Feststellung der Europäer. Ihr Antiamerikanismus folgte auch in dieser Phase dem Enttäuschungsmuster, das sich bis zur Gründung der Vereinigten Staaten zurückverfolgen läßt: daß Amerika, als Hoffnung der Menschheit geschaffen, versagt habe und es nun büßen müsse. (Der Spiegel)

Furcht und Bestürzung. „Würde Europa so werden?" fragt Hesse im „Steppenwolf". „War es schon auf dem Wege dazu?"

Im Hinblick auf die scharfe Kritik, die von vielen Autoren gegen Amerika und Amerikanismus geäußert wurde, hat ein wohlinformierter Beobachter festgestellt: „Einer der verwirrendsten Aspekte der Weimarer Periode ist die Vorherrschaft von virulenter antiamerikanischer Literatur inmitten einer Woge von ‚Amerikanisierung' in Deutschland!"[10] Dafür dürfte eine Erklärung darin liegen, daß die bücherschreibende Intelligenz nicht unbedingt die deutsche Gesellschaft, speziell ihre Geschäftsleute, Ingenieure und Arbeiter, repräsentierte. Aber man sollte wohl einen Schritt weiter gehen und das Problem einbeziehen, das die meisten Intellektuellen für ihre Existenz und Arbeit als entscheidend ansahen: wie man gegen die sich beschleunigende Modernisierung aufkommen konnte. Dieses Problem war von besonderer Tragweite in einem Land, das den

Krieg verloren hatte und auf wesentlich kleinerer und ärmerer Grundlage aufbauen mußte. Da Deutschland gezwungen war, in viel stärkerem Maße zu modernisieren, waren die Einwände um so schärfer. Und da Deutschland in der Kriegskonfrontation kulturellen Prinzipien so viel Wert zugemessen hatte, äußerte sich die Frustration über die eklatante ökonomische Vorherrschaft des Westens um so mehr in anmaßenden Behauptungen in der kulturellen Sphäre.

Die Wechselseitigkeit von wirtschaftlicher Abhängigkeit und kulturellen Ressentiments ist offenkundig. Sie wurde von großen Teilen des Bürgertums geteilt, die in Krieg und Inflation verarmten. Natürlich gab es Modernisierung nicht erst seit dem Krieg. Aber sie war vorher in einer Ideologie nationalen Stolzes und mit Kriegsbeginn im Gefühl einer nationalen Schicksalsgemeinschaft eingebettet gewesen. Jetzt war das Bürgertum nicht nur mit Deutschlands Niederlage, sondern auch mit dem kruden, unverstellten Rationalisierungsprozeß und der Säkularisierung der politischen Institutionen konfrontiert. Während es den Werten vorkapitalistischer Gesellschaften und entsprechender politischer Systeme huldigte, lernte es, Amerika die Schuld für die Übel zuzuschieben, die den unvermeidlichen Preis für den wirtschaftlichen Wiederaufstieg darstellten.

Zum Erfolg der Nationalsozialisten hat zweifellos die Tatsache beigetragen, daß sie diese ambivalenten Gefühle auf ihre Mühlen zu leiten verstanden. Sie versprachen Arbeit und Wohlstand für alle ohne die entfremdenden Begleiterscheinungen der Modernisierung. Sie beschworen den Schleier der Volksgemeinschaft, der vor den kalten Winden des westlichen Kapitalismus Schutz zu geben versprach. Daß sie nicht sofort in eine Propagandakonfrontation mit Amerika eintraten, erscheint verwunderlich, nicht zuletzt da sie in jenem Land eine so schlechte Presse hatten. Aber sie waren sich der Vorteile wohl bewußt, die Roosevelts New Deal ihrer Propaganda bot, wenn sie den amerikanischen Wiederaufstieg seit der Weltwirtschaftskrise als ein Unternehmen nationaler und sozialer Konzentration unter starker Führung darstellten, das ihrem eigenen ähnlich sei.[11] Trotzdem blieb die ambivalente Haltung gegenüber den USA immer sichtbar. Als Hitler 1941 den Vereinigten Staaten den Krieg erklärte, ordnete Goebbels die Herstellung von Propagandamaterial an, das an die Traditionen des kulturellen Antiamerikanismus anknüpfte. Die Order lautete:

> „Die Herstellung von Schriften, die sich an die deutsche Intelligenz wenden und in objektiver Darstellung nachweisen, daß die USA so gut wie keine Kultur besitzen, daß ihre kulturellen Erzeugnisse vielmehr im wesentlichen von europäischen Leistungen abgeleitet seien. In diesem Rahmen sollen auch Auseinandersetzungen mit dem amerikanischen Film stattfinden. Daneben sollen sehr populäre Schriften herausgegeben werden, die sich an die breite Masse in Deutschland, insbesondere aber an die Jugend wenden und darstellen sollen, daß die kritiklose Übernahme gewisser amerikanischer Maßnahmen, wie auch z.B. der Jazz-Musik usw. eine Kulturlosigkeit bedeutet."[12]

Wiederum wurde kultureller Antiamerikanismus propagiert, um die Öffentlichkeit von den harschen ökonomischen Realitäten eines Krieges mit den Vereinigten Staaten abzulenken. Wie so viele Entscheidungen des Zweiten Weltkrieges folgte es dem Muster des Ersten Weltkrieges.

3

Es überrascht kaum, daß sich die Amerikaner in ihren Umerziehungsprogrammen nach 1945 besonders darum bemühten, die institutionelle Basis des deutschen Klassensystems im Erziehungsbereich zu brechen, in dem das Konzept kultureller Überlegenheit zur politischen Waffe des Bürgertums geworden war. Und es überrascht ebensowenig, daß die Amerikaner mit ihrer Demokratisierung des deutschen Schulsystems scheiterten, nicht jedoch in der Reform der zentralen Institutionen der Massenkommunikation, Rundfunk und Presse. Zahlreiche Dokumente der Nachkriegszeit zeigen den starken Widerstand gegen Veränderungen im Erziehungs- und Kulturbereich. Und nicht ohne Grund: während die Deutschen in politischen und ökonomischen Entscheidungen ihre Souveränität verloren hatten, stellte Kultur, wie die Alliierten in ihren Proklamationen betonten, einen Bereich begrenzter Mitsprache dar. Was an öffentlichem Widerstand gegen die Politik der Besatzungsmächte übrig war, artikulierte sich vor allem auf diesem Gebiet, und konservative Gruppen sowie die Kirchen gewannen bald starken Einfluß. Bekanntermaßen lag die stärkste Widerstandsbastion in demjenigen Teil Deutschlands, in dem die Amerikaner besonders gern stationiert sind: in Bayern.

Allerdings wäre es irreführend, die zweite Nachkriegsperiode nur als eine Wiederholung der ersten einzustufen. Diesmal war das amerikanische Engagement an europäischen und speziell deutschen Angelegenheiten wesentlich umfassender, die politische Dominanz fast absolut. Mit dem Beginn des Kalten Krieges zwischen den Westmächten und der Sowjetunion setzte ein neuer politischer Identifizierungsprozeß ein, der nationale Grenzen überstieg und den sogenannten Westen, einschließlich des westlichen Deutschland, mit dem sogenannten Osten, einschließlich des östlichen Deutschland, konfrontierte. Dieser Prozeß fand breiten Widerhall unter den Deutschen, die bereits vor Kriegsende zu Fuß oder im Trek jene ‚westliche Humanität' zu suchen gelernt hatten, die zu verachten sie von Hitler erneut angehalten worden waren. Freilich kamen nurmehr die westlichen Deutschen in ihren Genuß, und sie verbanden damit nur allzuschnell eine erneute Selbsterhöhung gegenüber dem Osten, selbst wenn das ihre eigenen Landsleute zwischen Werra und Oder, Eisenach und Dresden mit in Distanz rückte. Die Intensität, mit der hier nationales Gepäck aufgegeben wurde und mit der nun innerhalb Deutschlands das Phänomen ‚Westen' in tausend Abstufungen zwischen Mythos und Handelsartikel gehegt und gepflegt wurde, wäre zu anderen Zeiten in seiner Ironie kommentiert worden. Nun aber verdeckte es die darunter liegenden Ängste nur notdürftig: Die Deutschen in den westlichen Besatzungszonen waren nur allzu willens, sich der Identifikation mit dem Westen anzuschließen, sahen sie darin doch eine Chance, die Untaten, die die Deutschen während des Krieges im Osten begangen hatten, in Distanz zu rücken. Adenauers Deklarationen über die deutsche Bindung an den Westen klangen, als hätte es nie einen Kampf gegen die westliche Dekadenz (und den östlichen Untermenschen) gegeben. Und warum auch nicht? Verlangten die Westmächte nicht vor allem Treuebekenntnisse zum Westen? Die Westdeutschen lieferten sie gern und reichlich. Nur im östlichen Deutschland schien die traditionelle antiwestliche Rhetorik zu überleben, in deren Hege und Pflege die sowjetische Besatzungsmacht die etablierten Formeln der russischen Verdammung des dekadenten Westens und des Kampfes gegen den amerikanischen Imperialismus einbrachte.

Einige Jahre lang traten die Haupteinwände gegen die amerikanische Dominanz in den Hintergrund. Das öffentliche Leben in Westdeutschland wurde von einer ausgesprochen proamerikanischen Haltung gekennzeichnet. So stark war diese Wendung, daß manche Zeitgenossen die Frage stellten, ob die amerikanische Umerziehungspolitik wirklich so schlimm gescheitert sei, wie ihre Kritiker behaupteten. Wichtige Bereiche von Literatur, Theater, bildender Kunst und Massenkultur richteten sich auf die amerikanische Kulturszene aus, wobei sich Neugier und Nachholbedarf nach zwölf Jahren NS-Regime mischten. Besonders stark äußerte sich das Interesse unter Akademikern, speziell in den medizinischen sowie wirtschafts-, sozial- und naturwissenschaftlichen Fächern, ganz zu schweigen von Geschäftsleuten und Politikern. Stellte diese Wandlung wirklich nur das Resultat des Kalten Kireges dar? War nicht das Wichtige des Marshall-Plans weniger die Investitionshilfe als die Identifikationshilfe?

Diese und verwandte Fragestellungen haben bisher überraschend wenig Aufmerksamkeit erhalten. Über die verschiedenen Schritte, die zur politischen Integration der neugegründeten Bundesrepublik in die westliche Allianz führten, gibt es eine Vielzahl von Studien; dagegen ist unsere Kenntnis über die kulturelle Annäherung an den Westen sowohl unter der kulturellen Elite als auch generell in der Bevölkerung bisher sehr gering.[13] Immerhin hatten die Deutschen mehrere Generationen lang, nicht erst im Dritten Reich, das Konzept einer singulären deutschen Kultur zwischen Ost und West mit betonter Selbstverständlichkeit vertreten. Wie orientierte sich nun die Ästhetik um, die der Literatur ebenso wie die der Alltagskultur? Orientierte sie sich überhaupt um? Worauf stützte sich, wenn man einmal die Literatur als einflußreiches Beispiel nimmt, Hemingways überragender Nachkriegserfolg als ‚der‘ Autor gegenwärtiger Welterfahrung? Warum waren Thornton Wilders Stücke und Bücher in Deutschland trotz ihrer literarischen Schwächen so erfolgreich? Lag das nur an der geschickten Übersetzung seines Schauspiels „The Skin of Our Teeth" mit einem deutschen Titel, der den Kern deutschen Denkens 1945 traf: „Wir sind noch einmal davongekommen"?

Untersuchungen zu diesem Fragenkomplex müßten reflektieren, wie stark sich Amerikas Selbstdarstellung in Werken dieser und anderer Schriftsteller wie Thomas Wolfe, William Faulkner und Eugene O'Neill von dem Bild unterschied, das in den zwanziger Jahren die stürmischen Debatten über Amerikanismus als Synonym für Modernisierung ausgelöst hatte. Amerikanische Autoren hatten angesichts der Umwälzungen der dreißiger und vierziger Jahre eine Weltsicht entwickelt, die in Europa als Perspektive der verlorenen Generation wahrgenommen wurde, jedoch nicht das Image der Vereinigten Staaten bestimmte. Die Frechheiten und Komplimente eines Bertolt Brecht und seines Freundes Lion Feuchtwanger in den zwanziger Jahren projizierten noch das optimistische

Amerikabild der Zeit als Grundlage. Nach der Weltwirtschaftskrise, dem Spanischen Bürgerkrieg und den anderen historischen Erdbeben, in die Amerika verwickelt war, manifestierte sich nun der „Fall des amerikanischen Adam", wie es Boorstin nennt, in der amerikanischen Literatur und erregte in Europa, zumal unter den Mandarinen des Pariser Existentialismus, großes Interesse.[14] Die europäischen Intellektuellen waren betroffen von der tragischen Dimension dieser Literatur. Es war keineswegs eine Literatur der Tragödie. Diese Literatur suchte vielmehr die Integrität des Individuums gegen alle Widrigkeiten und Niederlagen zu befestigen – und nahm damit ein altes amerikanisches Thema auf, das schon in Melvilles „Moby Dick" klassischen Ausdruck gefunden hat. Diese Literatur basierte auf einem Identifikationsprozeß in einer Epoche großer persönlicher Unsicherheit und Verluste. Obwohl sie sich stark der Idee individueller Freiheit verpflichtete, verstand sie sich nicht als Ausdruck der offiziellen Beweihräucherung westlicher Werte, geschweige der Anhimmelung Amerikas als Bastion gegen den Kommunismus, wie sie Senator Joseph McCarthy vertrat.

Noch wesentlich einflußreicher bei der Formung kultureller Haltungen nach 1945 war die amerikanische Massenkultur, die große Teile der deutschen Bevölkerung, insbesondere der Jugend, seit langem fasziniert hatte, wie selbst Goebbels zugeben mußte. In den fünfziger und sechziger Jaheren geschah ihr Durchbruch zu dem, was Brecht in den zwanziger Jahren erhofft hatte: zur breiten Herausforderung des traditionellen deutschen Verständnisses von Kultur als einer Art Gottesdienst ohne Gebet. Die junge Generation begann für die amerikanische Massenkultur – mit Idolen wie James Dean, Elvis Presley und Marlon Brando – als einer Kultur zu schwärmen, in welcher Modernisierung und Entfremdung volles und kreatives Interesse zuteil wurde. Auch dieses Phänomen, das bald die Form eines Generationsprotests gegen die vorherrschenden Kultur- und Alltagstraditionen annahm, basierte auf einer Ästhetik der Identifikation.

Eine ausführliche Untersuchung dürfte zeigen, wie sehr sich die Auffassungen über die amerikanische Kultur gegenüber den zwanziger Jahren geändert hatte, und zwar von einem polarisierenden Bild dessen, was viele als Zukunft ansahen, zum Muster einer geradezu existentiellen Identifikation (die bis ins Wirtschaftliche reichte). Mit dieser Entwicklung standen die Deutschen nicht allein, doch waren sie dafür besonders empfänglich. Und nicht zufällig, da sie nicht nur den Krieg, sondern nach den Exzessen der Naziherrschaft auch ein faßbares Bild ihrer selbst verloren hatten. Dieses bösen Erbes waren sich Schriftsteller und Intellektuelle, darunter manche, die als Kriegsgefangene in den USA gewesen waren, ebenso wie Jugendliche besonders bewußt. Im Spiegel der amerikanischen Erfahrungen lernten sie, eine neue Vorstellung ihrer selbst zu artikulieren. Doch spielte sich dieser Vorgang auf vielen Ebenen ab und erfaßte die deutsche Bevölkerung generell.

Heute ist das Pendel längst wieder zurückgeschwungen. Ein Jahrzehnt und viele Vietnam-Demonstrationen später formulierte die junge Generation ihre Emanzipation in der Distanzierung von den Vereinigten Staaten, während sich die ältere Generation auf die Seite der USA stellte. Das ist in der Tat eine deutliche Kehrtwendung gegenüber der früheren Konstellation. Man kann folgern, daß die Intensität, mit der sich der neue Konfrontationsgeist Ausdruck verschafft, eng mit der Intensität korrespondiert, die die Identifikation der älteren Generation mit amerikanischen Mustern prägte. Schließlich entspricht es auch der Tradition, daß sich das neue nationale oder europäische Selbstverständnis in der Distanzierung von Amerika, nicht von Rußland herausbildet. Amerikas Nähe bedingt seine Distanz. Das bekannte Muster scheint immer noch wirksam zu sein. Es dürfte interessant sein zu beobachten, wie weit das Pendel noch ausschlägt, bis es wieder zurückschwingt.

Anmerkungen

1 Zit. n. Wolfgang Wagner, The Europeans' Image of America, in: Karl Kaiser u. Hans-Peter Schwarz (Hg.), America and Western Europe, Lexington, MA: D.C. Heath, 1977, S. 24.
2 Heinrich Heine, Ludwig Börne. Eine Denkschrift, in: ders., Sämtliche Werke in 14 Bänden, Hg. v. Hans Kaufmann, München: Kindler, 1964, Bd. 11, S. 36.
3 Friedrich Nietzsche, Werke in drei Bänden, hg. v. Karl Schlechta, München: Hanser, 1966, Bd. 2, S. 190.
4 Ebd.
5 William T. Spoerri, The Old World and the New. A Synopsis of Current European Views on American Civilization, Zürich: Max Niehans, 1936, S. 231f.
6 Daniel J. Boorstin, America and the Image of Europe. Reflections on American Thought, Gloucester, MA: Peter Smith, 1976, S. 37f. Vgl. Boorstin, Amerika und das Bild Europas, in: Perspektiven H. 14, Winter 1956, S. 96f. – Zu Boorstins Kritik am ‚American Dream' s. auch Peter Boerner, From the Promised Land to the Land of Promises, or European Dreams and their Lot in the New World, in: E. Allen McCormick (Hg.), Germans in America. Aspects of German-American Relations in the Nineteenth Century, New York: Brooklyn College Press, 1983, S. 181–192.
7 Klaus Schwabe, Anti-Americanism within the German Right, 1917–1933, in: Jahrbuch für Amerikastudien 21. 1976, S. 89–107.
8 Earl R. Beck, Germany Rediscovers America, Tallahassee: Florida State University Press, 1968, S. 255.
9 Ebd., S. 30, 161.
10 Ebd., S. X.
11 S. Hans-Jürgen Schröder, Deutschland und die Vereinigten Staaten 1933–1939. Wirtschaft und Politik in der Entwicklung des deutsch-amerikanischen Gegensatzes, Wiesbaden: Steiner, 1970, S. 93–119.
12 Willi A. Boelcke (Hg.), Wollt Ihr den totalen Krieg? Die geheimen Goebbels-Konferenzen 1939–1943, München: Deutscher Taschenbuch Verlag, 1969, S. 259f.
13 Einige Hinweise bei Richard Löwenthal, Cultural Change and Generation Change in Postwar Western Germany, in: James A. Cooney u.a. (Hg.), The Federal Republic of Germany and the United States. Changing Political, Social, and Economic Relations, Boulder: Westview Press, 1984, S. 34–55.
14 Manfred Henningsen, Der Fall Amerika. Zur Sozial- und Bewußtseinsgeschichte einer Verdrängung. Das Amerika der Europäer, München: List, 1974, S. 53–75.

Die Autoren der Beiträge

WILLI PAUL ADAMS, Professor für nordamerikanische Geschichte am John F. Kennedy-Institut für Nordamerikastudien an der Freien Universität Berlin, ist Autor von „Republikanische Verfassung und bürgerliche Freiheit. Die Verfassungen und politischen Ideen der amerikanischen Revolution" (1973) und Herausgeber von „Die deutschsprachige Auswanderung in die Vereinigten Staaten. Berichte über Forschungsstand und Quellenbestände" (1980). Kürzlich erschien „Die Assimilationsfrage in der amerikanischen Einwanderungsdiskussion, 1890–1930" in „Amerikastudien/American Studies" 27. 1982. Gegenwärtig leitet er ein von der Stiftung Volkswagenwerk unterstütztes Forschungsprojekt zur Assimilation der Deutschamerikaner zwischen 1830 und 1930.

ANDREW ARATO, Associate Professor für Soziologie in der Graduate Faculty der New School for Social Research in New York, gehört zum Herausgebergremium der Zeitschriften „Telos" und „Praxis International". Zur Zeit arbeitet er über Theorie der Demokratie, Soziologie des Nationalismus und die Struktur osteuropäischer Gesellschaften. Er ist Mitautor von „The Young Lukács and the Origins of Western Marxism" (1979) und Mitherausgeber von „The Essential Frankfurt School Reader" (1978).

PAUL BREINES lehrt als Associate Professor am Boston College ‚intellectual history' im modernen Europa. Er veröffentlichte Artikel über Ideen und Intellektuelle der Linken und verfaßte mit Andrew Arato „The Young Lukács and the Origins of Western Marxism" (1979). Gegenwärtig schreibt er ein Buch über das Bild gewalttätiger Juden in zeitgenössischer amerikanischer Populärliteratur.

AGNES BRETTING ist wissenschaftliche Mitarbeiterin des Forschungsprojekts „Edition und Dokumentation zur deutschen Amerika-Auswanderung im 19. und 20. Jahrhundert" am Historischen Seminar der Universität Hamburg. Dissertation und Buchpublikation: „Soziale Probleme deutscher Einwanderer in New York City, 1800–1860" (1981). Arbeiten zu den ‚Little Germanies' und zur Amerikanisierung deutscher Einwanderer. Die Publikation ihrer Studie „Die Funktion und Organisation der Auswanderungsagenturen in Deutschland im 19. Jahrhundert" ist in Vorbereitung.

KATHLEEN NEILS CONZEN, Associate Professor für Geschichte an der University of Chicago, ist Autor von „Immigrant Milwaukee, 1836–1860. Accommodation and Continuity in a Frontier City" (1976) und des Stichworts „Germans" in der „Harvard Encyclopedia of American Ethnic Groups" (1980). Sie arbeitet an einer Studie über eingewanderte deutsche Bauern in Minnesota und einer Gesamtinterpretation deutschamerikanischer Ethnizität.

REINHARD R. DOERRIES, Professor für Geschichte an der Universität Hamburg, veröffentlichte Arbeiten zur deutschen, irischen und amerikanischen Geschichte, darunter „Washington-Berlin 1908/1917" (1975). Gegenwärtig bereitet er dieses Buch für die amerikanische Ausgabe in der Ergänzungsreihe zu „The Papers of Woodrow Wilson" (Hg. Arthur S. Link) vor. 1984 erschien von ihm „Iren und Deutsche in der neuen Welt".

JÜRGEN EICHHOFF, Professor für Germanistik an der University of Wisconsin in Madison, veröffentlichte als Sprachgeograph den zweibändigen „Wortatlas der deutschen Umgangssprachen" (1977/78). Er beschäftigt sich mit der deutschen Gegenwartssprache sowie den Berührungen von Deutsch und Englisch in Nordamerika und publizierte u. a. „Deutsch als Siedlersprache in den Vereinigten Staaten" in „Festschrift für Gerhard Cordes", Bd. 2, 1976, und „Niederdeutsche Mundarten in Nordamerika. Geschichte und Bibliographie" in „Niederdeutsches Jahrbuch" 104. 1981.

JOSHUA A. FISHMAN ist Distinguished University Research Professor of Social Sciences an der Yeshiva University in New York. Er ist Autor (oder Mitautor) von „Language Loyalty in the United States" (1966), „Bilingualism in the Barrio" (1971), „Language in Sociocultural Change" (1972), „The Spread of English" (1977), „Bilingual Education. An International Sociological Perspective" (1976) und „The Rise and Fall of the Ethnic Revival" (1985). Außerdem ist er Gründer und Herausgeber des „International Journal of the Sociology of Language" und der Buchserien „Contributions to the Sociology of Language" und „Contributions to the Sociology of Jewish Languages".

PETER GAY ist Durfee Professor of History an der Yale University. Zu seinen zahlreichen Büchern über ‚intellectual history' und politische Philosophie in Europa seit der Aufklärung gehören „Weimar Culture" (1968; dt. Übers. „Die Republik der Außenseiter", 1970), „Style in History" (1974), „Art and Act" (1976), „Freud, Jews and Other Germans" (1978). 1984 erschien der erste Band von „The Bourgois Experience. Victoria to Freud."

WOLFRAM F. HANRIEDER ist Professor für politische Wissenschaft an der University of California in Santa Barbara. Seine zahlreichen Veröffentlichungen gelten den Gebieten der westdeutschen Außenpolitik und der transatlantischen Beziehungen. Dazu gehören „West German Foreign Policy, 1949–1963" (1967), „The Stable Crisis. Two Decades of German Foreign Policy" (1970), „Fragmente der Macht. Die Außenpolitik der Bundesrepublik" (1981) und „Economic Issues and the Atlantic Community" (Mithg., 1982).

ANTHONY HEILBUT promovierte über englische Literatur an der Harvard University. Er hat an New York University und Hunter College gelehrt und veröffentlichte 1983 das Buch „Exiled in Paradise. German Refugee Artists and Intellectuals in America from the 1930s to the Present", das gegenwärtig ins Deutsche übersetzt wird. Er ist Verfasser von „The Gospel Sound. Good News and Bad Times" (1975) und zahlreicher Artikel und Rezensionen.

WOLFGANG HELBICH, Professor für nordamerikanische Geschichte an der Universität Bochum, hat einen Großteil der Beiträge dieses Bandes aus dem Amerikanischen übersetzt. Er ist Autor von „Die Reparationen in der Ära Brüning. Zur Bedeutung des Young-Plans für die deutsche Politik 1930 bis 1932" (1962) und anderer Studien zur modernen amerikanischen Geschichte sowie einer Biographie von Franklin D. Roosevelt (1971). Mit Unterstützung der Stiftung Volkswagenwerk arbeitet er gegenwärtig an Aufbau und wissenschaftlicher Erschließung einer Sammlung deutscher Einwandererbriefe aus den USA zwischen 1820 und 1920. Eine erste kurze Auswahl hat er unter dem Titel „Amerika ist ein freies Land ... Auswanderer schreiben nach Deutschland" 1985 veröffentlicht. Zu seinen Übersetzungen zählen Arthur Schlesingers „A Thousand Days" und Robert Kennedys „To Seek a Newer World".

JOST HERMAND ist Vilas Research Professor für Germanistik an der University of Wisconsin in Madison. Er hat viele Bücher zur modernen deutschen Literatur und Kultur veröffentlicht, darunter „Deutsche Kunst und Kultur von der Gründerzeit bis zum Expressionismus" (5 Bde. mit Richard Hamann, 1959–1975), „Synthetisches Interpretieren" (1968), „Die Kultur der Weimarer Republik" (mit Frank Trommler, 1978), „Orte. Irgendwo. Formen utopischen Denkens" (1981). Er schreibt gegenwärtig eine Kulturgeschichte der Bundesrepublik Deutschland.

PATRICIA HERMINGHOUSE, Professor für Germanistik an der University of Rochester, ist Herausgeber der Serie „Crosscurrents. Writings of German Political Emigrés in Nineteenth-Century America" (48 Bde., 1984 ff.). Sie hat auf dem Gebiet der Frauenliteratur, der DDR-Literatur und der Literatur des 19. Jahrhunderts veröffentlicht und ist mit Peter Uwe Hohendahl Mitherausgeberin von „Literatur und Literaturtheorie in der DDR" (1976) und „Literatur der DDR in den siebziger Jahren" (1983). Vor kurzem gab sie eine Anthologie von zeitgenössischen Schriftstellerinnen für amerikanische Studenten heraus: „Frauen im Mittelpunkt" (1984).

JOHN A. HOSTETLER ist Professor für Soziologie und Anthropologie an der Temple University in Philadelphia. Seine Forschungen gelten vornehmlich religiösen und anderen Gemeinschaften und ihrer Sozialisierung. Zu seinen Veröffentlichungen zählen „Hutterite Society" (1974), „Amish Society" (1968),

„Children in Amish Society" (1971), „The Hutterites in North Amerika" (1967). In verschiedenen Gerichtsverfahren, die Erziehungs- und Umweltprobleme von Minoritäten in Kanada und den USA betrafen, hat er als Gutachter ausgesagt.

MARION LOIS HUFFINES ist Associate Professor für Germanistik und Linguistik an der Bucknell University in Lewisburg, Pennsylvania. Ihre neueren Forschungen gelten dem Englisch der Pennsylvania-Deutschen. Sie veröffentlichte u.a. „English in Contact with Pennsylvania German" in „German Quarterly" 53. 1980, „The English of the Pennsylvania Germans. A Reflection of Ethnic Affiliation" in „German Quarterly" 57. 1984, und „Pennsylvania German Stereotype. Particles, Prepositions, and Adverbs" in „Yearbook of German-American Studies" 19. 1984.

HAROLD JANTZ ist Professor Emeritus an der Duke University in North Carolina, wo heute seine berühmte Sammlung von Germanica Americana und frühen Ausgaben von der Renaissance bis zur Goethezeit untergebracht ist. Die Sammlung der vor 1801 gedruckten Germanica Americana ist die größte in den Vereinigten Staaten; seine Sammlung von Germanica Americana aus dem 19. Jahrhundert ist gleichermaßen umfassend. Es ist der Autor von „The Form of Faust. The Work of Art and its Intrinsic Structures" (1978) und zahlreicher Veröffentlichungen über amerikanisch-deutsche literarische Beziehungen und frühe amerikanische Literatur.

DETLEF JUNKER ist Professor für Geschichte an der Universität Heidelberg. Seine Forschungsgebiete umfassen moderne deutsche und amerikanische Geschichte sowie Theorie der Geschichte. Er publizierte u.a. „Der unteilbare Weltmarkt. Das ökonomische Interesse in der Außenpolitik der USA 1933–1941" (1975) und „Franklin D. Roosevelt. Macht und Vision: Präsident in Krisenzeiten" (1979).

ANTON KAES, Associate Professor für Germanistik und Komparatistik an der University of California in Berkeley, hat über Drama und Film in Deutschland und den USA veröffentlicht. Er ist der Autor von „Expressionismus in Amerika" (1975) und der Herausgeber von „Kino-Debatte: Texte zum Verhältnis von Literatur und Film 1909–1929" (1978) sowie der umfassenden Sammlung „Weimarer Republik. Manifeste und Dokumente zur deutschen Literatur 1918–1933" (1983).

HARTMUT KEIL ist Direktor des Chicago-Projekts am Amerika-Institut der Universität München. Seine Forschungen umfassen moderne amerikanische Geschichte, Immigrations- und Arbeitergeschichte. Kürzlich erschienen „German Workers in Industrial Chicago, 1850–1910" (mit John Jentz, 1983) und „Chicago-Projekt. Arbeitswelt und Lebensweise deutscher Arbeiter in Chicago, 1850–1910" in „Amerikastudien/American Studies" 29. 1984. Er ist Herausgeber von „Sind oder waren Sie Mitglied? Verhörprotokolle über unamerikanische Aktivitäten" (1979) und „Deutsche Arbeiterkultur in Chicago von 1850 bis zum Ersten Weltkrieg. Eine Anthologie" (1984).

VICTOR LANGE, John N. Woodhull Professor of Modern Languages Emeritus an der Princeton University, ist der Verfasser zahlreicher Studien über deutsche und vergleichende Literaturgeschichte und deutsch-amerikanische kulturelle Beziehungen. Sein besonderes Interesse gilt Goethe und dem 18. Jahrhundert. Sein jüngstes Buch ist „The Classical Age of German Literature" (1982).

FREDERICK C. LUEBKE ist Professor für Geschichte und Direktor des ‚Center for Great Plains Studies' an der University of Nebraska in Lincoln. Er schrieb „Immigrants and Politics. The Germans of Nebraska, 1880–1900" (1968) und „Bonds of Loyalty. German-Americans and World War I" (1974) und gab mehrere Bücher heraus, darunter „Ethnicity on the Great Plains" (1980).

CHARLES S. MAIER, Professor für Geschichte an der Harvard University, ist Autor verschiedener Veröffentlichungen über politische und ökonomische Entwicklungen in Europa im 20. Jahrhundert und neuere amerikanische Außenpolitik, darunter „Recasting Bourgeois Europe. Stabilization in France, Germany and Italy in the Decade after World War I" (1975) und „The Origins of the Cold War and Contemporary Europe" (1978). Er arbeitet gegenwärtig an einer Studie über die USA und den europäischen Wiederaufbau nach dem Zweiten Weltkrieg.

GÜNTER MOLTMANN, Professor für Geschichte an der Universtät Hamburg, hat seit 1978 verschiedene von der Stiftung Volkswagenwerk unterstützte Forschungsprojekte zur deutschen Auswanderung nach Nordamerika geleitet. Der Band „Germans to America. 300 Years of Immigration, 1683–1983" (1982) stützt sich auf diese Studien. Zu seinen Publikationen zählen „Amerikas Deutschlandpolitik im Zweiten Weltkrieg" (1958), „Atlantische Blockpolitik im 19. Jahrhundert" (1973), „Aufbruch nach Amerika. Friedrich List und die Auswanderung aus Baden und Württemberg 1816/1817" (1979) und die Herausgabe von „Deutsche Amerikaauswanderung im 19. Jahrhundert" (1978).

STEVEN MULLER, Präsident der Johns Hopkins University in Baltimore, wurde in Hamburg geboren und kam mit dreizehn Jahren in die USA. Er promovierte am Department of Government an der Cornell University, wo er auch lehrte. Er veröffentlichte verschiedene Studien und ein Textbuch im Gebiet der politischen Wissenschaften. Er war Gründungsvorsitzender der ‚National Association of Independent Colleges and Universities' und Mitglied von Kommissionen des Präsidenten für White House-Stipendien und Welthungerhilfe.

ARNOLD A. OFFNER lehrt als Professor für Geschichte an der Boston University über politische und diplomatische Geschichte der USA im 20. Jahrhundert sowie über internationale Beziehungen. Zu seinen Hauptwerken zählen „American Appeasement. United States Foreign Policy and Germany, 1933–1938" (1969) und „The Origins of the Second World War. American Foreign Policy and World Politics, 1917–1941" (1975). Zur Zeit schreibt er an einem Buch über Truman und die amerikanische Außenpolitik nach 1945.

CAROL POORE ist Assistant Professor für Germanistik an der Brown University in Providence. Ihre Studie „German-American Socialist Literature, 1865–1900" (1982) erschloß einen bisher kaum erforschten Bereich der deutschamerikanischen Kultur. Gegenwärtig arbeitet sie mit Patricia Herminghouse an der Herausgabe der Nachdruckserie „Crosscurrents. Writings of German Political Emigrés in Nineteenth-Century America" (1984 ff.).

LA VERN J. RIPPLEY, Professor für Germanistik am St. Olaf College in Northfield, Minnesota, hat mit seinen Forschungen die Kenntnis deutschamerikanischer Kultur und Lebensweise stark gefördert. Er ist Autor von „The German-Americans" (1976, 1983) und „Research Possibilities in the German-American Field" (mit Heinz Kloss, 1980) sowie von „Of German Ways" (1970), „Excursions through America by Nicholaus Mohr" (1973) und „Russian-German Settlements in the United States" (1974).

ALEXANDER RITTER ist Studiendirektor am Landesinstitut Schleswig-Holstein für Praxis und Theorie der Schule (IPTS). Er hat Arbeiten über Sealsfield, J.G. Müller, Raabe, G. Grass und deutsch-amerikanische literarische Beziehungen verfaßt. Die Veröffentlichungen seiner Arbeitsstelle Steinberger Studien haben neues wissenschaftliches Interesse an deutscher Literatur außerhalb deutschsprechender Länder geweckt. Er ist Herausgeber von „Auslandsdeutsche Literatur der Gegenwart" (15 Bde. seit 1974), „Deutschlands literarisches Amerikabild" (1977), Karl Kurt Kleins „Literaturgeschichte des Deutschtums im Ausland" (1979, mit Bibl. für 1945–78) und „Deutschsprachige Literatur im Ausland" (1985).

LEO SCHELBERT ist Professor für Geschichte an der University of Illinois in Chicago. Er schrieb „Einführung in die schweizerische Auswanderungsgeschichte der Neuzeit" (1976) neben anderen Büchern und publizierte eine Reihe von Artikeln über die Einwanderung vor allem schweizerischer und süddeutscher Gruppen nach Nordamerika.

HENRY J. SCHMIDT ist Professor für Germanistik an der Ohio State University und Herausgeber der Zeitschrift „German Quarterly". Er veröffentlichte mehrere Bücher über Georg Büchner (1969, 1970, 1971, 1977) und Essays über Literatur und Drama in Deutschland seit der Aufklärung. In jüngster Zeit initiierte er mehrere Vorhaben zur Aufarbeitung der deutschamerikanischen Kulturgeschichte.

HANS-JÜRGEN SCHRÖDER ist Professor für Geschichte an der Universität Giessen. Seine Forschung gilt vornehmlich der deutschen Zeitgeschichte und der amerikanischen Außenpolitik. Er ist Autor von „Deutschland und die Vereinigten Staaten 1933–1939" (1970) und Mitherausgeber von „Politische und ökonomische Stabilisierung Westdeutschlands 1945–1949" (mit Claus Scharf, 1977), „Die Deutschlandpolitik Großbritanniens und die Britische Zone" (mit Claus Scharf, 1979), „Der Berliner Kongreß von 1878" (mit Ralph Melville, 1982) und „Die Deutschlandpolitik Frankreichs und die Französische Zone 1945–1949" (mit Claus Scharf, 1983). Zur Zeit arbeitet er an einer Studie ökonomischer Aspekte in der deutschen Außenpolitik seit dem Ersten Weltkrieg.

KLAUS SCHWABE, Professor für Geschichte an der Technischen Hochschule Aachen, hat sich ausführlich mit den europäisch-amerikanischen Beziehungen im 20. Jahrhundert sowie der Geschichte der Geschichtsschreibung beschäftigt. Zu seinen Veröffentlichungen gehören „Wissenschaft und Kriegsmoral" (1969), „Woodrow Wilson" (1971), „Deutsche Revolution und Wilson-Frieden" (1971), „Der amerikanische Isolationismus im 20. Jahrhundert" (1975) sowie die Mitherausgabe von „Die USA und Deutschland 1918–1975" (1978).

CHRISTOPH E. SCHWEITZER, Professor für Germanistik an der University of North Carolina in Chapel Hill, hat über deutsche Literatur zwischen dem 17. und 19. Jahrhundert publiziert. Seine Spezialinteressen gelten deutsch-spanischen Literaturbeziehungen, frühen deutschamerikanischen Autoren, deutschen literarischen Manuskripten in amerikanischen Sammlungen sowie kunsttheoretischen Erwägungen. Er edierte u.a. Albrecht Goes' „Das Löffelchen" (1968), Lessings „Nathan der Weise" (1970, 1984) und Francis Daniel Pastorius' „Deliciae Hortenses or Garden-Recreations" (1982).

THEO SOMMER ist Chefredakteur der Hamburger Wochenzeitung „Die Zeit". Er hat über eine Vielzahl innenpolitischer und internationaler Themen geschrieben. Zu seinen Buchveröffentlichungen gehören „Deutschland und Japan zwischen den Mächten 1935–1940" (1962) und „Reise in ein fernes Land" (mit Marion Gräfin Dönhoff, Rudolf Walter Leonhardt, 1964). Sein neuestes Buch ist „Blick zurück in die Zukunft. Betrachtungen zur Zeit 1973–1983" (1984).

KURT SONTHEIMER ist Professor für politische Wissenschaften am Geschwister-Scholl-Institut der Universität München. Zu seinen zahlreichen Veröffentlichungen über politische und geistige Entwicklungen im modernen Deutschland gehören „Antidemokratisches Denken in der Weimarer Republik" (1961), „Thomas Mann und die Deutschen" (1962), „Grundzüge des politischen Systems der Bundesrepublik Deutschland" (^{8}1979), „Das Elend unserer Intellektuellen" (1976) und „Zeitenwende? Die Bundesrepublik zwischen alter und alternativer Politik" (1983).

JOHN M. SPALEK, Professor für Germanistik an der State University of New York in Albany, hat die Dokumentation der deutschsprachigen akademischen Emigration nach den USA entscheidend vorangebracht. Zu seinen zahlreichen

Veröffentlichungen zur deutschen Exilliteratur gehören „Ernst Toller and His Critics. A Bibliography" (1968), „Lion Feuchtwanger" (1972), „Guide to the Archival Materials of the German-Speaking Emigration to the United States after 1933", Bd. 1 (Hg., 1978) und „Deutsche Exilliteratur seit 1933. Bd. 1: Kalifornien" (Mithg. mit Joseph Strelka, 1976).

FRITZ STERN ist Seth Low Professor of History an der Columbia University in New York, an der er mehrere Jahre auch als Provost wirkte. Er veröffentlichte zahlreiche Werke zur modernen europäischen – vor allem deutschen – Geschichte und Kultur sowie über internationale Beziehungen, darunter „Kulturpessimismus als politische Gefahr" (1963), „Geschichte und Geschichtsschreibung" (1966), „Das Scheitern illiberaler Politik. Studien zur politischen Kultur Deutschlands im 19. und 20. Jahrhundert" (1974) und „Gold und Eisen. Bismarck und sein Bankier Bleichröder" (1978).

HERBERT A. STRAUSS hat in seinen Forschungen die Geschichte der jüdischen Emigration aus Deutschland in die USA nach 1933 erschlossen. Nach dem Überleben 1942/43 im Berliner Untergrund und der Flucht in die Schweiz kam er 1946 in die Vereinigten Staaten. Als Professor für Geschichte am City College in New York kehrte er 1982 vorübergehend nach Berlin zurück und wurde Gründungsdirektor des Zentrums für Antisemitismusforschung an der Technischen Universität. Er ist Herausgeber von „Jewish Immigrants of the Nazi Period in the USA" (1978) und Mitherausgeber von „International Biographical Dictionary of Central European Emigrés, 1933–1945 / Biographisches Handbuch der deutschsprachigen Emigration nach 1933" (mit Werner Röder, 1983).

CHRISTINE M. TOTTEN, Professor für Germanistik an der Clarion University of Pennsylvania, hat verschiedene Untersuchungen zum Bild der Deutschen in den USA veröffentlicht. Sie ist Autor von „Deutschland – Soll und Haben. Amerikas Deutschlandbild" (1964), „Das deutsche Bildungswesen" (1978) und „Roots in the Rhineland. America's German Heritage in 300 Years of Immigration" (1983).

HANS L. TREFOUSSE, Professor für Geschichte, lehrt am Brooklyn College und am Graduate Center der City University in New York. Zu seinen Veröffentlichungen gehören „Germany and American Neutrality, 1939–41" (1951), „Ben Butler" (1957), „Benjamin Franklin Wade" (1964), „The Radical Republicans. Lincoln's Vanguard for Radical Justice" (1969) und „Impeachment of a President. Andrew Johnson, the Blacks, and Reconstruction" (1975). 1982 erschien seine Biographie von Carl Schurz.

FRANK TROMMLER, Professor für Germanistik an der University of Pennsylvania in Philadelphia, hat über moderne deutsche Literaturgeschichte, Kultur- und Sozialgeschichte veröffentlicht. Zu seinen Büchern zählen „Roman und Wirklichkeit" (1966), „Sozialistische Literatur in Deutschland" (1976), „Die

Kultur der Weimarer Republik" (mit Jost Hermand, 1978), „Jahrhundertwende" (Mithg., 1982) und „,Mit uns zieht die neue Zeit.' Der Mythos Jugend" (Mithg., 1985).

MARIA WAGNER, Professor für Germanistik an der Rutgers University in New Brunswick, hat über moderne deutsche Literatur, deutsch-amerikanische Literaturbeziehungen und Feminismus geschrieben. Sie ist Herausgeber von „Basic Concepts in the Humanities" (mit J. Ainsworth) und „Perspectives and Personalities" (mit R. Ley u.a.) und hat mit ihren Werken neue Zugänge zu Mathilde Anneke erschlossen: „Mathilde Franziska Anneke. Eine deutsche Dichterin des Vormärz und amerikanische Feministin" (1980) und „Die gebrochenen Ketten. Erzählungen, Reportagen, Reden von Mathilde Anneke" (Hg., 1983).

MARTHA KAARSBERG WALLACH ist Associate Professor of Humanistic Studies an der University of Wisconsin in Green Bay. Sie ist Autor von „Heinrich Heine. Elitism and Social Concern" (1972) und Veröffentlichungen über deutsche Einwandererfrauen und -schriftstellerinnen, deutsche Literatur des 18. und 19. Jahrhunderts und den deutschen Film.

GERHARD L. WEINBERG ist William Rand Kenan, Jr., Professor of History an der University of North Carolina in Chapel Hill. Zu seinen zahlreichen Werken über Deutschland und seine Beziehungen zu den Vereinigten Staaten und der Sowjetunion zwischen den Weltkriegen gehören „Guide to Captured German Documents" (1952), „Germany and the Soviet Union, 1939—1941" (1954, 1972), „Hitlers zweites Buch" (1961), „The Foreign Policy of Hitler's Germany. Diplomatic Revolution in Europe, 1933—1936" (1970), „The Foreign Policy of Hitler's Germany. Starting World War II, 1937—1939 (1980) und „World in the Balance. Behind the Scenes of World War II" (1981).

HERMANN WELLENREUTHER ist Professor für Geschichte an der Universität Göttingen. Er hat zahlreiche Artikel über die Geschichte von Pennsylvania, die englische Geschichte im 18. Jahrhundert und die englische Kolonialgeschichte in Amerika veröffentlicht und ist Autor von „Glaube und Politik in Pennsylvania, 1681—1776. Die Wandlungen der Obrigkeitsdoktrin und des Peace Testimony der Quäker" (1972) und „Repräsentation und Großgrundbesitz in England, 1730—1770" (1979).

MARIANNE WOKECK ist Associate Editor von „The Papers of William Penn" (The Historical Society of Pennsylvania, Philadelphia). Sie erschloß neue Perspektiven zur deutschen Auswanderung und zur deutschen Immigrationskultur im 18. Jahrhundert in Pennsylvania mit ihrer Dissertation „A Tide of Alien Tongues. The Flow and Ebb of the German Immigration to Pennsylvania, 1683—1776" (1983) und mehreren Artikeln.

STEPHANIE GRAUMAN WOLF, Associate Professor für Geschichte, leitet das ‚Program in Early American Culture' an der University of Delaware in Newark. Ihre Forschung gilt der Sozialgeschichte der Kolonialperiode, der Entwicklung der ethnischen Kulturen in Amerika und der pennsylvania-deutschen Geschichte. Sie ist Autor von „The Sound of Time. A History of Western Man and His Music" (mit N.W. Hess, 1968) und „Urban Village. Population, Community, and Family Structure in Germantown, Pennsylvania, 1683–1800" (1976).

DON YODER ist Professor of Folklife Studies and Adjunct Professor of Religious Studies an der University of Pennsylvania in Philadelphia. Über sein Spezialgebiet pennsylvania-deutsche Geschichte und ethnische Kultur hat er viele Werke veröffentlicht, darunter „Songs along the Mahantongo" (1951, 1964), „Pennsylvania Spirituals" (1961), „Symposium on Folk Religion" (1974), „American Folklife" (1976), „Pennsylvania German Immigrants, 1709–1786" (1981) und „Rhineland Emigrants" (1982). Er war Mitbegründer und Herausgeber (1961–78) von „Pennsylvania Folklife". Seine ‚Roughwood Collection' ist die größte Privatsammlung zur pennsylvania-deutschen Kulturgeschichte (mit William Woys Weaver).

Namensregister

Kursiv gesetzte Seitenzahlen verweisen auf den Beitrag des jeweiligen Autors.

A

Abelshauser, Werner 503, 504
Abendroth, Wolfgang 433
Acheson, Dean 416, 424
Acton, Lord 379
Adam, Melchior 285
Adams, Henry 536
Adams, Willi Paul 13, *165–176*, 677
Adenauer, Konrad 23, 415, 417, 423, 429, 430, 431, 432, 434, 439, 440, 442, 443, 444, 445, 446, 447, 450, 451, 453, 465, 673
Adler, Alfred 595
Adorno, Theodor W. 578, 595, 597, 605, 606, 618, 620, 621, 632, 663
Albers, Anni 634
Albers, Josef 578, 634
Albert, Heinrich 360
Alderfer, E. Gordon 293
Allen, George 288
Allen, Woody 612, 613
Ammann, Jakob 137, 138, 139, 140, 142, 144, 145, 247
Ammann, Ulrich 138, 139
Anaya, Rudolf 338
Anderson, Perry 620
Angelus Silesius 141, 283, 293
Angermann, Erich 492
Anneke, Fritz 181
Anneke, Mathilde 14, 180, 326, 332–335
Anthony, Susan B. 198
Arato, Andrew 15, *617–624*, 620, 622, 677
Arendt, Hannah 578, 595, 606, 607, 608, 632
Arndt, Johannes 141
Arndt, Karl J.R. 282, 297
Arnold, Karl 504
Arnold, Thurman 412
Aronowitz, Stanley 620
Asbury, Francis 73
Ash, Adrienne 627
Asher-Nash, Franzi 344
Assing, Ludmilla 316
Assing, Ottilie 316, 319, 320, 323, 324
Astor, Johann Jakob 169
Attlee, Clement Richard 505
Augsburger, Niklaus 138
Auslaender, Rose 629

B

Bachhofer, Ludwig 635
Baeck, Leo 595
Baer, George F. 71
Bailyn, Bernard 625, 631, 632
Bancroft, George 355
Barbie, Klaus 407
Baron, Hans 634
Barthold, Richard 169
Barton, Thomas 116
Bartram, John 283
Baruch, Bernard 422
Baudissin, Adelbert von 280
Bausman, Benjamin 83
Beam, C. Richard 81
Beard, Charles A. 385
Becker, Christian 242
Beckmann, Max 578, 634
Beecher, Lyman 304
Beecher Stowe, Harriet 304
Beer, Johann 285
Beethoven, Ludwig van 553
Behne, Adolf 660
Beissel, Konrad 285, 287, 289, 291, 293, 294, 298
Bell, Daniel 615
Benedek, Therese 595
Benedix, Roderich 311
Benhabib, Seyla 622
Benjamin, Walter 607, 620
Berger, Victor 566
Berle, Adolf E. 520
Bernays, Karl 301, 302, 303, 305
Bernd, Julius 161
Bernstein, Bernhard 412
Bernstein, Richard 620
Bernstorff, Johann-Heinrich Graf von 356, 358, 361, 373, 493
Berthold, Werner 628
Bertsch, Hugo 280
Best, Otto F. 629
Bethe, Hans A. 594, 609
Bettelheim, Bruno 595, 609
Bierstadt, Albert 536
Birken, Sigmund von 285
Birmelin, John 82

Bismarck, Otto von 4, 13, 42, 46, 177, 180, 182, 183, 186, 187, 188, 354, 409, 410, 481, 560, 561
Blank, Christian 138
Bliss, Tasker H. 369
Bloch, Felix 594
Bloch, Konrad Emil 594, 609
Blumka, Leopold u. Helene 635
Bluntschli, Johann Kaspar 178
Bodenstedt, Martin von 183
Böhme, Jakob 291
Börne, Ludwig 300
Börnstein, Heinrich 177, 300, 301, 302, 303, 305, 306, 307, 308, 309, 310, 321
Bolz, Frank 538
Boorstin, Daniel 667, 668, 675
Borah, William E. 515
Borden, Clara 632
Born, Max 594
Bornemann, Henry S. 297
Bornstedt, Adalbert von 301, 302
Bosse, Georg von 541
Boy-Ed, Karl 360
Boyers, Robert 631, 632
Brachvogel, Udo 183
Brady, Robert 411
Brando, Marlon 675
Brandt, Karl 634
Brandt, Willy 433, 450, 452, 453, 455, 457, 465, 630
Braun, Wernher von 428, 573
Brecht, Arnold 630
Brecht, Bertolt 577, 580, 603, 604, 606, 608, 628, 629, 659, 663, 674, 675
Breines, Paul 15, 603, *611–616*, 619, 620, 622, 677
Bretting, Agnes 13, *50–63*, 677
Briand, Aristide 496, 517
Brill, Abraham 640
Brobst, Samuel Kistler 77, 255, 256
Broch, Hermann 580, 628, 629
Bronner, Luise 343
Brooks, Charles Timothy 284
Bruck, Eberhard 633
Brucker, Joseph 195, 196, 202
Brüning, Heinrich 372, 374, 517, 630
Bryant, William Cullen 318
Buckminster, Joseph Stevens 284
Buck-Morss, Susan 620
Büchner, Georg 296
Bullitt, William C. 384, 519, 642
Bunsen, Robert Wilhelm 536
Bunyan, John 141
Bush, George 10, 544

Busse, A. 542
Byrnes, James F. 422, 424, 426, 428, 523
Byron, George Gordon Noel 318

C
Calder III., William M. 635
Canetti, Elias 594
Carr, Benjamin 239
Carrington, Lord 477
Carstens, Karl 3, 10, 11, 472, 544
Carter, James E. 457, 458, 459, 468, 483
Casanova, José 622
Cassirer, Ernst 595
Castoriadis, Cornelius 622
Celan, Paul 340
Chain, Ernst Boris 594
Chamberlain, Neville 500
Chamisso, Adelbert von 552
Chaplin, Charlie 652, 654, 657, 660
Chargaff, Erwin 633
Churchill, Winston 23, 400, 411, 426
Clark, Grenville 433
Clay, Henry 531
Clay, Lucius D. 412, 502, 523
Claypole Jr., James 108
Clemenceau, Georges 666
Cohen, Jean 622
Cohn, Harry 653
Colbert, William 73
Collinson, Peter 283
Colm, Gerhard 634, 635
Comstock, Anthony 645
Comte, Auguste 222
Conally, Thomas 414
Conant, James Bryant 406
Conzen, Kathleen Neils 13, *149–164*, 471, 677
Cook, Walter 640
Coolidge, Calvin 388, 410
Cooper, James Fenimore 303, 310, 318
Corvin-Wiersbitzki, Otto 317, 322, 323
Coser, Lewis 635
Costigliola, Frank 516, 518
Courant, Richard 595
Cox, James M. 566
Crawford, William Rex 631, 632
Crèvecœur, Michel-Guillaume Jean de 157
Csejka, Gerhard 341
Cotta, Georg 314, 315, 317, 322, 323
Cotta, Johann Friedrich 314
Cuno, Wilhelm 374

D
Damrosch, Leopold 536
Davies, Wallace E. 85

Namensregister

Davis, Garold N. 282
Davis, Norman H. 515, 519, 520
Dean, James 675
Debs, Eugene 171
Debye, Peter 594
Deihl, J.D. 552
Delbrueck, Max 594
Dellinger, David 433
Demetz, Peter 471
Dernburg, Bernhard 360
Deutsch, Helene 595
Deutsch, Julius 630
Deutsch, Karl 174, 595
Dewey, Thomas E. 429
Dies, Martin 567
Dietrich, Marlene 662
Dillingham, William P. 568
Dobers, Hans 311
Dobie, J. Frank 337
Dodd, William E. 520
Döblin, Alfred 577, 606, 628, 629
Doerries, Reinhard 14, *353–366*, 493, 678
Dohrn, Bernadine 619
Dolbin, Benedikt F. 634
Donauer, Christoph 285
Donovan, William 522
Dos Passos, John 488
Dotzauer, Gertraude 631
Douglass, Frederick 198
Draper, William H. 412, 413, 425
Druckenbrod, Richard 81
Dubermann, Martin B. 631, 635
DuBois, W.E.B. 433
DuBois-Reymond, Emil 481
Dulles, John Foster 423, 429, 431, 432
Durzak, Manfred 626, 628

E

Eagleburger, Lawrence 16
Eberhard, Wolfram 635
Eckert, Britta 627
Edinger, Lewis J. 626
Edmunds, George 188
Ehrenzweig, Albert 633
Eich, Günter 345
Eichendorff, Joseph von 552
Eichhoff, Jürgen 13, *235–252*, 253, 258, 259, 260, 678
Eichmann, Adolf 607
Eichthal, Wilhelm von 316, 319
Einstein, Albert 594, 596, 597, 606, 607, 609, 614, 632
Eisenhower, Dwight D. 424, 425, 431, 543
Eisler, Gerhard 609

Eisler, Kurt 595
Elbogen, Ismar 595
Eliot, Charles William 21
Enninger, Werner 248
Erhard, Ludwig 431, 447, 450, 451
Erikson, Erik 578, 595, 632
Esselen, Christian 154, 156

F

Fabricius, Johann 285
Fairbanks, Douglas 654
Fassbinder, Rainer Werner 419, 573, 581
Faulkner, William 674
Faust, Albert 166, 542
Feher, Ferenc 622
Feige, Otto 280
Fenske, Hans 52
Ferenczi, Sandor 640
Fermi, Laura 631
Feuchtwanger, Lion 339, 577, 599, 628, 663, 674
Fickert, Kurt J. 343
Fiebig, Ragnhild 492
Fiedler, Leslie 304
Finley, Samuel 116
Fischer, Ruth 609
Fishman, Joshua A. 5, 13, 261, *263–278*, 678
Fleming, Donald 625, 631, 632
Foch, Ferdinand 363
Follen, Karl 536
Fontane, Theodor 280
Ford, Henry 669, 670
Foucault, Michel 651
Fraenkel, Ernst 595
Franck, James 594
Francke, August Hermann 141, 282
Francke, Kuno 536, 549, 550, 551, 554
Franklin, Benjamin 108, 113, 116, 117, 118, 196, 238, 294, 530, 533
Franz, Anselm 428
Freud, Sigmund 15, 481, 580, 595, 619, 639–649
Frey, J. William 81
Friedrich III. 183, 188
Friedrich der Große 358
Friedrich Wilhelm Ludwig von Preußen 245
Frisch, Max 579
Friesen, Gerhard 340
Fröbel, Julius 153, 533
Fromm, Erich 578, 595, 618, 641
Fouqué, Friedrich Heinrich Karl 552
Furly, Benjamin 30

G

Galbraith, John Kenneth 413
Garbo, Greta 661
Gardner, Lloyd 497, 504
Gascho, Milton 140
Gatzke, Hans 471
de Gaulle, Charles 445, 446, 447, 450, 456
Gay, Peter 15, 611, 626, *639–649*, 678
Gebhardt, Eike 620
Geibel, Emanuel 306
Geiringer, Karl 634
Georg II. 109, 118
George, Manfred 599
Gerhard, Dietrich 634
Gerhardt, Paul 283
Gerschenkron, Alexander 634
Gerstäcker, Friedrich 46, 303, 304, 311
Gescher, Dieter Bruno 495
Gichtel, Johann Georg 141
Gilbert, Felix 354, 595, 637
Gilbert, Glenn 245
Gildersleeve, Basil L. 21
Gilman, Daniel Coit 21, 22
Gimbel, John 523, 524
Giscard d'Estaing, Valéry 455, 486
Gish, Lillian 656
Gissibl, Fritz 567
Gläser, August 307
Glazer, Nathan 5
Glucksmann, André 609
Goebbels, Joseph 401, 672, 675
Goebel, Julius 548, 549, 552, 555
Göring, Hermann 401
Goethe, Johann Wolfgang von 280, 281, 285, 536, 551, 573, 603, 604, 610, 659
Goetze, Albrecht 635
Goldberger, Ludwig Max 46
Goldner, Franz 626
Gong, Alfred 343
Gouldner, Alvin 615
Graf, Oskar Maria 599, 628
Gramsci, Antonio 621
Grant, Ulysses S. 185, 355
Grass, Günter 419, 468, 573, 577, 579
Gratz, Delbert L. 140
Greeley, Horace 185
Greffrath, Mathias 627
Grew, Joseph C. 390
Grewe, Wilhelm 543
Griebsch, Max 555
Griffith, D.W. 653, 654, 656
Grimm, Jakob 338
Gropius, Walter 578
Grosz, George 578, 634

Gruber, Johann Adam 285
Grund, Franz 316, 318, 319
Gurwitsch, Aron 636
Guterbock, Hans 635
Guttmann, Julius 595

H

Haag, Earl C. 81
Haber, Fritz 594
Haberler, Gottfried 634
Habermas, Jürgen 617, 620, 621, 622
Häußli, Hans 138
Haines, Reuben 102, 103
Hale, Nathan 639, 648
Halfeld, Adolf 663, 669, 670
Halfern, Albert von 280
Hall, G. Stanley 639
Hall, Reginald 361
Hallgarten, Wolfgang 634
Hamm-Brücher, Hildegard 16
Handschin, C.H. 553
Hannemann, Max 238
Hanrieder, Wolfram F. 14, *437–462*, 678
Harbaugh, Henry 83
Harding, Warren G. 515, 566
Hardt, Hanno 631
Harpprecht, Klaus 469
Harriman, Averell 414, 543
Hartmann, Adam 109
Hartmann, Heinz 595, 632, 640, 647
Hatfield, Henry C. 556
Haugen, Einar 243
Hauptmann, Gerhart 565
Hawrylchak, Sandra 627
Hayek, Friedrich August von 634
Hayek, Karl 595
Hayes, Rutherford B. 185
Hayn, Johs 109
Hearst, William Randolph 515, 652
Hecker, Friedrich 181, 189
Hegel, Georg Wilhelm Friedrich 607
Heilbut, Anthony 15, *603–610*, 615, 631, 632, 679
Heine, Heinrich 300, 301, 306, 314, 551, 586, 603, 604, 613, 666
Heinemann, Gustav 433
Heintz, Georg 627
Heinzen, Karl 179
Helbich, Wolfgang 679
Helffrich, William A. 83, 85
Helmholtz, Hermann von 536
Helmuth, Justus Heinrich Christian 75, 295
Hemingway, Ernest 674
Henderson, David 118

Namensregister

Herdegen, Johann 287
Hermand, Jost 14, *421–435*, 679
Hermann der Cherusker 160
Herminghouse, Patricia 14, *300–313*, 679
Herzberg, Gerhard 594
Herzog, Werner 581
Heschel, Abraham 595
Hess, Victor 594
Hesse, Hermann 577, 580, 670, 671
Heusinger, Adolf 432
Heuss, Theodor 543
Hevesy, Georg von 594
Hexamer, Charles J. 541, 549
Heyse, Paul 552
Hiester, William 240, 241
Higham, John 159, 168, 169
Himmler, Heinrich 587
Hinck, Walter 629
Hindemith, Paul 634
Hirsch, Julius 634, 669
Hitler, Adolf 14, 15, 374, 375, 379, 380, 381, 382, 383, 384, 385, 386, 387, 388, 391, 393, 395, 396, 398, 401, 406, 428, 430, 440, 484, 488, 491, 517, 520, 521, 539, 542, 567, 574, 581, 584, 587, 589, 593, 595, 603, 604, 605, 608, 615, 640, 661, 663, 672
Höber, Rudolf 633
Hoffman, Charles 318
Hoffmann, Hans 634
Hofmannsthal, Hugo von 338, 656
Hofstadter, Richard 482
Hogeland, Ronald 329
Hohlfeld, Alexander 554, 556
Holborn, Hajo 595, 634
Hollinger, David 625
Hollyday, Guy T. 280
Holtfrerich, Carl-Ludwig 496
Holzer, Burghild 343
Hoover, J. Edgar 381
Hoover, Herbert A. 369, 371, 414, 424, 497, 565, 589
Horak, Jan Christopher 635
Horkheimer, Max 578, 595, 597, 615, 617, 618, 620, 632, 663
Horne, A.R. 72
Horney, Karen 641
Hostetler, John A. 13, *127–136*, 140, 679
Howard, Dick 620, 622
Huber, F.C. 50, 61
Hütter, C.J. 242
House, Edward M. 358
Huffines, Marion Lois 13, *253–262*, 680
Hughes, Charles Evans 370, 371, 496, 515
Hughes, H. Stuart 626, 631, 632, 635

Hughes, John 110
Hull, Cordell 381, 395, 396, 423, 424
Humboldt, Alexander von 20, 535
Humboldt, Wilhelm von 19, 20, 535
Hunnius, Anton Christian 282

I–J
Ihering, Herbert 662, 663
Ingersoll, Charles Jared 240
Irving, John 579
Irving, Washington 318
Jackmann, Jarrell C. 631, 632
Jackson, Andrew 43, 305
Jaegers, Albert 542
Jacobs, Henry Eyster 75
Jacoby, Russell 620
Jahnn, Hans Henny 629
James, William 639, 640, 643
Jameson, Frederic 620
Jantz, Harold 14, *279–288*, 291, 680
Jay, Martin 620, 631
Jean Paul 284
Jefferson, Thomas 196, 310, 318, 535
Jens, Walter 468
Joder, Hans 83
Johnson, Alvin 635
Johnson, Anthony 93
Johnson, Lyndon B. 447, 449, 450, 601
Jonas, Hans 595, 608, 636
Jonas, Klaus W. 298
Jones, Ernest 642, 644
Jones, Kenneth Paul 516
Jung, Carl Gustav 640
Junker, Detlef 14, *379–392*, 498, 680

K
Kaes, Anton 16, *651–665*, 680
Kafka, Franz 573, 580
Kahn, Lisa 340, 341, 343, 344
Kallir, Otto 634
Kant, Immanuel 153, 162, 613
Kantorowicz, Ernst 595, 634
Kapp, Friedrich 158, 159, 541
Karl V. 178
Katz, Bernard 594
Katz, Jacob 595
Kauffmann, Walther 595
Kaufmann, Arthur 634
Kaufmann, Felix 635
Keil, Hartmut 13, *204–221*, 680
Keller, Eli 83
Keller, Gottfried 553
Dr. Kellner 541
Kellogg, Frank B. 515

Kelly, Petra 472
Kelpius, Johann 282, 283, 285, 287, 292, 293, 298
Kelsen, Hans 633
Kemp, E.L. 72
Kennan, George F. 520
Kennedy, John F. 446, 449
Kennedy, Joseph P. 519
Kessler, Friedrich 633
Kieser, Harro 627
Kiesinger, Kurt-Georg 450, 451
Kimmelstiel, Paul 633
Kindermann, Heinz 340
Kinkel, Gottfried 185
Kirchheimer, Otto 618, 619, 622
Kirchwey, Freda 433
Kissinger, Henry 470, 594
Klare, Karl 620
Klaj, Johann 287
Klauprecht, Emil 152, 155, 309, 310
Kleist, Heinrich von 551
Klepp, Susan 92
Klopstock, Friedrich Gottlieb 295, 296
Kloss, Heinz 70, 149, 253, 254, 259, 260
Knacke, Theodor 428
Knorr von Rosenroth, Christian 287, 292
Knox, Frank 381, 396
Koch, Robert 536
Koch, Ed 538
Koebner, Thomas 626
Köhler, Wolfgang 632
Koepke, Wulf 626
Koerner (Körner), Gustav 83, 180, 183, 188, 321, 322
Köster, Heinrich Bernhard 285
Kohl, Helmut 465, 474, 485, 487, 488
Kohl, J.G. 76
Kohn, Hans 634
Kohut, Heinz 641
Kolakowski, Leszek 620
Kolb, Gustav 314, 317, 323
Koopmann, Helmut 629
Korsch, Karl 621
Kotzebue, August von 311
Kovel, Joel 622
Kracauer, Siegfried 660, 663
Kraus, Hans Peter 631
Kraus, Karl 607
Krayer, Otto 633
Krebs, Hans Adolf 594
Kreutzberger, Max 627
Kris, Ernst 595
Krispyn, Egbert 626, 628
Krohn, Claus-Dieter 634, 635

Krupp, Alfried 428
Kühl, Gottlob Timotheus Michael 282
Kürnberger, Ferdinand 280
Kuhn, Franz 109
Kuhn, Fritz Julius 386, 387, 567
Kuhn, Thomas 644
Kuklick, Bruce 521
Kunert, Günter 344
Kunze, Johann Christoph 295
Kuron, Jacek 622
Kuttner, Stephan 633

L
Lademacher, Horst 505
Lafayette, Marquis de 149, 170, 355
LaFollete, Philip F. 384
Lafollette, Robert Marion 566
Laemmle, Carl 653
Landauer, Carl 634
Landauer, Gustav 613
Landon, Alfred 397
Landon, H.C. Robbins 634
Landsberger, Benno 635
Lang, Fritz 606, 635
Lange, Victor 15, 572–582, 681
Lasker, Eduard 183
Lasker-Schüler, Else 629
Lassalle, Ferdinand 200
Laudenslager, Francis C. 82
Lazarsfeld, Paul 595, 597, 432
Learned, Marion Dexter 541, 548, 549
Lederer, Emil 634
Lee, Eliza Buckminster 284
Leffler, Melvyn 516
Lefort, Claude 622
Lehmann, Fritz 634
Lehmann, Lotte 634
Leininger, Barbara 117
Leinsdorf, Erich 634
Leiss, William 620
Lessing, Ferdinand 635
Lessing, Gotthold Ephraim 289, 613
Leutze, Emanuel 536
Levi, Paul 613
Levin, Gordon 494
Lewin, Kurt 167
Lichwitz, Leopold 633
Lieber, Franz 178, 179, 180, 181, 316, 319, 536
Liebknecht, Wilhelm 182
Liebesschuetz, Hans 595
Lincoln, Abraham 185, 306, 312, 320, 324, 385
Lindau, Paul 280
Lindau, Rudolf 280
Lindbergh, Charles A. 381, 383

Namensregister

Link, Benjamin 631
Link, Werner 495, 496, 504, 505, 506, 514
Lippard, George 287, 303, 304
Lippmann, Fritz Albert 594
Lippmann, Walter 433, 640
Lipset, Seymour 615
Loew, Marcus 653
Loewenstein, Karl 595, 633
Löwenthal, Leo 618, 619
Löwenthal, Richard 595
Loewi, Otto 594, 633
Loewith, Karl 595
Loewy, Ernst 627
Lohr, Otto 240
Long, Breckinridge 604
Longfellow, Henry Wadsworth 280, 318
Lovett, Robert 424
Lowe, Adolf 634, 635
Lowenstein, Otto 595
Lowy, Hans 595
Lubitsch, Ernst 661
Luce, Clare Boothe 426, 427
Luce, Henry 426
Luckmann, Benita 635
Ludecke, Kurt G.W. 567
Ludendorff, Erich 493
Ludwig (Lodowick), Christian 287
Luebke, Frederick C. 13, *222–234*, 681
Lukács, Georg 621
Luther, Hans 542
Luther, Martin 9, 140, 535
Ludwig, Emil 577
Luxemburg, Rosa 613

M

Maas, Lieselotte 627
Maenchen-Haelfen, Otto 635
Maier, Charles 14, *406–420*, 681
MacArthur, Douglas 426
MacDonald, Callum 501
Machlup, Fritz 634
Mahler, Gustav 573
Maimann, Helene 626
Mandel, Siegfried 279
Mandelbaum, Kurt 618
Manderscheid, Roger 347
Mann, Heinrich 577, 603, 610, 628
Mann, Thomas 577, 580, 594, 599, 605, 606, 607, 610, 628, 629
Mannheim, Karl 595, 632
Marcuse, Herbert 578, 595, 597, 607, 608, 615, 617, 618, 619, 620
Markus, George 622
Marrus, Michael 611

Marschak, Jacob 634
Marshall, George C. 23, 414, 424
Martin, James Stuart 412
Marx, Karl 200, 201, 300, 301, 603, 613
Marxhausen, Conrad 340
Matthias, Erich 626
Maurer, Heinrich Hermann 550
Mayerhoff, Otto 594
McCarthy, Joseph 424, 608, 675
McCarthy, Thomas 620
McClain, William H. 281
McCloy, John J. 415, 423, 430
Meinecke, Friedrich 408
Melville, Herman 604, 675
Mencken, Henry Louis 4, 170, 173, 174
Mergenthaler, Ottmar 539
Merleau-Ponty, Maurice 621
Merrick, Joan 556
Messersmith, George S. 499
Metternich, Klemens Fürst von 183, 300
Meusel, Johann Georg 281
Meyer, Gerhard 618
Meyerbeer, Giacomo 301
Meyner, Robert Baumle 543
Michnik, Adam 622
Mies van der Rohe, Ludwig 632
Milan, Hans 101
Miller, Henrich 118
Mises, Ludwig von 634
Moelleken, Wolfgang W. 244
Moeller, Hans-Bernhard 635
Moholy-Nagy, Laszlo 634
Moltmann, Günter 12, 13, *40–49*, 471, 681
Monnet, Jean 415
Mont, Frederick 635
Morgenstern, Oskar 634
Morgenthau, Hans 595, 608
Morgenthau, Henry 388, 411, 412, 418, 422, 423, 428, 501, 521
Morison, Samuel Eliot 280
Morse, Jedidiah 241
Morse, Samuel F.B. 304
Mosse, George L. 611, 614
Most, Johann 201
Mühlenberg, Frederick Augustus Conrad 166, 240, 241, 321
Mühlenberg, Heinrich Melchior 42, 112, 115
Mühsam, Erich 613
Müller, Gerd 337
Münch, Friedrich 157
Muller, Steven 16, *17–26*, 681
Mumford, Stephen 282
Murnau, F.W. 661
Musil, Robert 580, 628

N
Nachmannsohn, David 631
Nadler, Josef 345
Napoleon I. 183
Napoleon III., Louis 177, 178, 186
Nast, Thomas 184, 322
Nathorff, Hertha 343
Negelein, Joachim 287
Neisser, Georg 111
Neisser, Hans 635
Neumann, Franz 411, 595, 615, 618, 619, 622, 632
Neumann, Siegfried 595
Neurath, Otto 595
Niebuhr, Barthold G. 314
Niebuhr, Reinhold 428, 429
Niederstetter, Ludwig 354
Niemöller, Martin 433
Niers, Gert 344
Nietzsche, Friedrich 550, 573, 603, 666
Nippisch, Alexander 428
Nixon, Richard M. 424, 431, 457
Nizer, Louis 421
Noether, Emil 595
Novalis 283
Nußbaum, Josef 634
Nye, Gerald P. 383
Nye, Russel 652

O
Oates, Joyce Carol 579
Oda, Wilbur H. 297
Offe, Klaus 621
Offner, Arnold 15, 498, 501, *514–527*, 681
Ollenhauer, Erich 432, 433
Oncken, Hermann 529
O'Neill, Eugene 674
Ophüls, Max 604
Oppenheimer, Max 634
Oppler, Alfred C. 633
Ott, Erich 504

P
Paine, Thomas 196
Palmerston, Lord 479, 480
Panofsky, Erwin 597, 632
Papen, Franz von 360, 375
Parsons, Talcott 418, 596
Pascal, Blaise 141
Passant, E.J. 182
Pastorius, Francis Daniel 6, 29, 83, 91, 92, 104, 225, 283, 284, 285, 286, 291, 292, 298, 340, 530, 533, 541, 542, 549
Patterson, James 73, 74
Patton, George S. 424
Pauley, Edwin M. 523, 524
Paull, E.T. 357
Pedro II. 222
Pelz, Eduard 316
Pemberton, Israel 108
Penn, William 30, 70, 91, 104, 107, 111, 291, 298, 530, 533
Pennypacker, Samuel 541
Penzias, Arno 594
Pepper, Claude 433
Perutz, Max 594
Peters, Richard 114, 116
Petersen, Wolfgang 581
Pfanner, Helmut 626
Philips, Dirk 133
Piccone, Paul 622
Pickford, Mary 654
Platon 548
Pollock, Friedrich 618
Pommerin, Reiner 493
Poore, Carol 13, *192–203*, 682
Popper, Hans 633
Poster, Mark 620
Powhatan 530
Postl, Carl (d.i. Sealsfield) 316
Pracht-Fitzell, Ilse 340, 341
Preminger, Otto 635
Presley, Elvis 675
Pretzer, Lilo A. 341
Price, Byron 523
Pross, Helge 631, 632
Pulitzer, William 652
Pulte, William 260
Putnam, James Jackson 640, 641, 642, 643, 644

R
Rabel, Ernst 633
Raddatz, Fritz J. 579
Radkau, Joachim 626
Rahn, Clarence R. 82
Rapaport, David 639
Raster, Hermann 316, 317, 322
Rathenau, Emil 585
Rathenau, Walther 372
Rattermann, Heinrich A. 344, 541
Rauch, Edward H. 82
Reagan, Ronald 3, 459, 466, 467, 468, 469, 473, 476, 477, 485, 486, 544
Reed, Caroll E. 244
Reich, Wilhelm 595
Reichard, J.M. 307
Reichmann-Fromm, Frieda 595
Reimann, Max 430

Namensregister

Rein, Kurt 248, 254
Reist, Hans 138, 140
Reitnauer, Clarence G. 84
Remarque, Erich Maria 658
Remsen, Ira 21
Renger, Annemarie 3
Reuter, Ernst 430
Rheinstein, Max 633
Richard, John 99, 100, 102
Richelieu 183
Richter, Fernande 14, 326, 330–332, 335
Rilke, Rainer Maria 580
Ringer, Fritz K. 548
Rippley, La Vern J. 15, *558–571*, 682
Rist, Johann 284
Ritter, Alexander 14, *337–349*, 682
Robertson, Sir Brian 505
Robinson, Therese 14, 326–330, 331, 335
Rochambeau, Comte de 170, 355
Roebling, John Augustus 9, 169, 226, 539
Röder, Werner 626, 627
Romero, Sylvio 230
Roosevelt, Eleanor 605
Roosevelt, Franklin D. 14, 356, 379–391, 395, 396, 397, 398, 400, 403, 410, 411, 422, 423, 424, 425, 426, 497, 498, 499, 500, 501, 515, 519, 520, 521, 522, 542, 589, 590, 605, 672
Roosevelt, Theodore 485, 541
Rosen, Gerhard 144
Roth, Joseph 628
Rothfels, Hans 578
Rowland, Henry A. 21
Roy, Marie le 117
Royall, Kenneth 412, 413
Rudi Jr., Durs 66
Ruge, Arnold 180, 300, 301
Ruppius, Otto 311
Rush, Benjamin 95, 131, 132, 531
Rutkoff, Peter 635
Ruth, Babe 9
Rye, Stellan 656

S

Sachs, Alexander 412
Sachs, Curt 634
Sachs, Hans 551
Sachs, Nelly 594, 629
Sachse, Julius Friedrich 287
Sargent, Aaron 183, 188
Sartre, Jean-Paul 611, 621
Sauer, Christian 115, 117
Sauer, Christopher 111, 112, 113, 114, 115, 116, 117, 294
Sauer, Samuel 290

Sayre, Francis B. 498
Schacht, Hjalmar 395, 497
Schaff, Philip 158
Scharl, Josef 634
Schatzki, Walter 635
Scheel, Walter 452, 453, 457
Schelbert, Leo 13, *137–148*, 603, 682
Schele de Vere, Maximilian 322
Scherf, David 633
Schiller, Friedrich von 153, 162, 536, 548, 551, 553, 607, 659
Schirra, Walter 68
Schlamm, Willi 609
Schlatter, Michael 42
Schlesinger, Rudolph 633
Schlöndorff, Volker 581
Schmeling, Max 574
Schmid, Carlo 338
Schmidt, Helmut 455, 456, 457, 465, 467, 474, 484, 485, 486, 487, 489
Schmidt, Henry J. 15, *547–557*, 682
Schmidt, Karl Heinz 627
Schmitt, Hans-Jürgen 629
Schmitt, Nikolaus 307
Schneider, Christian 109
Schneider, Sigrid 631
Schöffling, Klaus 630
Schönberg, Arnold 573, 580, 634
Schönthan, Gebrüder 311
Scholem, Gershom 608, 612, 613
Schröder, Gerhard 447
Schröder, Hans-Jürgen 15, *491–513*, 514, 515, 518, 521, 682
Schroedinger, Erwin 594
Schroyer, Trent 620
Schuker, Stephen 495
Schulze-Boysen, Hartmut 538
Schulze-Boysen, Marita 538
Schumacher, Kurt 430, 433
Schuman, Robert 415
Schumpeter, Joseph 595, 634
Schurman, Jacob Gould 367
Schurz, Carl 9, 13, 156, 173, 184, 185, 186, 187, 188, 241, 289
Schuschnigg, Kurt 630
Schutz, Adolf 595
Schutz, Alfred 635
Schwabe, Klaus 14, *367–378*, 494, 668, 683
Schwarz, Egon 627
Schweitzer, Christoph E. 14, *289–299*, 683
Schwenck, Nikolaus 215
Schwitters, Kurt 286
Schygulla, Hanna 581
Sealsfield, Charles 310, 311, 316, 318

Seelig, Johann Gottfried 283
Seeliger, Ewald 347
Seghers, Anna 628, 629
Séguy, Jean 140
Shelley, Donald A.
Seidel, Emil 171
Seidensticker, Oswald 295, 296, 297, 531, 541, 549
Seifert, Lester W.J. 244
Sender, Tony 630
Sennett, Mack 652
Serger, Helen 635
Seydel, Heinz 627
Shakespeare, William 318
Shakow, David 639
Shelley, Donald A. 297
Shults, A.B. 41
Shuster, George N. 565
Sidons (d.i. Sealsfield) 316, 318
Siegel, W. 627
Siemsen, Hans 658, 659
Sigel, Franz 180, 188
Sigerist, Henry 633
Simon, Joseph 173
Skinner, Quentin 620
Slater, Phil 620
Smith, Henry C. 140
Smith, John 530
Smith, William 114, 115, 116, 117, 118
Snell, John L. 422
Solms-Braunfels, Carl zu 245
Solotaroff, Ted 579
Sommer, Theo 11, 14, *470–478*, 683
Sontheimer, Kurt 14, 15, *463–469*, 683
Spalek, John M. 15, *625–637*, 627, 683
Speck von Sternburg, Hermann Freiherr 356
Spellmann, Francis Kardinal 426, 431
Spener, Philipp Jakob 141, 282
Spengler, Oswald 468, 663, 670
Spinner, David 94
Spiro, Eugene 634
Stalin, Josef 391, 402, 404, 425, 440, 524
Stampfer, Friedrich 630
Staniszkis, Jadwiga 622
Staudinger, Hans 634
Stayer, James M. 140
Stead, W.I. 666
Steelman, John 524
Steffens, Lincoln 640
Steinberg, William 634
Steiner, Johann Conrad 118
Steininger, Rolf 505
Steinmetz, Charles Proteus 539
Stephan, Alexander 626, 628

Stern, Fritz 14, 463, *479–490*, 595, 684
Stern, Otto 594
Sternberg, Josef von 662
Stettinius, Edward R. 423, 424
Steuben, Friedrich Wilhelm von 83, 149, 169, 170, 226, 537
Stevenson, Adlai 433
Stiedry, Fritz 634
Stimson, Henry L. 371, 381, 396, 423, 522
Story, William E. 21
Stoudt, John Joseph 298
Straschek, Peter Günther 627
Straus, Erwin 633
Strauß, Franz Josef 474, 485
Strauss, Herbert A. 15, *583–602*, 626, 627, 684
Strauss, Leo 595
Strauß, Richard 573
Strelka, Joseph 626
Stresemann, Gustav 372, 374, 417, 496, 517
Strickland, William 102, 103
Struve, Gustav 155
Sudermann, Hermann 565
Sue, Eugène 302, 303, 304, 305, 307, 308, 310
Susman, Margarete 612, 613, 616
Sutter, John Augustus 289
Syberberg, Hans Jürgen 581
Szelenyi, Ivan 622

T

Taeubler, Eugen 595
Tannhof, Werner 297
Tappan, Henry P. 18, 20, 21
Tar, Zoltan 620
Taylor, A.J.P. 363
Taylor, Glen 433
Taylor, John Russell 631, 632, 635
Teelinck, Willen 141
Telner, Jacob 282
Tennent, Gilbert 141
Thannhauser, Siegfried 633
Therborn, Göran 620
Tillich, Paul 578, 632
Timerman, Jacobo 608
Tintner, Gerhard 634
Tolz, Hans 551
Thomas, Theodore 536
Thomen, Catharina 109
Tillam, Thomas 287
Toller, Ernst 614, 616, 628
Tolzmann, Don Heinrich 340, 344
Topp, George 47
Totten, Christine M. *529–546*, 684
Traven, B. 280
Trefousse, Hans L. 13, 173, *177–191*, 471, 684

Namensregister

Trommler, Frank 3–16, 666–676, 684
Truman, Harry S. 23, 401, 412, 413, 426, 502, 504, 506, 522, 523, 524
Trumbore, Mark S. 82
Tschiang Kai-schek 426
Tucholsky, Kurt 628
Tucker, Robert C. 168
Twain, Mark 477, 604

U
Ulbricht, Walter 402
Ultmann, Marianne R. 341

V
Vagts, Alfred 308, 634
Valentin, Curt 634
Valentin, Veit 634
Vandenberg, Arthur H. 424
Vansittard, Lord 422, 428
Varnhagen von Ense, Karl 316
Veidt, Conrad 661
Veith, Werner 244
Viereck, George Sylvester 359
Viertel, Berthold 661
Villard, Henry 178
Visser't Hooft, Willem Adolf 667
Voegelin, Eric 578
Voigt, Irma 335
Volstead, Andrew J. 567

W
Wagner, Maria 14, 314–325, 332, 685
Wagner, Philipp 188
Wagner, Richard 477, 550, 573, 580
Wagner, Robert Ferdinand 543
Walker, Mack 54
Wallace, Henry A. 422, 428, 433
Wallach, Martha Kaarsberg 14, 326–336, 685
Wallich, Henry 634
Walter, Bruno 634
Walter, Hans-Albert 627, 628, 631
Wandel, Eckhard 495
Warburg, James P. 423
Ward, Lester 646
Ward, Robert E. 340
Washington, George 66, 149, 196, 310, 354, 359, 384
Watson, John Fanning 92, 93, 97, 100, 103
Weber, Max 132, 418, 481, 596, 619
Weber, Thomas E. 258
Weber, Wilhelm 305
Webern, Anton 580
Wegner, Matthias 627
Wehler, Hans-Ulrich 492

Wehner, Herbert 432
Wehrli, Max 337
Weinberg, Gerhard L. 14, 393–405, 408, 685
Weiser, Conrad 111, 113
Weiskopf, Franz C. 628
Weiss, Ernst 628
Weisskopf, Victor F. 609
Weitling, Wilhelm 307
Weizsäcker, Carl Friedrich von 486
Weizsäcker, Marianne von 538
Weizsäcker, Richard von 538
Wellenreuther, Hermann 13, 107–126, 685
Welles, Sumner 422, 423, 497, 519, 520, 521
Wellmer, Albrecht 620, 621
Wenders, Wim 581
Wenger, John C. 140
Werfel, Franz 279, 577, 599
Wesley, John 141
Wesselhöft, Robert 280
Wheeler, Burton K. 382
Wheeler, George Shaw 425
White, Andrew D. 21
White, John 284
White, Harry Dexter 422
Whitebook, Joel 622
Whiteway, John 284
Whitman, Walt 604
Wilder, Billy 635
Wieland, Paul R. 82
Wilder, Thornton 674
Wilhelm I. 160, 178, 179, 188, 453
Wilhelm II. 185, 188, 356, 357, 358, 541, 550, 560, 574
Williams, Robin 165
Williams, William Appleman 492, 495, 514
Willis, Nathaniel 318
Willstaedter, Richard 594
Wilson, Hugh R. 519
Wilson, Joseph 260
Wilson, Woodrow 357, 358, 361, 362, 363, 368, 369, 371, 372, 375, 376, 391, 494, 514, 515, 566, 642
Winkler, Dörte 504
Winkler, Michael 626
Winter, Ernst Karl 631
Winter, George 199
Winternitz, Emanuel 634
Wirth, Joseph 166, 374
Witt, Christopher 283
Wittfogel, Karl August 609
Wittgenstein, Ludwig 632
Wokeck, Marianne 13, 29–39, 685
Wolf, Stephanie Grauman 13, 89–106, 686
Wolfe, James 117

Wolfe, Thomas 674
Wolin, Richard 620
Wollheim, Gert 634
Wood, Robert A. 167
Woodworth, Robert S. 640
Wright, Joseph 166
Wunderlich, Frieda 634
Wunderlich, George 633
Wust, Klaus 260
Wyatt, Will 280

Y
Yoder, Don 13, *65–88*, 297, 686
Young, Owen D. 515, 516

Z
Zadek, Walter 627
Zazlavsky, Viktor 622
Zinzendorf, Nikolaus 141, 283
Zuckmayer, Carl 279, 577
Zweig, Arnold 642
Zwingli, Huldreich 140
Zyla, Wolodymyr T. 338